2000여 년 로마서
해석의 지형을
바꾼다-2

전환된 관점으로 읽는 바울의 복음

2000여 년 로마서 해석의 지형을 바꾸다 - 2
전환된 관점으로 읽는 **바울의 복음**

초판 1쇄 발행 2025년 5월 20일

지은이 이영선
펴낸이 장길수
펴낸곳 지식과감성#
출판등록 제2012-000081호

교정 정은솔
디자인 서혜인
편집 이현
검수 이주연
마케팅 김윤길

주소 서울시 금천구 벚꽃로298 대륭포스트타워6차 1212호
전화 070-4651-3730~4
팩스 070-4325-7006
이메일 ksbookup@naver.com
홈페이지 www.knsbookup.com

ISBN 979-11-392-2506-8(04230)
ISBN 979-11-392-2179-4(세트)
값 42,000원

- 이 책의 판권은 지은이에게 있습니다.
- 이 책 내용의 전부 또는 일부를 재사용하려면 반드시 지은이의 서면 동의를 받아야 합니다.
- 잘못된 책은 구입하신 곳에서 바꾸어 드립니다.

지식과감성#
홈페이지 바로가기

그리스어 신약 성서 크로스미팅바이블 로마서 읽기

2000여 년 로마서 해석의 지형을 바꾸다 - 2

전환된 관점으로 읽는 바울의 복음

空頭 이영선 지음

Changing the Landscape of
Romans Interpretation in 2000

지식감정

이 책의 로고에 대한 설명

두 개의 원은 전능하신 하나님의 창조와 구속의 역사를 기록한 신·구약 성서의 핵심적인 가르침을 집대성한 신약 성서 가운데 사도 바울의 로마서에 대한 번역과 해석의 2000여 년 역사의 초기 시점으로부터 현재까지 진행적인 구간에 나타난 번역과 해석의 내용을 하나의 원으로 나타내어 '알파'라고 명명하고, 필자의 번역과 해설을 담은 이 책의 내용을 또 하나의 다른 원으로 나타내어 '오메가'라고 이름을 붙여 두 원의 일정 부분을 포개어 표시함으로써 두 원 중에 겹친 부분(교집합)이 발생하는데 이는 2000여 년의 로마서 번역과 해석의 결과물 중에 필자의 번역과 해석이 일치하는 부분이며 이를 '플러스 알파와 오메가'라고 할 수 있다.

이렇게 함으로써 '알파'의 남은 부분(알파부분집합)은 필자가 생각하기에 동의할 수 없는 부분이며 이를 '마이너스 알파'라고 이름을 붙여 폐기해야 할 공공의 자료로 분류하고 보존해야 할 부분으로 인식하며, '오메가'의 남은 부분(오메가부분집합)은 필자만의 사적인 번역과 해설을 담은 이 책(『2000여 년 로마서 해석의 지형을 바꾸다』 1-2권)의 '로마서 해석의 발상의 전환을 다룬 1권과 그 1권에 이어 전환된 관점으로 로마서 전체 번역과 해설을 다룬 2권으로 로마서 연구의 새로운 장을 연 부분이며 이를 '플러스 오메가'라고 이름 붙여 우리의 주님 그리스도 예수님께서 이루실 구속이 완성되는 날까지 온전한 번역과 해설로 주님의 오심을 고대하며 연구와 기도를 게을리하지 않을 미래 세대에게 부족하기만 한 필자를 너그럽게 사랑으로 품어 주신 주님의 은혜 속에서 감사하며 체험으로 알게하여 고백하게 하신 믿음의 말씀을 두서없이 성령님의 인도하심을 따라 기록한 것을 표시했다.

이 책의 내용에 오류가 있다면 전적인 필자의 책임이며, 오류가 있을 시 누구든 친절하게 인도해 주신다면 겸손하게 배울 자세가 되어 있음을 밝힌다.

2024년 7월 26일
저자 공두(空頭) 이영선 목사

이 책을 우리 주 하나님께서 온 세상으로부터 예수 그리스도의 이름으로 부르시는 모든 사람(행2:38-39)과 그 부르심의 목적을 알고(롬8:28-30), 그 부르심의 소망을 따라(엡1:18) 주님께 순종하며 살기 원하는 모든 이들에게(엡4:15) 헌정한다.

타 레마타(τὰ ῥήματα 요6:63)

어제도
오늘도
내일도
새 생명을 일으키는 말씀입니다.

어제도
오늘도
내일도
새 생명을 자라게 하는 말씀입니다.

어제도
오늘도
내일도
우리를 풍요롭게 하는 말씀입니다.

어제도
오늘도
내일도
우리를 인도하는 말씀입니다.

왜냐하면,
어제도
오늘도
내일도
항상 살아 있는 말씀이기 때문입니다.

말씀이여(ὁ λόγος 요1:14)!
오늘도
내일도
모든 사람을 붙잡으소서!
그리고
역사(役事)하소서!
타레마타를 말할 수 있도록….

말씀이여!
당신은,
우리를 먼저 무릎 꿇게 하셨습니다.
그리고
우리의 몸에 흔적을 두셨습니다.

항상,
말씀으로만 하옵소서!
우리가 가겠습니다.
세상 끝(τὸ τέλος)까지….

목 차

타 레마타(τὰ ῥήματα 요6:63)

들어가는 말
— 의미 있는 아주 긴 여행을 위한 안내 말씀 —   14

제1부
하나님의 복음과 그 권능
본문: 로마서 1장 16절~3장 20절
주제: 하나님의 진노로부터 구원

제1장   하나님의 진노 아래 있는 시대들   23
         본문 : 로마서 1장 16~18절
         핵심 주제 어구 : Ἀποκαλύπτεται γὰρ ὀργὴ θεοῦ ἀπ' οὐρανοῦ
                    (아포칼륖테타이 가르 오르게 데우 아프 우라누)

제2장   하나님은 자신을 알아보게 만드셨다. 그 사건을 통해서~   61
         본문 : 로마서 1장 18~19절
         핵심 주제 어구 : ὁ θεὸς γὰρ αὐτοῖς ἐφανέρωσεν
                    (호 데오스 가르 아우토이스 에파네로센)

제3장   그 하나님께서 행하신 일들을 보라!   93
         본문 : 로마서 1장 20~23절
         핵심 주제 어구 : τὰ γὰρ ἀόρατα αὐτοῦ … τοῖς ποιήμασιν
                    (타 가르 아오라타 아우투 … 토이스 포이에마신)

제4장　하나님께서 내어버리신 이후의 일들　　　　　　　　　　139
　　　본문 : 로마서 1장 24~25절
　　　핵심 주제 어구 : Διὸ παρέδωκεν αὐτοὺς ὁ θεὸς … εἰς ἀκαθαρσίαν τοῦ
　　　　　　　　　　ἀτιμάζεσθαι τὰ σώματα αὐτῶν ἐν αὐτοῖς
　　　　　　　　　(디오 파레도켄 아우투스 호 데오스 … 에이스 아카다르시안 투
　　　　　　　　　아티마제스다이 타 소마타 아우톤 엔 아우토이스)

제5장　하나님께서 정하신 성에 대한 그릇된 인식의 끝　　　　　　161
　　　본문 : 로마서 1장 26~27절
　　　핵심 주제 어구 : Διὰ τοῦτο παρέδωκεν αὐτοὺς ὁ θεὸς εἰς πάθη ἀτιμίας
　　　　　　　　　(디아 투토 파레도켄 아우투스 호 데오스 에이스 파데 아티미아스)

제6장　버려진 이성으로 하는 일　　　　　　　　　　　　　　　　191
　　　본문 : 로마서 1장 28~32절
　　　핵심 주제 어구 : Καὶ … παρέδωκεν αὐτοὺς ὁ θεὸς εἰς ἀδόκιμον νοῦν
　　　　　　　　　(카이 … 파레도켄 아우투스 호 데오스 에이스 아도키몬 눈)

제7장　그 다른 한 사람을 아는가!　　　　　　　　　　　　　　　217
　　　본문 : 로마서 2장 1절
　　　핵심 주제 어구 : ἐν ᾧ γὰρ κρίνεις τὸν ἕτερον
　　　　　　　　　　(엔 호 가르 크리네이스 톤 헤테론)

제8장　하나님의 판단을 흉내 내는 자들의 말로　　　　　　　　　243
　　　본문 : 로마서 2장 2~11절
　　　핵심 주제 어구 : οἴδαμεν δὲ ὅτι τὸ κρίμα τοῦ θεοῦ
　　　　　　　　　　(오이다멘 데 호티 토 크리마 투 데우)

제9장　죄짓는 것들에도 차원이 있다　　　　　　　　　　　　　　265
　　　본문 : 로마서 2장 12-16절
　　　핵심 주제 어구 : Ὅσοι γὰρ ἀνόμως ἥμαρτον
　　　　　　　　　　(호소이 가르 아노모-스 헤마르톤)

제10장 자칭 유대인들(복고형 유대인들)을 향한 사도 바울의 일침 305
    본문 : 로마서 2장 17~24절
    핵심 주제 어구 : Εἰ δὲ σὺ Ἰουδαῖος ἐπονομάζῃ
        (에이 데 쉬 유다이오스 에포노마제)

제11장 하나님의 칭찬, 영 안에서 받은 마음의 할례자에게 339
    본문 : 로마서 2장 25~29절
    핵심 주제 어구 : περιτομὴ καρδίας ἐν πνεύματι … ὁ ἔπαινος … ἐκ τοῦ θεοῦ.
        (페리토메 카르디아스 엔 프뉴마티 … 호 에파이노스 … 에크 투 데우)

제12장 오직 하나님만이 진실한 분이시다 369
    본문 : 로마서 3장 1~20절
    핵심 주제 어구 : γινέσθω δὲ ὁ θεὸς ἀληθής
        (기네스도 데 호 데오스 알레데스)

제2부
하나님의 복음, 그 깊고 오묘한 논리

본문: 로마서 3장 21절 ~ 8장 39절
주제: 하나님 자녀로의 입적(入籍)

제13장 이제는 믿음의 율법을 통해 의롭게 되어진다 403
    본문 : 로마서 3장 21~31절
    핵심 주제 어구 : Νυνὶ δὲ χωρὶς νόμου
        (뉘니 데 코리스 노무)

제14장 아브라함의 발견, 의롭게 되어짐의 열쇠 435
    본문 : 로마서 4장 1~25절
    핵심 주제 어구 : εὑρηκέναι Ἀβραὰμ … … κατὰ σάρκα
        (휴레케나이 아브라암 … … 카타 사르카)

제15장 아담의 타락 vs 그리스도의 은사   467
      본문 : 로마서 5장 1~21절
      핵심 주제 어구 : νόμος δὲ παρεισῆλθεν
          (노모스 데 파레이셀덴)

제16장 누구와 함께 살고 죽느냐 그것이 문제다   501
      본문 : 로마서 6장 1~23절
      핵심 주제 어구 : εἰ δὲ ἀπεθάνομεν σὺν Χριστῷ
          (에이 데 아페다노멘 쉰 크리스토)

제17장 한계를 드러낸 모세의 율법, 대타로 보다 강력한 율법이 등장하다   531
      본문 : 로마서 7장 1~25절
      핵심 주제 어구 : ὑμεῖς ἐθανατώθητε τῷ νόμῳ διὰ τοῦ σώματος τοῦ Χριστοῦ
          (휘메이스 에다나토데테 토 노모 디아 투 소마토스 투 크리스투)

제18장 하나님의 영 안에 사는 사람들, 그들이 누릴 특권과 수반될 통과의례   585
      본문 : 로마서 8장 1~39절
      핵심 주제 어구 : Οὐδὲν ἄρα νῦν κατάκριμα τοῖς ἐν Χριστῷ Ἰησοῦ
          (우덴 아라 뉜 카타크리마 토이스 엔 크리스토 예수)

제3부
하나님의 복음에 의한 세계관과
그에 따른 인간 삶의 실제 원리

본문: 로마서 9장 1절 ~ 16장 27절
주제: 머리이신 그리스도의 몸

제19장 유대인과 이방인 모두를 구원하실 하나님의 지혜   629
      본문 : 로마서 9장 1절 ~ 11장 36절
      핵심 주제 어구 : Ὦ βάθος πλούτου καὶ σοφίας καὶ γνώσεως θεοῦ
          (오~ 바도스 플루투 카이 소피아스 카이 그노세오스 데우)

제20장 영적인 전쟁에서 승리하는 비결 곧 그리스도의 법(율법)을 성취하라　667
　　본문 : 로마서 12장 1절 ~ 16장 27절
　　핵심 주제 어구 : ἐάν τε γὰρ ζῶμεν, τῷ κυρίῳ ζῶμεν, ἐάν τε ἀποθνήσκωμεν, τῷ κυρίῳ ἀποθνήσκομεν. ἐάν τε οὖν ζῶμεν ἐάν τε ἀποθνήσκωμεν, τοῦ κυρίου ἐσμέν.
　　　　　　　　(에안 테 가르 조멘, 토 퀴리오 조멘, 에안 테 아포드네스코멘,
　　　　　　　　토 퀴리오 아포드네스코멘. 에안 테 운 조멘 에안 테
　　　　　　　　아포드네스코멘, 투 퀴리우 에스멘)

제4부
바울의 그리스어 로마서 텍스트
해설을 마무리하며

E. P. 샌더스 이후 존 M. G. 바클레이에 이르는
　　　　현대(역사)신학계의 진단과 그 해결 방안 모색

제21장 바울의 복음을 온전하게 읽기 위한 제언
　　〈들을 귀 있는 자는 들으라〉　　　　　　　　　　　　　　717
　　본문 : 마태복음 13장 3~9절
　　핵심 주제 어구 : ὁ ἔχων ὦτα ἀκουέτω
　　　　　　　　(호 에콘 오타 아쿠에토)

나가는 말
　─ 아주 의미 있는 긴 여행을 끝내고 ─　　　　　　　　　　750

들어가는 말
- 의미 있는 아주 긴 여행을 위한 안내 말씀 -

〈그리스어 신약 성서〉 가운데 사도 바울의 로마서 텍스트 읽기에 대한 발상의 전환을 다룬 책 "크로스미팅바이블 로마서 읽기『2000여 년 로마서 해석의 지형을 바꾸다』1권"을 읽기 전에는 그 전환된 관점으로부터 새로운 읽기를 시도한 책 "크로스미팅바이블 로마서 읽기『2000여 년 로마서 해석의 지형을 바꾸다』2권"을 절대로 읽지 마시라!

왜 그러한가?
그 이유는 1권과 2권 사이에는 많은 스토리가 내재하는데 크게 두 가지 측면으로 나누어 볼 수 있다. 우선 그 하나는 원래 7권 정도의 분량인 장서의 집필 계획을 가지고 1권을 출간한 뒤 갑자기 그리고 앞당겨 단권의 출간으로 바꿈으로써 1권의 편집 틀을 완전히 깨고 1권의 중심 메시지인 '바울 복음의 틀(롬1:1-4)'을 기반으로 나머지 부분을 단권(2권)으로 마무리하기 위해서는 글쓰기의 방향을 완전히 틀어 로마서 전체를 한눈에 꿰뚫어 볼 수 있는 핵심적인 구조를 파악하고 도식화할 수 있는 방식으로 본문 해설만을 제시하는 책으로 목표를 설정해야 했기 때문이었다.
따라서 1권 없이 2권을 독대하는 독자들에게 2권은 그야말로 황당한 느낌을 주는 이상한 책으로 만들어 버리기에 충분하다. 약간의 집필 의도를 밝히는 것 가지고는 도무지 대체할 수 없는 내용이 1권 속에 있고 그것이 2권의 중심축이 되어 다짜고짜 저돌적인 방식으로 본문 해설을 시작하기 때문에 그러하다.

그래서 그것은 어떤 목적에서건 1-2권이 서로 하나로 묶여 로마서 전체를 다루어야 한다면 나름 글을 쓰게 된 동기와 목적이 분명한 가운데 구체적인 연구 방법과 개요를 간단하게나마 제시해야 하는데, 그러자면 이 책의 타이틀이 주는 아주 센 느낌이 그럴듯 최소한 상식적으로 그럴듯한 '로마서 읽기에 대한 역사와 유산에 대한 소고' 정도는 서론으로 제시해야 맞으나 이 책은 단박에 그리스어 로마서 본문 읽기로 곧장 직행해 버린다.

이는 누군가가 이 책을 볼 때 이 책의 타이틀이 주는 느낌이 예를 들어 복싱 선수가 경기 시작을 알리는 종소리와 함께 곧장 링 중앙으로 달려 나가 페어플레이를 약속한다는 의미에서 글러브를 낀 서로의 주먹을 가볍게 부딪치는 파이터들의 의례적인 행위 없이 저돌적으로 휘두르는 도발적인 선제공격(타격)에 맞아 봉변을 당한 것과 같은 당혹감을 주거나 아니면 요즘 흔히 쓰는 그저 교묘하게 자극적인 방식으로 독자들을 상대로 한 낚시용 제시어로서 부풀려진, 그러니까 덜떨어진 낙오자의 만용(베스트셀러를 만들고 싶은 욕망에 치우친 마케팅 전략가의 과대 또는 허위 광고를 내는 관종병)이나 허세로 치부될 수도 있을 만큼 무모하게 보일 수 있기에 그러하다.

필자는 1984년 3월에 신학교에서 공부를 시작했다. 개교회의 주일학교 교사를 위한 교회 교육에 만족할 수 없어 교회 중간 리더들의 교육을 위한 성서연구원(지역 노회 목회자들이 강사가 되어 운영되는 소그룹 아카데미)에 들어가 성서와 관련된 학문의 세계를 마주하게 되었으나 여전히 그곳에서도 채워지지 않는 그 무언가를 채우기 위해서였다.

그때 필자는 신·구약 신학계의 흐름을 주목했는데 당시 필자가 처한 대한민국 서울의 신학계는 교조주의 성서 해석학을 벗어나기 위한 성서(성경)신학을 향한 몸짓이 시작되는 시점이었다.

그것마저도 뒤돌아보면 태평양 너머에 있는 서구 세계의 신학 정보가 악덕 업자들의 매점매석과 같이 일부 특혜자(대부분 유학파의 그룹에 속한 신학 연구자)들의 점유물로 치부되는 상황에서 뜻있는 헌신의 결실이었지만 안타깝게도 매우 열악한 것이었다. 그때 이미 서구에서는 신학계의 판도를 바꾼 일대 지진으로 평가되는 E.P. 샌더스가 1977년 출간한 종교 패턴 비교 연구서인 〈Paul and Palestinian Judaism(바울과 팔레스타인 유대교)〉(이하 *PPJ*)가 읽히면서 신학계의 지각변동을 구체화하고 있었으나 필자는 대학원 연구 과정을 마친 1990년 10월 30일 목사 임직을 받기까지 듣보지도 못한 상태였다.

누구를 탓하려는 게 아니다. 그저 필자에겐 그랬다는 것이다. 그때 그 시절 필자는 만연된 교조주의에서 벗어나고자 하는 필자 나름의 문제의식 속에서 성서신학과 성서 해석학에 모든 신학적 물음과 신앙생활에서 만나는 현실의 사회적이고 문화적인 모든 딜레마를 극복할 수 있는 답이 있다고 판단하고 당시 교조주의의 반향인 성서신학에 입문했고, 성서신학의 기본인 헬라어와 히브리어 성서의 본문을 읽기 위한 사투가 시작되었다.

그때 필자는 결심했다. 헬라어와 히브리어 본문이 말하는 진의를 알기 전까지는 인류의 서간을 채우고 있는 여타(참된 비평 연구를 위한 순수 기초학문의 방법론을 제외한)의 모든 서적을 멀리하겠노라고⋯. 그렇게 마음먹은 후 식비를 줄여 책을 사 모았던 일체의 행위를 그만두고 헬라어 히브리어 본문 읽기에 집중했다.

히브리어(구약) 헬라어(신약) 성서 연구의 세계는 그야말로 현실과는 완전히 다른 세계였고 모든 것이 낯설고 생소하여 적응하기 쉽지 않았으나 깊이 들어갈수록 직면하게 되는 새로움의 매력으로 인한 충격과 혼란이라는 혼돈 속에서 이성적인 사색의 세계를 넓혀 갈 수 있었다.

그렇게 집념으로 시작된 필자의 주님을 향한 갈등과 방황의 시간은 어느덧 공두(空頭)라는 예명을 갖게 하였고, 공두 상태에서 보게 된 바울의 그리스어 텍스트는 공두가 되어 버린 필자의 세련되지 못한 조잡한 언어로 다시 번역되어 이제 책으로 세상에 나오게 되었으니, 독자들에게 특별한 주의가 필요하다 하겠다.

어쩌면 이 책의 타이틀은 E.P. 샌더스의 PPJ라는 책의 40주년 기념 한국어판(2014, 새물결플러스)을 정독한 사람과 샌더스 이후의 현재에 이르기까지 성서학회의 토론 과정에 비중을 둔 비판 또는 비평 의식을 가지고 예의주시하고 있는 사람이라면 일단 이 책의 내용을 떠나서 매우 반갑고 고무적으로 느낄 것이다.

왜냐하면 PPJ 40주년 기념판에는 2017년 11월 19일 오후 미국 보스턴의 하인즈 컨벤션 센터에서 저자인 샌더스 교수도 직접 참석한 가운데 PPJ 출간 40주년을 기념하여 SBL(Society of Biblical Literature 성서학회) Pauline Epistles Section(바울 서신 분과)에서 "Paul, the Law, and Palestinian Judaism, Forty Years Later(바울, 그 율법, 그리고 팔레스타인 유대교, 40년 후)"라는 주제로 진행한 2시간 정도의 세션에서 4명의 발제자 가운데 출판사의 의도에 따라 2명의 발제자가 발표한 원고의 내용이 실렸는데 샌더스 이후 현재 바울 학계를 진단하고 파울라 프레드릭슨 교수와 존 M. 바클레이 교수의 연구물들을 근거로 미래를 위한 건설적인 바울 학계의 현 주소를 제시하기 때문이다.

필자는 이 책 끝에 "제21장 로마서 그리스어 텍스트 전체 해설을 마무리하면서"라는 새로운 장을 붙여 E.P. 샌더스의 *PPJ*로부터 현 바울 학계의 주된 흐름을 간략하게나마 정리하며 비판적으로 소개하는데 이는 어떤 이유에서건 이 책의 독자들 가운데 과거 필자와 같은 정보의 부족으로 바울 학계의 주된 흐름을 놓쳐 필자의 바울 읽기의 새로운 시도를 건설적으로 대하지 못하는 불상사를 막기 위한 것이니 참고해 필자와 함께하는 긴 여행을 통해 더 깊고 바른 바울 이해에 이르기를 바란다.

왜냐하면 필자의 로마서 해설은 이 세상의 바울 학회의 영향력으로부터 완전히 자유로운 상태에서 오로지 관련 어휘 사전들만을 펼쳐 놓고 벌인 (어떤 경우에는 사전의 코멘트마저도 통렬하게 비판하고 그릇된 부분을 바로잡으면서 본문에 대한 그릇된 읽기를 타파하고 바른 읽기를 제시하기 위한 새로운 독법의 타당성을 논리적으로 설명하는 방식으로 내놓은) 바울의 그리스어 로마서 텍스트의 순수한 연구 결과물(결정판이 아닌 급조(急造)된 간이(簡易) 저작물)이기 때문이다.

특히 이 책의 마지막 제21장에 붙여진 "로마서 그리스어 텍스트 전체 해설을 마무리하면서"라는 부록의 내용은 원래 이 책(2권)의 서론 격으로 "들어가는 말"을 작성하면서 쓴 글이었으나 필자의 일차 독자인 사모 김미현 님과 권사 유향여 님이 읽고 난 후 '순수하게 성경에 관심을 가진 일반인들이 이 책을 읽으려고 손에 들었을 때 그들의 의욕마저 상실하게 만들 수 있다'라고 내놓은 간곡한 의견을 기쁘게 받아들여 이 책의 맨 끝에 놓게 되었음을 밝혀 둔다.

혹시라도 현 바울 신학계에 기여하고 있는 별처럼 떠오르는 학자들 관점과 동향을 나타내는 이슈의 핵심과 미제의 과제에 대한 전망 속에서 바울의 그리스어 로마서 텍스트에 대한 완전한 읽기를 갈구한다면 반드시 이 책의 마지막에 배치한 서론 격의 부록("제21장 로마서 그리스어 텍스트 전체 해설을 마무리하면서")부터 먼저 읽고

난 후 필자의 그리스어 로마서 텍스트 읽기를 위한 본문 해설을 정독하기를 추천하는 바이다.

반론의 여지가 없는 출간이란 애당초 불가능하다. 다만 소모적인 논쟁이 아닌 건설적인 토론을 위한 실제적이고 구체적인 제안이 필요할 뿐이다. 필자의 소박한 바람은 아무런 편견 없이 누구든지 이 책을 읽고 우리 주님 예수 그리스도를 통해 베풀어지는 은혜와 선물로 만유의 주님 되신 그리스도 예수님과의 관계가 더욱 돈독해지는 것이다.

하지만 어떤 자들, 그러니까 E.P. 샌더스의 영향력 아래서 현 바울 성서학회를 주도한다고 해도 반론의 여지가 없는 학자들 가운데 최소한 파울라 프레드릭슨 교수와 존 M. 바클레이 교수의 연구물들을 모두 읽고 실로 그들의 기여와 한계를 가늠하지 못하는 학자들과 그들의 생도들은 차라리 이 책을 읽지 않는 것이 그들에게 더 나을지도 모를 일이다.

왜냐하면 이 책은 종말의 시대를 살아가는 인류에게 진정한 의미에서 그리스도 예수 안에서 베풀어지는 영적 새 생명의 탄생으로 이루어질 새 생명 역사 공동체의 영원한 번영과 축복을 계승할 다음 세대의 '해산을 위한 진통의 시작'으로 와 있기 때문이다.

1 그 예수님께서 그 성전에서 나와 여행하려고 하실 때에 그의 제자들이 그 성전의 그 건축물들을 그분께 보여 드리려고 왔습니다.

2 그 예수님께서 그들에게 대답하여 말씀하셨습니다. "너희가 이 모든 것들을 (주의해서-이 모든 것들이 어떻게 될지) 보지 못하느냐? 내가 너희에게 진실(아멘)을 말한다. 여기에 한 돌 위에 돌 하나도 남겨지지 않고 다 무너질 것이다."

3 그분께서 그 올리브들의 그 산(감람산) 위에 앉으시니 그 제자들이 그에게 사적으로(조용히 찾아와) 말했습니다. "우리에게 말씀해 주십시오. 이런 일들이 언제 있겠으며 당신께서 강림하실 때의 그 표징과 그 시대 종말의 표징이 무엇입니까?"

4 그 예수님께서 그들에게 대답하여 말씀하셨습니다. "아무도 너희를 미혹하지(치우치게 또는 길을 잃고 방황하게 하지) 못하게 주의하라."

5 참으로 많은 사람이 내 이름을 빙자하며 와서 '내가 바로 그 그리스도이다.' 라고 말하며 많은 사람을 미혹(치우치게)할 것이다.

6 너희가 전쟁들과 전쟁들의 소문을 듣겠으나 삼가 주의하고 이상하게 여기지(놀라지) 마라. 이는 반드시 일어나야 할 일이지만 아직 그 완성(끝)은 아니다.

7 왜냐하면 민족이 민족 위에 일으켜질 것이고, 나라(왕국)가 나라(왕국) 위에 일으켜질 것이며, 곳곳에 기근들과 지진들이 있을 것이나

8 이 모든 일은 해산을 위한 진통의 시작일 뿐이기 때문이다.

1 Καὶ ἐξελθὼν ὁ Ἰησοῦς ἀπὸ τοῦ ἱεροῦ ἐπορεύετο, καὶ προσῆλθον οἱ μαθηταὶ αὐτοῦ ἐπιδεῖξαι αὐτῷ τὰς οἰκοδομὰς τοῦ ἱεροῦ. *2* ὁ δὲ ἀποκριθεὶς εἶπεν αὐτοῖς· οὐ βλέπετε ταῦτα πάντα; ἀμὴν λέγω ὑμῖν, οὐ μὴ ἀφεθῇ ὧδε λίθος ἐπὶ λίθον ὃς οὐ καταλυθήσεται. *3* Καθημένου δὲ αὐτοῦ ἐπὶ τοῦ ὄρους τῶν ἐλαιῶν προσῆλθον αὐτῷ οἱ μαθηταὶ κατ' ἰδίαν λέγοντες· εἰπὲ ἡμῖν, πότε ταῦτα ἔσται καὶ τί τὸ σημεῖον τῆς σῆς παρουσίας καὶ συντελείας τοῦ αἰῶνος; *4* Καὶ ἀποκριθεὶς ὁ Ἰησοῦς εἶπεν αὐτοῖς· βλέπετε μή τις ὑμᾶς πλανήσῃ· *5* πολλοὶ γὰρ ἐλεύσονται ἐπὶ τῷ ὀνόματί μου λέγοντες· ἐγώ εἰμι ὁ χριστός, καὶ πολλοὺς πλανήσουσιν. *6* μελλήσετε δὲ ἀκούειν πολέμους καὶ ἀκοὰς πολέμων· ὁρᾶτε μὴ θροεῖσθε· δεῖ γὰρ γενέσθαι, ἀλλ' οὔπω ἐστὶν τὸ τέλος. *7* ἐγερθήσεται γὰρ ἔθνος ἐπὶ ἔθνος καὶ βασιλεία ἐπὶ βασιλείαν καὶ ἔσονται λιμοὶ καὶ σεισμοὶ κατὰ τόπους· *8* πάντα δὲ ταῦτα ἀρχὴ ὠδίνων.·

(NA28판, UBS5판 마24:1-8 필자 사역)

2024년 8월 23일
공두(空頭) 이영선 목사

제1부
하나님의 복음과 그 권능

본문: 로마서 1장 16절~3장 20절
주제: 하나님의 진노로부터 구원

참으로 나는 그 복음을 부끄러워하지 않습니다. 왜냐하면 그 복음은 믿는 각 사람을 구원에 이르게 하시는 하나님의 권능이기 때문입니다. 그것은 유대인에게 우선적인 것으로 보였으나, 사실은 유대인과 헬라인 양쪽 모두에게 동일한 것이었습니다. 이는 '오직 그 의인은 믿음으로부터 살 것이다.'라고 기록된 것과 같이, 하나님의 한 의(義)가 그 복음 안에서 계시(啓示)되고 있어 믿음으로부터 믿음에 이르게 하고 있기 때문입니다.

Οὐ γὰρ ἐπαισχύνομαι τὸ εὐαγγέλιον,
δύναμις γὰρ θεοῦ ἐστιν εἰς σωτηρίαν παντὶ τῷ πιστεύοντι,
Ἰουδαίῳ τε πρῶτον καὶ Ἕλληνι. δικαιοσύνη γὰρ θεοῦ ἐν
αὐτῷ ἀποκαλύπτεται ἐκ πίστεως εἰς πίστιν, καθὼς γέγ
-ραπται· ὁ δὲ δίκαιος ἐκ πίστεως ζήσεται.

- 로마서 1장 16~17절 -

사도 바울이 하박국 선지자를 소환하는 것은 그 시대가 바울의 시대 곧 그리스-로마 시대와 역사적으로 동일 선상에 있으며, 바울의 복음이 두 시대를 동일시할 수 있는 연속성을 가지게 하기 때문이다. 그리고 그 연속성은 하나님의 진노를 불러일으키는 두 시대를 지배하는 힘을 지닌 법(율법)에서 찾을 수 있다.

제1장(하나님의 진노 아래 있는 시대들, 1장 18절) _ 본문 57p에서

> 전환된 관점의 로마서 읽기

제1장
하나님의 진노 아래 있는 시대들

본문 : 로마서 1장 16~18절

핵심 주제 어구

Ἀποκαλύπτεται γὰρ ὀργὴ θεοῦ ἀπ' οὐρανοῦ

(아포칼륍테타이 가르 오르게 데우 아프 우라누)

이스라엘 민족은 모든 시대마다 그 율법에 해이(解弛)할 때 무서운 그 하나님의 진노에 직면했고, 반성과 함께 다시 그 율법에 집중할 때 그 하나님께서는 그들에게 진노를 거두시고 다시 축복을 향한 관계에 놓으셨다(신27:1-28:68).

지금 우리가 살펴보고 있는 하박국 시대도 바로 그 율법에 해이했기 때문에 아브라함의 후손 이스라엘 민족을 대표한 남왕조 유다마저 이미 아시리아에 멸망한 북왕조 이스라엘에 이어 바벨론의 속국이 되는 안타깝지만 중한 심판과 저주의 상황에 놓인 것이다(합1:1-6).

… (중략) …

중요한 것은 다니엘과 그의 세 친구에 관한 서사가 70년 바벨론 포로 생활 속에서 다니엘의 하나님, 유일신 여호와께서 이스라엘 민족의 종교, 곧 유다 종교에 국한됨을 벗어나 세계 인류의 보편적인 하나님으로 인식되고, 그분의 주권이 모든 지상 통치자의 제국들을 대체하는 전환점으로 나타나고 있음을 보는 것이다.

이는 신32:8-9에서 여호와께서 이스라엘을 당신 몫으로 차지하시고 다른 민족들은 다른 신들에게 배당하셨다면, 이제 다니엘서에서는 이 관점이 바뀐다는 사실을 공표한 것이다.

즉 여호와께서 온 세상의 모든 민족의 보편적인 신으로 부상하는 과정으로 삼은 70년 포로 생활 중·후반 시기에는 그 하나님을 더 이상 이스라엘 또는 유다 민족의 신으로만 여겨져서는 안 되는 것이었다(단3:28-29).

제1장(하나님의 진노 아래 있는 시대들, 1장 18절) _ 본문 52~55p에서

본문

1장	NA28판(UBS5판) ΠΡΟΣ ΡΩΜΑΙΟΥΣ	로마서 1장 필자 사역
1:16	Οὐ γὰρ ἐπαισχύνομαι τὸ εὐαγγέλιον, δύναμις γὰρ θεοῦ ἐστιν εἰς σωτηρίαν παντὶ τῷ πιστεύοντι, Ἰουδαίῳ τε πρῶτον καὶ Ἕλληνι.	참으로 나는 그 복음을 부끄러워하지 않습니다. 왜냐하면 그 복음은 믿는 각 사람을 구원에 이르게 하시는 하나님의 권능이기 때문입니다. 그것은 유대인에게 우선적인 것으로 보였으나,* 사실은 유대인과 헬라인 양쪽 모두에게 동일한 것이었습니다.
1:17	δικαιοσύνη γὰρ θεοῦ ἐν αὐτῷ ἀποκαλύπτεται ἐκ πίστεως εἰς πίστιν, καθὼς γέγραπται· ὁ δὲ δίκαιος ἐκ πίστεως ζήσεται.	이는 '오직 그 의인은 믿음으로부터 살 것이다.*'라고 기록된 것과 같이, 하나님의 한 의(義)가* 그 복음 안에서 계시(啓示)되고 있어 믿음으로부터 믿음에 이르게 하고 있기 때문입니다.
1:18	Ἀποκαλύπτεται γὰρ ὀργὴ θεοῦ ἀπ' οὐρανοῦ ἐπὶ πᾶσαν ἀσέβειαν καὶ ἀδικίαν ἀνθρώπων τῶν τὴν ἀλήθειαν ἐν ἀδικίᾳ κατεχόντων,	참으로 하나님의 진노가 하늘로부터 불의로 그 진리를 막고 있는* 사람들의 온갖 불경(不敬)과 불의(不義) 위에 계시되고 있습니다.
1:19	διότι τὸ γνωστὸν τοῦ θεοῦ φανερόν ἐστιν ἐν αὐτοῖς· ὁ θεὸς γὰρ αὐτοῖς ἐφανέρωσεν.	이는*¹ 그 하나님께서 자신을 알아볼 수 있게 그들에게 분명하게 드러내어 보여주셨기 때문입니다.*²
1:20	τὰ γὰρ ἀόρατα αὐτοῦ ἀπὸ κτίσεως κόσμου τοῖς ποιήμασιν νοούμενα καθορᾶται, ἥ τε ἀΐδιος αὐτοῦ δύναμις καὶ θειότης, εἰς τὸ εἶναι αὐτοὺς ἀναπολογήτους,	참으로 그분의 보이지 않는 것들, 곧 그분의 영원하신 능력과 신성이 세상 창조로부터 그 행하신 일들에* 의해 이해되고 깨달아짐으로써 그들이 변명할 수 없게 하신 것입니다.

하나님의 복음과 진노에 대한 기초적인 이해 [I]

접속사

'하나님의 한 진노(ὀργὴ θεοῦ-오르게 데우)'를 말하는 롬1:18을 이끄는 접속사 γὰρ(가르)는 바로 앞 롬1:17(하나님의 한 복음(εὐαγγέλιον θεοῦ-유앙겔리온 데우)에 관해 말한 문단)을 잇는 새 문단의 접속사이다. 이 접속사는 로마서 안에서 150회 이상 쓰일 만큼 사도 바울의 사상을 표현하는 매우 중요한 역할을 한다.

바우어 헬라어 사전(BAAR, 1988 독일어 6판)은 이를 이유, 설명, 결론, 연속 등에 사용되는 접속사라고 규정하고, 롬1:18의 γὰρ(가르)를 네 번째 '연결 용법'과 관련해 "물론 또는 틀림없이"라는 의미를 덧붙여 놓기 전에 의미심장한 설명(후기 헬라인들에게서 무엇을 언급하거나 무엇을 계속할 때 여기에는 신시대의 본문 사용자들이 이유 주장의 힘이 없음을 한탄하며 그것을 기꺼이 접속사 δέ(데)로 대신하려고 한다는 것)을 제시했다(바우어헬라어사전 ⓒ생명의말씀사 2017). 쉽게 말하면 후기 헬라인들이 γὰρ(가르)를 δέ(데)로 대체 사용하려 했다는 말이다.

하지만 필자가 보기에 불필요한 생각으로 보인다. 왜냐하면 차후 본문을 구체적으로 설명할 때 보겠지만 문맥상 γὰρ(가르)가 원인적 이유를 나타내는 기본적인 역할을 하는 데 충실하게 자리 잡고 있기 때문이다.

아무튼 이후 2000년에 발행된 영문 3판 BDAG에서는 롬1:18의 γὰρ(가르)를 설명적 용법에 묶어 분류하고, "설명 기능과 유사하게 γὰρ(가르)를 연속 또는 연결을 표현하는 내러티브 마커로 사용한다(Akin to explanatory function is the use of A as a narrative marker to express continuation or connection)."라고 했다.

동시 상황

중요한 것은 이 γὰρ(가르)를 매개(媒介)로 롬1:17의 "하나님의 한 의(δικαιοσύνη θεοῦ-디카이오쉬네 데우)가 하나님의 한 복음(εὐαγγέλιον θεοῦ-유앙겔리온 데우) 안에 계시되고 있다."라는 상황적 상태와 롬1:18의 "하나님의 한 진노(ὀργὴ θεοῦ-오르게 데우)가 하늘로부터 계시되고 있다."라는 상황적 상태가 동시적이면서도 대조적으로 전개되고 있다는 사실이다. 이는 이 γὰρ(가르)가 동시적 상황에서 벌어지는 한 사건의 두 국면에 대해 서로의 인과 관계를 설명하는 연결사의 역할을 하고 있다는 말이다.

그 점에서 롬1:17의 '하나님의 한 의(δικαιοσύνη θεοῦ-디카이오쉬네 데우)'가 나타나는 계시 상황이 롬1:18의 '하나님의 한 진노(ὀργὴ θεοῦ-오르게 데우)'가 나타나는 계시 상황 속에서 펼쳐지고 있는 아주 특별한 계시의 두 국면을 가리키고 있음은 분명한 사실이다.

따라서 롬1:17의 "하나님의 한 의(δικαιοσύνη θεοῦ-디카이오쉬네 데우)가 하나님의 한 복음(εὐαγγέλιον θεοῦ-유앙겔리온 데우) 안에 계시되고 있다."라는 표현은 롬1:18의 계시되고 있는 '하나님의 한 진노(ὀργὴ θεοῦ-오르게 데우)' 아래서 구원을 베푸시는 하나님의 의로운 행동이 계속해서 나타나고 있음을 강조하는 것이다(이제까지 위에서 사용한 '하나님의 한 복음과 한 의와 한 진노'를 엄밀하게 직역하면 '한 하나님의 한 복음, 한 의, 한 진노'로 표현해야 맞지만, 우리말 어법상 그렇게 표현하는 것이 어색하기에 우리말 성경에서는 늘 감춰지곤 했던 헬라어의 정확한 의미를 수면 위로 끄집어내어 남다른 관심을 갖게 하고자 편의상 그렇게 번역했다.

이는 필자가 전환된 관점으로 그리스도 예수 안에서 로마서를 번역하고 해설하는 데 있어서 매우 중요한 역할을 하여 관점의 전환을 시도할 수 있게 한 원인적 키포인트(key point)이다. 핵심은 헬라어 본문 번역에 있어서 정관사의 유무에 대해 정확히 구분해서 번역하고 그 의미를 이해하려고 할 때 저자인 사도 바울의 진의에 이를 수 있다는 게 필자의 생각이다.

따라서 필자가 '하나님의 복음(롬1:1)과 하나님의 의(롬1:17), 그리고 하나님의 진노(롬1:18)'라고 번역하면 헬라어 본문에 정관사가 없는 표현이고 '그 하나님의 그 진리(롬1:25)'와 '그 하나님의 그 복음(롬15:16)'과 같이 번역하면 헬라어 본문에 정관사가 있는 표현이라고 알면 된다. 다만 '하나님의 복음과 하나님의 의, 그리고 하나님의 진노' 등 정관사가 없는 모든 명사와 형용사의 표현은 그리스도 예수님 안에 있는 구속을 통해 완성되고 완성될 구속사의 관점에서 새롭게 형성된 세계관에 따라 일반화된 표현이라는 점을 미리 밝혀 둔다).

주도권

다만 여기서 눈여겨보아야 할 것은 이 같은 강조가 특별히 대조적인 두 문장의 시작에 "계시되고 있다(Ἀποκαλύπτεται-아포칼립테타이)."라는 뜻의 동사를 동일하게 사용함으로써 무언가를 나타내고자 의도하고 있다는 점이다. 그리고 그것은 헬라어의 '현재 수동(피동)태 직설법'이라고 하는 그 동사의 형태론적 의미가 가리키듯 그 계시 상황이 수동적으로 발생하고 있다는 사실을 말한다.

이는 하나님의 진노가 계시되고 있는 상황에서 하나님의 구원이 계시되고 있는 상황, 그러니까 이중적 계시 상황에서 그 계시의 주체를 강조하고자 함이다. 하나님의 진노에 대한 계시도 하나님께 주도권이 있고, 하나님의 구원에 대한 계시도 그 주도권이 온전히 하나님께 있다는 강조의 표현이다.

급박한 상황
이렇게 γὰρ(가르)는 연결사로서 롬1:17에서 보여지는 하나님의 복음 안에서의 계시 상황에 이어 롬1:18에서도 계속되는 그 계시의 동시 상황을 연결해 설명하는 역할을 하고 있을 뿐 아니라, 그 설명이 이유나 원인을 나타내는 기본적인 개념 안에 있음도 명확하다.

이 γὰρ(가르)를 매개로 펼쳐지는 상황을 정리하자면, 한쪽에서는 하늘로부터 하나님의 진노가 퍼부어지고 있고, 다른 한쪽에서는 그 진노로부터 구원하기 위해 하나님의 복음이 선포되고 있는 급박한 상황이 펼쳐지고 있다는 것이다.

문제점
그런데 여기서 더욱 중요한 것은 "계시되고 있다(Ἀποκαλύπτεται-아포칼맆테타이)."라는 의미의 동일한 두 동사로 시작되고 있는 이 대조 구문(17절과 18절)에 담긴 두 국면인 하나님의 진노(심판)와 구원 사이에서 발생하는 문제다.

특히 그것은 사도 바울이 인용구를 통해 밝히는 하박국 시대의 계시 상황이 바울의 시대라고 하는 그리스-로마 시대에 어떤 맥락에서 동일시되며, 두 시대 간의 시간적 거리에도 불구하고 어떻게 역사적(歷史的)으로 동시적 상황으로 받아들일 수 있게 되는지에 대한 바른 이해와 관련한 것이다.

이는 우리 인간 각자의 현실적인 삶에 그것이 과거이든 현재이든 미래이든 하나님의 의와 하나님의 진노가 나타나는 방식에 대한 동일한 기준과 관련이 있고, 그 기준에 대한 자각이 명확하지 않다면 하나님의 심판과 구원의 선포라는 것 또한 시대마다 다른 방식으로 나타나야 하는 까닭에 하나님의 일하심, 곧 하나님의 심판과 구원에 대한 그 일관성에 치명적인 타격을 입혀 혼란을 자초하는 논란의 불씨가 될 수 있기 때문이다.

그리스도 예수 안에 있는 구속의 관점
사실 이 문제는 본문에 대해 제대로 된 문맥의 성찰이 이루어졌다면 문제 제기 자체가 불필요하다. 하지만 고문서인 헬라어 텍스트를 바르게 읽기 위한 영적인 관점에서 문자적·문법적·역사적·신학적 문맥 성찰이라는 만만치 않은 도구를 조화롭게 수행할 수 있는 소양을 갖추고 성령의 책망하심과 가르치심과 인도하심에 의존해서 수행해야 하는 작업인 까닭에 여간 조심스럽게 접근하지 않으면 쉽게 해결될 문제가 아님을 인식할 필요가 있다.

한마디로 로마서 텍스트의 어느 한 부분을 다룰 때, 그리고 그것이 아무리 작은 단위의 구문이라고 할지라도, 아니 단어 하나만의 의미를 생각할 때조차도 로마서 자체가 말하는 그리스도 예수 우리 주님께서 이루시는 구속의 관점(롬3:24, 8:23)을 따르는 구속사의 시각과 문맥을 견지해야 한다는 말이다.

진행과 반복

우선 이 문제를 풀기 위해 롬1:17절과 18절이 하나님의 계시와 관련한 현실에 대한 논리적 표현임을 이해할 필요가 있다. 여기서 '현실'이란 사도 바울이 로마서를 쓸 당시의 현실과 우리의 현실이 오버랩되고 있는 현실이다.

그런 점에서 이미 앞에서도 잠시 언급했듯이 그 계시 상황을 본문이 수동태 직설법 형태의 현재 동사를 사용해 표현하고 있다는 점을 주목해야 한다. 왜냐하면 신약 성서의 언어 헬라어(그리스어) 현재 동사의 시제(時制)는 화자가 말하는 시간을 기준으로 하여 사건이 일어나고 있다는 진행적 의미와 반복적 의미를 동시에 표시하는 범주에 해당하기 때문이다.

따라서 사도 바울이 이 글을 쓰고 있는 시점으로부터 오늘에 이르기까지 이 두 국면이 어떤 내용을 가지고 어떤 방식으로 진행되고 반복되는지를 아는 것은 매우 중요하다.

핵심 사례

사도 바울은 이미 롬1:17에서 이 두 국면의 계시 상황과 관련해 구약 성경 합2:4을 인용해 하박국 선지자 시대의 상황을 토대로 자신의 시대를 해석함으로써, 우리 또한 그것을 토대로 이미 1권에서 두 시대가 갖는 두 국면의 현실적인 맥락을 파악할 수 있는 정도의 넓은 역사적 의미를 살펴보았다(여기서 중요한 것은 로마서 전체에 인용된 구약성경 구절들이 대체로 이사야 선지자에 집중되어 있지만 바울은 다양한 구약성경의 저자들의 세계관을 불가분리의 하나의 통일된 세계관으로 인식하고 있다는 점이다).

핵심을 정리하자면 하박국 시대는 이스라엘의 하나님 여호와(합1:12, 3:18)께서 이방 민족을 진노의 도구로 사용해 이스라엘을 심판하시고 그 이방 민족을 또 다른 이방 민족을 들어 심판하시는 그 하나님의 일하심에 관한 구체적인 사례를 볼 수 있는 시대이다. 그것은 이방 민족에 정복당해 살아야 하는 그 하나님의 백성들에 대한 그 하나님의 심판이 부당하다고 주장하는 하박국 선지자의 울부짖음에 대한 그 하나님의 응답으로 확인된다(합2:4).

그 하나님의 뜻은 명확했다. 당시 남 유다는 요시야왕이 애굽의 느고왕과 싸우다 전사하여 정치적으로 애굽의 간섭을 받는 상황에서 북 이스라엘을 멸망시킨 앗수르(아시리아)를 바벨론(갈대아-신바빌로니아)을 들어 멸망시킴으로 남 유다를 바벨론의 속국으로 만들어 버리겠다는 것이 그 하나님의 심판이었다. 그리고 그 심판에서 벗어나는 해결책으로 "그 의인은 믿음으로 살 것이다."라고 하는 그 하나님의 구원에 대해서도 명확하게 말씀하셨다.

이는 모든 세계가 그 하나님께서 내세우는 정의, 그러니까 인간들이 생각하는 방식의 옳고 그름의 판단 방식을 넘어서는 극단에서 베풀어지는 신성으로 충만한 정의(필자의 언어로는 극단적인 정의)에 합당하게 살고 있지 않다는 사실을 알리며 그 구원의 길을 공식적으로 밝히는 선언적 의미가 있다.

혁신의 시대
여기서 짚고 넘어가야 할 분명한 사실은, 하박국 선지자 당시 정복 전쟁을 통해 건국되는 제국적 통치상황 아래 전 세계적으로 그 하나님의 진노가 나타나고 있었고, 그 진노 상황으로부터 울려 퍼지고 있던 "그 의인은 믿음으로 살 것이다."라는 그 하나님의 준엄한 심판 속에서의 구원에 대한 메시지가 사도 바울 시대에서 바울이 전하는 하나님의 복음을 통해 완성된 계시로 선포되고 있다는 것이다.

이는 하박국 시대의 그 하나님의 심판과 진노 역시 사람들이 그 하나님과의 관계에서 믿음으로 살지 않았기 때문이라는 점에서 하박국 시대의 연장으로서 그 진노가 가감 없이 그리스-로마 시대에도 투영되어 계시되고 있지만 다른 점이 있다면 사도 바울이 말하는 하나님의 진노와 하나님의 의는 하박국 시대의 그 하나님의 구원과 심판을 나타내는 사건들(심지어 구약성경의 모든 사건들)을 모두 내포한 최종적인 결과로서 예수 그리스도 우리 주님께서 십자가에 돌아가시고 일으켜지신 사건을 통해 명확하게 계시되고 있다는 점이다.

즉 그리스-로마 시대에 사도 바울이 선포하는 하나님의 복음을 통해 계시되고 있는 하나님의 의와 진노가 실제로 어떤 것인지를 보여 주는 사례로 하박국 시대의 사건들을 제시함으로써 하나님의 복음의 필요성을 일깨워 그 복음 선포가 인류에게 새로운 삶이 시작되는 새로운 시대가 열렸음을 공표하려는 것이다.

한마디로 이전 시대를 결산하신 주님 그리스도 예수 안에 있는 구속의 은혜를 통해 선포된 하나님의 복음 안에서 계시되는 하나님의 의가 영원한 생명에 대한 믿음을 일으켜 새로운 인류를 창조해 내는 혁신의 시대가 시작되었다는 말이다.

바울의 안목

우리가 바울의 텍스트를 이렇게 읽을 수 있는 것은 바울이 그 복음의 실효를 설명하기 위해 인용하는 구약 성경 구절에 대해 주님 그리스도 예수 안에서의 구속사적 문맥으로 읽어 내는 바울의 이해와 안목을 따른 것이다.

바울에 따르면 "형제들아 내가 너희를 위하여 이 일(그 복음의 사역자로서의 맡은 일에 대한 충성)에 나와 아볼로를 들어서 본을 보였으니, 이는 '너희는 기록된 말씀 밖으로 넘어가지 말라.'라고 한 것을 우리에게서 배워 서로 대적하여 교만한 마음을 가지지 않게 하려 함이다(고전4:6)."라고 했다.

또 "그들에게 일어난 이런 일은 본보기가 되고, 또한 말세를 만난 우리를 깨우치기 위해 기록되었다(고전10:11)."라고 했다. 왜냐하면 전에 기록된 바는 무엇이든지 우리의 교훈을 위하여 기록된 것으로서 우리가 인내로 또는 성경의 위로로 소망을 가지게 함이기 때문이다(롬15:4).

콘텍스트

이처럼 바울의 텍스트 안에 배치되고 있는 콘텍스트는 하박국 시대에 그 하나님(합1:12, 3:18)의 진노가 나타나는 현장을 고발하고 있는 구약 성경이다. 그 콘텍스트는 바울 텍스트의 중심 메시지인 하나님의 복음이 가진 참된 의미를 결정짓는 해석학적 근거로 인용되고 있다.

실제로 그것은 바울의 현재, 즉 바울이 몸을 담고 있는 그 세계와 그 시대, 그리고 그 세기가 가진 문제점에 대한 그 진정한 의미를 캐묻고, 그 해결점을 찾아 사유하기 위한 근거로 작동한다.

재미 있는 것은 거기로부터 인류 세계의 문제에 대한 집요한 물음이 제기된다는 점에서 그 물음과 그 해답을 얻고자 하는 마음은 밖을 향해 끊임없이 열려 있는 구조를 가지지만 '기록된 말씀 밖으로 넘어가지 말아야 한다(고전 4:6).'라는 한계가 명확하다.

따라서 바울적 현존재에 대한 현재란 바로 바울의 텍스트에 인용된 콘텍스트가 가리키는 하박국 시대이고, 그 시대는 바울의 시대라고 하는 그리스-로마 시대와 동일시되는 시대이다. 그러므로 이 콘텍스트가 제공하는 물음의 장소에서 '바울의 오늘'을 재구성해야 하며, 거기에서 '오늘의 바울'을 만나야 한다.

새로운 삶의 방식

이는 바울이 로마서를 통해 풀어내려고 하는 핵심 문제가 유대인과 이방인 사이의 벽을 전능하신 하나님의 능력인 하나님의 복음(롬1:16)으로 허물고 둘로 하나가 되게 하여 그 하나님(합1:12, 3:18)께 나아가는 유일한 특권을 가진 새 인류를 창조하시는 하나님의 지혜와 권능을 맛보아 알게 하려고 하는 것이다.

그리고 그것을 그들을 통해서만 새로운 인류가 어떻게 창조되는지를 알 수 있는 유일한 길이 제공된다. 마침내 온 세상은 그들이 한 몸이 되어 그 하나님을 아버지로 모시고 사는 그 하나님의 거처, 곧 성전으로 지어져 가는 것을 볼 것이다.

이는 로마서가 말하는 그리스도 예수 안에서 규정된 하나님의 복음(롬1:2-4)을 모든 인류에게 공평하게 선포함으로써 구원을 베푸시는 은혜와 사랑의 역사(役事)가 예수 그리스도의 죽음과 부활이라는 극단적인 사건에서 계시되는 '하나님의 의(롬1:17)'를 통해 믿음이라는 새로운 삶의 방식으로 인류를 살게 하시는 새로운 창조의 역사가 시작되었다는 선언이다(엡2:1-22).

1 또한 여러분도 여러분의 여러 과오와 죄로 죽은 자들이었으며,
2 그때 여러분은 그것들 안에서 이 세상의 풍속을 따라 걸었으니, 그 공중의 권세를 잡은 통치자, 곧 지금 그 불순종의 아들들 안에서 역사하는 영의 통치자를 따라 걸었습니다.
3 그것들 안에서 우리 모두도 그때 우리 육신의 욕심들 안에서 처신하되 그 육신과 그 감각적인 지성들의 원하는 것들을 행함으로써 우리도 나머지 사람들과도 같이 본성으로 진노의 자녀들이었습니다.
4 그러나 긍휼에 부유하신 그 하나님께서 우리를 사랑하신 그분의 그 많은 사랑을 인하여
5 그 과오들로 죽은 상태에 있는 우리 또한 그 그리스도와 함께 살리셨고(여러분은 은혜로 구원을 받은 것입니다),
6 또 함께 일으키셨으며 그리스도 예수 안에서 에피하늘들 안에 함께 앉히셨습니다.
7 이는 그분께서 그리스도 예수 안에서 우리에게 관대하심으로 그의 은혜의 넘치는 부유함을 잇달아 오는 시대들 안에서 보여 주시기 위함이었습니다.
8 왜냐하면 여러분은 그 은혜로 믿음을 통해 구원받은 것이기 때문입니다. 그리고 이것은 여러분에게서가 아닌 하나님께로부터 받은 선물입니다.
9 그 선물은 행업들로부터 획득한 것이 아닌데, 이는 누구도 자랑하지 못하도록 하기 위함입니다.
10 우리는 그분의 작품으로서, 그리스도 예수 안에 그 선한 일들에 근거하여 창조되었습니다. 그 하나님께서 우리로 그것들 안에서 걸어가게 하려고 미리 준비하신 것입니다.
11 그러므로 여러분은 그때에 육신으로 이방인들로서 손으로 행한 육신의 할례라고 말하여지는 그 할례에 의해 무할례로 말하여지는 자들이었음을 기억해야 합니다.
12 여러분은 그때에 그리스도와 별개로 있었기 때문에 그 이스라엘의 시민권으로부터 소외되어 그 약속의 언약들에 대하여 낯선 손님들이었으며 그에 대한 소망을 가지지 않은 자들 곧 그 세상 안에서 하나님 없는 자들이었습니다.
13 그러나 이제는 그리스도 예수 안에서 멀리 있던 여러분이 그 그리스도의 피로 가깝게 되었습니다.
14 왜냐하면 그가 바로 친히 우리의 평화이시기 때문인데 그가 그 둘을 하나로 만들어 그 장벽의 분할, 곧 그 적개심을 그의 육신으로 깨뜨리시고

15그 계명들의 율법을 하나의 교훈 안에서 폐지하셨으니, 이는 그 둘을 그 안에서 하나의 새로운 사람으로 창조하여 평화를 만드시고,
16또한 그 둘을 십자가를 통해 한 몸으로 그 하나님께 전적으로 화해시키시고, 그 적개심을 그 안에서 죽이게 하기 위함이었습니다.
17마침내 그가 오셔서 멀리 떨어져 있던 여러분에게 평화의 복음을 전하셨고, 가까이 있던 자들에게도 평화의 복음을 전하셨습니다.
18왜냐하면 그를 통해 우리 곧 그 둘이 하나의 영 안에서 그 아버지를 향해 들어감을 가지기 때문입니다.
19그러므로 여러분은 더 이상 낯선 손님들이거나 거류민들이 아니고, 오히려 그 거룩한 자들과 동일한 시민이며 그 하나님의 집안사람들입니다.
20여러분은 사도들과 예언자들의 기초 위에 세워졌으며, 그리스도 예수께서 그것의 모퉁이 돌이시고
21그 안에서 모든 건물이 서로 밀접하게 연결되어 있으며 그것은 주님 안에서 성전으로 자라납니다.
22그 안에서 여러분도 영으로 그 하나님의 거처로 함께 지어져 갑니다.

1 Καὶ ὑμᾶς ὄντας νεκροὺς τοῖς παραπτώμασιν καὶ ταῖς ἁμαρτίαις ὑμῶν, 2 ἐν αἷς ποτε περιεπατήσατε κατὰ τὸν αἰῶνα τοῦ κόσμου τούτου, κατὰ τὸν ἄρχοντα τῆς ἐξουσίας τοῦ ἀέρος, τοῦ πνεύματος τοῦ νῦν ἐνεργοῦντος ἐν τοῖς υἱοῖς τῆς ἀπειθείας· 3 ἐν οἷς καὶ ἡμεῖς πάντες ἀνεστράφημεν ποτε ἐν ταῖς ἐπιθυμίαις τῆς σαρκὸς ἡμῶν ποιοῦντες τὰ θελήματα τῆς σαρκὸς καὶ τῶν διανοιῶν, καὶ ἤμεθα τέκνα φύσει ὀργῆς ὡς καὶ οἱ λοιποί· 4 ὁ δὲ θεὸς πλούσιος ὢν ἐν ἐλέει, διὰ τὴν πολλὴν ἀγάπην αὐτοῦ ἣν ἠγάπησεν ἡμᾶς, 5 καὶ ὄντας ἡμᾶς νεκροὺς τοῖς παραπτώμασιν συνεζωοποίησεν τῷ Χριστῷ,–χάριτί ἐστε σεσῳσμένοι– 6 καὶ συνήγειρεν καὶ συνεκάθισεν ἐν τοῖς ἐπουρανίοις ἐν Χριστῷ Ἰησοῦ, ἵνα ἐνδείξηται ἐν τοῖς αἰῶσιν τοῖς ἐπερχομένοις τὸ ὑπερβάλλον πλοῦτος τῆς χάριτος αὐτοῦ ἐν χρηστότητι ἐφ' ἡμᾶς ἐν Χριστῷ Ἰησοῦ. 7 ἵνα ἐνδείξηται ἐν τοῖς αἰῶσιν τοῖς ἐπερχομένοις τὸ ὑπερβάλλον πλοῦτος τῆς χάριτος αὐτοῦ ἐν χρηστότητι ἐφ' ἡμᾶς ἐν Χριστῷ Ἰησοῦ. 8 Τῇ γὰρ χάριτί ἐστε σεσῳσμένοι διὰ πίστεως· καὶ τοῦτο οὐκ ἐξ ὑμῶν, θεοῦ τὸ δῶρον· 9 οὐκ ἐξ ἔργων, ἵνα μή τις καυχήσηται. 10 αὐτοῦ γάρ ἐσμεν ποίημα, κτισθέντες ἐν Χριστῷ Ἰησοῦ ἐπὶ ἔργοις ἀγαθοῖς οἷς προητοίμασεν ὁ θεός, ἵνα ἐν αὐτοῖς περιπατήσωμεν. 11 Διὸ μνημονεύετε ὅτι ποτὲ ὑμεῖς τὰ ἔθνη ἐν σαρκί, οἱ λεγόμενοι ἀκροβυστία ὑπὸ τῆς λεγομένης περιτομῆς ἐν σαρκὶ χειροποιήτου, 12 ὅτι ἦτε τῷ καιρῷ ἐκείνῳ χωρὶς Χριστοῦ, ἀπηλλοτριωμένοι τῆς πολιτείας τοῦ Ἰσραὴλ καὶ ξένοι τῶν διαθηκῶν τῆς ἐπαγγελίας, ἐλπίδα μὴ ἔχοντες καὶ ἄθεοι ἐν τῷ κόσμῳ. 13 νυνὶ δὲ ἐν Χριστῷ Ἰησοῦ ὑμεῖς οἵ ποτε ὄντες μακρὰν ἐγενήθητε ἐγγὺς ἐν τῷ αἵματι τοῦ Χριστοῦ. 14 Αὐτὸς γάρ ἐστιν ἡ εἰρήνη ἡμῶν, ὁ ποιήσας τὰ ἀμφότερα ἓν καὶ τὸ μεσότοιχον τοῦ φραγμοῦ λύσας, τὴν ἔχθραν ἐν τῇ σαρκὶ αὐτοῦ, **15** *τὸν νόμον τῶν ἐντολῶν ἐν δόγμασιν καταργήσας, ἵνα τοὺς δύο κτίσῃ ἐν αὐτῷ εἰς ἕνα καινὸν ἄνθρωπον ποιῶν εἰρήνην* **16** *καὶ ἀποκαταλλάξῃ τοὺς ἀμφοτέρους ἐν ἑνὶ σώματι τῷ θεῷ διὰ τοῦ σταυροῦ, ἀποκτείνας τὴν ἔχθραν ἐν αὐτῷ.* **17** *καὶ ἐλθὼν εὐηγγελίσατο εἰρήνην ὑμῖν τοῖς μακρὰν καὶ εἰρήνην τοῖς ἐγγύς·* **18** *ὅτι δι' αὐτοῦ ἔχομεν τὴν προσαγωγὴν οἱ ἀμφότεροι ἐν ἑνὶ πνεύματι πρὸς τὸν πατέρα.* **19** *Ἄρα οὖν οὐκέτι ἐστὲ ξένοι καὶ πάροικοι ἀλλ' ἐστὲ συμπολῖται τῶν ἁγίων καὶ οἰκεῖοι τοῦ θεοῦ,* **20** *ἐποικοδομηθέντες ἐπὶ τῷ θεμελίῳ τῶν ἀποστόλων καὶ προφητῶν, ὄντος ἀκρογωνιαίου αὐτοῦ Χριστοῦ Ἰησοῦ,* **21** *ἐν ᾧ πᾶσα οἰκοδομὴ συναρμολογουμένη αὔξει εἰς ναὸν ἅγιον ἐν κυρίῳ,* **22** *ἐν ᾧ καὶ ὑμεῖς συνοικοδομεῖσθε εἰς κατοικητήριον τοῦ θεοῦ ἐν πνεύματι.*

(NA28판, UBS5판 엡2:1-22 필자 사역)

사도 바울의 시대

사도 바울 시대의 명확한 역사적 문맥에 대해서는 이미 우리가 1권에서 어느 정도 필요한 기초를 놓았다. 그 시대는 사도 바울이 주목하고 있는 관점에서 현대적 표현을 빌리자면 그리스-로마 시대라고 할 수 있는데, 그 시대의 시대정신은 현대인들의 살 속 깊이 뼛속 깊이 박혀 있다고 해도 조금도 과장되지 않은 로마법(로마의 율법) 아래 에피쿠로스학파와 스토아학파의 철학 사상과 융합된 제국의 황제 숭배 사상이었다(1권 255-259p 참조).

성전 재건

구약 성경 맥락에서 하박국 시대는 유다 왕국의 멸망을 선포하는 눈물의 선지자 예레미야를 비롯해 스바냐, 나훔, 요엘 등이 활동하던 때이다. 북왕조 이스라엘이 아시리아의 속국(B.C. 722년)이 된 후 136년 만에 유다가 다시 바벨론의 속국(B.C. 586년)이 됨으로써 야곱의 후손인 이스라엘 전체가 바벨론 제국에 사로잡히는 망국의 시대였다.

비록 그렇게 북왕조 이스라엘과 남왕조 유다가 제국적 전쟁의 소용돌이에 휘말려 있었지만, 그 하나님의 약속을 붙잡고 있는 이스라엘 후손들은 선지자들의 외침 속에서 믿음으로 실현될 그 하나님의 그 나라를 소망하며 약속의 나라를 세우기 위해 박차를 가할 수 있었다.

이는 바벨론 제국의 포로 생활에서 벗어날 전기를 마련해 준 페르시아의 고레스왕에 의해 예루살렘 성전을 재건할 수 있는 기회가 주어짐으로써 가능한 일이었다. 여전히 속국이긴 하지만 본토에 돌아가 여호와 하나님을 섬기는 일을 다시 시작할 수 있었던 것은 남다른 의미였다.

역사의 공백
하지만 사도 바울의 시대는 성전 재건 이후 계속되는 제국 전쟁하에서 그 하나님의 백성들이 추구하는 신앙생활이 퇴색할 수밖에 없었던 암흑기, 곧 그 하나님의 말씀을 선포하는 선지자의 활동이 거의 없고(지지를 받지 못하고) 거짓 선지자들이 난무하는(득세했던) 영적으로 매우 캄캄한 어둠의 시대를 끝낸 예수 그리스도의 복음 시대였다(막1:1).

하박국 시대로부터 사도 바울의 시대라고 할 수 있는 그리스-로마 시대까지는 약 오륙백 년의 역사라고 하는 역사의 공백이 있다. 이 기간 중에 암흑기라고 할 수 있는 기간이 66권 신·구약 성경의 맥락에서 말라기 선지자를 끝으로 세례 요한까지 약 사백 년 동안 계속되어 오다가 우리 주님 예수 그리스도께서 일으키신 새로운 시대, 곧 복음의 시대가 열렸다. 그 최초 복음의 시대에 사도 바울의 시대가 있다.

축(軸)의 시대
역사적 맥락에서 보면 하박국 시대는 바벨론이 번영하는 시대이고, 사도 바울의 시대는 바벨론과 페르시아에 이어 그리스(헬라)가 멸망하고, 이어서 그 그리스가 법(율법)의 나라 로마에 의해 멸망한 시대였지만, 오히려 그 시대는 그리스의 문화가 로마를 지배하는 그리스-로마 시대였다.

이 두 시대 사이의 공백 기간 중, 그러니까 일반적으로 B.C.(기원전) 8세기와 3세기 사이를 세계사적 관점에서 '축(軸)의 시대'라고 할 만큼 지구촌 곳곳에서 지혜와 지식이 뛰어난 현자들과 사상가들이 출현해 당시 인류 사회가 가진 믿음과 신화 등으로 형성된 민간전승의 신화적 세계관에서 벗어나 자연법칙의 탐구를 추구하는 시대를 열어 오늘에 이르는 변혁이 시작되었고, 그 변혁은 지금도 온 세상의 문화적 혁명을 일으키는 추동(推動)으로 작동하고 있다.

이 '축(軸)의 시대'는 개신교 성경의 맥락에서 보면 선지자들을 통한 여호와 하나님의 계시가 전혀 없었다고 하는 암흑기와 겹쳐 있다. 이 암흑기는 신학적으로 신·구약 성경의 중간 시대로 분류해 그 하나님께서 메시아 초림(예수님의 탄생)을 실행하시기 위한 마지막 준비 기간이라고 할 수 있다.

이는 그 하나님께서 세상을 창조하신 이래로 가장 어둠이 깊을 때, 그러니까 영적인 죄악이 온 세상에 위세를 떨치고 있을 때 예수님께서 영적인 빛으로 오셔서 그 영적 어둠의 세계 질서를 낱낱이 밝혀 그 실체적 진실을 드러내셔야만 했던 영적으로 가장 불의하고 불경한 최고로 악한 시대였다.

새로운 역사 인식

재미 있는 것은 역사적 문맥에서 보면 이 기간에도 선지자들의 활동은 계속되고 있었고, 그 하나님의 계시 또한 계속되고 있었다는 것이 이미 많은 연구를 통해 밝혀졌을 뿐만 아니라, 그것이 사도 바울의 문맥에서 보는 계시의 진행과 반복이라는 시각과 일치한다는 것이다.

이는 세계사의 역사적 문맥과 성경 속의 구속사적 문맥을 합해서 인류 문화에 따른 시대의 흐름을 새롭게 볼 수 있는 복합적 안목, 곧 그리스도 예수 안에 있는 구속을 통해 세계의 역사를 보는 영적 안목이라고 할 수 있다.

그리고 그것은 아시리아 제국에 의해 멸망한 북왕조 이스라엘의 멸망 속에서도, 바벨론 제국에 의한 남왕조 유다의 멸망 속에서도, 페르시아에 의한 바벨론의 멸망 속에서도, 그리스에 의한 페르시아의 멸망 속에서도, 로마에 의한 그리스의 멸망 속에서도 그 하나님의 진노와 구원의 계시는 계속되고 있었으나, 이제 그것이 그리스도 예수 안에 있는 구속의 관점에서 규정되고 선포되는 하나님의 복음이라는 특별한 종말론적 계시를 통해 새로운 시대가 열렸다고 선언하는 새로운 역사 인식이다.

이를 필자는 그리스도 예수 안에서 시작된 새로운 창조의 역사에 대한 인식이라고 여긴다.

특별한 권능

이 시각에 의하면 이 세상의 역사란 멸망을 향하여 그대로 직진하는 형국이고, 그런 이 세상의 역사 속에 종말론적인 계시로 사도 바울이 말하는 하나님의 복음이 와 있는 형국이다.

이는 말씀으로 귀신들을 쫓아내시고 모든 병자를 고쳐 주심이 우리의 연약함을 떠맡으시고 우리의 질병을 짊어지시는 것임을 알지 못하는 자들을 뒤로하고 바다 건너편에 사는 사람들에게 천국 복음을 전하러 가시는 중에 매우 거센 폭풍이 일어나 파도가 배를 뒤덮자 아비규환에 빠진 제자들이 예수님을 깨워 구원을 요청했을 때 믿음 없음을 말씀하시며 일어나 바람과 바다를 꾸짖어 잔잔케 하신 예수님(마8:23-27)을 생각나게 하는 대목이다.

또한 오병이어의 표적을 행하신 후 바다 한가운데서 거친 풍랑을 만나 절규하고 있는 제자들을 향해 유유히 물 위를 걸어오시면서 바다 위를 걸어오라고 부르시는 예수님과 그 예수님의 말씀을 좇아 물 위를 걷다 말고 사나운 바다 물결의 공포에 휩싸여 물속에서 아우성치는 제자를 건지시고는 그의 믿음 없음을 꾸짖으시며 왜 의심하는지를 물으신 예수님(마14:22-34)이 생각나는 대목이기도 하다.

따라서 그리스도 예수 안에서 규정된 하나님의 복음이란 창조주 전능하신 하나님의 계획에 따라 정하신 때에 맞게 이 세상의 역사 속에 비밀스럽게 들어와 활동해 새로운 세계를 창조하는 하나님만의 특별한 지혜와 권능이다.

현재성

여기서 '종말론적 계시'란 말에 주목할 필요가 있다. 한마디로 지나간 역사 속에서 계속되어 온 여호와 하나님의 구원과 심판이라는 계시가 그리스도 예수 안에서 '하나님의 복음'이라는 마지막 형태로 나타나 미래에 일어날 새로운 창조의 세계를 미리 앞당겨 계시한다는 말이다. 다만 그 새로운 창조적 계시는 미래 하나님의 구원을 예고하는 성격이 강한 것처럼 들리나 그 복음을 통해 하늘로부터 현재 계속적이고 반복적으로 계시되고 있는 하나님의 진노로부터 구원하는 현재성이 강조되어 나타난다.

이는 과거가 없는 현재는 있을 수 없고, 현재가 없는 미래가 있을 수 없듯이 거꾸로 미래에서 끌어온 현재가 없는 과거의 현재도 있고, 과거의 현재가 없는 미래의 현재도 있다는 말이나 다름없다. 오늘 우리가 사는 이 시대와 우리가 머물러 있는 현재 이 자리에서 하나님의 구원하심에 참여하는 것을 강조하는 것이다(마6:34, 약4:14, 잠21:1). 왜냐하면 현재의 구원에 참여하는 것이 미래 구원의 담보물이 되고 미래 구원의 확실성이 현재 구원을 담보하기 때문이다(히6:17, 7:22, 고후1:22, 엡1:14, 4:30, 고후5:5).

영원한 특성
이렇게 그리스도 예수 안에서 하나님의 계시인 하나님의 복음을 선포하는 차원에서 보면, 하나님의 진노가 유예되고 있기는 하지만 이 세상의 역사는 이미 하나님의 진노 대상으로서 진행하고 반복할 뿐이다. 사도 바울이 하박국 시대로부터 그리스-로마 시대의 종교적이며 정치·철학적인 이 세상의 모든 법적(율법적) 질서의 현상을 하나님의 진노 대상으로 보듯이, 지나간 모든 역사와 현시대뿐만 아니라 미래의 일들 또한 법적(율법적)으로 하나님의 진노 대상이 되는 것은, 하나님의 복음이 종말론적으로 선포되는 영원한 특성을 가지기 때문이다(히13:8).

독특함
이런 관점에서 사도 바울이 선포하는 하나님의 복음은 이 세상의 그 어느 신학과 철학 등 모든 학문적 이념과 다르며, 그것들과 섞일 수 없는 법적(율법적)으로 독특한 사유의 세계를 구축함과 동시에 이 세상의 모든 법(율법) 아래 있는 철학과 학문의 세계를 초월해 모든 법(율법)의 완성과 충만으로 현재에 존재한다. 그걸 필자는 '영적인 삶의 실상'이라고 하고 '영적 존재의 실체'라고 한다.

  이는 우리가 앞으로 차차 그러나 아주 심도 있게 일관성을 가지고 살펴보겠지만 이를 사도 바울은 간명하게 그리스도 예수 안에서 하나님의 영을 따라서 사는 삶이라 규정한다(롬7:5-6, 8:1-9).

믿음의 눈
실제로 롬1:17이 그리스도 예수 안에서 인류를 구원하시는 하나님의 복음이 선포되는 상황이 펼쳐지고 있는 것을 표현하되 그 복음은 믿음을 통해서만 작동한다고 명시한다. 그리고 롬1:18은 롬1:17과 동시적으로 하나님의 진노 아래 하나님의 구원을 갈망하는 인류의 비참한 상황이 펼쳐지고 있음을 제시한다. 그렇다면 롬1:17의 상황과 롬1:18의 상황은 그리스도 예수 안에 있는 구속(롬3:24)의 은혜로 얻은 믿음이라는 통로를 통해서만 오갈 수 있는 계시 상황이 된다.

이는 어떤 이들에게 이해하기 쉽지 않은 논리가 될 수 있지만, 롬1:17의 상황에서 생성되는 믿음 없이는 롬1:18의 상황을 이해할 수 없고, 롬1:18의 상황에서도 그 믿음 없이 롬1:17의 상황으로 들어갈 수 없다는 것이다.

한마디로 두 상황에 대한 바울의 텍스트는 그리스도 예수 안에 있는 구속을 통한 은혜로 얻은 믿음의 눈으로 보아야만 이해할 수 있는 내용이라는 말이다.

공정함

이렇게 롬1:17과 롬1:18의 인과 관계는 그리스도 예수 안에 있는 구속을 통해 은혜로 얻은 하나님의 선물 곧 '믿음으로 얻는 구원'과 관련이 있고, 하나님의 선물은 '하나님의 은혜'라고 하는 인간세계의 극단에서 베풀어지는 하나님의 공정한 (δίκαιος-디카이오스) 판단의 행위로부터 인간 세계에 주어진다.

하지만 하나님의 그 공정함이라는 것이 인간이 보기에 매우 부당한 것처럼 여겨질 수 있으나 참으로 공정한, 쉽게 납득할 수 없지만 결국 그것이 가장 정당한 것이라고 인정하고 받아들여야만 하는 매우 복잡한 셈법에 따라 규정된 논리에 의해 펼쳐지는 상황으로 나타난다(마20:1-16).

무릇 인간은 언제나 보고 듣는 모든 것을 자신의 처지에서 이해하고 판단하는 까닭에 언제나 하나님의 생각과 충돌한다. 그래서 하나님의 계시라는 것은 하나님의 관점에서 하나님의 의중을 드러내시는 것이지만 인간의 처지에서 그 계시는 언제나 묵시적일 수밖에 없는 것이 된다.

그런 의미에서 다음 예수님의 비유 말씀은 그 극단적인 공정함에 대해 하나님과 사람의 판단 방법이 어떻게 다른 것인지를 실제로 확인시켜 준다.

> *1 "그 천국은 마치 자기 포도원에 일꾼들을 고용하려고 이른 아침에 집을 나간 집주인인 사람과 같다.*
> *2 그는 일꾼들과 함께 그날 한 데나리온을 주기로 합의하고 그들을 그의 포도원으로 들여보냈다.*

3 또 그가 제 삼 시(오전 9시)쯤에 장터에 나가 할 일 없이 서 있는 다른 사람들을 보고,

4 그들에게 '너희도 그 포도원에 들어가라. 그러면 내가 너희에게 공정한(δίκαιος)임금을 줄 것이다.'라고 말하니,

5 그들도 들어갔다. [그리곤] 다시 그가 제 육 시와 제 구 시쯤에도 나가서 그와 같이 행했다.

6 또 제 십일 시쯤에도 나가서 다른 사람들이 서 있는 것을 발견하고, 그들에게 '왜 너희는 온종일 할 일 없이 여기에 서 있느냐?'라고 말하니,

7 그들은 '아무도 우리를 고용하지 않았기 때문입니다.'라고 말하고, 그는 그들에게 '너희도 그 포도원으로 가라.'라고 말한다.

8 저녁이 되자 그 포도원 주인이 그의 관리인에게 말한다. '일꾼들을 불러서 마지막에 들어온 사람들로부터 처음에 온 사람들까지 임금을 지불하여라.'

9 이에 제 십일 시(오후5시)쯤에 온 사람들이 각각 한 데나리온을 받았다.

10 그러자 처음에 온 사람들은 자기들이 더 많이 받을 것이라고 생각했다. 하지만 그들도 각각 [동일하게] 한 데나리온씩을 받았다.

11 그런데 그들이 그것을 받았을 때 그 집주인을 거슬러 불평하며 말하길,

12 '마지막에 온 이 사람들은 한 시간만 일했는데, 당신은 저들을 하루 종일 땡볕에서 짐을 나른 우리와 같게 만드셨습니다.'라고 했다.

13 포도원 주인이 그들 중 한 명에게 대답하여 말했다. '친구여, 나는 자네에게 부당하게 하지 않았네. 자네는 나와 한 데나리온을 받기로 합의하지 않았는가?

14 자네 것이나 가져가게. 나는 마지막에 온 이 사람들에게도 자네와 똑같이 주기를 원하네.

15 [혹시] 내 것들을 가지고 내가 원하는 대로 하는 것이 옳지 않단 말인가? 또는 내가 선하기 때문에 자네 눈이 악하단 말인가?'

16 이와 같이 그 꼴찌들이 첫째들일 것이고, 그 첫째들이 꼴찌들일 것이다."

1 Ὁμοία γάρ ἐστιν ἡ βασιλεία τῶν οὐρανῶν ἀνθρώπῳ οἰκοδεσπότῃ, ὅστις ἐξῆλθεν ἅμα πρωῒ μισθώσασθαι ἐργάτας εἰς τὸν ἀμπελῶνα αὐτοῦ. 2 συμφωνήσας δὲ μετὰ τῶν ἐργατῶν ἐκ δηναρίου τὴν ἡμέραν ἀπέστειλεν αὐτοὺς εἰς τὸν ἀμπελῶνα αὐτοῦ. 3 καὶ ἐξελθὼν περὶ τρίτην ὥραν εἶδεν ἄλλους ἑστῶτας ἐν τῇ ἀγορᾷ ἀργούς 4 καὶ ἐκείνοις εἶπεν· ὑπάγετε καὶ ὑμεῖς εἰς τὸν ἀμπελῶνα, καὶ ὃ ἐὰν ᾖ δίκαιον δώσω ὑμῖν. 5 οἱ δὲ ἀπῆλθον. πάλιν [δὲ] ἐξελθὼν περὶ ἕκτην καὶ ἐνάτην ὥραν ἐποίησεν ὡσαύτως. 6 περὶ δὲ τὴν ἑνδεκάτην ἐξελθὼν εὗρεν ἄλλους ἑστῶτας καὶ λέγει αὐτοῖς· τί ὧδε ἑστήκατε ὅλην τὴν ἡμέραν ἀργοί;

7 λέγουσιν αὐτῷ· ὅτι οὐδεὶς ἡμᾶς ἐμισθώσατο. λέγει αὐτοῖς· ὑπάγετε καὶ ὑμεῖς εἰς τὸν ἀμπελῶνα. 8 Ὀψίας δὲ γενομένης λέγει ὁ κύριος τοῦ ἀμπελῶνος τῷ ἐπιτρόπῳ αὐτοῦ· κάλεσον τοὺς ἐργάτας καὶ ἀπόδος αὐτοῖς τὸν μισθὸν ἀρξάμενος ἀπὸ τῶν ἐσχάτων ἕως τῶν πρώτων. 9 καὶ ἐλθόντες οἱ περὶ τὴν ἑνδεκάτην ὥραν ἔλαβον ἀνὰ δηνάριον. 10 καὶ ἐλθόντες οἱ πρῶτοι ἐνόμισαν ὅτι πλεῖον λήμψονται· καὶ ἔλαβον [τὸ] ἀνὰ δηνάριον καὶ αὐτοί. 11 λαβόντες δὲ ἐγόγγυζον κατὰ τοῦ οἰκοδεσπότου 12 λέγοντες· οὗτοι οἱ ἔσχατοι μίαν ὥραν ἐποίησαν, καὶ ἴσους ἡμῖν αὐτοὺς ἐποίησας τοῖς βαστάσασιν τὸ βάρος τῆς ἡμέρας καὶ τὸν καύσωνα. 13 ὁ δὲ ἀποκριθεὶς ἑνὶ αὐτῶν εἶπεν· ἑταῖρε, οὐκ ἀδικῶ σε· οὐχὶ δηναρίου συνεφώνησάς μοι; 14 ἆρον τὸ σὸν καὶ ὕπαγε. θέλω δὲ τούτῳ τῷ ἐσχάτῳ δοῦναι ὡς καὶ σοί· 15 [ἢ] οὐκ ἔξεστίν μοι ὃ θέλω ποιῆσαι ἐν τοῖς ἐμοῖς; ἢ ὁ ὀφθαλμός σου πονηρός ἐστιν ὅτι ἐγὼ ἀγαθός εἰμι; 16 οὕτως ἔσονται οἱ ἔσχατοι πρῶτοι καὶ οἱ πρῶτοι ἔσχατοι.

(NA28판, UBS5판 마20:1-16 필자 사역)

하나님의 믿음

그리스도 예수 안에 있는 구속을 통해 하나님의 선물로 베풀어지는 '믿음으로 얻는 구원'이란 바로 하나님의 계시나 그의 아들 주 예수 그리스도의 계시를 바르게 볼 수 있게 하는 하나님의 은혜로우신 행동으로 나타난다. 그러한 하나님의 은혜는 하나님께서 인간 세계에 약속하신 것을 이루어 내심으로써 베풀어지는데, 필자는 그것을(앞으로 분명하게 설명해야 할 핵심적인 개념) 하나님의 믿음, 곧 하나님의 신실하심이라고 부른다(롬4:1-4). 자연적인 인간의 조건이나 자질로서의 이해 능력은 본질적으로 그 계시의 진의를 파악하는 데 아무런 소용이 없기 때문이다(고전1:18-19, 사29:14).

이는 하나님의 선물로서의 믿음이 인간에게 주어지는 순간부터 그 계시를 이해할 수 있는 능력이 생긴다는 말이다. 그 믿음이 인간에게 왔을 때 비로소 인간 존재의 가장 깊은 중심에 영적인 변화, 곧 '죽은 자들의 부활'이라고 하는 영적인 새 생명의 역사가 일어나기 때문이다.

개선 불가능

문제는 '하나님께서 왜 이러한 방식으로 인간을 구원하시는가?' 하는 질문이다. 좀 더 정확하게 말하면 '왜 하나님께서는 인간 세상에 그리스도 예수 안에 있는 구속을 통한 하나님의 복음을 전파하심으로써 인간을 구원하시는 능력이 나타나게 하시는가?' 하는 것이다.

그에 대한 대답은 앞에서도 잠깐 언급했듯이 인간의 타락과 부패의 정도가 새로운 창조 없이는 불가능한, 하나님의 복음 외에 그 어떠한 하나님의 다른 수단으로도 개선 불가능한 상태로 인간이 존재하기 때문이다.

실존적 상태

하나님의 생각과 인간의 생각이 다른 상황에서 하나님의 생각을 펼쳐 설명해 보여 주어도 인간은 하나님의 생각을 받아들일 수 없다. 하나님의 생각을 인간이 이해할 수 있는 상태로 변화되기 전에는 인간은 결코 하나님의 생각을 알 수 없다(사55:8). 폐기해 버려야 할 정도로 철저하게 망가져 버린 존재, 손대면 손댈수록 더욱 쓸모없음이 확인되는 기계와 같은 실존적 상태임에도 인간은 자기 목숨 하나 부지하는 것 외에 더 높은 대상을 생각할 수조차 없는 존재이기 때문이다.

설령 더 높은 가치와 더 높은 대상을 위해 목숨 바쳐 헌신한다고 해도 그리스도 예수 안에 있는 구속의 은혜로 인한 믿음 없이 인간은 오로지 자기 자신의 목숨을 유지하며 살아가기 위한 자기애에 매몰된 열정에 속고 있을 뿐이다.

성령

하나님은 사람의 생각을 아시되 사람의 생각들이 바람결같이 허무하다는 것을 아신다(시94:11, 대상28:9). 사람의 생각은 어릴 때부터 악하여 마음으로 생각하는 모든 계획이 항상 악하므로(창6:5, 8:21) 온갖 헛된 말과 거짓 철학을 고안해 낼 뿐이니(골2:8) 사람의 생각은 죽음에 이르게 할 뿐이다(롬8:6).

하나님의 생각과 사람의 생각은 다르지만 하나님께서는 성령에 의해서 하나님의 생각을 사람들에게 알게 하셨다(고전2:11). 모든 사람의 생각을 아시는 하나님께서 성령을 주셔서 하나님의 생각을 알게 하신 것과 똑같이 구원하시고자 하는 모든 사람에게도 하나님의 생각(그리스도 예수 안에 있는 구속의 은혜로 인간들을 구원하심)을 알게 하여 믿음으로 그들을 구원하신다(행15:7-11).

하나님의 복음과 진노에 대한 기초적인 이해 [II]

독단적인 논리

이제 하나님의 진노를 알리는 롬1:18의 접속사(γάρ-가르)의 역할은 분명해졌다. 그리고 그것이 함축하고 있는 것 또한 상당히 심오한 내용인 것도 명확해졌다. 그것이 가지는 주된 역할은 그리스도 예수 안에 있는 하나님의 복음(롬1:2-4)이 선포될 때 구원하는 권능의 실효가 되는 원인적인 근거를 제시하는 것이었다.

실제로 그리스도 예수 안에 있는 하나님의 복음을 선포함으로써 믿는 자를 구원하시는 하나님의 권능(롬1:16-17의 핵심 내용)이 작동하고 있는 현장은 롬1:18의 그리스도 예수 안에서 유예되고 있는 하나님의 진노가 드러나 알려지는 사도 바울의 시대 곧 그리스-로마 시대이며, 또 우리의 시대이기도 하다.

그렇다고 롬1:18 이하 그 진노 아래에 있는 상태와 상황에 대한 사도 바울의 서술이 그리스-로마 시대의 역사적 정황을 직접적으로 서술한 것도 아니다. 분명히 사도 바울은 그리스-로마 시대가 하나님께 반역하고 있다는 객관적인 사실을 완전하게 파악하고 있었다. 그렇지만 사도 바울은 그러한 당시의 그리스-로마 시대가 저지르고 있는 반역의 실태를 하나하나 꼬집어 드러내어 설명하거나 고발하려는 게 주목적이 아니었다.

사도 바울이 의도하는 것은 그리스도 예수 안에 있는 구속을 통해 선포되고 있는 하나님의 복음에 대해 적대적 감정을 가지게 되는 근원적인 이유와 그 실체적 진실을 구속사적인 관점에서 종합적으로 밝혀 그 복음을 받아들이게 하려는 것임이 분명하다.

그러므로 그런 맥락을 형성하고 있는 롬1:18-32 등과 같이 복합적이면서도 논리적인 바울의 진술을 바르게 읽기 위해서는 롬1:18 이하에서 언급되는 '하나님의 진노'라는 계시로부터 여러 가지 악행에 대한 목록에 이르는 논리적인 과정을 단순히 그리스-로마 시대의 실태로만 직접 대입해 읽어 버리는 사려 깊지 못한 매우 위험하고 독단적인 논리에서 벗어나야 한다.

창조주 하나님의 의도

이에 대한 정당성을 갖기 위해선 지금까지의 문맥적 검토에서 확정 짓지 않았던 계시의 상황과 현실 상황과의 관계를 규정해 확정할 필요가 있다. 그리고 그것은 결국 롬1:17의 내용과 롬1:18-32의 내용이 가지는 상관관계 속에서 하나님의 복음적 심판의 결론이라고 할 수 있는 롬2:1의 그 진노 아래 있는 인류에 비참한 현실에 대한 바울의 관점을 바르게 이해함으로써 그 정당성은 명확해진다.

우리가 알다시피 롬1:17은 '하나님의 복음 안에서 하나님의 의가 믿음으로부터 시작해서 믿음에 이르도록 계시되고 있다.'라고 바울 당시 사람들에게 주어지는 구원의 계시, 곧 믿음으로 얻는 구원을 초청하고 있는 계시에 "그 의인은 믿음으로부터 살아질 것이다(합2:2)."라고 하는 하박국 선지자의 예언을 인용함으로써 두 시대 간의 공통분모인 믿음으로 두 시대가 연결되어 있다.'라고 하는 사실을 이끌어 나타내는 구조이다.

이는 바울이 로마서에서 다루는 그리스도 예수 안에 있는 하나님의 복음이 선포되기 전까지의 예인(曳引)적 전제 상황으로 하박국 시대의 정황을 제시함으로써 굳이 그리스-로마 시대의 상황과 상태를 속속들이 언급하지 않아도 그리스-로마 시대가 그리스도 예수 안에서 선포되는 하나님의 복음에 적대적이라는 사실을 충분히 이해할 수 있게 한다. 왜냐하면 하나님의 복음이 어느 특정 시대만을 위함이 아니라 창조로부터 시작된 세계의 질서가 창조주 하나님의 의도에 맞게 완성될 때까지 그 세계를 주도하는 하나님의 지혜이고 능력임을 나타내 보이는 계시적 효과를 담보한 것이기 때문이다.

완성된 하나님의 복음 자리
다만 바울의 언어가 당시 사람들이 사용하는 언어이기 때문에 당시에 쓰인 언어 맥락을 연구함으로써 당시의 정황을 유추할 수 있는 이점이 있다고 할 수 있겠으나 그것 또한 당시의 일차 독자들이 그 계시의 내용을 이해할 수 있었던 처지를 들여다보는 것일 뿐이다.

이는 일차 독자들도 당시의 언어로 쓰인 그 계시를 이해하는 데 우리보다 훨씬 유리한 것 같지만 엄밀하게 따져 보면 우리와 다를 바 없다는 게 필자의 생각이다. 왜냐하면 계시란 어느 시대를 막론하고 모든 시대에 동일하게 통용되는 방식으로 작동하는 특성을 가지기에 특별히 해결해야 할 문제, 그러니까 계시 역사의 핵심 논리를 바꾸는 등의 변수가 될 만한 사건에 대한 해석의 문제가 아니라면 굳이 그리스-로마 시대의 정황을 곧이곧대로 설명하는 것은 바울에게 불필요한 것이기 때문이다.

바울에게 중요한 것은 계시의 맥락을 명료하게 드러내는 일이다. 이는 그리스도 예수 안에 있는 구속으로 말미암은 하나님의 복음이 하박국 선지자 시대의 계시 맥락에 연속성을 가지고 완성된 자리에 있음을 확증한 것이기 때문이기도 하지만 그리스도 예수 안에 있는 구속으로 말미암은 하나님의 복음이 선포되는 자리는 이미 모든 세계를 로마법(로마의 율법) 아래 하나로 통합된 세계로 인식하는 세계관에 의한 것이기 때문이다.

바울에게 있어서 인류의 현재와 미래란 계시 맥락 속에서 완성된 하나님의 복음 안에서 이미 지나간 시간에 불과하다. 바울의 언어 또한 이러한 맥락 속에서 이해될 수 있는 개념을 표현하는 도구(계시 언어)라는 사실을 아는 것은 매우 중요하다.

이방인의 사도로서의 관점

다시 말해 사도 바울의 복음이 구약 성경과 연속성을 가지고 종말론적으로 주어져 있다는 말은, 그리스도 예수 안에 있는 구속의 은혜로 인한 믿음의 시작으로부터 믿음의 끝에 자리하는 삶으로서 인간 구원의 모든 과정이 그 복음의 계시 안에서 하나님의 권능으로 역사의 흐름 자체가 재편된 방식으로 작동하고 있다는 것을 말한다.

이는 로마서에서 말하는 논리의 방향이 유대인의 관점에서 그 복음을 설명하는 방식이 아니라 이방인의 사도라는 관점에서 그 복음을 설명하는 방식의 논리를 가진다는 말이다. 그것은 앞으로 논의되는 어떤 중요한 개념이라도 그것이 무엇이든 철저하게 이방인 관점에서 먼저 이해되어야 한다는 것을 말한다.

예를 들면 사도 바울이 사용하는 하나님이나 율법이나 은혜 등 모든 개념의 단어들이 그리스도 예수 안에 있는 구속의 은혜인 하나님의 복음을 선포하는 이방인의 사도라는 관점에서 쓰고 있다는 매우 복합적인 사실을 견지해야 한다는 말이다.

불편한 진실

이는 사도 바울이 롬1:1에서 자신을 하나님의 복음(εὐαγγέλιον θεοῦ-유앙겔리온 데우)을 위해 골라 뽑힌 그리스도 예수의 종으로 밝히고, 롬1:2-4에서 그 복음을 규정하고서부터 그 복음을 설명해 가는 부분인 롬1:16에서 '참으로 나는 그 복음을 부끄러워하지 않습니다. 왜냐하면 그 복음은 믿는 각 사람을 구원에 이르게 하시는 하나님의 권능이기 때문입니다. 그것은 유대인에게 우선적인 것으로 보였으나, 사실은 유대인과 헬라인 양쪽 모두에게 동일한 것이었습니다.'라고 말한 것처럼 그 복음이 유대인으로부터 기인하긴 하였으나 그 복음이 완성된 후에 보니 유대인과 헬라인 양쪽 모두에게 동일한 구원의 기회로 작동하고 있었다는 말이다.

이것은 유대인의 처지에서 보면 매우 충격적인 논리다. 왜냐하면 예수님께서 지상 사역에서 직접 '그리스도가 다윗의 자손이겠느냐?'라고 논쟁의 불씨를 지폈던 맥락에서 그리스도가 다윗의 자손이기도 하지만 다윗의 자손이 아닐 수밖에 없는 불편한 진실을 마주하게 하는 대목과 같은 맥락에 있기 때문이다.

마가복음은 이것에 대해 다음과 같이 서술하고 있다.

> 35그 예수님께서 성전에서 가르치고 계실 때 대답하여 말씀하고 계셨습니다. "어째서 그 율법 학자들은 그 그리스도가 다윗의 아들(자손)이라고 말하느냐?
> 36 당사자인 다윗이 그 거룩한 그 영 안에서 말하길, '주님(여호와)께서 내 주님께 말씀하셨다. 내가 네 원수들을 네 발아래 굴복시킬 때까지 내 오른쪽에 앉아 있어라.'라고 했다.
> 37이렇게 당사자인 다윗 자신도 그 그리스도를 주님이라고 부르는데, 어떻게 그 그리스도가 다윗의 자손이겠느냐?"
> 그러자 [그] 많은 무리가 예수님의 말씀을 기쁘게 들었습니다.

> *35Καὶ ἀποκριθεὶς ὁ Ἰησοῦς ἔλεγεν διδάσκων ἐν τῷ ἱερῷ• πῶς λέγουσιν οἱ γραμματεῖς ὅτι ὁ χριστὸς υἱὸς Δαυίδ ἐστιν; 36 αὐτὸς Δαυὶδ εἶπεν ἐν τῷ πνεύματι τῷ ἁγίῳ• εἶπεν κύριος τῷ κυρίῳ μου κάθου ἐκ δεξιῶν μου ἕως ἂν θῶ τοὺς ἐχθρούς σου ὑποκάτω τῶν ποδῶν σου. 37 αὐτὸς Δαυὶδ λέγει αὐτὸν κύριον, καὶ πόθεν αὐτοῦ ἐστιν υἱός; Καὶ [ὁ] πολὺς ὄχλος ἤκουεν αὐτοῦ ἡδέως.*

> *(NA28판, UBS5판 막12:35-37 필자 사역)*

마태복음은 이렇게 말한다.

> 41그 바리새파 사람들이 함께 모여 있을 때, 그 예수님께서 그들에게 질문하셨습니다.
> 42"너희는 그 그리스도에 대해서 어떻게 생각하느냐? 그가 누구의 아들(자손)이냐?" 그 바리새파 사람들이 대답했습니다. "다윗의 자손입니다."
> 43그 예수님께서 그들에게 말씀하십니다. "그러면 어찌 다윗이 성령 안에서 그 그리스도를 불러 '주님'이라고 말하겠느냐?
> 44그는, '주님(여호와)께서 내 주님(그리스도)께 내가 네 원수를 네 발아래 굴복시킬 때까지, 너는 내 오른쪽에 앉아 있으라.'라고 말씀하셨다.
> 45그런즉 다윗이 이처럼 그 그리스도를 '주님'이라고 불렀는데, 어떻게 그 그리스도가 다윗의 아들(자손)이겠느냐?"
> 46이에 아무도 그 예수님께 한 마디도 대답할 수 없었고, 그날부터 아무도 그 예수님께 감히 질문을 하려고 용기를 낼 수 없었습니다.
>
> *41Συνηγμένων δὲ τῶν Φαρισαίων ἐπηρώτησεν αὐτοὺς ὁ Ἰησοῦς 42 λέγων• τί ὑμῖν δοκεῖ περὶ τοῦ χριστοῦ; τίνος υἱός ἐστιν; λέγουσιν αὐτῷ• τοῦ Δαυίδ. 43 λέγει αὐτοῖς• πῶς οὖν Δαυὶδ ἐν πνεύματι καλεῖ αὐτὸν κύριον λέγων 44 εἶπεν κύριος τῷ κυρίῳ μου• κάθου ἐκ δεξιῶν μου, ἕως ἂν θῶ τοὺς ἐχθρούς σου ὑποκάτω τῶν ποδῶν σου; 45 εἰ οὖν Δαυὶδ καλεῖ αὐτὸν κύριον, πῶς υἱὸς αὐτοῦ ἐστιν; 46 καὶ οὐδεὶς ἐδύνατο ἀποκριθῆναι αὐτῷ λόγον οὐδὲ ἐτόλμησέν τις ἀπ' ἐκείνης τῆς ἡμέρας ἐπερωτῆσαι αὐτὸν οὐκέτι.*
>
> *(NA28판, UBS5판 마22:41-46 필자 사역)*

이방인 관점에서의 하나님의 복음

이 말은 그리스도 예수 안에 있는 구속의 복음이 유대 민족과의 관련을 별개로 하더라도 다른 민족들을 구원하기에 조금도 부족함이 없다는 말과 같다. 그 복음을 이방인의 관점에서 설명하더라도 유대 민족에게 아무런 해가 없으며, 특히 그 복음에 저해되지 않을 뿐 아니라 오히려 그 복음이 가지고 있는 핵심 원리가 밝히 드러나게 된다는 말이다(사실 이 부분에 대한 구체적인 이야기는 롬7-8장에 가서야 온전하게 이해할 수 있게 드러나는 만큼 지금부터 성실하게 그리고 아무런 편견 없이 사도 바울의 논리를 따라가다 보면 자연스럽게 알게 되리라고 확신한다).

그래서 롬1:17에서 '하나님의 의(δικαιοσύνη θεοῦ-디카이오쉬네 데우)'가 그 복음 안에서 계시(啓示)되고 있어 믿음으로부터 믿음에 이르게 하고 있고, 이어지는 롬1:18에서는 그 진리를 막고 있는 사람들의 온갖 불경(ἀσέβειαν-아세베이안)과 불의(ἀδικίαν-아디키안) 위에 '하나님의 진노(ὀργή θεοῦ-오르게 데우)'가 하늘로부터 계시되고 있는 상황을 표현할 때도 사도 바울은 모두 그리스도 예수 안에서 완성된 구속의 복음을 통해 일반화된 개념, 그러니까 모든 개념의 명사를 사용할 때 정관사를 사용하지 않은 보통명사의 표기로 일반화된 인류 보편적 개념을 서술하고 있다. 온 세상을 그리스도 예수 안에 있는 구속을 통해 하나로 통합시켜 놓고 추후 각각의 세상과 예수 그리스도와의 관계를 설명해 나가는 방식이 바로 로마서의 서술 방식이다.

따라서 롬1:18 이하 롬1:19부터 언급되는 그리스도 예수 안에서 계시되는 하나님의 진노 상황에 대한 진술은 처음 창조 세계로부터 그리스-로마 시대에 이르는 전 과정을 일목요연하게 펼쳐 보이는 방식으로 구성되어 있고, 그리스-로마 시대의 삶의 질서 자체가 구약 성서 전체의 계시 맥락에서 형성된 심판을 받아야 마땅한 지류에 불과하다는 확정된 사실을 보이는 데 주안점이 있기에 그리스도 예수 안에 있는 구속 이전의 지나간 시대의 특정 개념을 한정하기 위해 사용하는 정관사를 구분해서 읽어야 한다는 말이다.

결국 계시의 맥락을 명확하게 규명하는 것이 그리스-로마 시대의 실상을 밝히는 첩경이 된다. 따라서 필자는 일차적으로 사도 바울이 인용한 하박국 선지자 시대로부터 계시의 완성이라는 시점까지의 역사 속에 드러난 계시의 의미를 밝히는 데 주력할 것이다. 그리고 그것은 유대 민족과 이방 민족의 융합 과정을 거쳐 예수 그리스도를 통해 하나로 통합되는 세계관으로 규정될 것이다.

동일한 효력의 계시
그러므로 그리스도 예수 안에서 계시되는 하나님의 진노와 관련해 우리가 주지해야 할 사실은 앞에서도 언급한 바 있지만 강조하자면 아시리아 제국에 먹힌 이스라엘과 유다가 순차적으로 바벨론, 페르시아, 그리스(헬라), 로마에게 먹힌 역사의 흐름 속에도 이미 유대인(이스라엘과 유다 사람)들의 하나님으로 인식되고 있었던 여호와 하나님의 진노와 구원, 그러니까 로마서의 표현 방식을 빌리자면 정관사를 사용해 표기하는 '그 하나님의 진노와 구원의 계시' 또한 이전부터 이 세계 속에 계속되고 있었다는 것이다.

이런 계시의 연속성은 구약 성경에서 인용된 하박국 선지자의 "그 의인은 믿음으로 살아질 것이다."라는 진리의 말씀이 그 시대가 갖는 문맥적 상황과 동일시되는 그리스-로마 시대의 상황에서도 유효한 진리의 말씀으로 작동할 수 있는 것은 그 계시가 그리스도 예수 안에서 완성된 의미에서 여전히 작동한다는 것을 보여 준다.

따라서 이는 하나님의 복음과 관련해 선행적으로 하박국 시대에 하늘로부터 퍼부어지는 그 하나님의 진노(이스라엘의 하나님 야훼의 진노)가 어떠한 것인지를 펼쳐 보임으로써 그리스도 예수 안에 있는 구속을 통해 하나님의 구원이 선포되는 복음적 상황인 그리스-로마 시대에도 그 진노의 효력이 동일하게 적용되어 나타나는 방식으로 작동하고 있다는 의미로 정관사를 가지지 않은 하나님의 진노가 계시되고 있다고 사도 바울이 롬1:18에서 밝히는 것이 된다.

이처럼 두 시대가 하늘로부터 계시되는(로마서에서 언급되는) 하나님의 진노에 대해 실제로 동일선상의 연속성을 가지기 때문에 하박국 선지자 시대에 주어진 "그 의인은 믿음으로 살아질 것이다."라는 구원의 진리 또한 실제로 그리스도 예수 안에서 선포되는 하나님의 복음을 통해서도 동일한 효력을 일으키는 방식으로 계시되고 있으므로 그 가치 또한 유효하다.

차이
하지만 근원적으로 에덴동산의 아담 이후 모든 시대가 그렇지만 특히 아브라함의 후손 이스라엘이 역사적으로 고대 6대 제국이라 불리는 이집트, 앗수르, 바벨론, 페르시아, 그리스(헬라), 로마 제국 시대를 관통하는 비탄스러운 속국 퍼레이드 속에서 하나님의 구원과 심판에 관한 약속의 성취를 위해 그 과정에서 발전적으로 작동하고 있는 특별한 계시의 도구로 쓰임을 받는다.

그런 의미에서 하박국 선지자 시대에 나타난 하나님의 진노와 그리스-로마 시대에 하나님의 복음을 통해 선포되는 하나님의 진노가 동일 선상에서의 인류를 향한 하나님의 심판을 계시함에도 양자 간의 차이가 있다.

전자의 경우는 실현될 하나님의 복음 안에서의 구원을 예견(豫見)하게 하는 역할을 하여 구원에 이르게 한다면, 후자는 실현된 하나님의 복음 안에서 구체화된 완전한 구원을 맛볼 수 있게 견인(牽引)하여 구원에 이르게 한다는 점에서 둘은 다르다.

그런데도 둘은 동일하게 역사의 발전 과정에서 실제로 나타나는 사건이며, 그러한 사건들은 그리스도 예수 안에 있는 구속으로 인한 하나님의 복음을 받아들이도록 우리의 현재 상황에서도 유효한 계시의 효과와 그 연속성을 가진다.

중요한 사실

사실 우리는 지금 성경이라는 기록 문서를 가지고 신앙생활을 하는 자들에게 계시되고 있는 하나님의 심판과 구원의 모든 과정이 어떻게 "영원한 생명과 영원한 형벌"이라는 최종적인 결과에 이르는지를 살펴보고 있다. 그 중심에 하나님의 한 의(δικαιοσύνη θεοῦ-디카이오쉬네 데우)가 자리하고 있고, 그것은 예수님께서 자기 피로 세우신 새 언약(눅22:20, 렘31:31-34, 히8:8, 13, 9:15, 12:24, 고전11:25, 고후3:6.)을 통해 주어지는 은혜의 믿음으로 얻는 구원과 함께 영생에 이르도록 계시되고 있다.

그러한 모든 내용이 그리스도 예수 안에 있는 구속의 은혜를 통해 선포되는 하나님의 복음 안에서 계시되어 보이고 있기에 오늘도 그 은혜의 믿음으로 얻는 구원과 함께 가능하다.

중요한 것은 그러한 하나님의 구원하심이 하나님의 진노하심이라는 무서운 심판에 관한 계시가 주어지는 상황 속에서 이루어지는 사건이라는 점이다. 역사적으로 실제 하나님의 진노가 계시되는 상황에 대한 이해가 중요하단 말이다(이 부분에 대한 바른 이해가 바울의 복음이 갖는 핵심에 이르는 지름길인 만큼 독자들의 비상한 관심 곧 하나님의 참된 구원의 방식에 세심한 주의가 요구된다).

해이(解弛)

사도 바울은 하나님의 진노를 일으키는 원인을 '그 율법(모세의 법)'이라고 한다. 왜냐하면 율법이 없으면 범함도 없기 때문이다(롬4:15). 율법의 요구에서 벗어난 행위가 범죄이고 그 범죄가 하나님의 진노를 불러일으키는 것이다.

그러나 '그 율법'이 없었던 시절이 있었다. 아브라함으로부터 모세 이전 시대가 그랬다. 아브라함에게 주신 축복의 약속을 이루시기 위해 하나님께서는 모세를 통해 출애굽 한 이스라엘에게 '그 율법(모세의 율법)'을 주신 것이다(창15:13-14, 출12:40-41, 갈3:17). 그 하나님의 그 나라, 곧 이 세상에서 그리스도 예수의 구속을 통해 완전한 신정국가(하나님의 나라)를 세우시려는 조치이다.

다만 그 하나님의 그 나라는 그 율법으로 다스려지는 법치국가이다. 그 하나님께로부터 그 율법을 받은 이스라엘 민족은 그 율법을 근거로 그 하나님의 축복과 저주의 관계에 놓인 것이다(신11:26-27, 27:26, 28:1-30:20, 수8:34).

따라서 이스라엘 민족은 모든 시대마다 그 율법에 해이(解弛)할 때 무서운 그 하나님의 진노에 직면했고, 반성과 함께 다시 그 율법에 집중할 때 그 하나님께서는 그들에게 진노를 거두시고 다시 축복을 향한 관계에 놓으셨다(신27:1-28:68).

지금 우리가 살펴보고 있는 하박국 시대도 바로 그 율법에 해이했기 때문에 아브라함의 후손 이스라엘 민족을 대표한 남왕조 유다마저 이미 아시리아에 멸망한 북왕조 이스라엘에 이어 바벨론의 속국이 되는 안타깝지만 중한 심판과 저주의 상황에 놓인 것이다(합1:1-6).

> 1 예언자 하박국이 계시로 받은 경고입니다.
> 2 여호와시여, 도와 달라고 호소하는데, 언제까지 들어주지 않으시렵니까? 제가 주님께 "폭력이 성행하고 있다."라고 외쳤는데도 언제까지 구원을 베풀어 주지 않으시렵니까?
> 3 어찌하여 저로 하여금 무서운 일을 보게 하시며, 불행한 일을 지켜보게 하십니까? 제 앞에서 파괴와 폭력이 있고 다툼과 분쟁이 일어나고 있습니다.
> 4 그러므로 율법이 해이하고, 공의(정의)가 전혀 시행되지 못하는 실정입니다. 왜냐하면 악인이 의인을 에워싸고 있으므로, 공의가 왜곡되고 있기 때문입니다.
> 5 여호와께서 말씀하셨습니다. "너희는 여러 민족을 보고 또 눈여겨 살펴보고, 놀라고 또 서로 마주보며 크게 놀라거라. 참으로 너희가 살아 있는 동안 내가 한 가지 일을 집행할 것인데, 너희는 그 소식을 들어도 믿지 않을 것이다.
> 6 보라. 이제 내가 잔인하고 조급한 민족, 곧 넓은 땅을 두루 다니며 자기의 소유가 아닌 남의 처소들을 차지하는 갈대아 사람(카스딤)을 일으킬 것이다.

הַמַּשָּׂא אֲשֶׁר חָזָה חֲבַקּוּק הַנָּבִיא: 2 עַד־אָנָה יְהוָה שִׁוַּעְתִּי וְלֹא תִשְׁמָע אֶזְעַק אֵלֶיךָ חָמָס וְלֹא תוֹשִׁיעַ: 3 לָמָּה תַרְאֵנִי אָוֶן וְעָמָל תַּבִּיט וְשֹׁד וְחָמָס לְנֶגְדִּי וַיְהִי רִיב וּמָדוֹן יִשָּׂא: 4 עַל־כֵּן תָּפוּג תּוֹרָה וְלֹא־יֵצֵא לָנֶצַח מִשְׁפָּט כִּי רָשָׁע מַכְתִּיר אֶת־הַצַּדִּיק עַל־כֵּן יֵצֵא מִשְׁפָּט מְעֻקָּל: 5 רְאוּ בַגּוֹיִם וְהַבִּיטוּ וְהִתַּמְּהוּ תְּמָהוּ כִּי־פֹעַל פֹּעֵל בִּימֵיכֶם לֹא תַאֲמִינוּ כִּי יְסֻפָּר: 6 כִּי־הִנְנִי מֵקִים אֶת־הַכַּשְׂדִּים הַגּוֹי הַמַּר וְהַנִּמְהָר הַהוֹלֵךְ לְמֶרְחֲבֵי־אֶרֶץ לָרֶשֶׁת מִשְׁכָּנוֹת לֹּא־לוֹ:

(BHS 5th ed 합1:1-6 필자 사역)

융합(融合)

여기서 바벨론은 바울 시대인 그리스-로마 시대와 동일시된다. 이 지점에서 중요한 것은 그 하나님의 언약 백성인 유다가 당시 국제 정세의 실권을 쥐고 있었던 아시리아와 이집트의 영향력 아래서 바벨론의 속국으로 바뀌는 상황이다.

즉, 그 하나님께서 언약의 백성인 유다가 그 율법과의 관계에서 해이하므로 그런 국제 정세의 압박 속에 있게 하셨는데, 이제 다시 바벨론의 손에 넘기신다는 것은 그들에게 영향을 주는 자리에 있던 아시리아나 이집트마저도 그 하나님의 뜻을 순종하지 않아서였다. 한마디로 그 율법에 해이한 유다를 그런 국제 정세의 압박 속에 있게 하신 것은 그 험한 수난의 관계 속에서 유다가 그 율법의 해이함으로부터 돌이켜 그 율법에 집중하게 하시려는 것이었다.

그런데 돌이키기는커녕 세상의 영향력에 함몰되어 유다의 신정 정치체가 세상의 정치체와 융합되어 더욱 심한 영적인 폭력과 범죄를 저지르는 데로 나아가는 상황을 만들고 있다. 그 때문에 그 하나님께서는 또 다른 이방 나라인 바벨론을 들어 유다와 융합된 당시 근동의 정치체를 심판하시는 것이다.

설상가상

그런데도 설상가상 하박국 선지자는 아시리아와 이집트보다 더 사납고 포악한 성정을 가진 바벨론마저도 자신들에게 맡겨진 유다와 융합된 또 다른 정치체를 만들어 그 하나님의 진노를 일으켜 멸망하게 되는 자리로 나아갈 것이라는 그 하나님의 뜻을 전한다.

7 그는 위협적이고 무서우며, 자신으로부터 자신의(자기 멋대로) 공의(정의)와 권위를 내세운다.

8 그의 말들은 표범보다도 날쌔며 해 질 무렵의 늑대보다도 사납다. 그의 기마병은 멀리서 날아와서 먹이를 낚아채는 독수리처럼 날쌔게 달려온다.

9 그 모두 폭력을 행하려고 오고, 그들의 얼굴은 앞을 향하며, 모래알을 모으듯 포로들을 모을 것이다.

10 그는 왕들을 조롱하고 통치자들을 노리개로 삼는다. 그는 모든 요새도 우습게 여기며 성벽 꼭대기까지 흙더미를 쌓아서 마침내 성을 함락할 것이다.

11 그런데 영의 흐름(풍세)이 바뀌면 그들은 바람처럼 사라져 간다. 그러니 자신들의 힘을 자신의 하나님으로 삼는 이 사람은 죄를 범할 수밖에 없는 것이다.

1:7 אָיֹ֤ם וְנוֹרָא֙ ה֔וּא מִמֶּ֕נּוּ מִשְׁפָּט֥וֹ וּשְׂאֵת֖וֹ יֵצֵֽא׃ 8 וְקַלּ֨וּ מִנְּמֵרִ֜ים סוּסָ֗יו וְחַדּוּ֙ מִזְּאֵ֣בֵי עֶ֔רֶב וּפָ֖שׁוּ פָּרָשָׁ֑יו וּפָֽרָשָׁיו֙ מֵרָח֣וֹק יָבֹ֔אוּ יָעֻ֕פוּ כְּנֶ֖שֶׁר חָ֥שׁ לֶאֱכֽוֹל׃ 9 כֻּלֹּה֙ לְחָמָ֣ס יָב֔וֹא מְגַמַּ֥ת פְּנֵיהֶ֖ם קָדִ֑ימָה וַיֶּאֱסֹ֥ף כַּח֖וֹל שֶֽׁבִי׃ 10 וְהוּא֙ בַּמְּלָכִ֣ים יִתְקַלָּ֔ס וְרֹזְנִ֖ים מִשְׂחָ֣ק ל֑וֹ ה֚וּא לְכָל־מִבְצָ֣ר יִשְׂחָ֔ק וַיִּצְבֹּ֥ר עָפָ֖ר וַֽיִּלְכְּדָֽהּ׃ 11 אָ֣ז חָלַ֥ף ר֛וּחַ וַֽיַּעֲבֹ֖ר וְאָשֵׁ֑ם ז֥וּ כֹח֖וֹ לֵאלֹהֽוֹ׃

(BHS 5th ed 합1:7-11 필자 사역)

하나님의 감동케 하심(기름 부음)

실제로 성경 역사를 들여다보면 그 하나님께서 이러한 바벨론을 페르시아의 고레스왕(B.C. 559~529년 재위)에 의해 멸망시키고, 기름 부음을 받은 고레스는 유다 민족이 그 율법의 해이함으로부터 돌이켜 그 율법에 집중할 수 있도록 정치력을 발휘한 지혜로운 왕으로 나타난다. 이를 세계사적인 관점에서 보면 고도의 정치적 이득을 고려한 탁월한 정치꾼의 행위로 치부될 수 있지만 구속사의 관점에서 성경은 그 하나님께서 페르시아 제국의 창시자 고레스왕의 마음에 감동을 주어 예레미야의 입으로 하신 말씀이 응하게 하신 것이라고 말한다(렘25:12, 대하32:22).

서사

이때 고레스는 "그 하늘들의 신 여호와께서 그 땅의 모든 왕국의 통치권을 내게 주셨고, 나를 명하여 '유다 예루살렘에 성전집을 건축하게 하라.'라고 하셨으니, 너희 중에 무릇 그분의 백성 된 자는 모두 예루살렘으로 올라가라. 너희 하나님 여호와께서 너희와 함께하시기를 원하노라(BHS 5th ed 대하36:23 필자 사역)."라고 말함으로써 유다 민족의 70년 바벨론 포로 생활에 마침표를 찍는 일을 시작했고 그 과정에는 다니엘과 세 친구의 서사가 있다.

인내

그 서사는 유다 왕국 멸망 후 바벨론 포로로 70년을 지내는 동안에도 그들을 통해 그 하나님께서는 온 세상에 구원의 은혜를 계시하시며 모든 인류의 참 하나님으로서 역사의 주인이심을 알게 하셨다는 내용으로 채워져 있다.

그리고 그것은 온 세상에 대한 그 하나님의 지배가 확립되고 의인들이 부활함으로써 그 하나님을 믿는 충실한 신자들이 고통에서 해방될 이 세상의 종말을 생생하게 묘사하며 유일신 신앙을 인내로 지킬 것에 대한 메시지로 읽힌다.

전환점

중요한 것은 다니엘과 그의 세 친구에 관한 서사가 70년 바벨론 포로 생활 속에서 다니엘의 하나님, 유일신 여호와께서 이스라엘 민족의 종교, 곧 유다 종교에 국한됨을 벗어나 세계 인류의 보편적인 하나님으로 인식되고, 그분의 주권이 모든 지상 통치자의 제국들을 대체하는 전환점으로 나타나고 있음을 보는 것이다.

이는 신32:8-9에서 여호와께서 이스라엘을 당신 몫으로 차지하시고 다른 민족들은 다른 신들에게 배당하셨다면, 이제 다니엘서에서는 이 관점이 바뀐다는 사실을 공표한 것이다.

즉 여호와께서 온 세상의 모든 민족의 보편적인 신으로 부상하는 과정으로 삼은 70년 포로 생활 중·후반 시기에는 그 하나님을 더 이상 이스라엘 또는 유다 민족의 신으로만 여겨져서는 안 되는 것이었다(단3:28-29).

> *28느부갓네살왕이 외쳐 말했습니다. "사드락과 메삭과 아벳느고의 하나님을 찬양하여라. 그분은 천사를 보내어 자기의 종들을 구하셨다. 이들은 자신들의 하나님이 아닌 다른 신들을 섬기거나 절하지 않기 위해 왕의 명령을*

어기고 자신들의 몸을 내어주면서까지 자신들의 하나님을 믿고 의지했다. *29*그러므로 이제 내가 조서를 내린다. 모든 백성이나 나라, 곧 각기 다른 언어를 사용하는 모든 민족 중에 사드락과 메삭과 아벳느고의 하나님을 대항해서 함부로 말하는 사람은 그 몸이 찢길 것이며, 그들의 집은 거름 더미가 될 것이다. 왜냐하면 이런 방법으로 사람을 구원할 수 있는 다른 신은 어디에도 없기 때문이다."

3:28 עָנֵה נְבוּכַדְנֶצַּר וְאָמַר בְּרִיךְ אֱלָהֲהוֹן דִּי־שַׁדְרַךְ מֵישַׁךְ
וַעֲבֵד נְגוֹ דִּי־שְׁלַח מַלְאֲכֵהּ וְשֵׁיזִב לְעַבְדוֹהִי דִּי הִתְרְחִצוּ עֲלוֹהִי וּמִלַּת
מַלְכָּא שַׁנִּיו וִיהַבוּ גֶשְׁמְהוֹן דִּי לָא־יִפְלְחוּן וְלָא־יִסְגְּדוּן לְכָל־אֱלָהּ לָהֵן
לֵאלָהֲהוֹן׃ 29וּמִנִּי שִׂים טְעֵם דִּי כָל־עַם אֻמָּה וְלִשָּׁן דִּי־יֵאמַר שלה עַל
אֱלָהֲהוֹן דִּי־שַׁדְרַךְ מֵישַׁךְ וַעֲבֵד נְגוֹא הַדָּמִין יִתְעֲבֵד וּבַיְתֵהּ נְוָלִי יִשְׁתַּוֵּה
כָּל־קֳבֵל דִּי לָא אִיתַי אֱלָהּ אָחֳרָן דִּי־יִכֻּל לְהַצָּלָה כִּדְנָה׃

(BHS 5th ed 단3:28-29 필자 사역)

오직 은혜로만

훗날 역사적으로 보면 70년 바벨론 포로 생활이 끝났음에도 유다 민족은 여전히 페르시아라고 하는 제국의 속국 아래 있다. 그런데도 그 하나님께서 페르시아 왕 고레스를 세우셔서 유다 민족을 도우신 것은 그들이 스스로 그 하나님의 말씀, 곧 모세를 통해 받은 율법에 순종하여 축복의 길로 나아갈 수 있다는 사실을 알게 하고자 하신 것이다.

이는 그 하나님께서 온 세상의 주인으로서, 또 역사의 주재로서 모든 인류에게 구원을 베푸시는 분임을 알게 하시기 위해, 온 세상이 오직 주님 그리스도의 은혜를 통해서만 그 하나님의 진노로부터 구원받게 됨을 알게 하시기 위해 그들의 포로 생활이 주어져 있었다는 것이다(사45:1-8).

1 "나 여호와가 기름 부어 세운 고레스에게 이와 같이 말한다. 내가 그의 오른손을 굳게 잡아, 그 앞에 열방을 항복하게 하고, 왕들의 허리띠를 풀어 놓을 것이다. 그 앞에 성문을 열고 닫지 않게 할 것이다.
2 내가 너보다 앞서가서 높은 곳들을 평지로 만들고, 놋쇠 성문들을 부수며, 쇠 빗장들을 부러뜨릴 것이다.
3 내가 어두운 지하 저장고에 있는 보화와 은밀한 곳에 숨겨 둔 보물을 너에

게 주겠다. 그 때문에 너는, 내가 여호와인 줄을 알게 될 것이고, 너를 지명하여 부르신 분이 이스라엘의 하나님이심을 알게 될 것이다.

4 나의 종 야곱과 내가 택한 이스라엘을 돕게 하려고 내가 너를 지명하여 불렀으니, 비록 네가 나를 알지 못하였으나, 내가 너에게 영예로운 칭호를 주었느니라.

5 나는 여호와이다. 전혀 없으니 내가 아니면 신은 없다. 네가 비록 나를 알지 못하였으나, 나는 너에게 허리띠를 매어 주겠다.

6 이는 해 뜨는 동쪽에서든, 해 지는 서쪽에서든, 내가 아니면 그 어디에도 신이 없음을 사람들이 알게 하려는 것이다. 나는 다시없는 여호와이다.

7 나는 빛을 형성하고 어둠도 창조하며, 평안도 만들고 재앙도 창조한다. 나 여호와가 이 모든 일을 행한다.

8 너희 하늘들아, 위로부터 의를 비처럼 뿌려라. 너희 구름들아, 의를 쏟아 부어라. 땅아, 움트게 하여 구원의 열매를 맺게 하라. 그리고 너는 저들과 함께 공의를 싹트게 하라. 나 여호와가 그 구원을 창조하였느니라."

45:1 כֹּה־אָמַר יְהוָה לִמְשִׁיחוֹ לְכוֹרֶשׁ אֲשֶׁר־הֶחֱזַקְתִּי בִימִינוֹ לְרַד־לְפָנָיו גּוֹיִם וּמָתְנֵי מְלָכִים אֲפַתֵּחַ לִפְתֹּחַ לְפָנָיו דְּלָתַיִם וּשְׁעָרִים לֹא יִסָּגֵרוּ: 2 אֲנִי לְפָנֶיךָ אֵלֵךְ וַהֲדוּרִים אושׁר דַּלְתוֹת נְחוּשָׁה אֲשַׁבֵּר וּבְרִיחֵי בַרְזֶל אֲגַדֵּעַ: 3 וְנָתַתִּי לְךָ אוֹצְרוֹת חֹשֶׁךְ וּמַטְמֻנֵי מִסְתָּרִים לְמַעַן תֵּדַע כִּי־אֲנִי יְהוָה הַקּוֹרֵא בְשִׁמְךָ אֱלֹהֵי יִשְׂרָאֵל: 4 לְמַעַן עַבְדִּי יַעֲקֹב וְיִשְׂרָאֵל בְּחִירִי וָאֶקְרָא לְךָ בִּשְׁמֶךָ אֲכַנְּךָ וְלֹא יְדַעְתָּנִי: 5 אֲנִי יְהוָה וְאֵין עוֹד זוּלָתִי אֵין אֱלֹהִים אֲאַזֶּרְךָ וְלֹא יְדַעְתָּנִי: 6 לְמַעַן יֵדְעוּ מִמִּזְרַח־שֶׁמֶשׁ וּמִמַּעֲרָבָה כִּי־אֶפֶס בִּלְעָדָי אֲנִי יְהוָה וְאֵין עוֹד: 7 יוֹצֵר אוֹר וּבוֹרֵא חֹשֶׁךְ עֹשֶׂה שָׁלוֹם וּבוֹרֵא רָע אֲנִי יְהוָה עֹשֶׂה כָל־אֵלֶּה: ס 8 הַרְעִיפוּ שָׁמַיִם מִמַּעַל וּשְׁחָקִים יִזְּלוּ־צֶדֶק תִּפְתַּח־אֶרֶץ וְיִפְרוּ־יֶשַׁע וּצְדָקָה תַצְמִיחַ יַחַד אֲנִי יְהוָה בְּרָאתִיו: ס

(BHS 5th ed 사45:1-8 필자 사역)

공명점(또는 공진점 resonance point)

사도 바울이 하박국 선지자를 소환하는 것은 그 시대가 바울의 시대 곧 그리스-로마 시대와 역사적으로 동일 선상에 있으며, 바울의 복음이 두 시대를 동일시할 수 있는 연속성을 가지게 하기 때문이다. 그리고 그 연속성은 하나님의 진노를 불러일으키는 두 시대를 지배하는 힘을 지닌 법(율법)에서 찾을 수 있다.

사도 바울에게 하박국 시대의 특성은 그의 시대인 그리스-로마 시대를 비춰 주는 거울과 같은 의미에서 바울의 시대와 동일한 것이므로, 바울이 하나님의 복음을 선포함으로써 이루어질 그리스도의 왕국에 공명(또는 공진, resonance)할 수 있고, 계시의 특성상 우리 시대도 동일한 방법으로 그리스도의 왕국에 공명할 수 있는 것이다.

이렇게 계시의 연속성에 의한 모든 시대와 세계의 법질서를 아우르는 공명점(또는 공진점, resonance point)은 태초로부터 인류가 처한 시간과 공간이 다르고 경험하는 모든 일들이 세대마다 그리고 시대마다 각각 다르나 동일한 시대로 묶어 볼 수 있는 지극히 높은 영적인 안목으로 보는 지점이다.

여기서 '지극히 높은 영적인 안목'이라 함은 그리스도 예수 안에 있는 구속으로 인한 하나님의 복음에 의해 역사가 그 중심인 구속의 정점을 향해 쏠리는 그 구속 운동의 중심이 되는 지점을 보는 시각이다.

그런 시각은 그리스도 예수 안에 있는 구속의 관점에서 미래로부터 현재, 현재로부터 과거를 통찰하되 다시 과거로부터 현재, 현재로부터 미래를 통찰하는 관점으로 하나님의 진노를 일으키는 법(율법)을 중심으로 역사의 지평을 진단하고, 그 결과 그리스도 예수 안에 있는 하나님의 복음을 선포함으로 계시되는 하나님의 의와 하나님의 진노에 대한 진술은 모든 세계와 모든 시대를 아우를 수 있는 공통 분모인 은혜와 율법의 상관관계를 파헤치는 형식으로 서술된다.

그러므로 하나님의 진노에 대한 바울의 진술은 어느 특정된 한 시대를 세세하게 파헤치는 방식이 아니라 모든 민족 모든 시대의 특성을 포괄하여 다 살릴 수 있는 하나님의 복음 안에서 공명점이 되는 은혜의 법인 그리스의 법을 근거로 기술되고 있다.

하나님의 복음은 유대인들의 율법이 오버랩되어 공명하는 지점을 형성할 뿐만 아니라 마찬가지로 이방 민족의 모든 법(율법)이 오버랩되어 공명하는 방식으로 모든 법(율법)이 가진 힘(사망의 권세)의 속박으로부터 믿음으로 구원하는 전능하신 하나님의 능력이다. 왜냐하면 하나님의 복음 안에 유대인들의 율법이 오버랩되어 공명할 수 있는 다른 법(율법)이 있고, 그 법(율법)은 이방 민족의 모든 법(율법) 또한 오버랩되어 공명하는 법(율법)이기 때문이다.

따라서 그런 시각으로 롬1:18의 '그 진리를 막고 있는 사람들의 온갖 불경(ἀσέβειαν-아세베이안)과 불의(ἀδικίαν-아디키안) 위에 하나님의 진노(ὀργὴ θεοῦ-오르게 데우)가 하늘로부터 계시되고 있다.'라는 인류에 대한 심판의 당위성을 선언하고 있는 바울의 외침을 따져 보면 '그 진리를 막고 있는 사람들의 온갖 불경(ἀσέβειαν-아세베이안)과 불의(ἀδικίαν-아디키안)'라는 것이 모두 법(율법)이 가진 힘(사망의 권세) 아래 사로잡혀 있는 자들이 만들어 내는 행위라는 점에서 주의 깊게 읽지 않으면 큰 낭패를 볼 수 있는 곳으로 떨어지게 된다.

　그런 바울의 시각으로 다시 본문을 읽어 보라. 필자는 앞으로 그런 시각으로 좀 더 세세하게 본문의 의미를 재고하여 설명하는 곳으로 나갈 것이다.

1:18	Ἀποκαλύπτεται γὰρ ὀργὴ θεοῦ ἀπ' οὐρανοῦ ἐπὶ πᾶσαν ἀσέβειαν καὶ ἀδικίαν ἀνθρώπων τῶν τὴν ἀλήθειαν ἐν ἀδικίᾳ κατεχόντων,	참으로 하나님의 진노가 하늘로부터 불의로 그 진리를 막고 있는 사람들의 온갖 불경(不敬)과 불의(不義) 위에 계시되고 있습니다.
1:19	διότι τὸ γνωστὸν τοῦ θεοῦ φανερόν ἐστιν ἐν αὐτοῖς· ὁ θεὸς γὰρ αὐτοῖς ἐφανέρωσεν.	이는 그 하나님께서 자신을 알아볼 수 있게 그들에게 분명하게 드러내어 보여 주셨기 때문입니다.
1:20	τὰ γὰρ ἀόρατα αὐτοῦ ἀπὸ κτίσεως κόσμου τοῖς ποιήμασιν νοούμενα καθορᾶται, ἥ τε ἀΐδιος αὐτοῦ δύναμις καὶ θειότης, εἰς τὸ εἶναι αὐτοὺς ἀναπολογήτους,	참으로 그분의 보이지 않는 것들, 곧 그분의 영원하신 능력과 신성이 세상 창조로부터 그 행하신 일들에 의해 이해되고 깨달아짐으로써 그들이 변명할 수 없게 하신 것입니다.
1:21	διότι γνόντες τὸν θεὸν οὐχ ὡς θεὸν ἐδόξασαν ἢ ηὐχαρίστησαν, ἀλλ' ἐματαιώθησαν ἐν τοῖς διαλογισμοῖς αὐτῶν καὶ ἐσκοτίσθη ἡ ἀσύνετος αὐτῶν καρδία.	이는 그들이 그 하나님을 알면서도 하나님처럼 영화롭게 하거나 감사하지 않고, 오히려 그들의 여러 가지 셈법에 따라 허망해졌고 분별력 없는 마음이 어두워졌기 때문입니다.
1:22	φάσκοντες εἶναι σοφοὶ ἐμωράνθησαν	그들은 자기들이 지혜롭다고 주장함으로써 바보가 되었고
1:23	καὶ ἤλλαξαν τὴν δόξαν τοῦ ἀφθάρτου θεοῦ ἐν ὁμοιώματι εἰκόνος φθαρτοῦ ἀνθρώπου καὶ πετεινῶν καὶ τετραπόδων καὶ ἑρπετῶν.	그들은 썩지 않는 하나님의 영광을 썩어 없어질 사람 형상의 모습으로 바꾸되, 새들과 그리고 네발짐승들과 기어다니는 것들의 형상을 닮은 모습을 섞어 변형시켜 버렸습니다.

1:24	—Διὸ παρέδωκεν αὐτοὺς ὁ θεὸς ἐν ταῖς ἐπιθυμίαις τῶν καρδιῶν αὐτῶν εἰς ἀκαθαρσίαν τοῦ ἀτιμάζεσθαι τὰ σώματα αὐτῶν ἐν αὐτοῖς·	---그러므로 그들을 그 하나님께서 내어버려두셔서 그들끼리 그들의 마음에 일어나는 욕망대로 더러운 짓을 하게 하여 그들의 몸이 손상되게 하셨습니다.
1:25	οἵτινες μετήλλαξαν τὴν ἀλήθειαν τοῦ θεοῦ ἐν τῷ ψεύδει καὶ ἐσεβάσθησαν καὶ ἐλάτρευσαν τῇ κτίσει παρὰ τὸν κτίσαντα, ὅς ἐστιν εὐλογητὸς εἰς τοὺς αἰῶνας, ἀμήν.	결국 이런 사람들이 그 하나님의 그 진리를 그 거짓으로 바꾸었고 창조하신 분 대신에 그 피조물을 숭배하며 섬겼던 것입니다. 하지만 창조하신 분은 영원히 찬양받으실 분입니다. 아멘.

> 전환된 관점의 로마서 읽기

제2장
하나님은 자신을 알아보게 만드셨다.
그 사건을 통해서~

본문 : 로마서 1장 18~19절

핵심 주제 어구

ὁ θεὸς γὰρ αὐτοῖς ἐφανέρωσεν

(호 데오스 가르 아우토이스 에파네로센)

하나님의 진노가 계시되고 있다는 말의 의미는 그리스도 예수 안에 있는 구속의 복음을 선포함으로써 나타나는 상황, 곧 그동안 숨겨졌던 하나님의 진노하심의 실상이 십자가의 사건을 통해 인간들에게 알려지는 것이다.

그것은 하나님께서 스스로 인간 세상의 역사 속에 개입하셔서 공개적으로 자신의 화나심에 대한 의중을 최종적으로 드러내심을 말한다. 당연히 거기에는 하나님을 화나게 하는 인간들의 그릇된 행위가 있다. 불의로 그 진리를 막는 자들의 불경과 불의가 그것인데 그것이 바로 율법을 범하는 것이다.

제2장(하나님은 자신을 알아보게 만드셨다. 그 사건을 통해서~) _ 본문 63p에서

본문

1장	NA28판(UBS5판) ΠΡΟΣ ΡΩΜΑΙΟΥΣ 1	로마서 1장 필자 사역	비고
1:18	Ἀποκαλύπτεται γὰρ ὀργὴ θεοῦ ἀπ' οὐρανοῦ ἐπὶ πᾶσαν ἀσέβειαν καὶ ἀδικίαν ἀνθρώπων τῶν τὴν ἀλήθειαν ἐν ἀδικίᾳ κατεχόντων,	참으로 하나님의 진노가 하늘로부터 불의로 그 진리를 막고 있는※ 사람들의 온갖 불경(不敬)과 불의(不義) 위에 계시되고 있습니다.	※ κατεχόντων 지연, 제지, 억압, 가둠 등을 나타냄 (살후2:6-7). 비교: 차지하다(꼭 붙잡다) 고전7:30(롬7:6, 고전11:2, 15:2)
1:19	διότι τὸ γνωστὸν τοῦ θεοῦ φανερόν ἐστιν ἐν αὐτοῖς· ὁ θεὸς γὰρ αὐτοῖς ἐφανέρωσεν.	이는※1 그 하나님께서 자신을 알아볼 수 있게 그들에게 분명하게 드러내어 보여 주셨기 때문입니다.※2	※1 διότι BDAG: 합리적으로 유효한 이유를 나타내는 마커. ὅτι 대신에 사용. ※2 윗점으로 분리된 두 문장임.

하나님의 복음과 진노에 대한 기초적인 이해 [Ⅲ]

하나님의 구체적인 행동

우선 '하나님의 진노'에 관해 언급하는 롬1:18의 바울의 진술에 대해 정리해 보자. 핵심은 '완전히 알려질 일이 오다(to come something to be fully known).'라는 개념을 가진 헬라어 '아포칼륍테타이(Ἀποκαλύπτεται-계시되다)'가 가진 실제 의미이다. 그것은 이전에 알려지지 않았거나 비밀 정보를 알려 숨겨졌던 정보가 최종적으로 공개되는 것을 가리킨다.

이런 맥락에서 하나님의 진노가 계시되고 있다는 말의 의미는 그리스도 예수 안에 있는 구속의 복음을 선포함으로써 나타나는 상황, 곧 그동안 숨겨졌던 하나님의 진노하심의 실상이 십자가의 사건을 통해 인간들에게 알려지는 것이다.

그것은 하나님께서 스스로 인간 세상의 역사 속에 개입하셔서 공개적으로 자신의 화나심에 대한 의중을 최종적으로 드러내심을 말한다. 당연히 거기에는 하나님을 화나게 하는 인간들의 그릇된 행위가 있다. 불의로 그 진리를 막는 자들의 불경과 불의가 그것인데 그것이 바로 율법을 범하는 것이다.

한마디로 하나님의 진노란 율법에 불순종하여 불의로 그 진리를 막는 자(억압을 통해 숨통을 조이는 자)들의 온갖 불경과 불의를 심판하시는 하나님의 구체적인 행동이다.

진정성과 정당성

그런데도 그것은 '계시성'을 지니고 있기에 예고적 성격을 가진다. 그래서 그건 하나님의 진노를 나타내는 사건 자체로서 이미 심판의 성격을 지니지만 그 사건이 겨냥하는 것은 실제로 미래의 최종적인 심판에 있는 것처럼 언제나 현실과 미래라고 하는 두 시대를 향한 발전적 이중 경고를 나타내는 사건이라는 점에서 둘 사이 심판의 유예성이 존재한다는 점이 독특하다.

그리고 그 유예성, 그러니까 하나님께서 화를 내시는 이유로 인류가 하나님의 진노를 일으키는 일들에서 벗어나 하나님을 기쁘시게 하는 길을 걷게 하시려는 의도를 가지고 수위를 낮추어 대하는 것이지, 폭군과 같이 자기의 뜻을 거스르는 자들을 향해 화를 참지 못해 터트리는 난폭하고 잔인한 폭력을 행하시는 게 아니라는 말이다.

분명 하나님께 악은 공존할 수 없다. 그런 까닭에 악은 하나님께 반드시 괴멸당해야 할 대상이다. 하지만 인간은 아니다. 그러니 설령 인간이 악행을 한다고 할지라도 그 악을 멸망시키는 과정에서 인간이 멸망당하게 되는 것은 하나님께서 결코 원하시는 것이 아니다.

따라서 하나님의 진노란 진리를 가로막는 불의와 불경에 대한 하나님의 본성적 반응이기도 하시지만 마침내 하나님께서 베푸시는 구원의 실상을 펼쳐 보이심으로써 그 구원을 바라보게 하시려는 경고에 그 일차 목적이 있다.

그런 의미에서 롬1:18은 하나님의 진노가 불의로 그 진리를 막는 사람들 위에 나타나는 것이 아니라 그 진리를 막는 사람들의 불의와 불경 위에 나타나는 것을 표현한다.

문제는 그런 하나님의 진노하심에 대한 진정성마저도 그 사실성을 전제하지 않고서는 정당한 것으로 납득될 수 없다. 그러기에 이어지는 롬1:19에서 접속사 (διότι-디오티, 합리적으로 유효한 이유를 나타내는 마커)를 통해 그 합리적인 이유를 밝히면서 쉽게 알 수 있도록 명확하게 표시하는 것(to being evident so as to be readily known)을 나타내는 헬라어 파네론(φανερόν)과 드러내어 눈에 띄게 하여 알려지게 만드는 것(to cause to become visible, disclose)을 나타내는 에파네로센(ἐφανέρωσεν)을 사용해 '하나님께서 하나님 자신에 관하여 알 수 있는 것을 그들에게 보이셨다(God has shown them what can be known about God).'라고 한 뒤, 롬1:20-25까지 그 논리에 더 확실한 근원적 이유를 더해 가는 방식으로 최종적인 하나님의 진노에 대한 계시의 진정성과 정당성을 사실에 기반한 명확성과 함께 구체적으로 입증해 나간다.

1:18	Ἀποκαλύπτεται γὰρ ὀργὴ θεοῦ ἀπ' οὐρανοῦ ἐπὶ πᾶσαν ἀσέβειαν καὶ ἀδικίαν ἀνθρώπων τῶν τὴν ἀλήθειαν ἐν ἀδικίᾳ κατεχόντων,	참으로 하나님의 진노가 하늘로부터 불의로 그 진리를 막고 있는 사람들의 온갖 불경(不敬)과 불의(不義) 위에 계시되고 있습니다.
1:19	διότι τὸ γνωστὸν τοῦ θεοῦ φανερόν ἐστιν ἐν αὐτοῖς· ὁ θεὸς γὰρ αὐτοῖς ἐφανέρωσεν.	이는 그 하나님께서 자신을 알아볼 수 있게 그들에게 분명하게 드러내어 보여 주셨기 때문입니다.
1:20	τὰ γὰρ ἀόρατα αὐτοῦ ἀπὸ κτίσεως κόσμου τοῖς ποιήμασιν νοούμενα καθορᾶται, ἥ τε ἀΐδιος αὐτοῦ δύναμις καὶ θειότης, εἰς τὸ εἶναι αὐτοὺς ἀναπολογήτους,	참으로 그분의 보이지 않는 것들, 곧 그분의 영원하신 능력과 신성이 세상 창조로부터 그 행하신 일들에 의해 이해되고 깨달아짐으로써 그들이 변명할 수 없게 하신 것입니다.
1:21	διότι γνόντες τὸν θεὸν οὐχ ὡς θεὸν ἐδόξασαν ἢ ηὐχαρίστησαν, ἀλλ' ἐματαιώθησαν ἐν τοῖς διαλογισμοῖς αὐτῶν καὶ ἐσκοτίσθη ἡ ἀσύνετος αὐτῶν καρδία.	이는 그들이 그 하나님을 알면서도 하나님처럼 영화롭게 하거나 감사하지 않고, 오히려 그들의 여러 가지 셈법에 따라 허망해졌고 분별력 없는 마음이 어두워졌기 때문입니다.
1:22	φάσκοντες εἶναι σοφοὶ ἐμωράνθησαν	그들은 자기들이 지혜롭다고 주장함으로써 바보가 되었고
1:23	καὶ ἤλλαξαν τὴν δόξαν τοῦ ἀφθάρτου θεοῦ ἐν ὁμοιώματι εἰκόνος φθαρτοῦ ἀνθρώπου καὶ πετεινῶν καὶ τετραπόδων καὶ ἑρπετῶν.	그들은 하나님의 그 썩지 않는 그 영광을 썩어 없어질 사람과 새들과 그리고 네발 짐승들과 기어다니는 것들의 형상을 닮은 모습으로 바꾸어 버렸습니다.
1:24	—Διὸ παρέδωκεν αὐτοὺς ὁ θεὸς ἐν ταῖς ἐπιθυμίαις τῶν καρδιῶν αὐτῶν εἰς ἀκαθαρσίαν τοῦ ἀτιμάζεσθαι τὰ σώματα αὐτῶν ἐν αὐτοῖς·	---그러므로 그들을 그 하나님께서 내어 버려두셔서 그들끼리 그들의 마음에 일어나는 욕망대로 더러운 짓을 하게 하여 그들의 몸이 욕되게 하셨습니다.

1:25	οἵτινες μετήλλαξαν τὴν ἀλήθειαν τοῦ θεοῦ ἐν τῷ ψεύδει καὶ ἐσεβάσθησαν καὶ ἐλάτρευσαν τῇ κτίσει παρὰ τὸν κτίσαντα, ὅς ἐστιν εὐλογητὸς εἰς τοὺς αἰῶνας, ἀμήν.	결국 이런 사람들이 그 하나님의 그 진리를 그 거짓으로 바꾸었고 창조하신 분 대신에 그 피조물을 숭배하며 섬겼던 것입니다. 하지만 창조하신 분은 영원히 찬양 받으실 분입니다. 아멘.

계시자의 의중

여기서 먼저 생각해 보아야 할 것은 하나님의 계시가 구체적인 사건(事件)으로 나타난다는 말이 가지는 의미다. 우리는 보통 뜻밖에 갑자기 좋지 않은 일이 일어났을 때 '사고(事故)'라고 한다. 반면에 '사건'은 '사고'와는 다르게 사회적으로 문젯거리가 되어 관심을 끌 만한 일을 두고 하는 말이다.

그러니까 일상적으로 문제나 말썽을 일으키는 사소한 일들과는 달리(그렇다고 그런 일들을 가볍게 여긴다는 말이 아니라) 공적으로 면밀하고 정밀하게 검토해야 할 중대한 의미를 가진 공공의 성격을 지닌 일이 터졌을 때를 가리켜 '사건(事件)'이라고 한다.

그래서 문제가 되는 큰 사건은 언제나 단순 사건과 다르게 복합적이고 복잡하게 얽히고설킨 사실관계로 이루어져 있어 그것의 진위를 가리는 과정 또한 많은 시간과 열정이 필요하다. 그러다 보면 큰 사건은 단순 사건이나 사고와 같이 가볍게 경각심을 주는 경고와 주의로 끝나는 것과는 다르게 오랜 시간 그 진위가 명확하게 드러날 때까지 들여다보지 않으면 우리가 얻을 수 있는 것이 아무것도 없게 된다.

이는 '사건'으로서의 하나님의 복음과 진노에 대한 계시가 온 인류와 온 세상이 직면하고 있는 무수한 문제와 문제의식 앞에 제시하신 하나님의 해결책으로서 아무리 구원과 심판의 엄중한 경고의 뜻이 담겨 있다고 하더라도 겸손하고 열의 있게 들여다보지 않으면 그것의 진의를 파악하기란 쉽지 않다는 뜻이다.

그러니까 하나님의 진노가 하나의 사건으로서 인류에게 공개되고 있다는 것은 마치 위급함이나 급박한 비상사태를 알리기 위해 종을 울리거나 경고 사이렌과 같은 '아주 특이한 경각심을 일깨우는 권면의 메시지'를 담고 있다는 말이다.

따라서 그것은 아주 독특한 의미를 지닌 사건으로 인식하고 그 의미하는 바를 매우 주의 깊게 살펴보지 않으면 그 핵심 메시지를 밝혀내는 데 실패할 것이다. 하나님의 진노라고 하는 계시 사건이 가지는 의미는 오랜 세월 동안 반복되어 오다 마침내 예수 그리스도의 십자가 사건을 최종적인 계시 사건으로 매듭지어지기 때문에 계시자의 의중을 파악하는 것이 관건이다.

각인된 기억
아담으로부터 아브라함까지의 사건이 그렇고, 모세로부터 예수님까지의 사건이 그렇듯이 성경에 기록된 모든 사건은 그런 의미에서 매우 특별한 의미를 가진 독특한 역사적 사건이다. 여기 역사적이라고 함은 이 특별한 사건들 가운데 그 어느 것 하나도 꾸며 내거나 지어낸 이야기가 아닌 우리가 살아 숨 쉬는 역사의 지평 위에서 일어난 실제적 사건이라는 뜻이다.

그리고 매우 특별한 의미를 가진 독특한 사건이라고 함은 창조주 하나님께서 구원의 하나님이 되셔서 새로운 창조를 이루시는 과정에서 일어나는 일이라는 뜻이다. 따라서 이 사건들은 창조주 하나님에 의해 태초로부터 인류 사회가 지우려 해도 지울 수 없는 실제적인 경험에 의해 각인된 기억으로 기록된 아주 특별한 기억의 진술임을 이해할 때 그 의미 또한 제대로 이해할 수 있게 된다는 말이다.

반추(反芻)
그런 까닭에 성경 속의 이야기들은 그 이야기들을 들은 인류 사회의 기억 속에 저장되어 반추함으로써 각각의 사건들이 가지는 의미를 알게 하여 마침내 하나님의 심판과 구원에 직면한 인간 자신을 보게 하는 것이다. 인류 역사의 시작부터 일어난 모든 일들로 인해 얽히고설킨 기억의 실타래가 묻혀 있는 인간의 마음속에, 성경의 이야기가 그 기억의 실타래를 풀어 주는 방식으로 인간의 기억 속에 전해지고 있다. 그것이 바로 하나님의 계시가 역사의 지평 위에 형성된 인류 사회 속에서 구체적인 사건으로 나타난 이유와 목적이다.

구속사
우리는 그것을 구속사(救贖史), 곧 창조주 하나님께서 구원의 하나님이 되셔서 죄와 타락으로 영원한 생명과 하나님의 나라를 잃고 멸망을 향해 달리고 있는 인류를 예수 그리스도의 대속(代贖)의 사랑으로 구원하셔서 영원한 생명과 천국을 누리며 살게 하시는 하나님의 구원 행위에 관한 역사라고 한다.

그리고 이 구속사의 특징은, 창조주 하나님께서 창조하신 세상 속에서 펼쳐지고 있는 인류의 역사 과정에 친히 자신의 성호를 드러내시는 방식으로 개입하셔서, 행하실 구속의 일에 대해 여러 가지 방식으로 미리 말씀하시고, 말씀하신 대로 각각의 말씀에 맞게 여러 가지 사건으로 확증하여 보여 주시며 자기의 뜻을 이루어 가시는 것이다(히1:1-3).

필자는 그 구속사를 '그리스도 예수 안에 있는 구속을 통한 구속의 역사 또는 구원의 역사'로 규정한다. 그것은 그 구속의 역사가 창조 이전에 세워진 하나님의 비밀 계획에 의한 것이었음을 드러내는 구속사이다(롬16:25-27, 골1:26-27).

온 인류를 향한 메시지

그런 관점에서 하나님의 진노는 하늘로부터(ἀπ' οὐρανοῦ-아프 우라누) 계시되고 있다. 하늘이란 하나님의 보좌이고 땅은 하나님의 발등상이다(마5:34-35). 하늘과 땅을 통치하시는 하나님의 보좌로부터 계시되고 있는 진노는 사람을 직접적인 대상으로 삼지 않고 사람들이 저지르는 불의와 불경을 대상으로 하고 있다는 사실만 기억하면 된다.

이는 처음 창조 세계로부터 그 질서가 무너지고 자리 잡은 불의의 세계 질서가 극에 달해 있는 상황에서 나타나는 하나님의 진노를 말한다. 위험 수위를 넘을 만큼 위태롭고 위급하고 위중한 상태의 세계 질서, 당장 조처하지 않으면 돌이킬 수 없는 불행에 떨어지게 되는 극단에서 주어지는 최후의 경고라는 점을 인식해야 하는 대목이다.

다만 여기서 중요한 것은, 그것이 문맥적으로 바울이 인용하고 있는 하박국 시대의 문맥(context)과 이어진 상황으로 바울의 시대인 그리스-로마 시대를 향해 하나님의 진노가 계시되고 있다는 사실을 말하고 있다는 점이다.

즉, 구속사가 아닌 세계사의 관점에서는 그것은 단순히 근동 지역에서 유럽 지역으로 파급되어 일어나는 지엽적이고 지역적인 사건처럼 보이지만, 구속사의 관점에서 보면, 전 지구촌을 상대로 선언적으로 나타나는 하나님의 진노를 의미한다는 것이다.

이는 필자가 이전 장(章)인 「하나님의 복음과 진노에 대한 기초적인 이해」에서 말한 것과 같이, 하박국 시대에 나타난 사건으로서의 하나님의 진노가 바울의 시대 곧 그리스-로마 시대에도, 우리가 사는 현시대에도 동일한 것으로 취급될 수 있다고 한 맥락과 같다. 따라서 하나님의 진노가 하늘로부터 나타나고 있다는 바울의 표현은 그리스-로마 지역과 그 시대만을 특정해서 말한 메시지가 아니라, 온 인류와 모든 시대를 향한 메시지이다.

선언적 의미
물론 바울의 처지에서 보면 우선적으로 이 서신의 대상인 그리스-로마 시대를 살고 있는 그리스-로마 사람들을 향한 것이다. 그런데도 그것이 그리스-로마 시대에만 국한된 의미로 읽힐 수 없는 것은, 바울이 인용한 하박국서의 문맥을 통해 확정되었듯이, 하나님의 계시가 구속사의 맥락에서 온 인류를 향한 선언적 의미를 담은 역사적 사건으로서 진행적이고 반복적인 의미를 가지기 때문이다. 하박국 시대에 나타났던 사건으로서의 하나님의 진노가 하박국 시대와의 연속성을 가진 그리스-로마 시대에도 동일한 의미로 나타나고 있고, 그 계시의 연속성은 우리가 살고 있는 현시대에도 같은 의미를 가지고 나타나고 있는 것이다.

평행선
하지만 여기서 주의해야 할 부분이 있다. 그것은 이 세상의 일반적인 역사, 곧 세속적인 역사의 관점과 하나님의 특별한 계시의 역사, 곧 하나님의 구속 역사라고 하는 두 관점의 역사 진행 방향에서 일어날 수 있는 특이한 현상에 대한 이해이다. 간단하게 말하면 구속의 역사는 세속의 역사 속에 섞일 수 없는 독특하고 특별한 영적인 역사로 어떤 의미에서 세속의 역사와 평행선을 이루며 발전하는 양상을 이루고 있다.

특이한 특성
하지만 그 구속의 역사가 세상을 창조하신 하나님께서 그 세상의 역사에 대해 심판과 구원을 행하신다는 점에서 그 둘은 엄밀한 의미에서 혼합된 하나의 역사이다. 여기에 난해하고 곤란한 지점들이 발생한다. 둘의 상관관계에서 발생하는 첨예한 일들이 그것이다. 이것들에 대해서는 차차 심도 있게 살펴봐야 하겠지만 이 지점에서 우리가 기억해야 할 것은 둘은 절대로 섞일 수 없고 섞여서도 안 되는 특이한 특성을 지니고 있다는 점이다.

달라진 양상: 극단화

그 특이함은 이런 것이다. 하박국 시대에 나타난 하나님의 진노가 그리스-로마 시대에도 동일하게 나타나는데, 그 양상이 그 구속의 역사가 가지는 연속성에 의해 그 발전 과정에서 이 세상의 질서가 하나님을 상대로 분극화되어 극단화된 형태로 나타난다는 것이다.

하박국 시대에 나타난 하나님의 진노는 율법의 해이함으로 인해 현실적인 정치체의 충돌이라는 상관관계에 의해 그리스-로마 시대에 이르러 나타나지만, 그 역사의 연장선에서 그리스-로마 시대에서는 하나님의 복음이라고 하는 아주 특이한 종말론적인 사건을 선포함으로써 하나님의 진노가 나타나고 있다.

따라서 하박국 시대에 나타난 하나님의 진노는 예수 그리스도의 십자가의 죽으심과 부활하심을 통해 선포되는 하나님의 복음에 의해 드러나는 하나님의 심판과 구원하심이라는 아주 특별한 사건 속에 잠식되어 있는 형국이다.

이는 분명 하박국 시대와 동일선상에서 그리스-로마시대로 이어지는 역사의 연속성에 의해 일어나는 하나님의 진노와는 확연히 다른 양상의 계시로 발전되어 나타나고 있다는 뜻이기도 하다. 계속되는 역사 속에서 그 계시의 연속성이 느닷없이 단절되는 느낌을 주기 때문이다.

하여간 그 느낌은 실제적인 것이며 피할 수 없고 메울 수 없는 한계에 직면하게 만든다. 하나님께서 행하실 새로운 창조를 위해 모든 것을 극단화하시는 방식의 결과이다. 하나님의 진노에 대한 계시와 관련하여 두 시대의 간격을 메꿔야 할 이야기가 많다는 말이다.

미궁(迷宮)

구속 역사의 연속성에 의한 '하나님의 진노'라 함은 율법에 집중하며 율법의 요구를 충족시켜야 할 인류의 고된 역사가 종국에 이르기까지 진행되는 과정에서 율법의 요구를 충족시키지 못해 나타나는 형태의 진노이다. 따라서 율법의 해이함 없이는 결코 그 진노가 나타나지 않지만 그 해이함이 있는 곳에는 항상 그 진노가 따라 나타난다.

하지만 그런 특성을 가진 하나님의 진노가 그리스-로마 시대에 와서 하나님의 복음을 선포하는 특별한 사건에 잠식되어 그 최종적인 실체적 진실을 드러내는 형태로 나타난다. 이는 이미 언급했듯이 하박국 시대에 나타난 하나님의 진노는 율법의 해이함에 대한 직접적인 역사적 심판으로 나타나는 것이었다면, 그리스-로마 시대에 와서는 그것이 하나님의 아들이신 예수 그리스도께서 십자가에 돌아가심과 일으켜지심이라는 극단적 반전의 역사적인 사건으로 매듭지어지고, 하나님의 복음으로 선포된 사건으로 남게 되었다는 말이다.

이 극단적 반전의 사건은 태초부터 일어난 모든 계시 사건을 종결짓고 오고 오는 시대를 밝히는 계시 사건으로 모든 시대를 새롭게 하는 아주 특이하고 역설적인 계시 사건이기에 꼼꼼하게 들여다보지 않으면 하나님의 복음이라는 그 진리의 미궁 속으로 빠져들게 설계되어 있다.

그리고 그 미궁으로부터 빠져나올 수 있는 것은 이전 시대로부터 연속성을 가지고 나타나는 하나님의 진노에 대한 실체적 진실을 발견할 수 없게 만드는 것이 무엇인지를 보는 것이다. 그것은 그릇된 모든 것을 새롭게 바꾸어 버리는 진리의 전환성이다.

취합

필자는 조금 전 이 부분 — 두 시대의 간격 — 에 많은 이야기가 실재한다고 말한 바 있다. 그 이야기는 바울이 역사를 보는 영적인 안목과 관련되어 있다. 즉 바울이 하박국 선지자의 예언을 인용한다는 것은 하박국 시대로부터 그리스-로마 시대로 이어지는 역사의 맥락을 하나님께서 세우신 언약의 성취 과정이라는 구속사적인 시각에서 파악한다는 것이다.

따라서 하박국 시대로부터 그리스-로마 시대로 이어지는 기록된 성경의 역사 인식 속에 그리스-로마 시대에 하나님의 복음이 선포되기까지의 시대마다 일어난 사건들이 가지는 진정한 의미를 하나로 취합해 내어야 한다.

투사(投射)

그렇게 하려고 바울은 합2:4의 인용을 통해 하박국 시대로부터 하나님의 복음이 선포되는 그리스-로마 시대까지의 기록된 성경의 핵심 내용을 구속사적인 시각으로 요약해 그리스-로마 시대뿐만 아니라 오고 오는 미래 시대에 투사(投射)하고 있다. 그것은 성경 전체의 내용, 곧 창조로부터 그리스-로마 시대에 이르는 계시의 발전 과정에 나타난 핵심적인 내용이며, 그것을 바울은 종합적으로 아주 짧게 요약해 내는 것이다. 그 내용이 바로 우리가 지금 해석해 내려고 하고 있는 바울의 텍스트 로마서 본문(롬1:18-25)이다.

1:18	Ἀποκαλύπτεται γὰρ ὀργὴ θεοῦ ἀπ' οὐρανοῦ ἐπὶ πᾶσαν ἀσέβειαν καὶ ἀδικίαν ἀνθρώπων τῶν τὴν ἀλήθειαν ἐν ἀδικίᾳ κατεχόντων,	참으로 하나님의 진노가 하늘로부터 불의로 그 진리를 막고 있는 사람들의 온갖 불경(不敬)과 불의(不義) 위에 계시되고 있습니다.
1:19	διότι τὸ γνωστὸν τοῦ θεοῦ φανερόν ἐστιν ἐν αὐτοῖς· ὁ θεὸς γὰρ αὐτοῖς ἐφανέρωσεν.	이는 그 하나님께서 자신을 알아볼 수 있게 그들에게 분명하게 드러내어 보여 주셨기 때문입니다.
1:20	τὰ γὰρ ἀόρατα αὐτοῦ ἀπὸ κτίσεως κόσμου τοῖς ποιήμασιν νοούμενα καθορᾶται, ἥ τε ἀΐδιος αὐτοῦ δύναμις καὶ θειότης, εἰς τὸ εἶναι αὐτοὺς ἀναπολογήτους,	참으로 그분의 보이지 않는 것들, 곧 그분의 영원하신 능력과 신성이 세상 창조로부터 그 행하신 일들에 의해 이해되고 깨달아짐으로써 그들이 변명할 수 없게 하신 것입니다.
1:21	διότι γνόντες τὸν θεὸν οὐχ ὡς θεὸν ἐδόξασαν ἢ ηὐχαρίστησαν, ἀλλ' ἐματαιώθησαν ἐν τοῖς διαλογισμοῖς αὐτῶν καὶ ἐσκοτίσθη ἡ ἀσύνετος αὐτῶν καρδία.	이는 그들이 그 하나님을 알면서도 하나님처럼 영화롭게 하거나 감사하지 않고, 오히려 그들의 여러 가지 셈법에 따라 허망해졌고 분별력 없는 마음이 어두워졌기 때문입니다.
1:22	φάσκοντες εἶναι σοφοὶ ἐμωράνθησαν	그들은 자기들이 지혜롭다고 주장함으로써 바보가 되었고

1:23	καὶ ἤλλαξαν τὴν δόξαν τοῦ ἀφθάρτου θεοῦ ἐν ὁμοιώματι εἰκόνος φθαρτοῦ ἀνθρώπου καὶ πετεινῶν καὶ τετραπόδων καὶ ἑρπετῶν.	그들은 하나님의 그 썩지 않는 그 영광을 썩어 없어질 사람과 새들과 그리고 네발 짐승들과 기어다니는 것들의 형상을 닮은 모습으로 바꾸어 버렸습니다.
1:24	—Διὸ παρέδωκεν αὐτοὺς ὁ θεὸς ἐν ταῖς ἐπιθυμίαις τῶν καρδιῶν αὐτῶν εἰς ἀκαθαρσίαν τοῦ ἀτιμάζεσθαι τὰ σώματα αὐτῶν ἐν αὐτοῖς·	---그러므로 그들을 그 하나님께서 내어 버려두셔서 그들끼리 그들의 마음에 일어나는 욕망대로 더러운 짓을 하게 하여 그들의 몸이 욕되게 하셨습니다.
1:25	οἵτινες μετήλλαξαν τὴν ἀλήθειαν τοῦ θεοῦ ἐν τῷ ψεύδει καὶ ἐσεβάσθησαν καὶ ἐλάτρευσαν τῇ κτίσει παρὰ τὸν κτίσαντα, ὅς ἐστιν εὐλογητὸς εἰς τοὺς αἰῶνας, ἀμήν.	결국 이런 사람들이 그 하나님의 그 진리를 그 거짓으로 바꾸었고 창조하신 분 대신에 그 피조물을 숭배하며 섬겼던 것입니다. 하지만 창조하신 분은 영원히 찬양 받으실 분입니다. 아멘.

관점의 변화

이 같은 바울의 인식은 잘못된 모든 인식을 뒤바꿔 놓거나 전환해 '구속사의 완성'이라고 하는 새로운 시대를 열게 하는 아주 특이한 역사적 사건을 바라보는 관점에서의 통찰에 의한 것이다. 그 사건은 다름 아닌 그리스도 예수 안에서 실현된 구속을 출발점으로 그 구속이 완성되도록 하는 그리스도 예수의 돌아가심과 일으켜지심이다.

사실 이 부분은 이미 여러 차례 필자가 의중을 드러내었지만 너무도 중요한 관점의 역사 인식인 까닭에 조금 더 구약 성서로부터 신약 성서에 이르는 문맥적인 성찰을 통한 설명으로 권하지 않으면 앞으로 필자가 주도면밀하게 파헤치며 밝혀 나갈 로마서를 읽는 관점의 변화를 따라오지 못하는 불상사가 발생할 소지가 다분한 지점으로 남게 된다.

그 때문에 그런 바울의 통찰이 로마서 텍스트의 처음부터 마지막까지 진행할 우리의 논의 중심에 자리를 잡고 있음을 기억해야 한다.

역사 인식

필자가 1권에서 밝힌 바와 같이 바울은 이방인이면서도 유대인이다. 그의 역사 인식은 이방적이면서도 유대적이라고 할 수 있다. 하지만 바울은 하나님의 복음을 위한 이방인의 사도로 부르심을 받았다. 초기 예루살렘교회 공동체를 형성하게 했던 성령의 강림을 통해 알려진 초기 복음을 받아들인 그 이방인들에게 자신의 복음인 하나님의 복음을 전하는 직무를 토대로 복음을 받아들이지 않은 이방인들의 사도로 활동했다. 따라서 그의 역사 인식은 이방적이지도 유대적이지도 않은 오직 하나님의 복음에 의한 역사 인식이다.

신호탄

그는 하나님의 복음을 통해 새롭게 얻은 인식 능력으로 이방의 세계를 둘로 나누었다. 롬1:14의 헬라인들과 바르바로이스(야만인들), 곧 지혜 있는 자들과 무지한 자들로 구분하는 것이 그것이다. 세계를 구성하고 있는 인류를 둘로 나눈 것이다.

이는 롬1:16에서 보이는 바와 같이 하나님의 복음이 유대인과 헬라인의 벽을 허물고 둘 사이에 어떤 특권과 특혜가 없는 평등하고 공정한 관계를 형성하고 있음을 인식하는 표현과 같다. 그러니까 롬1:14은 사도 바울이 초기 복음을 받아들인 그 이방인들에게 그리스도 예수 안에서 실현되고 실현될 구속을 토대로 하나님의 복음과 그 초기 복음과의 관계에서 고려해야 할 핵심 내용의 포인트인 구속사의 완성을 기준 삼아 이방인의 세계(거기는 이미 많은 디아스포라 유대인들이 존재하고 있는 세계)에 속한 모든 사람을 간단하게 둘로 나눈 것이다.

그것은 그 초기 복음이 이 땅에 선포한 유일한 사건, 곧 전무후무한 센세이션을 일으킨 예수 그리스도의 십자가 사건을 통해 드러난 그분의 돌아가심과 빈 무덤의 부활 사건인 그분의 일으켜지심을 역으로 그리스도 예수 안에서 실현된 구속의 시점(때가 차매, 갈4:4)으로 규정하고 나머지 최종적으로 실현될 그 구속의 완성 지점을 내다보는 시각으로 세계를 보는 것이다.

이는 인간 이성으로부터 지혜를 찾는 헬라 문명(헬레니즘 세상)과 여호와 하나님으로부터 표적을 구하는 유대 문명(헤브라이즘 세상)의 종국에 관한 하나님의 선언적 사건일 뿐만 아니라 지극히 높은 하늘을 향한 새로운 인류의 탄생과 완성에 대한 신호탄을 쏘아 올려 온 세계 만민이 다 볼 수 있게 하신 하나님의 복음이라는 하나님의 시각에 의한 구분이다.

절체절명

그러한 바울의 인식 능력에 대한 변화는 구약 성경을 읽는 관점을 바꾸었고(고후 3:13-18), 이렇게 전환된 관점을 통해 쓰인 로마서 텍스트는 이전의 발상 체제가 붕괴하고 아주 새로운 메커니즘의 이해와 판단 능력이 장착된 후의 작품임이 분명하다.

그런데도 우리가 그런 바울의 텍스트를 대하면서 안일한 태도를 보인다는 것은 여전히 과거에 발목이 잡혀 연연하다 과거로 회귀해 안주해 버리는 어처구니없는 일을 저지르는 것과 같다.

거기에 2000여 년 로마서 해석의 지형을 바꾸어야 할 대의명분이 있다. 우린 그 어둠을 걷어 내야 할 시대적인 요구에 직면해 있는 것이다. 좀 더 적극적으로 잃어버린 로마서 해석의 2000여 년을 다시 찾아야 할 의무가 있다고 해야 옳다. 그 절체절명의 부르심에 대한 간절함이 필자의 그리스어 텍스트로 읽는 로마서 해석에 대한 도전이다.

각별한 분별

아무리 바쁘다고 하더라도 이 대목에서 한 가지만 더 간단하게 이야기하고 넘어가야 한다. 그것은 헬레니즘이 세계를 주무르고 있었던 시대에 때맞춰 히브리어와 일부 아람어로 기록된 구약 성경이 헬레니즘 시대의 언어인 코이네 방언으로 번역되어 읽히는 사건이 일어났다는 것이다.

코이네란 기원전 5세기경에 아티카의 방언을 주로 하여 성립된 고대 그리스어이다. 알렉산드로스 대왕의 원정으로 동방 세계에 퍼지고 로마 제국이 붕괴할 때까지 동부 지중해 지역의 공통어로 사용되었다. 신약 성서가 바로 이 언어로 기록되었으며, 현대 그리스어의 시초가 되었다. 코이네로 번역된 구약 성서를 '70인 역(LXX)'이라고 하며 바울이 하박국 시대의 문맥을 인용하는 대목이 바로 이 70인 역 구약 성서이다.

여기서 중요한 것은 '그리스도 예수 안에 있는 구속을 통한 구속사의 관점에서 시의적절하게 이방 세계에 하나님의 기록된 말씀이 읽히게 되었다.'라고 하는 사실이다.

이는 그 구속사에서 매우 중대한 사건이다. 세계의 중심에서 그러한 일이 벌어졌다는 사실은, 기록된 하나님의 말씀이 온 세상에 전파되었음을 의미한다. 그 구속사의 과정에서 이보다 더 큰 의미를 부여할 수 있는 사건이 없다. 왜냐하면 사도 바울이 롬10:12-18에서 믿음의 말씀인 기록된 하나님의 말씀이 유대인과 이방인에게 차별 없이 온 세상에 전파된 사실을 시19:4을 근거로 밝히고 있기 때문이다.

10:12	οὐ γάρ ἐστιν διαστολὴ Ἰουδαίου τε καὶ Ἕλληνος, ὁ γὰρ αὐτὸς κύριος πάντων, πλουτῶν εἰς πάντας τοὺς ἐπικαλουμένους αὐτόν·	참으로 유대인과 헬라인 사이에 차별이 없습니다. 왜냐하면 그 예수님은 모든 사람에게 같은 주님이시고, 자기를 부르는 모든 사람에게 부유하시기 때문입니다.
10:13	πᾶς γὰρ ὃς ἂν ἐπικαλέσηται τὸ ὄνομα κυρίου σωθήσεται.*	이는 성경이 '주님의 이름을 부르는 자마다 구원을 얻을 것이다.'*라고 말하기 때문입니다.
10:14	Πῶς οὖν ἐπικαλέσωνται εἰς ὃν οὐκ ἐπίστευσαν; πῶς δὲ πιστεύσωσιν οὗ οὐκ ἤκουσαν; πῶς δὲ ἀκούσωσιν χωρὶς κηρύσσοντος;	그런즉 그들이 믿지 않은 분에게 어떻게 호소하겠습니까? 게다가 그들이 들어보지 못한 분의 말씀을 어떻게 믿겠습니까? 더구나 선포하는 사람이 없는데 어떻게 그들이 듣겠습니까?
10:15	πῶς δὲ κηρύξωσιν ἐὰν μὴ ἀποσταλῶσιν; καθὼς γέγραπται· ὡς ὡραῖοι οἱ πόδες* τῶν εὐαγγελιζομένων [τὰ] ἀγαθά.*	하물며 그들이 보내어지지 않는다면 어떻게 선포하겠습니까? 그것은 '마치 적당한 시기에 꽃이 만개한 것처럼, [그] 아름다운 말씀들을 좋은 소식으로 전하는 자들의 발이 아름답다.'*라고 성경에 기록된 대로와 같습니다.
10:16	—Ἀλλ' οὐ πάντες ὑπήκουσαν τῷ εὐαγγελίῳ. Ἠσαΐας γὰρ λέγει· κύριε, τίς ἐπίστευσεν τῇ ἀκοῇ ἡμῶν;*	---그럼에도 그들 모두가 그 복음에 순종하지 않았습니다. 이사야는 '주님, 우리가 주님께로부터 들은 말씀을 누가 믿었습니까?'*라고 말합니다.
10:17	ἄρα ἡ πίστις ἐξ ἀκοῆς, ἡ δὲ ἀκοὴ διὰ ῥήματος Χριστοῦ.	그래서 그 믿음은 여지없이 들음으로부터 얻게 되지만, 그 들음은 그리스도의 말씀을 통해서[1] 얻게 됩니다.

10:18	ἀλλὰ λέγω, μὴ οὐκ ἤκουσαν; μενοῦνγε· εἰς πᾶσαν τὴν γῆν ἐξῆλθεν ὁ φθόγγος αὐτῶν* καὶ εἰς τὰ πέρατα τῆς οἰκουμένης τὰ ῥήματα αὐτῶν.*	그럼 이제 내가 묻습니다. 그들이 듣지 못했겠습니까? 아닙니다. 최소한 그때 듣고도 남았습니다. 성경에 '그들의 목소리가 온 땅에 퍼져 나갔고 지구촌 끝까지 그들의 말이 퍼져 나갔다.*'라고, 했습니다.

응집되고 있는 하나님의 진노

하지만 그것은 영악한 세상의 철학과 유대교의 신학 놀음에 감춰지고 그 의미 또한 심하게 축소되어 왔음이 분명하다. 그 토대 위에서 '예수 그리스도의 십자가에 돌아가심과 일으켜지심 곧 빈 무덤에서의 부활하심'이라는 구속의 사건이 일어나고 초기 복음이 전파되기 시작한 것이다.

이런 관점으로부터 사도 바울은 '완성된 복음'이라는 그리스도 예수 안에서의 구속과 그 구속을 완성할 설계도를 담은 하나님의 복음을 선포하되, 그 복음의 전환된 관점에서 하나님의 진노하심을 살펴 그것이 하박국 시대로부터가 아닌 창조 세계로부터 그리스-로마 시대에 나타나고 있는 방식으로 끌어올려 이해함으로써 오늘 우리가 사는 현실에 나타나고 있는 하나님의 진노에 대한 각별한 분별을 요구하고 있다. 왜냐하면 하나님의 진노는 창조 세계 이전부터 발단이 된 하나님의 왕국에서의 반역과 관련되어 있고, 창조 세계 이전에 이미 수립된 계획에 따라 그 계획이 완성될 즈음에 마치 연극이나 영화의 시나리오에서 드라마틱하게 반전을 시도하는 것처럼 하나님의 복음에 겹겹이 잠식되어 그 계획이 완성될 때까지 응집되고 있는 과정에서 반전으로 나타나기 때문이다(골1:9-29).

9 이것 때문에 우리도, 그것을 들은 날로부터, 여러분을 위하여 끊임없이 기도하고 간청하는데, 이는 여러분이 모든 영적인 지혜와 총명 안에서 그의 뜻을 아는 지식이 충만하게 되어,

10 그 주님을 기쁘시게 하는 모든 일에 합당하게 행동하되, 온갖 선한 일로 열매를 맺고 그 하나님을 아는 지식에까지 자라서,

11 그의 영광의 전능하심을 따라 온갖 능력 안에서 강하게 되어 온갖 기쁨으로 견딤과 오래 참음에 이르기를 바랍니다.

12 우리는 그 빛 안에서 그 거룩한 자들의 유업의 몫을 얻도록 여러분에게 자격을 갖추게 하신 그 아버지께 감사를 드립니다.

13 그분은 우리를 그 어둠의 권세로부터 구출하셔서, 그의 사랑의 아들의 나라로 옮기셨습니다.

14 그 아들 안에서 우리가 그 구속 곧 그 죄들의 사함을 가지고 있습니다.

15 그 아들은 보이지 않는 그 하나님의 형상이고, 온갖 피조물 중에 먼저 나신 분이십니다.

16 왜냐하면 그 하늘들 안에서와 그 땅 위에 있는 그 모든 것들이 그 안에서 창조되었으니, 그 보이는 것들과 그 보이지 않는 것들, 곧 보좌들이나, 주권들이나, 통치들이나, 권세들, 그 모든 것들이 그를 통해서 또는 그를 위하여 창조된 것입니다.

17 또한 그가 친히 모든 것보다 먼저 계시고, 그 모든 것들이 그 안에서 함께 서 있습니다.

18 또한 그가 친히 자신의 몸인 그 교회(에클레시아)의 머리이십니다. 그는 시작, 곧 그 죽은 자들로부터 처음 나신 자인데, 이는 그가 친히 모든 것들 안에서 으뜸이 되시기 위함이었습니다.

19 왜냐하면 그 하나님께서는 그 충만한 것 전체가 그분 안에 거하는 것을 기뻐하셨고,

20 또한 [그분을 통해] 그 땅 위에 있는 것들이나 그 하늘들 안에 있는 것들이, 그의 십자가의 피를 통해 평화를 이루셔서, 그를 통해 그 모든 것들이 자신(그 하나님)과 화해하기를 기뻐하셨기 때문입니다.

21 또한 이전에 소외되어 있던 여러분은 그 악한 일들 안에서 그 감각적인 지성으로 하나님과 원수들이었습니다.

22 그러나 이제는 그 하나님께서 그의 육신의 몸 안에서 그 죽음을 통해 화해하셨으니, 이는 여러분을 거룩하고 흠이 없고 책망 받을 것이 없는 사람으로 자신 앞에 세우기 위함이었습니다.

23 적어도 만일 여러분이 그 믿음에 머문다면 굳건히 서 있게 되며, 또한 여러분이 들은 그 복음의 그 소망으로부터 흔들리지 않을 것입니다. 그 복음은 그 하늘 아래 있는 모든 피조물 안에서 선포되어야 합니다. 나 바울은 그 복음의 일꾼이 되었습니다.

24 이제 내가 여러분을 위해 그 고난들 안에서 기뻐하고 그 그리스도의 환난들의 부족분을 그의 몸인 그 교회(에클레시아)를 위해 나의 육신 안에 채웁니다.

25 내게 베풀어진 그 하나님의 관리하심(경륜)을 따라 내가 그 교회(에클레시

아)의 일꾼이 된 것은 여러분에게 그 하나님의 그 말씀을 가득 채우기 위함입니다.

26그 비밀이 그 시대들과 그 세대들로부터 감추어져 있었으나 이제 그의 그 거룩한 자들에게 명백하게 드러나셨습니다.

27그들로 하여금 그 하나님께서는 이 비밀의 영광의 부유함이 무엇인지 그 이방인들 안에서 알게 하시기를 원하셨습니다. 그 비밀은 여러분 안에 계신 그리스도이시며, 그 영광의 소망이십니다.

28그를 우리가 선포하는 것은 온갖 지혜로 여러 사람을 경계하고 온갖 사람을 가르쳐서, 여러 사람을 그리스도 안에서 완전한 사람으로 세우기 위함입니다.

29그것을 위하여 나 또한 내 안에서 능력으로 역사하고 계시는 그의 역사를 따라 열심히 애쓰며 수고하고 있습니다.

9 Διὰ τοῦτο καὶ ἡμεῖς, ἀφ᾽ ἧς ἡμέρας ἠκούσαμεν, οὐ παυόμεθα ὑπὲρ ὑμῶν προσευχόμενοι καὶ αἰτούμενοι, ἵνα πληρωθῆτε τὴν ἐπίγνωσιν τοῦ θελήματος αὐτοῦ ἐν πάσῃ σοφίᾳ καὶ συνέσει πνευματικῇ, 10 περιπατῆσαι ἀξίως τοῦ κυρίου εἰς πᾶσαν ἀρεσκείαν, ἐν παντὶ ἔργῳ ἀγαθῷ καρποφοροῦντες καὶ αὐξανόμενοι τῇ ἐπιγνώσει τοῦ θεοῦ, 11 ἐν πάσῃ δυνάμει δυναμούμενοι κατὰ τὸ κράτος τῆς δόξης αὐτοῦ εἰς πᾶσαν ὑπομονὴν καὶ μακροθυμίαν.
Μετὰ χαρᾶς 12 εὐχαριστοῦντες τῷ πατρὶ τῷ ἱκανώσαντι ὑμᾶς εἰς τὴν μερίδα τοῦ κλήρου τῶν ἁγίων ἐν τῷ φωτί• 13 ὃς ἐρρύσατο ἡμᾶς ἐκ τῆς ἐξουσίας τοῦ σκότους καὶ μετέστησεν εἰς τὴν βασιλείαν τοῦ υἱοῦ τῆς ἀγάπης αὐτοῦ,
14 ἐν ᾧ ἔχομεν τὴν ἀπολύτρωσιν, τὴν ἄφεσιν τῶν ἁμαρτιῶν• 15 ὅς ἐστιν εἰκὼν τοῦ θεοῦ τοῦ ἀοράτου, πρωτότοκος πάσης κτίσεως, 16 ὅτι ἐν αὐτῷ ἐκτίσθη τὰ πάντα ἐν τοῖς οὐρανοῖς καὶ ἐπὶ τῆς γῆς, τὰ ὁρατὰ καὶ τὰ ἀόρατα, εἴτε θρόνοι εἴτε κυριότητες εἴτε ἀρχαὶ εἴτε ἐξουσίαι• τὰ πάντα δι᾽ αὐτοῦ καὶ εἰς αὐτὸν ἔκτισται• 17 καὶ αὐτός ἐστιν πρὸ πάντων καὶ τὰ πάντα ἐν αὐτῷ συνέστηκεν, 18 καὶ αὐτός ἐστιν ἡ κεφαλὴ τοῦ σώματος τῆς ἐκκλησίας• ὅς ἐστιν ἀρχή, πρωτότοκος ἐκ τῶν νεκρῶν, ἵνα γένηται ἐν πᾶσιν αὐτὸς πρωτεύων, 19 ὅτι ἐν αὐτῷ εὐδόκησεν πᾶν τὸ πλήρωμα κατοικῆσαι 20 καὶ δι᾽ αὐτοῦ ἀποκαταλλάξαι τὰ πάντα εἰς αὐτόν, εἰρηνοποιήσας διὰ τοῦ αἵματος τοῦ σταυροῦ αὐτοῦ, [δι᾽ αὐτοῦ] εἴτε τὰ ἐπὶ τῆς γῆς εἴτε τὰ ἐν τοῖς οὐρανοῖς. 21 Καὶ ὑμᾶς ποτε ὄντας ἀπηλλοτριωμένους καὶ ἐχθροὺς τῇ διανοίᾳ ἐν τοῖς ἔργοις τοῖς πονηροῖς, 22 νυνὶ δὲ ἀποκατήλλαξεν ἐν τῷ σώματι τῆς σαρκὸς αὐτοῦ διὰ τοῦ θανάτου παραστῆσαι ὑμᾶς ἁγίους καὶ ἀμώμους καὶ ἀνεγκλήτους κατενώπιον αὐτοῦ, 23 εἴ γε ἐπιμένετε τῇ πίστει τεθεμελιωμένοι καὶ ἑδραῖοι καὶ μὴ μετακινούμενοι ἀπὸ τῆς ἐλπίδος τοῦ εὐαγγελίου οὗ ἠκούσατε, τοῦ κηρυχθέντος ἐν πάσῃ κτίσει τῇ ὑπὸ τὸν οὐρανόν, οὗ ἐγενόμην ἐγὼ Παῦλος διάκονος. 24 Νῦν χαίρω ἐν τοῖς παθήμασιν ὑπὲρ ὑμῶν καὶ ἀνταναπληρῶ τὰ ὑστερήματα τῶν θλίψεων

τοῦ Χριστοῦ ἐν τῇ σαρκί μου ὑπὲρ τοῦ σώματος αὐτοῦ, ὅ ἐστιν ἡ ἐκκλησία, 25 ἧς ἐγενόμην ἐγὼ διάκονος κατὰ τὴν οἰκονομίαν τοῦ θεοῦ τὴν δοθεῖσάν μοι εἰς ὑμᾶς πληρῶσαι τὸν λόγον τοῦ θεοῦ, 26 τὸ μυστήριον τὸ ἀποκεκρυμμένον ἀπὸ τῶν αἰώνων καὶ ἀπὸ τῶν γενεῶν– νῦν δὲ ἐφανερώθη τοῖς ἁγίοις αὐτοῦ, 27 οἷς ἠθέλησεν ὁ θεὸς γνωρίσαι τί τὸ πλοῦτος τῆς δόξης τοῦ μυστηρίου τούτου ἐν τοῖς ἔθνεσιν, ὅ ἐστιν Χριστὸς ἐν ὑμῖν, ἡ ἐλπὶς τῆς δόξης• 28 ὃν ἡμεῖς καταγγέλλομεν νουθετοῦντες πάντα ἄνθρωπον καὶ διδάσκοντες πάντα ἄνθρωπον ἐν πάσῃ σοφίᾳ, ἵνα παραστήσωμεν πάντα ἄνθρωπον τέλειον ἐν Χριστῷ• 29 εἰς ὃ καὶ κοπιῶ ἀγωνιζόμενος κατὰ τὴν ἐνέργειαν αὐτοῦ τὴν ἐνεργουμένην ἐν ἐμοὶ ἐν δυνάμει.

(NA28판, UBS5판 골1:9-29 필자 사역)

타깃

이제 우리의 논의를 하나님의 진노를 언급하는 대목의 텍스트에 맞춰 보자.

우선 바울의 텍스트에서 언급하는 하나님의 진노가 일반적인 실수와 잘못을 저지른 사람들에게 퍼부어지는 것이 아니라 '불의로 그 진리를 막는 사람들의 온갖 불경과 불의 위에 계시된다.'라는 점을 강조해야겠다. 이는 하나님께서 죄지은 사람 자체를 미워하셔서 화내시는 것이 아니라 "불의로 그 진리를 막는 사람들의 불경과 불의" 자체에 화내신다는 사실을 드러내고 계신다는 말이다(그렇다고 일반적인 실수와 잘못을 저질러도 된다는 말은 아니다. 하나님은 본래 모든 불의와 불경을 심판하시는 분이시다).

다만 우리가 이 대목에서 주목하고 주의해야 할 것은, 하나님의 진노 타깃(target)이 하나님의 복음을 선포함으로써 믿음으로 살게 하시는 삶의 방식을 질식시키려는 사람들을 직접 겨냥한 것이 아니라 할지라도 그 사람들이 행하는 불경과 불의를 겨냥한 것이기에 그 피해는 고스란히 그 사람들의 몫이 될 수밖에 없다는 것이다.

그렇다고 해도 하나님의 진노가 그 계시성 때문에 여전히 미래를 향한 경고적 의미로 작동한다는 점에서 그들에겐 분명 낙관할 수 없는 위기의 상황이 된다. 비록 그들이 큰 죄악을 저지르고 있다고 할지라도 여전히 그 사람들에게 그 진노를 피할 기회는 아직 남아 있다는 말이 된다. 왜냐하면 하박국 시대를 통해 보이는 하나님의 진노 상황은 여전히 그리스-로마 시대에도 계속될 수밖에 없고, 그런 가운데서도 하나님께서는 자기의 종들을 통해 믿음으로 사는 진리의 길을 계시하심으로써 구원을 이루어 가시기 때문이다.

우리가 사는 이 세상도 동일하게 하나님의 진노를 불러일으키는 방식으로 무한 질주하여 역사를 그려 낼 것이 뻔하다. 그렇기 때문에 하나님께서 이 세상에 개입해 그런 죄악의 역사가 진행하게 하는 동력을 차단하고 역사의 궤도를 바꾸실 수 있는 방도인 하나님의 복음을 선포하심으로써 인류를 구원하시는 자신만의 전능한 권능과 지혜를 나타내셨다.

희생

사실 여기에 하나님의 진노가 나타남으로써 피해를 입은 자들에 대해 어떻게 이해해야 하느냐는 문제가 있다(여기서 필자가 '피해를 입다 혹은 피해를 당하다.'라는 표현을 사용한 것은 독자들이 쉽게 이해할 수 있게 하려는 것이다).

물론 그 진노에 피해당한 자들은 그들이 행한 일들에 마땅히 받을 벌을 받은 것이라고 쉽게 말할 수 있겠지만 그 진노의 일차적 목표가 사람들이 아니라는 점에서 그 피해자들을 단순히 그들의 그릇된 삶에 대한 보응으로 보기에는 논리에 맞지 않은 것은 분명하다.

그렇다면 그 진노로 나타나는 피해 사건 자체가 또 다른 이중적인 의미를 지닌다는 말이 된다. 그것은 창조 이래로 하나님의 진노로 나타나는 모든 사건 역시 동일한 관점으로 보아야 한다는 것을 의미하며, 그것은 사도 바울이 그리스도 예수 안에서 지난 구약 성경 속의 무수한 사건들을 거울과 같은 경고성 의미를 지닌다고 말하는 것으로도 확인할 수 있다.

그건 실제로 하나님의 진노로 나타난 피해 사건, 그러니까 종종 우리가 하나님의 심판과 저주라고 쉽게 생각하고 쉽게 말해 버리는 사건들이 의미하는 바가 그리스도 예수 안에 잠식된 관계로 그것을 끄집어내어 그 진정한 의미를 드러내는 해석의 과정은 완전히 다른 의미, 곧 그리스도 예수님의 희생적 사건에 맞춰진 개념으로 귀결된다.

따라서 지나간 역사 속에서의 하나님의 진노에 의한 사건들을 일일이 설명하지 않더라도 그 진노로 피해당한 사람들은 희생양을 대신하는 역할로 역사의 지평 위에 존재했었다고 해야 논리에 부합하는 결론이 된다.

그러므로 <u>우리가 로마서에서 언급되고 있는 하나님의 진노를 생각할 때 반드시</u>

그리스도 예수님 안에 있는 구속을 통한 구속사의 관점에서 하나님의 진노로 일어나는 무수한 구약 성경 속의 사건들이 오로지 우리 주 예수 그리스도의 희생 사건을 나타내는 역할을 하고 있으며, 그것은 바울의 시대인 그리스-로마 시대나 우리 시대에도 동일한 관점에서 하나님의 진노를 나타내 보이는 수단과 근거로 쓰이고 있다는 점을 이해해야 한다.

불의

이 지점에서 중요한 것은 이제까지 우리가 하박국 시대로부터 그리스-로마 시대를 통해 드러나는 하나님의 진노 상황을 좀 더 구체적으로 살펴봄으로써 "불의로 그 진리를 막는 사람들의 불경과 불의"가 무엇인지를 이해할 수 있는 계시 역사를 바탕에 둔 해석학적 근거를 확보하는 것이다. 또한 그 빛을 따라 "불의로 그 진리를 막는 사람들의 불경과 불의"가 무엇을 말하는 것인지를 명확하게 이해할 수 있는 설명이 필요하다.

언어적으로 "불의로(ἐν ἀδικίᾳ-엔 아디키아)"란 '정당하지 않은, 곧 부당한 방법 곧 옳지 않은 수단으로'란 뜻이다. 이렇게 '불의'가 일반적으로 의가 아닌 모든 부당한 것을 가리키는 말이기도 하지만 '불의로 그 진리를 막는 불의'라는 이중적 표현에서 보듯이 사도 바울의 전환된 인식 능력으로 보면, '불의'라는 용어를 사용하는 바울의 의도는 그저 단순한 일반적인 개념을 넘어선 '잘못된 의를 추구하는 것'에 닿아 있다는 사실까지 나타낸다는 것을 알 수 있다.

즉 공정성이나 정의가 부족한 상태를 나타내는 '불의'란 하나님의 관점에서 유사한 종류의 다른 것에 대해 측정된 표준으로서의 '불의'를 나타내는 데로까지 나아가고 있지 사람들의 관점에서 '불의'에 머물지 않고 있다. '의로운 것'을 나타내는 헬라어 '디케(δίκη)'에 부정 접두어 '알파(α)'를 붙여 만든 합성어 '아디키아(ἀδικίᾳ)'를 읽는 방식을 '잘못된 의'라고 읽어야 할 만큼 사도 바울의 전환된 인식이 가지는 언어 개념의 폭이 넓어졌음을 이해할 때 그 의미 맥락을 놓치지 않을 수 있다.

그 진리

"그 진리를(τὴν ἀλήθειαν-텐 알레데이안)"이란 문맥상 하나님을 섬기는 참된 도리를 말하며, 바울이 인용한 "오직 그 의인은 믿음으로 살 것이다(ὁ δὲ δίκαιος ἐκ πίστεως ζήσεται-호 데 디카이오스 에크 피스테오스 제세타이)."라고 하박국 선지자에게 하신 하나님의 말씀을 두고 하는 말이나 최종적으로 하나님의 복음을 가리킨다. 그것은 하박국 시대로부터 계시되어 그리스-로마 시대에 이르러 완성된 — 즉, 바벨탑의 붕괴로부터 시작된 유목민 아브라함 종족과의 관계에서 이집트, 앗시리아, 바벨론, 페르시아, 헬라(그리스), 로마라고 하는 제국들의 흥망성쇠의 과정들을 통해 계시되어 왔던 하나님의 진노 아래서 하나님을 섬기는 참된 방법이 완성된 — 형태로 전하여지는 바울의 복음을 말한다.

불경
'불경'이란 일반적으로 경의를 표해야 할 자리에서 무례하게 굴거나 그 대상에게 불손하게 대하는 것을 나타낸다. 즉 종교적 대상을 우러러 받들어 섬기는 '숭배(崇拜)'의 반대말 정도로 생각하면 된다. 이것을 성경적인 개념으로 바꾸어 보면 하나님을 경외(공경하고 두려워)하지 않는다는 의미이다.

하지만 바울의 새로워진 인식 능력에 의하면 그런 일반적인 개념을 넘어선 '잘못된 숭배(잘못된 경외)'의 개념에까지 확장된다. '불의(ἀδικία-아디키아)'와 같이 '불경(不敬)'에 해당하는 헬라어 역시 부정 접두어 알파(α)와 '숭배(경외)'의 의미, 곧 존경심을 나타내는(to show reverence to) 예배의 행위를 나타내는 σέβεια(세베이아)의 합성어(ἀσέβειαν-아세베이안)를 문맥적으로 읽는 방식으로 '잘못된 존경심이나 그릇된 예배 행위'를 가리킨다.

망조
이처럼 '불경(ἀσέβειαν-아세베이안)'이란 하나님의 복음을 통해 드러난 하나님을 마땅히 훌륭히 여겨 우러러 공경할 대상으로 삼지 않고, 다른 대상을 숭배하는 행위를 말한다면, 불의(ἀδικίαν-아디키안)란 하나님의 복음이 가리키는 의가 아닌 다른 의를 추구함으로써, 사람이 마땅히 행해야 할 도리에서 벗어난 비정상적인 정의 관념에 빠져 사는 사람들의 부당한 행위를 말한다.

한마디로 그들의 '잘못된 숭배(ἀσέβειαν-아세베이안, 불경)'와 '잘못된 의(ἀδικίαν-아디

키안, 불의'를 추구함이란 그들이 망할 조짐(兆朕)으로서 창조주 하나님께서 인류에게 주신 삶의 방법과 원리를 거짓으로 바꾸어 놓고 그 거짓된 것을 추구하며 창조주 대신 그 거짓의 아비를 예배하는 행위를 가리킨다.

하지만 문제는 우리가 사는 세상의 주도권을 쥐고 뭇사람들 위에서 교묘하게 그릇된 인생관과 세계관으로 조작된 삶을 권장하는 그들의 영향력에 있다는 것이다. 그러니까 "불의로 그 진리를 막고 있는 사람들의 불경과 불의"가 사람이 마땅히 행해야 일과 사람이 마땅히 가야 할 길을 막고 다른 길로 가라고 호객 행위를 하는 것처럼 인류를 미혹하고 있는 형국이 문제이다.

그런 이 세상의 풍조는 사람이 가면 안 되는 길에 불러들여 꽁꽁 붙잡아 놓고 잘못된 길을 가게 한다. 그들이 그 진리의 활동을 막는 자들이고, 하나님의 창조 세계를 망가뜨리고 있는 자들이다. 그들의 '잘못된 숭배심으로 인한 불경과 그릇된 정의감에 의한 불의 위에(ἐπὶ πᾶσαν ἀσέβειαν καὶ ἀδικίαν ἀνθρώπων-에피 파산 아세베이안 카이 아디키안 안드로폰)' 하나님의 진노가 나타나고 있다는 것이다.

기구(崎嶇)함

하박국 시대로부터 그리스-로마 시대에 이르는 시대들이 일관되게 하나님의 진노 아래 있게 된 근본적인 이유는 율법에 대해 해이함으로써 하나님께서 요구하시는 의(정의 또는 공의)를 실현할 수 없는 방향으로 치닫기 때문이다. 본래 율법의 핵심은 율법을 읽는 자들에게 하나님의 심판과 긍휼을 알게 하여 믿음을 갖게 하므로 하나님의 구원으로 인도하는 것이었다(마23:23).

하지만 그와 다르게 율법을 가르치고 사용함으로써 믿음으로 사는 삶을 방해하고 억압하는 자들이 득세하는 세상이 되어 버린 것이다. 그들이 저지르는 "온갖 불경과 불의(πᾶσαν ἀσέβειαν καὶ ἀδικίαν-파산 아세베이안 카이 아디키안)'라는 것은 그 진리(오직 그 의인은 믿음으로 살 것이다)와의 관계에서 믿음의 대상인 지극히 높으신 창조주 하나님을 대신해 온갖 잘못된 숭배 사상에 젖어 부당한 생각으로 그 하나님을 거역하고 사는 그들의 삶 자체를 말한다.

이는 하박국 선지자 시대의 하나님의 백성들이 율법에 해이하여 이방 나라의 속국이 되는 치욕의 심판을 받았음에도 자신들의 과오를 돌이키지 않고 이방 나라와 융합된 정치체를 이루어 더욱 악하게 율법마저 왜곡하는 자리로 나아가 또 다른 이방 민족인 바벨론의 속국이 되는 기구한 처지에 떨어지게 되었다는 말로 설명된다. 하나님과의 관계에서 불순종에 불순종을 더해 갈수록 인간의 상태는 더욱 나빠져 어리석음의 극단적인 상태로 전락해 버려 도무지 개선 또는 회생 불가능한 자리로 나아가는 것이다.

처형
그런 하나님의 백성들에게 하나님께서는 페르시아의 고레스를 통해 기회를 주심으로써 율법에 집중할 수 있게 은혜를 베푸셨다. 그런데도 하나님의 백성들은 결과적으로 율법의 요구에 부응하지 못하고 더욱 심화된 율법의 해이함 속으로 빠져 들어 그리스-로마의 속국이 되는 지경에 이르렀으며, 마침내 그 그리스-로마와 융합된 정치체가 되어, 율법을 완성하시러 오신(마5:17-18) 하나님의 기름 부음을 받은 하나님의 아들 그리스도이신 예수님을 자신들의 정치체에 반하는 존재로 판단하고 십자가에 처형했다. 융합된 두 정치체가 법을 법답게 쓰지 않은 것이다. 법을 사형의 도구로 삼아 자신들의 정치체를 유지하고 확장해 나아가는 악질적인 질서의 세계를 정의로운 세계로 정당화시키고 있는 것이다(눅23:13-23, 마27:11-26).

반전
하지만 하나님은 그들의 만행을 통해 율법을 온전하게 이루시는 극단적 반전(反轉)을 일으키셨다(요19:30). 이는 그리스도 예수님 안에서 예수 그리스도를 믿는 자들에게 그 율법의 요구가 이루어지게 하려고(롬8:4), 그분께서 스스로 그 율법의 요구를 충족시키신 유일한 분이 되신 것이다(롬10:4). 그 율법의 완성은 그리스도 예수님의 구속 안에 있는 십자가의 은혜와 사랑이었고, 그 사랑은 율법의 충만이었다(롬13:10).

그렇게 하나님께서는 악질적인 세상의 질서로부터 그분을 부활시키심으로써, 이 세상을 지배하는 왕들이 자신들의 무능을 감추기 위해 저지르는 횡포를 폭로하시고, 오고 오는 세상을 참 정의로 새롭게 다스리는 만왕의 왕이 되게 하시고 만주의 주가 되게 하셨다(행2:36, 딤전6:15, 계17:14, 19:16). 그리스도 예수님 안에서 온 세계는 하나로 통합된 것이다.

축복의 길
이제 그분을 믿는 자마다 구원에 이르게 되는 은혜의 축복이 그리스도 예수 안에 있는 하나님의 복음을 통해 베풀어지고 있다. 율법이 요구하는 바를 충만하게 이루게 하는 방법으로 "그 진리($τὴν ἀλήθειαν$-텐 알레데이안)"를 이 땅에 세우신 것이다(롬8:3-4). 하박국 선지자에게 주어진 "오직 그 의인은 믿음으로 살 것이다."라는 하나님 말씀의 실체적 진실이 그리스도 예수님 안에 있는 구속하심의 은혜로 온전히 드러나 사람이 믿음으로 그 하나님을 기쁘시게 하며 살 수 있는 축복의 길이 열렸다(히11:6).

암울한 시대
그런데도 그리스도 예수님 안에서 통합된 형태의 정치체가 된 그리스-로마와 유대가 각각 자신들이 저지른 만행을 정당화하기 위해 폭력적인 본성을 감추지 않았다. 서슴없이 "그 진리"를 옴짝달싹하지 못하도록 가두기 위해 수단과 방법을 가리지 않고 박해하는 데 혈안이 되었다. 그 만행을 저지를 당시의 부당한 결정을 하게 만든 자신들의 정치체에 대한 신념을 더욱 중하게 여기며, 그 가치를 더욱 견고하게 세우기 위한 온갖 정치적이고 종교적인 사회 활동을 권장하고 확장했다.

반면에 그런 시대적 물결에 휩쓸리거나 편승하여 삶을 영위(營爲)하고자 하는 모든 인간의 행위가 불경과 불의에 해당한다는 사실을 드러내기 위해 그 진리를 따르는 자들은 목숨을 내놓는 희생을 당연한 것으로 받아들여야 했다. 그 축복의 길을 보존하여 전할 수 있는 길은 박해와 순교를 당하는 것 외에 다른 대안이 없는 암울한 시대였다.

한 걸음 더 나간 불의
그렇게 하박국 시대로부터 그리스-로마 시대에 이르기까지 발전해 온 온갖 신화와 철학을 바탕으로 한 정치적이고 종교적인 권위가 그 권위를 공경하고 신뢰하는 사회를 만듦으로써, 사람들이 믿음으로 창조주 하나님의 약속을 소망하며 사는 것을 와해시키는 불경이 하늘을 찌르는 시대를 만들었다. 이름하여 황제 숭배 사상에 물든 그리스-로마 정치체가 그것이다.

 그 정치체를 유지하는 비결은 법이 가진 힘에 있다. 그 힘으로 온 세상을 가두고 자신의 위상을 뽐냈다. 그렇게 그 시대가 추구하는 정치적이고 종교적인 숭배와 경건 활동이 법이 가진 힘에 굴종되어 있고, 그 같은 사실을 그들의 세상에 폭로하는 것은, 그들의 입지를 치명적으로 약화시키기 때문에 그들은 그런 활동을 잠재우기 위해 더욱 악랄하고 야비한 폭력을 멈출 수 없었다.

 하지만 세상의 모든 법은 사람들이 믿음으로 창조주 하나님의 언약이 이루어지기를 바라며 살도록 안내하는 역할을 해야 한다. 그런데도 그들은 법을 그 목적에 맞지 않게 가르치고 사용하도록 장려하는 자들이다. 모든 불의가 죄라면(요일5:17) 그들의 불의는 한 걸음 더 나아간 불의이다.

진화

우리가 살고 있는 이 세상은 어떠한가? 그들의 박해와 같이 겉으로 드러나는 폭력은 현저하게 줄어든 것처럼 보이지만 좀 더 넓고 자세하게 들여다보면 그렇지 않은 징후들이 지구촌 도처에 무수하게 나타나고 있다는 실정을 알게 된다. 세계 만국의 정치체들 간의 긴장은 해소되지 않고 있고, 법에 의한 힘의 논리는 해체되지 않았다. 언제라도 씨앗이 발아하는 조건이 갖춰지면 발아하듯이 정치체 간의 폭력이나 계층 간의 위화감 또한 서로의 이해관계가 어긋나면 언제든 그 폭력적인 괴물의 다양한 모습을 드러내게 되어 있다.

 다만 지금 그 폭력은 막고 있는 분에 의해 통제되고 있지만(살후2:6-7) 그 통제 아래서 더욱 교묘한 방식으로 진화를 거듭하고 있고, 그 진화는 법 기술자들만의 무릉도원(유토피아)을 만드는 곳으로 발전하게 하는 동력에 의존한다. 그리고 그 동력은 법이 가진 폭력이고, 그 폭력의 끝은 살해 권한(사망 권세 또는 권력)이다. 그 사망이 왕 노릇 하고 있는 세상이 바로 우리가 사는 이 세상이다(고전15:55-56).

하나님의 지혜

반면에 하나님의 복음은 바로 법을 이용한 폭력적인 권력을 해체하고, 원래 법이 가진 요구를 완성시킬 수 있는 유일한 하나님의 지혜이다. 그리고 그 일은 '전도의 미련함을 통해서(διὰ τῆς μωρίας τοῦ κηρύγματος-디아 테스 모리아스 투 케뤼그마토스)'와 '성령의 나타남(ἀποδείξει πνεύματος-아포데익세이 프뉴마토스, 명시)'이라는 아주 비밀스러운 방법으로 작동되고 있다(고전1:21, 2:4).

결국 문제는 인류라고 하는 그 정치체의 구성원들이 "그 진리"를 거부할 뿐만 아니라 "그 진리"가 활동하지 못하도록 막고 가둠으로써 질식시켜 죽이기 위해 골몰한다는 것이다. 거기에 하나님의 진노가 하늘로부터 나타나고 있다. 그리고 그것이 실제로 전 세계 모든 인류를 대상으로 퍼부어질 하나님의 진노가 응집되고 있는 형태로 계시되고 있는 세계의 실상을 규정한다.

중요한 건 그런 사실을 모든 인류에게 알리기 위해, 지나간 시대에 제국이라는 정치체 간의 흥망성쇠라는 긴 스토리를 가진 역사의 과정이 있었고, 이후 그 역사의 과정이 거울이 되어, 어느 시대 어느 민족을 막론하고 하나님의 진노 아래 있는 인류의 실제 모습을 보게 하는 전형으로 공식화되었다는 사실이다.

그것이 바로 하나님의 복음을 선포함으로써 계시되고 있는 하나님의 진노가 갖는 특성이다. 하나님께서 공개적인 방법으로 이 세상에 개입하셔서 인류의 삶의 방향에 대한 가이드라인을 제시하며, 공식적으로 하나님의 심판과 구원에 대해 신적 권위에서의 표준을 일반화하셨다는 말이다.

이는 하나님의 진노가 하박국 시대로부터 그리스-로마 시대로 이어지는 역사 맥락에서의 정치적이고 종교적인 행태 아래 드러나고 있었던 것과 같이 인류가 지향하는 삶의 방식 위에 나타나고 있으며, 하나님의 구원 또한 동일한 역사 맥락에서 계시됨으로써 하나님의 진노로부터 건지심을 받고 지속적인 화해를 통해 하나님의 영광에 이르는 새로운 인류가 창조되고 있지만, 그 진리를 거부하는 자들은 여전히 그들이 지향하는 삶의 방식을 고집함으로써 하나님의 진노를 더욱 응집시킴으로써 화를 키우게 된다는 사실을 기정화하는 것이다(롬2:5-11).

2:5	κατὰ δὲ τὴν σκληρότητά σου καὶ ἀμετανόητον καρδίαν θησαυρίζεις σεαυτῷ ὀργὴν ἐν ἡμέρᾳ ὀργῆς καὶ ἀποκαλύψεως δικαιοκρισίας τοῦ θεοῦ	안타깝게도[1] 지금 그대는 그대의 완악함 곧 돌이키지 않는 마음을 따라 퍼부어질 진노의 날, 곧 그 하나님의 의로우신 심판이 나타나는 날에 내리실 진노를 그대 자신에게 쌓고 있는 것입니다.

2:6	ὃς ἀποδώσει ἑκάστῳ κατὰ τὰ ἔργα αὐτοῦ·*	'그 하나님께서 각 사람에게 그가 이루어 낸 일들을 따라[※2] 갚아 주실 것이다.*'라고, 말씀하셨습니다.
2:7	τοῖς μὲν καθ' ὑπομονὴν ἔργου ἀγαθοῦ δόξαν καὶ τιμὴν καὶ ἀφθαρσίαν ζητοῦσιν ζωὴν αἰώνιον,	실로 선한 일의 인내를 따라[※1] 영광과 존귀와 썩지 않음을[※2] 구하는 사람들에게는 영생을 주시나,
2:8	τοῖς δὲ ἐξ ἐριθείας καὶ ἀπειθοῦσιν τῇ ἀληθείᾳ πειθομένοις δὲ τῇ ἀδικίᾳ ὀργὴ καὶ θυμός.	이기심에 사로잡혀 그 진리를 따르지 않고 그 불의를 따르는 사람들에게는 진노와 격노가* 있을 것입니다.
2:9	θλῖψις καὶ στενοχωρία ἐπὶ πᾶσαν ψυχὴν ἀνθρώπου τοῦ κατεργαζομένου τὸ κακόν, Ἰουδαίου τε πρῶτον καὶ Ἕλληνος·	그 악한 일을 만들어 내는* 각 사람의 영혼 위에 환난과 곤란이 있을 것이니, 첫째는 유대인 그리고 헬라인 양쪽에게 마찬가지입니다.
2:10	δόξα δὲ καὶ τιμὴ καὶ εἰρήνη παντὶ τῷ ἐργαζομένῳ τὸ ἀγαθόν, Ἰουδαίῳ τε πρῶτον καὶ Ἕλληνι·	반면에 그 선한 일을 이루는* 각 사람에게는 영광과 존귀와 평화가 있을 것이니, 첫째는 유대인 그리고 헬라인 양쪽에게 마찬가지입니다.
2:11	οὐ γάρ ἐστιν προσωπολημψία παρὰ τῷ θεῷ.	왜냐하면 그 하나님께는 편파성이 없기 때문입니다.†

이런 시각으로 바울 텍스트를 읽을 수 있다면, 바울이 그리스도 예수 안에서 전하는 하나님의 복음에 의해 전환된 인식으로 설명 입증하는 하나님의 진노에 대한 이해에 쉽게 다가갈 수 있을 것이다.

각별한 이해

이제 마지막으로 이러한 하나님의 진노와 구원이 작동하는 방식에는 각별한 이해가 필요한 매우 중요한 부분이 있다. 그것은 바울이 롬1:16에서 하나님의 구원에 관하여, 롬1:18에서 하나님의 진노에 관하여 언급할 때, 두 경우 모두 '모든 것'을 지칭하는 단어($παντὶ$-판티, $πᾶσαν$-파산)를 각각 사용하여 전체의 묶음을 강조하는 용법이 아닌 전체의 묶음 가운데 개체를 강조하는 방식으로 서술하고 있다는 사실이다.

이는 하나님의 복음으로 말미암은 종말론적인 진노와 구원이 기존의 사회적이고 집단적인 행태를 해체하는 방식을 통해 새로운 공동체적인 활동으로 재구성되어 나타나는데, 그 해체 방식이 집단을 일거에 해체하는 것이 아니라 집단의 구성원을 개별적으로 하나님의 복음을 통해 부르고 구원해 새로운 공동체의 일원이 되게 하는 방식을 강조한다. 기존 사회체제를 부정하고 무너뜨리려는 과격한 폭력적인 방식이 아닌 기존 사회체제에서 하나님의 복음의 논리로 설득해 인간의 영혼(목숨 곧 하나님의 숨결을 가진 존재)을 구원하여 새로운 인류의 사회를 열어 가는 방식으로 하나님의 나라는 이 땅에 계시되고 활동한다는 말이다.

하나님의 복음을 통해 계시되는 하나님의 진노는 하나님의 크신 사랑을 통해 유보되어 훗날 응집된 채로 나타나는 최후의 진노를 겨냥함으로써 이전 가치와 질서에 대한 해체를 촉구하고, 그 구원은 새로운 가치와 질서를 구체화한다. 그 진노는 단순히 인간이 아닌 그 진리를 막고 가두는 인간들의 불경과 불의를 향하고, 그 구원은 그 인간들에게 그 복음에 대한 청종(듣고 따르는 순종)으로 나아가는 믿음을 하사하여 그 불경과 그 불의에서 벗어나게 만든다. 그 진노는 죄를 타깃으로 삼지만, 그 구원은 겸손한 죄인을 향한다.

유념

결국 그 진노는 인류의 원죄를 드러나게 하여 정죄했고, 그 구원은 그 원죄로부터 각각의 인간을 건져 냈다. 하나님의 진노와 구원은 그 진리를 막는 사람들의 온갖 불경과 불의를 타고 각각의 인간 심연으로 들어갔다. 그리고 각각의 인간에게 그 불경과 불의를 만들어 내는 세력으로서의 원흉인 원죄를 정죄하고 그 세력으로부터 해방해 자유롭게 하는 진리의 말씀 안에서 각각의 인간이 믿음으로 하나님의 영광을 향해 새롭게 살 수 있는 길을 열어 놓으셨다(롬2:1, 8:1-3).

이는 하나님의 심판과 구원이 단순히 그 진리를 막는 사람들 모두에게 한꺼번에 집단적으로 베풀어지고 있는 것처럼 보이는 종말론적인 시각적 효과가 있지만 실제로는 각각의 인간들 속에서 일어나고 있는 개별적인 영적인 사건으로서 그 심판과 구원이 작동한다는 것을 유념케 한다.

하나님의 구원과 심판이 영적인 방식으로 모든 인간의 이전의 삶을 개별적으로 해체하고 개별적으로 새로운 공동체의 구성원이 되게 하여 새로운 삶을 살아가도록 하는 독특하고 신비로운 방식으로 작동하고 있다. 이것이 우리가 앞으로 하나님의 복음의 실제적인 내용을 다루면서 주목하게 될 영적인 일로서 바로 인간 존재의 실체라고 할 수 있는 영혼을 상대로 일어나는 일이라는 점을 이해해야 한다 (롬2:9, 11:3, 13:1, 16:4, 히10:39, 약1:21, 약5:20, 벧전1:9, 요삼1:2).

그런 시각으로 하나님의 복음과 하나님의 진노에 대한 계시와 함께 그 진노의 실상을 진술하게 드러내어 입증하는 일을 시작하는 사도 바울의 논리를 다음 본문에서 확인하길 바란다.

1:16	Οὐ γὰρ ἐπαισχύνομαι τὸ εὐαγγέλιον, δύναμις γὰρ θεοῦ ἐστιν εἰς σωτηρίαν παντὶ τῷ πιστεύοντι, Ἰουδαίῳ τε πρῶτον καὶ Ἕλληνι.	참으로 나는 그 복음을 부끄러워하지 않습니다. 왜냐하면 그 복음은 믿는 각 사람을 구원에 이르게 하시는 하나님의 권능이기 때문입니다. 그것은 유대인에게 우선적인 것으로 보였으나, 사실은 유대인과 헬라인 양쪽 모두에게 동일한 것이었습니다.
1:17	δικαιοσύνη γὰρ θεοῦ ἐν αὐτῷ ἀποκαλύπτεται ἐκ πίστεως εἰς πίστιν, καθὼς γέγραπται· ὁ δὲ δίκαιος ἐκ πίστεως ζήσεται.	이는 '오직 그 의인은 믿음으로부터 살 것이다.'라고 기록된 것과 같이, 하나님의 한 의(義)가 그 복음 안에서 계시(啓示)되고 있어 믿음으로부터 믿음에 이르게 하고 있기 때문입니다.

1:18	Ἀποκαλύπτεται γὰρ ὀργὴ θεοῦ ἀπ' οὐρανοῦ ἐπὶ πᾶσαν ἀσέβειαν καὶ ἀδικίαν ἀνθρώπων τῶν τὴν ἀλήθειαν ἐν ἀδικίᾳ κατεχόντων,	참으로 하나님의 진노가 하늘로부터 불의로 그 진리를 막고 있는 사람들의 온갖 불경(不敬)과 불의(不義) 위에 계시되고 있습니다.
1:19	διότι τὸ γνωστὸν τοῦ θεοῦ φανερόν ἐστιν ἐν αὐτοῖς· ὁ θεὸς γὰρ αὐτοῖς ἐφανέρωσεν.	이는 그 하나님께서 자신을 알아볼 수 있게 그들에게 분명하게 드러내어 보여 주셨기 때문입니다.
1:20	τὰ γὰρ ἀόρατα αὐτοῦ ἀπὸ κτίσεως κόσμου τοῖς ποιήμασιν νοούμενα καθορᾶται, ἥ τε ἀΐδιος αὐτοῦ δύναμις καὶ θειότης, εἰς τὸ εἶναι αὐτοὺς ἀναπολογήτους,	참으로 그분의 보이지 않는 것들, 곧 그분의 영원하신 능력과 신성이 세상 창조로부터 그 행하신 일들에 의해 이해되고 깨달아짐으로써 그들이 변명할 수 없게 하신 것입니다.

1:21	διότι γνόντες τὸν θεὸν οὐχ ὡς θεὸν ἐδόξασαν ἢ ηὐχαρίστησαν, ἀλλ' ἐματαιώθησαν ἐν τοῖς διαλογισμοῖς αὐτῶν καὶ ἐσκοτίσθη ἡ ἀσύνετος αὐτῶν καρδία.	이는 그들이 그 하나님을 알면서도 하나님처럼 영화롭게 하거나 감사하지 않고, 오히려 그들의 여러 가지 셈법에 따라 허망해졌고 분별력 없는 마음이 어두워졌기 때문입니다.
1:22	φάσκοντες εἶναι σοφοὶ ἐμωράνθησαν	그들은 자기들이 지혜롭다고 주장함으로써 바보가 되었고
1:23	καὶ ἤλλαξαν τὴν δόξαν τοῦ ἀφθάρτου θεοῦ ἐν ὁμοιώματι εἰκόνος φθαρτοῦ ἀνθρώπου καὶ πετεινῶν καὶ τετραπόδων καὶ ἑρπετῶν.	그들은 하나님의 그 썩지 않는 그 영광을 † 썩어 없어질 사람과 새들과 그리고 네발짐승들과 기어다니는 것들의 형상을 닮은 모습으로 바꾸어 버렸습니다.
1:24	—Διὸ παρέδωκεν αὐτοὺς ὁ θεὸς ἐν ταῖς ἐπιθυμίαις τῶν καρδιῶν αὐτῶν εἰς ἀκαθαρσίαν τοῦ ἀτιμάζεσθαι τὰ σώματα αὐτῶν ἐν αὐτοῖς·	---그러므로 그들을 그 하나님께서 내어버려두셔서 그들끼리 그들의 마음에 일어나는 욕망대로 더러운 짓을 하게 하여 그들의 몸이 욕되게 하셨습니다.
1:25	οἵτινες μετήλλαξαν τὴν ἀλήθειαν τοῦ θεοῦ ἐν τῷ ψεύδει καὶ ἐσεβάσθησαν καὶ ἐλάτρευσαν τῇ κτίσει παρὰ τὸν κτίσαντα, ὅς ἐστιν εὐλογητὸς εἰς τοὺς αἰῶνας, ἀμήν.	결국 이런 사람들이 그 하나님의 그 진리를 그 거짓으로 바꾸었고 창조하신 분 대신에 그 피조물을 숭배하며 섬겼던 것입니다. 하지만 창조하신 분은 영원히 찬양받으실 분입니다. 아멘.

전환된 관점의 로마서 읽기

제3장
그 하나님께서 행하신 일들을 보라!

본문 : 로마서 1장 20~23절

핵심 주제 어구

τὰ γὰρ ἀόρατα αὐτοῦ … τοῖς ποιήμασιν

(타 가르 아오라타 아우투 … 토이스 포이에마신)

롬1:20의 '토이스 포이에마신(τοῖς ποιήμασιν)'을 '만물'로 번역한 것은 맥락적으로 하박국 시대를 조명해 그리스-로마 시대와 오고 오는 시대에 보이는 하나님의 진노에 대한 계시성(啓示性)을 일깨우기 위해, 하나님께서 직접 인간 세상에 개입해 인간들이 감각적인 경험을 통해 알아볼 수 있도록 보여 주어 갖게 하신 하나님에 대한 선지식을 나타내는 표현으로 적절하지 않다는 말이다.

그리고 그것('토이스 포이에마신(τοῖς ποιήμασιν)'을 '만물'로 번역한 것)은 실제로 롬1:18에서 계시되고 있는 하나님의 진노가 그 선지식에 합당하게 살지 않는 인간들의 그릇된 삶을 폭로하여 하나님의 복음을 받아들이게 하는 하나님의 정당한 행동을 입증하는 증거가 되어야 한다.

… (중략) …

이 단어(ποιήμασιν-포이에마신)는 롬1:20의 문맥을 따라서 세상의 창조로부터 하박국 시대를 지나 그리스-로마 시대에 이르기까지의 구속사적인 맥락에서 하나님의 행하신 일들 가운데 그의 영원하신 능력과 신성을 나타내는 특별한 사건들을 그려 담은 작품들을 가리킨다고 단정할 수 있다. 한마디로 성경에 기록된 특별 계시에 집중하게 하는 단어라는 것이다.

제3장(그 하나님께서 행하신 일들을 보라!) _ 본문 99, 107p에서

본문

1장	NA28판(UBS5판) ΠΡΟΣ ΡΩΜΑΙΟΥΣ 1	로마서 1장 필자 사역
1:20	τὰ γὰρ ἀόρατα αὐτοῦ ἀπὸ κτίσεως κόσμου τοῖς ποιήμασιν νοούμενα καθορᾶται, ἥ τε ἀΐδιος αὐτοῦ δύναμις καὶ θειότης, εἰς τὸ εἶναι αὐτοὺς ἀναπολογήτους,	참으로 그분의 보이지 않는 것들, 곧 그분의 영원하신 능력과 신성이 세상 창조로부터 그 행하신 일들에[*] 의해 이해되고 깨달아짐으로써 그들이 변명할 수 없게 하신 것입니다.
1:21	διότι γνόντες τὸν θεὸν οὐχ ὡς θεὸν ἐδόξασαν ἢ ηὐχαρίστησαν, ἀλλ' ἐματαιώθησαν ἐν τοῖς διαλογισμοῖς αὐτῶν καὶ ἐσκοτίσθη ἡ ἀσύνετος αὐτῶν καρδία.	이는[*1] 그들이 그 하나님을 알면서도 하나님처럼 영화롭게 하거나 감사하지 않고, 오히려 그들의 여러 가지 셈법에[*2] 따라 허망해졌고 분별력 없는[*3] 마음이 어두워졌기 때문입니다.
1:22	φάσκοντες εἶναι σοφοὶ ἐμωράνθησαν	그들은 자기들이 지혜롭다고 주장함으로써 바보가 되었고
1:23	καὶ ἤλλαξαν τὴν δόξαν τοῦ ἀφθάρτου θεοῦ ἐν ὁμοιώματι εἰκόνος φθαρτοῦ ἀνθρώπου καὶ πετεινῶν καὶ τετραπόδων καὶ ἑρπετῶν.	그들은 하나님의 그 썩지 않는 그 영광을[†] 썩어 없어질 사람과 새들과 그리고 네발짐승들과 기어다니는 것들의 형상을 닮은 모습으로[*] 바꾸어 버렸습니다.

하나님의 복음과 진노에 대한 기초적인 이해 [Ⅳ]

구슬

필자는 지금 필자가 읽는 방식의 로마서 읽기를 설명하고 있다. 어떻게 하면 바울의 문맥을 좀 더 확실하게 펼쳐 보일 수 있을까를 거듭 고민하게 된다는 말이다. 구슬이 서 말이라도 꿰어야 보배라는 말처럼 구슬을 꿰고 있다. 아름답고 영롱한 빛을 발하는 구슬의 모양으로 다듬고 구멍을 뚫는 작업도 중요하지만, 필자가 공을 들이고 있는 것은 그 구슬들을 꿰는 끈이다. 먼저 꿴 구슬과 이제 막 꿰려고 하는 구슬을 연결해 그 어울림이 더욱 아름답게 빛나게 만드는 끈, 목에 걸고 싶은 충동을 일으킬 만큼 아주 값진 진주목걸이를 완성하는 그 끈에 또 하나의 구슬을 꿰려고 한다(마7:6).

> 그 거룩한 것을 그 개들에게 주지 말며,
> 더욱이 너희 진주를 그 돼지들 앞에 던지지 말거라.
> 별안간 그들이 그 진주들을 그들의 발로 짓이기고
> 돌변해서 너희를 물어뜯을지도 모르니 각별히 주의하거라.

6 Μὴ δῶτε τὸ ἅγιον τοῖς κυσὶν μηδὲ βάλητε τοὺς μαργαρίτας ὑμῶν ἔμπροσθεν τῶν χοίρων, μήποτε καταπατήσουσιν αὐτοὺς ἐν τοῖς ποσὶν αὐτῶν καὶ στραφέντες ῥήξωσιν ὑμᾶς.

(NA28판, UBS5판 마7:6 필자 사역)

기대와 바람

필자는 이제까지 사도 바울이 하나님의 복음과 하나님의 진노가 동시적으로 계시되고 있는 상황에서 그 복음과 진노와의 상관관계를 살피며 앞으로 설명해야 할 그 복음의 실제적인 내용(롬3:21-11:36)을 좀 더 쉽게 이해할 수 있는 기초적인 사실인 그 복음의 필요성(롬1:18-3:20)을 제대로 소화하도록 세 번에 걸쳐 조금 장황하게 펼쳐 놓았다.

사실 그건 롬1:1-25까지의 내용을 그리스도 예수 안에서 자세히 들여다본 후 독자들이 사도 바울의 텍스트가 담고 있는 진의를 직접 만날 수 있는 가이드로서의 해설에 불과할 뿐 이를 통해 독자들이 사도 바울이 전달하고자 하는 '그 믿음의 그 말씀(*τὸ ῥῆμα τῆς πίστεως*-토 레마 테스 피스테오스, 롬10:8)'을 경험하고 믿음의 청종, 그러니까 그 믿음의 그 말씀을 경청하고 곧바로 그 말씀에 순종하여 따르는 믿음의 순종(*ὑπακοὴν πίστεως*-휘파코엔 피스테오스, 롬1:5)에 이르는 기회를 잡을 수 없다면 그 수고는 허무하고 무가치한 것이 될 것이다.

바라기는 그것이 단지 지적인 살을 찌우거나 논쟁거리를 제공하는 자료가 아닌 깊은 영적 기도 속에서 주님과 직면하게 하는 슬기로운 가이드가 되어 로마서가 전달하고자 하는 하나님의 복음에 의해 펼쳐지는 새로운 풍경(마치 변산반도 해안선 따라 부안과 군산을 잇는 세계 최장의 새만금 방조제 건설로 만들어진 새만금 간척지를 경유 순천만 국가정원을 돌아보는 여행으로 마주하는 새로움)을 통해 진정한 그리스도인으로 굳세게 세워지는 힐링이 되기를 바랄 뿐 더 이상 아무런 기대와 바람도 없다.

만물?

이제 그 마지막 시간으로 롬1:20의 '토이스 포이에마신(τοῖς ποιήμασιν)'에 대해 살펴봄으로써 하나님의 복음과 진노에 관한 기초적인 이해를 마무리하고자 한다. 여기서 필자가 본문을 살펴보면서 중요하게 생각하는 것은 접속사이다. 왜냐하면 헬라어 텍스트에서 논리의 구조를 파악할 수 있는 결정적인 도구로 쓰이기 때문이다.

사도 바울의 로마행 선교 열정은 여러 가지 방해로 길이 막혀 있는 상황이었지만 그의 기도는 빚진 자로 자처하며 로마인들에게 하나님의 복음을 전하고자 하는 뜨거운 사명을 수행하기 위한 준비 기간이 되어 더욱 큰 영적인 소원으로 자리 잡고 있음을 밝혔다(롬1:8-15). 그리고 그 이유와 원인을 나타내는 접속사 γὰρ(가르)로 그 복음을 부끄러워하지 않는다고 말했다(롬1:16상). 또한 바로 이어서 그 복음을 부끄러워하지 않는 이유를 동일한 접속사 γὰρ(가르)로 '왜냐하면 그 복음은 믿는 각 사람을 구원에 이르게 하시는 하나님의 권능이기 때문입니다.'라고 말했다(롬1:16중). 그리고 또 동일한 접속사 γὰρ(가르)로 그 복음이 하나님의 권능인 이유를 밝히되 그 근거가 되는 하박국 선지자의 '오직 그 의인은 믿음으로 살아질 것이다'라는 계시의 말씀(합2:4)을 인용한다(롬1:17). 꼬리에 꼬리를 물고 그려내는 원인적 이유를 나타내는 접속사 γὰρ(가르)의 현란한 활약이 바울의 생각을 명료하게 드러내는 형국이다.

중요한 건 또다시 동일한 접속사 γὰρ(가르)로 그 복음이 하나님의 권능이어야 하는 원인적 이유가 하나님의 진노가 계시되고 있기 때문이라고 말한(롬1:18) 뒤, 그 합리적인 이유를 나타내는 접속사(διότι-디오티)를 사용해 하나님의 진노가 계시되고 있는 상황의 정당성을 표현하고(롬1:19상). 그리고 또다시 접속사 γὰρ(가르)를 사용해 그 진노의 근원적 정당성을 제시한다는 것이다(롬1:19하). 그걸(롬1:19상하) 필자는 한 문장으로 엮어 '이는 그 하나님께서 자신을 알아볼 수 있게 그들에게 분명하게 드러내어 보여 주셨기 때문입니다.'라고 번역했다.

이로써 사도 바울이 하나님의 복음과 진노에 대한 일반적인 서술 속에 담긴 논리는 명확해졌고, 이 논리가 담고 있는 깊은 이해를 위해 필자가 앞서 두 장에 걸친 긴 설명이 꼭 필요한 것이었음을 이해할 수 있을 것이다.

창조의 시점

재미 있는 것은 그런 하나님의 진노가 정당하다는 사실을 다시 또 동일한 접속사 γὰρ(가르)로 '참으로 그분의 보이지 않는 것들, 곧 그분의 영원하신 능력과 신성이 세상 창조로부터 그 행하신 일들에 의해 이해되고 깨달아짐으로써 그들이 변명할 수 없게 하신 것입니다.'라고 그 구체적인 사실을 창조의 시점으로까지 끌어올려 제시하고(롬1:20), 다시 또 그 합리적인 이유를 나타내는 접속사(διότι-디오티)를 사용해 '이는 그들이 그 하나님을 알면서도 하나님처럼 영화롭게 하거나 감사하지 않고, 오히려 그들의 여러 가지 셈법에 따라 허망해졌고 분별력 없는 마음이 어두워졌기 때문입니다.'라고 그 진노의 정당성에 쐐기를 박는다는 사실이다(롬1:21).

이 같은 논리 속에서 그 진노의 정당성을 담보하는 객관적인 증거는 롬1:20에서 하나님의 보이지 않는 영원하신 능력과 신성을 보여 주는 매개로써 필자가 '그 행하신 일들'이라고 번역한 '토이스 포이에마신(τοῖς ποιήμασιν)'이 가리키는 진정한 의미를 밝히는 데 있다.

그런데 시중에 유통되고 있는 번역 성경들이 가리키는 '토이스 포이에마신(τοῖς ποιήμασιν)'은 세상 창조로부터 하나님께서 만드신 처음 창조 세계의 '만물'로 인식하게 하는 것 같다. 그러니까 일반인들이 '자연'이라고 하는 해, 달, 별 등의 물리적인 세계를 구성하고 있는 피조물 자체로 인식하고, 그것을 통해 하나님을 인식하는 자연 계시에 초점을 두고 읽는 방식의 관점을 취한다는 말이다.

문제점

문제는 이렇게 '토이스 포이에마신(τοῖς ποιήμασιν)'을 '만물'이라는 의미로 인식할 때, 자연 계시(해, 달, 별 등의 물리적인 질서의 계시)가 하나님의 영원하신 능력과 신성을 알게 하여 아무도 하나님의 진노가 부당하다고 항변할 수 있는 여지가 조금도 없다고 단정케 하는 증거가 될 수 있느냐는 것이다. 왜냐하면 그것은 이미 롬1:19에서 입증한 것처럼 하나님께서 인간들에게 자신을 알 수 있도록 명백하게 보여 주어 알게 하신 것의 범주 안에 있는 것이어야 하기 때문이다.

따라서 롬1:18 하나님의 진노가 나타나고 있는 계시 상황의 정당성에 대한 근거가 이미 롬1:19에서 그에 대한 합리적 이유를 나타내는 증거로 밝힌 하나님을 아는 명백한 선지식을 전제로 나타나는 것이기에 롬1:20에서도 그에 맞게 반론의 여지를 주지 않는 구체적인 사례로 '토이스 포이에마신(τοῖς ποιήμασιν)'이 가리키는 실제 의미가 바울이 전달하고자 하는 내용이어야 한다.

애매함

한데 여기서 그 원인적인 증거로 제시되는 롬1:20의 '토이스 포이에마신(τοῖς ποιήμασιν)'을 자연 계시(일반 계시)로 읽게 하는 '만물'이라는 표현이 문맥상 롬1:18의 온 세계에 나타나고 있는 하나님의 진노를 정당화할 수 있는 증거물을 가리키는 표현으로 받아들이기에 부적절하다고 할 수 있는 애매한 표현이다. 그건 그 증거물로 제시하는 '만물'이라고 하는 표현의 의미하는 바가, 문맥적으로 바로 앞 절인 롬1:19의 파네론(φανερόν)와 에파네로센(ἐφανέρωσεν)을 통해 명백해진 하나님의 선지식에 대한 실체적 진실을 나타내는 것이어야 하는데 그렇지 않다는 말이다.

그러니까 롬1:20의 '토이스 포이에마신(τοῖς ποιήμασιν)'을 '만물'로 번역한 것은 맥락적으로 하박국 시대를 조명해 그리스-로마 시대와 오고 오는 시대에 보이는 하나님의 진노에 대한 계시성(啓示性)을 일깨우기 위해, 하나님께서 직접 인간 세상에 개입해 인간들이 감각적인 경험을 통해 알아볼 수 있도록 보여 주어 갖게 하신 하나님에 대한 선지식을 나타내는 표현으로 적절하지 않다는 말이다.

그리고 그것('토이스 포이에마신(τοῖς ποιήμασιν)'을 '만물'로 번역한 것)은 실제로 롬1:18에서 계시되고 있는 하나님의 진노가 그 선지식에 합당하게 살지 않는 인간들의 그릇된 삶을 폭로하여 하나님의 복음을 받아들이게 하는 하나님의 정당한 행동을 입증하는 증거가 되어야 한다.

바로잡아야 할 부분

그런데 그것(롬1:20의 '토이스 포이에마신(τοῖς ποιήμασιν)')을 하나님께서 세상을 창조하실 때 만드신 처음 창조 세계의 피조물들 자체를 가리키는 의미의 뉘앙스가 짙은 '만물'이라는 어휘로 그 설명을 대신한다는 것은 거의 불가능하며 논리적으로도 맞지 않는 억지다.

한마디로 '토이스 포이에마신(τοῖς ποιήμασιν)'을 처음 창조 세계의 피조물 자체를 싸잡아 가리키는 '만물'이라는 어휘로 번역하는 것이 옳지 않다는 말이다. 이는 '일반 계시 또는 자연 계시'라고 하는 교리에 굳어진 교조주의적 신학적 사조의 지배에 굴종되어 있는 번역자들의 관념이 아직도 우리가 읽고 있는 번역 성경들 속에 남아 버젓이 독자들을 어둠 속에 머물게 하는 가슴 아픈 현실을 보게 한다는 점에서 반드시 바로잡아야 할 부분이다.

한글 번역 성경 검토
개역 한글판이 "창세로부터 그의 보이지 아니하는 것들 곧 그의 영원하신 능력과 신성이 **그 만드신 만물**에 분명히 보여 알게 되나니 그러므로 저희가 핑계치 못할찌니라"라고 번역했고, 이를 개역 개정 한글판이 "창세로부터 그의 보이지 아니하는 것들 곧 그의 영원하신 능력과 신성이 그가 **만드신 만물에** 분명히 보여 알려졌나니 그러므로 그들이 핑계하지 못할지니라"라고 개정했다. 달라진 것이라면 "그 만드신 만물에 분명히 보여 알게 되나니"를 "그가 만드신 만물에 분명히 보여 알려졌나니"라는 표현으로 좀 더 확실하게 처음 창조 세계의 피조물 자체를 나타내는 경향 쪽으로 나갔다.

그럼 다른 한글 성경들은 어떤가? 참으로 안타깝게도 어쩌면 이리도 한결같은지 모르겠다. 새번역 성경은 "이 세상 창조 때로부터, 하나님의 보이지 않는 속성, 곧 그분의 영원하신 능력과 신성은, 사람이 **그 지으신 만물을** 보고서 깨닫게 되어 있습니다. 그러므로 사람들은 핑계를 댈 수가 없습니다.", 현대인의 성경은 "하나님이 세상을 창조하신 그때부터 보이지 않는 그의 속성, 곧 그의 영원하신 능력과 신성이 그가 **만드신 만물을** 통해 분명히 나타나서 알게 되었으니 이제 그들은 변명할 수가 없습니다.", 한글 킹제임스 성경은 "세상의 창조 때부터 그 분에 속한 보이지 않는 것들이 분명히 보여졌고 심지어는 그 분의 영원한 능력과 신격까지도 **만들어진 것들에** 의해 알려졌으므로 그들이 변명하지 못하느니라.", 킹제임스 흠정역은 "그분의 보이지 아니하는 것들 곧 그분의 영원하신 권능과 신격은 세상의 창조 이후로 분명히 보이며 **만들어진 것들을** 통해 깨달아 알 수 있나니 그러므로 그들이 변명할 수 없느니라.", 바른성경은 "세상의 창조 때부터 그 분에 속한 보이지 않는 것들이 분명히 보여졌고 심지어는 그 분의 영원한 능력과 신격까지도 **만들어**

진 것들에 의해 알려졌으므로 그들이 변명하지 못하느니라."라고 번역했다.

쉬운말 성경은 "세상이 창조된 이후로, 하나님의 보이지 않는 성품 곧 하나님의 영원하신 권능과 신성은 그분이 **지으신 만물** 가운데 분명히 나타나 있으므로, 사람이 그것을 보고 충분히 깨닫고 알 수 있도록 되어 있습니다. 그러므로 사람들은 하나님을 몰랐다고 핑계를 댈 수 없습니다.", 아가페출판사의 쉬운 성경은 "세상이 창조된 이래로 하나님의 보이지 않는 성품인 그분의 영원한 능력과 신성은 그가 **만드신 만물을** 보고서 분명히 알 수 있게 되었습니다. 그러므로 사람들은 핑계를 댈 수 없습니다.", 우리말성경은 "세상이 창조된 이후로 하나님의 보이지 않는 것들, 곧 그분의 영원하신 능력과 신성이 그분이 **만드신 만물을** 통해 명백히 보여 알게 됐으므로 그들은 변명할 수 없습니다.", 한국복음서원의 회복역은 "세상이 창조된 이래로, 하나님의 보이지 않는 것들, 곧 그분의 영원한 능력과 신성한 특성들은 **지으신 것들을** 통하여 분명하게 보여 알게 되어 있습니다. 그러므로 사람들은 변명하지 못할 것입니다."라고 번역했다.

말씀의 집 출판사의 헬라어 직역 신약 성경은 "하나님께서 세상을 창조하신 때부터 **피조물을** 통하여 당신의 영원하신 능력과 신성 등 보이지 않는 것들을 분명히 깨달을 수 있게 하셨으므로 그들이 변명할 수 없게 되었습니다.", 쿰란출판사의 원문번역성경은 "세상이 창조된 때부터 하나님의 보이지 않는 속성들, 곧 그분의 영원하신 능력과 신성은 그 **만드신 만물을** 통해 명백히 보여 알 수 있게 되었으므로 사람들은 변명하지 못합니다.", 대한성서공회의 개신교 100주년 기념 표준새번역은 "이 세상 창조 때로부터, 하나님의 보이지 않는 속성, 곧 그분의 영원하신 능력과 신성은, 사람이 **그 지으신 만물을** 보고서 깨닫게 되어 있습니다. 그러므로 사람들은 핑계를 댈 수가 없습니다."라고 번역했다.

천주교 공동번역은 "하느님께서는 세상을 창조하신 때부터 **창조물을** 통하여 당신의 영원하신 능력과 신성과 같은 보이지 않는 특성을 나타내 보이셔서 인간이 보고 깨달을 수 있게 하셨습니다. 그러니 사람들이 무슨 핑계를 대겠습니까?", 카톨릭성경은 "세상이 창조된 때부터, 하느님의 보이지 않는 본성 곧 그분의 영원한 힘과 신성을 **조물을** 통하여 알아보고 깨달을 수 있게 되었습니다. 따라서 그들은 변명할 수가 없습니다.", 분도출판사의 천주교 창립 200주년 기념 신약 성서는 "그분의 보이지 않는 속성, 곧 그분의 영원하신 능력과 신성은 세상이 창조된 이래 **그 지으신 것들을** 통하여 이성(의 눈)에는 보입니다. 그래서 그들은 변명할 여지가 없습니다."로 번역했다.

필자가 1권에서 말했던 것처럼 우연치고는 참으로 수상하다는 느낌을 떨칠 수 없는 대목이다. 각각의 번역 시기가 다르기에 사전에 그렇게 하기로 서로 입을 맞춰 짤 수 있는 것도 아니고, 그렇다고 한 기관의 생산물도 아닌데도 획일적인 결과물이 나왔다는 것은, 바울이 이를 기록한 지 2000년이 지났다는 점에 비추어 볼 때 반드시 개선되어야 할 부분이다.

영어 번역 성경 검토

영어권의 번역 성경들은 어떠한가? 대부분 우리말 성경이 말하듯이 세상에 있는 갖가지 모든 피조물 자체를 인식하게 하는 '만물(萬物)'이라는 개념의 뉘앙스와 다르지 않다는 느낌이 강한 게 사실이다. 읽기에 따라 다소 차이가 발생하겠지만 그럼에도 헬라어 성경의 '토이스 포이에마신(τοῖς ποιήμασιν)'이라는 명사구의 의미를 살려 번역하려고 한 흔적이 보이는 번역이 있다는 점에서 위로가 되기도 한다.

우선 원문의 자구적(字句的) 번역에 가까운 KJV(킹제임스 성경 1611-영국의 제임스 1세의 칙명으로 47명의 학자와 성직자가 영어로 번역한 성서/1769 흠정역[Authorized Version]) 번역을 보면 "For the invisible things of him from the creation of the world are clearly seen, being understood **by the things that are made**(만들어진 것들에 의해), even his eternal power and Godhead; so that they are without excuse(창세로부터 그의 보이지 아니하는 것들 곧 그의 영원하신 능력과 신성이 그 만드신 만물에 분명히 보여 깨닫게 되나니 그래서 그들은 변명의 여지가 없습니다):"로 번역했다. KJ21(21st Century King James Version 1994)은 KJV와 전치사 by를 through로 바꾸어 "For from the creation of the world the invisible things of Him are clearly seen, being understood **through the things that are made**(만들어진 것들을 통해), even His eternal power and Godhead, so that they are without excuse."로 번역했다. NKJV(뉴킹제임스 성경 1982)는 "being understood **by the things that are made**(만들어진 것들에 의해 이해되는 것)"로 KJV와 동일하고, DBY(The Darby

Bible[Translation] 1884/1890)도 동일하게 "being apprehended by the mind through the things that are made(만들어진 것들을 통해 마음에 깨달아지는 것)"라고 번역하고, DLNT(Disciples' Literal New Testament 2011)는 "being understood since the creation of the world in the things made(창세로부터 그 만드신 것들에서 이해되는 것)"라고 '만물' 쪽으로 기운 듯한 경향을 보인다. 여기서 더 쉽게 표현하려고 한 ERV(Easy-to-Read Version 2006)는 "There are things about God that people cannot see-his eternal power and all that makes him God. But since the beginning of the world, those things have been easy for people to understand. They are made clear in what God has made. So people have no excuse for the evil they do(하나님에 대해 사람들이 볼 수 없는 것들, 즉 그분의 영원한 능력과 그분을 하나님으로 만드는 모든 것이 있습니다. 하지만 창세 이래로 이러한 것들은 사람들이 쉽게 이해할 수 있었습니다. 그것들은 하나님께서 만드신 것에서 분명하게 드러납니다. 그래서 사람들은 자신이 저지르는 악에 대해 변명의 여지가 없습니다)."로 장황하게 번역했지만 현재 완료 표현인 '하나님께서 만드신 것으로(in what God has made)'라는 '만물' 쪽 표현으로 굳어진 느낌이다.

하지만 GNV(1599 Geneva Bible)는 KJV와 동일한 헬라어 역본 TR(공인본문: Textus Receptus)을 번역하되, "For the invisible things of him, that is, his eternal power and Godhead, are seen by the creation of the world, being [aj] considered in his works(그의 작품들 안에서), to the intent that they should be without excuse(창세로부터 그의 보이지 아니하는 것들 곧 그의 영원하신 능력과 신성이 그의 작품들 가운데에 나타나서 저희가 핑계치 못하게 되기 때문이다)."와 같이 번역할 뿐만 아니라 그 번역문에 '각주[aj]'를 붙여 그 의미를 명시하고 있다.

이 번역은 '각주[aj]' "Thou seest not God, and yet thou acknowledgest him as God by his works, Cicero(너는 신을 보지 못하면서도 그의 작품들에 의해 그를 신으로 인정한다, 키케로)."에서 보듯이 '토이스 포이에마신(τοῖς ποιήμασιν)'에 대해 나름 고민한 흔적이 역력하다. 번역문 중에 '토이스 포이에마신(τοῖς ποιήμασιν)'과 관련한 부분만 발췌해서 보면 "being considered in his works(그의 작품들에서 고려되고 있다)'로 번역하는데, 이는 피조물 자체를 가리키는 '만물'이라는 표현으로 읽을 수 있는

KJV 계열 번역과 우리말 번역 성경에 익숙한 독자들에게 나름 창조주 하나님의 일 하신 결과인 작품들, 그러니까 일하시는 행위를 생각하게 한다는 점에서 원문의 '토이스 포이에마신(τοῖς ποιήμασιν)'의 의미에 근접해 있지만 전체적으로 보면 그런 의미는 창조된 만물로 희석된다.

ASV(미국표준역 1901)은 DBY와 같이 "**through the things that are made**(만들어진 것들을 통해)"라고 번역했고, 이를 개정한 NASB(신미국표준역1955, 1977)에서는 전치사(through, by) 변화만 보인다. RSV(개정표준역 1952)은 "**in the things that have been made**(만들어진 것들에서)"이라고 현재 완료 수동태 표현의 만들어진 것들 곧 '만물'이라는 시각이 역력하고, 이를 개정한 NRSV(신개정표준역 1989)에서는 현재 완료 능동태 구문 "through the things he has made(만들어진 것들을 통해)"로 바뀐 것 외에 조금도 달라진 흔적을 보이지 않는다.

NIV(New International Version 2011)도 "**from what has been made**(만들어진 것들로부터)"로 위의 번역들에서 전치사만 바꾼 동일한 번역이다. NLT(New Living Translation 2015) 역시 쉽게 설명한다고 했지만 "For ever since the world was created, people have seen the earth and sky. **Through everything God made**(하나님께서 만드신 모든 것을 통해서), they can clearly see his invisible qualities-his eternal power and divine nature. So they have no excuse for not knowing God(세상이 창조된 이래로 사람들은 땅과 하늘을 보아 왔습니다. 하나님이 만드신 모든 것(만물)을 통하여 사람들은 그분의 보이지 않는 것들, 곧 그분의 영원하신 능력과 신성을 분명히 봅니다. 그러므로 그들이 하나님을 알지 못한다고 변명의 여지가 없습니다)."으로 동일하고, NLV(New Life Version 2003) 역시 동일하게 "Men cannot say they do not know about God. From the beginning of the world, men could see what God is like **through the things He has made**(그분이 만드신 것들을 통해). This shows His power that lasts forever. It shows that He is God(인간은 하나님에 대해 모른다고 말할 수 없습니다. 세상이 시작될 때부터 사람들은 하나님이 만드신 것들을 통해 하나님이 어떤 분인지 볼 수 있었습니다. 이것은 영원히 지속되는 그분의 능력을 보여 줍니다. 그분이 하나님이심을 보여 줍니다)."로 번역했으며, NET(New English Translation 2017)도 "For since the creation of the world his invisible attributes-his eternal power and divine nature-have been clearly seen, because they are understood **through what has been made**(만들어진 것들을 통해서). So people are without excuse(세상을 창조한 이래로 그의 보이지 않는 속성, 즉 그의 영원한 능력과 신성한 본성은 만들어진 것을 통해 이해되기 때문에 분명하게 보였기 때문입니다. 그래서 사람들은 변명의 여지가 없습니다)."라고 번역했다.

TLB(Living Bible 1971)는 "Since earliest times men have seen the earth and sky and **all God made**(하나님께서 만드신 모든 것), and have known of his existence and great eternal power. So they will have no excuse when they stand before God at Judgment Day(태초부터 인간은 땅과 하늘과 하나님이 만드신 모든 것을 보았고, 하나님의 존재와 위대한 영원한 권능을 알고 있었습니다. 따라서 심판의 날에 하나님 앞에 설 때 변명의 여지가 없을 것입니다)."로 번역했고, TLV(Tree of Life Version 2015)는 재미 있게도 "His invisible attributes-His eternal power and His divine nature-have been clearly seen ever since the creation of the world, being understood **through the things that have been made**(만들어진 것들을 통해서).[d] So people are without excuse(하나님의 보이지 않는 속성, 즉 그분의 영원한 능력과 신성한 본성은 창세 이래로 만들어진 것들(만물)을 통해 분명하게 보여졌고, 만물을 통해 이해되고 있습니다. 그래서 사람들은 변명의 여지가 없습니다)."로 각주 d(cf. Ps. 19:1-6; Jer. 5:21-22)를 달아 '만물'을 통한 깨달음을 재촉하는 쪽으로 기울어져 있는 것이 분명하다. 복음주의 유산 버젼(Evangelical Heritage Version 2019)이라고 하는 EHV도 "In fact, his invisible characteristics-his eternal power and divine nature-have been clearly seen since the creation of the world, because they are understood **from the things he made**(그가 만든 것들로부터). As a result, people are without excuse(사실 그의 보이지 않는 특성, 즉 그의 영원한 능력과 신성한 본성은 그가 만든 사물에서 이해되기 때문에 세상 창조 이래로 분명하게 볼 수 있었습니다. 그 결과 사람들은 변명의 여지가 없습니다),"로 '만물'의 개념으로 번역했다.

이렇듯 대부분의 영어 번역 성경들이 다양한 시도를 하는 것처럼 보이지만 현대 번역으로 넘어오면서 더욱더 창조 세계의 피조물 자체를 가리키는 표현으로 굳어져 있음이 역력하다. 사도 바울의 텍스트 자체 문맥상 '토이스 포이에마신(τοῖς ποιήμασιν)'이 가진 의미를 나타내는 표현이어야 마땅한데, 그렇지 않은 현실이 안타까울 따름이다.

따라서 그런 선입견 없이 '토이스 포이에마신(τοῖς ποιήμασιν)'을 창조 때 만들어진 '만물'만을 가리키는 것이 아니라 창조 이후 하나님께서 그 창조 세계 속에 개입하셔서 행하신 일들과 그 일들의 결과물을 포괄해 나타내는 필자의 번역을 순수하게 읽어 보며 문맥을 살펴보라. 그러면 하나님의 진노에 대한 정당성을 명확하게 이해하게 될 것이다.

1:19	διότι τὸ γνωστὸν τοῦ θεοῦ φανερόν ἐστιν ἐν αὐτοῖς· ὁ θεὸς γὰρ αὐτοῖς ἐφανέρωσεν.	이는[※1] 그 하나님께서 자신을 알아볼 수 있게 그들에게 분명하게 드러내어 보여 주셨기 때문입니다.[※2]
1:20	τὰ γὰρ ἀόρατα αὐτοῦ ἀπὸ κτίσεως κόσμου τοῖς ποιήμασιν νοούμενα καθορᾶται, ἥ τε ἀΐδιος αὐτοῦ δύναμις καὶ θειότης, εἰς τὸ εἶναι αὐτοὺς ἀναπολογήτους.	참으로 그분의 보이지 않는 것들, 곧 그분의 영원하신 능력과 신성이 세상 창조로부터 그 행하신 일들에[※] 의해 이해되고 깨달아짐으로써 그들이 변명할 수 없게 하신 것입니다.

특별한 작품

이렇듯 번역 성경들의 공통점은 인간들에게 '하나님을 아는 선지식을 주시기 위해 하나님께서 행하신 일들'을 나타내는 표현을 '세상의 창조로부터 만드신 만물'이라는 의미로 일반화시켜 저자의 이해에서 벗어나게 하고 있다. 이는 창조 세계의 질서를 구성하고 있는 피조물 자체를 가리키는 표현으로써 자연 세계를 통한 하나님의 일반적인 계시에만 몰두하게 한다.

하지만 그와 다르게 필자가 여기서 '행하신 일들'이라고 번역한 단어 '토이스 포이에마신(τοῖς ποιήμασιν)'은 본래 '만드신 것 또는 행하신 것 ― 그러니까 하나님께서 활동하신 결과'를 나타내는 특별하고 특정된 것에 집중하게 한다.

이 단어는 신약 성경에서 이 서신 롬1:20 외에 엡2:10에만 쓰이는 단어(ποίημα-포이에마)로 엡2:10에서는 하나님께서 그리스도 예수 안에서 새롭게 창조하신 사람들을 지칭하는 데 사용되었다.

이 '포이에마(ποίημα)'는 '행하다 또는 만들다'라는 의미를 가진 동사 '포이에오(ποιέω)'의 명사형으로 보면 되는데, 이 단어가 바로 로마서에서 필자가 '행하신 일들'이라고 번역한 복수 형태의 단어(ποιήμασιν-포이에마신)와 동일한 단어이다. 이는 하나님께서 활동하신 결과로 만들어진 작품들을 나타내는 어휘이다.

그러니까 이 단어(ποιήμασιν-포이에마신)는 롬1:20의 문맥을 따라서 세상의 창조로부터 하박국 시대를 지나 그리스-로마 시대에 이르기까지의 구속사적인 맥락에서 하나님의 행하신 일들 가운데 그의 영원하신 능력과 신성을 나타내는 특별한 사건들을 그려 담은 작품들을 가리킨다고 단정할 수 있다. 한마디로 성경에 기록된 특별 계시에 집중하게 하는 단어라는 것이다.

선정

그렇다면 그 행하신 일들 곧 공식적인 면에서 그분의 특별한 작품들(τοῖς ποιήμασιν-토이스 포이에마신)이 가리키는 것은 구체적으로 무엇이며, 그것을 어디서 어떻게 특정할 수 있을까?

그 대답은 간단하다. 우리가 지금까지 줄기차게 이야기해 온 계시의 역사성과 연속성, 그리고 세속의 역사와 구별되는 계시의 거룩한 독특성이라는 관점에서 기록된 구속사적인 특별한 사건들 가운데 하나님의 영원하신 능력과 신성을 나타내는 사건들을 선정할 수 있다. 그리고 이를 위해 필자는 창조 때부터 시작된 하나님의 일하심을 살펴 무수한 증거들, 예를 들면 에녹 시대와 노아 시대, 아브라함 시대와 모세 시대에 일어난 사건들을 증거로 제시할 수 있지만 일단 하박국 선지자의 시대로부터 그리스-로마 시대, 곧 바울 시대에 이르는 계시의 발전 과정에서 매우 중요한 전환점이 제시되고 있는 다니엘의 시대에 주목할 것이다.

그리고 다니엘의 일대기와 그의 세 친구 사건 등을 특정하여 살펴보되, 북왕조 이스라엘과 남왕조 유다의 멸망으로부터 시작된 제국들의 흥망성쇠 속에서 다니엘의 활약과 그들을 통해 드러나는 구속사의 진면목에 대해 지면을 아낌없이 쓰려고 한다. 왜냐하면 이 시기의 사건들은 우리가 지금 살펴보고 있는 로마서 텍스트의 진정한 의미를 이해하는 데 일차적 토대가 되기 때문이다. 실제로 다니엘은 청소년 시기에 자신의 나라가 망하는 것을 경험하고 신바벨론(신바빌로니아) 제국의 포로로 끌려가 제국의 국무총리가 되어 그 제국의 멸망과 함께 메대와 페르시아 제국으로 국제 질서가 개편되는 격동의 세월 속에서도 살아남아 역량이 입증된 최고 정치 지도자로서의 면모를 갖추고 미래의 새로운 세계 질서를 향한 창조주 하나님의 계획을 선포한 참선지자이기 때문이다.

다니엘과 세 친구

다니엘은 남왕조 유다 여호야김왕(B.C. 609~598년) 때, 신바빌로니아(이후 바벨론으로 표기)에 포로로 끌려간 유다 왕족 출신의 정치가이자 신앙인이다. 여호야김은 요시아(B.C. 641~609년)의 맏아들로 애굽왕 바로 느고에 의해서 왕위에 오르고, 11년 동안 무고한 자를 죽이고 선지자 예레미야를 핍박한 악한 왕 중의 하나이다. 처음 4년은 애굽의 속국이었으나, 그 후 바벨론의 느부갓네살왕에 의해 다시 바벨론의 속국이 되었고, 그 후 그의 반역으로 쇠사슬에 결박당해 바벨론으로 잡혀간다. 그는 예레미야의 예언과 같이 사후 시체가 나귀처럼 취급되는 처참한 생의 종지부를 찍는다(왕하23:34-24:7, 대하36:4-8).

이때 많은 학살이 있었고 지위가 높은 사람이 잡혀갔는데, 다니엘과 그의 세 친구(하나냐, 미사엘, 아사랴)도 그런 자들이었다. 그리고 예루살렘을 함락시킨 바벨론 제국의 느부갓네살왕이 유화정책의 일환으로서 이스라엘 사람 중에서 용모가 빼어나고 총명한 젊은이들을 뽑아 갈대아(바벨론) 지방의 문학과 언어를 배워 궁궐에서 왕을 모실 수 있게 하였는데, 그들 가운데 유다 지파의 이 네 젊은이가 바로 느부갓네살왕의 내시 장관에 의해 바벨론식의 이름 '벨드사살, 사드락, 메삭, 아벳느고'로 개명된 이들이다(단1:1-7).

절개

이들은 바벨론 제국의 황제를 모시고 살게 되었지만, 다니엘과 그의 세 친구는 궁중 생활로 인해 자신들의 믿음이 더럽혀질까 봐 주의했으며, 특히 궁중의 기름진 음식과 술을 거부하며 하나님 앞에 정결하게 사는 모습을 보였다. 그들은 그것들이 아마도 우상에게 바쳐진 제물과 관련한 것으로 판단했기 때문에 제물로 사용되지 않은 채식과 물을 고집했다. 그것은 믿음의 절개를 지키고자 하는 절박한 몸부림이었다.

하나님께서는 그런 다니엘을 느부갓네살왕의 내시 장관으로 하여금 호감을 갖게 하여 그의 의견을 따르도록 하셨다. 내시 장관은 열흘 동안 물과 채식을 한 뒤에 비교해서 판단하니, 열흘 동안 왕의 술과 고기를 먹은 사람들보다 얼굴빛이 더 좋고 훨씬 건강해 보여 물과 채식을 하게 허락해 주었다(단1:8-16).

선물
하나님께서는 이 네 사람에게 지혜를 주셔서 모든 문학과 학문에 뛰어나게 하셨고, 특히 다니엘에게 환상과 꿈을 해석하는 특별한 능력을 선물로 주셨다. 느부갓네살왕이 이들을 불러 지혜와 지식에 관해 시험한 뒤, 그들의 지혜와 판단력이 바벨론 전국에 있는 어떤 마술사나 주술사보다도 열 배는 뛰어나다는 것을 알고 그의 곁에 두어 보좌하게 했다. 그리고 다니엘은 페르시아의 고레스가 왕이 된 첫해까지 왕궁에 남게 되었다(단1:17-21).

계기
여기서 중요한 사실은 다니엘이 바벨론 왕 느부갓네살의 보좌관으로 지내기 시작할 때부터 바벨론을 정복한 페르시아의 고레스가 왕이 된 후에도 그 왕궁에 남아 있게 되었다는 것이다. 왜냐하면 이 기간에 다니엘을 통해 하나님께서 행하신 일이 그의 영원하신 신성과 능력을 온 세계에 공표하셨기 때문이다.

필자는 이전 장에서 이 시기가 전능하신 창조주 하나님께서 모든 세계, 모든 민족의 신으로서 자신을 계시하여 인류 보편의 하나님으로 등극하시는 기간이라고 했다.

따라서 이 기간에 다니엘과 세 친구에게 일어난 사건은 전능하신 창조주 하나님의 영원하신 능력과 신성을 모든 인류에게 확실히 보여 주는 특별한 계시의 발전 과정으로 이해할 수 있다. 그 시작은 바벨론에 피바람을 몰고 온 느부갓네살왕의 꿈을 해몽하는 일이 계기가 된다.

> *1 느부갓네살의 왕국 제 2년이 되는 해에 느부갓네살이 꿈을 꾸었고, 그 꿈이 그의 영을 산란하게 하였습니다. 그 후 다시 그에게 잠이 있었습니다.*
> *2 그 왕이 자기의 꿈을 알아내려고 마술사와 주술가, 점쟁이와 바빌로니아 점성가들(카스딤인들)을 불러들이라고 명하니, 그들이 와서 왕 앞에 섰습니다.*

3 그 왕이 그들에게 말했습니다. "내가 한 꿈을 꾸었는데, 그 꿈을 알려고 나의 영이 산란하다."

4 그러자 바빌로니아 점성가들이 아람 말로 왕에게 대답했습니다. "왕이시여, 만수무강하시기를 빕니다. 왕께서 그 꿈을 종들에게 말씀해 주시면, 우리가 그 해석을 보여 드리겠습니다."

5 그 왕이 대답하여 그 카스딤인들에게 말했습니다. "내가 분명하게 명령한다. 만일 너희가 내게 그 꿈과 그 해석을 알려 주지 못하면 너희의 몸은 토막날 것이며, 너희의 집은 쓰레기 더미가 될 것이다.

6 그러나 만일 너희가 그 꿈과 그 해석을 보여 주면, 너희에게 선물들과 상과 함께 큰 명예를 주겠다. 그러니 이시 내 꿈을 해석해 보여라."

7 그들이 다시 대답하여 말했습니다. "왕이시여, 종들에게 그 꿈을 말씀해 주십시오. 그러면 그 해석을 보여 드리겠습니다."

8 그 왕이 대답하여 말했습니다. "내가 확실히 알겠다. 이제 보니 너희가 시간을 벌려고 하는 속셈이구나! 내 명령은 분명하다.

9 너희가 만일 내 꿈을 알려 주지 못하면 너희가 받게 될 판결은 오직 하나밖에 없다. 너희는 지금 내 앞에서 거짓말과 속임수를 써서라도 시간이 지나 상황이 바뀌기를 바라는 것이냐? 이제 그 꿈을 내게 말해 보아라. 그러면 너희가 그 해석도 할 수 있는 줄로 내가 알 것이다."

10 카스딤인(갈대아인 점성가)들이 그 왕 앞에서 대답하여 말했습니다. "이 세상 어디에도 왕께서 아시려고 하시는 그 일을 보여 드릴 수 있는 사람은 아무도 없습니다. 어떤 위대한 왕이나 통치자도 그와 같은 일을 마술사나 주술사나 카스딤인들에게 물어본 적이 없습니다.

11 왕께서 요청하신 것은 너무 희귀한 일입니다. 그런 일은 육신을 가진 우리 인간들과 함께 거주하지 않고 다른 세계에 사는 신들만이 말해 줄 수 있습니다."

12 이 일 때문에 그 왕이 크게 화를 내며 매우 격분하여 바벨론의 모든 지혜자를 찾아 다 죽이라고 명령했습니다.

2:1 וּבִשְׁנַת שְׁתַּיִם לְמַלְכוּת נְבֻכַדְנֶצַּר חָלַם נְבֻכַדְנֶצַּר חֲלֹמוֹת וַתִּתְפָּעֶם רוּחוֹ וּשְׁנָתוֹ נִהְיְתָה עָלָיו׃ 2 וַיֹּאמֶר הַמֶּלֶךְ לִקְרֹא לַחַרְטֻמִּים וְלָאַשָּׁפִים וְלַמְכַשְּׁפִים וְלַכַּשְׂדִּים לְהַגִּיד לַמֶּלֶךְ חֲלֹמֹתָיו וַיָּבֹאוּ וַיַּעַמְדוּ לִפְנֵי הַמֶּלֶךְ׃ 3 וַיֹּאמֶר לָהֶם הַמֶּלֶךְ חֲלוֹם חָלָמְתִּי וַתִּפָּעֶם רוּחִי לָדַעַת אֶת־הַחֲלוֹם׃ 4 וַיְדַבְּרוּ הַכַּשְׂדִּים לַמֶּלֶךְ אֲרָמִית מַלְכָּא לְעָלְמִין חֱיִי אֱמַר חֶלְמָא לְעַבְדָיךְ וּפִשְׁרָא נְחַוֵּא׃ 5 עָנֵה

מַלְכָּא וַאֲמַר לְכַשְׂדָּיֵא מִלְּתָא מִנִּי אַזְדָּא הֵן לָא תְהוֹדְעוּנַּנִי חֶלְמָא וּפִשְׁרֵהּ הַדָּמִין תִּתְעַבְדוּן וּבָתֵּיכוֹן נְוָלִי יִתְּשָׂמוּן: 6וְהֵן חֶלְמָא וּפִשְׁרֵהּ תְּהַחֲוֺן מַתְּנָן וּנְבִזְבָּה וִיקָר שַׂגִּיא תְּקַבְּלוּן מִן־קֳדָמָי לָהֵן חֶלְמָא וּפִשְׁרֵהּ הַחֲוֺנִי: 7עֲנוֹ תִנְיָנוּת וְאָמְרִין מַלְכָּא חֶלְמָא יֵאמַר לְעַבְדוֹהִי וּפִשְׁרָה נְהַחֲוֵה: 8עָנֵה מַלְכָּא וְאָמַר מִן־יַצִּיב יָדַע אֲנָה דִּי עִדָּנָא אַנְתּוּן זָבְנִין כָּל־קֳבֵל דִּי חֲזֵיתוֹן דִּי אַזְדָּא מִנִּי מִלְּתָא: 9דִּי הֵן־חֶלְמָא לָא תְהוֹדְעֻנַּנִי חֲדָה־הִיא דָתְכוֹן וּמִלָּה כִדְבָה וּשְׁחִיתָה הַזְמִנְתּוּן לְמֵאמַר קָדָמַי עַד דִּי עִדָּנָא יִשְׁתַּנֵּא לָהֵן חֶלְמָא אֱמַרוּ לִי וְאִנְדַּע דִּי פִשְׁרֵהּ תְּהַחֲוֻנַּנִי: 10עֲנוֹ כַשְׂדָּיֵא קֳדָם־מַלְכָּא וְאָמְרִין לָא־אִיתַי אֱנָשׁ עַל־יַבֶּשְׁתָּא דִּי מִלַּת מַלְכָּא יוּכַל לְהַחֲוָיָה כָּל־קֳבֵל דִּי כָּל־מֶלֶךְ רַב וְשַׁלִּיט מִלָּה כִדְנָה לָא שְׁאֵל לְכָל־חַרְטֹם וְאָשַׁף וְכַשְׂדָּי: 11וּמִלְּתָא דִי־מַלְכָּה שָׁאֵל יַקִּירָה וְאָחֳרָן לָא אִיתַי דִּי יְחַוִּנַּהּ קֳדָם מַלְכָּא לָהֵן אֱלָהִין דִּי מְדָרְהוֹן עִם־בִּשְׂרָא לָא אִיתוֹהִי: 12כָּל־קֳבֵל דְּנָה מַלְכָּא בְּנַס וּקְצַף שַׂגִּיא וַאֲמַר לְהוֹבָדָה לְכֹל חַכִּימֵי בָבֶל:

(BHS 5th ed 단2:1-12 필자 사역)

징조

왕이 꾼 꿈 하나로 바벨론에 피바람이 불기 시작했다.

어떻게 이룬 왕국인가! 피의 전쟁을 통해 이룬 제국이 아니던가!

그 꿈은 이제 온 세상을 제패한 느부갓네살이 기대하는 미래 왕국의 흥망성쇠에 대한 염려와 직결되어 있었다. 그것은 그의 치세의 향방을 결정할 중요한 징조, 곧 신의 계시로 인식되고 있었던 것이다.

느부갓네살의 신앙

위대한 왕으로 입지를 다지고 유지해야 했던 느부갓네살의 비전은 구 바벨론 함무라비 대왕 시대의 영광을 재현하는 것이었다. 그래서 그는 고대 메소포타미아의 왕들이 2000여 년 동안 해 왔던 방식 그대로 국정을 이끌어 갔다. 그 중심에 그 바벨론의 주신 마르둑에 대한 느부갓네살의 신앙이 있다.

마르둑에 대한 그의 헌신은 바벨론의 승리를 기념하는 것이었다. 그가 남긴 한 명문은 서쪽에서 일어난 반란을 효과적으로 진압한 것을 기리며 이렇게 적고 있다. "오 마르두크(마르둑) 신, 나의 주인이시여, 제가 언제나 당신의 정당한 통치자로 남게 하소서. 그 소출에 만족할 때까지 당신의 멍에를 끌게 하소서. …… 제 후손들이 영원히 통치하게 하소서."

느부갓네살의 헌신
느부갓네살이 마르둑 신을 얼마나 헌신적으로 섬겼는지는 그의 건축 사업으로 드러난다. 벨 신전을 비롯해 여타 신성한 장소라는 곳들을 지극히 열성적으로 장식했고, 마르둑 축제에 사용할 의식용 도로를 건설했다. 이 도로는 너비 21미터로 중앙 신전 구역에서 도시 북쪽에 있는 이슈타르 문(門)까지 이어졌다. 이슈타르는 메소포타미아 지역의 달의 여신으로 수메르 도시 국가 우르의 난나(Nanna), 우루크에서 사랑과 풍요의 여신 이난나(Inanna), 가나안 지역에서의 아스다롯, 그리스 신화의 아프로디테, 로마 신화의 비너스와 같고, 그것의 문 외벽은 황소, 사자, 용 등의 동물들이 새겨져 있다. 신년 축제 때 신이 이 길을 따라 걸어가실 수 있도록 만든 것이다.

또 느부갓네살은 자신을 위한 궁전도 최소 3개는 세웠다. 그 가운데 그의 아내 아미티스에게 선물한 것으로 전해 오고 있는 공중정원(Hanging Garden)은 돌로 된 테라스를 높이 세워 온갖 나무를 심은 산 같은 모습이었다. 그녀는 고향이 메대 북방 산악 지대인 까닭에 유프라테스강 주변 평야 지역에 건설된 바벨론의 도시 생활에 적응하지 못했고, 그런 아내를 위해 느부갓네살은 아내에게 고향과 같은 정원을 만들어 주고자 하였다.

이를 역사가들은 호전적인 한 임금의 에덴동산이라고 말한다. 그리고 이것들은 바벨론의 멸망이 얼마 남지 않은 마지막 시점에서 나온 특출한 이미지로 인식되고 있다(『세상의 모든 역사: 고대편 2』, 209-224p, 이론과 실천, 2007).

대결 구도
이 피바람은 다니엘과 세 친구에도 예외가 될 수 없었다. 죽음 앞에 직면한 다니엘은 하나님 앞에 나아가 바벨론의 다른 지혜자들과 함께 죽지 않게 해 달라고 간절히 기도할 수밖에 다른 길이 없었다. 권력을 가진 느부갓네살왕의 마드룩 신에 대한 신앙과 포로로 잡혀 온 다니엘의 여호와 하나님에 대한 신앙이 대결하는 구도가 된 것이다. 인류의 미래를 예시하는 꿈을 해석할 수 있는 지혜와 능력을 주시는 참하나님과 그렇지 못한 거짓 신이 가려지는 한 판의 영적 싸움이 벌어진 것이다.

다니엘은 마침내 피바람을 멈추게 할 그 꿈의 비밀을 알게 해 주신 하늘의 하나님을 찬양한다. 그 영적 싸움에서 창조주 여호와 하나님께서 다니엘 편에 서심으로써 참하나님이심을 나타내신 것이다(단2:13-23).

> 13왕의 명령이 떨어지자 지혜자들은 다 죽게 되었습니다. 사람들이 다니엘과 그의 친구들도 죽이려고 찾아다녔습니다.
> 14그때 다니엘은 지혜자들을 죽이려고 나온 왕의 경호 대장 아리옥에게 신중하고 현명하게 대답한 후
> 15물어 말하길 "무엇 때문에 왕께서 그렇게 엄한 명령을 내리셨습니까?" 그러자 아리옥이 다니엘에게 그 일에 관해 확실하게 설명해 주었습니다.
> 16이에 다니엘이 왕을 찾아가서 "저에게 조금 더 시간을 주시면 왕께 그 해석을 보여 드리겠습니다."라고 말했습니다.
> 17그리고 나서 다니엘은 자기 집으로 돌아가서 그의 친구 하나냐와 미사엘과 아사랴에게 그 일에 대해 알려 주었습니다.
> 18그리고 다니엘은 자신과 친구들이 바빌론의 다른 지혜자들과 함께 죽지 않도록 이 일의 비밀과 관련해서 하늘에 계신 하나님께 자비를 구하게 하였습니다.
> 19그리고 나서 그날 밤 다니엘에게 환상으로 그 일의 비밀이 드러났고, 이에 다니엘은 하늘의 하나님을 찬양했습니다.
> 20다니엘이 화답하여 말했습니다. "지혜와 권능이 하나님의 것이니 영원부터 영원까지 그의 이름을 찬양합니다.
> 21또 하나님은 때와 계절을 바꾸시고 왕들을 폐하기도 하시며 세우기도 하십니다. 지혜자들에게 지혜를 더하시고 총명한 사람들에게 지식을 주십니다.
> 22그분은 깊이 감추어진 비밀을 드러내시고 어둠 속에 숨겨진 것을 아시며 또 빛이 그분과 함께 머뭅니다.
> 23내 조상의 하나님이시여, 주님께 감사와 찬양을 드립니다. 주님께서는 제게 지혜와 능력을 주셨습니다. 우리가 주님께 구한 것을 주시되, 왕의 일을 우리에게 알려 주셨습니다. 제게 지혜와 능력을 주시는 주님께 감사와 찬양을 드립니다."

2:13 וְדָתָא נֶפְקַת וְחַכִּימַיָּא מִתְקַטְּלִין וּבְעוֹ דָּנִיֵּאל
וְחַבְרוֹהִי לְהִתְקְטָלָה׃ פ 14 בֵּאדַיִן דָּנִיֵּאל הֲתִיב עֵטָא וּטְעֵם לְאַרְיוֹךְ
רַב־טַבָּחַיָּא דִּי מַלְכָּא דִּי נְפַק לְקַטָּלָה לְחַכִּימֵי בָּבֶל׃ 15 עָנֵה וְאָמַר
לְאַרְיוֹךְ שַׁלִּיטָא דִי־מַלְכָּא עַל־מָה דָתָא מְהַחְצְפָה מִן־קֳדָם מַלְכָּא
אֱדַיִן מִלְּתָא הוֹדַע אַרְיוֹךְ לְדָנִיֵּאל׃ 16 וְדָנִיֵּאל עַל וּבְעָה מִן־מַלְכָּא
דִּי זְמָן יִנְתֵּן־לֵהּ וּפִשְׁרָא לְהַחֲוָיָה לְמַלְכָּא׃ פ 17 אֱדַיִן דָּנִיֵּאל
לְבַיְתֵהּ אֲזַל וְלַחֲנַנְיָה מִישָׁאֵל וַעֲזַרְיָה חַבְרוֹהִי מִלְּתָא הוֹדַע׃
18 וְרַחֲמִין לְמִבְעֵא מִן־קֳדָם אֱלָהּ שְׁמַיָּא עַל־רָזָה דְּנָה דִּי לָא
יְהֹבְדוּן דָּנִיֵּאל וְחַבְרוֹהִי עִם־שְׁאָר חַכִּימֵי בָבֶל׃ 19 אֱדַיִן לְדָנִיֵּאל
בְּחֶזְוָא דִי־לֵילְיָא רָזָה גֲלִי אֱדַיִן דָּנִיֵּאל בָּרִךְ לֶאֱלָהּ שְׁמַיָּא׃ 20 עָנֵה
דָנִיֵּאל וְאָמַר לֶהֱוֵא שְׁמֵהּ דִּי־אֱלָהָא מְבָרַךְ מִן־עָלְמָא וְעַד־עָלְמָא
דִּי חָכְמְתָא וּגְבוּרְתָא דִּי לֵהּ־הִיא׃ 21 וְהוּא מְהַשְׁנֵא עִדָּנַיָּא וְזִמְנַיָּא
מְהַעְדֵּה מַלְכִין וּמְהָקֵים מַלְכִין יָהֵב חָכְמְתָא לְחַכִּימִין וּמַנְדְּעָא
לְיָדְעֵי בִינָה׃ 22 הוּא גָּלֵא עַמִּיקָתָא וּמְסַתְּרָתָא יָדַע מָה בַחֲשׁוֹכָא
וּנְהוֹרָא עִמֵּהּ שְׁרֵא׃ 23 לָךְ ׀ אֱלָהּ אֲבָהָתִי מְהוֹדֵא וּמְשַׁבַּח אֲנָה דִּי
חָכְמְתָא וּגְבוּרְתָא יְהַבְתְּ לִי וּכְעַן הוֹדַעְתַּנִי דִּי־בְעֵינָא מִנָּךְ
דִּי־מִלַּת מַלְכָּא הוֹדַעְתֶּנָא׃

(BHS 5th ed 단2:13-23 필자 사역)

드러난 꿈

느부갓네살왕이 기대하는 영원한 미래의 왕좌와 왕국에 대한 꿈과 소망은 간밤에 꾼 불길한 꿈 하나에 붙잡혀 피바람을 일으킬 만큼 무지하고 난폭한 것이었다. 그 꿈은 세상을 정복할 수 있었던 힘마저 초라하게 만드는 것이었다. 느부갓네살은 지혜를 구걸하고 있었다. 먹고 먹히는 세상의 역사 속에서 먹히지 않기 위해 지혜는 필수적인 것으로 인식되고 있었던 것이다. 드디어 그 거센 피바람을 걷어 낼 다니엘의 활약이 시작된다. 모두 다 전능하신 하나님의 은혜다.

초조함 속에서 "네가 내가 꾼 꿈을 말하고 그 꿈의 뜻을 풀어 줄 수 있겠느냐?"는 왕의 질문에 다니엘의 대답은 다음과 같이 간단명료했다(단2:24-30).

27다니엘이 왕 앞에서 대답하여 말했습니다. "왕이 물어보신 그 비밀은 어떤 지혜자나 점성가나 마술사나 점쟁이도 왕께 보여 드릴 수 없습니다.
28오직 그 비밀을 나타내실 수 있는 분은 하늘에 계신 하나님뿐이십니다. 하나님께서는 느부갓네살왕에게 그 꿈을 꾼 훗날들에 장차 일어날 일을 알

게 하셨습니다. 왕께서 잠자리에 누워 계실 때 머리로 보신 것들은 이러합니다.

29왕이시여, 왕께서 잠자리에 드셔서 장래에 일어날 일을 생각하고 계실 때, 비밀을 나타내시는 하나님께서 장래 일을 보여 주셨습니다.

30하나님께서 이 비밀을 제게 나타내신 이유는 제가 다른 사람들보다 지혜가 많아서가 아니라, 왕께 그 꿈을 해석해 드림으로써 왕께서 마음으로 생각하던 것을 아실 수 있게 하기 위해서입니다.

2:27 עָנֵה דָנִיֵּאל קֳדָם מַלְכָּא וְאָמַר רָזָה דִּי־מַלְכָּא שָׁאֵל לָא חַכִּימִין אָשְׁפִין חַרְטֻמִּין גָּזְרִין יָכְלִין לְהַחֲוָיָה לְמַלְכָּא: 28בְּרַם אִיתַי אֱלָהּ בִּשְׁמַיָּא גָּלֵא רָזִין וְהוֹדַע לְמַלְכָּא נְבוּכַדְנֶצַּר מָה דִּי לֶהֱוֵא בְּאַחֲרִית יוֹמַיָּא חֶלְמָךְ וְחֶזְוֵי רֵאשָׁךְ עַל־מִשְׁכְּבָךְ דְּנָה הוּא: פ 29אַנְתְּ מַלְכָּא רַעְיוֹנָךְ עַל־מִשְׁכְּבָךְ סְלִקוּ מָה דִּי לֶהֱוֵא אַחֲרֵי דְנָה וְגָלֵא רָזַיָּא הוֹדְעָךְ מָה־דִּי לֶהֱוֵא: 30וַאֲנָה לָא בְחָכְמָה דִּי־אִיתַי בִּי מִן־כָּל־חַיַּיָּא רָזָא דְנָה גֱּלִי לִי לָהֵן עַל־דִּבְרַת דִּי פִשְׁרָא לְמַלְכָּא יְהוֹדְעוּן וְרַעְיוֹנֵי לִבְבָךְ תִּנְדַּע:

(BHS 5th ed 단2:27-30 필자 사역)

다니엘이 밝힌 그 꿈은 왕 앞에 서 있는 크고 번쩍거리며 무시무시한 모습의 신상에 관한 것이었다. 그 신상의 머리는 순금이고, 가슴과 팔은 은이고, 배와 넓적다리는 놋쇠였고, 그 종아리와 발의 반쪽만이 쇠이고, 나머지는 진흙이었다. 문제는 왕이 그 신상을 보고 있는데, 아무도 떠내지 않은 돌이 어디선가 날아와 쇠와 진흙으로 된 신상의 발을 쳐서 부수어 버렸고, 그때 쇠와 진흙과 놋쇠와 은과 금도 동시에 산산조각이 나서 타작마당의 겨처럼 작아지더니 바람에 날려 흔적도 남지 않았으며, 신상을 친 돌은 매우 큰 산이 되어 온 땅을 덮는 일이 일어난 것이다(단2:31-36상).

꿈의 실체

다니엘의 해몽은 미래 바벨론 제국의 흥망성쇠와 관련한 절대적인 하나님의 주권을 강조한다. 미래 역사에 나타날 수많은 나라들의 영광이 바벨론 왕 느부갓네살의 영광에 미치지 못할 만큼 하나님께서 그를 높이셨다. 하지만 그의 찬란한 왕위를 잇는 세상의 모든 나라들이 쇠퇴하게 되고, 결국 하나님께서 세우신 한 나라가 서게 된다. 이 나라는 앞선 모든 세상의 나라들을 깨부수어 멸망시키고 영원히 서 있을 것이다. 세상의 나라가 세워지고 무너지는 것이 하나님의 뜻에 달렸음을 알게 하신 것이다.

다니엘이 해몽을 끝내자 느부갓네살왕은 다니엘에게 엎드려 절하며 감사를 표함과 동시에 국가 지방의 일을 관리하는 높은 벼슬과 많은 선물을 주었다. 결국 이 꿈은 다니엘의 하나님이 모든 신들 가운데서 가장 위대하시며 모든 왕의 주가 되심을 느부갓네살왕의 입을 통해 고백하게 하심으로써 다니엘의 하나님 여호와께서 이방 세계의 하나님 되심을 공적으로 드러낸 것이다(단2:24-49).

> *47왕이 입을 열어 다니엘에게 말했습니다. "너희 하나님은 참으로 모든 신들 가운데서 가장 위대한 신이시며, 모든 왕을 부리시는 주님이시다. 그분께서 비밀을 밝히 나타내시므로, 네가 이 비밀을 내게 나타낼 수 있었다."*
>
> 2:47 עָנֵה מַלְכָּא לְדָנִיֵּאל וְאָמַר מִן־קְשֹׁט דִּי אֱלָהֲכוֹן הוּא אֱלָהּ אֱלָהִין וּמָרֵא מַלְכִין וְגָלֵה רָזִין דִּי יְכֵלְתָּ לְמִגְלֵא רָזָה דְנָה׃
>
> **(BHS 5th ed 단2:47 필자 사역)**

기회

다니엘의 하나님에 대한 느부갓네살의 고백과 행위는 사뭇 개인적인 신에 대한 그의 인식에 중대한 변화가 일어났음을 직감할 수 있게 한다. 하지만 그의 고백과 행위는 세계를 정복한 제국의 왕이라는 막강한 공적인 지위와 영향력을 가지는 까닭에 개인적인 것을 넘어 특별한 의미를 가진 독특한 역사적 사건으로 특정된다.

이는 이방 세계에 만연해 있던 우상 숭배로 표출되는 다신론적인 신앙의 지형 위에 유다 민족의 유일신에 대한 새로운 인식과 신앙으로 나아가는 길을 공개적으로 열어젖혔다는 의미이다. 즉 인류 사회에 유일신 사상과 신앙이 보편적인 것으로 받아들여질 수 있는 기회가 주어진 것이다.

자초

하지만 온 인류에 대한 신앙의 역사적 전환점이라고 읽히는 이리도 중요한 그의 인식의 전환점은 무색하게도 그의 신앙생활을 변화시키는 방향으로 나아가지 못했다. 바벨론 평지 한가운데 황금 신상을 만들어 놓고 엎드려 절하지 않는 자들을 모두 죽이라고 명령을 내린 것이다.

  이는 모든 세계 만민을 전능하신 창조주 하나님께 이끌어 영광과 찬양을 드리게 해야 할 왕적 소명에 불응하고 우상 숭배를 국정의 기초를 삼음으로써 그 하나님의 진노를 자초하고 있었던 것이다(단3:1-7).

> 1 느부갓네살왕이 금으로 신상을 만들어 바벨론 지방의 두라 평지에 세웠습니다. 그 신상의 높이가 육십 암마(규빗), 넓이가 여섯 암마(규빗)이었습니다.
> 2 느부갓네살왕이 사람을 보내어 지방장관들과 사령관들, 행정관들, 고문관들, 재무관들, 재판관들과 법률가들을 포함해 지방의 모든 관리에게 자기가 세운 신상의 제막식에 참석하라고 했습니다.
> 3 그래서 지방장관들과 사령관들, 행정관들, 고문관들, 재무관들, 재판관들과 법률가들을 포함해 지방의 모든 관리가 느부갓네살왕이 세운 신상의 제막식에 모여 느부갓네살왕이 세운 신상 앞에 섰습니다.
> 4 그때에 전령이 큰 소리로 외쳤습니다. "언어가 다른 모든 민족과 나라들아, 왕의 명령을 전한다.
> 5 뿔 나팔과 피리와 수금과 거문고와 하프와 백파이프 등 온갖 악기 소리가 나면 모두 엎드려 느부갓네살왕이 세운 황금 신상에 절해야 한다.
> 6 누구든지 엎드려 절하지 않는 사람은 즉시 불타는 용광로 속으로 던져질 것이다."
> 7 그리하여 모든 백성이 뿔 나팔과 피리와 수금과 거문고와 하프 등 온갖 악기 소리를 듣자 언어가 다른 모든 민족과 나라와 민족들이 엎드려 느부갓네살왕이 세운 황금 신상에 절했습니다.

> 3:1 נְבוּכַדְנֶצַּר מַלְכָּא עֲבַד צְלֵם דִּי־דְהַב רוּמֵהּ אַמִּין שִׁתִּין פְּתָיֵהּ אַמִּין שֵׁת אֲקִימֵהּ בְּבִקְעַת דּוּרָא בִּמְדִינַת בָּבֶל: 2 וּנְבוּכַדְנֶצַּר מַלְכָּא שְׁלַח לְמִכְנַשׁ לַאֲחַשְׁדַּרְפְּנַיָּא סִגְנַיָּא וּפַחֲוָתָא אֲדַרְגָּזְרַיָּא גְדָבְרַיָּא דְּתָבְרַיָּא תִּפְתָּיֵא וְכֹל שִׁלְטֹנֵי מְדִינָתָא לְמֵתֵא לַחֲנֻכַּת צַלְמָא דִּי הֲקֵים נְבוּכַדְנֶצַּר מַלְכָּא 3 בֵּאדַיִן מִתְכַּנְּשִׁין אֲחַשְׁדַּרְפְּנַיָּא

סִגְנַיָּא וּפַחֲוָתָא אֲדַרְגָּזְרַיָּא גְדָבְרַיָּא דְּתָבְרַיָּא תִּפְתָּיֵא וְכֹל שִׁלְטֹנֵי
מְדִינָתָא לַחֲנֻכַּת צַלְמָא דִּי הֲקֵים נְבוּכַדְנֶצַּר מַלְכָּא וְקָאֲמִין לָקֳבֵל
צַלְמָא דִּי הֲקֵים נְבוּכַדְנֶצַּר: 4וְכָרוֹזָא קָרֵא בְחָיִל לְכוֹן אָמְרִין
עַמְמַיָּא אֻמַּיָּא וְלִשָּׁנַיָּא: 5בְּעִדָּנָא דִּי־תִשְׁמְעוּן קָל קַרְנָא מַשְׁרוֹקִיתָא
קִיתָרוֹס שַׂבְּכָא פְסַנְתֵּרִין סוּמְפֹּנְיָה וְכֹל זְנֵי זְמָרָא תִּפְּלוּן
וְתִסְגְּדוּן לְצֶלֶם דַּהֲבָא דִּי הֲקֵים נְבוּכַדְנֶצַּר מַלְכָּא: 6וּמַן־דִּי־לָא
יִפֵּל וְיִסְגֻּד בַּהּ־שַׁעֲתָא יִתְרְמֵא לְגוֹא־אַתּוּן נוּרָא יָקִדְתָּא: 7כָּל־קֳבֵל
דְּנָה בֵּהּ־זִמְנָא כְּדִי שָׁמְעִין כָּל־עַמְמַיָּא קָל קַרְנָא מַשְׁרוֹקִיתָא
קִיתָרֹס שַׂבְּכָא פְּסַנְטֵרִין וְכֹל זְנֵי זְמָרָא נָפְלִין כָּל־עַמְמַיָּא
וְלִשָּׁנַיָּא סָגְדִין לְצֶלֶם דַּהֲבָא דִּי הֲקֵים נְבוּכַדְנֶצַּר מַלְכָּא:

(BHS 5th ed 단3:1-7 필자 사역)

영적 전쟁

유일신 여호와 신앙이 온 세계에 보편화되는 일이 시작되는 듯하였으나 느부갓네살왕이 만들어 섬기게 한 황금 신상으로 인해 제국의 미래는 우상 숭배로 치닫게 되었다. 왕의 자리와 역할은 창조주 하나님과의 관계에서 이리로 막중한 임무를 수행해야 하는 것이었음에도 느부갓네살왕은 그것을 깨닫지 못해 자신뿐만 아니라 언어가 다른 모든 민족과 나라로 하여금 하나님의 진노를 받는 불행한 삶, 곧 창조주 하나님의 뜻과 무관한 삶을 살게 하고 있었던 것이다.

그 정치체는 당연히 그들만의 통합된 사회를 이루어 내기 위해 유일신 신앙을 배격해야 하는 폭력으로 나갈 수밖에 없는 것이었다. 거기에 다니엘과 그의 세 친구가 있고, 그들은 온 세계에 보편화되어야 할 유일신 여호와 신앙의 명운이 걸린 역사적 인물로 존재한다.

특히 그들을 느부갓네살왕이 귀하게 여겼음에도 그 왕에 의해 구성된 정치체의 주요 인사들은 일사불란하게 그들을 색출하여 제거하는 일로부터 자신들의 정치체를 정당화시키려 했다. 그에 반해 다니엘과 그의 세 친구는 유일신 창조주 하나님의 계시 도구로 결사 항전하는 영적인 전쟁에 직면하게 된다(단3:8-15).

> 8그때에 어떤 갈대아 사람들이 나서서 왕께 유다 사람들을 고발했습니다.
> 9그들이 고하여 느부갓네살왕에게 말했습니다. "왕이시여, 만수무강하시기를 빕니다.

10 왕이시여, 왕께서는 '누구든지 뿔 나팔과 피리와 수금과 거문고와 하프와 백파이프 등 온갖 악기 소리가 나면 모두 엎드려 느부갓네살왕이 세운 황금 신상에 절해야 한다.'라고 명령하셨습니다.

11 그리고 엎드려 절하지 않는 사람은 누구든지 즉시 불타는 용광로 속에 던져질 것이라고 하셨습니다.

12 그런데 왕께서 바벨론 지방을 다스리도록 임명한 유다인들이 있습니다. 그들은 사드락, 메삭, 아벳느고입니다. 왕이시여, 이 사람들이 왕이 명한 것을 마음에 두지 아니하고, 왕의 신들을 섬기지 않으며, 왕이 세우신 황금 신상에 절하지도 않습니다."

13 그러자 느부갓네살왕이 크게 화를 내며 사드락과 메삭과 아벳느고를 데려오라고 명령했습니다. 그들은 왕 앞에 끌려오자,

14 느부갓네살왕이 그들에게 물어 말했습니다. "사드락, 메삭, 아벳느고야, 너희가 참으로 내 신을 섬기지 않고 내가 세운 황금 신상에 절하지 않았느냐?

15 이제라도 준비하고 있다가 뿔 나팔과 피리와 수금과 거문고와 하프와 백파이프 등 온갖 악기 소리가 들리면 엎드려 내가 세운 신상에 절하여라. 그러나 너희가 만일 절하지 않는다면 즉시 너희를 활활 타오르는 불구덩이 속으로 던져 넣을 것이다. 그러면 어느 신이 너희를 내 손에서 구해 낼 수 있겠느냐?"

3:8 כָּל־קֳבֵל דְּנָה בֵּהּ־זִמְנָא קְרִבוּ גֻּבְרִין כַּשְׂדָּאִין וַאֲכַלוּ קַרְצֵיהוֹן דִּי יְהוּדָיֵא: 9 עֲנוֹ וְאָמְרִין לִנְבוּכַדְנֶצַּר מַלְכָּא מַלְכָּא לְעָלְמִין חֱיִי: 10 אַנְתְּה מַלְכָּא שָׂמְתָּ טְעֵם דִּי כָל־אֱנָשׁ דִּי־יִשְׁמַע קָל קַרְנָא מַשְׁרוֹקִיתָא קיתרס סַבְּכָא פְּסַנְתֵּרִין וְסוּפֹּנְיָה וְכֹל זְנֵי זְמָרָא יִפֵּל וְיִסְגֻּד לְצֶלֶם דַּהֲבָא: 11 וּמַן־דִּי־לָא יִפֵּל וְיִסְגֻּד יִתְרְמֵא לְגוֹא־אַתּוּן נוּרָא יָקִדְתָּא: 12 אִיתַי גֻּבְרִין יְהוּדָאיִן דִּי־מַנִּיתָ יַתְהוֹן עַל־עֲבִידַת מְדִינַת בָּבֶל שַׁדְרַךְ מֵישַׁךְ וַעֲבֵד נְגוֹ גֻּבְרַיָּא אִלֵּךְ לָא־שָׂמוּ עֲלָיךְ מַלְכָּא טְעֵם לֵאלָהָיךְ לָא פָלְחִין וּלְצֶלֶם דַּהֲבָא דִּי הֲקֵימְתָּ לָא סָגְדִין: ס 13 בֵּאדַיִן נְבוּכַדְנֶצַּר בִּרְגַז וַחֲמָה אֲמַר לְהַיְתָיָה לְשַׁדְרַךְ מֵישַׁךְ וַעֲבֵד נְגוֹ בֵּאדַיִן גֻּבְרַיָּא אִלֵּךְ הֵיתָיוּ קֳדָם מַלְכָּא: 14 עָנֵה נְבֻכַדְנֶצַּר וְאָמַר לְהוֹן הַצְדָּא שַׁדְרַךְ מֵישַׁךְ וַעֲבֵד נְגוֹ לֵאלָהַי לָא אִיתֵיכוֹן פָּלְחִין וּלְצֶלֶם דַּהֲבָא דִּי הֲקֵימֶת לָא סָגְדִין: 15 כְּעַן הֵן אִיתֵיכוֹן עֲתִידִין דִּי בְעִדָּנָא דִּי־תִשְׁמְעוּן קָל קַרְנָא מַשְׁרוֹקִיתָא קיתרס סַבְּכָא פְּסַנְתֵּרִין וְסוּמְפֹּנְיָה וְכֹל זְנֵי זְמָרָא תִּפְּלוּן וְתִסְגְּדוּן לְצַלְמָא דִי־עַבְדֵת וְהֵן לָא תִסְגְּדוּן בַּהּ־שַׁעֲתָה תִתְרְמוֹן לְגוֹא־אַתּוּן נוּרָא יָקִדְתָּא וּמַן־הוּא אֱלָהּ דִּי יְשֵׁיזְבִנְכוֹן מִן־יְדָי:

(BHS 5th ed 단3:8-15 필자 사역)

신앙 고백

다니엘과 세 친구가 직면한 영적인 전쟁의 결과는 달걀로 바위를 치는 것과 같은 무모하고 어리석은 것으로 보였다. 느부갓네살왕의 눈에 소중한 그들이었기에 가엽고 측은하게 여기고 있었음에도 유일신 여호와 신앙을 지키기 위해 거대 권력에 굴하지 않는 당당한 그들의 기이한 모습은 느부갓네살왕이 자기의 왕권에 도전하는 행위로 간주하게 했다. 중요한 것은 느부갓네살왕도 그들의 신앙을 일개 속국 귀족 몇 명의 개인적인 신앙 행위로 가볍게 인식하고 있었던 것은 아니었다.

하지만 거듭된 회유와 명령에도 뜻을 굽히지 않는 다니엘의 세 친구에게 느부갓네살왕은 극도로 화를 내며 용광로를 평일보다 일곱 배나 뜨겁게 한 후 그곳에 던져 넣어 죽이도록 명령한다. 그 불이 얼마나 거세게 타올랐는지 다니엘의 세 친구를 결박해 극렬하게 타오르는 용광로에 던지려고 하던 용사들이 그 불에 타 죽는 정도였다. 그토록 느부갓네살왕의 심기를 건드려 분노를 참을 수 없게 만들었던 것은 결과적으로 그들의 신앙 고백이다(단3:16-20).

> *17왕이시여, 우리가 섬기는 하나님이 계신다면, 우리를 활활 타오르는 불구덩이 가운데서 건져 주시고 또 왕의 손에서도 구해 주실 것입니다.*
> *18왕이시여, 하나님께서 우리를 구해 주지 않으셔도 우리는 왕의 신들을 섬기지 않을 것이며, 왕이 세운 황금 신상에도 절하지 않을 것이니 그리 아시기를 바랍니다.*

3:17 הֵן אִיתַי אֱלָהַנָא דִּי־אֲנַחְנָא פָלְחִין יָכִל לְשֵׁיזָבוּתַנָא מִן־אַתּוּן נוּרָא יָקִדְתָּא וּמִן־יְדָךְ מַלְכָּא יְשֵׁיזִב: 18וְהֵן לָא יְדִיעַ לֶהֱוֵא־לָךְ מַלְכָּא דִּי לֵאלָהָיִךְ לָא־אִיתַינָא פָלְחִין וּלְצֶלֶם דַּהֲבָא דִּי הֲקֵימְתָּ לָא נִסְגֻּד: ס

(BHS 5th ed 단3:17-18 필자 사역)

승리

드디어 느부갓네살왕의 명령이 현실화되었다. 산 채로 사람을 용광로와 같은 화염 속으로 넣어 태워 죽이려는 시도가 공개적인 행사로 거행된 것이다. 인간들 위에 군림하고자 하는 이 세상의 권력자들이 가진 포악한 민낯을 여실히 보여 주는 날이었다.

거기에서 전능하신 창조주 하나님은 다니엘의 친구들을 지키심으로써 인류에게 그의 영원하신 능력과 신성을 나타내 보이셨다. 이 세상 권력자의 폭거에 굴하지 않은 다니엘의 세 친구의 신앙에 승리를 공표하셨다.

이는 그 하나님께서 죽을 수밖에 없는 연약한 인간의 생명을 불멸하게 하시는 능력을 행하심으로써 그의 영광을 드러내신 것이다(단3:21-30).

이게 바로 필자가 그토록 자세하게 설명하고 있는 롬1:20의 '토이스 포이에마신(τοῖς ποιήμασιν)'이 담고 있는 속뜻이다.

> 23이 세 사람 사드락과 메삭과 아벳느고는 단단히 묶인 채 활활 타오르는 불구덩이 속으로 떨어졌습니다.
> 24그때, 느부갓네살왕이 깜짝 놀라 급히 자리에서 일어나서 자문관들에게 물어 말했습니다. "우리가 묶어서 활활 타오르는 불 속에 던져 넣은 사람이 세 사람이 아니더냐?" 그들이 왕에게 대답하여 말했습니다. "그렇습니다. 왕이시여!
> 25이에 왕이 대답하여 말했습니다. "보아라! 내가 보기에는 네 사람이다. 모두 자유롭게 불 가운데로 걸어 다니고 있는데, 아무런 해도 입지 않았다. 더욱이 네 번째 사람의 모습은 신의 아들과 같구나!"
> 26느부갓네살왕이 활활 타오르는 용광로 입구로 가까이 다가가서 불러 외쳤습니다. "지극히 높으신 하나님의 종 사드락과 메삭과 아벳느고야, 이리로 나오너라!" 그러자 사드락과 메삭과 아벳느고가 불 가운데서 나왔습니다.
> 27지방장관들과 총독들과 행정관들과 왕의 자문관들이 모여서 이 사람들을 살펴보았는데, 불에 그들의 몸이 상하지 아니하였으니, 그들의 머리털도 그을리지 않았고 그들의 옷이 타지도 않았으며, 그들에게서 불에 탄 냄새조차 나지 않았습니다.
> 28느부갓네살왕이 외쳐 말했습니다. "사드락과 메삭과 아벳느고의 하나님을 찬양하여라. 그분은 천사를 보내어 자기의 종들을 구하셨다. 이들은 자신들의 하나님이 아닌 다른 신들을 섬기거나 절하지 않기 위해 왕의 명령을 어기고 자신들의 몸을 내어주면서까지 자신들의 하나님을 믿고 의지했다.
> 29그러므로 이제 내가 조서를 내린다. 모든 백성이나 나라, 곧 각기 다른 언어를 사용하는 모든 민족 중에 사드락과 메삭과 아벳느고의 하나님을 대

항해서 함부로 말하는 사람은 그 몸이 찢길 것이며, 그들의 집은 거름 더미가 될 것이다. 왜냐하면 이런 방법으로 사람을 구원할 수 있는 다른 신은 어디에도 없기 때문이다.

3:23 וְגֻבְרַיָּא אִלֵּךְ תְּלָתֵּהוֹן שַׁדְרַךְ מֵישַׁךְ וַעֲבֵד נְגוֹ נְפַלוּ לְגוֹא־אַתּוּן־נוּרָא יָקִדְתָּא מְכַפְּתִין: פ 24 אֱדַיִן נְבוּכַדְנֶצַּר מַלְכָּא תְּוַהּ וְקָם בְּהִתְבְּהָלָה עָנֵה וְאָמַר לְהַדָּבְרוֹהִי הֲלָא גֻבְרִין תְּלָתָא רְמֵינָא לְגוֹא־נוּרָא מְכַפְּתִין עָנַיִן וְאָמְרִין לְמַלְכָּא יַצִּיבָא מַלְכָּא: 25 עָנֵה וְאָמַר הָא־אֲנָה חָזֵה גֻּבְרִין אַרְבְּעָה שָׁרַיִן מַהְלְכִין בְּגוֹא־נוּרָא וַחֲבָל לָא־אִיתַי בְּהוֹן וְרֵוֵהּ דִּי רְבִיעָיָא דָּמֵה לְבַר־אֱלָהִין: ס 26 בֵּאדַיִן קְרֵב נְבוּכַדְנֶצַּר לִתְרַע אַתּוּן נוּרָא יָקִדְתָּא עָנֵה וְאָמַר שַׁדְרַךְ מֵישַׁךְ וַעֲבֵד־נְגוֹ עַבְדוֹהִי דִּי־אֱלָהָא עִלָּיָא פֻּקוּ וֶאֱתוֹ בֵּאדַיִן נָפְקִין שַׁדְרַךְ מֵישַׁךְ וַעֲבֵד נְגוֹ מִן־גּוֹא נוּרָא: 27 וּמִתְכַּנְּשִׁין אֲחַשְׁדַּרְפְּנַיָּא סִגְנַיָּא וּפַחֲוָתָא וְהַדָּבְרֵי מַלְכָּא חָזַיִן לְגֻבְרַיָּא אִלֵּךְ דִּי לָא־שְׁלֵט נוּרָא בְּגֶשְׁמְהוֹן וּשְׂעַר רֵאשְׁהוֹן לָא הִתְחָרַךְ וְסָרְבָּלֵיהוֹן לָא שְׁנוֹ וְרֵיחַ נוּר לָא עֲדָת בְּהוֹן: 28 עָנֵה נְבוּכַדְנֶצַּר וְאָמַר בְּרִיךְ אֱלָהֲהוֹן דִּי־שַׁדְרַךְ מֵישַׁךְ וַעֲבֵד נְגוֹ דִּי־שְׁלַח מַלְאֲכֵהּ וְשֵׁיזִב לְעַבְדוֹהִי דִּי הִתְרְחִצוּ עֲלוֹהִי וּמִלַּת מַלְכָּא שַׁנִּיו וִיהַבוּ גֶשְׁמְהוֹן דִּי לָא־יִפְלְחוּן וְלָא־יִסְגְּדוּן לְכָל־אֱלָהּ לָהֵן לֵאלָהֲהוֹן: 29 וּמִנִּי שִׂים טְעֵם דִּי כָל־עַם אֻמָּה וְלִשָּׁן דִּי־יֵאמַר שָׁלָה עַל אֱלָהֲהוֹן דִּי־שַׁדְרַךְ מֵישַׁךְ וַעֲבֵד נְגוֹא הַדָּמִין יִתְעֲבֵד וּבַיְתֵהּ נְוָלִי יִשְׁתַּוֵּה כָּל־קֳבֵל דִּי לָא אִיתַי אֱלָהּ אָחֳרָן דִּי־יִכֻּל לְהַצָּלָה כִּדְנָה:

(BHS 5th ed 단3:23-29 필자 사역)

토대

느부갓네살왕은 사드락과 메삭과 아벳느고를 바빌론 지방에서 더 높은 자리에 앉혔다. 그리고 왕과 신하들에게 보이신 그 하나님의 영광은 바벨론 제국 아래의 모든 민족에게 알려지되, 오고 오는 미래 세대의 신앙의 토대가 될 조서의 형태로 전달되었다. 이는 인류 전체를 대표하는 바벨론 제국의 역사에 길이 남을 위대한 사건으로 기록된 것이다.

이제 모든 인류는 창조주 하나님의 영원하신 능력과 신성에 대한 인식을 부정할 수 없게 되었다. 이것이 롬1:21이 말하는 인류가 그 하나님의 뜻을 모른다고 변명할 수 없는 증거이다. 그 조서의 목적이 그렇듯이 느부갓네살왕은 만민에게 평강을 기원하며, 지극히 높으신 하나님 여호와께서 그에게 보여 주신 기적과 놀라운 일을 기꺼이 알려 경외하게 한 것이다. 그는 그 조서에 유일신 하나님 여호와께서 행하신 기적은 크시며, 그의 기사는 놀랍고 그의 왕국은 영원할 것이며, 그의 통치는 대대에 미칠 것이라고 명백하게 적시했다(단4:1-3[히브리어 성경은 3:31]).

> *1* 느부갓네살왕이 온 땅에 거하는 모든 백성과 나라와 다른 언어들을 말하는 자에게 다음과 같은 조서를 내렸습니다. "너희에게 평안이 넘치기를 원한다.
> *2* 지극히 높으신 하나님께서 나와 함께 행하신 표징(전조)들과 이적들을 너희들에게 기쁘게 드러내어 알리고자 한다.
> *3* 그가 행하신 표징은 얼마나 크며, 그의 이적은 얼마나 힘이 강한가! 그의 왕국은 영원할 것이며, 그의 다스림은 대대에 이를 것이다.

4:1(히3:31) נְבוּכַדְנֶצַּר מַלְכָּא לְכָל־עַמְמַיָּא אֻמַּיָּא וְלִשָּׁנַיָּא דִּי־דָיְרִין בְּכָל־אַרְעָא שְׁלָמְכוֹן יִשְׂגֵּא: 2(32) אָתַיָּא וְתִמְהַיָּא דִּי עֲבַד עִמִּי אֱלָהָא עִלָּיָא שְׁפַר קָדָמַי לְהַחֲוָיָה: 3(33) אָתוֹהִי כְּמָה רַבְרְבִין וְתִמְהוֹהִי כְּמָה תַקִּיפִין מַלְכוּתֵהּ מַלְכוּת עָלַם וְשָׁלְטָנֵהּ עִם־דָּר וְדָר:

(BHS 5th ed 단4:1-3 필자 사역)

겸손

그런데도 그의 통치력은 그 하나님의 기대와 요구로부터 빗나갔다. 심지어 그는 두 번째 꿈을 통해 경고장을 받은 것이다. 그 꿈은 땅의 한가운데에서 매우 높은 한 그루의 나무에 관한 환상이었다. 그 나무는 크게 자라 튼튼하게 되고, 그 높이는 하늘까지 닿아서 땅끝에서도 잘 보였다. 나뭇잎은 매우 푸르렀으며, 누구나 먹을 수 있을 만큼 열매도 아주 많았다. 나무 아래에서는 들짐승들이 쉬었고, 가지에는 새들이 모여들고, 모든 생물이 그 나무에서 먹이를 얻었다.

그런데 한 거룩한 감시자가 '하늘로부터 내려와 이 나무를 베어 내되, 그 가지를 꺾고, 잎사귀는 다 떨어 버리고, 열매는 흩어 버리고, 나무 아래서 쉬는 짐승들은 쫓아내고, 가지에 모여든 새들도 쫓아 버릴 거라고 했다. 다만 그루터기는 뿌리와 함께 땅에 남겨 두고 쇠줄과 놋쇠줄로 묶어서 들풀 가운데 내버려두어 하늘의 이슬에 젖게 하고 땅의 풀 가운데서 들짐승과 함께 살게 하되, 그에게 '사람의 마음 대신에 짐승의 마음을 주어서 7년을 지내게 할 것이다.'라고 선언했다.

그리곤 이 일은 지극히 높으신 하나님께서 인간의 나라를 다스리시며, 그가 원하는 사람에게 그 나라를 주시며, 가장 낮은 사람을 그 위에 세우시는 것을 모든 사람으로 알게 하려는 것이라고 설명해 주었다(단4:4-18). 그 하나님께서는 교만한 자를 물리치시고 겸손한 자에게 은혜를 주시는 분이심을 알게 하시기 위한 환상이었다(약4:6, 벧전5:5).

권면

이미 그의 나라에 있는 지혜자들이 첫 번째 꿈을 해석하지 못한 이유로 피바람을 일으켰던 느부갓네살왕은 바로 다니엘을 불러, 그가 본 환상을 다니엘에게 일러주며 해몽하도록 했다.

다니엘이 꿈의 내용을 듣자마자 매우 놀랐다. 차마 자기 입으로는 말할 수 없을 정도로 느부갓네살왕에게 너무 좋지 않은 꿈이었기 때문이었다.

그런데도 다니엘은 그 꿈과 그 뜻 때문에 놀라지 않기를 바라는 느부갓네살왕의 배려에 용기를 내어 지혜롭게 왕에게 꿈의 나쁜 내용을 가감 없이 말하며 권면했다(단4:19하-28).

> 19하다니엘(벨드사살)이 왕께 대답하여 말하였습니다. "왕이시여, 그 꿈이 왕을 거스리는 자에게 이루어지고, 그 해석 또한 왕의 원수에게 이루어지기를 바랍니다.
> 20왕께서 꿈에 보신 그 나무는 크고 튼튼하게 자랐으며, 그 꼭대기가 하늘에 닿아서 땅끝 어디에서도 잘 보였습니다.
> 21그 잎사귀들은 아름다웠으며, 그 열매는 모든 사람이 먹을 수 있을 만큼 매우 많은 양식이 있었습니다. 그 나무 아래 그늘에 들짐승들이 쉬고, 그 가지에는 하늘의 새들이 깃들었습니다.
> 22왕이시여, 그 나무는 바로 왕이십니다. 왕께서는 자라서 강해지셨습니다. 왕의 위대하심이 하늘에 닿았고, 왕의 통치가 땅끝까지 이르렀습니다.
> 23그리고 왕께서 볼 때, 거룩한 감시자가 하늘에서 내려와서 '이 나무를 베어

없애 버려라. 그러나 그 뿌리의 그루터기는 땅에 남겨 두고, 그것을 쇠줄과 놋줄로 묶어 들판의 풀밭 가운데 내버려두어, 이슬에 젖게 하고 들짐승과 함께 살면서 일곱 때를 지내도록 하여라.'라고 말했습니다.

24왕이시여, 그 꿈의 해석은 이러합니다. 이것은 지극히 높으신 하나님께서 장차 행하실 일을 왕에게 미리 보여 주신 것입니다.

25왕께서는 사람들에게서 쫓겨나 들짐승들과 함께 살게 될 것입니다. 왕께서는 소처럼 풀을 뜯게 될 것이며, 하늘에서 내리는 이슬에 젖게 될 것입니다. 이와 같이 일곱 때를 지내고 나서야, 왕은 비로소 지극히 높으신 하나님께서 인간의 나라를 다스리시며 자기 뜻에 맞는 사람에게 그 나라를 주신다는 것을 알게 될 것입니다.

26또 그 나무뿌리의 그루터기를 땅에 남겨 두라고 명하신 것은 하나님께서 온 세상을 다스리신다는 것을 왕께서 깨달으신 뒤에 왕의 나라가 굳게 세워진다는 의미입니다.

27그러므로 왕이시여, 저의 조언이 당신을 기쁘게 해 드리기를 바랍니다. 공의로운 일을 행하셔서 당신의 죄악을 씻어 내시고, 가난한 백성에게 자비를 베푸셔서 죄악을 씻어 내시기 바랍니다. 그렇게 하면 혹시 왕의 평안(번영)이 계속 이어질 것입니다."

28이 모든 일이 그대로 나 느부갓네살왕에게 임하였습니다.

4:19(히4:16) אֱדַיִן דָּנִיֵּאל דִּי־שְׁמֵהּ בֵּלְטְשַׁאצַּר אֶשְׁתּוֹמַם כְּשָׁעָה חֲדָה וְרַעְיֹנֹהִי יְבַהֲלֻנֵּהּ עָנֵה מַלְכָּא וְאָמַר בֵּלְטְשַׁאצַּר חֶלְמָא וּפִשְׁרֵא אַל־יְבַהֲלָךְ עָנֵה בֵלְטְשַׁאצַּר וְאָמַר מָראִי חֶלְמָא לְשָׂנְאָיךְ וּפִשְׁרֵהּ לְעָרָיךְ: 20אִילָנָא דִּי חֲזַיְתָ דִּי רְבָה וּתְקִף וְרוּמֵהּ יִמְטֵא לִשְׁמַיָּא וַחֲזוֹתֵהּ לְכָל־אַרְעָא: 21וְעָפְיֵהּ שַׁפִּיר וְאִנְבֵּהּ שַׂגִּיא וּמָזוֹן לְכֹלָּא־בֵהּ תְּחֹתוֹהִי תְּדוּר חֵיוַת בָּרָא וּבְעַנְפוֹהִי יִשְׁכְּנָן צִפֲּרֵי שְׁמַיָּא: 22אַנְתְּה־הוּא מַלְכָּא דִּי רְבַית וּתְקֵפְתְּ וּרְבוּתָךְ רְבָת וּמְטָת לִשְׁמַיָּא וְשָׁלְטָנָךְ לְסוֹף אַרְעָא: 23וְדִי חֲזָה מַלְכָּא עִיר וְקַדִּישׁ נָחִת ׀ מִן־שְׁמַיָּא וְאָמַר גֹּדּוּ אִילָנָא וְחַבְּלוּהִי בְּרַם עִקַּר שָׁרְשׁוֹהִי בְּאַרְעָא שְׁבֻקוּ וּבֶאֱסוּר דִּי־פַרְזֶל וּנְחָשׁ בְּדִתְאָא דִּי בָרָא וּבְטַל שְׁמַיָּא יִצְטַבַּע וְעִם־חֵיוַת בָּרָא חֲלָקֵהּ עַד דִּי־שִׁבְעָה עִדָּנִין יַחְלְפוּן עֲלוֹהִי: 24דְּנָה פִשְׁרָא מַלְכָּא וּגְזֵרַת עִלָּיָא הִיא דִּי מְטָת עַל־מָרְאִי מַלְכָּא: 25וְלָךְ טָרְדִין מִן־אֲנָשָׁא וְעִם־חֵיוַת בָּרָא לֶהֱוֵה מְדֹרָךְ וְעִשְׂבָּא כְתוֹרִין ׀ לָךְ יְטַעֲמוּן וּמִטַּל שְׁמַיָּא לָךְ מְצַבְּעִין וְשִׁבְעָה עִדָּנִין יַחְלְפוּן עֲלַיִךְ עַד דִּי־תִנְדַּע דִּי־שַׁלִּיט עִלָּיָא בְּמַלְכוּת אֲנָשָׁא וּלְמַן־דִּי יִצְבֵּא יִתְּנִנַּהּ: 26וְדִי אֲמַרוּ לְמִשְׁבַּק עִקַּר שָׁרְשׁוֹהִי דִּי אִילָנָא מַלְכוּתָךְ לָךְ קַיָּמָה מִן־דִּי תִנְדַּע דִּי שַׁלִּטִן שְׁמַיָּא: 27לָהֵן

מַלְכָּא מִלְכִּי יִשְׁפַּר עֲלָיִךְ וַחֲטָיָךְ בְּצִדְקָה פְרֻק וַעֲוָיָתָךְ בְּמִחַן
עֲנָיִן הֵן תֶּהֱוֵא אַרְכָה לִשְׁלֵוְתָךְ: ²⁸ כֹּלָּא מְטָא עַל־נְבוּכַדְנֶצַּר
מַלְכָּא: פ

(BHS 5th ed 단4:19-28 필자 사역)

특별한 역사 인식

느부갓네살왕은 다니엘의 해몽으로 창조주 하나님의 인류를 향한 계획과 뜻을 전달받았다. 그리고 이를 근거로 다니엘의 권면도 들었다. 그 하나님의 영광을 향해 인류가 가야 할 길을 알았음에도 그의 왕권에 대한 오만과 자만이 만든 권력의 교만함에 취해 1년 동안 그 경고를 무시하다가 저주받아 왕궁에서 쫓겨났다. 7년 동안 광야에서 풀을 뜯어 먹고 이슬을 마시며 들짐승처럼 산 뒤에야 비로소 정신을 차려 그 하나님을 찬양할 수 있었다. 그제야 그는 세상의 모든 일이 그 하나님의 뜻에 따라 되며 그 하나님의 계획에 맞게 그대로 성취된다는 사실을 몸으로 체득하게 되었다고 고백할 수 있었다. 이도 하나님의 전적인 은혜의 결과다.

이렇게 온 세상에 전달된 느부갓네살왕의 조서는 구속사적인 의미에서 온 세상이 그 하나님을 모른다고 할 수 없는 증거가 된다. 하늘 아래 사는 모든 사람이 숭배하고 섬겨야 할 창조주 하나님에 관한 이 특별한 역사 인식에 대해 누구도 핑계할 수 없는 사실로 적시되어 있는 것이다.

중요한 건 오늘 우리에게도 다니엘의 증언은 계속되고 있다는 사실이다. 이제 느부갓네살왕의 실감 나는 그 고백을 경청해 보자(단4:29-37).

> *단4:29* "열두 달 마지막 날에, 내가 바벨론 왕궁의 옥상을 걷고 있을 때였다.
> *30* 왕인 나는 혼자 호령하듯 이렇게 말했다. '이 바벨론은 위대하지 않은가? 그것은 나의 위엄 있는 영광을 나타내기 위해, 내가 나의 강한 힘과 권력으로 세운 왕국이다.'
> *31* 이 말이 아직 왕인 나의 입에 있을 때 하늘로부터 소리가 떨어졌다. "느부갓네살왕아, 너에게 말하노니, 이제 이 나라의 왕권이 너에게서 떠나갔다.
> *32* 너는 사람들로부터 쫓겨나 들짐승과 함께 살며, 소처럼 풀을 뜯어 먹을 것이다. 그렇게 일곱 해가 지난 후에야 너는 비로소 지극히 높으신 하나님께서 사람의 왕국을 다스리시며, 누구든 자기 뜻에 순종하는 사람에게 그 나라를 주신다는 것을 알게 될 것이다."

33 그 말은 즉시 나 느부갓네살왕에게 그대로 이루어졌다. 나는 사람들에게서 쫓겨나 소처럼 풀을 뜯어 먹고, 내 몸은 하늘에서 내리는 이슬에 젖으며, 내 머리털은 독수리의 깃털처럼 자라고, 내 손톱은 새의 발톱처럼 길게 자랐다.

34 정해진 날들의 마지막 날에 나 느부갓네살은 내 눈을 하늘로 들어올렸다. 그때 내 지혜(이성)가 내게로 돌아와 나는 지극히 높으신 하나님을 송축하고, 영원히 살아 계신 분에게 찬양과 영광을 돌렸다. 그분의 하나님의 다스리심은 영원하며 그분의 나라는 대대로 이어질 것이다.

35 그분은 땅에 거주하는 모든 자들을 아무것도 아닌 것으로 여기시며, 하늘의 군대와 땅의 거주하는 사람들을 자기의 뜻대로 다루신다. 누구도 그분께서 손으로 행하시는 일을 막을 수 없으며, 누구도 그분에게 무슨 일을 이렇게 하시냐고 말할 수 없다.

36 바로 그때 나의 지혜(이성)가 돌아왔다. 그리고 나의 왕국의 영광을 위해 내 위엄과 영예가 회복되었고, 나의 자문관들과 관리들이 나를 찾아왔으니, 내가 내 왕국에서 다시 왕위를 굳게 세워 전보다 더욱 큰 위력이 더해졌다.

37 이제 나 느부갓네살은 하늘의 왕을 찬양하며 높이며 영광을 돌린다. 그분께서 행하시는 일은 모두 다 참되며, 그분의 행하심은 의로우시므로, 그분은 스스로 높여 교만하게 걷는 자들을 낮추실 수 있는 권능을 가지신 분이시다."

הַדַּבְרַי וְרַבְרְבָנַי יְבַעוֹן וְעַל־מַלְכוּתִי הָתְקְנַת וּרְבוּ יַתִּירָה הוּסְפַת לִי: 37כְּעַן אֲנָה נְבוּכַדְנֶצַּר מְשַׁבַּח וּמְרוֹמֵם וּמְהַדַּר לְמֶלֶךְ שְׁמַיָּא דִּי כָל־מַעֲבָדוֹהִי קְשֹׁט וְאֹרְחָתֵהּ דִּין וְדִי מַהְלְכִין בְּגֵוָה יָכִל לְהַשְׁפָּלָה: פ

(BHS 5th ed 단4:29-37 필자 사역)

방자함

이렇게 창조주 하나님께서는 느부갓네살왕의 일대기에 그 하나님의 영광과 진리에 대한 계시의 특별한 역사성을 담아 인류의 오고 오는 시대에 빛으로 삼으셨다. 따라서 그에 대한 마땅한 효과는 느부갓네살왕이 구바벨론 함무라비 대왕의 영광을 재현하려고 하였던 것처럼 바벨론 제국의 가장 위대한 왕으로 평가받는 느부갓네살왕의 왕위를 계승하는 후대 왕들의 정치체로부터 나타나야 한다.

하지만 바벨론 왕국의 마지막 왕 벨사살은 바벨론 왕국의 창시자 느부갓네살왕의 조서에 합당한 정치력을 발휘하지 못한다. 그가 그 조서에 맞게 정치력을 발휘했다면 예루살렘의 성전을 재건하고 유일신 여호와 신앙을 회복시키는 일을 전략적으로 추진했을 것이다.

불행하게도 그는 느부갓네살왕의 깨달음이 담긴 조서의 명령을 가볍게 여겼다. 심지어 느부갓네살왕이 예루살렘으로부터 가져온 성물들을 가지고 술판을 벌이는 등 온갖 악행을 저질렀다. 오만불손하고 방자하기 그지없는 그에 대해 크게 진노하신 그 하나님께서 친히 손가락으로 그가 보도록 왕궁 석고 벽 위에 경고의 글자를 쓰는 신비로운 일을 나타내셨고, 그것을 접한 그는 사시나무 떨듯 두려워했다 (단5:5-9).

확정된 선고

난관에 봉착한 벨사살왕은 다니엘을 불러 타개책을 찾으려고 했다. 그리고 그의 어머니가 소개한 다니엘로부터 선대 왕 느부갓네살왕의 일대기를 담은 조서의 핵심인 역사의 주인이신 유일신 창조주 하나님을 경배하고 찬양해야 할 일을 들었다. 그런데도 그 일을 가볍게 여겨 자기도 하지 않았을 뿐만 아니라, 그에 맞도록 정치력 또한 발휘하지 못했다. 그 점 때문에 그 하나님께서는 직접 벽에 경고의 말씀을 쓰게 되셨다는 사실을 다니엘을 통해서 듣게 된다(단5:10-25).

창조주 그 하나님을 믿는 믿음으로 살아야 한다는 교훈을 선대 왕 느부갓네살을 통해 받았음에도 하나님을 하나님처럼 영화롭게 하거나 감사하지도 않고, 오히려 그가 가진 셈법에 따라 허망해졌고, 분별력 없는 마음이 더욱 어두워진 것이다(롬 1:21-23). 그 결과 그 하나님의 그 말씀 앞에서 벨사살왕은 돌이킬 수 있는 기회조차 얻지 못한 채 곧바로 왕위가 폐위될 것과 그의 나라가 메대와 페르시아에 넘어갈 것이라는 확정된 선고가 이미 도착해 있음을 알게 된다.

미래 세계사의 흐름을 내다보는 다니엘의 통찰에 따르면, 선대 느부갓네살왕의 삶은 후대 왕들에게 주어지는 그 하나님의 경고였던 것이다. 바벨론 제국의 가장 위대한 왕 느부갓네살의 삶을 통해 인류에게 주어진 그 하나님의 영광과 진리에 대한 가르침을 소중히 여기지 않는 벨사살왕에 대한 그 하나님의 진노가 극에 달해 있었다.

몰락

이렇듯 그 하나님의 진노는 자격 미달의 왕이 당할 최후인 왕권의 몰락과 이동으로 나타날 것이라는 긴장과 두려움으로, 그리고 때늦은 후회로 다가와 있었다. 사실 이것으로 인해 바벨론 제국의 멸망과 페르시아 제국이라는 신흥 세력이 세계 질서의 주역으로 등장하는 격동의 세월이 이어진다. 그 하나님의 뜻에 맞는 통치 이념을 실현할 수 있는 지혜와 능력을 지닌 자에게로 역사는 반복해서 움직여 가는 것이다. 그 하나님의 경고를 받아들이지 못한 어리석은 왕 벨사살의 말로는 비참 그 자체와 같다 할 수 있다. 다니엘의 해몽을 듣고 다니엘에게 자주색 옷을 입히고 금 사슬을 목에 걸어 주는 등 다니엘을 그의 나라 셋째 통치자를 삼아 위기를 모면하고자 하는 뒤늦은 후회를 해 보지만 결국 살해당한다(단5:26-30).

새 왕권 출현

이 지점이 바로 바벨론 왕조가 완전히 사라지고 그 하나님께 기름 부음을 받은 자로 불리는 페르시아 제국의 고레스왕이 출현하는 시점이다.

사실 벨사살왕은 세계사로 보면 느부갓네살왕의 직계 후손이 아닌 느부갓네살왕의 사위 나보니두스의 아들이며, 나보니두스가 6대 마지막 왕이다. 불행하게도 3대 왕 느부갓네살왕의 아들 아멜 마르둑(에윌므로닥 왕하25:27)에 대물려진 왕권은 느부갓네살왕의 사위이자 에윌므로닥의 이복형제인 4대 왕 네리글리사르(네르갈사레셀 렘39:3, 13-14)에 의해 침탈되었고, 그의 아들 라바시 마르둑에게 대물려진 5대 왕권은 나보니두스의 아들 벨사살이 쿠데타로 왕권을 찬탈해 그의 아버지 나보니두스를 6대 왕으로 선포했다.

이 피바람은 바벨론을 건국한 1대 왕 나보폴라사르(B.C. 625~605년)의 가문의 왕위 계승을 단절시키심으로써, 이 시기 그의 아들 느부갓네살왕(B.C. 605~562년, 네부카드네자르 2세)을 통해 이룩한 세계사적으로 매우 중요한 그 하나님의 계시에 대한 참된 의미와 가치가 보전되거나 전달되지 못하게 만드는 원인으로 작동한다.

종교적 갈등

이런 상황에서 나보니두스는 바벨론의 주신인 마르둑을 대신하여 달의 신 신(Sin)을 숭배하도록 하여 바벨론의 제사장들은 물론 백성들의 불만을 초래하였다는 사실이다.

결국 나보니두스는 아들 벨사살에게 나라를 맡기고 사막으로 나아가 10년 동안이나 달의 신을 섬겼다. 나라는 종교적인 갈등으로 내분에 휩싸이게 되었고, 왕이 된 벨사살은 그런 갈등을 해결하려고 귀인 1,000명을 불러 화려한 잔치를 벌였으나 그의 외할아버지 느부갓네살왕이 예루살렘 정복 후 예루살렘 성전으로부터 가져온 금잔으로 술잔을 삼아 흥을 올리고 있었던 것이다.

결과

이러한 사정은 외부로 유출되었고, 접근 지역의 리디아를 정복한 후 바벨론을 정복하려고 기회를 노리고 있던 페르시아 고레스의 귀에 들렸고, 고레스는 그 기회를 최대한 활용해 바벨론으로 진격했다. 고레스가 바벨론 성 바깥 티그리스강 부근에 배치된 바벨론의 전방부대와의 전투에서 크게 승리하자 바벨론 백성들은 고레스를 해방자로 여겨 성문을 활짝 열어젖히고 기쁨으로 맞이하였다.

페르시아 군대가 성안으로 반절 이상이 들어갈 때까지도 벨사살은 자신이 베푼 잔치에 취해 진상을 알지 못했다. 나보니두스는 페르시아의 고레스왕이 바벨론을 침략했다는 소식을 듣고 바벨론으로 돌아오기도 전에 이미 바벨론은 페르시아의 고레스 손에 의해 멸망했다(B.C. 539년).

선대로부터 교훈을 받지 못하는 어리석음의 결과이다.

디아스포라

예루살렘이 함락된 B.C. 587년 다니엘과 일부 왕족과 귀족 중심의 우수 인력이 끌려간 제1차 바벨론 유수(幽囚), 예루살렘 성전이 파괴되고 유다 왕국이 멸망한 B.C. 586년 시드기야왕과 에스겔 중심의 우수 인력이 끌려간 제2차 바벨론 유수, 유대 왕국의 여러 도시가 파괴되면서 이루어진 B.C. 586년 제3차 바벨론 유수로 인해 유대인들은 그 하나님께서 약속하신 땅 가나안 지역을 떠나 전 세계에 흩어지게 되었고, 이들을 제1차 디아스포라로 부른다.

믿음의 기도

당시 바벨론으로 끌려온 유대인들은 포로 생활이 끝나길 바라며 바벨론의 여러 강변에서 기도하여 시온(예루살렘)에 돌아가기를 애타게 바라고 있었다(시137:1). 그들의 간구는 유대인들의 메시아로 통하는 기름 부음 받은 자로 불리는 고레스에 의해 바벨론이 멸망하고, 고레스 칙령을 따라 예루살렘으로 귀환하게 되는 해방과 같은 포로 생활의 청산은 예레미야 선지자의 소망 찬 예언에 닿아 있었고(렘25:12), 에스겔 선지자를 통해 주신 성전 재건을 통한 이스라엘의 회복에 대한 비전에 닿아 있었다(겔40-48장). 바벨론 포로 생활 50년 동안 선지자들의 외침을 따라 드려지는 믿음의 기도는 처절한 현실 속에서 흘러나오는 신음 소리와 같았지만, 소망으로 넘치고 있었다.

응답

마침내 고레스는 전쟁으로 포로가 된 온 땅에 사람들을 보내어 고국으로 돌아가도록 글로 적힌 칙령을 선포했다. 다니엘과 에스겔을 중심으로 한 바벨론에서의 유대인들이 간구하는 기도는 고레스가 통일된 페르시아 제국의 왕이 된 첫해에 여호와께서 고레스의 마음을 움직이셔서, 예레미야를 시켜서 하신 말씀을 이루신 것으로 응답되었다.

이는 대하36:22-23에서 "하늘의 하나님이신 여호와께서 이 세상의 온 나라들을 나에게 주셨다. 그리고 나를 세우셔서 유다 땅 예루살렘에 여호와를 위해 성전을 짓게 하셨다. 이제 너희 모든 하나님의 백성은 예루살렘으로 돌아가도 좋다. 너희의 하나님 여호와께서 너희와 함께하시기를 바란다."라는 고레스의 칙령에 대한 기록으로 확인되고, 또 스1:2-4에서 "너희는 예루살렘에 계신 이스라엘의 하나님을 위해 성전을 지어라. 나머지 사람들은 예루살렘으로 돌아가고자 하는 사람들을 도와주도록 하여라. 그들에게 은과 금과 갖가지 물건과 가축을 주고, 예루살렘에 지을 하나님의 성전을 위해 예물도 주도록 하여라."라는 기록으로도 확인된다.

새로운 출발점

이렇게 그 하나님은 온 세상을 향해 이스라엘 예루살렘의 성전 예배를 회복시킴으로써 나타나는 그 하나님의 나라를 앙망하며 살도록 계시하셨다. 그 하나님의 나라가 오고 오는 세상의 모든 나라의 정치체를 향한 등대가 되어 인류가 나아갈 길임을 공표하신 것이다.

이 세상 그 누구도 그 길을 향해 걷지 않는 자들에 내려지고 있는 그 하나님의 진노에 대해 불평하거나 핑계할 수 없게 하셨다. 인류의 구원이 유대로부터 기인한다는 사실을 모든 이방 세계에 드러내기 위해 길고 긴 제국들과 이스라엘의 관계 속에서 벌어지는 세계사의 파란만장한 흐름에 마침내 페르시아 제국의 고레스왕을 들어 드러내신 것이다.

바로 그 고레스왕이 예수 그리스도를 통해 이루어질 인류의 구원과 하나님의 나라를 향한 세상 나라의 반성이고 새로운 출발점으로 인류의 역사 인식의 지평 위에 서 있다.

다니엘의 역량

이제 세계의 왕권은 메대 사람 다리오에게 넘겨졌다. 메대는 바사와 함께 페르시아의 많은 도시 가운데 하나였으며, 당시 페르시아 전역을 다스릴 정도로 영향력이 강력했다. 다리오왕은 나라를 다스리는 데 어려움이 없게 하려고 전국을 지방 총독이 관리하도록 120개 지역으로 나누고, 또 이들 지방 총관들을 관리하는 총리 셋을 두는 제도를 운용했는데 그 총리 중 하나가 다니엘이었다. 다리오왕 역시 총명한 다니엘의 역량을 높게 평가하고 그를 요직에 앉힐 만큼 그를 매우 중히 여겼던 것이다.

모함

하지만 다니엘은 신바벨론이 부상하던 시기부터 바사의 고레스(키루스 2세)에 의해 페르시아 제국이 완성되기까지 지속해서 정권의 핵심에 있었던 인물이었다. 새롭게 정권을 잡은 메대 지방 총독들과 두 총리는 다니엘을 매우 경계하고 질투했다. 왜냐하면 다리오가 다니엘의 뛰어남을 보고 나라 전체를 다니엘에게 맡기려고 했기 때문이다(단6:3).

결국 그들은 자신들보다 뛰어난 다니엘을 모함할 방도를 궁리했다. 새 왕조의 핵심 권력자들 입장에서는 경계의 대상이었던 것이다. 그들은 항시 다니엘을 제거할 기회를 노렸지만, 하나님과의 관계를 온전하게 지키는 신실한 다니엘은 결코 빈틈을 보이지 않았다.

승인과 근심

그러자 그들은 다니엘을 제거하기 위한 꾀를 내어 다리오왕에게 가서 "앞으로 30일 동안 다리오왕이 아닌 다른 신이나 사람에게 기도를 올리는 자는 사자 굴에 던져 넣어야 한다."라는 금령을 세워 반포하도록 종용했다. 메대(메디아)와 페르시아의 법에는 왕이 직접 서명한 명령은 그 누구도 철회할 수 없게 되어 있었기 때문이다.

이는 메대와 페르시아 법을 그 하나님의 율법 위에 두어 그 하나님의 율법에 관한 것이 아니면 흠잡을 데가 없는 다니엘의 유일신 신앙을 문제 삼기로 한 것이다. 이 같은 저들의 저의를 알지 못하는 다리오왕은 이 금령에 인장을 찍어 이를 승인했다(단6:4-9).

그런데도 다니엘은 이 모든 사실을 알면서도 자기 집 윗방에 올라가 예루살렘으로 향한 창문을 열고 하루에 세 번씩, 평소에 하던 대로 무릎을 꿇고 여호와 하나님께 감사기도를 올렸다.

　이것을 빌미로 다니엘을 사자 굴에 던져 넣어야 한다는 제보가 왕에게 전달되었다. 사자의 형상을 왕권의 상징으로 여기고, 실제로 사자 굴을 만들어 형벌 수단으로 삼는 등 사자의 형상을 힘과 권위의 표상으로 삼았던 당시의 정황에서 다리오왕은 심히 근심하여 다니엘을 구할 방도를 찾았으나 허사였다.

　결국 다리오왕은 다니엘에게 "네가 늘 섬기던 너의 하나님이 너를 구해 주실 것이다."라고 위로의 말을 건네고 다니엘을 사자 굴에 던져 넣도록 명령했다. 그들의 음모대로 그 명령은 시행되었고, 사자 굴 입구는 왕의 인장과 신하들의 인장으로 봉인되어 아무도 다니엘을 사자 굴에서 꺼내지 못하게 되었다. 왕궁으로 돌아온 다리오왕은 금식하고 모든 오락을 금했을 뿐만 아니라 잠을 자지도 못했다(단6:10-18).

확인과 선포

이튿날 새벽이 되자 밤새 뜬 눈으로 있던 60대의 나이 든 다리오왕은 잠자리에서 성급히 일어났다. 자신의 어리석음 때문에 사자 굴에 던져진 다니엘의 생사를 확인하기 위해서였다. 굴 앞에 다가선 다리오왕은 걱정하는 목소리로 다니엘에게 소리 질러 "살아 계신 하나님의 종 다니엘아, 네가 늘 섬기는 그 하나님이 너를 사자들로부터 구해 주셨느냐?"라고 물었다. 그러자 다니엘이 대답하기를 하나님이 천사를 보내 사자들의 입을 봉했다고 했고, 왕은 기뻐하며 다니엘을 꺼내고 다니엘을 모함했던 자들과 그의 가족들을 모두 사자 굴에 처넣은 후, 천하 모든 만민에게 조서를 내려 다니엘의 하나님을 경외하라 명령하게 된다(단6:25-28).

> *25그때 다리오왕은 온 땅 백성들과 나라들과 각기 다른 말을 쓰는 모든 사람에게 조서를 내렸습니다. "너희에게 평안이 넘치기를 바란다.*
> *26내가 명령을 내린다. 내 왕국의 통치 아래 사는 사람들은 모두 다니엘의 하나님 앞에서 떨며 두려워해야 한다. 참으로 다니엘의 하나님은 살아 계신 하나님이시며, 영원히 변하지 않는 분이시다. 그분의 나라는 멸망하지 않으며, 그분의 통치하심은 영원할 것이다.*
> *27그분은 건져 내기도 하시고 구원하기도 하신다. 그분은 하늘과 땅에서 표*

징과 이적을 일으키시는 분이다. 바로 그분이 다니엘을 사자들의 입에서 구해 주셨다."
28그리하여 이 다니엘은 다리오의 통치 기간과 페르시아 고레스의 통치 기간에 형통하였습니다.

6:25(히6:26) וַאֲמַר מַלְכָּא וְהַיְתִיו גֻּבְרַיָּא אִלֵּךְ דִּי־אֲכַלוּ קַרְצוֹהִי
דִּי־דָנִיֵּאל וּלְגֹב אַרְיָוָתָא רְמוֹ אִנּוּן בְּנֵיהוֹן וּנְשֵׁיהוֹן וְלָא־מְטוֹ
לְאַרְעִית גֻּבָּא עַד דִּי־שְׁלִטוּ בְהוֹן אַרְיָוָתָא וְכָל־גַּרְמֵיהוֹן הַדִּקוּ׃
26בֵּאדַיִן דָּרְיָוֶשׁ מַלְכָּא כְּתַב לְכָל־עַמְמַיָּא אֻמַּיָּא וְלִשָּׁנַיָּא דִּי־דָאֲרִין
בְּכָל־אַרְעָא שְׁלָמְכוֹן יִשְׂגֵּא׃ 27מִן־קֳדָמַי שִׂים טְעֵם דִּי בְּכָל־שָׁלְטָן
מַלְכוּתִי לֶהֱוֹן זָאֲעִין וְדָחֲלִין מִן־קֳדָם אֱלָהֵהּ דִּי־דָנִיֵּאל דִּי־הוּא
אֱלָהָא חַיָּא וְקַיָּם לְעָלְמִין וּמַלְכוּתֵהּ דִּי־לָא תִתְחַבַּל וְשָׁלְטָנֵהּ
עַד־סוֹפָא׃ 28וְדָנִיֵּאל דְּנָה הַצְלַח בְּמַלְכוּת דָּרְיָוֶשׁ וּבְמַלְכוּת כּוֹרֶשׁ פָּרְסָיָא׃ פ

(BHS 5th ed 단6:25-28 필자 사역)

아주 특별한 선지자
여기서 우리가 챙겨야 할 것은 성경이 사자 굴에서 살아 나온 다니엘의 신비로운 사건에 대해 한마디로 "다니엘이 그 하나님을 믿었기 때문"이라고 설명하고, 그러한 사실을 부각하기 위해 반대로 다니엘을 모함했던 자들과 가족들이 사자 굴에 던져지자마자 바닥에 닿기도 전에 사자들이 덮쳐서 그들의 뼈까지 부수어 버렸다고 극명하게 대조한다는 점이다(단6:23-24).

이렇게 다니엘은 민족의 수난을 짊어지고 제국의 흥망성쇠 속에서 오직 그 하나님께서 이루실 영원한 하나님의 나라를 내다보는 혜안으로 세계 모든 민족을 어둠과 멸망으로부터 구해 내기 위해 제국 정치의 전면에 나서 온갖 유혹과 시련을 이기며 믿음으로 살았다. 자기 민족의 정체성을 살려 그 하나님께서 약속하신 나라를 소망하며 살도록 이끌며 인류가 믿음으로 사는 길을 목숨이 다하는 날까지 온 천하에 밝히 드러낸 아주 특별한 선지자였다(단6:23).

아무도 변명할 수 없게 하심
이는 그 하나님께서 온 인류를 향한 진노 속에서도 긍휼을 잊지 않으시고 그 인류의 구원을 위해 세계사의 흐름 속에서 어떻게 일하는지를 명확하게 보여 주는 대목이다. 이런 그 하나님의 행하심을 우리는 구속사라고 칭한다. 그 구속사는 그 하나님께서 세계 모든 사람에게 자신의 영원한 능력과 신성을 명확히 이해할 수 있도록 보여 주어 구원에 이르는 지혜를 얻을 수 있게 하는 신비로운 기록으로 증거된다(딤후3:15-17). 그 하나님의 행하심 속에 알려지는 인류를 구원하시는 방도인 '하나님의 복음'을 하나님께서 친히 아무도 비난하거나 옳지 않다고 변명할 수 없게 만드신 것이다.

이런 맥락으로 본문을 읽어 보자. 그러면 롬1:18에서 하나님의 진노가 나타나는 불의로 진리를 막고 가두는 인류의 상태와 처지가 어떠한지 하박국서(합2:4)를 인용해 밝히는 바울의 진의를 볼 수 있을 것이다. 그렇게 읽을 때 비로소 하박국 시대에 일어난 사건들로부터 특히 다니엘 사건을 특정해 인류를 향한 구원의 손길을 베푸시는 그 하나님의 행하심과 일하심을 설명한 필자의 생각을 이해하게 될 것임을 확신한다. 자, 그럼 다음 본문을 함께 읽어 보자.

1:16	Οὐ γὰρ ἐπαισχύνομαι τὸ εὐαγγέλιον, δύναμις γὰρ θεοῦ ἐστιν εἰς σωτηρίαν παντὶ τῷ πιστεύοντι, Ἰουδαίῳ τε πρῶτον καὶ Ἕλληνι.	참으로 나는 그 복음을 부끄러워하지 않습니다. 왜냐하면 그 복음은 믿는 각 사람을 구원에 이르게 하시는 하나님의 권능이기 때문입니다. 그것은 유대인에게 우선적인 것으로 보였으나, 사실은 유대인과 헬라인 양쪽 모두에게 동일한 것이었습니다.
1:17	δικαιοσύνη γὰρ θεοῦ ἐν αὐτῷ ἀποκαλύπτεται ἐκ πίστεως εἰς πίστιν, καθὼς γέγραπται· ὁ δὲ δίκαιος ἐκ πίστεως ζήσεται.	이는 '오직 그 의인은 믿음으로부터 살 것이다.'라고 기록된 것과 같이, 하나님의 한 의(義)가 그 복음 안에서 계시(啓示)되고 있어 믿음으로부터 믿음에 이르게 하고 있기 때문입니다.
1:18	Ἀποκαλύπτεται γὰρ ὀργὴ θεοῦ ἀπ' οὐρανοῦ ἐπὶ πᾶσαν ἀσέβειαν καὶ ἀδικίαν ἀνθρώπων τῶν τὴν ἀλήθειαν ἐν ἀδικίᾳ κατεχόντων,	참으로 하나님의 진노가 하늘로부터 불의로 그 진리를 막고 있는 사람들의 온갖 불경(不敬)과 불의(不義) 위에 계시되고 있습니다.

1:19	διότι τὸ γνωστὸν τοῦ θεοῦ φανερόν ἐστιν ἐν αὐτοῖς· ὁ θεὸς γὰρ αὐτοῖς ἐφανέρωσεν.	이는 그 하나님께서 자신을 알아볼 수 있게 그들에게 분명하게 드러내어 보여 주셨기 때문입니다.
1:20	τὰ γὰρ ἀόρατα αὐτοῦ ἀπὸ κτίσεως κόσμου τοῖς ποιήμασιν νοούμενα καθορᾶται, ἥ τε ἀΐδιος αὐτοῦ δύναμις καὶ θειότης, εἰς τὸ εἶναι αὐτοὺς ἀναπολογήτους,	참으로 그분의 보이지 않는 것들, 곧 그분의 영원하신 능력과 신성이 세상 창조로부터 그 행하신 일들에 의해 이해되고 깨달아짐으로써 그들이 변명할 수 없게 하신 것입니다.
1:21	διότι γνόντες τὸν θεὸν οὐχ ὡς θεὸν ἐδόξασαν ἢ ηὐχαρίστησαν, ἀλλ' ἐματαιώθησαν ἐν τοῖς διαλογισμοῖς αὐτῶν καὶ ἐσκοτίσθη ἡ ἀσύνετος αὐτῶν καρδία.	이는 그들이 그 하나님을 알면서도 하나님처럼 영화롭게 하거나 감사하지 않고, 오히려 그들의 여러 가지 셈법에 따라 허망해졌고 분별력 없는 마음이 어두워졌기 때문입니다.
1:22	φάσκοντες εἶναι σοφοὶ ἐμωράνθησαν	그들은 자기들이 지혜롭다고 주장함으로써 바보가 되었고
1:23	καὶ ἤλλαξαν τὴν δόξαν τοῦ ἀφθάρτου θεοῦ ἐν ὁμοιώματι εἰκόνος φθαρτοῦ ἀνθρώπου καὶ πετεινῶν καὶ τετραπόδων καὶ ἑρπετῶν.	그들은 하나님의 그 썩지 않는 그 영광을† 썩어 없어질 사람과 새들과 그리고 네발짐승들과 기어다니는 것들의 형상을 닮은 모습으로 바꾸어 버렸습니다.
1:24	—Διὸ παρέδωκεν αὐτοὺς ὁ θεὸς ἐν ταῖς ἐπιθυμίαις τῶν καρδιῶν αὐτῶν εἰς ἀκαθαρσίαν τοῦ ἀτιμάζεσθαι τὰ σώματα αὐτῶν ἐν αὐτοῖς·	---그러므로 그들을 그 하나님께서 내어버려두셔서 그들끼리 그들의 마음에 일어나는 욕망대로 더러운 짓을 하게 하여 그들의 몸이 욕되게 하셨습니다.
1:25	οἵτινες μετήλλαξαν τὴν ἀλήθειαν τοῦ θεοῦ ἐν τῷ ψεύδει καὶ ἐσεβάσθησαν καὶ ἐλάτρευσαν τῇ κτίσει παρὰ τὸν κτίσαντα, ὅς ἐστιν εὐλογητὸς εἰς τοὺς αἰῶνας, ἀμήν.	결국 이런 사람들이 그 하나님의 그 진리를 그 거짓으로 바꾸었고 창조하신 분 대신에 그 피조물을 숭배하며 섬겼던 것입니다. 하지만 창조하신 분은 영원히 찬양받으실 분입니다. 아멘.

> 전환된 관점의 로마서 읽기

제4장
하나님께서 내어버리신 이후의 일들

본문 : 로마서 1장 24~25절

핵심 주제 어구

Διὸ παρέδωκεν αὐτοὺς ὁ θεὸς …
εἰς ἀκαθαρσίαν τοῦ ἀτιμάζεσθαι τὰ σώματα αὐτῶν ἐν αὐτοῖς

(디오 파레도켄 아우투스 호 데오스 … 에이스 아카다르시안 투 아티마제스다이 타 소마타 아우톤 엔 아우토이스)

'그 하나님의 내어버리심'이라는 의미를 전달하는 디오 파레도켄(Διὸ παρέδωκεν)은 인간을 지배하고 있는 사탄에게 넘겨주심이 되고, 더러움은 그저 단순히 일상에서의 더러운 짓을 하는 인간의 행위를 나타내는 것만이 아니라 하나님과의 관계에서 깨끗한 것으로 겉을 포장할 수 있는 위선을 행하게 만드는 무서운 세력이 지배하는 영역까지 확장된다.

그것이 무서운 이유는, 그것이 사람의 몸을 하찮게 여겨 함부로 대하게 하여 그 기능과 성능을 저하하게 만드는 것만이 아니라, 몸을 위한다는 온갖 좋은 명분을 내세워 신성한 영적 몸을 파괴할 수 있는 교묘하고도 가공할 만한 죄의 힘을 실제로 교묘하게 발휘하게 하는 세력이기 때문이다.

제4장(하나님께서 내어버리신 이후의 일들) _ 본문 154p에서

본문

1장	NA28판(UBS5판) ΠΡΟΣ ΡΩΜΑΙΟΥΣ 1	로마서 1장 필자 사역
1:24	—Διὸ παρέδωκεν αὐτοὺς ὁ θεὸς ἐν ταῖς ἐπιθυμίαις τῶν καρδιῶν αὐτῶν εἰς ἀκαθαρσίαν τοῦ ἀτιμάζεσθαι τὰ σώματα αὐτῶν ἐν αὐτοῖς·	---그러므로 그들을 그 하나님께서 내어 버려두셔서* 그들끼리 그들의 마음에 일어나는 욕망대로 더러운 짓을 하게 하여 그들의 몸이 욕되게 하셨습니다.
1:25	οἵτινες μετήλλαξαν τὴν ἀλήθειαν τοῦ θεοῦ ἐν τῷ ψεύδει καὶ ἐσεβάσθησαν καὶ ἐλάτρευσαν τῇ κτίσει παρὰ τὸν κτίσαντα, ὅς ἐστιν εὐλογητὸς εἰς τοὺς αἰῶνας, ἀμήν.	결국 이런 사람들이[※1] 그 하나님의 그 진리를 그 거짓으로 바꾸었고[†1] 창조하신 분 대신에 그 피조물을[†2] 숭배하며[※2] 섬겼던[※3] 것입니다. 하지만 창조하신 분은 영원히 찬양받으실 분입니다. 아멘.

관문

필자는 지금까지 하나님의 복음(바울의 복음 롬1:1-4)에 대한 필요성을 설명하는 바울의 변화된 시각에 초점을 맞추고, 그 필요성에 대한 바울의 서술을 어떤 관점에서 읽어야 할지를 좀 더 깊고 넓게 접근할 수 있기를 바라면서, 무려 3회에 걸쳐 실례를 들어가며 심도 있게 하나님의 계시 문서(정경으로서의 기록된 하나님의 말씀)에 근거한 신앙생활의 방향을 제시했다.

그것은 어떤 이들에겐 그리 중요하지 않은 일일지도 모르겠지만 필자에겐 아주 오랜 시간 동안 골머리를 앓으며 씨름했던 지난날을 곱씹으며 이 중차대한 깨달음을 후대에 전달하기 위한 처절한 몸부림이다.

그리고 그것은 우리에게 로마서를 아주 새롭게 볼 수 있는 관문을 통과하게 하는 서사序詞와 같다.

융합되고 통합된 세계

특히 필자는 오늘날 우리 인류에게 계시되고 있는 하나님의 진노와 그 진노로부터의 구원에 주목했다. 하나님의 진노가 계시되는 상황을 그리는 바울의 서술 방식을 따라잡는 작업이 쉬운 것이 아니기 때문이다.

필자의 고민은 불의로 그 진리를 막는 자들의 불경과 불의 위에 하나님의 진노가 계시된다고 하는 표현에서 중복되는 '불의'라고 하는 단어 사이의 실제적 의미가 확 와닿지 않는 데서부터 시작되었다. 그런 필자의 갈등은 그것을 바르게 알고 설명해야 할 숙제가 되었고, 그 숙제를 풀기 위해 필자는 하나님의 복음과 그 복음의 관점에서 성경을 반복하여 곱씹어야만 했다.

결국 그 해답은 로마서 텍스트가 말하는 그리스도 예수 안에 있는 구속을 통한 구속의 완성이라는 시각의 구속사 속에서 펼쳐지는 구원의 과정에 방점을 두고 매우 주도면밀하게 살펴보는 것이었다. 그리고 그 과정에서 우리가 함께 확인해야만 했던 것은, 고대 세계사의 소용돌이 속에서 확립된 성경의 역사관인 그리스도 예수 안에서의 구속사관을 통해 챙겨야 할 핵심 키워드인 '융합되고 통합된 세계'였고, 그 세계관 속에서 그 해답을 찾을 수 있었다.

스토리텔링

'융합되고 통합된 세계'란 하나님께서 선택한 민족 이스라엘과 이방 세계가 섞여 함께 하나님의 진노를 받는 과정에서 융합되고 통합된 세계 질서를 보여 주는 특별한 세계이다. 그 세계의 역사는 하나님의 뜻을 어기며 비뚤어진 선민의식으로 하나님의 진노를 일으키던 이스라엘이 결국 열방의 속국이 되는 치욕스러운 수난을 겪는 과정에 초점을 두는데, 그런 민족적 수난들 속에서도 하나님의 은혜 없이는 하나님께 순종하는 법을 배우지 못하고 이방 세계에 뒤섞여 매몰될 수밖에 없는 지독스럽게 타락한 민족이라는 것을 확정 짓는 역사다.

오히려 그 역사는 이방의 열국을 하나님의 구원역사에 끌어들여 은혜의 자비로 구원받게 하심으로 이방 세계 역시 하나님의 은혜와 자비 없이는 하나님의 진노를 피할 수 없는 불행한 세계임을 알게 하여 구원의 길이 하나님의 은혜의 주권하에 있음을 보여 주는 아주 기묘한 역사이다.

한마디로 하나님께서 선민 이스라엘의 불순종을 통해 이방 세계를 구원해 가시고, 다시 그 이방 세계를 통해 이스라엘을 시기하게 하심으로 역으로 이스라엘을 구원해 가시는 깊고 오묘한 우주적 구원의 스토리텔링, 그것이 바로 '융합되고 통합된 세계의 구원역사'이다(롬11:33-36).

33 오~! 하나님의 지혜와 지식의 부유하심은 심히 깊습니다. 진정 그분의 판결들은 심오하며, 그분의 길들 또한 아무도 찾아낼 수 없는 것과 같습니다.

34 도대체 "누가 주님의 이성(혹은 마음)을 알았습니까? 혹시 누가 그분의 조언자가 되었습니까?"

35 "혹시 누가 그분께 먼저 드렸으며, 누가 그분께 답례 또한 받은 일이 있습니까?"

36 왜냐하면 그 모든 것이 그분께로부터 나오고, 그분을 통해서 그분께로 돌아가기 때문입니다. 그 영광이 그분께 영원히 있습니다. 아멘.

33 Ὦ βάθος πλούτου καὶ σοφίας καὶ γνώσεως θεοῦ· ὡς ἀνεξεραύνητα τὰ κρίματα αὐτοῦ καὶ ἀνεξιχνίαστοι αἱ ὁδοὶ αὐτοῦ. 34 τίς γὰρ ἔγνω νοῦν κυρίου; ἢ τίς σύμβουλος αὐτοῦ ἐγένετο; 35 ἢ τίς προέδωκεν αὐτῷ, καὶ ἀνταποδοθήσεται αὐτῷ; 36 ὅτι ἐξ αὐτοῦ καὶ δι' αὐτοῦ καὶ εἰς αὐτὸν τὰ πάντα· αὐτῷ ἡ δόξα εἰς τοὺς αἰῶνας, ἀμήν.

(NA28판, UBS5판 롬11:33-36 필자 사역)

거룩한 영적 역사 인식

이는 우리가 이미 앞(1권 포함)에서 살펴보았듯이 이방인들의 사도로 부르심을 받은 바울이 빚진 자의 심정과 자세로 아낌없이 목숨을 바쳐 그토록 이방 세계에 하나님의 복음을 전했던 거룩한 소명 의식과 사명감을 느끼게 한 거룩한 구원의 영적 역사 인식이다(롬1:14, 빌2:17, 딤후4:6). 그리고 그것은 우리가 지금 온전히 깨닫기를 바라는 이 로마서에서 바울이 그리스도 예수 안에서 하나님의 복음을 규정하고(롬1:2-4), 그 복음은 그 복음이 선포될 때 이루어지는 하나님의 구원이 '믿음'이라는 방편을 통해 세계 만민에게 차별 없이 베풀어지게 하시는 하나님의 능력이라고 선언하게 만든 거룩한 영성에서 비롯한 역사 인식이다(롬1:16). 바울의 역사 인식은 그리스도 예수 안에서 깨달은 바울의 복음에서 비롯됐다는 말이다.

그래서 필자는 그런 바울의 인식을 반영하여 일반적으로 '먼저는 유대인에게요 그리고 헬라인에게로다(롬1:16하).'로 애매하게 읽히는 헬라어 본문(Ἰουδαίῳ τε πρῶτον καὶ Ἕλληνι-유다이오 테 프로톤 카이 헬레니)을 '그것(하나님의 복음)은 유대인에게 우선적인 것으로 보였으나, 사실은 유대인과 헬라인 양쪽 모두에게 동일한 것이었습니다.'라고 번역했다. 거기에 세계를 하나로 보게 만드시는 하나님의 융합되고 통합된 세계의 발전 과정이 살아 숨 쉬고 있었기에 사도 바울의 복음은 그렇게 융합되고 통합된 세계로부터 오늘에 이르기까지 만유를 충만케 하는 '완성된 하나님의 복음'이라고 하는 이름으로 기꺼이 목숨마저 내어주는 아낌없는 헌신과 함께 자랑스럽고 담대하게 선포될 수 있었다.

> 14나는 헬라인들과 미개인들 양쪽 모두에게, 지혜로운 자들과 어리석은 자들 양쪽 모두에게 빚진 사람입니다.
> 15이처럼 나는 로마에 살고 있는 여러분에게도 복음을 전하게 되길 간절히 바라고 있습니다.
> 16참으로 나는 그 복음을 부끄러워하지 않습니다. 왜냐하면 그 복음은 믿는 각 사람을 구원에 이르게 하시는 하나님의 권능이기 때문입니다. 그것은 유대인에게 우선적인 것으로 보였으나, 사실은 유대인과 헬라인 양쪽 모두에게 동일한 것이었습니다.
> 17이는 '오직 그 의인은 믿음으로부터 살 것이다.'라고 기록된 것과 같이, 하나님의 한 의(義)가 그 복음 안에서 계시(啓示)되고 있어 믿음으로부터 믿음에 이르게 하고 있기 때문입니다.
>
> 14Ἑλλησίν τε καὶ βαρβάροις, σοφοῖς τε κὶ ἀνοήτοις ὀφειλέτης εἰμί, 15 οὕτως τὸ κατ' ἐμὲ πρόθυμον καὶ ὑμῖν τοῖς ἐν Ῥώμῃ εὐαγγελίσασθαι. 16 Οὐ γὰρ ἐπαισχύνομαι τὸ εὐαγγέλιον, δύναμις γὰρ θεοῦ ἐστιν εἰς σωτηρίαν παντὶ τῷ πιστεύοντι, Ἰουδαίῳ τε πρῶτον καὶ Ἕλληνι. 17 δικαιοσύνη γὰρ θεοῦ ἐν αὐτῷ ἀποκαλύπτεται ἐκ πίστεως εἰς πίστιν, καθὼς γέγραπται· ὁ δὲ δίκαιος ἐκ πίστεως ζήσεται.
>
> (NA28판, UBS5판 롬1:14-17 필자 사역)

동력

그 같은 바울의 영적인 역사 인식과 세계관은 로마서 전체를 바르고 명확하게 파악할 수 있게 하여 하나님의 복음을 완전히 드러내는 완성된 그림을 그려 나가는 데 매우 성공적인 지침이 된다. 왜냐하면 그것은 지금 실제로 필자에게 로마서 저자의 의도에 맞는 로마서 해설의 방향과 목적 등을 가리켜 이끄는 동력으로 작용하고 있기 때문이다.

따라서 필자의 글을 매우 주도면밀하게 생각하며 살펴보지 않으면, 이 책의 주목적인 2000년 로마서 해석의 관점을 넘어 로마서를 기록한 바울의 의도에 좀 더 바르고 정확하게 다가서서 그간의 오류를 걷어 내고 미진한 부분을 보완하여 온전케 하고자 하는 필자와 함께하는 여행은 무익한 시간이 될지도 모를 일이다.

그러니 그런 관점에서 바울이 하나님의 진노 상황을 그려 내는 이전의 본문 롬 1:18-23을 다시 한번 읽어 보라. 그것이 이방인들만을 향한 하나님의 진노가 아닌 유대인과 이방인이 하나로 융합되고 통합된 온 세상을 향한 하나님의 진노에 대한 진단적 메시지로 읽힐 것이다.

> *18*참으로 하나님의 진노가 하늘로부터 불의로 그 진리를 막고 있는 사람들의 온갖 불경(不敬)과 불의(不義) 위에 계시되고 있습니다.
> *19*이는 그 하나님께서 자신을 알아볼 수 있게 그들에게 분명하게 드러내어 보여 주셨기 때문입니다.
> *20*참으로 그분의 보이지 않는 것들, 곧 그분의 영원하신 능력과 신성이 세상 창조로부터 그 행하신 일들에 의해 이해되고 깨달아짐으로써 그들이 변명할 수 없게 하신 것입니다.
> *21*이는 그들이 그 하나님을 알면서도 하나님처럼 영화롭게 하거나 감사하지 않고, 오히려 그들의 여러 가지 셈법에 따라 허망해졌고 분별력 없는 마음이 어두워졌기 때문입니다.
> *22*그들은 자기들이 지혜롭다고 주장함으로써 바보가 되었고
> *23*그들은 하나님의 그 썩지 않는 그 영광을 썩어 없어질 사람과 새들과 그리고 네발짐승들과 기어다니는 것들의 형상을 닮은 모습으로 바꾸어 버렸습니다.

> *18*Ἀποκαλύπτεται γὰρ ὀργὴ θεοῦ ἀπ' οὐρανοῦ ἐπὶ πᾶσαν ἀσέβειαν καὶ ἀδικίαν ἀνθρώπων τῶν τὴν ἀλήθειαν ἐν ἀδικίᾳ κατεχόντων, *19* διότι τὸ γνωστὸν τοῦ θεοῦ φανερόν ἐστιν ἐν αὐτοῖς· ὁ θεὸς γὰρ αὐτοῖς ἐφανέρωσεν. *20* τὰ γὰρ ἀόρατα αὐτοῦ ἀπὸ κτίσεως κόσμου τοῖς ποιήμασιν νοούμενα καθορᾶται, ἥ τε ἀΐδιος αὐτοῦ δύναμις καὶ θειότης, εἰς τὸ εἶναι αὐτοὺς ἀναπολογήτους, *21* διότι γνόντες τὸν θεὸν οὐχ ὡς θεὸν ἐδόξασαν ἢ ηὐχαρίστησαν, ἀλλ' ἐματαιώθησαν ἐν τοῖς διαλογισμοῖς αὐτῶν καὶ ἐσκοτίσθη ἡ ἀσύνετος αὐτῶν καρδία. *22* φάσκοντες εἶναι σοφοὶ ἐμωράνθησαν *23* καὶ ἤλλαξαν τὴν δόξαν τοῦ ἀφθάρτου θεοῦ ἐν ὁμοιώματι εἰκόνος φθαρτοῦ ἀνθρώπου καὶ πετεινῶν καὶ τετραπόδων καὶ ἑρπετῶν.
>
> *(NA28판, UBS5판 롬1:18-23 필자 사역)*

심정

그리고 그 결론을 끌어내는 접속사 디오(Διὸ)가 이끄는 오늘의 본문 롬1:24-25를 보자. 왜냐하면 이 단원이 바로 창조주 하나님께로부터 떠난 인간 삶이 왜 하나님의 축복이 아닌 하나님의 진노라고 하는 비극적 상황에 직면하게 되었는지, 그 근본적인 원인과 현실적인 인간의 문제점이 무엇인지를 깨닫게 되는 출발 지점이기 때문이다.

그리고 그것은 바울이 롬1:2-4에서 규정한 하나님의 복음이 어떻게 창조된 모든 세계를 아우르는 전 우주적인 구원을 목표로 펼쳐지는 하나님의 권능이 되는지와 창조주 하나님께 경배와 찬양을 올리는 삶에 한 걸음 더 가까이 나가게 하려고 친절하게 설득하는 바울의 심정을 보게 할 것이다.

> 24그러므로 그들을 그 하나님께서 내어버려두셔서 그들끼리 그들의 마음에 일어나는 욕망대로 더러운 짓을 하게 하여 그들의 몸이 욕되게 하셨습니다.
> 25결국 이런 사람들이 그 하나님의 그 진리를 그 거짓으로 바꾸었고 창조하신 분 대신에 그 피조물을 숭배하며 섬겼던 것입니다. 하지만 창조하신 분은 영원히 찬양받으실 분입니다. 아멘.
>
> 24Διὸ παρέδωκεν αὐτοὺς ὁ θεὸς ἐν ταῖς ἐπιθυμίαις τῶν καρδιῶν αὐτῶν εἰς ἀκαθαρσίαν τοῦ ἀτιμάζεσθαι τὰ σώματα αὐτῶν ἐν αὐτοῖς· 25οἵτινες μετήλλαξαν τὴν ἀλήθειαν τοῦ θεοῦ ἐν τῷ ψεύδει καὶ ἐσεβάσθησαν καὶ ἐλάτρευσαν τῇ κτίσει παρὰ τὸν κτίσαντα, ὅς ἐστιν εὐλογητὸς εἰς τοὺς αἰῶνας, ἀμήν.
>
> (NA28판, UBS5판 롬1:24-25 필자 사역)

명쾌한 처방

분명 롬1:24의 접속사(추론적인 관련 문장을 돕는) Διὸ(디오)는 인류가 하나님의 진노 아래 있게 된 과정을 명확하게 설명한 롬1:18-23의 논리를 근거로 삼아, 그 논리의 결과를 나타내는 접속사이다. 그리고 이 접속사 디오(Διὸ)가 '내어버려두셨다'라는 일종의 포기 선언(신학적으로 신적 유기)과 함께 그 포기를 단행했다는 행위 개념의 동사 παρέδωκεν(파레도켄)의 서술을 이끌어 낸다.

사실 이 단어는 가까이 있는 것을 지칭하여 '옆 또는 곁'을 나타내는 전치사 파라(παρά)와 '주다(give)'라는 동사 디도미(δίδωμι)의 합성어(παραδίδωμι-파라디도미)로 가까이 있는 누군가에게 무언가를 주거나 넘겨 주는 전달 행위를 연상하게 하는 단어이다. BDAG는 '상대적으로 강한 개인적 관심을 가지고 있는 무언가를 전달하다(to convey something in which one has a relatively strong personal interest)'라는 개념 아래서 '건네주다 또는 넘겨 주다(hand over)', '뒤집다 또는 제쳐 두다(turn over)', '포기하다 또는 그만두다(give up)'라는 일반적인 의미를 제시하고 '버림받거나 버려진 것(having been deserted or cast off)'을 나타내는 단어(abandoned)로 이 부분(παρέδωκεν αὐτοὺς εἰς ἀκαθαρσίαν-파레도켄 아우투스 에이스 아카다르시안)을 잘라 '그는 그들을 더러움에 버려두었다(he abandoned them to impurity)'라고 번역했다.

이는 하나님께서 수많은 세월을 깊은 관심과 애정을 가지고 여러 가지 교육 방법으로 인류를 돌보며 구원의 길로 인도하시되, 진노 중에도 긍휼을 베푸시는 한량없는 사랑으로 끔찍이도 품어 주셨건만, 인류가 그런 하나님의 사랑과 은혜를 거부한 데 따른 명쾌한 처방을 내리신 것을 나타낸다.

참된 형상

그 하나님께서는 창조 때부터 인류에게 끊임없이 자기를 알 만큼 자기의 생각을 보여 주셨다(롬1:19-20). 그 하나님의 생각은 인류를 하나님의 형상으로 창조하셨기 때문에 인류는 하나님의 형상이라는 영광스러운 모습에 이르기 위해 존재한다는 명제 속에 있다(창1:26-8). 당연히 인류는 하나님의 말씀(생각)만을 믿고 따르는 믿음의 순종(롬1:5)으로 하나님을 기쁘시게 하며 살아가는 것이 자연스러운 일이었다.

하지만 인류는 첫 번째 한 사람 아담을 통해 그 하나님의 말씀(생각)을 따라 순종하며 사는 삶을 잃어버렸음이 드러났다. 그래서 인류는 다시 그 하나님의 말씀(생각)만을 믿고 따르는 믿음의 순종만이 하나님을 기쁘시게 하는 길임을 새롭게 배워야 하는 처지로 전락한 것이다.

그런 인류에게 그 하나님께서는 기록된 성경을 통해 자신의 영광스러운 계획과 목표를 확증하여 보여 주셨다. 옛날에는 예언자들을 통하여, 여러 번에 걸쳐 여러 가지 방법으로 아담과 아브라함의 후손을 통해 말씀하셨으나, 이 마지막 날에는 아들을 통하여 우리에게 말씀하신 것이 그것이다(히1:1-2). 그 아들이 바로 하나님의 아들 그리스도, 하나님의 참된 형상이신 것이다(고후4:4). 그분은 '주님 예수 그리스도'라는 호칭과 '주님 그리스도 예수'라는 호칭으로 불린다.

냉엄한 판단
하지만 인류는 그런 그 하나님의 생각과 계획에 맞서 자신들의 생각을 주장하기 시작했고, 급기야 그 하나님의 썩지 않을 불멸의 영광마저 훼손하는 자리에 떨어졌다. 인류는 이제 더 이상 그 하나님의 양육과 돌봄이라는 교육과정을 스스로 필요 없다고 생각할 만큼 자신이 지적이고 유능하다고 생각하여 자기 삶의 목표가 되는 그 하나님의 영광을 바꾸어 버리고 자기 생각이 옳다고 주장하는 자리에 이르렀다. 그 하나님께서 보이신 영광스러운 그 하나님의 형상이 아닌 사람들의 부패한 마음으로 거짓된 신의 형상을 만들어 낸 것이다.

디오 파레도켄(Διὸ παρέδωκεν)은 바로 이런 인류에게 가차 없이 '하나님의 진노(ὀργὴ θεοῦ-오르게 데우)'라고 하는 냉엄한 판단을 실행하시는 모습을 나타낸다. 불경과 불의에 타협할 수 없는 하나님의 정의로우심을 명확하게 보이신 것이다.

이양
이 같은 그 하나님의 내어버리심을 나타내는 디오 파레도켄(Διὸ παρέδωκεν)은 그 하나님의 형상으로 창조된 인간이 자신을 만드신 그 하나님만을 의지하며 살 때 복되고 영광스러운 삶을 살게 된다는 것을 가르치는 일에서 그 하나님께서 냉정하게 손을 떼셨다는 말이다. 인류에게 자기주장과 행위의 결과에 책임을 지도록 양육에 있어서 지도 감독의 권한을 내려놓은 것이다. 인간이 마음대로 살도록 내버려두신 것이다.

이 같은 그 하나님의 권한 이양은 겉으로는 명시적으로 드러나 있지 않지만, 바울의 의식 세계를 반영할 때(롬16:20), 영적 세계의 반란자인 사탄의 유혹에 넘어간 인류를 더 이상 돌보는 것이 무가치함을 선언하신 것이다.

이는 극단에서 드러나게 될 영원 전부터 계획하고 준비한 비책을 기쁘게 받아들이게 하시려고, 그동안 그 하나님께서 여러 가지 방식으로 인류를 돌보셨지만 스스로 지혜와 능력으로 자신의 죄와 허물을 인식하고 거기로부터 돌아서서 그 하나님의 생각이 옳다고 판단하여 믿음으로 순종하며 살 수 없는 상태에 있음을 훗날 확인하는 증거가 되게 하신 것이다.

그리고 그것은 직접 그 하나님께서 인류가 사탄의 소유가 되었음을 공식적으로 인정하시는 행위를 나타낸다.

덫

중요한 것은 그것이 타락한 인류가 그토록 원하고 원했던 길이었음이 명확해진 사건에 관한 서술인 만큼, 그 서술의 내용은 인류를 그렇게 만든 진원지를 드러나게 만드는 데 그 목적이 있다.

참으로 인류에 대한 그 하나님의 통치 권한과 책임 권한을 포기하실 만큼 인류의 자기주장은 강했다. 하나님께서는 타락한 인류를 불쌍히 여겨 회한이 없을 만큼 은혜를 베풀어 주셨다. 하실 만큼 하시되 기대 이상으로 하셨다. 이제 그 주장은 모든 책임을 인류가 스스로 지겠다는 어리석고 악독하며 배은망덕한 선전 포고였음이 드러난 것이다.

이는 그 하나님께서 인류에게 사탄의 종으로 사는 맛에 취해 살도록 허용하신 것이다. 인류에 대한 그 하나님의 통치 권한과 책임 권한을 포기함으로써 이제 그 지배와 책임 권한이 사탄에게 있음을 드러내려는 것이었다.

하지만 그렇게 그 하나님께서 자기 권한을 인류에게 이양하시기까지 낮추시며 일하신 방법은 사탄에게 덫을 놓는 과정이었다. 그 하나님께서 사탄을 압박하는 전술이었다. 결국 궁지에 몰린 사탄은 인류를 구원하러 오신 하나님의 아들 예수님마저 무너뜨리기 위해 사악한 권한을 노골적으로 드러냈다(마4:7-8). 예수님이 자기를 결박해 불구덩이에 던질 덫임을 알지 못하고 웃지 못할 생쇼를 벌이도록 만드신 것이다.

모순?

여기서 이 디오 파레도켄(Διὸ παρέδωκεν)이 나타내는 그 하나님의 행위가 인간들이 보기에 비정하다는 비난이 될 수 없다는 사실이 명확해진다. 그 하나님께서 인류를 내어버리심이 그 하나님의 '사랑과 정의(공의)'라는 두 속성에 모순되는 행동이라는 지적이 억지임이 확인된 것이다.

이 같은 확신은 사도 바울이 롬1:1-17에서 이미 규정하고 선언한 '하나님의 복음 선포'라는 맥락을 전제로 볼 때 분명해진다. 왜냐하면 하나님의 복음이 선포되는 상황에서 그 하나님의 내어버리심은 잠시 인류가 사탄의 지배 아래서 사는 것이 얼마나 치욕스러운 것인지를 알게 하시려는 배려이고, 그것 또한 그 하나님의 사랑에서 나온 은혜임을 알게 하시는 여유(지혜)가 되기 때문이다.

치욕

재미 있는 것은 놀랍게도 그 하나님께서는 그 치욕스러움을 인간들의 몸으로 나타나도록 하셨다는 사실이다.

인간의 몸이 비록 티끌과 같은 흙을 소재로 만들어졌지만, 그 흙은 전지전능하신 그 하나님의 손에 의해 하나님과 같은 모양의 모습으로 만들어졌고, 그 하나님의 숨결에 의해 목숨을 가진 영혼의 존재가 되었다. 그런 인간을 그 하나님의 말씀으로 양육해 하나님의 영광을 나타내는 하나님의 형상으로서 영원히 썩지 않는 불멸의 몸을 가진 영원한 생명의 존재로 만드는 것이 거룩하신 창조주 하나님의 뜻이었다.

하지만 인간들은 그 하나님의 뜻을 거역하는 자리에 떨어졌다. 그 하나님의 영광스러운 형상의 모습을 나타내어야 할 그들의 몸은 나약해지고 병들어 썩어 문드러지는 '사망(죽음)'이라는 치욕스러움을 나타내는 도구로 전락한 것이다.

1:24	—Διὸ παρέδωκεν αὐτοὺς ὁ θεὸς ἐν ταῖς ἐπιθυμίαις τῶν καρδιῶν αὐτῶν εἰς ἀκαθαρσίαν τοῦ ἀτιμάζεσθαι τὰ σώματα αὐτῶν ἐν αὐτοῖς·	---그러므로 그들을 그 하나님께서 내어버려두셔서 그들끼리 그들의 마음에 일어나는 욕망대로 더러운 짓을 하게 하여 그들의 몸이 욕되게 하셨습니다.

핵심

이 부분을 제대로 이해하기 위해서는 약간의 설명이 필요하다. 왜냐하면 필자가 읽기 쉽게 번역하려고 하다 보니, 그 본래의 의미가 제대로 전달되지 못한 것 같다는 생각이 들어서이다.

그것을 헬라어 원문 그대로 직역하면 '그들의 마음에서 일어나는 욕망 안에서 그들끼리 그들의 몸을 욕되게 하는 더러움에 넘겨 주셨다.'이다. 핵심은 그들의 몸을 욕되게 하는 더러움에 던져졌다는 것이다.

아티마제스다이(ἀτιμάζεσθαι)

먼저 '욕되게 하다'라는 의미의 단어는 헬라어 아티마제스다이(ἀτιμάζεσθαι)이다. 이 단어는 일반적으로 관계에서 '불명예스럽게 대하다'라는 의미이다. 그러니까 상대를 존중하지 않고 명예를 실추시키는 것을 나타낸다. 상대를 얕잡아 보아 함부로 하거나 무언가를 소중하게 여기지 않고 쉽게 다루는 것이다.

BDAG도 '누군가의 명예나 존경심을 박탈하는 행위(deprive someone of honor or respect)'를 나타내는 단어로 규정하고, 여기서는 수치심이나 치욕의 상태를 나타내는 단어(dishonor-treated or regarded with contempt or disrespect)와 잘못되었거나 어리석은 행동에 대한 인식으로 인해 발생하는 고통스러운 굴욕감이나 괴로움을 나타내는 단어(shame-a painful feeling of humiliation or distress caused by the consciousness of wrong or foolish behavior)로 표현했다. 그리고 이 부분(τοῦ ἀτιμάζεσθαι τὰ σώματα αὐτῶν-투 아티마제스다이 타 소마타 아우톤)을 '그들의 몸이 타락할 수도 있다는 것(that their bodies might be degraded)'으로 번역했다.

한마디로 그들이 그 하나님의 그 진리를 변질시켜 타락함으로써 사람 몸의 기능과 성능을 떨어뜨리고 몸의 가치를 손상케 하여 몸이 가진 본래의 아름다움과 영광스러움을 잃어버리게 만드는 행위를 나타낸다. 그들의 신체가 저하되거나 그들의 몸이 퇴화된다는 것을 의미한다. 몸을 만드신 하나님의 뜻에 맞게 몸을 사용하는 바른 신체 사용법을 버리고 자기 멋대로 함부로 몸을 쓰는 자리로 전락하게 되는 것이다.

아카다르시안(ἀκαθαρσίαν)

그리고 '더러움'이란 헬라어 아카다르시안(ἀκαθαρσίαν)이다. 이 단어는 일반적으로 '깨끗함'과 대비되는 개념으로 구약 성경의 맥락에서는 '정결함'과 대비되는 개념으로 '불결(不潔)'과 '부정(不淨)'을 나타내는 단어이다. 그러니까 하나님과의 관계에서 더럽고 지저분하며 꺼림직하고 불길한 것을 가리키는데, 결국 신성한 것이나 거룩한 것을 침해하는 청정하지 못한 것을 나타낸다.

BDAG는 문자적으로 '극도로 불쾌할 정도로 역겹게 더러운 것이거나 먼지나 진흙과 같이 박테리아 등으로 오염된 더러운 모든 물질(any substance that is filthy or dirty)'을 가리키나 이곳에서는 '도덕적으로 부패한 상태(a state of moral corruption)'를 나타내는 단어로 분류하고 도덕적으로 잘못된 행동 또는 사회에서 허용되는 기준에서 벗어난 행동을 나타내는 단어(immorality-behaviour that is morally wrong, or outside society's standards of what is acceptable)와 잘못되었거나 매우 불쾌하고 일반적으로 부도덕하고 용납할 수 없는 특성을 나타내는 단어(vileness-the quality of being very unpleasant, and usually immoral and unacceptable)로 표현하며 이 부분(παρέδωκεν εἰς ἀκαθαρσίαν-파레도켄 에이스 아카다르시안)을 '사악함(비열함 또는 악랄함: 위 vileness의 영영사전 참조)에 넘겨 주다(give over to vileness)'로 번역했다.

한마디로 하나님께 제사를 올릴 때 사용할 수 없는 물건과 제물로 드릴 수 없는 동물이나 사람을 구분하는 특정한 규례가 세워졌듯이 사람의 일상적인 삶에서도 하나님의 정하신 신성한 삶의 방법이 있었고, 이 거룩한 삶의 규례에 어긋나는 인간의 행위를 통틀어 '더러움'이라고 한다.

따라서 '더러움'이라고 번역된 아카다르시안(ἀκαθαρσίαν)이 단순히 겉으로 드러나는 인간 삶의 더러움만을 나타내는 것이 아니라, 인간 속의 더러움에까지 닿아 있는 영적인 더러움을 간파할 수 있는 영적 안목으로 읽는 것이 중요하다.

이는 예수님께서도 율법 학자와 바리새파 사람들을 향하여, '위선자들아, 너희에게 화가 있다! 너희는 하얗게 칠한 무덤과 같다. 겉은 그럴싸하게 꾸며 아름다워 보이지만 그 안은 시체들의 뼈와 온갖 더러운 것(ἀκαθαρσίας-아카다르시아스)으로 가득 차 있다.'라고 하신 말씀에서 확인된다(마23:27).

예수님의 말씀
어느 날 예수님께서 이사야의 예언(사29:13)을 인용해 "이 백성이 입술로는 나를 공경한다고 하나 그들의 마음은 내게서 멀다. 그들이 나를 헛되게 숭배하는데, 이는 사람들의 명령들을 교훈으로 가르치기 때문이다."라고 바리새인들과 율법 학자들을 질타하신 후 군중들을 불러 모으고 "듣고 깨달아라. 그 입으로 들어가는 그것이 그 사람을 더럽게 하는 것이 아니라 다만 그 입에서 나아가는 그것이 바로 그 사람을 더럽게 한다."라고 말씀하셨다.

이에 제자들이 예수님께 나아와 '바리새인들이 그 말씀을 듣고 걸려 넘어진 사실을 아시는지를 물었고, 예수님께서는 '심은 것마다 내 천부께서 심지 않으신 것은 뽑혀질 것이다. 그러니 그들을 그냥 내버려두어라. 저들은 소경들로서 소경들을 인도하는 자들이다. 그러나 소경이 소경을 인도한다면 둘 다 웅덩이에 빠질 것이다.'라고 하신 후 그 비유의 말씀을 상세하게 설명해 달라고 하는 베드로의 간청에 다음과 같이 말씀하셨다.

> *16 "너희는 아직도 깨달음이 없느냐?*
> *17 그 입으로 들어가는 그것은 모두 그 뱃속으로 들어가서 뒷간에 내어버려지는 줄을 너희는 이해하지 못하느냐?*
> *18 그러나 그 입에서 나아가는 그것은 그 마음에서 나오는 것이니 그것들이 그 사람을 더럽게 한다.*
> *19 왜냐하면 그 마음에서 나오는 그것은 악한 생각과 살인과 간음과 음행과 도둑질과 거짓 증언과 비방이다.*
> *20 이런 것들이 그 사람을 더럽게 한다. 손을 씻지 않고 음식을 먹는 그것은 그 사람을 더럽게 하지 않는다."*

> *16 ὁ δὲ εἶπεν· ἀκμὴν καὶ ὑμεῖς ἀσύνετοί ἐστε; 17 οὐ νοεῖτε ὅτι πᾶν τὸ εἰσπορευόμενον εἰς τὸ στόμα εἰς τὴν κοιλίαν χωρεῖ καὶ εἰς ἀφεδρῶνα ἐκβάλλεται; 18 τὰ δὲ ἐκπορευόμενα ἐκ τοῦ στόματος ἐκ τῆς καρδίας ἐξέρχεται, κἀκεῖνα κοινοῖ τὸν ἄνθρωπον. 19 ἐκ γὰρ τῆς καρδίας ἐξέρχονται διαλογισμοὶ πονηροί, φόνοι, μοιχεῖαι, πορνεῖαι, κλοπαί, ψευδομαρτυρίαι, βλασφημίαι. 20 ταῦτά ἐστιν τὰ κοινοῦντα τὸν ἄνθρωπον, τὸ δὲ ἀνίπτοις χερσὶν φαγεῖν οὐ κοινοῖ τὸν ἄνθρωπον.*
> ***(NA28판, UBS5판 마15:16-20 필자 사역)***

익숙한 단어들
이처럼 우리가 바울의 서신을 읽을 때 각각의 단어들의 표면적인 의미로부터 감추어진 영역의 영적인 의미까지 통틀어 읽어 낼 수 있는 안목이 필요하다.

특히 도덕적이고 윤리적인 인간의 행위와 상태를 표현하는 단어들은 매우 조심해서 읽어야 한다. 그렇지 않으면 바울의 의도를 왜곡하는 자리에 이르기 때문인데, 지금 우리가 살펴보고 있는 복음의 필요성을 다루는 부분에서 언급되는 타락한 인간의 상태에 관한 표현과 죄 아래 있는 인간의 삶에 관한 표현 등에서 보이는 익숙한 단어들이 그것이다.

이는 정말 이 세상이 사탄의 지배 아래 있고, 그 사탄의 전유물이 되어 버린 인간을 구원하기 위해, 그 하나님께서 직접 그분의 아들 주 예수 그리스도를 통한 비밀 특수 작전을 벌이고 계시는 영적 전쟁 상황에서 일어나는 일들을 표현하는 단어들임을 잊지 않고 읽어야 한다는 사실을 보여 준다.

세력

이렇게 읽을 때 이제껏 설명한 '그 하나님의 내어버리심'이라는 의미를 전달하는 디오 파레도켄(Διὸ παρέδωκεν)은 인간을 지배하고 있는 사탄에게 넘겨주심이 되고, 더러움은 그저 단순히 일상에서의 더러운 짓을 하는 인간의 행위를 나타내는 것만이 아니라 하나님과의 관계에서 깨끗한 것으로 겉을 포장할 수 있는 위선을 행하게 만드는 무서운 세력이 지배하는 영역까지 확장된다.

그것이 무서운 이유는, 그것이 사람의 몸을 하찮게 여겨 함부로 대하게 하여 그 기능과 성능을 저하하게 만드는 것만이 아니라, 몸을 위한다는 온갖 좋은 명분을 내세워 신성한 영적 몸을 파괴할 수 있는 교묘하고도 가공할 만한 죄의 힘을 실제로 교묘하게 발휘하게 하는 세력이기 때문이다.

성장통

이쯤 되면 앞에서 필자가 롬1:24을 직역하며 핵심이 '그들의 몸을 욕되게 하는 더러움'이라고 한 실제적인 이유를 간파할 수 있을 것이다. 바울이 사용하고 있는 단어들의 의미가 그토록 방대한 세계관을 표현하는 수단임을 이해하는 것만으로도 필자는 절반의 성공을 거둔 셈이다.

다만 그것을 우리 삶에 적용해 읽으려고 할 때 어쩌면 감당하기 힘든 변화의 소용돌이 속에 던져질지도 모를 일이다. 실제로 필자와 함께 2000여 년 동안 이해해 왔던 로마서가 아닌 새로운 로마서 읽기에 직면할 때, 감히 충언하자면, '과거에는 이렇게 보았지만, 지금은 이렇게 봅니다.'라고 진솔하게 말하는 용기가 필요하다. 왜냐하면 그것은 너나 할 것 없이 성경을 읽는 자들이 겪게 되는 공통적인 성장통과 관련되어 있기 때문이다.

변질

아무튼 그 더러움, 곧 아카다르시안(ἀκαθαρσίαν) 속으로 내어버려진 인간들은 결국 그 하나님의 그 진리를 왜곡하거나 변질시킨다. 더 나아가 그들은 영원히 찬양받으실 창조주 하나님 대신에 피조물을 숭배하고 예배하며 섬기는 자리로 나아간다. 창조된 세계를 구성하고 있는 '만물의 영장'이라고 하는 영광스러운 지위를 잃어버리고 자기가 다스려야 할 피조물에게 절하고 섬기는 우매한 우상 숭배에 떨어진 것이다.

이를 보시고 그 하나님께서 어찌 진노하지 않으시겠는가!

1:25	οἵτινες μετήλλαξαν τὴν ἀλήθειαν τοῦ θεοῦ ἐν τῷ ψεύδει καὶ ἐσεβάσθησαν καὶ ἐλάτρευσαν τῇ κτίσει παρὰ τὸν κτίσαντα, ὅς ἐστιν εὐλογητὸς εἰς τοὺς αἰῶνας, ἀμήν.	결국 이런 사람들이 그 하나님의 그 진리를 그 거짓으로 바꾸었고 창조하신 분 대신에 그 피조물을 숭배하며 섬겼던 것입니다. 하지만 창조하신 분은 영원히 찬양받으실 분입니다. 아멘.

그들이 거기까지 이르게 된 것은, 이미 설명했던 것처럼, 다니엘과 그의 세 친구를 통해 불멸의 영광스러운 몸도 있음을 알게 하신 그 하나님의 계시로 드러난 하나님의 그 썩지 않을 영광스러운 사람의 형상과 모습에 대한 믿음, 그러니까 그리스도 예수 안에서 예수 그리스도를 통해 영원한 생명을 주시는 그 하나님의 믿음을 저버렸기 때문이다.

새 창조 : 역전의 복음

하지만 바울이 전한 하나님의 복음은 하나님의 믿음을 바로 세워 하나님의 진노로부터 인류를 구원하시는 하나님의 능력이다(롬1:16-17). 하나님께서 진노하실 수밖에 없는 인류의 타락은 치명적이어서 하나님의 창조 능력이 아닌 세상의 그 어떤 신의 능력으로도 치유와 회복이 불가능한 불행하고 비참한 삶을 살게 하여 괴멸에 이르게 한다. 창조주 하나님만이 그런 인류를 새롭게 하실 수 있다. 바울이 전하는 하나님의 복음은 그렇게 타락한 인류를 역(逆)으로 창조주 하나님의 창조 능력으로 인류를 새롭게 하여 모든 창조 세계를 새롭게 하시는 역전의 복음으로서 창조주 하나님 아들의 복음이자(롬1:8) 곧 그리스도의 복음이다(롬9:5, 15:19).

확증

그래서 바울은 고후5:17에서 "누구든지 그리스도 안에 있으면 그는 새로운 창조물이라. 이전 것들은 지나갔으니, 보라, 모든 것이 새롭게 되었도다."라고 선언했다. 하나님의 복음은 하나님을 알면서도 하나님처럼 영화롭게도 하지 않고 하나님의 영광과 하나님의 진리마저 변질시키며 창조의 세계 질서를 무너뜨려 멸망을 자초하던 인류를 창조주 하나님을 영원토록 찬양하는 삶으로 바꾸는 새 창조(역 창조)의 복음이다. 그것은 거룩하게 하시는 영을 따라서 영적으로 죽은 자들이 부활함으로써 확증되었다(롬1:4).

찬양

이는 비로소 바울의 복음이 창조주 하나님만이 영원히 찬양받으실 분이심을 온전하게 드러내는 데 그 목적이 있음을 명시한 것이다(대상29:10-12). 왜냐하면 주 하나님께서 그의 보좌를 하늘에 세우시고 그의 왕권으로 만유를 다스리시기 때문이다(시103:19).

그 같은 바울의 영성이 닿아 있는 다윗의 생애 마지막 기도를 음미해 보자. 창조주 하나님을 향한 진실한 인간의 모습을 그리며 목숨을 걸고 하나님의 복음을 전파하고자 하는 바울의 마음을 보게 될 것이다.

10다윗이 모든 회중 앞에서 여호와를 찬양하며 이렇게 말했습니다. "여호와여, 당신(주님)은 영원부터 영원까지 찬양받으실 우리 조상 이스라엘의 하

나님이십니다.

11 여호와여, 당신께 위대하심과 권능과 영광과 승리와 위엄이 있습니다. 왜냐하면 천지에 있는 모든 것이 다 여호와 당신의 것이고, 그 왕국 또한 여호와 당신의 것이며, 여호와 당신은 지극히 높으신 만유의 머리이시기 때문입니다.

12 부와 명예도 당신의 얼굴로부터 나오며, 당신은 모든 것을 다스리십니다. 당신의 손에 권세과 능력이 있습니다. 당신의 손으로 누구든지 위대하고 강하게 할 수 있습니다.

13 우리 하나님이여, 이제 우리가 당신께 감사드립니다. 당신의 영광스러운 이름을 찬양합니다.

14 황송하게도 제가 무엇이며, 저의 백성이 무엇이기에, 이처럼 우리가 기쁜 마음으로 바칠 힘을 주셨습니까? 참으로 그 모든 것이 당신께로부터 나온 것이며, 우리는 진정 당신의 손으로부터 받아 당신께 돌려드렸을 뿐입니다.

15 아시다시피 우리는 당신의 얼굴 앞에서 우리 조상들의 모든 행적과 같이 외국인이나 나그네와 다름이 없습니다. 이 땅에 사는 우리의 날들이 그림자와 같아서 머물며 의지할 곳이 없습니다.

16 우리 하나님 여호와여, 우리가 준비한 이 모든 물건은 당신의 거룩한 이름을 모실 성전을 지어 당신께 드리기 위한 것입니다. 그것은 주의 손으로부터 나온 것이니 그 모든 것이 당신의 것입니다.

17 나의 하나님이여, 당신께서는 사람의 마음을 시험하시고 올바른 자들을 기뻐하신다는 것을 나는 압니다. 저는 정직한 마음으로 이 모든 것을 기쁘게 드렸습니다. 지금 여기에 모인 당신의 백성이 당신께 기쁘게 드리려고 하는 모습을 저는 환희 속에서 봅니다.

18 우리 조상 아브라함과 이삭과 야곱의 하나님 여호와여, 당신의 백성이 마음에 품은 이러한 생각을 영원히 지켜 주시고 언제나 당신을 향한 마음을 예비하게 하옵시며,

19 내 아들 솔로몬에게 온전한 마음을 주셔서, 당신의 계명과 법도와 율례를 지키고, 이 모든 일을 행하게 하시며, 내가 준비한 것으로 성전을 건축하게 하옵소서."

29:10 וַיְבָרֶךְ דָּוִיד אֶת־יְהוָה לְעֵינֵי כָּל־הַקָּהָל וַיֹּאמֶר דָּוִיד בָּרוּךְ אַתָּה יְהוָה אֱלֹהֵי יִשְׂרָאֵל אָבִינוּ מֵעוֹלָם וְעַד־עוֹלָם: 11 לְךָ יְהוָה הַגְּדֻלָּה וְהַגְּבוּרָה וְהַתִּפְאֶרֶת וְהַנֵּצַח וְהַהוֹד כִּי־כֹל בַּשָּׁמַיִם וּבָאָרֶץ לְךָ יְהוָה

וְהָעֹשֶׁר וְהַכָּבוֹד מִלְּפָנֶיךָ וְאַתָּה ¹²וְהַמַּמְלָכָה וְהַמִּתְנַשֵּׂא לְכֹל ׀ לְרֹאשׁ׃
מוֹשֵׁל בַּכֹּל וּבְיָדְךָ כֹּחַ וּגְבוּרָה וּבְיָדְךָ לְגַדֵּל וּלְחַזֵּק לַכֹּל׃ ¹³וְעַתָּה
אֱלֹהֵינוּ מוֹדִים אֲנַחְנוּ לָךְ וּמְהַלְלִים לְשֵׁם תִּפְאַרְתֶּךָ׃ ¹⁴וְכִי מִי אֲנִי וּמִי
עַמִּי כִּי־נַעְצֹר כֹּחַ לְהִתְנַדֵּב כָּזֹאת כִּי־מִמְּךָ הַכֹּל וּמִיָּדְךָ נָתַנּוּ לָךְ׃ ¹⁵כִּי־
גֵרִים אֲנַחְנוּ לְפָנֶיךָ וְתוֹשָׁבִים כְּכָל־אֲבֹתֵינוּ כַּצֵּל ׀ יָמֵינוּ עַל־הָאָרֶץ וְאֵין
מִקְוֶה׃ ¹⁶יְהוָה אֱלֹהֵינוּ כֹל הֶהָמוֹן הַזֶּה אֲשֶׁר הֲכִינֹנוּ לִבְנוֹת־לְךָ בַיִת
לְשֵׁם קָדְשֶׁךָ מִיָּדְךָ הִיא וּלְךָ הַכֹּל׃ ¹⁷וְיָדַעְתִּי אֱלֹהַי כִּי אַתָּה בֹּחֵן לֵבָב
וּמֵישָׁרִים תִּרְצֶה אֲנִי בְּיֹשֶׁר לְבָבִי הִתְנַדַּבְתִּי כָל־אֵלֶּה וְעַתָּה עַמְּךָ
הַנִּמְצְאוּ־פֹה רָאִיתִי בְשִׂמְחָה לְהִתְנַדֶּב־לָךְ׃ ¹⁸יְהוָה אֱלֹהֵי אַבְרָהָם יִצְחָק
וְיִשְׂרָאֵל אֲבֹתֵינוּ שָׁמְרָה־זֹּאת לְעוֹלָם לְיֵצֶר מַחְשְׁבוֹת לְבַב עַמֶּךָ וְהָכֵן
לְבָבָם אֵלֶיךָ׃ ¹⁹וְלִשְׁלֹמֹה בְנִי תֵּן לֵבָב שָׁלֵם לִשְׁמוֹר מִצְוֺתֶיךָ עֵדְוֺתֶיךָ
וְחֻקֶּיךָ וְלַעֲשׂוֹת הַכֹּל וְלִבְנוֹת הַבִּירָה אֲשֶׁר־הֲכִינוֹתִי׃ פ

(BHS 5th ed 대상29:10-19 필자 사역)

간절함

이 같은 영성의 출처를 바울은 '주님도 한 분이시고, 믿음도 세례도 하나이며, 하나님도 한 분이시니 그분이 만유의 아버지로서 만유 위에 계시고 만유를 통일하시고 만유 가운데 계시는 분이시다.'라고 했다(엡4:6). 그것은 그 하나님께서 만유의 주가 되게 하신 예수 그리스도로 말미암아 화평의 복음을 전하심으로써 만물을 그에게 복종하게 하실 때 아들 자신도 만물을 자기에게 복종하게 하신 이에게 복종하게 하심으로 만유의 주로서 만유 안에 계시려 하시는 간절함에서 비롯된 것이다(고전 15:28).

그래서 거기에는 헬라인이나 유대인이나 할례파나 무할례파나 야만인이나 스구디아인이나 종이나 자유인이 차별 없이 모두 하나가 되어 그 하나님(창조주 하나님)을 찬양하며 산다. 그 이유는 오직 그리스도만이 그 모든 것들의 주로 계시며, 그리스도만이 만유의 주로 계시기 때문이다(골 3:11).

이렇게 그리스도의 복음만이 창조주 하나님을 찬양받으실 분으로 숭배하고 예배하며 섬기는 믿음의 일을 시작하게 한다는 게 바울의 생각이다. 그런 바울의 관점은 롬9:5, 고후1:3, 11:31, 엡1:3의 맥락에 명확하게 드러나 있다.

그 관점으로 이제껏 살펴보았던 핵심 본문 롬1:16-25을 다시 한번 읽어 보라.

그러고 나서 이어지는 본문을 연결해서 읽어 보면 쉽고 바르게 읽을 수 있을 것이다.

1:16	Οὐ γὰρ ἐπαισχύνομαι τὸ εὐαγγέλιον, δύναμις γὰρ θεοῦ ἐστιν εἰς σωτηρίαν παντὶ τῷ πιστεύοντι, Ἰουδαίῳ τε πρῶτον καὶ Ἕλληνι.	참으로 나는 그 복음을 부끄러워하지 않습니다. 왜냐하면 그 복음은 믿는 각 사람을 구원에 이르게 하시는 하나님의 권능이기 때문입니다. 그것은 유대인에게 우선적인 것으로 보였으나, 사실은 유대인과 헬라인 양쪽 모두에게 동일한 것이었습니다.
1:17	δικαιοσύνη γὰρ θεοῦ ἐν αὐτῷ ἀποκαλύπτεται ἐκ πίστεως εἰς πίστιν, καθὼς γέγραπται· ὁ δὲ δίκαιος ἐκ πίστεως ζήσεται.	이는 '오직 그 의인은 믿음으로부터 살 것이다.'라고 기록된 것과 같이, 하나님의 한 의(義)가 그 복음 안에서 계시(啓示)되고 있어 믿음으로부터 믿음에 이르게 하고 있기 때문입니다.
1:18	Ἀποκαλύπτεται γὰρ ὀργὴ θεοῦ ἀπ' οὐρανοῦ ἐπὶ πᾶσαν ἀσέβειαν καὶ ἀδικίαν ἀνθρώπων τῶν τὴν ἀλήθειαν ἐν ἀδικίᾳ κατεχόντων,	참으로 하나님의 진노가 하늘로부터 불의로 그 진리를 막고 있는 사람들의 온갖 불경(不敬)과 불의(不義) 위에 계시되고 있습니다.
1:19	διότι τὸ γνωστὸν τοῦ θεοῦ φανερόν ἐστιν ἐν αὐτοῖς· ὁ θεὸς γὰρ αὐτοῖς ἐφανέρωσεν.	이는 그 하나님께서 자신을 알아볼 수 있게 그들에게 분명하게 드러내어 보여 주셨기 때문입니다.
1:20	τὰ γὰρ ἀόρατα αὐτοῦ ἀπὸ κτίσεως κόσμου τοῖς ποιήμασιν νοούμενα καθορᾶται, ἥ τε ἀΐδιος αὐτοῦ δύναμις καὶ θειότης, εἰς τὸ εἶναι αὐτοὺς ἀναπολογήτους,	참으로 그분의 보이지 않는 것들, 곧 그분의 영원하신 능력과 신성이 세상 창조로부터 그 행하신 일들에 의해 이해되고 깨달아짐으로써 그들이 변명할 수 없게 하신 것입니다.
1:21	διότι γνόντες τὸν θεὸν οὐχ ὡς θεὸν ἐδόξασαν ἢ ηὐχαρίστησαν, ἀλλ' ἐματαιώθησαν ἐν τοῖς διαλογισμοῖς αὐτῶν καὶ ἐσκοτίσθη ἡ ἀσύνετος αὐτῶν καρδία.	이는 그들이 그 하나님을 알면서도 하나님처럼 영화롭게 하거나 감사하지 않고, 오히려 그들의 여러 가지 셈법에 따라 허망해졌고 분별력 없는 마음이 어두워졌기 때문입니다.
1:22	φάσκοντες εἶναι σοφοὶ ἐμωράνθησαν	그들은 자기들이 지혜롭다고 주장함으로써 바보가 되었고

1:23	καὶ ἤλλαξαν τὴν δόξαν τοῦ ἀφθάρτου θεοῦ ἐν ὁμοιώματι εἰκόνος φθαρτοῦ ἀνθρώπου καὶ πετεινῶν καὶ τετραπόδων καὶ ἑρπετῶν.	그들은 썩지 않는 하나님의 영광을 썩어 없어질 사람과 새들과 그리고 네발짐승들과 기어다니는 것들의 형상을 닮은 모습으로 바꾸어 버렸습니다.
1:24	—Διὸ παρέδωκεν αὐτοὺς ὁ θεὸς ἐν ταῖς ἐπιθυμίαις τῶν καρδιῶν αὐτῶν εἰς ἀκαθαρσίαν τοῦ ἀτιμάζεσθαι τὰ σώματα αὐτῶν ἐν αὐτοῖς·	---그러므로 그들을 그 하나님께서 내어 버려두셔서 그들끼리 그들의 마음에 일어나는 욕망대로 더러운 짓을 하게 하여 그들의 몸이 욕되게 하셨습니다.
1:25	οἵτινες μετήλλαξαν τὴν ἀλήθειαν τοῦ θεοῦ ἐν τῷ ψεύδει καὶ ἐσεβάσθησαν καὶ ἐλάτρευσαν τῇ κτίσει παρὰ τὸν κτίσαντα, ὅς ἐστιν εὐλογητὸς εἰς τοὺς αἰῶνας, ἀμήν.	결국 이런 사람들이 그 하나님의 그 진리를 그 거짓으로 바꾸었고 창조하신 분 대신에 그 피조물을[†2] 숭배하며 섬겼던 것입니다. 하지만 창조하신 분은 영원히 찬양받으실 분입니다. 아멘.

> 전환된 관점의 로마서 읽기

제5장
하나님께서 정하신 성에 대한 그릇된 인식의 끝

본문 : 로마서 1장 26~27절

핵심 주제 어구

Διὰ τοῦτο παρέδωκεν αὐτοὺς ὁ θεὸς εἰς πάθη ἀτιμίας

(디아 투토 파레도켄 아우투스 호 데오스 에이스 파데 아티미아스)

또 그것은 인간의 우상 숭배가 '불의로 그 하나님의 그 진리를 막는 불경'의 외적인 모습이고, 그 내적인 모습이 바로 그릇된 성 정체성이 작동하는 지점에서 형성되는 것임을 알게 한다.

결국 그것은 인류가 지금 비진리에 매몰되어 우상을 만드는 것처럼, 자식을 낳아 부귀영화를 누리며 살게 만들기 위해 헌신하듯 섬기는 비뚤어진 성 정체성의 시대에 살고 있으며, 그런 인류의 불경과 불의 위에 하나님의 진노가 나타나고 있다(계시되고 있다)는 것이, 사도 바울 진술의 핵심이란 말이 된다.

제5장(하나님께서 정하신 성에 대한 그릇된 인식의 끝) _ 본문 185p에서

본문

1장	NA28판(UBS5판) ΠΡΟΣ ΡΩΜΑΙΟΥΣ 1	로마서 1장 필자 사역
1:26	—Διὰ τοῦτο παρέδωκεν αὐτοὺς ὁ θεὸς εἰς πάθη ἀτιμίας, αἵ τε γὰρ θήλειαι αὐτῶν μετήλλαξαν τὴν φυσικὴν χρῆσιν εἰς τὴν παρὰ φύσιν,	---이 일 때문에 그 하나님께서는 그들을 수치스러운 욕정에 내어버려두셨는데, 이는 그들의 여성들 역시 그 본성적인 필요를 그 본성에 반하는 것으로 바꾸었고†
1:27	ὁμοίως τε καὶ οἱ ἄρσενες ἀφέντες τὴν φυσικὴν χρῆσιν τῆς θηλείας ἐξεκαύθησαν ἐν τῇ ὀρέξει αὐτῶν εἰς ἀλλήλους, ἄρσενες ἐν ἄρσεσιν τὴν ἀσχημοσύνην κατεργαζόμενοι καὶ τὴν ἀντιμισθίαν ἣν ἔδει τῆς πλάνης αὐτῶν ἐν ἑαυτοῖς ἀπολαμβάνοντες.	그 남성들도 똑같이 여성에 대한 그 본성적인 필요를 버리고, 그들이 지닌 사나운 욕정에 사로잡혀 서로를 향해 불타올라 남성들끼리 부끄러운 행위를 만들어 내어 ※1 그들의 미혹됨에※2 대한 마땅한 대가도 그들 각자가 받았기 때문입니다.

원인

먼저 두 번째 내어버리심(παρέδωκεν-파레도켄)에 대해 말하는 롬1:26-27의 내용을 명확하게 이해하려면, 그 문단을 시작하는 디아 투토(Διὰ τοῦτο)가 가리키는 의미를 분별하는 것이 매우 중요하다. 왜냐하면 이미 필자가 언급했듯이 바울의 화법이 논리의 맥락을 분명하게 파악할 수 있도록 문장의 의미를 결정짓는 요소인 연결사를 아주 예리하게 사용하기 때문이다.

여기서 디아(Διὰ)는 목적어(τοῦτο-투토)를 지배하여 원인을 나타내는 전치사이고, 그 목적어 투토(τοῦτο)는 가까이에 있는 것을 지칭하는 지시대명사(영어의 this)이다. 이 둘은 전치사구(Διὰ τοῦτο-디아 투토)를 이루어 '이것 때문에'라는 의미로 직전에 언급된 무언가를 원인으로 놓고 일어나는 일을 제시하는 연결사의 역할을 하므로 필자는 이전 책에서 '이런 연유로'라고 번역했었지만 '이 일 때문에'라고 손질했다.

이처럼 디아 투토(Διὰ τοῦτο)는 그런 헬라어 어법을 따라 바로 앞 문맥을 통해 드러난 특정한 사실을 원인으로 하여 일어난 현상과 결과를 나타내는 데 쓰였음이 분명하다. 따라서 앞 문맥과 관련하여 이 디아 투토(Διὰ τοῦτο)가 가리키는 실제가 무엇인지를 밝히는 것은 이 디아 투토(Διὰ τοῦτο) 이후의 문맥을 결정짓는 실마리가 된다.

두 개의 파레도켄(παρέδωκεν)
재미 있는 것은 이 디아 투토(Διὰ τοῦτο) 이후 문맥(롬1:26-32)에서 대등절을 나타내는 접속사 카이(Καὶ)를 중심으로 두 개의 파레도켄(παρέδωκεν)을 사용하여 두 개의 내어버리심을 제시한다는 점이다(롬1:26, 28). 이 구조는 롬1:24의 '파레도켄(παρέδωκεν)'과 함께 바울이 하나님의 진노 상황을 설명해 내는 틀이기도 하다.

혼란
필자는 '파레도켄(παρέδωκεν)'이라는 어휘에 대해선 이미 롬1:24의 '내어버리심(παρέδωκεν-파레도켄)'을 살펴볼 때 충분하게 설명했다. 물론 롬1:26의 디아 투토(Διὰ τοῦτο) 이후(롬1:26-32)에 쓰인 두 개의 파레도켄(παρέδωκεν) 역시 동일 개념으로 쓰인다.

다만 그것들 사이를 구분해야 할 특별한 이유라도 있는지 그 여부를 가리기 위해서라도 그것들이 시차를 두고 행해진 일인지의 여부는 좀 따져 보아야 할 부분이다. 왜냐하면 이 부분을 '3중 타락이니 혹은 5중 타락이니' 하는 말을 만들어 논리적 혼란을 자초하는 일이 발생할 수 있기 때문이다.

구분 선
사실 이 부분은 하나님께서 내리시는 진노의 대상과 그 현장에 대한 바른 이해와 관련하여 매우 중요한 의미를 지닌다. 우리가 이미 살펴보았듯이 실제로 하나님의 진노는 '불의로 그 진리를 막는 사람들의 불경과 불의 위에' 퍼부어진다. 그리고 그것은 심화된 불경과 불의 위에 하나님의 진노가 나타나고 있다는 것을 구체적으로 명시한 표현이다. 이는 앞으로 논의될 하나님의 복음으로 베풀어지는 은혜가 롬5:20, 7:13과 롬4:15에서 다루는 율법과 계명으로 인해 심화된 죄와 진노로부터의 구원임을 밝히는 사도 바울의 일관된 관점과 맥락을 같이하는 부분이기 때문이다.

핵심은 하나님의 진노를 불러일으키는 그 불경과 그 불의가 무엇이냐는 것이며, 계속되는 바울의 서술 속에서 그것을 어떻게 명확하게 구분하여 이해할 수 있느냐는 것이다.

따라서 이 3개의 파레도켄(παρέδωκεν)의 관계를 명확하게 구분하여 제자리를 잡아 주는 것이 관건이다. 그리고 그에 대한 명확한 해답은 정직하게 이 3개의 파레도켄(παρέδωκεν)이 쓰인 바울 텍스트의 문맥을 살펴 그 불경과 그 불의에 대한 구분 선을 명확하게 찾는 것 외엔 다른 길이 없다.

투토(τοῦτο)

먼저 그 구분 선을 찾기 위해 필자는 디아 투토(Διὰ τοῦτο)의 투토(τοῦτο)가 무엇을 가리키는 지시대명사인지 조명하는 일이 급선무라고 생각한다. 왜냐하면 이 투토(τοῦτο)의 개념 아래에서 쓰인 롬1:26, 28의 두 파레도켄(παρέδωκεν)이 각각 인간의 내어버려진 다른 처지와 상태를 보여 주고 있는데(롬1:26, 28), 그것이 바로 앞 롬1:24에 이미 언급된 파레도켄(παρέδωκεν)과의 관계에서 발생할 수 있는 약간의 혼란스러움, 그러니까 롬1:24의 내어버리심의 내용과 롬1:26의 내어버리심의 내용이 겹치는 듯한 비슷한 내용으로 오인할 수 있는 부분을 바로잡을 수 있게 하는 실마리가 되기 때문이다.

실제로 롬1:24의 내어버리심이 '그들끼리 그들의 마음에 일어나는 욕망대로 더러운 짓을 하게 하여 그들의 몸이 욕되게 하신 것'이고 롬1:26의 내어버리심이 '그들이 지닌 사나운 욕정에 사로잡혀 서로를 향해 불타올라 저지르는 성적인 타락을 묘사하는 것'으로 그 내용의 구분점이 모호하다.

간단히 말해 이 투토(τοῦτο)는 그 구분점을 명확하게 하는 우상 숭배를 가리킨다. 그리고 그 우상 숭배는 롬1:25이 말하는 창조주 하나님 대신에 그 피조물을 숭배하고 예배하며 섬기는 것을 말한다. 그것은 하나님의 그 썩지 않는 영광의 형상으로 지어져 가야 할 생애의 목표를 부여받은 인간들이 그들의 몸으로 구현해야 할 그 하나님의 영광스러운 소망에 합당한 몸의 가치를 소중히 여기는 그 영광스러운 자존감을 잃어버린 모습으로 그 하나님의 진리를 그 거짓 것으로 뒤바꿔 버린 데서 시작되었다.

1:24	—Διὸ παρέδωκεν αὐτοὺς ὁ θεὸς ἐν ταῖς ἐπιθυμίαις τῶν καρδιῶν αὐτῶν εἰς ἀκαθαρσίαν τοῦ ἀτιμάζεσθαι τὰ σώματα αὐτῶν ἐν αὐτοῖς·	---그러므로 그들을 그 하나님께서 내어 버려두셔서※ 그들끼리 그들의 마음에 일어나는 욕망대로 더러운 짓을 하게 하여 그들의 몸이 욕되게 하셨습니다.
1:25	οἵτινες μετήλλαξαν τὴν ἀλήθειαν τοῦ θεοῦ ἐν τῷ ψεύδει καὶ ἐσεβάσθησαν καὶ ἐλάτρευσαν τῇ κτίσει παρὰ τὸν κτίσαντα, ὅς ἐστιν εὐλογητὸς εἰς τοὺς αἰῶνας, ἀμήν.	결국 이런 사람들이※1 그 하나님의 그 진리를 그 거짓으로 바꾸었고†1 창조하신 분 대신에 그 피조물을†2 숭배하며※2 섬겼던※3 것입니다. 하지만 창조하신 분은 영원히 찬양받으실 분입니다. 아멘.

그 피조물과 그 거짓

여기서 필자는 피조물과 거짓이라고 하는 일반 명사에 정관사를 붙여 쓰는 사도 바울의 어법에 주목하고 있다. 그것은 이미 앞에서 필자가 '우상 숭배'라는 용어로 규정했듯이, 이는 인류가 타락한 후에 끊임없이 보여 온 그 우상 숭배의 실체적 진실을 드러내기 위해 특정된 개념을 전달하고자 하는 의도를 나타내는 바울의 특별한 어법이다.

따라서 이 대목에서 중요한 것은 단순히 피조물을 숭배와 예배로 섬겨야 할 대상으로 만든 인간의 교활함과 광기 어린 어리석음에 대한 설명보다 인간이 신처럼 여겨 생명력을 부여한 그 피조물(τῇ κτίσει-테 크티세이)에 대한 문맥적 설명을 읽어 내는 것이다.

아주 특별한 이야기

엄밀하게 말하면 그 피조물(τῇ κτίσει-테 크티세이)은 '그 하나님의 그 진리(τὴν ἀλήθειαν τοῦ θεοῦ-텐 알레데이안 투 데우)'를 거짓으로 바꾸어 버린 그 거짓(τῷ ψεύδει-토 프슈데이)에 의해 만들어진 '그 거짓 것'의 다른 표현이고, '그 거짓(τῷ ψεύδει-토 프슈데이)'은 '그 하나님의 그 진리(τὴν ἀλήθειαν τοῦ θεοῦ-텐 알레데이안 투 데우)'를 가지고 거짓되게 만들어진 '조작된 진리'이며, 그 조작된 진리에 의해 그 피조물(τῇ κτίσει-테 크티세이)이 탄생했기 때문이다.

이 이야기는 문맥을 거슬러 올라가서 다시 하나님의 진노가 퍼부어지는 이유를 설명하는 대목(상위 문맥)에 우리의 시선을 끌어올린다. 거기에(롬1:20) '세상의 창조로부터(ἀπὸ κτίσεως κόσμου-아포 크티세오스 코스무)' 하나님께서 행하신 일에 대한 설명이 있다. 그것은 이미 필자가 많은 지면을 통해 자세하게 다룬 처음 창조로부터 시작된 아주 특별한 이야기가 분명하다.

그 진리

그리고 그건 '불의로 그 진리(τὴν ἀλήθειαν-텐 알레데이안)를 막고 있는 사람들의 불경과 불의 위에' 하나님의 진노가 나타나는 이유를 설명하는 데 닿아 있다. 이미 알다시피 '그 진리(τὴν ἀλήθειαν-텐 알레데이안)'는 하나님께서 하박국 시대에 말씀하신 '오직 그 의인은 믿음으로 살 것이다(ὁ δὲ δίκαιος ἐκ πίστεως ζήσεται-호 데 디카이오스 에크 피스테오스 제세타이).'라는 말씀의 마지막 실체적 증거인 하나님의 복음(롬1:1, 15:16), 곧 바울의 복음(롬2:16, 16:25), 그 그리스도의 그 복음이다(롬15:19).

바꿈

창조주 하나님께서는 처음 창조, 곧 세상의 창조 시점으로부터 끊임없이 사탄에 의해 타락한 인류에게 그 진리(τὴν ἀλήθειαν-텐 알레데이안)를 이해시켜 알게 하시려고 무수한 사건으로 교훈하셨다. 그런데도 타락한 인류는 독자적인 신앙 노선을 개발했다. 타락하여 죽음에 종노릇하는 인류를 하나님의 영광스러운 반열에 올려놓아 영원토록 영광된 삶을 살게 하려고 하시는 하나님의 진심을 짓밟았다. 그들에게 보여 주신 하나님의 그 썩지 않는 그 영광(τὴν δόξαν τοῦ ἀφθάρτου θεοῦ-텐 독산 투 아프다르투 데우)을 썩어 없어질 사람과 새들과 그리고 네발짐승들과 기어다니는 것들의 형상을 닮은 모습으로 바꾸어 버린 것이다(롬1:23).

이는 하나님을 알면서도 하나님처럼 영화롭게 하거나 감사하지 않고, 오히려 그들의 여러 가지 셈법에 따라 허망해졌고 분별력 없는 마음이 어두워져, 자기들이 지혜롭다고 주장하는 바보가 되어 저지른 일이다(롬1:22).

| 1:23 | καὶ ἤλλαξαν τὴν δόξαν τοῦ ἀφθάρτου θεοῦ ἐν ὁμοιώματι εἰκόνος φθαρτοῦ ἀνθρώπου καὶ πετεινῶν καὶ τετραπόδων καὶ ἑρπετῶν. | 그들은 하나님의 그 썩지 않는 그 영광을 † 썩어 없어질 사람과 새들과 그리고 네발짐승들과 기어다니는 것들의 형상을 닮은 모습으로※ 바꾸어 버렸습니다. |

진의

그리고 그것은 앞으로 당연히 설명하게 될 대목, 필자가 지금 이 책을 써 가면서 벼르고 있는 것들을 더욱 선명하게 보여 줄 이 단원(롬1:18-32)의 결론인 접속사 디오(Διὸ)가 이끄는 롬2:1-16에서 마주하게 될, 창조주 하나님께서 타락한 인류가 하나님의 진노하심에 대해 반항하거나 변명하지 못하게까지 오랜 세월 동안 그 진리를 명백하게 보여 주신 인자하심과 관용하심과 오래 참으심의 부유하심을 하찮게 여기는 안타까운 모습이다.

그리고 이 단원의 설명이 더해 갈수록 2000여 년 로마서 해석의 지형을 바꾸고자 하는 필자의 주님을 향한 충성이, 아니 사도 바울의 진의를 밝혀 대변하고자 하는 노력이 결코 교만하거나 허황되거나 허망하지도 않은 것임이 여실히 입증되어 드러날 것이다.

전치사구

여기 '바꾸다'라는 개념의 동사 엘락산(ἤλλαξαν)에 주목할 필요가 있다. 이 단어는 무언가를 변경하거나 변화시키는 것에서부터 교환하거나 갈아치우는 데까지를 나타낸다. 그것은 하나님의 그 썩지 않는 그 영광을 썩어 없어질 것으로 갈아 치워 버리는 그 거짓된 진리에 적극적인 자세와 확신에 찬 열정을 담고 있다. 그것은 신앙이라는 이름으로 아름답게 포장한 무례하고 거칠고 사나운 폭력적인 마음의 자세와 위선적인 교묘한 태도를 만들어 내는 어두움의 세력에 닿아 있다.

주목해야 할 것은 이 바꿈을 나타내는 엘락산(ἤλλαξαν)이라는 동사가 '썩어 없어질 사람과 새들과 그리고 네발짐승들과 기어다니는 것들의 형상 모양 안에서(ἐν ὁμοιώματι εἰκόνος φθαρτοῦ ἀνθρώπου καὶ πετεινῶν καὶ τετραπόδων καὶ ἑρπετῶν-엔 호모이오마티 에이코노스 프다르투 안드로푸 카이 페테이논 카이 테르라포돈 카이 에르페톤)'라고 하는 전치사구를 보어로 삼아 문장의 의미를 완성하는 데 있다. 왜냐하면 이 전치사구의 전치사가 기본적으로 '~안에서'라고 하는 범위와 '~으로'라고 하는 수단(방법)을 나타내는 엔(ἐν)이고, 그건 우리가 지금 관심을 두고 있는 그 피조물(τῇ κτίσει-테 크티세이)과 그 거짓(τῷ ψεύδει-토 프슈데이)의 실체를 이해하는 힌트를 제공하는 역할을 하고 있기 때문이다.

승화

놀라운 것은 재미 있게도 이 전치사구의 역할이 한 가지를 다른 것으로 바꾸는 행위(to exchange one thing for another)를 나타내는 엘락산(ἤλλαξαν)을 여러 가지를 섞어 만드는 행위로 진화해 읽게 하는 묘한 힘을 보게 한다는 점이다.

BDAG는 이 부분(ἤλλαξαν τὴν δόξαν τοῦ ἀφθάρτου θεοῦ ἐν ὁμοιώματι-엘락산 텐 독산 투 아프다르투 데우 엔 호모이오마티)을 '그들은 영원히 사시는 하나님의 영광을 대신할 …(they exchanged the glory of the immortal God for …)' 무언가로 바꾸었다는 의미로 번역했다.

그러니까 무언가를 주고 다른 것을 받는 교환의 의미가 강한 엘락산(ἤλλαξαν)의 그 바꾸는 행위가 이 전치사구로 인해 타락한 인간이 하나님의 그 썩지 않을 영광을 썩을 인간과 온갖 짐승을 섞어 변형시킨 형태의 새로운 피조물을 만들어 내는 창조주가 되는 사건으로 승화된다는 말이다. 머리가 온갖 동물이고 몸뚱이가 사람인 형태라든지, 머리가 사람이고 몸뚱이가 온갖 동물인 형태의 우상은 고대 사회에서 인간이 만들어 낸 신의 형상과 모습이다. 우리는 그것을 이름하여 우상 숭배라고 한다.

여기서 우리는 그 거짓(τῷ ψεύδει-토 프슈데이)과 그 피조물(τῇ κτίσει-테 크티세이)이 탄생하게 된 실체적 진실을 만난다. 비록 그 우상 숭배가 겉으로 보기에 만물의 영장인 인류가 자기보다 못한 피조물에 머리 숙여 절하는 모습, 곧 스스로 품격을 떨어뜨려 자존심을 구기는 모양 빠진 모습으로 보이지만 그 중심에는 이 세상에서 부귀영화를 누리며 잘 먹고 잘살아 보려고 하는 끊임없는 욕망에 사로잡힌 열정이 활발하게 움직이고 있다. 그래서 바울은 우상 숭배를 탐심이라고 분명하게 표현했다(골3:5, 엡5:5).

내력

이 우상 숭배로 인해 하나님께서는 인류를 그들끼리 서로 몸을 욕되게 하는 더러움에 내어버리신 것이다(롬1:24). 그것이 지금까지 구체적으로 설명한 롬1:18-23의 결론이다. 그리하여 이어지는 롬1:25의 그 거짓(τῷ ψεύδει-토 프슈데이)과 그 피조물(τῇ κτίσει-테 크티세이)은 그 우상 숭배에 이르는 과정에서 특정한 것을 나타내는 표현임을 분명히 알 수 있다.

분명히 말하지만, 그 거짓(τῷ ψεύδει-토 프슈데이)은 그 하나님의 그 진리를 교묘하게 왜곡해 바꾼 또 다른 진리를 말함이고, 그 피조물(τῇ κτίσει-테 크티세이)은 하나님의 그 썩지 않는 그 영광스러운 형상을 변형시킨 새로운 형상과 모양의 피조물을 말한다. 이것이 바로 앞에서 지적한 오해의 소지가 있는 3개의 파레도켄(παρέδωκεν) 중에 첫 번째 파레도켄(παρέδωκεν)이 가진 내력이다.

따라서 디아 투토(Διὰ τοῦτο)의 투토(τοῦτο)는 우상을 만들고 숭배하기까지의 과정에서 실제로 몸을 욕되게 하는 더러움에 내어버려지는 일의 전 과정을 종합적으로 나타낸다. 그러한 의미는 디아 투토(Διὰ τοῦτο)를 '이런 일 때문에'라고 번역하면 더욱 선명해진다.

메커니즘

그러므로 이 디아 투토(Διὰ τοῦτο) 이후의 두 개의 파레도켄(παρέδωκεν)은 첫 번째 파레도켄(παρέδωκεν)에 유기적으로 연결된 영적 개념의 인간 행위가 작동하는 원리의 메커니즘을 보여 준다. 그것은 두 개의 톱니바퀴가 물려 돌아가는 것처럼 첫 번째 파레도켄(παρέδωκεν)에 두 개의 파레도켄(παρέδωκεν)이 물려 돌아가는 것과 같다. 사탄의 동력이 첫 번째 파레도켄(παρέδωκεν)을 돌리고 그 첫 번째 파레도켄(παρέδωκεν)을 통해 전달된 그 동력이 두 개의 파레도켄(παρέδωκεν)을 돌리는 구조가 되게 하신 것이다.

한마디로 롬1:18-23의 결론을 나타내는 롬1:24의 디오(Διὸ)를 통해 결정짓는 '내어버리심'인 첫 번째 파레도켄(παρέδωκεν)은 롬1:18의 하나님의 진노가 퍼부어지는 불경(ἀσέβειαν-아세베이안)에 대한 명쾌한 처방이고, 디아 투토(Διὰ τοῦτο)로 연결된 두 개의 '내어버리심'인 두 개의 파레도켄(παρέδωκεν)은 롬1:18의 하나님의 진노가 퍼부어지는 불의(ἀδικίαν-아디키안)에 대한 명쾌한 처방이다.

불충

이는 예수님께서 구약 성경의 핵심인 모세의 율법(모세오경)과 선지자들의 '대 강령'이라고 일컬어지는 첫째 '목숨을 다하고 성품을 다하고 뜻을 다하고 힘을 다하여

주 너의 하나님을 사랑하라.'와 둘째 '네 이웃을 네 몸과 같이 사랑하라(마22:37-40).'
라고 말씀하신 두 계명에 대비되는 개념이다. 불경(ἀσέβειαν-아세베이안)은 첫 번째
대 강령에 불충한 것을 말하며, 불의(ἀδικίαν-아디키안)는 두 번째 대 강령에 불충한
것을 말한다.

여기서 대 강령이라는 말은 예수님께서 십자가 나무에 매달려 돌아가셨다(갈
3:13, 행5:30, 10:39-참조 눅23:39, 마18:6, 행28:4)고 할 때 '매달리다'의 뜻의 '헬라어 크
레마타이(κρέμαται)를 의역한 말인데, 마22:40을 직역하면 '이 두 계명 안에 그 율
법과 그 선지자들이 온전히 매달려진다(ἐν ταύταις ταῖς δυσὶν ἐντολαῖς ὅλος ὁ νόμος
κρέμαται καὶ οἱ προφῆται-엔 타우타이스 타이스 뒤신 엔톨라이스 홀로스 호 노모스 크레마타이
카이 호이 프로페타이).'라는 뜻이 된다.

이렇게 세 개의 파레도켄(παρέδωκεν)으로 표현되는 하나님의 내어버리심은, 그
것이 어떠한 인간의 행위라고 할지라도, 그것은 겉으로 드러나는 것과 내면에 숨
겨진 것이 유기적인 관계 속에 일어나는 것임을 나타낸다.

진단서

이로써 디아 투토(Διὰ τοῦτο) 이후의 두 개의 파레도켄(παρέδωκεν)은 인류가 만물의
영장으로 창조된 고귀한 몸을 서로 욕되게 만드는 자리에 버려짐을 나타내는 롬
1:24의 첫 번째 파레도켄의 구체적인 표현임이 명백해졌다. 왜냐하면 그 첫 번째
파레도켄은 하나님의 그 썩지 않을 영광을 썩을 것으로 변형시켜 버리는 무모한
인류의 모습에 관해 자세하게 설명해 주는 롬1:23까지의 내용을 다시 풀어 우상
숭배로 규정하는 롬1:25 사이에서 먼저 제시된 결론이기 때문이다.

1:24	—Διὸ παρέδωκεν αὐτοὺς ὁ θεὸς ἐν ταῖς ἐπιθυμίαις τῶν καρδιῶν αὐτῶν εἰς ἀκαθαρσίαν τοῦ ἀτιμάζεσθαι τὰ σώματα αὐτῶν ἐν αὐτοῖς·	---그러므로 그들을 그 하나님께서 내어 버려두셔서* 그들끼리 그들의 마음에 일어나는 욕망대로 더러운 짓을 하게 하여 그들의 몸이 욕되게 하셨습니다.

거기에는 성적 질서의 붕괴와 인간성 파괴에 대한 근본적인 내용이 있다. 한마디
로 그것은 창조 질서가 파괴된 인류의 처참한 모습에 대한 명쾌한 진단서와 같다.

그리고 우리는 의사에게 진단서를 받아 들고 자세한 설명을 듣는 것과 같은 경험을 하게 된다.

1:26	—Διὰ τοῦτο παρέδωκεν αὐτοὺς ὁ θεὸς εἰς πάθη ἀτιμίας, αἵ τε γὰρ θήλειαι αὐτῶν μετήλλαξαν τὴν φυσικὴν χρῆσιν εἰς τὴν παρὰ φύσιν,	---이 일 때문에 그 하나님께서는 그들을 수치스러운 욕정에 내어버려두셨는데, 이는 그들의 여성들 역시 그 본성적인 필요를 그 본성에 반하는 것으로 바꾸었고,
1:27	ὁμοίως τε καὶ οἱ ἄρσενες ἀφέντες τὴν φυσικὴν χρῆσιν τῆς θηλείας ἐξεκαύθησαν ἐν τῇ ὀρέξει αὐτῶν εἰς ἀλλήλους, ἄρσενες ἐν ἄρσεσιν τὴν ἀσχημοσύνην κατεργαζόμενοι καὶ τὴν ἀντιμισθίαν ἣν ἔδει τῆς πλάνης αὐτῶν ἐν ἑαυτοῖς ἀπολαμβάνοντες.	그 남성들도 똑같이 여성에 대한 그 본성적인 필요를 버리고, 그들이 지닌 사나운 욕정에 사로잡혀 서로를 향해 불타올라 남성들끼리 부끄러운 행위를 만들어 내어, 그들의 미혹됨에 대한 마땅한 대가도 그들 각자가 받았기 때문입니다.
1:28	—Καὶ καθὼς οὐκ ἐδοκίμασαν τὸν θεὸν ἔχειν ἐν ἐπιγνώσει, παρέδωκεν αὐτοὺς ὁ θεὸς εἰς ἀδόκιμον νοῦν, ποιεῖν τὰ μὴ καθήκοντα,	---또한 그들이 그 하나님에 대한 참된 지식을 수용하지 않은 만큼, 그들을 그 하나님께서 인정할 수 없는 이성에 내어버려두셔서, 그들이 적절치 않은 일들을 하게 하셨습니다.
1:29	πεπληρωμένους πάσῃ ἀδικίᾳ πονηρίᾳ πλεονεξίᾳ κακίᾳ, μεστοὺς φθόνου φόνου ἔριδος δόλου κακοηθείας, ψιθυριστὰς	그들은 온갖 불의와 사악과 탐욕과 악의로 채워져, 시기와 살인과 분쟁과 사기와 악행으로 가득하여, 소곤거리고
1:30	καταλάλους θεοστυγεῖς ὑβριστὰς ὑπερηφάνους ἀλαζόνας, ἐφευρετὰς κακῶν, γονεῦσιν ἀπειθεῖς,	비방하며 하나님을 싫어하고 난폭하며 교만하고 허세를 부리며, 악한 일들을 꾸미고, 부모에게 불순종하며,
1:31	ἀσυνέτους ἀσυνθέτους ἀστόργους ἀνελεήμονας·	분별력이 없고 약속을 깨뜨리며 애정이 없고 동정심이 없는 자들입니다.
1:32	οἵτινες τὸ δικαίωμα τοῦ θεοῦ ἐπιγνόντες ὅτι οἱ τὰ τοιαῦτα πράσσοντες ἄξιοι θανάτου εἰσίν, οὐ μόνον αὐτὰ ποιοῦσιν ἀλλὰ καὶ συνευδοκοῦσιν τοῖς πράσσουσιν.	결국 이런 사람들이 '바로 그 같은 일들을 저지르는 사람들은 죽어 마땅하다.'라고 하시는 그 하나님의 그 공의로운 규제를 알면서도, 자기들만 그런 일들을 행하는 것이 아니라 오히려 같은 일들을 저지르는 사람들 또한 옳다고 두둔하기까지 합니다.

수치스러운 욕정

이제까지 필자는 롬1:26 디아 투토(Διὰ τοῦτο) 이후의 두 개의 파레도켄(παρέδωκεν)에 관해 말할 수 있는 기반을 조성했다. 이는 로마서 전체를 바라보는 관점을 어떻게 하면 사도 바울의 시각에 일치시킬 수 있을까를 고민한 흔적에 대한 서투른 표현이다. 지금 단계에서 기억해야 할 것은 바울의 복음에 대한 원인적 필요성을 추적하는 맥락에서 그 복음에 대비되는 인류의 역행에 초점을 두고 있다는 점이다. 그런 관점에서 두 번째 내어버리심(παρέδωκεν-파레도켄)에 대해 살펴보자.

디아 투토(Διὰ τοῦτο) 이후의 처음 파레도켄(παρέδωκεν)은 필자의 번역대로 '수치스러운 욕정에(εἰς πάθη ἀτιμίας-에이스 파데 아티미아스)' 내어버리심이다. '욕정'이라고 표현한 헬라어 파데(πάθη)는 강한 욕망의 경험(experience of strong desire)을 표현하는 단어로 '열정(passions)'을 의미하고, '수치스러운'이라고 번역한 헬라어 아티미아스(ἀτιμίας)는 불명예스러운 상태와 무례한 상태(state of dishonor or disrespect)를 나타내는 단어로 존경심을 상실해 당혹스러운 정서적 처치에 놓이게 되는 '불명예(dishonor)'를 의미한다.

이(εἰς πάθη ἀτιμίας-에이스 파데 아티미아스)를 직역하면 '불명예스러운 열정, 곧 부끄러운 열정 속으로' 내어버리심이 되나 이후 문맥이 남성과 여성의 성적인 관계를 직접적으로 표현하는 단어들로 이루어진 문장과의 연결을 고려하여 '수치스러운 욕정에'라고 번역했다.

동성연애?

필자는 앞에서 이 롬1:26의 '수치스러운 욕정에(εἰς πάθη ἀτιμίας-에이스 파데 아티미아스)' 내어버리심은, 롬1:24에서 타락한 인류가 우상 숭배의 대상을 만들어 내는 과감한 행위, 그러니까 우상 숭배에 이르기까지의 내밀한 과정인 그 하나님의 진리를 그 거짓으로 바꾸는 인간의 의식 작용 전반을 단죄하고, 그에 대한 합당한 처방으로서 '몸을 욕되게(손상케) 하는 더러움 속으로 내어버리심'의 구체적이고 실제적인 표현이라고 했다.

재미 있는 것은 그 '수치스러운 욕정 속으로' 내어버리심을 다루는 후속 문장을 보면, 원인을 나타내는 접속사 가르(γὰρ)로 연결해, 겉으로 보기에 '남녀의 동성연애'를 그 내어버리심의 원인으로 제시한다는 것이다. 그리고 그 '남녀의 동성연애'라 함은 남녀 간의 잘못된 성관계를 넘어 남자는 남자를 상대로, 여자는 여자를 상대로 하는 광범위한 연애, 곧 노골적으로 직접적인 성애를 말하는 것처럼 들린다.

여기서 분명한 것은 바울이 붕괴된 성관계의 질서에 대해서 말하고 있다는 사실은 분명하다. 그리고 그 질서는 문맥적으로 창조주 하나님과 세상이 창조된 때로부터 행하신 그 하나님의 행하심과 관련된 진술이다. 지금 사도 바울은 구약 성경 속에 나타나고 있는 특별한 사건들을 주목하고 있는 것이 분명하다.

이 본문(롬1:26-27)에 쓰인 '여성들과 남성들'이라고 번역한 헬라어에 대한 히브리어 대응어가 담고 있는 의미만으로도 본문의 의미는 거의 드러난다 해도 과언이 아니다.

실제로 여성을 나타내는 헬라어 '델레이아이(θήλειαι)'와 남성을 나타내는 '아르세네스(ἄρσενες)'는 여성과 남성을 구분할 수 있게 하는 각각의 특성을 담은 단어이고, 그에 대한 히브리어 대응어 자칼(זָכָר)과 네케바(נְקֵבָה)는 수컷과 암컷을 구별할 수 있는, 여성성과 남성성을 대표하는 심벌로서의 성기 자체를 가리키는 의미까지 담고 있다(자칼(זָכָר)은 찌르는 것을, 네케바(נְקֵבָה)는 찔러 뚫린 구멍).

필요성

하지만 여기서 중요한 것은 사도 바울이 여성성과 남성성을 대표하는 물건, 사람 몸의 지체인 성기의 본성적인 필요성을 바꾸어 버린 행위를 지적한다는 점이다. 그건 인류의 성에 대한 정체성 붕괴의 화제화에 초점이 있다. 그리고 그것은 이내 창조 때 세워진 성에 대한 질서와 에덴동산에서의 타락 이후 세워진 성에 대한 질서를 언급하는 문맥으로 우리 시각을 끌어올려 관심을 집중시킨다.

그곳에서 우리는 하나님의 형상으로 창조된 인간을 만나게 되고, 인간의 성기가 하나님의 형상을 그려 내는 신성한 도구로 창조되었다는 사실을 알게 된다. 실제로 암컷과 수컷의 성기는 이 땅을 하나님의 형상으로 충만한 인류로 채운 하나님의 왕국으로 만드시고자 하시는 창조주 하나님의 거룩한 뜻이 담겨 있는 것이었음을 보게 된다.

26 하나님께서 말씀하셨습니다. "우리가 우리의 형상과 모습대로 사람을 만들자. 그리고 그 바다의 물고기와 그 하늘들의 새와 모든 그 땅에 있는 가축들과 들짐승들과 그 땅 위에 기어다니는 모든 생물을 다스리게 하자."

27 그리하여 하나님께서 그 사람을 자기 형상, 곧 하나님의 형상대로 그를 창조하시되, 남성(זָכָר)과 여성(נְקֵבָה)으로 그들을 창조하셨습니다.

28 그리고 하나님께서 그들을 축복하시며 그들에게 말씀하셨습니다. "자녀를 많이 낳고 번성하여 그 땅을 채워라. 그리고 그 땅을 정복하고, 그 바다의 물고기와 그 하늘의 새와 그 땅 위에 움직이는 모든 생물을 다스려라(רדה)."

1:26 וַיֹּאמֶר אֱלֹהִים נַעֲשֶׂה אָדָם בְּצַלְמֵנוּ כִּדְמוּתֵנוּ וְיִרְדּוּ בִדְגַת הַיָּם וּבְעוֹף הַשָּׁמַיִם וּבַבְּהֵמָה וּבְכָל־הָאָרֶץ וּבְכָל־הָרֶמֶשׂ הָרֹמֵשׂ עַל־הָאָרֶץ׃
27 וַיִּבְרָא אֱלֹהִים ׀ אֶת־הָאָדָם בְּצַלְמוֹ בְּצֶלֶם אֱלֹהִים בָּרָא אֹתוֹ זָכָר וּנְקֵבָה בָּרָא אֹתָם׃ 28 וַיְבָרֶךְ אֹתָם אֱלֹהִים וַיֹּאמֶר לָהֶם אֱלֹהִים פְּרוּ וּרְבוּ וּמִלְאוּ אֶת־הָאָרֶץ וְכִבְשֻׁהָ וּרְדוּ בִּדְגַת הַיָּם וּבְעוֹף הַשָּׁמַיִם וּבְכָל־חַיָּה הָרֹמֶשֶׂת עַל־הָאָרֶץ׃

(BHS 5th ed 창1:26-28 필자 사역)

이러한 창조주 하나님의 작품으로서의 인간에게 부여된 성관계의 질서는 그야말로 그것 자체로 신성한 것으로서 거룩하고 아름다운 만큼 하나님과의 관계에서 귀하고 막중한 것이었다. 성관계의 즐거움은 하나님의 썩지 않은 영광의 형상을 만들어 내는 도구로서의 가치만큼이나 그것을 사용함에 막중한 책임을 다할 때 느낄 수 있었고, 인간이 사는 이유와 의미였다.

몸부림

하지만 에덴동산에서의 아담과 하와의 타락은 창조 때 받은 영광스러운 성관계의 질서를 잃어버렸고, 그 타락에 합당한 성관계의 질서가 다시 주어졌다. 그것은 잃어버린 창조의 영광스러운 성관계 질서를 다시 배울 수 있게 하는 조치였고, 그것은 실제로 그 타락으로부터의 그들을 구원해 줄 아들에 대한 필요를 채우는 행위로 여성은 남성을 사모하고 남성은 여성을 다스리는 관계에서 서로에게 각자의 역할이 주어진 것이다(창3:15-16).

에덴동산에서 다시 받은 성관계의 질서는 그 첫 사람 아담이 그의 아내 하와와 함께 에덴동산에서 추방된 후 그들의 삶을 지탱케 하는 소망을 담고 있었다. 그 아담이 그의 아내 하와와 성관계를 갖고 임신하여 처음 사내아이 가인을 낳고 내놓은 말이 '내가 여호와와 함께 득남했다.'라고 할 만큼 여호와 하나님께서 타락한 인류에게 주신 성관계의 질서는 그들의 인식 세계에 뚜렷하게 세워져 있었다(창4:1).

그런데 그들의 성관계 질서에 문제점이 드러났다. 그들이 둘째 사내아이 아벨을 낳고 난 뒤, 첫째 아들 가인이 둘째 아들 아벨을 살해하는 천인공노할 일이 발생한 것이다(창4:8). 그건 그들의 성관계 질서에 대한 인식의 체계에 오류가 있다는 경고 등과 같다. 그들이 하나님께 받은 성관계의 질서를 잘못 이해하고 있다는 하나님의 지적이다. 아담과 하와가 낳은 아들은 부모의 영광을 앗아 간 뱀의 머리를 짓밟고, 잃어버린 부모의 영광을 되찾아 줄 삶의 자세, 곧 하나님의 형상을 닮은 아들에 대한 소망으로 만들어진 아들이 아니었음이 사실로 드러난 것이다.

그때부터 타락한 인간 세상의 참된 성관계 질서는 더욱 비뚤어지게 되었다. 그건 여호와께서 인간 속에서 실제로 인간의 행위에 영향을 주는 힘을 가진 세력으로 내주하고 있는 죄를 다스리라고 친절하게 일러 주신 후 확인된 일이다(창4:7). 그런 가인을 심판하신 여호와의 말씀을 들은 가인은 갈 길을 잃고 떠도는 방랑자가 되어 이 땅에 후손을 퍼뜨렸다(창4:9-24).

그런 가운데 하나님께서는 아담과 하와에게 아벨을 대신한 한 아들을 주셨으니 그의 이름을 그들의 믿음을 담아 셋(대치된 아들이란 뜻)이라고 불렀고, 그 셋이 아들을 낳고 그의 이름을 에노스라고 불렀는데, 그때 비로소 사람들이 여호와의 이름을 부르기 시작했다(창4:25-26). 왜냐하면 에노스는 인간이 죽을 수밖에 없는 존재임을 깨달은 셋의 믿음으로 얻은 아들이고, 그 믿음은 사람이 어떻게 죽어야 바르게 죽는 것인지를 깨닫게 한 것이었기 때문이다. 그때부터 하나님의 영광에 이르게 할 구원을 담보로 세워진 성관계의 질서를 지키기 위한 몸부림이 시작되었다.

그런 시각으로 '누구는 누구를 낳고 누구는 몇 년을 살다가 몇 년에 죽었더라.'라고 반복하는 창세기 5장의 아담의 계보 속에서 영생을 얻은 에녹의 이야기를 읽어 보라. 그러면 바울이 어떤 마음으로 롬1:26-27을 쓴 것인지를 조금은 이해할 수 있을 것이다.

4 믿음으로 아벨은 가인보다 더 나은 희생제물을 그 하나님께 드렸으며, 그 희생제물을 통해 그가 의인이라는 것을 증거하게 되었으니, 그 하나님께서 그의 예물에 근거해 그의 증인이 되셨습니다. 그리하여 그것을 통해 죽은 이후에도 그는 아직 말하고 있습니다.

5 믿음으로 에녹은 죽음을 보지 않고 들어 올려졌습니다. 그리고 그 하나님께서 그를 들어 올리셨던 까닭에 그가 발견되지 않고 있었습니다. 이는 그가 들어 올려지기 전에 그 하나님을 완전히 만족하시게 하는 것을 증거하게 되었기 때문입니다.

6 믿음이 없이는 그 하나님을 완전히 만족하시게 할 수 없습니다. 왜냐하면 그 하나님께 나아가는 자는 그분이 계신다는 것과 그분이 자기를 찾는 자들에게 보상자가 되신다는 것을 믿어야 합니다.

4 Πίστει πλείονα θυσίαν Ἄβελ παρὰ Κάϊν προσήνεγκεν τῷ θεῷ, δι' ἧς ἐμαρτυρήθη εἶναι δίκαιος, μαρτυροῦντος ἐπὶ τοῖς δώροις αὐτοῦ τοῦ θεοῦ, καὶ δι' αὐτῆς ἀποθανὼν ἔτι λαλεῖ. 5 Πίστει Ἑνὼχ μετετέθη τοῦ μὴ ἰδεῖν θάνατον, καὶ οὐχ ηὑρίσκετο διότι μετέθηκεν αὐτὸν ὁ θεός. πρὸ γὰρ τῆς μεταθέσεως μεμαρτύρηται εὐαρεστηκέναι τῷ θεῷ· 6 χωρὶς δὲ πίστεως ἀδύνατον εὐαρεστῆσαι· πιστεῦσαι γὰρ δεῖ τὸν προσερχόμενον τῷ θεῷ ὅτι ἔστιν καὶ τοῖς ἐκζητοῦσιν αὐτὸν μισθαποδότης γίνεται.

(NA28판, UBS5판 히11:4-6 필자 사역)

응축

사도 바울은 자기가 깨달은 복음, 그러니까 그리스도 예수 안에서 하나님의 복음을 규정할 때(롬1:2-4), 이미 구약 성경의 약속이 성취된 사실을 근거로 삼아 하나님의 구원을 선포하여, 하나님의 진노 아래 있는 인류가 그 복음을 믿는 믿음으로 그 구원에 참여할 수 있는 길이 열려졌음을 선언했다(롬1:16-18). 그러니 하나님의 진노 아래 있는 인류의 실상을 밝혀 선포하는 일 또한 구약 성경의 기록에 나타난 사건들을 거울삼아 오늘의 현실을 진단하는 방식으로 글을 쓰고 말을 할 수밖에 없다(롬15:4, 고전10:11). 그래서 그의 글은 응축되고 정제된 아주 일반화된 표현으로 서술되어 있다.

필자는 지금 그런 바울의 독특한 화법으로 서술된 글 속에 담긴 사건들을 다시 끄집어내어, 본문의 응축되고 정제된 아주 일반화된 바울의 서술이 가리키는 진정한 의미를 볼 수 있도록 최선을 다하여 이 글을 쓰는 중임을 이해하며 읽어 주기를 바란다.

무지개

이제 그 이야기는 훌쩍 뛰어 노아의 시대를 배경으로 계속된다. 인류를 수장시킨 어마어마한 여호와 하나님의 심판이 지나간 후, 하나님께서는 노아와 그의 세 아들에게 창1:28과 같은 말씀으로 축복하셔서 새로운 세상을 여신다. 그들은 창조 이후 홍수의 심판을 불러올 수밖에 없는 불경하고 불의한 인류(창6:5)의 영향력 속에서 여호와께 은혜를 입어(창6:8) 에덴동산의 성 정체성을 지키려고 몸부림쳐 온 사람들이다. 그 몸부림은 구원의 방주를 짓도록 명령하신 여호와의 말씀을 믿고 순종하는 것으로 나타났다.

　노아 시대의 홍수심판은 창조 때 세워진 인류의 성 정체성과 에덴동산에서 타락 후 세워진 성 정체성을 망각한 시대정신에 대한 철퇴이다. 여호와 하나님의 눈 밖에 난 자들의 최후가 그의 진노에 폭망하는 것임을 보여 준다. 노아가 여호와께 은혜를 입었다는 것은 그런 악한 세대 속에서 그의 눈에 들어 보호받았다는 말이다. 여호와의 말씀에 자기의 목숨이 달려 있다고 생각하여 그 말씀을 자기 목숨보다 더 귀하게 여기는 마음 자세를 보신 것이다.

　그렇기에 지난 세대의 일들은 그들에게 경계의 거울이 된다. 여호와의 은혜가 없으면 그들도 그 악한 세대와 동일하게 불경과 불의로 멸망을 받을 수밖에 없는 인간이다. 그런데도 그들은 홍수심판 이후 방주에서 나와 이 땅에 발을 딛는 순간 제일 먼저 여호와께 제단을 쌓고 제물을 드려 예배드림으로써 여호와의 진노를 거두시게 한 자들이다(창8:20-21). 그런 그들을 데리고 하나님께서 무지개 언약으로 다시 창조의 세계를 펼치시는 것이다(창9:1-17).

반전

인류는 이제 무지개를 보면서 창조 이래 하나님께서 무엇을 그토록 노여워하시는지를 기억하며, 이 땅에 하나님의 왕국을 다시 세울 기회를 주신 은혜를 감사하며 그 은혜 속에서 그 하나님의 왕국을 고대하며 살아가야 했다. 그 일은 오직 창조와 구속의 하나님이신 여호와 하나님만을 하나님으로 믿는 믿음으로 사는 것이었다.

그것은 오로지 여호와 하나님의 말씀으로 세워진 영적 성 정체성을 간직하며 사는 것이었다.

하지만 노아와 그의 세 아들을 통해 온 땅에 퍼진 인류에게 다시 그 성 정체성의 문제를 직면하게 하는 한 사건이 터진다(창9:18-27). 그것은 지금 시대의 눈으로는 그저 볼꼴 사나운 일로 여길 수 있는 사소한 일이지만 여호와 하나님과의 관계에서 인류가 풀어야 할 중대한 일을 두고 난관에 봉착해 있음을 인지하게 되는 아주 큰 반전의 사건이다(이 사건의 내막을 이해할 때 바울이 갈라디아서에서 아브라함과 사라와 하갈의 일생을 비유(알레고리적 해석)의 관점으로 풀어내듯이 노아의 일생 또한 동일한 시각으로 읽기를 바란다).

무지개 언약 이후 노아가 이 땅의 소산물로 만든 포도주에 흠뻑 취해 벌거벗은 몸으로 잠에 빠져 있었다. 막내아들 함(후대 가나안 족속의 조상)이 그 광경을 보고 그 사실을 형들에게 알렸다. 그러자 큰아들 셈과 그의 아우 야벳은 지체 없이 덮을 것을 가지고 뒷걸음질로 들어가 아버지의 수치를 덮었다. 여기까지는 아주 소소한 일상의 한 장면처럼 보인다.

하지만 노아가 술이 깬 후 이런 사실을 알고 '함이 저주받아 그의 형제들의 종들의 종이 되기를 바란다.'라고 입장을 표하고, 셈의 하나님 여호와께 찬양하여 셈에게 축복하심을 감사하며 함이 셈의 노예가 될 것이라고 선언했다. 그리고 하나님께서 야벳을 크게 일으켜 셈의 장막에 거하게 할 것이라고 하는 선뜻 잘 이해할 수 없는 사건으로 끝난다.

정죄
참 희한한 이 반전의 사건은 여호와 하나님께서 에덴동산에서 세우신 성 정체성을 지키려는 몸부림을 나타내는 사건이다. 여호와 하나님의 말씀을 자기 목숨보다 귀하게 여기는 신앙이 어떠한 것인지를 보여 주는 아주 특별한 계시의 사건이다. 바울은 이 몸부림을 세상을 정죄하는 행위였다고 못 박는다(히11:7).

그리고 이 정죄(κατέκρινεν-카테크리넨)의 관점이 매우 중요한 개념임을 미리 말해 둔다. 그것은 필자가 '2000여 년 동안의 로마서 해석의 지평을 바꾸다.'라는 기치를 내걸고, 앞으로 계속해서 필자가 펼쳐 보일 로마서 전체의 핵심과 그 흐름을 파악할 수 있는 주제 개념 중 하나이기 때문이다.

> *7 믿음으로, 노아는 아직 보여지지 않은 일에 대해 지시받았을 때, 경외함으로 방주를 완전하게 준비하여 자기 가족을 구하였으며, 그것을 통해 그 세상을 정죄했습니다. 그리고 믿음을 따라 얻는 그 의(義)의 상속자가 되었습니다.*
>
> *7 Πίστει χρηματισθεὶς Νῶε περὶ τῶν μηδέπω βλεπομένων, εὐλαβηθεὶς κατεσκεύασεν κιβωτὸν εἰς σωτηρίαν τοῦ οἴκου αὐτοῦ δι' ἧς κατέκρινεν τὸν κόσμον, καὶ τῆς κατὰ πίστιν δικαιοσύνης ἐγένετο κληρονόμος.*
>
> **(NA28판, UBS5판 히11:7 필자 사역)**

시위

이제 그런 몸부림의 세월을 훌쩍 뛰어넘어 셈의 후손인 아브라함 시대의 소돔과 고모라 지역에서 발생한 사건을 이야기하는 것으로 이 장을 마무리해 보자.

소돔과 고모라 하면 바로 생각나는 것이 여호와의 유황불 심판으로 멸망하고 아브라함의 조카 롯의 아내가 소금 기둥이 되었다는 것이다(창19:24-26). 노아 시대의 홍수심판 이후 여호와 하나님의 진노가 가공할 유황불 심판으로 표출된 사건이다. 그 이유는 여호와께서 아브라함을 친구로 여겨 장래의 일을 일러 주는 대목에 나타나는데, 소돔과 고모라의 죄악이 더 이상 내버려둘 수 없는 지경에 이르렀기 때문이다(창18:20-21).

소돔과 고모라의 죄악을 심판하러 온 여호와의 두 천사를 자기 집으로 모신 아브라함의 조카 롯에게 남녀노소를 막론하고 그 성에 사는 모든 사람이 사방에서 몰려와 그의 집을 에워싸고 그들(두 천사)을 내놓으라고 위협적인 시위를 했다. 나그네에 대한 환대는 고사하고 집단적 무력으로 반대 의사를 표시한 것이다. 한마디로 소돔 사회 전체가 크게 흥분한 나머지 분노를 삭이지 못하고 거칠고 사납게 조직적으로 행동하는 폭력적 집단행위 수준의 사태가 일어난 것이다. 그 두 천사가 자신들의 재판관으로 행세한다는 이유였다(창19:9).

의도

그들의 힘에 의한 집단적 요구는 두 천사와 성관계를 맺겠다는 것으로 드러났다. 남녀가 동침하는 것과 같은 성관계를 표현하는 용어를 사용해 상대를 알아보겠다고 두 천사를 내놓으라고 요구한 것이었다(창19:4-5). 그들은 두 천사를 자기들과 같이 결국엔 죽는 평범한 사내들(에노스)로 인식하는 사내들이었다. 사내들로 형성된 집단 동성애자들의 난폭한 요구였다(이 사건에 표현되는 사람들에 대해 히브리어 본문은 모두 남성 동사와 남성 명사를 사용한다).

롯은 저들의 악행을 막기 위해 남자를 알지 못하는 두 딸을 내어주겠다고 했으나, 그들은 롯의 제안을 거절하고 완력으로 롯의 집 마당을 집단 성폭력의 장으로 만들기를 강행하려 했다(창19:6-9). 소돔이라고 하는 사회집단이 가진 힘으로 그 구성원들이 동성 간의 윤간이라는 성폭행을 저지르겠다는 의도를 드러낸 것이다. 이는 창조와 구원의 하나님께서 그리스도를 통해 이루시고자 하시는 정의와 공의의 질서를 역행하는 사회의 극단적인 단면에 대한 고발이고 경고이다. 그들의 집단 동성 간의 성폭행 의도는 두 천사들에 의해서 무산되고 롯의 가정을 제외한 그 남성들과 거기에 사는 모든 사람이 여호와의 불심판을 받아 몽땅 멸망했다(창19:24-5).

고통

이러한 성관계 질서의 사회적 붕괴는 여호와 하나님께서 세우신 성 정체성을 거부하는 사회에 나타나는 필연적인 병폐 현상이다. 그런 사회에서 살아야 할 롯의 소임은 아브라함을 따르는 조카로서 믿음으로 여호와의 말씀을 전해 그 사회를 여호와 하나님의 정의와 공의로 바로 세우는 것이었다(창18:19).

롯이 할 수 있는 것은, 그들의 악행을 보며 괴로워하며 여호와께 기도로 몸부림치는 것이었다(벧후2:6-8). 그 무엇으로도 어찌해 볼 수 없는 최악으로 치달은 부패한 사회였다. 두 천사들이 소돔 성을 찾아온 것도 롯이 아브라함을 따르는 믿음의 사람으로서 소돔 사람들의 악행으로 상한 심령이 되어 괴로워하며 부르짖는 기도를 들으셨기 때문이었다(창19:29).

> *6* 또한 소돔과 고모라의 도시들을 정죄하셔서 잿더미로 만들어 멸망시키시므로 후세에 있을 경건하지 않은 자들의 예시(본보기)로 세우셨습니다.
> *7* 그리고 방탕한 무법자들의 행실(삶의 방식)에 의해 시달리고 있던 의로운 롯을 구출하셨습니다.
> *8* 왜냐하면 그 의로운 자가 그들 안에 거주하면서 그들의 불법한 일들을 보고 들음으로 의로운 영혼에 고통당하고 있었기 때문입니다.

6 καὶ πόλεις Σοδόμων καὶ Γομόρρας τεφρώσας καταστροφῇ κατέκρινεν ὑπόδειγμα μελλόντων ἀσεβέσιν τεθεικώς· 7 καὶ δίκαιον Λὼτ καταπονούμενον ὑπὸ τῆς τῶν ἀθέσμων ἐν ἀσελγείᾳ ἀναστροφῆς ἐρρύσατο· 8 βλέμματι γὰρ καὶ ἀκοῇ ὁ δίκαιος ἐγκατοικῶν ἐν αὐτοῖς ἡμέραν ἐξ ἡμέρας ψυχὴν δικαίαν ἀνόμοις ἔργοις ἐβασάνιζεν.

(NA28판, UBS5판 벧후2:6-8 필자 사역)

농담

두 천사는 롯의 가족과 함께 소돔을 떠나야 할 가족관계를 가진 믿음의 사람을 찾았다. 롯은 자기 두 딸과 정혼한 두 사내를 찾아가 임박한 여호와의 심판을 피할 것을 권했지만, 일언지하에 거절당했다. 그들은 여호와의 말씀을 농담으로 여기는 자들이었다(창19:12-14).

이를 예수님은 인자의 때를 지칭하며 노아의 때와 롯의 때가 그 인자의 때와 같다고 말씀하셨다(눅17:26-33). 인자의 때란 지금까지 여호와께서 에덴동산에서 세우신 성 정체성 속에 담긴 아들, 곧 뱀(사탄)의 머리를 짓밟아 인류가 잃어버린 영광을 되찾아 줄 아들, 첫 사람 아담과 하와에게 약속하신 아들, 헬라어로는 그 사람의 그 아들(인자), 그 한 사람이 창조주 하나님을 거역하며 사는 영적으로 타락한 인류를 영원한 영광의 생명으로 충만하게 하여 그 하나님의 뜻에 맞게 살게 하시려고 인류가 영원한 영광의 생명으로 충만한 삶을 살 수 있도록 하기 위해 이 땅에 오는 때를 말한다.

> *26 마치 노아의 날들처럼 인자(그 사람의 그 아들)의 날들에도 그러할 것이다.*
> *27 노아가 그 방주로 들어간 그날까지 사람들이 먹고 마시고 장가가고 시집가고 하다가 그 홍수가 와서 모두를 멸망시켰다.*
> *28 또 롯의 날들에서도 이와 같은 일이 일어났다. 사람들이 먹고 마시고 사고 팔고 심고 짓고 하다가*
> *29 롯이 소돔에서 나온 그날에 불과 유황이 하늘에서 비처럼 내려서 모두를 멸망시켰다.*
> *30 인자(그 사람의 그 아들)가 나타나는 그날도 그와 같을 것이다.*
> *31 그날에 지붕 위에 있는 사람은 집에 있는 물건들을 가지러 내려오지 말고 밭에 있는 사람도 뒤로 돌아가지 마라.*

32 롯의 아내를 기억하라.
33 누구든지 자기 목숨을 지키려고 애쓰는 사람은 그것을 잃을 것이고, 자기 목숨을 잃는 자는 그것을 보존할 것이다.

26 καὶ καθὼς ἐγένετο ἐν ταῖς ἡμέραις Νῶε, οὕτως ἔσται καὶ ἐν ταῖς ἡμέραις τοῦ υἱοῦ τοῦ ἀνθρώπου· 27 ἤσθιον, ἔπινον, ἐγάμουν, ἐγαμίζοντο, ἄχρι ἧς ἡμέρας εἰσῆλθεν Νῶε εἰς τὴν κιβωτὸν καὶ ἦλθεν ὁ κατακλυσμὸς καὶ ἀπώλεσεν πάντας. 28 Ὁμοίως καθὼς ἐγένετο ἐν ταῖς ἡμέραις Λώτ· ἤσθιον, ἔπινον, ἠγόραζον, ἐπώλουν, ἐφύτευον, ᾠκοδόμουν· 29 ᾗ δὲ ἡμέρᾳ ἐξῆλθεν Λὼτ ἀπὸ Σοδόμων, ἔβρεξεν πῦρ καὶ θεῖον ἀπ' οὐρανοῦ καὶ ἀπώλεσεν πάντας. 30 κατὰ τὰ αὐτὰ ἔσται ᾗ ἡμέρᾳ ὁ υἱὸς τοῦ ἀνθρώπου ἀποκαλύπτεται. 31 ἐν ἐκείνῃ τῇ ἡμέρᾳ ὃς ἔσται ἐπὶ τοῦ δώματος καὶ τὰ σκεύη αὐτοῦ ἐν τῇ οἰκίᾳ, μὴ καταβάτω ἆραι αὐτά, καὶ ὁ ἐν ἀγρῷ ὁμοίως μὴ ἐπιστρεψάτω εἰς τὰ ὀπίσω. 32 μνημονεύετε τῆς γυναικὸς Λώτ. 33 ὃς ἐὰν ζητήσῃ τὴν ψυχὴν αὐτοῦ περιποιήσασθαι ἀπολέσει αὐτήν, ὃς δ' ἂν ἀπολέσῃ ζῳογονήσει αὐτήν.

(NA28판, UBS5판 눅17:26-33 필자 사역)

그분이 바로 필자가 지금까지 설명해 드러내 보이려고 했던 여호와 하나님의 성 정체성에 대한 실체적 진실을 온전하게 드러내기 위해 오시는 분이다. 그분이 바로 에덴동산의 첫 사람(그 아담)에게 소망으로 주신 아들이다. 그분이 성경이 전체 흐름을 통해 그토록 인류와 대비시켜 보이시는 아주 특별한 분이다. 그분을 통해 인류는 믿음을 얻고 그 믿음으로 그 하나님의 진노로부터 구원받는다(롬1:16-18).

현주소
이런 관점에서 사도 바울이 롬1:26-27에서 성관계의 파괴된 질서를 언급하면서 핵심적으로 표현하려고 한 것은, 바로 인류가 성관계의 참된 필요성을 바꾸었고, 그런 이유로 인류가 수치스러운 욕정에 내어버려진 사실이다.

좀 더 직접적으로 표현하면 남성과 여성이 자기의 성 정체성을 대표하는 성기 사용법을 바꾸는 자리로 추락해 성행위를 밝히는 색욕을 당당하게 생각하는 수치스러운 욕정, 곧 부끄러운 열정에 사로잡혀 사는 신세가 인류의 현주소라는 것을 알게 하려는 것이다.

이는 타락한 인간이 성기를 하나님의 거룩한 왕국을 이루는 데 매우 중요한 도구로서의 성물이 아니라 자기가 열망하는 세계를 이루는 데 필요한 성취 도구나 쾌락의 도구쯤으로 인식하게 되었음을 드러낸다. 그러한 전도된 성 관념에 사로잡혀 사는 인류에겐 하나님의 복음 외엔 더 이상 기대할 것이라고는 눈곱만큼도 없는 절망적인 상태, 곧 하나님의 진노 대상임이 이미 오래전부터 확정되어 있음을 알리는 것이다.

계승

그런 의미에서 본문이 말하는 '동성애적 행위'에 대한 표현은 하나님께서 세우신 참된 성 정체성을 교묘하게 그럴듯한 인간 논리를 섞어 만든 그릇된 성 정체성의 논리가 이 세상에 만연함을 나타내는 서술 방식이다. 그것은 창조 때부터 그런 일이 시작되어 더 이상 갈 데 없는 종착지에 이른 것과 같이, 바르고 참된 성 정체성이 비뚤어져 갈 데까지 이미 다 간 사실을 말함으로써, 더는 성 정체성에 관해서는 아무도 자유로울 수 없을 만큼 인류가 그릇된 성 정체성을 계승하여 물든 상태에 있음을 말하려는 것이다.

전환

바울에게 있어서 이런 성관계 질서의 붕괴란, 그 하나님의 그 진리를 그 거짓으로 바꾸는 행위와 같고, 하나님의 그 썩지 않는 영광스러운 형상을 썩어 문드러질 사람, 그러니까 타락한 인간의 형상과 온갖 동물의 형상과 섞어 만든 괴물의 형상으로 바꾸는 행위와 같다. 그것은 인류에게 주어진 참된 성 정체성이 그릇된 성 정체성으로의 전환을 의미한다.

충격적인 사실은 인자(그 사람의 그 아들)이신 예수님께서 말씀하신 관점으로 보면, 인류의 모든 일상의 자질구레한 삶의 모습이 여태껏 필자가 설명한 참된 성 정체성이 무너진 상태에서의 성관계로 발생한 결과로 보인다는 것이다.

이는 바울이 말하는 순리를 역리로 바꾼 비뚤어지고 뒤틀린 성관계의 질서 또한 참된 성 정체성이 무너진 상태에서의 성관계로 발생한 결과라는 점에서 예수님의 관점과 동일시할 수 있고, 하나님께서 세우신 성 정체성을 파괴하는 행위를 우상숭배와 동일시하고 있는 바울의 관점이 바로 그리스도이신 예수님의 관점으로부터 기인한 것이라는 것을 알게 한다.

또 그것은 인간의 우상 숭배가 '불의로 그 하나님의 그 진리를 막는 불경'의 외적인 모습이고, 그 내적인 모습이 바로 그릇된 성 정체성이 작동하는 지점에서 형성되는 것임을 알게 한다.

결국 그것은 인류가 지금 비진리에 매몰되어 우상을 만드는 것처럼, 자식을 낳아 부귀영화를 누리며 살게 만들기 위해 헌신하듯 섬기는 비뚤어진 성 정체성의 시대에 살고 있으며, 그런 인류의 불경과 불의 위에 하나님의 진노가 나타나고 있다(계시되고 있다)는 것이, 사도 바울 진술의 핵심이란 말이 된다.

이 얼마나 불행하고 부끄러우며 절망스러운 일인가!

이에 대해 사도 바울은 이렇게 말한다.

> 24 오호라~, 진정 나는 비참한 사람입니다. 누가 나를 이 죽음의 몸으로부터 구해 내겠습니까?
> 25 다행히도 예수 그리스도 우리 주님을 통해 그 하나님께 은혜가 있습니다. 그런즉 의심의 여지 없이 실로 나 자신이 그 이성으로 하나님의 율법에 종이 되어 섬긴다고는 하나 그 육신으로 죄의 율법에 종이 되어 섬기고 있는 형국입니다.
>
> *24 Ταλαίπωρος ἐγὼ ἄνθρωπος· τίς με ῥύσεται ἐκ τοῦ σώματος τοῦ θανάτου τούτου; 25 χάρις δὲ τῷ θεῷ διὰ Ἰησοῦ Χριστοῦ τοῦ κυρίου ἡμῶν. Ἄρα οὖν αὐτὸς ἐγὼ τῷ μὲν νοῒ δουλεύω νόμῳ θεοῦ τῇ δὲ σαρκὶ νόμῳ ἁμαρτίας.*
>
> (NA28판, UBS5판 롬7:24-25 필자 사역)

미혹

이로써 타락한 인류의 불의한 성행위를 일일이 언급하지 않더라도 성관계를 해 보지 않은 사람까지도 자기를 포함해 이 세상의 모든 사람의 성관계가 비뚤어져도 많이 비뚤어졌다는 사실을 깨닫게 되었을 것이다. 모르겠다고 너스레를 떨면서 사족을 달면 그는 필시 거짓말을 지어내는 거짓말쟁이다.

사도 바울은 그에 대한 마지막 경고로 하나님께서 세우신 성 정체성을 버린 인류 사회의 공통점이 그에 대한 혹독한 보응을 받게 된다는 것을 덧붙여 말했다. 그리고 그것을 '미혹에 대한 대가'라고 적시했다.

그 보응이 어떠한 것인지 우리는 지금까지 구약 성경의 맥락을 살펴보며 숨 막히는 떨림 속에서 확인했다. 그리고 그 원인이 자식을 우상으로 만들어 놓고 섬기는 세상에 동화되어 하나님의 형상으로 창조된 사람이 마땅히 가야 할 길을 잃고 떠도는 허무한 삶이란 것을, 그것이 미혹된 인간의 실상이란 것을 깨닫고 소스라치게 놀라면서 말이다.

그러니 롬1:26-27을 겉으로 읽어 '동성연애 또는 동성애자'라는 단어를 끄집어 낼 수 있는 지각이 있다면, 인류는 이제 인간의 성관계 속에 더 이상 하나님의 진리가 자리할 수 없는 지경이 되었다고 시인하는 깨달음 속으로 나가야 한다. 그것(롬1:26-27)을 그저 단순히 이 시대의 인간 언어로 읽어 비뚤어진 성관계와 같은 하나의 잘못된 행위로 판단하게 하는, 이 사회에서 추방해야 할 매우 나쁜 표면적 행위를 단죄하는 규범으로 오인해 이면을 보지 못하게 하는 폄하된 주장을 하지 말아야 한다.

이는 한마디로 그리스도 없는 인간의 말로가 어떠한지를 보여 주는 극단의 표현이다. 소돔과 고모라에 대한 하나님의 맹렬한 심판은 그들의 그릇된 성행위 때문이 아니라 그리스도를 거절하는 그들의 사회현상을 가능케 하는 그들의 존재적 메커니즘 때문이다. 그들의 사회에서 나타나는 그릇된 모든 성행위는 그리스도와의 관계가 단절되었다는 증상에 불과하다. 그 증상에 맞는 원인적 치료 없이 그 증상만을 없애려고 온갖 노력을 기울이는 것은 아무짝에도 쓸모없는 것으로 그 질병만 더 악화시킬 뿐이다.

필자의 설명을 듣고도 아직 자기가 동성애자가 아니라고 이 본문을 피해 갈 수 있는가? 이제까지 자기 삶이 동성애자보다도 더 추악하고 더 더러운 성관계를 저지르고 있었고, 지금도 그런 연장선에 있다는 사실을 모르겠는가?

우리가 이 본문(롬1:26-27)에서 확인해야 할 것은 바로 그런 것이다.

소망
현재 우리 사회를 분열시키고 있는 수많은 문제 가운데 콕 집어서 거론하지 않겠지만 이제 더 이상 바울의 복음이라고 하는 극단에서 이루어지는 바울의 진술인 텍스트 롬1:26-27의 내용을 가지고 제발 쓸모없는 논리를 만들어 그리스도를 대적하는 부질없는 짓들을 하지 않기를 바란다. 하나님의 복음을 드러내기 위한 중요한 이 본문을 다시 법조문화하여 초등 학문 아래로 돌아가게 하려는 의도의 사악함을 보아야 한다. 초등 학문에 얽매여 영광의 하나님의 복음을 가리는 어리석고 미련한 일을 멈추어야 한다는 말이다.

이제 바울이 선포하는 하나님의 복음의 시각으로 본문의 의미를 설명할 수 있는 자리에 함께 이르기를 바라며, 다음에 우리가 함께 살펴보게 될 아래의 본문을 필자가 제시하는 그리스도 예수 안에 있는 구속의 관점으로 읽었을 때 어떻게 읽히는지 주의해서 통독해 보라.

1:28	—Καὶ καθὼς οὐκ ἐδοκίμασαν τὸν θεὸν ἔχειν ἐν ἐπιγνώσει, παρέδωκεν αὐτοὺς ὁ θεὸς εἰς ἀδόκιμον νοῦν, ποιεῖν τὰ μὴ καθήκοντα,	---또한 그들이 그 하나님에 대한 참된 지식을 수용하지 않은 만큼,† 그들을 그 하나님께서 인정할 수 없는 이성에* 내어버려두셔서, 그들이 적절치 않은 일들을 하게 하셨습니다.
1:29	πεπληρωμένους πάσῃ ἀδικίᾳ πονηρίᾳ πλεονεξίᾳ κακίᾳ, μεστοὺς φθόνου φόνου ἔριδος δόλου κακοηθείας, ψιθυριστὰς	그들은 온갖 불의와 사악과 탐욕과 악의로 채워져, 시기와 살인과 분쟁과 사기와 악행으로 가득하여, 소곤거리고
1:30	καταλάλους θεοστυγεῖς ὑβριστὰς ὑπερηφάνους ἀλαζόνας, ἐφευρετὰς κακῶν, γονεῦσιν ἀπειθεῖς,	비방하며 하나님을 싫어하고 난폭하며 교만하고 허세를 부리며, 악한 일들을 꾸미고, 부모에게 불순종하며,
1:31	ἀσυνέτους ἀσυνθέτους ἀστόργους ἀνελεήμονας·	분별력이 없고 약속을 깨뜨리며 애정이 없고 동정심이 없는 자들입니다.
1:32	οἵτινες τὸ δικαίωμα τοῦ θεοῦ ἐπιγνόντες ὅτι οἱ τὰ τοιαῦτα πράσσοντες ἄξιοι θανάτου εἰσίν, οὐ μόνον αὐτὰ ποιοῦσιν ἀλλὰ καὶ συνευδοκοῦσιν τοῖς πράσσουσιν.	결국 이런 사람들이*1 '바로 그 같은 일들을 저지르는 사람들은 죽어 마땅하다.'라고 하시는 그 하나님의 그 공의로운 규제를*2 알면서도, 자기들만 그런 일들을 행하는① 것이 아니라 오히려 같은 일들을 저지르는② 사람들 또한 옳다고 두둔하기까지 합니다.

2장	NA28판(UBS5판) ΠΡΟΣ ΡΩΜΑΙΟΥΣ 2	로마서 2장 필자 사역
2:1	Διὸ ἀναπολόγητος εἶ, ὦ ἄνθρωπε πᾶς ὁ κρίνων· ἐν ᾧ γὰρ κρίνεις τὸν ἕτερον, σεαυτὸν κατακρίνεις, τὰ γὰρ αὐτὰ πράσσεις ὁ κρίνων.	그러므로 오~! 판단하는 각 사람이여, 그대가 누구든지 변명하지 못할 것입니다. 왜냐하면 그대가 그 다른 사람을[※1] 판단하는 그것으로 그대 자신을 정죄하기 때문이니,[※2] 이는 판단하는 그대가 그 같은 일들을 저지르고[①] 있기 때문입니다.
2:2	οἴδαμεν δὲ ὅτι τὸ κρίμα τοῦ θεοῦ ἐστιν κατὰ ἀλήθειαν ἐπὶ τοὺς τὰ τοιαῦτα πράσσοντας.	우리는 분명히 그런 일들을 저지르는[①] 사람들 위에 그 하나님의 그 판결이[※] 진리를 따라 내려진다는 것을 압니다.
2:3	λογίζῃ δὲ τοῦτο, ὦ ἄνθρωπε ὁ κρίνων τοὺς τὰ τοιαῦτα πράσσοντας καὶ ποιῶν αὐτά, ὅτι σὺ ἐκφεύξῃ τὸ κρίμα τοῦ θεοῦ;	오~! 그런 일들을 저지르는[①] 사람들을 판단하면서 같은 일들을 만드는[②] 사람이여, '그대가 그 하나님의 그 판결을[※] 어쩌면 피할 수도 있을 것이다.'라고 생각하고 있는 겁니까?
2:4	ἢ τοῦ πλούτου τῆς χρηστότητος αὐτοῦ καὶ τῆς ἀνοχῆς καὶ τῆς μακροθυμίας καταφρονεῖς, ἀγνοῶν ὅτι τὸ χρηστὸν τοῦ θεοῦ εἰς μετάνοιάν σε ἄγει;	혹시 그대는 그 하나님의 그 인자하심이[※1] 그대를 회개하도록 이끄신다는 사실을 알지 못해서, 그분의 인자하심과 관용하심과 오래 참으심의 부유하심을[※2] 가볍게 여기고 있지는 않습니까?
2:5	κατὰ δὲ τὴν σκληρότητά σου καὶ ἀμετανόητον καρδίαν θησαυρίζεις σεαυτῷ ὀργὴν ἐν ἡμέρᾳ ὀργῆς καὶ ἀποκαλύψεως δικαιοκρισίας τοῦ θεοῦ	안타깝게도[※1] 지금 그대는 그대의 완악함과 돌이키지 않는 마음을 따라 퍼부어질 진노의 날, 곧 그 하나님의 의로우신 심판이 나타나는 날에 내리실 진노를 그대 자신에게 쌓고 있는 것입니다.
2:6	ὃς ἀποδώσει ἑκάστῳ κατὰ τὰ ἔργα αὐτοῦ·*	'그 하나님께서 각 사람에게 그가 이루어 낸 일들을 따라[※2] 갚아 주실 것이다.*'라고, 말씀하셨습니다.
2:7	τοῖς μὲν καθ' ὑπομονὴν ἔργου ἀγαθοῦ δόξαν καὶ τιμὴν καὶ ἀφθαρσίαν ζητοῦσιν ζωὴν αἰώνιον,	실로 선한 일의 인내를 따라[※1] 영광과 존귀와 썩지 않음을[※2] 구하는 사람들에게는 영생을 주시나,

2:8	τοῖς δὲ ἐξ ἐριθείας καὶ ἀπειθοῦσιν τῇ ἀληθείᾳ πειθομένοις δὲ τῇ ἀδικίᾳ ὀργὴ καὶ θυμός.	이기심에 사로잡혀 그 진리를 따르지 않는 사람들에게나 그 불의를 따르는 사람들에게는 진노와 격노가* 있을 것입니다.
2:9	θλῖψις καὶ στενοχωρία ἐπὶ πᾶσαν ψυχὴν ἀνθρώπου τοῦ κατεργαζομένου τὸ κακόν, Ἰουδαίου τε πρῶτον καὶ Ἕλληνος·	그 악한 일을 만들어 내는* 각 사람의 영혼 위에 환난과 곤란이 있을 것이니, 첫째는 유대인 그리고 헬라인 양쪽에게 마찬가지입니다.
2:10	δόξα δὲ καὶ τιμὴ καὶ εἰρήνη παντὶ τῷ ἐργαζομένῳ τὸ ἀγαθόν, Ἰουδαίῳ τε πρῶτον καὶ Ἕλληνι·	반면에 그 선한 일을 이루는* 각 사람에게는 영광과 존귀와 평화가 있을 것이니, 첫째는 유대인 그리고 헬라인 양쪽에게 마찬가지입니다.
2:11	οὐ γάρ ἐστιν προσωπολημψία παρὰ τῷ θεῷ.	왜냐하면 그 하나님께는 편파성이 없기 때문입니다.†
2:12	Ὅσοι γὰρ ἀνόμως ἥμαρτον, ἀνόμως καὶ ἀπολοῦνται, καὶ ὅσοι ἐν νόμῳ ἥμαρτον, διὰ νόμου κριθήσονται·	참으로 율법 없이 죄를 저지른 사람들은 누구든지 율법 없이 멸망할 것이고, 또한 율법 안에서 죄를 저지른 사람들은 누구든지 율법을 통해 심판받을 것입니다.
2:13	οὐ γὰρ οἱ ἀκροαταὶ νόμου δίκαιοι παρὰ [τῷ] θεῷ, ἀλλ᾽ οἱ ποιηταὶ νόμου δικαιωθήσονται.	왜냐하면 율법을 듣는 사람들이 [그] 하나님께 의인들이 아니라, 율법을 이행하는 사람들이† 의롭다고 여겨질 것이기 때문입니다.
2:14	ὅταν γὰρ ἔθνη τὰ μὴ νόμον ἔχοντα φύσει τὰ τοῦ νόμου ποιῶσιν, οὗτοι νόμον μὴ ἔχοντες ἑαυτοῖς εἰσιν νόμος·	율법을 가지지 못한 이방인들이 본성으로 그 율법의 여러 일을* 이행할 경우, 율법이 없으므로 자기가 자신에게 율법이 됩니다.
2:15	οἵτινες ἐνδείκνυνται τὸ ἔργον τοῦ νόμου γραπτὸν ἐν ταῖς καρδίαις αὐτῶν, συμμαρτυρούσης αὐτῶν τῆς συνειδήσεως καὶ μεταξὺ ἀλλήλων τῶν λογισμῶν κατηγορούντων ἢ καὶ ἀπολογουμένων,	이런 사람들은*¹ 그들의 양심이 더불어 증언하되 서로 간에 생각들이 엇갈려 고소하거나 변호하기도 하면서, 그들의 마음속에 새겨진 그 율법의 그 일을*² 드러내어 보여 줍니다.

| 2:16 | ἐν ἡμέρᾳ ὅτε κρίνει ὁ θεὸς τὰ κρυπτὰ τῶν ἀνθρώπων κατὰ τὸ εὐαγγέλιόν μου διὰ Χριστοῦ Ἰησοῦ. | 이런 일은 그 하나님께서 그리스도 예수를 통해 내가 전한 복음을 따라서[※1] 그 사람들의 그 숨겨진 일들을[※2] 심판하시는 날에 나타납니다. |

전환된 관점의 로마서 읽기

제6장
버려진 이성으로 하는 일

본문 : 로마서 1장 28~32절

핵심 주제 어구

Καὶ … παρέδωκεν αὐτοὺς ὁ θεὸς εἰς ἀδόκιμον νοῦν

(카이 … 파레도켄 아우투스 호 데오스 에이스 아도키몬 눈)

버림받은 이성이 득실거리는 곳에 떨어진 인류가 할 수 있는 것은 하나님 보시기에 적절하지 못한 일들을 고안하고 만들어 내는 일이었다. 그 적절치 못한 일들이 바로 신의 성품이 아닌 마귀의 성품을 표출하는 일과 관련한 것들이었다. 그건 하나님의 형상으로 창조된 인간이 결코 해서는 안 되는 저주받은 인생들의 몫이었다. 어리석게도 인류는 그 일들에 몰두했다.

제6장(버려진 이성으로 하는 일) _ 본문 214p에서

본문

1장	NA28판(UBS5판) ΠΡΟΣ ΡΩΜΑΙΟΥΣ 1	로마서 1장 필자 사역
1:28	—Καὶ καθὼς οὐκ ἐδοκίμασαν τὸν θεὸν ἔχειν ἐν ἐπιγνώσει, παρέδωκεν αὐτοὺς ὁ θεὸς εἰς ἀδόκιμον νοῦν, ποιεῖν τὰ μὴ καθήκοντα,	---또한 그들이 그 하나님에 대한 참된 지식을 수용하지 않은 만큼,† 그들을 그 하나님께서 인정할 수 없는 이성에* 내어버려두셔서, 그들이 적절치 않은 일들을 하게 하셨습니다.
1:29	πεπληρωμένους πάσῃ ἀδικίᾳ πονηρίᾳ πλεονεξίᾳ κακίᾳ, μεστοὺς φθόνου φόνου ἔριδος δόλου κακοηθείας, ψιθυριστὰς	그들은 온갖 불의와 사악과 탐욕과 악의로 채워져, 시기와 살인과 분쟁과 사기와 악행으로 가득하여, 소곤거리고
1:30	καταλάλους θεοστυγεῖς ὑβριστὰς ὑπερηφάνους ἀλαζόνας, ἐφευρετὰς κακῶν, γονεῦσιν ἀπειθεῖς,	비방하며 하나님을 싫어하고 난폭하며 교만하고 허세를 부리며, 악한 일들을 꾸미고, 부모에게 불순종하며,
1:31	ἀσυνέτους ἀσυνθέτους ἀστόργους ἀνελεήμονας·	분별력이 없고 약속을 깨뜨리며 애정이 없고 동정심이 없는 자들입니다.
1:32	οἵτινες τὸ δικαίωμα τοῦ θεοῦ ἐπιγνόντες ὅτι οἱ τὰ τοιαῦτα πράσσοντες ἄξιοι θανάτου εἰσίν, οὐ μόνον αὐτὰ ποιοῦσιν ἀλλὰ καὶ συνευδοκοῦσιν τοῖς πράσσουσιν.	결국 이런 사람들이*1 '바로 그 같은 일들을 저지르는 사람들은 죽어 마땅하다.'라고 하시는 그 하나님의 그 공의로운 규제를*2 알면서도, 자기들만 그런 일들을 행하는① 것이 아니라 오히려 같은 일들을 저지르는② 사람들 또한 옳다고 두둔하기까지 합니다.

연결고리

우리는 지금 마지막 파레도켄(παρέδωκεν)을 설명하는 대목에 와 있다. 그 본문의 시작은 대등 접속사 카이(Kai)이다. 이 카이(Kai)는 '연결과 확장'이라는 두 가지 핵심 개념을 가진다. 앞 본문의 맥락을 잇는 역할과 새로운 내용을 더해 그 맥락을 확대하여 전체의 의미를 명확하게 전달하는 역할이 그것이다.

그리고 그 역할이 지금까지의 세 개의 파레도켄(παρέδωκεν)을 통해 전달하고자 하는 바울의 마지막 생각을 모두 표현하여 완성하는 대목을 연결한다는 점에서 매우 중요하다.

달리는 기차의 객차에 달린 연결고리가 엔진 차량인 머리가 향하고 있는 목적지에 도달하느냐에 직결되는 것처럼, 카이(Kai)가 바로 그 연결고리와 같다. 그 연결고리의 잠금장치에 문제점이 없을 때, 그 객차는 목적지를 향한 방향성이 안전하게 유지된다.

이상한 병

지금 우리는 새로운 객차를 매다는 시점에 있다. 우리의 논의가 마침내 이르러야 할 목적지에 안전하게 도착하기 위해선 연결고리의 안전 점검이 절대적으로 필요하다. 아무리 좋은 양질의 양곡을 가득 실었다고 하더라도 그 연결고리가 제대로 연결되어 있지 않다면 그 수고는 헛수고가 될 것이다.

그 목적지는 간단하고 명확하다. 바울이 전하는 하나님의 복음이 하나님의 진노 아래 있는 우리를 구원하시는 하나님의 능력임을 보이는 것이다.

그런데 거기에는 큰 위험이 도사리고 있다. 그건 누군가를 실족시키려고 파 놓은 함정과도 같다. 복음을 전하는 자들이 그 진노 상황을 제대로 설명하지 못하면 그 진노로부터 구원하시는 하나님의 능력인 하나님의 복음을 믿으면서도 그 복음을 자랑하지 못하는 이상한 병에 걸리는 것이 그것이다.

정죄

필자가 보기에 그 병은 하나님의 진노 아래 있는 인류에 대한 구원의 필요성을 진단하고 규정하는 과정에서 명확하게 드러나야 할 정죄에 관한 실체적 진실을 밝히는 롬1:18-3:20까지의 바울의 텍스트의 진의를 설명해 내는 일에 실패하기 때문에 발병한다.

그래서 필자가 주목하고 있는 새로운 관점의 로마서는 특히 1권에서 롬1:2-4의 하나님의 복음을 규정하고, 그 복음을 설명하여 인류를 구원하시는 하나님의 능력임을 입증하여 선언하는 롬1:16-17에 담긴 바울의 의도를 깡그리 무시한 2,000년간 로마서 해석의 빗나감에 대한 도전으로 시작되었다. 그 도전은 로마서 텍스트에 대한 '발상의 전환'이라는 구세대를 향한 변화를 요구하는 것이었다면, 2권은 '전환된 관점'으로 그 의도의 실체적 진실에 다가가도록 하는 바울의 설명(하나님의 진노로부터의 구원이 가지는 실제적 특성을 다루는 롬1:18-3:20의 참된 의미를 파악하는 일)에 대한 해석의 지평이 바뀌어야 함을 설득하는 데 그 출발점을 삼고 목적지(롬3:21-16장까지 하나님의 복음이 갖는 실제 구원의 원리와 그에 따른 삶의 방법에 대한 핵심 논리를 파악하는 일)를 향한 상정이다.

중심 메시지

필자는 지금 전환된 관점으로 그리스도 예수 안에서 선포되는 하나님의 복음, 곧 전능하신 하나님 아들의 복음이 아니면 하나님의 진노가 풀어지지 않는다는 심각한 이유를 설명해 내기 위해서 혼신을 다하고 있다. 그 과정에서 우리는 지금 '그 하나님의 내어버리심'을 나타내는 세 개의 파레도켄($παρέδωκεν$)이 보이는 메커니즘과 그 상황 저변에 깔린 모든 것을 고려하여, 그 내어버리심의 이면에 숨겨진 하나님의 의도까지 온전하게 드러냄으로써, 그 하나님께서 인류를 구원하시는 능력으로 나타나는 그분의 속성인 사랑과 공의가 모순되지 않는 온전한 능력임을 보여야 할 마지막 대목에 다가서고 있다.

강조하지만 지금 필자는 그동안 사도 바울의 복음을 제대로 이해하지 못한 상태에서 상투적으로 쓰이기 때문에 가려져 있었던 전능하신 창조주 하나님의 전능하신 능력으로 나타나는 하나님의 복음 됨을 펼쳐 보이고자 하는 것이다.

그런 의미에서 필자는 카이(Kai)의 두 가지 역할 중 일차적인 핵심 개념인 연결이 의미하는 바를 매우 중요하게 생각하여, 이전 본문에서 물고 내려와야 할 문맥의 중심 메시지를 놓치지 않기 위해, 창세기 38장의 유다의 이야기를 제시하고자 한다.

악행

유다는 야곱의 열두 아들 가운데 넷째이고, 유대인이라는 명칭의 중심이 되는 유다 족속의 시조나 다름없다. 그는 자기의 조상(아브라함, 이삭, 야곱)들의 뜻에 반하여 가나안 여자를 아내로 삼았다(창24:3, 28:1-8). 그가 낳은 아들 세 명(엘, 오난, 셀라) 중에 첫째 엘은 다말과 결혼해 후손을 보지 못하고 죽었다. 그 이유는 엘이 악행을 일삼아 여호와의 눈 밖에 났기 때문이었다.

그는 자기 며느리 다말에게 둘째 아들 오난을 들여보내 첫째 아들의 대를 잇게 하였다. 그게 그의 민족이 가진 성 정체성에 기반한 실제적인 결혼과 성생활(성관계)의 질서였다.

하지만 오난이 자기의 형수인 다말과 실제로 성관계를 하는 도중 성관계를 중단해 버린다. 이에 대해 성경이 노골적으로 말하길, 시동생 오난이 그의 형수인 다말과 성관계를 하다가 그녀의 생식기 바깥에 사정해 버리곤 하였고, 여호와께서 그런 그의 행위를 악하다고 생각하여 그를 현장에서 죽이셨다고 한다.

황당
참으로 충격적인 일이다. 혹자가 보기엔 졸지에 유다 집안의 두 아들을 잡아먹은 팔자 센 여자가 되어 버린 다말의 결혼 생활에 얽힌 이야기는 황당 그 자체일 수 있다. 필자가 지금까지 줄기차게 설명해 온 여호와 하나님께서 주신 성 정체성을 지키며 살아야 하는 인간 삶에 대한 맥락을 이해하지 못하면 도무지 이해할 수 없는 이야기가 된다.

더욱이 그는 하나 남은 막내아들 셀라를 잃지 않기 위해 어리다는 이유를 들어 막내아들 셀라가 더 클 때까지 친정집에 가서 잠시 있으라고 다말에게 명했다. 다말은 시어머니가 죽을 만큼 오랜 세월이 지났을 때까지도 막내아들 셀라와 결혼시켜 주지 않은 시아버지 유다에게 불만을 품게 되었다. 시아버지 유다가 양털을 깎으러 딤나로 간다는 사실을 알고, 과부 복장을 벗은 후 화려한 옷을 챙겨입고 얼굴을 가린 채 딤나로 가는 길목에 자리 잡고, 유다를 유혹해 동침하여 아이를 얻고자 했다.

유다는 며느리 다말의 꾀에 걸려들어 그녀를 창녀로 생각하고, 화대 대신에 자신의 도장과 끈과 지팡이를 보증물로 맡기고 그녀와 동침했다. 유다는 그 보증물을 찾으려 했지만, 그녀를 찾지 못하게 되고, 더 이상 찾다가는 성매매 한 사실이 드러나 망신만 당할 것 같아 그 보증물을 포기했다.

훗날 다말의 임신한 사실이 탄로되었고, 유다는 그런 다말을 끌어내어 불에 태워 죽이라고 명했다. 다말이 끌려 나갈 때 그 보증물을 내밀며 그간의 진실을 폭로하게 되는데, 이로써 며느리 다말은 시아버지 유다에게 자신의 행위가 정당한 행위였다고 인정받고, 쌍둥이 베레스와 세라를 낳게 되었다.

그 한 사람

참 기막힌 이야기이다.

하지만 여기에서 우리는 바울이 말하는 인간의 성관계가 가지는 본연의 필요성, 곧 성기(생식기)의 사용법을 만나게 된다. 그리고 그 바탕에서 인류의 구원자가 유대인에게서 나온다고 하는 생각으로까지 이어져 있음을 발견해야 한다(요4:22). 그것이 지금 우리가 읽고 있는 롬1:18 아래 펼쳐지는 하나님의 진노에 관한 이야기를 제대로 이해하게 하는 관점이기 때문이다.

다말에게 있어서 결혼과 결혼 생활(성생활)이란 오직 에덴동산에서 계시된 '그 한 사람'이 태어나기만을 간절히 기다리는 마음으로 남편을 사모하는 것이었다. 그래서 그녀는 아주 특별한 '그 한 사람 예수 그리스도'의 족보책에 기록되는 영광을 갖게 된 것이다(마1:3).

이 웃지 못할 괴이한 이야기 속에 우리 인류가 그토록 애원하는 행복한 삶의 길이 있다. 이 독특한 출생의 그 한 사람의 시각으로 인류의 현실과 미래를 진단하고 행동하는 믿음으로 역동적인 삶을 살게 하는 것이 이 로마서를 기록한 바울의 진정한 목적이다.

확장

카이(Kαi)가 의미하는 또 하나의 핵심 개념은 확장이다. 바로 앞에서 언급한 '그 하나님의 내어버리심($παρέδωκεν$-파레도켄)'이 그릇된 남녀의 성관계에 관한 것이었다면, 이 카이(Kαi)로 이어지는 파레도켄($παρέδωκεν$)은 그 범위를 확장해 남녀노소를 불문한 모든 인간의 그릇된 인간관계 전반을 통틀어서 말하는 곳을 보게 한다.

전자는 인간 사회를 이루는 동력이 표출되는 인간의 근본적인 생식 활동으로서 모든 사회의 근간이 되는 남녀 관계의 출발점을 다루어 그 마지막이 어떠한 것인지를 보게 했다면, 후자는 그 생식 활동으로 확장된 인간 사회를 구성하는 구성원들 간의 관계를 결정짓는 인간의 근본적인 속성으로서 모든 사회의 근간이 되는 인간관계의 출발점인 이성($νοῦν$-눈)의 문제를 다루어 인류 사회의 현실과 그 마지막이 어떠한지를 보게 한다.

몸

그것은 롬1:24에서 처음 언급한 '몸을 욕되게 하는 더러움 속에 내어버리심'이라고 하는 첫 번째 파레도켄(*παρέδωκεν*)에 대한 이야기가, 롬1:26의 '수치스러운 욕정에 내어버리심'이라는 두 번째 파레도켄(*παρέδωκεν*)에 관한 이야기와 '적절하지 못한 일을 하게 내어버리심'이라는 세 번째 파레도켄(*παρέδωκεν*)에 관한 이야기로 구체화되어 나타난다.

이 모든 이야기는 모두 인간 삶의 도구가 되는 인간의 몸과 그 몸의 여러 지체를 을 통해 나타나는 행위에 초점을 둔 이야기이다. 한마디로 몸을 가지고 살아야 할 인류의 현실을 그 몸을 만드신 그 하나님과의 관계 속에서 진단함으로써, 인류가 생존을 위해, 그리고 삶을 위해 그 몸을 씀에 있어서 얼마나 부당한 방법으로 그 몸을 쓰고 있는지를 밝히려고 하는 것이다.

핵심은 창조주 하나님께서 만드신 몸이다. 그 몸으로 살아 내야 가르침, 그러니까 인간의 죽을 몸을 가지고 죽지 않고 썩지 않을 영생의 몸을 만들어 갈 수 있는 구체적이고 실제적인 삶의 방법과 원리를 제시하는 일이다. 그런 이야기가 빠진 썩을 인간들의 무수한 족보 이야기와 인간이 꾸며 낸 허탄한 신화와 공허한 모든 철학, 그것들과 결탁한 신학적 서술들은 거짓의 아비로부터 온 것이다.

필자는 그런 이야기에 매몰되어 사는 사람들을 유체 이탈 화법을 즐기는 사람들이라고 규정한다.

사실 그 같은 헛되고 공허한 이야기들을 즐기는 자들은 실제로 그것이 자신들의 이야기인 줄 모른다. 왜냐하면 하나님 영이 없으면 몸은 죽은 것이고, 사망의 몸은 죄와 사망(사탄과 귀신)이 의식을 지배하기 위해 만들어 낸 말에 사로잡혀 있기 때문이다.

퍼즐

그런 점에서 그것(카이(*Kai*)로 시작되는 하나님의 내어버리심(*παρέδωκεν*-파레도켄)은 이 땅에 유체 이탈 화법을 종식할 '그 한 사람'을 바라보게 한다. 그것은 롬1:18에서 시작된 '불의로 그 진리를 막는 불경과 불의'라고 하는 매우 특별하면서도 보편적 하나님의 진노를 일으키는 인간의 사악한 행위의 진원지를 밝히기 위한 인고의 설명을 매듭짓는 마지막 퍼즐과 같다.

그런 맥락에서 아래의 본문을 읽고 앞으로 전개될 우리 이야기의 향방을 예측해 보며, 그것이 바울의 로마서 텍스트의 진정한 의미라고 확신할 수 있는지를 자문해 보라. 우리는 지금 그곳을 향해 죽을힘을 다해 달려가고 있다.

1:28	—Καὶ καθὼς οὐκ ἐδοκίμασαν τὸν θεὸν ἔχειν ἐν ἐπιγνώσει, παρέδωκεν αὐτοὺς ὁ θεὸς εἰς ἀδόκιμον νοῦν, ποιεῖν τὰ μὴ καθήκοντα,	---또한 그들이 그 하나님에 대한 참된 지식을 수용하지 않은 만큼,† 그들을 그 하나님께서 인정할 수 없는 이성에* 내어 버려두셔서, 그들이 적절치 않은 일들을 하게 하셨습니다.
1:29	πεπληρωμένους πάσῃ ἀδικίᾳ πονηρίᾳ πλεονεξίᾳ κακίᾳ, μεστοὺς φθόνου φόνου ἔριδος δόλου κακοηθείας, ψιθυριστὰς	그들은 온갖 불의와 사악과 탐욕과 악의로 채워져, 시기와 살인과 분쟁과 사기와 악행으로 가득하여, 소곤거리고
1:30	καταλάλους θεοστυγεῖς ὑβριστὰς ὑπερηφάνους ἀλαζόνας, ἐφευρετὰς κακῶν, γονεῦσιν ἀπειθεῖς,	비방하며 하나님을 싫어하고 난폭하며 교만하고 허세를 부리며, 악한 일들을 꾸미고, 부모에게 불순종하며,
1:31	ἀσυνέτους ἀσυνθέτους ἀστόργους ἀνελεήμονας·	분별력이 없고 약속을 깨뜨리며 애정이 없고 동정심이 없는 자들입니다.
1:32	οἵτινες τὸ δικαίωμα τοῦ θεοῦ ἐπιγνόντες ὅτι οἱ τὰ τοιαῦτα πράσσοντες ἄξιοι θανάτου εἰσίν, οὐ μόνον αὐτὰ ποιοῦσιν ἀλλὰ καὶ συνευδοκοῦσιν τοῖς πράσσουσιν.	결국 이런 사람들이*1 '바로 그 같은 일들을 저지르는 사람들은 죽어 마땅하다.'라고 하시는 그 하나님의 그 공의로운 규제를*2 알면서도, 자기들만 그런 일들을 행하는① 것이 아니라 오히려 같은 일들을 저지르는② 사람들 또한 옳다고 두둔하기까지 합니다.

관계

우선 그 마지막 퍼즐이 롬1:26-27에서 나타나는 비뚤어진 남녀의 성관계가 하나님과의 관계를 반영해서 나타나는 인간의 사악하고 불의한 행위이듯이, 지금 우리가 다루려고 하는 본문 롬1:28-32에서 상상할 수 있는, 다시 말해 남녀노소가 뒤섞여 사는 사회에서 나타나는 비뚤어진 인간관계 역시 하나님과의 관계를 반영해 나타나는 인간의 사악하고 불의한 행위에 관한 것임을 분명히 하고 싶다. 왜냐하면 인간 사회의 모든 병폐가 '그 하나님의 내어버리심'으로 인해 나타나는 것이기 때문이다.

다만 또 그것이 롬1:26-27에서 밝혀진 몸의 중심인 성기(생식기)의 사용법을 포함한, 그러니까 하나님의 약속에 대한 성취를 상징적으로 예시하는 성물로서의 생식기 사용법을 포함한 나머지 몸의 여러 가지 다른 지체 중 이성의 활동과 직결된 혀의 사용법을 중심으로 눈과 귀 손과 발 등의 사용법과 직결된 이야기라는 점을 강조해 두고 싶다. 왜냐하면 그것이 인류가 생식 활동을 통해 생산된 나와 타인과의 관계를 생성시키고, 그 관계에서 자기 몸과 그 몸의 여러 지체를 어떻게 사용해야 하는지를 생각하고 판단하여 행동하게 하는 인간 행위의 주체에 해당하는 이성에 관한 것이기 때문이다.

그리고 마침내 그것은 그 하나님의 내어버리심을 밝히는 세 개의 파레도켄(παρέδωκεν)에 관한 논리의 결과를 다루는 롬2:1의 '그 다른 사람(τὸν ἕτερον-톤 헤테론)'과의 관계를 마주하게 하는 것이었음을 깨닫게 될 것이다.

| 2:1 | Διὸ ἀναπολόγητος εἶ, ὦ ἄνθρωπε πᾶς ὁ κρίνων· ἐν ᾧ γὰρ κρίνεις τὸν ἕτερον, σεαυτὸν κατακρίνεις, τὰ γὰρ αὐτὰ πράσσεις ὁ κρίνων. | 그러므로 오~! 판단하는 각 사람이여, 그대가 누구든지 변명하지 못할 것입니다. 왜냐하면 그대가 그 다른 한 사람을[※1] 판단하는 그것으로 그대 자신을 정죄하기 때문이니,[※2] 이는 판단하는 그대가 그 같은 일들을 저지르고[①] 있기 때문입니다. |

존중

그 내어버리심(παρέδωκεν-파레도켄)이란 그 하나님의 오랜 가르침과 설득에도 말을 듣지 않는 자들에게 그들이 원하는 대로 하도록 허용하시는 것이다. 그들이 옳다고 주장하는 대로 그들이 갈 데까지 가는 과정을 지켜보시겠다는 것이다. 그것은 포기가 아니라 가슴 아픈 존중이고, 그 가슴 아픈 존중은 그 하나님의 한없는 사랑의 다른 모습이다.

거기에 그 한없는 사랑을 거역하는 인간 행위의 메커니즘이 있다. 그러니까 인간이 하나의 행위를 하기까지 작동하는 여러 내적 기능의 구조적인 원리가 그 하나님의 내어버리심의 직접적인 원인으로 작용하고 있다는 말이다.

거룩하신 그 하나님의 신성을 채워 표현해야 할 몸에 담아선 안 되는 것을 담아 표현하는 열정이 그것이다.

그리고 그 열정은 끊임없이 자기 자신의 내부에 그 하나님께서 싫어하시는 것들을 저축하는 일에 집중하도록 마음을 재촉한다. 심지어 그 열정은 그 하나님을 위한다는 명분으로 악을 저지르면서도 당당하게 만드는 위선자의 기술을 가진 자들이 그런 기술을 연마하는 자리에 이르도록 부추기며 이 세상을 주도하는 세력이 된다. 생각해 보라.

그들이 지배하는 이 세상에 대해 어찌 그 하나님께서 진노하시지 않을 수 있단 말인가(요16:11)!

사도 바울은 지금 그 하나님의 진노하심에 대해 인류가 아무런 변명도 할 수 없는 처지에 있음을 설득하는 과정이다. 거기에 '그 하나님의 내어버리심'이 있다.

바울이 인류에게 '그 하나님의 내어버리심'을 상기시키는 이유는 단 하나, 그 하나님의 진노로부터 인류를 구원하실 '그 다른 한 사람'을 바라보게 함이다. 그건 진노하시는 중에도 긍휼을 베푸시는 방법으로 인류를 가르치시고 돌보시며 인도해 오셨음을 말한다.

그런데도 인류는 그런 하나님의 사랑을 거절할 뿐만 아니라, 그 진노하심으로부터 구원하시는 그 하나님의 논리를 부당하다고 자기주장을 내세워 반박하고 변명하며 더욱 심화한 해악질을 일삼는 길에 들어서 있다는 게 바울의 일관된 요지이다.

에도키마센(ἐδοκίμασαν)

그런 시각에서 본문을 구체적으로 볼 때, 먼저 내어버리시는 그 하나님의 행위에는 그 하나님의 뜻에 맞지 않는 인류의 그릇된 행위가 있다. 그것을 필자는 '그들이 그 하나님에 대한 참된 지식을 수용하지 않은 만큼(καθὼς οὐκ ἐδοκίμασαν τὸν θεὸν ἔχειν ἐν ἐπιγνώσει-카도스 우크 에도키마산 톤 데온 에케인 엔 에피그노세이)'이라고 번역했다. 당연히 약간의 설명은 필요하다. 성경 번역이 그것 자체로 불완전하기 때문이다.

여기서 '수용하지 않는다'라는 의미로 번역한 헬라어 에도키마산(ἐδοκίμασαν)은 본래 문자적으로나 상징적으로 모두 다 '시험하다(test)'라는 기본적인 개념을 가진 단어이다. 자동차에 빗대어 설명하면 차량을 안전하게 운행할 수 있는지 정기적으로로 그 차량의 성능 여부를 꼼꼼하게 들여다보는 종합검사를 하는 것과 같다. 항상 테스트(test)를 기반으로 가치에 대한 결론을 도출해 내는 과정을 표현하는 단어로 매우 광범위하게 쓰인다.

애씀

바울은 로마서에서 이 단어를 총 4회 사용하는데 그중 하나가 본문이다. 먼저 롬 2:18에서는 유대인들이 모세 오경(구약 성경 창세기-신명기까지 다섯 권의 책)으로부터 정보를 받아 귀한 일을 가리려고 이리저리 살펴보고 검사하여 마침내 지극히 선한 일들을 골라 챙기며 즐거워하는 모습뿐만 아니라 그것이 왜 좋은 것인지를 설명하고 입증할 수 있을 만큼 자랑스러운 모습에 이르는 과정을 표현하는 데 쓰였다.

그리고 롬12:2 '이 시대에 동화되지 말고, 다만 그 이성을 새롭게 하시는 은혜로 변화되십시오. 그러면 그 하나님의 그 뜻이 무엇인지 검증하여 무엇이 그 하나님 보시기에 선하고, 무엇을 그 하나님께서 기뻐하시며, 무엇이 그 하나님 보시기에 완전한지 분별하는 데에 이를 것입니다.'에서와 같이 검증하여 완전한 구별을 의미하는 '분별'의 개념으로 쓰였다.

마지막으로 롬14:22 '그대는 그대 자신이 가지고 [있는] 믿음을 그 하나님 존전에서 지니십시오. 자신이 확정한 일을 하면서 자책하지 않고 사는 사람이 행복합니다.'에서와 같이 하나님과의 관계에서 믿음의 일을 이리저리 살펴 연구하여 확정하는 행위를 가리키는 개념으로 쓰였다.

이를 종합하면 롬1:28에 쓰인 에도키마산($ἐδοκίμασαν$)은 인간이 그 하나님과의 관계에서 그 하나님께서 행하신 일을 대하는 상태와 자세에 직접적인 연관이 있다는 것이 분명하다. 그리고 그것은 인간이 그 하나님과의 관계에서 믿음을 갖기까지의 과정, 그러니까 그 하나님께서 행하신 일에 대해 이해하고 판단하는 인간의 이성 작용이 활발하게 이루어지고 있음을 드러내는 데 쓰였다. 인간 행위의 메커니즘과 관련한 이성의 속성과 그것이 지닌 능력을 발휘하여 그 하나님께서 행하신 일의 진의를 찾아 애쓰는 것을 나타낸다.

마지막 배려와 기회

중요한 건 이제부터다. 이 에도키마산(ἐδοκίμασαν)이 취하는 인간 행위의 목적 대상이 바로 그 하나님이다. 본문에서는 정관사를 가진 하나님(τὸν θεὸν-톤 데온)으로 표현되어 있다. 그 하나님은 지금까지 설명한 바와 같이 인류를 온갖 방법으로 교육하셨음에도 불구하고 개선되지 않는 인간을 상대로 언제나 오래 참으심으로 불쌍히 여겨 구원의 복음을 사도 바울에게 전하게 하신 하나님이시다.

그런 의미에서 그 하나님의 내어버리심(παρέδωκεν-파레도켄)이란, 인간은 그 무엇으로도 개선 불가능한 상태에 있음을 확정하는 것이다. 그렇다. 인간은 무슨 일을 하여도 그 하나님의 진노를 불러일으킬 수밖에 없는 무지하고 무능한 존재이다. 그것은 그리스도 예수님의 종인 사도 바울의 복음 곧 하나님의 복음이 아니면 아무것도 기대할 수 없는 절망스러운 처지로 내몰려 벼랑 끝에 서게 된 멸망 직전의 아주 위험한 인간 상태와 상황을 말한다.

그리고 그건 바로 그 하나님의 진노 아래 있어 비참해진 인간에게 그리스도 안에서 선포되는 하나님의 복음을 받아들일 수밖에 없게 하는 그 하나님의 마지막 배려이고 기회이다.

그래서 사도 바울은 로마에 그 복음을 전하기 위해 그토록 애를 썼으며(롬1:8-15), 그것은 그 복음을 전하지 않으면 도리어 자신에게 화가 된다는 생각에 근거한 것이었다(고전9:16, 갈1:8). 왜냐하면 그 복음을 전하고 성도를 섬기는 일이 사탄에게 공격의 목표가 될 만큼 목숨을 건 매우 중대한 일이었기 때문이다.

그는 결국 죄수의 몸으로 로마에 압송되어 그 복음을 전하다 순교하는 자리에 이르게 되었다(행28:16-31, 딤후4:6-8, 빌2:16-17). 그가 그 복음을 부끄러워하지 않고 자랑할 수 있었던 것은(롬5:1-5), 그 복음이야말로 이 세상의 그 무엇으로도 개선 불가능한 인간을 구원케 하는 하나님의 능력이기 때문이었다(롬1:16-17).

하기 싫은 일

여기서 고려해야 할 것은 본문에 그런 하나님의 내어버리심을 설명하기 위해 쓰이는 에도키마산(ἐδοκίμασαν)의 행위 개념을 부정하는 '우크(οὐκ)'라는 부정어가 박혀있다는 사실이다. 이것이 바로 그 하나님께서 인간을 내어버리시는 행위를 촉발하는 원인이다.

그것은 인류가 그 하나님을 상대로 자신들에게 얼마나 귀하고 중요한 가치가 있는 분이신지를 자세하게 들여다보려고 하지 않을 뿐만 아니라 그분이 행하신 일의 실체적 진실에 가까이 다가서지 않았다는 사실을 규정하는 단어이다.

한마디로 '우크 에도키마산 톤 데온(οὐκ ἐδοκίμασαν τὸν θεὸν)'은 간단하게 '그들이 그 하나님을 시험하지 않았다.'라는 말인데, 인류가 하나님의 행하심을 토대로 그분의 진실을 마주하기 위해 집요하게 추적하여 사색하고 연구하는 일을 좋아하지 않았다는 뜻이다.

축복

한 걸음 더 나아가 그 하나님을 사색한다는 것, 그 하나님을 연구한다는 것, 그리고 그 하나님의 진실을 마주하려고 애쓰고 수고하는 일이, 인류에게 정말로 하기 싫은 일 중에 가장 하기 싫은 일이었다는 사실을 확인시켜 주기 위해서, 그 하나님께서 직접 그런 인류를 '인정할 수 없는 이성 속에(εἰς ἀδόκιμον νοῦν)' 내어버리셨다(παρέδωκεν-파레도켄)는 사실을 읽어 내는 데로 나아가야 한다.

그리고 그런 인류를 '어두운 마음'이라고 쉽게 표현할 수 있는 '인정할 수 없는 이성 속에(εἰς ἀδόκιμον νοῦν)' 내어버리셔서 적절하지 못한 일들을 고안하고 만들어 내는 자리로 나가게 하신 것도 모두 다 '그 다른 한 사람', 그러니까 이 땅에 울려 퍼진 바울이 전한 하나님의 복음의 실체이신 예수 그리스도께서 우리 주님이심을 고백하며 살게 하시려는 축복을 담은 사랑의 행위였음을 읽는 자리로까지 나가야 한다.

그게 사도 바울이 로마서에서 '그 하나님의 내어버리심(παρέδωκεν-파레도켄)'이라는 용어를 쓰는 관점이다.

그 같은 관점으로 아래의 본문을 다시금 읽어 보라. 만약 그같이 읽을 수 없다면 그대는 삼천포로 빠진 것이다.

1:28	—Καὶ καθὼς οὐκ ἐδοκίμασαν τὸν θεὸν ἔχειν ἐν ἐπιγνώσει, παρέδωκεν αὐτοὺς ὁ θεὸς εἰς ἀδόκιμον νοῦν, ποιεῖν τὰ μὴ καθήκοντα,	---또한 그들이 그 하나님에 대한 참된 지식을 수용하지 않은 만큼,† 그들을 그 하나님께서 인정할 수 없는 이성에* 내어 버려두셔서, 그들이 적절치 않은 일들을 하게 하셨습니다.

1:29	πεπληρωμένους πάσῃ ἀδικίᾳ πονηρίᾳ πλεονεξίᾳ κακίᾳ, μεστοὺς φθόνου φόνου ἔριδος δόλου κακοηθείας, ψιθυριστάς	그들은 온갖 불의와 사악과 탐욕과 악의로 채워져, 시기와 살인과 분쟁과 사기와 악행으로 가득하여, 소곤거리고
1:30	καταλάλους θεοστυγεῖς ὑβριστὰς ὑπερηφάνους ἀλαζόνας, ἐφευρετὰς κακῶν, γονεῦσιν ἀπειθεῖς,	비방하며 하나님을 싫어하고 난폭하며 교만하고 허세를 부리며, 악한 일들을 꾸미고, 부모에게 불순종하며,
1:31	ἀσυνέτους ἀσυνθέτους ἀστόργους ἀνελεήμονας·	분별력이 없고 약속을 깨뜨리며 애정이 없고 동정심이 없는 자들입니다.
1:32	οἵτινες τὸ δικαίωμα τοῦ θεοῦ ἐπιγνόντες ὅτι οἱ τὰ τοιαῦτα πράσσοντες ἄξιοι θανάτου εἰσίν, οὐ μόνον αὐτὰ ποιοῦσιν ἀλλὰ καὶ συνευδοκοῦσιν τοῖς πράσσουσιν.	결국 이런 사람들이[※1] '바로 그 같은 일들을 저지르는 사람들은 죽어 마땅하다.'라고 하시는 그 하나님의 그 공의로운 규제를[※2] 알면서도, 자기들만 그런 일들을 행하는① 것이 아니라 오히려 같은 일들을 저지르는② 사람들 또한 옳다고 두둔하기까지 합니다.

소유

이 대목(인정할 수 없는 이성 속에 내어버려두심(παρέδωκεν ... εἰς ἀδόκιμον νοῦν-파레도켄…에이스 아도키몬 눈)'에서 신중하게 보아야 할 부분이 있다. 깨달음으로 그 하나님을 소유하려고 하는 목적 행위가 인간의 삶에 빠져 있다는 사실을 표현하는 부정사 구문(ἔχειν ἐν ἐπιγνώσει-에케인 엔 에피그노세이)은 쉽게 이해되지 않는다.

본디 소유라는 개념을 일반적으로 그 대상을 지배한다는 말로만 인식하곤 하는 인간의 편협한 의식구조로는 그 하나님을 소유한다는 게 좀 이해하기 힘들거나 어색한 표현이긴 하나 불가능한 표현은 아니다. 왜냐하면 소유 개념은 그 소유자의 내면의 상태에 따라 그 대상과의 다른 관계를 표현할 수 있는 넓은 개념을 가지기 때문이다.

흔히 임신한 여성이 '나 아이를 가졌어.'라고 할 때와 같이 우리가 가족과의 관계를 표현하기 위해서 소유의 개념을 사용하듯이, 소유 개념은 꼭 대상을 지배하고 그 대상 위에 군림하고자 하는 부정적인 관계만을 표현하지 않고, 반대로 그 가치를 귀하게 여겨 애지중지하거나 공경하고 숭배하는 관계까지 포괄한 넓은 개념으로 쓰인다. 소유 개념에서 중요한 것은, 그 개념 속에서 벌어지는 실제 관계가 어떠하냐는 것이다.

실제로 사도 바울은 롬1:8에서 '나의 하나님께(τῷ θεῷ μου-토 대오 무)'라는 표현을 사용하여 '먼저 나는 예수 그리스도를 통해 나의 하나님께 여러분 모두에 대해 감사드립니다. 이는 여러분의 믿음이 온 세상에 널리 전해지고 있기 때문입니다.'라고 했다.

여기에 나타난 그 하나님에 대한 소유 개념은 이 세상에 믿음이 전파되는 일을 주관하시는 지극히 높으신 하나님께 감사하는 관계를 담고 있다. 바울에게 있어서 그 하나님을 소유한다는 것은, 창조 세계에 불어닥친 불행을 걷어 내고 행복한 삶을 살 수 있도록 믿음으로 만물을 새롭게 하시는 그 하나님을 섬기는 관계를 위함이다.

행위 목적

따라서 그 부정사 구문(ἔχειν ἐν ἐπιγνώσει-에케인 엔 에피그노세이)에서 그 하나님을 '소유하려고 한다는 것(ἔχειν-에케인)'은 그 하나님과의 관계를 시작하고자 하는 열망을 표현하는 것이고, '깨달음으로(ἐν ἐπιγνώσει-엔 에피그노세이)'란 무엇인가와 체험적으로 일체가 됨으로써 비로소 알게 되는 완전한 지식을 의미하는데(롬3:20, 10:2), 본문의 맥락상 그 하나님이 자신에게 어떤 가치와 의미가 있는지를 명확하게 아는 것을 나타낸다.

또 그것이 가능한 건 그 하나님께서 인류에게 이미 여러 가지 방법으로 자기를 나타내어 '그 하나님을 알만한 지식(τὸ γνωστὸν τοῦ θεοῦ-토 그노스톤 투 데우)'을 갖게 하셨기 때문이다(롬1:19, 히1:1-3).

이를 종합하면 그 부정사 구문(ἔχειν ἐν ἐπιγνώσει-에케인 엔 에피그노세이)은 그 하나님에 대한 완전한 지식을 얻음으로 그 하나님을 모시려고 하는 목적 행위를 설명하는 구문이 된다.

바울의 생각

여기에 '인류가 그 하나님을 알려고 시험하지 않았다.'라고 하는 표현을 합해 읽으면, 그것은 '인류가 그 하나님을 모시려 그분께서 행하신 일을 깊이 살펴 연구하여 깨달음을 얻으려고 하지 않았다.'라고 하는 말이 된다. 그 하나님을 하나님으로 모시기 위한 이성적 성찰을 중하게 여기지 않았을 뿐만 아니라 그 사유 행위 자체를 즐기지 않았다는 것이다. 이 대목에서 바울은 시편 저자들의 삶을 생각하고 있음이 분명하다.

> 1 행복한 사람은 나쁜 사람들의 꼬임에 따라가지 않는 사람입니다. 행복한 사람은 죄인들이 가는 길에 함께 서지 않으며, 빈정대는 사람들과 함께 자리에 앉지 않는 사람입니다.
> 2 그들은 여호와의 가르침을 즐거워하고, 밤낮으로 그 가르침을 깊이 생각합니다.
> 3 그들은 마치 시냇가에 옮겨 심은 나무와 같습니다. 계절을 따라 열매를 맺고 그 잎새가 시들지 않는 나무와 같습니다. 그러므로 그가 하는 일마다 다 잘될 것입니다.
> 4 나쁜 사람들은 그렇지가 않습니다. 그들은 마치 바람에 쉽게 날아가는 겨와 같습니다.
> 5 그러므로 나쁜 사람들은 하나님께서 내리시는 벌을 견뎌 낼 수가 없을 것입니다. 죄인들은 착한 사람들과 함께 있을 수 없습니다.
> 6 착한 사람들이 가는 길은 여호와께서 보살펴 주시지만, 악한 사람들이 가는 길은 결국 망할 것입니다.

11אַשְׁרֵי־הָאִישׁ אֲשֶׁר ׀ לֹא הָלַךְ בַּעֲצַת רְשָׁעִים וּבְדֶרֶךְ חַטָּאִים לֹא עָמָד וּבְמוֹשַׁב לֵצִים לֹא יָשָׁב׃ 2כִּי אִם בְּתוֹרַת יְהוָה חֶפְצוֹ וּבְתוֹרָתוֹ יֶהְגֶּה יוֹמָם וָלָיְלָה׃ 3וְהָיָה כְּעֵץ שָׁתוּל עַל־פַּלְגֵי מָיִם אֲשֶׁר פִּרְיוֹ ׀ יִתֵּן בְּעִתּוֹ וְעָלֵהוּ לֹא־יִבּוֹל וְכֹל אֲשֶׁר־יַעֲשֶׂה יַצְלִיחַ׃ 4לֹא־כֵן הָרְשָׁעִים כִּי אִם־כַּמֹּץ אֲשֶׁר־תִּדְּפֶנּוּ רוּחַ׃ 5עַל־כֵּן ׀ לֹא־יָקֻמוּ רְשָׁעִים בַּמִּשְׁפָּט וְחַטָּאִים בַּעֲדַת צַדִּיקִים׃ 6כִּי־יוֹדֵעַ יְהוָה דֶּרֶךְ צַדִּיקִים וְדֶרֶךְ רְשָׁעִים תֹּאבֵד׃

(BHS 5th ed 시1:1-6 필자 사역)

의도

이상과 같은 인간의 행위에 대한 아주 적절하고 절묘한 처방은 '인정할 수 없는 이성 속에(εἰς ἀδόκιμον νοῦν)' 내어버리셔서 인류가 '적절치 못한 일들을 행하게 하셨다(*ποιεῖν τὰ μὴ καθήκοντα*).'라는 부정적인 대목에 직면하게 한다. 그리고 우리가 무심코 그것이 의미하는 바를 하나하나 뜯어보기 전에 그것이 인류의 치부를 드러내는 것임에도 불구하고 그것은 인류에게 위로와 용기를 주는 삶의 해답을 얻는 곳으로 인도한다는 것을 인식해야 한다.

소망스러운 마음으로 그것을 읽는 것이 중요하다는 말이다. 왜냐하면 거기에는 인류가 그 하나님을 거역하는 교만한 속성과 불행한 처지의 민낯을 드러내어 확정함으로써 인류가 훗날 그리스도의 복음을 통해 자신의 사악함의 끝이 무엇인지를 밝히 보게 하여 그 하나님께 은혜로 받은 구원이 얼마나 값진 것인지를 알아 그 하나님께만 감사와 영광을 올려 드리게 하시려는 그 하나님의 의도가 깔려 있기 때문이다.

1:28	—Καὶ καθὼς οὐκ ἐδοκίμασαν τὸν θεὸν ἔχειν ἐν ἐπιγνώσει, παρέδωκεν αὐτοὺς ὁ θεὸς εἰς ἀδόκιμον νοῦν, ποιεῖν τὰ μὴ καθήκοντα,	---또한 그들이 그 하나님에 대한 참된 지식을 수용하지 않은 대로, 그들을 그 하나님께서 인정할 수 없는 이성에 내어버려 두셔서, 그들이 적절치 않은 일들을 하게 하셨습니다.

아도키몬(*ἀδόκιμον*)

그 의도를 알기 위해 좀 더 차분한 설명이 필요하다. 그 설명은 그토록 사악한 우리의 민낯을 대면하여 당당하게 밝혀내는 것이어야 하고, 자신의 한없이 낮아짐을 직면해 감사함으로 수용할 수 있는 용기여야 한다.

우선 '인정할 수 없는 이성'이란 표현에서 인정할 수 없다는 말은 앞에서 우리가 살펴본 '시험하다 또는 검증하다'라고 하는 개념의 에도키마산(*ἐδοκίμασαν*) 계통의 형용사에 부정어 알파(*α*)를 더한 아도키몬(*ἀδόκιμον*)이다. 그것은 자동차 검사와 같은 성능 테스트로 운행 부적격 판정을 받은 것이나, 아예 그 테스트를 받지 않아 검증되지 않은 것을 가리키는 표현이다.

버림받음

이 단어가 고전9:27에서 사도 바울이 경주자가 상을 얻기 위해 달려가는 것을 비유해 복음을 전하는 자기 믿음의 삶이 썩지 않는 영광의 면류관이라는 분명한 목적과 목표를 향해 있다고 말하며, 그것을 얻기 위해 절제하며 자기 몸을 쳐서 굴복시키는 이유를 말하는 대목에서 쓰였다. '남에게 복음을 전하고 나서 도리어 나 스스로는 버림을 받는 가련한 신세가 되지 않으려는 것이다.'라고 한 말에서 '버림받았다'는 의미가 바로 아도키몬(ἀδόκιμον)이다.

또 고후13:5에서 '여러분은 자기가 믿음 안에서 잘살고 있는지를 살펴보고 스스로 시험하여 검증해 보십시오. 여러분은 예수 그리스도께서 여러분 안에 계신다는 사실을 알지 못합니까? 모른다면, 여러분은 버림받은 자입니다.'에서 '버림받았다'는 의미가 역시 동일한 아도키몬(ἀδόκιμον)이다. 여기서 버림받은 자란 실격자 또는 불합격하여 탈락한 자를 의미한다(이 단어가 2회 더 사용하여 이어지는 문맥 고후13:6-7 참조).

또 딤후3:8 '또 이 사람들은 얀네와 얌브레가 모세를 배반한 것과 같이 진리를 배반합니다. 그들은 마음이 부패한 사람이고, 믿음에 관해서는 버림받은 사람들입니다.'에서도 동일하게 쓰였다. 여기서는 믿음에 파선한 사람, 실패한 사람, 낙오자, 쓸모없는 사람 등의 의미로 읽힌다.

졸개

거기에 필자가 '이성'이라고 번역한 헬라어 눈(νοῦν)을 덧붙여 '인정할 수 없는 이성에(εἰς ἀδόκιμον νοῦν)'라고 했지만, 이제까지의 설명을 종합하면 '버림받은 이성에'라는 의미로 확장해 읽을 수 있다. 그건 그 하나님의 내어버리심이 버림받은 이성이 판치는 곳으로 들어가게 허용하는 것임을 보게 한다.

한마디로 '그 하나님의 내어버리심'이란 사탄의 휘하에 들어가 그의 졸개로 마음 편히 살게 내어버려두신 것이다.

하지만 그 하나님께로부터 내어버리심을 당한 인류가 결코 마음 편히 살 수도 없겠지만 그건 인류가 그토록 원했던 삶이었기에 창조의 계획을 따라 과감하고 호탕하게 사탄에게 넘겨 주신 것이다(골1:14-17). 그때부터 사탄은 믿음으로 살아야 할 인류의 목숨(영혼) 외에 모든 소유를 마음대로 할 수 있는 권한을 쥐고 인생들을 자기 휘하에 두기 위해 현란하게 유혹하고 있다(욥1:1-2:13, 마4:8-9).

이성(νοῦς-누스)

사탄의 이성은 버림받은 이성이다. 그것은 그 하나님께 인정받지 못한 이성, 곧 그 하나님께서 도무지 인정할 수 없는 이성이다. 그 하나님의 내어버리심은 온 세상을 버림받은 이성의 지배를 받으며 살게 하신 것이다. 그것은 인류가 그 하나님께 연단을 받아 인정받는 자리에 이르러야 할 이성(νοῦν-눈)에 치명적인 기능적 고장이 있어 더 이상 연단과 훈련이 무의미한 상태라는 것을 드러낸다.

그래서 사도 바울은 롬12:1(위에서도 인용한 바 있는)에서 '그 이성을 새롭게 하시는 은혜'를 말하며, 그 은혜로 변화되면 거룩하신 그 하나님의 뜻을 시험(조사 검사 검증)하는 단계를 거쳐 분별하는 자리에 이르게 된다고 말한다.

> 2 그러니 여러분은 이 시대에 동화되지 말고, 다만 그 이성을 새롭게 하시는 은혜로 변화되십시오. 그러면 그 하나님의 그 뜻이 무엇인지 검증하여 무엇이 그 하나님 보시기에 선하고, 무엇을 그 하나님께서 기뻐하시며, 무엇이 그 하나님 보시기에 완전한지 분별하는 데에 이를 것입니다.
>
> 2 καὶ μὴ συσχηματίζεσθε τῷ αἰῶνι τούτῳ, ἀλλὰ μεταμορφοῦσθε τῇ ἀνακαινώσει τοῦ νοὸς εἰς τὸ δοκιμάζειν ὑμᾶς τί τὸ θέλημα τοῦ θεοῦ, τὸ ἀγαθὸν καὶ εὐάρεστον καὶ τέλειον.
>
> *(NA28판, UBS5판 롬12:2 필자 사역)*

확인

그리고 롬12:2의 '그 이성(τοῦ νοὸς-투 노오스)'이 바로 맥락상 우리가 지금 살펴보고 있는 롬1:28의 '버림받은 이성(ἀδόκιμον νοῦν)'과 직결되어 있을 뿐만 아니라, 이 단어를 사도 바울이 '오호라 나는 비참한(곤고한) 사람이구나(Ταλαίπωρος ἐγὼ ἄνθρωπος-탈라이포로스 에고 안쓰로포스)! 누가 나를 이 죽음의 몸으로부터 구해 내겠습니까(τίς με ῥύσεται ἐκ τοῦ σώματος τοῦ θανάτου τούτου-티스 메 뤼세타이 에크 투 쏘마토스 투 싸나투 투투)?' 하고 절망적인 탄성을 지르는 문맥(롬7:22-25)에서 두 번이나 써 변화해야 할 인류의 이성에 관한 우리의 생각을 정리하게 해 준다.

그런 사실은 그의 탄성이 곧바로 자기의 이성을 새롭게 하시는 은혜가 주님이신 예수 그리스도를 통해 그 하나님께 있다고 확신하는 자리로 나아가, 자신의 이성이 죄에 지배당하고 있다는 치명적인 결함을 밝히는 대목에서 확실하게 확인된다 (롬7:25).

> *22 참으로 내가 그 속사람을 따라 그 하나님의 그 율법을 매우 즐거워하나,*
> *23 내 지체들 안에서 다른 율법이 내 이성의 율법과 싸워 내 지체들 안에 있는 그 죄의 그 율법으로 나를 사로잡고 있는 것을 봅니다.*
> *24 오호라~, 진정 나는 비참한 사람입니다. 누가 나를 이 죽음의 몸으로부터 구해 내겠습니까?*
> *25 다행히도 예수 그리스도 우리 주님을 통해 그 하나님께 은혜가 있습니다. 그런즉 의심의 여지 없이 실로 나 자신이 그 이성으로 하나님의 율법에 종이 되어 섬긴다고는 하나 그 육신으로 죄의 율법에 종이 되어 섬기고 있는 형국입니다.*

> *22 συνήδομαι γὰρ τῷ νόμῳ τοῦ θεοῦ κατὰ τὸν ἔσω ἄνθρωπον, 23 βλέπω δὲ ἕτερον νόμον ἐν τοῖς μέλεσίν μου ἀντιστρατευόμενον τῷ νόμῳ τοῦ νοός μου καὶ αἰχμαλωτίζοντά με ἐν τῷ νόμῳ τῆς ἁμαρτίας τῷ ὄντι ἐν τοῖς μέλεσίν μου. 24 Ταλαίπωρος ἐγὼ ἄνθρωπος· τίς με ῥύσεται ἐκ τοῦ σώματος τοῦ θανάτου τούτου; 25 χάρις δὲ τῷ θεῷ διὰ Ἰησοῦ Χριστοῦ τοῦ κυρίου ἡμῶν. Ἄρα οὖν αὐτὸς ἐγὼ τῷ μὲν νοῒ δουλεύω νόμῳ θεοῦ τῇ δὲ σαρκὶ νόμῳ ἁμαρτίας.*
>
> (NA28판, UBS5판 롬7:22-25 필자 사역)

노래

이처럼 사탄의 이성은 인류를 죄 아래 가두고 죄의 종으로 평생 살다가 죽어 하나님의 영원한 형벌을 받게 만든다. 반면에 우리 주님 예수 그리스도의 이성은 우리를 버림받은 사탄의 이성으로부터 구출하여 영원한 생명을 누리며 살게 만드신다.

사도 바울은 이 로마서 핵심인 하나님의 복음을 규정하고(롬1:2-4), 그것에 관해 다 풀어 쓰고(롬1:16-11:32) 난 다음, 그러니까 지금 우리가 집요하게 추적하고 있는 '하나님의 은혜로 새로워질 이성으로 이루어야 할 실천적 삶의 교훈적 원리(롬12:1-16:27)를 언급하기 직전(롬11:33-36)에 주님의 이성의 위대함을 다음과 같이 소리 높여 노래한다.

> *33 오~! 하나님의 지혜와 지식의 부유하심은 심히 깊습니다. 진정 그분의 판결들은 심오하며, 그분의 길들 또한 아무도 찾아낼 수 없는 것과 같습니다.*

34 도대체 "누가 주님의 이성(혹은 마음)을 알았습니까? 혹시 누가 그분의 조언자가 되었습니까?*

35 "혹시 누가 그분께 먼저 드렸으며, 누가 그분께 답례 또한 받은 일이 있습니까?*

36 왜냐하면 그 모든 것이 그분께로부터 나오고, 그분을 통해서 그분께로 돌아가기 때문입니다. 그 영광이 그분께 영원히 있습니다. 아멘.

33 Ὦ βάθος πλούτου καὶ σοφίας καὶ γνώσεως θεοῦ· ὡς ἀνεξεραύνητα τὰ κρίματα αὐτοῦ καὶ ἀνεξιχνίαστοι αἱ ὁδοὶ αὐτοῦ. 34 τίς γὰρ ἔγνω νοῦν κυρίου;* ἢ τίς σύμβουλος αὐτοῦ ἐγένετο;* 35 ἢ τίς προέδωκεν αὐτῷ, καὶ ἀνταποδοθήσεται αὐτῷ;* 36 ὅτι ἐξ αὐτοῦ καὶ δι' αὐτοῦ καὶ εἰς αὐτὸν τὰ πάντα· αὐτῷ ἡ δόξα εἰς τοὺς αἰῶνας, ἀμήν.

(NA28판, UBS5판 롬11:33-36 필자 사역)

기능

여기까지만 보아도 그 하나님의 은혜로 새로워진 인간의 이성이란 거룩하신 하나님의 뜻을 분별하는 데 이르기 위해 이 세상에 일어난 모든 일, 특히 그 하나님께서 행하신 일들에 대해 살펴 이해하되, 사색하는 것으로부터 시작해 조사하고 연구하고 시험하고 검사 검증하여 판단을 내려 행동에 옮기는 인간의 행위 과정을 종합적으로 판단하고 결정하는 역할을 하는 인간의 내적 기능임을 알 수 있다.

사도 바울은 로마서의 마지막 부분에서 하나님의 복음에 합당한 실천적인 삶을 판단하고 결정하는 기능이 인간의 이성이란 사실을 명시함으로써 그 개념과 기능적 역할의 당위성에 쐐기를 박는다(롬14:5).

중요성

그 중요성은 사도 바울이 고전2:16에서 '누가 주님의 이성을 알고 가르치겠느냐 (τίς γὰρ ἔγνω νοῦν κυρίου-티스 가르 에그노 눈 퀴리우)?'라고 물은 다음, '바로 우리가 그리스도의 이성을 가지고 있다(ἡμεῖς δὲ νοῦν Χριστοῦ ἔχομεν-헤메이스 데 눈 크리스투 에코멘).'라고 말한 문맥에서 확인된다.

그리스도 안에서 새롭게 창조된 이성은 하나님과 세상을 연결하는 가교 역할을 한다. 세상의 지혜 아래 지배당하는 인간 세계에 하나님의 지혜를 설명해 보이는 역할을 하는 것이다. 거기에 그리스도 안에서 어린아이들이라고 할 수 있는 첫 사람 아담의 형상을 가진 흙에 속한 사람들이 있기 때문이다.

주체
인류가 사탄의 유혹에 넘어가기 전에 그들은 하나님의 숨결로 살아 숨 쉬는 영혼의 사람들이었다. 영혼은 하나님과 그분의 말씀을 인식하는 기능으로 작동하지만, 하나님과 그분의 말씀을 자기 것으로 만드는 역할은 하지 못한다. 하나님과 그분의 말씀을 자기 것으로 만드는 역할은 이성이 담당한다. 영혼은 몸을 가진 인간이 하나님과의 영적 생명 활동을 가능하게 하는 의식의 장으로 설명할 수 있으며, 이성은 그 의식의 장내 질서를 총괄하는 권세, 곧 영적 존재와의 실제적인 관계를 시작하고 유지 발전시켜 완성도 높은 관계를 이루게 하는 인간 존재의 주체라고 말할 수 있다.

하지만 첫 사람 아담에 속한 자들은 그들이 아직 마귀의 유혹에 넘어가지 않은 상태라고 해도 그들은 땅에 속한 자들이고, 그들이 마귀의 유혹에 넘어간 후에도 여전히 흙에 속한 자들이다. 그 둘 모두는 그리스도의 복음을 통해 새롭게 태어나야 할 사람들, 그리고 그리스도의 이성에 대해 배워야 할 사람이다.

다만 그 둘 간에 다른 점이 있다면 후자를 두 영혼을 가진 자들이라고 부른다는 것이다. 그들은 먼저 하나님의 말씀에 닿아 하나님과의 관계를 시작했으나 마귀의 말에 닿아 귀가 팔랑거리다 마귀의 말 쪽으로 기울어진 사람들이다. 그들은 마귀의 말에 넘어가 이성이 변질된 사람들이라 도무지 그리스도 안에서 보여지는 하나님의 일들을 받아들이지 않는다. 그들이 바로 그 하나님께서 '인정할 수 없는 이성 속에(버림받은 이성 속에)' 내어버려두신 자들이다.

저주
이처럼 인간 이성은 하나님의 숨결을 담은 몸을 가지고 하나님과의 관계를 유지하며 살아야 할 인간이 몸속에 담아야 할 것을 구별하는 것이다. 사람의 몸에 담아야 할 것은 하나님의 생명력 곧 거룩한 신성이다. 인간의 몸은 하나님의 거룩한 신성을 표현하는 도구이다. 인간이 몸을 가지고 사는 인생사 전반을 통해서 그 신성의 품격이 드러난다. 인생의 축복이란 게 바로 그 거룩하신 하나님의 성품에 참여하는 삶을 사는 것으로 확인된다.

하지만 버림받은 이성이 득실거리는 곳에 떨어진 인류가 할 수 있는 것은 하나님 보시기에 적절하지 못한 일들을 고안하고 만들어 내는 일이었다. 그 적절치 못한 일들이 바로 신의 성품이 아닌 마귀의 성품을 표출하는 일과 관련한 것들이었다. 그건 하나님의 형상으로 창조된 인간이 결코 해서는 안 되는 저주받은 인생들의 몫이었다. 어리석게도 인류는 그 일들에 몰두했다.

그리고 점점 그들 속에 그 일들을 이룰 수 있는 동력이 되는 나쁜 기운으로 채워졌다. 사람에게 가득해야 할 선하고 아름다운 것이라곤 하나도 찾아 볼 수 없는 자들이 되었다. 생각하고 판단하는 모든 과정이 사탄의 논리를 대변하는 강인함을 표출하는 자들이 되었다.

1:29	πεπληρωμένους πάσῃ ἀδικίᾳ πονηρίᾳ πλεονεξίᾳ κακίᾳ, μεστοὺς φθόνου φόνου ἔριδος δόλου κακοηθείας, ψιθυριστὰς	그들은 온갖 불의와 사악과 탐욕과 악의로 채워져, 시기와 살인과 분쟁과 사기와 악행으로 가득하여, 소곤거리고
1:30	καταλάλους θεοστυγεῖς ὑβριστὰς ὑπερηφάνους ἀλαζόνας, ἐφευρετὰς κακῶν, γονεῦσιν ἀπειθεῖς,	비방하며 하나님을 싫어하고 난폭하며 교만하고 허세를 부리며, 악한 일들을 꾸미고, 부모에게 불순종하며,
1:31	ἀσυνέτους ἀσυνθέτους ἀστόργους ἀνελεήμονας·	분별력이 없고 약속을 깨뜨리며 애정이 없고 동정심이 없는 자들입니다.

대비

이렇게 사탄의 이성에 사로잡힌 인류의 행위 과정을 표현할 때 사도 바울은 '채워졌다(πεπληρωμένους-페플레로메누스)'와 '가득하다(μεστοὺς-메스투스)'라고 하는 두 단어를 주목하게 한다. 그리고 그것은 같은 단어로 표현되는 로마서의 마지막 부분 롬15:13-14의 권면에 연결된 대비를 보게 한다. 그 대비는 그토록 깊은 수렁에 빠진 인류에게 새로운 삶에 대한 소망을 주시는 하나님의 일하심을 바라보게 한다.

인류는 온갖 기쁨과 평화로 충만한 삶을 살아야 한다. 그것은 믿음을 통해서 이루어진다. 그런 삶에 대한 넘치는 소망은 거룩한 영의 인도함 속에서 채워진다. 선함과 아름다움이 가득하고 하나님의 진리에 관한 온갖 지식에 충만하여 사탄의 이성에 사로잡혀 사는 불행한 삶을 청산하고 서로가 하나님을 기쁘시게 하는 삶을 살 수 있는 곳으로 인도하는 새로운 삶을 보게 한다.

> *13 그 소망의 그 하나님께서 여러분이 믿을 때 온갖 기쁨과 평화로 충만하게 하셔서, 성령의 능력 안에서 그 소망이 넘치게 하실 것입니다.*
> *14 하지만 나의 형제들이여, 나 자신이 여러분에 대하여 확신하는 것은 '여러분 자신도 선함이 가득하며, 서로를 권고할 수 있을 만큼 온갖 [그] 지식에 충만해져 있다.'라는 것입니다.*

> *13 Ὁ δὲ θεὸς τῆς ἐλπίδος πληρώσαι ὑμᾶς πάσης χαρᾶς καὶ εἰρήνης ἐν τῷ πιστεύειν, εἰς τὸ περισσεύειν ὑμᾶς ἐν τῇ ἐλπίδι ἐν δυνάμει πνεύματος ἁγίου. 14 Πέπεισμαι δέ, ἀδελφοί μου, καὶ αὐτὸς ἐγὼ περὶ ὑμῶν ὅτι καὶ αὐτοὶ μεστοί ἐστε ἀγαθωσύνης, πεπληρωμένοι πάσης [τῆς] γνώσεως, δυνάμενοι καὶ ἀλλήλους νουθετεῖν.*

(NA28판, UBS5판 롬15:13-14 필자 사역)

손

이런 시각에서 인류가 모질게 악에 받쳐 사는 극한 상태와 상황에 이른 것은, 하나님의 계획, 그러니까 인류의 심판과 구원이라는 큰 그림 속에서 구원의 시기가 가까웠음을 보이는 것이다. 저들을 사탄의 이성에 내어버리신 그 하나님의 목적이 이루어졌다는 사실을 밝히는 대목이다. 그것은 인류에게 그 하나님의 구원이 얼마나 절박하게 필요한 것인지를 설명한 것이다.

한마디로 거기에는 그 하나님께서 인류의 그런 속성을 확정하여 드러내시므로 인류가 훗날 그리스도의 복음을 통해 자신의 사악함의 끝이 무엇인지를 알게 하시려는 의도가 깔려 있다.

언제라도 그들이 그 하나님께서 약속하신 '그 다른 한 사람'을 바라보며, '그 다른 한 사람'만을 믿고 의지하며 살게 만들기 위해, 인류의 어리석은 주장대로 인생의 과정이 그 하나님의 거룩하시고 선하신 뜻과는 상반되는 최악으로 치달아 모든 악으로 충만한 데까지 이르는 모든 과정을 지켜보고 계셨음을 그 하나님의 내어버리심 속에서 보아야 한다.

아무리 비참하고 불행한 삶을 살아야 할 처지로 내몰려 매일 절망하다 형장의 이슬처럼 죽을 자리에 서는 순간에도 인류는 마지막으로 내미는 그 하나님의 손을 붙잡기만 하면 새로운 인생을 살게 된다는 그 하나님의 목소리를 그 하나님의 내어버리심 속에서 듣기만 하면 된다.

마지막 진술

하지만 인류가 그렇게 불의하게 사는 것이 그 하나님이 제시하시는 공의에 위배된다는 사실을 알았고, 그것이 사형에 해당한다는 사실도 알았다. 그런데도 그들은 그런 엄중한 그 하나님의 규정을 알면서도 그것마저도 거부했다. 그들은 개선에 대한 일말의 여지도 없는 사탄의 이성과 하나가 되어 그 하나님께서 하시고자 하시는 일까지도 가로막는 자들을 칭찬하기까지 하는 지독스러운 사악함을 표출하는 자리에 이르렀다는 게 하나님의 진노 아래 있는 인류에 대한 마지막 진술이다.

| 1:32 | οἵτινες τὸ δικαίωμα τοῦ θεοῦ ἐπιγνόντες ὅτι οἱ τὰ τοιαῦτα πράσσοντες ἄξιοι θανάτου εἰσίν, οὐ μόνον αὐτὰ ποιοῦσιν ἀλλὰ καὶ συνευδοκοῦσιν τοῖς πράσσουσιν. | 결국 이런 사람들이[※1] '바로 그 같은 일들을 저지르는 사람들은 죽어 마땅하다.'라고 하시는 그 하나님의 그 공의로운 규제를[※2] 알면서도, 자기들만 그런 일들을 행하는[①] 것이 아니라 오히려 같은 일들을 저지르는[②] 사람들 또한 옳다고 두둔하기까지 합니다. |

> 전환된 관점의 로마서 읽기

제7장
그 다른 한 사람을 아는가!

본문 : 로마서 2장 1절

핵심 주제 어구

ἐν ᾧ γὰρ κρίνεις τὸν ἕτερον

(엔 호 가르 크리네이스 톤 헤테론)

'그 다른 한 사람(τòν ἕτερον-톤 헤테론)'을 사랑하는 철학이 아니면 그 철학은 분명히 사람을 죽이는 첨단화된 무기일 뿐이다. 신학도 예외는 아니다. 또 다른 무수한 학문도 마찬가지다.

'그 다른 한 사람(τòν ἕτερον-톤 헤테론)'을 사랑함으로써 사랑을 배우고 '그 다른 한 사람(τòν ἕτερον-톤 헤테론)'을 사랑함으로써 그 사랑을 이룰 수 있는 동력을 얻어 서로를 사랑하는 하나님의 축복으로 가득한 사회를 이루는 것은 오직 '그 다른 한 사람(τòν ἕτερον-톤 헤테론)'을 사랑하는 길뿐이다.

제7장(그 다른 한 사람을 아는가!) _ 본문 240p에서

본문

2장	NA28판(UBS5판) ΠΡΟΣ ΡΩΜΑΙΟΥΣ 2	로마서 2장 필자 사역
2:1	Διὸ ἀναπολόγητος εἶ, ὦ ἄνθρωπε πᾶς ὁ κρίνων· ἐν ᾧ γὰρ κρίνεις τὸν ἕτερον, σεαυτὸν κατακρίνεις, τὰ γὰρ αὐτὰ πράσσεις ὁ κρίνων.	그러므로 오~! 판단하는 각 사람이여, 그대가 누구든지 변명하지 못할 것입니다. 왜냐하면 그대가 그 다른 한 사람을[※1] 판단하는 그것으로 그대 자신을 정죄하기 때문이니,[※2] 이는 판단하는 그대가 그 같은 일들을 저지르고[①] 있기 때문입니다.

시간 여행

추론의 결과를 나타내는 디오(Διὸ-그러므로)는 이미 앞에서 인류가 우상 숭배하기까지의 과정을 그려 내는 첫 번째 작은 문단의 끝(롬1:24)에서 쓰였다. 그러니까 롬1:24의 디오(Διὸ)는 '하나님의 진노가 불의로 그 진리(하나님의 복음)를 막는 불경과 불의 위에 계시되고 있다.'라고 하는 명제를 바탕으로 '왜 인류에게 하나님의 복음이 필요한가?'라는 큰 질문에 답을 제시하는 추론의 과정에서 '우상 숭배'라는 근원적 원인의 실체적 진실을 밝혀내는 데 쓰였다.

그리고 그 우상 숭배의 행위가 '불의로 그 진리를 막는 불경과 불의' 중 '불경'에 해당하는 것임을 알게 되었고, 그로 인한 인류의 그릇된 모든 성관계와 그릇된 모든 인간관계가 나머지 그 '불의'라는 것 또한 알게 되었다.

그건 실제로 '그 불경과 불의'가 무엇인지 그 실체를 밝혀내기 위해 현재에서 태고로 올라갔다가 구석구석을 살펴보고 다시 현재로 돌아오는 어마어마한 스케일의 시간 여행으로 얻은 답이었다. '그 불경과 불의'가 있기까지 인류에게 도대체 무슨 일이 있었는지 육하원칙에 따라 살펴 조사하고 연구하고 검증해 내는 일은 쉽지 않은 일이었다.

키워드

그렇지만 필자는 그 막중한 소임을 잘 수행해 내고 방금 돌아온 전사처럼 롬2:1의 디오(Διὸ-그러므로)를 마주해 있다. 그것이 앞에서 쓰인 롬1:24의 디오(Διὸ-그러므로)와 동일한 단어이지만 그 쓰임새가 다르다는 것을 설명해야 한다. 왜냐하면 그것은 오늘 우리가 읽어 내야 할 롬2:1의 내용을 제대로 이해할 수 있게 함과 동시에 이후에 있을 바울의 로마서 텍스트를 바르게 읽을 수 있게 하는 키워드가 되기 때문이다.

사랑의 수고

전자(롬1:24)의 디오(Διὸ-그러므로)는 인류가 우상 숭배하려고 우상을 만드는 행위에 대해 하나님의 내어버려두심이라는 처분이 내려졌다는 결론을 제시하는 데 쓰였다면, 후자(롬2:1)의 디오(Διὸ-그러므로)는 '변명할 수 없다'라고 하는 의미의 아나폴로게토스(ἀναπολόγητος)와 함께 역으로 전자(롬1:24)의 디오(Διὸ-그러므로)로 인한 결과가 정당한 처분이었음을 밝히는 역할을 한다.

한마디로 그것이 바울의 입장에서 하나님의 복음을 전파해야만 하는 이유를 확정하는 것임을 놓치지 말아야 한다는 말이다. 왜냐하면 거기에는 그 복음의 주체가 되신 '그 다른 한 사람 예수 그리스도'와 '현 인류의 대표성을 가진 첫 사람 아담'과의 대비가 바닥에 깔려 있다는 사실을 토대로 둘 간의 존재 방식과 행위 곧 삶의 원리가 다르다는 사실을 밝혀 놓으려고 하는 사도 바울만의 독특한 사랑의 수고가 있기 때문이다(롬5:15-19).

새로운 이야기

이런 구조를 이해하는 것은 매우 중요하다. 그것은 실제로 인류의 기원에로의 시간 여행을 통해 '하나님의 진노 아래 있는 인류의 현실에 대한 통찰'이라는 아주 큰 과제를 수행하는 것과 같은 넓은 안목을 갖는 것이다.

정리하자면 롬2:1의 '그러므로 변명할 수 없다(Διὸ ἀναπολόγητος-디오 아나폴로게토스).'라고 하는 말은 첫 사람 아담의 후예들과는 전혀 다른 한 사람의 출현으로 인한 인류사의 획을 긋는 아주 특별한 한 사건(십자가에서 예수님의 돌아가심과 부활하심)을 통해 이루어진 그리스도 예수 안에서의 구속을 통해 전파되는 하나님의 복음과 그로 인해 펼쳐지는 새로운 창조의 질서를 바탕에 깔고 펼쳐지는 논리임을 명심해야 한다.

그리고 그런 관점에서 '그러므로 변명할 수 없다(Διὸ ἀναπολόγητος-디오 아나폴로게토스).'라는 말을 중심에 놓고 그 말의 이전 내용과 이후 내용을 보면 그 이야기들은 새로운 이야기를 담고 있는 아주 특별한 이야기가 된다.

유유상종

그 새로운 이야기를 바로 이전 문맥인 '사람들을 인정할 수 없는 이성에 내어버리신 그 하나님의 심정을 다시금 상기하는 것으로부터 시작해 보자.

사도 바울은 인간 행위 과정의 주체가 이성(νοῦς-누스)이라는 사실을 분명히 했다. 그 이성이 무너질 때 인간 존재의 가치도 무너진다. 그 이성은 그 하나님을 알고 그분의 뜻을 따라 살 수 있게 하는 인간의 내적인 기능 가운데 최상위에 있는 기능이다. 인간은 그 이성을 통해 하나님과의 관계를 유지함으로써 영광스러운 삶을 누릴 수 있다.

하지만 인간이 그 하나님을 알려고 하지 않는다. 그 하나님께서 자기를 알 수 있도록 오랜 세월 동안 여러 가지 일을 통해 보이셨지만, 그런 그 하나님의 행하심에 대해 생각하는 것조차 지독하게 싫어할 만큼 인간의 이성은 더 이상 개선 불가능한 상태로 변해 있었고, 그 하나님께서는 그런 인간을 버림받은 이성이 득실거리는 사탄의 휘하에 내어버리셨다. 유유상종이라는 말이 있듯이 그렇게 인간은 버림받은 이성을 가진 자들과 어울려 하나가 되어 갔다.

채워짐

그들은 사탄의 속성인 모든 불의(πάσῃ ἀδικίᾳ-파세 아디키아) 추악(πονηρίᾳ-포네리아) 탐욕(πλεονεξίᾳ-플레오넥시아) 악의(κακίᾳ-카키아)로 채워진 자들이다.

여기 악의 목록처럼 기술된 네 가지 항목은 그 하나님의 거룩한 속성이 채워져야 할 자리에 그 하나님께서 역겨워하시는 것들로 채워진 인간의 기질에 대한 표현이다. 그것들은 모두 그 하나님께서 인정할 수 없는 이성이 만들어 낸 것들이다. 그것들은 인간이 만들고자 하는 세상을 추구하는 타락한 영성의 현주소를 나타내는 지표와 같다. 인간을 향해 요구하시는 그 하나님의 거룩하신 신성의 충만함에 대한 기대를 저버린 인간들이 마침내 도달해 드러낸 내적인 성향을 나타내는 주요 특징을 언급한 것이다.

한마디로 그것들은 그 하나님께 내어버려진 인간의 몸속에 장착된 자질의 특징이다. 그것들은 아담의 후예가 지닌 인성을 결정짓는 요소이다. 불의하고 추악하며 탐욕스럽기까지 한 모든 악한 의도로 채워진 타락한 인간 본연의 육신적인 기질에 대한 결론이다.

가득함

그리고 그렇게 준비된 그 육신적인 기질에 의해 그들은 시기(φθόνου-프도누)와 살인(φόνου-포누)과 분쟁(ἔριδος-에리도스)과 사기(δόλου-돌루)와 악행(κακοηθείας-카코에데이아스)으로 가득한 자들이 되었다.

  여기서도 악의 목록처럼 보이는 이 모든 항목은 예수님의 말씀에 의하면 마음에서 나오는 것들이다(막7:20-23). 그것들은 인간관계에서 버려진 이성 활동을 통해 다져진 자질로 만들어낼 수 있는 끔찍한 인간 행위의 특징을 표현한 것이다. 모두 다 창조주 하나님께서 창조하신 인간, 그러니까 그 하나님의 숨결로 살아 숨 쉬는 영혼을 파괴하는 행위들이다.

  한마디로 그것들은 인간 내부의 영적인 지식을 담당하는 이성의 활동으로 얻은 잘못된 지식에 의한 인간의 그릇된 영적 활동의 참상을 나타내는 표현이다. 그것들은 하나님의 형상으로 창조된 인간을 파괴할 수 있는 실제 세력인 혀의 가공할 파워를 나타낸다.

  그래서 바울은 이어서 혀를 사용해 인간을 망하게 하는 인간의 군상(소곤거리고 비방하며)으로부터 시작해 '하나님을 싫어하고 난폭하며 교만하고 허세를 부리며, 악한 일들을 꾸미고, 부모에게 불순종하며, 분별력이 없고 약속을 깨뜨리며 애정이 없고 동정심이 없는 자들'이라는 무자비한 인간의 심성을 과감하게 표출하는, 사탄의 이성에 지배받는 버림받은 인간의 실상을 적나라하게 폭로했다.

  이로써 사도 바울은 인간의 이성에 치명적인 손상이 있음을 선언하고, 거기로부터 인류는 아무도 벗어날 수 없다는 사실을 확인함으로써, 인간은 자력으로 그 하나님을 기쁘시게 하는 삶을 살 수 없음을 밝혔다.

  그들이 만들어 가는 사회는 고통으로 탄식하는 폭력적인 사회다. 그 누구도 진정한 정의와 공의를 소리 높여 외쳐도 들으려고도 하지 않는 부패하고 부당한 사회, 아무것도 기대할 것조차 없는 암울하고 절망스러운 사회, 하나님께서 주신 이성을 잃어버린 인간이 만들어 가는 사회다.

불편한 진실

여기서 놓치지 말아야 할 중요한 사실이 있다. 거기에 그런 인간과 전혀 '다른 한 사람', 곧 '예수 그리스도'가 있다는 사실이다. 그분은 사도 바울에 의하면 약속하신 때가 차서 오신 분이다(갈4:4). 때가 찼다는 말의 의미는 인류의 죄악이 더 이상 묵과할 수 없는 지경에 이르렀다는 말이다. 그것은 동전의 양면과 같이 한쪽은 약속하신 구원의 때가 되고 한쪽은 심판받을 인간들에게 최악의 상황이 되었다는 뜻이다.

그러니 그런 인류의 구성원들 사이에서 '그 다른 한 사람 예수 그리스도'께서 어떤 취급을 받았을지를 상상하는 것은 그리 어려운 일이 아니다. 그리고 '그 다른 한 사람 예수 그리스도'를 믿고 기다리며 살았던 사람들과 '그 다른 한 사람 예수 그리스도'를 믿고 따르는 사람들이 어떤 어려움을 가지고 어떻게 살았는지를 생각해 보는 일도 그다지 어려운 것은 아니다.

이렇게 사도 바울은 버림받은 이성의 노예가 되어 사는 그릇된 인간 사회의 모습을 담담하게 그려 내며 '그 하나님의 내어버리심'이란 표현 속에 바로 '그 다른 한 사람 예수 그리스도'라고 하는 아주 특별한 분에 대한 불편한 진실을 담아 기록하고 있다. 그리고 한 걸음 더 나아가 그런 인류를 꼬집어 요약정리 하고 있는데, 그것이 바로 롬2:1의 디오(Διὸ-그러므로) 이전 문맥을 총결산하는 인간 사회의 최종적인 현상과 상태를 제시하는 롬1:32절의 내용이다.

| 1:32 | οἵτινες τὸ δικαίωμα τοῦ θεοῦ ἐπιγνόντες ὅτι οἱ τὰ τοιαῦτα πράσσοντες ἄξιοι θανάτου εἰσίν, οὐ μόνον αὐτὰ ποιοῦσιν ἀλλὰ καὶ συνευδοκοῦσιν τοῖς πράσσουσιν. | 결국 이런 사람들이[*1] '바로 그 같은 일들을 저지르는 사람들은 죽어 마땅하다.'라고 하시는 그 하나님의 그 공의로운 규제를[*2] 알면서도, 자기들만 그런 일들을 행하는[①] 것이 아니라 오히려 같은 일들을 저지르는[②] 사람들 또한 옳다고 두둔하기까지 합니다. |

희생양

사실 그 불편한 진실이란 게 이제껏 우리가 밝혀내려고 한 '불의로 그 진리를 막는 불경과 불의', 그러니까 그 불경으로부터 시작해 그 불의에 이르는 모든 과정 중 '그 마지막'의 실체적 진실을 드러나게 하는 것인데, 그 결정적인 상태와 상황을 만들어 내는 게 바로 '그 진리' 자체가 하는 일이다.

그것은 버림받은 이성에 사로잡혀 사는 인간들이 같은 인간들의 그릇된 행위를 보면서도 함께 옳다고 두둔하기까지 하는 극악한 극단의 자리에 이른 존재들의 모습임을 폭로한다. 그것은 피에 굶주린 사납고 난폭한 이리가 먹잇감을 노리고 있다가 먹잇감을 낚아채듯이 하나님의 거룩한 자들을 갈기갈기 찢어 죽이며 즐거워하는 모습에 대한 정제된 표현이다.

여기서 우리는 그런 인류를 구원하러 오신 분, 인류의 극악무도한 죄악에 대한 대속물이 되시기 위해 희생양으로 오신 '그 다른 한 사람 예수 그리스도'를 보아야 한다. 그리고 그러한 상황이 사도 바울의 관점에서 어느 시대를 막론하고 인류의 현주소가 되고 있음도 확인해야 한다. 왜냐하면 여기에 쓰인 헬라어 동사와 분사들 모두 현재 시제를 가지고 표현하는 어법으로 동작이나 상태와 상황이 계속 진행되거나 반복되는 일들을 나타내기 때문이다.

통찰력

이 같은 설명은 보이는 것은 보이지 않는 세계를 나타내는 그림자에 불과하다는 사도 바울의 관점에서 내놓은 인류에 대한 진단이다. 그것은 롬2:28-29에 보인 인식을 토대로 하고, 고후3:1-18의 전환된 바울의 통찰력에 의한 것이다.

따라서 중요한 건 진정 그들과 완전히 '그 다른 한 사람 예수 그리스도'와 그분을 믿고 따르는 자들이 거기에 있었다는 사실을 드러내는 것이다. 이성이 완전하게 전도된 인류, 그러니까 자신들이 사형당할 일들을 만들어 저지르고 있다는 것을 알면서도 작당하여 서로 좋게 여겨 응원하기까지 하는 자들이 '그 다른 한 사람 예수 그리스도'를 박해하고 살해했던 것과 마찬가지로 그리스도인들을 박해하고 살해했던 거짓된 인간들의 잔인하고 사악한 영적 폭력성이 지금도 계속되고 있다는 사실을 보아야 한다.

그것이 바로 로마서를 쓰고 있는 사도 바울의 진의이다. 문서 양식을 검토하는 방식으로 드러나는 그 뻔한 표면적인 악의 항목을 정리해 내세우는 논리 이면의 세계를 보고 말할 수 있는 통찰력으로 로마서가 쓰였다.

집단지성

여기서 그런 인간들의 행위를 표현하는 두 단어를 주목해야 한다. 하나는 필자가 '저지르다'로 번역한 헬라어 프랏소(πράσσω)와 '행하다'로 번역한 포이에오(ποιέω)이다. BDAG '프랏소(πράσσω)'를 '활동을 통해 무언가를 가져오거나 성취하다(to bring about or accomplish something through activity)'라는 개념의 단어로 규정하고, '포이에오(ποιέω)'를 '사건이나 상태 또는 조건을 초래하는 일을 수행하거나 수행하다(to undertake or do something that brings about an event, state, or condition)'라는 개념의 단어로 분류했다.

한마디로 프랏소(πράσσω)는 기능적 행위를, 포이에오(ποιέω)는 고안적 행위를 나타내는데, 전자는 가담자의 행위를 후자는 주동자의 행위를 가리키는 셈이다.

이는 거기(롬1:32이 가리키는 인간 사회)에도 계급이 존재한다는 것을 보여 준다. 그 하나님 보시기에 빗나가 아무짝에도 쓸모없는 이성을 가지고 살아가는 인류 사회가 그 세계를 주도하는 세력과 그 세력에 동조하는 자들로 탄탄하게 짜인 모양새를 갖춘 집단지성체로 진화하게 되었음을 확인하게 되는 대목이다.

거기에서 인류가 조직적으로 '그 다른 한 사람 예수 그리스도'를 한낱 형장의 이슬로 만들어 버린 권력을 가진 법 기술자들을 중심으로 콘크리트같이 단단하게 진화된 집단지성의 사회를 이루고 그 하나님을 대적하여 헛된 일을 계획하고 추진하는 모습을 본다. 그것이 바로 그 하나님의 진노를 불러일으키는 불경과 불의, 그러니까 버림받은 이성으로 살아가는 인류가 저지르는 극단의 불경과 불의, 곧 불의로 하나님의 진리를 막는 자들의 불경과 불의이다.

이것을 시편 기자는 허사를 경영하는 일이라고 노래한다.

> 1 어째서 나라들이 남몰래 나쁜 일을 꾸미며, 민족들이 왜 그토록 헛된 일들을 계획하고 있는 것일까?
> 2 세상 왕들이 여호와께 대항하여 싸울 준비를 하고, 세상의 통치자들이 여호와께서 세우신 왕과 싸우려고 모여드는구나.
> 3 그들은 "우리를 묶은 쇠사슬을 끊어 버리자. 우리를 동여맨 밧줄을 던져 버리자."라고 말합니다.
> 4 그러나 하늘 보좌에 앉아 계신 분께서 웃으시며 그들을 향해 비웃으십니다.

5 주께서 분노하시면서 그들을 꾸짖고, 그들이 두려워 벌벌 떠는 가운데 말씀하시기를
6 "내가 나의 왕을 내 거룩한 산, 시온산 위에 세웠다!"라고 하십니다.
7 내가 이제 주님의 명령을 널리 선포합니다. 여호와께서 내게 말씀하시기를 "너는 내 아들이다. 오늘 내가 너의 아버지가 되었다.
8 나에게 구하여라. 그러면 내가 모든 나라들을 네게 유산으로 주겠다. 그리고 지구상의 모든 민족들이 다 네 소유가 될 것이다.
9 너는 철로 된 지팡이로 그들을 질그릇같이 부술 것이다."라고 하셨습니다.
10 그러므로 세상 왕들아 지혜롭게 행동하여라. 세상의 통치자들아! 조심하여라.
11 두려운 마음으로 여호와를 섬기고, 떨리는 마음으로 그분을 찬양하여라.
12 그의 아들을 정중하게 섬겨라. 그렇지 않으면 너희가 가는 길에서 망하게 된다. 왜냐하면 주님의 분노가 순식간에 불붙듯이 타오를 것이기 때문이다. 여호와를 의지하는 사람은 복을 받을 것이다.

2:1 לָמָּה רָגְשׁוּ גוֹיִם וּלְאֻמִּים יֶהְגּוּ־רִיק: 2 יִתְיַצְּבוּ। מַלְכֵי־אֶרֶץ וְרוֹזְנִים נוֹסְדוּ־יָחַד עַל־יְהוָה וְעַל־מְשִׁיחוֹ: 3 נְנַתְּקָה אֶת־מוֹסְרוֹתֵימוֹ וְנַשְׁלִיכָה מִמֶּנּוּ עֲבֹתֵימוֹ: 4 יוֹשֵׁב בַּשָּׁמַיִם יִשְׂחָק אֲדֹנָי יִלְעַג־לָמוֹ: 5 אָז יְדַבֵּר אֵלֵימוֹ בְאַפּוֹ וּבַחֲרוֹנוֹ יְבַהֲלֵמוֹ: 6 וַאֲנִי נָסַכְתִּי מַלְכִּי עַל־צִיּוֹן הַר־קָדְשִׁי: 7 אֲסַפְּרָה אֶל חֹק יְהוָה אָמַר אֵלַי בְּנִי אַתָּה אֲנִי הַיּוֹם יְלִדְתִּיךָ: 8 שְׁאַל מִמֶּנִּי וְאֶתְּנָה גוֹיִם נַחֲלָתֶךָ וַאֲחֻזָּתְךָ אַפְסֵי־אָרֶץ: 9 תְּרֹעֵם בְּשֵׁבֶט בַּרְזֶל כִּכְלִי יוֹצֵר תְּנַפְּצֵם: 10 וְעַתָּה מְלָכִים הַשְׂכִּילוּ הִוָּסְרוּ שֹׁפְטֵי אָרֶץ: 11 עִבְדוּ אֶת־יְהוָה בְּיִרְאָה וְגִילוּ בִּרְעָדָה: 12 נַשְּׁקוּ־בַר פֶּן־יֶאֱנַף। וְתֹאבְדוּ דֶרֶךְ כִּי־יִבְעַר כִּמְעַט אַפּוֹ אַשְׁרֵי כָּל־חוֹסֵי בוֹ:

(BHS 5th ed 시2:1-12 필자 사역)

잔칫집 분위기

인류의 모든 행위 뒤에는 그들의 판단이 있고 그 행위에는 책임이 따른다. 그 하나님의 진노는 인간들의 그릇된 행위에 대한 마땅한 처벌을 목표로 한다. 그것은 진리를 따라 인류를 판단하시는 그 하나님께서 진노하심으로 나타낸 경고 누적에 따른 멸망이라는 그 판결의 최종 집행에 이른다.

그런 의미에서 그 하나님의 진노는 지금도 그 최종 집행을 향해 진행 중이다. 인류는 그저 각자 자신이 저지른 불경과 불의에 따른 그 심판 앞에서 그 경고의 누적

량을 계산할 수 있을 뿐인데, 버림받은 이성의 특성이란 게 그것마저도 고려할 수 없게 하는 성질(의도적으로 그것을 거부하는 본성)을 갖고 있다는 것이 문제이다.

불의로 그 하나님의 진리를 막는 행위 뒤에도 그들의 판단이 있다. 그들의 판단은 피조물로서 창조주 하나님께서 권장하는 창조 세계를 살아가야 할 참된 이치마저 갈아 치울 만큼 스스로 지혜롭다고 여기고 당당한 기세로 이 세상을 주도하게 만드는 이성에 기초한다. 그들의 이성은 하나님께 버림받은 개선 불가능한 이성이다. 고쳐 쓰거나 조절해서 쓸 수 있는 정도가 아니라 창조주 하나님의 능력으로 새롭게 창조되어야 할 이성이다.

앞에서도 보았지만 버림받은 이성의 판단력이라는 것이 죽어 마땅한 인간의 그릇된 행위를 정하신 하나님의 규제 사항(인간의 의로운 행위에 대한 그 하나님의 정하심과 요구하심)을 알면서도 그 죽어 마땅한 행위를 일삼을 뿐만 아니라 그러한 행위를 권장하는 자리에 이르게 했다. 그들은 서로 표창장을 주고받으며 한껏 고무되어 웃고 떠드는 잔칫집 분위기 속에 있게 만들었다는 말이다.

충격

그런 분위기에서 얼핏 보면 롬2:1의 '그러므로 오~! 판단하는 각 사람이여, 그대가 누구든지 변명하지 못할 것입니다.'라고 하는 바울의 선언이 무언가 앞뒤가 안 맞는 어색한 논리 전개라는 것을 직감하게 된다. 물론 그것은 이어 사도 바울이 변명할 수 없는 원인적 이유를 제시함으로써 그들의 판단력이 잘못되었음을 강조하려고 도치화법을 쓰고 있다는 사실을 알 때 금세 해소된다.

하지만 문제는 사도 바울이 제시한 '그들이 변명할 수 없게 만드는 원인적 이유'가 좀 특이하다는 것이고, 그 문제를 풀고 나면 매우 큰 충격 속에 휩싸이게 된다는 사실이 놀라울 뿐이라는 게 필자의 판단이다.

먼저 결론부터 말하면 사도 바울이 제시한 '그들이 변명할 수 없는 원인적 이유'는 간단하다. '그 다른 한 사람(τὸν ἕτερον-톤 헤테론)'을, 그러니까 십자가에서 돌아가시고 일으켜지신 그리스도이신 예수님을 판단하는 그들의 그 판단 또는 판결 안에서 일어나는 일은 그들이 자기 자신을 정죄하게 된다는 것이다. 금방 이해할 수 없는 참으로 충격적이고도 신비로운 이야기다.

2:1	Διὸ ἀναπολόγητος εἶ, ὦ ἄνθρωπε πᾶς ὁ κρίνων· ἐν ᾧ γὰρ κρίνεις τὸν ἕτερον, σεαυτὸν κατακρίνεις, τὰ γὰρ αὐτὰ πράσσεις ὁ κρίνων.	그러므로 오~! 판단하는 각 사람이여, 그대가 누구든지 변명하지 못할 것입니다. 왜냐하면 그대가 그 다른 한 사람을[※1] 판단하는 그것으로 그대 자신을 정죄하기 때문이니,[※2] 이는 판단하는 그대가 그 같은 일들을 저지르고[①] 있기 때문입니다.

자신감

그럼 이제부터 '그 다른 한 사람(τὸν ἕτερον-톤 헤테론)'이 어떻게 예수님이라고 단정할 수 있는지부터 알아보고, 사도 바울이 로마서 내에서 '정죄'의 개념과 '그 다른 한 사람'을 어떻게 맞물려 설명하고 있는지를 살펴보자. 다만 좀 더 쉬운 이해를 위해 후자부터 설명하는 것이 좋을 것 같다.

우선 여기(롬2:1)에 쓰인 '정죄하다'라는 표현의 헬라어(κατακρίνεις-카타크리네이스)가 바울에겐 하나님의 복음으로 얻게 되는 하나님의 구원을 설명하는 데 없어서는 안 될 매우 중요한 개념의 단어이다. 그것은 판단의 심리 과정을 거쳐 죄를 확정하는 최종 판단에 의해 양형을 결정하는 행위를 나타내는 뜻을 가진다.

BDAG도 이 단어(κατακρίνεις-카타크리네이스)에 대해 '유죄판결 후 형을 선고하다(pronounce a sentence after determination of guilt)'라는 의미로 규정하고, 법원에서 유죄판결을 받은 피고인에게 할당되거나 특정 범죄에 대해 법으로 정해지는 형벌 또는 처벌(sentence)을 공식적으로 또는 엄숙하게 선언하거나 발표하는(pronounce) 것(pronounce a sentence)으로 번역했다.

그리고 좀 아쉽게도 롬2:1의 경우를 특정해 'In wordplay with κρίνω(크리노-판단하다)'라고 하는 사족을 붙여 놓은 것이다. 이는 'wordplay(일반적으로 말장난 또는 농담을 의미하는 단어)'가 '특히 지능적인 방식으로 단어의 의미에 대해 농담하는 활동(the activity of joking about the meanings of words, especially in an intelligent way)'을 가리키는 단어라는 의미에서 의구심을 가지고 주목할 만하다.

이 단어를 로마서에서 쓰는 관점을 이해하기 위해서 먼저 하나님의 복음으로 인한 하나님의 구원을 노래하는 대목을 읽고 시작하는 것이 좋겠다. 노래의 첫 부분(롬8:34)에서 이 단어를 써 '정죄하는 자가 누구입니까(τίς ὁ κατακρινῶν-티스 호 카타크

리논)?'라고 질문하며 그 구원에 대해 넘치는 자신감을 표현하는 바울의 정서를 파악하며 다시금 읽어 보라.

8:33	τίς ἐγκαλέσει κατὰ ἐκλεκτῶν θεοῦ; θεὸς ὁ δικαιῶν·	누가 하나님의 선택받은 사람들을 상대로 고발하겠습니까? 의롭다고 하신 분은 하나님입니다.
8:34	τίς ὁ κατακρινῶν; Χριστὸς [Ἰησοῦς] ὁ ἀποθανών, μᾶλλον δὲ ἐγερθείς, ὃς καί ἐστιν ἐν δεξιᾷ τοῦ θεοῦ, ὃς καὶ ἐντυγχάνει ὑπὲρ ἡμῶν.	정죄하는 자가 누구입니까? 그리스도 [예수님]께서는 돌아가셨으나, 도리어 일으켜지신 분이십니다. 그분께서는 그 하나님의 오른편에 계시기도 하지만, 우리를 위해 간구해 주시기도 합니다.
8:35	τίς ἡμᾶς χωρίσει ἀπὸ τῆς ἀγάπης τοῦ Χριστοῦ; θλῖψις ἢ στενοχωρία ἢ διωγμὸς ἢ λιμὸς ἢ γυμνότης ἢ κίνδυνος ἢ μάχαιρα;	누가 우리를 그 그리스도의 그 사랑으로부터 떼어 놓겠습니까? 환난이나 곤란이나 박해나 기근이나 헐벗음이나 위험이나 살해의 위협입니까?*
8:36	καθὼς γέγραπται ὅτι ἕνεκεν σοῦ θανατούμεθα ὅλην τὴν ἡμέραν,* ἐλογίσθημεν ὡς πρόβατα σφαγῆς.*	이는 성경에 '주님으로 인해서 우리가 온종일 죽임을 당하며 도살당하는 양과 같은 여김을 받았습니다.*'라고 기록된 대로와 같습니다.
8:37	ἀλλ' ἐν τούτοις πᾶσιν ὑπερνικῶμεν διὰ τοῦ ἀγαπήσαντος ἡμᾶς.	그런데도 우리는 오히려 이 모든 상황 속에서 우리를 사랑하시는 분을 통해 영광의 승리를 거둡니다.
8:38	πέπεισμαι γὰρ ὅτι οὔτε θάνατος οὔτε ζωὴ οὔτε ἄγγελοι οὔτε ἀρχαὶ οὔτε ἐνεστῶτα οὔτε μέλλοντα οὔτε δυνάμεις	나는 확신합니다. 참으로 죽음이나 생명이나 천사들이나 통치자들이나 현재 일들이나 장래 일들이나 능력들이나
8:39	οὔτε ὕψωμα οὔτε βάθος οὔτε τις κτίσις ἑτέρα δυνήσεται ἡμᾶς χωρίσαι ἀπὸ τῆς ἀγάπης τοῦ θεοῦ τῆς ἐν Χριστῷ Ἰησοῦ τῷ κυρίῳ ἡμῶν.	높음이나 깊음이나 다른 어떤 피조물이라도 그리스도 예수 우리 주님 안에 있는 그 하나님의 그 사랑으로부터 우리를 떼어 놓을 수 없습니다.

천명

이 로마서 8장 후반부 바울의 찬양은, 로마서 1장부터 펼쳐 온 하나님의 복음과 그 복음이 하나님의 진노로부터 구원하시는 전능하신 하나님의 능력이 됨을 설명하는 과정에서, 그 진노 아래 있는 인류를 하나님께서 어떻게 정죄하시고 어떻게 구원하시는지를 확인해 가시는 논리를 매듭지은 후 그 하나님의 영광을 노래하는 대목이다.

그래서 우리가 잘 알고 있는 그 전반부 롬8:1은 그 단어의 명사형(κατάκριμα-카타크리마)을 사용해 하나님의 복음에 참여한 자들에게 정죄함이 도무지 없는 완전한 해방과 자유를 천명한다.

8:1	Οὐδὲν ἄρα νῦν κατάκριμα τοῖς ἐν Χριστῷ Ἰησοῦ.	그러므로 이제 절대로 그리스도 예수 안에 있는 사람들에게는 정죄함이 없습니다.
8:2	ὁ γὰρ νόμος τοῦ πνεύματος τῆς ζωῆς ἐν Χριστῷ Ἰησοῦ ἠλευθέρωσέν σε ἀπὸ τοῦ νόμου τῆς ἁμαρτίας καὶ τοῦ θανάτου.	왜냐하면 그리스도 예수 안에서 그 생명을 주시는 그 영의 그 율법이 그대를* 그 죄와 그 죽음의 그 율법으로부터 자유롭게 하였기 때문입니다.

특화된 용어

그리고 그러한 일은 그 하나님께서 자기 아들을 보내어 그동안 율법이 할 수 없었던 일, 그러니까 율법이 죄에 대하여 정죄하는 일을 하지 못할 뿐만 아니라, 오히려 사탄이 율법마저 도구로 이용해 인류를 볼모로 잡고 있던 사탄의 실체 세력인 '그 죄(τὴν ἁμαρτίαν)'를 정죄하심으로써 이루어 낸 해방이고 자유라고 매듭짓는다(롬 8:3-4).

이렇게 '정죄'라는 개념의 단어는 사도 바울에게 있어서 그 하나님의 그 복음(롬 15:16)으로 말미암아 구원받아야 할 인간의 불행한 처지를 가리키며, 그러한 의미 외에 다른 의미로는 결코 사용할 수 없는 특화된 용어이다.

| 8:3 | —Τὸ γὰρ ἀδύνατον τοῦ νόμου ἐν ᾧ ἠσθένει διὰ τῆς σαρκός, ὁ θεὸς τὸν ἑαυτοῦ υἱὸν πέμψας ἐν ὁμοιώματι σαρκὸς ἁμαρτίας καὶ περὶ ἁμαρτίας κατέκρινεν τὴν ἁμαρτίαν ἐν τῇ σαρκί, | ---참으로 그 율법이 연약함으로 그 육신을 통해 할 수 없었던 그것을,* 그 하나님께서 자기 아들을 죄 있는 육신을 닮은 모습으로 보내셔서 죄에 대하여 정죄하셨으니, 바로 그 육신 안에 있는 그 죄를 정죄하신 것입니다. |

8:4	ἵνα τὸ δικαίωμα τοῦ νόμου πληρωθῇ ἐν ἡμῖν τοῖς μὴ κατὰ σάρκα περιπατοῦσιν ἀλλὰ κατὰ πνεῦμα.	그것은 육신을 따라 살지 않고 다만 영을 따라 사는 우리 안에서 의로운 행위에 대한 그 율법의 그 요구가 이루어지게 하시려는 것이었습니다.

저해

이렇게 특화된 정죄의 개념이 바로 롬2:1에 '그 다른 한 사람(τὸν ἕτερον-톤 헤테론)'을 판단하는 문제와 관련해 쓰인다는 것은, 그야말로 이 본문의 내용이 그 하나님의 그 복음으로 말미암는 구원과 관련해 핵심적인 내용을 담고 있다는 사실을 직접 언급하는 대목이라는 것쯤은 삼척동자도 한눈에 알 수 있다.

그런데도 문제는 이곳에 우리가 그토록 이해할 수 없는 논리가 있다는 사실조차 감지하지 못해 본문의 의미를 왜곡 보도함으로써, 정작 그 복음을 바르게 전해야 할 자들이 그 복음의 복음 됨을 저해하는 일을 하고 있었다는 웃지 못할 상황을 만들고 있다는 사실이고, 더 큰 문제는 지금도 그 일이 성업 중이라는 데 있다.

판명

사실 필자에겐 이 부분을 제대로 이해하고 넘어가지 않은 상태에서 복음을 전하는 것은 로마서가 밝히고자 하는 완성된 복음인 하나님의 복음을 제대로 알지 못하고 전하는 것과 다름없다고 주장하는 것에 대한 근거가 된다.

왜냐하면 이 부분을 알지 못하면 하나님의 복음으로 말미암는 구원의 시작을 모르는 것이고, 그것은 그 구원을 주시는 하나님의 능력 또한 알 수 없게 하는 것이기 때문이다. 결국 롬2:1의 진의를 가리는 행위는 바울의 복음, 곧 하나님의 복음(롬1:1)을 알지 못하게 하는 버림받은 이성의 결과물이 된다.

보고서

정말 롬2:1을 제대로 설명한다는 것은, 필자에겐 롬1:2-4에서 바울이 규정한 하나님의 복음에 관한 핵심 서술이 2000여 년 동안 잘못 전해져 왔다는 사실을 드러냄으로써 시작된 사활을 건 싸움의 연장전 같은 것이었다.

수많은 세월, 그러니까 필자가 신학을 공부하던 시절부터 목사가 되어 오늘에 이르기까지 올해로 40년, 길다면 길고 짧다면 짧은 반평생을 누구나 납득할 수 있는 충분한 설명을 내놓기 위해 몸부림치게 할 만큼 아주 귀한 로마서의 핵심 내용이 바로 지금 우리가 마주하고 있는 '롬2:1'이라는 바울의 헬라어 텍스트 안에 있기 때문이었다.

그때 필자는 '그 다른 한 사람(τὸν ἕτερον-톤 헤테론)'이 아주 특별한 사람, 우리 주 예수님이라고 입으로 내어놓고도 충분한 설명을 못 해서 끙끙 앓기도 했고, 그 말을 다시 주워 담을 수도 없는 고뇌에 찬 외로운 처지가 되어, 그것을 온전하게 설명해 내야만 하는 문제에 직면하게 되었다.

그리고 '그 다른 한 사람(τὸν ἕτερον-톤 헤테론)'을 판단하는 문제가 자기 자신을 정죄하는 문제로 귀결된다는 사실을 입증해 내어 설명해야만 하는 긴 여정을 시작하게 되었다.

그렇게 필자는 운명처럼 그 문제를 풀어 설명해 내는 일에 몰두했다. 지금까지 필자가 쓴 로마서에 관한 모든 글이 그 여정에 대해 주님께 올리는 보고서와 같다. 타이밍의 관점에서 이 글을 내놓는 데 약간의 망설임이 없지 않다.

응수
그것은 맥락상 마7:1-2에서 보이는 예수님의 말씀에 나타난 판단 문제와 직결되는데, 그곳에서 예수님께서는 '판단을 받지 않기 위해선 판단하지 말라.'라고 말씀하시고, 그 이유로 '판단하는 그 판결로 판단될 것이기 때문'이라고 말씀하셨다.

이는 상대를 판단하면 그 판단으로 인한 그 판결 안에서 상대로부터 판단을 받게 된다는 말이다. 이는 세상이 극단에서 예수님 자기 자신을 판단할 것을 두고 하신 말씀이다. 한마디로 판단하는 일에는 그 판단 또는 판결 안에서 또 다른 판단이 응수 된다는 논리이다.

귀결
하지만 롬2:1에서 바울은 '판단하는 네가 누구든지 변명할 수 없다.'라고 말하고, 그 원인적 이유로 '네가 그 다른 한 사람을 판단하는 그 판결 안에서 자기 자신을 정죄하는 것이기 때문'이라고 말한다. 그리고 그렇게 되는 원인적 이유를 하나 덧붙이는데, 그가 그 같은 짓(롬1:32-사형에 해당하는 행위라는 사실을 알면서도 저지르는 악한 행위)을 저지르고 있기 때문이라고 했다.

이는 극단에서 상대(그 다른 한 사람)를 판단하면 그 판단으로 인한 그 판결 안에서 자기 자신을 정죄하는 일이 생긴다는 말이다. 한마디로 '그 다른 한 사람'을 판단하는 자가 그 판단으로 인해 최종 판결인 정죄로 귀결된다는 논리이다.

제거

이렇게 둘은 같은 판단 문제를 다루고 있지만 둘 간의 간격은 멀고 그 간격은 메울 수 없는 것과 같은 깊고 넓은 수렁이 있는 것처럼 보인다. 그래서 둘을 간단하게 '판단하는 행위가 어리석은 짓이니 판단하지 말라.'라는 교훈 정도로 타협해 설명하고 가르치는 본문으로 왜곡하여 사용하는 일이 발생한다.

하지만 필자에겐 둘이 하나의 관점으로 보인다. 이를테면 스승과 제자 사이에서 스승이 세상을 떠나고 훗날 스승이 남겨 놓은 어록을 스승의 뜻에 맞게 후진들에게 설명해 주는 것과 같은 맥락에서 이해하면 무리가 없다.

그러니까 예수님은 구원을 이루실 주체로서 그 구원을 이루시는 과정에서 판단 문제에 관해 말씀하신 것이라고 한다면, 바울은 예수님께서 그 구원의 일을 완성하신 후 그 구원의 결과를 설명해 내는 처지에 있다는 사실에 대한 이해가 그 간격을 제거해 줄 것이다.

환치

마태복음 7장의 '판단하지 말라'는 말씀의 진정한 의미는 인류를 구원하기 위해서 활동하시는 예수님 자신을 판단하지 말라는 데까지 닿아 있다. 왜냐하면 예수님은 세상의 판단이 자신을 십자가에 처형할 것임을 아셨고, 부활하심으로써 자신의 판단이 그 세상의 판단 행위와 그 판결 자체를 단죄하여 드러내실 것을 아셨기 때문이다.

롬2:1에서 사도 바울은 그 예수님을 '그 다른 한 사람(τὸν ἕτερον-톤 헤테론)'으로 환치하여, 예수님을 판단한 사람은 그 판단으로 인해 자기 자신을 정죄, 곧 단죄하고 질타하는 비참한 자리에 있게 된다고 설명한 것뿐이다. 그것은 그 예수님(그 다른 한 사람)을 판단하는 사람이 누구든지 필자가 롬1:18-32의 해설을 통해서 규정한 하나님의 진노 아래 사는 인류가 만들고 저지른 짓들을 그대로 할 수밖에 없는 자들이기 때문이다.

그 다른 한 사람

그럼 이제 우리의 시야를 로마서 내에서 '그 다른 한 사람(τὸν ἕτερον-톤 헤테론)'을 어떻게 말하고 있는지 살펴보자.

우선 '다른'이라고 하는 뜻의 헤테론(ἕτερον)은 문맥에서 암시되거나 언급된 다른 항목과 구별되는 것을 가리킬 때 쓰거나, 다른 모든 실체(또는 독립체)와 종류나 등급(계급)이 다른 것을 표현할 때 쓴다. 그러니까 롬2:1의 문맥상 앞에서 이미 언급한 버림받은 이성 아래 내어버려진 인류와 구별된 실체를 가리킨다.

중요한 건 그 단어가 정관사 톤(τὸν)의 지정을 받아 이미 특정된 것을 가리킨다는 것. 그래서 필자는 '그 다른 한 사람'이라고 번역했고, 지금까지 필자는 그 특정된 한 사람에 대해 자세하게 설명했다.

다만 헤테론(ἕτερον)이 형용사이므로 정관사 톤(τὸν)을 굳이 표현할 필요가 없다고 주장하는 일이 있을 수 있는 까닭에, 그 부분에 대한 약간의 설명이 필요하다. 물론 그 말에 일리가 없지 않지만, 형용사가 형용 대명사의 역할을 할 경우, 그것을 하나의 일반(보통) 명사로 간주하고, 거기에 정관사를 붙일 경우, 특정한 사물이나 사람을 가리키는 고유명사로 취급할 수 있다.

그러한 사실은 로마서 안에서 이 단어(ἕτερον-헤테론)의 용례를 살펴도 입증되는데, 사도 바울이 이 단어에 정관사를 붙여 쓸 때와 붙여 쓰지 않을 때를 구분하고 있다는 점에서 그런 사실은 분명해진다.

문법적으로나 문맥적으로도 분명하다

이 단어(ἕτερον-헤테론)는 로마서에서 총 9회 쓰였다. 먼저 롬2:21이다.

| 2:21 | ὁ οὖν διδάσκων **ἕτερον** σεαυτὸν οὐ διδάσκεις;(호 운 디다스콘 헤테론 세아우톤 쉬 디다스케이스?) ὁ κηρύσσων μὴ κλέπτειν κλέπτεις; | 그런데 정작 다른 사람을* 가르치면서도 그대는 그대 자신을 가르치지 않습니까? 그대가 '도둑질하지 말라.**'라고 선포하면서도 그대가 도둑질합니까? |

여기에서 ※표가 붙은 '다른 사람'은 정관사가 없는 헤테론(ἕτερον)이다. 그리고 이 헤테론(ἕτερον-목적격)은 분명히 사람을 가리키는 형용 대명사로 쓰였다.

롬7:3에서는 두 번 쓰였다.

| 7:3 | ἄρα οὖν ζῶντος τοῦ ἀνδρὸς μοιχαλὶς χρηματίσει ἐὰν γένηται ἀνδρὶ **ἑτέρῳ**· ἐὰν δὲ ἀποθάνῃ ὁ ἀνήρ, ἐλευθέρα ἐστὶν ἀπὸ τοῦ νόμου, τοῦ μὴ εἶναι αὐτὴν μοιχαλίδα γενομένην ἀνδρὶ **ἑτέρῳ**. | 그런즉 의심의 여지 없이 그 남편이 살아 있는 동안에 다른※ 남자의 아내가 되면, 그녀는 간음한 여자로 불릴 것입니다. 그러나 그 남편이 죽으면, 그녀는 그 남편의 그 율법으로부터 자유로우며, 그녀가 다른※ 남자의 아내가 된다 해도 간음한 것이 아닙니다. |

※표가 붙은 '다른 남자'의 '다른'은 정관사가 없는 헤테로(ἑτέρῳ-여격)이다. 이 헤테로(ἑτέρῳ-여격)는 두 번 다 성인 남성을 가리키는 명사 안드리(ἀνδρί)를 수식하는 형용사로 쓰였다.

동일하게 롬7:23은 다른 율법(ἕτερον νόμον-헤테론 노몬), 8:39은 다른 피조물(κτίσις ἑτέρα-크티시스 헤테라), 13:9은 다른 계명(ἑτέρα ἐντολή-헤테라 엔톨레)과 같이 형용사가 단순히 명사를 수식하는 형식으로 각각 쓰였다.

다음은 롬7:4이다. 이 부분은 좀 자세히 볼 필요가 있다.

| 7:4 | ὥστε, ἀδελφοί μου, καὶ ὑμεῖς ἐθανατώθητε τῷ νόμῳ διὰ τοῦ σώματος τοῦ Χριστοῦ, εἰς τὸ γενέσθαι ὑμᾶς **ἑτέρῳ**, τῷ ἐκ νεκρῶν ἐγερθέντι, ἵνα καρποφορήσωμεν τῷ θεῷ. | 그러므로 내 형제들이여, 그와 같이 여러분도 그 그리스도의 그 몸을 통해 그 율법과의 관계에서 죽임을 당하였습니다. 이는 우리가 다른① 분, 곧 죽은 자들로부터 일으켜지신 분의 신부가 되어※ 그 하나님을 위해 열매를 맺게 하려는 것입니다. |

이곳에서 쓰인 정관사를 가지지 않은 헤테로(ἑτέρῳ-여격)가 사람을 가리키는 형용 대명사로 쓰였는데, 재미있게도 그 헤테로를 설명하는 분사절(ἑτέρῳ, τῷ ἐκ νεκρῶν ἐγερθέντι-헤테로, 토 에크 네크론 에게르덴티)이 그 헤테로에 연결되어 나온다는 점에서 매우 중요하다.

특히 그 분사절(*τῷ ἐκ νεκρῶν ἐγερθέντι*-토 에크 네크론 에게르덴티)이 롬2:1의 '그 다른 한 사람(*τὸν ἕτερον*-톤 헤테론)'에서 정관사 '그(*τὸν*-톤)'가 가리키는 특정된 사실의 다른 사람(*ἕτερον*-헤테론)을 가리키고 있는데, 그것은 바로 죽은 자들로부터 일으켜지신 우리 주 예수 그리스도이시라고 설명하고 있다는 게 문법적으로나 문맥적으로도 분명하게 드러난다 하겠다(*ἑτέρῳ, τῷ ἐκ νεκρῶν ἐγερθέντι*-헤테로 토 에크 네크론 에게르덴티).

인류가 사랑해야 할 분

마지막 롬13:8이다.

13:8	Μηδενὶ μηδὲν ὀφείλετε εἰ μὴ τὸ ἀλλήλους ἀγαπᾶν· ὁ γὰρ ἀγαπῶν τὸν ἕτερον νόμον πεπλήρωκεν.	서로를 사랑하는 것이 아니라면 아무에게도 결코 빚을 지지 마십시오. 그 다른 한 사람(*τὸν ἕτερον*)을※ 사랑하는 사람이 율법을 다 이룬 것입니다.

이곳이 바로 유일하게 롬2:1과 동일한 형태의 '그 다른 한 사람(*τὸν ἕτερον*-톤 헤테론)'이 나오며, 이는 바로 위에서 설명한 롬7:4의 내용을 하나의 용어로 제시한 것이 분명하다. 왜냐하면 '그 다른 한 사람(*τὸν ἕτερον*-톤 헤테론)을 사랑하는 사람이 율법을 다 이룬 것입니다.'라고 함으로써, 그분(*τὸν ἕτερον*-톤 헤테론)이 판단의 대상이 아니라 사랑의 대상이라는 사실을 밝히고 있기 때문이다.

이는 우리가 위에서 판단과 관련해서 마7:1~2과 롬2:1이 어떻게 동일한 사실을 말하는 것인지를 살펴보면서 '그 다른 한 사람'인 예수님을 판단하는 것이 자기 자신을 정죄하는 방식으로써 하나님의 진노 아래서의 비참한 삶을 살게 하는 것인지를 이해했다면, 두말할 나위 없이 '그 다른 한 사람'인 예수님은 사랑해야 하는 분임이 명백하게 확인된다.

그리고 이어지는 롬13:9에서 '그 다른 한 사람(*τὸν ἕτερον*-톤 헤테론)'이 바로 구약성경의 모든 계명을 요약한 '네 이웃을 자기 자신과 같이 사랑하라(레19:18).'라고 하신 말씀 속의 '네 이웃(*τὸν πλησίον σου*-톤 플레시온 수)'과 동일시하고 있고, 그 이웃은 바로 예수님을 가리킨다.

이는 '너희는 성경에서 영생을 얻을 수 있다고 생각하여 성경을 부지런히 연구하고 있는데, 바로 그 성경이 나를 증언하는 것이다(요5:38).'라는 예수님의 말씀과 '내가 모세의 율법이나 예언자들의 말씀을 깨뜨리러 온 줄로 생각하지 마라. 나는 그들의 말씀을 깨뜨리러 온 것이 아니라 완성하러 왔다(마5:17).'라는 말씀에 연결해 놓고 볼 때, '네 이웃을 자기 자신과 같이 사랑하라(레19:18).'라고 하신 말씀이 구약 성경의 모든 계명을 요약한 것이라는 바울의 설명과 '그 다른 한 사람(τὸν ἕτερον-톤 헤테론)을 사랑하는 사람이 율법을 다 이룬 것입니다.'라고 하는 바울의 선언은 모두 일치하는 논리이다.

이로써 롬2:1의 '그 다른 한 사람'을 가리키는 '톤 헤테론(τὸν ἕτερον)'이 인류가 사랑해야 할 우리의 진정한 이웃, 사랑함으로써 새 사람으로의 변화에 이르게 하는 부활하신 그리스도 우리 주 예수님을 가리키는 특별한 용어라는 점이 분명해졌다.

13:9	τὸ γὰρ οὐ μοιχεύσεις, οὐ φονεύσεις, οὐ κλέψεις,* οὐκ ἐπιθυμήσεις,* καὶ εἴ τις ἑτέρα ἐντολή, ἐν τῷ λόγῳ τούτῳ ἀνακεφαλαιοῦται [ἐν τῷ]· ἀγαπήσεις τὸν πλησίον σου ὡς* σεαυτόν.*	왜냐하면 그것은 "간음하지 말라. 살인하지 말라. 도둑질하지 말라. 거짓 증거하지 말라. 탐내지 말라."라고 하신 계명과 또 다른 어떤 계명이 있다고 해도, 이 말씀 곧 "네 이웃을 자기 자신과 같이 사랑하라." 라고 하신 [한마디 말씀으로] 요약되기 때문입니다.

어메이징(amazing)

이제 롬2:1의 실제 내용을 다음과 같이 설명할 수 있다.

사람이 판단하는 것은 행동으로 이어진다. 인간의 판단력이 그 사람의 삶의 궤적을 결정짓는다. 사람의 삶은 판단으로 인한 인간 행위의 종합적 표현이다. 마치 예술가가 만든 작품과 같은 것이 인생이다.

그렇게 인간의 일상이 판단으로 이루어진 것이라면, 그런 인간의 일상은 그것이 직접적이건 간접적이건 자기 밖의 모든 존재와의 관계에서 이루어진 것이고, 그것은 자연스럽게 실제로 지상에 살아 존재하셨던 역사적 인물로서 '그 다른 한 사람'인 예수님과의 관계를 떠나서는 생각할 수도 없는 일상이다. 그건 인간의 판단이 극단에서 예수님과의 관계를 결정짓는 행위로 연결되고, 그 행위의 결과가 인간의 일상이므로 인간의 판단이 그 예수님을 판단하는 행위가 된다. 그리고 그 판단이 자기 자신을 판단하게 되는 놀라운 일로 나타난다는 말이다.

참으로 어메이징한(amazing) 일이다.

기이함
왜 놀라운가?

지금 인류는 버림받은 이성의 판단력으로 만들고 저지르는 일의 성대함으로 매우 기뻐 즐거워하며 큰 잔치를 벌이고 있다. 그것이 하나님의 진노를 일으키는 일이라는 것을 알면서도 죄의식이라고는 털끝만큼도 없는 상태에서 그 일을 저지르는 자리에 도달해 있다. 하나님과의 관계에서 아무것도 느낄 수 없을 만큼 마비된 그들의 인식 능력, 아니 철저하게 하나님을 알면서도 거부하는 인식 능력에 자기 행위를 스스로 정죄하는 감각이 들어와 스스로 괴롭히는 일이 시작되었다는 말이니 어찌 놀라지 않을 수 있단 말인가!

그런데 더욱 놀라운 건 그런 일을 인간이 스스로 만들어 낸 것이 아니라 예수님과의 관계에서 나타난 일이라는 사실이다. 그 놀라운 일이 자연적으로 발생한 일이 아니라 그 일을 만들어 내신 분이 바로 그 다른 한 사람(τὸν ἕτερον-톤 헤테론), 곧 버림받은 이성을 가진 인류의 판단으로 십자가에 처형되셨다가 다시 살아나신 영원하신 하나님의 아들 우리 주 예수 그리스도라는 사실을 보게 되는 것이다. 참으로 기이한 일이 아닐 수 없다!

한마디로 사도 바울은 그 다른 한 사람(τὸν ἕτερον-톤 헤테론), 곧 예수 그리스도께서 극단에서 인류의 죄악에 대한 실상을 본질적으로 드러내시는 방식으로 모든 일을 극단화해 매듭짓는 분으로 인식하고 있다는 말이다. 그 다른 한 사람(τὸν ἕτερον-톤 헤테론), 곧 예수 그리스도를 통해 나타나는 은혜와 사랑, 그리고 심판과 자비와 믿음 등 인류에게 베풀어 주시는 축복으로서 모든 은사와 선물도 바로 그런 극단화를 통해 주어지고 있다는 사실을 인지해야 한다.

실체적 진실
이런 관점에서 롬2:1은 현재 인류가 각자의 판단(각자의 행위 곧 일상의 삶)이 정당하다고 또는 아무런 문제가 없다고 누구도 변명할 수 없다는 게 사도 바울이 펼치는 논리의 핵심이고 그것은 진실이다.

그것은 롬1:18에서 시작된 하나님의 진노 상황에 대한 설명이 세상의 창조 때로부터 현재까지 시간과 공간을 넘나들며 규명해 온 인류에 대한 하나님의 판결이 정당하다는 것을 입증하는 '그 다른 한 사람' 곧 '톤 헤테론(τὸν ἕτερον)'에서 시작되었음을 깨닫게 한다.

이는 하나님의 판단과 인간의 판단 간의 치열한 공방에 대한 히스토리가 성경 역사의 맥을 이루고 있다는 이해 속에서 로마서가 기록되고 있음을 확증한다. 우리 이성의 현주소는 성경의 핵심 히스토리가 드러날 때 비로소 읽힌다.

지금 우리에게 할 일이 있다면 그건 바로 우리 이성이 어디에 닿아 있는지 아는 것이다. 그리고 그것은 각자 행위를 볼 때 알 수 있다. 자신의 행위와 자신의 일상과 자신의 인생에 관해 스스로 판단하고 정죄하게 되는 일이 일어난다면 그건 분명히 그대의 이성이 '그 다른 한 사람(τὸν ἕτερον-톤 헤테론), 곧 예수 그리스도', 그러니까 하나님께 닿아 있는 것이다(롬9:5). 왜냐하면 그 일은 하나님의 아들 예수님께서 이 땅에 오셔서 죽임을 당하신 일에 그대가 연루되어 가담한 일(가담한 적이 없다고 생각하더라도 가담한 것이 되는 방식의 논리-롬5:12-14)로 인해 그분이 부활하신 후 그대를 찾아와 그대의 눈을 열어 보게 하셔서 일어나는 일이기 때문이다.

그것이 바로 롬2:1의 '그 다른 한 사람', 그러니까 사도 바울에게 있어서 특화된 전문적인 용어인 '톤 헤테론(τὸν ἕτερον)'이 담고 있는 실체적 진실이다.

여담

이쯤에서 잠시 의미 있는 여담 한마디 해야겠다.

필자가 보기에는 오늘날의 인류가 하나님의 복음과 구원을 이야기하며, 특히 로마서 안에서 넘지 못하는 산이 있다면, 그것은 바로 이 지점(τὸν ἕτερον-톤 헤테론)에 대한 이해라고 생각한다.

그것은 이 지점(τὸν ἕτερον-톤 헤테론), 그러니까 롬2:1까지 로마서를 번역하고 해설하는 일을 하면서 필자가 이미 진단한 것처럼 이 세상 집단지성의 형태는 구조적으로나 본질적으로 신학과 철학의 경계가 무너지는 등 모든 학문이 뒤섞여 판단되는 융합으로부터 통합의 시대로 진입한 지 벌써 로마서의 관점에서만 보아도 2500년은 족히 지났다. 창조주의 관점에서는 태초부터였겠지만 그나마 바울의 복음 관점에서 시작된 융합적이고 통합적인 생각의 역사, 곧 인류의 이성에 의한 판단의 역사는 오랜 시간 동안 좌충우돌하며 현재 탈모더니즘 시대의 후반부를 지나고 있다.

그것(탈모더니즘 시대의 후반부를 주도하는 시대정신)은 인류의 정신 혁명의 토대라고 일컬어지는 순수이성비판, 실천이성비판, 판단력 비판 등을 저술한 저 유명한 철학자 임마누엘 칸트(1724.4.22.~1804.2.12.)의 생각을 그 출발점으로 삼고 진행하고 있다고 보아도 큰 무리가 없다.

필자가 말하고자 하는 핵심은 그 칸트도 지금 우리가 다루고 있는 버림받은 이성과 관련해 새롭게 창조될 이성에 대해 시도한 사도 바울의 문맥 속에서 아이템을 얻어 저술한 것으로 보인다는 것이다. 그리고 칸트 이후의 작금의 현대 철학자들의 타자에 대한 논의들도 동일하게 사도 바울의 이 로마서 문맥 속에서 발생하는 질문에 대한 답을 찾으려고 애쓰는 것으로 보아도 역시 무리가 없어 보인다는 것이다.

다만 그들이 바울의 문맥에서 철학적 동기를 얻지 않았다고 해도 2000여 년 전에 기록된 바울의 로마서 텍스트의 범주 안에서 길을 찾고 있는 것이 되길 바랄 뿐이다. 왜냐하면 하나님을 거절한 인류의 이성에 의한 판단의 역사가 자기 자신을 정죄하는 비참한 삶에서 해방되는 유일한 길이 바로 로마서 텍스트가 말하는 '그 다른 한 사람(τὸν ἕτερον-톤 헤테론)'을 사랑하는 데 있기 때문이다.

'그 다른 한 사람(τὸν ἕτερον-톤 헤테론)'을 사랑하는 철학이 아니면 그 철학은 분명히 사람을 죽이는 첨단화된 무기일 뿐이다. 신학도 예외는 아니다. 또 다른 무수한 학문도 마찬가지다.

'그 다른 한 사람(τὸν ἕτερον-톤 헤테론)'을 사랑함으로써 사랑을 배우고 '그 다른 한 사람(τὸν ἕτερον-톤 헤테론)'을 사랑함으로써 그 사랑을 이룰 수 있는 동력을 얻어 서로를 사랑하는 하나님의 축복으로 가득한 사회를 이루는 것은 오직 '그 다른 한 사람(τὸν ἕτερον-톤 헤테론)'을 사랑하는 길뿐이다.

마지막으로 그리스도 예수 안에 있는 구속을 통한 하나님의 복음을 선포함으로써 인류의 타락으로 말미암은 정죄로부터 구원하시는 '그 다른 한 사람 예수 그리스도'에 대한 사도 바울이 전하는 복음의 말씀을 읽으며 이 글을 마치려고 한다(롬 5:15-18).

5:15	—Ἀλλ' οὐχ ὡς τὸ παράπτωμα, οὕτως καὶ τὸ χάρισμα· εἰ γὰρ τῷ τοῦ ἑνὸς παραπτώματι οἱ πολλοὶ ἀπέθανον, πολλῷ μᾶλλον ἡ χάρις τοῦ θεοῦ καὶ ἡ δωρεὰ ἐν χάριτι τῇ τοῦ ἑνὸς ἀνθρώπου Ἰησοῦ Χριστοῦ εἰς τοὺς πολλοὺς ἐπερίσσευσεν.	---그러나 이처럼 그 은사[※1] 또한 그 타락함과[※2] 같지 않습니다. 왜냐하면 그 한 사람의 그 타락함으로[※3] 많은 사람이 죽었다면, 그 하나님의 그 은혜와 그 한 사람 예수 그리스도의 은혜로 인한 그 선물 역시 많은 사람 속으로 더욱 넘쳤기 때문입니다.
5:16	καὶ οὐχ ὡς δι' ἑνὸς ἁμαρτήσαντος τὸ δώρημα· τὸ μὲν γὰρ κρίμα ἐξ ἑνὸς εἰς κατάκριμα, τὸ δὲ χάρισμα ἐκ πολλῶν παραπτωμάτων εἰς δικαίωμα.	그런고로 그 선물은 죄지은 한 사람을 통해서 주어진 것과는 다릅니다. 왜냐하면 실로 그 판결이 한 사람으로부터 정죄에 이르게 한 것과 다르게, 그 은사는 많은 타락함으로부터 의로운 행위를 이루게 하기 때문입니다.
5:17	εἰ γὰρ τῷ τοῦ ἑνὸς παραπτώματι ὁ θάνατος ἐβασίλευσεν διὰ τοῦ ἑνός, πολλῷ μᾶλλον οἱ τὴν περισσείαν τῆς χάριτος καὶ τῆς δωρεᾶς τῆς δικαιοσύνης λαμβάνοντες ἐν ζωῇ βασιλεύσουσιν διὰ τοῦ ἑνὸς Ἰησοῦ Χριστοῦ.	참으로 그 한 사람의 그 타락함으로 그 죽음이 그 한 사람을 통해 왕으로 군림했다면, 더욱더 그 은혜의 그 넘침과 그 의(義)의 그 선물을 받은 자들은 그 한 분 예수 그리스도를 통해 생명 안에서 왕으로 다스리게 될 것입니다.*
5:18	—Ἄρα οὖν ὡς δι' ἑνὸς παραπτώματος εἰς πάντας ἀνθρώπους εἰς κατάκριμα, οὕτως καὶ δι' ἑνὸς δικαιώματος εἰς πάντας ἀνθρώπους εἰς δικαίωσιν ζωῆς·	---그러므로 의심의 여지 없이 한 사람의 타락함을 통해 모든 사람이 정죄에 이르렀듯이, 한 사람의 의로운 행위를* 통해서는 모든 사람이 의롭다고 여기심을 받은 삶에 이르게 됩니다.†

> 전환된 관점의 로마서 읽기

제8장
하나님의 판단을 흉내 내는 자들의 말로

본문 : 로마서 2장 2~11절

핵심 주제 어구

οἴδαμεν δὲ ὅτι τὸ κρίμα τοῦ θεοῦ

(오이다멘 데 호티 토 크리마 투 데우)

인류는 모두 다 같은 그 하나님의 심판과 구원의 대상으로 밝혀졌고, 그 하나님의 판결을 피할 길이 없다. 모든 사람은 각자가 이루고 있는 일을 따라 보응하시는 그 하나님 앞에 서 있다. 그리고 그 하나님께서는 어그러진 창조의 세계를 바로 세우기 위해 바벨탑처럼 인류가 평생을 공들여 쌓아 올린 업적들을 진리(진실)에 따라 공정한 판단을 내리시는 중이시다.

그게 인간이 보기에 제아무리 훌륭한 일이라고 한다고 할지라도 그 하나님 보시기에 악한 일에 종사해 악한 일을 만들어 내는(κατεργαζομένου-카타에르가조메누) 것이라면 환란과 곤고함을, 선한 일에 종사해 선한 일을 이루는(ἐργαζομένῳ-에르가조메노) 것이라면 영광과 존귀와 평화를 주시되, 각각에 상응하는 대가를 반드시 챙겨 주신다. 그 하나님께서는 어느 한쪽으로 치우쳐 불공정한 판단을 내릴 수 있는 편파성(προσωπολημψία-프로소폴렘프시아-인간의 외적인 조건에 따라 판단하는 것)이 없다(롬2:11).

제8장(하나님의 판단을 흉내 내는 자들의 말로) _ 본문 263p에서

본문

2:2	οἴδαμεν δὲ ὅτι τὸ κρίμα τοῦ θεοῦ ἐστιν κατὰ ἀλήθειαν ἐπὶ τοὺς τὰ τοιαῦτα πράσσοντας.	하지만 우리는 '그 하나님의 그 판결이* 진리(진실)를 따라 그런 일들을 저지르는① 사람들 위에 있다'는 것을 압니다.
2:3	λογίζῃ δὲ τοῦτο, ὦ ἄνθρωπε ὁ κρίνων τοὺς τὰ τοιαῦτα πράσσοντας καὶ ποιῶν αὐτά, ὅτι σὺ ἐκφεύξῃ τὸ κρίμα τοῦ θεοῦ;	오~! 그런 일들을 저지르는① 사람들을 판단하면서 같은 일들을 만드는② 사람이여, 그런데도 '그대가 그 하나님의 그 판결을* 어쩌면 피할 수도 있을 것이다.'라고 생각하고 있는 겁니까?
2:4	ἢ τοῦ πλούτου τῆς χρηστότητος αὐτοῦ καὶ τῆς ἀνοχῆς καὶ τῆς μακροθυμίας καταφρονεῖς, ἀγνοῶν ὅτι τὸ χρηστὸν τοῦ θεοῦ εἰς μετάνοιάν σε ἄγει;	혹시 그대는 그 하나님의 그 인자하심이※1 그대를 회개하도록 이끄신다는 사실을 알지 못해서, 그분의 인자하심과 관용하심과 오래 참으심의 부유하심을※2 가볍게 여기고 있지는 않습니까?
2:5	κατὰ δὲ τὴν σκληρότητά σου καὶ ἀμετανόητον καρδίαν θησαυρίζεις σεαυτῷ ὀργὴν ἐν ἡμέρᾳ ὀργῆς καὶ ἀποκαλύψεως δικαιοκρισίας τοῦ θεοῦ	안타깝게도※1 지금 그대는 그대의 완악함 곧 돌이키지 않는 마음을 따라 퍼부어질 진노의 날, 곧 그 하나님의 의로우신 심판이 나타나는 날에 내리실 진노를 그대 자신에게 쌓고 있는 것입니다.
2:6	ὃς ἀποδώσει ἑκάστῳ κατὰ τὰ ἔργα αὐτοῦ·*	'그 하나님께서 각 사람에게 그가 이루어 낸 일들을 따라※2 갚아 주실 것이다.*'라고, 말씀하셨습니다.

등반

필자는 지금 막 그동안 로마서 안에서 넘지 못하고 있던 산 중 가장 험악한 산의 정상에 올라와 크게 소리 질러 지난날의 묵은 숙취로 찌든 혼미한 영적 상태를 한 방에 날려 해소할 수 있도록 길을 내었다. 앞에서는 손을 잡아당기고 뒤에서는 등을 미는 등, 할 수만 있으면 등반을 시작한 이들이 정상에 올라 함께 큰 소리로 '야호'를 외칠 수 있게 안전한 등반로를 닦았다.

등반로라는 게 어떤 구간은 평온하기도 하고 어떤 길은 너무 험해 안전을 위한 약간의 시설물이 설치되어 있기도 하다. 그렇다고 그 시설물이 등반객의 안전을 백 프로 보장하는 것도 아니다. 정상에 오르기 위해 험난한 구간을 통과하기 위한 시설물이기에 그것을 이용함에도 정상에 오르는 내내 모든 구간이 위험한 것처럼 아슬아슬하기는 마찬가지이다.

협곡

정상에 오르는 동안 여러 개의 험준한 산령을 넘기도 하고, 정상에 올랐다고 하더라도 그곳이 우리가 도달해야 할 목적지가 아닌 이상 다시 여러 개의 험준한 산령을 넘어야만 최종 목적지에 안착할 것이다. 우리는 지금 그 최종 목적지에 이르기 위해 그동안 넘지 못하고 있었던 산봉우리를 몇 개 넘게 되었을 뿐 앞으로 더 가파르고 더 험한 산행은 계속될 것이다.

그동안 우리가 산의 정상에 오르지 못한 이유는 롬2:1이라는 협곡을 통과하는 길을 몰랐기 때문이었다. 물론 그 협곡에 이르는 과정도 험난하기는 마찬가지였지만 그 협곡 앞에서 느끼는 당혹감과 절망감과는 비교할 수 없는 것이었을지도 모른다.

케이블카

그래서 그랬을까?

어느 날부터 그 협곡을 건너기 위해 케이블카를 설치하여 그 협곡을 공중에서 감상하는 것쯤으로 충분하다고 생각해 버렸을지도 모른다는 생각이 든다. 어렵기로 소문난 로마서 산행에 마침내 용기를 낸 자들이 마주할 그 협곡을 직접 통과해야 하는 힘난하고도 스릴 넘치는 산행의 묘미를 빼앗아 간 케이블카에 고마워해야 하나?

우리는 이미 그 협곡을 통과하는 길의 짜릿함을 체험했다. 이를테면 그 협곡은 영화 〈인디아나 존스 3(최후의 성전)〉에서 주인공 인디가 아버지를 살리기 위해 성배(최후의 만찬 때 예수님께서 사용하신 포도주 잔)가 있는 성전에 이르기까지 통과해야 할 세 개의 관문 중 보이지 않는 다리가 설치된 협곡, 인간이 자력으로 넘기에는 결코 불가능한 협곡을 마주한 것과 같다.

거기서 인디가 믿음으로 협곡을 건널 수 있었던 것처럼, 이 로마서의 협곡을 통과하는 길 또한 오직 주 예수님을 믿는 믿음의 시각을 요구하고 있었다. 그리고 그것은 앞으로 다룰 바울의 텍스트를 읽는 관점이기도 하다.

| 2:2 | οἴδαμεν δὲ ὅτι τὸ κρίμα τοῦ θεοῦ ἐστιν κατὰ ἀλήθειαν ἐπὶ τοὺς τὰ τοιαῦτα πράσσοντας. | 하지만 우리는 '그 하나님의 그 판결이※ 진리(진실)를 따라 그런 일들을 저지르는① 사람들 위에 있다'는 것을 압니다. |

하나님의 판결

지금 우리가 마주한 롬2:2의 '오이다멘 데 호티 토 크리마 투 데우(οἴδαμεν δὲ ὅτι τὸ κρίμα τοῦ θεοῦ) 구문'은 접속사 호티(ὅτι-~라고, ~라는 것)를 통해 어떤 사실을 안다(οἴδαμεν-오이다멘)고 말하는 아주 평범한 간접화법 구문이다. 중요한 것은 이 문장이 여러 가지 의미로 쓰일 수 있는 약한 반의 접속사 데(δέ-그러나)로 시작한다는 것이다.

BDAG는 그 쓰임새를 크게 5가지 표식으로 분류하는데 그 첫째는 밀접하게 관련된 일련의 자료나 서술 라인을 연결하는 표식(a marker connecting a series of closely related data or lines of narrative), 둘째는 서술 부분을 연결하는 표식(a marker linking narrative segments), 셋째는 가능한 대조의 암시(제안)와 함께, 부가적인 관계성을 가진 대조의 표식(a marker of contrast with an additive relation, with possible suggestion of contrast), 넷째는 대조(대비) 표식(marker of contrast), 다섯째는 더 강렬한 강조점에 대한 표식(marker of heightened emphasis)으로 분류했으나 본문의 접속사 데(δέ-그러나)는 그 어디에도 명시되지 않았다.

필자가 보기에 문맥적으로 접속사 데(δέ-그러나)의 쓰임새는 위 5가지를 포괄한 의미로 이해하되 다섯 번째의 용법을 전면에 내세워 좀 더 강렬한 강조의 표식으로 보면 좋을 것 같다. 왜냐하면 접속사 데(δέ-그러나)는 앞의 문장(롬2:1)의 내용을 이어서 이야기하되 그 내용에 포함된 한 부분을 분할하여 좀 더 명확하게 설명함으로써 강조하고자 이야기하는 것이지 롬2:2 자체로 새로운 문단을 시작하는 문장이 아니기 때문이다.

한마디로 롬2:1에서 사람이 판단하고 판결하는 행위의 문제에 관해 말하고 그런 인간의 판단 행위가 인간 스스로 정죄하는 일이 되어 변명할 수 없는 처지에 있다는 다소 어렵긴 하지만 암시적으로 그 하나님의 판단과 판결에 대한 인간의 처지를 이야기했다면 롬2:2은 접속사 데(δὲ-그러나)를 통해 그 암시적이었던 것을 명시적으로 나타내기 위해 부가적으로 '그 하나님의 그 판결(τὸ κρίμα τοῦ θεοῦ)'이라는 제시어를 통해 비로소 다루어야 할 핵심 주제의 방향을 명확하게 드러냄으로써 인류를 향한 하나님의 최종 심판에 관해 다룰 것을 설정한다.

따라서 롬2:2은 롬2:1의 디오(Διό-그러므로)로 내린 결론으로부터 강조되어야 할 실제 국면을 이야기하는 것이므로 강조된 새 국면(롬2:2)에서의 '그 하나님의 그 판결(τὸ κρίμα τοῦ θεοῦ)'이란 앞에서 진행된 이야기의 맥락, 그러니까 하나님의 복음이라는 특수한 배경 속에서 언급되고 있는 까닭에 그 하나님의 판단 행위가 영적인 차원의 판단 행위를 가리키는 것이 분명하다.

심판의 특성

그렇기 때문에 '그 하나님의 그 판결(τὸ κρίμα τοῦ θεοῦ)'이란 로마서 1장과 2장을 잇는 길지 않은 문맥을 중시하면 간단하게 이해할 수 있다. 그건 사도 바울이 내린 롬2:1의 결론과 같이 그 하나님께서 그리스도 예수 안에 있는 구속을 선포하는 하나님의 복음을 통해 인류가 스스로 자신을 정죄하는 고통의 자리에 몰아세우신 이유로도 분명하게 드러난다.

하지만 인류가 그리스도 예수 안에서 보이는 하나님의 진노 아래 살기 때문에 그 복음의 선포가 가지는 심판의 특성을 이해하지 못하는 일이 발생하게 되는데, 그것이 바로 여기서 짚어 보아야 할 핵심 사안이다.

두 면

여기엔 설명이 필요하다.

자 이렇게 생각해 보자. 그리스도 예수 안에서 보이는 하나님께서 사도 바울을 세워 하나님의 복음을 이 땅에 선포하셨다. 그리고 그 복음은 구원과 심판을 동시에 선포한다. 그 모든 게 하나님의 판단에 의한 것이다.

이 말은 하나님의 복음을 선포할 때 동전 양면과 같이 구원과 심판이라고 하는 두 면이 동시에 드러나게 된다는 뜻이다. 한쪽은 믿음으로 얻는 구원을, 다른 한쪽은 정죄에 이르는 심판을 드러내는 것이다. 필자는 전자를 복음적 구원이라고 하고 후자를 복음적 심판이라고 한다.

　즉 복음적 심판이라는 것은 하나님의 복음을 받아들여 복음적 구원에 이르도록 하나님께서 베푸시는 은혜의 일환이다. 하나님의 진노 아래 있는 자들이 자신들의 죄악을 볼 수 있게 하여 스스로를 정죄하게 만들어 버리는 방식으로 그 심판의 결과가 나타난다.

　한마디로 복음적 심판이란 믿음으로 구원에 이르게 할 준비 작업을 이루는 전 과정을 이르는 말이다. 이 준비 작업이 이루어지지 않는다면 복음적 구원이란 일어나지도 않고 일어날 수도 없다.

구원과 정죄

이는 요한복음 9장에서 날 때부터 소경된 자를 예수님께서 눈을 뜨게 하심으로 시작된 유대 지도자들과의 논쟁 속에 던져진 예수님의 심오한 말씀 안에 극명하게 드러나 있다(독자의 영적인 안목을 믿고 설명은 pass).

> 39 그때 그 예수께서 말씀하셨습니다. "심판을 위해서 나는 이 세상 속으로 왔는데, 이는 보지 못하는 사람들은 보게 하고 보는 사람들은 눈먼 사람이 되게 하기 위함이다."
> 40 그 바리새인들 중에 예수와 함께 있었던 사람들이 이 말을 듣고 그에게 말했습니다. "우리도 눈먼 사람들이겠습니까?"
> 41 그 예수께서 그들에게 말씀하셨습니다. "너희가 눈먼 사람이라면 죄를 가지지 않고 있었을 것이다. 그러나 지금 너희가 본다고 말하고 있으니, 너희들의 죄가 머물고 있는 것이다."

> *39 Καὶ εἶπεν ὁ Ἰησοῦς· εἰς κρίμα ἐγὼ εἰς τὸν κόσμον τοῦτον ἦλθον, ἵνα οἱ μὴ βλέποντες βλέπωσιν καὶ οἱ βλέποντες τυφλοὶ γένωνται. 40 ἤκουσαν ἐκ τῶν Φαρισαίων ταῦτα οἱ μετ' αὐτοῦ ὄντες καὶ εἶπον αὐτῷ· μὴ καὶ ἡμεῖς τυφλοί ἐσμεν; 41 εἶπεν αὐτοῖς ὁ Ἰησοῦς· εἰ τυφλοὶ ἦτε, οὐκ ἂν εἴχετε ἁμαρτίαν· νῦν δὲ λέγετε ὅτι βλέπομεν, ἡ ἁμαρτία ὑμῶν μένει.*
> 　　　　　　　　　　　　　(NA28판, UBS5판 요9:39-41 필자 사역)

기회

그 같은 시각에서 롬2:2의 '그 하나님의 그 판결(τὸ κρίμα τοῦ θεοῦ)'이란 롬2:1의 인간 판단의 결과가 오히려 인간 스스로 자신을 정죄하는 자리에 떨어지게 만드신 것이라는 핵심 논리의 과정 전체를 살펴 이해해야 한다. 그것은 태초의 창조 때로부터 약속된 '그 다른 한 사람'이신 예수님께서 이 땅에 오셔서 그분의 십자가에 돌아가심과 일으켜지심으로 사탄과의 영적 싸움에서 이기신 승리로 인한 판결이다.

그것은 이미 앞에서 요한복음 9장의 사건을 통해 확인했지만 재미 있게도 구원과 관련하여 날 때부터 눈먼 인간의 영적인 시력을 회복하시는 것으로 나타났으니, 반대로 심판과 관련해서는 본다고 하는 자들에게 애초에 눈을 멀게 하여 보지 못하게 만들어 버리셔서 죄 가운데 있음을 스스로 증명하여 드러내시는 방식(정죄하는 방식)으로 나타났다. 그러니까 날 때부터 눈먼 인간의 시력을 회복시키는 예수님 앞에서 날 때부터 보는 자들이 자신은 눈먼 사람이 아니라고 말함으로써 스스로 보지 못한다는 사실을 드러내는 방식으로 본다고 말하는 자들이 죄 가운데 있음을 폭로하신다는 말이다.

앞에서도 잠시 언급했지만, 둘은 모두 그 하나님의 판결하심으로 나타나는 일이지만 편의상 필자는 전자를 복음적 구원이라고 칭하고 후자는 복음적 심판이라고 칭했다. 복음적 심판이란 긍정적인 측면에서 사탄의 휘하에 굴복해 사는 자들의 죄들을 만천하에 들추어내어 죄에 대한 인식의 변화를 끌어내시는 과정이다. 인간 자신들이 만들고 저지른 모든 일이 죄이었음을 알게 하여 복음을 받아들이는 쪽으로 사람이 움직일 수 있는 기회를 주기 위한 것이다.

한마디로 미래 최종 심판을 겨냥해 나타나는 예비적이고 경고적인 심판이다.

일상

복음적 심판은 인류를 고통스러워하게 하는 것이 목적이 아니다. 그럼에도 그것은 고통을 수반한다. 그 고통이 복음을 듣고 순종하게 만들기도 하지만 오히려 복음을 더 적극적으로 거부하게도 할 수 있다.

이는 모두 예수님의 십자가에 돌아가심과 일으켜지심으로부터 기인하는 기현상이다. 죄와 관련하여 하나님의 능력이 인류에게 나타나는 한 방식이다. 만일 우리에게 자신을 정죄하는 일이 있다면, 그러니까 일상에서 많이 보게 되는 자신을 탓하는 일들이 있다면 그건 바로 예수님의 돌아가심과 일으켜지심으로부터 생긴 일이라는 말이다. 예수님의 돌아가심과 일으켜지심 없이는 인류가 자신의 죄를 자복하는 일은 결코 일어날 수 없기 때문이다.

미혹

따라서 롬2:1을 제대로 설명하지 않으면 복음을 받아들일 수 있는 기회조차 차단하거나 박탈하는 것이 된다. 그건 주님 앞에 저지른 죄악 가운데 가장 큰 범죄를 저지르는 것이다.

문제는 하나님의 복음을 전한다고 하는 자들이 그러한 엄청난 죄를 저지르면서도 깨닫지 못하는 데 있다. 그 이유는 사탄의 미혹에 빠진 까닭이다. 이를 사도 바울은 고후4:1-5에서 이렇게 말했다.

> 1 이런 일 때문에, 우리가 이 영광스러운 영적 사역의 직분을 감당할 때 불쌍히 여김을 입어 낙심하지 않습니다.
> 2 오히려 우리는 그 부끄러움의 숨겨진 일들을 다 부정했으며, 간교하게 걷거나 그 하나님의 말씀을 왜곡하지도 않았으며, 그 진리를 밝히 드러냄으로 그 하나님 앞에서 각 사람의 양심을 향해 우리 자신을 떳떳하게 내세웁니다.
> 3 만일 우리가 가진 그 복음이 가려져 있다면, 그것은 멸망하는 자들로 인해 가려져 있는 것입니다.
> 4 그들 안에서 이 시대의 신이 믿지 않는 자들의 마음을 어둡게 하여 그 하나님의 형상이신, 그 그리스도의 영광스러운 복음의 빛을 보지 못하게 한 것입니다.
> 5 참으로 우리는 우리 자신을 선포하는 것이 아니라 예수 그리스도를 주님으로 선포하고, 더욱이 예수님 때문에 우리 자신들을 여러분의 종으로 선포합니다.

1 Διὰ τοῦτο, ἔχοντες τὴν διακονίαν ταύτην καθὼς ἠλεήθημεν, οὐκ ἐγκακοῦμεν 2 ἀλλ' ἀπειπάμεθα τὰ κρυπτὰ τῆς αἰσχύνης, μὴ περιπατοῦντες ἐν πανουργίᾳ μηδὲ δολοῦντες τὸν λόγον τοῦ θεοῦ ἀλλὰ τῇ φανερώσει τῆς ἀληθείας συνιστάνοντες ἑαυτοὺς πρὸς πᾶσαν συνείδησιν ἀνθρώπων ἐνώπιον τοῦ θεοῦ. 3 εἰ δὲ καὶ ἔστιν κεκαλυμμένον τὸ εὐαγγέλιον ἡμῶν, ἐν τοῖς ἀπολλυμένοις ἐστὶν κεκαλυμμένον, 4 ἐν οἷς ὁ θεὸς τοῦ αἰῶνος τούτου ἐτύφλωσεν τὰ νοήματα τῶν ἀπίστων εἰς τὸ μὴ αὐγάσαι τὸν φωτισμὸν τοῦ εὐαγγελίου τῆς δόξης τοῦ Χριστοῦ, ὅς ἐστιν εἰκὼν τοῦ θεοῦ. 5 Οὐ γὰρ ἑαυτοὺς κηρύσσομεν ἀλλ' Ἰησοῦν

Χριστὸν κύριον, ἑαυτοὺς δὲ δούλους ὑμῶν διὰ Ἰησοῦν.
(NA28판, UBS5판 고후4:1-5 필자 사역)

복음적 생각
필자가 앞에서 강조하여 밝힌 것처럼, 우리가 일상에서 저지르는 사소한 잘못들, 혀를 사용해 소곤거리고 비방하는 것으로부터 시작해 '하나님을 싫어하고 난폭하며 교만하고 허세를 부리며, 악한 일들을 꾸미고, 부모에게 불순종하며, 분별력이 없고 약속을 깨뜨리며 애정이 없고 동정심이 없는 자들'이라는 평판을 듣는 인간의 그릇된 심성과 행위가 잘못으로 느껴지는 것은, 예수님의 죽으심과 부활로 인해 인간의 내면에 죄에 대한 인식과 감정의 변화로 생긴 것이다.

그 같은 잘못이 느껴질 때 십자가에 돌아가시고 부활하신 주님이 곁에 오셔서 우리의 영적인 시각을 열어 주셨다고 말할 수 있게 하는 생각이 복음적 생각이다. 복음을 듣는 자들이 그런 생각에 이르지 못하는 것은 복음을 전하는 자들의 큰 실수이다. 복음적 생각에 이르지 못하는 것은 복음을 복음답게 전하지 못할 때 일어나는 일이다.

그 책임은 누가 져야 한단 말인가?

사랑의 마음
그런 사실을 알리지 않는 것은 인간이 스스로 자기가 옳다고 여기며 가던 길을 멈추고 하나님께 돌이킬 수 있는 기회를 박탈하고 차단하는 것이다. 왜냐하면 잘못이 느껴질 때 잘못을 인정하지 않는 것은 예수님의 부활을 폄훼하는 행위이고, 돌이킬 수 있는 기회를 거부하는 것 또한 예수님의 죽으심과 부활을 욕보이는 것이기 때문이다.

그런데도 거기에는 돌이키길 원하시는 하나님의 사랑의 마음이 있다.

그런 관점에서 본문을 다시 읽어 보라.

| 2:2 | οἴδαμεν δὲ ὅτι τὸ κρίμα τοῦ θεοῦ ἐστιν κατὰ ἀλήθειαν ἐπὶ τοὺς τὰ τοιαῦτα πράσσοντας. | 하지만 우리는 '그 하나님의 그 판결이[※] 진리(진실)를 따라 그런 일들을 저지르는[①] 사람들 위에 있다'는 것을 압니다. |

2:3	λογίζῃ δὲ τοῦτο, ὦ ἄνθρωπε ὁ κρίνων τοὺς τὰ τοιαῦτα πράσσοντας καὶ ποιῶν αὐτά, ὅτι σὺ ἐκφεύξῃ τὸ κρίμα τοῦ θεοῦ;	오~! 그런 일들을 저지르는① 사람들을 판단하면서 같은 일들을 만드는② 사람이여, 그런데도 '그대가 그 하나님의 그 판결을* 어쩌면 피할 수도 있을 것이다.'라고 생각하고 있는 겁니까?
2:4	ἢ τοῦ πλούτου τῆς χρηστότητος αὐτοῦ καὶ τῆς ἀνοχῆς καὶ τῆς μακροθυμίας καταφρονεῖς, ἀγνοῶν ὅτι τὸ χρηστὸν τοῦ θεοῦ εἰς μετάνοιάν σε ἄγει;	혹시 그대는 그 하나님의 그 인자하심이*¹ 그대를 회개하도록 이끄신다는 사실을 알지 못해서, 그분의 인자하심과 관용하심과 오래 참으심의 부유하심을*² 가볍게 여기고 있지는 않습니까?
2:5	κατὰ δὲ τὴν σκληρότητά σου καὶ ἀμετανόητον καρδίαν θησαυρίζεις σεαυτῷ ὀργὴν ἐν ἡμέρᾳ ὀργῆς καὶ ἀποκαλύψεως δικαιοκρισίας τοῦ θεοῦ	안타깝게도*¹ 지금 그대는 그대의 완악함과 돌이키지 않는 마음을 따라 퍼부어질 진노의 날, 곧 그 하나님의 의로우신 심판이 나타나는 날에 내리실 진노를 그대 자신에게 쌓고 있는 것입니다.

직면

하나님의 복음을 선포함으로써 밝혀지는 그 같은 그 하나님의 그 판결을 인류가 변명하거나 피하는 것은 불가능하다. 복음적 정죄로부터 벗어날 수 있는 유일한 길인 복음적 구원을 받아들일 것인지의 여부를 결정해야 할 순간은 그 복음의 양면성을 바르게 전달할 때 주어진다.

인류는 그 복음 앞에서 잔꾀를 부려 도망칠 수 없다. 그 복음이 이 땅에 울려 퍼지기까지 그 하나님께서 역사 속에서 어떤 일을 해 오셨는지를 뒤돌아보는 일을 피할 수 없다.

그곳에서 인류가 회개하도록 이끌고 계시는 그 하나님의 그 인자하심을 마주해야 한다. 태초부터 오늘에 이르기까지 인류를 사랑으로 품어 오신 그 하나님을 알지 못하고 가볍게 여겼던 자신의 과거를 직면해야 한다.

그리고 그분의 인자하심(χρηστότητος-크레스토테토스)과 관용하심(ἀνοχῆς-아노케스)과 오래 참으심(μακροθυμίας-마크로뒤미아스)의 부유하심(πλούτου-플루투)을 감사하고 찬양하는 자리로 나아가야 한다.

그렇지 않으면, 안타깝게도 인간들의 완악함(σκληρότητά-스클레로테타) 곧 돌이키지 않는 마음을 따라 퍼부어질 진노의 날, 곧 그 하나님의 의로우신 심판이 나타나는 최후의 날에 내리실 진노를 쌓는 것이다.

부유함

여기서 표현된 하나님의 속성에 관한 단어들은 모두 인류가 어리석고 미련한 모습을 툴툴 털어 버리고 하나님의 복음을 직면해 구원에 참여하기를 바라시는 그 하나님의 자애로우신 성품이 흘러넘치고 있음을 보여 준다.

인자하심(χρηστότητος-크레스토테토스)은 인류가 스스로 노력해서 얻을 수 없는 성품(롬3:12)으로 성령의 열매 가운데 하나이다(갈5:22). 그것은 아무짝에도 쓸모없는 자에게 그 하나님의 영광을 드러내는 일을 맡기는 것과 같이 그 하나님의 그 복음의 능력으로 새롭게 창조될 인류의 가능성을 보고 은혜롭게 대하시는 자세를 나타낸다(엡2:7). 죄를 범하게 하는 눈을 뽑고 팔과 다리를 잘라내 버리라고 요구하실 만큼 엄격하신 분(마5:29-30)이 불쌍히 여기사 잘라 내어버리신 것을 다시 붙이시고자 하는 어진 마음을 나타낸다(롬11:22).

관용하심(ἀνοχῆς-아노케스)이란 불의한 자들의 전에 지은 죄들을 흘려보내고 의로움을 나타내는 새로운 사람으로 변화시키려고 가슴에 품는 한없이 큰 마음을 나타낸다(롬2:27). 오래 참으심(μακροθυμίας-마크로뒤미아스)도 성령의 열매 가운데 하나이다(갈5:22). 하나님께서 진노 아래 있는 자들에게 자기의 능력을 알 때까지 기다리시는 마음을 나타낸다(롬9:22). 그것은 하나님의 복음의 능력으로 살고자 하는 사람들, 곧 성령으로 사는 삶을 지키고자 하는 성도들의 필수 자질이다(엡4:2). 부유하심(πλούτου-플루투)이란 세상과 그 세상에 사는 모든 사람이 넘어짐과 실패를 통해서라도 믿음과 성령으로 부유하고 충만하게 만드는 풍부함이다(롬11:12).

이 모든 것은 진노 가운데서도 긍휼을 베풀어(합3:2) 자신의 영광을 알게 하시려는 은혜가 풍성한 그 하나님의 마음을 나타낸다(롬9:23). 제아무리 인류가 그 하나님에 대하여 무감각하고 딱딱하게 굳은 마음으로 그 하나님과 함께 생각하고 이해하는 삶을 완강하게 거부한다고 할지라도 그들을 끌어안고 마침내 함께 기쁨을 나누는 자리로 나가고자 하는 한없는 사랑의 마음을 나타낸다.

세리의 기도

이렇게 그 복음을 통해 드러난 그 하나님의 마음을 보고도 누가 자신의 완악함을 계속 고집할 수 있겠는가?

아무도 그 하나님께 마음을 돌이켜 생각을 바꾸는 것을 가로막을 수 없다. 그리스도 예수 안에 있는 하나님의 복음을 제대로 설명하기만 한다면 그 누구도 그 하나님을 외면할 수 없다. 왜냐하면 그리스도 예수 안에 있는 하나님의 복음(롬1:1-4)을 통해서 그 하나님의 그 복음(롬15:16)이 명확하게 드러나기 때문이다.

거기에 그 하나님의 그 은혜가 있다. 그리고 거기에 자기에게 내세울 만한 선한 것이 없고, 자신 속에 어떤 선한 것도 하나도 없기에, 차마 눈을 들어 하늘을 바라보지도 못하고 그저 얼굴을 땅에 떨구고 가슴을 치며 '나는 죄인이오니, 하나님이여 나를 불쌍히 여겨만 주옵소서.'라고 부르짖는 세리의 기도가 있고(눅18:13), 잠언 속 아굴의 기도가 있을 뿐이다(잠30:2-9).

> 2 나는 참으로 짐승같이 무지한 사람이다. 나는 사람에게 있어야 할 총명을 갖지 못했다.
> 3 나는 지혜를 배우지 못했고, 거룩하신 분을 아는 지식도 갖지 못했다.
> 4 누가 하늘에 올라갔다 내려왔던가? 누가 자기 손바닥에 바람을 모았던가? 누가 자기 옷에 물을 댔던가? 누가 땅끝을 만들었던가? 그의 이름이 무엇이며, 그의 아들의 이름은 무엇인가? 네가 알면 말해 다오.
> 5 모든 하나님의 말씀은 믿을 만하다. 그분은 자기를 피난처로 삼는 자에게 방패가 되신다.
> 6 그분의 말씀에 다른 것을 더하지 마라. 그분이 너를 책망하고 거짓말쟁이로 생각하실까 두렵다.
> 7 내가 두 가지를 여호와께 구하였사오니, 내가 죽기 전에 이루어 주소서.
> 8 곧 허황한 거짓말을 내게서 멀리하여 주시고, 가난도 부함도 허락하지 마시고, 오직 일용할 양식만 주소서.
> 9 그렇지 않으면, 내가 배불러서 "여호와가 누구인가?" 하고 당신을 부인할까 두렵습니다. 아니면 내가 가난하여 도둑질하고 내 하나님의 이름을 모욕할까 두렵습니다.

²כִּי בַעַר אָנֹכִי מֵאִישׁ וְלֹא־בִינַת אָדָם לִי: ³וְלֹא־לָמַדְתִּי חָכְמָה וְדַעַת קְדֹשִׁים אֵדָע: ⁴מִי עָלָה־שָׁמַיִם וַיֵּרַד מִי אָסַף־רוּחַ בְּחָפְנָיו מִי צָרַר־מַיִם בַּשִּׂמְלָה מִי הֵקִים כָּל־אַפְסֵי־אָרֶץ מַה־שְּׁמוֹ וּמַה־שֶּׁם־בְּנוֹ כִּי תֵדָע: ⁵כָּל־אִמְרַת אֱלוֹהַּ צְרוּפָה מָגֵן הוּא לַחֹסִים בּוֹ: ⁶אַל־תּוֹסְףְּ עַל־דְּבָרָיו פֶּן־יוֹכִיחַ בְּךָ וְנִכְזָבְתָּ:פ ⁷שְׁתַּיִם שָׁאַלְתִּי מֵאִתָּךְ אַל־תִּמְנַע מִמֶּנִּי בְּטֶרֶם אָמוּת: ⁸שָׁוְא וּדְבַר־כָּזָב הַרְחֵק מִמֶּנִּי רֵאשׁ וָעֹשֶׁר אַל־תִּתֶּן־לִי הַטְרִיפֵנִי לֶחֶם חֻקִּי: ⁹פֶּן אֶשְׂבַּע וְכִחַשְׁתִּי וְאָמַרְתִּי מִי יְהוָה וּפֶן־אִוָּרֵשׁ וְגָנַבְתִּי וְתָפַשְׂתִּי שֵׁם אֱלֹהָי:פ

(BHS 5th ed 잠30:2-9 필자 사역)

연장

누가 죄악을 미워하기로서니 자기 아들을 죽기까지 매질하는 것을 두고만 볼 수 있겠는가?

안타깝게도 하나님의 복음과 그 하나님의 그 복음을 받아들이지 않는 사람들은 지금 완악하여 돌이키지 않는 마음을 따라 퍼부어질 그 하나님의 의로우신 심판이 나타날 그 진노의 날을 향해 가고 있다. 그 하나님께서 자기 아들에게 죽도록 매질하면서까지 인류의 죄악을 미워한다고 진노를 표출하셨고, 그 하나님의 아들은 우리를 고치시고 싸매시기 위해 기꺼이 우리의 죄악과 허물을 대신해 매를 맞고 죽기까지 자신을 희생하여 그 하나님의 의로우신 심판과 진노의 실행을 연장해 놓으셨을 뿐만 아니라 그 진노의 성격 자체를 바꾸어 놓으셨다.

그런데도 그 복음을 듣고도 완악하여 마음을 돌이키지 않는 것은 그 하나님 진노의 마지막 날, 그러니까 그 하나님의 의로우신 심판이 나타나는 최후 심판의 날에 내리실 진노를 쌓는 것이 아니고 무엇이겠는가!

이런 관점에서 다음 본문은 계속된다.

2:6	ὃς ἀποδώσει ἑκάστῳ κατὰ τὰ ἔργα αὐτοῦ·*	'그 하나님께서 각 사람에게 그가 이루어 낸 일들을 따라[※2] 갚아 주실 것이다.*'라고, 말씀하셨습니다.
2:7	τοῖς μὲν καθ᾽ ὑπομονὴν ἔργου ἀγαθοῦ δόξαν καὶ τιμὴν καὶ ἀφθαρσίαν ζητοῦσιν ζωὴν αἰώνιον,	실로 선한 일의 인내를 따라[※1] 영광과 존귀와 썩지 않음을[※2] 구하는 사람들에게는 영원한 생명을 주시나,

2:8	τοῖς δὲ ἐξ ἐριθείας καὶ ἀπειθοῦσιν τῇ ἀληθείᾳ πειθομένοις δὲ τῇ ἀδικίᾳ ὀργὴ καὶ θυμός.	이기심에 사로잡혀 그 진리를 따르지 않고 그 불의를 따르는 사람들에게는 진노와 격노가※ 있을 것입니다.
2:9	θλῖψις καὶ στενοχωρία ἐπὶ πᾶσαν ψυχὴν ἀνθρώπου τοῦ κατεργαζομένου τὸ κακόν, Ἰουδαίου τε πρῶτον καὶ Ἕλληνος·	그 악한 일을 만들어 내는※ 각 사람의 영혼 위에 환난과 곤란이 있을 것이니, 첫째는 유대인 그리고 헬라인 양쪽에게 마찬가지입니다.
2:10	δόξα δὲ καὶ τιμὴ καὶ εἰρήνη παντὶ τῷ ἐργαζομένῳ τὸ ἀγαθόν, Ἰουδαίῳ τε πρῶτον καὶ Ἕλληνι·	반면에 그 선한 일을 이루는※ 각 사람에게는 영광과 존귀와 평화가 있을 것이니, 첫째는 유대인 그리고 헬라인 양쪽에게 마찬가지입니다.
2:11	οὐ γάρ ἐστιν προσωπολημψία παρὰ τῷ θεῷ.	왜냐하면 그 하나님께는 편파성이 없기 때문입니다.†

진실에 따라

'그 하나님의 그 판결(τὸ κρίμα τοῦ θεοῦ-토 크리마 투 데우)'은 진리(진실)에 기초한다(롬2:2). 인간이 인생이라는 희노애락의 과정을 통과하며 무엇을 이루며 살아왔든지 한 치의 실수나 오류 없이 그가 만들고 행한 일들의 진실(진상)에 따라(κατὰ ἀλήθειαν-카타 알레데이안) 그것이 진리에 합당한지 판단하여 되갚아 주심(롬2:6)이 바로 '그 하나님의 그 판결(τὸ κρίμα τοῦ θεοῦ-토 크리마 투 데우)'이다. 그것을 통해 공의롭고 정의로운 그 하나님의 나라는 실현된다.

인간에게 있어서 진실이란 무엇인가?

그것은 한마디로 그 하나님께서 사탄의 휘하에 내버려둘 수밖에 없는 타락한 상태에 있다는 것이다. 그러니 그 상태에서 인간이 이룬 일들이라는 게 그 하나님의 진노를 불러일으키는 것 말고는 달리 그 하나님께서 기뻐하실 만한 것이 하나도 없다는 게 사도 바울의 일관된 설명이다.

이미 앞에서도 강조했지만, 예수님의 말씀처럼 노아 시대의 사람들은 그저 시집장가가고 집을 사고팔고 애 낳아 학교 보내 출세하여 가문의 영광을 빛내며 살다 죽는 아주 평범한 일상을 지냈지만, 홍수심판을 피할 수 없어 괴멸했다(마24:38, 눅

17:27). 사도 바울은 그 평범한 일상을 우리의 소박한 일상에서 저지르는 사소한 잘못들로 환치해 설명했다. 혀를 사용해 소곤거리고 비방하는 것으로부터 시작해 하나님을 싫어하고 난폭하며 교만하고 허세를 부리며, 악한 일들을 꾸미고, 부모에게 불순종하며, 분별력이 없고 약속을 깨뜨리며 애정이 없고 동정심이 없는 모습이 그 하나님, 곧 전능하신 하나님의 맹렬한 진노를 불러일으킨다는 게 그것이다(롬1:28-32).

그런 상황에서 하나님의 복음은 울려 퍼진다. 믿음으로 사는 삶을 이루어 가도록 기회를 주신 것이다. 그 길만이 그 하나님의 진노에서 벗어나 그 하나님께서 주신 축복의 삶을 안전하게 살 수 있는 길이다. 그 길은 인내가 필요하다. 왜냐하면 영원한 생명이라는 보이지 않는 것을 소망하는 일이기 때문이다.

선한 일에 대한 보상

믿음으로 사는 삶이란 그 하나님을 바라보며 썩지 않을 영광과 존귀한 생명을 구하는 삶이다. 그걸 본문에서는 선한 일(ἔργου ἀγαθοῦ-에르구 아가두)이라고 하고(롬2:7), 그 선한 일을 이루는 자들이 유대인이건 이방인(헬라인)이건 차별하지 않고 보상으로 영광과 존귀와 평화로 가득한 영원한 생명의 삶을 누리게 해 주신다고 했다(롬2:10).

영광(δόξα-독사)은 본래 밝거나 빛나는 상태나 모습 또는 장엄하거나 웅장한 상태나 모습을 나타내는 단어로 여기서는 문맥적으로 선한 일의 인내로 얻게 되는 영광을 나타내는 만큼 인내함으로 그 선(τὸ ἀγαθόν-토 아가돈)을 이루는 믿음의 삶을 그 하나님께 인정받게 되는 명예스러운 영적인 상태를 가리킨다(롬3:7, 5:2, 8:18).

존귀(τιμή-티메)는 가치를 따져 값을 매겨 귀한 것을 소중히 여기는 것처럼 사람의 성품과 업적을 평가하여 존경심을 나타내는 단어로 문맥적으로는 그 선(τὸ ἀγαθόν-토 아가돈)을 인내로 이루는 믿음의 삶을 높이 평가해 귀하게 여김을 받는 영적인 상태를 가리킨다(롬9:21, 히2:9, 딤전1:17, 6:16).

평화(εἰρήνη-에이레네)는 갈등하고 반목하지 않고 모든 것이 조화롭게 일치하여 분쟁이나 전쟁이 없는 상태를 나타내는 말로 문맥적으로 믿음으로 그 하나님과의 관계를 회복하고 그 하나님의 나라를 맛보는 새로운 삶의 출발을 알리는 영적인 상태를 말한다(롬5:1, 14:17).

이 셋은 모두 문맥상 최종적인 구원의 축복을 향하고는 있으나 여전히 그리스도 예수 안에 있는 하나님의 복음을 힘입어 그 하나님의 영광을 바라고 즐거워하는 곳에 머물며 더욱더 화목한 관계를 기대하시는 그 하나님의 격려하심이라고 하는 복음적 구원을 나타낸다.

악한 일에 대한 대가
반대로 믿음으로 살지 않는 삶이 '그 불의(버림받은 이성에 사로잡혀 이루어 내는 일)'를 따르는 것임을 밝혀 그 하나님의 진노와 격노의 대상(롬2:8)으로 확정하고, 그것을 그 악한 일($τὸ\ κακόν$-토 카콘)로 밝혀 그 악한 일을 이루어 내는 자들이 유대인이건 이방인(헬라인)이건 상관없이 그에 대한 대가로 각 사람의 영혼에 환난과 곤고함을 주신다고 했다(롬2:9).

영혼($ψυχὴν$-프쉬켄)은 그 하나님께서 인간에게 주신 생명, 곧 진흙 덩어리에 그 하나님의 숨결을 불어넣어 하나님의 형상을 지니게 된 인간의 목숨(숨을 쉬며 살아 있게 하는 힘의 원천)으로 하나님의 말씀이 양식이 되어 존재하는 인간 생명의 본질을 나타내는 말이다(창2:7, 마12:18, 6:25, 10:28 참조).

환난($θλῖψις$-들맆시스)은 고민거리들을 안겨 주는 성가신 사건들이나 풍파로 극도의 불안, 슬픔, 고통 등을 내적으로 경험하는 것을 나타내고(롬5:3, 8:35, 12:12 참조), 곤고함($στενοχωρία$-스테노코리아)이란 좁은 공간에 가두고 제한하여 도무지 출구를 찾을 방법이 없어 보이는 절망스러운 상황에 괴로워하거나 스트레스가 많은 처지에 몰려 극도의 스트레스에 시달리는 것을 나타낸다(롬8:35, 고후6:4, 고후12:10 참조).

이 둘도 모두 문맥상 최종적인 저주와 형벌을 향하고는 있으나 여전히 하나님의 복음을 받아들여 그 하나님의 영광을 바라고 즐거워하는 곳으로 나아가기를 바라시는 그 하나님의 징계하심이라고 하는 복음적 심판의 결과를 나타낸다.

공정한 판단
따라서 거기에는 차별이 있을 수 없다. 사람을 외모를 보고 따지듯 인류를 외적인 조건으로 판단하지 않고 오로지 진리(진실)를 따라서 판결하는 공의롭고 정의로운 하나님의 통치만이 있을 뿐이다. 그 하나님께서 선택한 민족 유대인이라고 해서 이방인들보다 더 낫지 않고, 그 하나님께 선택받지 못한 이방인이라고 해서 유대인들보다 못하지 않다. 이미 우리가 살펴본 것처럼 모든 세상이 그 하나님의 진노 아래 융합되어 통합된 세계가 되었듯이 인류는 하나의 심판받을 대상으로 확정된 상태(롬1:20, 2:1, 3:9)이기 때문에, 편파성이 없는 그 하나님의 의로우신 판단이 따를 뿐이다(롬2:11).

이런 인류에 대한 복음적인 그 하나님의 공정한 판단은 요한복음 5장에서 분명하게 나타난다.

19 그런즉 그 예수께서 대답하여 그들에게 말씀하고 계셨습니다. "진실로, 진실로, 내가 너희에게 말한다. 그 아들은 어떤 것도 자기 스스로 행할 수 없다. 다만 그 아버지께서 행하시는 일을 보고서야 그것을 할 수 있을 따름이다. 이는 그 아버지께서 행하시는 일들은 무엇이든지, 그 아들도 그것들을 동일하게 행하기 때문이다.

20 참으로 그 아버지께서는 그 아들을 사랑하셔서, 그가 친히 행하시는 모든 일들을 그에게 보여 주신다. 또한 너희를 놀라게 하기 위해, 이 일들 보다 더 큰 일들을 그에게 보여 주실 것이다.

21 참으로 그 아버지께서 그 죽은 사람들을 일으키시고 살리시는 것과 똑같이, 그 아들도 자기가 원하는 자들을 살리신다.

22 그 까닭은 그 아버지께서는 아무도 심판하지 않으시고, 오히려 모든 심판을 그 아들에게 넘기셨기 때문이다.

23 이는 모든 사람이 그 아버지를 공경하는 것과 같이 그 아들을 공경하게 하기 위함이다. 그 아들을 공경하지 않는 자는 그를 보내신 그 아버지를 공경하지 않는다.

24 진실로, 진실로, 내가 너희에게 말한다. 내 말을 듣고 나를 보내신 분을 믿는 자는 영생을 가진다. 그리고 그는 심판에 들어가지 않으며 오히려 그 사망에서부터 그 생명에로 옮겨졌다.

25 진실로, 진실로, 내가 너희에게 말한다. 시간이 온다. 그리고 그 시간은 지금 그 죽은 자들이 그 하나님의 그 아들의 그 음성을 들을 때이다. 그리고 들은 자들은 살아날 것이다.

26 참으로 그 아버지께서 자기 자신 안에 생명을 가지고 계신 것처럼, 이와 같이 그 아들에게도 생명을 주어 자기 자신 안에 가지고 있게 하셨다.

27또한 그분은 그에게 심판을 행하도록 권세를 주셨는데, 이는 그가 사람의 아들(정관사 없는 인자)이기 때문이다.

28이 말을 기이하게 여기지 마라. 왜냐하면 그 무덤들 안에 있는 모든 자가 그의 음성을 들을 때가 오고 있기 때문이다.

29그리고 선한 일들을 행한 자들은 생명의 부활로 나아갈 것이고, 악한 일들을 실행한 자들은 심판의 부활로 나아갈 것이다.

30나는 자기 스스로 어떤 것도 행할 수 없다. 나는 듣는 대로 심판한다. 그리고 내 심판이 의롭다. 왜냐하면 나는 내 뜻을 추구하지 않고 다만 나를 보내신 분의 뜻을 추구하기 때문이다."

19Ἀπεκρίνατο οὖν ὁ Ἰησοῦς καὶ ἔλεγεν αὐτοῖς· ἀμὴν ἀμὴν λέγω ὑμῖν, οὐ δύναται ὁ υἱὸς ποιεῖν ἀφ' ἑαυτοῦ οὐδὲν ἐὰν μή τι βλέπῃ τὸν πατέρα ποιοῦντα· ἃ γὰρ ἂν ἐκεῖνος ποιῇ, ταῦτα καὶ ὁ υἱὸς ὁμοίως ποιεῖ. 20 ὁ γὰρ πατὴρ φιλεῖ τὸν υἱὸν καὶ πάντα δείκνυσιν αὐτῷ ἃ αὐτὸς ποιεῖ, καὶ μείζονα τούτων δείξει αὐτῷ ἔργα, ἵνα ὑμεῖς θαυμάζητε. 21 ὥσπερ γὰρ ὁ πατὴρ ἐγείρει τοὺς νεκροὺς καὶ ζῳοποιεῖ, οὕτως καὶ ὁ υἱὸς οὓς θέλει ζῳοποιεῖ. 22 οὐδὲ γὰρ ὁ πατὴρ κρίνει οὐδένα, ἀλλὰ τὴν κρίσιν πᾶσαν δέδωκεν τῷ υἱῷ, 23 ἵνα πάντες τιμῶσιν τὸν υἱὸν καθὼς τιμῶσιν τὸν πατέρα. ὁ μὴ τιμῶν τὸν υἱὸν οὐ τιμᾷ τὸν πατέρα τὸν πέμψαντα αὐτόν. 24 Ἀμὴν ἀμὴν λέγω ὑμῖν ὅτι ὁ τὸν λόγον μου ἀκούων καὶ πιστεύων τῷ πέμψαντί με ἔχει ζωὴν αἰώνιον καὶ εἰς κρίσιν οὐκ ἔρχεται, ἀλλὰ μεταβέβηκεν ἐκ τοῦ θανάτου εἰς τὴν ζωήν. 25 ἀμὴν ἀμὴν λέγω ὑμῖν ὅτι ἔρχεται ὥρα καὶ νῦν ἐστιν ὅτε οἱ νεκροὶ ἀκούσουσιν τῆς φωνῆς τοῦ υἱοῦ τοῦ θεοῦ καὶ οἱ ἀκούσαντες ζήσουσιν. 26 ὥσπερ γὰρ ὁ πατὴρ ἔχει ζωὴν ἐν ἑαυτῷ, οὕτως καὶ τῷ υἱῷ ἔδωκεν ζωὴν ἔχειν ἐν ἑαυτῷ. 27 καὶ ἐξουσίαν ἔδωκεν αὐτῷ κρίσιν ποιεῖν, ὅτι υἱὸς ἀνθρώπου ἐστίν. 28 μὴ θαυμάζετε τοῦτο, ὅτι ἔρχεται ὥρα ἐν ᾗ πάντες οἱ ἐν τοῖς μνημείοις ἀκούσουσιν τῆς φωνῆς αὐτοῦ 29 καὶ ἐκπορεύσονται οἱ τὰ ἀγαθὰ ποιήσαντες εἰς ἀνάστασιν ζωῆς, οἱ δὲ τὰ φαῦλα πράξαντες εἰς ἀνάστασιν κρίσεως. 30 Οὐ δύναμαι ἐγὼ ποιεῖν ἀπ' ἐμαυτοῦ οὐδέν· καθὼς ἀκούω κρίνω, καὶ ἡ κρίσις ἡ ἐμὴ δικαία ἐστίν, ὅτι οὐ ζητῶ τὸ θέλημα τὸ ἐμὸν ἀλλὰ τὸ θέλημα τοῦ πέμψαντός με.

(NA28판, UBS5판 요5:19-30 필자 사역)

흉물

이처럼 인류는 하나님의 복음으로 말미암아 모두 다 그 하나님 앞에 심판받고 구원받아야 할 비참한 존재로 평등하다는 사실이 드러났다. 인류의 불행의 씨앗이라고 할 수 있는 인류사를 가로질러 나타나는 인간의 죄악된 본성은 전쟁에 쓰인 살인 무기가 흉물이 된 고철 덩어리로 전시되는 것같이 지난 세월의 아픈 흔적으로 남아 교훈을 주고 있을 뿐 더 이상 그 어디에서도 인류의 불행을 조장할 수 있는 동력이 될 수 없는 시대가 온 것이다.

그런데도 여전히 이 세상은 그것에 의해 부패하여 불공정하게 돌아간다. 그리스도를 가볍게 여기거나 적대시하는 인간의 집단지성은 왕이라도 된 것처럼 위선이라는 가면을 쓰고 무도회를 즐기는 모양새다(시2:1-4). 하나님께서는 그들을 비웃으신다. 그렇게 사는 것이 결국 자신을 정죄하는 것이라는 사실을 알지 못한 채 광란의 밤을 즐기는 중이다.

그것은 인간을 매우 교양(지식, 정서, 도덕 등을 바탕으로 길러진 고상하고 원만한 품성)이 넘쳐 우아하고 세련된 모습으로 살고 싶게 만들고, 사회 일반에 걸친 부조리와 부도덕하게 여기는 것들을 고소 고발하며 자신들은 그것들과 매우 거리를 두고 사는 것처럼 행세하게 한다. 좋은 교육을 받아 교양을 쌓고 인격 수양을 통해 그럴듯한 자주 시민이 되면 사회 전반에 나타나는 끔찍한 부도덕한 일들과 부조리하고 부패한 일들을 척결하고 모두가 열망하는 안전하고 건강한 사회를 만들어 존경받을 만한 가치가 있는 행복한 인생을 살아갈 수 있다고 판단하기 때문이다.

질주

안타깝지만 그건 사도 바울의 논리에 따르면 그 하나님의 진노를 재촉하며 재앙을 목 놓아 부르는 것과 같다. 인류는 그 하나님께서 정해 놓으신 규정(정의와 공의에 대한 정하심과 요구하심, 롬1:32)을 버리고 그들 자신이 정해 놓은 규정과 규칙마저도 깨뜨리며 산다는 사실에 흠칫 놀라며, 무엇이 옳은지를 알면서도 옳게 행하지 못하는 것을 알게 되자 은밀한 곳에 꼭꼭 숨겨 놓고 모두 괜찮은 척하며 살고 있기 때문이다.

동서고금을 막론하고 현자 또는 철학자라고 일컬어지는 사람들도 자신의 도덕적 윤리적 영적 결함을 알고 숨기며 살기는 매한가지다. 그 하나님께로 돌아설 기회가 충분한데도 그 악한 일(그 진리를 따르지 않고 그 불의를 따르는 일, 그러니까 그리스도를 따르지 않고 적그리스도를 따르는 일)을 고집하는 인류는 멸망을 향해 질주하며 적극적으로 재앙을 구하는 것이고, 그 하나님의 의로우신 심판이 나타나는 날에 내리실 불같은 그 하나님의 진노 속으로 뛰어드는 것과 같을 뿐이다(롬2:5).

편파성

이제는 그 누구도 그 하나님 앞에서 자신의 허물과 죄악을 숨기거나 변명할 만한 시간적인 여유가 없다. 인류는 그저 평범하게 일상생활 속에서 어떤 이는 생명의 부활로 나아가고 또 어떤 이는 심판의 부활로 나아갈 뿐이다. 관건은 그 하나님 그 아들의 음성을 듣고 있느냐와 듣지 못하느냐에 달려 있다. 듣는 자는 영적으로 살아나 생명의 부활로 나아가고, 듣지 못하는 자는 타락한 죄성을 가진 채로 그리스도를 거스르는 심판의 부활로 나간다.

인류는 모두 다 같은 그 하나님의 심판과 구원의 대상으로 밝혀졌고, 그 하나님의 판결을 피할 길이 없다. 모든 사람은 각자가 이루고 있는 일을 따라 보응하시는 그 하나님 앞에 서 있다. 그리고 그 하나님께서는 어그러진 창조의 세계를 바로 세우기 위해 바벨탑처럼 인류가 평생을 공들여 쌓아 올린 업적들을 진리(진실)에 따라 공정한 판단을 내리시는 중이시다.

그게 인간이 보기에 제아무리 훌륭한 일이라고 한다고 할지라도 그 하나님 보시기에 악한 일에 종사해 악한 일을 만들어 내는(κατεργαζομένου-카타에르가조메누) 것이라면 환란과 곤고함을, 선한 일에 종사해 선한 일을 이루는(ἐργαζομένῳ-에르가조메노) 것이라면 영광과 존귀와 평화를 주시되, 각각에 상응하는 대가를 반드시 챙겨 주신다. 그 하나님께서는 어느 한쪽으로 치우쳐 불공정한 판단을 내릴 수 있는 편파성(προσωπολημψία-프로소폴렘시아-인간의 외적인 조건에 따라 판단하는 것)이 없다(롬 2:11).

관점과 열정

그런 관점에서 다음 본문을 읽어 보라.

그 하나님의 구원과 심판에 대한 판결에 유대인과 이방인 사이에 문제가 되는 그 편파성의 문제를 해소하고자 하는 사도 바울의 관점과 열정을 느낄 수 없다면 우리가 타고 있는 배는 산으로 가고 있는 것이 분명하다.

2:12	Ὅσοι γὰρ ἀνόμως ἥμαρτον, ἀνόμως καὶ ἀπολοῦνται, καὶ ὅσοι ἐν νόμῳ ἥμαρτον, διὰ νόμου κριθήσονται·	참으로 율법 없이 죄를 저지른 사람들은 누구든지 율법 없이도 멸망할 것이고, 또한 율법 안에서 죄를 저지른 사람들은 누구든지 율법을 통해 심판받을 것입니다.
2:13	οὐ γὰρ οἱ ἀκροαταὶ νόμου δίκαιοι παρὰ [τῷ] θεῷ, ἀλλ᾽ οἱ ποιηταὶ νόμου δικαιωθήσονται.	왜냐하면 율법을 듣는 사람들이 [그] 하나님께 의인들이 아니라, 율법을 이행하는 사람들이† 의롭다고 여겨질 것이기 때문입니다.
2:14	ὅταν γὰρ ἔθνη τὰ μὴ νόμον ἔχοντα φύσει τὰ τοῦ νόμου ποιῶσιν, οὗτοι νόμον μὴ ἔχοντες ἑαυτοῖς εἰσιν νόμος·	이는 율법을 가지지 못한 이방인들이 본성으로 그 율법의 일들을* 이행할 때, 이들은 율법이 없으므로 자기가 자신에게 율법이기 때문입니다.
2:15	οἵτινες ἐνδείκνυνται τὸ ἔργον τοῦ νόμου γραπτὸν ἐν ταῖς καρδίαις αὐτῶν, συμμαρτυρούσης αὐτῶν τῆς συνειδήσεως καὶ μεταξὺ ἀλλήλων τῶν λογισμῶν κατηγορούντων ἢ καὶ ἀπολογουμένων,	이런 사람들은*1 그들의 양심이 더불어 증언하되 서로 간에 생각들이 엇갈려 고소하거나 변호하기도 하면서, 그들의 마음속에 새겨진 그 율법의 그 일을*2 드러내어 보여 줍니다.
2:16	ἐν ἡμέρᾳ ὅτε κρίνει ὁ θεὸς τὰ κρυπτὰ τῶν ἀνθρώπων κατὰ τὸ εὐαγγέλιόν μου διὰ Χριστοῦ Ἰησοῦ.	이런 일은 그 하나님께서 그리스도 예수를 통해 내가 전한 복음을 따라서*1 그 사람들이 은밀하게 감추어 둔 일들을*2 심판하시는 날에 나타납니다.

전환된 관점의 로마서 읽기

제9장
죄짓는 것들에도 차원이 있다

본문 : 로마서 2장 12-16절

핵심 주제 어구

Ὅσοι γὰρ ἀνόμως ἥμαρτον

(호소이 가르 아노모-스 헤마르톤)

그런 시각으로 볼 때 '부적법한 상태로 죄지은 사람들'이라는 말은 그저 율법을 소장하고 있지 않은 이방인을 가리키는 것을 넘어선 창조 세계의 질서에서 벗어난 인류의 본질적인 죄와 관련해 언급하고 있다는 사실을 알 수 있다.

마찬가지로 '율법 안에서 죄지은 자들'이라고 표현한 사도 바울의 논리가 '율법 밖에서'라는 개념을 나타내고 있다는 사실을 보더라도 '율법 안에 죄지은 자들'이라는 표현은 그저 모세의 율법을 소장하고 있는 유대인을 가리키는 것을 넘어선 창조 세계의 질서에서 벗어난 인류의 근본적인 죄를 심판하고 정죄하기 위해 인류 전체를 융합하고 통합할 수 있는 근거로 본질적인 하나님의 율법 자체를 언급하고 있다는 사실을 알 수 있다는 측면에서 본문에서 말하는 '율법'이라는 용어가 단순하면서도 얼마나 복잡 구조의 내용에 쓰이고 있는지를 알아챌 수 있을 것이다.

제9장(죄짓는 것들에도 차원이 있다) _ 본문 297p에서

본문

2:12	Ὅσοι γὰρ ἀνόμως ἥμαρτον, ἀνόμως καὶ ἀπολοῦνται, καὶ ὅσοι ἐν νόμῳ ἥμαρτον, διὰ νόμου κριθήσονται·	참으로 부적법한 상태로[※1] 죄를 저지른 자들은 누구든지 역시 부적법한 상태로[※2] 멸망할 것이고, 또한 율법 안에서 죄를 저지른 자들은 누구든지 율법을 통해 심판받을 것입니다.
2:13	οὐ γὰρ οἱ ἀκροαταὶ νόμου δίκαιοι παρὰ [τῷ] θεῷ, ἀλλ' οἱ ποιηταὶ νόμου δικαιωθήσονται.	왜냐하면 율법의 그 청취자들이 [그] 하나님께 의인들이 아니라, 율법의 그 이행자들이[※] 의롭다고 여겨질 것이기 때문입니다.
2:14	ὅταν γὰρ ἔθνη τὰ μὴ νόμον ἔχοντα φύσει τὰ τοῦ νόμου ποιῶσιν, οὗτοι νόμον μὴ ἔχοντες ἑαυτοῖς εἰσιν νόμος·	이는 율법을 가지지 못한 이방인들이 본성으로 그 율법의 일들을[※] 이행할 때, 이들은 율법을 가지고 있지 않음으로 자기가 자신에게 율법이기 때문입니다.
2:15	οἵτινες ἐνδείκνυνται τὸ ἔργον τοῦ νόμου γραπτὸν ἐν ταῖς καρδίαις αὐτῶν, συμμαρτυρούσης αὐτῶν τῆς συνειδήσεως καὶ μεταξὺ ἀλλήλων τῶν λογισμῶν κατηγορούντων ἢ καὶ ἀπολογουμένων,	이런 사람들은[※1] 그들의 마음속에 새겨진 그 율법의 그 일을[※2] 드러내어 보여 주며, 그들의 양심이 더불어 증언할 때 또한 서로 간에 생각들이 엇갈려 고소하거나 변호하기도 합니다.
2:16	ἐν ἡμέρᾳ ὅτε κρίνει ὁ θεὸς τὰ κρυπτὰ τῶν ἀνθρώπων κατὰ τὸ εὐαγγέλιόν μου διὰ Χριστοῦ Ἰησοῦ.	이런 일은 그 하나님께서 그리스도 예수를 통해 내가 전한 복음을 따라서[※1] 그 사람들의 그 숨겨진 일들을[※2] 심판하시는 날에 나타납니다.

귀결

암벽등반(클라이밍) 선수들이 경로의 난이도가 높은 스타일의 지형을 통과하다 순간 중심을 잃고 추락할 때의 아찔함이란 안전장치가 없는 상황이라면 상상하기 힘든 공포의 순간일 것이다. 생사를 결정할 만큼 위험스러운 일임에도 도전을 멈출 수 없는 꿈과 열정 또한 안전장치에 대한 믿음 때문에 가능한 일이다.

우리 인생도 마찬가지이지 않을까?

인생은 누구나 도처에 자신의 목숨을 노리는 악의 세력에 맞서 목숨을 걸고 벌이는 한판 승부와 같은 싸움으로 여기는 진지함으로부터 시작한다. 잃어버린 낙원(삶의 의미를 즐기며 살 수 있었던 기쁨의 정원)을 되찾기 위한 꿈과 열정은 멈출 수 없는 도전이고, 그 도전은 하나님의 가호하심이라는 안전장치가 확실하지 않다면 연자매를 메고 바다에 던져지는 불행한 일로 귀결될 것이다.

쉽게 동의할 수 없는 논리
사도 바울은 하나님의 복음 밖에서는 인류가 안고 있는 모든 문제의 해답을 찾을 수 없다고 강력하게 선언한다. 왜냐하면 인류가 직면하고 있는 모든 문제는 온 세상을 창조하신 창조주 하나님의 계획과 목적에 따라 진행되고 있는 가운데 발생하는 일이기 때문이다.

특히 인류의 타락으로 더욱 복잡하게 돌아가는 세상사 속에서 인류를 회복시키고 새로운 창조 세계를 세우는 하나님의 지혜와 능력으로 인한 일들은 속물이 되어버린 인간들에겐 전혀 알 수 없는 신비로운 세계에 국한된 불가사의한 일로 취급된다.

태초부터 하나님께서 정하신 삶의 방식을 버리고 자신들이 만든 삶의 방식을 내세우고 독립선언문을 낭독한 인류의 현주소는 먹고 살기도 힘들고 또 한편으로 놀러 다니기도 바쁜데 하나님의 뜻까지 살피며 살아야 하느냐 하는 등의 볼멘소리가 당연시될 만큼 외형적인 진화가 계속되는 중이다.

그들이 만든 세상은 온통 부패하고 부조리한 일로 넘쳐나고 있다. 한쪽에서는 서로 박수로 격려하고 위로하며 축배를 들고 흥겨워 노래를 부르며 춤을 추지만 한쪽에서는 절망으로 탄식하는 신음 소리가 화음을 이루듯 비정상이 정상이 되는 것을 당연시하는 풍조다. 반대 의견이 있지만 설령 그들의 세상이 되어 봤자 되는 일은 매일반이다.

그런 인류를 다 싸잡아 서로가 자신을 정죄하며 사는 형국이라는 쉽게 동의할 수 없는 논리(그 다른 한 사람으로 말미암은 극단적인 관계에서의 판단 논리)로 인류는 더 이상 변명의 여지가 없다는 사실을 밝히며, 임박한 하나님의 진노에서 벗어나는 길을 제시한다. 그 길이 바로 사도 바울이 전하고자 하는 하나님의 복음이고, 그 복음만이 그 복음에 의해 동시에 계시되고 있는 하나님의 진노, 그러니까 인류가 살아온 삶을 진리(진실)에 따라 편파성 없이 공정하게 내린 판결로서 마침내 최후의 형벌에 대하여 인류로 하여금 집행유예 상태에 있음을 자각하게 하는 하나님의 공분으로부터 구원하는 하나님의 지혜이고 능력이라고 선포한다.

파고들어

자기에게 불리한 일이 생기면 피해 가려고 꾀를 부리는 인간, 궁지에 몰리면 변명부터 늘어놓는 인간에게 과연 사도 바울의 이런 특이한 논리가 먹힐까?

그런 인간의 입을 틀어막고 옴짝달싹하지 못하게 하는 게 있기나 한가?

그건 사도 바울이 선포하는 그 하나님의 그 판단(롬2:1-11)이 편파성 없는 공정한 판단이라는 사실을 확인하는 수밖에 없다.

그걸 입증하기 위해 사도 바울은 죄지어 타락한 인류에게 있어서 판단의 근거가 되는 법률적인 문제, 그러니까 필자가 이 책을 쓰게 된 동기라고 할 수 있는 분열된 세계관을 하나의 세계관으로 융합하고 통합하는 그리스도 예수 안에 있는 구속을 통한 구속사의 관점을 가지고 심판에 있어서 핵심 가치인 죄와 율법의 문제를 파고들어 인간의 논리나 눈높이가 아닌 창조와 구속의 주 하나님의 편파성 없는 공정하고 정의로운 판단의 실체적 진실을 확실하게 밝히려고 하는 것이 지금 우리가 살펴보려고 하는 본문이다.

2:12	Ὅσοι γὰρ ἀνόμως ἥμαρτον, ἀνόμως καὶ ἀπολοῦνται, καὶ ὅσοι ἐν νόμῳ ἥμαρτον, διὰ νόμου κριθήσονται·	참으로 부적법한 상태로※1 죄를 저지른 자들은 누구든지 역시 부적법한 상태로※2 멸망할 것이고, 또한 율법 안에서 죄를 저지른 자들은 누구든지 율법을 통해 심판 받을 것입니다.
2:13	οὐ γὰρ οἱ ἀκροαταὶ νόμου δίκαιοι παρὰ [τῷ] θεῷ, ἀλλ' οἱ ποιηταὶ νόμου δικαιωθήσονται.	왜냐하면 율법의 그 청취자들이 [그] 하나님께 의인들이 아니라, 율법의 그 이행자들이* 의롭다고 여겨질 것이기 때문입니다.
2:14	ὅταν γὰρ ἔθνη τὰ μὴ νόμον ἔχοντα φύσει τὰ τοῦ νόμου ποιῶσιν, οὗτοι νόμον μὴ ἔχοντες ἑαυτοῖς εἰσιν νόμος·	이는 율법을 가지지 못한 이방인들이 본성으로 그 율법의 일들을 이행할 때, 이들은 율법이 없으므로 자기가 자신에게 율법이기 때문입니다.

특이한 서술 방식

분명히 온 세상을 향한 창조와 구속의 주 하나님의 공정한 판단의 실체적 진실은 이 대목의 시작(롬2:12)에 쓰인 원인적 이유를 나타내는 접속사 가르(γὰρ)로 시작되는 문맥으로 확증된다. 이 가르(γὰρ)를 필자는 '왜냐하면 또는 이는' 대신에 '참으로'라고 번역했다.

사실 이 가르(γὰρ)를 바로 앞 내용인 '그 하나님께는 편파성이 없습니다(롬2:11).'라고 하는 명제의 원인적 이유를 나타내어 단순히 '이는(γὰρ-가르) 부적법한 상태로 죄를 저지른 자들은 누구든지 역시 부적법한 상태로 멸망할 것이고, 또한 율법 안에서 죄를 저지른 자들은 누구든지 율법을 통해 심판받을 것입니다.'라고 하면 이해하기도 쉬울 텐데, 굳이 가르(γὰρ)를 '참으로'라고 번역한 것은 문맥을 분석한 결정이었다.

보다시피 롬2:11의 '그 하나님께는 편파성이 없습니다.'라고 하는 명제도 접속사 가르(γὰρ)로 연결된 문장이고, 이어지는 롬2:12, 13, 14도 계속해서 접속사 가르(γὰρ)로 연결되어 있어 매끄럽게 번역하기가 여간 까다로운 게 아니다. 차차 말하겠지만 죄의 실체에 대한 분석 결과 롬2:12-14을 하나로 묶어 편파성 없는 그 하나님의 공의롭고 정의로운 판단의 근거가 되는 율법을 통해 입증하는 원론적인 이론으로 로마서 전체의 큰 문맥에서 핵심 문단으로 읽는 것이 좋다고 생각했다.

그럼에도 이런 경우는, 그러니까 원인의 원인을, 또 그 원인에 원인을 밝히는 문장의 구조, 곧 사도 바울이 말하는 특이한 서술 방식 속에 잠재된 사유의 간극을 꿰뚫어 보고 그 얽힘을 제대로 풀어 이해하지 않으면 그 논리의 진의를 왜곡하기 쉽다. 왜냐하면 인류를 대상으로 한 그 하나님의 그 심판 속에는 역사적으로 그 하나님께 선택받은 이스라엘 민족의 대표인 유대인과 선택받지 못한 이방인 간에 존재하는 지독한 분열의 원인(실례로 유대인 대학살과 같은 비극적인 사건을 일으키게 하는 타민족에 대한 배타적인 행위뿐만 아니라 사마리아인에 대한 멸시와 같은 동족 간에서도 배타적인 행위를 하게 만드는 원인)을 제거하기 위한 '융합과 통합'이라는 복잡한 역사의 과정이 실재하는 만큼 그 하나님의 공정한 판결에도 불구하고 언제든 둘 간에 근본적인 입장의 차이로 인해, 예를 들면 앞으로 자연스럽게 논하게 되겠지만 선택받은 자들이 갖는 선민의식의 근거가 되는 모세의 율법과 그 율법에 따른 일(행위)들로 인한 근본적인 차별이 여전히 존재하는 한 그리고 그것을 그대로 두는 한 그 하나님의 복음적 구원과 심판은 그 공정성을 정당화할 수 없기 때문이다.

노모스(νόμος)

따라서 우리는 먼저 그 하나님의 공정한 구원과 심판의 정당성을 입증하기 위한 서술로서 오늘 본문에서 빈번하게 쓰이는 '율법(νόμος-노모스)'이라는 단어의 개념부터 정리하고 본문의 바탕에 깔린 이 단어를 사용하는 사도 바울의 관점과 의도를 이해하는 쪽으로 나가는 것이 좋을 것 같다.

월터 바우어 사전으로 불리는 영문 3판 BDAG에서는 헬라어 노모스(νόμος-율법)는 크게 세 가지 용례로 분류하는데, 첫째는 이미 확립된 절차나 관행(a procedure or practice that has taken hold)을 나타내는 용어로, 둘째는 헌법 또는 법정 법률 시스템(constitutional or statutory legal system)을 나타내는 용어로, 셋째는 하나님의 백성들에게 소중한 성서 모음집(a collection of holy writings precious to God's people)을 나타내는 용어로 소개했다.

그리고 그것은 오늘 본문(롬2:12-16)에 9회(νόμος-노모스)나 쓰이는데, 그것을 모두 다 두 번째 용례인 '헌법 또는 법정 법률 시스템(constitutional or statutory legal system)을 나타내는 용어'로 분류했다.

특이한 점은 잠시 후에 구체적인 이야기를 시작하겠지만 오늘 본문(롬2:12)에 그것(νόμος-노모스)을 상대하여 뜻이 서로 반대되는 관계에 있는 의미를 나타내는 헬라어 아노모스(ἀνόμως-부적법한 상태로)가 2회 쓰이는데 그것까지 합하면 이 짧은 본문(롬2:12-16)에 무려 11회나 반복적으로 쓰이며, 그것은 롬13:10의 '그런즉 그 사랑은 율법의 충만입니다(πλήρωμα οὖν νόμου ἡ ἀγάπη-플레로마 운 노무 헤 아가페).'라는 말을 마지막으로 내놓을 때까지 로마서 전체에 무려 83회 이상 쓰인다는 사실 자체만으로 예사롭지 않지만, 이 본문이 '율법(νόμος-노모스)'이라는 단어를 직접 사용하며 죄를 저질러 멸망하는 문제를 법률적인 문제와 관련해서 그 하나님의 그 판결(롬2:1-11)의 진위를 가리는 논리의 출발점이라는 점에서 매우 신중한 접근(옷을 입을 때 첫 단추를 잘못 끼우면 모든 것이 어긋나듯)이 필요한 지점이라는 것을 암시한다.

핵심 가치와 기준

필자는 이 νόμος(노모스)를 '율법'이라고 번역했는데, 우리말 사전에서 그 용어가 갖는 첫 번째 개념은 '종교적, 도덕적, 사회적 생활에 관하여 신의 이름으로 규정한 규범'을 가리키고, 두 번째 개념은 '헌법, 법률, 명령 등의 강제력이 있는 모든 법'을 통틀어 이르는 말로 규정함으로써 넓은 의미에서 그리스도 예수 안에서 성립된 구속사의 관점에서 쓰이는 헬라어 본문의 노모스(νόμος)에 대한 우리말 대응어로 적절하다고 판단했기 때문이다.

이 단어(νόμος-노모스-율법)는 위에서도 잠깐 필자가 이 책을 쓰게 된 동기라고 할 만큼 매우 중요한 개념을 가진 단어임을 밝혔으나 실은 이 책의 모든 내용 속 깊은 곳에 흐르는 굵은 물줄기로서 분열된 세계를 하나의 세계로 만드는 그리스도 예수 안에 있는 구속, 그러니까 하나님의 복음에 의한 구원과 심판을 설명해 내기 위한 도구로서 하나님과 인간과의 관계에서 하나님의 공정한 심판과 구원의 실제적인 정당성을 확증해 낼 수 있는 핵심 가치이고 기준을 나타내는 단어이다.

영적 의미에서의 율법을 고려하는 논리

따라서 사도 바울이 사용하고 있는 '율법'이라는 말은 분명히 로마서에서 말하는 그리스도 예수 안에 있는 구속을 통한 구속사의 관점에서 '온 세상에 산재하는 모든 법'을 수용하고 품어 통합한 최고의 법, 그러니까 예수님께서 지상에서 말씀하신 말씀과 행위로서의 율법, 곧 모세의 율법과 직접적인 관계 속에서 그 율법을 완성하실 예수님에 의해 강화되어 더욱 강력해진 율법으로서 유대인의 율법인 모세의 법뿐만 아니라 이방인의 법을 포괄하는 인류 보편적인 하나님의 율법을 겨냥하고 있는 용어라는 사실을 인식해야 한다.

그리고 이런 사도 바울의 율법에 대한 인식은 영적이면서도 실제적인 측면에서 역사적으로 모세의 율법을 가진 유대인과 모세의 율법을 가지지 않은 비유대인으로 양분된 인식의 벽을 허문 지점을 반환점으로 모세의 율법에 예속된 유대인과 모세의 율법에 예속되지 않은 비유대인을 상대로 인식과 판단의 지평에 오류가 있음을 드러내어 새로운 인식과 판단의 지평을 여는 영원하신 하나님의 아들 그리스도의 복음으로부터 기인했으므로 그것은 이 땅의 역사 이전, 그러니까 세상이 창조된 태초 전부터 실재하는 것으로서 이 세상의 모든 법을 포괄하는 영적 의미에서의 율법을 나타내는 논리에 닿아 있다(롬2:17-29). 그 구체적인 의미는 바울의 로마서 텍스트에 대한 설명을 진행하는 과정에서 온전히 드러나게 될 것이다.

복음적 심판

사도 바울이 여기서 그 같은 인식을 바탕으로 죄와 율법의 문제를 언급하는 이유는 다름 아닌 온 세상, 그러니까 그 하나님의 선택을 받았다고 자부하는 이스라엘을 대표하는 유대인과 이방인을 대표하는 헬라인에 대한 '그 하나님의 심판에 편파성이 없다'라고 말한 롬2:11의 사실로부터 두 부류의 인류에 대한 차별 없는 그 하나님의 공정한 심판의 정당성을 입증하려는 목적으로 로마서 전체가 다루는 죄와 율법의 문제를 개진하는 논리의 출발점(롬2:12-14)이기 때문이다.

따라서 자연스럽게 앞으로 진행하게 될 사도 바울의 텍스트가 가진 논리의 방향은 롬2:16이 말하는 것처럼, 그리스도 예수를 통해 전파되는 사도 바울의 복음을 따라서 그 하나님께서 인류를 심판하시는 방식에 초점이 맞추어지는데, 이 논리에서 예수님의 말씀과 행위로서의 율법은 천지창조의 태초라는 세상의 시작으로부터 구속력을 가진 법으로 작동하므로 예수님의 말씀으로서의 율법과 모세의 율법 사이에는 시간적인 관점에서의 구분뿐만 아니라 인식과 판단의 방법에서도 구분해야 할 지점이 분명히 내재한다는 사실 또한 충분히 인지해야 한다.

이는 마5:17-48에서 예수님께서 자신을 모세의 율법이 요구하는 바를 충족시키기 위해 하늘(영적 세계)로부터 인류가 사는 이 땅(육적 세계)에 온 존재라는 사실을 밝히신 후 모세의 율법이 옛사람들에게 말한 방식과 다르게 모세의 계명과 율법을 다른 관점으로 말씀하신 예수님의 말씀으로서의 계명과 율법이 근거가 되는 심판을 말하며, 이를 필자는 '복음적 심판', 곧 그리스도 예수 안에서 선포되는 하나님의 복음(사도 바울의 복음)에 의한 심판이라고 말한다.

이같이 실제로 복잡한 의미구조를 가진 율법과 관련해 두 부류의 인류가 지은 죄에 대한 그 하나님의 공정한 심판의 정당성을 입증하는 논리의 본문을 필자가 밝히고 있는 '복음적 심판'이라는 관점에서 인식해야 할 율법에 대한 상식을 근거로 다시 한번 확인해 보라.

2:11	οὐ γὰρ ἐστιν προσωπολημψία παρὰ τῷ θεῷ.	왜냐하면 그 하나님께는 편파성이 없기 때문입니다.†
2:12	Ὅσοι γὰρ ἀνόμως ἥμαρτον, ἀνόμως καὶ ἀπολοῦνται, καὶ ὅσοι ἐν νόμῳ ἥμαρτον, διὰ νόμου κριθήσονται·	참으로 부적법한 상태로※1 죄를 저지른 자들은 누구든지 역시 부적법한 상태로※2 멸망할 것이고, 또한 율법 안에서 죄를 저지른 자들은 누구든지 율법을 통해 심판 받을 것입니다.
2:13	οὐ γὰρ οἱ ἀκροαταὶ νόμου δίκαιοι παρὰ [τῷ] θεῷ, ἀλλ᾽ οἱ ποιηταὶ νόμου δικαιωθήσονται.	왜냐하면 율법의 그 청취자들이 [그] 하나님께 의인들이 아니라, 율법의 그 이행자들이* 의롭다고 여겨질 것이기 때문입니다.
2:14	ὅταν γὰρ ἔθνη τὰ μὴ νόμον ἔχοντα φύσει τὰ τοῦ νόμου ποιῶσιν, οὗτοι νόμον μὴ ἔχοντες ἑαυτοῖς εἰσιν νόμος·	이는 율법을 가지지 못한 이방인들이 본성으로 그 율법의 일들을* 이행할 때, 이들은 율법을 가지고 있지 않음으로 자기가 자신에게 율법이기 때문입니다.
2:15	οἵτινες ἐνδείκνυνται τὸ ἔργον τοῦ νόμου γραπτὸν ἐν ταῖς καρδίαις αὐτῶν, συμμαρτυρούσης αὐτῶν τῆς συνειδήσεως καὶ μεταξὺ ἀλλήλων τῶν λογισμῶν κατηγορούντων ἢ καὶ ἀπολογουμένων,	이런 사람들은※1 그들의 마음속에 새겨진 그 율법의 그 일을※2 드러내어 보여 주며, 그들의 양심이 더불어 증언할 때 또한 서로 간에 생각들이 엇갈려 고소하거나 변호하기도 합니다.
2:16	ἐν ἡμέρᾳ ὅτε κρίνει ὁ θεὸς τὰ κρυπτὰ τῶν ἀνθρώπων κατὰ τὸ εὐαγγέλιόν μου διὰ Χριστοῦ Ἰησοῦ.	이런 일은 그 하나님께서 그리스도 예수를 통해 내가 전한 복음을 따라서※1 그 사람들의 그 숨겨진 일들을※2 심판하시는 날에 나타납니다.

안타까운 실정

헬라어 원문으로 보면 바울이 말하고자 하는 요지는 생각보다 간단하다.

    그러나 번역 성경으로 읽을 때 심각한 오해를 불러일으켜 그 본래의 의미를 찾아가는 것조차 시도할 수 없게 만드는 단어 하나가 문단을 시작하는 롬2:12에 자리하고 있다.

일단 이해를 돕기 위해 롬2:12의 헬라어 본문에 대한 필자의 번역과 독자들이 확인해야 할 온 세상에 번역되어 나온 번역 성경들을 대표해 한글 개역 개정 역본을 비교해 보았다.

	NA28판(UBS5판)	필자 사역	한글 개정 개역
2:12	Ὅσοι γὰρ ἀνόμως ἥμαρτον, ἀνόμως καὶ ἀπολοῦνται, καὶ ὅσοι ἐν νόμῳ ἥμαρτον, διὰ νόμου κριθήσονται·	참으로 부적법한 상태로[※1] 죄를 저지른 자들은 누구든지 역시 부적법한 상태로[※2] 멸망할 것이고, 또한 율법 안에서 죄를 저지른 자들은 누구든지 율법을 통해 심판받을 것입니다.	무릇 율법 없이 범죄한 자는 또한 율법 없이 망하고 무릇 율법이 있고 범죄한 자는 율법으로 말미암아 심판을 받으리라

분명 헬라어 텍스트는 동일한 형식의 두 개 단문을 대등 접속사 카이(καὶ)로 묶어 먼저 멸망에 대해 말하고 그다음 심판에 대해 말한다. 문장과 논리의 구조에 뭔가 석연치 않게 만드는 불편한 도치가 있다. 논리적으로라면 심판에서 멸망 순이어야 하는데 멸망에서 심판 순으로 말하는 것 같은 구문의 논리 형식이 어색하다.

그래서 그런지 첫 문장에서 필자가 '부적법한 상태로(ἀνόμως-아노모스)'라고 번역한 부분을 한글 개역 개정 역본은 필자의 번역과 다르게 "율법 없이"로 번역함으로써 그 하나님의 그 심판을 인간이 율법을 가지고 있는 상태에서 죄를 지었느냐 아니면 율법을 가지고 있지 않은 상태에서 죄를 지었느냐에 따라 멸망이 결정된다는 사실을 보인다.

그리고 그것은 이내 우리가 익숙하게 알고 있는 이방인과 유대인을 구분하게 하는 표면적인 특성인 모세 율법의 유무를 근거로 말하는 본문으로 단정해 버리는 곳으로 나아가게 한다.

또한 두 번째 문장에서 필자가 '율법 안에서(ἐν νόμῳ-엔 노모)'와 '율법을 통해(διὰ νόμου-디아 노무)'라고 번역한 부분을 한글 개역 개정 역본은 "율법이 있고"와 "율법으로 말미암아"로 번역함으로써 첫 번째 번역 문장의 '율법 없이'를 정당화하여 모세의 율법을 가지고 있는 유대인을 특정해 본문을 오해하게 만든다.

참으로 안타까운 실정이다.

선입견에 의한 편견과 착각
분명 롬2:12은 문맥적으로 이방인과 유대인을 향한 그 하나님의 공정한 심판에 관해 설명을 시작하는 부분이다.

그러나 거기에는 이방인과 유대인을 나누어 읽게 하는 요소가 전혀 없어 보인다. 롬2:12이 문법적으로 이방인과 유대인을 나누어 읽게 하는 형식의 구문이라면 적어도 '이방인과 유대인'이라고 하는 특성과 조건이 다른 두 부류의 멸망과 심판을 다루는 두 문장을 잇는 접속사(καί)를 최소한 약한 반의 접속사(δέ-데)로 사용했어야 문장 구성에 맞다.

또한 롬2:12의 '아노모-스(ἀνόμως-동사를 수식하는 부사어)'를 '율법 없이'로 번역하는 것이 옳다면 결정적으로 롬2:14에서 '율법을 가지지 못한 이방인들(ἔθνη τὰ μὴ νόμον ἔχοντα-에드네 타 메 노몬 에콘타)'이라고 한 표현을 롬2:12에서 '율법 없이'라고 번역한 '아노모-스(ἀνόμως-동사를 수식하는 부사어)'의 형용사 아노모스(ἄνομος)를 사용해 '율법 없는 이방인들(ἄνομα ἔθνη-아노마 에드네)'이라고 했어야 맞다.

하지만 '아노모-스(ἀνόμως-동사를 수식하는 부사어)'를 '율법 없이'로 번역하는 것은 옳지 않다. 차차 확실하게 알게 되겠지만 그것은 한글 성경들이 다른 곳에서 '불법적'이라는 뜻의 '부적법한 상태에 있는 사람들을 나타내어 번역하는 것과 같이 번역해야 하고 그렇게 번역하면 여기에 쓰인 '율법(νόμος-노모스)'이라는 단어는 이방인들이 이미 알고 있는 법이 아닌 미지의 법에 합당하게 행하지 않는 이방인들이라는 뜻의 논리가 대두된다.

여기서 우리는 생각의 범위를 좀 더 깊고 넓게 확장해야 한다는 사실을 마주한다. 왜냐하면 유대인과 이방인의 표면적 구분의 근거가 모세의 율법이다 보니 율법이라는 단어가 나오면 모조리 모세의 율법을 가리키는 것으로 인식해 버리는 선입견에 의한 편견 또는 착각 속에 지배당하고 있기 때문이다.

편견과 착각으로부터 벗어나기
우리가 그 편견과 착각에서 벗어나기 위해서는 롬2:12의 멸망과 심판의 논리를 바르게 이해해야 한다. 그러려면 이미 말했듯이 일단 롬2:11에서 말한 두 부류의 인류에 대한 그 하나님의 공정한 심판의 정당성을 입증할 수 있는 공정한 기준에 대한 원인적 이유를 설명하여 입증하는 대목이라는 점을 인식해야 한다.

그때 우리는 롬2:12의 논리가 유대인과 이방인으로 나누인 두 부류의 인류를 융합과 통합적 관점에서 그 하나님의 공정한 심판의 실제적인 방식과 기준을 말하는 곳으로 나갈 수 있다. 그 하나님의 심판과 멸망의 공정한 기준이 그 논리의 중심에 있어야 한다는 말이다.

이는 둘로 나누인 인류, 그러니까 실제로 모세의 율법을 가지고 있는 유대인이거나 모세의 율법을 가지지 않은 이방인처럼 다른 조건 아래에 있는 두 부류의 인류를 편파적이지 않고 공정하게 판단하려면 일단 먼저 둘을 동일한 처지로 만들거나 둘이 동일한 출발선에 있다는 사실을 밝혀내는 방식이 아니고서는 도무지 공정한 심판이란 불가능하다는 말과 같다는 의미이다.

그리고 그것은 전능하신 창조주 하나님의 창조 세계와 관련한 모든 존재의 심판과 멸망을 실행할 수 있는 구속력 있는 광의적 개념의 율법이면서 보편적인 심판의 원리가 되는 율법을 인식하게 할 뿐 아니라 그 실체를 이해하는 쪽으로 나아가 마침내 이 논리의 일차적 최종 지점인 롬3:21의 '그러나 이제는 율법과는 별개로 하나님의 한 의가 명백하게 공개되었으니, 이는 그 율법과 그 예언자들에 의하여 증거된 것입니다.'라는 말씀을 온전히 알게 할 것이다.

따라서 롬2:12-3:21 구간에 쓰이는 '율법'이라는 단어뿐만 아니라 로마서 전체에 쓰이는 '율법'이라는 단어가 단지 유대인을 특정하는 모세의 율법을 가리키는 것이 아니라 모세의 율법을 포함한 넓은 의미에서의 보편적 원리의 개념으로 쓰이는 용어라는 사실을 직감해야 한다. 왜냐하면 그것은 그리스도 예수 안에 있는 구속의 복음 곧 사도 바울의 복음인 하나님의 복음이 전파될 때 나타나는 심판의 기준이 되는 그리스도 예수님께서 말씀하신 말씀으로서의 율법을 겨냥하는 논리에서의 율법을 가리키고 있기 때문이다.

그런 의미에서 본문의 시작인 롬2:12의 핵심은 두 부류로 갈라진 인류를 통합하는 원리로서의 이 율법(그리스도 예수님께서 말씀하신 말씀으로서의 율법)에 합당하게 행했느냐가 심판의 기준이 된다는 말이다. 성문화된 모세의 율법을 가지고 있느냐 않느냐와 모세의 율법과 관계 속에 있느냐 없느냐와 같은 외적인 조건과 상관없이 내적이고 영적인 차원에서 죄를 지었느냐와 죄를 짓지 않았느냐는 행위의 사실관계가 심판의 근거이다.

물론 그것은 어떤 조건 아래에서든 죄를 지었다면 그 조건에 따라 그가 누구든 하나님의 엄중한 심판과 멸망에 이를 것이고, 죄를 짓지 않은 자는 그가 누구든 하나님의 심판과 멸망의 대상이 아니라는 게 논리의 바탕이지만 정죄하는 심판의 기준은 실제로 존재의 행위로 그 존재의 불의와 불경이 입증되는 원리에 입각해 심판하는 율법이어야 한다. 그것은 롬2:14에서 율법을 갖지 못한 이방인들처럼 자신의 행위가 자신에게 율법으로 존재하는 여타의 모든 존재들을 심판할 수 있는 합당한 기준이기 때문이다.

그리고 그것은 인류의 타락으로 어둠에 묻히긴 했으나 창조주 하나님께서 인간을 창조하실 때 인간의 내면의 세계라고 하는 마음에 아로새겨져 있는 율법의 요구를 드러내시는 하나님의 복음을 선포함으로써 베풀어지는 그 하나님의 그 은혜를 따라 확인되는 논리에 닿아 있어 타락한 인간의 이성으로는 도무지 감각조차 할 수 없는 거룩한 율법이다.

그러한 율법을 인식하고 이해할 때 그동안 선입견으로 인한 편견과 착각으로부터 자유로울 수 있다.

연구의 필요성

실제로 롬2:12의 내용은 문맥적으로 단순히 '유대인과 헬라인'이라고 하는 두 부류에 대한 심판을 어떻게 하시는가에 대한 설명을 뛰어넘는 특성을 가진다. 롬2:6에서 각 사람에게 자기가 행한 일대로 갚아 주실 하나님에 대해 말했던 만큼 유대인과 헬라인의 차별 없음에 관한 문제를 넘어 롬2:9의 '그 악한 일을 만들어 내는 각 사람' 간의 부류의 나누임으로 보는 게 합당하다. 그래서 롬2:12에서 멸망할 사람들과 심판받을 사람들이 각각 어떻게 죄를 지었는지를 강조해 보여 주는 것이다.

그런 의미에서 본문의 시작인 롬2:12의 핵심은 부적법한 상태에서 죄지은 사람들과 율법 안에서 죄지은 사람들, 곧 모두가 죄짓고 사는 존재들에게 닥칠 결과란 멸망이고 심판이라는 것이다. 그리고 이 두 부류에 대한 하나님의 처우는 멸망 혹은 심판이라는 점에서 차이가 있다. 멸망이란 회생의 여지가 아예 없는 완전한 파국이고 존재의 사라짐이다. 그런 어마어마한 두려움의 결과를 받게 되는 존재가 바로 부적법하게 죄지은 자들이다. 이건 보통 심각한 말씀이 아니다. 도대체 부적법한 상태로 죄짓는다는 것이 무엇이길래 멸망까지 이르게 되는 것일까?

우리는 여기서 '부적법한 상태로'라고 번역한 헬라어 '아노모-스(ἀνόμως)'에 대해 연구해 볼 필요성을 느끼게 된다.

여기에는 두 가지 문제가 있다.

하나는 '부적법한 상태로 죄지은 사람들은 누구든지 역시 부적법한 상태로 망할 것'이라고 했을 때 멸망의 원인이 되는 죄가 무엇인지와 더불어 그 죄를 정죄할 수 있는 심판의 기준이 무엇인지이다. 그건 간단하게 말해 '아노모-스(ἀνόμως)'하게 죄짓는다는 죄가 무엇인지를 명확하게 이해하는 것이다.

다른 하나는 '율법 안에서 죄지은 자가 누구든지 율법을 통해서 심판받을 것'이라고 했을 때 율법의 법리적인 다툼이 발생할 수밖에 없는데 그것을 어떤 기준에 근거를 두고 판결할 것인지와 더불어 그 판결이 아노모스(ἀνόμως)하게 죄짓는다는 죄에 어떤 연결고리로 작동하는지, 그러니까 멸망과 심판에 관련하여 그 법리적인 다툼을 끝낼 수 있는 최종 판결을 가능하게 하는 법리의 기준이 무엇인지이다.

정말이지 이 두 문제를 명확하게 풀어 설명한다는 것은 이어지는 본문의 논리와의 관계에서 볼 때 그리스도 예수 안에 있는 구속을 통한 하나님의 복음을 전제하지 않고서는 쉽지 않아 보인다. 그래서 그런지 2,000여 년 로마서 해석의 역사 속에서 이 본문에 대한 수많은 논쟁이 있었고 아직도 그 싸움은 마침표를 찍지 못하고 난제로 남아 있는 안타까운 실정이다(전문지식이 없어도 누구나 가볍게 읽을 수 있는 '모든 사람을 위한 로마서 58-64, 톰라이트, 2010 IVP'를 읽어 보라).

여기서 필자가 할 수 있는 말은 로마서 전체를 통해서 모든 것이 명확하게 드러날 때까지 아무것도 속단하지 말라는 것이다. 왜냐하면 죄에 대한 기준과 의에 대한 기준선이 불명확한 상황에서는 그 어떤 논리도 공전하기 때문이다.

그럼에도 그곳(모든 것이 명확해지는)으로 가는 길이 없는 것은 아니다. 이 문제를 풀기 위해 필자는 사도 바울이 사용하는 '죄와 율법'이라는 단어의 개념과 그 사용법을 따라 드러나는 의미에 주목할 것이다.

그건 이제껏 사도 바울이 설명해 온 유대인과 헬라인 양쪽 모두에게 하나님의 진노가 차별 없이 내려지듯이, 하나님의 구원도 차별 없이 베풀어지는 하나님의 공정한 판결의 원리가 되는 하나님의 복음 곧 그리스도 예수 안에서 베풀어지는 구속의 은혜를 선포하는 이방인의 사도인 바울이 지닌 '죄와 율법'에 대한 이해를 바탕으로 한 관점을 밝히는 것이다.

그리고 단언하건대 그것을 이해하지 못한다면 본문의 의미를 찾기 위해 2,000여 년 동안 인간들이 쏟아 낸 무수한 논리의 말들에 사로잡혀 허우적거리다가 본문의 핵심인 이 두 가지 문제를 푸는 것은 고사하고 인식하는 것조차도 불가능하게 될 것이다.

아노모스

자 이제 왜 그런지 그 실제적인 원인을 추적해 보자.

앞에서도 이미 개괄적으로 '부적법한 상태로 죄지은 자들은 누구든지 역시 부적법한 상태로 멸망할 것이다.'라는 부분에서 '부적법한 상태로(ἀνόμως-아노모-스)'라는 단어의 의미를 가볍게 밝혔다. 이 단어는 부정 접두어 알파(α)와 '율법'이라는 뜻의 노모스(νόμος-노모스)가 합해진 아노모스(ἄνομος-아노모스)라는 형용사에서 파생한 부사어(ἀνόμως-아노모-스)이다.

BDAG는 이 단어(ἀνόμως-아노모-스)를 '조직화된(체계적인) 법률 시스템에 참여하지 않는 것(without participation in an organized legal system)'을 나타내어 '불법적이거나 법률에 의해 통제되지 않는 방식으로(in a way that is illegal or not controlled by laws)'라는 의미의 단어(lawlessly-무법적으로)로 규정하고, 롬2:12상('Όσοι ἀνόμως ἥμαρτον, ἀνόμως καὶ ἀπολοῦνται-호소이 아노모스 헤마르톤, 아노모스 카이 아폴룬타이)을 '율법 없이 죄를 짓는 자들은 율법 없이 그들도 멸망할 것이다(those who sin without law will also be lost without law).'라고 번역했다.

여기서 필자가 사족을 좀 붙이면 BDAG가 이 단어(ἀνόμως-아노모-스)의 개념을 제대로 정의해 놓았지만 실제로는 잘못 적용하는 우를 범한 것이 분명하다. 이 정의에 따르면 '부적법한 상태로'라고 번역한 필자의 번역과 같아야 옳다.

그래서 BDAG는 이어 자신의 번역을 정당화하기 위해 이 단어(ἀνόμως-아노모-스)의 개념에 대한 설명을 붙여 놓았는데, '(그것은) 모세의 율법(이스라엘의 선택된 신분(지위)이라는 우월한 관점에서 표현된)을 모르고 죄를 짓는 사람들도 그것과 관련 없이 망할 것이다((i.

e.=that is) those who sin without awareness of the Mosaic law (expressed from the vantage point of Israel's chosen status) will also perish without reference to it).'라고 설명한 후에 롬7:9의 'χωρὶς νόμου(코리스 노무-율법 없이)'와 같다는 부호(=)를 사용해 표기했다.

참으로 안타까운 현장이다. 롬2:12에서 한글 성경의 번역처럼 '율법 없이'로 하려면 BDAG가 제시한 'χωρὶς νόμου(코리스 노무)'가 맞다. 이 땅의 번역 성경들의 지침서가 될 정도의 권위를 가지고 있는 어휘 사전의 실수가 그대로 반영되고 있는 번역 성경을 보는 슬픔이 기도로 승화되는 지점이다. 이 단어(ἀνόμως-부적법한 상태로)를 롬7:9의 'χωρὶς νόμου(코리스 노무-율법 없이)'와 동일시하는 BDAG의 설명이 참인지 거짓인지는 차차 밝혀질 것이니 주목하기 바란다.

아노모-스(ἀνόμως)와 아노모스(ἄνομος)

본문(롬2:12)에서 부사의 역할을 하는 '부적법한 상태로(ἀνόμως-아노모-스)'는 신약 성경에서 유일하게 이곳에만 쓰이고 있기에 그 용례를 추적해 개념을 파악한다는 것은 불가능하지만 그것과 거의 동일한 형태의 형용사 '불법의 또는 무법적인' 상태를 표현하는 아노모스(ἄνομος)의 용례를 더듬어 보면 그 단어(ἀνόμως-아노모-스)가 어떤 의미로 쓰이는지를 알 수 있다.

사실 이 두 단어의 차이는 한글로 읽을 때 '모' 자의 모음이 장단의 차이 말고는 아무런 차이가 없는 동일한 단어로 부사는 '아노모-스(ἀνόμως)'로 형용사인 '아노모스(ἄνομος)'로 표기해야 맞다.

그리고 이 부사와 형용사는 역할만 다를 뿐 두 단어의 개념은 '꽃이 아름답다.'와 '꽃이 아름답게 피었다.'에서처럼 같은 의미로 문장 자체의 핵심 주어인 꽃이 어떠한지를 설명하는 보어로 두 단어의 의미는 어떤 경우에도 다른 의미의 단어로 쓰일 수 없을 뿐 아니라 형용사는 언제든 필요하면 부사 대용으로 쓰일 수 있다는 점에서 둘은 동일하다 할 수 있다.

BDAG는 이 형용사(ἄνομος-아노모스)를 일반적으로 '법을 위반하는 행위(to behaving contrary to law)'를 나타내는 개념의 단어로 설명하는데, 이 단어가 4번 연거푸 쓰이는 고전9:21에서는 '도덕률을 따르지 않는 것(to being without adherence to a moral code)'으로 규정하고 먼저 고전9:21c에서 μὴ ὢν ἄνομος θεοῦ(메 온 아노모스 데우-하나님께 부적법한 자이지 않다)를 도덕적 규범에 대한 언급 없이 하나님께 대한 의무를 강조하여(of obligation to God, without reference to a moral code), '하나님께 순종하는 것에서 자유롭지 않다고 생각했다(thought I am not free from obedience to god).'라는 의미로 번역했다.

그리고 고전9:21ab τοῖς ἀνόμοις ὡς ἄνομος(토이스 아노모이스 호스 아노모스-그 부적법한 상태로 사는 자들에게 부적법한 상태로 사는 자처럼)에서 τοῖς ἀνόμοις(토이스 아노모이스-그 부적법한 상태로 사는 자들에게)를 '(모세의) 율법이 없는 자들(='이방인')에게(to those without (Mosaic) law (='gentiles'))'라고 번역하고 '모세의 율법에 관해서는, 이방인들이 그것을 모르는 사람들로서 사용되며, 아무런 비판도 암시되지 않는다(with reference to Mosaic law, used of gentiles as persons who do not know it, with no criticism implied).'라는 설명을 붙여 놓고, 고전9:21b의 ὡς ἄνομος(호스 아노모스-부적법한 상태로 사는 자처럼) 문구와 함께 '바울은 모세의 전통 밖에 있는 사람들에 대한 공감을 나타낸다(Paul indicates empathy for those outside Mosaic tradition).'라고 결론지었다.

문맥적 검토
사실 이런 BDAG의 사전적 의미는 신약 성서와 또 다른 초기 기독교 문헌(other early christian literature)에서 나타나는 어휘의 개념을 수록한 사전(lexicon)으로 성경 구절에 대한 번역과 해설은 한 실례를 보여 주는 것이지 전지적 서술이 아니라는 한계를 가지고 있는 까닭에 실제 본문의 문맥을 검토함으로써만 바울 텍스트의 진의를 밝힐 수 있다.

그런 관점에서 고전9:18 이하를 보면, 사도 바울은 자신이 복음을 전할 때 그 복음을 아무런 대가를 받지 않고 전해 주면서 그 복음 안에 있는 자신의 권리를 쓰지 않은 것은 주님의 보상이 있음을 알기 때문이었다. 그리고 그는 모든 사람으로부터 자유로운 사람이었지만 모든 사람의 종으로 자처한 것은 그리스도의 복음으로 더 많은 사람을 얻고자 함이었다고 한다(고전9:19).

그래서 그 유대인들에게는 유대인과 같이 되어 그 유대인들을 얻고자 하였고, 율법 아래 있는 사람들을 얻고자 하여(ἵνα τοὺς ὑπὸ νόμον κερδήσω-히나 투스 휘포 노몬 케르데소) 율법 아래 있지 않은 자신이(μὴ ὢν αὐτὸς ὑπὸ νόμον-메 온 아우토스 휘포 노몬) 율법 아래(ὑπὸ νόμον-휘포 노몬) 있는 자와 같이 되었다고 한다(고전9:20).

핵심은 이어지는 고전9:21에서 자기는 '하나님께 부적법한 상태로 사는 자가 아니라(μὴ ὢν ἄνομος θεοῦ-메 온 아노모스 데우) 오히려 그리스도께 적법한, 합법적으로 사는 자(ἔννομος Χριστοῦ-엔노모스)이지만 그 부적법한 상태로 사는 자들을(τοὺς ἀνόμους-투스 아노무스) 얻기 위해 그 부적법한 상태로 사는 자들에게(τοῖς ἀνόμοις-토이스 아노모이스) 부적법한 상태로 사는 자와 같이(ὡς ἄνομος-호스 아노모스) 되었다.'라고 한다는 점이다.

여기서 그가 그렇게 행하는 것은 그 그리스도의 그 복음 때문이며, 그것은 그 복음에 함께 참여하는 자가 되기 위한 실제적인 삶의 여정에서 나타나는 삶의 방법이라고 밝히고 있다(고전9:12, 9:23)는 점이 중요하다.

이는 이 문맥에서 언급되는 '부적법한 상태로 사는 자와 율법 아래 있는 자, 하나님께 부적법한 상태로 사는 자 또는 하나님께 적법한 상태로 사는 자와 그리스도께 적법하게 사는 자' 등 각각의 구문이 가지는 진정한 의미는 그 그리스도의 그 복음이 주는 시각으로 결정된다는 말인데, 바울에게 있어서 그 그리스도의 그 복음(롬15:16, 19)이란 바울이 로마서에서 선포하는 하나님의 복음(롬1:1-17, 15:16)을 말하는 것으로서 본문을 그리스도 예수 안에 있는 구속을 통해 완성되는 구속사의 관점에서 이해하려고 애써야 한다는 말과 같다.

따라서 '아노모스(ἄνομος-부적법한 상태로 사는 자)'라는 단어는 BDAG가 규정하듯 일반적으로 '법을 위반하는 행위(to behaving contrary to law)'를 나타내는 개념의 형용사이다. 즉 '불법의 또는 무법의(lawlessly-무법적으로)'라는 의미로 모세의 율법을 가지고 있는 유대인이건 모세의 율법을 가지지 않은 이방인이건 상관없이 법을 어기는 자의 법을 위반한 행위를 표현하는 단어이지 단순히 '율법 없이'와 '율법 없는'이라는 표현과 같은 우리말로 번역됨으로써 오해할 수 있게 되는 '모세 율법을 가지고 있지 않은 이방인을 특정해서 가리키는 단어가 아니다.

여기서 꼭 기억해야 할 것은 이방인이 아닌 유대인들을 상대로도 '아노모스(ἄνομος-부적법한 상태로 사는 자)'라는 단어를 사용할 수 있다는 것인데, 이럴 경우는 사도 바울이 '아노모스(ἄνομος)'에 정관사를 사용해 표현한다는 사실을 이해하는 것이 중요하다.

그것은 세계의 인적 자원을 '유대인과 헬라인 곧 이방인'으로 나누는 구속사의 구도 속에서 두 부류의 인류 중 하나를 특정하게 하는 모세의 율법을 가진 자들의 불법적인 행위를 구별하기 위한 방식이다.

모세의 율법을 가진 자들과 모세의 율법을 가지지 않은 자들이 법을 위반하는 행위는 법을 위반했다는 측면에서 둘이 같은 범죄자이지만 둘이 같은 조건하에서 범죄한 것이 아니기 때문에 둘의 범죄가 구분되는 것처럼 모세의 율법을 가진 유대인들의 범죄는 이방인들의 범죄와 다른 면이 있다.

우선 처벌에 있어서 경중의 차이는 분명해 보이지만 구속사의 시각에서 보면 유치원 교사로 비유되는 모세의 율법이 그 실체인 온전한 율법을 드러내기 위한 그림자와 같은 역할을 하여 모세의 율법을 가지고 있는 자들을 그리스도께 인도하는 도구로 사용하기 때문에, 그 율법을 가진 자들은 그 율법을 가지지 않은 이방인들을 인도해 그들의 불법적인 행위에서 벗어나게 하는 그리스도 곧 구속의 복음을 믿어 구원에 이르게 하는 불법적인 행위라는 측면에서 구분된다.

그리고 마침내 구원받은 그 이방인들이 받은 하나님의 복음 곧 이방인의 사도인 바울의 복음인 그리스도의 복음을 통해 모세의 율법을 가지고도 그 역할을 제대로 수행하지 못하는 불법적인 행위를 저지른 그 유대인들을 구속하는 신묘한 결과를 가져오는 방식으로 하나님의 구원이 완성된다는 측면에서 모세의 율법을 가지고 있으면서도 하나님의 뜻을 거스리는 그 유대인들의 불법적인 행위는 구별된다.

그런 시각에서 문맥적으로 고전9:21에서와 같이 '그 부적법한 상태로 사는 자들(τοὺς ἀνόμους-투스 아노무스)'은 모세의 율법을 가진 자들이 그 율법이 겨냥하는 온전한 율법에 부당하게 행하는 불법을 표현하는 개념의 어휘임을 말하고 있다는 것을 직감하게 된다.

따라서 그것(ἄνομος-아노모스)은 오직 그리스도 예수 안에 있는 하나님의 복음, 곧 그리스도의 복음 밖에서는 알려지지 않은 미지의 율법으로서 하나님의 온전한 율법을 전제한 상황이나 상태에서 저질러지는 행위를 총괄적으로 표현하는 단어, 그러니까 모세의 율법이 아니면서도 모세의 율법을 품은 동질의 율법, 곧 이 세상의 또 다른 여타의 모든 율법을 하나로 통합해 버린 그리스도 예수님의 말씀과 행위로서의 온전한 율법과 관련해 부적합하거나 부적절한 불법적이고 무법적인 상태를 표현하는 개념의 어휘임을 입증한다.

불법 또는 무법

그런 관점에서 여기서 짚고 넘어가야 할 부분은 사도 바울이 자신에 대해 말하는 대목에서 시중 번역 성경들이 '그리스도의 율법 아래 있는 자'라고 한 부분이다. 헬라어 텍스트는 이 부분에 대해 '하나님께 부적법한 상태로 사는 자(ἄνομος θεοῦ-아노모스 데우)가 아니라 오히려 그리스도께 적법하게 사는 자(ἔννομος Χριστοῦ-엔노모스 크리스투)'라는 표현을 쓰고 있다. 이 말은 사도 바울 자신이 하나님의 율법과 관련해서 합당하게 사는 사람이지만 오히려 하나님의 율법을 넘어 그리스도의 율법을 추종하는 사람으로서 그리스도의 율법 안에 합법적으로 머무는 자임을 강조하는 표현이다.

이는 자신이 하나님의 율법 안에 있는 사람으로서 하나님의 율법을 충만케 하는 그리스도의 율법에 적법하게 사는 자임을 강조하는 것이며, 그 목적 또한 '그 부적법한 상태로 사는 자들(곧 모세의 율법을 가지고 있으나 그 율법에 부적합하거나 부적절하게 행하는 유대인들)을 얻고자 함이다(ἵνα κερδάνω τοὺς ἀνόμους-히나 케르다노 투스 아노무스).'라고 함으로써 그리스도 예수 안에 있는 구속으로 융합되고 통합된 세계 질서에서 최고의 율법으로 세워진 예수님의 말씀과 행위로서의 온전한 율법에 부적합하고 부적절한 자들을 구원하기 위해 애쓰는 모습과 관련한 내레이션(narration)이라는 사실을 확신하게 한다.

이런 그리스도 예수 안에 있는 구속사의 관점에서 보면 롬2:12의 '부적법한 상태로(ἀνόμως-아노모-스) 죄지은 자들'이란 단순하게 모세의 율법을 가지지 않고 살아간다는 방식의 논리가 아닌 그리스도의 율법으로 살아가는 자들을 겨냥한 최종적인 특별한 대비 곧 그리스도의 율법과 관련 없이 사는 자들을 말한다. 그리스도 예수 안에 있는 구속으로 융합되고 통합된 세계 질서에서 최고의 율법으로 세워진 예수님의 말씀과 행위로서의 온전하고 완전한 율법에 부적합하고 부적절하게 행한다는 확장된 영적 의미를 겨냥해 '불법적, 그러니까 부적법한 상태에서 죄지은 자들'이란 것이다.

그것은 필자가 롬1:16에서 사도 바울이 하나님의 복음을 로마에 전해야만 하는 이유로 '참으로 나는 그 복음을 부끄러워하지 않습니다. 왜냐하면 그 복음은 믿는 각 사람을 구원에 이르게 하시는 하나님의 권능이기 때문입니다.'라고 번역하고 '그것은 유대인에게 우선적인 것으로 보였으나, 사실은 유대인과 헬라인 양쪽 모두에게 동일한 것이었습니다(Ἰουδαίῳ τε πρῶτον καὶ Ἕλληνι-유다이오 테 프로톤 카이 헬레니).'라고 번역한 의도와 맥락에 닿아 있다. 그 구문과 동일한 구문이 2회 반복되는 롬2:9-10의 논리의 연장선, 그러니까 그 하나님의 선민 이스라엘인들의 대표인 유대인과 이방인들의 대표인 헬라인을 동일한 조건과 동일한 기준 선상에서 심판과 보응하시는 그 하나님의 그 판결이라는 관점의 논리에서 롬2:11-12을 읽을 때 비로소 롬2:12의 '부적법한 상태로 죄지은 자들'에서 '부적법한 상태로'라고 번역된 부사어인 '아노모-스(ἀνόμως)'의 원래 의미로 착안해 바르게 읽을 수 있게 된다.

2:11	οὐ γάρ ἐστιν προσωποληημψία παρὰ τῷ θεῷ.	왜냐하면 그 하나님께는 편파성이 없기 때문입니다.†
2:12	Ὅσοι γὰρ ἀνόμως ἥμαρτον, ἀνόμως καὶ ἀπολοῦνται, καὶ ὅσοι ἐν νόμῳ ἥμαρτον, διὰ νόμου κριθήσονται·	참으로 부적법한 상태로[※1] 죄를 저지른 자들은 누구든지 역시 부적법한 상태로[※2] 멸망할 것이고, 또한 율법 안에서 죄를 저지른 사람들은 누구든지 율법을 통해 심판받을 것입니다.

그 불법 자

또 이것과 동일한 의미로 쓰인 곳이 있는데, 부적법한 상태로 사는 사람을 나타내는 '아노모스(ἄνομος-불법의 또는 무법의)'를 모든 죄의 원흉으로 일컬어지는 원조 '불법자'의 개념으로 번역한 매우 강력한 증거 구절인 살후2:8을 볼 수밖에 없다.

이곳은 마지막 종말 때 믿음의 세계를 어지럽히며 배도(진리를 저버리는 일)하게 하는 '그 불법자'가 나타날 것인데 우리 주 예수님께서 강림하셔서 입의 영으로 '그 불법자'를 완전히 무력화시켜 버리신다는 내용이 명시된 곳이다.

문제는 '그 불법자'가 우리가 지금 추적하고 있는 '아노모스(ἄνομος-불법의 또는 무법의)'에 정관사를 붙인 형태로 나타나는데, 이는 특정 사람이나 사물에 의해 나타나는 명시된 특성의 전형적이거나 가장 높은 예(the typical or highest example of a stated quality, as shown by a particular person or thing)를 나타낸다는 의미에서 '그 불법자(ὁ ἄνομος-호 아노모스, BDAG는 불법의 전형 또는 대명사(the epitome of lawlessness)으로 봄)'로 고유 명사화되어 특정된 존재를 나타낸다.

그러니까 이제까지 그리스도 예수 안에서 이 단어(ἄνομος-아노모스)로 나타난 개념들을 묶어 보면 '아노모스(ἄνομος-부적법한 상태로 사는 자)'는 원흉인 '호 아노모스(ὁ ἄνομος-그 불법자)' 아래 지배당하는 상태를 언급하는 것이고, '그 불법자들(τοὺς ἀνόμους-투스 아노무스)'은 사탄의 지배 아래 사는 자들이다.

결국 '호 아노모스(ὁ ἄνομος-그 불법자)'는 그리스도 예수 안에 있는 구속을 통해 세계 질서를 하나로 통합한 하나님의 율법을 충만하게 하는 그리스도의 율법이 아닌 또 다른 법, 그러니까 본래 하나님의 율법을 죄의 관점으로 바꾸어 그 죄의 율법을 따라 살게 하여 참된 하나님의 율법을 교묘하고 헷갈리게 만들어 하나님의 백성으로 하여금 부적절하고 부적합하게 행하며 살도록 미혹하는 존재, 곧 사탄을 가리키는 표현이다.

이는 이 문맥 상단 살후2:3에서 확인되는데, 그는 배도하게 하는 '그 불법의 그 사람, 곧 그 멸망의 그 아들(ὁ ἄνθρωπος τῆς ἀνομίας, ὁ υἱὸς τῆς ἀπωλείας-호 안드로포스 테스 아노미아스, 호 휘오스 테스 아폴레이아스)'이라고 적시 되어 있는데, 흥미로운 것은 여기서 쓰인 '그 불법의 그 사람(ὁ ἄνθρωπος τῆς ἀνομίας-호 안드로포스 테스 아노미아스)'은 남성형 '호 아노모스(ὁ ἄνομος-그 불법자)'가 아닌 여성형 '헤 아노미아(ἡ ἀνομία-그 불법녀)'이다.

이렇게 사탄의 세계에 남성형 '호 아노모스(ὁ ἄνομος-그 불법 남)'와 여성형 '헤 아노미아(ἡ ἀνομία-그 불법 녀)'가 그들의 유전자를 가진 '그 불법자들(τοὺς ἀνόμους-투스 아노무스)'을 생산한다는 사실 또한 알게 된다. 그 불법자(ὁ ἄνομος-사탄)는 전능하신 창조주 하나님을 대적하는 자인데, 천사로 가장하고 그 하나님의 그 성전에 앉아 하나님이라고 불릴 만큼 모든 것들 위에서 뛰어난 자기의 능력을 보여 자기 자신을 하나님이라고 과시하는 자로 명시되어 있다(살후2:4).

아노미아(ἀνομία-아노미아)
정말 재미 있는 것은 이런 일을 같은 문단(살후2:7)에서 '그 불법의 그 비밀(τὸ μυστήριον τῆς ἀνομίας-토 미스테리온 테스 아노미아스)'이라고 명명하고 있는데, '그 불법' 또한 여성형 '헤 아노미아(ἡ ἀνομία)'로 이를 위에서처럼 '그 불법녀'로 의인화하면 성경 전체가 주목하게 하는 음녀(롬7:3이나 고전6:15-16, 계17:1, 5, 15, 16, 19:2)의 다른 표현으로서 이 '불법(ἀνομία-아노미아)'이라는 단어가 우리의 논의의 출발점인 로마서로 다시 돌아오게 만들고 있기 때문이다.

그것은 로마서 헬라어 텍스트에서 딱 3번 쓰이는데, 먼저 롬4:7 '그 불법들(αἱ ἀνομίαι-하이 아노미아이)이 사하여지고 그 죄들(αἱ ἁμαρτίαι-하이 하마르티아이)이 가려지는 사람들은 행복합니다.'에서 쓰였다.

문맥을 보면 아브라함이 육신을 따라 발견한 것은 불경한 자를 의롭게 하시는 하나님을 믿는 믿음으로 의롭게 여겨진다는 사실에 대한 증거로 다윗의 말을 인용하여 행한 일들과는 별개로 하나님께서 의로 계산해 주시는 그 사람의 그 행복을 노래하는 대목에서 믿음으로 용서받게 되는 '그 불법들(αἱ ἀνομίαι-하이 아노미아이), 그러니까 모세의 율법을 가지고 사는 이스라엘 왕국에 속한 백성들이 저지를 불법들'을 가리키는 용어이다.

이 경우에서 아노미아(ἀνομία)는 적극적으로 로마서 자체(롬7-8장)에서 밝혀질 그 죄의 그 율법을 따라 사는 것, 그러니까 분명히 모세의 율법을 가지고 있는 여호와 하나님의 선민인 유대인들마저도 그 불법자인 사탄의 하수인이 되어 모세의 율법이 요구하는 것에 부적법하게 살게 만드는 영적으로 부적절하고 부적합하며 부적법한 모든 가르침의 현장에 닿아 있다.

여기서 우리는 비로소 롬2:12에서 말하는 부적법한 상태에서 죄지어 멸망하는 자들의 외적인 궁극의 실상을 보게 된다. 그 진상은 바로 이어지는 롬2:13에서 만나는 율법을 이행하지 않고 듣기만 하는 자들, 곧 율법의 그 청취자들로 오버랩된다.

반역

이는 지금까지 살펴본 바에 의하면 '부적법한 상태로(ἀνόμως-아노모-스)'라는 것은 일반적으로는 하나님의 율법을 거역하고 불순종하여 율법에 부합되지 않는 부적절한 행위를 나타내지만 넓게 적극적으로는 인류를 파탄시키는 사탄의 법을 따라 살면서 하나님께 대항해 반역하는 행위들을 나타내는 단어와 직접적으로 관련이 있음을 보게 한다.

그러니까 롬2:12-14의 전체논리 속에서 '부적법한 상태로 죄지은 자들은 부적법한 상태로 망한다.'라고 할 때 '부적법한 상태로(ἀνόμως-아노모-스)'라는 말은 좁게 '유대인과 헬라인'이라고 하는 정해진 구도 속에서 보면 단순히 표면적으로 드러난 모세의 율법에 부적합하고 부적절하게 행하는 불법적인 행위를 나타내는 개념으로 오인할 수 있지만 넓게 모세의 율법이 없던 창조 세계의 시작으로부터 온 세상 모든 인류라고 하는 확장된 시각으로 보면 그리스도 예수 안에 있는 구속을 통한 하나님의 복음적 관점에서 몰래 개입된 율법, 곧 모세의 율법을 완성하러 오신 예수님의 말씀과 행위로서의 율법이라고 하는 확장되고 성취된 그리스도의 율법에 대항해 반역하는 행위를 수식하는 역할을 하는 단어이다.

이는 단순히 지상에 한정된 율법의 개념을 넘어 적극적으로 영적인 관점에서 영원 전부터 존재하는 영원한 하나님의 율법에 합당하게 행하지 않는 유대인과 헬라인 양쪽 모두를 포함한 온 세상의 모든 사람의 불법적이고 반역적인 행위를 가리키는 말이 된다.

한마디로 이 단어들 모두(ἀνόμως-아노모-스, ἄνομος-아노모스, ἀνομία-아노미아)는 온 세상 모든 나라의 모든 왕과 백성이 율법을 가지고 있거나 율법을 가지고 있지 않은 것과는 상관없이 오로지 그리스도 예수 밖에서 그들의 법으로 살았던 삶의 행위들로서 그리스도 예수 안에서 밝히 드러난 영원 전부터 존재하는 하나님의 율법, 그러니까 예수님께서 말씀하신 말씀과 행위로서의 율법, 곧 예수님 스스로 존재의 행위로 판단하고 입증하여 삶으로 보이신 온전한 행위의 율법을 거역하고 저지르는 불법적이고 반역적인 행위와 관련된 것들을 모조리 나타내는 단어로 쓰이고 있다.

결론

마지막으로 롬6:19에서 사도 바울은 그 그리스도의 그 복음으로 말미암아 죄로부터 풀려나 자유를 얻어 의의 종이 되었다는 사실을 연약한 인간들이 알아들을 수 있는 논리로 다시 설명하는 대목에서 '그 불법(ἡ ἀνομία-그 불법)'이라는 단어를 쓴다.

여기서 중요한 것은 '여러분이 전에 여러분의 지체를 그 부정과 그 불법(τῇ ἀνομίᾳ-테 아노미아)에 종으로 내어주어 그 불법(τὴν ἀνομίαν-텐 아노미안)에 봉사하게 된 것처럼, 이제는 여러분의 지체를 그 의(τῇ δικαιοσύνῃ-테 디카이오쉬네)에게 종으로 드려 거룩하게 하심에 봉사해야 합니다.'에서 '그 불법(ἡ ἀνομία-그 불법)'이라는 단어가 바로 그 그리스도의 그 복음으로 말미암아 죄로부터 풀려나 거룩하게 하시는 일에 봉사하게 하는 그 의(τῇ δικαιοσύνῃ-테 디카이오쉬네)에 반대되는 쪽의 세력에 지배당하여 종노릇하는 개념의 단어로 쓰인다는 사실이다.

이에 대한 확실한 증거는 고후6:14에서 믿는 자 곧 그리스도인들에게 믿음이 없는 자들과 멍에를 같이 메지 말라고 당부하며 그 이유로 빛과 어둠이 함께 사귈 수 없듯이 어찌 의(δικαιοσύνη-디카이오쉬네)와 불법(ἀνομία-아노미아)이 함께할 수 있겠느냐는 질문에서 확인되고, 이어지는 고후 6:15에서 '그리스도와 벨리알(사탄)이 어찌 조화되며 믿는 자와 믿지 않는 자가 어찌 상관하며 하나님의 성전과 우상이 어찌 일치가 되리요 너희는 살아 계신 하나님의 성전이다.'라고 말함으로써 '불법(ἀνομία-아노미아)'의 개념이 사탄의 휘하에서 사는 자들의 행위를 가리켜 강조하는 데서 확증된다.

이는 '불법(ἀνομία-아노미아)'이라는 단어가 그 그리스도의 그 복음을 듣고 믿어 의롭다고 하심을 얻기 이전에 가지고 살던 삶의 방법과 원리를 가리키는 것임을 보여 준다. 그리스도인들의 입장에서 보면 영원한 삶을 살게 하시는 그리스도의 법이 아닌 죄와 사망의 법을 따라 억울하게 살았던 모든 삶을 가리켜 '불법에 종노릇하는 것'이라고 하는 것이다.

한마디로 아노미아(ἀνομία)는 인류가 알든 모르든 그리스도 예수 안에서 명백하게 밝혀지는 하나님의 율법 안에서 적법하게 살지 않고 거슬러 반역하는 삶을 나타낸다.

따라서 본문(롬2:12)에서 '부적법한 상태로'로 번역된 아노모스(ἀνόμως-아노모-스)에 대한 결론은 하나님께서 만드신 작품으로서 그의 내면에 장착된 하나님의 율법적 요구를 따라 행하는 행위를 기준으로 판단하시는 판단의 실체가 되는 온전한 율법, 그러니까 모든 말과 모든 행위를 공정하게 심판하시는 예수님의 말씀으로서의 율법을 예수님께서 스스로의 행위로 이루어 내시는 존재로서의 율법에 부적합하거나 부적절하게 행하는 부정한 행위를 나타내어 '죄를 저질렀다(ἥμαρτον-헤마르톤)'라는 동사를 수식하는 부사어이다.

그런 의미에서 본문을 다시 한번 읽어 보라.

새롭게 읽을 수 있는 단서를 찾았다는 생각을 가지고 바울의 텍스트에 대한 진의를 파악하고자 하는 열의가 생기지 않는다면 지난날의 로마서 해석에 물들어 꼼짝하지 못하는 것이다. 딴청 부릴 때가 아니다. 두 눈을 부릅뜨고 바울의 목소리에 귀를 기울여 보자.

2:12	Ὅσοι γὰρ ἀνόμως ἥμαρτον, ἀνόμως καὶ ἀπολοῦνται, καὶ ὅσοι ἐν νόμῳ ἥμαρτον, διὰ νόμου κριθήσονται·	참으로 부적법한 상태로[※1] 죄를 저지른 자들은 누구든지 역시 부적법한 상태로[※2] 멸망할 것이고, 또한 율법 안에서 죄를 지지른 사람들은 누구든지 율법을 통해 심판받을 것입니다.
2:13	οὐ γὰρ οἱ ἀκροαταὶ νόμου δίκαιοι παρὰ [τῷ] θεῷ, ἀλλ' οἱ ποιηταὶ νόμου δικαιωθήσονται.	왜냐하면 율법의 그 청취자들이 [그] 하나님께 의인들이 아니라, 율법의 그 이행자들이[*] 의롭다고 여겨질 것이기 때문입니다.
2:14	ὅταν γὰρ ἔθνη τὰ μὴ νόμον ἔχοντα φύσει τὰ τοῦ νόμου ποιῶσιν, οὗτοι νόμον μὴ ἔχοντες ἑαυτοῖς εἰσιν νόμος·	이는 율법을 가지지 못한 이방인들이 본성으로 그 율법의 일들을[*] 이행할 때, 이들은 율법을 가지고 있지 않음으로 자기가 자신에게 율법이기 때문입니다.

헛소리

우리는 지금까지 '부적법한 상태로 죄지은 자들은 누구든지 역시 부적법한 상태로 망할 것이다.'라고 했을 때 멸망의 원인이 되는 죄를 어떻게 판단할 것인지의 문제를 풀기 위해 '부적법한 상태로(ἀνόμως-아노모-스)'의 개념을 추적하면서 알게 된 사실은, 이 단어의 형용사 '아노모스(ἄνομος-불법의 또는 무법의)'와 명사 '아노미아(ἀνομία-불법 또는 무법)'를 통해 최종적으로 사도 바울이 전한 하나님의 복음(그리스도의 복음)을 듣고 믿음으로 구원(의롭다고 하심)받은 이후에 깨닫게 되는 사탄의 법을 추종한 반역 행위를 드러내기 위한 단어라는 것이었다.

따라서 롬2:12에서 멸망의 원인이 되는 '부적법한 상태로(ἀνόμως-아노모-스)' 짓는 죄는 롬1:18-32에서 말하는 하나님의 격렬한 진노의 대상이 되는 '불의로 그 진리를 막는 모든 불경과 불의한 행위를 가리키며, 롬2:8에서 하나님의 진노를 일으키는 원인이 되고 롬2:9에서 그 악한 일을 저지르는 존재가 이 땅에서 처하게 될 상황이 기술되었다. 그러니 그런 자들의 종국은 멸망이 마땅한 것이다.

그리고 롬2:13은 롬2:12의 율법 안에서 죄지은 자들이 누군지 밝힌다. 그들은 율법을 이행하지 않고 듣고만 있는 자들이다. 이들 역시 불의한 자들이며 하나님의 온전한 율법을 따라 판단을 받게 되는 자들이다.

이 같은 논리의 이해는 타락한 이성에 지배되는 사람에서는 기대할 수 없는 일이다. 그것은 하나님의 복음이 드러나는 만큼 명확하게 드러나게 된다. 그러니까 하나님의 복음을 전제하지 않은 그 어떤 논리로 로마서를 설명하려 드는 것은 거짓된 말을 만들거나 유아적인 언어유희에 불과한 불명확한 헛소리가 된다.

그런 사실은 그리스도 예수 안에 있는 하나님의 복음이 전파됨으로써 나타나는 하나님의 한 의로 인해 발생하는 일을 통해서 명확하게 확인된다.

2:15	οἵτινες ἐνδείκνυνται τὸ ἔργον τοῦ νόμου γραπτὸν ἐν ταῖς καρδίαις αὐτῶν, συμμαρτυρούσης αὐτῶν τῆς συνειδήσεως καὶ μεταξὺ ἀλλήλων τῶν λογισμῶν κατηγορούντων ἢ καὶ ἀπολογουμένων,	이런 사람들은[※1] 그들의 마음속에 새겨진 그 율법의 그 일을[※2] 드러내어 보여 주며, 그들의 양심이 더불어 증언할 때 또한 서로 간에 생각들이 엇갈려 고소하거나 변호하기도 합니다.
2:16	ἐν ἡμέρᾳ ὅτε κρίνει ὁ θεὸς τὰ κρυπτὰ τῶν ἀνθρώπων κατὰ τὸ εὐαγγέλιόν μου διὰ Χριστοῦ Ἰησοῦ.	이런 일은 그 하나님께서 그리스도 예수를 통해 내가 전한 복음을 따라서[※1] 그 사람들의 그 숨겨진 일들을[※2] 심판하시는 날에 나타납니다.

소환

그러므로 이 대목에서 우리가 생각해야 할 것은 그리스도 예수 안에 있는 구속을 통해 융합되어 통합된 세계관에 대한 인식이다. 그러니까 그것은 필자가 1권에서부터 지금까지 줄기차게 이야기해 왔던 인류를 향한 하나님의 구원에 대한 계획이 세계 역사 속에서 어떤 방식으로 진행하고 성취되어 왔는지를 이해하는 관점에서 로마서 텍스트를 이해하는 안목이다.

달리 말하면 성경이 제시하는 구원역사에 대한 스토리가 일반 세계사 속에서 어떤 방식으로 세계 역사를 주도해 왔는지를 이해하는 관점에서부터 본문의 깊은 의미를 이해하는 곳으로 나아가야 한다는 말이다.

다시 강조하지만 정말 오늘 본문을 우리가 제대로 이해하기 위해서는 그리스도 예수 안에 있는 융합되고 통합된 세계관으로부터 드러나고 있는 전능하신 창조주 하나님의 구속 역사를 통해 이루어지는 새로운 질서의 위대함을 근거로 하는 이방인의 사도인 바울이 세계를 보는 영적 안목을 토대로 삼지 않으면 억측과 억지 주장만 늘어놓게 된다는 것이다.

율법 문제

이제 이런 관점을 알지 못해 본문의 진의를 명확하게 이해하지 못하는 자들을 위해 좀 더 구체적인 이야기를 해 보자.

지금까지 필자는 본문(롬2:12) '참으로 '부적법한 상태로(ἀνόμως-아노모-스)' 죄를 저지른 자들은 누구든지 역시 '부적법한 상태로(ἀνόμως-아노모-스)' 멸망할 것이고, 또한 '율법 안에서(ἐν νόμῳ-엔 노모)' 죄를 저지른 사람들은 누구든지 '율법을 통해(διὰ νόμου-디아 노무)' 심판받을 것입니다.'라는 구문의 의미를 제대로 이해하기 위해 많은 지면을 할애하면서 그에 대한 명확한 입장을 밝혔다.

시중 번역 성경에서처럼 '율법 없이 죄지은 사람들'이라고 번역해 놓고 그들을 단순히 모세의 율법을 가지고 있지 않은 사람이라고 규정하고, 그들을 이방인이라고 단정한다면 이방인들의 처지에서 모세의 율법이 없는 상태에서 죄를 지었기 때문에 멸망이라는 최악의 결과를 당하는 것이 과연 공의롭고 공평하겠는가?

그렇게 말할 때 본문에서 생기는 죄와 율법, 심판(진노)과 구원에 관한 논리적인 문제는 계속되는 로마서의 논리 속에서 풀 수 없는 문제로 귀결되는데, 이는 롬 5:12-21에서 말하는 '아담과 그리스도'라는 대표 원리를 근거한 구원의 논리에 정면으로 배치(背馳)된다. 그것은 모세 이전의 사람들이 모두 다 모세의 율법이 없기 때문에 죄를 지었고 그런 이유로 몽땅 멸망을 받았다고 하는 어처구니없는 주장과 같은 그릇된 논리적 문제에 봉착하게 된다.

이는 아브라함과 이삭과 야곱이나 노아 에녹 아담 등의 사람들을 모세 이전의 사람들이라고 해서 이방인의 범주에 넣어야 하는 논리적 모순이 발생하게 할 뿐만 아니라 본문(롬2:12-14)과 로마서 전체에서 언급되는 '율법'이라는 말이 획일적으로 모세의 율법만을 가리키는 말로 보아야 하느냐는 근본적인 질문을 하게 되는 자리까지 나가게 한다.

이 또한 모세의 법과 이방인의 법이라는 두 법의 관계뿐만 아니라 그 차이점이 무엇인지에 대한 궁금증이 생기게 되고 그건 다시 로마서 전체에서 언급되는 '율법'이라는 말 중에 어떤 경우를 모세의 율법을 가리키는 것이라고 할 수 있느냐는 혼란스러움에 직면하게 한다.

이에 대한 확실한 답은 이미 말해 왔듯이 모든 이해 충돌을 단번에 제거할 수 있도록 세계 역사를 융합하고 통합해 하나의 새로운 세계를 만든 그리스도 예수 안에 있는 구속을 통해 완성될 구속사에 대한 이해와 전망 속에서만 얻을 수 있고 그 의미를 명확하게 알 수 있다.

첫 번째 근본적인 질문(로마서에 쓰이는 '율법'이라는 용어가 모두 모세의 법을 지칭하느냐?)에 대한 답은 '아니다'이기 때문에 그 첫 번째 질문으로부터 파생되는 모든 질문과 궁금증은 자연스럽게 사라져야 맞다. 허나 문제는 여전히 깔끔하게 해결되지 않는다. 모세 이전의 사람을 다 이방인이라고 우리가 말하지 않는 것은 특히 그들 중 일부가 아브라함 등과 같은 유대인들의 조상이기 때문이라고 해도 그들은 모세의 율법 아래 있던 사람들이 아니라는 것은 명백한 사실이기 때문이다.

실제로 그들은 모세의 율법이라는 성문법을 가지고 있지 않았다는 사실에서 율법을 가지고 있지 않은 사람들이 맞다.

그렇다고 그들이 '로마서가 말하는 율법'을 가지고 있지 않았다고 말할 수 없는 것은 그들이 실제 삶에서 하나님께로부터 명령을 받았고 실생활에서 그 명령들은 그들의 삶을 지탱해 주는 율법이었기 때문이다.

그렇다면 이방인의 개념이란 실제로 하나님의 직접적인 명령과 관련한 것들을 어떻게 이해하고 얼마만큼 실생활에 반영하며 살았는지와 연계되어 있다는 데까지 그 개념을 넓게 확장해 이해할 수 있게 된다. 그리고 그것은 창조 세계로까지 거슬러 올라갈 수 있다는 말이 된다. 이게 바로 바울이 말하는 '아담과 그리스도'라는 대표 원리에 입각한 구원 논리에 닿는다.

대입 안 됨

필자가 하고 싶은 말은 유대인과 이방인에 대한 구원과 심판 문제에 있어서 '둘 간에 차별이 없다.'거나 또는 '둘에 대한 하나님의 판단에는 편파성이 없다.'라는 문제를 '죄와 율법'이라는 일반적인 관점과 관련해서 그 해답을 찾아가는 길은 매우 복잡하다는 것이다. 그러니까 그것은 사도 바울이 로마서의 핵심인 하나님의 복음이 가진 깊은 뜻을 온전히 기술하고 하나님을 찬양하는 대목(롬11:33-36)에서처럼 심오한 주님의 뜻은 인간의 이성으로는 도무지 알 수 없는 것과 연계된 것임을 인정하자는 것이다.

필자가 융합되고 통합된 세계관을 운운하는 것도 다 따지고 보면 유대인과 이방인들이 가진 세계관의 갈등 관계 속에서 이루어지는 구속사를 바라보는 시각에 불과한데, 단지 필자는 구속의 역사 속에 발생한 유대교라고 하는 종교에 속한 유대인과 이방인들이 서로 어떤 관계 속에서 어떤 영향을 주고 어떤 영향을 받으며 오늘에 이르게 되었는지를 객관적으로 살펴 본문의 진의를 찾고자 하는 것이지 소위 2000여 년 동안 율법 학자들과 신학 학자들이 정해 놓은 유대인과 이방인의 개념을 아무런 비판 없이 직접 대입해서 읽어서는 안 된다는 사실을 말하고 싶은 것이다.

잡혀 먹힘

분명히 로마서의 '유대인과 이방인'이라고 하는 표현은 표면적으로 그들을 구분하게 하는 특성으로서 유대인의 율법과 할례를 언급하는 것이 사실이며 그것들은 그들에 대한 그 하나님의 편파성 없는 공정한 심판을 논하는 과정에서 그 중심에 위치한다(롬2:11-3:1).

그럼에도 우리가 이미 살펴보았듯이 모세의 율법을 가지지 않은 비유대인인 이방인들도 엄연히 그들의 율법이 존재하고 있었다는 것뿐만 아니라 그들의 율법이 유대인들이 가지고 있던 율법과 관련이 있다는 사실을 인정하지 않는다면 하나님께서 이방인의 죄를 정죄할 때 그 심판의 근거가 모호한 정도가 아니라 그 실효 또한 아예 발생할 수 없게 될 수도 있다.

그래서 사도 바울은 '율법을 소장하지 못한 이방인들에 대해 롬2:14-16에서 자세히 기술하고 있는데, 그 시작에 '율법을 가지지 못한 이방인들이 본성으로 그 율법의 일들을 이행할 경우, 율법을 가지고 있지 않음으로 자기가 자신에게 율법이 됩니다.'라고 설명하면서 존재 자체로서의 율법을 말하고 있다는 점을 눈여겨봐야 할 부분이다.

이는 '율법을 가지지 못한 이방인들이 본성으로 모세의 율법이 요구하는 행위들을 이행할 경우, 율법을 가지고 있지 않음으로 자기가 자신에게 율법으로 존재합니다.'라는 뜻으로 존재 자체로서의 말과 행위가 율법으로 존재하는 이방 사람(비유대인)을 말함으로써 모세의 율법을 가진 유대인이 아닌 이방인에게 먼저 알려져 믿음의 주로 드러나신 그리스도 예수님을 보게 하는 대목이다.

이걸 유대인과 이방인이 얽히고설켜 돌아가는 숙명적인 히스토리라고 하는 융합되어 통합된 세계관으로 설명하면 좀 더 쉽게 이해할 수 있다. 아나콘다라고 하는 대형 뱀이 덩치 큰 짐승을 잡아먹은 것처럼 모세의 율법을 목숨보다 중요하게 생각하는 유대인들을 통째로 잡아먹은 이방의 제국들하에서 모세의 율법이 이방인 속에 있게 되었고, 그 율법은 서서히 이방인의 살과 뼈가 되어 갔다. 그게 융합되어 통합된 구속사적인 세계의 진실이다. 이방인이 모세의 율법과 관련이 없다고 부정할 수 없는 사실을 그 하나님께서 세계사 속에 구속사라고 하는 계시를 드러내어 거대한 암석에 새겨 놓고 오고 오는 시대의 모든 인류가 볼 수 있게 만드신 것을 상상해 보라.

사이비 해석
이는 하나님의 복음으로 본래부터 비뚤어지긴 했으나 유대인이건 이방인이건 모든 인간 속에 있었던 하나님의 법을 사랑하는 마음과 창조 때부터 하나님의 율법이 요구하는 일들이 기록되어 있던 인간의 마음을 일깨워 하나님을 믿고 사랑하는 자리까지 나가게 하시려는 하나님의 계획으로 드러났다.

이 계획의 완성을 나타내는 사도 바울의 복음인 하나님의 복음(그리스도의 복음)은 그 복음의 완성된 모습을 설명하는 로마서의 모든 논리의 토대이고 중심 메시지이다. 이런 시각으로 로마서의 한 문단 한 문단을 해석하지 않으면 그 어떤 해석도 사이비 해석이 된다.

엄청난 사건
그런 시각으로 볼 때 '부적법한 상태로 죄지은 사람들'이라는 말은 그저 율법을 소장하고 있지 않은 이방인을 가리키는 것을 넘어선 창조 세계의 질서에서 벗어난 인류의 본질적인 죄와 관련해 언급하고 있다는 사실을 알 수 있다.

마찬가지로 '율법 안에서 죄지은 자들'이라고 표현한 사도 바울의 논리가 '율법 밖에서'라는 개념을 나타내고 있다는 사실을 보더라도 '율법 안에 죄지은 자들'이라는 표현은 그저 모세의 율법을 소장하고 있는 유대인을 가리키는 것을 넘어선 창조 세계의 질서에서 벗어난 인류의 근본적인 죄를 심판하고 정죄하기 위해 인류 전체를 융합하고 통합할 수 있는 근거로 본질적인 하나님의 율법 자체를 언급하고 있다는 사실을 알 수 있다는 측면에서 본문에서 말하는 '율법'이라는 용어가 단순하면서도 얼마나 복잡 구조의 내용에 쓰이고 있는지를 알아챌 수 있을 것이다.

실제로 롬2:12에서 '참으로 부적법한 상태로 죄를 저지른 자들은 누구든지 역시 부적법한 상태로 멸망할 것이다.'에 이어 '율법 안에서 죄지은 자들은 율법을 통해서 심판받을 것이다.'라는 두 문장의 간격 속에는 창조 때부터 아브라함을 선택함으로써 표면적으로 드러난 유대인과 이방인 간의 융합과 통합의 역사가 있고 그 역사는 그리스도 예수 안에서 거꾸로 아브라함의 선택과 언약 그 이전의 원시적인 언약(창3:15)으로 인해 양분되어 흘러왔던 인류의 죄와 심판의 실제적인 문제를 보게 하며 그 이면에 숨겨져 있는 영적 관계의 모든 비밀을 모두 드러내는 엄청난 사건과 그 이야기에 대한 이해를 가능케 한다.

만만한 대목이 아니다
그런 의미에서 이어지는 롬2:13에서 '율법의 청취자들이 [그] 하나님께 의인들이 아니라, 율법을 이행자들이 의롭다고 여겨질 것이기 때문입니다.'라고 하는 사도 바울의 말은 단어의 선택적 사용, 그러니까 이스라엘의 쉐마교육에서도 나타나듯이 듣고 따르는 믿음의 청종에 이르기까지 율법을 완성해 가야만 하는 아브라함의 후손인 이스라엘 민족의 삶에 막중한 의무가 부여되어 있지만 그 의무를 이행하지 못하는 사람들을 꼬집기 위해 율법을 듣기만 하는 사람과 율법을 이행하는 사람(율법의 본래 요구와 정신에 충족한 행위를 만들어 내는 자)을 **구분하고 있다는** 데 그 초점이 있다.

특히 최종적으로 그것을 이루는 과정에서 이방인과 엮여 70년간 민족적 수난을 당하는 과정을 거쳐 마침내 유대인들이 가지고 있는 율법을 완성해 내신 우리 주님 예수 그리스도를 그리스도 예수 안에 있는 구속의 관점에서 다시 그의 죽으심과 부활하심이라는 사건을 모든 인류가 감사와 기쁨으로 환영해야 할 희소식으로 완전하게 재해석하고 설명해야만 하는, 그러니까 이방인의 관점에서 유대인을 아우르되 또한 유대인의 관점에서 이방인을 아우르는 온 창조 세계를 위한 하나님의 복음을 규명해 내고 전파해야 할 특별한 사도적 소명과 사명감으로 충만한 깨달음의 보물창고 속으로 들어가게 한다. 결코 만만하게 볼 수 있는 대목이 아니란 말이다.

본질

실제로 롬2:13에 쓰이는 '이행한다'는 표현은 율법이 가진 참의미를 완성하기 위해 행동하는 것을 나타내는 헬라어 포이에오(ποιέω-행하다 또는 만들다)라는 동사의 명사형 복수 포이에타이(ποιηταί)이다. 이를 원문을 직역하면 율법의 행위자 또는 이행자(οἱ ποιηταί νόμου-호이 포이에타이 노무)이나 바로 앞에서 언급한 '그 듣는 자들(οἱ ἀκροαταί νόμου-호이 아크로아타이 노무)'은 율법의 그 청취자이다.

한마디로 율법의 본질을 행동으로 나타내는 사람들과 율법을 겉으로 듣기만 하는 사람들과의 비교를 통해 범죄자를 색출하는 방식으로 하나님의 심판이 이루어진다는 사실을 말하고 있는 것이다. 이 말은 롬2:12과 13에서 연결되는 내용으로 율법 안에 있어 율법을 듣고 자라 살면서도 율법을 이행하지 않았다면(율법의 본래적 요구(정신) 따라 행하지 않는다면) 누구든지 율법을 통해 심판받게 된다는 말이다.

그래서 사도 바울은 예를 들어 모세의 율법을 낭독하는 전문 사역자들이 있는 유대인들의 회당 중심의 신앙공동체에서 일어날 법한 일들을 상상할 수 있듯이 '율법의 그 청취자들이 [그] 하나님께 의인들이 아니라, 율법의 그 이행자들(οἱ ποιηταί νόμου-호이 포이에타이 노무)이 의롭다고 여겨질 것이다.'라고 하나님께서 심판하시는 근본 원리를 쓰는 것이다.

| 2:13 | οὐ γὰρ οἱ ἀκροαταὶ νόμου δίκαιοι παρὰ [τῷ] θεῷ, ἀλλ' οἱ ποιηταὶ νόμου δικαιωθήσονται. | 왜냐하면 율법을 듣는 그 사람들이 [그] 하나님께 의인들이 아니라, 율법을 이행하는 그 사람들이† 의롭다고 여겨질 것이기 때문입니다. |

그리고 사도 바울은 그 이유를 롬2:14에서 언급하면서 비로소 율법을 가지지 못한 이방인들의 본성(φύσει-퓌세이)을 말한다. 이 '본성으로'라고 번역한 헬라어 퓌세이(φύσει)는 '출생으로 인해 결정된 상태 또는 상황(condition or circumstance as determined by birth)'을 나타내는 단어로 본문에서는 '실체의 자연스러운 성격(the natural character of an entity)'을 표현하여 사람이 타고난 특정 유형의 성격을 나타낸다(disposition-the particular type of character that a person naturally has:).

그러니까 이는 자연적으로 전형적이거나 현저하게 눈에 띄는 특성(natural characteristic-a typical or noticeable quality of someone or something)인 본성으로 이방인들 역시 하나님의 율법과의 관계를 떼려야 뗄 수 없는 사람들임을 밝히고, 그들이 본성으로 유대인들이 가지고 있는 모세의 율법이 요구하는 일들을 이행할 때, 이들은 광의적 의미에서 율법을 가지고 있지 않으므로 자기가 자신에게 율법으로 존재하는 것이라고 말한다.

이로써 유대인과 이방인을 심판하는 기준이 같다는 사실이 명확해졌다. 하나님의 심판에 있어서는 인간이 가진 조건에 의해서 차별을 하게 되는 원인인 편파성이 있을 틈이 전혀 없다는 사실이 입증된 것이다.

| 2:14 | ὅταν γὰρ ἔθνη τὰ μὴ νόμον ἔχοντα φύσει τὰ τοῦ νόμου ποιῶσιν, οὗτοι νόμον μὴ ἔχοντες ἑαυτοῖς εἰσιν νόμος· | 이는 율법을 가지지 못한 이방인들이 본성으로 그 율법의 일들을 이행할 때, 이들은 율법을 가지고 있지 않음으로 자기가 자신에게 율법이기 때문입니다. |

연역
특별히 여기서 놓치지 말아야 할 것은, 사도 바울의 논리가 결국 이방인들을 심판하는 원리로부터 유대인들의 심판을 연역해 내고 있다는 점이다.

사실 이같은 논리는 지금까지 필자의 설명에 예상되는 반문('율법'이 모세의 법이 아니고 '우주적 관점'에서의 하나님의 법이라고 한다면 율법을 가지지 못한 이방인이 있기나 한가? 즉 인류 전체는 이미 율법 아래 영향을 받고 있는 게 아닌가?)으로도 확인되는데, 그건 여기서 쓰인 보통명사로서의 '율법'이라는 용어(정관사를 쓰지 않은 'νόμος-노모스'를 굳이 '한 율법' 또는 '한 법'이라고 번역하지 않았더라도)가 그리스도 예수 안에서의 융합과 통합 과정을 거친 이후 생성된 새로운 개념의 용어임을 인식하지 못할 때 발생하는 질문으로 그 질문 자체가 이미 그리스도 예수 안에서 융합과 통합된 법적 개념을 겨냥하고 있다는 점에서 본문의 의미는 더욱 분명해진다고 하겠다.

이는 앞으로 우리가 로마서에 깊이 들어갈수록 분명하게 해결해야 할, 유대인들이 가지고 있는 모세의 율법, 곧 페이퍼 위에 적힌 율법 조항으로서의 율법과 관련하여 그 해석에 대한 첨예한 법적 다툼을 예상할 수 있게 한다는 점에서 매우 중요하다. 왜냐하면 실제로 로마서 전체에서 다루는 하나님의 구원이 이 율법의 속박으로부터 풀려나 자유로운 삶을 살도록 하는 것과 직접적으로 관련이 있기 때문이다.

그러므로 사도 바울은 유대인의 심판에 대한 본질적인 문제를 다루는 일을 다음 문단(롬2:17-24)으로 넘기고 하나님의 복음의 관점에서 이방인에 대한 하나님의 심판 방식을 마무리하는데, 그 내용이 바로 롬2:15-16이다.

2:15	οἵτινες ἐνδείκνυνται τὸ ἔργον τοῦ νόμου γραπτὸν ἐν ταῖς καρδίαις αὐτῶν, συμμαρτυρούσης αὐτῶν τῆς συνειδήσεως καὶ μεταξὺ ἀλλήλων τῶν λογισμῶν κατηγορούντων ἢ καὶ ἀπολογουμένων,	이런 사람들은[※1] 그들의 마음속에 새겨진 그 율법의 그 일을[※2] 드러내어 보여 주며, 그들의 양심이 더불어 증언할 때 또한 서로 간에 생각들이 엇갈려 고소하거나 변호하기도 합니다.
2:16	ἐν ἡμέρᾳ ὅτε κρίνει ὁ θεὸς τὰ κρυπτὰ τῶν ἀνθρώπων κατὰ τὸ εὐαγγέλιόν μου διὰ Χριστοῦ Ἰησοῦ.	이런 일은 그 하나님께서 그리스도 예수를 통해 내가 전한 복음을 따라서[※1] 그 사람들의 그 숨겨진 일들을[※2] 심판하시는 날에 나타납니다.

전환된 관점의 실체

롬2:15은 불특정 다수를 가리키는 관계 형용 대명사 호이티네스(οἵτινες)로 시작한다. 이는 바로 앞 롬2:14에서 언급한 '본성으로 그 율법의 일들을 이행하는 사람들'인 이방인들, 그러니까 전능하신 창조주 하나님의 구속사에 따라 모세의 율법에 불충한 이스라엘 민족을 이방인들의 속국이 되게 하여 융합과 통합된 세계 질서 상황에서의 이방인들을 물고 내려와 롬2:15에 연결하는 단어이다.

한마디로 롬2:15의 호이티네스(οἵτινες)는 하나님의 율법을 본성으로 이행하는 이방인들 곧 하나님과의 관계에서 인류를 대표하는 유대인을 잡아먹은 이방인들 가운데서 하나님의 복음에 반응하는 불특정 다수이다. 이 표현을 잊지 말길 바란다. 왜냐하면 롬2:12-14의 간단하면서도 복잡한 구조가 이를 반영하고 있기 때문이다.

한데 여기에 하나의 매우 중요한 문제점이 들어 있다. 롬2:14이 이방인들을 '본성으로 그 율법(모세의 율법)의 일들을 이행하는 사람들'을 말한다면, 롬2:15은 그 이방인들을 가운데 불특정 다수가 '그 율법(모세의 율법)의 그 일을 드러내어 보이는 사람들'이라고 말한다는 것이다.

여기에는 두 가지 차이점이 공존한다. 그것은 그 율법(모세의 율법)과 관련하여 '이행하는 사람(ποιῶσιν-포이오신)'과 '드러내어 보이는(ἐνδείκνυνται-엔데이크뉜타이) 사람'의 차이인데, 전자는 '그 율법의 일들'이라고 하는 복수적 표현과 관련되어 있고 후자는 '그 율법의 그 일'이라고 하는 단수적 표현과 관련되어 있다.

그 차이를 명확하게 알려면 사도 바울의 이방인에 대한 인식을 이해해야 한다. 그들은 유대인을 품은 이방인들, 유대인의 특성을 삼켜 버린 이방인들, 유대인들의 특성이 고스란히 이방인들의 본성에 내재하고 있었음을 확증하는 구속사 안에 있는 이방인들, 유대인들과의 관계를 떼려야 뗄 수 없는 이방인들을 가리킨다.

전자인 '그 율법의 일들(τὰ τοῦ νόμου-타 투 노무)'과 관련해서는 심판의 근거가 되는 유대인들과 이방인들 모두 본성으로 행해야 하는 '모세의 율법이 요구하는 무수히 많은 일과 행위들'을 이행하는 문제를 가리키고 있고, 후자인 '그 율법의 그 일(τὸ ἔργον τοῦ νόμου-토 에르곤 투 노무)'과 관련해서는 전자인 '모세의 율법이 요구하는 무수히 많은 일과 행위들(τὰ τοῦ νόμου-타 투 노무)'이 겨냥하고 있는 궁극적으로 완성되는 지점에서 일어나는 하나의 특정된 일과 특별한 행위 곧 예수 그리스도의 십자가 사건을 가리켜 그것에 주의를 기울이거나 알려지게 만드는(to direct attention to or cause something to become known) 문제를 가리킨다.

그것은 렘31:31-34(여호와께서 직접 자신의 법을 사람들 속에 두며 그 마음에 기록하여 그들의 하나님이 되고 그들은 여호와의 백성이 되게 하는 새 언약을 성취하심)과, 사51:1-8(여호와의 의를 아는 사람 곧 마음에 여호와의 율법을 두어 여호와의 구원에 참여하는 사람)과 같이 모세의 율법이 궁극적으로 요구하는 것이 이방인들의 마음 안에 기록되어 있음을 보여 그들의 양심이 더불어 증언하게 함으로써 서로 간에 생각들이 엇갈려 고소하거나 변호하기도 하는 현상이 나타나게 한다. 결국 그런 사람들 곧 이방인이든 유대인이건 상관없이 서로의 마음속에 은밀하게 숨겨진 행위들을 들추어내어 심판하시는 일, 그러니까 구속사의 정점에서 일어나게 되는 아주 특별하고 신비로운 일을 경험하게 된다는 말이다.

여기서 중요한 건 그 같은 인류에 대한 하나님의 편파성 없는 엄중한 심판이 그리스도 예수의 종인 사도 바울이 자기의 복음(τὸ εὐαγγέλιόν μου-토 유앙겔리온 무)을 선포할 때 발생하는 일이라고 명시하는 것이다. 처음 창조 세계로부터 일관성 있게 펼쳐 보이신 구속사를 바탕으로 사도 바울이 완성된 복음을 설명할 수 있게 했던 그리스도 예수 안에 있는 구속의 기쁨과 소망 이것이 로마서를 풀 수 있는 핵심 관점이다. 지금까지 필자가 내놓은 '전환된 관점'으로의 로마서 해석은 이 관점에 의한 것이고 앞으로 해석할 로마서의 나머지 부분 역시 이 관점에서 해석될 것이다.

복음적 심판

롬2:15에서 서로 간에 생각들이 엇갈려 고소하거나 변호하기도 한다는 표현은 분명 하나님의 법정 앞에서의 법적인 공방을 나타내는 표현이다. 다만 그것은 옳고 그름을 구별하는 내면의 능력(the inward faculty of distinguishing right and wrong)인 양심(συνειδήσεως-쉬네이데세오스)과 결부되어 나타나는 일인 만큼 하나님의 복음에 의해 진행되는 심판은 분명 인간 심연에 빛을 던져 인간들의 마음속에 깊이 숨겨 놓은 치부를 들추어내어 인간들이 서로를 판단하는 방식으로 작동한다. 그건 아직도 인류에게 하나님께로 돌이킬 수 있는 기회를 베풀어 주고 있다는 사실을 알게 하고 있다는 것이다.

이것은 필자가 그토록 강조하며 설명해 온 하나님의 복음으로 규정된 정죄(롬2:1) 속에서 인간 내면에 일어나고 있는 하나님의 심판에 대한 실제적인 과정을 설명한 것이다. 즉, 진리를 따라 판결하시는 하나님의 진노에 직면한 인류가 하나님께 반역을 일삼던 완악한 마음을 풀고 하나님께로 돌이키게 하시는 복음적 심판으로 나타나는 현상의 구체적인 설명이다.

다른 길은 없다.
우리 인류는 어디에서 무엇을 하고 있는가?
  이 복음적 심판이 우리 인류의 심연 속에 활발하게 일어나 주님의 증거를 받고 잃어버린 하나님의 영광을 향해 함께 나아가는 길은 오직 사도 바울의 복음을 명확하게 설명하여 전하는 길 외에 다른 길은 없다. 그것을 사도 바울은 그의 다른 서신 갈라디아서 1장에서 이렇게 말한다.

> *6 나는 여러분이 이처럼 빨리 그리스도의 은혜로 여러분을 부르신 분으로부터 떠나 자기를 위해 다른 복음에게로 이동하고 있다는 것을 놀라고 있습니다.*
> *7 다른 복음은 따로 있는 것이 아닙니다. 오직 어떤 사람들이 여러분을 뒤 흔들어 그 그리스도의 그 복음을 변형시키길 원하는 자들이 있을 뿐입니다.*
> *8 그럼에도 만일 우리나 하늘에 속한 천사도 우리가 여러분에게 복음 전한 그 복음과 다르게 복음을 전한다면 반드시 저주가 있을 것입니다.*
> *9 우리가 미리 본 것처럼 나 또한 지금 다시 말합니다. 만일 어떤 자가 여러분이 받아들인 복음과 다르게 복음을 전한다면 반드시 저주를 받을 것입니다.*
> *10 참으로 지금까지 내가 사람들을 설득하고 있습니까? 아니면 그 하나님을 설득하고 있습니까? 아니면 내가 사람들에게 기쁘게 하는 것을 추구하고 있습니까? 만일 아직도 내가 사람들에게 기쁘게 하고 있었다면 나는 그리스도의 종이 아니었던 것입니다.*
> *11 그러나 형제들이여, 나는 여러분에게 알립니다. 나에 의하여 복음 전해진 그 복음은 사람을 따라 있지 않습니다.*
> *12 참으로 그 복음은 내가 사람에게서부터 받아들인 것도 아니고, 사람에게서부터 배운 것도 아니며, 오히려 예수 그리스도의 계시를 통해 건네받고 배운 것입니다.*

> *6 Θαυμάζω ὅτι οὕτως ταχέως μετατίθεσθε ἀπὸ τοῦ καλέσαντος ὑμᾶς ἐν χάριτι [Χριστοῦ] εἰς ἕτερον εὐαγγέλιον, 7 ὃ οὐκ ἔστιν ἄλλο, εἰ μή τινές εἰσιν οἱ ταράσσοντες ὑμᾶς καὶ θέλοντες μεταστρέψαι τὸ εὐαγγέλιον τοῦ Χριστοῦ. 8 ἀλλὰ καὶ ἐὰν ἡμεῖς ἢ ἄγγελος ἐξ οὐρανοῦ εὐαγγελίζηται [ὑμῖν] παρ' ὃ εὐηγγελισάμεθα ὑμῖν, ἀνάθεμα ἔστω. 9 ὡς προειρήκαμεν καὶ ἄρτι πάλιν λέγω· εἴ τις ὑμᾶς εὐαγγελίζεται παρ' ὃ παρελάβετε, ἀνάθεμα ἔστω. 10 Ἄρτι γὰρ ἀνθρώπους πείθω ἢ τὸν θεόν; ἢ ζητῶ ἀνθρώποις ἀρέσκειν; εἰ ἔτι ἀνθρώποις ἤρεσκον, Χριστοῦ δοῦλος οὐκ ἂν ἤμην. 11 Γνωρίζω γὰρ ὑμῖν, ἀδελφοί, τὸ εὐαγγέλιον τὸ εὐαγγελισθὲν ὑπ' ἐμοῦ ὅτι οὐκ ἔστιν κατὰ ἄνθρωπον· 12 οὐδὲ γὰρ ἐγὼ παρὰ ἀνθρώπου παρέλαβον αὐτὸ οὔτε ἐδιδάχθην, ἀλλὰ δι' ἀποκαλύψεως Ἰησοῦ Χριστοῦ.*

(NA28판, UBS5판 갈1:6-12 필자 사역)

전환된 관점의 로마서 읽기

제10장
자칭 유대인들(복고형 유대인들)을 향한 사도 바울의 일침

본문 : 로마서 2장 17~24절

핵심 주제 어구

Εἰ δὲ σὺ Ἰουδαῖος ἐπονομάζῃ

(에이 데 쉬 유다이오스 에포노마제)

예수님께서 자기의 몸을 성전이라고 하시고 자기의 죽으심과 부활로 새로운 영적인 몸의 머리가 되셔서 인류를 자기의 몸으로 붙여 구원하시는 길을 열어 평화의 나라를 만드신다(요2:21-22). 사도 바울은 그리스도인들의 몸을 하나님의 성전이라고 하고(고전3:16), 그 사람들이 모인 교회를 그리스도의 몸이라고 한다(엡1:20).

그런데 왜 제3성전을 만들어야 하는가?

하나님의 것을 도둑질하고 신전 물건을 몰래 훔쳐 가는 재미를 포기할 수 없기 때문은 아닌가?

거룩하시고 전능하신 창조주 하나님의 이름이 그런 유대인들 때문에 그 이방 민족들 안에서 모독받는 이유는 이상과 같이 그리스도 예수 안에서 드러난 하나님의 율법에 힘입어 자랑할 정도로 그분의 뜻을 안다고 우쭐거리면서도 정작 모세의 율법을 위반하여 그 하나님을 불명예스럽게 하고 있기 때문이다.

제10장(자칭 유대인들(복고형 유대인들)을 향한 사도바울의 일침) _ 본문 336p에서

본문

2:17	Εἰ δὲ σὺ Ἰουδαῖος ἐπονομάζῃ καὶ ἐπαναπαύῃ νόμῳ καὶ καυχᾶσαι ἐν θεῷ	그러나 만약 그대가 스스로를 '유대인'이라고 하고[※] 그대가 율법에 의지하며 하나님을 힘입어 자랑하되
2:18	καὶ γινώσκεις τὸ θέλημα καὶ δοκιμάζεις τὰ διαφέροντα κατηχούμενος ἐκ τοῦ νόμου,	그 뜻을 인지하고도 그 율법으로부터[※1] 가르침을 받아 지극히 선한 일들을[※2] 분별하여,
2:19	πέποιθάς τε σεαυτὸν ὁδηγὸν εἶναι τυφλῶν, φῶς τῶν ἐν σκότει,	자신들이 눈먼 사람들의 길잡이며, 어둠 속에 있는 사람들에게 빛의 역할을 하고 있노라고 확신하고 있다면,[※]
2:20	παιδευτὴν ἀφρόνων, διδάσκαλον νηπίων, ἔχοντα τὴν μόρφωσιν τῆς γνώσεως καὶ τῆς ἀληθείας ἐν τῷ νόμῳ·	그대는 어리석은 사람들의 교사요, 어린아이들의 선생이라고 자처하는 것이니, 이는 그대가 그 율법 안에 있는 그 지식과 그 진리의 그 모형을[†] 가지고 있다고 여기기 때문입니다.

양파

하나님의 복음적 심판이란 것은 이방인이 유대인을 잡아먹은 형상의 세계사 속에 차곡차곡 쌓여 온 타락한 인류 의식 활동의 전반에 관한 것이다. 아담으로부터 갈라진 인류 속에서 '아브라함을 선택해 열방 속에 가장 위대한 나라로 만들어 축복의 근원이 되게 하시겠다(창12:2-3).'라고 약속하신 그 하나님께서 그에게 할례를 받게 하신 후 얻은 그 약속의 후손 이삭을 통해 태어난 야곱에게 '이스라엘'이라는 이름으로 세워질 그 약속의 나라에 대한 소망을 주셨다. 그 언약의 백성이 된 그의 열두 아들로 이루어진 민족공동체는 모세의 인도 아래 출애굽의 여정을 통과해 모세의 율법(시내산 언약)으로 그들의 정체성을 확고하게 세워야 했다. 다윗의 통일왕국을 이룬 후 역사 속에서 자기 소임을 다하지 못하여 열방의 속국을 전전하는 형상이 유대인의 전형이다.

이는 창조 때부터 인간 심연에 작동하는 바른 하나님과의 관계를 복원하기 위해, 하나님께서 직접 인류 역사 현장에 개입하셔서 그 의식을 일깨우는 과정에서 인류에게 그들의 참상을 가르치시려고 만드신 타락한 인간의 실제 모습을 형상화한 것이기도 하다.

그건 양파의 껍질을 벗겨 내다 보면 맨 나중에 양파의 생장점에 이르는 것처럼 타락한 인류의 의식 활동으로 겹겹이 쌓인 속껍질들을 하나하나 벗겨 마주하게 되는 인류의 생장점은 하나님의 율법과의 관계로 귀결된다. 하나님의 심판은 야고보 사도가 '입법자와 재판관은 오직 한 분이시니 능히 구원하기도 하시며 멸하기도 하시느니라 너는 누구이기에 이웃을 판단하느냐(약 4:12)?'라고 말한 것처럼 인간의 논리에 의존하지 않는다. 즉 인간이 자기 지혜로 문제를 처리하려는 접근 방식으로 심판이 이루어지지 않고 입법자와 재판관이신 하나님의 진실하고 온전한 법에 따른 법리적 이치를 따라 이루어진다는 말이다.

특권의식

롬2:17은 매우 신중하게 '그러나 만약(Εἰ δέ-에이 데)'이라는 조건절로 시작한다. 그리고 그 조건절은 '유대인'이라고 하는 특정 민족적 색깔을 지닌 대상을 주제로 한 이야기를 다루되 '자칭 유대인'이라고 확신하는 사람을 지목한다.

이는 이미 롬2:12-16에서 밝힌 심판의 논리에도 불구하고 아직도 유대인의 정체성과 자긍심을 담보하는 모세의 율법과 그 율법으로 인한 할례를 내세워 자신의 선민의식을 합리화할 수 있는 신분지표(롬10:2-3에서 말하는 의에 대한 그릇된 지표)를 과시하려고 하는 어둠에 속한 자들에 대한 하나님의 복음적 심판이 어떠한지를 명확하게 드러내려는 의도이다.

'자칭 유대인'이라고 하는 표현에 대한 본문은 '당신이 스스로 유대인이라고 하는 이름을 부른다면'이다. 이를 좀 더 세밀하게 '이름을 부르다'에 해당하는 헬라어 에포노마제(ἐπονομάζῃ)의 중간태 의미를 살리면 '자기 자신을 위해 자신을 유대인이라고 명명하다.'가 된다.

한마디로 이는 대중 앞에서 자신의 정체성을 당당하게 밝힌다는 의미에서 자신을 유대인이라고 말할 만큼 자신의 신분을 자랑스러워하는 자세로 말하는 것인데, 거기에는 유대인만의 특권의식으로 인한 우월감과 자긍심이 있다는 사실을 부각하고자 하는 사도 바울의 의도가 담겨 있다.

팩트(fact)

이는 지금까지 사도 바울이 하나님의 복음적 구원과 심판이라고 하는 그 복음의 양면성을 설명해 오는 과정에서 의도하고 있는 인류의 생장점의 민낯을 드러내 보이기 위해 양파의 껍질을 벗기듯 그 특권의식을 해체하여 자신의 실체를 직면하게 함으로써 그 복음을 받아들이는 자리로 나아가게 하려는 자비로운 사랑의 마음을 담고 있다(롬9:1-3).

그 양파의 껍질을 벗기다 보면 매워서 눈물을 흘리는 일이 일어날 수도 있다. 그들의 치부를 건드릴 수도 있는 만큼 신중한 자세를 견지하지 않으면 안 된다. 사도 바울의 논리는 매우 간결하고 명확하게 팩트(fact)만 제시한다.

2:17	Εἰ δὲ σὺ Ἰουδαῖος ἐπονομάζῃ καὶ ἐπαναπαύῃ νόμῳ καὶ καυχᾶσαι ἐν θεῷ	그러나 만약 그대가 스스로를 '유대인'이라고 하고* 그대가 율법에 의지하며 하나님을 힘입어 자랑하되
2:18	καὶ γινώσκεις τὸ θέλημα καὶ δοκιμάζεις τὰ διαφέροντα κατηχούμενος ἐκ τοῦ νόμου,	그 뜻을 인지하고도 그 율법으로부터[※1] 가르침을 받아 지극히 선한 일들을[※2] 분별하여,
2:19	πέποιθάς τε σεαυτὸν ὁδηγὸν εἶναι τυφλῶν, φῶς τῶν ἐν σκότει,	자신들이 눈먼 사람들의 길잡이며, 어둠 속에 있는 사람들에게 빛의 역할을 하고 있노라고 확신하고 있다면,*
2:20	παιδευτὴν ἀφρόνων, διδάσκαλον νηπίων, ἔχοντα τὴν μόρφωσιν τῆς γνώσεως καὶ τῆς ἀληθείας ἐν τῷ νόμῳ·	그대는 어리석은 사람들의 교사요, 어린아이들의 선생이라고 자처하는 것이니, 이는 그대가 그 율법 안에 있는 그 지식과 그 진리의 그 모형(화신)을† 가지고 있다고 여기기 때문입니다.

진리의 모형(화신, μόρφωσιν-모르포신)

핵심은 간단하다. 그들은 하나님께서 주신 모세의 율법으로부터 지극히 선한(매우 가치 있는) 일에 대한 정보를 입수하여 그 하나님과의 관계에서 그 하나님을 기쁘시게 할 수 있는 삶을 살도록 가르치고 이끄는 인류사회의 가장 중요한 역할을 하고 있다고 자랑스럽게 생각한다. 왜냐하면 그들은 본래 그 율법이 가리키는 지식과 진리의 모형(화신, μόρφωσιν-모르포신)을 가지고 있으므로 자신들을 어리석은 사람들의 교사로, 어린아이들의 선생으로 자처하기 때문이다.

여기 그 율법이 가리키는 지식과 진리의 '모형(화신, μόρφωσιν-모르포신)'이라는 말에서 '모형(模型)'이라는 우리말의 뜻은 실물을 본떠서 만든 물건이나 같은 모양의 물건을 만들기 위한 틀을 뜻하며, '화신(化身)'이라는 말은 어떤 추상적인 특질이 구체화되거나 유형화된 것을 가리킨다. 헬라어 모르포신(μόρφωσιν)은 BDAG에서 '공식적(형식적)으로 구조화된 상태(the state of being formally structured)'를 나타내는 단어로 취급한다.

한마디로 모르포신(μόρφωσιν)은 '그 율법 안에 있는 그 지식과 그 진리(τῆς γνώσεως καὶ τῆς ἀληθείας ἐν τῷ νόμῳ-테스 그노세오스 카이 테스 알레데이아스 엔 토 노모)'가 특정 공식에 따라 유형적(가시적) 형태로 만들어진 것을 가리킨다. 그것은 '그 율법 안에 있는 그 지식과 그 진리'가 화신(化身), 곧 육신의 형태로 나타난 것을 말한다.

성육신(incarnation)

정리하면 그것은 요한복음 1:1-14의 말씀이신 하나님의 육화(肉化), 곧 성육신(incarnation)의 모형을 가리키고, 롬1:3에서 확인할 수 있듯이 사도 바울의 복음이 갖는 한 면인 '육신을 따라 다윗의 씨로부터 되신 하나님의 아들(τοῦ υἱοῦ αὐτοῦ τοῦ γενομένου ἐκ σπέρματος Δαυὶδ κατὰ σάρκα-투 휘우 아우투 투 게노메누 에크 스페르마토스 다위드 카타 사르카)'의 모형을 가리킨다.

> 1 태초에 그 말씀이 계셨고, 그 말씀이 그 하나님을 향해 계셨으며, 바로 그 말씀이 하나님으로 계셨습니다.
> 2 이분이 태초에 그 하나님을 향해 계셨습니다.
> 3 모든 일들이 그분을 통해 되었으며, 된 일 하나라도 그분 없이는 되지 않았습니다.
> 4 그분 안에 생명이 있었으며, 그 생명은 그 사람들의 그 빛이었습니다.
> 5 그리고 그 빛은 그 어둠 안에서 여전히 빛나고 있고, 그 어둠은 그 빛을 완전히 손아귀에 넣지 못했습니다. (생략)
> 14 그리고 그 말씀이 육신이 되었고, 그분이 우리 안에 장막을 치셨으며, 우리가 그의 영광을 가까이서 보았으니, 마치 아버지 곁에 계신 독생자의 영광과 같고, 은혜와 진리가 충만한 분이셨습니다.

1 Ἐν ἀρχῇ ἦν ὁ λόγος, καὶ ὁ λόγος ἦν πρὸς τὸν θεόν, καὶ θεὸς ἦν ὁ λόγος. 2οὗτος ἦν ἐν ἀρχῇ πρὸς τὸν θεόν. 3 πάντα δι' αὐτοῦ ἐγένετο, καὶ χωρὶς αὐτοῦ ἐγένετο οὐδὲ ἕν. ὃ γέγονεν 4 ἐν αὐτῷ ζωὴ ἦν, καὶ ἡ ζωὴ ἦν τὸ φῶς τῶν ἀνθρώπων· 5 καὶ τὸ φῶς ἐν τῇ σκοτίᾳ φαίνει, καὶ ἡ σκοτία αὐτὸ οὐ κατέλαβεν. (생략) 14 Καὶ ὁ λόγος σὰρξ ἐγένετο καὶ ἐσκήνωσεν ἐν ἡμῖν, καὶ ἐθεασάμεθα τὴν δόξαν αὐτοῦ, δόξαν ὡς μονογενοῦς παρὰ πατρός, πλήρης χάριτος καὶ ἀληθείας.

(NA28판, UBS5판 요1:1-5…14 필자 사역)

정말 중요한 일들

이는 그들이 '율법에 의지하며 하나님을 힘입어 자랑하되, 그분의 뜻을 인지하고 그 율법으로부터 가르침을 받아 지극히 선한 일들을 분별하여, 자신들이 눈먼 사람들의 길잡이며, 어둠 속에 있는 사람들에게 빛의 역할을 하고 있다.'라고 하는 문맥 속에서 모세의 율법으로부터 받은 '지극히 선한 일들(τὰ διαφέροντα-타 디아페론타)'에 대한 가르침과 직결된다.

'지극히 선한 일들'이라고 번역한 헬라어 '타 디아페론타(τὰ διαφέροντα)'는 BDAG에서 어떤 사람이나 어떤 사물로부터 자신의 장점 또는 이점이 남다르게 유리한 것을 표현하는데(differ to one's advantage from someone or something), 그 이상의 가치가 있거나 우월한 것들(be worth more than, be superior to), 곧 '정말 중요한 일들(the things that really matter)'이라고 규정한다.

이는 예수님께서 당시 유대인의 지도자들이 지니고 있던 모세의 율법에 대한 인식과 실천 자세가 온갖 재앙을 받아 마땅하다고 탄식하시며 질타하신 마23:23의 말씀에 '그 율법의 그 중한 것들(τὰ βαρύτερα τοῦ νόμου-타 바뤼테라 투 노무)', 그러니까 모세의 율법이 지닌 핵심적인 가르침으로 확실하게 드러나 있다.

> *23 서기관들과 바리새인들아, 너희에게 화가 있다. 이 위선자들아! 참으로 너희는 그 박하와 그 회향과 그 근채의 십일조는 바치면서 그 율법의 그 중한 것들인 그 심판과 그 긍휼과 그 믿음을 소홀히 한다. 이것도 행하고 저것도 소홀히 여기지 말아야 한다.*

> *23 Οὐαὶ ὑμῖν, γραμματεῖς καὶ Φαρισαῖοι ὑποκριταί, ὅτι ἀποδεκατοῦτε τὸ ἡδύοσμον καὶ τὸ ἄνηθον καὶ τὸ κύμινον καὶ ἀφήκατε τὰ βαρύτερα τοῦ νόμου, τὴν κρίσιν καὶ τὸ ἔλεος καὶ τὴν πίστιν· ταῦτα [δὲ] ἔδει ποιῆσαι κἀκεῖνα μὴ ἀφιέναι.*

> *(NA28판, UBS5판 마23:23 필자 사역)*

원칙
정리하자면 하나님의 복음적 심판 앞에 모든 인류가 변명할 수 없다고 하는 정당성에 관한 사도 바울의 논리적 근거는 융합되어 통합된 세계관이 갖는 공정한 출발선 위에서 편파성 없는 공정하고도 정직한 판단 방법이다.

그 판단 방법은 양파의 생장점을 향한 겉껍질(이방인)을 벗긴 후 속껍질(유대인)을 벗기는 것과 같이, 실제로 이방인에 대한 복음적 심판을 설명하고 난 후, 그리스도 안에서 드러난 하나님의 율법이라고 하는 인류의 생장점과 직접적인 연관 속에 있는 모세의 율법을 가지고 있는 유대인을 판단하는 자리에 이르렀다.

그곳에서 이루어지는 일은 롬2:12에서 '율법 안에서 죄를 저지른 사람들은 누구든지 율법을 통해 심판받을 것이다.'라고 하는 원칙에 따라 스스로 유대인이라고 하는 자들, 어쩌면 이방인으로서 유대인이 된 유대인(어떤 방식으로든 유대적 시민권을 확보한 사람) 또는 디아스포라 유대인을 포함한 광의적 의미에서의 유대인, 그러니까 이미 구속사에 따라 그리스도 예수 안에서 융합과 통합된 하나인 인류(갈3:28, 골3:11, 고전12:13)로부터 과거로 회귀해 철 지난 유대인의 정체성에 매우 고무된 상태에 있는 자들을 향한 심판이 시작된다는 말이다. '왜냐하면 율법을 듣는 사람들이 [그] 하나님께 의인들이 아니라, 율법을 이행하는 그 사람들이 의롭다고 여겨질 것이기 때문이다(롬2:13).'

선생 노릇
문제는 그 율법(모세의 율법)에 대한 법리적 이치를 결정짓는 핵심 사안이 무엇이냐는 것이다. 사도 바울은 그것을 겨냥해 '그 율법으로부터 받은 지극히 선한 일들에 관한 가르침'을 분별하고, 그것의 실체인 '그 율법 안에 있는 그 지식과 그 진리의 모형(화신, μόρφωσιν-모르포신)'을 소유하는 것이라고 했다.

필자는 이미 그것이 의미하는 바를 밝혀 '그 율법의 가장 중요한 것들은 하나님의 심판과 긍휼과 믿음'이고, 그 율법이 가지는 그 지식과 그 진리의 모형의 실체가 '성육신'이라고 단정해 말하면서, 예수님의 호된 꾸지람을 받는 유대인 지도자들이 그 핵심 사안을 소홀히 한다는 사실을 강조했다.

결론은 그러한 위선적인 유대인 지도자들의 행태를 사도 바울이 여기(롬2:17-20)

에서 '선생 노릇'으로 오버랩하여 하나님의 정하신 정의에 관한 규정과 규제, 규칙 등 율법의 요구를 알면서도 그 요구에 정당하게 응하지 않는 자칭 유대인(복고형 유대인)을 향한 복음적 심판의 정당성을 구체적으로 입증해 나가려고 한다는 것이다.

이런 관점에서 이어지는 다음 본문을 읽을 때, 그 맥락이 끊어지지 않는가를 파악하라. 그 맥락을 놓치면 그 해석이 삼천포로 빠질 수 있기 때문이다.

2:21	ὁ οὖν διδάσκων ἕτερον σεαυτὸν οὐ διδάσκεις; ὁ κηρύσσων μὴ κλέπτειν κλέπτεις;	그런데 정작 다른 사람을* 가르치면서도 그대는 그대 자신을 가르치지 않습니까? 그대가 '도둑질하지 말라.'라고 선포하면서도 그대가 도둑질합니까?
2:22	ὁ λέγων μὴ μοιχεύειν μοιχεύεις; ὁ βδελυσσόμενος τὰ εἴδωλα ἱεροσυλεῖς;	'간음하지 말라.'라고 말하는 그대가 간음합니까? 그 우상들을 혐오하는 그대가 신전 물건을 몰래 가져갑니까?*
2:23	ὃς ἐν νόμῳ καυχᾶσαι, διὰ τῆς παραβάσεως τοῦ νόμου τὸν θεὸν ἀτιμάζεις·	그대가 율법에 힘입어 자랑하면서도, 그 율법을 위반하여 그 하나님을 불명예스럽게 하고 있습니다.
2:24	τὸ γὰρ ὄνομα τοῦ θεοῦ δι' ὑμᾶς βλασφημεῖται ἐν τοῖς ἔθνεσιν,* καθὼς γέγραπται.	이러하니 "그 하나님의 그 이름이 너희들 때문에* 그 이방 민족들 안에서 모독받는다."라고 기록된 것과 똑같습니다.

일단락

먼저 '선생 노릇' 할 것에 한껏 마음이 부풀어 있는 유대인(본문에서 가정된 자칭 유대인)을 향해 던지는 사도 바울의 질문은 심장에 비수를 꽂는 섬뜩한 느낌을 주며 매우 강렬하게 다가온다. 그리고 그 결말은 '이러하니 "그 하나님의 그 이름이 너희들 때문에 그 이방 민족들 안에서 모독받는다(사52:5, 겔36:20)."라고 기록된 것과 똑같습니다.'라는 혹평으로 일단락된다.

접속사 운(οὖν)

계속되는 질문이 좀 심상치 않다.

이 단락을 시작하는 접속사 운(οὖν)은 증거와 추론을 바탕으로 도달한 결론을 특징으로 하거나 포함하는 것을 나타내는 역할을 한다. 그리고 그것을 통해 소개하는 내용은 앞 내용의 결과이거나 앞 내용에서 추론한 것임을 나타낸다.

하지만 본문에서 보듯이 필자는, 그것이 앞뒤 문장을 이어 주되 앞 내용과 뒤 내용이 대립되는 의문문에 쓰여 '그런데'로 번역했다. 이때 '그런데(οὖν-운)'는 뒤 내용을 이끌어 앞 내용과 관련시키면서 다른 방향으로 이야기를 끌고 나가려고 하는 사도 바울의 의도를 나타낸다.

감지

그렇다면 이제 사도 바울의 질문을 질문자의 관점에서 바르게 읽기 위해, 앞 문맥의 논리를 생각하며 다시 한번 사도 바울의 질문을 던져 보자.

'그런데 정작 다른 사람을 가르치면서도 그대는 그대 자신을 가르치지 않습니까(ὁ οὖν διδάσκων ἕτερον σεαυτὸν οὐ διδάσκεις;-호 운 디다스콘 헤테론 세아우톤 우 디다스케이스)?'

질문의 요지는 간단하다. 일단 표면적으로 보면 단순히 선생 노릇을 하는 자는 먼저 자기 자신을 가르쳐야 한다는 취지로 보인다.

그런데도 이어지는 질문, 그러니까 "그대가 '도둑질하지 말라.'라고 선포하면서도 그대가 도둑질합니까? '간음하지 말라.'라고 말하는 그대가 간음합니까? 그 우상들을 혐오하는 그대가 신전 물건을 몰래 가져갑니까?"라고 책망하듯 몰아세우는 말투를 보면, 그 질문의 내용이 왠지 일반적이지 않다는 생각이 들어 좀 더 신중하게 들여다보게 되고 그리 간단하지 않은 논리라는 결론이다.

왜냐하면 계속되는 문장, "그대가 율법에 힘입어 자랑하면서도, 그 율법을 위반하여 그 하나님을 불명예스럽게 하고 있습니다."를 보면, 앞에서 질문자가 한 계명씩 직접 언급하면서 내놓은 질문이 각각의 계명을 범하고 있다고 지적하는 것과 같이 죄를 추궁하는 것이 되는데, 필자가 보기에는 그들이 그 계명의 문자적 의미와 같이 실제로 그들이 그 계명들을 범했다고는 생각할 수 없는 측면이 있다고 여겨지기 때문이다.

한마디로 사도 바울의 질문의 내용에 행위의 차원을 오가는 깊은 의미의 두 개념이 작동하고 있다는 것을 감지할 수 있다.

유지
이는 결국 필자가 계속해서 주장하고 있는 전환된 관점, 곧 하나님의 복음적 관점으로 본문을 읽어야만 본문의 의미가 선명하게 드러난다는 사실을 보게 한다. 사도 바울이 던지는 화법의 차원이 일반적이지 않다는 말이다.

필자가 앞에서도 많은 지면을 통해 전환된 관점에 대하여 이해할 수 있도록 심혈을 기울여 설명했듯이 이곳에서도 그 자세를 유지하지 않으면 필자 역시 바울의 입장에서 본문을 읽는 데 실패할 수밖에 없다는 점 이해하기를 바란다.

양면성
그렇다면 본문에 사도 바울의 관점으로 들어갈 수 있는 비밀 통로를 알아낼 수 있는 힌트 같은 것은 없는가?

있다. 그건 다름 아닌 필자에게 충격적인 폭로의 대상이었던 앞(롬2:1)에서 다룬 '그 다른 한 사람(τὸν ἕτερον-톤 헤테론)'과 본문의 '다른 사람(ἕτερον-헤테론)'이 직접적으로 연관된 표현이라는 점을 알아채는 것이다. 그때 번개 치듯 뇌리를 스쳐가는 생각 속에 떠오르는 것은 롬1:2-4의 영과 육이라는 하나님의 복음이 가지는 양면성이다.

지금 사도 바울은 영적인 차원에서 육적인 차원을 책망하는 것이다. 양파의 겉껍질과 속껍질을 벗겨 내고 마침내 생장점에 이르러 내놓는 질문임을 생각하면 그 질문의 깊이와 넓이를 쉽게 이해할 수 있을 것이다.

복음적 구원
먼저 이해를 돕기 위해 유대인의 관원(통치 영역에서 활동하는 일원)이자 선생으로 불리는 요한복음 3장의 니고데모 이야기를 읽고 본문의 진의를 찾아가기를 권하는 것이 순리일 것 같다. 다만 그곳(요한복음 3장)에서의 이야기는 복음적 구원에 초점을 두고 진행되는 이야기라는 점을 알아 두는 게 좋을 것 같다. 그리고 깊이 있게 다음 본문을 읽어 보라(본 논의의 흐름을 깨지 않기 위해 아래 본문에 대한 설명은 생략한다).

1 바리새인들로부터 한 사람이 있었습니다. 그의 이름은 니고데모이었고, 유대인의 지도자였습니다.

2 그가 밤에 그분을 향해 와서 말했습니다. "랍비님, 우리는 선생님께서 하나님께로부터 오셨다고 알고 있습니다. 왜냐하면 그 하나님께서 그와 함께 있지 않는다면 아무도 당신께서 만드신 이런 표징들을 만들 수 없기 때문입니다."

3 예수께서 그에게 말씀하셨습니다. "아멘, 아멘, 내가 너에게 말한다. 어떤 자가 위로부터 출생되지 않는다면 그 하나님의 그 나라를 볼 수 없다."

4 니고데모가 그분을 향해 말했습니다. "어떻게 사람이 늙어서 출생될 수 있습니까? 자기 어머니 뱃속에 들어가서 출생될 수 있겠습니까?"

5 예수께서 대답하셨습니다. "아멘, 아멘, 내가 네게 말한다. 어떤 자가 물과 영으로부터 출생되지 않으면 그 하나님의 그 나라에 들어갈 수 없다.

6 그 육신으로부터 태어난 것은 육신이며 그 영으로부터 태어난 것은 영이다.

7 '너희가 위로부터 출생되어야 한다.'라고 내가 네게 말하는 것에 놀라지 마라.

8 그 영은 그것이 원하는 곳으로 불며, 너는 그것의 소리를 듣지만, 너는 그것이 어디로부터 와서 어디로 가는지 알지 못한다. 그 영으로부터 출생된 사람마다 이와 같다."

9 니고데모가 대답하여 그분께 말씀드렸습니다. "어떻게 이러한 일들이 될(일어날) 수 있습니까?"

10 예수께서 대답하여 그에게 말씀하셨습니다. "네가 그 이스라엘의 그 선생인데도 이런 일을 알지 못하느냐?

11 아멘, 아멘, 내가 너에게 말한다. 우리는 우리가 아는 것을 말하고 우리가 보는 것을 증언한다. 그런데 너희는 우리들의 증언을 받아들이지 않는다.

12 내가 너희에게 땅의 일들을 말해도 너희가 믿지 않는데 하늘의 일들을 말한다면 어떻게 너희가 믿겠느냐?

13 그 하늘로부터 내려온 자 곧 그 사람의 그 아들(인자) 외에는 그 하늘 속으로 올라간 자가 아무도 없다.

14 모세가 그 광야에서 그 뱀을 들었던 것처럼 반드시 같은 방식으로 그 사람의 그 아들(인자)이 들려져야 한다.

15 이는 그를 믿는 사람마다(πᾶς ὁ πιστεύων ἐν αὐτῷ) 영생을 가지게 하려 함이다.

16 참으로 그 하나님께서는 이런 방식으로 그 세상을 사랑하셔서, 그 독생하신 아들(τὸν υἱὸν τὸν μονογενῆ)을 주셨으니, 이는 그를 믿는 모든 자마다(πᾶς ὁ πιστεύων εἰς αὐτόν) 멸망치 않고 영생을 가지게 하려 함이다.

17 왜냐하면 그 하나님께서는 그 세상을 심판하시려고 그 아들을 그 세상 속

으로 보내시지 않고, 오히려 그를 통해 그 세상이 구원받게 하시려고 보내셨기 때문이다.

1 Ἦν δὲ ἄνθρωπος ἐκ τῶν Φαρισαίων, Νικόδημος ὄνομα αὐτῷ, ἄρχων τῶν Ἰουδαίων• 2 οὗτος ἦλθεν πρὸς αὐτὸν νυκτὸς καὶ εἶπεν αὐτῷ• ῥαββί, οἴδαμεν ὅτι ἀπὸ θεοῦ ἐλήλυθας διδάσκαλος• οὐδεὶς γὰρ δύναται ταῦτα τὰ σημεῖα ποιεῖν ἃ σὺ ποιεῖς, ἐὰν μὴ ᾖ ὁ θεὸς μετ᾽ αὐτοῦ. 3 ἀπεκρίθη Ἰησοῦς καὶ εἶπεν αὐτῷ• ἀμὴν ἀμὴν λέγω σοι, ἐὰν μή τις γεννηθῇ ἄνωθεν, οὐ δύναται ἰδεῖν τὴν βασιλείαν τοῦ θεοῦ. 4 Λέγει πρὸς αὐτὸν [ὁ] Νικόδημος• πῶς δύναται ἄνθρωπος γεννηθῆναι γέρων ὤν; μὴ δύναται εἰς τὴν κοιλίαν τῆς μητρὸς αὐτοῦ δεύτερον εἰσελθεῖν καὶ γεννηθῆναι; 5 ἀπεκρίθη Ἰησοῦς• ἀμὴν ἀμὴν λέγω σοι, ἐὰν μή τις γεννηθῇ ἐξ ὕδατος καὶ πνεύματος, οὐ δύναται εἰσελθεῖν εἰς τὴν βασιλείαν τοῦ θεοῦ. 6 τὸ γεγεννημένον ἐκ τῆς σαρκὸς σάρξ ἐστιν, καὶ τὸ γεγεννημένον ἐκ τοῦ πνεύματος πνεῦμά ἐστι. 7 μὴ θαυμάσῃς ὅτι εἶπόν σοι• δεῖ ὑμᾶς γεννηθῆναι ἄνωθεν. 8 τὸ πνεῦμα ὅπου θέλει πνεῖ καὶ τὴν φωνὴν αὐτοῦ ἀκούεις, ἀλλ᾽ οὐκ οἶδας πόθεν ἔρχεται καὶ ποῦ ὑπάγει• οὕτως ἐστὶν πᾶς ὁ γεγεννημένος ἐκ τοῦ πνεύματος. 9 Ἀπεκρίθη Νικόδημος καὶ εἶπεν αὐτῷ• πῶς δύναται ταῦτα γενέσθαι; 10 ἀπεκρίθη Ἰησοῦς καὶ εἶπεν αὐτῷ• σὺ εἶ ὁ διδάσκαλος τοῦ Ἰσραὴλ καὶ ταῦτα οὐ γινώσκεις; 11 ἀμὴν ἀμὴν λέγω σοι ὅτι ὃ οἴδαμεν λαλοῦμεν καὶ ὃ ἑωράκαμεν μαρτυροῦμεν, καὶ τὴν μαρτυρίαν ἡμῶν οὐ λαμβάνετε. 12 εἰ τὰ ἐπίγεια εἶπον ὑμῖν καὶ οὐ πιστεύετε, πῶς ἐὰν εἴπω ὑμῖν τὰ ἐπουράνια πιστεύσετε; 13 καὶ οὐδεὶς ἀναβέβηκεν εἰς τὸν οὐρανὸν εἰ μὴ ὁ ἐκ τοῦ οὐρανοῦ καταβάς, ὁ υἱὸς τοῦ ἀνθρώπου. 14 Καὶ καθὼς Μωϋσῆς ὕψωσεν τὸν ὄφιν ἐν τῇ ἐρήμῳ, οὕτως ὑψωθῆναι δεῖ τὸν υἱὸν τοῦ ἀνθρώπου, 15 ἵνα πᾶς ὁ πιστεύων ἐν αὐτῷ ἔχῃ ζωὴν αἰώνιον. 16 οὕτως γὰρ ἠγάπησεν ὁ θεὸς τὸν κόσμον, ὥστε τὸν υἱὸν τὸν μονογενῆ ἔδωκεν, ἵνα πᾶς ὁ πιστεύων εἰς αὐτὸν μὴ ἀπόληται ἀλλ᾽ ἔχῃ ζωὴν αἰώνιον. 17 οὐ γὰρ ἀπέστειλεν ὁ θεὸς τὸν υἱὸν εἰς τὸν κόσμον ἵνα κρίνῃ τὸν κόσμον, ἀλλ᾽ ἵνα σωθῇ ὁ κόσμος δι᾽ αὐτοῦ.

(NA28판, UBS5판 요3:1-17 필자 사역)

해묵은 고집쟁이

사도 바울이 가정한 자칭 유대인은 철 지난 지식과 논리로 선생 노릇을 하는 황당한 인간이다. 그럼에도 그런 인간 유형(목회자와 신학자뿐만 아니라 철학적 과학적 사유에 매몰되어 있는 일반 사회인)이 우리가 사는 현대에도 차고 넘친다. 그들은 법치주의에 안주하며 모세의 율법에서 그 정당성을 확보하여 자신의 존엄성을 마음껏 누리며 사는 자들이다.

그들의 생각은 하나님의 복음에 의해 도래한 새로운 세계를 이해하지 못한다. 그들은 자신이 살아 있는 세상이 이미 그 복음으로 말미암아 융합과 통합을 거쳐 새로운 창조의 세계로 진일보하고 있음을 느끼지 못한다. 모든 개념이 확장되어 극단에 이르러 마침내 초극단적인 방식으로 새롭게 바뀌었다는 사실조차 알아채지 못하고 있다. 그러니 사도 바울의 질문 속에 있는 다른 사람(타인)에 대하여서도 이해하지 못한다. 그들은 철 지난 언어 감각과 논리에 편향되어 있어 해묵은 고집쟁이로 회귀해 살아가는 사람들이다.

다른 사람

핵심은 이것이다. 필자가 폭로한 롬2:1의 '그 다른 한 사람(τὸν ἕτερον-톤 헤테론)' 곧 그리스도 예수 안에서의 예수 그리스도를 통해 변화된 지성, 그러니까 사도 바울이 하나님의 복음에 관해 모두 진술하고 그 복음을 따라 살아야 할 그리스도인들에게 자비로운 권면으로 명하는 롬12:1-2의 새로운 이성으로 본문(롬2:21)의 '다른 사람(ἕτερον-헤테론)'을 보는 것이다.

그것(ἕτερον-헤테론)은 분명 스스로 유대인이라고 우쭐거리는 '나(ἐγώ-에고)'로서 유대인을 상대로 서로 다른 불특정의 다른 한 사람을 가리킨다. 그는 분명 그 유대인과는 완전히 다른 이미 특정된 롬2:1의 '그 다른 한 사람(τὸν ἕτερον-톤 헤테론)' 곧 그리스도 예수 안에서의 예수 그리스도와 관련 있는 사람을 가리킨다.

BDAG는 이 헤테론(ἕτερον)을 '암시되거나 언급된 다른 항목과 구별되는 범주에 관한 것(pertaining to being distinct from some other item implied or mentioned)'을 나타내거나 '다른 모든 개체(엔터티: 뚜렷하게 독립적으로 존재하는 것)와 종류 또는 등급이 비슷하지 않고 서로 다른 범주에 관한 것(pertaining to being dissimilar in kind or class from all other entities)'을 나타내는 단어로 규정하고 있다.

이처럼 본문에 쓰인 '다른 사람'은 분명히 스스로 유대인이라고 명명하는 사람과는 분리되어 독립적으로 존재하는 사람, 그러니까 실체적 측면에서 그 유대인이 가지는 공통된 속성이나 비슷한 성격 등 그의 아이덴티티(현재 자기가 가진 특성이 언제나 과거의 그것과 같으며 미래에도 이어진다는 생각), 곧 그의 정체성을 나타내는 특성을 가진 사람들의 범주에 속하지 않은 다른 사람이다. 이 헤테론(ἕτερον-다른)으로서의 다른 사람은 그 유대인과 겉모습은 같은 인간일지 모르나 질적으로 내면의 속성과 성격 등 품성이 서로 다른 것뿐만 아니라 그것들을 결정짓는 인간의 존재 방식 자체가 완전히 다른 사람을 가리킨다.

따라서 본문이 말하는 '다른 사람(ἕτερον-헤테론)'은 단순히 그 유대인과 다른 사람으로 표현되지만 그는 이미 여러 번 주지한 '그 다른 한 사람(τὸν ἕτερον-톤 헤테론)' 곧 그리스도 예수 안에서의 예수 그리스도와 관련 있는 사람으로서 예수 그리스도와 대면하는 과정을 통과한 후 만나는 다른 사람(타인)이어야 한다.

그것은 주후 2024년이라는 현시점에서 지구촌의 인구가 약 80억이라고 가정할 때, 그 80억의 모든 인간을 만난 후, 다시 시간을 거꾸로 돌려 내가 만나지 않은 지상에 있었던 모든 인간을 만나는 과정을 통해 2000년 전 이스라엘의 갈릴리 바다 해변을 거닐며 그 하나님의 그 나라를 선포하던 청년 예수를 만나 그분이 그 하나님의 그 아들 그리스도(메시아)이심을 깨닫고 만나는 나(ἐγώ-에고)와 같은 사람으로서 다른 사람(타인)이어야 한다는 말이다.

참 어렵기도 하지만 참 신기한 개념의 다른 사람이지만 알고 보면 너무 쉬운 다른 사람이다.

어린아이

이해를 돕기 위해 마태복음 18장 이야기를 좀 해야 하겠다.

어느 날 예수님께 제자들이 찾아와 '천국에서는 누가 큽니까?'라는 질문에 한 어린아이를 불러 저희 가운데 세우시고 예수님께서 대답하셨다.

대답은 간단하다. 핵심은 그 대답의 논리 속에 '어린아이'와 '작은 자'임을 주목하라. 왜냐하면 그 '어린아이'와 '작은 자'가 바로 롬2:21에서 사도 바울이 언급하는 '다른 사람(ἕτερον-헤테론)'이기 때문이다.

> 3 예수님께서 말씀하셨습니다. "아멘, 내가 너희에게 말한다. 너희가 돌이켜 어린아이처럼 되지 않으면 결코 천국에 들어가지 못할 것이다.
> 4 따라서 누구든지 이 어린아이처럼 자기를 낮추는 자가 천국에서 가장 큰 자이고
> 5 또 누구든지 내 이름으로 이런 어린아이 한명을 맞이하면 곧 나를 맞이하는 것이다.

6 그러나 누구든지 나를 믿는 이런 작은 자 중 한 명을 넘어지게 하는 사람은 차라리 그의 목에 연자 맷돌을 매고 바다 깊은 곳에 빠지는 것이 나을 것이다.
7 넘어지게 하는 일 때문에 세상에 화가 있다. 넘어지게 하는 일이 없을 수는 없으나 넘어지게 하는 그 사람에게는 화가 있다.
8 만일 네 손이나 발이 너를 넘어지게 하거든 그것을 잘라서 던져 버려라. 장애인이나 다리 저는 자로 생명의 들어가는 것이 두 손이나 두 발을 가지고 영원한 불에 던져지는 것보다 낫다.
9 만일 네 눈이 너를 넘어지게 하거든 그것을 뽑아서 던져 버려라. 두 눈을 가지고 불지옥에 들어가는 것보다 한 눈으로 생명에 들어가는 것이 낫다.
10 이런 작은 자 중 한 명도 업신여기지 않도록 주의하라. 왜냐하면 내가 너희에게 말하는데, 하늘에 있는 그들의 천사들이 모든 일을 가지고 하늘에 계신 내 아버지의 얼굴을 항상 뵙고 있기 때문이다.

3 καὶ εἶπεν· ἀμὴν λέγω ὑμῖν, ἐὰν μὴ στραφῆτε καὶ γένησθε ὡς τὰ παιδία, οὐ μὴ εἰσέλθητε εἰς τὴν βασιλείαν τῶν οὐρανῶν. 4 ὅστις οὖν ταπεινώσει ἑαυτὸν ὡς τὸ παιδίον τοῦτο, οὗτός ἐστιν ὁ μείζων ἐν τῇ βασιλείᾳ τῶν οὐρανῶν. 5 καὶ ὃς ἐὰν δέξηται ἓν παιδίον τοιοῦτο ἐπὶ τῷ ὀνόματί μου, ἐμὲ δέχεται. 6 Ὃς δ' ἂν σκανδαλίσῃ ἕνα τῶν μικρῶν τούτων τῶν πιστευόντων εἰς ἐμέ, συμφέρει αὐτῷ ἵνα κρεμασθῇ μύλος ὀνικὸς περὶ τὸν τράχηλον αὐτοῦ καὶ καταποντισθῇ ἐν τῷ πελάγει τῆς θαλάσσης. 7 Οὐαὶ τῷ κόσμῳ ἀπὸ τῶν σκανδάλων· ἀνάγκη γὰρ ἐλθεῖν τὰ σκάνδαλα, πλὴν οὐαὶ τῷ ἀνθρώπῳ δι' οὗ τὸ σκάνδαλον ἔρχεται. 8 Εἰ δὲ ἡ χείρ σου ἢ ὁ πούς σου σκανδαλίζει σε, ἔκκοψον αὐτὸν καὶ βάλε ἀπὸ σοῦ· καλόν σοί ἐστιν εἰσελθεῖν εἰς τὴν ζωὴν κυλλὸν ἢ χωλὸν ἢ δύο χεῖρας ἢ δύο πόδας ἔχοντα βληθῆναι εἰς τὸ πῦρ τὸ αἰώνιον. 9 καὶ εἰ ὁ ὀφθαλμός σου σκανδαλίζει σε, ἔξελε αὐτὸν καὶ βάλε ἀπὸ σοῦ· καλόν σοί ἐστιν μονόφθαλμον εἰς τὴν ζωὴν εἰσελθεῖν ἢ δύο ὀφθαλμοὺς ἔχοντα βληθῆναι εἰς τὴν γέενναν τοῦ πυρός. 10 Ὁρᾶτε μὴ καταφρονήσητε ἑνὸς τῶν μικρῶν τούτων· λέγω γὰρ ὑμῖν ὅτι οἱ ἄγγελοι αὐτῶν ἐν οὐρανοῖς διὰ παντὸς βλέπουσιν τὸ πρόσωπον τοῦ πατρός μου τοῦ ἐν οὐρανοῖς.

(NA28판, UBS5판 마18:3-10 필자 사역)

작은 자

이 이야기의 논리는 마태복음 10장의 12사도에게 천국의 복음을 주어 세상으로 파송하면서 길게 당부하신 말씀은 다음과 같이 시작된다.

  핵심은 영접 논리이다.

40 너희를 영접하는 자는 나를 영접하는 것이고 나를 영접하는 자는 나를 보내신 분을 영접하는 것이다.

41 예언자의 이름으로 예언자를 영접하는 자는 예언자의 상을 받을 것이고 의인의 이름으로 의인을 영접하는 자는 의인의 상을 받을 것이다.

42 또 누구든지 이 작은 자 중 한 명에게 제자의 이름으로 냉수 한 잔이라도 마시게 하는 자는 결코 자기상을 잃지 않을 것이다.

40 Ὁ δεχόμενος ὑμᾶς ἐμὲ δέχεται, καὶ ὁ ἐμὲ δεχόμενος δέχεται τὸν ἀποστείλαντά με. 41 ὁ δεχόμενος προφήτην εἰς ὄνομα προφήτου μισθὸν προφήτου λήμψεται, καὶ ὁ δεχόμενος δίκαιον εἰς ὄνομα δικαίου μισθὸν δικαίου λήμψεται. 42 καὶ ὃς ἂν ποτίσῃ ἕνα τῶν μικρῶν τούτων ποτήριον ψυχροῦ μόνον εἰς ὄνομα μαθητοῦ, ἀμὴν λέγω ὑμῖν, οὐ μὴ ἀπολέσῃ τὸν μισθὸν αὐτοῦ.

(NA28판, UBS5판 마10:40-42 필자 사역)

공궤

이 논리는 마태복음 25장의 인자가 자기 영광으로 천사와 함께 오셔서 행하시는 마지막 심판에서 명확하게 드러난다.

핵심은 영접의 논리가 공궤(윗사람에게 음식을 차려 드리듯 상대를 귀하게 여겨 극진히 대접하는 것과 같은 섬김)의 논리로 확장이다. 그 논리 속에 어린아이와 작은 자에 해당하는 자들이 구체적으로 언급되고 있는데. 그들이 바로 사도 바울이 롬2:21에서 말하는 '다른 사람(ἕτερον-헤테론)'이다.

> 34 그때 왕이 그의 오른편에 있는 사람들에게 말할 것이다. '오라, 내 아버지의 복을 받은 자들아, 세상의 기초가 놓인 때부터 너희를 위하여 준비된 그 왕국을 상속하라.
>
> 35 참으로 내가 굶주렸을 때에 너희는 내게 먹을 것을 주었고 내가 목말랐을 때에 너희는 내게 마실 것을 주었고 내가 나그네였을 때에 너희는 나를 영접했고
>
> 36 내가 헐벗었을 때에 너희는 내게 옷을 입혀 주었고 내가 병들었을 때에 너희는 나를 돌봐 주었고 내가 감옥에 갇혔을 때에 너희는 나를 찾아 주었다.'
>
> 37 그때 의인들이 그에게 대답하여 말할 것이다. '주님, 언제 우리가 당신께서 굶주린 것을 보고 공궤했으며 또 목마르신 것을 보고 마실 것을 드렸습니까?

38또 언제 우리가 당신께서 나그네 이신 것을 보고 영접했으며 헐벗으신 것을 보고 옷을 입혀 드셨습니까?
39또 언제 우리가 당신께서 병드시거나 감옥에 갇히신 것을 보고 찾아갔습니까?'
40그 왕이 대답하여 말할 것이다. '아멘, 내가 너희에게 말한다. 너희가 내 형제 중 지극히 작은 자 하나에게 한 것이 곧 내게 한 것이다.'
41그때에 그가 왼편에 있는 자들에게 말할 것이다. '이 저주받은 자들아, 내게서 떠나 사탄과 그의 천사들을 위하여 준비된 영원한 불 속으로 들어가라.
42참으로 내가 굶주렸을 때에 너희는 내게 먹을 것을 주지 않았고 내가 목말랐을 때에 너희는 내게 마실 것을 주지 않았고
43내가 나그네였을 때에 너희는 나를 영접하지 않았고 내가 헐벗었을 때에 너희는 내게 옷을 입히지 않았고 내가 병들었을 때에 너희는 나를 돌봐 주지 않았고 내가 감옥에 갇혔을 때에 너희는 나를 찾아오지 않았다.'
44그때 그들이 그에게 대답하여 말할 것이다. '주님, 언제 우리가 당신께서 굶주린 것이나 목마르신 것이나 나그네 되신 것이나 헐벗으신 것이나 병드신 것이나 감옥에 갇히신 것을 보고 섬기지 않았습니까?'
45그때 그가 그들에게 대답하여 말할 것이다. '아멘, 내가 너희에게 말한다. 너희가 내 형제 중 지극히 작은 자 하나에게 하지 않은 것이 곧 내게 하지 않은 것이다.'
46그래서 이들은 영원한 형벌로 들어갈 것이고 의인들은 영원한 생명으로 들어갈 것이다."

34Τότε ἐρεῖ ὁ βασιλεὺς τοῖς ἐκ δεξιῶν αὐτοῦ• δεῦτε οἱ εὐλογημένοι τοῦ πατρός μου, κληρονομήσατε τὴν ἡτοιμασμένην ὑμῖν βασιλείαν ἀπὸ καταβολῆς κόσμου. 35 ἐπείνασα γὰρ καὶ ἐδώκατέ μοι φαγεῖν, ἐδίψησα καὶ ἐποτίσατέ με, ξένος ἤμην καὶ συνηγάγετέ με, 36 γυμνὸς καὶ περιεβάλετέ με, ἠσθένησα καὶ ἐπεσκέψασθέ με, ἐν φυλακῇ ἤμην καὶ ἤλθατε πρός με. 37τότε ἀποκριθήσονται αὐτῷ οἱ δίκαιοι λέγοντες• κύριε, πότε σε εἴδομεν πεινῶντα καὶ ἐθρέψαμεν, ἢ διψῶντα καὶ ἐποτίσαμεν; 38 πότε δέ σε εἴδομεν ξένον καὶ συνηγάγομεν, ἢ γυμνὸν καὶ περιεβάλομεν; 39 πότε δέ σε εἴδομεν ἀσθενοῦντα ἢ ἐν φυλακῇ καὶ ἤλθομεν πρός σε; 40 καὶ ἀποκριθεὶς ὁ βασιλεὺς ἐρεῖ αὐτοῖς• ἀμὴν λέγω ὑμῖν, ἐφ' ὅσον ἐποιήσατε ἑνὶ τούτων τῶν ἀδελφῶν μου τῶν ἐλαχίστων, ἐμοὶ ἐποιήσατε. 41 Τότε ἐρεῖ καὶ τοῖς ἐξ εὐωνύμων• πορεύεσθε ἀπ' ἐμοῦ [οἱ] κατηραμένοι εἰς τὸ πῦρ τὸ αἰώνιον τὸ ἡτοιμασμένον τῷ διαβόλῳ καὶ τοῖς ἀγγέλοις αὐτοῦ. 42 ἐπείνασα γὰρ καὶ οὐκ ἐδώκατέ μοι φαγεῖν, ἐδίψησα καὶ οὐκ ἐποτίσατέ με, 43 ξένος ἤμην καὶ οὐ συνηγάγετέ με, γυμνὸς καὶ οὐ περιεβάλετέ με, ἀσθενὴς καὶ ἐν φυλακῇ καὶ οὐκ ἐπεσκέψασθέ με. 44 τότε ἀποκριθήσονται καὶ αὐτοὶ *λέγοντες• κύριε, πότε σε εἴδομεν πεινῶντα ἢ διψῶντα ἢ ξένον ἢ γυμνὸν ἢ ἀσθενῆ ἢ ἐν φυλακῇ καὶ οὐ διηκονήσαμέν σοι; 45 τότε ἀποκριθήσεται αὐτοῖς λέγων• ἀμὴν λέγω ὑμῖν, ἐφ' ὅσον οὐκ ἐποιήσατε ἑνὶ τούτων τῶν ἐλαχίστων, οὐδὲ ἐμοὶ ἐποιήσατε. 46 καὶ ἀπελεύσονται οὗτοι εἰς κόλασιν αἰώνιον, οἱ δὲ δίκαιοι εἰς ζωὴν αἰώνιον.*

(NA28판, UBS5판 마25:34-46 필자 사역)

참선생

결국 사도 바울이 그런 다른 사람(ἕτερον-헤테론)을 가르치는 그 유대인의 행위에 도전하는 질문은 이 세상에서 주도권을 가지고 이 시대의 정신을 이끌어 가고 있는 자들, 마치 그 유대인과 같이 '선생 노릇' 하는 자들과 '아버지 노릇' 하는 자들과 '지도자 노릇'하는 자들에게 던지는 질문이다.

그리고 거기에 인류의 참선생이시고 참아버지이시며 참지도자이신 그리스도 예수님을 통해 만나는 창조주 하나님이 계신다(마23:8-10).

> *8그러나 너희는 선생이라고 불리지 마라. 너희 선생은 오직 한 분이고 너희 모두는 형제이다.*
> *9그리고 너희는 이 땅 위에 있는 누구에게도 너희 아버지라고 부르지 마라. 이는 한 분만이 하늘에 계시는 너희 아버지시기 때문이다.*
> *10지도자라고 불리지 마라. 이는 너희 지도자는 그리스도 한 분뿐이시기 때문이다.*

> *8 Ὑμεῖς δὲ μὴ κληθῆτε ῥαββί• εἷς γάρ ἐστιν ὑμῶν ὁ διδάσκαλος, πάντες δὲ ὑμεῖς ἀδελφοί ἐστε. 9καὶ πατέρα μὴ καλέσητε ὑμῶν ἐπὶ τῆς γῆς, εἷς γάρ ἐστιν ὑμῶν ὁ πατὴρ ὁ οὐράνιος. 10μηδὲ κληθῆτε καθηγηταί, ὅτι καθηγητὴς ὑμῶν ἐστιν εἷς ὁ Χριστός.*

(NA28판, UBS5판 마23:8-10 필자 사역)

시각

따라서 그 유대인에 대한 그 하나님의 그 심판의 공정성이라는 것은 창조주 하나님의 관점에서의 판별법이 근거 기준이 된다. 그러니까 그 판별법의 준거가 되는 모세의 율법(문자로 된 율법)이 갖는 표면적 의미와 이면적 의미, 곧 그 율법의 문자적인 측면과 그 율법을 주신 분(영이신 하나님)이 그 율법에 담아 놓으신 영적인 측면을 조화롭게 보는 관점에서의 판별법이 요구된다. 그 율법을 사람의 외적인 부분을 판단하는 준거로만 삼아선 안 된다는 말이다.

이에 대해 사도 바울은 롬7:14 이하에서 그 율법을 창조주 하나님의 시각으로 보아야 한다는 사실을 명백하게 말했다.

그리고 그것은 실제로 이 로마서에서 다루고자 하는 하나님의 복음으로 말미암는 구원과 직결되는 사안이다. 왜냐하면 하나님의 선하신 율법을 가지고 인간을 망하게 만들고 있는 사탄의 궤계로부터 인간을 구원할 수 있는 것은 전능하신 창조주 하나님의 능력이 되는 하나님의 복음밖에 없음을 밝히는 것이 이 로마서 전체의 스토리이기 때문이다.

> 14참으로 우리는 그 율법이 영적이라는 것을 알지만, 나는 그 죄 아래 팔린 상태의 육신적인 사람입니다.
> 15그래서 나는 정말 내가 이루어 내는 것을 모릅니다. 불행하게도 나는 내가 원하는 일을 실행하지 못하고, 도리어 미워하는 일을 만들고 있으니 말입니다.
> 16그러나 비록 내가 원하지 않는 일을 만들고 있을지라도, 나는 지금 그 율법이 '선하다'는 것을 인정합니다.
> 17그러니 이제 더 이상 내가 그것을 이루어 내는 것이 아니라 내 속에 거주하고 있는 그 죄가 그것을 이루어 내고 있는 장본인입니다.
>
> 14Οἴδαμεν γὰρ ὅτι ὁ νόμος πνευματικός ἐστιν, ἐγὼ δὲ σάρκινός εἰμι πεπραμένος ὑπὸ τὴν ἁμαρτίαν. 15 ὃ γὰρ κατεργάζομαι οὐ γινώσκω· οὐ γὰρ ὃ θέλω τοῦτο πράσσω, ἀλλ' ὃ μισῶ τοῦτο ποιῶ. 16 εἰ δὲ ὃ οὐ θέλω τοῦτο ποιῶ, σύμφημι τῷ νόμῳ ὅτι καλός. 17 νυνὶ δὲ οὐκέτι ἐγὼ κατεργάζομαι αὐτὸ ἀλλ' ἡ οἰκοῦσα ἐν ἐμοὶ ἁμαρτία.
>
> ***(NA28판, UBS5판 롬7:14-17 필자 사역)***

문제

사도 바울의 질문(그런데 정작 다른 사람을 가르치면서도 그대는 그대 자신을 가르치지 않습니까? 그대가 '도둑질하지 말라.'라고 선포하면서도 그대가 도둑질합니까? '간음하지 말라.'라고 말하는 그대가 간음합니까? 그 우상들을 혐오하는 그대가 신전 물건을 몰래 가져갑니까?)은 모세의 율법 전체를 범하고 있다는 것을 나타내는 포괄적인 질문법이다. 왜냐하면 그런 사건들에 관한 세세한 증거 목록들을 구약 성경 속에서 찾으려고 하거나 문헌적인 탐구를 통해서 확보할 수도 있을 것이다. 하지만 그런 방식으로 본문을 이해한다는 것은 비생산적이고 매우 어리석은 일이다. 바울의 심상을 예측할 수 있는 정도의 사건들에 대한 증거들이 널려 있다고 해도 그것을 하나로 보는 시각이 필요하기 때문이다.

사실 그러한 증거들을 확보한다고 해도 표면적인 측면에서의 비슷한 사건들을 발췌 규합해 인간들의 빗나간 종교와 도덕적이고 윤리적인 행위목록과 관련된 잘못을 꾸짖는 정도의 교훈을 끌어내는 데 머물게 만들 뿐이지 영적인 측면으로 한 걸음도 나아가지 못하게 한다는 것이 문제다.

도둑질

실례로 '도둑질하지 말라'는 계명을 생각해 보자.

이 계명은 구약 성경 출20:15, 신5:19 십계명 중 하나이다. 그리고 그 계명을 어기고 도둑질하는 사건은 다른 것을 다 제쳐 두고 구약 성경의 마지막 예언서 말3:8-9(사람이 어찌 하나님의 것을 도적질하겠느냐? 그러나 너희는 나의 것을 도적질하고도 말하기를 우리가 어떻게 주의 것을 도적질하였나이까 하도다. 이는 곧 십일조와 헌물이라. 너희 곧 온 나라가 나의 것을 도적질하였으므로 너희가 저주를 받았느니라.)의 십일조를 도둑질하는 것이 떠오른다.

이에 대해 신약 성경에서 예수님은 이 계명을 지키는 것을 영생의 조건으로 말씀하셨고(막10:19, 마19:18, 눅18:20), 우리의 보물을 도둑질당해 망하는 것을 모면키 위해 하늘에 그 보물을 쌓아 두라고 하셨으며(마6:19-20), 도적이 오는 것은 도적질과 강도질로 죽이고 멸망시키려 함인데, 예수님을 경유해서 나오지 않는 선생과 지도자들을 도적과 강도라고 하고, 예수님을 통하지 않고 사람들을 가르치는 것을 도적질하고 강도질하는 것이라고 했다(요10:1-10).

그리고 예수님께서 십자가에 돌아가신 후 유대인 지도자들인 대제사장과 바리새인들이 빌라도 총독을 찾아가 군사들을 풀어 예수님의 무덤에 외부인들이 접근

하지 못하도록 사흘까지 굳게 지킬 것을 강력하게 요구했다. 그 이유는 저들은 예수님을 유혹하던 자로 지칭하면서, 예수님이 생전에 사흘 후에 자기가 다시 살아날 것을 말하였는데, 그의 제자들이 와서 시체를 도적질해 가고 백성들에게 '그가 죽은 자 가운데서 살아났다.'라고 하면 유혹이 전보다 심해질 것을 생각했기 때문이었다. 이에 빌라도는 '너희에게 파수대가 있으니 가서 굳게 봉쇄하라.'라고 재가하니, 그들이 무덤을 인봉하고 돌을 굴려 입구를 막고 파수대를 세워 지키게 했다(마27:62-66).

더욱 재미 있는 것은 예수님께서 부활하신 후 파수대원들 중에 몇 명이 예수님의 부활한 사실을 대제사장들에게 알리니, 장로들과 모여 의논하고 군병들에게 돈을 많이 주며 '그의 제자들이 밤에 와서 우리가 잘 때 그를 도둑질해 갔다.'라고 시켰다. 군병들은 돈을 받고 하라는 대로 했고, 그런 사실은 오늘날까지 유대인 가운데 두루 퍼졌다고 기록한다(마28:12-15).

그들이 누구인가?

그들은 유대인 지도자들이었고, 그들이 바로 하나님의 것들, 곧 말라기서의 십일조와 헌물을 도적질한 자들이다. 십일조와 헌물은 우리 주 예수님을 가리키는 구약시대의 산 증거 예물이다.

그들은 구약시대의 마지막 선지자가 활동한 시대에 이르러서는 그 십일조와 헌물을 도적질하여 백성들이 예수님을 알지 못하게 만들더니, 신약시대를 세우신 예수님을 죽이고 그것도 모자라 예수님의 부활하심을 은폐하기 위해 권력과 돈으로 거짓 증인을 매수하는 등 수단과 방법을 가리지 않은 자들이다.

도적질한다는 계명은 단순히 남의 소지품을 훔치는 등 외적인 세상의 물건을 훔치는 것을 가리키지 않고 인간 영혼이 하나님과의 바른 관계를 유지할 수 있게 하는 생명의 양식으로 이 땅에 오신 그리스도 예수님의 죽으심과 부활하심, 곧 사도 바울의 복음(하나님의 복음 또는 그리스도의 복음)이 갖는 참된 내용을 전하지 않고 가르치지 않는 자들이 도적이고 강도이다.

즉 그리스도 예수님 안에서의 예수 그리스도의 죽으심과 부활하심이 아닌 다른 가르침을 양식으로 나누고 먹이고 옷으로 입혀 살게 만드는 것이 영혼을 죽이고 망하게 하는 도적질과 강도질인 것이다.

간음

다음으로 '간음하지 말라'는 계명을 생각해 보자.

이 계명 역시 구약 성경 출20:14, 신5:18 십계명 중에 하나이다. 그리고 그 계명을 어기고 간음하는 사건은 위에서 말한 십일조를 도둑질하는 것과 같은 악행의 하나로 또한 말3:5(내가 심판하러 너희에게 임할 것이라 술수하는 자에게와 간음하는 자에게와 거짓 맹세하는 자에게와 품꾼의 삯에 대하여 억울케 하며 과부와 고아를 압제하며 나그네를 억울케 하며 나를 경외치 아니하는 자들에게 속히 증거하리라 만군의 여호와가 말하였느니라.)에 언급되는데, 그 악행으로 염병이 창궐하여 이만 사천 명이 죽게 되는 하나님의 진노가 그려진 민수기 25:1-8(이스라엘이 싯딤에 머물러 있더니 그 백성이 모압 여자들과 음행하기를 시작하니라. … 그 염병으로 죽은 자가 이만 사천 명이었더라.)의 참혹한 사건이 떠오른다.

이를 렘3:8은 '내게 배역한 이스라엘이 간음을 행하였으므로 내가 그를 내어쫓고 이혼서까지 주었으되 그 패역한 자매 유다가 두려워 아니하고 자기도 가서 행음함을 내가 보았노라.'라고 하나님을 떠나 다른 신을 섬기는 것을 가리켰다.

그런 이스라엘과 유다를 향하여 호세아 선지자는 '그들은 모두가 간음하는 자라, 빵 굽는 자에 의해 달구어진 화덕 같아서, 그가 반죽한 후에는 불을 일으키기를 그치니, 반죽이 발효될 때까지만 하느니라.'라고 했고, '이사야 선지자는 '무녀(무당)의 자식, 간음자와 음녀(창녀)의 씨인 너희는 이리로 가까이 오라.'라고 할 정도로 원색적으로 그들의 불경과 불의를 고발한다.

이에 대해서도 역시 신약 성경에서 예수님은 '나는 너희에게 이르노니 여자를 보고 음욕을 품는 자마다 마음에 이미 간음한 것이다.'라고 '간음하지 말라'는 계명과 관련한 행위가 마음에서 일어나는 일로 강화하시고(마5:28), 영생의 조건으로 이 계명을 지킬 것을 말씀하셨으며(막10:19, 마19:18, 눅18:20), 심지어 예수님은 간음하다 현장에서 잡인 여인을 상대로 모세의 율법(레20:10)에 따라 돌로 쳐 죽이려고 그녀를 에워싸고 있는 유대인들을 향해 '너희 중에 죄 없는 자가 돌로 치라.'라고 하셨다. 야고보 사도는 이 계명과 관련해 '간음하는 여자들이여 세상에 벗된 것이 하나님의 원수임을 알지 못하느냐? 그런즉 누구든지 세상과 벗이 되고자 하는 자는 스스로 하나님과 원수 되게 하는 것이다.'라고 했다.

종합

종합해서 말하면 이상과 같이 두 계명은 하나의 사실, 곧 하나님과의 관계를 바르게 유지하지 못하는 자들에게 주어진 명령으로 영적 삶의 기준선을 보여 준다. 하나님과의 영적 관계를 실패하게 되는 원인이 무엇인지를 들여다보게 하는 인도자의 친절한 손길과 같은 것이다.

그런데도 결국 사도 바울은 롬13:9에서 '간음하지 말라, 살인하지 말라, 도둑질하지 말라, 탐내지 말라 한 것과 그 외에 다른 계명이 있을지라도 네 이웃을 네 자신과 같이 사랑하라 하신 그 말씀 가운데 다 들어 있다(총계하다는 개념으로 요약되어 있다 또는 간단히 이해하다와 하나로 함께 모이다는 뜻).'라고 했다.

또 이를 야고보 사도는 '누구든지 온 율법을 지키다가 그 하나에 거치면 모두 범한 자가 되나니, 간음하지 말라 하신 이가 또한 살인하지 말라 하셨으니, 네가 비록 간음하지 아니하여도 살인하면 율법을 범한 자가 된다(약2:11).'라고 했다.

두 계명을 범하는 문제를 두 개의 구별된 범죄행위로 보지 않고 하나의 범죄행위로 인식한다. 그 이유는 두 범죄행위가 두 계명을 주신 한 분이신 하나님과의 관계를 깨뜨리는 것이기 때문이다.

지구촌 80억의 인류가 모두 개별적으로 다른 범죄를 저지른다고 해도 하나님과의 관계에서 동일한 범죄자가 된다는 논리적 입증이다.

이에 대해 사도 바울은 롬13:8에서 '서로를 사랑하는 것이 아니라면 아무에게도 결코 빚을 지지 마십시오. 왜냐하면 그 다른 한 사람(τὸν ἕτερον-톤 헤테론)을 사랑하는 사람이 율법을 다 이룬 것이기 때문입니다.'라고 함으로써, 이미 우리가 앞(롬2:1)에서 언급한 '그 다른 한 사람(τὸν ἕτερον-톤 헤테론)'이 레19:18의 '그 이웃'임을 보았듯이 '이웃 사랑에 대한 참된 가르침'을 '그 다른 한 사람(τὸν ἕτερον-톤 헤테론)'과 사랑의 관계로 특정해 '이웃 사랑에 대한 참된 길'을 열어 놓으셨다고 선언한다.

이는 '그 다른 한 사람(τὸν ἕτερον-톤 헤테론)'은 아담을 따라 사탄에 의해 범죄자들이 된 사람들이 사랑해야만 하는 대상(절대적 타자)이고, 그 범죄자들이 된 인류는 '그 다른 한 사람(τὸν ἕτερον-톤 헤테론)'을 사랑함으로써 새로운 생명을 얻고 새로운 삶을 살게 되는 일이 인류에게 정의롭고 공평하게 공개적으로 나타난다는 사실을 모세의 율법이 말하고자 하는 핵심 메시지였다는 것을 알게 한다는 말이다.

그리고 이 말은 오늘날에도 마찬가지로 '보혜사 진리의 영이 오시면 그리스도이신 예수님을 믿지 않는 것이 바로 범죄행위라는 사실을 말해 주실 것'이라고 하는 요14:9의 예수님 말씀에 닿아 있다.

맘몬
이제 마지막 질문인 '그 우상들을 혐오하는 그대가 신전 물건을 몰래 가져갑니까?'에 대해 생각해 보자.

이 질문의 핵심은 돈이고 탐심이다. 그건 우상 숭배 행위를 적대시하는 유대인들의 신앙이 아이러니하게도 돈에 의해 돈을 위해 돈을 통해 돈만의 왕국을 세우려고 하는 맘몬에 대한 탐심으로 가득한 실상을 드러내신 예수님의 말씀(마6:24-25), 곧 그들의 배금주의(mammonism) 사회현상에 대한 질타와 직접적인 관련이 있다.

아이러니
유대인에게 있어 우상이란 금은동이나 돌과 나무로 형상화된 신들이다. 우상을 혐오하는 것은 유대인을 특징짓는 정서적 상태이고, 그렇게 된 원인은 구약 성경뿐만 아니라 그들 민족의 역사 속에 잘 나타난다.

아브라함의 후손 이삭과 이삭의 후손 야곱의 열두 아들로 형성된 민족공동체가 다윗의 통일왕국(B.C 1,010~970/40년)을 이루고 솔로몬(B.C. 970~930/40년)에 의해 세워진 제1성전 중심의 신앙은 왕국 분열(B.C. 930년 북왕조 이스라엘과 남왕조 유다)과 함께 모세 율법의 요구를 변개하게 되는데, 이로써 이방의 신상들을 끌어들여 혼합된 우상 숭배 형태의 신앙으로 발전한 분열의 주체인 북왕조 이스라엘이 먼저 하나님의 진노하심으로 앗수르에게 멸망하고(B.C. 722년), 그 뒤를 따라 남왕조 유다마저 솔로몬 성전 중심의 신앙을 지키지 못하고 바벨론에게 멸망한다(B.C. 586년).

훌륭하고 쓸모 있는 모든 인재가 포로로 끌려가고 성전의 보물들마저 전리품이 되어 바벨론으로 옮겨짐으로써 여호와의 축복을 향한 약속의 땅은 황폐한 땅이 되었다. 만군의 여호와 하나님의 영광으로 가득했던 그 찬란한 솔로몬 성전의 위용을 잃은 채 텅 빈 모습으로 쓸쓸히 그 황폐함을 견디다 못해 바벨론의 느부갓네살의 손에 파괴되어 성전 중심의 여호와 신앙은 붕괴되었다.

그후 바벨론 정복자인 페르시아 고레스(아카이메니아 왕조의 창시자 키루스 2세)의 칙령(B.C. 538년)으로 붕괴된 제1성전인 솔로몬 성전(B.C. 957년)을 재건하기 시작해 B.C. 516년에 제2성전(스룹바벨 성전으로 불림-학1:4, 스6:15)을 완공하여 잃어버린 성전 중심의 신앙을 회복시키는 과정에서 유대인이라고 하는 명칭과 색깔이 분명하게 드러나기 시작했다. 이때부터 예루살렘의 제2성전은 그런 유대인의 민족적 순수성, 곧 혈통적 순수성을 지키기 위한 전쟁과도 같은 영적 싸움에 돌입하여 사마리아 사람을 비롯한 이방인들을 멀리하는 분리주의와 배타주의가 중심축이 되는 그들만의 특성으로 자리 잡게 되었다.

이렇듯 유대인에게 우상 숭배에 대한 감정은 그들의 정체성과 관련하여 전쟁을 통해 얻은 지울 수 없는 부끄러운 수치심과 그로 인해 자존감에 치명적인 손상을 입고 맹렬히 분노하는 민족적 적개심으로부터 출발한다. 그런 그들이 그토록 혐오하는 이방의 우상들을 섬기는 신전 물건을 몰래 훔쳐 간다니 참으로 아이러니한 현상이 아닐 수 없다.

성전 사랑
그 정체불명의 민족적 적개심의 발원지는 어디인가?

제1성전(솔로몬 성전-B.C. 957년)은 종교의식을 집행하는 성소와 언약궤를 모신 지성소로 구분되어 있는데, 지성소는 일 년에 한 번 있는 대속죄일(욤 키푸르)에 대제사장만이 들어갈 수 있는 '여호와 하나님께서 임재하시는 곳(Shekhina)'이다. 그곳은 모든 백성의 죄사함을 위해 대제사장이 희생 제물의 피를 가지고 들어가 속죄단에 붓게 되는데, 죄사함을 받지 못할 때 제사 예식을 치르던 대제사장이 즉석에서 죽임을 당해야 할 만큼 엄중한 규율이 집행되는 곳이다.

또 이스라엘 모든 민족이 지내야 하는 삼대 절기의 하나인 이집트 종살이에서 해방된 날을 기념하는 유월절-무교절(Pascha: 이스라엘 백성이 이집트를 탈출하기 전날 밤 여호와께서 이집트의 각 집 장남을 죽였는데, 이스라엘 백성의 집에는 어린양의 피를 문설주에 바르게 하여 그 표지가 있는 집은 그냥 지나쳤다는 데서 유래-출12:1-27, 23:15,16, 34:18-21, 레 23:4-14, 민9:1-14, 신16:1-8)로부터 씨를 뿌려 얻은 노동의 만물을 바치는 초실절(atseres: 신16:9-12, 축4:22, 출23:16-맥추절: 유월절 이후 50일째 지키는 오순절)을 거쳐, 연말에 노동의 결실을 거두어들여 드리는 추수절(수장절: 출23:14-17, 34:18-23, 삿21:19 또는 초막절: 레 23:34,42,43, 신31:10, 슥14:16, 스3:4, 느 8:14-17, 대하 8:13)로 마무리되는 민족적 모임의 중심에 그들의 제1성전인 솔로몬 성전이 있다.

유대인들은 유월절을 자기 민족의 탄생일로, 초실절을 여호와 하나님으로부터 율법을 받은 날이라는 역사적 의미를 부여하여 자신들의 종교인 유대교 탄생일로 중시하고, 추수절은 광야의 고초와 유목민의 장막(천막) 생활과 하나님의 인도하심과 보호하심을 기억하며, 회당에서는 전도서를 낭독하고, 성전에서는 연일 희생 제사를 성대히 드리며, 연간 계획으로 세운 모세의 율법 낭독을 독파하는 날로 중시했고, 모든 백성이 예루살렘을 향하여 하루에 세 번씩 기도하는 풍습(단 6:11)과 유대교 회당을 건축할 때 주요 부분은 예루살렘 성전을 향하도록 지을 만큼 그들의 성전 사랑은 유난했다.

분열의 원인

남북왕조로 갈라진 후에 예루살렘 성전의 정통성과 민족의 구심점이 되는 중앙 성전으로서의 단일화 문제는 전면으로 부상했다. 전국에 있는 성소들을 철폐하고 다윗의 아들 솔로몬에 의해 건축된 예루살렘 성전을 유다 왕국의 유일한 제사 장소로 확정한 요시야왕(B.C. 640~609)의 개혁 이후, 제1성전(솔로몬 성전)은 이스라엘 공동체의 중심으로 다윗 왕조의 정통성을 잇는 역할을 하게 되었다.

그런 예루살렘은 이전 사사시대에도 예루살렘을 떠나면 하나님과 멀어진다고 생각할 만큼(삼상 26:19) 삶의 중심 도시가 되어 있었고, 외국에 가서 살거나 살아야 할 사람은 자기가 사는 곳에서 여호와를 섬기려고 그 땅의 흙을 가져가기도 할 만큼 예루살렘은 그들의 신앙적 구심점이 되어 있었다(왕하 5:17).

하지만 모세의 율법이 요구하는 것을 변개하고 우상을 섬겨 종교적으로 부정하고 부패한 공동체로 인식되는 북왕조에 대한 부정적인 견해는 신약시대까지 이어져 유대인들이 사마리아(북왕국의 수도) 사람을 멸시하고 상종도 하지 않는 편견을 낳았고(요4:9), 그건 이방인들을 멸시하는 편견으로까지 확장되어 있었다(행10:14).

이스라엘의 예언자들은 이러한 분열의 원인을 꿰뚫어 보고 그 허점을 신랄하게 지적하며, 제1성전의 희생 제사를 중심으로 한 이스라엘의 본래 신앙으로 돌아가 모세의 율법이 갖는 핵심 포인트(주된 것)인 하나님의 심판과 자비와 믿음을 소중히 여기는 삶으로 나아가길 호소했다(마23:23, 롬3:21).

그럼에도 결국 예루살렘 성전은 바벨론의 느부갓네살 2세에게 B.C. 604년과 597년에 성전 보물들을 노략질당했고, B.C. 586년 성전 건물이 몽땅 파괴되었다. 이로써 두 왕국은 멸망해 버렸고 두 왕국이 망해 버린 후 제2성전(스룹바벨 성전, B.C. 512년, 솔로몬 성전보다 규모가 작음)이 건축되었고, 헤롯 대왕의 정치적 목적에 의해 증축되기 시작한 제3성전(헤롯 성전-유대인이 인정하지 않음) 시대는 그 성전보다 크실 뿐만 아니라 참성전이신 하나님의 아들이신 예수님(마12:6, 요2:21)이 오셨는데도 불구하고 그 적개심으로 유지되고 있었다.

로마 제국의 속국이 된 처지에서도 남북왕조의 적개심은 각각 예배드리는 성전을 중심으로 분열의 신념을 형성하게 만들었다. 그런 와중에 열성적인 거짓 종교인들은 그 적개심을 이용해 각 왕국의 주된 신념의 정통성을 확보해 주어 자신들의 입지를 강화함으로써 그 분열을 심화했으며, 그 적개심은 종교적으로 일반화되어 분열의 원인으로 작동하고 있었다.

혁명과 증축

재미 있는 것은 페르시아 제국이 알렉산드로스 제국에게 멸망하고, 알렉산드로스 사후 헬레니즘 시대라고 하는 사분된 제국 아래 고대 이스라엘은 처음에 프톨레마이오스 왕국의 지배를 받았지만 후일 셀레우코스 왕국의 지배를 받을 때 반유대주의 정책에 반기하여 독립전쟁을 일으켰던 마카베오 혁명이다. 셀레우코스의 안티오코스 4세(B.C. 168년 에피파네스)는 제2성전(스룹바벨 성전) 안에 신상을 세우는 등 예루살렘 성전 제단에서 제우스에게 제사를 드림으로써 유대인들에게 모욕을 주어 하스몬가(家)의 반란을 촉발시켰으며, 반란이 진행되는 동안 유다 마카베오는 제2성전을 정화하고 복구해 다시 봉헌했다. 유대인들은 매년 지키는 절기 하누카(봉헌절)에 이 사건을 기념한다.

더욱 재미 있는 것은 마카베오 혁명으로 수립된 하스몬 왕조는 내부 분열로 자멸에 이르고, 로마 황제의 총애를 받은 헤롯이 로마 공화국의 전폭적인 지원을 받아 유대의 왕으로 즉위하고 제2성전을 증축하기 시작한 일이다. 이 사람이 일명 헤롯 대왕이다.

헤롯은 비록 유대인 행세를 했으나 유대인이 아닌 에돔 출신(지금으로 말하면 부계와 모계 모두 아랍 혈통)이고, 에돔은 야곱의 형 에서의 후손이지만, 먼 과거에 갈라진 민족이라서 아주 다른 민족이나 다름없다. 그는 정치적 목적으로 하스몬 왕가의 공주 마리암과 재혼했고, 그리스-로마 문화의 예찬자답게 거대한 성전과 왕궁, 원형 경기장, 목욕탕, 도로, 광장과 요새들을 지어 위대한 건축가로 명성을 날렸다.

헤롯은 유대 왕으로서 자신의 부족한 정통성을 메꾸려고 유대인들의 환심을 살 목적으로 제2성전을 증축하고 부속 건물과 주변의 요새들을 건축하였다. 사두개파 사람들의 열렬한 지지를 얻은 성전 증축은 B.C. 20년에 시작하여 46년 동안 계속되었다. 성전산(聖殿山·Temple Mount) 지역을 2배로 넓히고, 대문들로 이어진 벽을 두른 증축된 헤롯 성전은 다시 유대의 종교 생활의 중심이 되었을 뿐만 아니라, 그 광장은 집회 장소 역할을 했고, 열주랑(列柱廊) 밑에는 상인들과 환전상(換錢商)들이 자리를 잡았으며, 성서 및 그 외 자료들을 보관하는 곳이기도 했고, 로마 시대에 유대인 최고 법정이었던 산헤드린의 집회소이기도 했다.

흔히 헤롯 성전을 제3성전이라고 하지만 유대교의 공식적인 입장에 따르면 제3성전이 결코 아니다. 왜냐하면 헤롯은 성전을 재건한 것이 아니라 증축을 한 것이었기 때문이다. 헤롯은 B.C. 19년에 성전 증축을 시작했으나, 정작 그 일을 시작한 헤롯은 완공을 보지 못하고 죽었다. 증축 공사는 A.D. 63년이 되어서야 끝났다.

허물어야 할 성전
그 성전은 신약 성경에서도 아름다움을 극찬할 정도로 빼어난 성전이었다(눅21:5; 요2:20). 탈무드는 "만일 당신 평생에 성전을 본적이 없다면 아름다운 건물을 보았다는 말을 하지 마십시오."라고 예루살렘 성전에 대해 기록하고 있다.

성전 건물 자체는 벽이나 난간으로 둘러싸 거룩한 영역으로 지정하고 이방인의 뜰과 분리시켰다. 사방 벽에는 이방인들이 그곳에 들어올 경우 사형에 처할 것이라는 경고문이 붙어 있었다고 할 정도로 엄격한 구별과 차별이 있었다. 이방인들의 뜰은 이방인과 유다인 모두에게 개방되어 있는 커다란 뜰이었다. 성전 안에는 세 개의 뜰이 있는데 바깥쪽에서부터 여인들의 뜰, 유다인 남자들만 들어갈 수 있는 이스라엘의 뜰, 사제들의 뜰이 그것이다.

제2성전(스룹바벨 성전)을 증축한 헤롯 성전의 공사가 한창일 때 예수님이 활동하셨다. 예수님은 성전 정화를 통해 그 속에서 일어나는 온갖 부조리를 폭로하시며 성전 파괴를 부르짖으셨다(요2:19). 예루살렘 성전으로 유대는 폐쇄적인 공동체가 되었고, 그 성전을 중심으로 행하는 유대인들이 다른 사람들을 차별하는 근거가 그 부르짖음의 원인이다. 예루살렘 성전에서 권력을 행사하면서 민족을 팔아먹고 민중들을 착취하던 사두개파 사람들과 모세의 율법으로 민중들을 죄인으로 취급하던 바리새파 사람들, 종교뿐만 아니라 현실 생활에까지 영향력을 미친 산헤드린의 불경과 불의는 예수님께서 예루살렘 성전의 파괴를 부르짖게 한 원흉의 겉모습일 뿐 그 원흉의 실제 모습은 아니다.

다시 일으켜야 할 성전

따라서 46년 동안 지어진 아름다운 건물 성전 역시 참성전이 아니다. 그 성전을 허물고 다시 짓는다고 할지라도 그 성전 역시 참성전이 아닐뿐더러 사람들을 거룩하게 할 수 없으므로 그 성전은 마침내 허물어야 할 성전이다. 사람을 거룩하게 하여 영원한 생명으로 나아가게 할 참성전이라면 비록 허물고 다시 일으킨다고 할지라도 사람을 거룩하게 하여 영원한 생명으로 나아가게 하는 역할을 영원히 수행할 것이다. 그게 바로 참성전이다.

그런 의미에서 예수님은 참성전이신 자기의 몸을 죽이라고(허물라고) 하셨다. 왜냐하면 부활의 몸으로 일으켜짐으로써 죽은 자들을 살려 영원한 생명으로 충만한 삶을 사는 길을 인류에게 선사하실 수 있기 때문이었다(요2:21-22). 예수 그리스도는 어제와 오늘도 동일한 영원한 대제사장으로 계신다(히10:12. 13:8).

그렇게 46년을 온갖 백성들의 고혈을 쥐어짜 내며 정성 들여 지은 예루살렘 성전은 완공(A.D. 63년)된 지 고작 7년 만에 로마 제국 당국과 유대인 간의 갈등 때문에 벌어진 '제1차 유대-로마 전쟁(A.D. 66-70년)' 당시 티투스 장군에 의해 완전하게 파괴되었다. 로마가 정치적으로 유대인들의 재봉기를 막기 위해 그들의 정신적 구심점인 예루살렘 성전을 없애 버린 것이다. 유대인들의 전승에 의하면 이날은 바로 B.C. 586년에 솔로몬의 성전이 바벨론에 의해 불타 없어진 그날이다.

이는 예수님께서 성전을 가리키시며 "이 큰 건물을 보느냐? 돌 위에 돌 하나도 남지 않고, 완전히 무너질 것이다."라고 하신 말씀에 따라 하나님의 진노가 나타나 생긴 일이다(막13:2). 이후 예루살렘과 성전을 잃은 유대인들은 안식처를 잃고 뿔뿔이 흩어져 A.D. 70년부터 1948년까지 나라 없는 백성이 되었는데, 이를 유대인 디아스포라라고 부른다. 다시 세워져야 할 성전을 고대하며 유랑하는 민족이 된 것이다.

제3성전을 짓는다고?

제1차 성전과 제2차 성전이 똑같이 파괴된 이 운명의 날 유대인들은 성전이 파괴된 것을 슬퍼하며, 통곡의 벽 앞에 전날 밤에 모여 밤새도록 예레미야의 애가를 읽고 단식하며 지낸다. 제2성전 가운데 오늘날까지 남아 있는 부분은 오직 서쪽 벽(통곡의 벽)의 일부로서, 지금도 유대인들의 희망과 순례의 중심이 되고 있다. 통곡의 벽에는 돌 틈새마다 유대인들의 기원을 담은 기도문 쪽지들이 빽빽하게 꽂혀 있다.

유대인들은 그렇다 치더라도 기독교인들이 왜 거기서 기도하는가?

과거 예루살렘에 살던 사람들은 살렘 왕 멜기세덱이 이끄는 원주민들이었다(창14:18). 멜기세덱은 히브리서에서 영원한 제사장이라고 증언하고 그의 반차를 따라 예수 그리스도께서 영원한 대제사장이 되신다고 선포한다(히7:1-17, 6:20, 5:5,10). '살렘'은 '평화'라는 뜻이며, 예루살렘은 '평화의 도시(터전)'라는 의미를 지닌다. 그곳은 3,000년 전 이스라엘 다윗왕이 수도로 정한 이후 유대인, 기독교인, 무슬림들이 번갈아 성지로 삼은 "거룩한 땅"이다.

하지만 2세기에 로마군에게 파괴된 이후 성전산(聖殿山·Temple Mount) 터는 방치되었고 7세기 말에 들어 우마이야 왕조의 전성기인 아브드 알 말리크 시대에 이르러 예루살렘에 이슬람 사원인 알 아크사 모스크(예루살렘의 성전산에 있는 이슬람사원 특유의 양파 모양 돔 지붕과 뾰족한 첨탑)와 바위의 돔을 세워 현재에 이른다('알 아크사'라는 명칭은 예루살렘의 성전산 전체를 부르는 한 가지 이름이지만, '알 아크사 모스크'라 하면 성전산 남부 예배당 건물을 가리킨다). 거룩한 땅과 평화의 도시 예루살렘이 지금까지 갈등과 분쟁, 테러와 전쟁이 끊이지 않고 있는 이유가 거기에 있다. 지금도 통곡의 벽 앞에서 수많은 유대인과 기독교인들이 순례를 하고, 무슬림은 성전산(聖殿山·Temple Mount) 위에 있는 '바위 사원'에서 알라에게 예배를 드린다. 최근에는 이스라엘에서 "제3성전"을 짓겠다고 하면서 분쟁의 불씨가 되기도 했다(참고: 주간조선 편집, 2023.12.17.).

이렇듯 인류는 예루살렘의 제3성전의 건축을 놓고 전운이 감돌고 있는 실정이다. 예루살렘과 예루살렘 성전은 "평화의 터전"으로 평화를 이루는 것이 아니라, 그 시작부터 평화를 깨뜨리고 차별과 분쟁을 일으키는 곳이 되었다. 하나님의 진노의 대상이 된 표독한 예루살렘을 보면서 통탄하신다. "예루살렘아, 예언자들을 죽이고 하나님께서 네게 보내신 사람들을 돌로 친 예루살렘아! 암탉이 병아리들을 날개 아래에 품듯이, 얼마나 내가 너희 자녀를 모으려고 했느냐! 그러나 너희들은 원하지 않았다. 보아라, 너희 집은 버림을 받아서, 황폐하게 될 것이다(마23:37-8, 눅13:34-5)".

예수님께서 예루살렘 성전을 정화하시며 그 성전을 헐어 버리라고 말씀하시러 예루살렘성에 들어가시기 전에 울면서 "오늘 너도 평화에 이르게 하는 일을 알았더라면 좋을 터인데! 그러나 지금 너는 그 일을 보지 못하는구나."라고 말씀하셨다. 그리고 죽으심과 부활로 평화의 복음을 세우셨다(행10:36). 그것은 예수님께서 자기의 몸을 성전이라고 하시고 자기의 죽으심과 부활로 새로운 영적인 몸의 머리가 되셔서 인류를 자기의 몸으로 붙여 구원하시는 길을 열어 평화의 나라를 만드신다(요2:21-22). 사도 바울은 그리스도인들의 몸을 하나님의 성전이라고 하고(고전3:16), 그 사람들이 모인 교회를 그리스도의 몸이라고 한다(엡1:20).

그런데 왜 제3성전을 만들어야 하는가?

하나님의 것을 도둑질하고 신전 물건을 몰래 훔쳐 가는 재미를 포기할 수 없기 때문은 아닌가?

거룩하시고 전능하신 창조주 하나님의 이름이 그런 유대인들 때문에 그 이방 민족들 안에서 모독받는 이유는 이상과 같이 그리스도 예수 안에서 드러난 하나님의 율법에 힘입어 자랑할 정도로 그분의 뜻을 안다고 우쭐거리면서도 정작 모세의 율법을 위반하여 그 하나님을 불명예스럽게 하고 있기 때문이다.

이런 관점으로 다음 본문을 읽어 보라.

2:17	Εἰ δὲ σὺ Ἰουδαῖος ἐπονομάζῃ καὶ ἐπαναπαύῃ νόμῳ καὶ καυχᾶσαι ἐν θεῷ	그러나 만약 스스로를 '유대인'이라고 하는* 그대가 율법에 의지하며 하나님을 힘입어 자랑하되
2:18	καὶ γινώσκεις τὸ θέλημα καὶ δοκιμάζεις τὰ διαφέροντα κατηχούμενος ἐκ τοῦ νόμου,	그분의 뜻을 인지하고도 그 율법으로부터 *1 가르침을 받아 지극히 선한 일들을*2 분별하여,
2:19	πέποιθάς τε σεαυτὸν ὁδηγὸν εἶναι τυφλῶν, φῶς τῶν ἐν σκότει,	자신들이 눈먼 사람들의 길잡이며, 어둠 속에 있는 사람들에게 빛의 역할을 하고 있노라고 확신하고 있다면,*
2:20	παιδευτὴν ἀφρόνων, διδάσκαλον νηπίων, ἔχοντα τὴν μόρφωσιν τῆς γνώσεως καὶ τῆς ἀληθείας ἐν τῷ νόμῳ·	그대는 어리석은 사람들의 교사요, 어린아이들의 선생이라고 자처하는 것이니, 이는 그대가 그 율법 안에 있는 그 지식과 그 진리의 그 모형을† 가지고 있다고 여기기 때문입니다.
2:21	ὁ οὖν διδάσκων ἕτερον σεαυτὸν οὐ διδάσκεις; ὁ κηρύσσων μὴ κλέπτειν κλέπτεις;	그런데 정작 다른 사람을* 가르치면서도 그대는 그대 자신을 가르치지 않습니까? 그대가 '도둑질하지 말라."라고 선포하면서도 그대가 도둑질합니까?
2:22	ὁ λέγων μὴ μοιχεύειν μοιχεύεις; ὁ βδελυσσόμενος τὰ εἴδωλα ἱεροσυλεῖς;	'간음하지 말라."라고 말하는 그대가 간음합니까? 그 우상들을 혐오하는 그대가 신전 물건을 몰래 가져갑니까?*
2:23	ὃς ἐν νόμῳ καυχᾶσαι, διὰ τῆς παραβάσεως τοῦ νόμου τὸν θεὸν ἀτιμάζεις·	그대가 율법에 힘입어 자랑하면서도, 그 율법을 위반하여 그 하나님을 불명예스럽게 하고 있습니다.
2:24	τὸ γὰρ ὄνομα τοῦ θεοῦ δι' ὑμᾶς βλασφημεῖται ἐν τοῖς ἔθνεσιν,* καθὼς γέγραπται.	이러하니 "그 하나님의 그 이름이 너희들 때문에* 그 이방 민족들 안에서 모독을 받는다."라고 기록된 것과 똑같습니다.

> 전환된 관점의 로마서 읽기

제11장
하나님의 칭찬, 영 안에서 받은 마음의 할례자에게

본문 : 로마서 2장 25~29절

핵심 주제 어구

περιτομὴ καρδίας ἐν πνεύματι … ὁ ἔπαινος … ἐκ τοῦ θεοῦ

(페리토메 카르디아스 엔 프뉴마티 … 호 에파이노스 … 에크 투 데우)

마음은 영적인 생식기다. 마음은 말을 생산하고 저장하는 일을 한다. 마음은 입과 직접 연결되어 있다. 실제로 말을 주고받는 행위가 영적인 성교다. 새 마음으로 이루어지는 영적인 관계와 교제를 통해 인간 속에 새로운 생명이 탄생한다. 이게 바로 그리스도 예수 안에 있는 구속의 복음이라고 하는 전환된 관점으로 보는 할례(περιτομὴ-페리토메), 곧 영으로 받는 마음의 할례(περιτομὴ καρδίας ἐν πνεύματι-페리토메 카르디아스 엔 프뉴마티)의 실제적 의미이다.

제11장(하나님의 칭찬, 영 안에서 받은 마음의 할례자에게) _ 본문 366~367p에서

본문

2:25	Περιτομὴ μὲν γὰρ ὠφελεῖ ἐὰν νόμον πράσσῃς· ἐὰν δὲ παραβάτης νόμου ᾖς, ἡ περιτομή σου ἀκροβυστία γέγονεν.	강조하지만 참으로 그대가 율법을 준수한다면* 할례가 유익합니다. 하지만 그대가 율법의 위반자라면 할례를 받았어도 받지 않은 것으로 여겨지고 맙니다.
2:26	ἐὰν οὖν ἡ ἀκροβυστία τὰ δικαιώματα τοῦ νόμου φυλάσσῃ, οὐχ ἡ ἀκροβυστία αὐτοῦ εἰς περιτομὴν λογισθήσεται;	그렇다면 할례를 받지 않은 사람이 그 율법이 요구하는 그 의로운 행위들을* 지켜 보호한다면, 할례를 받지 않았어도 받은 것으로 여겨지지 않겠습니까?
2:27	καὶ κρινεῖ ἡ ἐκ φύσεως ἀκροβυστία τὸν νόμον τελοῦσα σὲ τὸν διὰ γράμματος καὶ περιτομῆς παραβάτην νόμου.	그러므로 본래부터 할례를 받지 않은 사람이 그 율법을 다 이행한다면,* 법조문과 할례를 가지고 있으면서도 율법을 위반하는 그대를 심판할 것입니다.
2:28	οὐ γὰρ ὁ ἐν τῷ φανερῷ Ἰουδαῖός ἐστιν οὐδὲ ἡ ἐν τῷ φανερῷ ἐν σαρκὶ περιτομή,	왜냐하면 유대인의 그 외적인 자격 조건을 갖춘 자라고 해서 유대인이 아니고* 육신의 표피에 받은 그 할례도 할례가 아니며,
2:29	ἀλλ' ὁ ἐν τῷ κρυπτῷ Ἰουδαῖος, καὶ περιτομὴ καρδίας ἐν πνεύματι οὐ γράμματι, οὗ ὁ ἔπαινος οὐκ ἐξ ἀνθρώπων ἀλλ' ἐκ τοῦ θεοῦ.	오히려 유대인의 그 내적인 자격 조건을 갖춘 자라야 유대인이고,* 법조문에 의해서가 아니라 영으로 받은 마음의 할례가 할례이기 때문입니다. 이런 사람에 대한 그 칭찬은 사람들로부터가 아니라 오직 그 하나님께로부터 있습니다.

달걀과 복고형 유대인

지금 우리가 살펴보고 있는 것은 스스로 유대인을 자처하는 자에 대한 '하나님의 복음적 심판과 구원'이다. 그는 하나님의 선택된 민족의 일원임을 자랑하고 스스로 구원받은 하나님의 백성임을 자부하며 살게 하는 철 지난 특권의식을 신분증과 같이 자신을 증명하며 행세하는 자이다. 그것은 이방인과 달리 하나님과의 직접적인 관계에서 발생하는 매우 복잡하고 신비로운 일들의 경험으로 얽히고설켜 있다. 분명한 건 그런 자부심의 근원이 조상 대대로 물려받은 성문법인 모세의 율법에 따른 충성(율법의 일들에 대한 열정적 실천)과 그 율법을 따라 육체의 표피를 잘라 낸 할례로 압축되는데, 그것이 그들에게 있어서 하나님과의 관계에서 구원의 표증과 심판의 면죄부로 인식하고 있다는 것이 문제이다.

하지만 사도 바울이 빌3:1-6에서 밝히고 있는 바와 같이 율법에 대한 흠 없는 충성과 그 법에 따라 받은 육체의 할례는 하나님께로부터 오는 진노의 보호 수단이 결코 될 수 없다. 왜냐하면 그것들의 실체적 진실이 그리스도 예수 안에서 온전히 드러나 보이고 있기 때문이다.

핵심은 그럼에도 불구하고 지금 사도 바울은 그런 철 지난 그릇된 우월감에 회귀한 복고형 유대인을 상대로 퍼부어지는 하나님의 진노라고 하는 하나님의 복음적 심판의 정당성을 입증해 하나님의 복음적 구원으로 이끌어 가는 데 있다.

그리고 그것은 마치 어미 닭이 알을 낳고 품어 부화시켜 병아리를 탄생시키는 것과 같이, 하나님께서 인류를 그 복음의 온기로 품어 마침내 영원한 삶을 누리며 살아갈 새로운 생명체를 창조하시는 거룩하시고 전능하신 창조주 하나님의 능력과 지혜가 이루어 내는 신성한 일이다.

구렁

달걀은 단단한 껍질(난각)속에 얇은 막(난각막)이 있는데, 그 사이에 기실(공기로 채워진 부분)이 있고, 난간막 속에 흰자위(난백)가 있으며, 그 흰자위 속에 노른자위(난황)가 있고, 그 속에 눈(배아)이 있다. 신기하게도 그 노른자위 양측에 꼬아 놓은 줄과 같은 알끈이 붙어 있어 그것의 위치를 안정시키는 역할을 하고 있다.

그리스도 예수 안에 있는 구속을 통한 구속사의 관점에서 과거로 회귀한 유대인은 지금 철 지난 그릇된 특권의식이라고 하는 단단한 달걀의 겉껍질 속에 갇혀 있지만 스스로 그것을 알아채지도 못한다. 왜냐하면 그것은 내부에 얇은 속껍질이 있는데, 두 껍질 사이에는 마치 부자와 나사로에 관한 예수님의 비유에서 속세의 삶을 마친 사후 세계에서 둘의 처지를 갈라놓고 서로 오가지 못하게 하는 구렁(눅 16:26)과 같은 영적 차원의 간극(기실: 공기로 채워진 부분)이 실재하기 때문이다.

자양분

부화(Hatching)란 암탉과 수탉이 교미하여 생산된 수정란(유정란)이 일정 기간(21일)

알맞은 환경에 노출되면 그 안에서 병아리가 되어 나오는 것을 말한다. 부화의 방법에는 모계부화(닭의 취소성(알을 품는 본능)을 이용하여 알에서 병아리가 되어 껍질을 깨고 나오는 것)와 인공부화(인위적으로 닭의 취소성에 맞게 온도(섭씨 37.8~39.4도), 습도(55~68%), 환기(신선한 공기 유지)를 조절하는 기계적 장치와 전란 장치(어미 닭이 부리로 알의 위치를 바꾸어 주듯 타이머를 이용하여 일정한 시간에 맞춰 회전하게 만드는 기계적 장치)를 이용하여 알에서 병아리를 깨는 것)가 있다.

어미 닭이 알을 품기 시작한 날로부터 달걀의 흰자위 부분인 율법(모세오경)과 노른자위 부분인 할례(아브라함으로부터 전해지고 모세의 율법으로 제정된 육체의 할례)는 생명점인 씨눈(배아)이 병아리로 탄생하는 데 양분으로 쓰여 마침내 그 특권의식을 깨고 새 생명으로 나온다. 그러기 위해서는 반드시 씨눈이 있는 유정란이어야 한다. 또 씨눈을 둘러싸고 있는 노른자위와 흰자위가 신선하게 보존되어야 한다. 그 어떤 것 하나라도 상하면 병아리는 탄생하지 못한다.

복고형 유대인도 마찬가지이다. 그들의 철 지난 그릇된 선민의식에서 벗어나기 위해서는 어미 닭이 알을 품을 때 비로소 시작되는 생명 탄생의 신비롭고 성스러운 과정과 같이 하나님께서 그의 복음으로 그런 유대인을 품으실 때 비로소 하나님의 새 생명 창조 활동이 시작된다.

하나님의 복음은 알을 품는 어미 닭의 지혜와 능력과 같다. 모세의 율법과 할례를 가지고 있는 자칭 유대인은 달걀과 같다. 하나님의 복음이 그 알을 품어 그 알 속에 생명 활동을 시작하게 만든다. 그 덕에 모세의 율법이 갖는 본질적인 내용물인 흰자위와 할례의 본질적인 내용물인 노른자위가 씨눈의 자양분으로 쓰여 그 본래의 형태와 모습으로 나타나는 신비롭고 성스러운 생명 활동의 결과로 진행된다.

거기에 예수님의 출생이 있고, 거기에 예수님의 돌아가심과 부활이 있으며, 거기에 그리스도 예수 안에 있는 구속을 통한 세계의식, 곧 가치관의 융합과 통합이 있고, 거기에 하나님의 복음을 규정하고 선포한 사도 바울이 있다. 거기에서만 회귀형 또는 복고형 유대인의 거듭남이 있다(요3:3).

독선

그런 관점에서 본문을 다시 한번 읽어 보라. 더 이상의 설명이 필요 없을 정도로 문단의 의미를 명확하게 읽을 수 있을 것이다.

하지만 바르게 읽기가 쉽지 않은 게 규명해야 할 논리의 상대가 스스로 유대인을 자처하는 자의 출현이라는 점이다. 문제의 난이도가 최상인 그들과 관련된 본문을 읽는다는 것은 주의하지 않으면 안 되는 케이스이다.

한마디로 그릇된 선민의식으로 회귀해 사로잡혀 사는 복고형 유대인을 상대로 하나님의 복음적 구원으로 이끌기 위해 하나님의 복음적 심판의 정당성을 입증해 가는 초점을 잃어버린다면 어리석은 독선에 빠질 확률이 높다는 말이다.

2:25	Περιτομὴ μὲν γὰρ ὠφελεῖ ἐὰν νόμον πράσσῃς· ἐὰν δὲ παραβάτης νόμου ᾖς, ἡ περιτομή σου ἀκροβυστία γέγονεν.	강조하지만 참으로 그대가 율법을 준수한다면* 할례가 유익합니다. 하지만 그대가 율법의 위반자라면 할례를 받았어도 받지 않은 것으로 여겨지고 맙니다.
2:26	ἐὰν οὖν ἡ ἀκροβυστία τὰ δικαιώματα τοῦ νόμου φυλάσσῃ, οὐχ ἡ ἀκροβυστία αὐτοῦ εἰς περιτομὴν λογισθήσεται;	그렇다면 할례를 받지 않은 사람이 그 율법이 요구하는 그 의로운 행위들을* 지켜 보호한다면, 할례를 받지 않았어도 받은 것으로 여겨지지 않겠습니까?
2:27	καὶ κρινεῖ ἡ ἐκ φύσεως ἀκροβυστία τὸν νόμον τελοῦσα σὲ τὸν διὰ γράμματος καὶ περιτομῆς παραβάτην νόμου.	그러므로 본래부터 할례를 받지 않은 사람이 그 율법을 다 이행한다면,* 법조문과 할례를 가지고 있으면서도 율법을 위반하는 그대를 심판할 것입니다.
2:28	οὐ γὰρ ὁ ἐν τῷ φανερῷ Ἰουδαῖός ἐστιν οὐδὲ ἡ ἐν τῷ φανερῷ ἐν σαρκὶ περιτομή,	왜냐하면 유대인의 그 외적인 자격 조건을 갖춘 자라고 해서 유대인이 아니고* 육신의 표피에 받은 그 할례도 할례가 아니며,
2:29	ἀλλ' ὁ ἐν τῷ κρυπτῷ Ἰουδαῖος, καὶ περιτομὴ καρδίας ἐν πνεύματι οὐ γράμματι, οὗ ὁ ἔπαινος οὐκ ἐξ ἀνθρώπων ἀλλ' ἐκ τοῦ θεοῦ.	오히려 유대인의 그 내적인 자격 조건을 갖춘 자라야 유대인이고,* 법조문에 의해서가 아니라 영으로 받은 마음의 할례가 할례이기 때문입니다. 이런 사람에 대한 그 칭찬은 사람들로부터가 아니라 오직 그 하나님께로부터 있습니다.

유추

실제로 이 문단의 시작은 사실에 있어서 시인과 양보를 표시하는 불변화사 멘(μὲν)과 간접적인 이유를 나타내는 접속사 가르(γὰρ)가 합쳐진 멘 가르(μὲν γὰρ) 형태의 접속사구이다. 이때 멘(μὲν)은 다른 불변화사와 함께 사실을 강조하거나 단언하는 의미로 앞과 뒤의 문맥을 연결하고, 멘 가르(μὲν γὰρ)는 바로 앞 문맥에서 최후에 언급된 사실(자칭 복고형 유대인 때문에 하나님의 이름이 이방 민족에게 모독을 받는 것)에 대한 핵심적 이유를 제시한다.

그 이유는 율법의 위반에 관한 논리이다. 할례를 받고 율법을 준수한다면 할례가 유익하지만 율법의 위반자라면 할례를 받았어도 받지 않은 것으로 여겨진다는 것이다. 그들의 특권의식에 대한 최상의 근거로 내세웠던 육체에 받은 할례(남성의 성기의 표피를 잘라 낸 흔적, 창17:10-14)가 무의미한 것이 되는 극단적 순간이 존재한다는 것이다.

이 논리는 단번에 앞에서 이미 언급한 롬2:14의 '율법을 가지지 못한 이방인들'이 본성으로 그 율법의 일들을 이행할 때 이들은 율법이 없으므로 자기가 자신에게 율법이 되어 의롭다고 여겨질 뿐만 아니라 그들이 롬2:12의 '율법 안에서 율법을 범하는 자들'을 율법으로 심판하게 된다는 극단적 논리를 유추할 수 있게 한다.

너무 비약하는 것 같다고 느껴지면 다음 본문을 자세히 읽어 보라.

2:26	ἐὰν οὖν ἡ ἀκροβυστία τὰ δικαιώματα τοῦ νόμου φυλάσσῃ, οὐχ ἡ ἀκροβυστία αὐτοῦ εἰς περιτομὴν λογισθήσεται;	그렇다면 할례를 받지 않은 사람이 그 율법이 요구하는 그 의로운 행위들을* 지켜 보호한다면, 할례를 받지 않았어도 받은 것으로 여겨지지 않겠습니까?
2:27	καὶ κρινεῖ ἡ ἐκ φύσεως ἀκροβυστία τὸν νόμον τελοῦσα σὲ τὸν διὰ γράμματος καὶ περιτομῆς παραβάτην νόμου.	그러므로 본래부터 할례를 받지 않은 사람이 그 율법을 다 이행한다면,* 법조문과 할례를 가지고 있으면서도 율법을 위반하는 그대를 심판할 것입니다.

재판관

이러한 논리는 예수님의 말씀 속에서도 나타난다.

예수님의 복음적 구원과 심판의 사역은 하나님의 지혜와 능력으로 이루어지는 일이다. 그분의 이적과 표적은 세간에 수많은 의혹을 불러일으키며 호불호가 갈리게 만든 센세이션(sensation)이었다. 유대인의 지도자들에게 예수님은 달갑지 않은 눈엣가시와 같은 존재였다. 모함해서라도 그의 논리를 꺾어 놓지 않으면 자신들의 입지가 곤란해지는 까닭에 예수님을 제거하기 위해 기회를 노릴 수밖에 없었다.

그들은 천국 복음을 전파하시는 예수님의 사역에 나타나는 초능력적인 사건을 폄하하여 귀신들의 왕 바알세불을 힘입어 귀신들을 쫓아낸다고 모함했다(마10:26). 그때 예수님께서는 '내가 바알세불의 힘을 빌려서 귀신을 쫓아낸다고 하면, 너희의 아들들은 누구의 힘으로 귀신을 쫓아낸다는 말이냐? 그러므로 그들이야말로 너희의 재판관이 될 것이다.'라고 응수하시면서 '그러나 내가 하나님의 성령을 힘입어 귀신을 쫓아내는 것이면 하나님의 나라가 이미 너희에게 임하였느니라.'라고 말씀하셨다.

여기서 주목할 것은 '재판관(κριται-크리타이)'이라는 단어다. 왜냐하면 이 단어는 롬2:12의 '율법 안에서 죄를 저지른 사람들은 누구든지 율법을 통해 심판받을 것이다.'와 롬2:27의 '본래부터 할례를 받지 않은 사람이 그 율법을 다 이행한다면, 법조문과 할례를 가지고 있으면서도 율법을 위반하는 그대를 심판할 것이다.'라고 하는 논리에서 '심판하는 자'에 해당하는 표현이기 때문이다.

말 심판

이 심판에 관한 이야기는 입으로부터 나오는 말(마12:23의 λόγον-로곤)과 말들(마12:37의 λόγων-로곤)의 심판으로 이어진다.

사실 로마서에서 하나님의 복음적 구원과 심판에 관한 이야기는 이 '말과 말들'의 심판에 대한 논리를 이해하지 못하면 그 설명에 있어서 도무지 앞으로 나아갈 수 없는 논란거리에 부딪히게 되고 해결되지 않는 딜레마, 곧 몇 가지 중 하나를 선택해야 하는 상황에서 판단을 내리지 못하는 혼란스러운 상태의 난관에 봉착하게 된다. 필자가 상태나 상황이 극도에 이르러 더 나아갈 수 없다는 의미의 '극단적'이니 보통의 정도를 훨씬 뛰어넘어 아주 극단적인 의미를 나타내는 '초-극단'이니 하는 용어를 자주 쓰는 이유가 여기에 있다.

이래도 비약이라고 할 수 있겠는가?

31이 일 때문에 사람의 모든 죄와 훼방은 사하심을 얻지만 성령을 훼방하는 것은 사하심을 얻지 못할 것이다.

32또 누구든지 말로 인자를 거역하면 사하심을 얻되 누구든지 말로 성령을 거역하면 이 세상과 오는 세상에도 사하심을 얻지 못할 것이다.

33나무도 좋고 열매도 좋다고 하든지 나무도 좋지 않고 열매도 좋지 않다고 하든지 하라. 왜냐하면 그 실과로 나무를 알기 때문이다.

34독사의 자식들아 너희는 악하니 어떻게 선한 말을 할 수 있느냐? 이는 입은 마음의 가득한 것으로부터 말하기 때문이다.

35선한 사람은 그 쌓은 선으로부터 선한 것을 내고 악한 사람은 그 쌓은 악에서 악한 것을 낸다.

36그래서 내가 너희에게 사람이 무슨 무익한 말을 하든지 심판 날에 이에 대하여 심문을 받을 것이라고 말한다.

37왜냐하면 네 말로부터 의롭다함을 받고 네 말로 유죄 판결을 받을 것이기 때문이다.

31Διὰ τοῦτο λέγω ὑμῖν, πᾶσα ἁμαρτία καὶ βλασφημία ἀφεθήσεται τοῖς ἀνθρώποις, ἡ δὲ τοῦ πνεύματος βλασφημία οὐκ ἀφεθήσεται. 32 καὶ ὃς ἐὰν εἴπῃ λόγον κατὰ τοῦ υἱοῦ τοῦ ἀνθρώπου, ἀφεθήσεται αὐτῷ• ὃς δ' ἂν εἴπῃ κατὰ τοῦ πνεύματος τοῦ ἁγίου, οὐκ ἀφεθήσεται αὐτῷ οὔτε ἐν τούτῳ τῷ αἰῶνι οὔτε ἐν τῷ μέλλοντι. 33 Ἢ ποιήσατε τὸ δένδρον καλὸν καὶ τὸν καρπὸν αὐτοῦ καλόν, ἢ ποιήσατε τὸ δένδρον σαπρὸν καὶ τὸν καρπὸν αὐτοῦ σαπρόν• ἐκ γὰρ τοῦ καρποῦ τὸ δένδρον γινώσκεται. 34 γεννήματα ἐχιδνῶν, πῶς δύνασθε ἀγαθὰ λαλεῖν πονηροὶ ὄντες; ἐκ γὰρ τοῦ περισσεύματος τῆς καρδίας τὸ στόμα λαλεῖ. 35ὁ ἀγαθὸς ἄνθρωπος ἐκ τοῦ ἀγαθοῦ θησαυροῦ ἐκβάλλει ἀγαθά, καὶ ὁ πονηρὸς ἄνθρωπος ἐκ τοῦ πονηροῦ θησαυροῦ ἐκβάλλει πονηρά. 36 λέγω δὲ ὑμῖν ὅτι πᾶν ῥῆμα ἀργὸν ὃ λαλήσουσιν οἱ ἄνθρωποι ἀποδώσουσιν περὶ αὐτοῦ λόγον ἐν ἡμέρᾳ κρίσεως• 37 ἐκ γὰρ τῶν λόγων σου δικαιωθήσῃ, καὶ ἐκ τῶν λόγων σου καταδικασθήσῃ.

(NA28판, UBS5판 마12:31-37 필자 사역)

심판의 실제적인 내용

이 심판에 관한 예수님의 논리를 들은 바리새인과 서기관(율법학자) 몇 명이 예수님을 선생님이라고 부르면서 자신들에게 표징 보여 주기를 애원한다(마12:38). 그에 대한 예수님의 대답은 '악하고 음란한 세대가 표징을 구하나 선지자 요나의 표징밖에는 어떤 표징도 주어지지 않을 것이다.'라고 말씀하시면서 그 이유를 '요나가 밤낮 사흘을 큰 물고기 뱃속에 있었던 것처럼 동일한 방식으로 그 사람의 그 아들(그 인자-ὁ υἱὸς τοῦ ἀνθρώπου-호 휘오스 투 안드로푸)도 밤낮 사흘을 땅의 마음에(ἐν τῇ καρδίᾳ τῆς γῆς-엔 테 카르디아 테스 게스) 있을 것이기 때문이다.'라고 밝히시면서 그들의 표징 요구를 거절하셨다.

그리고 '그 심판 때에 니느웨 사람들이 이 세대와 함께 다시 살아날 것이다(부활할 것이다-ἀναστήσονται-아나스테숀타이). 그리고 이 세대를 정죄할 것이다.'라고 말씀하시면서, 그들이 요나의 선포로 회개하였기 때문이라는 이유를 들어, 지금 여기에 요나보다 더 크신 분이 계시니 눈을 뜨고 보라고 채근하셨다(마12:41). 또 '그 심판 때에 남쪽의 이방 여왕이 이 세대와 함께 일으켜져서(부활해서-위 마12:41와 동일) 이 세대를 정죄할 것이다.'라고 말씀하시면서, 그녀가 솔로몬의 지혜를 얻으려고 땅끝에서 왔기 때문이라는 이유를 들어, 지금 여기에 솔로몬보다 더 크신 분이 계시니 눈을 뜨고 보라고 채근하셨다(마12:42).

예수님께서 자기의 십자가 사건의 예표로 요나의 물고기 뱃속의 사건을 말씀하시고 요나가 전하는 말씀을 받아들여 회개한 자들이 그 십자가 사건으로 있을 최후의 심판에 이 세대의 사람들과 함께 부활해서 이 세대 사람들을 정죄하는 권세를 가진 자들로 세워진다는 말씀이다.

이는 요나보다 더 크신 분, 솔로몬보다 더 크신 분 예수님과 그분의 말씀하심과 행하심을 받아들이지 않는 사람들이 받을 최후의 심판에 대한 경고의 말씀이다. 그건 예수님의 천국 말씀 선포에 사람이 어떻게 반응하며 어떤 말을 내놓는지가 최후 심판의 근거가 된다는 말이다.

이게 바로 사도 바울이 언급하고 있는 롬2:12에서 시작한 논리의 근거이고 롬2:21에서 복고형 유대인의 의식 전반에 대한 심판의 실제적인 내용과 일치를 보이는 대목이다.

관건
율법을 가지고 있는 사람들이 율법을 읽고 배운 논리가 행동으로 증명되는 것처럼 모세의 율법 자체를 잘못 읽고 잘못 배운 논리로 행동한다면 그것은 예수님의 말씀과 행위로서의 율법을 이행하는 것이라고 할 수 없다. 실제로 그들이 아브라함의 후손으로서 유대인임을 제아무리 자랑스러워하며 모세의 율법에 기대어 충성을 서약하고 그 율법에 목숨을 걸 정도로 특별하게 열성적인 삶을 살았다고 할지라도 그들이 가진 모세의 율법이 요구하는 의로운 행위들을 사수한 것도 아니다. 왜냐하면 예수님의 말씀하심과 행하심을 받아들이지 않은 그들의 모든 행위가 모세의 율법이 요구하는 것들을 거부하고 외면하는 것이기 때문이다(요5:39, 눅16:29-31, 24:27, 44).

중요한 것은 모세의 율법을 가지고 있느냐가 아니라 가지고 있는 그 율법을 어떻게 읽고 들었으며 어떻게 행하고 있느냐가 하나님의 복음적 구원과 심판에서 핵심이고 관건이다(눅10:26).

> 25보라, 어떤 율법 학자가 다시 일어나 예수님을 시험하여 말했습니다. "선생님이여, 제가 무엇을 행해야 영원한 생명을 얻겠습니까?"
> 26예수님께서 그를 쳐다 보며 말씀하셨습니다. "그 율법에 뭐라고 기록되어 있느냐? 너는 그것을 어떻게 읽고 있느냐?"
> 27이에 그가 대답하여 말했습니다. "너는 네 마음을 다하고 네 목숨을 다하고 네 힘을 다하고 네 뜻을 다하여 주님 너의 하나님을 사랑해야 한다(신6:5). 그리고 네 이웃을 너 자신처럼 사랑해야 한다(레19:18).'라고 하는 이 계명들보다 더 큰 다른 계명이 없습니다."
> 28이에 예수님께서 그에게 말씀하셨습니다. "네가 옳게 대답했다. 그것을 행하라. 그러면 네가 살 것이다."
> 29하지만 그는 자기 자신을 의롭게 보이고 싶어서 그 예수님을 향해 말했습니다. "그러면 누가 제 이웃입니까?"
> 30잠시 생각에 잠기셨던 예수님께서 말씀하셨습니다. "어떤 사람이 예루살렘으로부터 여리고로 내려오다가 강도들을 만났는데, 그 강도들이 그의 옷을 벗기고 때려 눕혀 거의 반쯤 죽은 상태로 버려두고 떠났다.
> 31그때 우연히 어떤 제사장이 그 길로 내려오다가 그를 보고 모른 채하고 지나갔으며,
> 32마찬가지로 어떤 레위인도 그곳에 와서 보게 되었는데 모른 채하고 지나갔다.
> 33그러나 여행하던 어떤 사마리아인이 그에게 와서 보고 동정을 느껴,
> 34다가가서 그의 상처에 올리브기름과 포도주를 붓고 싸매고 자기 가축에 태워 여관으로 데려가서 그를 돌보았다.
> 35그리고 그다음 날 그가 떠날 때 여관 주인에게 두 데나리온을 주면서 '그를

돌봐 주십시오. 만일 비용이 더 들면 얼마가 되었든지 내가 돌아올 때 당신에게 갚을 것입니다.'라고 말했다.
36 너는 이 세 사람 중에 누가 강도 만난 사람의 이웃이라고 생각하느냐?"
37 이에 그가 말했습니다. "그와 더불어 그 긍휼을 행한 사람입니다." 그러자 예수님께서 그에게 말씀하셨습니다. "가서 너도 그와 같이 행하라.

25Καὶ ἰδοὺ νομικός τις ἀνέστη ἐκπειράζων αὐτὸν λέγων· διδάσκαλε, τί ποιήσας ζωὴν αἰώνιον κληρονομήσω; 26 ὁ δὲ εἶπεν πρὸς αὐτόν· ἐν τῷ νόμῳ τί γέγραπται; πῶς ἀναγινώσκεις; 27ὁ δὲ ἀποκριθεὶς εἶπεν· ἀγαπήσεις κύριον τὸν θεόν σου ἐξ ὅλης [τῆς] καρδίας σου καὶ ἐν ὅλῃ τῇ ψυχῇ σου καὶ ἐν ὅλῃ τῇ ἰσχύϊ σου καὶ ἐν ὅλῃ τῇ διανοίᾳ σου, καὶ τὸν πλησίον σου ὡς σεαυτόν. 28 εἶπεν δὲ αὐτῷ· ὀρθῶς ἀπεκρίθης· τοῦτο ποίει καὶ ζήσῃ. 29 ὁ δὲ θέλων δικαιῶσαι ἑαυτὸν εἶπεν πρὸς τὸν Ἰησοῦν· καὶ τίς ἐστίν μου πλησίον; 30 Ὑπολαβὼν ὁ Ἰησοῦς εἶπεν· ἄνθρωπός τις κατέβαινεν ἀπὸ Ἰερουσαλὴμ εἰς Ἰεριχὼ καὶ λῃσταῖς περιέπεσεν, οἳ καὶ ἐκδύσαντες αὐτὸν καὶ πληγὰς ἐπιθέντες ἀπῆλθον ἀφέντες ἡμιθανῆ. 31κατὰ συγκυρίαν δὲ ἱερεύς τις κατέβαινεν ἐν τῇ ὁδῷ ἐκείνῃ καὶ ἰδὼν αὐτὸν ἀντιπαρῆλθεν· 32 ὁμοίως δὲ καὶ Λευίτης [γενόμενος] κατὰ τὸν τόπον ἐλθὼν καὶ ἰδὼν ἀντιπαρῆλθεν. 33 Σαμαρίτης δέ τις ὁδεύων ἦλθεν κατ' αὐτὸν καὶ ἰδὼν ἐσπλαγχνίσθη, 34 καὶ προσελθὼν κατέδησεν τὰ τραύματα αὐτοῦ ἐπιχέων ἔλαιον καὶ οἶνον, ἐπιβιβάσας δὲ αὐτὸν ἐπὶ τὸ ἴδιον κτῆνος ἤγαγεν αὐτὸν εἰς πανδοχεῖον καὶ ἐπεμελήθη αὐτοῦ. 35 καὶ ἐπὶ τὴν αὔριον ἐκβαλὼν ἔδωκεν δύο δηνάρια τῷ πανδοχεῖ καὶ εἶπεν· ἐπιμελήθητι αὐτοῦ, καὶ ὅ τι ἂν προσδαπανήσῃς ἐγὼ ἐν τῷ ἐπανέρχεσθαί με ἀποδώσω σοι. 36 τίς τούτων τῶν τριῶν πλησίον δοκεῖ σοι γεγονέναι τοῦ ἐμπεσόντος εἰς τοὺς λῃστάς; 37 ὁ δὲ εἶπεν· ὁ ποιήσας τὸ ἔλεος μετ' αὐτοῦ. εἶπεν δὲ αὐτῷ ὁ Ἰησοῦς· πορεύου καὶ σὺ ποίει ὁμοίως.

(NA28판, UBS5판 눅10:25-37 필자 사역)

전장

좋은 실례가 하나 있다. 우리나라 육군의 공인이라고 하는 최정예 엘리트 요원들로 구성된 국가급 대테러 부대 제707특수임무단은 "행동으로 논리를 대변하고, 결과로써 과정을 입증한다."라는 의미심장한 말을 핵심 기치로 삼고 업무에 임한다. 대단한 결기가 느껴져 사뭇 진지해지는 슬로건(slogan)이다.

말은 그 사람의 생각을 그대로 드러낸다. 말은 그 사람이 어떤 위인(됨됨이로 본 그 사람)인지를 가늠할 수 있는 시금석과 같다. 말은 사고의 표현 수단으로 논리를 전제하고 그 논리는 이성을 대변한다. 말과 말들의 심판은 말이 가진 논리에 대한 심판이고 인간이 평생을 살아야 할 삶의 방향을 정하고 행동하게 하는 이성에 대한 심판이다. 인간의 이성이란 본래 하나님과의 관계를 형성하고 유지할 수 있는 최극단의 감각기관으로서 인간 내면의 세계를 이루는 인간 생명과 그 생명의 됨됨이를 결정하는 근본이기 때문이다.

사람이 사는 이 세상엔 사람의 말과 말들이 난무한다. 그런 말들에 휘말려 이 세상은 돌아가고 끊임없는 사건과 사고로 울고 웃으며 살다 죽는다. 우리는 그것을 인생이라고 하고 희로애락(喜怒哀樂)과 생로병사(生老病死)라는 말로 인생을 요약한다.

그런 세상에 그리스도 예수 안에 있는 구속의 복음이라고 하는 하나님의 말씀이 울려 퍼졌다. 오랜 세월 동안 하나님께서는 자기의 선지자들을 보내셔서 자기의 생각과 뜻을 논리적으로 말씀하셨다. 그 마지막에 하나님의 아들이신 예수님께서 이 세상에 오셔서 그 말씀을 설명해 주시면서 하나님의 복음적 구원과 심판을 행하신다.

사람이 성경을 읽고 만들어 낸 사람의 말과 성경을 주신 하나님의 아들이 오셔서 성경을 설명해 주시는 말씀의 충돌이 일어난다는 말이다. 성경을 통해 사람이 세운 가치 있는 삶의 논리 속에 성경의 참뜻을 풀어놓은 하나님의 진심을 담은 생명의 논리가 치열하게 격돌한다. 하나님의 말씀을 놓고 벌이는 전장이 바로 여기 지구촌이다. 그곳은 하나님의 구원과 심판이 행해지는 곳이다. 인류는 지금 그 구원과 심판에 직면해 있으며 피할 방법은 그 어디에도 없다.

도구화

매번 글을 쓰거나 말하면서 느끼는 것은 관점의 차이라는 것이 설득으로 좁혀질 수 있는 내용이라면 더 많은 설명이 도움이 될 수도 있겠지만 그렇지 않은 것이라면 어쩌면 많은 설명이란 혼란을 가중시키는 것과 같다는 생각이다. 왜냐하면 그 간극이 하나님의 지혜와 세상의 지혜라고 하는 두 지혜와의 관계에서 발생하는 간격과 차이라는 점에서 설명 불가한 것을 설명해야 하는 어려움이 있기 때문이다.

우리는 아브라함을 '히브리인'의 조상이라고 한다. '히브리인(עברי)'라는 말의 어원은 '저쪽에서 어딘가를 넘어 이쪽으로 건너왔다.'라는 뜻의 '하바르(עבר)'라는 히브리어 동사에서 파생해 유프라테스강 또는 홍해를 건너온 사람들이라는 뜻으로 쓰인 것처럼, 아브라함의 믿음의 발자취를 따라가는 후손들이 넘어야 할 강이 있는데, 관점이란 그 강의 이편과 저편의 시각을 말하는 것이다.

중요한 것은 아브라함과 그의 후손들이 가나안 땅으로 들어가기 위해 건너야 할 요단강이든 홍해든, 모압 평지에서 건너야 할 강이나 노아의 홍수로 인해 모든 강이 범람해 하나로 통합된 강이든, 그 강들을 건너는 사건들은 우리 주님 예수 그리스도의 죽으심과 부활을 나타내는 상징물로 도구화되어 쓰이고 있다는 것이다(고전10:1-4).

따라서 본문(롬2:25-29)의 핵심인 복고형 유대인에 대한 하나님의 심판이란 하나님의 아들 주 예수 그리스도의 죽으심과 부활하심이라고 하는 하나님의 복음적 구원과 심판의 논리(그리스도 예수 안에서 사도 바울에 의해 다시 역전의 논리)로만 그 의미가 명확하게 드러난다.

여지

그런 맥락에서 본문(롬2:25-29)에서의 과거 회귀형 유대인(복고형 유대인)에 대한 심판의 분위기는 '그 칭찬이 사람들로부터가 아니라 오직 그 하나님께로부터 있다.'라고 하는 회개의 여지를 두고 펼쳐지는 권고와 설득형의 문장으로 마무리된다.

2:28	οὐ γὰρ ὁ ἐν τῷ φανερῷ Ἰουδαῖός ἐστιν οὐδὲ ἡ ἐν τῷ φανερῷ ἐν σαρκὶ περιτομή,	왜냐하면 유대인의 그 외적인 자격 조건을 갖춘 자라고 해서 유대인이 아니고* 육신의 표피에 받은 그 할례도 할례가 아니며,
2:29	ἀλλ' ὁ ἐν τῷ κρυπτῷ Ἰουδαῖος, καὶ περιτομὴ καρδίας ἐν πνεύματι οὐ γράμματι, οὗ ὁ ἔπαινος οὐκ ἐξ ἀνθρώπων ἀλλ' ἐκ τοῦ θεοῦ.	오히려 유대인의 그 내적인 자격 조건을 갖춘 자라야 유대인이고,* 법조문에 의해서가 아니라 영으로 받은 마음의 할례가 할례이기 때문입니다. 이런 사람에 대한 그 칭찬은 사람들로부터가 아니라 오직 그 하나님께로부터 있습니다.

편파적인 생각
하나님의 복음적 심판이란 멸망(괴멸과 몰락을 의미하는 폭망)이 아닌 책망과 설득과 권고로 읽히나 장래의 멸망을 경고한다는 의미에서 진행 중인 멸망의 모습(하나님을 거슬러 거역하고 불순종하는 모습)으로 나타나고, 하나님의 복음적 구원이란 믿음과 소망과 사랑으로 읽혀 장래의 영광을 보게 한다는 의미에서 영원한 생명의 삶(성령 안에서 하나님께 순종하며 의와 평화와 기쁨으로 사는 모습)으로 나타난다.

둘은 동시적으로 나타난다. 본문에서 복고형 유대인들이 하나님과의 관계에서 그들만의 자부심이 되는 외적인 조건(그들이 가진 모세의 성문 율법과 그 율법에 따른 육체의 할례)에 기댄 비뚤어진 특권의식으로 만들어 낸 그릇된 신앙 행위, 그러니까 하나님을 거역하고 불순종하는 모습을 그들이 보게 하는 방식으로 하나님의 심판이 와 있다는 말이다. 하나님께서는 비록 그들의 신앙 행위가 겉으로 보기에 열성적인 모습의 형태로 나타난다고 할지라도 그들의 행위가 도무지 인정하실 수 없는 편파적인 생각에 사로잡힌 어리석은 행위임을 알게 하는 도전으로 우리 곁에 계신다. 왜냐하면 하나님께서는 진실을 따라서 심판하시기 때문이다.

최악
진실은 겉과 속이 같은 것이다. 복고형 유대인은 외적으로 지상의 어떤 민족도 가질 수 없는 유일무이한 것을 가지고 있었지만, 내적인 것은 그렇지 못했다. 겉으로는 하나님께 순종하는 모습(모세의 율법이 제시하는 규례와 명령을 따라 제사 등 그 율법이 요구하는 것들을 실천하는 모습)을 가지고 있었지만, 내적으로는 불순종하는 모습(하나님께서 그 율법을 통해 요구하시는 것을 알아채지 못하고 자의적으로 행동하는 모습)을 가지고 있었다.

예수님께서 당시 유대인의 지도자들을 꾸중하시는 대목은 신약성경 속에 증거로 많이 나타난다. 그중에서 겉과 속이 다른 행위에 대한 질타는 서슬이 시퍼런 도전적인 비난으로 느껴질 만큼 그 공격의 정도가 이미 선을 넘은 매우 충격적인 언행으로 보인다.

한 에피소드를 보면, 어느 날 예수님께서 천국 말씀을 가르치실 때 한 바리새인이 자기와 함께 하는 점심 식사 자리에 초대해 그의 집에 들어가 식탁에 앉으셨더니, 그 바리새인이 식사하시기 전에 손을 씻지 않는 예수님을 보고 이상히 여겨 고개를 갸우뚱거리며 나름 의아하게 생각하고 있었다. 이에 예수님께서 감정과 언어적 필터 과정을 거치지 않고 직사포로 응수해 초토화하시려는 의도를 명확하게 드러내셨다. 그만큼 그들의 외식(겉만 보기 좋게 꾸며 행동하는 일)이 하나님의 불같은 진노를 살 만큼 도를 넘은 최악의 상태이었기 때문이다.

> 39그 주님께서 그의 면전에서 말씀하셨습니다. "지금 너희 바리새인들은 그 잔과 그 접시의 그 겉은 깨끗이 했으나 너희 속은 강탈과 악의가 가득하다. 40어리석은 사람들아, 그 겉을 만드신 분이 그 속도 만들지 않으셨느냐? 41그럴지라도 오히려 속에 있는 것들로 자선을 베풀어라. 그리고 보라, 그러면 모든 것이 너희에게 깨끗하다.
> 42그러나 너희 바리새인들에게 화가 있다. 왜냐하면 너희가 박하와 운향과 각종 채소의 십일조는 바치면서 그 하나님의 한없는 사랑과 공의로운 심판을 소홀히 하기(피하기) 때문이다. 그러나 마땅히 이것도 행하고 있었어야 했고 저것도 무시하지 않고 있었어야 했다.

> 39εἶπεν δὲ ὁ κύριος πρὸς αὐτόν• νῦν ὑμεῖς οἱ Φαρισαῖοι τὸ ἔξωθεν τοῦ ποτηρίου καὶ τοῦ πίνακος καθαρίζετε, τὸ δὲ ἔσωθεν ὑμῶν γέμει ἁρπαγῆς καὶ πονηρίας. 40 ἄφρονες, οὐχ ὁ ποιήσας τὸ ἔξωθεν καὶ τὸ ἔσωθεν ἐποίησεν; 41 πλὴν τὰ ἐνόντα δότε ἐλεημοσύνην, καὶ ἰδοὺ πάντα καθαρὰ ὑμῖν ἐστιν. 42 ἀλλ' οὐαὶ ὑμῖν τοῖς Φαρισαίοις, ὅτι ἀποδεκατοῦτε τὸ ἡδύοσμον καὶ τὸ πήγανον καὶ πᾶν λάχανον καὶ παρέρχεσθε τὴν κρίσιν καὶ τὴν ἀγάπην τοῦ θεοῦ• ταῦτα δὲ ἔδει ποιῆσαι κἀκεῖνα μὴ παρεῖναι.
>
> *(NA28판, UBS5판 눅11:39-42 필자 사역)*

울분

이런 예수님의 도발적인 면모를 보고 한 율법 학자가 점잖게 어쭙짢은 소리를 한다. '선생님, 이렇게 말씀하시는 것은 우리를 모독하는 것입니다.'라고 그가 불편한 기색를 드러내며 공격적으로 맞대응하고 나선 그의 본심은 이미 예수님을 죽이고도 남을 만큼 큰 울분이 소용돌이치는 것이었음이 이어지는 예수님의 말씀으로 확인된다.

> 46그 예수님께서 말씀하셨습니다. "너희 율법 학자들에게도 화가 있다. 왜냐

하면 너희가 지기 힘든 짐들을 그 사람들에게 과중하게 지우면서 너희 자신들은 손가락 하나도 그 짐들에 대려고 하지 않기 때문이다.

47너희에게 화가 있다. 이는 너희 조상들이 하나님께서 보내신 예언자들을 죽였으나 너희들이 그 예언자들의 무덤들을 세우기 때문이다.

48그래서 너희는 너희 조상들의 일들에 증인들이고 또 그 일들에 동의한 것 (함께 좋게 생각한 것)이다. 왜냐하면 실로 너희 조상들이 친히 그 예언자들을 죽였으나 너희가 그 예언자들의 무덤들을 세우고 있기 때문이다.

49이 일 때문에 하나님의 지혜도 언급했다. '내가 예언자들과 사도들을 그들에게 보낼 것이니, 그들이 더러는 죽이고 더러는 핍박할 것이다(렘7:25-26, 눅13:34).'

50 이는 세상의 기초가 놓인 이래로 흘려진 그 예언자들의 모든 피를 이 세대로부터 요구하기 위함이니,

51곧 아벨의 피로부터 제단과 성전사이에서 망한 스가랴의 피까지다. 그건 명백한 사실이다. 내가 너희에게 말한다. 그것은 이 세대로부터 요구될 것이다.

52너희 율법 학자들에게 화가 있다. 왜냐하면 너희가 그 지식의 그 열쇠를 제거해 버려 너희 자신들도 들어가지 못하고 들어가려고 하는 자들도 막았기 때문이다."

53그 예수님께서 거기에서 나오신 후 서기관들과 바리새인들은 앙심을 잔뜩 품고서 많은 일에 대하여 그에게 캐묻기 시작했고,

54그의 입에서 나오는 말에서 무언가 트집을 잡으려고 숨어 살폈습니다.

46 ὁ δὲ εἶπεν• καὶ ὑμῖν τοῖς νομικοῖς οὐαί, ὅτι φορτίζετε τοὺς ἀνθρώπους φορτία δυσβάστακτα, καὶ αὐτοὶ ἑνὶ τῶν δακτύλων ὑμῶν οὐ προσψαύετε τοῖς φορτίοις. 47 Οὐαὶ ὑμῖν, ὅτι οἰκοδομεῖτε τὰ μνημεῖα τῶν προφητῶν, οἱ δὲ πατέρες ὑμῶν ἀπέκτειναν αὐτούς. 48 ἄρα μάρτυρές ἐστε καὶ συνευδοκεῖτε τοῖς ἔργοις τῶν πατέρων ὑμῶν, ὅτι αὐτοὶ μὲν ἀπέκτειναν αὐτούς, ὑμεῖς δὲ οἰκοδομεῖτε. 49 διὰ τοῦτο καὶ ἡ σοφία τοῦ θεοῦ εἶπεν• ἀποστελῶ εἰς αὐτοὺς προφήτας καὶ ἀποστόλους, καὶ ἐξ αὐτῶν ἀποκτενοῦσιν καὶ διώξουσιν, 50 ἵνα ἐκζητηθῇ τὸ αἷμα πάντων τῶν προφητῶν τὸ ἐκκεχυμένον ἀπὸ καταβολῆς κόσμου ἀπὸ τῆς γενεᾶς ταύτης, 51 ἀπὸ αἵματος Ἄβελ ἕως αἵματος Ζαχαρίου τοῦ ἀπολομένου μεταξὺ τοῦ θυσιαστηρίου καὶ τοῦ οἴκου• ναὶ λέγω ὑμῖν, ἐκζητηθήσεται ἀπὸ τῆς γενεᾶς ταύτης. 52 Οὐαὶ ὑμῖν τοῖς νομικοῖς, ὅτι ἤρατε τὴν κλεῖδα τῆς γνώσεως• αὐτοὶ οὐκ εἰσήλθατε καὶ τοὺς εἰσερχομένους ἐκωλύσατε. 53 Κἀκεῖθεν ἐξελθόντος αὐτοῦ ἤρξαντο οἱ γραμματεῖς καὶ οἱ Φαρισαῖοι δεινῶς ἐνέχειν καὶ ἀποστοματίζειν αὐτὸν περὶ πλειόνων, 54 ἐνεδρεύοντες αὐτὸν θηρεῦσαί τι ἐκ τοῦ στόματος αὐτοῦ.

(NA28판, UBS5판 눅11:46-54 필자 사역)

매서운 질타

이 같은 유대인의 지도자들에 대한 예수님의 매서운 질타는 그들을 마태복음에서 위선자들로 몰아세운다.

> *25 서기관들과 바리새인들아, 너희에게 화가 있다. 이 위선자들아! 참으로 너희가 그 잔과 그 접시의 그 겉을 깨끗하게 하지만 속은 강탈과 방종(절제하지 못하여 아무 거리낌이 없이 제멋대로 함부로 행동함)에 속한 것이 가득하다.*
> *26 눈먼 바리새인들아, 그 잔의 겉을 깨끗하게 하기 위해, 먼저 그 잔 그 속을 깨끗이 하라.*
> *27 위선자인 서기관들과 바리새인들아, 너희에게 화가 있다. 왜냐하면 너희들은 회칠하여진 무덤들과 같기 때문이다. 너희는 실로 겉으로는 때에 맞게 만발한 꽃처럼 보이나 안으로는 죽은 자들의 뼈와 온갖 더러운 것들이 가득하다.*
> *28 이처럼 너희도 겉으로는 실로 사람들에게 의롭게 보이지만 속으로는 위선과 불법이 가득하다.*

> *25 Οὐαὶ ὑμῖν, γραμματεῖς καὶ Φαρισαῖοι ὑποκριταί, ὅτι καθαρίζετε τὸ ἔξωθεν τοῦ ποτηρίου καὶ τῆς παροψίδος, ἔσωθεν δὲ γέμουσιν ἐξ ἁρπαγῆς καὶ ἀκρασίας. 26 Φαρισαῖε τυφλέ, καθάρισον πρῶτον τὸ ἐντὸς τοῦ ποτηρίου, ἵνα γένηται καὶ τὸ ἐκτὸς αὐτοῦ καθαρόν. 27 Οὐαὶ ὑμῖν, γραμματεῖς καὶ Φαρισαῖοι ὑποκριταί, ὅτι παρομοιάζετε τάφοις κεκονιαμένοις, οἵτινες ἔξωθεν μὲν φαίνονται ὡραῖοι, ἔσωθεν δὲ γέμουσιν ὀστέων νεκρῶν καὶ πάσης ἀκαθαρσίας. 28 οὕτως καὶ ὑμεῖς ἔξωθεν μὲν φαίνεσθε τοῖς ἀνθρώποις δίκαιοι, ἔσωθεν δὲ ἐστε μεστοὶ ὑποκρίσεως καὶ ἀνομίας.*
> (NA28판, UBS5판 마23:25-28 필자 사역)

육적 존재

이렇듯 선생 노릇에 심취해 있는 유대인들은 하나님 보시기에 맹렬한 진노의 대상이었지만 당대의 사람들에겐 매우 존경받으며 추앙받는 존재들이었다. 그들의 도덕 수준과 윤리적 수준은 사람들 눈에 보기에 수준급 이상이었지만 하나님의 눈엔 인면수심의 범죄자들이었다. 거기로부터 영과 육의 실제적인 개념이 드러나기 시작한다.

그들은 육에 속한 자들이다. 그들에겐 아직 영이 없다(요7:39). 그저 사탄에게 종노릇하는 육에 속한 자들에 불과한 자들이다. 그저 더러운 귀신의 영이 들락거리는 정도에 불과한 연약한 존재들이다(마12:43-45). 하나님께서 허락하시면 언제든지 그들의 내부는 더러운 영들의 소굴이 될 수 있고, 그 더러운 영들의 사주를 받아 움직이는 자들이 될 수 있는 육에 속한 자들이다(마10:29, 살후2:7). 그들이 하나님의 맹렬한 진노를 피할 수 없는 존재인 것은 육적인 관점에서 율법과 할례를 보기 때문이다.

그들이 영적인 관점으로 율법과 할례를 이해할 수 있게 되는 것은 오직 예수님께서 십자가에서의 돌아가심과 부활하심을 통해서만 가능한 일이다. 왜냐하면 그 사건이 일어나지 않으면 인간에게 성령은 오시지 않고 더러운 귀신의 영으로 가득해질 뿐이기 때문이다. 그들은 단순히 저주받을 육적인 존재일 뿐이다.

영적 삶의 보편성

하지만 성령이 인간들의 삶의 영역에 오시더라도 인간이 영적인 존재가 되지 않으면 성령은 일방적으로 일할 수밖에 없다. 아무리 성령 충만을 부르짖고 성령에 이끌려 인도하심을 받기를 원한다 해도 성령과의 교제를 통한 삶과 사역은 일반적이거나 보편적이지 않다.

그 문제를 해결한 것이 바로 사도 바울의 복음이다. 그리스도 예수 안에서 예수 그리스도의 돌아가심과 부활하심을 통해 주님 되심을 온전하게 설명해 내고 그것을 하나님의 복음이라고 명명함으로써 영적인 삶의 보편성을 완성했다. 하나님의 복음이라고 하는 하나님의 능력이 나타나지 않으면 인간은 여전히 육적인 존재로 남아 있을 뿐이니 그들에게 있을 건 하나님의 맹렬한 진노밖에 없다.

평가 방법

잠언16:1-9을 함께 읽어 보자.

그리고 여기서 하나님께서 인간을 평가하시는 방법이 영적이라는 사실을 확인하라.

1 사람의 마음에 무엇을 하고자 하는 뜻이 있어도 그 말에 대한 대답은 여호와께로부터 나온다.

2 사람의 모든 길(삶의 방식)이 자기의 눈에는 깨끗하나, 여호와께서는 영들(הָרוּחוֹת-루호트)을 달아 보신다.

3 너의 일들을 여호와께 맡기라. 그리하면 너의 생각이 바로 세워질 것이다.

4 여호와께서는 모든 것을 자신의 대답을 위하여 만드는 일을 하셨는데, 참으로 악인까지도 악한 날을 위해 만드는 일을 하셨다.

5 마음이 교만한 자는 누구라도 여호와께 가증한 것이니, 서로 손을 잡을지라도 그는 벌을 면치 못할 것이다.

6 자비와 진리로 죄악이 정결게 되니, 사람들이 여호와를 두려워함으로 악에서 떠나게 된다.

7 사람의 길(삶의 방식)이 여호와를 기쁘시게 하면 여호와께서 그 사람의 원수들까지도 그와 더불어 화목하게 하실 것이다.

8 의로 얻은 적은 소득이 불의로 얻은 큰 소득보다 낫다.

9 사람의 마음이 자기의 길을 계획하나, 여호와께서 그의 걸음을 세우실 것이다.

16:1 לְאָדָם מַעַרְכֵי־לֵב וּמֵיְהוָה מַעֲנֵה לָשׁוֹן: 2כָּל־דַּרְכֵי־אִישׁ זַךְ בְּעֵינָיו וְתֹכֵן רוּחוֹת יְהוָה: 3גֹּל אֶל־יְהוָה מַעֲשֶׂיךָ וְיִכֹּנוּ מַחְשְׁבֹתֶיךָ: 4כֹּל פָּעַל יְהוָה לַמַּעֲנֵהוּ וְגַם־רָשָׁע לְיוֹם רָעָה: 5תּוֹעֲבַת יְהוָה כָּל־גְּבַהּ־לֵב יָד לְיָד לֹא יִנָּקֶה: 6בְּחֶסֶד וֶאֱמֶת יְכֻפַּר עָוֺן וּבְיִרְאַת יְהוָה סוּר מֵרָע: 7בִּרְצוֹת יְהוָה דַּרְכֵי־אִישׁ גַּם־אוֹיְבָיו יַשְׁלִם אִתּוֹ: 8טוֹב־מְעַט בִּצְדָקָה מֵרֹב תְּבוּאוֹת בְּלֹא מִשְׁפָּט: 9לֵב אָדָם יְחַשֵּׁב דַּרְכּוֹ וַיהוָה יָכִין צַעֲדוֹ:

(BHS 5th ed 잠16:1-9 필자 사역)

올인

이곳에서 인간을 상대로 하나님의 심판 행위는 저울을 가지고 영을 달아 보시는 것으로 표현된다. 하나님께서 인간을 상대로 심판 행위를 하실 때 저울을 가지고 영을 달아 보신다고 하신다. 하나님께서는 영적 저울질에 따라 기뻐하시거나 진노하신다는 말이다. 하나님의 마음을 흡족하게 해드려 하나님께로부터 칭찬받을 수 있게 되는 것은 그 영적 저울질에 합격점을 받아야 한다. 그 저울질은 하나님의 복음을 선포하는 것이다. 오직 우리 인간이 그 복음에 합당한 삶을 살 때만 그 저울에 달린 인간의 삶이 영적인 것으로 인정받는다.

유대인의 지도자들은 백성들에게 무거운 짐을 지우고 백성의 삶에 무게를 늘리고 자신들은 새털보다 공기보다 더 가벼운 삶을 즐기는 자들이다. 시편 기자는 '아, 슬프다 사람은 입김이며 인생도 속임수이니 저울에 달면 그들은 입김보다 가볍다.'라고 말했다(시62:9). 아무리 자신들의 삶을 새털보다 가볍고 공기보다 가볍게 만들어 홀가분하게 산다고 할지라도 여호와 하나님의 영적 저울질을 통과할 수는 없다. 왜냐하면 그들은 육적인 관점에서 목숨과 마음과 지혜와 지식과 힘과 뜻을 다하여 자신들의 삶을 윤택하게 하는데 올인(all-in)했기 때문이다.

앞당겨진 삶
하지만 예수님은 그들이 지운 무거운 짐에 허덕이는 인간들에게 그 무거운 짐을 벗어던지고 진정 홀가분하게 살게 만들어 주시겠다고 하셨다. '수고하며 무거운 짐을 진 사람은 모두 내게로 오너라.'라고 말씀하시고, '내가 너희를 편히 쉬게 하겠다.'라고 하시면서 '나는 마음이 온유하고 겸손하니 내 멍에를 메고 나한테 배워라. 그리하면 너희는 마음에 쉼을 얻을 것이다. 내 멍에는 편하고, 내 짐은 가볍다.'라고 말씀하셨다(마11:28-30).

예수님은 거짓 선생들이 짐 지운 무거운 짐을 내려 주실 뿐만 아니라 새털보다 공기보다 가볍게 살도록 해 주신다. 그것을 빌미로 어떤 대가를 바라시지도 않으신다. 그저 자기를 영접하는 자들에게 오히려 물리적 세계에 살면서도 물리적 저울과는 차원이 다른 영적인 저울로 달아 가능하실 만큼 가벼운 삶으로 우리의 삶을 축복하신다. 그저 자기를 믿고 의지하는 자들에게 영원한 세계에서나 맛볼 수 있는 영원한 생명의 삶을 앞당겨 맛보고 누리며 살게 하신다. 그것이 참하나님의 복음이다.

몸으로 사는 삶
하나님께서 칭찬하는 삶이란 영적인 삶이다. 사도 바울은 육적인 것이 아닌 영의 새로운 것으로 섬길 것을 요구했고(롬7:6), 영을 따라 걸을 것을 주문했다(롬8:1-4). 육신의 생각은 하나님의 생명력을 잃은 사망의 삶이고 영의 생각은 하나님의 생명력으로 충만한 생명과 평강의 삶이다. 육신적인 삶은 하나님과 원수로 사는 것이지만 영적인 삶은 하나님을 기쁘시게 하는 삶이다. 왜냐하면 육적인 생각으로는 하나님의 율법에 복종할 수도 없고, 복종되지도 않기 때문이고, 오직 영적 생각이 하나님의 율법이 요구하는 의로운 행위에 대한 요구를 충족시키는 삶으로 나아가게 만들기 때문이다(롬8:5-8).

한마디로 하나님의 칭찬은 육신적인 삶에서 영적인 삶으로의 전환에 대한 현실적으로 생명력 넘치는 보상이다(롬13:3). 그리고 그것은 그리스도 예수 안에 있는 구속의 완성을 향해 내딛는 연약한 이들이 겪을 환난을 통과할 수 있게 하는 격려와 지속적인 관심이다. 구원의 완성, 곧 영생에 이를 때까지 현실적으로 부딪히는 수많은 난관에 맞서 몸부림치는 인고의 과정을 견디게 하는 힘이다.

깊이 생각해야 할 지점이다. 필자는 지금까지도 여기에 주목해 로마서를 새롭게 읽을 것을 설득하고 있지만 앞으로도 여기에 주목해 로마서를 설명해 나갈 것이다. 필자의 영적인 노선은 몸으로 사는 삶이다(롬8:9-14). 몸은 영이 없으면 죽은 것이고 몸이 없는 영은 구만리장천(끝도 없이 높고 넓은 하늘)을 떠도는 귀신들에 불과하다(약2:26).

말만큼
사도 바울에게 있어서 복고형 유대인의 문제점은 명확하다. 오늘날 대부분 사람이 로마서를 육신적인 시각으로 읽는 것과 같이 그들이 영적인 안목으로 성경을 보지 않는 것이다. 할례를 명령하신 하나님의 진의가 마음의 문제(영으로 받는 마음의 할례-περιτομὴ καρδίας ἐν πνεύματι 페리토메 카르디아스 엔 프뉴마티)를 향하고 있다는 것을 알아채지 못하는 것이다.

마음은 인간 내부의 심장이라는 장기로 비유된다. 육체적, 정신적, 영적 삶의 중심 자리로서 인간 내면에 활동하는 온갖 영들의 활동 장소이다. 그곳에 말을 만들어 내는 공장이 있어 그곳으로부터 생산 저축된 말이 입을 통해 나온다(마12:34-35). 말의 실체는 영들이고 영들의 실체는 말이 가진 논리다. 인간은 자신이 입으로 내놓은 말로 살기도 하고 죽기도 하는 신기한 존재이기에 자기의 입을 통해 나온 말로 행복한 삶을 살기도 하고 불행한 삶을 살기도 한다. 인간은 자신이 내놓을 수 있는 말만큼 살 수밖에 없는 존재라는 것이다.

무지의 상태
사도 바울은 로마서에서 하나님의 진노 아래 있는 인간의 마음을 이해력이 없고 분별력이 없는 마음이(ἡ ἀσύνετος αὐτῶν καρδία-헤 아쉬네토스 아우톤 카르디아) 어두워진(ἐσκοτίσθη-에스코티스데) 상태라고 했고(롬1:21), 버림받은 이성을 가진 자들을 나타낼 때 썼으며(롬1:31), 이스라엘 백성이 짐승같이 여기는 이방인들을 가리키는 말로 쓰였다(롬10:19).

여기 이해력이 없고 분별력이 없다는 의미의 헬라어 단어 아쉬네토스(ἀσύνετος)는 하나님과의 관계에서 우매함(어리석어 사리에 밝지 못함)과 미련함(어리석어 둔함)을 나타내는 단어이다. 하나님께서 행하여 보이신 일들을 통해 세상의 이치를 바르게 분별하고 하나님의 일을 정확하게 처리할 방도를 생각해 내는 재능이 없는 상태를 나타내는 말이다. 그런 상태의 마음이 어두워졌으니 하나님의 일에 관해서는 아무것도 알지 못하는 무지의 상태가 된 것이다.

사도 바울의 논리
또 마음(καρδία-카르디아)은 롬1:24에서는 몸을 망치는 더러운 욕구가 자리하는 곳으로, 롬2:5에서는 하나님과의 관계에서 고집을 피우고 하나님의 생각을 이해하려고 하지 않는 성향이 자리하는 곳으로, 롬2:15에서는 율법이 요구하는 의로운 일들이 새겨진 곳으로 표현된다.

그리고 마침내 우리가 살펴보고 있는 롬2:29에 이르러 영으로 받는 마음의 할례(περιτομὴ καρδίας ἐν πνεύματι-페리토메 카르디아스 엔 프뉴마티)를 가지지 못할 때 하나님의 심판에서 칭찬이 아닌 책망과 징벌을 받게 된다는 사도 바울의 논리를 만난다.

모세의 증언
그렇게 그들의 마음은 어둠으로 가득했으니 그들이 그토록 의지하는 모세의 율법에 '마음의 할례를 받고 다시는 고집부리지 말라.'라는 말씀이 기록되어 있어도 마음의 할례가 무엇인지, 또 그 마음의 할례를 어떻게 행할 수 있는지를 도무지 알 수 없었다.

> 12이스라엘 자손 여러분, 지금 주 당신들의 하나님이 당신들에게 원하시는 것이 무엇인지 아십니까? 주 당신들의 하나님을 경외하며, 그의 모든 길을 따르며, 그를 사랑하며, 마음을 다하고 정성을 다하여 주 당신들의 하나님을 섬기며,
> 13당신들이 행복하게 살도록 내가 오늘 당신들에게 명하는 주 당신들의 하나님의 명령과 규례를 지키는 일이 아니겠습니까?
> 14그렇습니다. 하늘과 하늘 위의 하늘, 땅과 땅 위의 모든 것이 다 주 당신들의 하나님의 것입니다.
> 15그런데 주님께서는 오직 당신들의 조상에게만 마음을 쏟아 사랑하셨으며, 많은 백성 가운데서도 그들의 자손인 당신들만을 오늘 이처럼 택하신 것입니다.
> 16그러므로 당신들은 마음에 할례를 받고, 다시는 고집을 부리지 마십시오.
> 17이 세상에는 신도 많고, 주도 많으나, 당신들의 주 하나님만이 참 하나님이시고, 참 주님이십니다. 그분만이 크신 권능의 하나님이시요, 두려우신 하나님이시며, 사람을 차별하여 판단하시거나, 뇌물을 받으시는 분이 아니시며,
> 18고아와 과부를 공정하게 재판하시며, 나그네를 사랑하셔서 그에게 먹을 것과 입을 것을 주시는 분이십니다.
> 19당신들이 나그네를 사랑해야 하는 것은, 당신들도 한때 이집트에서 나그네로 살았기 때문입니다.
> 20주 당신들의 하나님을 경외하고, 그를 섬기며, 그에게만 충성을 다하고, 그의 이름으로만 맹세하십시오.
> 21당신들이 찬양할 분은 당신들의 하나님뿐이니, 당신들이 본 대로, 그분은 당신들에게 크고 두려운 일들을 하여 주신 하나님이십니다.

10:12 וְעַתָּה יִשְׂרָאֵל מָה יְהוָה אֱלֹהֶיךָ שֹׁאֵל מֵעִמָּךְ כִּי אִם־לְיִרְאָה אֶת־יְהוָה אֱלֹהֶיךָ לָלֶכֶת בְּכָל־דְּרָכָיו וּלְאַהֲבָה אֹתוֹ וְלַעֲבֹד אֶת־יְהוָה אֱלֹהֶיךָ בְּכָל־לְבָבְךָ וּבְכָל־נַפְשֶׁךָ׃ 13לִשְׁמֹר אֶת־מִצְוֹת יְהוָה וְאֶת־חֻקֹּתָיו אֲשֶׁר אָנֹכִי מְצַוְּךָ הַיּוֹם לְטוֹב לָךְ׃ 14הֵן לַיהוָה אֱלֹהֶיךָ הַשָּׁמַיִם וּשְׁמֵי הַשָּׁמָיִם הָאָרֶץ וְכָל־אֲשֶׁר־בָּהּ׃ 15רַק בַּאֲבֹתֶיךָ חָשַׁק יְהוָה לְאַהֲבָה אוֹתָם

וַיִּבְחַ֞ר בְּזַרְעָ֤ם אַחֲרֵיהֶם֙ בָּכֶ֔ם מִכָּל־הָעַמִּ֖ים כַּיּ֥וֹם הַזֶּֽה׃ 16וּמַלְתֶּ֕ם אֵ֖ת עָרְלַ֣ת לְבַבְכֶ֑ם וְעָ֨רְפְּכֶ֔ם לֹ֥א תַקְשׁ֖וּ עֽוֹד׃ 17כִּ֚י יְהוָ֣ה אֱלֹֽהֵיכֶ֔ם ה֚וּא אֱלֹהֵ֣י הָֽאֱלֹהִ֔ים וַאֲדֹנֵ֖י הָאֲדֹנִ֑ים הָאֵ֨ל הַגָּדֹ֤ל הַגִּבֹּר֙ וְהַנּוֹרָ֔א אֲשֶׁר֙ לֹא־יִשָּׂ֣א פָנִ֔ים וְלֹ֥א יִקַּ֖ח שֹֽׁחַד׃ 18עֹשֶׂ֛ה מִשְׁפַּ֥ט יָת֖וֹם וְאַלְמָנָ֑ה וְאֹהֵ֣ב גֵּ֔ר לָ֥תֶת ל֖וֹ לֶ֥חֶם וְשִׂמְלָֽה׃ 19וַאֲהַבְתֶּ֖ם אֶת־הַגֵּ֑ר כִּֽי־גֵרִ֥ים הֱיִיתֶ֖ם בְּאֶ֥רֶץ מִצְרָֽיִם׃ 20אֶת־יְהוָ֨ה אֱלֹהֶ֤יךָ תִּירָא֙ אֹת֣וֹ תַעֲבֹ֔ד וּב֥וֹ תִדְבָּ֖ק וּבִשְׁמ֥וֹ תִּשָּׁבֵֽעַ׃ 21ה֥וּא תְהִלָּתְךָ֖ וְה֣וּא אֱלֹהֶ֑יךָ אֲשֶׁר־עָשָׂ֣ה אִתְּךָ֗ אֶת־הַגְּדֹלֹ֤ת וְאֶת־הַנּֽוֹרָאֹת֙ הָאֵ֔לֶּה אֲשֶׁ֥ר רָא֖וּ עֵינֶֽיךָ׃

(BHS 5th ed 신10:12-21 필자 사역)

전환된 관점으로 보는 할례

육체의 할례(περιτομή-페리토메)란 하나님의 언약의 백성들에게 남성 생식기의 표피를 잘라 내라는 하나님의 말씀을 따라 이루어진 언약 백성의 표식이다. 그것은 실제로 아브라함의 두 아들과 같이 인간의 생식기를 통해 생산된 자녀(아브라함의 첫째 아들 이스마엘)가 하나님의 자녀가 아님을 상징하고, 하나님의 언약으로 출생한 자녀(아브라함의 둘째 아들 이삭)가 하나님의 자녀라는 사실로 예인(曳引)한다(롬9:6-13). 그것은 예수님의 탄생과 십자가 사건을 통해 이루어질 영적인 새 생명의 출생이라는 하나님의 영광스러운 일을 상징적으로 표현한 예식이었다.

따라서 영으로 받는 마음의 할례란 그 예수님의 돌아가심과 부활하심을 통해 이루어지는 새마음을 얻어 하나님을 기쁘시게 하는 하나님의 자녀로 살게 하는 것이다.

이는 남성 육체의 생식기에 의한 육신의 출생으론 만물보다 거짓되고 심히 부패한 마음(렘17:9)은 결코 깨끗해질 수 없다. 남성의 생식기 표피를 잘라 냄으로써 직접적으로 남성의 생식기 자체를 절단하여 무용지물로 만드는 과격한 상징성을 드러내는 할례의 예식으로 남성 생식기로의 출생이 하나님을 기쁘시게 할 수 없음을 못 박았다. 하나님께서 행하실 새로운 출생의 방법으로만 인류는 깨끗한 마음으로 살아갈 수 있음을 선언하신 것이다.

모세와 예레미야의 증언

이에 대해 모세는 모세오경의 마지막 책인 신명기에서 '주 당신들의 하나님이 당신들의 마음과 당신들 자손의 마음에 할례를 베푸셔서 순종하는 마음을 주실 것입니다. 그리하여 당신들이 마음을 다하고 정성을 다하여 주 당신들의 하나님을 사랑하며 살 수 있게 하실 것입니다(신30:6).'라고 했고, 그래서 선지자 예레미야는 '유다 백성과 예루살렘 주민아, 너희는 나 여호와가 원하는 할례를 받고, 너희 마음의 표피를 잘라내어라. 그렇지 않으면, 너희의 악한 행실 때문에, 나의 분노가 불처럼 일어나서 너희를 태울 것이니, 아무도 끌 수 없을 것이다(렘4:4).'라고 말한 다음 '나 여호와의 말이다. 그날이 이르면, 내가 할례를 받은 자와 할례를 받지 못한 자에게 모두 벌을 내리겠다. 이집트와 유다와 에돔과 암몬 자손과 모압과, 관자놀이의 머리카락을 짧게 깎은, 광야에 사는 모든 사람에게도 내가 벌을 내리겠다. 이 모든 민족은, 이스라엘 백성 전체와 마찬가지로, 마음에 할례를 받지 않은 자들이기 때문이다(렘9:25-26).'라고 예레미야 선지자는 마음의 할례를 촉구한 것이다.

그리고 예레미야 선지자는 한편으로 그 심판의 타당성을 그리스도 예수 안에 있는 구속의 날을 내다보며 새 언약의 시대에 있을 아주 특별한 일을 선포했다. 그것은 성문법인 모세 율법의 모체가 되는 완전한 율법, 그러니까 위 렘9:25-26에서 말한 이방인과 이스라엘 모두를 공평하게 심판하는 정의롭고 공의로운 율법으로 이스라엘과 더불어 체결하실 새 언약이다. "나 여호와가 말한다. 그러나 이것이 내가 이스라엘 집과 더불어 맺을 언약이 되리니, 그날들 이후로 나는 내 법을 그들 속에 두며 그들의 마음속에 기록하여, 나는 그들의 하나님이 되고 그들은 나의 백성이 되리라. 그때에는 이웃이나 동포끼리 서로 너는 주님을 알라고 하지 않을 것이니, 이것은 작은 사람으로부터 큰 사람에 이르기까지, 그들이 모두 나를 알 것이기 때문이니, 내가 그들의 허물을 용서하고, 그들의 죄를 다시는 기억하지 않겠다. 나 여호와의 말이다(렘 31:33-34)."

또 예레미야 선지자는 이렇게 말했다.

> *37똑똑히 들어라. 내가 분노와 노여움과 울화 때문에 그들을 여러 나라로 내쫓아 버렸다. 그러나 이제 내가 그들을 이 모든 나라에서 모아다가, 이곳으로 데려와서 안전하게 살게 하겠다.*

38그러면 그들이 나의 백성이 되고, 나는 그들의 하나님이 될 것이다.
39그때에 내가 그들에게 한결같은 마음과 삶을 주어, 그들이 언제나 나를 경외하여 그들 자신뿐만 아니라, 그들의 자손들까지도 길이 복을 받게 하겠다.
40그때에는 내가 그들과 영원한 언약을 맺고, 내가 그들에게서 영영 떠나지 않고, 그들을 잘되게 할 것이며, 그들의 마음속에 나를 경외하는 마음을 넣어 주어서, 그들이 나에게서 떠나가지 않게 하겠다.
41나는 그들을 잘되게 함으로 기뻐할 것이며, 나의 온 마음과 정성을 다하여 그들이 이 땅에 뿌리를 굳게 내리고 살게 하겠다.

32:37 הִנְנִי מְקַבְּצָם מִכָּל־הָאֲרָצוֹת אֲשֶׁר הִדַּחְתִּים שָׁם בְּאַפִּי וּבַחֲמָתִי וּבְקֶצֶף גָּדוֹל וַהֲשִׁבֹתִים אֶל־הַמָּקוֹם הַזֶּה וְהֹשַׁבְתִּים לָבֶטַח: 38וְהָיוּ לִי לְעָם וַאֲנִי אֶהְיֶה לָהֶם לֵאלֹהִים: 39וְנָתַתִּי לָהֶם לֵב אֶחָד וְדֶרֶךְ אֶחָד לְיִרְאָה אוֹתִי כָּל־הַיָּמִים לְטוֹב לָהֶם וְלִבְנֵיהֶם אַחֲרֵיהֶם: 40וְכָרַתִּי לָהֶם בְּרִית עוֹלָם אֲשֶׁר לֹא־אָשׁוּב מֵאַחֲרֵיהֶם לְהֵיטִיבִי אוֹתָם וְאֶת־יִרְאָתִי אֶתֵּן בִּלְבָבָם לְבִלְתִּי סוּר מֵעָלָי: 41וְשַׂשְׂתִּי עֲלֵיהֶם לְהֵטִיב אוֹתָם וּנְטַעְתִּים בָּאָרֶץ הַזֹּאת בֶּאֱמֶת בְּכָל־לִבִּי וּבְכָל־נַפְשִׁי: ס

(BHS 5th ed 렘32:37-41 필자 사역)

에스겔의 증언

에스겔 선지자도 그리스도 예수 안에 있는 구속을 바라보면서 '그때에 내가 그들에게 일치된 새 마음을 주고, 새로운 영을 그들 속에 넣어 주겠다. 내가 그들의 몸에서 돌같이 굳은 마음을 없애고, 속살같이 부드러운 마음을 주겠다. 그래서 그들은 나의 율례대로 생활하고, 나의 규례를 지키고 그대로 실천하여, 내 백성이 되고, 나는 그들의 하나님이 될 것이다(겔11:19-20).'라고 외쳤다.

그리고 하나님께서 왜 그런 방식으로 심판과 구원을 이루어 가시는지를 명백하게 말했다.

22그러므로 너는 이스라엘 족속에게 전하여라. 나 주 하나님이 이렇게 말한다. 이스라엘 족속아, 내가 이렇게 하려고 하는 까닭은 너희들을 생각해서가 아니라, 너희가 여러 나라에 흩어져서, 가는 곳마다 더럽혀 놓은 내 거룩한 이름을 회복시키려고 해서다.

23 너희가 여러 나라에 흩어져 살면서 내 이름을 더럽혀 놓았으므로, 거기에서 더럽혀진 내 큰 이름을 내가 다시 거룩하게 하겠다. 이방 사람들이 지켜보는 앞에서, 너희에게 내가 내 거룩함을 밝히 드러내면, 그때에야 비로소 그들도, 내가 주인 줄 알 것이다. 나 주 하나님의 말이다.
24 내가 너희를 이방 민족들 가운데서 데리고 나아오며, 그 여러 나라에서 너희를 모아다가, 너희의 나라로 데리고 들어가겠다.
25 그리고 내가 너희에게 맑은 물을 뿌려서 너희를 정결하게 하며, 너희의 온갖 더러움과 너희가 우상들을 섬긴 모든 더러움을 깨끗하게 씻어 주며,
26 너희에게 새로운 마음을 주고 너희 속에 새로운 영을 넣어 주며, 너희 몸에서 돌같이 굳은 마음을 없애고 속살처럼 부드러운 마음을 주며,
27 너희 속에 내 영을 두어, 너희가 나의 모든 율례대로 행동하게 하겠다. 그러면 너희가 내 모든 규례를 지키고 실천할 것이다.
28 그때에는 내가 너희 조상에게 준 땅에서 너희가 살아서, 너희는 내 백성이 되고, 나는 너희의 하나님이 될 것이다.

36:22 לָכֵן אֱמֹר לְבֵית־יִשְׂרָאֵל כֹּה אָמַר אֲדֹנָי יְהוִה לֹא לְמַעַנְכֶם אֲנִי עֹשֶׂה בֵּית יִשְׂרָאֵל כִּי אִם־לְשֵׁם־קָדְשִׁי אֲשֶׁר חִלַּלְתֶּם בַּגּוֹיִם אֲשֶׁר־בָּאתֶם שָׁם: 23 וְקִדַּשְׁתִּי אֶת־שְׁמִי הַגָּדוֹל הַמְחֻלָּל בַּגּוֹיִם אֲשֶׁר חִלַּלְתֶּם בְּתוֹכָם וְיָדְעוּ הַגּוֹיִם כִּי־אֲנִי יְהוָה נְאֻם אֲדֹנָי יְהוִה בְּהִקָּדְשִׁי בָכֶם לְעֵינֵיהֶם: 24 וְלָקַחְתִּי אֶתְכֶם מִן־הַגּוֹיִם וְקִבַּצְתִּי אֶתְכֶם מִכָּל־הָאֲרָצוֹת וְהֵבֵאתִי אֶתְכֶם אֶל־אַדְמַתְכֶם: 25 וְזָרַקְתִּי עֲלֵיכֶם מַיִם טְהוֹרִים וּטְהַרְתֶּם מִכֹּל טֻמְאוֹתֵיכֶם וּמִכָּל־גִּלּוּלֵיכֶם אֲטַהֵר אֶתְכֶם: 26 וְנָתַתִּי לָכֶם לֵב חָדָשׁ וְרוּחַ חֲדָשָׁה אֶתֵּן בְּקִרְבְּכֶם וַהֲסִרֹתִי אֶת־לֵב הָאֶבֶן מִבְּשַׂרְכֶם וְנָתַתִּי לָכֶם לֵב בָּשָׂר: 27 וְאֶת־רוּחִי אֶתֵּן בְּקִרְבְּכֶם וְעָשִׂיתִי אֵת אֲשֶׁר־בְּחֻקַּי תֵּלֵכוּ וּמִשְׁפָּטַי תִּשְׁמְרוּ וַעֲשִׂיתֶם: 28 וִישַׁבְתֶּם בָּאָרֶץ אֲשֶׁר נָתַתִּי לַאֲבֹתֵיכֶם וִהְיִיתֶם לִי לְעָם וְאָנֹכִי אֶהְיֶה לָכֶם לֵאלֹהִים:

(BHS 5th ed 겔36:22-28 필자 사역)

결론

마음은 영적인 생식기다. 마음은 말을 생산하고 저장하는 일을 한다. 마음은 입과 직접 연결되어 있다. 실제로 말을 주고받는 행위가 영적인 성교다. 새 마음으로 이루어지는 영적인 관계와 교제를 통해 인간 속에 새로운 생명이 탄생한다. 이게 바로 그리스도 예수 안에 있는 구속의 복음이라고 하는 전환된 관점으로 보는 할례

(περιτομή-페리토메), 곧 영으로 받는 마음의 할례(περιτομή καρδίας ἐν πνεύματι-페리토메 카르디아스 엔 프뉴마티)의 실제적 의미이다.

우리가 내놓는 말이 사람을 죽이기도 하고 살리기도 한다는 말이 바로 이런 의미이다. 그리스도 예수 안에서 밝혀 놓은 사도 바울의 복음인 하나님의 복음과 일치하지 않는 다른 복음(고전1:6-9 ἕτερον εὐαγγέλιον-헤테론 유앙겔리온)을 전하는 행위가 간음하는 것이고 살인하는 것이고 도적질과 강도짓을 일삼는 것이다.

이런 관점에서 본문을 다시금 음미하며 읽어 깊은 묵상으로 들어가 영적인 삶의 실체적 진실에 이르길 바란다.

2:25	Περιτομὴ μὲν γὰρ ὠφελεῖ ἐὰν νόμον πράσσῃς· ἐὰν δὲ παραβάτης νόμου ᾖς, ἡ περιτομή σου ἀκροβυστία γέγονεν.	강조하지만 참으로 그대가 율법을 준수한다면* 할례가 유익합니다. 하지만 그대가 율법의 위반자라면 할례를 받았어도 받지 않은 것으로 여겨지고 맙니다.
2:26	ἐὰν οὖν ἡ ἀκροβυστία τὰ δικαιώματα τοῦ νόμου φυλάσσῃ, οὐχ ἡ ἀκροβυστία αὐτοῦ εἰς περιτομὴν λογισθήσεται;	그렇다면 할례를 받지 않은 사람이 그 율법이 요구하는 의로운 행위들을* 지켜 보호한다면, 할례를 받지 않았어도 받은 것으로 여겨지지 않겠습니까?
2:27	καὶ κρινεῖ ἡ ἐκ φύσεως ἀκροβυστία τὸν νόμον τελοῦσα σὲ τὸν διὰ γράμματος καὶ περιτομῆς παραβάτην νόμου.	그러므로 본래부터 할례를 받지 않은 사람이 그 율법을 다 이행한다면,* 법조문과 할례를 가지고 있으면서도 율법을 위반하는 그대를 심판할 것입니다.
2:28	οὐ γὰρ ὁ ἐν τῷ φανερῷ Ἰουδαῖός ἐστιν οὐδὲ ἡ ἐν τῷ φανερῷ ἐν σαρκὶ περιτομή,	왜냐하면 유대인의 그 외적인 자격 조건을 갖춘 자라고 해서 유대인이 아니고* 육신의 표피에 받은 그 할례도 할례가 아니며,
2:29	ἀλλ' ὁ ἐν τῷ κρυπτῷ Ἰουδαῖος, καὶ περιτομὴ καρδίας ἐν πνεύματι οὐ γράμματι, οὗ ὁ ἔπαινος οὐκ ἐξ ἀνθρώπων ἀλλ' ἐκ τοῦ θεοῦ.	오히려 유대인의 그 내적인 자격 조건을 갖춘 자라야 유대인이고,* 법조문에 의해서가 아니라 영으로 받은 마음의 할례가 할례이기 때문입니다. 이런 사람에 대한 그 칭찬은 사람들로부터가 아니라 오직 그 하나님께로부터 있습니다.

전환된 관점의 로마서 읽기

제12장
오직 하나님만이 진실한 분이시다

본문 : 로마서 3장 1~20절

핵심 주제 어구

γινέσθω δὲ ὁ θεὸς ἀληθής

(기네스도 데 호 데오스 알레데스)

그 하나님의 말씀을 맡은 사람은 그 하나님께 믿음을 얻음으로 그 말씀의 내용과 의미에 맞는 결과를 맛보는 혜택을 입는다. 왜냐하면 사람은 그 하나님께서 은혜로 베풀어 주시는 믿음(엡2:8)으로만 그 말씀이 담은 모든 내용을 실제 상황으로 체험할 수 있게 만들어 놓으셨기 때문이다.

제12장(오직 하나님만이 진실한 분이시다) _ 본문 380p에서

본문

3:1	Τί οὖν τὸ περισσὸν τοῦ Ἰουδαίου ἢ τίς ἡ ὠφέλεια τῆς περιτομῆς;	그렇다면 그 유대인의 그 이점은 무엇이며 또한 그 할례의 그 유익은 누구에게 있습니까?
3:2	πολὺ κατὰ πάντα τρόπον. πρῶτον μὲν [γὰρ] ὅτι ἐπιστεύθησαν τὰ λόγια τοῦ θεοῦ.	모든 양식을 따라서 많습니다. 실로 대표적인 것은 [진정] 그들에게 그 하나님의 그 말씀들이 맡겨졌다는 것입니다.
3:3	τί γάρ; εἰ ἠπίστησάν τινες, μὴ ἡ ἀπιστία αὐτῶν τὴν πίστιν τοῦ θεοῦ καταργήσει;	그런데 그들 중에 어떤 사람들이 신실하지 않았다면 무엇 때문입니까? 그들의 신실하지 않음이 그 하나님의 그 신실하심을 완전히 헛된 것으로 만들 수 있겠습니까?
3:4	μὴ γένοιτο· γινέσθω δὲ ὁ θεὸς ἀληθής, πᾶς δὲ ἄνθρωπος ψεύστης, καθὼς γέγραπται· ὅπως ἂν δικαιωθῇς ἐν τοῖς λόγοις σου* καὶ* νικήσεις ἐν τῷ κρίνεσθαί σε.*	절대로 그렇게 되지 않기를 바랍니다. 다만 성경에 '어떠하든지 주님께서는 당신이 하신 말씀들로 의로우시다고 확실히 인정 받으실 것이고,* 당신이 판단 받으실 때 기필코 이기실 것이다.'라고 기록된 것처럼, 반드시 모든 사람이 거짓말쟁이가 되고, 오직 그 하나님만이 진실하신 분이 되기를 바랍니다.

결론

우리는 지금까지 그 유대인(롬3:1의 *τοῦ Ἰουδαίου*-투 유다이우), 그러니까 앞장 롬2:17의 자칭 유대인(복고형 유대인: 완성된 구속사적인 관점에서 그리스도 예수안에서 거꾸로 보는 시각에서의 유대인)을 심판하시는 하나님의 심리 과정(사도 바울의 복음적 관점에서 추론할 수 있는 심리 과정)을 다루었고 다루는 중이다. 핵심 쟁점은 그들의 정체성에 있어서 가장 확실한 근거가 되는 '하나님께 받아 성문화된 모세의 율법'과 '그 법에 따라 받은 육체의 할례'를 하나님 앞에서 그들 자신을 의롭다고 입증하는 증거 자료로 쓸 수 있는지, 그러니까 하나님의 심판을 피할 수 있는 효력을 지닌 근거로 쓸 수 있느냐는 것이었다.

사도 바울의 시각은 '아니다'였다. 그들이 성문화된 율법을 가지고 있다든지 육체의 할례를 받았다든지 하는 외적인 조건들은 결코 하나님의 백성이라는 신분을 보장할 수 없는 것이었다. 하나님의 판단 기준은 영적이기에 오직 성문화된 율법과 육체의 할례가 가진 영적인 의미를 충족시킬 때라야 하나님의 백성이라는 신분이나 지위와 자격을 보장받게 되며 그들의 삶에 하나님의 칭찬이 따르게 된다는 것이 바울의 결론이었다.

질문

그러한 로마서 2장까지의 결론은 어쩌면 그 유대인의 처지에서 자기의 정체성을 일언지하에 부정당하는 것이기에 자제력을 잃을 수 있는 한계점에 이르게 할 것으로 보인다. 이는 우리가 로마서 3장을 시작하면서 놓치지 말아야 할 로마서 2장과 3장 문단 사이에 묻혀 있는 수많은 슬픈 이야기들을 예상케 하고도 남게 만든다.

사도 바울은 하나님의 복음과 그 유대인 사이에 발생할 수 있는 적지 않은 정서적 충돌에 관한 내용을 이미 경험한 자로서 그것을 접속사 운(οὖν)에 담아 그 유대인의 분노를 다스릴 수 있는 이성적인 질문을 던지므로 그에 대한 해답을 찾아가도록 이끄는데, 그것이 본문의 실제 내용이다.

| 3:1 | Τί οὖν τὸ περισσὸν τοῦ Ἰουδαίου ἢ τίς ἡ ὠφέλεια τῆς περιτομῆς; | 그렇다면 그 유대인의 그 이점은 무엇이며 또는 그 할례의 그 유익은 누구에게 있습니까? |

기록된 하나님의 말씀

그동안 그 유대인은 성문화된 율법과 육체의 할례에 집중하고 있었다. 그것들은 필자가 달걀 비유로 설명한 것처럼 새로운 영적 생명이 탄생하는 일에 관한 그림자와 상징적 도구임에도 그런 사실을 알아채지 못하고 '선생 노릇'까지 하면서 하나님의 이름에 먹칠을 할 만큼 영적으로 매우 어두운 상태였다.

사도 바울은 그들의 이해의 폭을 넓혀 성문화된 율법과 육체의 할례에 관한 진정한 의미를 발견할 수 있도록 '그 하나님의 그 말씀들(τὰ λόγια τοῦ θεοῦ-타 로고이 투 데우, 롬3:2)'에 주목하게 한다. 그것은 그들의 시각을 선지자들의 기록들과 시편 등 그들이 정경으로 받아들이고 있는 기록된 하나님의 말씀들 전체에 집중하게 하여 그 속에서 선지자들이 선포하는 메시지와 시편 기자들의 영감 넘치는 깨달음의 목소리를 생생하게 듣고 그 질문(그 유대인의 그 이점은 무엇이며 또는 그 할례의 그 유익은 누구에게 있습니까? 롬3:1)의 해답을 찾게 하려는 것이다.

이는 사도 바울이 기록된 하나님의 말씀(구약 성경)을 근거로 삼아 지켜 온 그들의 신앙생활에 있어서 그 성경의 본래 내용을 바르고 정확하게 이해하는 것이 하나님의 복음을 이해하는 데 직접적이고도 확실한 요인으로 작용한다는 사실을 누구보다도 잘 알기 때문이다.

3:2	πολὺ κατὰ πάντα τρόπον. πρῶτον μὲν [γὰρ] ὅτι ἐπιστεύθησαν τὰ λόγια τοῦ θεοῦ.	모든 양식을 따라서 많습니다. 실로 대표적인 것은 [진정] 그들에게 그 하나님의 그 말씀들이 맡겨졌다는 것입니다.

믿음의 말씀

여기서 '기록된 하나님의 말씀(구약 성경)을 근거로 삼은 신앙생활'이라는 말을 주목할 필요가 있다. 유대 민족의 신앙은 그랬다. 그들은 그 성경을 목숨보다도 더 중요한 것으로 인식한 민족이다. 그들에게 기록된 하나님의 말씀은 그들 목숨의 존재 가치와 인생의 전반에 대한 의미를 결정짓는 잣대와 같은 것이었다(신8:3, 시119:105).

그리고 그것은 창조주 하나님께서 그들의 조상을 선택하고 부르신 후, 그 조상들의 삶에 직접 개입하셔서, 친히 창조 세계에 대한 계획과 뜻을 알려 주셨다고 믿기에 가능한 일이었다(창18:17).

기록된 하나님의 말씀은 영원 전부터 숨겨졌던 것들을 그들에게 알게 하시는 계시의 말씀으로, 혹은 비밀을 폭로하시는 말씀, 곧 믿음으로 순종해야 할 말씀으로 인식되고 있었던 것처럼(롬16:25-27) 성경은 오늘날 그리스도인들에게도 동일하게 하나님의 구원을 주시는 생명의 말씀으로 인식되고 있다(딤후3:16).

인식의 출발점

그 같은 인식은 로마서에서 사도 바울이 구사하는 모든 논리의 근거가 되고 있다(롬1:2, 3:21, 16:26). 사도 바울은 본문에서 그것(기록된 하나님의 말씀)을 하나님께서 유대인들에게 맡겨 주신 신탁(神託)으로 인식하고 있다(롬3:2, 시147:19-20).

여기서 '맡겨졌다'라고 번역한 헬라어 동사는 '믿는다'는 개념의 피스튜오(πιστεύω)'의 수동(피동)형 에피스튜데산(ἐπιστεύθησαν)이다. 이 동사가 능동형일 경우 '어떤 것이 사실이므로 신뢰의 가치가 있다고 생각하는 것'이나 '어떤 대상을 완전하게 신뢰하여 자신을 그 대상의 실체에 맡기는 것'을 나타내며, 수동형일 경우는 '어떤 일하는 책임이 누군가에게 맡겨진 것'을 나타내므로 이 단어가 쓰일 때는 반드시 신뢰의 관계가 핵심이다.

따라서 그것(기록된 하나님의 말씀으로서의 구약 성경)은 신앙생활의 본질인 하나님과의 관계에서 모든 인간이 가진 인식의 출발 지점으로서 인간 존재의 행위 가치를 결정짓는 인식 능력의 근원지(출처)에 닿아 있다.

그래서 그것은, 그것을 가지게 된 자들에겐 그것을 가지고 있다는 자체만으로도 분명 큰 혜택으로 매우 유용한 것이었지만, 어이없게도 지나간 세계 역사의 흐름 속에서 다른 모든 민족보다 우월한 민족이라고 착각을 일으키기에 충분한 특권(자신들이 하나님의 백성이라고 하는 신분이나 지위 또는 자격을 보장하는 것)과 같은 것으로 작용했다. 그것은 인간의 내부에 작동하는 가치를 판단하고 실행하는 기능에 하자가 있음을 보여 주는 증상과 같은 것이었다.

실제로 바울의 인생 궤적 속에 그 같은 문제를 해결해야 했던 지난날의 뼈아픈 흔적이 남아 있음을 그의 서신 곳곳에서 확인할 수 있다(고전15:9, 딤전1:13-16, 빌3:5-8). 그 흔적은 유대인인 자신의 특권의식을 예수님의 십자가에 못 박아 깨부수어 버림으로 하나님의 새로운 창조물로 거듭나는 과정에서 고통의 흔적으로서 온 인류의 구원을 위해 짊어져야 할 고난의 흔적이다(갈6:12-17).

> *12육신으로 좋은 모습 보이기를 원하는 자들이 누구든지, 이런 사람들은 여러분이 할례를 받도록 강요합니다. 이는 오로지 그들이 그 그리스도의 그 십자가를 위해 핍박받지 않기 위함입니다.*
> *13왜냐하면 할례받은 자들이 자신도 율법을 사수하지 않으면서, 오히려 여러분이 할례받게 하려는 것은, 그들이 여러분 소유의 그 육신 안에서 자랑이 되기 때문입니다.*
> *14그러나 내게는 예수 그리스도 우리들의 그 주님의 십자가 안에서가 아니라*

면 자랑하지 않게 되기를 소원합니다. 그분을 통해 내게는 세상이 십자가에 못 박혀졌고, 그 세상에 대해서는 내가 십자가에 못 박혀졌습니다.

15왜냐하면 할례도 아무것도 아니고 무할례도 아무것도 아니고, 오히려 새로운 창조밖에 없기 때문입니다.

16그리고 이 기준에 맞춰 행진할 자가 누구든지, 그들 위에 평화와 긍휼이 있을 것이고, 또한 그 하나님의 그 이스라엘 위에도 평화와 긍휼이 있을 것입니다.

17이제부터는(Τοῦ λοιποῦ) 아무도 내게 불편하거나 괴롭게 하는 일들을 일어나게 하지 마십시오. 왜냐하면 나는 내 몸으로 그 예수님의 그 흔적들을 짊어지고 있기 때문입니다.

12ὅσοι θέλουσιν εὐπροσωπῆσαι ἐν σαρκί, οὗτοι ἀναγκάζουσιν ὑμᾶς περιτέμνεσθαι, μόνον ἵνα τῷ σταυρῷ τοῦ Χριστοῦ μὴ διώκωνται·13 οὐδὲ γὰρ οἱ περιτεμνόμενοι αὐτοὶ νόμον φυλάσσουσιν, ἀλλὰ θέλουσιν ὑμᾶς περιτέμνεσθαι ἵνα ἐν τῇ ὑμετέρᾳ σαρκὶ καυχήσωνται. 14 ἐμοὶ δὲ μὴ γένοιτο καυχᾶσθαι εἰ μὴ ἐν τῷ σταυρῷ τοῦ κυρίου ἡμῶν Ἰησοῦ Χριστοῦ, δι' οὗ ἐμοὶ κόσμος ἐσταύρωται κἀγὼ κόσμῳ. 15 οὔτε γὰρ περιτομή τί ἐστιν οὔτε ἀκροβυστία, ἀλλὰ καινὴ κτίσις. 16 καὶ ὅσοι τῷ κανόνι τούτῳ στοιχήσουσιν, εἰρήνη ἐπ' αὐτοὺς καὶ ἔλεος, καὶ ἐπὶ τὸν Ἰσραὴλ τοῦ θεοῦ. 17 Τοῦ λοιποῦ κόπους μοι μηδεὶς παρεχέτω, ἐγὼ γὰρ τὰ στίγματα τοῦ Ἰησοῦ ἐν τῷ σώματί μου βαστάζω.

(NA28판, UBS5판 갈6:12-17 필자 사역)

신실함

그 흔적은 지난날 유대인으로서 그릇된 특권의식에 사로잡혀 있던 바울의 시각을 송두리째 바꾼 전환점의 증거이다. 하나님께서 그 민족에게 베풀어 주신 모든 것에 대한 이점과 유용함을 들여다보도록 눈을 뜨게 만든 것이다(롬3:1).

그것은 과거 자기 민족의 유일무이한 지도자였던 모세가 자기 얼굴의 광채를 똑바로 보지 못하게 하려고 자기 얼굴에 수건을 덮어 마음이 둔한 이스라엘 자손들이 오늘날까지도 옛 언약을 읽을 때 알지 못했던 것들을 보게 만들었다. 그 수건이 아직도 그들 민족에게 벗겨지지 않고 있는 것은 그것이 오직 그리스도 안에서만 벗겨질 수 있기 때문이다(고후3:13-16).

지금 사도 바울은 하나님의 은혜를 입는다는 것, 하나님의 사랑을 받는다는 것, 특히 기록된 하나님의 말씀을 믿게 되었다는 것, 그러니까 하나님께서 그들을 믿고 맡기신 하나님의 말씀을 가지고 그릇된 우월감을 챙기고 비뚤어진 행복감에 기고만장했던 지난날의 어리석음, 곧 예수님께서 비유로 말씀하신 것처럼 어처구니 없게도 소경이 소경을 인도하는 불행한 일(마15:14, 눅6:39)을 넘어 그것이 얼마나 막중한 책임(온 세상 모든 민족에게 차별 없이 하나님의 말씀을 알려야 할 메신저의 역할)이 부여된 소임인지에 대한 성찰과 직결된 문제로 인식하고 있다(롬3:2).

어리석음의 민낯
하지만 그들의 어리석음은 자기들의 확신을 저해하는 모든 자들을 제거해 버려야만 직성이 풀리는 자들의 우매함이었다. 실제로 그들은 하늘 높은 줄 모르고 우쭐거리며 장차 그리스도가 되실 인자이신 예수님을 대적하여 기필코 살해함으로써 그 어리석음의 민낯을 만천하에 드러냈다.

그 어리석음은 요한복음 9장의 날 때부터 눈먼 자의 눈을 뜨게 하신 예수님의 일화에 명확하게 드러나 있다. 그들은 모세의 권세를 등에 업고 선한 인도자로 행세하며 그 세상을 좌지우지하는 자들이었지만 예수님에 의해 소경을 인도하는 소경으로 판명 났다.

> 26그래서 그들은 그에게 물었습니다. "그 사람이 네게 행한 일이 무엇이냐? 그가 어떻게 네 눈을 뜨게 하였느냐?"
> 27그가 그들에게 대답하였습니다. "그것은 내가 이미 여러분에게 말했는데, 여러분은 듣지 않았습니다. 그러면서 어찌하여 다시 듣기를 원합니까? 여러분도 그분의 제자가 되기를 원합니까?"
> 28이에 그들은 그를 꾸짖으며 말했습니다. "너는 그 사람의 제자이지만, 우리는 모세의 제자이다.
> 29우리는 그 하나님께서 모세에게 말씀하셨다는 것을 알고 있다. 그러나 우리는 그 사람은 어디에서 왔는지 알지 못한다."
> 30그가 그들에게 대답했습니다. "그분이 내 눈을 뜨게 해 주셨는데도, 여러분은 그분이 어디에서 왔는지 모른다고 하니, 참으로 이상한 일입니다.
> 31그 하나님께서는 죄인들의 말은 듣지 않으시지만, 하나님을 공경하고 그의 뜻을 행하는 사람의 말은 들어 주시는 줄을, 우리는 압니다.
> 32나면서부터 눈먼 사람의 눈을 누가 뜨게 하였다는 말은, 창세로부터 이제까지 들어 본 적이 없습니다.

33 이분이 하나님 곁에 계셨던 분이 아니라면, 아무 일도 하지 못하셨을 것입니다."

34 그들이 그에게 말했습니다. "네가 완전히 죄 가운데서 태어났는데도, 우리를 가르치려고 하느냐?" 결국 그들은 그를 바깥으로 내쫓아 버렸습니다.

35 바리새파 사람들이 그 사람을 내쫓았다는 말을 예수님께서 들으시고, 그를 만나서 물으셨습니다. "네가 그 사람의 그 아들(그 인자)을 믿느냐?"

36 그가 대답하였습니다. "선생님, 그분이 어느 분입니까? 내가 그분을 믿겠습니다."

37 예수님께서 그에게 말씀하셨습니다. "너는 이미 그를 보았다. 너와 함께 말하고 있는 사람이 바로 그이다."

38 그러자 그는 "주님, 내가 믿습니다."라고 말하고서 예수님께 엎드려 절했습니다.

39 그때 예수님께서 말씀하셨습니다. "나는 심판하러 이 세상에 왔다. 보지 못하는 사람은 보게 하고, 보는 사람은 눈먼 사람들이 되게 하려는 것이다."

40 예수님과 함께 있던 바리새파 사람들이 이 말씀을 듣고 나서 그에게 말하였습니다. "우리도 눈이 먼 사람이란 말이오?"

41 예수님께서 그들에게 말씀하셨습니다. "너희가 눈먼 사람들이었다면, 도리어 죄를 가지지 않았을 것이지만, 지금 너희가 본다고 말하니, 너희의 죄가 머문다."

26 εἶπον οὖν αὐτῷ• τί ἐποίησέν σοι; πῶς ἤνοιξέν σου τοὺς ὀφθαλμούς; *27* ἀπεκρίθη αὐτοῖς• εἶπον ὑμῖν ἤδη καὶ οὐκ ἠκούσατε• τί πάλιν θέλετε ἀκούειν; μὴ καὶ ὑμεῖς θέλετε αὐτοῦ μαθηταὶ γενέσθαι; *28* καὶ ἐλοιδόρησαν αὐτὸν καὶ εἶπον• σὺ μαθητὴς εἶ ἐκείνου, ἡμεῖς δὲ τοῦ Μωϋσέως ἐσμὲν μαθηταί• *29* ἡμεῖς οἴδαμεν ὅτι Μωϋσεῖ λελάληκεν ὁ θεός, τοῦτον δὲ οὐκ οἴδαμεν πόθεν ἐστίν. *30* ἀπεκρίθη ὁ ἄνθρωπος καὶ εἶπεν αὐτοῖς• ἐν τούτῳ γὰρ τὸ θαυμαστόν ἐστιν, ὅτι ὑμεῖς οὐκ οἴδατε πόθεν ἐστίν, καὶ ἤνοιξέν μου τοὺς ὀφθαλμούς. *31* οἴδαμεν ὅτι ἁμαρτωλῶν ὁ θεὸς οὐκ ἀκούει, ἀλλ' ἐάν τις θεοσεβὴς ᾖ καὶ τὸ θέλημα αὐτοῦ ποιῇ τούτου ἀκούει. *32* ἐκ τοῦ αἰῶνος οὐκ ἠκούσθη ὅτι ἠνέῳξέν τις ὀφθαλμοὺς τυφλοῦ γεγεννημένου•

33 εἰ μὴ ἦν οὗτος παρὰ θεοῦ, οὐκ ἠδύνατο ποιεῖν οὐδέν. *34* ἀπεκρίθησαν καὶ εἶπαν αὐτῷ• ἐν ἁμαρτίαις σὺ ἐγεννήθης ὅλος καὶ σὺ διδάσκεις ἡμᾶς; καὶ ἐξέβαλον αὐτὸν ἔξω. *35* Ἤκουσεν Ἰησοῦς ὅτι ἐξέβαλον αὐτὸν ἔξω καὶ εὑρὼν αὐτὸν εἶπεν• σὺ πιστεύεις εἰς τὸν υἱὸν τοῦ ἀνθρώπου; *36* ἀπεκρίθη ἐκεῖνος καὶ εἶπεν• καὶ τίς ἐστιν, κύριε, ἵνα πιστεύσω εἰς αὐτόν; *37* εἶπεν αὐτῷ ὁ Ἰησοῦς• καὶ ἑώρακας αὐτὸν καὶ ὁ λαλῶν μετὰ σοῦ ἐκεῖνός ἐστιν. *38* ὁ δὲ ἔφη• πιστεύω, κύριε• καὶ προσεκύνησεν αὐτῷ. *39* Καὶ εἶπεν ὁ Ἰησοῦς• εἰς κρίμα ἐγὼ εἰς τὸν κόσμον τοῦτον ἦλθον, ἵνα οἱ μὴ βλέποντες βλέπωσιν καὶ οἱ βλέποντες τυφλοὶ

> γένωνται. **40** ἤκουσαν ἐκ τῶν Φαρισαίων ταῦτα οἱ μετ' αὐτοῦ ὄντες καὶ εἶπον αὐτῷ• μὴ καὶ ἡμεῖς τυφλοί ἐσμεν; **41** εἶπεν αὐτοῖς ὁ Ἰησοῦς• εἰ τυφλοὶ ἦτε, οὐκ ἂν εἴχετε ἁμαρτίαν• νῦν δὲ λέγετε ὅτι βλέπομεν, ἡ ἁμαρτία ὑμῶν μένει.
> *(NA28판, UBS5판 요9:26-41 필자 사역)*

이렇듯 바울에게 있어서 기록된 하나님의 말씀이 맡겨졌다는 것은 그것(기록된 하나님의 말씀)에 대한 바른 이해의 눈과 직결되고, 그 눈(기록된 하나님의 말씀을 보는 관점)은 그 유대 민족이 하나님과의 관계에서 신실함을 결정짓는 핵심 사안으로 자리 잡고 있다(롬3:3).

3:3	τί γάρ; εἰ ἠπίστησάν τινες, μὴ ἡ ἀπιστία αὐτῶν τὴν πίστιν τοῦ θεοῦ καταργήσει;	그런데 그들 중에 어떤 사람들이 신실하지 않았다면[※1] 무엇 때문입니까? 그들의 신실하지 않음이 그 하나님의 그 신실하심을 완전히 헛된 것으로 만들 수 있겠습니까?[※2]

우려

사도 바울은 지금 어떤 이들에게 신실하지 못한 일이 일어날 수 있다는 사실을 들추어낸다. 그들에게 맡겨진 하나님의 말씀이 온 세상의 모든 민족을 위한 것임을 자각하지 못하는 일, 또는 오해에서 비롯하는 그 말씀의 진의와는 다르게 이해하는 일이 발생할 때(막12:24-27, 마22:29) 맡은 소임에 충실하지 못한 자들이 생길 수 있다는 우려가 현실이 되었을 때를 가정한다.

핵심은 그런 일로, 또 그런 자들에 의해 하나님께서 믿고 맡기신 일이 무효가 될 수 있느냐는 도전이다(롬3:3). 바울은 그런 일이 일어나지 않기를 소원한다(μὴ γένοιτο-메 게노이토 롬3:4ᵃ). 이는 자기 경험에 비추어볼 때 '기록된 하나님의 말씀'이라는 문서에 근거한 신앙생활의 환경에서 사람이라면 누구에게든지 그런 일이 일어날 가능성을 인정하는 것이다.

그런데도 바울은 어떤 경우에도 하나님의 판단이 의로우시다는 사실을 고백하는 시편 51:4과 116:11의 문맥을 인용해 그들을 포함한 모든 사람이 반드시 거짓말쟁이가 되고, 오직 그 하나님만이 진실하신 분이 되어야 한다고 말한다. 왜냐하면 그들을 선민으로 부르시고 선택하셔서 세계 열방에 메신저가 되라고 위탁한 하나님의 말씀에 신실하지 못했기(하나님의 말씀을 잘못 믿었기) 때문이다.

3:4	μὴ γένοιτο· γινέσθω δὲ ὁ θεὸς ἀληθής, πᾶς δὲ ἄνθρωπος ψεύστης, καθὼς γέγραπται· ὅπως ἂν δικαιωθῇς ἐν τοῖς λόγοις σου* καὶ* νικήσεις ἐν τῷ κρίνεσθαί σε.*	절대로 그렇게 되지 않기를 바랍니다. 다만 성경에 '어떠하든지 주님께서는 당신이 하신 말씀들로 의로우시다고 확실히 인정받으실 것이고', 당신이 판단 받으실 때 기필코 이기실 것이다.'라고 기록된 것처럼, 반드시 모든 사람이 거짓말쟁이가 되고, 오직 그 하나님만이 진실하신 분이 되기를 바랍니다.

함정

바울에게 있어서 기록된 하나님의 말씀은 믿음의 말씀이다(롬10:6-11). 그 하나님의 말씀은 믿는 자에게만 맡겨진다. 여기서 중요한 건 그 하나님의 말씀이 하나님의 믿음을 담은 말씀이라는 사실이다. 여기에는 당연히 사람의 믿음과 하나님의 믿음과 일치하는지를 확인해야 하는 지점이 발생한다.

하나님의 믿음과 일치하지 않는 사람의 믿음을 잘못된 믿음이라고 하고, 그런 믿음을 가진 사람을 신실하지 않은 사람 또는 신실하지 못한 사람이라고 한다. 반면에 하나님의 믿음은 하나님의 신실하심이라고 한다.

여기서 문제가 되는 것은 인간의 신실하지 않음(ἀπιστία-아피스티아), 곧 인간의 불신앙이라는 것이 하나님의 믿음을 거부하고, 하나님의 믿음을 폐하고 자신들의 믿음을 앞세우려고 하는 그릇된 믿음의 행위로서 하나님의 신실하심을 더 이상 쓸모없는 것으로 만들 수 있느냐는 것이다.

사도 바울에겐 결코 그렇게 될 수 없는 일이지만 그 유대인을 향해서는 그렇게 되지 않기를 소원한다. 그 유대인에게는 그런 일이 일어날 수 있다고 생각하는 것이다. 그것이 바로 기록된 하나님의 말씀을 근거로 삼아 신앙생활을 하는 그 유대인과 하나님과의 관계에 끼어든 사탄이 파 놓은 함정이 있는 공간이다.

그 함정은 오로지 멸망을 위한 장치이다. 그건 오늘도 성경을 수단으로 믿음 생활을 하는 인간이라면 누구에게든지 동일한 멸망의 수단으로 작동한다.

은혜의 믿음
기록된 하나님의 말씀은 하나님께서 직접 그 말씀이 현실이 되게 하시는 방법으로 그 하나님의 말씀이 참되다는 것을 입증하시고(요5:31-32, 10:37-38), 그렇게 하심으로써 기록된 하나님의 말씀을 수단으로 그릇된 믿음 생활에 젖어 있는 모든 인간의 생각과 논리를 거짓으로 드러내신다(롬3:4, 요8:37-47). 이는 하나님께서 기록된 자기의 말씀을 통해 추진해 오신 자신의 믿음이 갖는 목표를 실행에 옮기시므로 만천하에 자신의 의를 드러내시고, 인간은 그런 하나님 스스로 행하신 의로우신 믿음의 행위를 통해 그 하나님을 믿게 된다는 뜻이다(요10:37-38).

따라서 그 하나님의 말씀을 맡은 사람은 그 하나님께 믿음을 얻음으로 그 말씀의 내용과 의미에 맞는 결과를 맛보는 혜택을 입는다. 왜냐하면 사람은 그 하나님께서 은혜로 베풀어 주시는 믿음(엡2:8)으로만 그 말씀이 담은 모든 내용을 실제 상황으로 체험할 수 있게 만들어 놓으셨기 때문이다.

근본적인 원인
이쯤 되면 제아무리 탄탄한 논리를 가진 유대인이라 할지라도 하나님의 심판을 피할 수 있다고 생각하는 것 자체가 얼마나 무모한 일인지를 직감하고 하나님의 복음적 심판 논리를 수용함과 동시에 눈을 뜨고 하나님의 복음적 구원 논리 안으로 들어가는 게 맞다.

그런데도 그 유대인의 논리는 극단으로 치닫는다. 하나님의 부르심과 선택하심, 율법을 주시고 할례를 명하시는 등 장차 있을 하나님 나라의 일원이 되도록 베풀어 주신 특별한 은혜를 헛되게 만드는 생각으로 치닫는 것이다.

그것은 기록된 하나님의 말씀이 하나님의 믿음을 실현해 가시는 하나님의 일하심에 대한 히스토리(history)를 담은 책이라는 걸 충분히 이해하지 못하는 데서 시작된다. 기록된 하나님의 말씀으로 그들의 믿음을 세워 가는 과정에 문제의 원인이 있다. 영생을 얻기 위해 하나님께서 친히 그분의 믿음으로 행하시는 일이 어떻게 시작해서 어떻게 마무리되는지를 기록한 성경을 살피고 연구하지만, 그분의 믿음을 발견하지 못할 뿐만 아니라 그분께서 믿음으로 행하시는 일의 실체와 그 일의 결과를 발견하지 못하는 게 근본적인 원인이다(요5:39-40).

바쁜 사람들

그들은 여전히 자신들이 하나님의 나라의 일원으로 하나님의 나라를 세워 가는 하나님의 일에 전적으로 참여하고 있다고 생각하지만, 하나님께로부터 오는 참된 영광을 얻기 위해 힘쓰는 것이 아니라 헛된 영광을 추구하며 있으므로 하나님의 믿음은 안중에도 없고 자기 믿음(인간 스스로 갖는 영생 의욕망에 사로잡힌 믿음)에 취해 있는 것이다. 그들은 하나님께서 홀로 인간 세계에 자신을 향해 믿음을 일으키시기 위해 전능하신 지혜와 능력으로 행하시는 구원의 영광을 볼 수 있는 눈이 없는 것이다. 마치 이스라엘이 모세를 따라 홍해를 건넌 후 광활한 광야를 앞둔 상황에서 파라오가(애굽왕 바로) 뒤쫓아 온 것을 보고 너무나 무서워서 "이집트에 무덤이 없어서 우리를 이 광야로 끌어내어 죽이려는 거요? 왜 우리를 이집트에서 데리고 나왔소? 우리가 이집트에 있을 때, '우리는 여기에 남아서 이집트 사람들을 섬길 테니 우리를 내버려두시오.'라고 말하지 않았소? 이집트 사람들을 섬기는 것이 광야에서 죽는 것보다 우리에게는 낫소."라고 원망할 때, "두려워하지 마시오! 굳게 서서 여호와께서 오늘 여러분에게 베푸실 구원을 보시오. 오늘이 지나면, 이 이집트 사람들을 다시는 보지 않게 될 것이오. 그저 가만히 있기만 하시오. 여호와께서 여러분을 위해 싸워 주실 것이오."라고 말한 모세의 말을 믿고 구원을 이루시는 하나님의 영광을 지켜볼 마음뿐만 아니라 시간조차 없는 성급하고 가벼운 사람들, 그저 자신들의 안위와 영광을 얻기 위해 바쁜 사람들이다(요5:41-47).

포착

이런 관점에서 다음 본문을 보라.

핑퐁 게임처럼 질문에 질문으로 답하고 다시 질문에 질문으로 응수하는 형식으로 이루어져 있어 질문 사이 행간의 의미를 잘 포착하지 못하면 그 질문들이 가진 본래의 의미를 독해하기 쉽지 않은 구문으로 이루어진 문단이다. 이런 수사학적인 화법은 그 의미 전달에 효과적인 문장과 어휘를 사용해서 설득의 효과를 높이기 위해 바울이 자주 쓰는 방식이다.

재미 있게도 반복되는 질문은 복고형 유대인이 갈 수 있는 최악의 논리가 가진 실상을 드러내고 결국 진노를 내리시는 하나님의 판결이 정당하다는 사실(롬3:8하)

에 이르게 한다. 그 사실을 염두에 두고 질문과 질문 사이 행간의 의미를 잘 포착해 사도 바울이 의도하는 문맥의 흐름을 놓치지 않기를 바란다.

3:5	εἰ δὲ ἡ ἀδικία ἡμῶν θεοῦ δικαιοσύνην συνίστησιν, τί ἐροῦμεν; μὴ ἄδικος ὁ θεὸς ὁ ἐπιφέρων τὴν ὀργήν; κατὰ ἄνθρωπον λέγω.	하지만 내가 사람이 말하는 방식대로 말해 보겠습니다. 만일 우리의 불의가 하나님의 의(義)를 소개하는 꼴이 되기라도 한다면,※ 우리가 무슨 말을 할 수 있습니까? 그 진노를 내리시는 그 하나님께서 불의하시다고 말하겠습니까?
3:6	μὴ γένοιτο· ἐπεὶ πῶς κρινεῖ ὁ θεὸς τὸν κόσμον;	절대로 그렇게 되지 않기를 바랍니다. 만일 그렇다면 어떻게 그 하나님께서 그 세상을 심판하시겠습니까?
3:7	εἰ δὲ ἡ ἀλήθεια τοῦ θεοῦ ἐν τῷ ἐμῷ ψεύσματι ἐπερίσσευσεν εἰς τὴν δόξαν αὐτοῦ, τί ἔτι κἀγὼ ὡς ἁμαρτωλὸς κρίνομαι;	그러나 어떤 사람이 '나의 거짓말로 인해 그 하나님의 그 진리가 더욱 풍성하게 드러나 그분을 영광스럽게 했는데, 왜 내가 죄인처럼 아직도 심판받아야 하느냐?'라고 따질 수도 있을 것입니다.
3:8	καὶ μὴ καθὼς βλασφημούμεθα καὶ καθὼς φασίν τινες ἡμᾶς λέγειν ὅτι ποιήσωμεν τὰ κακά, ἵνα ἔλθῃ τὰ ἀγαθά; ὧν τὸ κρίμα ἔνδικόν ἐστιν.	그러면 '우리가 그 선한 일들이 오게 하기 위하여 그 악한 일들이라도 행하자.'라고 해도 된다는 말입니까? 심지어 어떤 사람들은 우리가 그렇게 가르친다고 중상하는데,[※1] 우리가 그런 모욕까지 받아야 하겠습니까? 그런 사람들에 대해 진노를 내리시는 그 하나님의 그 판결은 정당한 것입니다.[※2]

복기

사도 바울이 '사람이 말하는 방식대로 말해 보겠다(κατὰ ἄνθρωπον λέγω-카타 안드로폰 레고).'라며 가정한 그 유대인의 논리라는 게 참으로 우스꽝스러울 만큼 한심하기 그지없지만 그들의 수준과 상태에 맞추려니 어쩔 수 없다. 그들의 논리는 마치 하나님을 상대로 맞서 싸우는 듯한 인상을 주는데, 이는 롬11:20에서와 같이 하나님과 자신들의 관계가 창조주와 피조물의 관계라는 사실을 잊은 상태에서 내놓는 논리와 같다.

여기서 우리가 잊지 말아야 할 것은 사도 바울이 하나님의 복음이라고 하는 전환된 관점으로 그런 복고형 유대인을 심판하시는 하나님의 심리 과정을 재해석하고 있다는 사실이다. 주지하다시피 하나님의 심판은 이미 내려졌다. 그 판결문을 가지고 그러한 판결에 이르기까지의 모든 심리 과정을 복기한 후, 그들에게 진노라고 하는 처분을 내리게 된 참된 이유를 파악하고 핵심 쟁점 사안을 간략하게 보여 주는 과정에 있다는 것이다.

부정한 공로

사도 바울이 말하고 싶은 것을 한마디로 말하면, 그런 유형의 유대인들이 최종적으로 인간들이 생각하는 **필요악**(없는 것이 바람직하지만 조직의 운영이나 사회생활상 어쩔 수 없이 필요한 것처럼 여겨지는 일)의 논리로 자신들의 불의와 거짓말을 합리화하려고 하지만 하나님의 심판 원리와 방식은 오히려 그러한 그들의 논리마저 심판받아 마땅한 최악으로 규정하는 것이다.

그들의 핵심 주장은 이렇다. 설령 자신들이 부당한 일을 했다고 하더라도 그것이 하나님께 이익이 되었다면 부정한 일이긴 하지만 자신들의 공로가 인정되어 부정한 행위에 대한 심판이나 형벌이 마땅치 않다는 논리다.

3:5	εἰ δὲ ἡ ἀδικία ἡμῶν θεοῦ δικαιοσύνην συνίστησιν, τί ἐροῦμεν; μὴ ἄδικος ὁ θεὸς ὁ ἐπιφέρων τὴν ὀργήν; κατὰ ἄνθρωπον λέγω.	하지만 내가 사람이 말하는 방식대로 말해 보겠습니다. 만일 우리의 불의가 하나님의 의(義)를 소개하는 꼴이 되기라도 한다면,※ 우리가 무슨 말을 할 수 있습니까? 그 진노를 내리시는 그 하나님께서 불의하시다고 말하겠습니까?

이중질문

이는 기록된 하나님의 말씀을 맡은 자신들이 그 말씀을 오해하여 자신들에게 주어진 임무를 신실하게 수행하지 못했을지라도 결과적으로 그것이 하나님의 의를 소개하는 것과 같이 하나님의 의를 함께 세우는 일에 동참한 일이 되니 정상을 참작해 판결해야 마땅하다는 것이다. 그것은 그동안 하나님을 위해 목숨 바쳐 헌신한 민족의 공과를 대하시는 하나님의 판결이 부당하다는 논리이다.

이에 대한 사도 바울의 생각은 '아니다'라는 자신의 의중을 드러내는 이중질문 방식의 어법을 사용한다. 첫 번째 질문은 "만일 우리의 불의가 하나님의 의(義)를 소개하는 꼴이 되기라도 한다면"이라는 가정을 전제로 "우리가 무슨 말을 할 수 있습니까?"라고 단순한 유대인들의 의견을 묻는다.

부정적 대답을 요구하는 질문
그 질문은 사도 바울이 '사람이 말하는 방식대로 말해 보겠다.'라고 하는 전제를 가지고 던지는 것이기 때문에, 유대인들의 생각은 당연히 자신들이 부당할지라도 하나님의 일에 도움이 되었다면 그에 대한 정상을 참작해 판단해야 한다고 하는 논리를 가지고 있다고 보고 던지는 질문이다.

그래서 다음 이어지는 부정적 대답을 요구하는 "그 진노를 내리시는 그 하나님께서 불의하시다고 말하겠습니까?"라고 하는 질문에는 당연히 하나님께서 행하시는 일에 인간들의 부당한 도움을 정당화할 수 있는 여지가 전혀 없다는 사실을 전제로 그들의 불의에 대한 하나님의 심판이 정당하다는 논리로 이끌고자 하는 의도를 담을 수밖에 없다. 하나님의 진노를 불의한 것으로 만들어 버리는 그들의 요구와 논리가 부당하다는 뜻을 깔고 그들이 '그렇다'라고 대답하게 만드는 공격적인 질문이다.

되묻고 되물음
그렇기 때문에 사도 바울은 앞 롬3:4에서 소원법을 사용해 '그런 일이 일어나지 않기를 바란다(μὴ γένοιτο-메 게노이토).'라고 한 것처럼 이곳에서도 동일한 소원법을 사용해 그런 논리에서 벗어나기를 강조하며, 하나님의 진노가 불의하다는 그들의 논리가 맞는다면 하나님께서 세상을 심판하실 수 있는 자격 자체가 없다는 사실을 질문 형식으로 되묻는다.

이는 그들의 논리와 다르게 진노를 내리시는 하나님이 불의하시지 않기 때문에 하나님은 심판하실 자격이 충분하다는 말이다. 복고형 유대인들의 논리가 옳지 않다는 사실을 강조하는 되물음이다.

3:6	μὴ γένοιτο· ἐπεὶ πῶς κρινεῖ ὁ θεὸς τὸν κόσμον;	절대로 그렇게 되지 않기를 바랍니다. 만일 그렇다면 어떻게 그 하나님께서 그 세상을 심판하시겠습니까?

사도 바울이 보기에는 그런 유대인들이 이쯤에서 승복할 사람들이 아니라고 생각한다. 좀 더 국면을 확장해서 그들의 논리가 얼마나 교활하고 사악한 것인지를 확인하게 하려고 하는 의도가 분명하다. 그들의 불의에 대한 부당한 논리에 선동적인 거짓말로 충동질하여 그들에 대한 하나님의 심판이 부적절하다는 주장의 질문을 만들어 다시 또 되물어 따지는 형국을 만든다. 이는 그들의 주장이 얼마나 잘못된 논리인지를 각인시키려는 데 그 의도가 있다.

3:7	εἰ δὲ ἡ ἀλήθεια τοῦ θεοῦ ἐν τῷ ἐμῷ ψεύσματι ἐπερίσσευσεν εἰς τὴν δόξαν αὐτοῦ, τί ἔτι κἀγὼ ὡς ἁμαρτωλὸς κρίνομαι;	그러나 어떤 사람이 '나의 거짓말로 인해 그 하나님의 그 진리가 더욱 풍성하게 드러나 그분을 영광스럽게 했는데, 왜 내가 죄인처럼 아직도 심판받아야 하느냐?'라고 따질 수도 있을 것입니다.

논리의 실체

그들이 거짓말(성경에 대한 그들의 거짓된 해석과 믿음)을 합리화하려는 논리는 하나님께 꺼내 놓을 수 없다. 그들의 거짓말을 통하여 하나님의 진리가 더 풍성하게 드러날 수 없다.

그렇게 생각할 수 있는 건 인간들의 착각이고 망상이다. 그들의 거짓말이 하나님을 진실한 분으로 드러내고 하나님을 영화롭게 한다는 논리는 괴변(怪變)이다. 왜냐하면 창조주 하나님은 모든 사람이 타락함으로써 거짓된 속성을 가지게 되었다는 사실을 알고 계시므로 자기의 일을 행하심에 있어서 인간의 도움조차도 필요로 하지 않는 분이시기 때문이다(요2:24).

결국 사도 바울은 그런 유대인들을 지배하고 있었던 논리의 실체가 선한 일을 위해서는 악을 행해도 된다는 필요악의 논리였음을 꼬집어 그런 논리를 가지고 자신들의 불의와 거짓말을 합리화하려는 사람들에 대해 진노를 내리시는 하나님의 판결은 정당하다고 승복하게 만드는 질문을 던진다.

| 3:8 | καὶ μὴ καθὼς βλασφημούμεθα καὶ καθώς φασίν τινες ἡμᾶς λέγειν ὅτι ποιήσωμεν τὰ κακά, ἵνα ἔλθῃ τὰ ἀγαθά; ὧν τὸ κρίμα ἔνδικόν ἐστιν. | 그러면 '우리가 그 선한 일들이 오게 하려고 그 악한 일들이라도 행하자.'라고 해도 된다는 말입니까? 심지어 어떤 사람들은 우리가 그렇게 가르친다고 중상하는데, [1] 우리가 그런 모욕까지 받아야 하겠습니까? 그런 사람들에 대해 진노를 내리시는 그 하나님의 그 판결은 정당한 것입니다.[2] |

종합

그런 유대인들의 논리를 종합하면 사도 바울이 롬1:2-4에서 규정한 하나님의 복음적 구원 관점(롬1:16-17)에서 진리를 막는 인류(유대인과 이방인 모두)의 불의와 불경 위에 하나님의 진노가 나타나고 있다고 선언한 롬1:18의 하나님의 복음적 심판의 정당성을 입증하는 논리(롬1:19-2:1)와 하나님의 복음적 구원과 심판의 공정성을 입증하는 논리(롬2:2-29)를 부정하는 것이다. 그들의 부당한 논리(롬3:5-8)를 다루면서 불의와 거짓말을 콕 집어 다루는 것은 진리를 막는 불의와 불경에서 불경이 진리 그 자체를 보여 주는 기록된 하나님의 말씀을 맡은 메신저의 임무 수행(롬3:1-4)과 직접적인 연관이 있기 때문이다.

따라서 "'우리가 그 선한 일들이 오게 하려고 그 악한 일들이라도 행하자.'라고 해도 된다는 말입니까?"라는 질문은 우리가 앞으로 살펴보게 될 롬6:1(그러면 우리가 뭐라고 말해야 합니까? 그 은혜를 더하게 하려고 우리가 그 죄에 계속 머물자고 해야 합니까?)의 질문과 같이 롬5:20(그래서 그 타락함이 더욱 심해지도록 한 율법이 몰래 들어와 개입(介入)하였고, 그 죄가 더욱 심해진 곳에 그 은혜가 더욱 차고 넘쳤던 것입니다)의 그리스도 예수 안에 있는 구속의 관점에서의 율법에 대한 복음적 논리를 오해하여 파생되는 논리에 닿아 있고, 실제로 그런 논리는 바울의 이어지는 질문(심지어 어떤 사람들은 우리가 그렇게 가르친다고 중상하는데, 우리가 그런 모욕까지 받아야 하겠습니까?)에서 확인할 수 있듯이 이미 그 당시에 퍼져 있었다고 봐야 옳다.

그리고 그것은 이미 롬2:2(하지만 우리는 '그 하나님의 그 판결이 진리(진실)에 따라 그런 일들을 저지르는 사람들 위에 있다.'라고 압니다)에서 밝혀 놓은 하나님의 복음적 구원과 심판의 원칙인 '진리를 따라 행해지는 심판의 원리'를 훼손하려고 하는 사악하고 무엄한 억지 주장으로 귀결되고 있다.

2:3	λογίζῃ δὲ τοῦτο, ὦ ἄνθρωπε ὁ κρίνων τοὺς τὰ τοιαῦτα πράσσοντας καὶ ποιῶν αὐτά, ὅτι σὺ ἐκφεύξῃ τὸ κρίμα τοῦ θεοῦ;	오~! 그런 일들을 저지르는① 사람들을 판단하면서 같은 일들을 만드는② 사람이여, 그런데도 '그대가 그 하나님의 그 판결을* 어쩌면 피할 수도 있을 것이다.'라고 생각하고 있는 겁니까?
2:4	ἢ τοῦ πλούτου τῆς χρηστότητος αὐτοῦ καὶ τῆς ἀνοχῆς καὶ τῆς μακροθυμίας καταφρονεῖς, ἀγνοῶν ὅτι τὸ χρηστὸν τοῦ θεοῦ εἰς μετάνοιάν σε ἄγει;	혹시 그대는 그 하나님의 그 인자하심이※1 그대를 회개하도록 이끄신다는 사실을 알지 못해서, 그분의 인자하심과 관용하심과 오래 참으심의 부유하심을※2 가볍게 여기고 있지는 않습니까?
2:5	κατὰ δὲ τὴν σκληρότητά σου καὶ ἀμετανόητον καρδίαν θησαυρίζεις σεαυτῷ ὀργὴν ἐν ἡμέρᾳ ὀργῆς καὶ ἀποκαλύψεως δικαιοκρισίας τοῦ θεοῦ	안타깝게도※1 지금 그대는 그대의 완악함 곧 돌이키지 않는 마음을 따라 퍼부어질 진노의 날, 곧 그 하나님의 의로우신 심판이 나타나는 날에 내리실 진노를 그대 자신에게 쌓고 있는 것입니다.
2:6	ὃς ἀποδώσει ἑκάστῳ κατὰ τὰ ἔργα αὐτοῦ·*	'그 하나님께서 각 사람에게 그가 이루어낸 일들을 따라※2 갚아 주실 것이다.*'라고, 말씀하셨습니다.
2:7	τοῖς μὲν καθ' ὑπομονὴν ἔργου ἀγαθοῦ δόξαν καὶ τιμὴν καὶ ἀφθαρσίαν ζητοῦσιν ζωὴν αἰώνιον,	실로 선한 일의 인내를 따라※1 영광과 존귀와 썩지 않음을※2 구하는 사람들에게는 영생을 주시나,
2:8	τοῖς δὲ ἐξ ἐριθείας καὶ ἀπειθοῦσιν τῇ ἀληθείᾳ πειθομένοις δὲ τῇ ἀδικίᾳ ὀργὴ καὶ θυμός.	이기심에 사로잡혀 그 진리를 따르지 않고 그 불의를 따르는 사람들에게는 진노와 격노가* 있을 것입니다.
2:9	θλῖψις καὶ στενοχωρία ἐπὶ πᾶσαν ψυχὴν ἀνθρώπου τοῦ κατεργαζομένου τὸ κακόν, Ἰουδαίου τε πρῶτον καὶ Ἕλληνος·	그 악한 일을 만들어 내는* 각 사람의 영혼 위에 환난과 곤란이 있을 것이니, 첫째는 유대인 그리고 헬라인 양쪽에게 마찬가지입니다.

2:10	δόξα δὲ καὶ τιμὴ καὶ εἰρήνη παντὶ τῷ ἐργαζομένῳ τὸ ἀγαθόν, Ἰουδαίῳ τε πρῶτον καὶ Ἕλληνι·	반면에 그 선한 일을 이루는* 각 사람에게는 영광과 존귀와 평화가 있을 것이니, 첫째는 유대인 그리고 헬라인 양쪽에게 마찬가지입니다.
2:11	οὐ γάρ ἐστιν προσωπολημψία παρὰ τῷ θεῷ.	왜냐하면 그 하나님께는 편파성이 없기 때문입니다.†

부메랑 제거

이로써 그런 유대인들이 하나님께 심판받아 마땅한 죄인이라는 사실이 명확해졌다. 거의 신랄한 비판과도 같았던 사도 바울의 논리는 부메랑이 되어 돌아올 수도 있는 것으로 이미 사도 바울에게 학습되어 있다(롬2:1, 마7:1-2). 그런 유대인들의 타깃으로 예상되는 부분을 선제적으로 문제화해 논쟁의 불씨를 제거하는 지혜가 필요한 지점이다.

이 때문에 사도 바울은 지체하지 않고 지금까지의 복고형 유대인들에게 적용했던 논리의 잣대를 자신들의 공동체(복음을 받아들인 그리스도인들) 안에서도 동일하게 적용한다. 복음을 받았다는 사실 또한 이미 드러난 유대인의 그릇된 특권의식을 주장하는 것과 같은 주장으로 내세울 수 있느냐고 냉정하게 반문(그러면 어떻습니까? 우리가 더 낫습니까?)하는 것이다.

그리고 거침없이 "전혀 그렇지 않습니다. 이미 우리는 '유대인들이나 헬라인들 모두가 죄 아래 있다.'라고 확실히 밝혔습니다."라고 목소리를 높여 분명하게 말하며 그 근거로 기록된 말씀(시편, 잠언, 전도서, 이사야 등)을 제시한다.

3:10	καθὼς γέγραπται ὅτι οὐκ ἔστιν δίκαιος οὐδὲ εἷς,*	그것은 기록된 바와 같이 '의인이 없으나 하나도 없으며',* 전7:20, 시14:1
3:11	οὐκ ἔστιν ὁ συνίων,* οὐκ ἔστιν* ὁ* ἐκζητῶν τὸν θεόν.*	깨닫는 자도 없고, 하나님을 찾는 자도 없도다.* 시14:2
3:12	πάντες ἐξέκλιναν ἅμα ἠχρεώθησαν· οὐκ ἔστιν* ὁ ποιῶν χρηστότητα, [οὐκ ἔστιν]* ἕως ἑνός.*	모든 사람이 빗나가서 다 같이 쓸모없게 되어, 인자함을 베푸는 자가 없으니, 하나까지도 없도다.* 시14:3

3:13	τάφος ἀνεῳγμένος ὁ λάρυγξ αὐτῶν, ταῖς γλώσσαις αὐτῶν ἐδολιοῦσαν,* ἰὸς ἀσπίδων ὑπὸ τὰ χείλη αὐτῶν·*	그들의 목구멍은 열린 무덤이고, 그들의 혀로는 속이는 매끄러운 말을 하고 있었으니, 그들의 입술에는 독사들의 독이 있도다.* * 시5:9, 시140:3
3:14	ὧν τὸ στόμα ἀρᾶς καὶ πικρίας γέμει,*	그들의 입은 저주와 쓴맛이 가득하고*, * 시10:7
3:15	ὀξεῖς οἱ πόδες αὐτῶν ἐκχέαι αἷμα,	그들의 발은 피 흘리는 일에 재빠르니*, * 잠1:16, 사59:7
3:16	σύντριμμα καὶ ταλαιπωρία ἐν ταῖς ὁδοῖς αὐτῶν,	그들의 길에 파멸과 비참함이 있어*, * 사59:7
3:17	καὶ ὁδὸν εἰρήνης οὐκ ἔγνωσαν.	평화의 길도 그들은 알지 못하도다.* * 사59:8
3:18	οὐκ ἔστιν φόβος θεοῦ ἀπέναντι τῶν ὀφθαλμῶν αὐτῶν.	그들의 눈앞에 하나님을 두려워함이 없도다.*"와 같습니다. * 시36:2

시각 교정

사도 바울의 성경 인용 방식은 지금 논의하고 있는 주제인 복고형 유대인을 향한 하나님의 진노에 대한 정당성을 입증하기 위해 성경 전체에 산발적으로 흩어져 있는 증거 구절들을 종합적으로 취합해 의미 맥락에 맞게 간략한 내용으로 재구성해 사용한다.

다만 중요한 것은 인용의 범위가 성문화된 모세의 율법을 제외한 나머지 선지서와 시가서(시편, 잠언, 전도서 등)에서 고루 선택 취합해 사용한다는 점으로 보아, 롬 3:2에서 그 유대인의 이점(그들에게 기록된 하나님의 말씀이 맡겨졌다는 부분)을 설명하면서 이미 언급했던 것과 같이 모세의 율법을 성경 전체의 시각에서 이해시키려는 시각 교정에 관한 의도를 마무리하고 있다는 것이다.

다음은 그런 관점에서 내린 사도 바울의 결론이 이어지는 본문이다. 성문화된 모세의 율법을 제외한 나머지 선지서와 시가서(시편, 잠언, 전도서 등)의 시각으로 '그 율법을 말하는 것'을 제시하는 다음 본문을 함께 읽어 보자.

3:19	οἴδαμεν δὲ ὅτι ὅσα ὁ νόμος λέγει τοῖς ἐν τῷ νόμῳ λαλεῖ, ἵνα πᾶν στόμα φραγῇ καὶ ὑπόδικος γένηται πᾶς ὁ κόσμος τῷ θεῷ·	그러나 우리가 아는 대로, 그 율법이 말하는 것들은 무엇이든지 그 율법 안에 있는 사람들에게 말하는 것입니다. 이는 모든 입이 다물어지게 하여 그 세상 전체가 그 하나님께 심판과 형벌을 받게 하려는 것입니다.※
3:20	διότι ἐξ ἔργων νόμου οὐ δικαιωθήσεται πᾶσα σὰρξ ἐνώπιον αὐτοῦ, διὰ γὰρ νόμου ἐπίγνωσις ἁμαρτίας.	왜냐하면※1 율법의 일들로부터 온갖 육신(모든 인간)이 그 하나님 앞에서 의롭다고 여기심을 얻지 못할 것이기 때문입니다.※2 율법을 통해서는 참으로 죄에 대한 완전한 지식을 얻게 될 뿐입니다.

피날레

이제 율법에 의지하며 하나님을 힘입어 자랑하되 그 뜻을 인지하고 그 율법으로부터 가르침을 받아 지극히 선한 일들을 분별하여, 그 율법 안에 있는 그 지식과 그 진리의 그 모형을 가지고 있노라 하며, 자신들이 눈먼 사람들의 길잡이며, 어둠 속에 있는 사람들에게 빛의 역할을 하고 있노라고 확신하고, 어리석은 사람들의 교사요, 어린아이들의 선생이라고 자처하는 복고형 유대인들은 더 이상 변명의 여지가 없는 처지가 되었다.

이는 의문의 여지 없이 과거 대제사장에게 심문받던 예수님 말씀에 기분이 상한 성전 경비원이 예수님을 때리며 대제사장에게 예의를 갖추어 말하라고 요구하던 것(요18:22)과 같이, 유대 산헤드린 공회에서 대제사장 아나니아의 명령을 따라 사도 바울의 입을 때리며 입을 틀어막으려고 했던 자들(행23:2)이 오히려 하나님의 복음으로 제사장이 된 사도 바울(롬15:16)에게 입틀막을 당하는 통쾌한 반전이다.

사도 바울은 그 반전으로 인류를 심판하시는 하나님의 진노에 대한 정당성의 피날레를 장식하며 하나님의 복음을 받아들이지 않으면 안 되는 이유에 관한 설득을 마친다.

고속도로

이런 관점에서 다음에 살펴볼 롬3:21 이하를 읽어 보라. 그러면 시원하게 뚫린 고속도로를 만날 것이다.

3:21	Νυνὶ δὲ χωρὶς νόμου δικαιοσύνη θεοῦ πεφανέρωται μαρτυρουμένη ὑπὸ τοῦ νόμου καὶ τῶν προφητῶν,	그러나 이제는 율법과는 별개로 하나님의 한 의가 명백하게 공개되었으니,*1 이는 그 율법과 그 예언자들에 의하여 증거된 것입니다.
3:22	δικαιοσύνη δὲ θεοῦ διὰ πίστεως Ἰησοῦ Χριστοῦ εἰς πάντας τοὺς πιστεύοντας. οὐ γάρ ἐστιν διαστολή,	그런데도 이 하나님의 의는 예수 그리스도의 믿음을 통해* 믿는 모든 사람을 위한 것입니다. 참으로 그것은 아무런 차별이 없습니다.
3:23	πάντες γὰρ ἥμαρτον καὶ ὑστεροῦνται τῆς δόξης τοῦ θεοῦ	왜냐하면 모든 사람이 죄를 지어 그 하나님의 그 영광에 이르지 못하고 있으나,
3:24	δικαιούμενοι δωρεὰν τῇ αὐτοῦ χάριτι διὰ τῆς ἀπολυτρώσεως τῆς ἐν Χριστῷ Ἰησοῦ·	그리스도 예수 안에 있는 그 구속을 통한 그 하나님의 그 은혜로 값없이 의롭다고 하심을 받기 때문입니다.
3:25	ὃν προέθετο ὁ θεὸς ἱλαστήριον διὰ [τῆς] πίστεως ἐν τῷ αὐτοῦ αἵματι εἰς ἔνδειξιν τῆς δικαιοσύνης αὐτοῦ διὰ τὴν πάρεσιν τῶν προγεγονότων ἁμαρτημάτων	부연하면 그분을 그 하나님께서는 [그] 믿음을 통해* 드려지는 속죄 제물로 내세우셨으니, 이는 그분의 피로 이전에 지은 죄들을 면제하시는 관용을 베푸심으로써 자기의 의를 나타내 보여 주신 것입니다.
3:26	ἐν τῇ ἀνοχῇ τοῦ θεοῦ, πρὸς τὴν ἔνδειξιν τῆς δικαιοσύνης αὐτοῦ ἐν τῷ νῦν καιρῷ, εἰς τὸ εἶναι αὐτὸν δίκαιον καὶ δικαιοῦντα τὸν ἐκ πίστεως Ἰησοῦ.	그 하나님께서 자기 의를 나타내 보여 주심은 지금 이때*1 자기가 의로우시다는 것과 예수님의 믿음에 속한 자까지도*2 의롭다고 하시는 것을 보여 주시기 위한 것이었습니다.
3:27	Ποῦ οὖν ἡ καύχησις; ἐξεκλείσθη. διὰ ποίου νόμου; τῶν ἔργων; οὐχί, ἀλλὰ διὰ νόμου πίστεως.	그런즉 자랑할 것이 어디에 있습니까?†1 있을 수 없습니다.†2 어느 율법을 통해서입니까? 그 일들을* 통해서입니까? 아닙니다. 오직 믿음의 율법을 통해서입니다.
3:28	λογιζόμεθα γὰρ δικαιοῦσθαι πίστει ἄνθρωπον χωρὶς ἔργων νόμου.	왜냐하면 우리는 '사람이 율법의 일들과는 별개로* 믿음으로 의롭다고 하심을 받는다.'라고 생각하기 때문입니다.

3:29	ἢ Ἰουδαίων ὁ θεὸς μόνον; οὐχὶ καὶ ἐθνῶν; ναὶ καὶ ἐθνῶν,	혹시 그 하나님이 유대인들만의 하나님이시라고 생각합니까? 그리고 이방인들의 하나님은 아니십니까? 아닙니다. 이방인들의 하나님이시기도 합니다.
3:30	εἴπερ εἷς ὁ θεὸς ὃς δικαιώσει περιτομὴν ἐκ πίστεως καὶ ἀκροβυστίαν διὰ τῆς πίστεως.	진정 그러하다면 한 분이신 그 하나님께서[※1] 할례받은 자를 믿음으로 의롭다고 여기시고, 할례받지 않은 자 또한 그 믿음을 통해[※2] 의롭다고 여기실 것입니다.
3:31	νόμον οὖν καταργοῦμεν διὰ τῆς πίστεως; μὴ γένοιτο· ἀλλὰ νόμον ἱστάνομεν.	그런데 우리가 그 믿음을 통해서 율법을 폐기하기라도 하고 있단 말입니까? 절대로 그렇게 되지 않기를 바랍니다. 오히려 우리가 율법을 똑바로 일으켜 세우고 있는 것입니다.[※]

사뭇 다른 것

이제 우리는 잠시 사도 바울이 말하는 영적 논리를 바르게 좇아가기 위해 복고형 유대인들의 생각과 사도 바울의 생각 사이에 어느 정도의 갭이 있는지를 정리할 필요가 있다.

우선 롬3:4에서 '성경에 기록된 것처럼, 반드시 모든 사람이 거짓말쟁이가 되고, 오직 그 하나님만이 진실하신 분이 되어야 한다.'라고 하는 강한 논리를 바탕으로 다음 절인 롬3:5에서는 '사람이 말하는 방식'을 말함으로써, 앞에서 말한 '믿음의 말씀에 관한 논리'가 복고형 유대인들이 가지고 있는 통념과는 사뭇 다른 것들임을 온전하게 드러내고 있는 부분으로 돌아가 사도 바울의 전환된 관점의 영적 논리의 분위기에 대한 감을 익힐 필요가 있다. 왜냐하면 롬3:21부터는 전환된 관점에 대한 설명보다는 전환된 관점 자체의 실제적인 문제를 다루어야 하기 때문이다.

대립

사실 사도 바울도 그리스도 예수님을 만나 깨달음의 은혜를 입기 전에는, 한때 '나는 유대인으로 길리기아 다소에서 났고, 그 성에서 자라 가말리엘의 문하에서 우리 조상들의 율법의 엄격한 방식으로 교육받았으며, 오늘 여기 계신 모든 여러분과 같이 하나님께 열심을 가진 자이었습니다(행22:3).'라고 많은 대중 앞에서 자신의 지난 과거를 목소리 높여 말할 수 있을 만큼 유대인 중에 잘나가는 그럴듯한 사람이었다.

그런 그가 그리스도 예수님을 만난 후 얻게 된 '그 율법과 그 할례'에 대하여 새로운 영적 관점으로 이해하듯 그 새로운 관점으로 행해야만 하나님께 칭찬받게 된다고 냉정하게 말함으로써(롬2:29) 유대인들과 대립각을 세우듯이 복고형 유대인들, 그러니까 복음을 받아들인 자들 가운데 스스로 유대인을 자처하며 자신의 정체성을 과시하며 분란을 일으키는 자들과 대립각을 세운다.

여기에 하나님의 백성에 관한 두 관점이 발생하는데, 하나는 육적 관점에서의 하나님의 백성이고 다른 하나는 영적 관점에서의 하나님의 백성이다. 이 둘은 실제로 육적 관점에서의 하나님의 나라와 영적 관점에서의 하나님의 나라에 대한 이해가 대립하고 있는 형국으로 나타나고 있다.

종말

중요한 것은 이 두 나라가 가지는 특성과 그 차이에 있다. 육적 하나님의 나라는 하나님의 왕권을 대행할 인간을 세워 통치하는 나라의 모습으로 나타나고, 영적 하나님의 나라는 직접 하나님의 자녀를 세워 통치하는 방식의 나라이다. 전자는 '전조적 하나님의 나라'라고 한다면 후자는 '종말적 하나님의 나라'이다.

실제로 이 둘 간에는 벽에 걸린 그림 속의 종이 사자와 드넓은 정글(jungle)을 평정하고 포효하는 사자를 보는 것과 같은 생동감의 차이뿐만 아니라 그 수준과 질적 차이가 존재한다. 이것은 앞으로 로마서 전체를 바르게 이해할 수 있는 전환된 관점의 필수적인 요소이다.

필자는 그것을 바울의 복음, 그러니까 그것을 완성된 복음인 하나님의 복음적 시각이라고 했는데, 그 전환된 관점은 항상 마지막에 있을 최후의 종말에서 나타날 두 국면, 그러니까 영원하신 하나님의 영원한 나라를 두고 행해지는 하나님의 최종적인 심판으로 영원한 형벌에 처하는 멸망의 날과 동시에 영원한 생명을 누리는 구원의 날을 향한다.

부르심

사도 바울은 그것을 언제나 무엇이든 '남아 있는 것(그러니까 그것이 사람이나 물건이거나 시간이든 미래에 일어날 모든 일들과 관련된 것)'을 나타내는 헬라어 '로이폰(λοιπόν-로이폰)'을 사용하여 '마지막 남은 날들'에 대하여 경각심을 일깨우는데, 그것에 정관사를 더해 특정한 '톤 로이폰(Τὸ λοιπόν-토 로이폰)'을 말할 때가 있다. 그때 그것은 특별히 지구촌을 넘어온 우주에 도래할 하나님의 영원한 나라가 예정보다 앞 당겨져 그 시간이 단축된 사실을 알리는 내용과 그 확실한 증거들이 집약적으로 담긴 경고성 권고를 표현할 때 쓰였다(고전7:29).

그곳에서 사도 바울은 '그 남은 시간'을 사는 자들에게 여러 가지 권면으로 교훈하는데, 그 목적은 남은 사람들이 절제하지 못하여 사탄(마귀나 악하고 더러운 영)에게 시험당하지 않게 하려는 것이었다. 교훈의 핵심은 각자 하나님께 부르심을 받은 대로 각자에게 주어진 은혜와 은사를 따라서 치우침 없이 살아야 한다는 것이다(고전7:1-40).

자유권

특히 거기에 우리가 지금 살펴보고 있는 선민이라고 자랑질하는 복고형 유대인들의 특권의식의 지지기반이라고 할 수 있는 모세의 율법과 그로 인한 할례가 하나님 앞에서 그들이 의롭다고 주장하는 주장의 정당성을 입증하지 못한다는 이야기와 맥을 같이하는 대목(할례받은 후에 부르심을 받은 사람이 있습니까? 그는 굳이 그 할례받은 흔적을 지우려고 하지 마십시오. 할례받지 않은 때에 부르심을 받은 사람이 있습니까? 그는 굳이 할례받으려고 하지 마십시오. 그리스도 예수 안에서는 할례받는 것이나 할례받지 않는 것도 아무런 문제가 되지 않습니다. 오직 하나님의 계명들을 지키는 것이 중요합니다.-고전7:18-19)이 나타난다.

그리고 각 사람은 부르심을 받은 그 부르심 안에 거하되, 그리스도 예수께 받은 **자유의 권한과 권리**(종일 때 부르심을 받았습니까? 그로 인하여 염려하지 마십시오. 그렇지만 자유스럽게 될 수 있거든 차라리 그 자유권을 사용하십시오. 왜냐하면 종도 주님 안에서 부르심을 받으면 주님께 속한 자유인이고, 마찬가지로 자유인도 부르심을 받으면 그리스도의 종이기 때문입니다.-고전7:20-21)를 사용하라고 한다. 그 자유권이 바로 그리스도 예수 안에서 얻은 자주적 권한으로서 전환된 영적 관점으로 모든 것을 보고 듣고 판단하여 행할 수 있는 판단과 실천 능력이다.

아낌의 논리

이런 자유 이용 권한을 사용하는 삶이 지당한 것은, 부르심을 입은 자들이 주 예수 그리스도의 목숨으로 값을 치르고 산 하나님의 소유물이 된 까닭에 그들이 계속해서 율법에 얽매여 사는 사람들의 종으로 사는 게 원칙적으로 불가능하기 때문이다. 사탄의 휘하에서 율법에 맹종하며 사는 사람의 종으로 사는 것은 하나님의 진노를 일으키는 원인이다.

따라서 사도 바울은 각자가 부르심을 받은 그 부르심 안에서 하나님과 함께 거하라고 명하면서, 주의 명령이 아닌 주의 자비를 받은 신실한 자로서의 의견을 표현한다. 그의 의견에 담긴 논리는 남은 날들의 시대적 특성을 고려해 성도들의 인생 전반을 아끼는 마음이 중심을 이룬다.

혼인을 앞둔 사람들에게 결혼이란 현실적인 고난을 자처하는 것이니 그대로 지내는 것이 좋다고 한다(고전7:26). 또 남녀가 둘이 함께 사는 자들에게는 놓이기를 구하지 말고, 싱글이 된 사람들에는 상대를 구하지 말라고 하며(고전7:27), 설령 장가를 가도 죄짓는 것이 아니며, 시집을 가도 죄짓는 것이 아니지만 그렇게 하면 육신에 고통을 부과하는 것이다(고전7:28).'라고 하는 권고가 그것이다.

유익함의 논리

이런 논리는 계속해서 한 걸음 더 나아간다. 때가 단축되어 얼마 남지 않았으므로 이제부터 남은 날들을 아내가 있는 사람들은 없는 것같이 하며(고전7:29), 또 우는 사람들은 울지 않는 것같이 하고, 기뻐하는 사람들은 기뻐하지 않는 것같이 하며, 또 물건을 사는 사람들은 소유하지 않은 것같이 해야 한다(고전7:30). 그리고 이 세상을 이용하는 자들은 다 이용하지 못할 것처럼 해야 한다. 왜냐하면 이 세상의 형체가 다 사라져 가기 때문이다(고전7:31).

하지만 이런 상황에서 장가를 가지 않은 사람은 주께 속한 일들을 염려하여 어떻게 주를 기쁘게 할까를 생각하여도 장가를 간 사람은 세상의 일들을 염려하여 어떻게 하면 아내를 기쁘게 할까를 생각한다(고전7:32-33). 또 혼인하지 않은 여자는 주의 일을 염려하여 몸과 영을 다 거룩하게 하지만, 혼인한 여자는 세상에 속한 일들을 염려하여 어떻게 하면 남편을 기쁘게 할까를 생각한다(고전7:34). 사도 바울은 남은 시간(종말)을 사는 성도들을 아껴 이 세상의 일로 근심 걱정 염려하며 살지 않기를 바라는 것이다.

이런 논리는 무엇을 먹거나 마시거나 무슨 일을 하든지 하나님과의 관계에서 하나님을 기쁘시게 하는 유익한 삶을 살게 하려는 것이지 올가미를 씌워 그들을 힘들게 하거나 망하게 하려는 것이 아니다. 주님을 섬김에 있어서 오직 합당히 처신하여 마음에 흐트러짐이 없이 부르심의 목적을 이루어 주님께 영광을 돌리며 살게 하려 함이다(고전 7:35).

이 모든 권고는 하나님의 영을 받은 사도 바울의 전환된 영적 관점으로부터 나온 것으로서 성도가 이 세상에 머무는 동안 행복한 삶을 이룰 수 있는 실천적 논리이다(고전 7:40). 중요한 건 이 모든 권고의 특징이 복고형 유대인들의 육적인 관점과는 달리 인간의 삶을 바라보는 시선이 매우 따뜻하며 그 시각이 매우 유연하다는 것이다(물론 육적인 관점에서는 매우 애매모호한 논리이겠지만 말이다).

홍수

성도의 실제적인 삶에 대한 사도 바울의 영적 논리는 주께 받은 명령, 곧 계명이 아닌 충성스러운 그리스도의 종으로서 성도들을 아끼는 마음에서 나온 권고이다. 그 권고의 논리는 영이신 주님(고후3:17)을 기쁘시게 하는 일에 가장 유익한 방도를 선택해야 하는 지혜로운 판단과 실천을 요구하고 있고, 그 모든 것은 주 하나님의 명령(간단하게 말하자면 지금 우리가 논하고 있는 율법과 할례)에 대한 바른 이해로부터 기인한다.

한마디로 주님의 명령과 계명을 듣고 행할 수 있을 만큼 성경(기록된 하나님의 말씀)을 영적인 관점(그리스도 예수님의 증거, 요5:39)에서 바르게 이해할 때 비로소 성도들에게 유익한 권고의 논리를 사도 바울처럼 자유롭게 사용할 수 있게 된다는 말이다(롬15:14).

그런 사실을 분별하는 것은 매우 중요한 일이다. 오늘날처럼 복잡하고 다양한 우리의 현실적인 삶의 현장에는 만물보다 심히 거짓된 어리석고 미련한 마음으로부터 쏟아지는 교훈들이 범람하여 홍수를 이루고 있어, 그러한 지혜로운 판단과 실천에 대한 교훈을 내놓을 수 있는 영적인 능력이 많이 요구되는 만큼 그런 지혜로운 판단과 실천을 분별할 수 있는 영적 상태를 유지하는 것 또한 더욱 중요해 보이기 때문이다.

그런 시각으로 믿음, 곧 신실함을 주제로 다루는 오늘 살펴보아야 할 롬3장의 시작 부분을 다시 한번 읽어 보라. 사도 바울이 하나님의 복음을 전파하고자 하는 가슴 떨리는 구구절절한 안타까움을 읽어 낼 수 있을 것이다.

자랑

사도 바울은 그의 서신 빌립보서에서 성도의 남은 삶의 모습을 주님 안에서 기뻐하는 것이라고 말한다. 성도가 기쁨으로 살아갈 수 있는 길은 하나님의 복음으로 말미암은 전환된 관점으로 성경뿐만 아니라 세상을 보고 그 복음에 합당하게 사는 것이다. 그것은 하나님의 복음적 심판과 구원의 논리를 바르게 이해하는 데서부터 시작되는데 이 논리는 아무리 반복한다고 하더라도 과하다고 할 수 없다. 어떤 이들은 같은 말과 글을 반복한다고 핀잔주며 나태하다고 나무랄지 모르겠지만 오히려 모든 성도에게 가장 안전한 것이다(빌3:1). 왜냐하면 그것은 언제나 성도를 주님 안에서 기쁨으로 살게 만드는 하나님의 지혜이고 능력이기 때문이다.

특히 그 개들(우리가 지금 논하고 있는 선민의 그릇된 특권의식에 사로잡힌 복고형 유대인들)을 주의하고, 그 악한 일군들('선생 노릇' 하기를 자랑스럽게 생각하는 복고형 유대인들)을 조심하며, 할례를 주장하는 자들을 주의하라고 경고한다. 왜냐하면 그런 일들을 행하는 육적인 유대인이 유대인이 아니라 영으로 마음의 할례를 받은 성도가 바로 진정한 할례자로서, 하나님의 영으로 섬기는 사역을 하고 그리스도 예수 안에서 자랑하며 육신의 것들을 신뢰하거나 자랑하지 않는 하나님의 사람(진정한 의미에서의 유대인)들이기 때문이다(빌3:2-3).

철두철미

그런데 사도 바울은 자신이 육신으로도 자랑할 만한 것을 가지고 있다고 말한다.

만일 어떤 사람이 육신 안에서 신뢰할 만한 것이 있다고 생각한다면 자기는 더욱 그렇다고 하는데, 그 근거는 자기가 팔 일 만에 할례를 받았고 이스라엘 족속 베냐민 지파에 속한 히브리인들 가운데 히브리인이며, 율법을 가장 중요하게 여겨 따르는 바리새인이고, 열심으로는 교회(지상에서 그리스도의 몸으로 사는 성도들의 공동체)를 핍박하고, 율법으로 인한 의를 따라서는 비난할 여지가 없는 사람이라고 했다(빌 3:4-6).

하지만 그동안 자기에게 이득이었던 모든 것을 그리스도 예수 안에서 손해로 여기게 되었는데, 그 이유가 그리스도 예수를 아는 것이 가장 고상하다는 깨달음이었고, 그분으로 인해 실제로 모든 것들을 잃어버릴 만큼, 또한 모든 것을 배설물로 여길 만큼 철두철미하게 그분을 신뢰하는 것은 그리스도를 얻고 또한 그분 안에서 자신이 발견되기 위한 몸부림이라고 했다(빌3:7-9상).

행진
그가 그렇게 성문화된 모세의 율법과 육체의 할례를 가지고 하나님의 백성으로서의 신분을 보장받아 하나님께 의롭다고 함을 받으려고 하는 복고형 유대인들을 경멸하는 것은, 그 율법으로 얻은 의를 가지고는 도무지 하나님을 기쁘시게 할 수 없을 뿐만 아니라 도리어 그 율법을 범하여 하나님의 원수로 사는 것이기 때문이기도 하지만, 그 그리스도의 믿음을 통해 얻는 의가 하나님을 기쁘시게 할 뿐만 아니라 그 율법의 요구를 충족시켜 하나님께로부터 칭찬을 받는 것이 진정한 이유이다.

그러기 때문에 사도 바울은 그분과 그분의 그 부활의 그 능력을 알고 그분의 고통에 동참하려고 한다고 하였다. 그것은 그분의 죽으심에 일치시킴으로써, 어떻게 해서든지 죽은 자들로부터 일으켜진 그 부활(ἐξανάστασιν-엑사나스타신)에 이르려고 하는 믿음의 목표를 이룰 수 있는 유일한 길이다. 그것은 이미 취해 끝난 일이 아니라, 지금도 얻으려고 쫓아가는 것이다. 그것을 완전히 얻으려면 그분 곁에 딱 붙어 있어야 하며, 그 또한 그분(그리스도 예수님)께 사로잡혀 있을 때만 가능하다고 했다.

그래서 사도 바울은 아직 자신이 잡은 줄로 여기지 않고, 오직 한 가지, 뒤에 있는 것은 잊어버리고 앞에 있는 것에 손을 뻗어 목표물을 잡으려고 그리스도 예수 안에서 하나님께서 부르신 그 부르심의 그 상을 위하여 좇아가고 있다고 말했다(빌

3:9-12).

그런즉 누구든지 다 이룬 것과 같이 생각하는 것은 금물이다. 서로의 생각과 의견이 다를지라도 갈 바를 알지 못했던 아브라함을 데리고 믿음의 길로 인도하셔서 마침내 목적지인 가나안 땅에 이르게 하신 것처럼 하나님께서 그 목적지에 이르는 길을 계시하실 것을 믿고, 어디까지 이르렀든지 동일한 목표를 향해 행진해야 한다.

> *17 형제들이여, 나를 모방하는 사람들이 되어야 합니다. 또한 여러분이 우리를 본보기로 삼은 것과 같이 우리를 모방해 걸어가는 사람들을 잘 주시해야 합니다.*
> *18 왜냐하면 내가 여러분에게 자주 말하고 있었으나, 지금 울면서 말하는데, 많은 사람이 그 그리스도의 그 십자가의 원수들로 걸어가고 있기 때문입니다.*
> *19 그들의 마지막은 멸망이고, 그들의 하나님은 그들의 배이고, 그들의 영광은 그들의 그 부끄러움 안에 있고, 그들은 땅에 속한(세상적인) 일들을 생각하는 사람들입니다.*
> *20 참으로 우리의 시민권은 하늘들 안에 있으니, 그곳으로부터 또한 구원자이신 주님 예수 그리스도를 우리가 간절히 기다리고 있습니다.*
> *21 그는 친히 그 모든 것을 자기에게 복종시킬 수 있는 권능으로 역사하셔서 우리의 비천한 몸을 자기 영광의 몸과 같은 형태로 바꾸어 주실 것입니다.*

17 Συμμιμηταί μου γίνεσθε, ἀδελφοί, καὶ σκοπεῖτε τοὺς οὕτως περιπατοῦντας καθὼς ἔχετε τύπον ἡμᾶς. 18 πολλοὶ γὰρ περιπατοῦσιν οὓς πολλάκις ἔλεγον ὑμῖν, νῦν δὲ καὶ κλαίων λέγω, τοὺς ἐχθροὺς τοῦ σταυροῦ τοῦ Χριστοῦ, 19 ὧν τὸ τέλος ἀπώλεια, ὧν ὁ θεὸς ἡ κοιλία καὶ ἡ δόξα ἐν τῇ αἰσχύνῃ αὐτῶν, οἱ τὰ ἐπίγεια φρονοῦντες. 20 ἡμῶν γὰρ τὸ πολίτευμα ἐν οὐρανοῖς ὑπάρχει, ἐξ οὗ καὶ σωτῆρα ἀπεκδεχόμεθα κύριον Ἰησοῦν Χριστόν, 21 ὃς μετασχηματίσει τὸ σῶμα τῆς ταπεινώσεως ἡμῶν σύμμορφον τῷ σώματι τῆς δόξης αὐτοῦ κατὰ τὴν ἐνέργειαν τοῦ δύνασθαι αὐτὸν καὶ ὑποτάξαι αὐτῷ τὰ πάντα.

(NA28판, UBS5판 빌3:17-21 필자 사역)

제2부

하나님의 복음, 그 깊고 오묘한 논리

본문: 로마서 3장 21절~8장 39절
주제: 하나님 자녀로의 입적(入籍)

하나님의 영으로 인도함을 받는 사람들은 누구든지 하나님의 아들들입니다.
… …
그뿐만 아닙니다. 오히려 우리 자신도 그 영의 그 첫 열매를 가지고 있으므로 우리도 친히 속으로 신음하며 양자 될 것, 곧 죽어 썩어 없어질 우리 몸의 그 구속을 애타게 기다리고 있습니다.

ὅσοι γὰρ πνεύματι θεοῦ ἄγονται, οὗτοι υἱοί θεοῦ εἰσιν. … οὐ μόνον δέ, ἀλλὰ καὶ αὐτοὶ τὴν ἀπαρχὴν τοῦ πνεύματος ἔχοντες, ἡμεῖς καὶ αὐτοὶ ἐν ἑαυτοῖς στενάζομεν υἱοθεσίαν ἀπεκδεχόμενοι, τὴν ἀπολύτρωσιν τοῦ σώματος ἡμῶν.

-로마서 8장 14절 … … 23절-

사도 바울의 예수님에 대한 설명은 간명하다. 하나님께서 자기 의를 나타내 보여 주시기 위해 속죄의 수단으로 세우신 사람(whom God set forth as a means of expiation)이다. 그리고 그분의 피가 이전(지나간 시대)에 지은 죄들을 면제하는 속죄의 증거가 된다는 사실을 보여 주심으로써 '율법과는 별개인 하나님의 한 의'를 드러내셨다.

여기서 중요한 것은 '율법과는 별개인 하나님의 한 의'에 쓰인 '율법'은 전환된 관점에서의 율법이란 점이다. 그러니까 여기에 쓰인 '율법'은 그리스도 예수 안에 있는 구속을 통해 바라보는 인류의 융합과 통합의 구속사에서 드러난 예수님의 말씀과 행위로서의 존재적 율법이다. 그건 일차적으로 모세의 율법과 직접적인 관련이 있고 이방 세계의 모든 법을 품을 수 있는 아주 크고도 넓은 최고의 법으로서의 율법이지 모세의 율법만을 지칭하는 용어가 아니다.

제13장(이제는 믿음의 율법을 통해 의롭게 되어진다) _ 본문 420p에서

전환된 관점의 로마서 읽기

제13장
이제는 믿음의 율법을 통해 의롭게 되어진다

본문 : 로마서 3장 21~31절

핵심 주제 어구

Νυνὶ δὲ χωρὶς νόμου

(뉘니 데 코리스 노무)

사도 바울은 그런 유대인들을 향해 절대로 그렇게 되지 않기를 소원한다. 그들이 옹호하는 그 율법관과 다르게 그 율법(모세의 율법)을 품어 성취해야 할 예수님의 말씀과 행위로서의 율법을 이해하고 받아들여 '예수님의 말씀과 행위로서의 율법과는 별개인 하나님의 한 의'가 세운 믿음의 율법(롬3:27, 그리스도의 율법 갈6:2)으로 살아가길 바란다.

따라서 모세의 율법을 가진 유대인들의 율법관은 하나님의 원수가 되어 율법의 요구를 거역하게 만들지만 오히려 사도 바울의 공동체가 가진 믿음의 율법관은 모세의 율법뿐만 아니라 지상의 모든 법을 융합하고 통합한 그리스도 예수 안에서의 율법을 똑바로 일으켜 세우고 있다고 강변하는 게 롬3장의 마무리다.

제13장(이제는 믿음의 율법을 통해 의롭게 되어진다) _ 본문 432p에서

본문

3:21	Νυνὶ δὲ χωρὶς νόμου δικαιοσύνη θεοῦ πεφανέρωται μαρτυρουμένη ὑπὸ τοῦ νόμου καὶ τῶν προφητῶν,	그러나 이제는 율법과는 별개로 하나님의 한 의가 명백하게 공개되었으니,[※1] 이는 그 율법과 그 예언자들에 의하여 증거된 것입니다.
3:22	δικαιοσύνη δὲ θεοῦ διὰ πίστεως Ἰησοῦ Χριστοῦ εἰς πάντας τοὺς πιστεύοντας. οὐ γάρ ἐστιν διαστολή,	그런데도 이 하나님의 의는 예수 그리스도의 믿음을 통해[*] 믿는 모든 사람을 위한 것입니다. 참으로 그것은 아무런 차별이 없습니다.
3:23	πάντες γὰρ ἥμαρτον καὶ ὑστεροῦνται τῆς δόξης τοῦ θεοῦ	왜냐하면 모든 사람이 죄를 지어 그 하나님의 그 영광에 이르지 못하고 있으나,
3:24	δικαιούμενοι δωρεὰν τῇ αὐτοῦ χάριτι διὰ τῆς ἀπολυτρώσεως τῆς ἐν Χριστῷ Ἰησοῦ·	그리스도 예수 안에 있는 그 구속을 통한 그 하나님의 그 은혜로 값없이 의롭다 하심을 받기 때문입니다.
3:25	ὃν προέθετο ὁ θεὸς ἱλαστήριον διὰ [τῆς] πίστεως ἐν τῷ αὐτοῦ αἵματι εἰς ἔνδειξιν τῆς δικαιοσύνης αὐτοῦ διὰ τὴν πάρεσιν τῶν προγεγονότων ἁμαρτημάτων	부연하면 그분을 그 하나님께서는 [그] 믿음을 통해[*] 드려지는 속죄 제물로 내세우셨으니, 이는 그분의 피로 이전에 지은 죄들을 면제하시는 관용을 베푸심으로써 자기의 의를 나타내 보여 주신 것입니다.
3:26	ἐν τῇ ἀνοχῇ τοῦ θεοῦ, πρὸς τὴν ἔνδειξιν τῆς δικαιοσύνης αὐτοῦ ἐν τῷ νῦν καιρῷ, εἰς τὸ εἶναι αὐτὸν δίκαιον καὶ δικαιοῦντα τὸν ἐκ πίστεως Ἰησοῦ.	그 하나님께서 자기 의를 나타내 보여 주심은 지금 이때[※1] 자기가 의로우시다는 것과 예수의 믿음으로부터 존재하는 자를[※2] 의롭다고 하시는 것을 보여 주시기 위한 것이었습니다.

자뻑

지금 막 우리는 아주 긴 어둠의 터널을 뚫고 달리는 기차가 마침내 그 터널을 빠져나오듯 하나님의 복음이 있어야만 하는, 사도 바울이 진단한 인류의 현실과 인간 존재의 상태(롬1:16-3:20)에 대한 필자의 내레이션(해설)을 마쳤다. 그것은 마치 숨가쁘게 펼쳐지는 스펙터클한(웅장하고 화려한) 영화 한 편을 보고 난 후 한동안 그 여운이 가시지 않아 혼 빠진 듯 멍하니 객석에 앉아 있는 것과는 차원이 다른, 정신이 더욱 또렷해지며 영혼의 가슴이 벅차오르게 하는 한 편의 서사시와 같다고 말하고 싶다.

그리고 그것은 흔해 빠진 이 세상의 베스트셀러가 되기 위한 욕망의 글쓰기를 해체하는 것이었다. 시대의 어둠이 깊을수록 북새통을 이루는 옛날 장터에서 유랑단의 이야기꾼이 들려 주던 만담이 민초들의 귀를 훔쳐 가슴속을 밝히고 있었듯이 들을 수 있는 귀를 가진 자들에게는 그 빛이 밝히는 새로운 창조의 세계가 주는 신선하고 흥미진진한 재미에 흠뻑 빠져들게 하는 묘한 매력이 넘치는 글이라고 자뻑(자화자찬)하고 있노라며 말하고 싶다.

어쭙잖아 보일지 모르겠지만 필자는 이 기세를 몰아 '그러나 이제는'이라고 하는 접속사(후접어)와 부사가 하나로 어울려 이끄는 새로운 문단을 새롭게 번역하고 해설하는 자리로 나아가고자 한다.

3:21	Νυνὶ δὲ χωρὶς νόμου δικαιοσύνη θεοῦ πεφανέρωται μαρτυρουμένη ὑπὸ τοῦ νόμου καὶ τῶν προφητῶν,	그러나 이제는 율법과는 별개로 하나님의 한 의가 명백하게 공개되었으니,[※1] 이는 그 율법과 그 예언자들에 의하여 증거된 것입니다.

토대

'그러나 이제는'에 해당하는 헬라어는 '뉘니 데(Νυνὶ δὲ)이다. 이제까지 하나님의 복음을 받아들일 수 있도록 설득하는 과정에서 핵심 내용인 '하나님의 진노(ὀργὴ θεοῦ-오르게 데우)'의 정당성에 집중해 말해 왔던 이야기(롬1:18-3:20)의 방향을 틀어 '하나님의 한 의(δικαιοσύνη θεοῦ-디카이오쉬네 데우)'에 대한 실제적 의미를 말하겠다는 분명한 의사 표현이다(롬3:21).

그리고 그 '하나님의 한 의'는 하나님의 복음 안에서 계시되고 있는 것으로서 하나님의 복음을 듣는 사람들의 가슴속에서 믿음을 일으켜 구원에 이르게 하시는 하나님 능력의 실체로 이미 선언된 것이다(롬1:16-17).

덧붙여진 점이 있다면 그 '하나님의 한 의'를 '율법과는 별개(χωρὶς νόμου-코리스 노무)'라는 전치사구를 사용해 '율법의 의'와는 다른 새롭게 공개된 하나님의 의로 구별하여 밝힌다는 사실인데, 이는 '율법 아래 또는 율법에 의해' 통제되던 지난 세대의 삶의 방법과 자세와는 완전히 다른 정의에 대한 새로운 삶의 가치로 새로운 사회를 열어 갈 토대를 공표하는 것이다(롬3:21).

뉘니 데(Νυνὶ δὲ)
사도 바울에게 있어서 '뉘니 데(Νυνὶ δὲ)'는 매우 중요한 문맥의 전환을 알리는 역할을 한다.

특히 로마서 안에서만도 이곳을 시작으로 총 6회 사용되고 있는데, 먼저 죄의 종으로 살 때 그 하나님의 한 의와의 관계를 단절한 채 죄짓기에 바쁜 삶으로 그 마지막이 사망이라고 하는 부끄러운 열매를 맺는 자리(롬6:22)에서 벗어나 하나님께 종이 되어 자유의 몸으로서 그 마지막이 영원한 생명인 거룩함에 이르게 하는 영광스러운 삶의 자리로 전환하는 문맥의 교차 지점을 나타낼 때 '뉘니 데(Νυνὶ δὲ)'가 쓰였다(롬6:20-22).

6:20	ὅτε γὰρ δοῦλοι ἦτε τῆς ἁμαρτίας, ἐλεύθεροι ἦτε τῇ δικαιοσύνῃ.	참으로 여러분이 그 죄의 종이었을 때는 그 의(義)와는 아무런 상관도 없는 사람들이었습니다.
6:21	τίνα οὖν καρπὸν εἴχετε τότε; ἐφ' οἷς νῦν ἐπαισχύνεσθε, τὸ γὰρ τέλος ἐκείνων θάνατος.	그런즉 그때 여러분이 무슨 열매를 얻었습니까? 지금 여러분은 그런 일들을 부끄러워하고 있으니, 참으로 그런 일들의 그 끝은 죽음뿐이기 때문입니다.
6:22	νυνὶ δὲ ἐλευθερωθέντες ἀπὸ τῆς ἁμαρτίας δουλωθέντες δὲ τῷ θεῷ ἔχετε τὸν καρπὸν ὑμῶν εἰς ἁγιασμόν, τὸ δὲ τέλος ζωὴν αἰώνιον.	그러나 이제 여러분은 그 죄로부터 풀려나 자유로워졌으며 더구나 그 하나님께 종이 되어 거룩하게 하시는 일에 봉사하는※ 그 열매를 여러분이 얻었으니, 분명히 그 마지막은 영원한 생명입니다.

화제 전환용
그리고 롬7:6에서 쓰인 '뉘니 데(Νυνὶ δὲ)는 롬7:5의 '육신에 있을 때 그 죄가 그 율법을 이용해 우리 육신의 지체 안에서 정욕을 일으켜 그 사망을 위하여 열매를 맺게 작동하게 하였다.'라고 하는 내용과 상반되는 내용을 펼치면서 '그러나 이제는(Νυνὶ δὲ-뉘니 데) 우리가 그리스도의 몸으로 얽매였던 율법에서 벗어났기 때문에 문자의 옛것이 아닌 영의 새로운 것으로 하나님을 섬겨야 함'을 말할 때처럼 그리스도 이전 시대와 그리스도 이후 시대를 구분하며 화제의 전환용으로 쓰였다(롬7:4-6).

7:4	ὥστε, ἀδελφοί μου, καὶ ὑμεῖς ἐθανατώθητε τῷ νόμῳ διὰ τοῦ σώματος τοῦ Χριστοῦ, εἰς τὸ γενέσθαι ὑμᾶς ἑτέρῳ, τῷ ἐκ νεκρῶν ἐγερθέντι, ἵνα καρποφορήσωμεν τῷ θεῷ.	그러므로 내 형제들이여, 그와 같이 여러분도 그 그리스도의 그 몸을 통해 그 율법과의 관계에서 죽임을 당하였습니다. 이는 우리가 다른① 분, 곧 죽은 자들로부터 일으켜지신 분의 신부가 되어* 그 하나님을 위해 열매를 맺게 하려는 것입니다.
7:5	ὅτε γὰρ ἦμεν ἐν τῇ σαρκί, τὰ παθήματα τῶν ἁμαρτιῶν τὰ διὰ τοῦ νόμου ἐνηργεῖτο ἐν τοῖς μέλεσιν ἡμῶν, εἰς τὸ καρποφορῆσαι τῷ θανάτῳ·	이는 우리가 그 육신 안에 있었던 때에 그 율법을 통해 우리의 지체들 안에서 활동하고 있었던 그 죄들의 그 열정들이 그 죽음을 위해 열매를 맺게 하고 있었기 때문입니다.*
7:6	–νυνὶ δὲ κατηργήθημεν ἀπὸ τοῦ νόμου ἀποθανόντες ἐν ᾧ κατειχόμεθα, ὥστε δουλεύειν ἡμᾶς ἐν καινότητι πνεύματος καὶ οὐ παλαιότητι γράμματος.	--그러나 이제는 사로잡혀 있었던* 그 율법 안에서 죽었으므로 그 율법으로부터 우리가 완전히 풀려나게 되었습니다. 그러므로 우리는 법조문에 따른 낡은 가르침에 종노릇하지 않고, 성령의 새로운 가르침 안에서 섬기는 종이 되어야 합니다.

깨달음을 폭로할 때도

또 '뉘니 데(Νυνὶ δὲ)는 롬7:17에서 우리가 죄 아래 팔려 육신적인(죄의) 성향을 지닌 까닭에 영적인 의미를 담고 있는 성문화된 하나님의 율법(모세의 율법)을 통해서 자신이 원하는 선한 일을 실행하는 것이 아니라 오히려 악한 일을 행하게 되는, 웃지 못할 불행한 상태에서 벗어나 내가 행하는 모든 것이 더 이상 내가 아닌 내 안에 있는 죄라고 깨달음을 폭로하는 전환점을 표시하는 데 사용했다.

7:14	Οἴδαμεν γὰρ ὅτι ὁ νόμος πνευματικός ἐστιν, ἐγὼ δὲ σάρκινός εἰμι πεπραμένος ὑπὸ τὴν ἁμαρτίαν.	참으로 우리는 그 율법이 영적이라는 것을 알지만, 나는 그 죄 아래 팔린 상태의 육신적인 사람입니다.
7:15	ὃ γὰρ κατεργάζομαι οὐ γινώσκω· οὐ γὰρ ὃ θέλω τοῦτο πράσσω, ἀλλ' ὃ μισῶ τοῦτο ποιῶ.	그래서 나는 정말 내가 이루어 내는① 것을 모릅니다. 불행하게도 나는 내가 원하는 일을 실행하지② 못하고, 도리어 미워하는 일을 만들고③ 있으니 말입니다.*

7:16	εἰ δὲ ὃ οὐ θέλω τοῦτο ποιῶ, σύμφημι τῷ νόμῳ ὅτι καλός.	그런데 만약 내가 원하지 않는 일을 만들고① 있다면, 그것은 내가 그 율법이 '선하다②'는 것을 인정하는 것입니다.※
7:17	νυνὶ δὲ οὐκέτι ἐγὼ κατεργάζομαι αὐτὸ ἀλλ' ἡ οἰκοῦσα ἐν ἐμοὶ ἁμαρτία.	그러나 이제 더 이상 내가 그것을 이루어 내는 것이 아니라 내 속에 거주하고 있는 그 죄가 그것을 이루어 내고① 있는 장본인입니다.

의식과 삶의 전환점을 드러내는 키워드

이러한 '뉘니 데(Nuvi δὲ)'에서 '뉘니(Nuvi-이제는 또는 지금은)'는 사도 바울이 하나님의 복음을 전하는 현장(옥중 변론장)에서도 자기 인생의 궤적이 전환된 사실을 표현하는 데(행22:1, 24:13) 쓰일 만큼 사도 바울의 의식과 삶의 전환점을 드러내는 키워드라는 점에서 그 중요성에 의심의 여지가 없다.

상기

이 '뉘니 데'가 이끄는 본문(롬3:21-31)의 핵심은 '율법과는 별개인 하나님의 한 의(χωρὶς νόμου δικαιοσύνη θεοῦ-코리스 노무 디카이오쉬네 데우)'에 관한 설명이다.

여기서 필자가 '별개의'라고 번역한 전치사 '코리스(χωρὶς)'라는 말에 주목할 필요가 있다. 보통 그것은 '율법 외에' 또는 '율법을 제외하고'라는 의미로 읽혀 우리말 번역 성경들은 대체로 '율법 없이'로 번역된다.

BDAG는 '코리스(χωρὶς)'에 대해 '개별적으로 발생하는 것 또는 분리되는 것에 관한 것(pertaining to occurring separately or being separate)'을 나타내는 단어로 정의하고 '어떤 것과의 관계나 연결 없이, 어떤 것과 독립적인(without relation to or connection with something, independent(ly) of something)' 것을 표현하는 항목에 분류해 '관계없이(without regard to)'로 '율법과는 상관없다'라는 의미로 번역했다.

이는 율법과는 아무런 관련이나 연관성이 없는 '전혀 다른 하나님의 한 의'를 가리켜 필자가 번역한 '율법과는 별개인 하나님의 한 의'라고 하는 개념과는 그 뉘앙스 자체가 사뭇 다른 느낌을 준다.

실제로 사도 바울은 바로 이어 그 '하나님의 한 의'를 소개하면서 '지금도 그 율법과 그 선지자들에 의해 증언되고 있다(μαρτυρουμένη ὑπὸ τοῦ νόμου καὶ τῶν προφητῶν-마르튀루메네 휘포 투 노무 카이 톤 프로페톤).'라는 설명을 덧붙임으로써(롬3:21) 드러나는 두 의(δικαιοσύνη-디카이오쉬네) 간의 관련이 있음은 필자의 번역이 맥락상 더 어울리는 사실을 지지한다.

다만 그렇다고 하더라도 우리가 여기서 놓치지 말아야 할 것은 필자가 '별개로'라고 번역한 '코리스(χωρὶς)'는 두 의(δικαιοσύνη-디카이오쉬네) 간의 간격을 극대화하여 그 간격 안에 '율법에 관한 히스토리(그러니까 필자가 말하는 '세계관의 융합과 통합'이라고 하는 구속사 속의 역사적 특징)'가 내재하며, 그것은 모세를 통해 받은 율법의 오용과 그로 인한 만용의 시간이 매우 길고 복잡하게 얽혀 있음을 상기시키고 있다는 사실이다(롬3:19-20).

이런 혼돈과 어두움은 그리스도 예수 안에 있는 구속을 통해 드러난 개념으로서의 '율법과는 별개인 하나님의 한 의'라고 하는 평범하지 않은 아주 비상한 구문이 '그 율법(모세의 율법)의 요구를 행위로 충족시킴으로써 얻게 되는 의(롬10:5, 레18:5)'를 품고 있는 초-극단에서의 표현임을 깨닫지 못하는 데서 발생하며 그 암흑의 시대가 오늘도 계속될 수 있기에 가능한 현상이다.

3:19	οἴδαμεν δὲ ὅτι ὅσα ὁ νόμος λέγει τοῖς ἐν τῷ νόμῳ λαλεῖ, ἵνα πᾶν στόμα φραγῇ καὶ ὑπόδικος γένηται πᾶς ὁ κόσμος τῷ θεῷ.	그러나 우리가 아는 대로, 그 율법이 말하는 것들은 무엇이든지 그 율법 안에 있는 사람들에게 말하는 것입니다. 이는 모든 입이 다물어지게 하여 그 세상 전체가 그 하나님께 심판과 형벌을 받게 하려는 것입니다.※
3:20	διότι ἐξ ἔργων νόμου οὐ δικαιωθήσεται πᾶσα σὰρξ ἐνώπιον αὐτοῦ, διὰ γὰρ νόμου ἐπίγνωσις ἁμαρτίας.	왜냐하면※1 율법의 일들로부터 온갖 육신(모든 인간)이 그 하나님 앞에서 의롭다고 여기심을 얻지 못할 것이기 때문입니다.※2 율법을 통해서는 참으로 죄에 대한 완전한 지식을 얻게 될 뿐입니다.

활보

이는 지난 문단(롬1:18-3:20)의 마지막에 남겨진 과제라고 할 수 있는 '율법을 통해서는 참으로 죄에 대한 완전한 지식을 얻게 될 뿐입니다(διὰ γὰρ νόμου ἐπίγνωσις ἁμαρτίας-디아 가르 노무 에피그노시스 하마르티아스).'라고 하는 하나님의 복음적 심판이 지향하는 율법관을 이해시키고 싶은 사도 바울의 동족에 대한 애끓는 마음(자신이 하나님의 복음을 깨닫기까지 어둠에 사로잡혀 있던 인생의 궤적을 뒤돌아보며 느끼는 측은지심)에 닿아 있다(롬9:1-3, 10:1-3).

사실 이 과제는 앞에서 '뉘니 데(Νυνὶ δὲ)'가 지닌 사도 바울의 특별한 관용어적 의미를 언급하는 대목을 주의 깊게 들여다볼 수 있다면 해결된 것일 수도 있겠으나 지금의 문맥에서는 도무지 이해할 수 없는 것일 수 있다. 그것은 복고형 유대인들이 가지고 있는 죄의 성향이라는 것이 모든 인류가 가진 육신의 성향을 대표하는 것이기 때문에 비록 우리가 그런 유대인이 아닐지라도 '율법을 통해서는 죄에 대한 완전한 지식을 얻을 뿐이다.', 그러니까 죄의 실체에 대해 깨달을 것이라는 말의 뜻은 좀처럼 이해하기가 쉽지 않다.

설령 그것을 이해하거나 받아들인다고 하더라도 사도 바울이 말하는 전환된 관점의 안목을 얻지 않고서는 빗나간 의미로 해석하게 되는데, 그것은 사도 바울이 전하는 하나님의 복음적 구원의 개념을 변질시켜 다른 복음으로 구원받았다고 하는 자리에 이르게 하는 위험이 도사리는 구역을 활보한다는 의미이기도 하다.

명시

사도 바울은 그런 의미에 대해 '그러나 우리는 알고 있다(οἴδαμεν δὲ-오이다멘 데).'라고 말했다. 그리고 그것을 '그 율법이 말하는 것들은 무엇이든지 그 율법 안에 있는 사람들에게 말하는 것입니다. 이는 모든 입이 다물어지게 하여 그 세상 전체가 그 하나님께 심판과 형벌을 받게 하려는 것입니다. 왜냐하면 그 하나님 앞에서는 온갖 육신이 율법의 일들로 의롭다고 여김을 받지 못할 것이기 때문입니다. 율법을 통해서는 참으로 죄에 대한 완전한 지식을 얻게 될 뿐입니다(롬3:19-20상).'라고 한 것처럼, 육체를 가진 인간들이 율법을 주신 하나님의 의도를 묵살하고 하나님 앞에서 의롭다고 여기심을 얻으려고 하는 것을 목표로 삼아 열심히 율법이 요구하는 것을 채우려는 행위들로 자신을 의롭고 선하다고 생각하며 사는 것이라고 명시한다.

죄에 대한 온전한 지식
이렇게 율법은 죄를 깨닫게 하는 통로의 역할을 한다. 깨달음이란 완전하고 온전한 참지식(ἐπίγνωσις ἁμαρτίας-에피그노시스 하마르티아스)을 알아차리는 것이다. 그러니까 사도 바울의 시각에서 땅에 있는 지식이 아닌 하늘 위에 있는 영적인 시각으로 얻은 죄에 대한 완전한 지식을 말한다.

따라서 그 지식은 장차 하나님의 부르심을 받고 선택하심을 입은 유대인마저 그동안 성문화된 모세의 율법을 통해 얻은 모든 가치와 의미 있는 말들을 가지고 선생 노릇(롬2:17-20) 하던 입을 틀어막고 집행해야 할 하나님의 심판과 형벌의 정당성을 보여 줄 만큼 온 인류를 사로잡고 있는 크고 중한 죄를 완전히 드러낼 목적으로 쓰이고 있었다는 사실이 드러날 때 알게 되는 지식이다(롬7:13).

하나님에 대한 완전한 지식
이런 완전한 지식(인식 작용에 있어서 완전한 식별)을 나타내는 헬라어 에피그노시스(ἐπίγνωσις)의 개념을 파악하기 위해 그 용례를 살펴보면, 사도 바울은 먼저 롬1:28에서 하나님에 관한 온전한 지식(ἐπίγνωσις-에피그노시스)을 거부한 인류(유대인과 이방인 모두)의 참혹함이 하나님께 내어버리심을 당해 저주받은 이성에 지배받으며 살게 되었다는 사실을 말할 때 사용했다. 그리고 그런 맥락에서 롬10:2-3에서는 특별히 이스라엘이 하나님에 대한 열정을 가지고 있었으나 그 저주받은 이성으로 성문화된 모세의 율법을 해석하여 하나님께서 내세우시는 의에 대한 완전한 지식(ἐπίγνωσις-에피그노시스)을 얻지 못한 채 자신들의 의를 내세워 하나님의 진노를 일으키는 불행한 삶을 산다는 사실을 아파할 때 사용하였다.

또 엡1:17에서는 성도를 향한 사도 바울의 핵심 기도에 나타나는데, 우리 주 예수 그리스도의 하나님, 영광의 하나님께서 주시는 지혜와 계시의 영을 받아 하나님을 완전히 알게 하시기(ἐπίγνωσις-에피그노시스)를 빌 때 쓰였다.

이를 곧이곧대로 말하면 하나님께서 자기의 완전한 지식(ἐπίγνωσις-에피그노시스) 안에서 지혜와 계시의 영을 주어 어두워진 마음의 눈을 밝혀 그분께 받은 부르심의 소망이 무엇이며, 그분께 받은 기업(상속)의 영광이 무엇인지를 성도들이 이해하게 하는 것이었다. 그리고 그것은 전능하신 하나님의 능력으로 죽은 자들로부터 그리스도를 일으키심으로써 죽은 자들을 다시 살려 만물을 충만케 하시는 분의 충만으로 교회를 세우시고, 그 교회의 머리로 하늘에 오르셔서 전능하신 아버지 하나님 보좌 우편에 앉으셔서 모든 정사와 권세와 능력과 다스림과 이 세상뿐만 아니라 오는 세상에서도 이름 지어진 모든 이름 위에 뛰어난 이름으로 온 우주를 다스리시는 주 예수 그리스도를 아는 완전한 지식(ἐπίγνωσις-에피그노시스)에 이르는 것이었다(엡1:16-23, 4:13).

하늘의 영광을 추구하며 살게 하는 지식

이 완전한 지식(ἐπίγνωσις-에피그노시스)에 대한 사도 바울의 명확한 입장은 '그러나 이제는(Νυνὶ δὲ-뉘니 데)'으로 시작하는 문맥의 골3:10에서도 확인되는데, 이때 이 참지식(완전한 지식)은 자기를 창조하신 분의 형상을 따라 끊임없이 새로워져야 할 새 사람의 목표로서 하나님의 진노를 일으키는 불순종의 아들들이 땅의 일들에 집착하며 사는 것과 완전한 대비를 이루는 하늘의 영광을 추구하며 살게 하는 온전한 지식이다(골3:1-17).

> *1 그런즉 만일 여러분이 그 그리스도와 함께 일으켜졌다면 위에 있는 것들을 찾아야 합니다. 그곳은 그 그리스도께서 그 하나님의 오른편에 앉아 계신 곳입니다.*
> *2 위에 있는 것들을 생각하고, 그 땅 위에 있는 것들을 생각하지 않아야 합니다.*
> *3 왜냐하면 여러분은 죽었고, 여러분의 생명 또한 그 그리스도와 함께 그 하나님 안에 숨겨져 있기 때문입니다.*
> *4 여러분의 생명이신, 그 그리스도께서 나타나게 되실 때, 그때 여러분도 그와 함께 영광 안에서 나타나게 될 것입니다.*
> *5 그런즉 그 땅 위에 있는 그 지체들을 죽여야 합니다. 매춘(매음), 부정, 정욕, 악한 욕망, 곧 그 탐욕, 그런 것은 무엇이든 우상을 숭배하는 것입니다.*
> *6 그런 것들 때문에 그 하나님의 그 진노가 그 불순종의 그 아들들 위에 옵니다.*
> *7 그런 것들 안에서 여러분 또한 걸었던 것은 과거 한때 이런 것들 안에서 살고 있었던 때였습니다.*
> *8 그러나 이제 여러분 또한 그 모든 것들, 곧 분노와 격분, 악, 모독, 여러분의 입으로부터 나오는 부끄러운 말을 버려야 합니다.*
> *9 서로에게 거짓말을 하지 말아야 합니다. 왜냐하면 여러분은 그 옛사람을 그*

의 행실들과 함께 벗어버렸기 때문이고,

10또한 자신을 창조하신 분의 형상을 따라 완전한 지식으로 새로워지고 있는 그 새 사람을 입었기 때문입니다.

11거기에는 헬라인과 유대인, 할례자와 무할례자, 야만인, 스구디아인, 노예, 자유자가 없고, 오히려 [그] 모든 것들이 그리스도로 계시고 모든 것들 안에 그리스도께서 계십니다.

12그런즉 여러분은 그 하나님의 선택을 받은 자들처럼, 거룩한 자들과 사랑을 입은 자들로서, 애정, 동정심, 관대함, 겸손, 온유, 오래 참음을 옷으로 입어야 합니다.

13서로의 문제에 대해 관용을 베풀되 자기 자신들에게 은혜롭게 대해야 합니다. 만일 어떤 사람이 어떤 사람을 향해 불평(다툼거리)을 가지고 있으면, 그 주님께서도 여러분에게 은혜롭게 대하신 대로 그와 같이 여러분도 해야 합니다.

14그러나 이런 모든 것들 위에 그 사랑을 더해야 합니다. 그것이 서로를 묶어 그 완전함을 이루게 하는 띠(연결해 하나로 묶는 선)입니다.

15그리고 그 그리스도의 그 평화가 여러분의 마음 안에서 다스리게 해야 합니다. 그것을 위해 여러분도 한 몸으로 부르심을 받았으니, 감사하는 사람들이 되어야 마땅합니다.

16그 그리스도의 그 말씀이 여러분 안에 풍부하게 거주하게 하십시오. 모든 지혜로 자기 자신들을 가르치고 경계하여, 그 은혜 안에서 여러분의 마음으로 부르는 찬송시들과 찬양들과 영적인 노래들로 그 하나님을 노래해야 합니다.

17또한 만일 말로나 일로나 온갖 행하는 것마다, 모든 것들을 주님이신 예수님의 이름 안에서 행하되, 그를 통하여 그 하나님 아버지께 감사를 드려야 합니다.

1 Εἰ οὖν συνηγέρθητε τῷ Χριστῷ, τὰ ἄνω ζητεῖτε, οὗ ὁ Χριστός ἐστιν ἐν δεξιᾷ τοῦ θεοῦ καθήμενος• 2 τὰ ἄνω φρονεῖτε, μὴ τὰ ἐπὶ τῆς γῆς. 3 ἀπεθάνετε γὰρ καὶ ἡ ζωὴ ὑμῶν κέκρυπται σὺν τῷ Χριστῷ ἐν τῷ θεῷ• 4 ὅταν ὁ Χριστὸς φανερωθῇ, ἡ ζωὴ ὑμῶν, τότε καὶ ὑμεῖς σὺν αὐτῷ φανερωθήσεσθε ἐν δόξῃ. 5 Νεκρώσατε οὖν τὰ μέλη τὰ ἐπὶ τῆς γῆς, πορνείαν ἀκαθαρσίαν πάθος ἐπιθυμίαν κακήν, καὶ τὴν πλεονεξίαν, ἥ τις ἐστὶν εἰδωλολατρία, 6 δι' ἃ ἔρχεται ἡ ὀργὴ τοῦ θεοῦ [ἐπὶ τοὺς υἱοὺς τῆς ἀπειθείας]. 7 ἐν οἷς καὶ ὑμεῖς περιεπατήσατέ ποτε, ὅτε ἐζῆτε ἐν τούτοις• 8 νυνὶ δὲ ἀπόθεσθε καὶ ὑμεῖς τὰ πάντα, ὀργήν, θυμόν, κακίαν, βλασφημίαν, αἰσχρολογίαν ἐκ τοῦ στόματος ὑμῶν• 9 μὴ ψεύδεσθε εἰς ἀλλήλους, ἀπεκδυσάμενοι τὸν παλαιὸν ἄνθρωπον

σὺν ταῖς πράξεσιν αὐτοῦ 10 καὶ ἐνδυσάμενοι τὸν νέον τὸν ἀνακαινούμενον εἰς ἐπίγνωσιν κατ' εἰκόνα τοῦ κτίσαντος αὐτόν, 11 ὅπου οὐκ ἔνι Ἕλλην καὶ Ἰουδαῖος, περιτομὴ καὶ ἀκροβυστία, βάρβαρος, Σκύθης, δοῦλος, ἐλεύθερος, ἀλλὰ [τὰ] πάντα καὶ ἐν πᾶσιν Χριστός.
12 Ἐνδύσασθε οὖν, ὡς ἐκλεκτοὶ τοῦ θεοῦ ἅγιοι καὶ ἠγαπημένοι, σπλάγχνα οἰκτιρμοῦ χρηστότητα ταπεινοφροσύνην πραΰτητα μακροθυμίαν, 13 ἀνεχόμενοι ἀλλήλων καὶ χαριζόμενοι ἑαυτοῖς ἐάν τις πρός τινα ἔχῃ μομφήν• καθὼς καὶ ὁ κύριος ἐχαρίσατο ὑμῖν, οὕτως καὶ ὑμεῖς• 14 ἐπὶ πᾶσιν δὲ τούτοις τὴν ἀγάπην, ὅ ἐστιν σύνδεσμος τῆς τελειότητος. 15 καὶ ἡ εἰρήνη τοῦ Χριστοῦ βραβευέτω ἐν ταῖς καρδίαις ὑμῶν, εἰς ἣν καὶ ἐκλήθητε ἐν ἑνὶ σώματι• καὶ εὐχάριστοι γίνεσθε. 16 Ὁ λόγος τοῦ Χριστοῦ ἐνοικείτω ἐν ὑμῖν πλουσίως, ἐν πάσῃ σοφίᾳ διδάσκοντες καὶ νουθετοῦντες ἑαυτούς, ψαλμοῖς ὕμνοις ᾠδαῖς πνευματικαῖς ἐν [τῇ] χάριτι ᾄδοντες ἐν ταῖς καρδίαις ὑμῶν τῷ θεῷ• 17 καὶ πᾶν ὅ τι ἐὰν ποιῆτε ἐν λόγῳ ἢ ἐν ἔργῳ, πάντα ἐν ὀνόματι κυρίου Ἰησοῦ, εὐχαριστοῦντες τῷ θεῷ πατρὶ δι' αὐτοῦ.

(NA28판, UBS5판 골3:1-17 필자 사역)

설명 시작

이런 하나님에 대한 완전한 지식(ἐπίγνωσις-에피그노시스)은 하나님의 진노를 일으키는 죄의 역사를 완전하게 드러내는 지식이다. 그것은 '죄(ἁμαρτία-하마르티아)'라고 하는 세력이 땅에 있는 육신의 지체들 속에서 선하신 하나님의 율법을 이용해 저지르는 온갖 만행을 폭로하는 지식이다.

사도 바울은 하나님의 율법(특히 모세의 율법)이 그 '죄(ἁμαρτία-하마르티아)'에 의해 하나님의 진노를 일으키는 원인으로 쓰이고 있다는 사실을 깨달았기 때문에 율법이 없는 곳에는 범함도 없다고 말했고(롬4:15), 그 때문에 성도들에게 "사랑을 입은 자들이여, 여러분이 직접 복수하지 마십시오. 다만 어떤 처지(處地)에 있든 그 진노하심에 맡기십시오. 이는 성경에 기록되었기 때문입니다. '복수하는 것이 나의 일이니, 내가 되갚아 줄 것이다.*'라고, 주님께서 말씀하십니다."라고 말한 것이다(롬12:19).

이는 인류가 하나님께서 이 땅에 전하신 하나님의 복음을 믿음으로 받들지 않는 한 이 세상에 일어나는 그 어떤 일도 인간 스스로 정의롭게 처리할 수 없다는 말이나 다름없다는 사실을 일깨워 준다.

이러한 관점에서 사도 바울은 '그러나 이제는(Νυνὶ δέ-뉘니 데)'이라는 전치사구로

'율법과는 별개인 하나님의 한 의'가 명백하게 공개되었다고 선언하고, 이 지점에서부터 본격적으로 '율법과는 별개로 주어진 하나님의 한 의'에 대한 설명을 시작하는 것이다.

3:21	Νυνὶ δὲ χωρὶς νόμου δικαιοσύνη θεοῦ πεφανέρωται μαρτυρουμένη ὑπὸ τοῦ νόμου καὶ τῶν προφητῶν,	그러나 이제는 율법과는 별개로 하나님의 한 의가 명백하게 공개되었으니,[※1] 이는 그 율법과 그 예언자들에 의하여 증거된 것입니다.
3:22	δικαιοσύνη δὲ θεοῦ διὰ πίστεως Ἰησοῦ Χριστοῦ εἰς πάντας τοὺς πιστεύοντας. οὐ γάρ ἐστιν διαστολή,	그런데도 이 하나님의 의는 예수 그리스도의 믿음을 통해[※] 믿는 모든 사람을 위한 것입니다. 참으로 그것은 아무런 차별이 없습니다.
3:23	πάντες γὰρ ἥμαρτον καὶ ὑστεροῦνται τῆς δόξης τοῦ θεοῦ	왜냐하면 모든 사람이 죄를 지어 그 하나님의 그 영광에 이르지 못하고 있으나,
3:24	δικαιούμενοι δωρεὰν τῇ αὐτοῦ χάριτι διὰ τῆς ἀπολυτρώσεως τῆς ἐν Χριστῷ Ἰησοῦ·	그리스도 예수 안에 있는 그 구속을 통한 그 하나님의 그 은혜로 값없이 의롭다고 하심을 받기 때문입니다.

두 호칭

이제 명백하게 공개 선언된 '율법과는 별개인 하나님의 한 의(δικαιοσύνη θεοῦ-디카이오쉬네 데우)'에 대한 사도 바울의 설명은 믿음이라는 주제에 초점을 두고 그 실체적 진실을 밝히는 데 집중된다.

핵심은 두 호칭 사이의 간격을 이해하는 데 있다. '믿는 사람들에게 차별 없이 베풀어지는 하나님의 의(롬3:21-22)'를 말할 때 '예수 그리스도'를 사용한 다음, 그것을 설명하여 '의롭다고 하심을 받는 자들(롬3:23-24)'을 말할 때는 '그리스도 예수'라는 같지만 다른 호칭을 사용한다는 점이다.

사실 두 호칭 간의 이해는 필자가 이미 『2000여 년 로마서 해석의 지형을 바꾸다 1권』에서 하나님의 복음에 관한 사도 바울의 선언적 규정(롬1:1-4)을 설명하는 과정에서 소상히 밝혔으므로 따로 설명하지 않고 본문의 의미를 설명하는 데 주력하겠다. 왜냐하면 그 설명 과정을 통해 두 호칭 사이의 간격에 담긴 중요한 사실들이 더욱 명확해 드러나게 되어 두 호칭을 사용해 하나님의 복음을 설명하는 사도 바울의 진정한 의도가 밝혀지기 때문이다.

다만 이 본문의 진정한 의미를 찾기 위해서는 두 호칭이 실제 역사상 실존했던 '예수'라고 하는 이름을 가진 한 사람의 생애 전반을 놓고 역사적 의미를 서술하는 공동체의 전문 용어라는 사실을 기초로 놓고 시작하기로 한다.

겨냥

주목해야 할 것은 사도 바울이 두 호칭의 대조가 아니라 두 호칭에 관련된 특정 사실을 대조하여 '율법과는 별개인 하나님의 한 의'를 설명한다는 점이다.

그 대조를 세분하면 첫째는 '예수 그리스도'라는 호칭을 사용한 '예수 그리스도의 믿음을 통해서(διὰ πίστεως Ἰησοῦ Χριστοῦ-디아 피스테오스 예수 크리스투)'라고 하는 구문과 '그리스도 예수'라고 하는 호칭을 사용한 '그리스도 예수 안에 있는 그 구속을 통해서(διὰ τῆς ἀπολυτρώσεως τῆς ἐν Χριστῷ Ἰησοῦ-디아 테스 아폴뤼트로세오스 테스 엔 크리스토 예수)'라고 하는 두 구문의 대조로 나뉘어 있다.

여기서 '믿음(πίστις-피스티스)'은 이미 여러 번 (롬1:5, 8, 12, 17(3회), 3:3) 언급되었던 말로서 '신뢰받는 사람의 신뢰성을 바탕으로 믿는 상태(state of believing on the basis of the reliability of the one trustered)'를 나타내는 단어이다. 이를 이전 문단(롬3:1-4)을 설명하면서 '신실함(믿을 만한 바탕과 성질을 지닌 진실한 상태)'과 동의어임을 밝혔다. 그리고 '구속(ἀπολύτρωσις-아폴뤼트로시스)'이라는 말은 '포로로 감금된 상태에서 석방', 그러니까 해방과 자유로움을 나타내는 단어이다.

둘째는 '예수 그리스도의 믿음을 통해서'라는 구문을 믿는 사람들(πάντας τοὺς πιστεύοντας-판타스 투스 피스튜온타스)과 연결하고, '그리스도 예수 안에 있는 그 구속을 통해서'라는 구문은 의롭다고 하심을 받는 사람들(δικαιούμενοι-디카이우메노이)을 연결해 두 구문의 대조를 완성한다.

여기서 롬3:23의 도움을 받아 '그리스도 예수 안에 있는 그 구속'을 설명하면 모든 사람이 죄를 지어 그 하나님의 그 영광에 이르지 못하는 상태인 '그 죄의 포로로 감금된 상태에서의 석방'을 나타내는 그 죄로부터의 해방(벗어남)으로 그 하나님의 그 영광을 향해 달리는 출발점으로서의 자유를 내포한 의미가 된다.

이는 우리가 지금 살펴보고 있는 하나님의 복음에 관한 설명의 클라이맥스인 로마서 8장에서 언급되는 '그 하나님의 그 자녀들의 그 영광의 그 자유(τὴν ἐλευθερίαν τῆς δόξης τῶν τέκνων τοῦ θεοῦ-텐 엘류데리안 테스 독세스 톤 테크논 투 데우)를 겨냥하는 논리이다(롬8:17-23).

예측

여기서 포착할 수 있는 것은 결과적으로 '예수 그리스도의 믿음을 통해서(διὰ πίστεως Ἰησοῦ Χριστοῦ-디아 피스테오스 예수 크리스투)'라는 구문의 의미가 사람들에게 믿음을 주어 창조주이신 전능하신 언약의 하나님을 믿게 하는 일과 관련이 있고, '그리스도 예수 안에 있는 그 구속을 통해서(διὰ τῆς ἀπολυτρώσεως τῆς ἐν Χριστῷ Ἰησοῦ-디아 테스 아폴뤼트로세오스 테스 엔 크리스토 예수)'라는 구문은 죄인이 그 믿음을 얻어 영광의 전능하신 하나님을 향해 나아갈 수 있는 자격을 가진 의인의 신분으로 변화되어 영광스러운 자유의 몸에 쓸 의의 면류관(딤후4:8, 벧전5:4)과 생명의 면류관(약1:12, 계2:10), 영광의 면류관(벧전5:4)을 획득하는 일과 관련한 가시 면류관(마27:29, 막15:17, 요19:2,5, 딤후2:5, 고전9:25)과 연관이 있다는 사실이다.

이는 롬1:16-17에서 선언된 하나님의 복음이 이 세상에서 벌어지고 있는 사탄과의 참혹한 영적 전쟁 속에서 믿는 자들에게 구원을 주시는 하나님의 능력으로서 어떻게 구체적으로 작동해 하나님의 나라를 실현하게 되는지를 보여 주려고 하는 사도 바울의 의도를 예측할 수 있게 한다.

완성적 안목

보다시피 두 호칭에 관련된 내용의 특성과 범위가 두 호칭의 강조에 대한 차이점을 드러낸다. '예수 그리스도'는 실제 역사상 존재했던 역사적 인물로서 한 사람인 예수님을 강조해 지상에 존재하는 사람들에게 영원하신 하나님(전능하신 창조주)을 믿는 믿음을 주는 일을 실제로 하신 분이심을 드러내 강조하는 호칭이라면, '그리스도 예수'는 천상의 계시로 드러난 역사적 인물로서의 그리스도를 강조해 죄의 지배 아래서 하나님의 진노를 부를 수밖에 없는 원수(역적)의 삶을 사는 사람들에게 하나님과의 사귐을 이루어 갈 수 있는 신분의 변화를 일으키신 분임을 드러내는 호칭이다.

전자는 그 한 사람이 사람들에게 그리스도로 확증되기까지의 과정에서 그가 행한 일과 그 일의 결과로 마침내 그리스도가 되어 역사의 지평 위에 믿음 율법(도리)을 세우고 온 세상에 믿음을 전하게 하여 인류를 구원해 가는 그 구원의 토대를 세우셨다는 역사적 사실을 객관적으로 나타내는 데 방점이 있다면, 후자는 그 객관적인 사실을 바탕으로 그 일의 결과가 주는 효과를 실제 수혜자들인 그 믿음의 사람들에게 그 일의 목적이 어떻게 이루어지는지를 명확하게 알 수 있도록 그 역사적 사실을 천상의 법정적 관점에서 설명적으로 나타내는 데 방점이 있다.

두 호칭은 서로 다른 존재에 대해 말하는 것이 아니라 지상에 실존하셨던 유일한 한 사람을 보는 관점의 차이에서 비롯한 용어이다. 구속사라고 하는 '계시 역사의 시작과 과정 그리고 완성'을 꿰뚫어 보는 통찰력으로 '그 다른 한 사람(τὸν ἕτερον-톤 헤테론)', 곧 '예수(Ἰησοῦς-예수스)'라고 하는 이름을 가지신 분의 역사적 의미를 규정한 것이다.

두 호칭이 만나는 지점

이 용어와 관련된 구문이 어려운 것은 헬라어 구문에 관한 문법이 어려워서가 아니라 이 두 용어가 만들어지는 내막이 있는데 그 안에 담긴 역사적 사실이 있고, 그 사실에 대한 해석에 관련한 문제가 있기에 어렵다. 지상과 천상을 통틀어 영원한 세계를 통찰하는 영적 안목이 필요한 대목이기 때문에 더욱 어렵다.

사실 이 두 호칭은 하나님의 복음 곧 영원 전부터 숨겨진 하나님의 비밀(롬16:26, 고전4:1, 골2:2)에 관련된 모든 신비의 재료를 담은 그릇과 같다. 사도 바울은 지금 그 두 그릇 속에 들어있는 재료로 영원한 생명의 식탁을 차리고 그 음식을 먹을 수 있는 기회를 베풀고 있다.

이 천국 잔치는 두 호칭을 기념하며 노래하는 곳에서 벌어진다. 두 호칭이 만나는 지점인 그곳에 '예수'라고 하는 이름을 가진 역사상 실제로 존재하신 한 분이 계신다. 그곳은 그분의 살과 피를 먹고 마심으로써 영원한 생명을 얻어 새로운 삶이 시작되는 아주 특별한 지점이다(요6:53-58).

그런 관점으로 다음 본문을 보라.

3:25	ὃν προέθετο ὁ θεὸς ἱλαστήριον διὰ [τῆς] πίστεως ἐν τῷ αὐτοῦ αἵματι εἰς ἔνδειξιν τῆς δικαιοσύνης αὐτοῦ διὰ τὴν πάρεσιν τῶν προγεγονότων ἁμαρτημάτων	부연하면 그분을 그 하나님께서는 [그] 믿음을 통해* 드려지는 속죄 제물로 내세우셨으니, 이는 그분의 피로 이전에 지은 죄들을 면제하시는 관용을 베푸심으로써 자기의 의를 나타내 보여 주신 것입니다.
3:26	ἐν τῇ ἀνοχῇ τοῦ θεοῦ, πρὸς τὴν ἔνδειξιν τῆς δικαιοσύνης αὐτοῦ ἐν τῷ νῦν καιρῷ, εἰς τὸ εἶναι αὐτὸν δίκαιον καὶ δικαιοῦντα τὸν ἐκ πίστεως Ἰησοῦ.	그 하나님께서 자기 의를 나타내 보여 주심은 지금 이때[※1] 자기가 의로우시다는 것과 예수의 믿음으로부터 존재하는 자를[※2] 의롭다고 하시는 것을 보여 주시기 위한 것이었습니다.

인간들의 문법 해체

사도 바울의 예수님에 대한 설명은 간명하다. 하나님께서 자기 의를 나타내 보여 주시기 위해 속죄의 수단으로 세우신 사람(whom God set forth as a means of expiation)이다. 그리고 그분의 피가 이전(지나간 시대)에 지은 죄들을 면제하는 속죄의 증거가 된다는 사실을 보여 주심으로써 '율법과는 별개인 하나님의 한 의'를 드러내셨다.

여기서 중요한 것은 '율법과는 별개인 하나님의 한 의'에 쓰인 '율법'은 전환된 관점에서의 율법이란 점이다. 그러니까 여기에 쓰인 '율법'은 그리스도 예수 안에 있는 구속을 통해 바라보는 인류의 융합과 통합의 구속사에서 드러난 예수님의 말씀과 행위로서의 존재적 율법이다. 그건 일차적으로 모세의 율법과 직접적인 관련이 있고 이방 세계의 모든 법을 품을 수 있는 아주 크고도 넓은 최고의 법으로서의 율법이지 모세의 율법만을 지칭하는 용어가 아니다.

그동안 이 지점의 율법을 단순히 모세의 율법으로만 인식하고 해석하는 오류를 범함으로써 참된 복음의 복음 됨을 맛보지 못하고 그저 반쪽짜리 복음에 만족해야 하는 서글픈 시대를 살아야 했다. 그건 오늘도 여전히 지속되고 있는 구속사 속에서 완성되어야 할 구속을 바라보며 품어서 바로잡아야 할 오류이다.

그런 의미에서의 '율법과 별개인 하나님의 의'를 다시 읽으면 '예수님께서 말씀하신 말씀과 행위로서의 존재적 율법과는 별개인 하나님의 한 의'가 된다. 그리고 이는 그동안 쌓아 온 복음에 관한 전반적인 이해를 수정할 것을 요구한다(이와 관련한 실체적 진실은 남은 로마서 텍스트의 설명을 통해 명확하게 드러날 것이니 집중해 주기 바란다).

아무튼 그런 관점에서 '율법과는 별개인 하나님의 한 의'가 계시되고 있는 때는 예수님의 십자가 사건이 일어나 그분이 돌아가시고 다시 살아나신 때이다. 그때는 본문에서 '지금 이때(ἐν τῷ νῦν καιρῷ-엔 토 뉜 카이로-지금 그때)'라는 구문으로 표현된다. 그 의미는 그 십자가의 사건이 일어나고 있는 현재를 말한다. 2000여 년이 지난 지금도 그 사건이 반복되어 일어나고 있다는 뜻이다. 인간들의 문법을 완전하게 해체하는 사실을 표현하는 대목이다.

어떻게 그런 일이 가능한가?

필자의 책 『2000여 년 로마서 해석의 지형을 바꾸다 1권』에서 지금까지 누구이 말했지만, 예수님의 십자가 사건은 영원성을 가진 복음적 사건이기에 가능한 일이다. 그분께서 십자가에 돌아가신 후 다시 살아나셔서 영원한 대제사장으로 하늘 보좌 우편에 앉으셨으므로 그런 표현은 가능한 것이다(히13:8).

믿음의 산물

이제 시공간을 뛰어넘어 오고 오는 인류에게 그 사건을 반추하게 하심으로써 속죄의 증거가 되는 그분의 피가 주는 믿음을 통해서 '율법(예수님께서 말씀하신 말씀과 행위로서의 존재적 율법)과는 별개인 하나님의 한 의'를 알게 하신 것이다. 율법의 논리로 의로움을 추구하는 인간 세상에 믿음의 논리로 의롭다고 하시는 원리를 세우심으로 하나님의 은혜로 이루어지는 새로운 삶을 살도록 길을 열어 놓으셨다.

그렇게 하신 하나님의 의도는 두 가지이다. 하나는 그 일을 통해서만 하나님 자신이 의로운 분이라는 사실을 알게 하는 것이고, 다른 하나는 그런 예수님의 믿음에 속한 자(앞으로 설명하겠지만 단수 정관사로 특정된 한 사람을 지목한다는 사실을 꼭 기억해 두라)를 의롭다고 하시는 분이시라는 사실을 알게 하는 것이다.

여기서 예수님의 믿음이란 인간 세계에 하나님을 기쁘시게 하는 믿음의 사람을 세우시기 위해 예수님께서 직접 이 땅에서 해야 할 사역을 완수하신 일을 말한다(히11:3, 마5:17, 롬10:4). 믿음이라고는 눈곱만큼도 없는 인간에게 십자가의 은혜로 믿음을 주어 의로운 삶을 살게 하셨다는 말이다(요14:11). 인간에게 있어서 하나님을 기쁘시게 하는 삶이란 온전히 하나님의 은혜가 만들어 내는 믿음의 산물이다(고전15:10, 고후1:12).

그런 시각에서 "그런즉 그 자랑이 어느 쪽에 있습니까(직역하면 '그런즉 어디에 그 자랑(롬2:23)이 있습니까)?"라는 질문으로 자연스럽게 이어지는 다음 본문을 보라. 그러면 문맥 전체의 흐름을 일목요연하게 정리할 수 있을 것이다.

이해를 돕기 위해 약간의 설명을 덧붙인다면 '자랑'에 대한 진원지는 복고형 유대인의 정체성을 논하는 롬2:23의 문맥에 닿아 있다. 그리고 그것은 예수 그리스도의 믿음과 그리스도 예수 안에 있는 구속을 통해 해악하고 무가치한 것으로 판명이 났다. 그런 상황에서 '어디에?'로 번역한 의문 부사 '푸(Ποῦ-BDAG: '이동의 암시가 없는 장소에 대한 의문사(interrogative reference to place without suggestion of movement)'-where(?), at which place(?))'를 한 걸음 더 나아가 복고형 유대인 쪽인지 그리스도 예수 안에 있는 구속의 복음 쪽인지 '그 자랑'이 어느 쪽에 있는지 묻는 것으로 보아도 무방할 것이다. 왜냐하면 그다음에 나오는 동사 하나로만 이루어진 문장에 쓰인 엑세클레이스데(ἐξεκλείσθη-BDAG: '…을 위한 공간을 만들지 않다(to make no room for)'-excluded, shut out)가 '누군가나 사물이 어떤 장소에 들어가거나 활동에 참여하는 것을 막는 것(to prevent someone or something from entering a place or taking part in an activity:excluded)'을 나타내는 '내쫓다 또는 배제하다(스트롱 헬라어사전)'라는 의미의 단어로 '그것은(그 자랑이) 내쫓겨졌습니다.'로 적극적인 번역을 해야 하는 문맥이기 때문이다(BDAG도 'it is excluded'로 번역했다).

이는 이어지는 자의적 질문과 답변 '어느 율법을 통해서입니까? 그 일들을 통해서입니까? 아닙니다. 오직 믿음의 율법을 통해서입니다.'에서도 믿음의 율법 쪽에 자랑이 있음을 확인할 수 있다.

| 3:27 | Ποῦ οὖν ἡ καύχησις; ἐξεκλείσθη. διὰ ποίου νόμου; τῶν ἔργων; οὐχί, ἀλλὰ διὰ νόμου πίστεως. | 그런즉 그 자랑이 어디에 있습니까?†1 그것은 내쫓겨졌습니다.†2 어느 율법을 통해서입니까? 그 일들을* 통해서입니까? 아닙니다. 오직 믿음의 율법을 통해서입니다. |

3:28	λογιζόμεθα γὰρ δικαιοῦσθαι πίστει ἄνθρωπον χωρὶς ἔργων νόμου.	왜냐하면 우리는 '사람이 율법의 일들과는 별개로* 믿음으로 의롭다고 하심을 받는다.'라고 생각하기 때문입니다.
3:29	ἢ Ἰουδαίων ὁ θεὸς μόνον; οὐχὶ καὶ ἐθνῶν; ναὶ καὶ ἐθνῶν,	혹시 그 하나님이 유대인들만의 하나님이시라고 생각합니까? 그리고 이방인들의 하나님은 아니십니까? 아닙니다. 이방인들의 하나님이시기도 합니다.
3:30	εἴπερ εἷς ὁ θεὸς ὃς δικαιώσει περιτομὴν ἐκ πίστεως καὶ ἀκροβυστίαν διὰ τῆς πίστεως.	진정 그러하다면 한 분이신 그 하나님께서*1 할례받은 자를 믿음으로 의롭다고 여기시고, 할례받지 않은 자 또한 그 믿음을 통해*2 의롭다고 여기실 것입니다.
3:31	νόμον οὖν καταργοῦμεν διὰ τῆς πίστεως; μὴ γένοιτο· ἀλλὰ νόμον ἱστάνομεν.	그런데 우리가 그 믿음을 통해서 율법을 폐기하기라도 하고 있단 말입니까? 절대로 그렇게 되지 않기를 바랍니다. 오히려 우리가 율법을 똑바로 일으켜 세우고 있는 것입니다.*

그럼 이제 문맥의 전환을 표시하는 '그러나 이제는(Νυνὶ δέ-뉘니 데)'이라는 관용어로 시작된 새로운 문단의 문맥을 명확하게 정리함으로써 로마서 3장을 마무리하고 4장으로 발걸음을 떼고자 한다.

그러기 위해서는 우선 이전 문맥(롬1:18-3:20)에 대한 간략한 한 줄 브리핑이 필요한데, 우선 '융합과 통합된 세계 질서(그리스도 예수 안에 있는 구속을 통해 하나님의 선민인 유대 민족과 이방 민족이 융합하여 통합된 질서)에 대한 하나님의 심판'이라는 키워드를 상기하길 권한다.

율법에 대한 깨달음

사도 바울은 '그러나 이제는(Νυνὶ δέ-뉘니 데)' 이전 문단에서 하나님의 주도권 아래 형성된 융합과 통합된 세계질서에 대한 하나님의 복음적 심판의 정당성을 확정함으로써 모든 인류가 처벌받아야 하는 상태에 있음을 소상히 밝혔다. 하나님의 진노를 일으키는 그 세계질서는 이미 설명한 양파와 달걀의 비유와 같은 구조로 형성되어 있어, 그것들의 심층부를 향한 해부학적인 논리로 하나님의 선민을 자처하는 복고형 유대인이 표방하는 자긍심의 원천인 모세의 율법과 그 율법 아래서의 육체적 할례의 도용을 질타하며 하나님 앞에 의로움을 얻을 수 있는 길(방법)이 없다고 논술을 마친 것이다.

따라서 이미 필자가 많은 지면을 통해 소상히 밝혔듯이 '그러나 이제는(Nυνί δέ-뉘니 데)' 이후 문단에서 꼭 기억해야 할 것은 하나님의 복음으로 전환된 관점에서 '융합과 통합된 그리스도 예수 안에서의 세계 질서를 지배하는 율법'에 대한 사도 바울의 인식이고, 그런 관점에서 '그 세계 질서를 형성하고 유지하는 율법'을 통해 모든 인류가 의로움을 얻으려고 하는 과정에서 발생하는 판단 능력의 결함에 대해 상세히 밝힌 사도 바울의 인식(율법에 대한 깨달음)이다.

맥락의 연속

그렇게 율법으로 형성되고 유지되는 그 세계 질서는 하나님의 진노를 불러올 수밖에 없는 곳으로 나간다. 겉으로 보기에 발전과 변화를 반복하면서 더 나은 성숙한 사회를 향하고 있는 것처럼 보이지만, 하나님의 복음을 통해 은혜의 구원이 베풀어지지 않는 한 실상은 더 심화한 죄악을 이루는 곳으로 나아갈 뿐이다. 그 정중앙에 모세의 율법과 그 율법에 의한 육체의 할례를 힘입어 사는 유대 민족이 있다.

그런 그 세계 질서의 발전 상황에서 전능하신 하나님의 의가 '율법과는 별개인 하나님의 한 의(δικαιοσύνη θεοῦ-디카이오쉬네 데우)'라고 하는 이름으로 이 세상에 왔다. 그리고 그것은 모든 사람이 알아볼 수 있도록 명백하게 공개된 상태로 오늘에 이르러 있는 상태이다. 그리고 그것은 유대인들이 맡은 기록된 하나님의 말씀으로서의 율법(모세오경)과 예언자들의 글이 현재도 증언하고 있는 것이라고 명시함으로써 논의의 방향이 전통적인 유대인들과의 관계 속에 있다는 것을 보여 준다(롬 3:21).

그러한 사실은 이미 이전 문단(롬2:17-3:20)에서 복고형 유대인들이 지닌 율법, 그러니까 모세의 율법(모세오경)에 대한 잘못된 시각(인식)을 설득 교정하기 위해 기록된 하나님의 말씀 전체로부터 모세오경의 의미를 밝혀 줄 여러 구절을 인용해 가며 그런 유대인에 대한 하나님의 심판이 정당하다는 것을 입증했던 맥락의 연속이다.

내쫓겨진 지배자

그 의(율법과는 별개인 하나님의 한 의)는 모든 사람에게 차별 없이 베풀어지고 있다. 그것은 모든 사람이 죄를 지어 하나님의 영광으로 충만한 삶을 살지 못하는 것을 불쌍히 여겨 위로하시는 하나님의 따뜻한 손길이다.

다만 그것은 유대인의 한 사람인 예수님을 그리스도라고 부르는 그리스도인들이 전파하는 믿음을 통해 믿는 모든 사람을 의롭다고 하시는 하나님의 복음적 판단에 따른 것이다.

이미 말한 것처럼 '예수'라는 이름은 하나님의 비밀인 '그리스도(골2:2)'라는 말과 앞뒤로 맞물려 그 심오함이 설명된다. 그 심오함은 그분에 대한 하나님의 약속으로부터 시작해 그분의 출생과 그분의 생애 전반의 인격과 사역의 결과에 대한 해석으로 밝혀진다.

그 심오함의 핵심은 전능하신 하나님의 믿음과 신실하심을 증언하는 말씀(기록된 하나님의 말씀)을 위임받아 전하도록 선택받은 유대인들의 그릇된 믿음과 신실하지 못함을 드러내시는 데 있다. 곧 예수라는 이름을 가진 한 인간의 인격과 사역을 통해 하나님의 믿음과 신실하심을 이 땅에 세워 하나님의 정의로 다스려지는 나라를 시작하셨다는 것이다.

그 하나님의 나라는 믿음으로 살아지는 의인들의 나라이다. 그 믿음은 예수라고 하는 한 사람이 지상에서 이룬 일의 결과로 베풀어지는 선물이다. 그 나라가 이미 이 땅에 와 있다. 그 믿음의 율법을 통하지 않고서는 아무도 자랑할 수 없다. 왜냐하면 자신의 정체를 숨기고 그 세계질서를 쥐락펴락해 왔던 지배자가 내쫓겨지고(롬3:37 '있을 수 없습니다.'로 번역된 ἐξεκλείσθη-엑세클레이스데) 믿음으로 살아야 할 새로운 시대가 열렸기 때문이다(요12:31, 16:11).

| 3:27 | Ποῦ οὖν ἡ καύχησις; ἐξεκλείσθη. διὰ ποίου νόμου; τῶν ἔργων; οὐχί, ἀλλὰ διὰ νόμου πίστεως. | 그런즉 그 자랑이 어디에 있습니까?†1 그것은 내쫓겨졌습니다.†2 어느 율법을 통해서입니까? 그 일들을* 통해서입니까? 아닙니다. 오직 믿음의 율법을 통해서입니다. |

3:28	λογιζόμεθα γὰρ δικαιοῦσθαι πίστει ἄνθρωπον χωρὶς ἔργων νόμου.	왜냐하면 우리는 '사람이 율법의 일들과는 별개로※ 믿음으로 의롭다고 하심을 받는다.'라고 생각하기 때문입니다.
3:29	ἢ Ἰουδαίων ὁ θεὸς μόνον; οὐχὶ καὶ ἐθνῶν; ναὶ καὶ ἐθνῶν,	혹시 그 하나님이 유대인들만의 하나님이시라고 생각합니까? 그리고 이방인들의 하나님은 아니십니까? 아닙니다. 이방인들의 하나님이시기도 합니다.

예의 바른 권유와 설득

사도 바울의 생각은 분명하다. 하나님은 모든 사람의 하나님이시지 유대인들만의 하나님이 아니다. 왜냐하면 육체를 가지고 이 땅에 사는 인간이라면 누구든지 하나님과의 관계에서 하나님께서 은혜로 베풀어 주시는 믿음으로만 의롭다고 하심을 받기 때문이다.

이는 분명 객관적으로 그동안 하나님께서 모세를 통해 주신 율법(모세오경)에 의지해 하나님을 자랑하며 살아왔던 유대인의 처지에서는 민족 정체성 전체를 부정당하는 논리이기에 수치심을 느끼기에 충분하다.

하지만 사도 바울의 그런 논리는 유대인을 비하하거나 배격하는 게 결코 아니다. 유대인은 타민족과는 비교할 수 없을 만큼 하나님과의 관계에서 장점과 유익함을 선점한 민족임에도 그것들로 주어지는 혜택을 입지 못한 불행한 처지를 안타까워하며 건네는 예의 바른 권유이고 설득이다. 왜냐하면 예수 그리스도, 그리스도 예수라는 호칭 사이에서 설명해 낸 '율법과는 별개인 하나님의 한 의'가 인류에게 차별 없이 믿음으로 하나님을 기쁘시게 할 수 있는 시대가 온 것은 그 유대인과 동족인 유대인 예수의 믿음에 의해 시작된 것이기 때문이다(요4:22, 행4:12).

영원한 언약에 기초한 논리

사도 바울이 롬3:25-26에서와 같이 이 세상에 믿음의 율법을 세운 예수님의 일하심과 그 믿음을 상기시키며 그 예수님의 믿음에 속한 자(단수 정관사로 특정된 한 사람)를 지목한다는 것은 자연스럽게 그 유대인의 조상 아브라함의 믿음을 이야기함으로써 그들 속에 자리 잡은 그들의 그릇된 인식을 바로잡으려고 하는 의도를 드러낸 것이다.

그것은 분명 일반적으로 동류의 것들을 모두 총칭하는 대표성을 가진 표현이기도 하지만 문맥상 유대인과 이방인이라고 하는 두 부류로 인류를 나누고 유대인들의 신앙 인식의 그릇됨을 입증하고 확정하려고 하는 사도 바울의 논리 방향과 의도를 놓고 보면 앞으로 롬 4장에서 언급될 아브라함을 암시하고 있는 것이 더욱 확실해 보인다.

또한 앞으로 계속되는 롬 5장을 통해서 보면 애초(롬1장)부터 사도 바울은 그리스도 예수 안에서 '예수 그리스도와 아담'이라는 두 사람의 대표 원리를 전제하고 하나님의 복음을 증언한다는 측면에서도 롬 2장에서 제시한 '그 다른 한 사람'에 대한 논리와 지금 필자가 설명하고 있는 롬 3장 역시 그 논리적 전제를 배경으로 삼고 있다는 것이 확실하므로 아브라함은 그 대표 원리 속에 예속되어 그 대표성을 증거하는 역할을 한다.

이는 유대인의 시조이자 그들이 아버지라고 부르는 아브라함을 거꾸로 그의 까마득한 후손인 예수님의 믿음에 속한 자임을 밝히고자 하는 역발상을 염두에 둔 사도 바울은 그의 후손들 모두가 예수님의 믿음으로부터 존재하기를 바라는 마음이다.

아브라함은 한 사람 예수 그리스도의 믿음에 속해 예수 그리스도의 믿음으로 살지 않았던가. 아브라함이야말로 한 사람 예수 그리스도의 믿음에 속한 자가 분명하며, 예수 그리스도의 믿음으로 존재하는 자가 분명하다.

이 또한 이어지는 롬3:27-31의 문맥 속에서 할례자와 무할례자에 대해 언급하는 이유도 비뚤어진 할례에 대한 자긍심으로 똘똘 뭉친 유대인들의 의식층을 뒤흔들어 바로 세울 수 있는 건 사도 바울이 보기에도 그들의 시조, 그러니까 할례받은 자들의 조상 아브라함의 사례를 설명함으로써 그들의 인식에 문제점이 있음을 발견하게 하는 일 외에 더 좋은 설득력 있는 방법은 없기 때문이라는 사실 속에서 확인되듯이 두 비교를 통해 드러나는 유대인과 이방인 모두에 대한 공평한 심판의 논리가 마무리되는 것 또한 궁극적으로 할례받은 자들의 조상 아브라함을 겨냥할 수밖에 없다는 사실로도 확증할 수 있다.

그것은 하나님께서 그 예수님을 통해 그(유대인의 조상 아브라함)를 의롭다고 하시는 분이시라는 것과 그 일을 하나님께서 역사의 현장 속에서 직접 이루어 보이신 일임을 설명함으로써 유대인을 향한 지칠 줄 모르시는 하나님의 크신 사랑에 그 유대인들의 마음이 닿기를 바라는 것이다.

이 지점에서 문제가 되는 것은 다름 아닌 그 예수님의 믿음이 어떻게 아브라함의 믿음을 능가할 수 있느냐는 문제, 곧 아브라함의 믿음이 어떻게 예수님의 믿음에 속한 것이라고 입증할 수 있는 근거가 무엇이냐는 것이다.

그것은 요한복음 8장의 예수님과 바리새인들 간에 발생한 논쟁의 일화를 통해 간단하게 입증된다.

> 32 그리고 "너희가 그 진리를 알 것이며, 그 진리가 너희를 자유롭게 할 것이다."
> 33 그들이 그를 향해 대답했습니다. "우리는 아브라함의 씨(후손)이고 어느 때든지 아무에게도 종이 된 적이 없는데, 어떻게 해서 당신은 '너희가 자유롭게 될 것이다.'라고 말씀하십니까?"
> 34 그 예수께서 그들에게 대답하셨습니다. "진실로 진실로 내가 너희에게 말한다. 그 죄를 행하는 자마다 그 죄의 종이다.
> 35 그러나 그 종은 그 집 안에 영원히 머물지 못하지만 그 아들은 영원히 머문다.
> 36 그런즉 만일 그 아들이 너희를 자유롭게 한다면, 너희는 참으로 자유롭게 될 것이다.
> 37 나는 너희가 아브라함의 씨(후손)라는 것을 안다. 그러나 너희가 나를 죽이려고 찾는다. 왜냐하면 그 내가 가지고 있는 그 말씀이 너희 안에 있을 자리가 없기 때문이다.
> 38 나는 그 아버지께 곁에서 본 것들을 발표한다. 그런즉 너희도 그 아버지 곁에서 들은 것을 행한다."
> 39 그들이 그에게 대답하여 말했습니다. "우리들의 아버지는 아브라함이십니다." 그 예수께서 그들에게 말씀하셨습니다. "만일 너희가 그 아브라함의 자녀들이라면, 그 아브라함의 그 일들을 너희가 행하고 있었을 것이다.
> 40 그러나 지금 너희는 그 하나님 곁에서 들은 그 진리를 발표한 사람인 나를 죽이려 찾고 있다. 이런 일을 아브라함은 행하지 않았다.
> 41 너희는 너희 아버지의 일들을 행하고 있다." [그러자] 그들이 그에게 말했습니다. "우리는 음행으로부터 출생되지 않았으며, 우리가 아버지 한 분을 가지고 있으니 바로 그 하나님이십니다."
> 42 그 예수께서 그들에게 말씀하셨습니다. "만일 그 하나님이 너희 아버지라

면 너희가 나를 사랑하고 있었을 것이다. 왜냐하면 내가 그 하나님께로부터 나와서 도착해 있기 때문인데, 그 또한 나 스스로 온 것이 아니라 그분께서 나를 보내셨기 때문이다.

43 무엇 때문에 너희는 그 내가 하는 그 연설의 내용을 알지 못하느냐? 이는 너희가 그 내가 가진 그 말씀을 들을 수 없기 때문이다.

44 너희는 그 아비인 그 마귀로부터 있고 너희 아비의 욕심들을 행하기를 원한다. 저는 처음부터 살인자로 존재하고 있었고 그는 그 진리 안에 서지 못하고 있었다. 왜냐하면 진리(진실)가 그 안에 없기 때문이다. 그는 그 거짓을 발표할 때 자기(사적인) 것들로부터 발표한다. 왜냐하면 그는 거짓말쟁이이고 거짓의 아비이기 때문이다.

45 그러나 내가 그 진리를 말하기 때문에, 너희는 나를 믿지 않는다.

46 너희로부터 누가 나를 죄에 대해 책망하느냐? 내가 진리를 말하는데도 무엇 때문에 너희는 나를 믿지 않느냐?

47 그 하나님께로부터 존재하는 사람은 그 하나님의 그 말씀들을 듣는다. 이것 때문에 너희가 듣지 못하니, 이는 너희가 그 하나님께로부터 존재하지 않기 때문이다."

48 그 유대인들이 대답하여 그에게 말했습니다. "우리는 '당신이 사마리아인이다.' 또는 '당신이 귀신을 가지고 있다.'라고 잘 말하고 있지 않습니까?"

49 예수께서 대답하셨습니다. "나는 귀신을 가지고 있는 것이 아니라 오히려 내 아버지를 공경하는 것인데 너희는 나를 모독한다.

50 더욱이 나는 내 영광을 구하지 않는다. 나의 영광을 구하고 심판하시는 분이 따로 존재하신다.

51 진실로 진실로 내가 너희에게 말한다. 만일 어떤 사람이 그 내가 가지고 있는 그 말씀을 간직한다면, 결코 그는 죽음을 영원히 바라보지 않을 것이다."

52 [그러자] 그 유대인들이 그에게 말했습니다. "지금 막 우리는 당신이 귀신을 가지고 있다는 것을 알았습니다. 아브라함도 죽었고 그 예언자들도 죽었는데, 당신은 '어떤 사람이 나의 말을 간직한다면, 결코 그는 영원히 죽음을 맛보지 않는다.'라고 말하고 있습니다.

53 당신이 우리 조상 아브라함보다도 더 큽니까? 누구든지 다 죽습니다. 그 예언자들도 죽었습니다. 그런데 당신은 당신 자신을 누구로 만들고 있습니까?"

54 예수께서 대답하셨습니다. "만일 내가 나 자신을 영화롭게 한다면, 나의 영광은 아무것도 아니다. 나를 영화롭게 하는 분은 나의 아버지시니, 그분을

너희가 '그분은 우리들의 하나님이시다.'라고 말한다. 55그리고 너희는 그분을 알지 못하지만 나는 그분을 알고 있다. 만일 내가 그분을 모른다고 말하면 나도 너희와 같은 거짓말쟁이일 것이다. 그러나 나는 그분을 알고 그분의 말씀을 간직한다. 56너희 조상 아브라함은 그 내가 가진 그 날을 볼 것을 즐거워하다가 그것을 보고 기뻐했다." 57이에 그 유대인들이 그를 향해 말했습니다. "당신은 아직 나이가 오십도 안 되었는데 아브라함을 보았단 말입니까?" 58예수께서 그들에게 말씀하셨습니다. "진실로, 진실로 내가 너희에게 말한다. 아브라함이 되기 전부터 나는 존재한다." 59그런즉 그들이 그에게 던지려고 돌을 집어 들었습니다. 그러나 예수께서는 숨겨져서 그 성전으로부터 나가셨습니다.

32καὶ γνώσεσθε τὴν ἀλήθειαν, καὶ ἡ ἀλήθεια ἐλευθερώσει ὑμᾶς. 33 ἀπεκρίθησαν πρὸς αὐτόν· σπέρμα Ἀβραάμ ἐσμεν καὶ οὐδενὶ δεδουλεύκαμεν πώποτε· πῶς σὺ λέγεις ὅτι ἐλεύθεροι γενήσεσθε; 34 ἀπεκρίθη αὐτοῖς ὁ Ἰησοῦς· ἀμὴν ἀμὴν λέγω ὑμῖν ὅτι πᾶς ὁ ποιῶν τὴν ἁμαρτίαν δοῦλός ἐστιν τῆς ἁμαρτίας. 35 ὁ δὲ δοῦλος οὐ μένει ἐν τῇ οἰκίᾳ εἰς τὸν αἰῶνα, ὁ υἱὸς μένει εἰς τὸν αἰῶνα. 36 ἐὰν οὖν ὁ υἱὸς ὑμᾶς ἐλευθερώσῃ, ὄντως ἐλεύθεροι ἔσεσθε. 37 Οἶδα ὅτι σπέρμα Ἀβραάμ ἐστε· ἀλλὰ ζητεῖτέ με ἀποκτεῖναι, ὅτι ὁ λόγος ὁ ἐμὸς οὐ χωρεῖ ἐν ὑμῖν. 38 ἃ ἐγὼ ἑώρακα παρὰ τῷ πατρὶ λαλῶ· καὶ ὑμεῖς οὖν ἃ ἠκούσατε παρὰ τοῦ πατρὸς ποιεῖτε. 39 Ἀπεκρίθησαν καὶ εἶπαν αὐτῷ· ὁ πατὴρ ἡμῶν Ἀβραάμ ἐστι. λέγει αὐτοῖς ὁ Ἰησοῦς· εἰ τέκνα τοῦ Ἀβραάμ ἐστε, τὰ ἔργα τοῦ Ἀβραὰμ ἐποιεῖτε· 40 νῦν δὲ ζητεῖτέ με ἀποκτεῖναι ἄνθρωπον ὃς τὴν ἀλήθειαν ὑμῖν λελάληκα ἣν ἤκουσα παρὰ τοῦ θεοῦ· τοῦτο Ἀβραὰμ οὐκ ἐποίησεν. 41 ὑμεῖς ποιεῖτε τὰ ἔργα τοῦ πατρὸς ὑμῶν. Εἶπαν [οὖν] αὐτῷ· ἡμεῖς ἐκ πορνείας οὐ γεγεννήμεθα, ἕνα πατέρα ἔχομεν τὸν θεόν. 42 εἶπεν αὐτοῖς ὁ Ἰησοῦς· εἰ ὁ θεὸς πατὴρ ὑμῶν ἦν ἠγαπᾶτε ἂν ἐμέ, ἐγὼ γὰρ ἐκ τοῦ θεοῦ ἐξῆλθον καὶ ἥκω· οὐδὲ γὰρ ἀπ' ἐμαυτοῦ ἐλήλυθα, ἀλλ' ἐκεῖνός με ἀπέστειλεν. 43 διὰ τί τὴν λαλιὰν τὴν ἐμὴν οὐ γινώσκετε; ὅτι οὐ δύνασθε ἀκούειν τὸν λόγον τὸν ἐμόν. 44 ὑμεῖς ἐκ τοῦ πατρὸς τοῦ διαβόλου ἐστὲ καὶ τὰς ἐπιθυμίας τοῦ πατρὸς ὑμῶν θέλετε ποιεῖν. ἐκεῖνος ἀνθρωποκτόνος ἦν ἀπ' ἀρχῆς καὶ ἐν τῇ ἀληθείᾳ οὐκ ἕστηκεν, ὅτι οὐκ ἔστιν ἀλήθεια ἐν αὐτῷ. ὅταν λαλῇ τὸ ψεῦδος, ἐκ τῶν ἰδίων λαλεῖ, ὅτι ψεύστης ἐστὶν καὶ ὁ πατὴρ αὐτοῦ. 45 ἐγὼ δὲ ὅτι τὴν ἀλήθειαν λέγω, οὐ πιστεύετέ μοι. 46 τίς ἐξ ὑμῶν ἐλέγχει με περὶ ἁμαρτίας; εἰ ἀλήθειαν λέγω, διὰ τί ὑμεῖς οὐ πιστεύετέ μοι; 47 ὁ ὢν ἐκ τοῦ θεοῦ τὰ ῥήματα τοῦ θεοῦ ἀκούει· διὰ τοῦτο ὑμεῖς οὐκ ἀκούετε, ὅτι ἐκ τοῦ θεοῦ οὐκ ἐστέ. 48 Ἀπεκρίθησαν οἱ Ἰουδαῖοι καὶ εἶπαν αὐτῷ· οὐ καλῶς λέγομεν ἡμεῖς ὅτι Σαμαρίτης εἶ σὺ καὶ δαιμόνιον ἔχεις; 49 ἀπεκρίθη Ἰησοῦς· ἐγὼ δαιμόνιον οὐκ *ἔχω, ἀλλὰ τιμῶ τὸν πατέρα μου, καὶ ὑμεῖς ἀτιμάζετέ με. **50** ἐγὼ δὲ οὐ ζητῶ τὴν δόξαν μου• ἔστιν ὁ ζητῶν καὶ κρίνων. **51** ἀμὴν ἀμὴν λέγω ὑμῖν, ἐάν τις τὸν ἐμὸν λόγον τηρήσῃ, θάνατον οὐ μὴ θεωρήσῃ εἰς τὸν αἰῶνα. **52** Εἶπον [οὖν] αὐτῷ οἱ Ἰουδαῖοι• νῦν ἐγνώκαμεν ὅτι δαιμόνιον ἔχεις. Ἀβραὰμ ἀπέθανεν καὶ οἱ προφῆται, καὶ σὺ λέγεις• ἐάν τις τὸν λόγον μου τηρήσῃ, οὐ μὴ γεύσηται θανάτου εἰς τὸν αἰῶνα. **53** μὴ σὺ μείζων εἶ τοῦ πατρὸς ἡμῶν Ἀβραάμ, ὅστις ἀπέθανεν; καὶ οἱ προφῆται ἀπέθανον. τίνα σεαυτὸν ποιεῖς; **54** ἀπεκρίθη Ἰησοῦς• ἐὰν ἐγὼ δοξάσω ἐμαυτόν, ἡ δόξα μου οὐδέν ἐστιν• ἔστιν ὁ πατήρ μου ὁ δοξάζων με, ὃν ὑμεῖς λέγετε ὅτι θεὸς ἡμῶν ἐστιν, **55** καὶ οὐκ ἐγνώκατε αὐτόν, ἐγὼ δὲ οἶδα αὐτόν. κἂν εἴπω ὅτι οὐκ οἶδα αὐτόν, ἔσομαι ὅμοιος ὑμῖν ψεύστης• ἀλλ' οἶδα αὐτὸν καὶ τὸν λόγον αὐτοῦ τηρῶ. **56** Ἀβραὰμ ὁ πατὴρ ὑμῶν ἠγαλλιάσατο ἵνα ἴδῃ τὴν ἡμέραν τὴν ἐμήν, καὶ εἶδεν καὶ ἐχάρη. **57** εἶπον οὖν οἱ Ἰουδαῖοι πρὸς αὐτόν• πεντήκοντα ἔτη οὔπω ἔχεις καὶ Ἀβραὰμ ἑώρακας; **58** εἶπεν αὐτοῖς Ἰησοῦς• ἀμὴν ἀμὴν λέγω ὑμῖν, πρὶν Ἀβραὰμ γενέσθαι ἐγὼ εἰμί. **59** Ἦραν οὖν λίθους ἵνα βάλωσιν ἐπ' αὐτόν. Ἰησοῦς δὲ ἐκρύβη καὶ ἐξῆλθεν ἐκ τοῦ ἱεροῦ.*

(NA28판, UBS5판 요8:32-59 필자 사역)

참으로 유대인들에게는 충격적인 사실이다. 예수님께서 그들의 조상인 아브라함이 아브라함이라는 이름을 갖기 전부터 존재하고 계셔서 아브라함이라는 이름을 주시고 그 이름에 걸맞은 사람이 되게 하셨다는 사실을 밝히셨다. 이 예수님의 말씀은 필자가 제안하는 로마서 읽기가 매우 정확한 읽기라는 것을 입증해 주신다.

자랑은 오로지 한 사람 예수 그리스도를 통해 세워진 믿음의 율법을 통해서만 발생하고 허용된다. 그 이유는 사람이 율법의 일들과는 별개로 믿음으로 의롭다고 하심을 받기 때문이고, 하나님 또한 유대인들만의 하나님이 아니라 이방인들의 하나님이시기도 하여 둘을 모두 믿음이라는 공평한 잣대로 판단해 의롭다고 하시기 때문이다.

따라서 사도 바울은 이제 할례받은 유대인과 할례받지 않은 이방인 모두가 믿음으로 의롭다고 하심을 얻는다는 논리를 아브라함의 삶을 기록한 성경을 통해 입증해야 한다. 그리고 그것은 여호와의 명령을 따를 수 없는 불경한 아브라함을 믿음으로 의롭다고 여기심으로써 할례받은 유대인과 할례받지 않은 이방인 양쪽 모두에게 믿음의 조상이 되게 하셔서 모든 사람이 아브라함의 믿음의 발자취를 따라 믿음으로 의롭다고 하시는 하나님이심을 나타내셨다는 성경적 고증을 예견할 수밖에 없는 논리로 끝을 맺는다.

그것은 앞으로 믿음의 선조로서 열방의 아버지가 된 아브라함과 맺은 영원한 언약에 기초한 논리로 그 유대인들을 설득하겠다는 의도를 예시적으로 드러낸 것이다.

강변
결국 이러한 사도 바울의 논리는 다름 아닌 '그런데 우리가 그 믿음을 통해서 율법을 폐기하기라도 하고 있단 말입니까?(롬3:31)'라는 질문으로 이어지는 맥락에서 읽을 수 있듯이 그 유대인들은 비뚤어진 방식으로 모세의 율법이 영원한 것이라고 그 율법의 영원성에 집착해 고집부리고 있었다는 사실을 들추어낸다. 그것은 사도 바울이 전하는 하나님의 복음 논리가 그 율법을 일시적인 것으로 취급해 그 율법의 폐기론을 주장하는 것처럼 호도하는 것을 막기 위함이었다.

비록 그들이 영원한 규례나 영원한 율례에 대한 하나님의 강조하심(출12:14-, 레3:17-, 민10:8- 등)을 증언하는 기록된 하나님의 말씀에 충성하는 것이라 할지라도 정반대의 사도 바울의 논리에 의하면 그들은 하나님께 대한 열심을 가지고 있었지만 그 열심은 그 율법의 참-지식에 기초하고 있지 않은 것이었다(롬10:2).

사도 바울은 그런 유대인들을 향해 절대로 그렇게 되지 않기를 소원한다. 그들이 옹호하는 그 율법관과 다르게 그 율법(모세의 율법)을 품어 성취해야 할 예수님의 말씀과 행위로서의 율법을 이해하고 받아들여 '예수님의 말씀과 행위로서의 율법과는 별개인 하나님의 한 의가 세운 믿음의 율법(롬3:27, 그리스도의 율법 갈6:2)으로 살아가길 바란다.

따라서 모세의 율법을 가진 유대인들의 율법관은 하나님의 원수가 되어 율법의 요구를 거역하게 만들지만 오히려 사도 바울의 공동체가 가진 믿음의 율법관은 모세의 율법뿐만 아니라 지상의 모든 법을 융합하고 통합한 그리스도 예수 안에서의 율법을 똑바로 일으켜 세우고 있다고 강변하는 게 롬3장의 마무리다.

| 3:30 | εἴπερ εἷς ὁ θεὸς ὃς δικαιώσει περιτομὴν ἐκ πίστεως καὶ ἀκροβυστίαν διὰ τῆς πίστεως. | 진정 그러하다면 한 분이신 그 하나님께서[※1] 할례받은 자를 믿음으로 의롭다고 여기시고, 할례받지 않은 자 또한 그 믿음을 통해[※2] 의롭다고 여기실 것입니다. |

3:31	νόμον οὖν καταργοῦμεν διὰ τῆς πίστεως; μὴ γένοιτο· ἀλλὰ νόμον ἱστάνομεν.	그런데 우리가 그 믿음을 통해서 율법을 폐기하기라도 하고 있단 말입니까? 절대로 그렇게 되지 않기를 바랍니다. 오히려 우리가 율법을 똑바로 일으켜 세우고 있는 것입니다.※

그런 관점에서 오늘 본문 전체를 다시 한번 정독해 보라.

3:21	Νυνὶ δὲ χωρὶς νόμου δικαιοσύνη θεοῦ πεφανέρωται μαρτυρουμένη ὑπὸ τοῦ νόμου καὶ τῶν προφητῶν,	그러나 이제는 율법과는 별개로 하나님의 한 의가 명백하게 공개되었으니,※1 이는 그 율법과 그 예언자들에 의하여 증거된 것입니다.
3:22	δικαιοσύνη δὲ θεοῦ διὰ πίστεως Ἰησοῦ Χριστοῦ εἰς πάντας τοὺς πιστεύοντας. οὐ γάρ ἐστιν διαστολή,	그런데도 이 하나님의 의는 예수 그리스도의 믿음을 통해※ 믿는 모든 사람을 위한 것입니다. 참으로 그것은 아무런 차별이 없습니다.
3:23	πάντες γὰρ ἥμαρτον καὶ ὑστεροῦνται τῆς δόξης τοῦ θεοῦ	왜냐하면 모든 사람이 죄를 지어 그 하나님의 그 영광에 이르지 못하고 있으나,
3:24	δικαιούμενοι δωρεὰν τῇ αὐτοῦ χάριτι διὰ τῆς ἀπολυτρώσεως τῆς ἐν Χριστῷ Ἰησοῦ·	그리스도 예수 안에 있는 그 구속을 통한 그 하나님의 그 은혜로 값없이 의롭다고 하심을 받기 때문입니다.
3:25	ὃν προέθετο ὁ θεὸς ἱλαστήριον διὰ [τῆς] πίστεως ἐν τῷ αὐτοῦ αἵματι εἰς ἔνδειξιν τῆς δικαιοσύνης αὐτοῦ διὰ τὴν πάρεσιν τῶν προγεγονότων ἁμαρτημάτων	부연하면 그분을 그 하나님께서는 [그] 믿음을 통해※ 드려지는 속죄 제물로 내세우셨으니, 이는 그분의 피로 이전에 지은 죄들을 면제하시는 관용을 베푸심으로써 자기의 의를 나타내 보여 주신 것입니다.
3:26	ἐν τῇ ἀνοχῇ τοῦ θεοῦ, πρὸς τὴν ἔνδειξιν τῆς δικαιοσύνης αὐτοῦ ἐν τῷ νῦν καιρῷ, εἰς τὸ εἶναι αὐτὸν δίκαιον καὶ δικαιοῦντα τὸν ἐκ πίστεως Ἰησοῦ.	그 하나님께서 자기 의를 나타내 보여 주심은 지금 이때※1 자기가 의로우시다는 것과 예수의 믿음으로부터 존재하는 자를※2 의롭다고 하시는 것을 보여 주시기 위한 것이었습니다.

3:27	Ποῦ οὖν ἡ καύχησις; ἐξεκλείσθη. διὰ ποίου νόμου; τῶν ἔργων; οὐχί, ἀλλὰ διὰ νόμου πίστεως.	그런즉 그 자랑이 어디에 있습니까?†1 그것은 내쫓겨졌습니다.†2 어느 율법을 통해서입니까? 그 일들을※ 통해서입니까? 아닙니다. 오직 믿음의 율법을 통해서입니다.
3:28	λογιζόμεθα γὰρ δικαιοῦσθαι πίστει ἄνθρωπον χωρὶς ἔργων νόμου.	왜냐하면 우리는 '사람이 율법의 일들과는 별개로※ 믿음으로 의롭다고 하심을 받는다.'라고 생각하기 때문입니다.
3:29	ἢ Ἰουδαίων ὁ θεὸς μόνον; οὐχὶ καὶ ἐθνῶν; ναὶ καὶ ἐθνῶν,	혹시 그 하나님이 유대인들만의 하나님이시라고 생각합니까? 그리고 이방인들의 하나님은 아니십니까? 아닙니다. 이방인들의 하나님이시기도 합니다.
3:30	εἴπερ εἷς ὁ θεὸς ὃς δικαιώσει περιτομὴν ἐκ πίστεως καὶ ἀκροβυστίαν διὰ τῆς πίστεως.	진정 그러하다면 한 분이신 그 하나님께서※1 할례받은 자를 믿음으로 의롭다고 여기시고, 할례받지 않은 자 또한 그 믿음을 통해※2 의롭다고 여기실 것입니다.
3:31	νόμον οὖν καταργοῦμεν διὰ τῆς πίστεως; μὴ γένοιτο· ἀλλὰ νόμον ἱστάνομεν.	그런데 우리가 그 믿음을 통해서 율법을 폐기하기라도 하고 있단 말입니까? 절대로 그렇게 되지 않기를 바랍니다. 오히려 우리가 율법을 똑바로 일으켜 세우고 있는 것입니다.※

전환된 관점의 로마서 읽기

제14장
아브라함의 발견, 의롭게 되어짐의 열쇠

본문 : 로마서 4장 1~25절

핵심 주제 어구

εὑρηκέναι Ἀβραὰμ … … κατὰ σάρκα

(휴레케나이 아브라암 … … 카타 사르카)

이처럼 하나님의 뜻을 이룰 수 없을 만큼 신체 조건이 제아무리 부적합한 상태가 된다거나 악한 세상이 하나님의 뜻을 드러내 놓고 거역할지라도 위축되지 않고 오히려 더욱 굳세게 그 상속자에 대한 믿음의 말씀을 굳세게 붙드는 아브라함의 믿음이 의로 여겨졌다는 사실은 열방의 아버지가 되기 위한 믿음을 보이시기 위한 것이었다. 이로써 장차 이루어질 열방의 아버지로서의 믿음이 의롭다고 하심을 받은 것이라고 확정되었다.

제14장(아브라함의 발견, 의롭게 되어짐의 열쇠) _ 본문 454~455p에서

본문

4장	NA28판(UBS5판) ΠΡΟΣ ΡΩΜΑΙΟΥΣ 4	로마서 4장 필자 사역
4:1	Τί οὖν ἐροῦμεν εὑρηκέναι Ἀβραὰμ τὸν προπάτορα ἡμῶν κατὰ σάρκα;	그런즉 우리가 육신을 따라서 우리 조상인 아브라함이 무엇을 발견했다고 말할 수 있습니까?
4:2	εἰ γὰρ Ἀβραὰμ ἐξ ἔργων ἐδικαιώθη, ἔχει καύχημα, ἀλλ᾽ οὐ πρὸς θεόν.	만일 아브라함이 행한 일들로부터* 의롭다고 여겨졌다면, 그가 자랑거리를 가진다고 말할 수 있습니다. 그렇지만 하나님을 향해서는 그렇게 말할 수 없습니다.
4:3	τί γὰρ ἡ γραφὴ λέγει; ἐπίστευσεν δὲ Ἀβραὰμ τῷ θεῷ καὶ ἐλογίσθη αὐτῷ εἰς δικαιοσύνην.*	참으로 성경이 무엇을 말합니까? 성경은 분명하게 '아브라함이 그 하나님을 힘입어 믿었고,* 그것이 그에게 의로 여겨졌다.'라고 말합니다.
4:4	τῷ δὲ ἐργαζομένῳ ὁ μισθὸς οὐ λογίζεται κατὰ χάριν ἀλλὰ κατὰ ὀφείλημα,	본래 일하는* 자에게 그 보상은 은혜로 여겨지는 것이 아니라 당연한 보수로 여겨집니다.
4:5	τῷ δὲ μὴ ἐργαζομένῳ πιστεύοντι δὲ ἐπὶ τὸν δικαιοῦντα τὸν ἀσεβῆ λογίζεται ἡ πίστις αὐτοῦ εἰς δικαιοσύνην·	하지만 일하지 않더라도 불경한 자를 의롭다고 여겨 주시는 분의 행하심을 기초해 믿는 사람에게는* 그의 믿음이 의로 여겨집니다.

질문

여태껏 '율법과는 별개인 하나님의 한 의'가 믿음으로만 하나님을 기쁘시게 하는 삶을 살 수 있게 한다고 복고형 유대인들을 설득해 온 사도 바울의 영적인 논리는 이제 아브라함의 시대로 훌쩍 뛰어 올라가 '그런즉 우리가 육신을 따라서 우리 조상인 아브라함이 무엇을 발견했다고 말할 수 있습니까(롬4:1)?'라는 질문을 던진다.

이는 아브라함이 혈육으로 그런 유대인들의 시조이기에 그의 삶의 행적을 근거로 직계 후손인 그들 역시 믿음으로 순종하며 사는 삶만이 하나님을 기쁘시게 한다는 사실의 당위성을 입증하려 함이다.

해악한 성경 읽기

사도 바울은 이전 장(롬3장)을 시작하면서 복고형 유대인의 고질적인 우월감, 그러니까 그들의 그릇된 선민의식을 해체하기 위해 '그렇다면 그 유대인의 그 이점은 무엇이며 또는 그 할례의 그 유익은 누구에게 있습니까?'라는 정곡을 찌르는 질문을 던졌다. 왜냐하면 그들의 그릇된 선민의식을 고취하는 근거는 모세의 율법과 그 율법을 따라 받은 육체적 할례였기 때문이다.

그리고 그에 대한 해답을 추론해 내는 과정에서 하나님의 말씀을 맡았다는 아주 특별한 그들의 이점(또는 장점)이 있었음에도 그들은 정작 그 말씀에 신실하지 못해 그 역할에 실패한 사실을 알지 못하고 자신들이 옳다고 우기며 자만하는 것으로 드러났다.

실제로 사도 바울은 그들이 맡은 그 말씀 자체가 증언하는 것에 대해 '하늘 아래 사는 모든 사람이 하나님의 심판 아래 있는 죄인으로서 긍휼을 힘입어 믿음으로 의롭다고 하시는 은혜를 따라 사는 것임'을 그들이 그 우월감의 근거로 삼은 모세의 율법 외에 여러 기록을 인용해 그들이 자랑스러워하는 어리석음이 해악한 것임을 밝혔다.

결국 그들에 의해 그들이 비뚤어진 우월감에 사로잡혀 살게 만든 것이 되어 버린 모세의 율법이 지닌 본래의 역할이 드러났다. 그들이 모세의 율법을 제대로 읽지 못한 결과라는 말이다.

3:19	οἴδαμεν δὲ ὅτι ὅσα ὁ νόμος λέγει τοῖς ἐν τῷ νόμῳ λαλεῖ, ἵνα πᾶν στόμα φραγῇ καὶ ὑπόδικος γένηται πᾶς ὁ κόσμος τῷ θεῷ·	그러나 우리가 아는 대로, 그 율법이 말하는 것들은 무엇이든지 그 율법 안에 있는 사람들에게 말하는 것입니다. 이는 모든 입이 다물어지게 하여 그 세상 전체가 그 하나님께 심판과 형벌을 받게 하려는 것입니다.※
3:20	διότι ἐξ ἔργων νόμου οὐ δικαιωθήσεται πᾶσα σὰρξ ἐνώπιον αὐτοῦ, διὰ γὰρ νόμου ἐπίγνωσις ἁμαρτίας.	왜냐하면※1 율법의 일들로부터 온갖 육신(모든 인간)이 그 하나님 앞에서 의롭다고 여기심을 얻지 못할 것이기 때문입니다.※2 율법을 통해서는 참으로 죄에 대한 완전한 지식을 얻게 될 뿐입니다.

거짓된 마음이 만들어 내는 믿음

따라서 그들의 그릇된 선민의식의 근거인 모세의 율법과 그 율법을 따라 받은 할례는 그들에게 유용성 없는 것임이 확인되었다. 성문화된 모세의 율법을 소장하고 있다는 사실만으로는 그것을 소장하지 못한 이방인들에 비해 아무런 이득도 장점도 되지 않는다. 성문화된 율법을 가진 자들에게 그것이 이점과 장점이 되려면 그것이 요구하는 바를 제대로 파악하고 이행할 때이다. 그들이 이방인들과 달리 그것을 특별히 소장할 수 있는 기회를 얻었다고 할지라도 그것을 제대로 파악하지 못하고 그릇되게 이행했다면 이방인보다도 더 큰 심판을 피할 길이 없다.

그런데도 그들은 여전히 자신들의 생각을 굽히지 않는다. 그런 사도 바울의 논리에 동의할 수 없게 만드는 것은 육신의 표피에 남겨진 할례의 흔적에 대한 의미였다. 고통의 의식을 따라 선민의식을 각인시켜 그들의 의식층을 지배하는 할례를 명하는 모세의 율법에 대한 신뢰는 그들에게 하나님을 향한 믿음의 행위였음에도 그들에게 유익함이 되지 못한 것은 롬2:25-29에 이미 말했듯이 영으로 받는 마음의 할례를 가리키는 징표임을 깨닫지 못한 사실로 드러났다. 그들의 믿음이 잘못되거나 거짓된 믿음, 그러니까 하나님의 믿음이 아닌 사람의 거짓된 마음이 만들어 내는 믿음을 따라 행한 것으로 드러났다는 말이다.

2:25	Περιτομὴ μὲν γὰρ ὠφελεῖ ἐὰν νόμον πράσσῃς· ἐὰν δὲ παραβάτης νόμου ᾖς, ἡ περιτομή σου ἀκροβυστία γέγονεν.	강조하지만 참으로 그대가 율법을 준수한다면* 할례가 유익합니다. 하지만 그대가 율법의 위반자라면 할례를 받았어도 받지 않은 것으로 여겨지고 맙니다.
2:26	ἐὰν οὖν ἡ ἀκροβυστία τὰ δικαιώματα τοῦ νόμου φυλάσσῃ, οὐχ ἡ ἀκροβυστία αὐτοῦ εἰς περιτομὴν λογισθήσεται;	그렇다면 할례를 받지 않은 사람이 그 율법이 요구하는 그 의로운 행위들을* 지켜 보호한다면, 할례를 받지 않았어도 받은 것으로 여겨지지 않겠습니까?
2:27	καὶ κρινεῖ ἡ ἐκ φύσεως ἀκροβυστία τὸν νόμον τελοῦσα σὲ τὸν διὰ γράμματος καὶ περιτομῆς παραβάτην νόμου.	그러므로 본래부터 할례를 받지 않은 사람이 그 율법을 다 이행한다면,* 법조문과 할례를 가지고 있으면서도 율법을 위반하는 그대를 심판할 것입니다.

2:28	οὐ γὰρ ὁ ἐν τῷ φανερῷ Ἰουδαῖός ἐστιν οὐδὲ ἡ ἐν τῷ φανερῷ ἐν σαρκὶ περιτομή,	왜냐하면 유대인의 그 외적인 자격 조건을 갖춘 자라고 해서 유대인이 아니고* 육신의 표피에 받은 그 할례도 할례가 아니며,
2:29	ἀλλ' ὁ ἐν τῷ κρυπτῷ Ἰουδαῖος, καὶ περιτομὴ καρδίας ἐν πνεύματι οὐ γράμματι, οὗ ὁ ἔπαινος οὐκ ἐξ ἀνθρώπων ἀλλ' ἐκ τοῦ θεοῦ.	오히려 유대인의 그 내적인 자격 조건을 갖춘 자라야 유대인이고,* 법조문에 의해서가 아니라 영으로 받은 마음의 할례가 할례이기 때문입니다. 이런 사람에 대한 그 칭찬은 사람들로부터가 아니라 오직 그 하나님께로부터 있습니다.

예고된 질문

이렇게 복고형 유대인들의 문제점을 밝히 드러내었는데도 여전히 그들은 고집 센 어리석은 사람들이 심술부리는 것처럼 예수 그리스도의 믿음과 그리스도 예수 안에 있는 구속의 은혜를 자랑하는 그리스도인들을 율법 폐기론, 그러니까 율법이 아무런 소용이 없다고 주장하는 사람들로 밀어붙인다. 이미 보았듯이 그들은 그 예수님마저도 면전에서 귀신을 가지고 있는 자로 규정할 만큼 담력을 가진 자들이다. 그들의 생각 하나하나를 모조리 해체해 그 예수님 발 아래 무릎 꿇고 '그분이 바로 주님이시다.'라고 고백하고 시인하게 만들기 위해 롬4장은 이미 롬3장 말미에서 예고된 아브라함과 관련된 질문을 던지는 것이다.

그 질문의 핵심은 그들의 시조인 아브라함 역시 후손인 유대인들과 같이 동일한 육신을 가진 사람으로서 이 세상에 살면서 발견한 것이 무엇이냐는 것이다.

4:1	Τί οὖν ἐροῦμεν εὑρηκέναι Ἀβραὰμ τὸν προπάτορα ἡμῶν κατὰ σάρκα;	그런즉 우리가 육신을 따라서 우리 조상인 아브라함이 무엇을 발견했다고 말할 수 있습니까?

자의식의 세계

여기에 쓰인 '발견한 것(εὑρηκέναι-휴레케나이)'이라고 하는 헬라어 의미는 보통 의도적으로 신중하고 철저하게 살펴보거나 탐색하여 발견한 것과 우연히 무언가를 발견한 것을 나타낸다. 이를 이 땅에서 육체를 가지고 살았던 아브라함의 인생 여정의 맥락(κατὰ σάρκα-카타 사르카)으로 보면 하나님의 부르심과 함께 받은 약속이 성취되기까지 하나님의 뜻을 구하고 찾는 과정에서 그 실체적 진실을 발견해 인식하는 것을 나타낸다.

거기에는 하나님과의 관계에서 아브라함이 진지한 생각이나 고려를 통해 대상인 하나님(영적 세계)이나 자신(육적 세계)을 성찰하는 행위의 전 과정이 있다. 그러니까 그 질문의 요지는 그의 인생 여정에서 보거나 듣거나 느껴 알아차린 것이 무엇이냐는 것이다.

따라서 맥락상 그 질문은 '율법과는 별개인 하나님의 한 의'를 발견했다고 말하게 되는 어떤 무언가가 있음을 감지하게 만든다. 그리고 그것은 곧장 하나님께 의롭다고 하심을 얻는 방법과 직결되어 유대인들이 사로잡혀 있는 거짓되고 사악한 자의식(타인과 구별되는 자기에 대한 의식)의 세계로 향한다.

4:2	εἰ γὰρ Ἀβραὰμ ἐξ ἔργων ἐδικαιώθη, ἔχει καύχημα, ἀλλ' οὐ πρὸς θεόν.	만일 아브라함이 행한 일들로부터* 의롭다고 여겨졌다면, 그가 자랑거리를 가진다고 말할 수 있습니다. 그렇지만 하나님을 향해서는 그렇게 말할 수 없습니다.

자기 사랑

유대인들에게서 나타나는 자의식의 논리는 아브라함이 행한 일들로부터(ἐξ ἔργων-엑스 에르곤) 의롭다고 하심을 받는다(ἐδικαιώθη-에디카이오데)는 가정과 일치되는 것으로서 거기에는 항상 자신들을 스스로 대견하게 여기는 자랑거리가 따르는데, 이는 롬3:21-26에 이미 밝힌 '율법과는 별개인 하나님의 한 의'가 가지는 특성인 '하나님의 은혜로 값없이'라고 하는 논리에 반한다.

여기서 '자랑거리'라고 번역한 헬라어 카우케마(καύχημα-카우케마)는 어떤 것에 대해 자부심을 가지는 행위 또는 자부심의 원천이 되는 것(act of taking pride in something or that which constitutes a source of pride)을 가리킨다. 문맥상 아브라함이 자기가 행한 일들의 결과로 하나님께로부터 의인이라고 인정받는 영광스러운 신분을 획득했다고 가정할 때 그가 하나님 앞에서 당당할 수 있는 마음과 타인들을 상대로 존경받아 마땅한 자신에 대한 자랑스러운 마음을 가지게 되는데 그때의 자부심을 나타내는 자랑질과 같은 의미로 쓰였다.

이는 자신의 신분을 획득하기까지의 자기 능력을 대내외적으로 보란 듯이 드러내어 과시하며 우쭐거려 뽐내는 마음자리에 깃든 깊은 기쁨이나 만족감과 연결된다. 한마디로 철저하게 자기 자신에 대한 무한 신뢰의 믿음으로 무장하고 자기 가치에 대한 자랑의 논리로 자신의 존엄성에 대해 인식하는 마음을 사로잡고 있는 자기 사랑의 결과를 이르는 말이다.

오해

사도 바울은 이미 롬3:27에서 '그런즉 그 자랑이 어디에 있습니까? 그것은 내쫓겼습니다. 어느 율법을 통해서입니까? 그 일들을 통해서입니까? 아닙니다. 오직 믿음의 율법을 통해서입니다.'라고 '율법과는 별개인 하나님의 한 의'가 이 세상에 당도한 후 그것(자기 사랑의 원흉)이 내쫓겼다(수동태)고 말함으로써 더 이상 이 세상 그 자랑이 설 곳은 그 어디에도 없음을 밝혔다.

자기 일들의 성공과 성취에 기반을 둔 자긍심, 자존심, 자존감 등은 이 세상의 사람들 앞에서는 당당하고 자랑스럽게 살게 하는 동력으로 맹위를 떨치고 있지만, 하나님의 복음이 이 땅에 온 이상 그러한 세력은 그 어디에도 있어서는 안 되는 것으로 되어 버렸다. 왜냐하면 그것은 믿음의 율법으로 사는 자를 기뻐하시는 하나님을 오히려 진노하시게 하는 불의와 불경한 일이기 때문이다.

이처럼 철저하게 성경을 오해함으로써(마22:29, 막12:27) 하나님의 이름에 먹칠하는 유대인들(롬2:21-24)을 향해 사도 바울이 던지는 질문과 답은 다음과 같다.

4:3	τί γὰρ ἡ γραφὴ λέγει; ἐπίστευσεν δὲ Ἀβραὰμ τῷ θεῷ καὶ ἐλογίσθη αὐτῷ εἰς δικαιοσύνην.*	참으로 성경이 무엇을 말합니까? 성경은 분명하게 '아브라함이 그 하나님을 힘입어 믿었고,* 그것이 그에게 의로 여겨졌다.*'라고 말합니다.
4:4	τῷ δὲ ἐργαζομένῳ ὁ μισθὸς οὐ λογίζεται κατὰ χάριν ἀλλὰ κατὰ ὀφείλημα,	본래 일하는* 자에게 그 보상은 은혜로 여겨지는 것이 아니라 당연한 보수로 여겨집니다.

4:5	τῷ δὲ μὴ ἐργαζομένῳ πιστεύοντι δὲ ἐπὶ τὸν δικαιοῦντα τὸν ἀσεβῆ λογίζεται ἡ πίστις αὐτοῦ εἰς δικαιοσύνην·	하지만 일하지 않더라도 불경한 자를 의롭다고 여겨 주시는 분의 행하심을 기초해 믿는 사람에게는※ 그의 믿음이 의로 여겨집니다.

힘입어

본문을 좀 자세히 보면, 사도 바울이 '참으로 성경이 무엇을 말합니까(τί γὰρ ἡ γραφὴ λέγει;-티 가르 헤 그라페 레게이)?'라고 질문을 하고 내놓은 그 질문의 답(ἐπίστευσεν δὲ Ἀβραὰμ τῷ θεῷ καὶ ἐλογίσθη αὐτῷ εἰς δικαιοσύνην-에피스튜센 데 아브라암 토 데오 카이 엘로기스데 아우토 에이스 디카이오쉬넨)에 대해 그동안 대부분의 우리말 번역 성경들과 다르게 필자는 다음과 같이 번역했다(지면 관계상 번역 성경들의 오역을 각자 찾아보도록 제시하지 않았다). "성경은 분명하게 '아브라함이 그 하나님을 힘입어 믿었고, 그것이 그에게 의로 여겨졌다.'라고 말합니다."

살펴봐야 할 포인트는 두 가지이다. 하나는 문맥을 자연스럽게 이해하도록 반의 접속사 데(δὲ)를 '그러나' 개념으로 번역하지 않고, '더욱이 또는 게다가' 개념을 좀 더 나이브하게 맥락상 어울림에 방점을 두고 '분명하게'로 처리함으로써 질문에 대한 명확한 답변임을 인식하도록 했다.

또 다른 하나는 번역 성경들이 담합이라도 한 것처럼 '아브라함이 하나님을 믿었고'라고 한 부분을 '아브라함이 그 하나님을 힘입어 믿었고'라고 번역했다. 관전 포인트는 '하나님'이라고 하는 단어가 여격의 형태로 정관사를 가진 '토 데오(τῷ θεῷ)'라는 명사구를 이루어 '믿었다'라는 동사 '에피스튜센(ἐπίστευσεν)'의 간접목적어의 역할을 함으로 여격의 의미를 살려 '하나님을 힘입어'라고 번역했다. 왜냐하면 헬라어의 여격이 나타내는 의미는 매우 다양하나(이를 쉽게 직역하면 '그 하나님에게 믿었다, 그 하나님에 대해서 믿었다, 그 하나님과의 관계에서 믿었다, 또는 그 하나님으로 믿었다, 또는 그 하나님에 의해서 믿었다'이다.) 이 문장에서는 아브라함과 하나님 사이의 관계를 나타내는 데 쓰였고, '믿는다'라고 하는 단어가 원래 관계에서 상대의 말과 행동의 여하에 따라 신실함의 상태를 표현하는 단어이기에 그 주도권이 상대인 하나님께 있다는 것을 나타내는 어법이기 때문이다(차후 설명하겠지만 이 인용구의 원문인 창15:6의 히브리어 본문 의미도 같음을 확인했다).

은혜로운 말씀

핵심은 기록된 하나님의 말씀인 성경으로 아브라함의 일대기에 대한 증거를 살펴볼 때 일하지 않더라도 불경한 자(잠시 후 밝혀지겠지만 이 논리 속에는 이미 아브라함이 불경한 사람으로 낙인찍혀 있음을 놓치지 말아야 한다)를 의롭다고 여겨 주시는 분의 행하심을 기초해 믿는 사람에게 그의 믿음이 의로 계산된다는 결론이다.

이는 의롭다함을 얻기 위해 노력하지 않고 개차반으로 살거나 의로워지려고 노력하면 할수록 더욱 불의하고 불경하게 살게 되는 사람을 의롭다고 여겨 주시는 하나님께서 그들에게 요구하시는 조건은 단지 그들에게 그런 사실(하나님께서 불경한 사람을 의롭다고 여겨 주신다는 사실)을 믿으라는 것인데, 그 조건 또한 하나님께서 직접 충족시키시는 방법으로 그런 사람들을 의롭다고 여기신다는 은혜의 논리다.

사실 의로워지려고 애쓰다 여러 가지 이유로 실망하거나 지쳐 버려 아무렇게나 막 살거나 혹은 의로워지려고 노력하면 할수록 더욱 불의하고 불경하게 살게 되는 사람이 자신을 보게 될 때 그들의 삶이란 매우 고통스러운 삶이 된다. 하나님의 복음은 이런 자들에게 베푸시는 은혜로운 말씀이다. 예수님께서 '수고하고 무거운 짐 진 자들아 다 내게로 오라 내가 너희를 쉬게 하리라.'라고 하신 말씀 또한 이를 두고 하신 말씀이다(마태복음 11:28).

이 얼마나 복된 말씀인가?

사도 바울은 그 행복에 대하여 다음과 같이 기록된 하나님의 말씀의 증거인 다윗의 말을 인용해 '율법과는 별개인 하나님의 한 의'로 베풀어지는 하나님의 은혜를 노래한다.

4:6	καθάπερ καὶ Δαυὶδ λέγει τὸν μακαρισμὸν τοῦ ἀνθρώπου ᾧ ὁ θεὸς λογίζεται δικαιοσύνην χωρὶς ἔργων·	그와 똑같이 다윗도 '행한 일들과는 별개로* 그 하나님께서 의를 계산해 주시는 그 사람의 그 행복'에 대해 다음과 같이 말합니다.
4:7	μακάριοι ὧν ἀφέθησαν αἱ ἀνομίαι καὶ ὧν ἐπεκαλύφθησαν αἱ ἁμαρτίαι·*	"그 불법들이 사하여지고 그 죄들이 가려지는 사람들은 매우 행복합니다."※

| 4:8 | μακάριος ἀνὴρ οὗ οὐ μὴ λογίσηται κύριος ἁμαρτίαν.* | "주님께서 결코 죄를 계산하시지 않을 사람이 행복합니다."*※ |

하나님의 능력이 나타나는 방식

이제 사도 바울은 '율법과는 별개인 하나님의 한 의(χωρὶς νόμου δικαιοσύνη θεοῦ-코리스 노무 디카이오쉬네 데우)'라는 표현을 '행한 일들과는 별개로 그 하나님께서 계산해 주시는 의(λογίζεται δικαιοσύνην χωρὶς ἔργων-로기제타이 디카이오쉬넨 코리스 에르곤)'라고 바꾸어 설명하며 그 의의 수혜자가 누리는 행복에 대해 말한다. 그것은 기록된 하나님의 말씀 속에서 유대 민족을 대표하는 메시아성을 가진 다윗의 왕적 권위로부터 공표된 말씀이다.

이는 롬3:28에서 이미 우리는 '사람이 율법으로 행한 일들과는 별개로 믿음으로 의롭다고 하심을 받는다.'라고 밝힌 것과 같이 '행한 일들과는 별개로(χωρὶς ἔργων-코리스 에르곤)'라는 말도 같은 맥락의 관용어구로서 죄의 율법 아래 종속되어 사는 사람들의 의식 속에 있는 행동 원리를 통해 나오는 모든 행위와 그 결과를 배제한다는 뜻이다.

그리고 그 배제의 논리 뒤에는 값없이 베풀어 주시는 은혜의 결과가 있다. 그것은 '그 불법들이 사하여지고 그 죄들이 가려지는(ἀφέθησαν αἱ ἀνομίαι καὶ ἐπεκαλύφθησαν αἱ ἁμαρτίαι-아페데산 하이 아노미아이 카이 에페칼뤼데산 하이 하마르티아이)' 은혜의 속죄법이 작동하고, '주님께서 결코 죄를 계산하시지 않는(οὐ μὴ λογίσηται κύριος ἁμαρτίαν-우 메 로기세타이 퀴리오스 하마르티안)' 은혜의 계산법이 작동한다. 이것이 사람들에게 믿음을 주어 믿는 사람들을 일으키고, 그들을 행복하게 한다. 바로 이것이 하나님의 능력이 나타나는 방식이다.

믿음의 조상 아브라함

이제 사도 바울은 이 행복의 수혜자가 어떤 사람인지 밝히는 다음 본문을 보라.

그리고 거기서 하나님께서 할례받은 유대인과 할례받지 않은 사람들(이방인들)을 모두 포함한 이 세상 모든 만민을 대상으로 아브라함을 믿음의 조상으로 세우셨다는 논리를 끌어낸다는 것을 유념하라.

4:9	Ὁ μακαρισμὸς οὖν οὗτος ἐπὶ τὴν περιτομὴν ἢ καὶ ἐπὶ τὴν ἀκροβυστίαν; λέγομεν γάρ· ἐλογίσθη τῷ Ἀβραὰμ ἡ πίστις εἰς δικαιοσύνην.	그러면 그 행복이 그 할례받은 사람에게만 주어집니까? 아니면 할례받지 않은 사람에게도 주어집니까? 우리는 '아브라함에게 그 믿음이※ 의로 여겨졌다.'라고 말합니다.
4:10	πῶς οὖν ἐλογίσθη; ἐν περιτομῇ ὄντι ἢ ἐν ἀκροβυστίᾳ; οὐκ ἐν περιτομῇ ἀλλ' ἐν ἀκροβυστίᾳ·	그러면 어떻게 그 믿음이※ 의로 여겨졌습니까? 그가 할례받은 자로 있을 때였습니까? 아니면 할례받지 않은 자로 있을 때였습니까? 할례받은 자일 때가 아니라 할례받지 않은 자일 때였습니다.
4:11	καὶ σημεῖον ἔλαβεν περιτομῆς σφραγῖδα τῆς δικαιοσύνης τῆς πίστεως τῆς ἐν τῇ ἀκροβυστίᾳ, εἰς τὸ εἶναι αὐτὸν πατέρα πάντων τῶν πιστευόντων δι' ἀκροβυστίας, εἰς τὸ λογισθῆναι [καὶ] αὐτοῖς [τὴν] δικαιοσύνην,	그리고 그가 할례를 받은 것은 할례받지 않은 자로 있을 당시 가지고 있던 그 믿음으로 얻은 그 의를 보증하는 징표로※1 받은 것입니다. 이는 그가 할례받지 않은 상태에서 믿는 모든 자들의 조상이 되게 하여 그들에게도 그 의가 계산되게 하신 것입니다.※2
4:12	καὶ πατέρα περιτομῆς τοῖς οὐκ ἐκ περιτομῆς μόνον ἀλλὰ καὶ τοῖς στοιχοῦσιν τοῖς ἴχνεσιν τῆς ἐν ἀκροβυστίᾳ πίστεως τοῦ πατρὸς ἡμῶν Ἀβραάμ.	그리하여 그는 할례에 속한 자들에게 할례의 조상일 뿐만 아니라 우리 조상 아브라함이 할례받지 않은 자로 있을 당시에 가지고 있었던 그 믿음의 그 자취들을 따라가는 자들에게도 조상인 것입니다.

새생명역사공동체

여기서 우리는 앞(롬4:3)에서 "참으로 성경이 무엇을 말합니까? 성경은 분명하게 '아브라함이 그 하나님을 힘입어 믿었고, 그것이 그에게 의로 여겨졌다.'라고 말합니다."라고 했던 논리가 '아브라함에게 그 믿음이 의로 여겨졌다(롬4:9).'라고 한 걸음 더 진보한 형태(롬4:6-8, 다윗의 실례를 통해 드러난 행복한 사람의 믿음)의 논리로 다시 시작되고 있음을 본다. 그 논리를 내세우는 이유는 육신적으로 유대인들의 시조인 아브라함이 믿음의 조상으로 세워진 것을 입증함으로써, 그간에 유대인들이 주장해 온 율법의 일들로 의롭다고 하심을 얻고자 하는 길 외에 다른 길이 있음을 명확하게 보여 그들이 가던 길을 선회하게 하려고 한다.

그뿐만 아니라 자연스럽게 그 믿음의 길이 이미 차별 없이 이방인들에게도 동일하게 열려 있음을 알게 하되, 거기에는 그들(유대인들)에게 주어진 막중한 선민의 책임과 역할이 있음을 보게 하려고 한다.

이는 과거의 사도 바울 자신이 그랬던 것처럼 잘못된 선민의식으로부터 해방되어 하나님의 은혜로 값없이 베풀어지는 구원하심을 통해 세워지는 새생명역사공동체에 대한 운명적인 부르심과 사명을 보게 하려는 데 있다.

상속자

이 논리의 출처는 창15:6이다. 아브람(아브라함의 이전 이름)이 영광의 하나님께 부르심을 받은 후 다사다난했던 지나간 세월의 굵직굵직한 사건들로 추려진 이야기들(창11:27-14:24)이 그의 가슴속에 살아 숨 쉬는 시점에 그에게 찾아오신 하나님께서 언약을 세우실 때 나온 논리이다. 그 언약은 아브람의 대를 이을 상속자에 관한 것이었다. 그리고 그 문맥을 간추려 말하면 다음과 같다.

인간들은 자신의 지혜와 힘(문명의 힘)으로 하나님의 심판과 진노에서 벗어나려고 바벨탑을 세워 온 세상을 통제하며 군림하려는 야욕으로 하나님을 대적하려 했다. 그 문명의 발상지로 대표되는 바벨론 문명으로부터 하나님의 부르심을 받고 빠져나온 아브람 여정의 시작은 아버지 데라의 휘하에서 우상 숭배에 젖어 살았던 모습이 포착되긴 하나(창11:31-32, 수24:2), 이전에 있었던 무수한 세상 나라와는 다른 하나님의 축복으로 가득한 완전히 새로운 나라에 대한 약속을 소망하는 것이었다. 그 소망은 어두운 온 세상을 밝히고 하나님의 축복을 나누어 주는 축복의 근원이 되리라는 약속의 말씀이 아브람의 가슴속에 일으켜진 것이었다. 그때 아브람의 나이가 일흔다섯 살이었다(창12:1-4).

그런 그가 직면한 가나안 땅에서의 삶은 영적인 전쟁 그 자체였다. 원주민들과의 관계 속에서 하나님의 뜻을 받들어 예배하며 사는 그의 여정은 언제나 더 큰 주변 세력들의 위협 속에 휩싸이게 되고, 그때마다 기적적으로 하나님의 도우심을 받아 명맥을 유지할 수밖에 없는 긴장감 넘치는 소망의 삶이었다(창12:5-14:24).

그렇게 파란만장한 우여곡절을 지내는 동안 아브람은 늙어 자기 집에서 낳고 자라난 종들 가운데 대를 이를 상속자를 골라야 할 만큼 자식을 얻고자 하는 절실함마저 포기해야 하는 상황에 놓이게 되었다. 그때 하나님께서 아브람을 찾아오셔서 "아브람아, 두려워 말라. 나는 너의 방패요, 너의 지극히 큰 보상이다."라고 말씀하셨다. 이에 아브람은 "주 나의 하나님, 주님께서는 저에게 무엇을 주시렵니까? 저에게는 자식이 아직 없습니다. 저의 재산을 상속받을 자라고는 제집의 청지기 다마스커스 사람 엘리에셀뿐입니다. 주님께서 저에게 씨(자손)를 주지 않으셨으니, 이제 저의 집에 있는 이 종이 저의 상속자가 될 것입니다."라고 자신의 후사(대를 이어 상속받을 자)에 대한 안타까운 속내를 드러냈다.

그때 하나님께서는 "그 아이는 너의 상속자가 아니다. 너의 몸에서 태어날 아들이 너의 상속자가 될 것이다."라고 말씀하시고, 아브람을 밖으로 데리고 나가셔서 "하늘을 바라보아라. 셀 수 있으면 저 별들을 세어 보아라. 이처럼 네 후손(씨)이 있을 것이다."라고 말씀하셨고, 이에 아브람이 여호와를 믿으니 여호와께서 이를 그의 의로 여기셨다는 게 성경의 논리이다(창15:1-6).

믿음의 논리 성립

여기서 아브람이 믿은 것은 자신의 상속자에 대해 하나님께서 말씀으로 보이신 약속과 그 약속을 이루실 하나님의 전능하심이다. 그 약속의 실체는 상속자이고, 그 상속자는 이미 우리가 잘 알고 있듯이 99세에 할례받은 아브람, 곧 아브라함(창17:24)이 100세(사라 90세)에 얻은 아들 이삭으로서(창21:3-5), 그 이삭은 훗날 그리스도를 가리키는 예표와 그림자였음이 드러났다(창22:1-14, 롬9:7, 히11:17-18).

재미 있는 건 그 상속자 이삭을 얻기 전에 아브람이 애굽 여자 하갈을 통해 이스마엘을 낳는 실수를 저질렀고(창16:1-16), 그후 하나님께서 99세의 아브람을 찾아오셔서 그의 불경함을 크게 꾸짖으시며(창17:1) 아브라함으로 개명하시고(창17:5) 할례의 언약을 세우신(창17:9-14) 다음 우리가 지금 추적하고 있는 '창15:6의 아브람이 믿은 상속자'의 이름마저 이삭으로 지명하시고(창17:19) 1년 후 사라가 낳을 것이라고까지 명시하신(창17:21) 대로 아브라함이 할례를 받은(창17:24) 후 그의 나이 100세에 그 약속의 자녀 이삭을 얻었다는 사실이다(창21:5).

이로써 할례는 아브라함이 할례받지 않은 자로 있을 당시 가지고 있던 그의 믿음으로 의롭다고 하심을 얻은 그 의를 보증하는 징표로 드러났고, 이런 아브라함의 믿음은 그가 할례받지 않은 상태에서 믿는 모든 자들의 조상이 되게 하여 할례받지 않고 그의 믿음을 본보기로 삼아 믿는 자들에게도 동일하게 그 의가 계산되는 논리를 드러냈다(롬4:11).

그리하여 아브라함은 할례받은 자들에게 할례의 조상으로서 이미 그 할례받은 자들의 믿음의 조상으로 세워져 있었다는 새로운 사실을 드러내었을 뿐만 아니라 아브라함이 할례받지 않은 자로 있을 당시에 가지고 있었던 그 믿음의 그 자취들을 따라가는 자들에게도 믿음의 조상이 되었다는 논리가 성립되었다(롬4:12).

이런 논리로 다음 본문을 보라.

4:13	Οὐ γὰρ διὰ νόμου ἡ ἐπαγγελία τῷ Ἀβραὰμ ἢ τῷ σπέρματι αὐτοῦ, τὸ κληρονόμον αὐτὸν εἶναι κόσμου, ἀλλὰ διὰ δικαιοσύνης πίστεως.	참으로 그 아브라함에게, 혹은 그의 씨에게 '그가 바로 세상의 상속자일 것이다.'라고 하신 그 약속이 율법을 통해서가 아니라, 오직 믿음의 의를 통해서 성취됩니다.
4:14	εἰ γὰρ οἱ ἐκ νόμου κληρονόμοι, κεκένωται ἡ πίστις καὶ κατήργηται ἡ ἐπαγγελία·	왜냐하면 율법에 속한 자들이 상속자들이 된다면, 그 믿음은 헛것이 되고 그 약속 또한 완전히 무효가 되기 때문입니다.
4:15	ὁ γὰρ νόμος ὀργὴν κατεργάζεται· οὗ δὲ οὐκ ἔστιν νόμος οὐδὲ παράβασις.	참으로 그 율법은 진노를 만들어 냅니다. 그래서 율법이 없는 곳에는 율법을 위반하는 일도 없는 것입니다.
4:16	–Διὰ τοῦτο ἐκ πίστεως, ἵνα κατὰ χάριν, εἰς τὸ εἶναι βεβαίαν τὴν ἐπαγγελίαν παντὶ τῷ σπέρματι, οὐ τῷ ἐκ τοῦ νόμου μόνον ἀλλὰ καὶ τῷ ἐκ πίστεως Ἀβραάμ, ὅς ἐστιν πατὴρ πάντων ἡμῶν,	--이것 때문에 믿음에 속한 자들이 상속받게 하셨습니다. 이는 은혜를 따라 상속자가 되도록 그의 모든 후손, 곧 그 율법에 속한 자에게뿐만 아니라 그 아브라함의 믿음에 속한 자에게도 그 약속을 견고하게 하신 것입니다. 아브라함 그는 우리 모두의 조상입니다.
4:17	καθὼς γέγραπται ὅτι πατέρα πολλῶν ἐθνῶν τέθεικά σε*, κατέναντι οὗ ἐπίστευσεν θεοῦ τοῦ ζῳοποιοῦντος τοὺς νεκροὺς καὶ καλοῦντος τὰ μὴ ὄντα ὡς ὄντα.	그것은 '내가 너를 많은 민족의 조상으로 세울 것이다.'라고 기록된 것과 같이, 그가 죽은 자들을 소생시키시고 없는 것들을 있는 것처럼 불러내시는 하나님을 뵙고 믿었다는 것입니다.

위대한 일

여기서 중요한 것은 하나님께서 약속하신 상속자에 대한 이해이다. 이 상속자는 겉으로 보기에 그저 아브라함의 대를 이어 아브라함이 가진 재산이나 물려받는 정도의 상속자가 아니다. 아브라함이 하나님께 받은 기업을 물려받는 상속자이다. 그것은 하나님께서 창조하신 세상 전체를 하나님의 뜻에 맞게 운용해 하나님께서 기뻐하시는 결과를 창출해 내는 것이다.

그것은 아브라함 당시 바벨론(메소포타미아) 문명의 지배를 받는 세상의 모든 나라 속에 하나님의 통치가 실현되는 하나님의 나라를 세우고 확장함으로써 모든 세상 사람들이 하나님의 다스림 속에서 영원히 복된 삶을 누리며 살아가게 하는 일이었다. 그 일은 그 성격 자체가 인간의 생각과 의지로서는 도무지 실현할 수 없는 하나님만이 이루어 내실 수 있는 위대한 일이었다.

그래서 그 상속자에 대한 약속을 말씀하시기 전 하나님께서 아브라함에게 "아브람아, 두려워 말라. 나는 너의 방패요, 너의 지극히 큰 보상이다(창15:1)."라고 말씀하신 것이다.

아브라함의 됨됨이

그때 아브라함은 가나안 남과 북의 연합전쟁 통에 포로로 잡혀간 믿음의 사람 조카 롯을 구하려고 그 전쟁에 뛰어들어 하나님의 도우심으로 승리를 거두었다. 승리의 깃발을 들고 회귀하는 아브라함을 왕의 골짜기(샤웨 골짜기)로 떡과 포도주를 가지고 나와 영접한 살렘 왕이며 지극히 높으신 하나님의 제사장인 멜기세덱이 빌어 주는 축복에 감사하며 승리를 주신 하나님께 영광과 찬송을 드리고 전리품의 십분의 일을 예물로 드리며 아브라함은 화답했다(창14:17-20).

그후 아브라함에게 소돔 왕이 전리품 중 자기 나라 백성을 제외한 나머지 재물들을 몽땅 가지라고 하자(창14:21) 아브라함은 "나는 하늘과 땅을 지으신 가장 높으신 여호와 하나님께 나의 손을 들어서 맹세합니다. 그대의 것은 실오라기 하나나 신발 끈 하나라도 가지지 않겠습니다. 그러므로 그대는, 그대 덕분에 아브라함이 부자가 되었다고는 절대로 말할 수 없을 것입니다. 나는 나의 젊은이들이 먹은 음식 말고는 그 외에 아무것도 가지지 않겠습니다. 다만 나와 함께 싸움터에 나갔던 아넬과 에스골과 마므레의 몫만은 그들에게 주십시오(창14:22-24)."라고 말했다.

아브라함의 고민

그런 뒤에 아브라함은 전쟁 후 불어닥칠 훗날을 예견하며 떨고 있었다. 세상의 질서를 휘어잡고 창조주 하나님께서 창조하신 세상을 망하게 만들고 있는 막강한 세상 권력의 횡포 속에서 하나님이 기뻐하시는 믿음의 나라를 세워 갈 후손이 없다는 것만큼 더 큰 고민은 없었다. 그때 하나님께서 아브라함에게 찾아오셔서 상속자에 대해 말씀하신 것이다.

이는 소돔왕에게 했던 아브라함의 말이 아브라함의 됨됨이를 말해 주듯이 창조주 하나님께서 창조하신 세상의 상속자는 종국적으로 그 생각(지혜)과 능력의 크기가 창조주 하나님만큼은 되어야 그 하나님의 뜻에 맞게 세상을 다스리는 왕이 될 것을 말씀하신 것이다.

이런 맥락에서 사도 바울은 이렇게 말했다.

> *18* 아무도 자신을 속이지 마십시오. 여러분 중에 어떤 사람이 이 시대의 표준에 따라 자신이 지혜 있는 사람이라고 생각한다면, 진정 지혜 있는 자가 되기 위해서 어리석은 사람이 되십시오.
> *19* 왜냐하면 이 세상의 지혜는 그 하나님께서 보시기에 어리석은 것이기 때문입니다. 그래서 성경에 "그 하나님께서 이 세상의 지혜 있는 자들을 자기 꾀에 빠지게 하신다."라고 기록되어 있으며,
> *20* 또한 "주님께서는 이 세상의 지혜 있는 사람들의 생각이 헛되다는 것을 아신다."라고 기록되어 있습니다.
> *21* 그러므로 아무도 사람을 힘입어 자랑하지 마십시오. 참으로 모든 것이 여러분의 것이기 때문입니다.
> *22* 바울이나 아볼로나, 게바나 세상이나, 생명이나 죽음이나, 현재 일어나는 일이나 장래 일어날 일이나 할 것 없이 모든 것이 다 여러분의 것입니다.
> *23* 그러나 여러분은 그리스도의 것이며, 그리스도는 하나님의 것입니다.

> *18* Μηδεὶς ἑαυτὸν ἐξαπατάτω• εἴ τις δοκεῖ σοφὸς εἶναι ἐν ὑμῖν ἐν τῷ αἰῶνι τούτῳ, μωρὸς γενέσθω, ἵνα γένηται σοφός. *19* ἡ γὰρ σοφία τοῦ κόσμου τούτου μωρία παρὰ τῷ θεῷ ἐστιν. γέγραπται γάρ• ὁ δρασσόμενος τοὺς σοφοὺς ἐν τῇ πανουργίᾳ αὐτῶν•* *20* καὶ πάλιν• κύριος γινώσκει τοὺς διαλογισμοὺς τῶν* σοφῶν ὅτι εἰσὶν μάταιοι.* *21* ὥστε μηδεὶς καυχάσθω ἐν ἀνθρώποις• πάντα γὰρ ὑμῶν ἐστιν, *22* εἴτε Παῦλος εἴτε Ἀπολλῶς εἴτε Κηφᾶς, εἴτε κόσμος εἴτε ζωὴ

εἴτε θάνατος, εἴτε ἐνεστῶτα εἴτε μέλλοντα• πάντα ὑμῶν, 23 ὑμεῖς δὲ Χριστοῦ, Χριστὸς δὲ θεοῦ.

(NA28판, UBS5판 고전3:18-23 필자 사역)

열방의 아버지

이렇듯 세상의 상속자는 하나님의 지혜와 능력을 겸비한 사람이어야 한다. 그런 상속자에 대한 하나님의 약속이 죄에 팔려 율법 아래 종노릇하는 사람에 의해 성취될 수 없다. 율법을 가지고 있던 유대인들이 율법을 통해 입법자이신 하나님의 요구를 인지하고 그 요구를 충족시키려고 해야 마땅함에도 오히려 하나님의 뜻을 세운다는 명목으로 하나님께서 주신 율법을 사람들의 계명과 교훈으로 변질시켜 하나님의 백성들을 배나 더 지옥의 자식들로 만들어 하나님의 진노를 일으키는 데 앞장섰다(마15:9, 16:12, 23:15).

그래서 사도 바울이 그 율법은 참으로 진노를 만들어 낸다고 했고, 율법이 없는 곳에서는 율법을 위반하는 일도 없다고 했다(롬4:15). 이런 사실은 앞으로 로마서 7장에 가서야 그 진의가 드러나지만(물론 필자는 이 글을 시작하면서 그 진의를 줄곧 말해 왔다), 이 일 때문에(Διὰ τοῦτο-디아 투토) 하나님께서는 믿음에 속한 자들이 상속받게 하셨다(롬4:16).

이는 아브라함의 모든 후손, 곧 그 율법에 속한 자뿐만 아니라 그의 믿음에 속한 자들이 은혜를 따라 상속자가 되도록 그 약속을 견고하게 하심으로 아브라함이 율법에 속한 자뿐만 아니라 그의 믿음에 속한 자들 모두의 조상임을 드러낸 것이다.

그리고 그것은 하나님께서 아브라함에게 할례의 언약을 세우기 전에 말씀하신 언약의 말씀(창17:4-8) 속에 명확하게 나타난다.

> *4 보라, 내가 나의 언약을 너와 함께 세운다. 이제 너는 여러 나라의 조상이다.*
> *5 그러니 이제부터 너의 이름을 아브람이라고 부르지 마라. 너의 이름은 아브라함이다. 왜냐하면 내가 너를 여러 나라의 조상으로 배당했기 때문이다.*
> *6 내가 너를 심히 번성케 하고 내가 너를 많은 나라에 배당했으니 너에게서 왕들이 나올 것이다.*
> *7 내가 내 언약을 너와 네 자손 대대에 영원한 언약으로 삼아 지탱하게 하여 나는 너와 너의 모든 자손의 하나님이 될 것이다.*

8 나는 너와 너의 자손에게 거주할 땅 곧 가나안의 모든 땅을 영원한 기업으로 배당하여 주었으니 나는 그들의 하나님이 될 것이다.

⁴אֲנִ֕י הִנֵּ֥ה בְרִיתִ֖י אִתָּ֑ךְ וְהָיִ֕יתָ לְאַ֖ב הֲמ֥וֹן גּוֹיִֽם: ⁵וְלֹא־יִקָּרֵ֨א ע֥וֹד אֶת־שִׁמְךָ֛ אַבְרָ֑ם וְהָיָ֤ה שִׁמְךָ֙ אַבְרָהָ֔ם כִּ֛י אַב־הֲמ֥וֹן גּוֹיִ֖ם נְתַתִּֽיךָ: ⁶וְהִפְרֵתִ֤י אֹֽתְךָ֙ בִּמְאֹ֣ד מְאֹ֔ד וּנְתַתִּ֖יךָ לְגוֹיִ֑ם וּמְלָכִ֖ים מִמְּךָ֥ יֵצֵֽאוּ: ⁷וַהֲקִמֹתִ֨י אֶת־בְּרִיתִ֜י בֵּינִ֣י וּבֵינֶ֗ךָ וּבֵ֨ין זַרְעֲךָ֧ אַחֲרֶ֛יךָ לְדֹרֹתָ֖ם לִבְרִ֣ית עוֹלָ֑ם לִהְי֤וֹת לְךָ֙ לֵֽאלֹהִ֔ים וּֽלְזַרְעֲךָ֖ אַחֲרֶֽיךָ: ⁸וְנָתַתִּ֣י לְ֠ךָ וּלְזַרְעֲךָ֨ אַחֲרֶ֜יךָ אֵ֣ת׀ אֶ֣רֶץ מְגֻרֶ֗יךָ אֵ֚ת כָּל־אֶ֣רֶץ כְּנַ֔עַן לַאֲחֻזַּ֖ת עוֹלָ֑ם וְהָיִ֥יתִי לָהֶ֖ם לֵאלֹהִֽים:

(BHS 5th ed 창 17:4-8 필자 사역)

전능하심

이를 사도 바울은 한마디로 요약해 '내가 너를 많은 민족의 조상으로 세울 것이다.' 라고 기록된 것과 같이, 아브라함은 죽은 자들을 소생시키시고 없는 것들을 있는 것처럼 불러내시는 하나님을 뵙고 믿은 것이라고 말함으로써(롬4:17), 아브라함은 장차 그 상속자가 어떤 이유에서든 죽는 일을 당하더라도 그 죽음으로부터 다시 살아나게 하심으로 기록된 것을 이루시는 전능하신 하나님을 믿었다는 사실을 내다보게 한다.

아브라함의 상속자에 대한 믿음은 하나님의 전능하심에 기반한 것이고, 하나님의 전능하심은 그 상속자를 주실 뿐만 아니라 그 상속자를 통해 아브라함을 많은 민족과 나라의 아버지로 세우신다(창17:1-8).

이런 시각에서 다음 본문을 보라.

4:18	—Ὃς παρ' ἐλπίδα ἐπ' ἐλπίδι ἐπίστευσεν εἰς τὸ γενέσθαι αὐτὸν πατέρα πολλῶν ἐθνῶν κατὰ τὸ εἰρημένον· οὕτως ἔσται τὸ σπέρμα σου*,	---'이처럼 너의 후손이 있을 것이다.*'라고 말씀하신 대로 그가 소망할 수 없는 것을 소망하며 믿었으니, 그가 열방의 아버지가 되게 하기 위함이었던 것입니다.
4:19	καὶ μὴ ἀσθενήσας τῇ πίστει κατενόησεν τὸ ἑαυτοῦ σῶμα [ἤδη] νενεκρωμένον, ἑκατονταετής που ὑπάρχων, καὶ τὴν νέκρωσιν τῆς μήτρας Σάρρας·	그는 대략 백 세쯤 되었을 때, 자기 몸의 생식 기능이 이미 죽어 있음과 사라의 출산 기능 또한 죽어 있음을 알고도, 그 믿음에 약해지지 않았습니다.

4:20	εἰς δὲ τὴν ἐπαγγελίαν τοῦ θεοῦ οὐ διεκρίθη τῇ ἀπιστίᾳ ἀλλ' ἐνεδυναμώθη τῇ πίστει, δοὺς δόξαν τῷ θεῷ	더욱이 그는 그 하나님의 그 약속에 이르기 위해 그 불신앙에 의해 휘둘리지 않고 오히려 그 믿음이 강해져서,† 그 하나님께 영광을 돌리되,
4:21	καὶ πληροφορηθεὶς ὅτι ὃ ἐπήγγελται δυνατός ἐστιν καὶ ποιῆσαι.	'그가 약속하신 것을 또한 이루실 수 있다.' 라고 온전히 확신하게 되었습니다.
4:22	διὸ [καὶ] ἐλογίσθη αὐτῷ εἰς δικαιοσύνην.	그러므로 그런 그의 믿음 [또한] 그에게 의로 여겨진 것입니다.

열방의 아버지로

사도 바울은 다시 아브라함이 최초로 믿음으로 의롭다고 하심을 받았던 시절로 돌아가 그때의 상황을 반추한다. "그 아이는 너의 상속자가 아니다. 너의 몸에서 태어날 아들이 너의 상속자가 될 것이다."라고 하나님께서 아브라함에게 말씀하시고, 그를 밖으로 데리고 나가셔서 "하늘을 바라보아라. 셀 수 있으면 저 별들을 세어 보아라. 이처럼 네 후손(씨)이 있을 것이다."라고 말씀하셨다. 이에 아브라함이 여호와를 힘입어 믿으니 여호와께서 이를 그의 의로 여기셨다(창15:1-6).

그렇게 아브라함이 믿은 약속의 말씀이 이미 아브라함을 열방의 아버지가 되게 하시려는 하나님의 오랜 속내가 있었음을 밝히며 아브라함의 상속자에 대한 믿음이 약해지지 않았음을 강조한다. 상속자를 직접 아브라함 부부의 몸으로 출산하게 하시겠다는 약속의 말씀에 대한 신뢰가 자신들의 생식 능력이 괴멸된 신체 조건을 확인했으면서도 약해지지 않고 더욱 강성해질 만큼 그들 부부의 믿음은 확고했다.

더욱이 무소불위의 권력을 쥐고 온 세계를 지배하고자 하는 제국주의의 꿈을 실현하기 위해 살상 무기를 개발하고 전사들을 훈련해 전쟁에 몰두해 있던 당대의 믿음 없는 자들의 불신앙에 휘둘리지 않고 오히려 그 믿음이 강해져, 그 하나님께 영광을 돌리되, 하나님께서 약속하신 것을 또한 이루실 것을 더욱 확신하게 되었다.

이처럼 하나님의 뜻을 이룰 수 없을 만큼 신체 조건이 제아무리 부적합한 상태가 된다거나 악한 세상이 하나님의 뜻을 드러내 놓고 거역할지라도 위축되지 않고 오히려 더욱 굳세게 그 상속자에 대한 믿음의 말씀을 굳세게 붙드는 아브라함의 믿음이 의로 여겨졌다는 사실은 열방의 아버지가 되기 위한 믿음을 보이시기 위한 것이었다. 이로써 장차 이루어질 열방의 아버지로서의 믿음이 의롭다고 하심을 받은 것이라고 확정되었다.

호칭

따라서 아브라함의 믿음은 열방의 왕들을 세워 하나님께서 창조하신 세상을 하나님께서 기뻐하시는 방식으로 다스리며 하나님께 영광을 돌리게 하는 믿음이다. 아브라함의 믿음은 이사야 선지자가 "그가 열방 사이에 판단하시며 많은 백성을 판결하시리니 무리가 그 칼을 쳐서 보습을 만들고 그 창을 쳐서 낫을 만들 것이며 이 나라와 저 나라가 다시는 칼을 들고 서로 치지 아니하며 다시는 전쟁을 연습하지 않을 것이다(사2:4)."라고 예언한 것과 같이 만군의 여호와 전능하신 하나님께서 주시는 평화롭고 행복한 세상을 상속하는 믿음이다.

또 이사야 선지자가 "이새의 그루터기에서 한 싹이 나며, 그의 뿌리에서 한 가지가 나와 열매를 맺을 것이다. 여호와의 영이 그에게 내릴 것이고, 주의 영이 그에게 지혜와 총명과 분별력과 능력을 주시며, 주를 알고 경외하게 하실 것이다. 그는 여호와를 경외하는 것을 즐거움으로 여길 것이고, 겉모습만 보고 판단하지 않으며, 사람들이 하는 말만 듣고 판결을 내리지 않을 것이다. 그는 가난한 사람들을 정직하게 재판하며, 이 땅의 힘없는 사람들에게 공평한 판결을 내릴 것이다. 그는 사악한 사람들 위에서 통치하며, 자기의 입김으로 그들을 멸할 것이다. 그는 정의와 성실을 허리띠처럼 두를 것이다. 그 때에 이리와 어린 양이 평화롭게 살며, 표범이 새끼 염소와 함께 누우며, 송아지와 새끼 사자와 어린 황소가 함께 다니고, 어린아이가 그것들을 이끌고 다닐 것이다. 암소와 곰이 사이좋게 풀을 뜯을 것이며, 그것들의 새끼들이 함께 누우며, 사자가 소처럼 풀을 먹을 것이다. 젖먹이가 독사의 구멍 앞에서 장난치고, 어린아이가 살모사의 굴에 손을 넣을 것이다. 하나님의 거룩한 산 어디에도 그들을 해치는 것이나 다치게 하는 것이 없을 것이다. 물이 바다를 덮듯이, 그 땅에는 여호와를 아는 지식이 가득 찰 것이다. 그 날이 오면, 이새의 뿌리가 온 백성의 구원의 깃발로 세워질 것이며, 민족들이 그를 찾아올 것이다. 그리하여 그가 있는 곳은 영광으로 가득 찰 것이다(사11:1-11)."라고 예언한 것과 같이 평화롭고 행복한 세상을 만군의 여호와 전능하신 하나님의 이름으로 상속받는 믿음이다.

그런 믿음으로 아브라함은 믿음의 조상이라는 호칭을 얻게 되었다.

이런 관점으로 로마서 4장의 마지막 문단을 보라.

4:23	–Οὐκ ἐγράφη δὲ δι' αὐτὸν μόνον ὅτι ἐλογίσθη αὐτῷ*	--게다가 '그것이 그에게 의로 여겨졌다."라는 말은 아브라함 때문에만 기록된 것이 아니라,
4:24	ἀλλὰ καὶ δι' ἡμᾶς, οἷς μέλλει λογίζεσθαι, τοῖς πιστεύουσιν ἐπὶ τὸν ἐγείραντα Ἰησοῦν τὸν κύριον ἡμῶν ἐκ νεκρῶν,	장차 의롭다고 여겨질 자들, 곧 죽은 자들로부터 예수님을 우리 주님으로 일으키신 분의 행하심을 기초해 믿는 우리 때문에도 기록된 것입니다.
4:25	ὃς παρεδόθη διὰ τὰ παραπτώματα ἡμῶν καὶ ἠγέρθη διὰ τὴν δικαίωσιν ἡμῶν.	바로 그 예수님께서는 우리의 타락함 때문에[※1] 죽음에 넘겨지셨고, 우리의 의롭다고 하심을 정당화하기 위해[※2] 일으켜지셨습니다.

거시적 의미

이제까지 사도 바울은 그렇게 아브라함의 생애 전반에 흐르는 중심 메시지가 믿음으로 세워진 만국의 아버지임을 드러내고 지금 그의 믿음이 온 세상을 위한 것임을 확정했다. 그리고 이런 확정된 믿음의 논리는 "아브라함이 여호와를 힘입어 믿으니 여호와께서 이를 그의 의로 여기셨다."라고 하는 창15:6 말씀이 내포하는 거시적 의미(아브라함의 전 생애를 종말론적인 관점에서 들여다보고 중심 사상을 간추린 핵심 메시지)를 결정해 선언한다.

그것은 그가 믿음으로 만국의 조상이 된 만큼 아브라함의 믿음이 아브라함만을 의롭게 하는 일회용 믿음으로 끝나는 것이 아니라 오고 오는 세대들로부터 부르심을 입을 그 믿음의 후손들에게도 의롭다고 하심의 혜택이 주어지는 것이 마땅함을 밝히는 논리이다(롬4:23).

그리고 그 논리를 '장차 의롭다고 여겨질 자들, 곧 예수 우리 주님을 죽은 자들로부터 일으키신 분의 행하심을 기초해 믿는 우리 때문에도 기록된 것이며, 바로 그 예수님께서는 우리의 타락함 때문에 죽음에 넘겨지셨고, 우리를 의롭다고 하심을 정당화하기 위해 일으켜지셨다.'라고 끝낸다(롬4:24-25).

여기서 '우리는'에 해당하는 사람들이 바로 그 예수님의 죽으심과 부활로 탄생한 새생명역사공동체, 곧 성경이 말하는 그 그리스도의 모든 그 교회들(αἱ ἐκκλησίαι πᾶσαι τοῦ Χριστοῦ-하이 에클레시아이 파사이 투 크리스투, 롬16:16) 이다.

은혜의 논리

이렇듯 아브라함의 믿음은 상속자를 주시는 전능하신 하나님을 믿는 믿음이다. 그 믿음은 그 상속자를 통해 베풀어지는 은혜의 선물이다. 그 상속자는 오직 그 하나님께서 보내시는 그리스도이고, 그분을 통해서만 하나님의 약속이 성취되어 이 세상 나라가 하나님이 기뻐하시는 의의 나라로 새롭게 바뀌는 것이다.

그 그리스도가 바로 예수님이시고 그 예수님이 그 하나님의 믿음을 이 땅에 가지고 오셔서 그분의 죽으심과 부활로 그 믿음의 일을 완성하심으로써 성령을 통해 그 믿음을 사람들에게 선물로 주어서 믿게 하셨다는 게 사도 바울이 펼치는 은혜의 논리이다.

이 은혜의 논리가 새생명역사공동체를 살아 있게 하는 영이고, 창조주 하나님께서 창조하신 세상에 대한 주인 의식을 가지고 살아가게 하는 동력이다.

이를 명확하게 설명하고 있는 갈라디아서 3장 말씀을 보자.

> *15 형제들아, 내가 사람을 따라 말합니다. 사람의 언약일지라도 확정되고 나면 아무도 폐기하거나 덧붙이지 못합니다.*
> *16 더구나 그 약속들은 하나님께서 아브라함과 그의 씨(자손)에게 하신 것입니다. 그것은 많은 사람을 가리켜 '너의 씨들에게'라고 말씀하시지 않고 오직 한 사람을 가리켜 '너의 씨에게'라고 말씀하셨으니, 그는 그리스도이십니다.*
> *17 그러나 지금 내가 말하고 있는 것은 이것입니다. 하나님께서 그리스도 안에서 미리 확정하신 언약을 사백삼십 년 후에 생긴 율법이 폐기할 수 없으며 그 약속을 무효화시킬 수 없습니다.*
> *18 왜냐하면 그 상속권이 율법으로부터 있는 것이라면 그것은 더 이상 약속으로부터 있는 것이 아닙니다. 그러나 하나님께서는 그것을 아브라함에게 약속을 통하여 은혜로 주신 것입니다.*

19그러면 왜 그 율법이 있습니까? 그것은 약속된 그 자손이 오실 때까지, 빗나간 자들로 인해 부가된 것입니다. 그것은 한 중보자의 권한으로 천사들을 통해 제정된 것입니다.

20그러나 그 중보자는 한 편만의 중보자가 아니지만, 그 하나님은 한 분이십니다.

21그러면 그 율법이 [그 하나님의] 그 약속들을 거스르는 것입니까? 그런 일이 일어나지 않기를 소원합니다. 왜냐하면 만일 율법이 생명을 부여할 수 있는 것으로 주어졌다면, 정말로 그 의가 율법으로부터 있었을 것입니다.

22오히려 성경은 그 약속이 예수 그리스도의 믿음으로부터 믿는 자들에게 주어지게 하려고 그 모든 것을 죄 아래에 가두었습니다.

23그래서 그 믿음이 오기 전에는 우리가 율법 아래 매여 감시받으며 장차 그 믿음이 계시될 때까지 갇혀 있었습니다.

24그와 같이 그 율법은 그리스도께 가도록 우리를 이끄는 가정교사가 되어, 우리들이 믿음으로부터 의롭다고 하심을 받도록 하였습니다.

25그러니 그 믿음이 온 후에는 우리가 더 이상 가정교사 아래 있지 않습니다.

26왜냐하면 여러분 모두가 그리스도 예수 안에서 그 믿음을 통해 하나님의 아들들이기 때문입니다.

27참으로 그리스도 속으로 잠겨 세례받는 자는 누구든지 그리스도로 옷을 입은 것입니다.

28거기에는 유대인이나 헬라인도 없고, 종이나 자유인도 없으며, 남자나 여자도 없습니다. 왜냐하면 여러분 모두가 그리스도 예수 안에서 하나이기 때문입니다.

29분명히 여러분이 그리스도의 소유라면, 여러분은 의문의 여지 없이 그 아브라함의 자손이며, 약속을 따른 상속자입니다.

15Ἀδελφοί, κατὰ ἄνθρωπον λέγω· ὅμως ἀνθρώπου κεκυρωμένην διαθήκην οὐδεὶς ἀθετεῖ ἢ ἐπιδιατάσσεται. 16 τῷ δὲ Ἀβραὰμ ἐρρέθησαν αἱ ἐπαγγελίαι καὶ τῷ σπέρματι αὐτοῦ. οὐ λέγει, καὶ τοῖς σπέρμασιν, ὡς ἐπὶ πολλῶν, ἀλλ' ὡς ἐφ' ἑνός, καὶ τῷ σπέρματί σου, ὅς ἐστιν Χριστός. 17 τοῦτο δὲ λέγω· διαθήκην προκεκυρωμένην ὑπὸ τοῦ θεοῦ ὁ μετὰ τετρακόσια καὶ τριάκοντα ἔτη γεγονὼς νόμος οὐκ ἀκυροῖ, εἰς τὸ καταργῆσαι τὴν ἐπαγγελίαν. 18 εἰ γὰρ ἐκ νόμου ἡ κληρονομία, οὐκέτι ἐξ ἐπαγγελίας· τῷ δὲ Ἀβραὰμ δι' ἐπαγγελίας κεχάρισται ὁ θεός.

19Τί οὖν ὁ νόμος; τῶν παραβάσεων χάριν προσετέθη, ἄχρις οὗ ἔλθη τὸ σπέρμα ᾧ ἐπήγγελται, διαταγεὶς δι' ἀγγέλων ἐν χειρὶ μεσίτου. 20 ὁ δὲ μεσίτης ἑνὸς οὐκ ἔστιν, ὁ δὲ θεὸς εἷς ἐστιν. 21 Ὁ οὖν νόμος κατὰ τῶν ἐπαγγελιῶν [τοῦ θεοῦ];

μὴ γένοιτο· εἰ γὰρ ἐδόθη νόμος ὁ δυνάμενος ζῳοποιῆσαι, ὄντως ἐκ νόμου ἂν ἦν ἡ δικαιοσύνη. 22 ἀλλὰ συνέκλεισεν ἡ γραφὴ τὰ πάντα ὑπό ἁμαρτίαν ἵνα ἡ ἐπαγγελία ἐκ πίστεως Ἰησοῦ Χριστοῦ δοθῇ τοῖς πιστεύουσιν.
23 Πρὸ τοῦ δὲ ἐλθεῖν τὴν πίστιν ὑπὸ νόμον ἐφρουρούμεθα συγκλειόμενοι εἰς τὴν μέλλουσαν πίστιν ἀποκαλυφθῆναι. 24 ὥστε ὁ νόμος παιδαγωγὸς ἡμῶν γέγονεν εἰς Χριστόν, ἵνα ἐκ πίστεως δικαιωθῶμεν·25 ἐλθούσης δὲ τῆς πίστεως οὐκέτι ὑπὸ παιδαγωγόν ἐσμεν. 26 Πάντες γὰρ υἱοὶ θεοῦ ἐστε διὰ τῆς πίστεως ἐν Χριστῷ Ἰησοῦ. 27 ὅσοι γὰρ εἰς Χριστὸν ἐβαπτίσθητε, Χριστὸν ἐνεδύσασθε·28 οὐκ ἔνι Ἰουδαῖος οὐδὲ Ἕλλην, οὐκ ἔνι δοῦλος οὐδὲ ἐλεύθερος, οὐκ ἔνι ἄρσεν καὶ θῆλυ· πάντες γὰρ ὑμεῖς εἷς ἐστε ἐν Χριστῷ Ἰησοῦ. 29 εἰ δὲ ὑμεῖς Χριστοῦ, ἄρα τοῦ Ἀβραὰμ σπέρμα ἐστέ, κατ' ἐπαγγελίαν κληρονόμοι.

(NA28판, UBS5판 갈3:15-29 필자 사역)

목표를 위한 장치

지금까지 우리는 줄기차게 아브라함이 열국의 아비가 되리라는 약속을 따라서 온 세상을 위한 믿음의 조상으로 세워져 우리 주님 예수님의 믿음에 속한 자가 되어 소임을 다한 사람이라는 사실을 살펴보았다(롬4:1-24).

그리고 그 과정에서 우리는 사도 바울이 말하는 믿음의 논리가 무엇인지 분명하게 알게 됨으로써 '믿음으로 구원받는다.'라고 하거나 '믿음으로 의롭다고 하심을 얻는다.'라고 하는 말의 의미가 실제로 무엇인지를 알게 되었다.

그 결과 우리는 믿음으로 사는 삶의 출발과 방향, 그리고 목표와 목적지가 선명해졌다. 그건 지금 우리에게 필요한 것은 그 목적지에 도달하는 방법과 원리로 압축된다고 할 수 있다.

따라서 우리가 여기서 다시금 확인해야 할 것은 이미 롬3:21에서 '율법과는 별개인 하나님의 한 의'를 설명하면서 필자가 밝혔던 롬3:25-26의 예수님에 관한 규정이 롬4장의 아브라함 한 명을 미리 설명하기 위한 장치라는 것이다.

3:21	Νυνὶ δὲ χωρὶς νόμου δικαιοσύνη θεοῦ πεφανέρωται μαρτυρουμένη ὑπὸ τοῦ νόμου καὶ τῶν προφητῶν,	그러나 이제는 율법과는 별개로 하나님의 한 의가 명백하게 공개되었으니,[※1] 이는 그 율법과 그 예언자들에 의하여 증거된 것입니다.
3:22	δικαιοσύνη δὲ θεοῦ διὰ πίστεως Ἰησοῦ Χριστοῦ εἰς πάντας τοὺς πιστεύοντας. οὐ γάρ ἐστιν διαστολή,	그런데도 이 하나님의 의는 예수 그리스도의 믿음을 통해* 믿는 모든 사람을 위한 것입니다. 참으로 그것은 아무런 차별이 없습니다.

3:23	πάντες γὰρ ἥμαρτον καὶ ὑστεροῦνται τῆς δόξης τοῦ θεοῦ	왜냐하면 모든 사람이 죄를 지어 그 하나님의 그 영광에 이르지 못하고 있으나,
3:24	δικαιούμενοι δωρεὰν τῇ αὐτοῦ χάριτι διὰ τῆς ἀπολυτρώσεως τῆς ἐν Χριστῷ Ἰησοῦ·	그리스도 예수 안에 있는 그 구속을 통한 그 하나님의 그 은혜로 값없이 의롭다 하심을 받기 때문입니다.
3:25	ὃν προέθετο ὁ θεὸς ἱλαστήριον διὰ [τῆς] πίστεως ἐν τῷ αὐτοῦ αἵματι εἰς ἔνδειξιν τῆς δικαιοσύνης αὐτοῦ διὰ τὴν πάρεσιν τῶν προγεγονότων ἁμαρτημάτων	부연하면 그분을 그 하나님께서는 [그] 믿음을 통해* 드려지는 속죄 제물로 내세우셨으니, 이는 그분의 피로 이전에 지은 죄들을 면제하시는 관용을 베푸심으로써 자기의 의를 나타내 보여 주신 것입니다.
3:26	ἐν τῇ ἀνοχῇ τοῦ θεοῦ, πρὸς τὴν ἔνδειξιν τῆς δικαιοσύνης αὐτοῦ ἐν τῷ νῦν καιρῷ, εἰς τὸ εἶναι αὐτὸν δίκαιον καὶ δικαιοῦντα τὸν ἐκ πίστεως Ἰησοῦ.	그 하나님께서 자기 의를 나타내 보여 주심은 지금 이때[※1] 자기가 의로우시다는 것과 예수의 믿음으로부터 존재하는 자를[※2] 의롭다고 하시는 것을 보여 주시기 위한 것이었습니다.

예수님의 주님 되심

그런 다음 실제로 롬4:1-22의 설명을 통해서 그 장치의 설정(롬3:25-26)이 드러내려고 하는 것이 바로 롬4:23-24에서 말하는 우리 주 예수님의 주님 되심임을 확인해야 한다. 왜냐하면 거기에 아브라함을 믿음의 조상으로 세워 선명하게 드러낸 믿음으로 사는 삶의 출발과 방향, 그리고 목표와 목적지에 이르는 전 과정을 주관하실 예수님의 주님 되심이 간명하게 제시되어 있고, 앞으로 우리에게 절대 필요한 그 목적지에 도달하는 방법과 원리 또한 간명하게 제시되어 있기 때문이다.

4:23	–Οὐκ ἐγράφη δὲ δι' αὐτὸν μόνον ὅτι ἐλογίσθη αὐτῷ*	--게다가 '그것이 그에게 의로 여겨졌다.'라는 말은 아브라함 때문에만 기록된 것이 아니라,
4:24	ἀλλὰ καὶ δι' ἡμᾶς, οἷς μέλλει λογίζεσθαι, τοῖς πιστεύουσιν ἐπὶ τὸν ἐγείραντα Ἰησοῦν τὸν κύριον ἡμῶν ἐκ νεκρῶν,	장차 의롭다고 여겨질 자들, 곧 죽은 자들로부터 예수님을 우리 주님으로 일으키신 분의 행하심을 기초해 믿는 우리 때문에도 기록된 것입니다.

4:25	ὃς παρεδόθη διὰ τὰ παραπτώματα ἡμῶν καὶ ἠγέρθη διὰ τὴν δικαίωσιν ἡμῶν.	바로 그 예수님께서는 우리의 타락함 때문에[※1] 죽음에 넘겨지셨고, 우리의 의롭다 고 하심을 정당화하기 위해[※2] 일으켜지셨 습니다.

목표 성취에 대한 예상

그렇다면 이제 남는 것은 롬4장의 마지막 한 절(롬4:25)이 큰 틀에서 새롭게 시작해야 할 롬5장을 예비하는 내용을 제시하는 것이어야 할 뿐만 아니라, 이미 롬3장을 마치면서 남긴 과제를 완수하는 해결책을 담은 내용이어야 한다는 사실을 설명하는 것이다.

롬3장에서 남은 과제는 믿음의 논리가 하나님의 진노를 유발하는 율법을 폐기하는 것이 아니라 율법이 가지는 본래 의미를 충족시키는 방법으로 작동한다는 것이었다. 따라서 그것은 실제로 성도의 삶에서 율법이 가지는 본래의 요구를 충족하게 하는 방식으로 드러나야 한다. 그것이 믿음의 논리가 겨냥하고 작동하는 원리이고 방향과 목표이다.

그리고 롬4장(롬4:1-22)에서 확정된 믿음의 조상 아브라함의 믿음과 그 믿음이 담고 있는 실제적인 내용을 통해 드러난 우리 주 예수님의 주님 되심(롬4:23-24)이 그 목표를 성취하는 실제 방식과 동력이 된다는 사실을 보았다.

따라서 롬4장의 마지막 구절(롬4:25)은 그 예수님의 주님 되심을 구체적으로 설명함으로써 그 주님 되심 안에서 그 목표가 어디에 초점을 두고 어떤 방식으로 이루어질지를 예상하게 하고, 그러한 일이 실제로 전개되는 롬5장에서는 창조 때로부터 인류가 나아갈 그 목표가 영원한 생명을 겨냥한 것임을 밝힌다.

한마디로 믿음의 논리는 죄에 빠진 인간이 하나님의 은혜로 영원한 생명에 이르는 전 과정을 이해할 수 있게 하는 새사람의 탄생과 성장, 그리고 성숙과 완성에 관한 하늘 아버지 하나님의 논리이며, 그 논리는 믿음의 주님이 되신 예수님의 주님 되심을 통해서만 이 땅에 실현되어 나타난다.

4:24	ἀλλὰ καὶ δι' ἡμᾶς, οἷς μέλλει λογίζεσθαι, τοῖς πιστεύουσιν ἐπὶ τὸν ἐγείραντα Ἰησοῦν τὸν κύριον ἡμῶν ἐκ νεκρῶν,	장차 의롭다고 여겨질 자들, 곧 죽은 자들로부터 예수님을 우리 주님으로 일으키신 분의 행하심을 기초해 믿는 우리 때문에도 기록된 것입니다.
4:25	ὃς παρεδόθη διὰ τὰ παραπτώματα ἡμῶν καὶ ἠγέρθη διὰ τὴν δικαίωσιν ἡμῶν.	바로 그 예수님께서는 우리의 타락함 때문에[※1] 죽음에 넘겨지셨고, 우리의 의롭다고 하심을 정당화하기 위해[※2] 일으켜지셨습니다.

넘겨지심과 일으켜지심

이제 마지막으로 '예수님의 주님 되심'을 설명함으로써 롬4장의 해설을 마치고자 한다. 거기에는 예수님의 넘겨지심(παρεδόθη-파레도데)과 일으켜지심(ἠγέρθη-에게르데)의 두 가지 사건의 의미를 다룬다. 넘겨지심(παρεδόθη-파레도데)은 타락함(παραπτώματα-파라프토마타)과 짝을 이루고, 일으켜지심(ἠγέρθη-에게르데)은 의롭다하심의 정당화(δικαίωσιν-디카이오신)와 짝을 이룬다.

첫째, 넘겨지심(παρεδόθη-파레도데)은 인간이 되신 하나님 곧 예수님께서 창조주의 능력과 지혜를 가지고 계셨지만, 그 권한을 포기하고 이 세상의 권력을 가진 자들에게 수난당하시고 종국에는 십자가에 돌아가심(죽으심)을 나타내는 표현이다. 강조점은 실제로 역사상 가롯 유다에 의해 은전 30냥에 유대 권력자들의 손아귀에 넘어간 것과 그 후에 일어난 일들의 사실성에 맞춰져 있다.

이 단어는 이미 롬1:24, 26, 28에서 타락한 인류의 반항에 대한 하나님의 특별 조치로 인류를 일정 기간 동안 사탄의 권한 아래 두기 위해 건네주는, 곧 '내어버리심'을 표현하는 것으로 전제되어 있다. 그런 단어를 예수님의 죽으심을 나타내는 대응어로 사용하는 것은 사도 바울의 복음을 설명하는 의도적 설정이고 방식이다. 곧 인류를 타락의 나락으로 떨어지게 만든 거짓의 원흉, 곧 죄악의 원흉이 가진 권세 아래 잠시 인류를 내어버리시고 때가 차매 그들을 구원해 내시기 위해 비밀리에 하나님의 아들 예수님을 잠입시켜 구출 작전을 벌이시는 방식으로 인류를 내어버리셨던 것처럼 똑같이 예수님을 사탄의 권세 아래 일정 기간 동안 내어버리심을 나타내는 단어라는 것을 이해해야 한다.

한마디로 이 세상(융합된 세계)의 권력이 가진 힘의 원천인 율법과의 관계에서 죄가 없음이 밝혀졌는데도 그 율법을 집행하는 권력자의 사형 판결에 따라 억울하게 십자가의 형벌로(창조주 하나님의 아들이 지닌 권한을 행사하지 않으시고) 이 세상을 떠나신 예수님의 돌아가심(죽으심)이 가진 구속의 의미를 밝히는 데 있고, 그 의미가 우리의 타락함 때문에(διὰ τὰ παραπτώματα-디아 타 파라프토마타) 우리를 사탄의 권력하에 두신 내어버리심의 문제를 해결하시고자 하시는 하나님의 작정하심을 통해 이루어진 일이라는 사실을 규명하는 데 있다.

이 얼마나 놀라운 은혜이며 이 얼마나 확실한 설명 방식인가.

둘째, 일으켜지심(ἠγέρθη-에게르데)은 하나님이신 사람 예수께서 죽음의 지배를 받지 않으시고 죽음에 매여 있을 수 없는 분이심을 나타내는 표현으로 무덤 속에 있는 죽은 자(잠자는 자)를 불러내어 빈 무덤을 만드시는 능력을 행하시는 분이심을 보여 준다. 강조점은 실제로 역사상 그 예수님이 안치된 무덤을 지키기 위해 동원된 이 세상의 거짓되고 악한 권력의 삼엄한 경계 속에서 부활하셨다는 그 부활의 사실성에 맞춰져 있다.

한마디로 그의 부활은 죄의 권세, 그러니까 힘(권력)의 원천이라고 하는 율법을 가지고 만행을 저지르는 이 세상의 악한 권력의 속성을 낱낱이 드러내어 정죄하고 그 죽음(사망)에 종노릇하는 인류에게 영생의 소망을 일으켜 새로운 삶을 향한 출발점과 그 목적지를 드러내어 걷게 하는 데 그 의미가 있고, 그 의미가 '우리의 의롭다고 하심을 정당화하기 위한 것(διὰ τὴν δικαίωσιν ἡμῶν-디아 텐 디카이오신 헤몬)'을, 그러니까 우리를 의롭다고 하신 일을 정당화하기 위해 일으켜지셨다는 사실을 확증하는 데 있다.

특화된 전문 용어

먼저 우리의 타락함 때문(διὰ τὰ παραπτώματα-디아 타 파라프토마타)이라고 번역한 부분은 인류의 대표로서 아담의 넘어짐, 그러니까 에덴동산에서 하나님과의 관계가 시작되고 하나님의 영광을 향해 걷게 된 아담과 하와가 사탄의 유혹에 넘어간 것을 나타냄으로써 아담의 넘어짐으로 온 세상이 몽땅 넘어져 하나님의 영광을 향한 삶의 의미를 잃은 슬픔과 좌절의 절망 상태를 표현한다는 의미에서 파라프토마타

(παραπτώματα)의 개념에 그 중요성이 있다.

실제로 이 단어는 우리가 다음에 살펴볼 롬5장에서 인류의 대표인 아담과 그리스도를 대비하면서 아담의 타락을 나타내는데 집중적으로 6회(롬5:15-20)가 나타나고 롬11장에서는 이스라엘의 넘어짐으로 구원이 이방인들에게 이르렀다는 사실을 말할 때 2회(롬11:11-12) 쓰인 게 전부이다.

한마디로 이 단어는 창조의 시발점에서 인류의 대표로서 아담의 타락과 그 타락으로부터 인류를 구원하기 위한 구속의 역사에서 부르심과 선택하심을 입은 이스라엘의 타락을 나타내는 데만 쓰인 사도 바울의 특화된 전문 용어이다.

시발점

따라서 파라프토마타(παραπτώματα)는 하나님과 인간 사이에 사탄이라고 하는 육적 성향의 영적 존재가 인간의 이성을 변질시켜 인간으로 하여금 하나님의 원수로 살아야 하는 비참한 인간 삶의 시발점을 나타낸다. 하나님과의 관계에서 인간이 스스로의 힘으로 씻을 수 없는 죄와 허물을 지고 살아야 하는 굴레로 떨어져 사탄의 휘하에 굴종해 있음을 상기시키는 단어이다. 강조점은 육적 성향으로 충만한 영적 존재의 영리한 지혜와 힘, 곧 이 세상의 악한 권력(하나님의 복음을 아는 자들에겐 간사하고 더러운 지혜와 힘이지만)에 있다.

이처럼 예수님의 넘겨지심은 이 세상의 악한 권력을 쥔 육적 성향의 영적 존재의 손아귀에서 놀아나고 있는 불행한 인간들을 구원하기 위해선 그들에게 볼모의 원인이 되는 죄와 허물을 몸소 짊어지고 수난을 기꺼이 당하셔야만 하는 역-발상의 일이었음을 나타낸다. 대속물로서의 예수님의 사역, 곧 인간들이 저지른 모든 죄와 허물에 대한 속전으로 자신의 목숨을 내놓으신 것을 말한다.

한마디로 넘겨지심(παρεδόθη-파레도데)은 하나님께서 자기 아들의 목숨으로 인간들의 죄와 허물에 대한 속전을 대신 지급하여 이 세상의 권력에 종노릇하던 인간들을 자기 소유로 만드는 일을 하셨다는 것을 나타낸다. 그것은 표면적으로 온갖 누명을 다 뒤집어쓰고 온 인류를 꾀어 넘어뜨려 멸망하게 만든 장본인인 마귀의 형상으로 처참하게 처형되는 아이러니한 방식으로 나타났다(요3:1-21). 아무도 선뜻 가까이할 수 없는 모습으로 인류를 목 놓아 부르신다(사53:1-12).

이것이 바로 모든 육신(육체를 가진 모든 인간)을 상대로 한 믿음의 주체자이신 예수님의 주님 되심의 확실한 증거의 시발점이다. 여기에 하나님께서 죄와 허물로 가득한 불의하고 불경한 인간을 의롭다고 하시는 하나님의 은혜가 베풀어져 하나님을 찬양하며 사는 축복의 삶이 시작된다.

종착점

이제 끝으로 예수님의 일으켜지심이 '우리의 의롭다고 하심을 정당화하기 위한(διὰ τὴν δικαίωσιν ἡμῶν-디아 텐 디카이오신 헤몬) 것이다'라는 의미를 살펴보자.

먼저 원래 헬라어 본문을 직역하면 '우리를 의롭다고 하심의 정당화 때문에'로 읽어야 하지만 읽기 편하게 '우리의 의롭다고 하심을 정당화하기 위해'로 표기했다는 사실을 말해야겠다. 왜냐하면 실제로 넘겨지심과 일으켜짐의 의미를 대조하는 구문에서는 의미상 이유를 나타내는 동일 형식의 두 전치사구 중에 전자의 의미를 기반으로 후자는 이루어질 목적을 나타내는 쪽에 무게가 더 실린다는 게 그 이유이다.

여기서 중요한 것은 '정당화'라고 번역한 헬라어 디카이오신(δικαίωσιν)이 '어떤 것이 옳거나 합리적이라는 것을 보여 주는 행위(justification)'나 '누군가의 비난이나 의심을 없애는 행위(vindication)'와 '개인이 기소된 범죄에 대해 무죄라는 판결(acquittal)'을 나타내는 데 쓰인다는 점이다. 한마디로 정당성이 없거나 정당성에 의문이 있는 것을 정당한 것으로 만드는 행위를 나타낸다.

이 단어는 로마서에서 단 2회 여기와 롬5:18에서 쓰였다. 문맥상 롬5:18은 한 사람 예수 그리스도를 통해서 의롭다고 하심을 받은 생명을 나타내는 표현으로 '생명을 불어넣는 무죄 판결(acquittal that brings life)'의 의미로 쓰였다. 생명을 살리거나 생명을 가져다주는 행위를 나타낸다.

하지만 롬4:25의 '정당화(δικαίωσιν-디카이오신)'는 과정이나 결과로서의 의롭다고 하시는 행위를 나타낸다는 데 강점이 있다. 죄인이 지금 막 하나님의 은혜로 의롭다고 하심을 받고 새롭게 출발하는 사람이 신분상 의로운 사람으로 불리는 것이지 실제로 의로운 상태가 아닌 것처럼, 의인이면서 죄인인 한 인간이 실제로 의인이 되는 과정을 통해 완전한 의인이 되는 종착점에 이르기까지 전 과정을 나타낸다.

이는 롬3:27에서 언급된 믿음의 율법, 곧 믿음의 논리가 율법을 폐기하는 것이 아니라 오히려 똑바로 일으켜 세운다고 말한 것처럼(롬3:31), 율법을 가지고 하나님의 진노를 불러일으키며 살던 죄인들이 예수 그리스도를 통해 베풀어진 대속의 은혜로 의롭다고 하심을 입어 그 진노를 일으키지 않는 사람으로 변화와 성숙을 거듭해 온전한 사람으로 만들어지는 모든 과정이 우리 주 예수님의 주님 되심의 결과로 나타난다는 말이다.

한마디로 예수님께서 하나님의 원수로 살던 사람을 자기 목숨으로 속전을 지불하고 자기 소유로 삼아 부활의 능력으로 하나님이 기뻐하시는 거룩하고 온전한 사람으로 만들어 내시는 것이 우리 주 예수님의 주님 되심이다.

그 주님의 주님 되심 속에 우리가 있다. 그리고 그 주님의 주님 되심 속에 우리가 있다는 말이 롬4:25의 실제 의미이고, 그것은 실제로 롬5장에서 구체적으로 드러나게 될 논리의 기초가 된다.

그런 관점으로 롬4장의 끝과 롬5장의 시작을 연결해 읽어 보라.

4:24	ἀλλὰ καὶ δι' ἡμᾶς, οἷς μέλλει λογίζεσθαι, τοῖς πιστεύουσιν ἐπὶ τὸν ἐγείραντα Ἰησοῦν τὸν κύριον ἡμῶν ἐκ νεκρῶν,	장차 의롭다고 여겨질 자들, 곧 죽은 자들로부터 예수님을 우리 주님으로 일으키신 분의 행하심을 기초해 믿는 우리 때문에도 기록된 것입니다.
4:25	ὃς παρεδόθη διὰ τὰ παραπτώματα ἡμῶν καὶ ἠγέρθη διὰ τὴν δικαίωσιν ἡμῶν.	바로 그 예수님께서는 우리의 타락함 때문에[※1] 죽음에 넘겨지셨고, 우리의 의롭다고 하심을 정당화하기 위해[※2] 일으켜지셨습니다.

본문	NA28판(UBS5판) ΠΡΟΣ ΡΩΜΑΙΟΥΣ 5	로마서 5장 필자 사역
5:1	Δικαιωθέντες οὖν ἐκ πίστεως εἰρήνην ἔχομεν πρὸς τὸν θεὸν διὰ τοῦ κυρίου ἡμῶν Ἰησοῦ Χριστοῦ	그런즉 우리가 믿음으로부터 의롭다고 하심을 받았기 때문에 우리 주님 예수 그리스도를 통해 그 하나님을 향해 평화를 가집니다.
5:2	δι' οὗ καὶ τὴν προσαγωγὴν ἐσχήκαμεν [τῇ πίστει] εἰς τὴν χάριν ταύτην ἐν ᾗ ἑστήκαμεν καὶ καυχώμεθα ἐπ' ἐλπίδι τῆς δόξης τοῦ θεοῦ.	또한 그분을 통해 우리가 [그 믿음으로][※1] 서 있는 이 은혜 속에서 그 하나님께 더 가까이 나아감을 얻은 상태에서 그분의 그 영광에 참여할 소망을 품고 즐거워합니다.[※2]

⟨전환된 관점의 로마서 읽기⟩

제15장
아담의 타락 vs 그리스도의 은사

본문 : 로마서 5장 1~21절

핵심 주제 어구

νόμος δὲ παρεισῆλθεν

(노모스 데 파레이셀덴)

이 부분은 강조하지 않을 수 없다. 앞으로 사도 바울이 로마서 7장에서 명확하게 밝히겠지만 이는 두 왕국 사이에서 벌어지는 전쟁에서 사탄이 하나님께서 주신 선한 것으로서의 모세의 율법(모세오경)을 이용해 사람들을 영적 사망에 이르는 재주를 부려 자신의 왕국을 확장 강화하려고 발악하겠지만 그것(모세의 율법)은 몰래 은밀하게 들어와 개입(𝛾𝜆-παρεισῆλθεν-파레이셀덴)된 한 율법으로 인해 오히려 사탄이 자기 정체를 스스로 드러내게 만드는 올무, 곧 하나님의 기술적 장치였음을 드러내어 밝히는 데 그 목적이 있다.

제15장(아담의 타락 vs 그리스도의 은사) _ 본문 499~500p에서

본문

본문	NA28판(UBS5판) ΠΡΟΣ ΡΩΜΑΙΟΥΣ 5	로마서 5장 필자 사역
5:1	Δικαιωθέντες οὖν ἐκ πίστεως εἰρήνην ἔχομεν πρὸς τὸν θεὸν διὰ τοῦ κυρίου ἡμῶν Ἰησοῦ Χριστοῦ	그런즉 우리가 믿음으로부터 의롭다고 하심을 받았기 때문에 우리 주님 예수 그리스도를 통해 그 하나님을 향해 평화를 가집니다.
5:2	δι' οὗ καὶ τὴν προσαγωγὴν ἐσχήκαμεν [τῇ πίστει] εἰς τὴν χάριν ταύτην ἐν ᾗ ἑστήκαμεν καὶ καυχώμεθα ἐπ' ἐλπίδι τῆς δόξης τοῦ θεοῦ.	또한 그분을 통해 우리가 [그 믿음으로][※1] 서 있는 이 은혜 속에서 그 하나님께 더 가까이 나아감을 얻은 상태에서 그분의 그 영광에 참여할 소망을 품고 즐거워합니다.[※2]
5:3	οὐ μόνον δέ, ἀλλὰ καὶ καυχώμεθα ἐν ταῖς θλίψεσιν, εἰδότες ὅτι ἡ θλῖψις ὑπομονὴν κατεργάζεται,	그뿐만 아니라, 오히려 우리는 그 소망으로 말미암아 닥쳐오는 여러 가지 환난들 안에서도[※1] 즐거워합니다.[※2] 이는 그 환난이 인내를 이루어 내고,
5:4	ἡ δὲ ὑπομονὴ δοκιμήν, ἡ δὲ δοκιμὴ ἐλπίδα.	그 인내가 연단을 이루어 내며, 그 연단이 소망을 이루어 내는 것을 알기 때문입니다.
5:5	ἡ δὲ ἐλπὶς οὐ καταισχύνει, ὅτι ἡ ἀγάπη τοῦ θεοῦ ἐκκέχυται ἐν ταῖς καρδίαις ἡμῶν διὰ πνεύματος ἁγίου τοῦ δοθέντος ἡμῖν.	더욱이 그 소망이 수치스럽지 않은 것은, 그 하나님의 그 사랑이 우리에게 베푸신 성령을 통해 우리 마음 안에 부어져 있기 때문입니다.

현실 속에서 확인할 수 있는 구원

헬라어 성경 롬5장은 새로운 문단(롬5-8장)의 시작으로 접속사 '그런즉(οὖν-운)'으로 출발한다. BDAG에 의하면 이 접속사 운(οὖν)은 추론적으로 그것이 소개하고자 하는 내용이 앞에서 말한 것의 결과이거나 앞의 것에서 추론한 것임을 나타내는(inferential, denoting that what it introduces is the result of or an inference from what precedes) 역할을 한다.

또한 이를 선언적 문장들에서(in declarative sentences) 쓰이는 것으로 분류해 그 강조점이 선언적임을 나타내는데, 여기서 선언적이라는 뜻은 지식이나 사실을 포함하는 것(involving knowledge or facts)으로서 누군가가 공식적으로 말하는 것, 어떤 것에 대한 '정보를 제공하는 발표(announcement)와 관련되거나 종종 서면으로 작성된 공식적인 발표(relating to or involving an announcement, often one that is written and official)'를 나타낸다.

이는 필자가 로마서를 1권 제1장 「그리스어 원문으로 보는 로마서」에서 로마서는 주님의 명령으로 작성된 '아주 특별한 천국의 공식 문서'로 규정한 사실을 다시금 상기하게 한다.

이렇게 접속사라고 하는 운(οὖν-그런즉)의 특성상 롬5장의 문단 나누기는 최소한 앞 문단(롬3:21-4:25)과의 연결 속에서 누군가 편의상 내용적으로 나누었다는 의미를 드러낸다(원래 로마서 헬라어 텍스트는 문단 구분뿐만 아니라 장과 절 심지어 구두점까지도 표기되어 있지 않은 대부분의 대문자 사본으로 이루어져 있다). 앞 롬3:21-4:25에서 다룬 주제의 맥락을 토대 삼아 '그런즉(οὖν-운)' 이하를 생각해야 사도 바울의 의도를 바르게 이해할 수 있다는 말이다.

친절하게도 사도 바울은 '그런즉(οὖν-운)' 이후에 '우리가 믿음으로부터 의롭다고 하심을 받았기 때문에(Δικαιωθέντες οὖν ἐκ πίστεως-디카이오텐테스 운 에크 피스테오스)'라고 운을 뗌으로 이미 앞 문단에서 예견했던 문제, 곧 하나님의 복음으로 말미암은 구원의 과정에서 믿음으로 의롭다고 하시는 신분의 변화를 받은 이후에 그 신분에 합당한 사람으로 만들어져 가는 문제를 다루고자 한다는 사실을 예측하게 한다.

이는 믿음으로 받은 구원이 마냥 죽은 이후에 가는 천국이라고 하는 비현실적인 세계에 기댄 힘없고 나약한 자들의 호소나 구호에 매몰되어 있는 것이 아닌 법치국가의 틀을 갖춘 융합과 통합된 세계인의 의식 속에서 그 구원을 확인할 수 있는 현실적인 방법으로 하나님의 복음이 전해지고 있음을 보이는 것이다.

한마디로 사도 바울이 로마서에서 선포하는 하나님의 복음을 통해서 베풀어지는 구원은 누구나 현실 속에서 확인할 수 있는 구원이다.

그런 관점에서 다시 롬5장 본문의 서두를 읽어 보라.

| 5:1 | Δικαιωθέντες οὖν ἐκ πίστεως εἰρήνην ἔχομεν πρὸς τὸν θεὸν διὰ τοῦ κυρίου ἡμῶν Ἰησοῦ Χριστοῦ | 그런즉 우리가 믿음으로부터 의롭다고 하심을 받았기 때문에 우리 주님 예수 그리스도를 통해 그 하나님을 향해 평화를 가집니다. |

5:2	δι' οὗ καὶ τὴν προσαγωγὴν ἐσχήκαμεν [τῇ πίστει] εἰς τὴν χάριν ταύτην ἐν ᾗ ἑστήκαμεν καὶ καυχώμεθα ἐπ' ἐλπίδι τῆς δόξης τοῦ θεοῦ.	또한 그분을 통해 우리가 [그 믿음으로]^{※1} 서 있는 이 은혜 속에서 그 하나님께 더 가까이 나아감을 얻은 상태에서 그분의 그 영광에 참여할 소망을 품고 즐거워합니다.^{※2}
5:3	οὐ μόνον δέ, ἀλλὰ καὶ καυχώμεθα ἐν ταῖς θλίψεσιν, εἰδότες ὅτι ἡ θλῖψις ὑπομονὴν κατεργάζεται,	그뿐만 아니라, 오히려 우리는 그 소망으로 말미암아 닥쳐오는 여러 가지 환난들 안에서도^{※1} 즐거워합니다.^{※2} 이는 그 환난이 인내를 이루어 내고,
5:4	ἡ δὲ ὑπομονὴ δοκιμήν, ἡ δὲ δοκιμὴ ἐλπίδα.	그 인내가 연단을 이루어 내며, 그 연단이 소망을 이루어 내는 것을 알기 때문입니다.
5:5	ἡ δὲ ἐλπὶς οὐ καταισχύνει, ὅτι ἡ ἀγάπη τοῦ θεοῦ ἐκκέχυται ἐν ταῖς καρδίαις ἡμῶν διὰ πνεύματος ἁγίου τοῦ δοθέντος ἡμῖν.	더욱이 그 소망이 수치스럽지 않은 것은, 그 하나님의 그 사랑이 우리에게 베푸신 성령을 통해 우리 마음 안에 부어져 있기 때문입니다.

평화

사도 바울이 믿음으로 의롭다고 하심을 받은 후 하나님께서 베푸시는 구원의 과정에서 첫 번째 생각은 우리 주님 예수 그리스도를 통해 하나님과의 관계에서 행복한 상태, 그러니까 웰빙 상태(BDAG: a state of well-being)를 나타내는 평화(εἰρήνην-에이레넨)를 소유하고 있다는 것이다(롬5:1).

   이를 BDAG는 사52:7의 메시아의 구원을 예로 '선지자들에 따르면 평화는 메시아 왕국의 본질적인(필수적인) 특징이 될 것이기 때문에 기독교 사상에서도 평화(εἰρήνην-에이레넨)를 메시아 구원과 거의 동의어로 간주하는 경우가 많다(Since, according to the prophets, peace will be an essential characteristic of the messianic kingdom, Christian thought also freq regards εἰρήνην as nearly synonymous with messianic salvation).'라고 설명을 덧붙여 분류한다.

   이는 사도 바울의 복음을 설명하는 근본적인 토대가 된다는 사실을 보여 주는 롬 10:14-15에서 직접적으로 사52:7을 인용함으로써 평화(εἰρήνην-에이레넨)가 그리스도의 구원에 있어서 본질적인 속성임을 확인시켜 준다.

이 평화는 롬1:7에서 사도 바울이 로마에 있어 하나님의 사랑을 입은 모든 자들, 곧 거룩한 자들(성도)로 부르심을 받은 자들에게 하나님 우리 아버지와 주님 예수 그리스도께로부터 은혜와 함께 베풀어지기를 빌었던 평화이다.

그리고 롬2:10에서 그 선한 일(의인은 믿음으로 산다고 하는 진리를 전파하는 삶, 롬10:15)을 이루는 각 사람에게(유대인이나 헬라인 양쪽 모두에게) 차별 없이 영광과 존귀와 함께 베풀어지는 평화이고, 유대인과 이방인의 벽을 허물고 둘이 하나가 되게 한 평화이며(엡2:14-17), 이 평화는 성령의 하나 되게 하신 이 둘을 하나로 묶어 지켜 주는 줄이니(엡4:3), 이 둘은 한 몸으로 이 평화를 이 땅에 전하기 위해 부르심을 받았으니 감사하는 자가 되어야 한다(골3:15).

죄인들이 알지 못했던 평화이고(롬3:17), 영의 생각이 주는 평화이며(롬8:6), 성령으로 이루어지는 하나님의 나라에서 누릴 수 있는 평화이다(롬14:17). 이 평화는 하나님의 속성이고(롬15:33), 이 평화의 하나님께서 우리의 발로 사탄을 짓이기게 하실 때 베푸실 은혜와 함께 주시는 평화이다(롬16:20).

따라서 이 평화는 전쟁으로 이 땅을 망하게 하는 사탄의 속성을 괴멸시키는 거룩한 자들(성도)의 속성이고 자질이며, 마음과 이성이 안정된 상태로서(빌4:7) 성령의 열매이고(갈5:22), 이 평화와 거룩함이 없이는 그 누구도 주님을 볼 수 없다(히12:14).

이제 막 믿음으로 주 예수님의 소유된 우리가 우리 주님 되신 예수 그리스도를 통해서 사탄의 권세로부터 벗어나 누리는 평화, 전쟁의 공포가 사라지고 차분히 하나님과의 관계를 바르게 세울 수 있는 기회를 얻은 편안한 은혜의 상태를 말한다.

5:1	Δικαιωθέντες οὖν ἐκ πίστεως εἰρήνην ἔχομεν πρὸς τὸν θεὸν διὰ τοῦ κυρίου ἡμῶν Ἰησοῦ Χριστοῦ	그런즉 우리가 믿음으로부터 의롭다고 하심을 받았기 때문에 우리 주님 예수 그리스도를 통해 그 하나님을 향해 평화를 가집니다.

소망

사도 바울의 두 번째 생각은 그런 은혜 속에서 하나님께 더 가까이 나아가며(τὴν

προσαγωγὴν ἐσχήκαμεν-텐 프로사고겐 에스케카멘) 그분의 영광에 참여할 소망을 품고 즐거워하고 있다(*καυχώμεθα*-카우코메다)는 것이다(롬5:2). 원래 '소망(*ἐλπίς*-엘피스)'이라는 단어가 '성취에 대한 자신감을 가지고 무언가를 기대하는 것(the looking forward to something with some reason for confidence respecting fulfillment)'을 나타내는 단어로 미래에 좋은 일이 일어날 것 같은 느낌(the feeling that good things are going to happen in the future), 그러니까 그리스도인의 기대(of christian expectation)를 나타낸다.

하나님의 영광에 참여할 소망(*ἐπ' ἐλπίδι τῆς δόξης τοῦ θεοῦ*-에프 엘피디 테스 독세스 투 데우)이란 인류가 썩거나 부패하지 않는 하나님의 영광을 썩거나 부패하는 온갖 더럽고 부정한 것으로 바꿔치기한 후 하나님의 독생자를 통해 드러난 십자가의 돌아가심과 부활하심의 영광에 대한 소망이고(롬1:23), 영생을 얻을 자들이 선한 일의 인내를 따라 썩지 않을 것을 구하되 존귀와 함께 구하는 영광이며(롬2:7), 그 선한 일을 이루는 자들이라면 누구에게든지 차별 없이 베풀어지는 하나님의 영광이다(롬2:10).

그것은 모든 사람이 죄를 범하여 맛볼 수 없었던 하나님의 영광이고 모든 사람이 이르러야 할 하나님의 영광이다(롬3:23). 아브라함과 그의 아내가 불신앙의 세상에 거하면서 자신들의 생식 능력이 괴멸한 상태에서 자식을 주시겠다고 하시는 하나님의 약속을 받고 믿음이 없어 의심하지 않고 더 믿음에 견고해짐으로 하나님께서 이루실 능력이 있다고 확신하며 영광을 하나님께 돌렸던 그 영광이고(롬4:20), 그 약속의 아들 그리스도를 죽은 자들로부터 일으키심과 같이 우리를 새 생명으로 살게 하시는 아버지 하나님의 영광이며(롬6:4), 장차 하나님의 자녀들이 받을 영광이다(롬8:18, 21).

따라서 하나님의 영광에 참여할 소망이란 바랄 수 없는 중에 바라고 믿었던 믿음의 조상 아브라함이 가진 소망이며(롬4:18), 이를 롬8:24이 '우리가 소망으로 구원을 얻으매 보이는 소망은 소망이 아니니 보이는 것은 아무도 소망하지 않는다.'라고 결론지어 준 소망이다.

그리고 여기서 '즐거워한다'로 번역한 헬라어는 카우코메다(*καυχώμεθα*)는 '자랑한다'는 뜻이다. 자기를 유대인이라고 떳떳하게 밝히는 자(복고형 유대인)들이 하나님을 힘입어 자랑하는 것(롬2:17)과 율법을 힘입어 자랑하는 것(롬2:23)을 대비하는 개념으로 우리 주님 예수 그리스도를 통해 받은 화해와 화목의 은혜로 부활의 새 생명 안에서 살 수 있게 하시는 전능하신 아버지 하나님을 힘입어 그 화해됨을 자랑하는 것을 나타낼 때 쓰였다(롬5:2-11).

이는 이미 롬3:27에서 '그런즉 그 자랑이 어디에 있습니까? 그것은 내쫓겨졌습니다. 어느 율법을 통해서입니까? 그 일들을 통해서입니까? 아닙니다. 오직 믿음의 율법을 통해서입니다.'라고 했던 것과 같이 믿음의 율법을 통해서(διὰ νόμου πίστεως-디아 노무 피스테오스)만 할 수 있는 자랑이다(롬3:27 해설 참조).

5:2	δι' οὗ καὶ τὴν προσαγωγὴν ἐσχήκαμεν [τῇ πίστει] εἰς τὴν χάριν ταύτην ἐν ᾗ ἑστήκαμεν καὶ καυχώμεθα ἐπ' ἐλπίδι τῆς δόξης τοῦ θεοῦ.	또한 그분을 통해 우리가 [그 믿음으로]※1 서 있는 이 은혜 속에서 그 하나님께 더 가까이 나아감을 얻은 상태에서 그분의 그 영광에 참여할 소망을 품고 즐거워합니다.※2

닥쳐오는 환난들

사도 바울의 세 번째 생각은 하나님의 영광에 참여할 소망을 품고 자랑스러운 마음으로 하나님께 더 가까이 나아갈 때 그 소망으로 말미암아 닥쳐오는 환난들 속에서(ἐν ταῖς θλίψεσιν-엔 타이스 들맆세신) 즐거워하고 있다는 것이다(롬5:3).

환난들(θλίψεσιν-들맆세신)이란 고통의 원인이 되는 문제를 인지할 때 쓰는 표현으로 장기간 잔혹한 방식으로 통제하거나 부당하게 대우하는 것(oppression)을 나타내거나 고통이나 괴로움을 야기하는 것(affliction) 또는 큰 문제나 고통의 원인이 되는 것(tribulation)을 나타낸다.

이 환난들(ταῖς θλίψεσιν-타이스 들맆세신)은 이미 사도 바울이 롬2:9에서 '그 악한 일을 만들어 내는 각 사람의 영혼 위에 환난과 곤란이 있을 것이니, 첫째는 유대인 그리고 헬라인 양쪽에게 마찬가지입니다.'라고 언급한 하나님의 엄중한 복음적 심판을 경고할 때 쓰인 환난이다. 영혼에 고통을 가하는 현실적인 문제, 곧 인간 삶에 일어나는 수많은 갈등과 혼란스러운 문제들을 가리킨다.

중요한 것은 그 환난들이 바로 앞 롬2:8에서 '이기심에 사로잡혀 그 진리를 따르지 않고 그 불의를 따르는 사람들에게는 진노와 격노가 있을 것입니다.'라고 말함으로써 하나님의 진노와 격노의 현실화에 관련이 있다는 점이다.

기도하는 열정이 살아나는 지점

다만 이 지점에 두 종류의 상이한 사람들이 있다는 점을 강조한다. 즉, 이 환난들이 비록 진리를 따라 심판하시는 전능하신 하나님의 의로우신 심판이 내려질 불신자들(롬2:2-3), 곧 불의하고 불경한 사람들(롬1:18-2:1)이 회개하도록 이끄시는 그 하나님의 인자하심과 관용하심과 오래 참으심의 부유하심을 가볍게 여기는 완악한 마음에 퍼부어져 멸망케 할 그 하나님의 진노(롬2:4-5)와 연계된 것이기는 하지만 믿음으로 의롭다고 하심을 받은 자들에게 그 환난은 전능하신 하나님의 영광에 이르기를 소망하게 만드는 것으로 엄중하게 여겨져 자신을 더욱 성장하고 성숙하게 하는 유익한 도구와 기회로 쓰여 마침내 주님의 명령을 배우게 한다는 사실이다(시 119:71).

따라서 그 환난은 사도 바울에게 그 하나님과의 관계에서 발생하는 지대한 고민거리, 곧 괴로움을 주는 문제를 감지하고 그 해결책을 찾기 위해 기도하는 열정이 살아나는 지점으로 인식되고 있다(롬12:12).

5:3	οὐ μόνον δέ, ἀλλὰ καὶ καυχώμεθα ἐν ταῖς θλίψεσιν, εἰδότες ὅτι ἡ θλῖψις ὑπομονὴν κατεργάζεται,	그뿐만 아니라, 오히려 우리는 그 소망으로 말미암아 닥쳐오는 여러 가지 환난들 안에서도[※1] 즐거워합니다.[※2] 이는 그 환난이 인내를 이루어 내고,
5:4	ἡ δὲ ὑπομονὴ δοκιμήν, ἡ δὲ δοκιμὴ ἐλπίδα.	그 인내가 연단을 이루어 내며, 그 연단이 소망을 이루어 내는 것을 알기 때문입니다.

환난은 인내를

믿음으로 의롭다고 하심을 받은 사람들이 비록 불의와 불경한 일을 저지르는 미성숙한 모습을 보일 때 하나님께서는 불신자들에게 하시듯 동일하게 공평성을 지키신다. 다만 은혜 아래 있는 자들은 가치관이 새로워진 사람들이기에 그 공평성에 담긴 하나님의 마음을 깨닫고 돌이켜 변화를 이끌어 내는 수단으로 감사하며 활용한다.

따라서 그 환난이 인내(ἡ θλῖψις ὑπομονήν-헤 들맆시스 휘포모넨)를 만들어 내는데(κατεργάζεται-카테르가제타이), 그 인내는 '그 하나님께서 각 사람에게 그가 이루어 낸 일들을 따라 갚아 주실 것이다(시62:12, 잠24:12).'라고 말씀하신 것을 따라서 '실로 선한 일의 인내를 따라 영광과 존귀와 썩지 않음을 구하는 사람들에게는 영생을 주신다.'라고 하신 것처럼 하나님과의 관계에서 영생에 이르기까지 어떠한 상황에서도 굴하지 않고 그 선한 일 아래 끝까지 머무는 끈질긴 상태를 유지하는 믿음의 자세를 가리킨다(롬2:6-7).

인내는 연단을

또한 그 인내는 연단을 이루어 내는데(ἡ δὲ ὑπομονή δοκιμήν-헤 데 휘포모네 도키멘), 그 연단은 아브라함에게 믿음(약속)으로 얻은 이삭을 제물로 바치라고 아브라함의 믿음을 시험하심으로 그가 범사에 언약의 말씀에 순종하는지를 확인하신 후 그의 믿음이 참믿음임을 밝히신 것과 같이(창22:1-18) 믿음으로 의롭다고 하심을 입은 사람들이 하나님과의 관계에서 실제로 그 믿음의 행위로 의로운 사람임을 보여 신임을 얻는 것을 가리킨다.

또한 그 연단은 소망을 만들어 내는데, 그 소망은 환난들을 통해 드러난 자신의 불의와 불경한 모습들을 은혜로 베풀어지는 믿음의 율법(순종)으로 털어 내고 당당한 모습으로 거듭나 다시금 드러난 어그러진 하나님과의 관계를 복원해 평화를 가지고 자랑스러운 하나님의 영광에 참여하고자 하는 간절한 기대로 부푼 상태와 자세를 가리킨다.

이로써 믿음으로 의롭다고 하심을 받은 사람들이 죄의 깊이와 넓이를 더욱 깨닫도록 천만번 넘어져도 부끄럽지 않게 또는 실망하지 않고 소망으로 다시 일어나는 오뚝이 인생을 살아갈 수 있는 것은 오직 그들 안에 하나님의 사랑이 성령을 통해서 부어져 있는 상태이기 때문이다.

5:5	ἡ δὲ ἐλπὶς οὐ καταισχύνει, ὅτι ἡ ἀγάπη τοῦ θεοῦ ἐκκέχυται ἐν ταῖς καρδίαις ἡμῶν διὰ πνεύματος ἁγίου τοῦ δοθέντος ἡμῖν.	더욱이 그 소망이 수치스럽지 않은 것은, 그 하나님의 그 사랑이 우리에게 베푸신 성령을 통해 우리 마음 안에 부어져 있기 때문입니다.

새 언약의 피

오뚝이 인생으로 비유되는 믿음으로 의롭다고 하심을 받은 자들의 소망이라는 것이 부끄러운 것일 수 있는 것은 '환난'이라는 단어가 복수로 표현되고 있는 것(롬 5:3)처럼 너무 잦은 실수와 범죄로 좀처럼 변화되지 않는 인간을 보는 육적인 시선 때문이다. 그 육적인 시력을 어둡게 하고 하나님의 시선으로 죄인을 마치 의인을 보듯이 바라보게 하시는 것이 바로 하나님의 사랑이며, 그 사랑은 성령을 통해 의롭다고 하심을 입은 자들의 마음에 부어져 그런 자신에 대해 또는 그런 사람들에 대해 실망하거나 부끄럽게 생각하지 않고 믿음으로 담대히 일어나 다시 의롭다고 칭해 주시는 사랑에 힘입어 그 험난한 믿음의 코스를 통과하여 인정받을 때까지 계속해 마침내 통과하게 하는 힘이다.

여기서 우리는 사도 바울이 사용하는 단어에 주목할 필요가 있다. 왜냐하면 그 단어는 앞으로 발전시켜야 할 논리와 직접적인 연관을 가지기 때문인데, '부어져 있다(ἐκκέχυται-엑케퀴타이)'라는 단어가 그런 경우이다.

'부어져 있다(ἐκκέχυται-엑케퀴타이, 현재 완료형)'는 예수님께서 많은 사람을 위하여 흘리는 언약의 피(막14:24), 너희를 위한 새 언약의 피(눅22:20), 죄 사함을 얻게 하려고 많은 사람을 위하여 흘리는 언약의 피(마28:28), 곧 대속을 증거하는 피(마20:28, 막10:45, 딤전2:6)가 흘려진 상태로 있거나 쏟아부어진 상태로 지속되고 있음을 표현하는 데 쓰인 중요한 단어이다.

기름 부음

따라서 이 단어(ἐκκέχυται-엑케퀴타이)는 예수님께서 십자가에 피 흘려 돌아가신 후 부활하셔서 마침내 하늘 보좌 우편에 앉으셔서 성령을 보내심으로 성령 받은 자들이 '하나님께서 오늘날 예수님을 그리스도와 주로 만드셨다(행2:36).'라고 기뻐 외치는 일이 일어나게 한 원인을 나타내는 도구로 앞으로의 논의의 방향이 예수님의 주님 되심과 그리스도의 주님 되심에 초점을 가진다는 것을 예상케 한다.

이는 이제까지 롬4:24-25에서 예수님의 주님 되심에 강조점을 두고 '율법과 별개인 하나님의 한 의'에 대한 실체적 진실을 밝히는 데 그 논리의 초점이 있었다면, 롬5:1에 들어서는 '우리 주님 예수 그리스도'라는 호칭을 사용함으로써 그 의가 베푸시는 믿음으로 의롭다고 하심을 입은 사람들의 진정한 구원이 어떠한 것인지를 밝히는 데 논리의 방점이 있다.

그리고 그것은 믿음의 사람들이 온전함을 향해 나아갈 수 있게 하는 사랑의 힘이 성령을 통해 그들 마음 안에 기름 부어짐을 통해 오뚝이와 같은 방식으로 일으켜진다는 것을 설명하는 곳으로 향한다. 그 기름 부음은 그리스도인들(믿음으로 의롭다고 하심을 입은 사람들)을 하나님 앞에 믿음으로 살아 있게 하는 동력이며, 그 기름 부음은 그리스도의 역할과 직무 수행의 결과이다.

성장과 성숙

따라서 앞으로 사도 바울의 논의와 그 방향은 믿음으로 의롭다고 하심을 받은 그리스도인들의 현재 구원으로부터 미래 구원의 문제에 집중할 것이라고 예상할 수 있고, '하나님의 사랑이 성령을 통해 우리 마음 안에 부어져 있다는 사실'이 가지는 실제 의미가 무엇인지를 밝혀 그 논리의 기반을 닦을 것이다.

그리고 그것은 우리 주 예수님의 직무인 기름 부음, 곧 우리 주 예수님의 직명(직함)인 '그리스도'에 합당한 직무 수행에 그 초점이 모아질 것이고, 그 직무 수행이 우리가 영원토록 하나님과의 관계에서 화해하고 화목한 삶을 추구할 수 있는 기반임을 확인하게 될 것이다.

거기에 죄인이 믿음으로 의롭다고 하심을 받은 후 실제 의인으로 만들어져 가는 과정에서 성장과 성숙이라고 하는 현재와 미래 구원의 목표와 목적이 있고, 그것을 완성하게 될 원리의 근거가 주 예수님의 그리스도 되심과 그 그리스도의 주님 되심에 있음을 확인하게 될 것이다.

그런 관점으로 다음 본문을 보라. 그러면 사도 바울이 엡4:13에서 '우리 모든 사람이 그 하나님의 그 아들의 그 믿음과 그 온전한 지식의 연합을 이루어, 완전한 남편, 곧 그 그리스도의 그 충만의 경지에 도달할 때까지입니다(μέχρι καταντήσωμεν οἱ πάντες εἰς τὴν ἑνότητα τῆς πίστεως καὶ τῆς ἐπιγνώσεως τοῦ υἱοῦ τοῦ θεοῦ, εἰς ἄνδρα τέλειον, εἰς μέτρον ἡλικίας τοῦ πληρώματος τοῦ Χριστοῦ-메크리 카탄테소멘 호이 판테스 에이스 텐 헤노테타 테스 피스테오스 카이 테스 에피그노세오스 투 휘우 투 데우, 에이스 안드라 텔레이온, 에이스 메트론 헬리키아스 투 플레로마토스 투 크리스투).'라고 말한 의미를 이해하게 될 것이다.

5:6	˝Ετι γὰρ Χριστὸς ὄντων ἡμῶν ἀσθενῶν ἔτι κατὰ καιρὸν ὑπὲρ ἀσεβῶν ἀπέθανεν.	--감격스럽게도 우리가 아직 연약한 존재로 있을 때 기약대로 그리스도께서 불경한 자들을 위하여 돌아가셨습니다.
5:7	μόλις γὰρ ὑπὲρ δικαίου τις ἀποθανεῖται· ὑπὲρ γὰρ τοῦ ἀγαθοῦ τάχα τις καὶ τολμᾷ ἀποθανεῖν·	이는 의인을 위해 죽을 사람이 거의 없고, [※1] 간혹 그 선한 분을 위해 죽으려고 위험을 무릅쓰는 자가 뜻밖에 있을 수는 있기 때문입니다.[※2]
5:8	συνίστησιν δὲ τὴν ἑαυτοῦ ἀγάπην εἰς ἡμᾶς ὁ θεός, ὅτι ἔτι ἁμαρτωλῶν ὄντων ἡμῶν Χριστὸς ὑπὲρ ἡμῶν ἀπέθανεν.	그렇습니다. 고맙게도 그 하나님께서는 우리를 향한 자신의 그 사랑을 '아직 죄인으로 존재하는 우리를 위해'[※1] 그리스도께서 돌아가신 것'이라고 친절하게 소개해 주고 계십니다.[※2]
5:9	πολλῷ οὖν μᾶλλον δικαιωθέντες νῦν ἐν τῷ αἵματι αὐτοῦ σωθησόμεθα δι' αὐτοῦ ἀπὸ τῆς ὀργῆς.	그런즉 이제 그분의 피로 인해 우리가 의롭다고 하심을 받았으니 더욱더 그분을 통해 그 진노로부터 구원받을 것입니다.
5:10	εἰ γὰρ ἐχθροὶ ὄντες κατηλλάγημεν τῷ θεῷ διὰ τοῦ θανάτου τοῦ υἱοῦ αὐτοῦ, πολλῷ μᾶλλον καταλλαγέντες σωθησόμεθα ἐν τῇ ζωῇ αὐτοῦ·	왜냐하면 우리가 원수로 살고 있을 때 그 하나님의 그 아들이 돌아가심으로써[†1] 그 하나님과 화해하게 되었다면, 화해된 후에는 우리가 부활하신 그 아들의 살아 계심 안에서[†2] 그보다 더 확실하게 구원받을 것이기 때문입니다.
5:11	οὐ μόνον δέ, ἀλλὰ καὶ καυχώμενοι ἐν τῷ θεῷ διὰ τοῦ κυρίου ἡμῶν Ἰησοῦ Χριστοῦ δι' οὗ νῦν τὴν καταλλαγὴν ἐλάβομεν.	그뿐만이 아닙니다. 오히려 우리는 지금 우리 주님 예수 그리스도를 통해 받은 그 화해됨을 그 하나님을 힘입어 자랑하기도 합니다.[※]

현재와 미래의 구원 논리

우리는 예수님의 호칭과 관련해서 이야기하는 게 얼마나 어려운 일인지 잘 안다. 여기서도 사도 바울은 아무런 생각 없이 호칭을 획일적으로 쓰지 않는다. 본문에 쓰인 호칭들만 보아도 먼저 롬5:1에서 '우리 주님 예수 그리스도'라는 호칭을 통해 소유하게 된 평화를 기반으로 하나님께 가까이 나아가는 길이 열려 있음과 동시에 그 하나님의 영광을 향한 소망의 삶이 어떻게 지속될 수 있는지를 말한다(롬5:2-4).

그 기반은 롬5:5에서 하나님의 사랑으로 드러나고, 그 사랑은 성령을 통해 믿음으로 의롭다고 하심을 받은 자들의 마음속에 부어져 있다고 하는데. 그것이 바로 '그리스도'라는 호칭에 의한 기름 부음이라는 사실로 드러난다.

그리고 그 그리스도의 직무 수행의 과정, 그러니까 그분의 돌아가심(죽으심)과 일으켜지심(부활하심)이 우리의 연약함과 불경함(롬5:6)과 죄인으로서의 상태 곧 죄인(롬5:8)과 원수(롬5:10)로 살게 되는 지경까지 치닫게 된 이후 화해와 화목을 이루어 내기까지의 현재와 미래 구원을 완성해 가시는 하나님의 능력이고 지혜임이 명확히 드러난다.

이 과정에서 '그리스도'라는 호칭(롬5:6, 8)은 어느새 '하나님의 아들'이라는 호칭(롬5:10)으로 대치되어 그분의 부활 생명으로 인해 미래 구원이 더 확실하다는 사실을 드러낸다. 이러한 논리의 마지막인 롬5:11에서는 처음 롬5:1에 쓰인 호칭인 '우리 주님 예수 그리스도'라는 호칭을 사용해 그 화해와 화목으로 이루어지는 그리스도인의 활기찬 삶의 모습을 보게 하며, 이 논리는 그리스도인의 삶이 가지는 본질적인 삶의 원리와 근거를 알게 한다.

연약함과 불경스러움

이러한 그리스도의 직무 수행은 그분의 돌아가심과 일으켜지심으로 활짝 핀 꽃이 되고 우리의 구원으로 그 열매를 본다. 그리스도의 직무는 '기약대로(κατὰ καιρὸν-카타 카이론)'와 같이 하나님의 정하신 때를 따라 행해진다. 그때는 감격스럽게도 우리가 연약한 때이고, 연약하므로 불경한 짓을 저지르고 있었던 우리를 위해 그리스도께서 돌아가신 때이다.

이곳에서 '우리가 연약한 존재로 있을 때(ὄντων ἡμῶν ἀσθενῶν-온톤 헤몬 아스데논)'에 쓰인 '연약하다'라는 말의 헬라어는 아스데논(ἀσθενῶν)이다. 그것은 지독한 질병에 걸려 있는 상태를 나타내거나 어떤 무능력이나 제한을 경험하는 것을 나타내는 단어이다. 불경한 짓을 저지르는 사람, 곧 하나님께서 제시하신 올바른 관계에 대한 규범을 위반하는 사람을 나타내는 헬라어 아세본(ἀσεβῶν)과 연결하면 '연약한 존재로 있을 때(ὄντων ... ἀσθενῶν-온톤 ... 아스데논)'란 지독한 영적인 질병에 걸려 신음하고 있는 사람이 하나님과의 관계에서 하나님의 뜻에 합당하게 행하지 못하고 있을 때를 가리킨다.

이는 문맥적으로 아브라함이 하나님께서 주신 언약의 말씀을 받고 그 언약의 말씀을 실행하시는 하나님의 일하심을 지켜보지 않고 여종 하갈의 몸을 통해 이스마엘을 낳은 어리석은 행위를 저질렀을 때 하나님께로부터 '온전하게 행하라'라는 경고의 꾸지람을 들은 것처럼(창17:1) 하나님께서 이루시는 언약의 말씀이 성취되는 과정을 지켜보지 않고 자기 방식대로 하나님의 뜻을 이루려고 하는 행위와 관련이 있다.

이처럼 그리스도의 돌아가심은 전능하신 하나님의 말씀을 사람의 의지로 이루려고 하는 영적으로 심한 질병에 걸려 있는 사람을 구원하기 위해 하나님의 정하신 언약의 때에 맞게 자신의 목숨을 희생 제물로 내놓아 자신의 직무를 수행하신 것이다.

5:6	–Ἔτι γὰρ Χριστὸς ὄντων ἡμῶν ἀσθενῶν ἔτι κατὰ καιρὸν ὑπὲρ ἀσεβῶν ἀπέθανεν.	--감격스럽게도 우리가 아직 연약한 존재로 있을 때 기약대로 그리스도께서 불경한 자들을 위하여 돌아가셨습니다.
5:7	μόλις γὰρ ὑπὲρ δικαίου τις ἀποθανεῖται· ὑπὲρ γὰρ τοῦ ἀγαθοῦ τάχα τις καὶ τολμᾷ ἀποθανεῖν·	이는 의인을 위해 죽을 사람이 거의 없고, [※1] 간혹 그 선한 분을 위해 죽으려고 위험을 무릅쓰는 자가 뜻밖에 있을 수는 있기 때문입니다.[※2]

하나님의 사랑 논리

사도 바울에게 그리스도의 돌아가심이라는 희생은 이 땅에서의 삶의 기준이 되는 법과 질서를 따라 올바른 생각과 행동으로 정직성과 공정성과 공평성을 실현함으로써 자신의 의를 내세우기 위해 사는 의인(δικαίου-디카이우)을 위한 것이 아니라 죄인들을 위한 속죄와 화목 제물로 하나님께 드려지는 대속(代贖)의 사랑이다.

따라서 사건 발생의 규모에 따른 희귀성(to rarity on a scale of occurrences)을 표현하는 문장을 만드는 헬라어 몰리스(μόλις)를 사용해 '의인을 위해 죽을 사람이 거의 없으나'라고 번역된 문장의 말뜻은 예수님께서 건강한 자에게는 의사가 쓸데없고 병든 자에게라야 쓸데 있다고 하시며 '나는 의인을 부르러 온 것이 아니라 죄인을 부르러 왔다.'라고 하신 맥락과 같고(막2:17), "너희는 가서 '내가 긍휼을 원하고 제사를 원하지 않는다.'라고 하신 뜻이 무엇인지 배우라. 나는 의인을 부르러 온 것이 아니라 죄인을 부르러 왔다."라고 말씀하신 대목에서 드러나는 논리와 같다(마9:13, 눅5:32).

또 '간혹 그 선한 분을 위해 죽으려고 위험을 무릅쓰는 자가 뜻밖에 있을 수는 있다.'라고 번역한 텍스트는 확률과 가능성 사이의 우연성을 표현하는 문장을 만드는 (BDAG:maker expressing contingency ranging between probability and bare possibility) 헬라어 타카(τάχα)를 사용한 문장이다.

그 말뜻은 예수님께 한 사람이 달려와서 꿇어앉아 '선한 선생님이여 내가 무엇을 하여야 영생을 얻으리이까(막10:17)'라고 물을 때, 예수님께서 그에게 '어찌하여 너는 나를 선하다고 하느냐? 그 하나님 한 분밖에는 선한 분이 없다.'라고 말씀하신 맥락에서 찾을 수 있다(눅18:18-19, 마19:16-17).

즉, 선한 분이신 그 하나님의 뜻을 이루기 위해 죽음을 두려워하지 않고 십자가에 처형당하신 그리스도 사역의 우연성, 그러니까 예측할 수 없으면서 인과 관계에 근거하지 않은 패러독스한 하나님의 약속이 실현되어 나타날 수밖에 없는 사건을 가리켜 하나님만의 일하시는 방법이 있음을 나타내는 믿음의 말이다.

그런 시각에서 그리스도인이 의롭다고 하심을 받은 이후 하나님의 영광을 향한 삶의 근거가 되는 하나님의 사랑 논리는 다음과 같이 매듭지어진다.

| 5:8 | συνίστησιν δὲ τὴν ἑαυτοῦ ἀγάπην εἰς ἡμᾶς ὁ θεός, ὅτι ἔτι ἁμαρτωλῶν ὄντων ἡμῶν Χριστὸς ὑπὲρ ἡμῶν ἀπέθανεν. | 그렇습니다. 고맙게도 그 하나님께서는 우리를 향한 자신의 그 사랑을 '아직 죄인으로 존재하는 우리를 위해[※1] 그리스도께서 돌아가신 것'이라고 친절하게 소개해 주고 계십니다.[※2] |

화해의 논리 성립

믿음의 조상 아브라함의 믿음에 속해 의롭다고 하심을 받은 후 믿음의 율법을 따라 사는 모든 사람의 삶은 우리 주님 예수 그리스도를 통해 베풀어지는 하나님의 사랑으로 이루어지는 소망의 삶이다. 그 소망의 삶은 하나님의 영광에 이르기 위해 펼쳐지는 성장과 성숙의 과정에 불어닥치는 환난들을 통과하며, 인내로 연단받아 의롭다고 하시는 신임을 받아 더욱 큰 소망으로 나아가 소망으로 시작된 구원의 삶이 더 큰 소망으로 그 구원을 완성하는 삶으로 나아가게 한다.

그 삶의 기초는 영원하신 하나님의 아들이신 그리스도께서 십자가에 돌아가신 그리스도의 직무 수행이다.

그리고 그 직무 수행에 있어서 중요한 특성은 우리 주님 예수 그리스도의 지상 사역의 완성으로 인정된 영원하신 하나님 아들의 이름인 '예수'와 그 하나님의 아들이신 예수님께서 맡은 직무상 호칭인 '그리스도'의 직무를 수행하는 역할과 기능이 갖는 영원성에 있다(히13:8).

이 영원성이 담보되지 않는다면 다음과 같은 화해의 논리와 그 화해를 자랑하며 사는 그리스도인들의 삶의 논리 성립은 불가능하다.

5:9	πολλῷ οὖν μᾶλλον δικαιωθέντες νῦν ἐν τῷ αἵματι αὐτοῦ σωθησόμεθα δι' αὐτοῦ ἀπὸ τῆς ὀργῆς.	그런즉 이제 그분의 피로 인해 우리가 의롭다고 하심을 받았으니 더욱더 그분을 통해 그 진노로부터 구원받을 것입니다.
5:10	εἰ γὰρ ἐχθροὶ ὄντες κατηλλάγημεν τῷ θεῷ διὰ τοῦ θανάτου τοῦ υἱοῦ αὐτοῦ, πολλῷ μᾶλλον καταλλαγέντες σωθησόμεθα ἐν τῇ ζωῇ αὐτοῦ·	왜냐하면 우리가 원수로 살고 있을 때 그 하나님의 그 아들이 돌아가심으로써†1 그 하나님과 화해하게 되었다면, 화해된 후에는 우리가 부활하신 그 아들의 살아 계심 안에서†2 그보다 더 확실하게 구원받을 것이기 때문입니다.
5:11	οὐ μόνον δέ, ἀλλὰ καὶ καυχώμενοι ἐν τῷ θεῷ διὰ τοῦ κυρίου ἡμῶν Ἰησοῦ Χριστοῦ δι' οὗ νῦν τὴν καταλλαγὴν ἐλάβομεν.	그뿐만이 아닙니다. 오히려 우리는 지금 우리 주님 예수 그리스도를 통해 받은 그 화해됨을 그 하나님을 힘입어 자랑하기도 합니다.※

직무의 영원성

하나님께서 우리에게 주신 성령을 통해 나타나는 그리스도의 직무 수행의 영원성은 그분의 돌아가심과 일으켜지심 두 국면에서 동일하게 나타난다.

먼저 그분의 돌아가심은 모든 생명(영혼)의 근원이 되는 그분의 피를 흘리심에 초점이 있다. 그 피 흘림의 의도와 그 중요성은 이미 노아 시대에 하나님의 진노하심으로 나타난 홍수심판 이후 노아와 무지개 언약을 세워 새로운 창조의 세계를 열어 주시면서 말씀하신 언약의 말씀 속에 예시되어 있다(창9:1-7).

그리고 그것은 예수님의 피로 맺은 새 언약(눅22:20)의 성취(요19:30)로 완성되어 지나간 시대의 모든 인류의 죄와 허물을 털어 내고(롬3:25) 하나님께서 기뻐하시는 새로운 삶이 시작되었는데, 그 중심에 그분의 피 흘리심이 영원성을 가지고 그 효력을 발휘하고 있다는 것이다.

그렇게 시작된 새로운 삶에 그리스도의 피가 아직 우리가 깨닫지 못하고 있는 죄와 함께 우리의 연약함 때문에 반복되는 죄와 허물에 대한 영원한 속죄와 화목 제물의 증거가 되어 구속의 은혜를 누리게 한다는 말이다.

변수의 수렁

하지만 여기에 실제로 문제점이 하나 있다. 은혜로 의롭다고 하심을 받고 기쁨으로 시작된 충만한 삶은 시간이 지날수록 은혜 속에 있으면서도 기뻐할 수만은 없는 자리에 떨어지게 되는 변수가 생긴다. 이때 하나님의 은혜는 더 이상 감사로 나타나는 것이 아니라 면목 없음과 부담감으로 마음을 짓눌러 곤고함의 나락으로 떨어질 수 있기 때문이다.

하나님의 은혜 속에서도 활기찬 영적 생명력을 잃고 하나님의 진노하심을 경험하는 자리가 있음을 발견하게 되는데 그것이 바로 그 변수가 만든 괴로움과 고통의 수렁이다.

이 변수 또한 그리스도를 통해 제거된다. 바로 그분의 돌아가심과 직결된 그분의 일으켜지심의 국면으로 들어가는 것이다. 그분의 돌아가심의 국면에 멈추어 머뭇거리는 시간이 길어질수록 곤고함의 깊이는 더욱 깊어진다. 지체하지 않고 그분의 돌아가심의 국면에서 곧장 그분의 일으켜지심의 국면으로 들어가는 즉시 그 변수는 사라지고 그 곤고함의 수렁도 온데간데없어진다.

여기에 '더욱더'라는 표현인 '폴로 말론($πολλῷ\ μᾶλλον$)'이 우리가 받게 될 구원의 확실성을 강조하여 그 구원에 적극적인 자세로 응하기를 기대하는 표현으로 반복되고 있음을 간과하지 말아야 한다(롬5:9). 필자는 그것을 '그보다 더 확실하게(πολλῷ μᾶλλον-폴로 말론)'로 번역했다(롬5:10).

5:9	πολλῷ οὖν μᾶλλον δικαιωθέντες νῦν ἐν τῷ αἵματι αὐτοῦ σωθησόμεθα δι' αὐτοῦ ἀπὸ τῆς ὀργῆς.	그런즉 이제 그분의 피로 인해 우리가 의롭다고 하심을 받았으니 더욱더 그분을 통해 그 진노로부터 구원받을 것입니다.
5:10	εἰ γὰρ ἐχθροὶ ὄντες κατηλλάγημεν τῷ θεῷ διὰ τοῦ θανάτου τοῦ υἱοῦ αὐτοῦ, πολλῷ μᾶλλον καταλλαγέντες σωθησόμεθα ἐν τῇ ζωῇ αὐτοῦ·	왜냐하면 우리가 원수로 살고 있을 때 그 하나님의 그 아들이 돌아가심으로써[†1] 그 하나님과 화해하게 되었다면, 화해된 후에는 우리가 부활하신 그 아들의 살아 계심 안에서[†2] 그보다 더 확실하게 구원받을 것이기 때문입니다.

원수들과 화해

사도 바울은 그리스도의 은혜로 의롭다고 하심을 받기 이전 삶을 하나님의 진노를 일으키는 원수의 삶으로 수위를 높여(이는 앞에서 연약하여 불경한 짓을 하는 사람이나 죄를 짓는 사람이라는 표현과는 사뭇 다른 강도 높은 표현이다) 규정하고 그 원수가 그 돌아가심의 국면으로 화해의 길을 얻었다면 그 이후에는 그 일으켜지심의 국면으로 들어가 적극적으로 완성된 구원으로 나가는 것이 순리라고 강조한다.

여기서 원수들로 존재하는(ἐχθροὶ ὄντες-에크드로이 온테스) 것은 적대감에 빠져 실제로 적대하는 행위를 하는 것을 나타내는데, 우리가 하나님과의 관계에서 말썽을 피워 속을 썩이는 정도를 넘어 원한을 가지고 해를 입히는 수준의 행위를 서슴지 않고 저지르는 것을 표현한다.

그리고 '화해되었다(κατηλλάγημεν-카텔라게멘)'라는 표현은 그런 적대감을 씻어 내고 우호적인 관계로 바꾸는 것을 말하는데, 문맥적으로 볼 때 하나님과 중단되었거나 깨진 관계의 재설정을 나타낸다.

따라서 이런 강도 높은 표현을 사용하는 이유는 원수들과의 화해를 이루는 것이 그리스도의 돌아가심에 의한 것이라면 이 세상의 그 어떤 사람이라도 그분의 돌아가심을 통해 하나님과의 화해를 이루지 못하는 일이 없다는 사실을 강조하는 것이다.

이는 그분의 돌아가심과 일으켜지심 사이에 발생할 수 있는 변수의 수렁에서 그 일으켜지심의 은혜 속으로 들어갈 수 없을 만큼 나쁜 사람이라고 머뭇거리며 둘러댈 수 있는 모든 핑곗거리를 제거하기 위함이다(딤전1:15, 빌3:16-여기서도 사도 바울은 언약의 백성인 유대인으로서 죄인 중의 괴수로서 살았던 지난날의 자기 모습을 생각하는 것 같다).

이처럼 믿음으로 의롭다고 하심을 입은 후 실제로 의로운 사람으로 인정받기까지 연약하기에 반복되는 원수 같은 처지와 상태로 떨어지더라고 소망의 삶이 가능한 것은 그리스도의 직무 수행이 영원하기 때문이다.

그리고 그 직무 수행의 효과가 실제로 원수와의 화해를 이루는 영역까지 미쳐 화목한 관계를 누리며 사는 자리로 나아가게 하는 하나님의 능력이기에 아무리 연약한 자리에 있더라도 하나님의 복음에 의한 삶을 자랑할 수 있다.

5:11	οὐ μόνον δέ, ἀλλὰ καὶ καυχώμενοι ἐν τῷ θεῷ διὰ τοῦ κυρίου ἡμῶν Ἰησοῦ Χριστοῦ δι' οὗ νῦν τὴν καταλλαγὴν ἐλάβομεν.	그뿐만이 아닙니다. 오히려 우리는 지금 우리 주님 예수 그리스도를 통해 받은 그 화해됨을 그 하나님을 힘입어 자랑하기도 합니다.※

완전한 구원의 토대

이제 우리가 기억해야 할 것은 두 가지로 요약된다.

하나는 앞 롬5:2에서 '우리는 하나님의 영광에 참여할 소망으로 말미암아 닥쳐오는 여러가지 환난들 안에서도 즐거워합니다(자랑합니다).'라고 말한 뒤, 롬5:3에서 '그뿐만 아니라, 오히려(οὐ μόνον δέ-우 모논 데)'라는 구문을 사용해 그 이유로 우리 구원의 과정에 영원하신 하나님의 사랑이 작동하고 있음을 설명한 뒤에 결론적으로 롬5:9-10에서 '더욱더(πολλῷ μᾶλλον-폴로 말론)'라는 구문으로 그 구원의 영역이 원수와의 화해를 이루는 데까지 확장되어 있음을 밝히면서 그리스도의 일으켜지심에 의해 미래 구원의 확실성을 밝힌다는 사실이다.

또 하나는 그리고 나서 롬5:3에서 사용한 구문을 롬5:11에서 다시 사용해 '그뿐만이 아닙니다. 오히려(οὐ μόνον δέ-우 모논 데) 우리는 지금 우리 주님 예수 그리스도를 통해 받은 그 화해됨을 그 하나님을 힘입어 자랑하기도 합니다.'라고 하나님의 능력에 의한 우리의 완전한 구원의 토대가 마련되었음을 즐거워한다(자랑합니다)는

사실이다(이 즐거움(자랑스러움)은 이 논리의 맨 끝자락(롬5:21)에서 밝혀지는 우리 주님 예수 그리스도를 통해 이르게 되는 영원한 생명과 그 생명의 삶에 닿아 있다).

가공할 만한 세력

이처럼 죄에 빠진 인간의 구원이 하나님의 주도적인 전능성과 영원성에 의해 이루어지는 이유가 에덴동산의 아담이 장래에 오실 우리 주님 예수 그리스도의 모본(같은 모양의 물건을 만들기 위한 틀)으로서 그 아담을 통해 세상에 들어온 죄와 사망이 하나님의 왕국이 되어야 할 창조 세계에서 왕으로 군림할 만큼 가공할 만한 힘을 가진 세력이기 때문이라고 밝히는 특이한 사도 바울의 논리를 담은 다음 본문을 읽어 보자.

5:12	Διὰ τοῦτο ὥσπερ δι' ἑνὸς ἀνθρώπου ἡ ἁμαρτία εἰς τὸν κόσμον εἰσῆλθεν καὶ διὰ τῆς ἁμαρτίας ὁ θάνατος, καὶ οὕτως εἰς πάντας ἀνθρώπους ὁ θάνατος διῆλθεν, ἐφ' ᾧ πάντες ἥμαρτον·	이 일 때문에 한 사람을 통해 그 죄가[※1] 그 세상 속으로 들어왔고, 그 죄를 통해 그 사망도[※2] 들어왔습니다. 또한 그와 같이 그 사망이 모든 사람 속을 관통해 지나간 것은, 모든 사람이 죄를 저질렀다는 사실에 기반한[※3] 것입니다.
5:13	-ἄχρι γὰρ νόμου ἁμαρτία ἦν ἐν κόσμῳ, ἁμαρτία δὲ οὐκ ἐλλογεῖται μὴ ὄντος νόμου,	-왜냐하면 율법이 있기 전에도 세상에는 이미 죄가 있었지만, 율법이 없어 죄로 여기지 못하고,
5:14	ἀλλ' ἐβασίλευσεν ὁ θάνατος ἀπὸ Ἀδὰμ μέχρι Μωϋσέως καὶ ἐπὶ τοὺς μὴ ἁμαρτήσαντας ἐπὶ τῷ ὁμοιώματι τῆς παραβάσεως Ἀδάμ ὅς ἐστιν τύπος τοῦ μέλλοντος.	오히려 그 사망이 아담으로부터 모세까지 왕으로 군림했고 심지어 아담이 빗나간 것과 같은 방식으로[*] 죄를 짓지 않은 사람들 위에서도 왕으로 군림한 것은 아담이 장래 오실 분의 모본이었기 때문입니다.

대표 원리

사도 바울의 논리는 거꾸로 보는 논리이다. 완성에서 시작을, 마지막에서 처음을, 뒤에서 앞을, 속에서 밖을 해석한다. 주 그리스도 예수의 관점에서 주 예수 그리스도를 해석해 내고, 그 예수 그리스도의 관점에서 자기가 사는 그리스-로마 시대로부터 하박국 시대를 거쳐 아브라함 시대를 해석하고 이제 아담에서 모세까지 해석해 냄으로써 구약 성경의 핵심 메시지를 모두 다 드러내려고 한다.

본문에서도 그 증거가 나타나는데 '이 일 때문에(Διὰ τοῦτο-디아 투토)'라는 전치사구가 접속사 역할을 한다는 것이다. 이 전치사구가 가리키는 것은 앞 문단 롬5:1-11에서 밝히는 믿음으로 의롭다고 하심을 받은 자들이 미래의 완전한 구원의 확실성에 관한 원리의 두 국면인 그리스도의 돌아가심과 일으켜지심을 기반으로 하나님의 진노로부터 완전히 벗어날 수 있는 현재의 구원을 기뻐하며 자랑하는 일이다.

'그 일 때문에(Διὰ τοῦτο-디아 투토)' 대표 원리(같은 부류 안에서 전체의 가장 일반적이고 본질적인 특성을 나타내는 원리)의 논리에 첫 사람 아담을 세우고 그 '한 사람을 통해 그 죄가 세상에 들어오고 그 죄를 통해 그 사망이 세상 속으로 들어와 모든 사람을 관통해 버렸다.'라고 함으로써 모든 인류를 그 아담 안에서 하나로 묶으면서 그 아담을 우리 주님 예수 그리스도의 모본으로 해석한다.

사망의 고속도로

창조주 하나님의 창조 목적은 하나님의 형상으로 창조된 사람들이 그 하나님의 그 영광을 위해 생육하고 번성하여 창조 세계에 충만해지는 것이었지만 첫 사람 아담을 통해서 들어온 그 죄는 온 세상을 그 하나님의 분노를 일으키는 사람들로 가득하게 만들었다. 그 죄는 거짓말로 아담의 영적 욕망을 자극하는 유혹으로 영적인 사망에 이르게 하여 그 하나님과의 관계를 육신적 차원으로 떨어뜨려 놓았다.

첫 사람 아담의 대표 원리가 가능했던 것은 아담 한 사람으로부터 모세를 통해 들어온 그 율법이 영향력을 발휘하는 영역에 있던 모든 사람이 그 죄의 영향력에 휩쓸려 죄를 지었고 그 사망이 죄지은 모든 사람의 가슴 속을 뚫어 사망의 고속도로를 완공함으로써 그 사망은 천하만국을 자기 소유로 삼고 자기 왕국의 고속번영과 고속 발전을 꾀하고 있었기 때문이다.

그 죄와 그 사망의 실체

그 죄와 그 사망의 실체적 이해는 한 사람 아담의 타락한 현장인 에덴동산을 현장 검증함으로써 명확해진다. 우리가 잘 알다시피 그 죄(ἡ ἁμαρτία-헤 하마르티아)는 하나님과 언약 관계에 있는 인간에게 거짓말(혹은 거짓 증언)을 함으로써 인간이 그 언약의 말씀을 범하게 한 뱀(거짓 선지자나 거짓 종교지도자와 같은 거짓말쟁이들)의 거짓말을 하는 행위 자체를 가리키거나 거짓말 자체를 말하는데, 그 뱀의 영적 실체는 거짓의 아비 마귀와 사탄이다(요8:44, 계20:2).

그 사망은 늘 그 죄와 함께 일하고 분리되지 않는다. 그 죄는 거짓을 믿게 하려고 거짓말을 하는 행위와 거짓말에 국한된 영역을 담당해 활동하는 힘과 지혜의 작용으로 나타나지만, 그 사망은 그 죄의 거짓말로부터 얻은 믿는 바에 대한 확신을 실제로 행동에 옮기게 함으로써 하나님과의 관계를 파괴하여 자신의 통치영역으로 삼는 행위나 그 통치영역이 되는 영적 사망의 상태 자체를 말한다.

타락과 은사

한 사람 아담의 타락으로 그 죄와 그 사망이 세상에 들어와 세상을 난장으로 만들었다. 그 한 사람 아담은 또 다른 한 사람 우리 주 예수 그리스도의 모본(모형, 예형, 원형, 예표)일 뿐 그 이상 그 이하도 아니다. 그림자와 실체의 차이가 있듯 아담과 주 예수 그리스도의 대표 원리와 주 예수 그리스도의 대표 원리를 채우는 내용 또한 엄청난 차이가 실재한다. 그리고 그 차이는 한 사람의 타락으로(τῷ τοῦ ἑνὸς παραπτώματι-토 투 헤노스 파라프토마티) 진행되는 일의 방식과 결과 등 그것들과는 도무지 비교할 수 없는 한 사람 예수 그리스도의 은사로(τὸ χάρισμα-토 카리스마) 이루어지는 일의 방식과 결과의 영광스러움에 있다.

이런 시각으로 그 타락(τὸ παράπτωμα-토 파라프토마)과 그 은사(τὸ χάρισμα-토 카리스마)를 비교하는 다음 본문을 보라.

| 5:15 | —Ἀλλ' οὐχ ὡς τὸ παράπτωμα, οὕτως καὶ τὸ χάρισμα· εἰ γὰρ τῷ τοῦ ἑνὸς παραπτώματι οἱ πολλοὶ ἀπέθανον, πολλῷ μᾶλλον ἡ χάρις τοῦ θεοῦ καὶ ἡ δωρεὰ ἐν χάριτι τῇ τοῦ ἑνὸς ἀνθρώπου Ἰησοῦ Χριστοῦ εἰς τοὺς πολλοὺς ἐπερίσσευσεν. | ---그러나 그 은사는[1] 일하는 방식에 있어서 그 타락함과[2] 같지 않습니다. 왜냐하면 그 한 사람의 그 타락함으로[3] 많은 사람이 죽었다면, 그 하나님의 그 은혜와 그 한 사람 예수 그리스도의 은혜로 인한 그 선물은 도리어 많은 사람 속으로 더욱 넘쳤기 때문입니다. |

5:16	καὶ οὐχ ὡς δι' ἑνὸς ἁμαρτήσαντος τὸ δώρημα· τὸ μὲν γὰρ κρίμα ἐξ ἑνὸς εἰς κατάκριμα, τὸ δὲ χάρισμα ἐκ πολλῶν παραπτωμάτων εἰς δικαίωμα.	그런고로 그 선물은 죄지은 한 사람을 통해서 주어진 것과는 다릅니다. 왜냐하면 실로 그 판결이 한 사람으로부터 정죄함에 이르게 한 것과 다르게, 그 은사는 많은 타락함으로부터 의로운 행위에[*] 이르게 하기 때문입니다.
5:17	εἰ γὰρ τῷ τοῦ ἑνὸς παραπτώματι ὁ θάνατος ἐβασίλευσεν διὰ τοῦ ἑνός, πολλῷ μᾶλλον οἱ τὴν περισσείαν τῆς χάριτος καὶ τῆς δωρεᾶς τῆς δικαιοσύνης λαμβάνοντες ἐν ζωῇ βασιλεύσουσιν διὰ τοῦ ἑνὸς Ἰησοῦ Χριστοῦ.	참으로 그 한 사람의 그 타락함으로 그 사망이 그 한 사람을 통해 왕으로 군림했다면, 도리어 그 은혜의 그 넘침과 그 의(義)의 그 선물을 받은 자들은 더욱더 그 한 분 예수 그리스도를 통해 생명 안에서 왕으로 다스리게 될 것입니다.[*]

좌절과 선물

'타락함'으로 번역한 헬라어 파라프토마(παράπτωμα)는 '옆과 곁'을 나타내는 전치사 파라(παρά)와 '떨어지다 또는 넘어지다'는 뜻의 핍토(πίπτω)가 합성된 단어로 '옆으로 떨어지다 또는 옆으로 넘어지다'라는 뜻으로 '탈선과 탈락 또는 추락' 등을 연상할 수 있는 단어로 고의가 아닌 실수 또는 과오에서 계획적인 범죄 등 광범위하게 문맥에 따라 쓰일 수 있지만 이곳에서는 아담 한 사람이 에덴동산에서 저지른 과오로 하나님과의 관계를 잃어버리고 하나님의 영광을 향한 인생의 목적이 좌절된 상태의 넘어짐을 나타낸다.

은사로 번역한 헬라어 카리스마(χάρισμα)는 하나님께서 자유롭고 은혜롭게 베풀어 주신 것(that which is freely and graciously given)을 나타내는데, 일반적으로 호의를 베풀어 누군가에 대한 승인이나 지원을 표시하고 평소보다 더 친절하게 행동하여 선호를 표시하는 데 쓰인다. 이곳에서는 '그 하나님의 그 은혜와 그 한 사람 예수 그리스도의 은혜로 인한 그 선물(ἡ χάρις τοῦ θεοῦ καὶ ἡ δωρεὰ ἐν χάριτι τῇ τοῦ ἑνὸς ἀνθρώπου Ἰησοῦ Χριστοῦ-헤 카리스 투 데우 카이 헤 도레아 엔 카리티 테 투 헤노스 안드로푸 예수 크리스투)'이라고 밝혀 그것이 구속의 은혜로운 선물(that which is freely and graciously given)임이 명확하다.

사망의 왕국과 생명의 왕국

이 둘을 간단명료하게 비교해 보면, 한 사람 아담은 타락(παράπτωμα-파라프토마)으로 모든 인류를 죽게 했다면 한 사람 예수 그리스도는 은사(χάρισμα-카리스마)를 통해 그 죽음으로부터 다시 살게 했다.

특별한 차이점은 그 타락이 모든 사람을 죽이는 방식은 한 사람으로부터 죄짓기 시작해서 모든 사람이 죄짓는 데 이르러 정죄되는 방식이었다면 그 은사는 거꾸로 죄지은 많은 사람을 한 번에 자유롭게 해방해 살게 하는 방식이다.

이런 판결은 아담과 그리스도의 대표 원리 아래 한 사람 아담의 타락으로부터 사례별(case by case) 또는 단계별(step by step)로 죄가 모든 사람에게 확장되고 심화한 상태에서 정죄함이 선고됐지만, 한 사람 예수 그리스도를 통해 베풀어지는 은사로부터 타락한 많은 사람을 일괄적으로(in batches) 단 한 번에(just at once) 의롭다고 하심이 선고됐다.

이 두 가지 방식의 차이가 의미하는 것은 힘과 지혜에 있어서 전자는 후자의 상대가 되지 못한다는 것이다. 전자는 사탄의 나라가 생존하고 번영하기 위해 가지는 지혜와 동력의 흐름을 가리키고 후자는 하나님 나라의 존립과 번영을 위한 지혜와 동력의 작동 방식이다.

한마디로 사탄의 나라는 한 사람 아담의 타락으로 사망이 그 한 사람을 통해 왕으로 군림하는 사망의 왕국이라면, 하나님의 나라는 한 사람 예수 그리스도의 은사, 곧 하나님의 은혜 속에서 베풀어지는 한 사람 예수 그리스도의 은혜로운 선물을 받은 자들이 그 한 사람 예수 그리스도를 통해 새 생명을 힘입어 왕으로 다스리는 생명의 왕국이다.

생쇼

두 나라의 지혜와 능력은 비교 자체가 불가능하다. 사탄의 나라가 제아무리 발버둥질한다 해도 아무런 성과를 낼 수 없는 것은 하나님의 나라를 이루는 예수 그리스도의 지혜와 능력에 비하면 아주 미미하고 무모한 세력의 돌발적이고 도발적인 작태에 불과하기 때문이다. 한마디로 사탄의 나라 입장에서는 그것이 살아남고자 하는 아주 절박한 몸부림이라고 할지라도 그것은 타당한 이유 없이 몹시 흥분하여 미친 듯이 날뛰는 생쇼에 불과하다.

그런 관점에서 마지막 문단을 보라.

5:18	—Ἄρα οὖν ὡς δι' ἑνὸς παραπτώματος εἰς πάντας ἀνθρώπους εἰς κατάκριμα, οὕτως καὶ δι' ἑνὸς δικαιώματος εἰς πάντας ἀνθρώπους εἰς δικαίωσιν ζωῆς·	---그러므로 의심의 여지 없이 한 사람의 타락함을 통해 모든 사람이 정죄함에 이르렀듯이, 한 사람의 의로운 행위를* 통해서는 모든 사람이 의롭다고 여기심을 받은 삶에 이르게 됩니다.†
5:19	ὥσπερ γὰρ διὰ τῆς παρακοῆς τοῦ ἑνὸς ἀνθρώπου ἁμαρτωλοὶ κατεστάθησαν οἱ πολλοί, οὕτως καὶ διὰ τῆς ὑπακοῆς τοῦ ἑνὸς δίκαιοι κατασταθήσονται οἱ πολλοί.	왜냐하면 그 한 사람의 그 청종하지 않음을* 통해서 많은 사람이 죄인으로 서게 된 것같이, 그 한 사람의 그 청종하심을 통해 많은 사람이 의인으로 서게 될 것이기 때문입니다.
5:20	νόμος δὲ παρεισῆλθεν, ἵνα πλεονάσῃ τὸ παράπτωμα· οὗ δὲ ἐπλεόνασεν ἡ ἁμαρτία, ὑπερεπερίσσευσεν ἡ χάρις,	그래서 그 타락함이 더욱 심해지도록 한 율법이 몰래 들어와 개입(介入)되었고,* 그 죄가 더욱 심해진 곳에 그 은혜가 더욱 차고 넘쳤던 것입니다.
5:21	ἵνα ὥσπερ ἐβασίλευσεν ἡ ἁμαρτία ἐν τῷ θανάτῳ, οὕτως καὶ ἡ χάρις βασιλεύσῃ διὰ δικαιοσύνης εἰς ζωὴν αἰώνιον διὰ Ἰησοῦ Χριστοῦ τοῦ κυρίου ἡμῶν.	이는 그 죄가 그 사망을 힘입어 왕 노릇 한 것같이, 그 은혜 또한 예수 그리스도 우리 주님을 통해 역사(役事)하는 한 의(義)를 힘입어* 왕 노릇 하여 영원한 생명에 이르게 하기 위한 것이었습니다.

청종과 불청종

결론은 간단하다. 한 사람 아담의 타락함을 통해 모든 사람이 정죄됨에 이르렀지만, 한 사람 예수 그리스도의 은사가 모든 사람이 의롭다고 여기심을 받은 삶에 이르게 한다. 그 이유는 그 한 사람 아담의 그 청종하지 않음을 통해서 많은 사람이 죄인으로 서게 된 것같이, 그 한 사람 예수 그리스도의 그 청종하심을 통해 많은 사람이 의인으로 서게 될 것이기 때문이다.

여기에는 타락과 은사가 가지는 중요한 원리가 있는데, 그것이 모두 하나님의 말씀을 듣는 자세와 관련이 있다. 타락은 한 사람이 하나님의 말씀을 청종하지 않음으로 발생하고 은사는 타락한 그 한 사람과 다른 아주 특별한 한 사람이 하나님의 말씀을 청종하심으로 이루어진 일이다.

'청종하지 않음'으로 번역한 헬라어는 파라코에스(παρακοῆς)이다. 이 단어는 '옆과 곁'을 나타내는 전치사 파라(παρά)와 '들음'이라는 뜻의 아코에(ἀκοή)가 합해져 '건성으로 듣는 것'을 나타낸다. 가볍게 여겨 흘려듣는 것, 그러니까 '남의 말에 귀 기울이지 않고 그냥 지나쳐 흘려 버림'을 이르는 것을 가리키는 마이동풍(馬耳東風)을 연상케 하는 단어이다.

결과적으로 듣기를 거부하고 불순종하는 것(refusal to listen and so be disobedient)을 나타내나, 이는 하나님께서 말씀하시는 의도를 파악하기 위해 사려 깊게 처신하지 않고 하나님과의 관계를 가볍게 여기는 주의력이 결핍된 태도를 말한다. 좀 더 엄밀하게 말하면 하나님의 말씀을 자기 멋대로 듣고 판단하여 가감하는 오만방자한 태도를 가리키는 단어이다(창3:2-3). 그 타락은 에덴동산에서 여호와 하나님의 말씀을 아담이 제대로 듣지 않음에서 시작되었음이다.

반대로 '청종함'이라고 번역한 헬라어 휘파코에스(ὑπακοῆς)는 '아래와 밑'을 나타내는 휘포(ὑπό)라는 전치사와 '들음'이라는 뜻의 아코에(ἀκοή)가 합해져 깊게 경청하는 자세를 나타내는 단어를 이룬다. 누군가에게 복종의 의미로 무릎 꿇고 명령 받는 자세를 연상하게 하는 단어로 하나님의 말씀을 듣고 준수하고 있는 상태(a state of being in compliance)를 나타낸다.

이는 하나님에 대한 예수 그리스도의 자발적인 순종의 의미로 절대적인 복종을 나타내는 데 쓰였으며, 기록된 하나님의 말씀인 성경의 일점일획을 강조하심으로 그 중요성을 상기시킨 예수님의 산상수훈 말씀에서 확인된다.

13 "너희는 그 땅의 그 소금이다. 그러나 만일 그 소금이 맛을 잃으면, 무엇으로 짜게 하겠느냐? 아무 쓸모 없어 밖에 버려져 사람들에게 밟힐 뿐이다.
14 너희는 그 세상의 그 빛이다. 산 위에 있는 도시는 숨겨질 수 없다.
15 사람들이 등불을 켜서 그 됫박 아래 두는 것이 아니라 그 등잔대 위에 두어 그 집에 있는 모든 사람에게 비춘다.
16 이처럼 너희의 빛을 그 사람들 앞에 비춰라. 그래서 그들이 너희의 선한 일들을 보고 그 하늘들 안에 계신 너희 아버지께 영광을 돌리게 하여라."
17 "내가 그 율법이나 예언자들의 말씀을 깨뜨리러 온 줄로 생각하지 마라. 나는 그들의 말씀을 깨뜨리러 온 것이 아니라 완성하러 왔다.
18 참으로 나는 너희에게 아멘을 말한다. 그 하늘과 그 땅이 사라지기 전에는

그 율법의 일점일획도 사라지지 않고, 반드시 다 이루어질 것이다.
19 그러므로 누구든지 이 계명 가운데 가장 작은 것 하나라도 버리고 그 사람들에게 그렇게 하라고 가르치는 사람은 그 하늘들의 그 나라에서 가장 작은 자로 불릴 것이다. 그러나 누구든지 이를 행하고 가르치는 자는 그 하늘들의 그 나라에서 큰 자로 불릴 것이다.
20 참으로 내가 너희에게 말한다. 너희 의가 율법 학자들이나 바리새파 사람들보다 훨씬 낫지 않으면, 결코 그 하늘들의 그 나라에 들어가지 못할 것이다."

13 Ὑμεῖς ἐστε τὸ ἅλας τῆς γῆς· ἐὰν δὲ τὸ ἅλας μωρανθῇ, ἐν τίνι ἁλισθήσεται; εἰς οὐδὲν ἰσχύει ἔτι εἰ μὴ βληθὲν ἔξω καταπατεῖσθαι ὑπὸ τῶν ἀνθρώπων. 14 Ὑμεῖς ἐστε τὸ φῶς τοῦ κόσμου. οὐ δύναται πόλις κρυβῆναι ἐπάνω ὄρους κειμένη· 15 οὐδὲ καίουσιν λύχνον καὶ τιθέασιν αὐτὸν ὑπὸ τὸν μόδιον ἀλλ' ἐπὶ τὴν λυχνίαν, καὶ λάμπει πᾶσιν τοῖς ἐν τῇ οἰκίᾳ. 16 οὕτως λαμψάτω τὸ φῶς ὑμῶν ἔμπροσθεν τῶν ἀνθρώπων, ὅπως ἴδωσιν ὑμῶν τὰ καλὰ ἔργα καὶ δοξάσωσιν τὸν πατέρα ὑμῶν τὸν ἐν τοῖς οὐρανοῖς. 17 Μὴ νομίσητε ὅτι ἦλθον καταλῦσαι τὸν νόμον ἢ τοὺς προφήτας· οὐκ ἦλθον καταλῦσαι ἀλλὰ πληρῶσαι. 18 ἀμὴν γὰρ λέγω ὑμῖν· ἕως ἂν παρέλθῃ ὁ οὐρανὸς καὶ ἡ γῆ, ἰῶτα ἓν ἢ μία κεραία οὐ μὴ παρέλθῃ ἀπὸ τοῦ νόμου, ἕως ἂν πάντα γένηται. 19 ὃς ἐὰν οὖν λύσῃ μίαν τῶν ἐντολῶν τούτων τῶν ἐλαχίστων καὶ διδάξῃ οὕτως τοὺς ἀνθρώπους, ἐλάχιστος κληθήσεται ἐν τῇ βασιλείᾳ τῶν οὐρανῶν· ὃς δ' ἂν ποιήσῃ καὶ διδάξῃ, οὗτος μέγας κληθήσεται ἐν τῇ βασιλείᾳ τῶν οὐρανῶν. 20 Λέγω γὰρ ὑμῖν ὅτι ἐὰν μὴ περισσεύσῃ ὑμῶν ἡ δικαιοσύνη πλεῖον τῶν γραμματέων καὶ Φαρισαίων, οὐ μὴ εἰσέλθητε εἰς τὴν βασιλείαν τῶν οὐρανῶν.

(NA28판, UBS5판 마5:13-20 필자 사역)

율법과 은혜

이제 마지막으로 남은 문제점을 생각해 보자.

이제까지의 논리를 한마디로 정리하면 하나님의 말씀을 경솔하게 듣고 불순종하는 자세가 아담으로부터 모세의 율법 시대까지 모든 사람을 사망의 길로 내몰았지만, 예수님의 청종하심을 통해 하나님께서 은혜를 베풀어 거꾸로 많은 사람을 다시 살려 하나님의 말씀을 제대로 듣고 순종하는 방식으로 새로운 시대를 여셨다는 게 사도 바울의 논리의 핵심이다.

그리고 한 걸음 더 들어가 그런 대표 원리에 따라 모세의 율법 시대로부터 오늘(모세 오경이라는 율법책의 영향력 아래 있는 그리스도 이전의 모든 시대)에 이르기까지 아담과 같은 타락이 성행하는 세상의 상태(죄가 있어도 율법이 없어 죄로 여기지 않는 세상의 상태)

가 유지되고 있고, 그런 세상의 상태가 유지되게 하는 데 모세의 율법이 일조하고 있다는 게 사도 바울의 논리 확장이다.

이 논리는 사도 바울이 대표 원리를 시작하면서 내놓은 '율법이 있기 전에도 세상에는 이미 죄가 있었지만, 율법이 없어 죄로 여기지 못한다'는 논리, 그러니까 그리스도의 오심으로 드러난 율법이 없어 죄의 책임을 추궁하지 못한다(charge to the account of someone).'라는 논리에 의하면 모세의 율법은 '모세의 율법이 해야 할 역할 곧 죄를 죄로 여기게 만들어 그 책임을 추궁하는 일(아담 시대에 있었던 죄를 죄라고 정죄하는 역할)'을 하지 못하는 것으로 드러난다.

그러니까 모세의 율법이 아담 시대로부터 있었던 죄를 죄로 인식하게 할 뿐만 아니라 그 죄를 죄로 정죄하여 책임을 묻는 심판의 역할을 하지 못하고 오히려 그 죄의 도구로 쓰여 더욱 아담 시대에 있었던 죄와 사망의 영역을 확장하고 있다는 게 사도 바울의 생각이다(롬7:7-24).

이는 죄가 들어 온 비정상의 시대를 정상화하기 위해 먼저 그 죄를 죄로 밝혀 처벌해야 마땅한 율법이 필요하다고 해 놓고 정작 모세의 율법을 무용지물로 만들어 버리는 역설적인 논리가 '아담과 그리스도'라는 대표 원리가 표방하는 율법관이라고 말하는 것이다.

그러니까 모세의 율법이 그 타락함(*τὸ παράπτωμα*-토 파라프토마), 곧 아담의 타락과 같은 타락이 성행하지 않도록 제동을 걸거나 억제하는 역할을 해야 마땅한데 그 역할을 제대로 수행하지 못하고 그 타락이 더욱 성행하도록 만들고 있었다는 사실이 한 율법(모세의 율법이 아닌 강화된 율법이라고 칭하는 예수님께서 말씀하신 말씀과 행위로서의 최고이자 온전한 율법)이 몰래 들어와 개입(介入)함으로써 드러났고, 그 한 율법의 은밀한 개입(介入-*παρεισῆλθεν*-파레이셀덴)은 그 죄가 더욱 심해지게 만들었으며 그 죄가 심화한 곳에 그 은혜가 더욱 차고 넘쳤다는 논리가 성립되는 것이다(먼저 롬7장 해설(제17장)의 도입 부분에 설명된 '파레이셀덴(*παρεισῆλθεν*)'의 개념과 그 증거 본문을 확인하라).

이것이 바로 아담과 그리스도의 대표 원리를 빛나게 하는 율법에 대한 관점이다(이 논리는 필자가 지금까지 줄기차게 말해 왔던 그리스도 예수 안에 있는 구속을 통한 구속사의 과정에서 융합과 통합으로 구축된 새로운 세계관을 근거로 설명한 롬1-4장까지의 해설을 통해 충분히 이해할 수 있으리라고 판단되지만 앞으로 우리의 논의에서 뜨거운 감자가 될 것임으로 서두르지 말고 차분히 생각하며 논리의 발전 과정을 자세히 살펴보기를 바란다).

논리의 확장

이 논리의 확장은 이미 롬5:12-14에서 그리스도의 표상으로서 아담의 대표 원리를 다루면서, 하나님께서 창조하신 세상에 어떤 방식으로 죄와 사망이 들어와 만물의 영장인 인간들이 하나님께서 주신 생명을 잃은 채 살게 되었는지를 밝히는 과정에서 이미 예견할 수 있는 것이었다. 왜냐하면 거기에는 기록된 하나님 말씀 곧 모세오경 속에서 발췌한 계시의 연대표에서 아담으로부터 모세 이전의 시대를 잘라 모세의 처지에서 보면 분명히 그 시대는 '모세의 율법이 없는 시대'로 특정할 수 있지만 그리스도의 처지에서 보면 아담으로부터 모세의 율법이 영향력을 발휘하는 예수 그리스도의 시대까지를 모세의 율법 시대로 특정하여 아담으로부터 모세의 영향력이 미치는 시대를 통틀어 '율법이 없는 시대'라고 규정함으로써 '아담과 그리스도'로 대표되는 두 시대 사이에 모세의 율법과 관련하여 논리적 괴리(비약이나 전환)가 있음이 드러나기 때문이다.

거기서 사도 바울은 먼저 아담의 타락을 율법이 없는 시대의 동력으로 삼고, 그 동력이 어떠한 원리로 작동해 창조의 세계를 하나님의 왕국이 아닌 사탄의 왕국으로 만들었는지를 보이며 그 아담의 타락이 전능하신 창조주 하나님의 은혜로 베풀어지는 그리스도의 구속을 표상하게 하는 사건임(그리스도 구속 사역의 필요 불가결함)을 드러냈다.

불가피성

따라서 이어지는 본문 롬5:15-18에서 아담의 타락과 그리스도의 은사와의 대조는 불가피한 주제였다. 그 주제의 불가피성은 대립하는 두 왕국이 서로 힘과 지혜를 내세우고 대치하면서 승부를 가리려 하는 상태나 상황에서 어느 쪽이 더 우세한지를 판가름하는 것이었다. 그 결과 아담의 타락을 동력 삼아 세워진 사탄의 나라는 그리스도의 은사를 동력으로 이루어지는 나라에 의해 사라질 수밖에 없는 무가치한 나라로 드러났다.

따라서 사도 바울은 롬5:18-19에서 두 왕국의 추동이 되는 아담의 타락과 그리스도의 은사 사이에 특별히 구분해야 할 두 차이점에 대한 근원적인 성찰을 풀어 놓는데, 아담의 타락은 하나님의 말씀에 대해 청종하지 않는 아담의 어리석은 마음가짐으로 인한 것이었고 그리스도의 은사는 하나님의 말씀을 '아멘'으로 청종하는 그리스도의 지혜로운 마음가짐(고후1:19-20)에 의한 것이었다.

율법을 주신 의도

초점은 이것이다. 그러한 논리하에서 사도 바울은 이어지는 본문(롬5:20)에서 거침없이 슬쩍 들어와 개입된(介入-παρεισῆλθεν-파레이셀덴)된 한 율법의 역할을 거론하면서 하나님께서 모세를 통해 주신 율법(모세를 따라 성문화된 율법)이 제구실을 하지 못하고 있다는 것을 밝히는 데 있다.

이는 '아담에서 모세가 율법을 받기 전까지의 시대'만을 '율법이 없던 시대'로 한정하는 단순 논리의 패턴에 사로잡힌 자들에게는 청천벽력과 같은 논리로서 모세의 율법이 아닌 다른 한 율법, 그러니까 몰래 들어와 개입된(介入-παρεισῆλθεν-파레이셀덴)된 한 율법 간의 이해 부족으로 충돌을 일으킨다는 점에서 큰 파장을 예상할 수 있게 한다(여기서 '이해 충돌'이라 함은 '율법이 없는 시대'라는 말을 '모세의 율법이 없는 시대'로 착각하는 이해의 관점을 상대로 한 표현으로 '율법'이라고 하면 모세의 율법으로 자동 대입해 읽어 버리는 관점. 그러니까 모세의 율법이 율법 학자들과 랍비들에 의한 해석의 발전 과정에서 나타난 율법과 그 발전 과정의 종착역인 예수님의 말씀으로서의 강화된 율법을 인식하지 못하는 데서 비롯하는 착각을 의미한다).

그 문제점은 앞에서도 잠시 언급했지만 실제로 율법이 없는 시대의 구간을 설정하는 사도 바울의 대표 원리에 대한 몰이해로부터 발생한다. 사도 바울이 말하는 대표 원리에 의한 '율법이 없는 시대'란 아담으로부터 모세까지, 그러니까 영원 전부터 아담에서 그리스도까지 하나의 직선으로 이어지는 역사관 속에 모세라고 하는 중간 터미널을 두어 그 터미널을 경유해 그리스도라고 하는 종점에 이르기 전 어느 지점, 그러니까 예수님의 출현으로 은밀하게 개입된(介入-παρεισῆλθεν-파레이셀덴)된 예수님의 말씀과 행위로서의 율법이 주어짐으로써 아담으로부터 그리스도까지 그 기간 사이에 '가만히 들어온 또는 도둑같이 몰래 들어온(παρεισῆλθεν-파레이셀덴), 곧 몰래 은밀하게 들어와 개입(介入)된 한 율법'이 주어진 지점을 말한다.

이는 아담으로부터 모세의 영향력 아래 있는 그리스도 이전의 모든 시대 가운데 '예수님의 오심으로써 말씀하신 말씀과 행위의 율법이 없는 기간'을 '율법이 없는 시대'로 규정한다는 말이다.

따라서 거기에는 아담으로부터 그리스도에게 이르는 역사의 중간 모세에게 주었던 율법이 역작용을 일으키거나 반작용을 일으킬 수 있는 여지가 있다는 논리가 있음을 예상할 수 있게 된다. 하나님께서 모세에게 율법을 주신 의도가 매우 복잡하게 얽혀 있다는 지적이다.

| 5:20 | νόμος δὲ παρεισῆλθεν, ἵνα πλεονάσῃ τὸ παράπτωμα· οὗ δὲ ἐπλεόνασεν ἡ ἁμαρτία, ὑπερεπερίσσευσεν ἡ χάρις, | 그래서 그 타락함이 더욱 심해지도록 한 율법이 몰래 들어와 개입(介入)되었고,* 그 죄가 더욱 심해진 곳에 그 은혜가 더욱 차고 넘쳤던 것입니다. |

논리적 상충

그 문제가 심각한 것은 그 논리('율법이 없던 시대'를 '아담에서 모세가 율법을 받기 전까지의 시대'로만 한정하는 논리)가 시한폭탄과 같은 위험성을 가졌다는 데 있다. 왜냐하면 그 논리는 사도 바울의 논리에 부합하지 않고 심지어 사도 바울의 논리를 거슬러 싸우는 형국을 조장해 하나님 복음의 영광을 가리기 때문이다.

롬5:20에서 몰래 은밀하게 들어와 개입된(介入-παρεισῆλθεν-파레이셀덴)된 한 율법의 논리로 드러난 율법 역할에 의하면 하나님께서 모세를 통해 주신 율법은 아담이 아담 자신에게 주어진 율법으로 타락한 것 같이 모세의 율법 또한 그와 같은 타락의 도구로 쓰여 죄를 증가시키는 심화 단계에 이르게 하는 역할을 하여 하나님께서 베푸시는 더욱 큰 은혜를 차고 넘치게 하는 그리스도께 가게 하는 그림자로 쓰이는 게 맞다.

그러면 몰래 은밀하게 들어와 개입된(介入-παρεισῆλθεν-파레이셀덴)된 한 율법의 논리는 모세의 율법이 그 실제 내용과 다르게 오용되고 있다는 사실을 유추할 수 있게 하고, 그것 또한 그리스도 예수 안에 있는 구속사의 관점에서 드러나는 모세의 율법이 가진 역할의 실상이라는 말이 된다.

따라서 두 입장 간의 논리적 상충을 제거할 수 있는 충분한 설명이 필요하다는 과제 상황이 발생하고 있음은 분명한데, 이는 롬7장과 8장에 이르러야 확실하게 매듭지어지는 관계로 이 정도로 만족하는 것이 좋을 것 같다.

그래서 사도 바울은 그 논리에 상당한 설명이 필요한 간격이 있음을 알고도 그 설명을 뒤로한 채 서둘러 그 대표 원리에 입각해 그렇게 행하신 하나님의 의도가 그 죄가 그 죽음을 힘입어 왕 노릇 한 것같이, 그 은혜 또한 예수 그리스도 우리 주님을 통해 역사(役事)하는 한 의(義)를 힘입어 왕 노릇 하여 영원한 생명에 이르게 하기 위한 것이었다고 간결하게 결론을 맺으며 롬5장을 마친다.

| 5:21 | ἵνα ὥσπερ ἐβασίλευσεν ἡ ἁμαρτία ἐν τῷ θανάτῳ, οὕτως καὶ ἡ χάρις βασιλεύσῃ διὰ δικαιοσύνης εἰς ζωὴν αἰώνιον διὰ Ἰησοῦ Χριστοῦ τοῦ κυρίου ἡμῶν. | 이는 그 죄가 그 사망을 힘입어 왕 노릇 한 것같이, 그 은혜 또한 예수 그리스도 우리 주님을 통해 역사(役事)하는 한 의(義)를 힘입어* 왕 노릇 하여 영원한 생명에 이르게 하기 위한 것이었습니다. |

기술적 장치

이는 아담을 타락하게 하여 아담을 영적으로 사망에 이르게 한 그 죄가 그 사망을 힘입어 모세의 율법 시대(모세 영량력 아래 있는 시대)에도 모세오경을 수단으로 그 영적 사망에 이르게 하여 왕 노릇 한 것같이 예수님의 말씀과 행위로서의 강화된 율법, 곧 몰래 은밀하게 들어와 개입(介入-παρεισῆλθεν-파레이셀덴)된 한 율법으로 그 타락을 더욱 심화시켜 그 사망 권세가 극에 달하도록 만들어 예수 그리스도 우리 주님의 십자가 사건을 유발함으로써 그 죄와 사망 권세를 정복해 그 죄로부터 해방해 영원한 생명에 이르는 새로운 삶을 시작하게 하는 지극히 크신 하나님의 능력을 드러내어(하나님의 전능성과 영원성을 드러내어) 찬양받으시려는 의도였다는 복안을 암시한다.

이 부분은 강조하지 않을 수 없다. 앞으로 사도 바울이 로마서 7장에서 명확하게 밝히겠지만 이는 두 왕국 사이에서 벌어지는 전쟁에서 사탄이 하나님께서 주신 선한 것으로서의 모세의 율법(모세오경)을 이용해 사람들을 영적 사망에 이르는 재주를 부려 자신의 왕국을 확장 강화하려고 발악하겠지만 그것(모세의 율법)은 몰래 은밀하게 들어와 개입(介入-παρεισῆλθεν-파레이셀덴)된 한 율법으로 인해 오히려 사탄이 자기 정체를 스스로 드러내게 만드는 올무, 곧 하나님의 기술적 장치였음을 드러내어 밝히는 데 그 목적이 있다.

한마디로 그 죄의 실상을 만인이 알도록 낱낱이 드러내는 은혜의 수단으로 몰래 은밀하게 들어와 개입(슈入-παρεισῆλθεν-파레이셀텐)된 한 율법, 그러니까 예수님의 말씀과 행위로서의 말씀, 곧 모세의 율법을 재해석하심으로써 강화된 말씀과 행위의 율법을 주신 하나님의 의도를 밝힘으로써 하나님 지혜의 탁월함을 찬양하기 위함이다(롬11:33-36).

사탄의 허를 찌르는 질문

여기에는 율법과 은혜의 상관관계를 그리스도 예수 안에 계시되고 있는 하나님의 복음이 증언하는 그리스도 예수 안에서의 구속을 통한 구속사의 깊은 의미를 바르게 이해하지 못할 때 발생하는 오해로 인한 실족에 대한 사도 바울의 안타까운 우려가 있다.

그리고 그 오해의 논리가 가지는 위험성은 이제 막 하나님의 은혜로 얻은 믿음으로 의롭다고 하심을 받은 자들에게 매우 치명적인 영적인 타격을 주는 까닭에 그 우려를 해소하지 않으면 안 되는 처지이기도 하다.

이쯤 되면 그 우려는 이미 누구나 예상할 수 있듯이 은혜를 더 받기 위해서 죄를 더 지어도 된다는 식의 논리를 생각해 내는 쪽으로 사람들의 지혜와 판단력이 기울 수 있다는 사실을 알아채는 것으로 귀결된다.

그런 관점으로 '그러면 우리가 뭐라고 말해야 합니까? 그 은혜를 더하게 하려고 우리가 그 죄에 계속 머물자고 해야 합니까?'라는 사탄의 허를 찌르는 질문으로 시작하는 로마서 6장을 읽어야 마땅하다.

6:1	Τί οὖν ἐροῦμεν; ἐπιμένωμεν τῇ ἁμαρτίᾳ, ἵνα ἡ χάρις πλεονάσῃ;	그러면 우리가 뭐라고 말해야 합니까? 그 은혜를 더하게 하려고 우리가 그 죄에 계속 머물자고 해야 합니까?
6:2	μὴ γένοιτο. οἵτινες ἀπεθάνομεν τῇ ἁμαρτίᾳ, πῶς ἔτι ζήσομεν ἐν αὐτῇ;	절대로 그렇게 되지 않기를 바랍니다. 우리가 그 죄에 대하여 죽은 자들인데, 어떻게 그 안에 그대로 살겠습니까?
6:3	ἢ ἀγνοεῖτε ὅτι, ὅσοι ἐβαπτίσθημεν εἰς Χριστὸν Ἰησοῦν, εἰς τὸν θάνατον αὐτοῦ ἐβαπτίσθημεν;	혹시 우리 중 누가 되었든지 그리스도 예수와 연합하여 세례를 받았다면, 그분의 돌아가심과 연합하여 세례도 받은 것임을, 여러분이 모르는 것은 아닙니까?[※]

> 전환된 관점의 로마서 읽기

제16장
누구와 함께 살고 죽느냐 그것이 문제다

본문 : 로마서 6장 1~23절

핵심 주제 어구

εἰ δὲ ἀπεθάνομεν σὺν Χριστῷ

(에이 데 아페다노멘 쉰 크리스토)

이 세례가 주 예수 그리스도께서 주도권을 가지고 베풀어 주시는 성령 세례이기에 인간은 절대적으로 수동적인 위치에서 은혜로 믿음을 얻고 그 믿음으로 그 은혜의 보좌로 나아가는 방법 외에는 또 다른 길이 없다. 오직 성령 안에서 믿음으로 그 돌아가심에 연합하여 죽은 자만이 하나님과 새로운 관계를 시작할 수 있는 자격 조건이 갖추어지는 것이다.

제16장(누구와 함께 살고 죽느냐 그것이 문제다) _ 본문 515p에서

본문

6:1	Τί οὖν ἐροῦμεν; ἐπιμένωμεν τῇ ἁμαρτίᾳ, ἵνα ἡ χάρις πλεονάσῃ;	그러면 우리가 뭐라고 말해야 합니까? 그 은혜를 더하게 하려고 우리가 그 죄에 계속 머물자고 해야 합니까?
6:2	μὴ γένοιτο. οἵτινες ἀπεθάνομεν τῇ ἁμαρτίᾳ, πῶς ἔτι ζήσομεν ἐν αὐτῇ;	절대로 그렇게 되지 않기를 바랍니다. 우리가 그 죄에 대하여 죽은 자들인데, 어떻게 그 안에 그대로 살겠습니까?
6:3	ἢ ἀγνοεῖτε ὅτι, ὅσοι ἐβαπτίσθημεν εἰς Χριστὸν Ἰησοῦν, εἰς τὸν θάνατον αὐτοῦ ἐβαπτίσθημεν;	혹시 우리 중 누가 되었든지 그리스도 예수와 연합하여 세례를 받았다면, 그분의 돌아가심과 연합하여 세례도 받은 것임을, 여러분이 모르는 것은 아닙니까?*
6:4	συνετάφημεν οὖν αὐτῷ διὰ τοῦ βαπτίσματος εἰς τὸν θάνατον, ἵνα ὥσπερ ἠγέρθη Χριστὸς ἐκ νεκρῶν διὰ τῆς δόξης τοῦ πατρός, οὕτως καὶ ἡμεῖς ἐν καινότητι ζωῆς περιπατήσωμεν.	그런즉 우리가 그 세례를 통해 그분의 돌아가심에 이르렀고† 함께 묻히기까지 했습니다. 이는 그리스도께서 그 아버지의 그 영광을 통해 죽은 자들로부터 일으켜지신 것같이, 우리도 새 생명 안에서 걸어가게 하려는 것입니다.
6:5	εἰ γὰρ σύμφυτοι γεγόναμεν τῷ ὁμοιώματι τοῦ θανάτου αὐτοῦ, ἀλλὰ καὶ τῆς ἀναστάσεως ἐσόμεθα·	왜냐하면 우리가 그분의 돌아가심과 같은 죽음에* 결합한 사람들이 되었다면, 분명히 그분의 부활하심과 같은 부활에도 결합해 있을 것이기 때문입니다.

파격적인 은혜

이제 창조주 하나님의 뜻은 분명해졌다. 창조 세계는 하나님이 다스리는 왕국이었다. 창조주께서는 만물의 영장인 인간에게 그 왕국을 다스리는 권한을 주시는 파격적인 은혜를 베풀어 주셨다. 그 은혜로 인간은 창조주의 권능과 영광을 찬양하며 진리의 영을 따라 그분의 뜻에 맞게 살면서 영원한 생명에 이르기만 하면 그만이었다.

한데 그 은혜의 왕국인 창조 세계의 질서에 막대한 변화가 생겼다. 창조주의 왕권을 물려받아 창조 세계를 다스리며 하나님의 영광을 찬양해야 할 인간이 영적으로 타락하자 육적인 존재가 되었다. 더 이상 인간은 하나님의 뜻을 하나님 처지에서 생각할 수 없는 존재가 된 것이다.

그런 인간에게 하나님께서는 은혜로 구원자를 약속하셨다. 그리고 그 약속대로 그 구원자가 와서 구원의 길을 완성하셨다. 그 구원의 길은 우리 주님 예수 그리스도께서 십자가에 돌아가심과 일으켜지심으로 완성되었다. 헌 옷을 벗고 새 옷으로 갈아입는 것처럼 육적 생명에서 영적 생명으로 새 삶의 길을 열어 놓으셨다. 그 길은 그저 단순히 은혜를 입어 믿음으로 의롭다고 하심을 받아 출발하는 아주 특별한 은혜의 의인들이 걸어가는 길이다. 그리고 그 길의 끝은 영생이다.

시한폭탄
사도 바울은 그 은혜의 길을 설명하는 시작부터 그곳에 시한폭탄이 설치되어 있음을 알았다. 그 폭탄은 사탄이 하나님의 왕국을 붕괴시키기 위해 비밀리에 투입된 게릴라 부대에 의해 설치된 것이었다. 그것은 사도 바울이 14년간 아라비아산에서 기도와 말씀에 전무하며 천상을 오가는 영적인 체험 속에서(갈1:11-2:1, 고후12:2) 알게 된 것으로 로마서 1장을 쓰기 시작할 때부터 제거해야 할 핵심 목표물이었다.
　하나님의 복음에 대한 설명이 더해질수록 그것은 수면 위로 떠오르기 시작했다. 그 폭탄의 도화선은 은혜와 율법의 상관관계이었고 믿음과 행위(일의 업적)의 상관관계이었다. 그리고 그 도화선에 불을 붙일 부싯돌(점화 기구)을 가진 자는 율법을 아는 자들, 곧 복고형 유대인들의 성향을 지닌 사람들이었다.

상관관계
그 상관관계는 롬2:12-27에서 율법과의 관계에서 이방인과 유대인들을 하나의 인류로 묶어 율법이 영적인 것임을 드러내는 논리로부터 시작하여 롬3:19-20에 이르러 '그러나 우리가 아는 대로, 그 율법(모세의 율법)이 말하는 것들은 무엇이든지 그 율법 안에 있는 사람들에게 말하는 것입니다. 이는 모든 입이 다물어지게 하여 그 세상 전체가 그 하나님께 심판과 형벌을 받게 하려는 것입니다. 왜냐하면 율법으로 행한 일들로부터 온갖 육신(모든 인간)이 그 하나님 앞에서 의롭다고 여기심을 얻지 못할 것이기 때문입니다. 율법을 통해서는 참으로 죄에 대한 완전한 지식을 얻게 될 뿐입니다.'라고 밝히는 데까지 나간다.
　그리고 롬3:21-31까지 그 율법의 증거를 받는 '율법과는 별개인 하나님의 한 의'

를 드러내어 사람이 율법의 행위로 의롭다고 하심을 얻는 것이 아니라 믿음으로 된다는 사실을 밝히며 믿음이 율법을 파괴하는 것이 아니라 오히려 율법을 바르게 세우는 것이라고 규정한다(필자가 1권부터 여기까지 줄기차게 강조하며 자세하게 설명해 온 유대인과 이방인, 이방인과 유대인의 관계 속에서 융합과 통합을 이루어 내시기 위해 창조와 구속의 하나님께서 자신의 사랑과 은혜를 극단화시키는 방법으로 유일한 한 사람, 곧 그 다른 한 사람 예수 그리스도를 통해 종말론적인 구속을 행하시고 그 예수 그리스도를 통해 그 구속을 완성해 가실 그리스도 예수 안에서의 구속사의 전망이라는 관점에서 모세의 율법이 갖는 역할과 위치에 대한 이해에 근거한 은혜와 율법의 상관관계를 명확하게 이해하라).

이는 모세의 율법의 핵심이 심판과 긍휼과 믿음이라고 말씀하신 예수님께서 그 율법과 그 선지자들의 기록을 무가치한 것으로 만들려고 오신 것이 아니라 완성하러 오셨다고 말씀하신 논리와 일치한다.

첫 번째 이해 충돌

사도 바울은 이 논리의 과정에서 유대인들의 불의가 드러나자 애써 자신들의 불의를 정당화하려고 변명하며 그리스도 예수 안에 있는 하나님의 복음을 받아들이지 않는 완고한 마음의 주장에 대하여 '우리의 불의가 하나님의 의(義)를 소개하는 꼴이 되기라도 한다면, 우리가 무슨 말을 할 수 있습니까? 그 진노를 내리시는 그 하나님께서 불의하시다고 말하겠습니까?'라는 질문으로 그 복음과 유대인들의 그릇된 믿음 사이에 벌어지는 이해 충돌 상황을 드러내어 단죄한다.

하나님의 창조 세계를 하나님의 뜻에 맞게 다스리도록 부르심을 받아 선택받은 사람들은 하나님 나라의 공익을 추구해야 할 의무와 책임이 있는 하나님 나라의 공직자들이다.

특히 하나님 나라의 근간이 되는 율법을 집행하는 공직자, 곧 하나님의 기록된 말씀을 만방에 전해야 할 직무를 수행함에 있어서는 추호도 그릇됨이 없어야 한다. 그런 공직자가 직무를 수행할 때 자신의 사적인 이해관계가 관련되어 공정한 직무 수행이 저해될 우려가 있는 상황을 만드는 것은 공직자가 행해서는 안 되는 일이다.

은혜와 율법, 믿음과 행위(할례)의 상관관계에서 은혜와 믿음의 논리가 정당하다고 입증될수록 율법과 행위의 논리는 부당하다고 입증되고 하나님의 준엄한 심판과 진노를 피할 길이 없어진다. 이때 율법과 행위(할례)로 의롭다고 여김을 받을 수 있다고 생각하는 사람들이 최후 수단으로 필요악의 논리를 끌고 들어와 자기의 부당한 직무행위의 정당성을 내세우는 것이다. 이해 충돌로 갈등 상황이 발생하는 지점이다.

이에 대한 사도 바울의 대답은 명쾌하다.

"하지만 내가 사람이 말하는 방식대로 말해 보겠습니다. 만일 우리의 불의가 하나님의 의(義)를 소개하는 꼴이 되기라도 한다면, 우리가 무슨 말을 할 수 있습니까? 그 진노를 내리시는 그 하나님께서 불의하시다고 말하겠습니까?

절대로 그렇게 되지 않기를 바랍니다. 만일 그렇다면 어떻게 그 하나님께서 그 세상을 심판하시겠습니까?

그러나 어떤 사람이 '나의 거짓말로 인해 그 하나님의 그 진리가 더욱 풍성하게 드러나 그분을 영광스럽게 했는데, 왜 내가 죄인처럼 아직도 심판받아야 하느냐?'라고 따질 수도 있을 것입니다.

그러면 '우리가 그 선한 일들이 오게 하려고 그 악한 일들이라도 행하자.'라고 해도 된다는 말입니까? 심지어 어떤 사람들은 우리가 그렇게 가르친다고 중상하는데, 우리가 그런 모욕까지 받아야 하겠습니까? 그런 사람들에 대해 진노를 내리시는 그 하나님의 그 판결은 정당한 것입니다(롬3:5-8)."

하나님의 크신 사랑의 설득

여기까지의 사도 바울의 논리만으로도 복고형 유대인 성향의 사람들에겐 속으로 부글부글 끓게 만드는 매우 자극적인 것이 되겠지만 그들의 처지에서 아무런 변명도 할 수 없는 것이었다. 그렇다고 할지라도 그것은 그들을 배려하기 위해 최대한 예의를 갖춘 정제된 표현이었다.

롬4장에 들어서 아브라함이 믿음으로 의롭다고 하심을 입은 사실을 밝히며 '참으로 그 율법은 진노를 만들어 냅니다. 그래서 율법이 없는 곳에는 율법을 위반하는 일도 없는 것입니다.'라는 논리로 그들을 자극한다. 도화선에 불을 붙이는 불행한 일이 일어날 수 있는 위험한 상황이다.

이 또한 돌발 상황이 결코 아니다. 이미 로마서를 쓰기 시작부터 예견된 수순에 따라 언제 밝혀도 밝혀야 할 논리였다. 물론 사도 바울에겐 그 위기를 넘길 수 있는 지혜도 있었다. 아브라함이 율법에 속한 자들이든 믿음에 속한 자들이든 할 것 없이 믿음으로 세계 만민의 조상이 되었다는 사실을 입증함으로써 그 위기는 진정 국면으로 들어갔다. 하나님의 크신 사랑의 설득을 만나는 대목이다.

두 번째 이해 충돌

하지만 여전히 그 시한폭탄을 해체하는 작업을 마치기까지는 긴장의 끈을 놓을 수 없다. 드디어 로마서 5:13-20에서 또 한 번의 위기의 상황을 예고했다. '율법이 있기 전에도 세상에는 이미 죄가 있었지만, 율법이 없어 죄를 추궁하지 못하기 때문에 오히려 그 죽음이 아담으로부터 모세까지 왕으로 군림했고 심지어 아담이 빗나간 것과 같은 방식으로 죄를 짓지 않은 사람들 위에서도 왕으로 군림한 것은 아담이 장래 오실 분(주 예수 그리스도)의 모본이기 때문이다.'라고 첫 사람 아담의 타락에 대해 대표 원리로 말한 뒤, 그 아담의 타락에 대응해 한 사람 주 예수 그리스도의 은사를 통해 영생에 이르게 하는 과정에서 '그 타락함이 더욱 심해지도록 율법이 도둑같이 몰래 은밀하게 들어와 개입(介入-παρεισῆλθεν-파레이셀텐)되었다는 사실과 함께 그 죄가 더욱 심해진 곳에 그 은혜가 더욱 차고 넘쳤던 것'이라는 도화선에 불을 붙이는 논리를 내놓음으로써 시한폭탄이 터지기까지 촉각을 곤두세우는 상황을 일으킨 것이다.

좀 쉽게 말하면 이 대표 원리의 두 대조 사이에 논리의 비약 내지는 전환이 있다. 원래대로의 논리(율법이 있기 전에도 세상에는 이미 죄가 있었지만, 율법이 없어 죄를 추궁하지 못하기 때문에)라면 모세의 율법이 와서 해야 하는 일은 정죄하는 일인데, 그런 그 율법의 본래 역할에 대한 논리를 건너뛰고 또 다른 한 율법이 그 타락을 증가시키고 그 죄를 심화하는 역할을 해 더욱 은혜가 차고 넘쳤다고 말함으로써 얼핏 들으면 타락하고 죄짓는 것을 은혜의 수단으로 정당화하는 논리를 제공하는 것 같은 꼴이 되었다.

사실 이런 논리적 비약과 전환에 관한 이야기는 앞으로 롬7-8장에서 명확하게 설명되겠지만 지금으로서는 그동안 하나님의 복음적 진노에 대한 부당성을 주장해 온 자들에게는 자신들의 주장을 합리화할 수 있는 기회가 되고도 남는다.

이 또한 예정된 수순이다. 하나님의 복음을 이해하는 과정에서 발생하는 무수한 이해 충돌 상황에서 크게 두 번째 이해 충돌 상황을 드러내기 위한 화법이다.

따라서 사도 바울은 다음과 같은 질문으로 하나님 복음을 설명하는 과정에서 발생할 수 있는 그릇된 논리의 정곡을 찌른다.

| 6:1 | Τί οὖν ἐροῦμεν; ἐπιμένωμεν τῇ ἁμαρτίᾳ, ἵνα ἡ χάρις πλεονάσῃ; | 그러면 우리가 뭐라고 말해야 합니까? 그 은혜를 더하게 하려고 우리가 그 죄에 계속 머물자고 해야 합니까? |

충격적인 논리

첫 번째 이해 충돌 상황은 이렇다.

기록된 하나님의 말씀을 맡아 충성을 다했는데 그 수고의 결과가 모두 불의가 되고 거짓말한 것처럼 되어야 한다면 그리고 그렇게 만들기 위해 기록된 말씀이 맡겨진 것이라면, 그 논리는 그 충성과 수고의 결과에 대한 책임의 소지가 거의 소실된 것처럼 보여 필요악의 논리로 자신들의 불의와 불경을 합리화하려고 주장하게 되는 것이었다.

두 번째 이해 충돌 상황 역시 동일한 관점에서 좀 더 구체적으로 율법(모세오경)을 하나님께 받아 충성을 다하는 사람들에게 그 율법이 하나님의 진노를 일으키는 직접적인 원인과 수단으로 지목함으로써 그 율법에 대한 충성이 복음적 하나님의 심판을 부르는 범죄라는 논리(롬4:15)를 드러내어 그 율법 아래 있는 자들이 복음적 하나님의 심판을 피할 수 없다고 규정함으로써(롬3:19) 보편적인 한 율법을 통해서는 죄의 완전한 지식을 얻게 된다(롬3:20)고 선언하여 화나게 한다. 한데 급기야 그 한 율법이 없었던 시절에 죄가 있었어도 죄를 추궁할 수 없었다는 논리(롬5:13)를 앞세워 모세의 율법이 오면 율법을 범하는 일이 발생하여 죄를 추궁하는 일이 가능해질 것이라고 예상하게 하더니 갑자기 더욱 타락하고 죄를 더욱 심하게 짓게 만들기 위해 한 율법이 도둑같이 몰래 은밀하게 들어와 개입(介入-παρεισῆλθεν-파레이셀덴)했다는 패싱 논리(롬5:20상)로 나아가 그 결과 복음적 하나님의 은혜가 더욱 크게 베풀어졌다는 충격적인 논리(롬4:15하)에 이른다. 그러자 그런 은혜를 빌미로 자신들의 율법을 더욱 범죄를 저지르는 수단으로 합리화하여 자신들의 범죄를 미화하려는 것이다.

해체 작업 속도 내기

이 같은 이해 충돌 상황은 사탄이 배후에서 인간을 조종해 인간이 스스로 자멸하도록 만든 논리로부터 발생한다. 하나님의 복음이라는 하나님의 논리와 인간의 논리가 부딪히는 인간 세상에서 일어나는 자연스러운 현상이다.

사도 바울은 인간을 자멸하게 만드는 그 시한폭탄을 해체하기 위해 이 지경까지 이른 인간 심연에 작동하는 논리를 파헤쳐 끄집어내어 이해 충돌 지점을 드러내는 것이다. 그것은 한마디로 하나님께서 베풀어 주시는 구원의 과정에서 모든 것을 극단화시키는 것, 그러니까 하나님과 인간 그리고 하늘과 땅이라는 두 간극에서 하나님과 하늘의 질서 쪽의 수준으로 인간과 땅의 질서의 수준을 높이기 위한 하나님의 독특하신 일하심의 방법이다.

그런 관점에서 사도 바울은 롬6:15에서 다음과 같이 도화선에 불을 댕긴 자들에게 말하며 그 시한폭탄을 해체하는 작업에 속도를 내기 시작한다.

| 6:15 | —Τί οὖν; ἁμαρτήσωμεν, ὅτι οὐκ ἐσμὲν ὑπὸ νόμον ἀλλ' ὑπὸ χάριν; μὴ γένοιτο. | ---그런즉 우리가 뭐라고 말해야 합니까? '이제 우리가 율법 아래 있는 것이 아니라 은혜 아래 있으니 죄를 저질러 보자.'라고 하렵니까? 절대로 그렇게 되지 않기를 바랍니다. |

일갈

왜 이 같은 말도 안 되는 논리로 하나님의 복음을 어지럽히는 일이 일어나는가?

그 이유는 간단하다. 하나님께서 베풀어 주시는 은혜를 하나님의 처지에서 생각할 수 없는 육적인 인간의 사고방식 때문이다.

이는 이사야 선지자가 '여호와의 말씀에 내 생각은 너희 생각과 다르며 내 길은 너희 길과 달라서 하늘이 땅보다 높음같이 내 길은 너희 길보다 높으며 내 생각은 너희 생각보다 높다(사55:8-9).'라고 함과 같고, 예레미야 선지자가 '나 여호와가 말한다. 너희를 향한 내 생각을 내가 아나니, 내 생각은 재앙이 아니라 곧 평안이고, 너희 장래에 소망을 주려는 생각이다(렘 29:11).'라고 함과 같다.

앞으로 우리가 직면하게 되겠지만 이를 사도 바울은 로마서 8장에서 육신의 생각은 사망이고 영의 생각은 생명과 평안이라고 하며 육신의 생각은 하나님과 원수가 되나니 이는 하나님의 법에 굴복하지 않을 뿐만 아니라 굴복할 수도 없음이라고 일갈했다(롬8:6-7).

인간의 논리

사도 바울의 해체 작업은 '은혜를 더하게 하려고 우리가 그 죄에 계속 머물자.'라고 할 만큼 선동적인 열정을 일으키는 동력을 차단하는 것이다. 그야말로 하나님의 논리를 거스르는 원수가 되지 않고서는 할 수 없는 일을 계획하고 실현하려는 자들을 사로잡고 있는 인간들 속의 거짓 논리를 해체하는 것이다.

하나님과 원수로 사는 일들은 그리 특별한 일이 아니다. 그저 이 세상에 살면서 부귀영화를 위해 사람의 도리(사람이 마땅히 행하며 걸어가야 할 진리의 길)를 외면하게 하는 일상의 모든 것이다. 그것은 예수님께서 부자와 거지 나사로의 비유로 말씀하신 것처럼 이 세상의 기득권을 가지고 부와 영예를 축적하고 자신을 위해 매일 잔치를 열어 인생의 성공이 바로 이런 것이라 과시하는 부자의 평범한 욕망의 삶과 그에 대한 욕망의 끈을 놓지 못하는 비굴한 인간의 논리이다(눅12:13-34, 16:19-31).

어느 날 예수님을 찾아온 한 청년이 영생 얻는 길에 관한 질문에 그 길은 계명을 간직하는 것임을 간단하게 말씀하셨다. 이에 그 청년이 자기는 어렸을 때부터 모든 계명을 잘 간직하고 산다고 말하자 예수님께서는 '너에게 한 가지 부족한 게 있으니 너의 모든 재산과 재물을 팔아 가난하게 나누어 주고 너는 나를 따르라.'라고 간단하고 명료하게 말씀하셨을 때 자기 재산과 재물을 포기할 수 없어 예수님을 떠났던 인간의 논리가 그것이다(마19:16-30).

간절한 소원

어떤 인간도 이 논리로부터 참으로 자유로울 수 없는 처지이다. 예수님은 그런 이 세상의 모든 사람을 불쌍히 여기셔서 자기 목숨으로 그들의 죗값을 대신 갚아 주시려고 그 지극히 높은 하늘 보좌의 영광을 버리고 쓸모없게 변해 버린 인간 세상에 오셨고 마침내 십자가에서 돌아가시고 다시 일으켜지셨다. 이로써 연약하여 죄인 되고 급기야 원수까지 된 우리를 사면하시고 우리를 의롭다고 칭해 주심으로 아주 특별한 은혜의 의인으로 살게 하셨다.

그렇다고 해서 더욱 큰 은혜를 받기 위해 죄인 되고 원수 되었던 지난날의 논리를 유지해야 하는 것이 맞는가?

이 질문으로 그 시한폭탄을 해체하는 작업을 서두르며 내놓은 사도 바울의 대답은 '절대로 그렇게 되지 않기를 바랍니다(μὴ γένοιτο-메 게노이토).'라는 간절한 소원이다.

6:2	μὴ γένοιτο. οἵτινες ἀπεθάνομεν τῇ ἁμαρτίᾳ, πῶς ἔτι ζήσομεν ἐν αὐτῇ;	절대로 그렇게 되지 않기를 바랍니다. 우리가 그 죄에 대하여 죽은 자들인데, 어떻게 그 안에 그대로 살겠습니까?

은혜의 실상

이 구문(μὴ γένοιτο-메 게노이토)은 로마서에서만 총11회(롬3:4,6,31, 6:2,15, 7:7,13, 9:14, 11:1,11, 12:16) 집중적으로 나타나는 사도 바울의 특화된 구문이라는 측면에서 그 비상함을 간과하지 않아야 한다.

그것(사도 바울의 간절한 소원)은 '그 죄에 대하여 죽은 우리가 어떻게 그 안에 그대로 살겠습니까?'라고 하나님께서 베풀어 주시는 은혜에 관한 몰이해의 정곡을 찌르는 송곳 질문을 함으로써 다시금 하나님의 은혜를 일깨운다.

하나님의 은혜란 그 죄와의 관계에서 우리가 죽음으로써 그 죄와 결별하게 되는 것이라는 일깨움을 겨냥한다. 그리스도 예수님과의 연합한 죽음만이 그 죄의 영향력으로부터 완전히 벗어나 자유로워지는 것, 그것이 하나님께서 우리에게 베풀어 주시는 은혜의 실상이다.

6:3	ἢ ἀγνοεῖτε ὅτι, ὅσοι ἐβαπτίσθημεν εἰς Χριστὸν Ἰησοῦν, εἰς τὸν θάνατον αὐτοῦ ἐβαπτίσθημεν;	혹시 우리 중 누가 되었든지 그리스도 예수와 연합하여 세례를 받았다면, 그분의 돌아가심과 연합하여 세례도 받은 것임을 여러분이 모르는 것은 아닙니까?[※]

예수님께서 직접 예고하신 세례
'그리스도 예수와 연합한 세례'에 대해서는 예수님의 지상 사역 때 이미 세례자 요한이 예고했던 예수님께서 차후에 베풀어 주실 성령 세례를 말한다(막1:8, 마3:11, 눅3:11). 그때 예수님을 물로 세례를 주고 있었던 세례자 요한의 영적인 눈에 그분은 자기가 감당할 수 없는 높은 신분, 세상 죄를 지고 가시는 지극히 높으신 하나님의 아들로 포착되었다(요3:26-27). 세례자 요한이 물로 세례를 주는 것은 예수님이 성령으로 세례를 주시는 하나님의 아들이시라는 사실을 이스라엘 사람들에게 나타내기 위함이었다(요1:31). 예수님께서는 거듭남의 진리를 말씀하시면서 그 진리가 물과 성령으로 세례를 받을 때 일어나는 일이라고 말씀하신 후 자연스럽게 물로 세례를 주는 일은 예수님의 제자들에게 옮겨졌다(3:22-4:2).

이런 가운데 예수님의 사역은 십자가의 돌아가심과 무덤으로부터 일으켜지심을 향하여 진행하고 있었다. 그 사역을 마칠 무렵 예수님께서는 제자들에게 자기가 예루살렘에 올라가 대제사장들과 율법 학자들에게 넘겨지면 그들은 자기를 죽이기로 작정하고 이방인들의 손으로 그 뜻한 바를 이룰 것이라고 말씀하시면서 수난의 절정인 십자가에 돌아가심과 일으켜지심이 하나님께 받는 세례임을 밝히셨다(막10:38). 이 세례가 바로 장차 우리가 믿음으로 그리스도와 연합하여 받을 성령 세례임을 예수님께서 직접 예고하신 것이다(막10:39).

수동적 위치
이 세례는 예수님께서 지상 사역을 마치신 후 그리스도와 주님이 되신 후 그리스도의 주님 되심과 주님의 주님 되심을 드러내는 유일한 수단이다. 그리고 그 수단을 근거로 삼아 인간을 영원한 생명에 들어가게 하신다. 그런 의미에서 이 세례는 우리가 현실 교회에서 임직자에게 받는 세례와는 전혀 다른 것이다.

따라서 본문에서 말하는 '그리스도 예수와 연합하여 세례를 받았다면, 그분의 돌아가심과 연합하여 세례도 받은 것임'이란 '그리스도 예수'라는 호칭에서 읽을 수 있듯이 지상 사역을 마친 예수님의 구속을 적용하시는 영원한 그리스도의 직임을 강조하여 성령 안에서 믿음으로 받는 성령 세례를 가리키는 것이다. 주님 되신 예수님께서 주님 되심을 나타내시는 주님만의 유일한 전능성과 영원성이 발휘되는 절대 권한 영역에 속한 일이기에 이 일에 인간은 수동적인 위치에 있을 뿐이다.

다만 인간은 이 세상에 주 예수 그리스도를 통해 믿음이 온 후 하나님의 은혜로 그 주님의 이름을 믿을 때 받게 되는 성령을 통해서 예수님의 돌아가심과 일으켜지심이 갖는 구속의 원리를 경험적으로 깨닫게 된다.

그런 의미에서 그 세례의 의미와 그 구속의 과정이 설명된다.

6:4	συνετάφημεν οὖν αὐτῷ διὰ τοῦ βαπτίσματος εἰς τὸν θάνατον, ἵνα ὥσπερ ἠγέρθη Χριστὸς ἐκ νεκρῶν διὰ τῆς δόξης τοῦ πατρός, οὕτως καὶ ἡμεῖς ἐν καινότητι ζωῆς περιπατήσωμεν.	그런즉 우리가 그 세례를 통해 그분의 돌아가심에 이르렀고† 함께 묻히기까지 했습니다. 이는 그리스도께서 그 아버지의 그 영광을 통해 죽은 자들로부터 일으켜지신 것같이 우리도 새 생명 안에서 걸어가게 하려는 것입니다.
6:5	εἰ γὰρ σύμφυτοι γεγόναμεν τῷ ὁμοιώματι τοῦ θανάτου αὐτοῦ, ἀλλὰ καὶ τῆς ἀναστάσεως ἐσόμεθα·	왜냐하면 우리가 그분의 돌아가심과 같은 죽음에* 결합한 사람들이 되었다면 분명히 그분의 부활하심과 같은 부활에도 결합해 있을 것이기 때문입니다.

사건과 상태 사이

그리스도 예수와 연합한 성령 세례에 대한 논리는 매우 간결 명료하다. 먼저 예수님의 지상 사역의 십자가 수난 사건들을 몸소 체험하게 하여 흔적을 가지게 한다. 그것은 자신의 장례식을 치르는 과정에 대한 체험으로 역사상 예수님과 함께 무덤 속에 안치되었다고 하는 예수님의 죽음에 자신을 동일시하여 예수님 지상 사역의 역사적 의미를 인식한다.

그리고 그것은 자연스럽게 사건과 상태 사이의 유사성을 나타내기 위한 조건절을 이끄는(marker of similarity between events and states) 헬라어 호스페르(ὥσπερ, just as)와 앞선 내용과 동일한 방식으로 이루어질 일을 나타내기 위한 귀결절을 이끄는 후토스(οὕτως-후토스) 구문으로 그리스도의 일으켜지심에 관한 의미로 나아간다.

여기에서 놓치지 말아야 할 것은 그리스도의 일으켜지심에 연합한 우리의 일으켜짐에는 현재와 미래의 간격이 실재한다는 사실이다. 그리스도의 일으켜지심은 현재 우리의 영적 의식을 깨움으로써 죽은 우리 영의 구속을 통해 살아난 영적 삶은 미래 몸의 구속을 소망하며 살게 한다는 말이다(롬8:23).

은혜를 확인할 수 있는 근거

따라서 그것은 현재의 영적 삶에 강조점이 있다. 그리스도 예수 안에 있는 우리의 영적인 구속의 은혜는 육신이 연약하여 죄인이 되고, 급기야 원수가 되었던 우리가 믿음으로 의롭다고 하심을 입고 새로운 삶을 사는 것이다.

죽었던 영이 살아났다는 말은 하나님의 관점에서 의롭다고 하시는 것에 대한 감각이 생겼다는 것이다. 이것을 새 생명이라고 하는데, 이것을 통해 비로소 이 땅에 그리스도께 속한 새 생명으로 걸어가는 자들이 일어났다.

그런 자들이 그리스도 예수 안에 있는 몸의 구속을 소망하며 사는 현재의 삶이 바로 그리스도와 연합해 이루어지는 일으켜지심의 국면이 가지는 지상에서의 은혜를 확인할 수 있는 근거이다.

사도 바울은 그 삶의 특징을 다음과 같이 밝힌다.

6:6	-τοῦτο γινώσκοντες ὅτι ὁ παλαιὸς ἡμῶν ἄνθρωπος συνεσταυρώθη, ἵνα καταργηθῇ τὸ σῶμα τῆς ἁμαρτίας, τοῦ μηκέτι δουλεύειν ἡμᾶς τῇ ἁμαρτίᾳ·	-우리는 이것을 압니다. 우리의 옛사람이 그분과 함께 십자가에 못 박힌 것은, 그 죄의 그 몸을 쓸모없게 만들어 더 이상 그 죄에게 종노릇하지 못하게 하려는 것입니다.
6:7	ὁ γὰρ ἀποθανὼν δεδικαίωται ἀπὸ τῆς ἁμαρτίας.	왜냐하면 그 죽은 사람이 그 죄로부터 해방되어 의로운 상태에 있기 때문입니다.
6:8	εἰ δὲ ἀπεθάνομεν σὺν Χριστῷ, πιστεύομεν ὅτι καὶ συζήσομεν αὐτῷ,	그러나 만일 우리가 그리스도와 함께 죽었다면, 우리 또한 그분과 함께 살 것이라고 믿습니다.
6:9	εἰδότες ὅτι Χριστὸς ἐγερθεὶς ἐκ νεκρῶν οὐκέτι ἀποθνῄσκει, θάνατος αὐτοῦ οὐκέτι κυριεύει.	우리가 아는 것은, 그리스도께서 죽은 자들로부터 일으켜지셨으므로 그분은 더 이상 돌아가시지 않으며, 죽음이 더 이상 그분을 주관하지 못한다는 사실입니다.
6:10	ὃ γὰρ ἀπέθανεν, τῇ ἁμαρτίᾳ ἀπέθανεν ἐφάπαξ· ὃ δὲ ζῇ, ζῇ τῷ θεῷ.	왜냐하면 그분이 돌아가신 것은 단 한 번* 그 죄와의 관계에서 돌아가신 것이나, 그분께서 사시는 것은 그 하나님과의 관계에서 사시는 것이기 때문입니다.

| 6:11 | οὕτως καὶ ὑμεῖς λογίζεσθε ἑαυτοὺς [εἶναι] νεκροὺς μὲν τῇ ἁμαρτίᾳ ζῶντας δὲ τῷ θεῷ ἐν Χριστῷ Ἰησοῦ. | 이처럼 여러분도 그리스도 예수 안에서 자기 자신을 실로 그 죄와의 관계에서 죽은 자들[로]* 여기고, 그 하나님과의 관계에서 살아 있는 자들로 여기십시오. |

첫 번째 국면

그리스도와 연합하여 세례를 받음으로써 새롭게 시작되는 삶의 특징은 롬5:1에서 말하는 의롭다고 하심을 받은 상태에서 이루어진다는 것이다. 그것은 그리스도 예수와 연합한 세례가 그리스도의 돌아가심과 일으켜지심과의 연합이기에 일단 먼저 그 돌아가심의 국면에서 옛사람의 삶에 동력이 되었던 그 죄와의 관계를 끊어 내는 것이 명확해야 하고, 그다음 두 번째 국면인 그 일으켜지심으로 주어진 새 삶의 특징인 하나님과의 내밀한 관계를 명확하게 하는 것이 제일 중요하다.

그 첫 번째 국면인 그리스도의 돌아가심과 연합해서 일어나는 일은 그 죄와의 관계를 이어 주는 고리의 역할을 했던 옛사람, 그러니까 육신적인 성향의 속사람이 죽는 일이다. 이는 그 죄가 그동안 지배해 왔던 몸을 더 이상 지배할 수 없게 그 연결고리를 끊어 내기 위한 하나님의 지혜와 능력이다.

여기서 중요한 것은 그 돌아가심과의 연합이 분명하냐는 것이다. 왜냐하면 사도 바울의 논리대로 그 옛사람, 곧 영적으로 죽은 사람이 죽지 않고서는 그 죄와의 관계를 청산할 방법이 없고, 그 죄와 관계를 그대로 두고 있는 한 의인이라는 완전한 상태에 이르거나 그 완전한 상태를 규정할 수 없기 때문이다.

따라서 그리스도와 연합한 세례의 첫 번째 국면에서 연합의 중요성은 강조될 수밖에 없다.

위에서 잠시 필자가 언급했지만, 이 세례가 주 예수 그리스도께서 주도권을 가지고 베풀어 주시는 성령 세례이기에 인간은 절대적으로 수동적인 위치에서 은혜로 믿음을 얻고 그 믿음으로 그 은혜의 보좌로 나아가는 방법 외에는 또 다른 길이 없다. 오직 성령 안에서 믿음으로 그 돌아가심에 연합하여 죽은 자만이 하나님과 새로운 관계를 시작할 수 있는 자격 조건이 갖추어지는 것이다.

6:6	-τοῦτο γινώσκοντες ὅτι ὁ παλαιὸς ἡμῶν ἄνθρωπος συνεσταυρώθη, ἵνα καταργηθῇ τὸ σῶμα τῆς ἁμαρτίας, τοῦ μηκέτι δουλεύειν ἡμᾶς τῇ ἁμαρτίᾳ·	-우리는 이것을 압니다. 우리의 옛사람이 그분과 함께 십자가에 못 박힌 것은, 그 죄의 그 몸을 쓸모없게 만들어 더 이상 그 죄에게 종노릇하지 못하게 하려는 것입니다.
6:7	ὁ γὰρ ἀποθανὼν δεδικαίωται ἀπὸ τῆς ἁμαρτίας.	왜냐하면 죽은 사람이 그 죄로부터 해방되어 의로운 상태에 있기 때문입니다.

두 번째 국면

그렇게 성령을 통해 믿음으로 우리가 그리스도의 돌아가심과 연합이 분명하다면, 그리스도와 함께 일으켜짐도 마땅히 그 연합에 의해 함께 일으켜진다는 무너질 수 없는 영원한 도성과 같은 견고한 논리는 굳이 말하지 않아도 되는 논리이다.

하지만 두 번째 국면에서 중요한 것은 앞에서도 말했지만, 이 구속의 논리 속에 현재와 미래의 시간을 통해 구속이 완성되어야 하는 간격이 존재한다는 사실을 이해하는 것이 중요하다.

따라서 거기에는 우리와 함께 일으켜진 그리스도께서 주인으로서 그 완성까지 주님 되심을 실현해 가시는 일이 있을 수밖에 없다. 그리스도의 주님 되심의 특성이 강조된다는 말이다.

이는 우리가 한 율법(그리스도 예수의 말씀과 행위로서의 존재적 율법, 곧 그 예수님에 의해 강화된 율법)이 없던 시절 연약해 죄인으로 살아갈 때 모든 사람이 죄와 사망의 지배 아래 있었던 것과는 다르게, 그 한 율법이 오자 모세의 율법을 아는 자들이 더 큰 죄를 저질러 하나님과 원수가 될 정도로 특화된 죄와 사망의 일꾼들로 활동하게 하는 만큼 죄와 사망의 지배력이 강화된 이 세상에서 그리스도의 주님 되심의 권세가 그것과 비교가 안 될 정도로 월등한 것임을 강조하는 것이다.

그리고 그것은 이 두 번째 국면에 완전히 연합되어 실제로 새로운 삶을 시작하는 이들에게 베풀어지는 특화된 삶의 방법과 원리로 첫 번째 국면에 완전히 연합되어 만들어진 상태에서 완전함을 이루도록 공급되는 차원의 지혜와 능력으로 이 세상에 군림하는 죄와 사망의 지혜와 능력이 범접할 수 없는 것이다.

이처럼 그리스도 예수와 연합한 세례, 곧 그리스도 예수님의 말씀 안에서 성령으로 그 말씀과 연합함으로써 베풀어지는 세례를 통해 이루어지는 두 국면의 특성을 이해하는 관점에서 다음 본문의 의미는 설명이 필요하지 않을 만큼 명확하다.

6:8	εἰ δὲ ἀπεθάνομεν σὺν Χριστῷ, πιστεύομεν ὅτι καὶ συζήσομεν αὐτῷ,	그러나 만일 우리가 그리스도와 함께 죽었다면, 우리 또한 그분과 함께 살 것이라고 믿습니다.
6:9	εἰδότες ὅτι Χριστὸς ἐγερθεὶς ἐκ νεκρῶν οὐκέτι ἀποθνήσκει, θάνατος αὐτοῦ οὐκέτι κυριεύει.	우리가 아는 것은, 그리스도께서 죽은 자들로부터 일으켜지셨으므로 그분은 더 이상 돌아가시지 않으며, 죽음이 더 이상 그분을 주관하지 못한다는 사실입니다.
6:10	ὃ γὰρ ἀπέθανεν, τῇ ἁμαρτίᾳ ἀπέθανεν ἐφάπαξ· ὃ δὲ ζῇ, ζῇ τῷ θεῷ.	왜냐하면 그분이 돌아가신 것은 단 한 번* 그 죄와의 관계에서 돌아가신 것이나, 그분께서 사시는 것은 그 하나님과의 관계에서 사시는 것이기 때문입니다.
6:11	οὕτως καὶ ὑμεῖς λογίζεσθε ἑαυτοὺς [εἶναι] νεκροὺς μὲν τῇ ἁμαρτίᾳ ζῶντας δὲ τῷ θεῷ ἐν Χριστῷ Ἰησοῦ.	이처럼 여러분도 그리스도 예수 안에서 자기 자신을 실로 그 죄와의 관계에서 죽은 자들[로]* 여기고, 그 하나님과의 관계에서 살아 있는 자들로 여기십시오.

짚고 넘어가야 할 부분

이쯤에서 한 가지 분명히 하고 넘어가야 할 게 있다. 그것은 믿음으로 의롭다고 하심을 받은 신분의 상태와 그리스도 예수와 연합한 세례에 의해 드러난 그 죄에 대해 죽은 상태 사이에 실제로 우리가 인식할 수 없었던 역사상 시간의 간격이 존재한다는 사실이다. 이 간격은 유대민족(이스라엘)의 조상인 아브라함으로부터 그리고 인류의 조상인 아담으로부터 예수 그리스도까지의 엄청난 시간을 말하며, 그것은 심리적이든 영적이든 어떤 식으로든 매우 많은 분량의 이야기가 인간 속에 내재한다는 것을 가리킨다. 그리고 그 간격의 핵심은 내적인, 그러니까 인간의 영적인 수준과 상태로 자리한다.

율법이 없는 시대

먼저 한 율법(그리스도 예수의 말씀과 행위로서의 존재적 율법, 곧 그 예수님에 의해 강화된 율법)

이 없던 시절 믿음의 조상인 아브라함의 경우를 보면, 그가 조카 롯과 함께 약속의 땅 가나안에 정착하려고 할 때 재물과 소유가 많아져 종들 사이에 우물을 놓고 다툼이 일어나자 아브라함이 조카 롯에게 내놓은 해결책은 '네가 우하면 나는 좌하고 네가 좌하면 우하겠다는 식'으로 롯에게 마음에 드는 곳을 먼저 선택해 살도록 우선권을 주는 수준이었다. 쉽지 않은 마음가짐이다.

롯은 그 우선권을 행사해 소돔과 고모라 성 근처에 장막을 치고 믿음의 삶을 시작했다. 요즘 말하면 잘나가는 도시에 개척교회를 시작한 것이다. 롯은 자기 위상을 높이려는 욕망에 사로잡힌 자들의 힘겨루기인 가나안 연합전쟁에 휩쓸려 전쟁 포로가 될 줄은 꿈에도 상상할 수 없었다. 그 롯을 구해 돌아오는 길에 아브라함은 멜기세덱의 축복을 받은 후 전리품의 십일조를 드렸다.

그때 전쟁 포로만 돌려 주면 나머지 전리품은 아브라함 몫으로 주겠다는 소돔왕의 제안에 아브라함은 전쟁에 참여한 다른 부족의 몫을 챙겨 주는 것 외에 아무것도 차지하지 않겠다고 선언했다. 이유는 하나님이 아닌 소돔왕에 의해 부자가 되었다 말하지 못하게 하려는 것이었다. 참으로 괜찮은 수준의 마음가짐이다.

모세의 율법이 있는 시대
이제 훌쩍 뛰어 그 한 율법의 실체이신 예수님(창조로부터 시작된 구속을 이루시기 위해 세상을 융합하고 통합한 그리스도 예수님)께서 이 땅에 오신 때, 그러니까 모세의 율법을 가지고 있는 자들의 나라가 그리스-로마의 속국일 때 울려 퍼진 예수님의 말씀 속으로 달려가 보자.

마태복음 5장의 산상설교를 시작하시면서 성령의 사람, 그러니까 성령 세례를 받은 사람이 누리게 될 행복의 8가지 유형 마지막에 의로 인하여 핍박받는 자들이 행복한 이유는 천국이 그들의 것이기 때문이라고 하셨다(마5:1-10). 그다음 칭송이 아닌 핍박받는 의의 실체가 무엇인지를 정교하게 밝히신 후 천국에서의 큰 사람에 대해 말씀하셨다(마5:11-19). 그리고 나서 '내가 너희에게 말하노니, 너희의 의가 서기관들과 바리새인들의 의보다 뛰어나지 못하면 결코 천국에 들어가지 못할 것이다.'라고 의에 대한 수준을 월등히 높인 충격적인 말씀을 하신다.

모세의 율법과 선지자들의 글들이 말하는 모든 요구사항을 충족시키러 오신 예수님은 십자가의 돌아가심과 일으켜지심으로 마침내 그 모든 요구사항을 완전히 충족시키시고 그리스도와 주님이 되셔서 성령 세례를 베풀어 우리도 같은 삶을 살게 하신다는 말이다.

그러니 그 성령 세례를 받은 사람들이 하나님과의 관계에서 새로운 삶을 시작하는 자리와 상태가 어떠하며 그것이 겨냥하는 수준은 어떠한 것이겠는가?

두 시대를 종합한 판단

예수님께서는 이미 이 세상에 와 있는 천국에 들어갈 수 있는 사람들과 관련해 모세의 율법 아래 있는 그리스-로마 시대까지의 사람들의 상태와 수준에 대해 '내가 진실로 너희에게 말하노니 여자가 낳은 자 중에 세례자 요한보다 큰 이가 일어나지 않았다. 그러나 천국에서는 지극히 작은 자라도 그보다 크다.'라고 말씀하셨는데, 그 사실은 매우 충격적이다. 왜냐하면 실제로 믿음으로 의롭다고 하심을 입은 사람(롬4-5장)과 그리스도 예수와 연합한 세례를 받은 사람(롬6장) 사이의 간격을 인정하고 그 출발지점에서 생각해야 하는 의가 사람들에게 칭송받는 것이 아닌 박해받는 의로 나타난다는 점을 고려할 때 그리스도의 은혜로 새 삶을 시작하는 사람들의 상태와 수준이 어디에서부터 어디까지인지 또 그 간격에 내재하는 신비에 관한 일들이 이곳에서는 명확하게 그려지지 않기 때문이다(이 지점에 대한 명확한 설명은 로마서 7장에서 드러나게 될 것이다).

하지만 그것은 분명히 어느 지점, 그러니까 그리스도 예수와 연합한 세례를 받을 때부터는 천사들도 흠모할 만큼의 고상하고 아름다운 경지임을 예상할 수 있고(히1:4, 14), 그것은 그리스도께서 죽은 자들로부터 일으켜지셨으므로 그분이 더 이상 돌아가시지 않으며, 죽음이 더 이상 그분을 주관할 수 없기에 죽음에 종노릇하지 않는 새 생명을 일으키는 부활의 힘이 강력하게 역사하는 삶으로 나타난다(행2:24, 히2:15, 빌3:10-11). 왜냐하면 그분 곧 그리스도 예수님께서 돌아가신 것은 단번에(ἐφάπαξ-헤파팍스), 곧 한 번만 발생하고 더 이상 발생하지 않는 사건(taking place once and to the exclusion of any further occurrence)으로 그 죄와의 관계에서 돌아가신 것이지만, 그분께서 사시는 것은 그 하나님과의 관계에서 영원히 사시는 것이기 때문이다.

여기서 중요한 것은 그 예수님의 돌아가심과 일으켜지심에서 그 돌아가심의 국면은 죄와의 관계를 단절하는 일회적인 것이지만 그 일으켜지심의 국면은 실제로 일으켜질 때부터 죽음이 없는, 그리고 죽을 수도 없는 존재로 일으켜졌다는 항상적인 영원성을 드러내는 논리이다.

이는 '그리스도 예수님'이라는 호칭이 갖는 이름과 직임에 대한 복합적인 이해이다. 지상에서 한 사람 '예수'라는 이름을 통해서 일어나는 십자가의 사건은 분명히 단 한 번의 사건이지만, 그 사건 이후 그리스도와 주님이 되신 주 그리스도 예수님을 통해 그 구속이 완성되는 날까지 그 십자가의 사건은 영원토록 반복되는 성령 안에서 베풀어지는 은혜의 사건으로 우리에게 주어져 있다.

따라서 실제로 우리는 그리스도 예수 안에서 연합을 통해 그 죄와의 관계가 과거에 이미 청산된 홀가분한 상태로 현재 그 하나님과의 관계에서 부활의 동력으로 사는 것이 가능한 것이다.

은혜 아래 산다는 것

이런 맥락에서 다음 텍스트를 보라. 그러면 하나님의 은혜 아래 산다는 것이 무엇인지 명확하게 알되, 특히 그리스도와 연합해 세례를 받은 자들이 마지막 미래의 영광스러운 구속을 소망하며 현재의 삶에서 무엇에 몰입하게 되며 어떤 자세를 취하게 되는지를 알게 될 것이다.

6:12	Μὴ οὖν βασιλευέτω ἡ ἁμαρτία ἐν τῷ θνητῷ ὑμῶν σώματι εἰς τὸ ὑπακούειν ταῖς ἐπιθυμίαις αὐτοῦ,	그런즉 그 죄가 여러분의 죽을 몸 안에서 왕 노릇 하지 못하게 하십시오. 그 죄가 그 죽을 몸 안에서 자기의 여러 가지 욕망을 따라 청종케 하려고 합니다.
6:13	μηδὲ παριστάνετε τὰ μέλη ὑμῶν ὅπλα ἀδικίας τῇ ἁμαρτίᾳ, ἀλλὰ παραστήσατε ἑαυτοὺς τῷ θεῷ ὡσεὶ ἐκ νεκρῶν ζῶντας καὶ τὰ μέλη ὑμῶν ὅπλα δικαιοσύνης τῷ θεῷ.	절대로 여러분은 그 죄에게 여러분의 지체를 불의의 무기로 내어주지 말고, 오히려 자기 자신을 그 하나님께 드리되, 죽은 자들로부터 살아난 자들처럼 여러분의 지체도 의의 무기로 그 하나님께 드리십시오.

6:14	ἁμαρτία γὰρ ὑμῶν οὐ κυριεύσει· οὐ γάρ ἐστε ὑπὸ νόμον ἀλλ' ὑπὸ χάριν.	참으로 죄가 여러분을 주관하지 못할 것입니다. 왜냐하면 여러분이 율법 아래 있는 것이 아니라 은혜 아래 있기 때문입니다.

그 죄의 영리함

성령 세례의 핵심은 마지막 몸의 구속, 곧 영생하는 몸을 얻어 하나님의 양자로 세우심을 입는 날까지 우리들의 죽을 몸 안에서 왕 노릇 하기를 포기하지 않는 그 죄의 세력을 처단하는 것이다(요일3:8). 왜냐하면 그 죄의 지배 아래 있던 죽을 몸은 흙으로 돌아갈 흙의 몸으로서(창3:19) 연약하여 늙고 병들어 죽어 마침내 흙으로 돌아갈 수밖에 없는 가련하고 불쌍한 것이지만 그 죄가 그 죽을 몸을 지배하는 자리에 있게 되면 그 약한 몸은 가공할 만한 무서운 무기로 둔갑하기 때문이다.

문제는 그 죄가 한 율법(그리스도 예수님의 존재적 율법)이 없던 시절에도 인류를 사망의 공포 속에 살게 만들어 남녀노소 할 것 없이 육체를 가진 모든 존재가 죽기를 무서워하며 그 죄에 종노릇하며 살게 했지만(히2:15), 그 한 율법이 세상에 들어오자 그 죄는 더욱 활개를 치며 죄를 한 차원 더 업그레이드했다는 사실에 있다. 그 죄의 영리함이란 모든 인간을 하나님의 원수로 살게 할 수 있을 만큼 지혜로운 것이었다는 말이다.

하나님의 되치기

이 두 시대의 특징은 매우 큰 차이가 있는데, 전자는 매우 평범한 죄를 짓고 사는 시대였다면 후자는 아주 심각하고 끔찍한 죄를 짓고 사는 시대라는 것이다. 이 시대들에서 더욱 깜짝 놀라게 하는 것은 이 세상을 다스리는 권세를 가진 자들이 그 한 율법이 없던 시절에는 그나마 죄를 죄로 여기지 않을 정도의 죄를 짓는 수준이었지만 그 한 율법이 있는 시대에서는 드러내 놓고 그 한 율법까지도 이용해 끔찍한 죄를 합법적으로 짓는 일을 추진할 정도의 죄짓기를 권장하는 수준으로 둔갑을 거듭한다는 것이다.

이는 그 한 율법이 없던 시절인 노아의 시대에 홍수의 심판과 아브라함의 조카 롯의 시대에 소돔과 고모라에 내렸던 유황불 심판과 같은 지역적인 심판에 비추어 볼 때 그 한 율법이 온 후 인류의 범죄에 대한 하나님의 심판은 불가피한 우주적인 불 심판으로서 인간으로서는 도저히 상상할 수 없는 차원의 심판을 예상하게 한다.

거기에 인간을 향한 우리 주님 예수 그리스도를 통해 베풀어지는 하나님의 사랑이 있다. 그것이 모든 인간을 하나님의 원수로 살게 할 만큼 지혜로운 그 죄의 영악함을 되치기하여 그 죄를 모든 죄의 원흉으로 낙인찍어 만인이 보고 알게 함으로써 마지막 있을 하나님의 심판과 진노의 두려움에서 벗어나 하나님을 기쁘시게 하는 박해받는 의로운 삶으로 나아가게 하는 것이다.

그것이 바로 그리스도 예수 안에서 베풀어지는 하나님의 은혜이고 우리는 우리 주님 예수 그리스도 덕분에 그 은혜 아래 사는 축복을 누리는 것이다.

이런 시각에서 다음 본문을 보라. 그러면 무엇이 중한지를 알게 될 것이다.

6:15	—Τί οὖν; ἁμαρτήσωμεν, ὅτι οὐκ ἐσμὲν ὑπὸ νόμον ἀλλ' ὑπὸ χάριν; μὴ γένοιτο.	----그런즉 우리가 뭐라고 말해야 합니까? '이제 우리가 율법 아래 있는 것이 아니라 은혜 아래 있으니 죄를 저질러 보자.'라고 하렵니까? 절대로 그렇게 되지 않기를 바랍니다.
6:16	οὐκ οἴδατε ὅτι ᾧ παριστάνετε ἑαυτοὺς δούλους εἰς ὑπακοήν, δοῦλοί ἐστε ᾧ ὑπακούετε, ἤτοι ἁμαρτίας εἰς θάνατον ἢ ὑπακοῆς εἰς δικαιοσύνην;	여러분이 누군가에게 청종하여 자기 자신을 종으로 내어준다면, 청종하는 그에게 종입니다. 죄의 종으로 죽음에 이른다든지, 혹은 청종의 종으로 의(義)에 이른다는 사실을 여러분은 알지 못합니까?
6:17	χάρις δὲ τῷ θεῷ ὅτι ἦτε δοῦλοι τῆς ἁμαρτίας ὑπηκούσατε δὲ ἐκ καρδίας εἰς ὃν παρεδόθητε τύπον διδαχῆς,	다행히도 은혜를 베풀어 주신 그 하나님께 감사드립니다. 왜냐하면 그동안 여러분이 그 죄의 종이었지만 전해 받은 가르침의 모본을 마음으로 청종하여,
6:18	ἐλευθερωθέντες δὲ ἀπὸ τῆς ἁμαρτίας ἐδουλώθητε τῇ δικαιοσύνῃ.	그 죄로부터 풀려나 자유를 얻어 그 의(義)에게 종이 되게 해 주셨기 때문입니다.

영적인 들음과 깨달음의 문제

'이제 우리가 율법 아래 있는 것이 아니라 은혜 아래 있으니 죄를 저질러 보자.'라는 발상 자체가 얼마나 교활하기 짝이 없는 사악한 의도에서 나온 말인지 명확해졌다. 그 말이 나오게 된 실체적 진실을 규명하기 위해 그 경로를 추적하다 보면 만나게 되는 것은 영적 존재와의 관계에서 영적인 들음과 깨달음의 문제임을 알게 되는데, 그 깨달음은 그 깨달음을 준 영적 존재의 종이 되어 활동하는 데로 나아간다.

에덴동산에서 아담과 하와의 타락에서 보듯이 하나님의 말씀을 놓고 그 말씀의 진정한 의미를 알아 순종하는 자리에 이르러야 할 아담과 하와에게 뱀(사탄과 마귀의 중간 매개인인 거짓 선지자와 교사 등)이 접근해 그 말씀의 진의를 왜곡하여 범하는 자리에 이르게 만드는 것과 같이 기록된 하나님의 말씀을 잘못 가르쳐 하나님의 뜻을 어기게 만드는 일이 일어난다.

여기서 중요한 것은 일차적으로 기록된 하나님의 말씀을 어떻게 듣고 깨닫느냐는 것이다. 예수님께서도 '너희가 어떻게 듣는지 스스로 삼가라 누구든지 (들을 귀) 있는 자는 받겠고 없는 자는 그 있는 줄로 아는 것까지 빼앗길 것이다.'라고 말씀하심으로써 그러한 사실을 명확하게 지적하셨다(눅8:18, 마13:9-12, 막4:9-25).

또한 이런 사실을 지적하시기 전 예수님은 천국 사역을 시작하기에 앞서 사탄에게 시험받는 과정에서 기록된 하나님의 말씀을 놓고 예수님의 사역을 좌초시키려는 사탄의 의도가 부정한 것임을 드러내셨다(마4:1-11).

> *9 "귀를 가진 자는 들으라."*
> *10 그 제자들이 나와 그분에게 말했습니다. "무엇 때문에 당신께서는 그들에게 비유로 말씀하십니까?"*
> *11 그분께서 그들에게 대답하여 말씀하셨습니다. "이는 그 하늘들의 그 나라 (그 천국)의 그 비밀들을 아는 것이 너희에게는 주어졌으나 저들에게는 주어지지 않았기 때문이다.*
> *12 참으로 누구든지 (들을 귀를) 가진 사람에게 더 넘치게 주어질 것이고 (들을 귀를) 가지지 못한 사람은 가진 것도 빼앗길 것이다.*
> *13 이 때문에 내가 비유로 그들에게 말하니 참으로 그들이 보아도 보지 못하며 들어도 듣지 못하고 깨닫지 못한다.*

14그리하여 '너희가 듣기는 들어도 깨닫지 못하고 보기는 보아도 알지 못할 것이다. 15이는 이 백성의 마음이 둔해져서 그 귀들은 듣기 어렵고 그 눈들은 감긴 것이다. 그들은 눈이 보고 그들의 귀가 듣고 그들의 마음이 깨달아 그들이 돌아섰으면 내가 그들을 고쳤을 것이기 때문이다(사6:9-10).'라고 말한 이사야의 그 예언이 그들에게 이루어지는 것이다. 16그러나 너희는 행복하니 너희 눈은 볼 수 있고 너희 귀는 들을 수 있기 때문이다. 17아멘, 참으로 내가 너희에게 말한다. 많은 예언자와 의인이 너희가 보는 것을 보고 싶어 했으나 보지 못했고 너희가 듣는 것을 듣고 싶어 했으나 듣지 못했다.

9 ὁ ἔχων ὦτα ἀκουέτω. 10 Καὶ προσελθόντες οἱ μαθηταὶ εἶπαν αὐτῷ· διὰ τί ἐν παραβολαῖς λαλεῖς αὐτοῖς; 11 ὁ δὲ ἀποκριθεὶς εἶπεν αὐτοῖς· ὅτι ὑμῖν δέδοται γνῶναι τὰ μυστήρια τῆς βασιλείας τῶν οὐρανῶν, ἐκείνοις δὲ οὐ δέδοται. 12 ὅστις γὰρ ἔχει, δοθήσεται αὐτῷ καὶ περισσευθήσεται· ὅστις δὲ οὐκ ἔχει, καὶ ὃ ἔχει ἀρθήσεται ἀπ' αὐτοῦ. 13 διὰ τοῦτο ἐν παραβολαῖς αὐτοῖς λαλῶ, ὅτι βλέποντες οὐ βλέπουσιν καὶ ἀκούοντες οὐκ ἀκούουσιν οὐδὲ συνίουσιν, 14 καὶ ἀναπληροῦται αὐτοῖς ἡ προφητεία Ἠσαΐου ἡ λέγουσα· ἀκοῇ ἀκούσετε καὶ οὐ μὴ συνῆτε,* ο καὶ βλέποντες βλέψετε καὶ οὐ μὴ ἴδητε.* 15 ἐπαχύνθη γὰρ ἡ καρδία τοῦ λαοῦ τούτου, καὶ τοῖς ὠσὶν* βαρέως ἤκουσαν* καὶ τοὺς ὀφθαλμοὺς αὐτῶν ἐκάμμυσαν,* μήποτε ἴδωσιν τοῖς ὀφθαλμοῖς* καὶ τοῖς ὠσὶν ἀκούσωσιν* καὶ τῇ καρδίᾳ συνῶσιν* καὶ ἐπιστρέψωσιν καὶ ἰάσομαι αὐτούς.* 16 ὑμῶν δὲ μακάριοι οἱ ὀφθαλμοὶ ὅτι βλέπουσιν καὶ τὰ ὦτα ὑμῶν ὅτι ἀκούουσιν. 17 ἀμὴν γὰρ λέγω ὑμῖν ὅτι πολλοὶ προφῆται καὶ δίκαιοι ἐπεθύμησαν ἰδεῖν ἃ βλέπετε καὶ οὐκ εἶδαν, καὶ ἀκοῦσαι ἃ ἀκούετε καὶ οὐκ ἤκουσαν.

(NA28판, UBS5판 마13:9-17 필자 사역)

가르침의 모본

이는 첫 사람 아담의 시대로부터 우리 주님 예수 그리스도의 시대가 시작되기 직전까지 기록된 하나님 말씀의 진의를 제대로 가르치는 자가 없었는데, 우리 주님 예수 그리스도께서 기록된 하나님의 말씀을 제대로 듣고 깨달아 순종하여 그 말씀을 온전하게 성취하심으로 주님의 백성들이 듣고 깨달아 순종하게 하는 은혜의 길을 열어 놓으셨다는 것을 보여 준다.

그래서 사도 바울이 '다행히도 은혜를 베풀어 주신 그 하나님께 감사드립니다.

왜냐하면 그동안 여러분이 그 죄의 종이었지만 전해 받은 가르침의 모본을 마음으로 청종하여, 그 죄로부터 풀려나 자유를 얻어 그 의(義)에게 종이 되게 해 주셨기 때문입니다(롬6:17).'라고 말한 것이다.

그리고 그 의(義)가 바로 롬3:21에서 목소리를 높여 말했던 '율법과는 별개인 하나님의 한 의(χωρὶς νόμου δικαιοσύνη θεοῦ-코리스 노무 디카이오쉬네 데우)'이고, 롬1:16-17에서 밝힌 '하나님의 복음 안에 계시되고 있는 한 의(δικαιοσύνη θεοῦ ἐν αὐτῷ ἀποκαλύπτεται-디카이오쉬네 데우 엔 아우토 아포칼륖테타이)'이며, '가르침의 모본(τύπον διδαχῆς-튀폰 디다케스)'은 롬1:2-4에서 밝힌 하나님의 복음에 관한 규정이다.

1:2	ὃ προεπηγγείλατο διὰ τῶν προφητῶν αὐτοῦ ἐν γραφαῖς ἁγίαις	그 복음은 하나님께서 자신의 예언자들을 통해 거룩한 기록들로 미리 약속하신바
1:3	περὶ τοῦ υἱοῦ αὐτοῦ τοῦ γενομένου ἐκ σπέρματος Δαυὶδ κατὰ σάρκα,	그분의 아들에 관한 것으로서 육신을 따라서는 다윗의 씨로부터 되신 분이시며,※
1:4	τοῦ ὁρισθέντος υἱοῦ θεοῦ ἐν δυνάμει κατὰ πνεῦμα ἁγιωσύνης ἐξ ἀναστάσεως νεκρῶν, Ἰησοῦ Χριστοῦ τοῦ κυρίου ἡμῶν,	거룩하게 하시는 영을 따라서는 죽은 자들의 부활로부터※1 권능 있는 하나님의 아들로 인정되신 분,※2 그분이 바로 예수 그리스도 우리 주님이십니다.

이런 관점에서 로마서 6장의 마지막 남은 본문을 읽어 보라. 그러면 시한폭탄을 해체하는 방법인 그리스도 예수와 연합한 세례의 목적이 영원한 생명에 이르도록 하나님의 측량할 수 없는 지혜와 능력을 한량없이 베풀어 주시는 영적 사랑임을 밝히 알고 주님을 찬양하며 살게 될 것이다.

6:19	—Ἀνθρώπινον λέγω διὰ τὴν ἀσθένειαν τῆς σαρκὸς ὑμῶν. ὥσπερ γὰρ παρεστήσατε τὰ μέλη ὑμῶν δοῦλα τῇ ἀκαθαρσίᾳ καὶ τῇ ἀνομίᾳ εἰς τὴν ἀνομίαν, οὕτως νῦν παραστήσατε τὰ μέλη ὑμῶν δοῦλα τῇ δικαιοσύνῃ εἰς ἁγιασμόν.	---나는 여러분의 육신이 연약하므로† 사람의 일상적인 논리로 말합니다. 왜냐하면 여러분이 전에 여러분의 지체를 그 부정과 그 불법에① 종으로 내어주어 그 불법(반역)에② 봉사하게 된 것처럼, 같은 방식으로 지금 여러분의 지체를 그 의(義)에게 종으로 드려 거룩하게 하시는 일에 봉사해야 하기※ 때문입니다.

6:20	ὅτε γὰρ δοῦλοι ἦτε τῆς ἁμαρτίας, ἐλεύθεροι ἦτε τῇ δικαιοσύνῃ.	참으로 여러분이 그 죄의 종이었을 때는 그 의(義)와는 아무런 상관도 없는 사람들이었습니다.
6:21	τίνα οὖν καρπὸν εἴχετε τότε; ἐφ᾽ οἷς νῦν ἐπαισχύνεσθε, τὸ γὰρ τέλος ἐκείνων θάνατος.	그런즉 그때 여러분이 무슨 열매를 얻었습니까? 지금 여러분은 그런 일들을 부끄러워하고 있으니, 참으로 그런 일들의 그 끝은 죽음뿐이기 때문입니다.
6:22	νυνὶ δὲ ἐλευθερωθέντες ἀπὸ τῆς ἁμαρτίας δουλωθέντες δὲ τῷ θεῷ ἔχετε τὸν καρπὸν ὑμῶν εἰς ἁγιασμόν, τὸ δὲ τέλος ζωὴν αἰώνιον.	그러나 이제 여러분은 그 죄로부터 풀려나 자유로워졌으며 더구나 그 하나님께 종이 되어 거룩하게 하시는 일에 봉사하는* 그 열매를 여러분이 얻었으니, 분명히 그 마지막은 영원한 생명입니다.
6:23	τὰ γὰρ ὀψώνια τῆς ἁμαρτίας θάνατος, τὸ δὲ χάρισμα τοῦ θεοῦ ζωὴ αἰώνιος ἐν Χριστῷ Ἰησοῦ τῷ κυρίῳ ἡμῶν.	왜냐하면 그 죄의 그 보상들은* 죽음이지만, 그 하나님의 그 은사는 그리스도 예수 우리 주님 안에 있는 영원한 생명이기 때문입니다.

마지막 논리

마지막으로 사도 바울은 지금까지의 은혜 논리를 쉽게 알아들을 수 있도록 '사람들이 일상생활에서 자주 쓰는 대화의 기법을 접목해 말한다(Ἀνθρώπινον λέγω-안드로피논 레고).'라고 밝힌다. 왜냐하면 지금까지 펼쳐 온 그리스도 예수와 연합한 세례에서 그 돌아가심과 그 일으켜지심의 원리를 적용하는데 판단력이 부족하다고 느끼는 사람들에 대한 자기 확신의 결여 때문이다(διὰ τὴν ἀσθένειαν τῆς σαρκὸς ὑμῶν-디아 텐 아스데네이안 테스 사르코스 휘몬).

그것은 이미 롬6:6에서 사용한 헬라어 호스페르(ὥσπερ, just as) 후토스(οὕτως-후토스) 구문으로 이전에 자기 몸의 지체를 그 부정과 그 불법에 종으로 내어주어 그 반역에 봉사하게 된 것과 같은 방식으로 지금 자기 몸의 지체를 그 의(義)에게 종으로 드려 거룩하게 하시는 일에 봉사해야 한다는 사실을 밝히는 비교적 단순한 논리이다.

효과 만점인 비교 논리

이는 이전에 자기 몸의 지체를 그 부정과 그 불법에 종으로 내어주어 그 반역에 참여해 봉사할 때 그 봉사가 친밀한 관계와 연합으로 이루어졌던 것처럼, 같은 방식으로 지금 자기 몸의 지체를 그 의(義)에게 종으로 드려 거룩하게 하시는 일에 봉사하게 하는 일이 현재의 율법, 그러니까 그리스도 예수 안에서 융합과 통합된 관점에서의 보편적 율법으로서 한 율법과는 별개인 하나님의 한 의와의 새로운 관계의 친밀성과 연합성이 충만한 그리스도의 법(율법)을 강조하기 위한 것이다.

이는 또 역으로 과거 자기 몸의 지체를 그 부정과 그 불법에 종으로 내어주어 그 반역에 참여해 봉사할 때 그 한 율법과는 별개인 하나님의 한 의와 아무런 관계도 없었다는 측면을 상기시키는 효과를 얻을 수 있다.

한마디로 과거 애인과의 연합성과 친밀성을 근거로 현재 애인과의 연합성과 친밀성을 강조함으로써 자연스럽게 두 관계의 과정을 자세히 들여다보게 하는 데 효과 만점인 비교 논리다.

6:19	—Ἀνθρώπινον λέγω διὰ τὴν ἀσθένειαν τῆς σαρκὸς ὑμῶν. ὥσπερ γὰρ παρεστήσατε τὰ μέλη ὑμῶν δοῦλα τῇ ἀκαθαρσίᾳ καὶ τῇ ἀνομίᾳ εἰς τὴν ἀνομίαν, οὕτως νῦν παραστήσατε τὰ μέλη ὑμῶν δοῦλα τῇ δικαιοσύνῃ εἰς ἁγιασμόν.	---나는 여러분의 육신이 연약하므로† 사람의 일상적인 논리로 말합니다. 왜냐하면 여러분이 전에 여러분의 지체를 그 부정과 그 불법에 종으로 내어주어 그 불법(반역)에 봉사하게 된 것처럼, 같은 방식으로 지금 여러분의 지체를 그 의(義)에게 종으로 드려 거룩하게 하시는 일에 봉사해야 하기* 때문입니다.
6:20	ὅτε γὰρ δοῦλοι ἦτε τῆς ἁμαρτίας, ἐλεύθεροι ἦτε τῇ δικαιοσύνῃ.	참으로 여러분이 그 죄의 종이었을 때는 그 의(義)와는 아무런 상관도 없는 사람들이었습니다.

동력 차단

이 비교 논리로 사도 바울은 일단 과거 애인과의 관계에서 연합을 이루어 친밀했던 추억을 연상시키는 데 성공했다. 드디어 시한폭탄이 설치되어 있는 장소에 접근해 주변을 살피고 그 폭탄이 어디에서 어떻게 어떤 목적으로 만들어진 것인지를 파악하는 세심한 작업을 수행하는 데 이른 것이다.

이제 그 해체에 성공하기 위해서는 그 폭탄의 구조와 원리를 파악하는 게 급선무다. 왜냐하면 그 동력을 차단하려면 타임머신의 작동을 멈추게 할 연결선을 끊어 내야 하기 때문이다.

연결선

그 연결선은 과거 애인과의 친밀한 관계를 이어 주는 끈끈한 정이다. 사도 바울은 '그런즉 그때 여러분이 무슨 열매를 얻었습니까(τίνα οὖν καρπὸν εἴχετε τότε-티나 운 카르폰 에이케테 토테)?'라고 질문함으로써 그 정으로 이루어진 지난날의 추억을 더듬어 여행을 떠나게 만든다. 농부가 유실수를 심고 좋은 열매를 얻기 위해서 긴긴 세월을 공들여 얻은 열매를 보듯 지난날 애인과의 관계에서 얻은 열매가 무엇인지 보게 하려는 것이다.

그리고 그것은 지난날 애인과의 관계에서 즐겁고 행복해하며 자랑스러워했던 모든 일들이 현재 새로운 애인과의 관계를 놓고 볼 때 얼마나 낯 뜨겁게 만드는 부끄러운 일인지를 확인시켜 그 끝이 모든 걸 허무하게 만들어 버리는 죽음뿐이라는 결론에 이르게 만든다.

그 연결선을 신속하게 그리고 완전히 끊어 내야만 하는 이유이다.

| 6:21 | τίνα οὖν καρπὸν εἴχετε τότε; ἐφ' οἷς νῦν ἐπαισχύνεσθε, τὸ γὰρ τέλος ἐκείνων θάνατος. | 그런즉 그때 여러분이 무슨 열매를 얻었습니까? 지금 여러분은 그런 일들을 부끄러워하고 있으니, 참으로 그런 일들의 그 끝은 죽음뿐이기 때문입니다. |

여기서 잠깐!

지금 이 대목에서 사도 바울이 말하고자 하는 것은, 모세의 율법이 없던 시절 출애굽 한 이스라엘 백성들이 직면한 현실의 힘겨움, 그러니까 뒤에서는 애굽의 군사들이 진격해 오는 두려움과 앞은 끝없이 펼쳐진 사막의 막막함에 주저앉아 애굽에서 고기를 먹고 살던 때로 돌아가고자 했던 부끄러움이 예시하고 있었던 부끄러움이다.

그것은 말세를 만난 성도들에게 경계가 되는 기록된 하나님의 말씀, 특히 모세의 율법을 가지고 살던 시절 그 율법을 주신 하나님의 뜻을 알지 못하고 자기 의를 내세우기 위한 수단으로 애쓰고 수고하며 그런 자신을 자랑스럽게 생각하며 살던 지난날 애인과의 연애 감정이 그 *부끄러움*(출애굽 후 이스라엘 민족인 모세의 율법을 받기 전 행한 불의와 불경)을 감추고자 하는 수치스러운 욕정에 불과하다는 사실을 드러낸 예수님의 말씀과 행위로서의 율법 시대를 통과해 그리스도의 복음 시대가 열렸음에도 여전히 그 연애 감정을 버리지 못하고 그 죄와 내통하는 부끄러운 삶을 살 수밖에 없는 인간의 실존적 상태를 일깨우고자 하는 것이다.

새 애인에 대한 마음가짐

이 이야기는 새로운 애인을 만나 사랑을 맛보니 지난날 애인과의 애정 관계가 속박이었노라고 공표할 만큼 담력 있는 데로 나아간다. 그 자유는 새로운 애인과의 관계에서 스스로 종으로 결속시켜 그 관계를 유지해도 손해 볼 것이 전혀 없는 과분한 사랑의 관계임을 아는 자유이다.

이는 다윗이 하나님의 사랑을 맛보고 '주님의 성전 뜰에서 보내는 하루가 다른 곳에서 지내는 천 일보다 더 행복합니다. 그러니 내가 악인들의 장막에서 사는 것보다 차라리 내 하나님의 집에 문지기로 있겠습니다(시 84:10).'라고 말한 마음가짐을 생각나게 하는 대목이다.

그것은 거룩하게 하시는 하나님의 복음을 위한 일에 종이나 일꾼으로 자원하여 충성과 헌신과 희생을 마다하지 않겠다는 자세다. 에덴동산에서 선악을 알게 하는 나무의 열매를 따 먹고 온 세상에 선악을 아는 나무를 퍼뜨려 모든 사람이 그 나무의 열매를 따 먹고 죽음에 이르게 한 것과는 달리, 생명나무의 열매를 따 먹고 온 세상에 생명나무를 퍼뜨려 모든 사람이 영원한 생명에 이르게 하는 일에 기꺼이 종으로 살겠다는 마음가짐, 곧 그리스도 예수 안에 있는 구속의 복음에 빚진 사도 바울의 자세이다(롬1:14-15).

사도 바울은 지금 새로운 애인과의 사랑의 관계가 지난날 애인과의 관계와는 도저히 비교할 수 없는 영광스러운 것임을 밝히며 로마서 6장을 마친다.

| 6:22 | νυνὶ δὲ ἐλευθερωθέντες ἀπὸ τῆς ἁμαρτίας δουλωθέντες δὲ τῷ θεῷ ἔχετε τὸν καρπὸν ὑμῶν εἰς ἁγιασμόν, τὸ δὲ τέλος ζωὴν αἰώνιον. | 그러나 이제 여러분은 그 죄로부터 풀려나 자유로워졌으며 더구나 그 하나님께 종이 되어 거룩하게 하시는 일에 봉사하는* 그 열매를 여러분이 얻었으니, 분명히 그 마지막은 영원한 생명입니다. |

6:23	τὰ γὰρ ὀψώνια τῆς ἁμαρτίας θάνατος, τὸ δὲ χάρισμα τοῦ θεοῦ ζωὴ αἰώνιος ἐν Χριστῷ Ἰησοῦ τῷ κυρίῳ ἡμῶν.	왜냐하면 그 죄의 그 보상들은※ 죽음이지만, 그 하나님의 그 은사는 그리스도 예수 우리 주님 안에 있는 영원한 생명이기 때문입니다.

> 전환된 관점의 로마서 읽기

제17장
한계를 드러낸 모세의 율법, 대타로 보다 강력한 율법이 등장하다

본문 : 로마서 7장 1~25절

핵심 주제 어구

ὑμεῖς ἐθανατώθητε τῷ νόμῳ διὰ
τοῦ σώματος τοῦ Χριστοῦ

(휘메이스 에다나토데테 토 노모 디아 투 소마토스 투 크리스투)

이 세상의 모든 법, 그러니까 하나님의 진노로 인해 유대인과 이방인이 융합된 세계가 되어 통용되는 모든 법은 그 예수님의 말씀과 행위로서의 율법으로 인해 그 죄를 살려 역사 수면 위에 활동하게 만드는 도구가 된 것이다. 그 예수님의 말씀과 행위로서의 율법이 없으면 죄는 죽은 것이다. 엄밀하게 말하면 이 세상의 만법이 그 예수님의 말씀과 행위로서의 율법과 연결고리가 형성되지 않고 떨어져 있으면 그 죄는 역사상 수면 위로 나와 인간 행위를 만들어 내는 일을 할 수 없다는 말이다.

제17장(한계를 드러낸 모세의 율법, 대타로 보다 강력한 율법이 등장하다)

_ 본문 562p에서

본문

7장	NA28판(UBS5판) ΠΡΟΣ ΡΩΜΑΙΟΥΣ 7	로마서 7장 필자 사역
7:1	Ἢ ἀγνοεῖτε, ἀδελφοί, γινώσκουσιν γὰρ νόμον λαλῶ, ὅτι ὁ νόμος κυριεύει τοῦ ἀνθρώπου ἐφ' ὅσον χρόνον ζῇ;	형제들이여, 참으로 내가 지금 율법을 아는 자들에게 말하고 있습니다만, 혹시 여러분은 '그 율법이 그 사람이 살아 있을 동안에만 그를 주관한다.'라는 사실을 알지 못합니까?
7:2	ἡ γὰρ ὕπανδρος γυνὴ τῷ ζῶντι ἀνδρὶ δέδεται νόμῳ· ἐὰν δὲ ἀποθάνῃ ὁ ἀνήρ, κατήργηται ἀπὸ τοῦ νόμου τοῦ ἀνδρός.	왜냐하면 남편이 있는 그 여자가 살아 있는 그 남편에게 율법으로 묶여 있으나, 그 남편이 죽으면, 그녀는 그 남편의 그 율법으로부터 완전히 풀려나게 되기 때문입니다.
7:3	ἄρα οὖν ζῶντος τοῦ ἀνδρὸς μοιχαλὶς χρηματίσει ἐὰν γένηται ἀνδρὶ ἑτέρῳ· ἐὰν δὲ ἀποθάνῃ ὁ ἀνήρ, ἐλευθέρα ἐστὶν ἀπὸ τοῦ νόμου, τοῦ μὴ εἶναι αὐτὴν μοιχαλίδα γενομένην ἀνδρὶ ἑτέρῳ.	그런즉 의심의 여지 없이 그 남편이 살아 있는 동안에 다른* 남자의 아내가 되면, 그녀는 간음한 여자로 불릴 것입니다. 그러나 그 남편이 죽으면, 그녀는 그 남편의 그 율법으로부터 자유로우며, 그녀가 다른* 남자의 아내가 된다 해도 간음한 것이 아닙니다.

막바지 작업

사도 바울은 지금까지 로마서 1-6장의 설명을 통해 사망의 시작으로부터 그 끝에 이르는 길과 영생의 시작으로부터 그 끝에 이르는 길의 상관관계를 펼쳐 보이면서 영생으로 들어가는 길의 가장 중요한 구간을 간추려 숨 가쁘게 전달했다. 그것은 인간의 능력 밖의 일이므로 말로 표현할 수 없거나(that cannot be expressed, since it is beyond human powers) 거룩하니 말로 표현해서는 안 되는 것(that must not be expressed, since it is holy), 그러니까 그가 셋째 하늘, 그 낙원(τὸν παράδεισον-톤 파라데이손), 그러니까 기쁨의 동산인 에덴동산에 이끌려 올라가 '사람들에게 말하는 것이 허락되지 않은 말할 수 없는 말들'을 들은(ἤκουσεν ἄρρητα ῥήματα ἃ οὐκ ἐξὸν ἀνθρώπῳ λαλῆσαι-에쿠센 아르레타 레마타 하 우크 엑손 안드로포 랄레사이) 이후에나 할 수 있는 말이었다(고후12:1-10).

그리고 그건 지나간 날들만 어림잡아도 적게는 사천여 년 그보다 조금 많게는 수천억 년 또는 영원에 닿아 있는 태초까지 더듬어 살핀 후 깨닫게 된 영원한 세계에 들어갈 수 있는 유일한 길과 원리로서 오늘을 살아야 할 유일한 방법을 명백하게 드러내는 일이었다.

남은 문제는 거기, 그러니까 영원한 생명을 향한 거룩한 자들의 삶의 현장에 시한폭탄을 해체해야 하는 중대한 임무를 완수하기 위한 막바지 작업이 진행 중이라는 것이다. 기억해야 할 것은 이 작업이 하나님의 창조 세계인 광활한 우주의 질서 속에서 '지구'라고 하는 아주 작은 촌락에서 벌어지고 있는 거대한 영적 전쟁에 급파된 특수부대의 대테러작전이라는 사실이다.

수작과 순응 사이

그럼 이제 다음과 같은 질문으로 시작해 보자.

죽음과 영생과의 거리가 얼마나 될까?

이 질문에서 필자가 죽음을 먼저 내세우는 이유는 삶의 끝이 죽음이라면 살아도 죽어 사는 것이니 삶은 곧 죽음이기 때문이다.

누가복음을 저술한 기록자는 부자와 거지 나사로에 관한 예수님의 비유 말씀을 들어 이 땅에서 호사스럽게 살았던 부자가 직면한 삶의 끝인 죽음 이후는 일명 '지옥'이라고 불리는 불구덩이 속으로 떨어져 극심한 형벌의 삶을 살아야 했다고 말한다. 그걸 역으로 보면 지옥의 삶이 현실에서 그 부자와 같은 삶으로 나타난다고 할 수 있으니 지상에서 지나치게 외모를 꾸미며 호사스러운 삶을 욕망하는 몸부림이야말로 야고보 사도가 약3:6에서 말하는 인간 몸속의 속사람이 겪는 지옥의 삶을 가리려고 수작을 부리는 불신이 된다. 그러니 그 부자와 같은 삶을 욕망하는 인간 삶은 헛된 영광을 구하는 어리석은 행동과 같다.

반대로 개 한 마리 친구 삼아 거지로 살았던 나사로가 직면한 삶의 끝인 죽음 이후는 일명 '천국'이라고 불리는 아브라함의 품속에 안겨 영광의 위로와 축복의 삶을 살게 되었다. 이 또한 역으로 보면 천국의 삶이 현실에서 거지의 삶으로 나타났다고 할 수 있으니 지상에서 입은 상처를 제때 치료받을 수 없게 따돌림을 당해도 불평 한마디 하지 않는 바보처럼 살아야 하는 삶이야말로 예수님께서 마5:3에서 말씀하시는 천국이 실재함을 몸소 나타내 보이도록 성령이 가난하게 만든 삶에 부끄러워하지 않고 순응하는 믿음이 된다. 그러니 거지 나사로와 같은 삶을 바라며 용인하는 것은 전 재산을 팔아 보화가 숨겨진 밭을 사는 지혜로운 행동과 같다.

완공된 영생의 길

재미 있는 것은 이 두 삶 사이를 오갈 수 없게 하는 깊은 구렁이 있으니 그 구렁의 간격이 죽음과 영생 사이의 가시적인 거리가 되고, 불구덩이 속의 그 부자가 뉘우치며 후회해도 소용없어 아직 지상에 남아 있는 가족들에게 이 사실을 알려 줄 수 있는 기회로 단 한 번 방문할 수 있게 해 달라고 간청해도 이미 그곳엔 영생의 삶으로 안내하는 모세 오경(성경)이 있다고 했으니 그 성경 속에 죽음으로부터 영생으로 들어가는 길이 있고 방법이 있다는 말이 된다.

그렇게 지옥과 천국의 갈림길에 서 있는 지상의 숨 가쁘게 살아가는 사람들에게 예수님께서 "너희는 성경에서 영생을 얻을 수 있다고 생각하여 성경을 부지런히 살펴 연구하고 있는데, 그 성경이 바로 나에 대해 증언하는 것이다. 그런데도 너희는 영생을 얻기 위해 나에게 오기를 원하지 않는다(요5:39-40)."라고 말씀하셨다. 그런 예수님을 하나님께서 모세를 통해 주신 율법(모세의 율법-모세오경)을 가지고 있는 자들이 이방인들의 손을 빌려서 십자가에 처단했지만, 예수님은 무덤에서 일으켜지심으로 그리스도와 주님이 되셨다.

드디어 인류가 그토록 바라던 죽음으로부터 영생으로 들어가는 길이 완공된 것이다. 이제 누구든지 영생으로 나아가는 길이 활짝 열렸다는 말이다.

엄청난 혼란

사도 바울은 지금 막 로마서 6장에서 ― 오늘도 여전히 지상에 발을 딛고 살아가며 지옥과 천국, 사망과 영생의 갈림길에 서 있는 로마서 5장의 믿음의 사람들에게 ― 그 예수님의 돌아가심과 일으켜지심을 가지고 영생에 이르는 삶의 방법으로 그리스도와 연합한 세례를 통해 이루어지는 신비에 대한 설명을 일단락 지었다. 그 설명을 필자는 앞에서 사도 바울이 셋째 하늘에서 들은 '사람들에게 말하는 것이 허락되지 않은 말할 수 없는 말들(고후12:4)'이라고 했다.

하지만 사도 바울은 롬6:19에서 '나는 여러분의 육신이 연약하므로 사람의 일상적인 논리로 말합니다.'라고 밝히며 서둘러 죄와의 연인 관계에 있을 때와 의와의 연인 관계를 대조하며 그리스도와 연합한 세례의 결과가 영원한 생명임을 드러냈다.

그렇게 하는 이유는 그리스도 예수와 연합한 세례의 논리 가운데 그 돌아가심과 그 일으켜지심 사이의 간격만큼이나 그 사건을 믿음으로 수용하는 사람들의 상태가 그 사건을 이해하는 방식에 따라 엄청난 혼란을 일으키게 될 수 있는 매우 중요한 지점이기 때문이다.

비밀번호를 찾아라

필자는 그 혼란을 믿음으로 의롭다고 하심을 입어 신분의 변화가 있지만 여전히 복고형 유대인이 가진 성향의 사람들, 곧 죄의 영향력에서 벗어나지 못하는 사람들이 자폭 테러범처럼 시한폭탄이 장치된 조끼를 입고 보무도 당당하게 우리 믿음의 삶에 들어와 그 폭탄의 작동 버튼을 누른 상태에서 종횡무진 활보하고 있는 것과 같다고 말했다. 참으로 위험한 상황이다.

그들은 자신들 속에 그 폭탄이 설치되어 있으리라고는 예상조차 하지 못하는 자들이다. 설령 그런 혼란을 겪으며 사도 바울의 논리 발전에 뭔가 비상한 게 있다고 느끼더라도 그 폭탄의 타임머신을 멈추게 할 비밀번호까지는 모른다. 그들이 그 위기를 벗어나는 길은 오직 그 비밀번호를 그들이 찾아 누르는 것 외에 다른 길이 없다.

실제로 오늘날 로마서를 읽고 가르치는 자들이 대부분 그런 혼란 속에 빠져 있다고 해도 과언이 아니다.

그런 관점에서 사도 바울은 그 혼란의 원인을 직시하게 하여 그가 천상에 이끌려 올라가 알게 된 그 비밀번호를 전수하려고 다음과 같은 질문을 던진다.

| 7:1 | Ἢ ἀγνοεῖτε, ἀδελφοί, γινώσκουσιν γὰρ νόμον λαλῶ, ὅτι ὁ νόμος κυριεύει τοῦ ἀνθρώπου ἐφ' ὅσον χρόνον ζῇ; | 형제들이여, 참으로 내가 지금 율법을 아는 자들에게 말하고 있습니다만, 혹시 여러분은 '그 율법이 그 사람이 살아 있을 동안에만 그를 주관한다.'라는 사실을 알지 못합니까? |

질문 의도

이런 사도 바울의 질문은 그 혼란의 원인이 되는 율법과 은혜의 상관관계를 온전히 이해할 수 있도록 다시금 사도 바울의 논리로 그리스도 예수의 그 돌아가심과 그 일으켜지심에 연합한 세례의 의미를 간추려 보게 한다. 왜냐하면 이렇게 질문으로 시작하는 로마서 7장의 논리가 6장의 그리스도 예수와 연합한 세례에서 보이는 그 돌아가심과 그 일으켜지심의 두 국면의 논리에서 풀어야 할 숙제의 해답이기 때문이다.

그리고 그것은 이제까지 설명한 로마서에서 쓰이는 율법에 대한 새로운 이해를 기반으로 롬3:21의 '율법과는 별개인 하나님의 한 의'에 관한 온전한 이해에 이르게 하여 4장, 5장, 6장까지의 영생에 이르는 길에 대한 필자의 설명이 참되다는 사실을 확인할 수 있게 해 줄 뿐만 아니라 롬1:2-4에서 규정한 하나님의 복음에 관한 새로운 번역과 해설로 사도 바울의 로마서 텍스트 읽기에 발상의 전환과 함께 전환된 관점으로 읽을 것을 권면한 것이 참되다는 사실을 보여 줄 것이다.

논리 장전

이쯤 되면 눈치 빠른 사람은 앞으로 논리를 예상할 수 있다고 자신감을 표현할 수도 있겠지만 필자의 생각은 섣부른 판단이라고 말하고 싶다. 그 이유는 질문의 핵심을 설득력 있게 설명해 낸다는 것이 그리 간단하지만은 않기 때문이다.

그리스도 예수의 그 돌아가심과 그 일으켜지심에 연합한 세례를 이야기할 때 사도 바울은 롬6:7에서 그리스도 예수와 연합하여 '죽은 사람이 그 죄로부터 해방되어 의로운 상태에 있는 것이다(δεδικαίωται-데디카이오타이-완료 수동태. BDAG는 이 단어를 "더 이상 적절하지 않거나 유효한 것으로 간주되지 않는 개인 또는 기관의 청구에서 누군가를 해방시키다(to cause someone to be released from personal or institutional claims that are no longer to be considered pertinent or valid)."라고 규정하고 "자유롭게 하다/순수하게 하다(make free/pure)"라는 어휘를 제시하며, 이 본문(롬6:7)을 "죽은 사람은 죄에서 해방되었다(the one who died is freed from sin)."라고 번역했다)'라고 하여 그리스도 예수의 그 돌아가심에 연합한 세례를 통해 실제로 죽은 사람이 영적으로 의롭다고 하심을 받는 일이 완료되어 그 죄로부터 자유로워진 상태, 그러니까 믿음으로 의롭다고 하심을 받고 신분에 변화를 얻게 되어 의인이라고 불리게 된 자들이 실제로 의롭다고 하심을 받는 과정의 완성된 상태(δεδικαίωται-데디카이오타이)에 있다고 한다. 그리스도 예수와 연합한 세례에서 첫 번째 국면인 그리스도 예수와 연합한 죽음이 완전히 죄와의 단절이 이루어진 상태에 이르렀다는 사실로 못 박는다. 이는 '율법과 별개인 한 하나님의 한 의'가 율법과의 관계에서 율법의 끝(완성, 롬10:4)이고 율법의 충만(가득 채움, 롬13:10)이라는 논리를 장전하고 있기에 가능한 표현이다(이 지점에 와서도 아직 그리스도 예수 안에 있는 구속을 통해 융합되고 통합된 세계를 보는 관점의 인식 능력이 작동하지 않는다면 다시 1권으로 돌아가 차분히 정독해 주시길 당부한다).

안타까움

다시 말하면 사도 바울의 논리가 보여 주는 율법과 은혜의 상관관계 속에 예상하지 못하거나 간과하고 있거나, 그래서 율법과 은혜의 상관관계를 오해하여 하나님의 복음을 바꾸든지 은폐하는 일이 일어날 수 있다는 우려가 내재한다는 말이다. 소위 갈라디아서와 고린도후서에서 말하는 다른 복음(갈1:6-10, 고후11:4)이 그것이다. 좀 더 어려워졌다는 느낌이 들지 않는가?

만약 조금 더 어렵다는 생각이 든다면 실제로 그 어렵다고 느끼는 정서적 상태가 그 혼란 속에 있다고 반증하는 것이고, 그것은 또한 그동안 알고 있던, 또는 목숨을 걸고 전해 왔던 복음이 소위 '다른 복음'일 수 있다는 우려를 금할 수 없는 합리적 의심의 상태가 된다.

그런 안타까움에서 깜냥도 안 되는 처지에 있는 필자가 『2000여 년 로마서 해석의 지형을 바꾸다』라는 책명을 걸고 로마서의 원저자인 사도 바울의 안목으로 로마서를 읽어야 한다고 발상의 전환과 함께 전환된 관점으로 새로운 로마서 해설을 제안하는 이유가 그것이기도 하다.

고도의 전략적 질문

사도 바울이 롬7장을 시작하면서 던진 질문의 대상은 율법을 아는 자들이다. 그리고 그 질문의 핵심은 필자가 그리스도 예수 안에서 항상 문제가 되는 '복고형 유대인'이라고 명명한 범주에 속한 기질과 상태에 있는 그들이 모세를 통해 받은 성문화된 율법의 구속력(拘束力)의 본질과 역할, 그리고 그 유효 기간을 혹시 알지 못하는 건 아닌지에 관한 것이다.

한마디로 모세의 율법이 그 사람과의 관계에서 언제까지 그 사람의 행위를 자유롭게 할 수 없도록 제한하거나 속박하는 힘을 발휘할 수 있느냐는 것이다. 물론 거기에는 그 율법 자체의 기능상의 문제뿐만 아니라 그 율법을 매개로 일어나는 모든 부정과 불법(이미 롬6:19에서 언급된 반역으로서의 부정과 불법)을 포함하는 그 율법의 순기능과 역기능에 관한 문제가 핵심이다.

여기서 질문에 쓰인 '혹시 알지 못하느냐?'라는 헬라어 구문인 '에 아그노에이테(ἤ ἀγνοεῖτε-에 아그노에이테)'는 '혹시 우리 중 누가 되었든지 그리스도 예수와 연합하여 세례를 받았다면, 그분의 돌아가심과 연합하여 세례도 받은 것임을, 여러분이 모르는 것은 아닙니까?'라고 질문을 던진 롬6:3과 토씨 하나 틀리지 않은 동일한 구문이다.

이 구문에 쓰인 아그노에이테(ἀγνοεῖτε)는 본래 특정 주제나 상황에 대한 지식을 갖고 있거나 보여 준다는 의미에서 '알려진 어떤 것에 대해(to be informed about)' 알고 있지 못하는 것을 나타내는 단어로 관찰이나 문의 또는 정보를 통해 익숙하게 알고 있어야 한다거나 누군가와 만나고 시간을 보내면서 관계를 발전시켜 친숙해진 것을 알지 못하는 것(not to know)을 나타낸다. 물론 일반적으로 지식이나 인식이 부족한 것을 나타내지만 특정 교육을 받지 못했다거나 정교하지 못한 지식을 지적할 때(be ignorant of) 사용하는 단어이다.

사실 이 롬6:3의 질문은 비밀스럽게 슬쩍 은밀하게(도적같이 몰래) 들어와 개입된 한 율법, 그러니까 그리스도 예수님께서 직접 모세의 율법에 대하여 새롭게 말씀하신 말씀과 행위로서의 강화된 존재적 율법의 실체적 진실을 드러내려고 하는 것이다.

부연하자면, 롬5:20에서 그리스도 예수 안에 있는 구속사의 관점에서 인류의 대표로서 아담과 그리스도를 대조하는 대표 원리의 결과를 명확하게 설명하며 '그 타락함(아담의 타락 이후 인류에게 전이된 타락의 연쇄 과정)이 더욱 심해지도록 한 율법이 몰래 은밀하게 개입되었고, 그 죄가 더욱 심해진 곳에 그 은혜가 더욱 차고 넘쳤다.'라는 논리는 롬6:1의 '그러면 우리가 뭐라고 말해야 합니까? 그 은혜를 더하게 하려고 우리가 그 죄에 계속 머물자고 해야 합니까?'라는 질문의 발단이 되었다. 그리고 그 질문에 '혹시 우리 중 누가 되었든지 그리스도 예수와 연합하여 세례를 받았다면, 그분의 돌아가심과 연합하여 세례도 받은 것임을, 여러분이 모르는 것은 아닙니까(롬6:3)?'라고 역-질문함으로써 그 은혜와 그 죄와의 상관관계에서 비밀스럽게 몰래 들어와 개입된 율법의 실체가 그리스도 예수와 연합한 세례를 설명하는 롬6장 전체의 논리 과정에서 더욱 명확하게 드러나기 때문이다.

이는 필자가 계속 이야기해 왔던 시한폭탄의 완전한 해체를 위해 율법을 안다고 하면서도 정작 율법을 알지 못하는 자들, 곧 '율법에 대한 이해'라고 하는 망망대해에서 허우적거리고 있는 자들에게 비밀번호를 알려 주기 위해 만들어 낸 고도의 전략적 질문이라고 할 수 있다.

| 7:1 | Ἢ ἀγνοεῖτε, ἀδελφοί, γινώσκουσιν γὰρ νόμον λαλῶ, ὅτι ὁ νόμος κυριεύει τοῦ ἀνθρώπου ἐφ' ὅσον χρόνον ζῇ; | 형제들이여, 참으로 내가 지금 율법을 아는 자들에게 말하고 있습니다만, 혹시 여러분은 '그 율법이 그 사람이 살아 있을 동안에만 그를 주관한다.'라는 사실을 알지 못합니까? |

주인 노릇

여기서 '주관한다'라고 번역한 헬라어는 속격 지배동사(속격을 직접목적어로 다루는 동사) '퀴리유에이(κυριεύει)'로 강력한 영향력과 통제력을 행사할 수 있는 권한을 가지고 자신을 위해서 일하는 사람, 특히 하인이나 노예를 부릴 수 있는 매우 뛰어난 숙련도를 갖고 있거나 그 능력으로 실권을 보여 주는 것을 나타낸다.

이것이 1인칭 동사일 경우 1인칭인 내가 마스터가 되어 상대를 통제하여 상대에게 자신의 의미를 전이시키는 것을 나타내는데, 이곳에서는 '그 율법(모세의 율법)이 그 사람이 살아 있을 동안에만 그를 주관한다(ὁ νόμος κυριεύει τοῦ ἀνθρώπου ἐφ' ὅσον χρόνον ζῇ-호 노모스 퀴리유에이 투 안드로푸 에프 호손 크로논 제).'라는 표현에서 보듯이 그 율법(3인칭)이 주인이고 그 주인의 지배받는 대상이 그 사람이니, 그 율법이 자체의 의미를 그 사람에게 전이하고 전달해 행위로 나타나게 만든다는 뜻이다.

하지만 그 율법이 성문화된 것이기에 그 율법 자체가 주인이 될 수 없다. 그 율법을 주신 하나님이 주인이 되든지 아니면 또 다른 제3의 존재가 그 율법을 사용하여 주인 행세를 하든지 해야 말이 된다.

죄와 율법과 사망의 로드맵

사도 바울은 이 단어를 문제의 롬6장 문맥 속에서 2회나 사용하는데, 롬6:9에서는 '그리스도께서 죽은 자들로부터 일으켜지셨으므로 그분은 더 이상 돌아가시지 않으며, 죽음이 더 이상 그분을 주관하지 못한다는 사실(ὅτι Χριστὸς ἐγερθεὶς ἐκ νεκρῶν οὐκέτι ἀποθνῄσκει, θάνατος αὐτοῦ οὐκέτι κυριεύει-호티 크리스토스 에게르데이스 에크 네크론 우케티 아포드네스케이, 다나토스 아우투 우케티 퀴리유에이)'을 말하면서 사망(죽음)이 주인 노릇하는 것과 관련해 의도적으로 썼다.

그리고 롬6:14 '참으로 죄가 여러분을 주관하지 못할 것입니다. 왜냐하면 여러분이 율법 아래 있는 것이 아니라 은혜 아래 있기 때문입니다(ἁμαρτία γὰρ ὑμῶν οὐ κυριεύσει· οὐ γάρ ἐστε ὑπὸ νόμον ἀλλ' ὑπὸ χάριν-하마르티아 가르 휘몬 우 퀴리유세이· 우 가르 에스테 휘포 노몬 알 휘포 카린).'에서는 죄가 주인 행세하는 것에 관해 쓰면서 율법과의 관계를 드러낸다.

이곳이 바로 죄가 율법을 통해 주인 노릇 함으로써 사망의 열매를 맺게 하여 하나님의 진노를 일으키는 대목과 직결되는 진리의 로드맵인 롬5:12-21의 아담과 그리스도의 대표 원리를 제시하며 죄와 사망과 율법과 주 예수 그리스도의 은혜와 은사 간의 관계를 다루는 문맥에 닿아 있다.

골든 타임

이 대목에서 6장의 그리스도 예수와 연합한 세례의 논리를 촉발한 롬5:20의 '몰래 들어와 개입한 율법'에 대해 확실하게 해 놓는 것이 시의적절하다. 이는 재난 상황에서 생명의 위기에 직면한 응급환자의 생명을 구할 수 있는 골든 타임이 있는 것처럼 지금까지의 논리에 생명력을 불어넣어 주는 대목이기 때문이다.

'몰래 들어와 개입하였다.'라고 번역한 헬라어는 '파레이셀덴(παρεισῆλθεν)'이다. 이 단어는 '옆(side)'을 나타내는 전치사 '파라(παρά)'와 '속으로(into)'라는 뜻의 전치사 '에이스(εἰς)'와 '오다(come)'는 의미의 동사 '에르코마이(ἔρχομαι)'의 합성어로 옆에서 어떤 영역 속으로 들어오는 것을 나타내어 '옆으로 들어오다(to come in beside)'나 '슬그머니 끼어들다(slip in)'라는 의미를 가진다.

이 단어를 롬5장의 대표 논리 맥락에서 보면 아담의 타락으로부터 그리스도의 구속을 통해 은혜로 베풀어지는 믿음으로 구원에 이르게 하는 구속사의 과정에 슬그머니 끼어든 율법을 나타내기 위해 쓰였다. 이는 은혜 논리에 따라 구속의 역사가 진행되는 과정 어느 시점에 타락을 극에 이르도록 심화하는 한 율법의 행위가 끼어들게 되었다는 사실을 단번에 알아차리게 만드는 논리이다.

그 시점을 특정할 수 있는가?

지금까지 일반적으로 알려진 구속사에서 율법 시대는 모세의 율법 출현 전후 시간적인 맥락에서 구분하여 아담의 타락 이후 모세의 율법이 오기 전까지를 모세의 율법이 없는 시대로 규정하고, 모세의 율법이 온 후로부터 세례자 요한까지(마 11:13)를 모세의 율법이 있는 율법 시대로 규정함으로써 두 시대는 명확히 구분되어 왔다. 모세의 율법의 유무로 두 시대가 나뉘는 것이다.

여기서 모세 오경을 '몰래 은밀하게 들어와 개입된 율법(롬5:20의 "νόμος δὲ παρεισῆλθεν-노모스 데 파레이셀덴"이 가리키는 율법)'과 동일시한다면 몰래 은밀하게 들어와 개입된 시점을 특정하려고 하는 것 자체가 무의미한 일이다. 반대로 이렇게 슬그머니 끼어든 율법이 모세 오경과 다른 것이라면 그 시점을 특정하려고 하는 것이 유의미한 일이 된다.

따라서 '몰래 은밀하게 들어와 개입된 율법'이 그 율법(모세의 율법)과 다른 것이라는 가정하에서 그 시점을 특정하려면 시대의 구분법을 바꾸어야 한다.

아무튼 몰래 은밀하게 들어와 개입된 율법이 등장한 시점부터 일어나는 일은 극심한 타락과 죄악의 증가를 부추기는 일이다. 이때 믿음의 은혜 논리에 따르는 모세의 율법 아래 있는 율법의 행위 논리가 그 개입된 율법으로 인한 새로운 은혜 논리와 충돌하는 지점이 발생하게 되는데, 이 지점에서 생기는 골든 타임의 위태로운 영적 환자를 챙겨야 할 위급한 상황이 전개된다.

파레이셀덴(παρεισῆλθεν)
하나님의 복음에 숙련된 명의가 요구되는 지점이다. 전공의 차원을 뛰어넘을 정도로 뛰어난 명의, 곧 하나님의 말씀 칼을 제대로 사용할 줄 아는 영적인 명의가 필요한 시점이다. 좌우에 날 선 어떤 검보다도 예리한 칼로 혼과 영과 관절과 골수를 찔러 쪼개기까지 하고 마음의 생각과 뜻을 감찰하는 살았고 운동력이 있는 하나님의 말씀이 필요한 위기의 시대라는 말이다(히4:12).

하지만 단순히 두 시대(임의로 나누었던 모세의 율법 없는 시대와 모세의 율법이 있는 시대)를 그리스도 예수 안에 있는 구속으로 인한 믿음의 은혜 논리로 이어 하나의 시대로 통찰한다면 모세의 율법은 예수님께서 마23:23에서 말씀하신 것처럼 심판과 긍휼과 믿음으로 인도하는 역할을 해야 맞으나 실상은 그렇게 하지 못한다. 이는 실제로 사도 바울이 롬5:20의 몰래 개입된 한 율법의 역할과 일치하는데, 이때 그 몰래 개입된 한 율법은 모세의 율법보다 극단적으로 강화됨으로써 넘치는 은혜가 더욱 강력하게 드러나 그 심판과 그 긍휼과 그 믿음의 논리를 이끌어 가는 주도적인 역할을 하게 된다는 사실을 예상할 수 있는 것처럼, 이 논리의 시선으로 보면 인간 삶의 모든 시대는 죄인들과 원수들에게까지도 하나님의 한없는 사랑을 베풀어 주시는 은혜의 홍수 시대가 된다.

반면에 이 두 시대를 이런 믿음의 은혜 논리로 이어 읽을 수 없는 인간들에게는 모세의 율법이 행위 논리의 주체가 되어 롬7:1의 '그 율법(모세의 율법)은 그 사람(아담과 그리스도의 대표 원리 아래 첫 사람 아담으로부터 그리스도가 되시기 전의 둘째 사람 예수님까지 모세의 율법 아래 있는 모든 사람)이 살아 있을 동안에만 그를 주관한다.'라는 명제에 부합한 역할을 하게 된다는 의미이다. 이런 시대는 모세의 율법을 가진 자들에게 그 율법이 그 죄의 능력이 되어 예수님을 십자가에 처형하는 데 쓰여 죄인들이 원수로 돌변하는 최악의 시대로 발전한다.

따라서 믿음의 은혜 논리의 시선으로 볼 때 현재의 이 세상은 그야말로 극단에 가까운 최악의 시대가 되고, 믿음의 은혜 논리로 사는 사람을 좀처럼 찾기가 어려운 시대이다.

이 최악의 논리는 예수님 시대를 진단하시는 예수님의 말씀과 원리들을 제공하는 복음서(마가, 누가, 마태, 요한)를 통해 얻을 수 있는 자료로도 충분히 입증되지만 사도 바울이 하나님의 복음을 전하여 세운 교회 안에서 다른 복음을 들고 슬그머니 들어와 활동하는 세력이 있다는 것을 확인하는 것은 또 다른 문제에 봉착하게 한다.

이것은 하나님의 복음 시대에 시작되는 적그리스도의 활동을 가리키는 것으로 매우 놀라운 사실이다. 이때 그 적그리스도의 세력들이 사도 바울의 복음으로 세워진 교회 안에 몰래 들어오거나 끼어드는 것을 나타내는 단어가 바로 필자가 롬 5:20에서 '한 율법이 몰래 들어와 개입하였고'라고 번역한 헬라어 '노모스 데 파레이셀덴(νόμος δὲ παρεισῆλθεν)'과 동일한 단어이다(앞으로는 롬5:20의 '그러나 한 율법이 몰래 들어와 개입하였다(νόμος δὲ παρεισῆλθεν-노모스 데 파레이셀덴).'라는 문장이 가리키는 율법을 편의상 '개입한 율법이나 개입된 율법'의 의미로 짧게 표기한다. 참조 갈2:4).

성도들의 헌신이 담긴 일

이는 아담으로부터 시작된 은혜의 시대에 모세의 율법이 주어져 그 은혜 속에서 그 율법을 따라 사는 행위의 논리가 하나님의 진노를 일으키는 원인으로 작용하여 시대를 더욱 부패하게 만들어 예수님으로부터 크게 질타당했을 때 예수님마저 죽였던 시대정신이 우리 주 예수 그리스도의 이름으로 세워진 교회 안에 다시 또 재현되고 있음을 가리키는 것으로서 비상한 관심과 예리한 시선으로 보지 않으면 볼 수 없는 신개념의 적대적 세력의 활동이다.

 필자가 말하고 싶은 것은 이것이다. 예수님의 십자가의 사건이 일어난 지 2000여 년이나 지난 2024년의 오늘날 지구촌의 기독교회 안에 통용되는 믿음의 은혜 논리가 시간을 돌려 2000여 년 전 사도 바울이 전한 믿음의 은혜 논리인지 확인해 보자는 말이다. 그건 필자가 『2000여 년 로마서 해석의 지형을 바꾸다』라는 책을 세상에 내놓는 이유이기도 하다.

 사실 필자가 이 글을 쓰기 시작할 당시는 필자가 전면에 나서는 일로 키우고 싶지 않았다. 그저 나보다 더 훌륭한 사람들이 이 문제를 다루어 주길 바라며 『로마서 이렇게 읽어라 1』이라는 제목으로 로마서 읽기에 발상의 전환이 일어나길 바라며 책을 만들어 일차적으로 주변 목회자들에게와 신학과가 있는 전국 대학교 또는 대학원, 대학원 대학교 등의 도서관에 일일이 전화하며 기증했다. 누군가 이 일을 해 주길 바라는 성도들의 헌신이 담긴 일이었다.

주님께서 기쁘게 받으시는 예물

하지만 돌아오는 대부분의 반응은 로마서 읽기의 새로운 정보 하나를 얻었다는 정도의 고마움을 표하는 립서비스 이상 아무것도 아니었다. 발상의 전환으로 로마서 읽기가 시작되기를 바라는 믿음의 기도는 먼저 필자가 전환된 관점으로 로마서 전체를 단권의 책으로 해설해 달라는 요청이라는 현실의 벽에 직면하게 되었다. 그리고 젖 먹던 힘까지 끌어모아 지금 시한폭탄을 해체할 수 있는 비밀번호를 전수하는 막바지 작업이 진행되고 있는 로마서 7장에 와 있다.

페일언하고 이런 사설까지 늘어놓는 이유는 지금 우리가 논의하고 있는 대목, 그러니까 죄와 사망과 율법과 하나님의 은혜 사이에 주어지는 아담의 타락과 그리스도의 은사를 대조하는 사도 바울의 논리 속에 논리의 극단적인 비약과 전환 부분이 있기 때문이다. 그리고 그건 로마서를 진지하게 읽으면서도 모두 다 간과하거나 해결할 수 없도록 혼란을 일으키는 사탄의 유혹에 속아 넘어갈 수밖에 없는 함정이 내재하기 때문이다.

우리말 격언에 '돌다리도 두들겨 보고 건너라, 무른 감도 쉬어 가면서 먹어라, 삼년 벌던 전답도 다시 돌아보고 산다, 식은 죽도 불어 가며 먹어라, 꺼진 불도 다시 보자, 아는 길도 물어 가랬다.'와 같은 말들이 많은 것도 매사에 아무리 쉬운 일이라도 신중하게 살펴 최선을 다해야 한다는 말이다.

바라기는 사도 바울이 밝히는 하나님의 복음이 제시하는 핵심인 이 대목의 본래 논리를 제대로 따라가 오늘날 기독교회가 그리스도의 몸 된 역할을 성공적으로 수행하길 간절히 바라고 필자와 함께 애써 준 성도들의 헌신이 주님께서 기쁘게 받으시는 예물이 되기를 바랄 뿐이다.

문제의 두 시대

이렇게 필자가 '몰래 들어와 개입된 한 율법'이라고 특정할 만큼 매우 중요하고 심오한 부분에 사도 바울이 헬라어 '파레이셀덴(παρεισῆλθεν)'이라는 단어를 쓰는 의도는 매우 많은 내용을 함축한다. 이제부터 그 내용을 간추려 보려고 한다.

우선 우리가 생각할 것은 모세의 율법이 하나님과의 관계에서 주된 자리를 차지하고 있는 신성한 것으로서 인식되기 시작한 것은 '모세'라는 이스라엘 민족의 지도자 때부터였다는 사실이다. 그리고 이미 말했듯이 거기에서 율법의 시대라는 구분이 시작되었다. 그리고 그런 구분은 자연스럽게 그 율법을 근거로 그 율법이 없는 그 율법 이전의 시대를 구분한다는 사실이다. 이건 순전히 모세의 율법이 있고 없고의 기준에 따라 구별하는 논리다.

이러한 시대 구분을 엄밀하게 말하면 아담에서 모세까지의 시대 기간을 모세의 율법이 없는 시대로 규정하고 또 한편으로는 모세로부터 세례 요한까지를 모세의 율법 시대로 규정하게 되는데, 그럼 이때 세례 요한부터 그리스도까지 예수님의 시대를 뭐라고 규정해야 하는지가 관건이 된다.

물론 쉽게 종말의 시대라고 규정할 수 있겠지만 지금까지 우리가 제대로 이해하지 못하고 있는 '몰래 들어와 개입된 한 율법'이라는 생소한 개념이 이를 대체할 수 있는지 구속사의 전 구간에 걸쳐 좀 더 따져 봐야 할 게 있다.

다시 말하자면 이 같은 모세의 율법을 근거로 율법이 있고 율법이 없는 시대를 구분하는 방식의 논리로는 사도 바울이 말하는 은혜와 율법과의 관계를 풀어내는 데는 한계가 있다는 말이다. 이를테면 모세의 율법이라고 함은 아담으로부터 시작된 창조의 역사 속에서 하나님의 전적인 은혜로 모세가 이집트에서 나와 시내 산에서 십계명의 돌판을 받아 하나의 기록으로 묶어 후대에 전승되고 있는 책이 주는 단일한 시대적 특성을 고려할 때 완성을 향해 발전하고 있는 구속사의 관점에서 보면 거기에는 얼마든지 불편한 진실이 숨어 있을 수 있는 과정이 된다는 말이다.

그런 관점으로 아담 시대로부터 모세 시대에 이르기까지 각 시대의 특징을 살펴볼 때 아담의 시대도 은혜 시대이고, 그 시대의 연장으로 모세의 시대도 은혜의 시대라는 것이 분명하다. 아담의 시대에 아담의 율법(하나님께서 아담에게 명하신 말씀의 율법)이 있었고 그 율법을 아담이 범했으나 여호와 하나님의 은혜로 구속의 언약을 받아 살았고, 모세의 시대에 이르러 여호와 하나님의 은혜로 이집트로부터 해방되어 은혜로 십계명과 온갖 율법과 규례를 받아 은혜로 신앙생활을 해 왔다는 모든 과정을 하나로 묶어 모세의 기록과 선지자들의 기록들이 가리키는 종말의 시대에 연결하면 그 종말의 시대 역시 여전히 은혜 시대라는 결론에 이른다.

아무튼 모세의 율법이라고 하는 모세오경을 통해서 보면 '모세의 율법이 없는 시대'는 영원 전부터 세워져 있던 하나님의 계획으로부터 시작되어 아담으로부터 모세까지 분명히 지상의 물리적 시간과 사건들로 채워져 있고, 모세의 율법이 있는 시대 또한 같은 맥락에서 영원한 세계의 왕이 되시는 하나님의 아들 그리스도로 끝난다고 할 때 모세로부터 예수까지도 분명히 지상의 물리적 시간과 사건들로 채워져 있다.

이런 사실들을 고려할 때 율법의 시대와 은혜의 시대 등과 같이 시대를 구분하는 것은 관점에 따라 얼마든지 다르게 세분화할 수 있다는 게 된다.

한 율법이 몰래 들어와 개입된 지점
이 두 시대의 특징 가운데 가장 중요한 것을 제시한다면 두 시대를 하나로 묶을 수 있는 관점인 은혜다. 전자인 '모세'라는 인물이 없는 시대는 창조주 하나님의 지혜와 능력으로 시작된 은혜로운 창조 세계의 실제 시간과 사건에 집중하게 하고, 후자인 '모세'라는 인물로부터 시작된 시대 역시 이전 은혜 시대의 연속으로서 실제 시간과 사건의 마지막인 예수님의 돌아가심과 일으켜지심이라고 하는 더 크고 극단적인 은혜의 종말 시대에 나타나게 될 전능하신 하나님의 지혜와 능력에 집중하게 만든다는 것이다.

여기서 보다 더 쉽게 이해할 수 있도록 먼저 모세오경이라는 율법책에서 지상의 시간과 사건만을 분리하면, 아담으로부터 모세를 거쳐 예수님께서 십자가에 처형되고 일으켜져 그리스도가 되신 지점까지를 모두 은혜의 시대라는 한 구간으로 설정할 수 있다. 그런 다음 그런 설정에서 다시 그 그리스도 안에서 거꾸로 그 시대를 세분하여 이해할 수 있는 안목으로 그 구속사의 전체 기간을 들여다보면 '한 율법이 몰래 들어와 개입하였다.'라고 사도 바울이 말하는 '몰래 들어와 개입된 율법'을 가리키는 개념의 헬라어 '파레이셀덴($παρεισῆλθεν$)'이 특정하는 지점과 그 단어를 쓰는 진정한 의도를 볼 수 있을 것이다.

이 단어($παρεισῆλθεν$-파레이셀덴)가 가리키는 지점이 어느 지점일까? 이 단어를 씀으로써 사도 바울이 밝히려고 하는 것은 무엇일까?

역사상 시간과 사건
모세의 율법 시대를 들여다보면 일차적으로 모세로부터 일반적으로 마지막 선지자로 알려진 말라기 선지자까지를 생각할 수 있다. 그리고 말라기 선지자로부터 세례자 요한의 출현 전까지 중간에 '암흑시대'라는 게 있고, 세례 요한으로부터 예수님의 돌아가심과 일으켜지심까지 세 기간으로 나누어 생각할 수 있다.

재미 있게도 이런 구분 속에서 '한 율법이 몰래 들어와 개입되었다.'라고 하는 지점을 특정하려고 할 때 사람들은 단순히 모세가 하나님께 율법을 받은 시점이나 그 율법을 문서로 작성한 시점이라고 예상하는 게 일반적이겠지만 필자가 여태껏 설명하려고 했듯이 거꾸로 보는 관점을 가지고 있는 사도 바울의 논리로 보면 그 지점은 우리가 예상하지 못했던 예수님께서 이 땅에 출현하신 지점일 수도 있다는 사실이다. 왜냐하면 필자가 보기에 사도 바울은 역사상 시간과 사건들의 순서에 따라 간추려 보는 일반적인 논리를 뛰어넘어 영적으로 세상의 모든 역사를 하나로 융합되고 통합된 구속사의 관점에서 새로운 논리로 그동안 복잡하게 얽히고설킨 역사의 무수하고 다양한 시간과 사건들을 재조명하고 있기 때문이다.

광의적 율법관
이렇게 생각해 보자.

일단 이 지점을 특정하려 할 때 우리가 고려해야 할 문제는 아담과 그리스도의 대표 논리를 말하는 롬5:13-14의 논리와 '몰래 들어와 개입된 한 율법'의 논리를 말하는 롬5:20의 논리를 비교 분석하는 일이다. 앞에서도 잠깐 언급한 바 있지만 두 논리 사이에 내재한 논리의 극단적인 비약과 전환을 이해하기가 여간 까다로운 게 아니다. 우리는 그 점을 명확히 풀어내야 한다.

우선 먼저 롬5:20의 '몰래 들어와 개입된 한 율법'의 논리에서 그 개입된 한 율법을 모세의 율법이라고 단정하고, 또 롬5:13-14의 아담과 그리스도의 대표 원리에 따른 논리 안에서 언급되는 율법도 동일하게 모세의 율법이라고 취급하면, 두 논리 사이에서 그 개입된 한 율법이 개입된 시점은 모세가 율법을 받은 시점이나 모세오경을 문서로 작성한 시점이 되기 때문에 그 지점을 특정하는 일은 비교적 쉬운 일이다.

반대로 롬5:13-14의 아담과 그리스도의 대표 원리에 따른 논리 속에서 언급되는 율법을 모세의 율법으로 특정하지 않고, 제 3의 율법을 염두에 둔 관점에서 롬5:20의 그 개입된 한 율법의 논리를 따져 보면 그 개입된 한 율법이 개입된 지점은 모세가 율법을 받은 시점이나 모세오경이 작성된 시점이 아닌 모세의 탄생으로부터 예수 그리스도까지에 이르는 광범위한 시간 속에 어느 지점을 특정해야 하는 숙제가 된다.

사실 모든 법이란 시간이 지나면서 그 해석의 과정을 거쳐 새로운 법이 만들어지는 방식으로 발전한다. 그것이 이방인의 법이든 유대인의 법이든 실효성을 가지려면 반드시 그 해석의 과정을 거쳐 발전하는 게 당연한 것처럼 모세 오경 그것 자체는 그대로 보존되어 있을지라도 그런 해석의 과정을 거쳐 오늘이라는 현실에 실효성이 있는 법으로 사용하기 위해 수많은 세월 동안 율법 학자들과 랍비들이 있었다.

그런 점에 있어서 로마서에서 언급되고 있는 보통명사로서의 '한 율법(νόμος-노모스)'이라는 단어의 개념은 단순히 모세의 율법 곧 모세오경만을 지칭하는 단세포적이고 일차원적인 생각을 가지고서는 도무지 이해할 수 없는 단어임을 알게 되어 모세의 율법이 가진 특성과 그 한계 등이 드러난 해석의 발전 과정이라는 긴 세월 염두에 두어야 하는 광의적 율법관을 일깨운다.

따라서 롬5:20의 한 율법이 몰래 개입된 지점은 모세가 율법을 받거나 오경이 기록된 시점이 아닌 모세로부터 예수 그리스도까지 약 1500년의 역사상 시간과 사건을 포괄한 기간 중에 어느 지점을 롬5:20의 한 율법이 개입된 지점으로 특정할 수 있고 거기까지를 은혜의 율법 시대라고 규정할 수 있다. 왜냐하면 모세의 율법 곧 모세오경이라는 율법책을 가지고 살아야만 하는 민족이 지닌 운명적인 삶의 방향을 그 율법책의 내용이 가리키고 있기 때문이다.

율법이 개입된 지점 규정

이런 관점에서 롬5:20(그 타락함이 더욱 심해지도록 한 율법이 몰래 들어와 개입하였고, 그 죄가 더욱 심해진 곳에 그 은혜가 더욱 차고 넘쳤다)의 '한 율법이 몰래 들어와 개입한 때'로부터 일어난 일은 아담의 타락(넘어짐)과 같은 타락(넘어짐)이 심해진 지점이고, 아담의 죄와 같은 죄가 더욱 심화한 지점이며, 그리스도의 은혜가 더욱 넘치게 한 지점으로 규정된다. 그리고 이 지점은 롬5:13-14에서 말하는 논리(아담과 그리스도의 대표 원리 아래 대조하는 논리)의 연장선에서 볼 때 모세의 율법 곧 모세 오경의 해석과 그 발전 과정의 끝 지점에 가까운 지점에서 발생한 것으로 특정할 수 있게 된다.

이는 세례자 요한을 넘어 예수 그리스도께서 이 땅에 오셔서 세례자 요한에게 세례를 받은 후 대중들에게 하나님의 나라를 가르치며 모든 병든 자들을 치유하며 천국의 복음을 선포하는 사역을 시작하시고 십자가에 돌아가시기 전까지의 시간을 특정하여 '한 율법이 몰래 들어와 개입된 지점'으로 규정하게 된다.

전치사 메크리(μέχρι)

이 같은 설명은 아담과 그리스도를 대조하는 대표 논리 속에 감추어진 논리의 극단적인 비약과 전환, 그러니까 논리의 극대화를 겉으로 드러낸 것인데, 그 설명을 가능케 한 단초는 롬1:2-4에서 규정한 하나님의 복음, 그러니까 그리스도 예수 안에서 '주 예수 그리스도'를 재해석한 바울의 복음 관점과 롬5:13-14의 아담과 그리스도의 대표 원리가 갖는 논리 속에 '아담으로부터 모세까지(ἀπὸ Ἀδὰμ μέχρι Μωϋσέως-아포 아담 메크리 모위세오스)'라는 구문에서 '~까지'라는 뜻의 전치사 메크리(μέχρι)가 가진 용법이다.

이 전치사 메크리(μέχρι)는 모세의 율법 곧 모세 오경 자체가 아닌 모세라는 특정 인물을 지배하여 모세라는 한 인물의 영향력이 어떤 특정 시점까지 시간의 연속 또는 지속성을 나타내는 역할(maker of continuance in time up to a point)을 하거나 모세라는 한 인물의 역할이 어떤 영역의 특정 시점까지 영역을 넓히는 확장성을 나타내는 역할(maker of extension up to a point in an area)을 한다.

한마디로 '아담으로부터 모세까지(ἀπὸ Ἀδὰμ μέχρι Μωϋσέως-아포 아담 메크리 모위세오스)'라는 말의 의미는 아담으로부터 시작된 구속의 역사가 모세의 영향력 아래서 그 구속의 완성에 이르게 할 그리스도 이전까지의 기간을 특정하는 표현으로 육적인 생각과 영적인 생각을 가르는 구속사의 결정적인 사건인 예수 그리스도의 십자가 죽으심과 부활하심을 겨냥한 구문이다.

이는 신18:15에서 모세가 '네 하나님 여호와께서 너를 위하여 너희 가운데 너희 속으로부터 나와 같은 한 선지자를 일으키시리니 너희는 그의 들을 것이다(תִּשְׁמָעוּן ¹⁵נָבִיא מִקִּרְבְּךָ מֵאַחֶיךָ כָּמֹנִי יָקִים לְךָ יְהוָה אֱלֹהֶיךָ אֵלָיו -나비 믹키레베카 메아헤카 카모니 야킴 레카 야붸 엘로헤카 엘라브 티쉬마운).'라고 말한 것과 같이 '나와 같은 선지자 하나'

의 출현까지를 가리킨다(요4:1-42, 마17:1-8).

중매자 바울

이는 롬5:13-14의 논리가 아담과 그리스도의 대표 원리를 제시하는 논리로 옛 시대와 새 시대를 대조하는 구문이고, 그 구문에서 모세는 아담에 대표되는 그리스도를 드러내기까지 중간 역할을 하는 인물로 규정됨으로써 그리스도 안에서 바라보는 은혜의 율법 시대는 모세로부터 예수 그리스도까지의 넓은 기간을 나타내며 롬5:20의 '한 율법이 몰래 들어와 개입된 시점'은 예수 그리스도 쪽으로 무게 중심이 이동해 급기야 그 지침이 예수 그리스도의 돌아가심과 다시 일으켜지심에 가서야 멈추게 된다는 사실을 보게 하는 특별한 사도 바울의 어법이다.

거기에 이어지는 롬6장의 그리스도 예수와 연합한 세례의 논리가 있고, 그 세례 논리를 마친 후 롬7:1에서 '형제들이여, 나는 지금 율법을 아는 자들에게 말하고 있습니다만, 혹시 여러분은 '그 율법이 사람이 살아 있을 동안에만 그를 주관한다.'라는 사실을 알지 못합니까?'라고 도전하며 그 폭탄을 해체할 수 있는 비밀번호를 알 수 있게 그 율법에 관련해 감추어진 사실을 기꺼이 드러내어 명확하게 설명할 것이라는 결연한 태도를 보인다.

그리고 그것은 사도 바울이 '다른 복음(εὐαγγέλιον ἕτερον-유앙겔리온 헤테론)'과 '다른 영(πνεῦμα ἕτερον-프뉴마 헤테론)'을 용인하는 고린도 교회 성도들에게 이방인의 사도로서 안타까움의 진심을 전하며 '내가 하나님의 열심으로 너희를 위하여 열심 내노니 내가 너희를 정결한 처녀로 한 남편인 그리스도께 드리려고 중매함이다(고후11:2).'라고 가슴속에 꽁꽁 묻어 두었던 삶의 목표, 그러니까 이방인의 사도로서 목숨을 내놓고 살았던 지난날의 헌신적인 삶의 속내를 드러냄으로써 하나님의 복음이 갖는 실체적 진실을 밝히고자 하는 열정의 마음자리이다.

천국 혼인 잔치

따라서 롬7:2-6까지의 논리의 핵심은 바로 예수님께서 말씀하신 천국 혼인 잔치의 비유가 가리키는 신랑이신 그 사람의 그 아들(인자: 아담과 그리스도의 대표 논리에서 그리스도의 표상 또는 모본으로서 아담의 타락 후 창3:15에서 아담에게 약속된 아들이며 아담과 그리스도를 이어 주는 중간 인물인 모세와 같은 선지자 예수), 곧 예수 그리스도의 돌아가심과 일으켜지심으로 귀결되는 영적 결혼식과 그 결혼식이 갖는 궁극적인 목적을 설명한 것이다.

이런 관점에서 다음 본문을 보라.

7:2	ἡ γὰρ ὕπανδρος γυνὴ τῷ ζῶντι ἀνδρὶ δέδεται νόμῳ· ἐὰν δὲ ἀποθάνῃ ὁ ἀνήρ, κατήργηται ἀπὸ τοῦ νόμου τοῦ ἀνδρός.	왜냐하면 남편이 있는 그 여자가 살아 있는 그 남편에게 율법으로 묶여 있으나, 그 남편이 죽으면, 그녀는 그 남편의 그 율법으로부터 완전히 풀려나게 되기 때문입니다.
7:3	ἄρα οὖν ζῶντος τοῦ ἀνδρὸς μοιχαλὶς χρηματίσει ἐὰν γένηται ἀνδρὶ ἑτέρῳ· ἐὰν δὲ ἀποθάνῃ ὁ ἀνήρ, ἐλευθέρα ἐστὶν ἀπὸ τοῦ νόμου, τοῦ μὴ εἶναι αὐτὴν μοιχαλίδα γενομένην ἀνδρὶ ἑτέρῳ.	그런즉 의심의 여지 없이 그 남편이 살아 있는 동안에 다른 남자의 아내가 되면, 그녀는 간음한 여자로 불릴 것입니다. 그러나 그 남편이 죽으면, 그녀는 그 남편의 그 율법으로부터 자유로우며, 그녀가 다른 남자의 아내가 된다 해도 간음한 것이 아닙니다.
7:4	ὥστε, ἀδελφοί μου, καὶ ὑμεῖς ἐθανατώθητε τῷ νόμῳ διὰ τοῦ σώματος τοῦ Χριστοῦ, εἰς τὸ γενέσθαι ὑμᾶς ἑτέρῳ, τῷ ἐκ νεκρῶν ἐγερθέντι, ἵνα καρποφορήσωμεν τῷ θεῷ.	그러므로 내 형제들이여, 그와 같이 여러분도 그 그리스도의 그 몸을 통해 그 율법과의 관계에서 죽임을 당하였습니다. 이는 우리가 다른 분, 곧 죽은 자들로부터 일으켜지신 분의 신부가 되어 그 하나님을 위해 열매를 맺게 하려는 것입니다.
7:5	ὅτε γὰρ ἦμεν ἐν τῇ σαρκί, τὰ παθήματα τῶν ἁμαρτιῶν τὰ διὰ τοῦ νόμου ἐνηργεῖτο ἐν τοῖς μέλεσιν ἡμῶν, εἰς τὸ καρποφορῆσαι τῷ θανάτῳ·	이는 우리가 그 육신 안에 있었던 때에 그 율법을 통해 우리의 지체들 안에서 활동하고 있었던 그 죄들의 그 열정들이 그 사망을 위해 열매를 맺게 하고 있었기 때문입니다.
7:6	–νυνὶ δὲ κατηργήθημεν ἀπὸ τοῦ νόμου ἀποθανόντες ἐν ᾧ κατειχόμεθα, ὥστε δουλεύειν ἡμᾶς ἐν καινότητι πνεύματος καὶ οὐ παλαιότητι γράμματος.	--그러나 이제는 사로잡혀 있었던 그 율법 안에서 죽었으므로 그 율법으로부터 우리가 완전히 풀려나게 되었습니다. 그러므로 우리는 법조문에 따른 낡은 가르침에 종노릇하지 않고, 성령의 새로운 가르침 안에서 섬기는 종이 되어야 합니다.

맷돌

갈 길이 바쁘지만, 이 정도의 설명으로도 만족하지 못하는 사람들을 위해 조금 더 설명해야 할 것 같다. 대신 이 설명을 마친 다음 다시 필자가 쓴 로마서 해설서를 다시 한번 정독하기를 부탁한다. 왜냐하면 필자는 지금까지(롬1:1-7:6의 해설까지) 각 장에 할당된 주제에 충실하면서 이 논리를 이해하는 데 이를 수 있도록 방향을 잡아 오는 데 최선을 다했기 때문이다.

물론 부족한 부분이 있을 수 있고 적절하지 못하거나 과한 부분도 있을 것이다. 그건 이 글을 읽는 여러분들이 채워야 할 몫이다. 왜냐하면 그런 믿음의 기도 없이 이런 작업을 감행한다는 것은 마치 맷돌을 메고 바다로 뛰어드는 일이나 다름없기 때문이다.

율법의 범주

지금까지의 논리를 기반으로 두고 다시 롬5:13-15의 '율법이 있기 전에도 세상에는 이미 죄가 있었지만, 율법이 없어 죄로 여기지 못하자 오히려 그 죽음이 아담으로부터 모세까지 왕으로 군림했고 심지어 장래 오실 분의 모본인 아담이 빗나간 것과 같은 방식으로 죄를 짓지 않은 사람들 위에서도 왕으로 군림했기 때문입니다(롬5:13-14).'라는 논리를 보면, 율법이 해야 하는 일은 분명 죄를 죄로 규정하고 심판하여 정죄하는 역할을 함으로써 죄에 대한 마땅한 책임을 추궁하는 역할을 해야 마땅하다. 마찬가지로 모세의 율법, 그러니까 문서로 기록된 '모세오경'이라는 율법서가 이 역사 속에서 해야 할 일은 죄로 취급하지 않던 죄를 죄로 여기게 하여 하나님의 심판 아래 엎드리게 해야 하는 것이었는데, 그것이 제구실하지 못한 것으로 드러난다. 모세오경이 율법으로 성립되어도 아담으로부터 시작된 죄의 역사는 아무런 탈 없이 계속되고 있어야 했다는 말이다. 왜냐하면 아담은 그리스도의 표상으로서 아담을 넘어뜨린 죄의 실체는 그리스도께서 오실 때까지 드러나서는 안 되었던 사탄의 비밀이었기 때문이다.

이 논리로 다시 롬5:20의 '그래서 그 타락함이 더욱 심해지도록 한 율법이 몰래 들어와 개입하였고, 그 죄가 더욱 심해진 곳에 그 은혜가 더욱 차고 넘쳤던 것입니다.'라는 논리를 보면 모세의 율법은 죄가 있어도 죄로 여기지 못했던 아담의 시대에 있었던 최초의 범죄, 곧 '원죄'라는 죄의 원흉을 밝혀내고 처단하는 일을 해결하지 못한 사실이 분명해진다. 아담의 죄의 실체는 아담의 율법(창2:16-17, 하나님께서 아담에게 명하신 말씀과 행위의 율법)을 이용해 아담이 그 율법을 범하도록 속여 넘어뜨린 것같이 그 죄의 실체는 자연스럽게 아무도 눈치채지 못하는 은밀한 방법으로 모세의 율법을 이용해서도 인류를 속여 모세의 율법마저 범하게 만드는 데 성공하고 있었다는 말이다.

거기에 몰래 은밀하게 슬쩍 들어와 개입된 한 율법이 있다는 사실을 드러낸 것은 그동안 모세의 율법이 주된 위치를 점하고 있었으나 본래 그 실체가 부수적인 것으로 주어졌다는 사실을 말하기 위함이다. 주종이 뒤바뀌는 일이 발생했다는 것이다. 그동안 그러니까 그리스도 이전까지 주된 모세의 율법이 하지 못한 역할을 대행할 대안적 실체를 제시한 것이다.

모세의 율법이 헌법과 같이 보존되고 수많은 세월 동안 그 율법 학자들과 바리새인들 등 많은 계층의 랍비(선생)로 인정된 자들이 그 율법을 해석해 왔다. 그 해석들은 실효된 법으로 그들 삶을 주관하는 역할을 하였으므로 원칙상 그렇게 해석된 법도 모두 다 모세의 율법에 속한다.

그런 의미에서 은혜의 율법 시대에 주어진 모세의 율법에 관한 해석의 발전 과정에 있는 예수님의 말씀과 행위로서의 존재적 율법도 넓게는 모세오경과 직접적인 연관이 있는 율법의 범주에 속하지만 그것은 완전히 다르고 새로운 초-극단적인 율법의 범주에 속한다.

사도 바울의 논리의 목표
하지만 이런 논리에서 몰래 은밀하게 슬쩍 들어와 개입된 한 율법은 구속사의 마지막 지점에서 아담의 아들로 이 땅에 사셨던 예수님께서 모세의 율법과 관련해서 내놓은 말씀에 집중되고 있다는 사실을 겨냥하고 있다는 사도 바울의 독특한 화법이다. 모든 이들에게 의혹의 대상이었던 예수님의 말씀과 행위는 당시의 신적 권위를 가지고 활보하던 자들의 극단적인 횡포 속에 슬그머니 끼어들어 그들의 신적인 권위를 깨고 일차적인 신적 위치를 차지하기 위해 아주 은밀하게 구속사의 말미(어떤 일에 매인 사람이 다른 일로 말미암아 얻는 시간적인 틈)에 슬그머니 끼어든 것이다.

물론 그것은 우리가 보통 강화된 율법이라는 의미로 이야기하는 마5-7장의 산상설교에서처럼 '살인하지 말라, 간음하지 말라 등등'과 같이 모세오경의 계명들뿐만 아니라 모세오경의 전체 내용을 새롭게 풀어 말씀해 주신 것이라고 이해하면 된다. 이를 신약 성경은 그런 예수님의 가르침(마5:1-7:27 강화된 율법)을 들은 자들이 당시의 신적인 권위를 가지고 선생 노릇을 하고 있던 자들보다도 월등한 선생으로 받아들이고 있었다고 보도하는 것으로 입증한다(마7:28-29).

따라서 사도 바울의 핵심 논리는 구속사의 말미에 슬그머니 끼어든 예수님의 말씀과 행위가 어떻게 강화된 율법으로서 아담과 같은 타락을 심화하고 그 죄를 더욱 창궐하게 만드는 지를 밝히는 곳을 향한다.

문제는 그렇게 예수님에 의해 강화된 율법이 모세의 율법으로 지탱해 왔던 사회에 균열을 일으켜 일부는 예수님에게 친화적으로 전향하여 예수님의 죽음을 만류하는 양상으로 나타나고, 일부는 극렬하게 또는 교묘하게 예수님을 박해하여 예수님을 죽이는 양상으로 나타나는데 이 또한 둘 다 구속사의 극단에서 일어나는 사탄의 작품이라는 사실이다. 이렇게 예수님께서 말씀하신 말씀과 행위로서의 율법은 두 가지 양상으로 아담의 타락을 심화해 인류를 망하게 한다. 예수님의 존재적 율법은 예수님을 알거나 알지 못하거나 예수님을 받아들이거나 거부하는 모든 인류에게 두 가지 양상으로 아담의 죄를 증가해 인류를 파멸하게 만든다.

특히 예수님의 표징과 이적과 기적 등, 그러니까 예수님께서 신적인 능력으로 행하신 일들(예를 들면 귀신을 쫓아내시며 온갖 질병을 고치며 바다 위를 걷고 바람과 파도를 꾸짖어 잔잔하게 만드시고 문둥병자와 소경을 온전하게 하고 죽은 자를 살리는 능력 행하심)을 보고 예수님을 따르며 예수님을 위해 목숨까지 버리겠다고 결심한 자들의 가슴속에 박힌 예수님의 말씀과 행위까지도 하나의 율법으로 작동(이용)해 예수님을 믿고 따르는 자들에게까지도 아담의 타락과 같은 타락을 심화하고 아담의 죄와 같은 죄를 증가시켜 망하게 만들려고 하는 게 사탄의 비밀이었다는 것을 폭로하는 게 사도 바울의 논리의 목표다.

이쯤 되면 그 폭탄을 해체할 수 있는 비밀번호는 거의 드러난 셈이니, 그런 시각으로 다음 본문을 보라. 그러면 본문의 진의를 쉽게 파고들 수 있을 것이다.

7:7	Τί οὖν ἐροῦμεν; ὁ νόμος ἁμαρτία; μὴ γένοιτο· ἀλλὰ τὴν ἁμαρτίαν οὐκ ἔγνων εἰ μὴ διὰ νόμου· τήν τε γὰρ ἐπιθυμίαν οὐκ ᾔδειν εἰ μὴ ὁ νόμος ἔλεγεν· οὐκ ἐπιθυμήσεις.*	그러면 우리가 뭐라고 말해야 하겠습니까? 그 율법이 죄란 말입니까? 그렇게 되지 않기를 바랍니다. 오히려 나는 율법을 통하지 않고서는 그 죄를 알지 못했을 것입니다. 왜냐하면 그때 그 율법이 '탐내지 말라.*'라고 말하고 있지 않았더라면, 나는 그 탐심을 이해하지도 못했을 것이기 때문입니다.
7:8	ἀφορμὴν δὲ λαβοῦσα ἡ ἁμαρτία διὰ τῆς ἐντολῆς κατειργάσατο ἐν ἐμοὶ πᾶσαν ἐπιθυμίαν· χωρὶς γὰρ νόμου ἁμαρτία νεκρά.	그러나 간교하게도 그 죄가 기회를 잡은 후 그 계명을 통해 내 안에서 온갖 탐심을 만들어 냈습니다. 왜냐하면 율법과 별개로 있으면 죄는 죽은 것이기 때문입니다.
7:9	ἐγὼ δὲ ἔζων χωρὶς νόμου ποτέ, ἐλθούσης δὲ τῆς ἐντολῆς ἡ ἁμαρτία ἀνέζησεν,	실제로 내가 율법과 별개로 살고 있었던 시절에, 그 계명이 들어오자 기이하게도* 그 죄가 살아나고,
7:10	ἐγὼ δὲ ἀπέθανον καὶ εὑρέθη μοι ἡ ἐντολὴ ἡ εἰς ζωήν, αὕτη εἰς θάνατον·	불행히도* 나는 죽었습니다. 그리하여 나를 생명에 이르게 해야 할 그 계명이 죽음에 이르게 하는 것으로 발견되었습니다.
7:11	ἡ γὰρ ἁμαρτία ἀφορμὴν λαβοῦσα διὰ τῆς ἐντολῆς ἐξηπάτησέν με καὶ δι' αὐτῆς ἀπέκτεινεν.	참으로 그 죄가 기회를 잡은 후 그 계명을 통해 나를 완전히 속였고 또한 그것을 통해 나를 죽였습니다.
7:12	ὥστε ὁ μὲν νόμος ἅγιος καὶ ἡ ἐντολὴ ἁγία καὶ δικαία καὶ ἀγαθή.	이로 보건대 실로 그 율법은 거룩하며 그 계명 또한 거룩하고 의롭고 선①합니다.
7:13	–Τὸ οὖν ἀγαθὸν ἐμοὶ ἐγένετο θάνατος; μὴ γένοιτο· ἀλλ' ἡ ἁμαρτία, ἵνα φανῇ ἁμαρτία, διὰ τοῦ ἀγαθοῦ μοι κατεργαζομένη θάνατον, ἵνα γένηται καθ' ὑπερβολὴν ἁμαρτωλὸς ἡ ἁμαρτία διὰ τῆς ἐντολῆς.	--그런데 그 선한① 그것이 나를 죽게 하였습니까? 그렇게 되지 않기를 소원합니다. 다만 그 죄가 죄로 명백히 드러나게 하려고, 그 죄가 그 선한② 그것을 통해 나에게 죽음을 만들어 내고③ 있었던 것입니다. 이는 그 죄가 그 계명을 통해 지극히 크고 중한 범죄자가 되게 하려는 것이었습니다.*

힌트

아직도 감을 잡지 못하는 사람들을 위해 한 가지 힌트를 더하자면, 로마서의 기록 자체가 구속사의 말미에 일어난 사건에 집중하고 있다는 사실이다. 그건 예수님께서 십자가에 돌아가심과 일으켜지심 사이의 상관관계에 주목하면서 특히 그 사건을 바라보는 자들에게 그 사건이 그들에게 어떤 상태를 만들어 내는지를 설명하는 것이다.

거기서 그 사건을 바라보는 자들이 모세의 율법에 뿌리를 둔 유대인인지 아니면 이방인인지에 따라 그 사건과의 관계가 표리의 문제로 약간 다르긴 하지만 그 작동의 원리는 확연히 다르지 않다. 둘 간에는 모세의 율법에 대한 유무의 상관관계를 고려해 이해하면 그만이다.

문제는 모세의 율법을 가지고 있는 자들이다. 전자인 이방인의 문제는 이미 롬2:12-16에서 간략하게 다루었고, 후자인 복고형 유대인의 문제는 롬2:17에서부터 여기 롬7장까지 계속 다루고 있으니 이 같은 이해를 바탕으로 거꾸로 참조해 읽기 바란다.

따라서 지금 롬7장의 논리는 구속사의 말미에서 모세의 율법에 뿌리를 둔 유대인들과 예수를 믿고 난 후 모세의 율법을 성경으로 손에 든 사람들을 상대로 펼쳐지는 논리로서 예수님의 돌아가심과 일으켜지심의 사건과 어떤 관련이 있는지를 밝히며 그들이 어떻게 사탄의 도구로 예수님의 돌아가심에 직접적으로 참여해 그런 극악무도한 일을 저지르게 되는지를 까발리는 것이다. 한마디로 사탄이 활동하는 비밀 작전을 천하에 폭로하는 것이다.

따져 봐야 할 논리

사도 바울의 논리를 따라가면서 우리가 확인해야 할 것은 가끔 어떤 질문이 주어질 때 그 질문의 답을 제시한 본문을 읽기 전에 그 질문이 나올 수밖에 없는 상황에서의 핵심 논리를 반드시 파악하고 읽어야 한다는 것이다. 롬7:1을 시작하는 질문의 핵심 논리는 롬6장에 있고, 롬6:1을 시작하는 질문의 핵심 논리가 롬5장에 있듯이 롬7:7의 질문의 핵심 논리는 롬7:1-6에 있다면 반드시 롬7:1-6을 읽고 해석한 후 롬7:7에서 질문하는 '그 율법이 죄란 말입니까?'라는 논리의 질문이 가능한 지점을 분명하게 이해해야 한다.

그럼 한번 따져 보자. 필자가 이미 롬7:1-6을 번역하고 해석하길 사도 바울은 율법을 아는 자들에게 말하고 있다는 사실을 전제하고 '혹시 여러분은 '그 율법이 그 사람이 살아 있을 동안에만 그를 주관한다.'라는 사실을 알지 못합니까?'라는 질문은 모세의 율법을 가지고 있는 사람들을 상대로 말씀하신 예수님의 혼인 잔치 비유를 실제 논리로 표현한 것이라고 이미 말했다.

이는 롬6장의 그리스도 예수와 연합한 세례를 다루면서 마지막 부분(롬5:20)에서 야기된 '슬쩍 들어와 개입된 한 율법'의 논리가 모세의 율법을 삶의 기반으로 삼고 있는 자들에게 모세의 율법의 실체적 진실을 아주 쉽게 알 수 있게 설명한 논리이다. 예수님께서는 모세의 율법과 선지자들의 예언을 완성하러 오셨으며(마5:17), 구약 성경 전체가 예수님을 증거한다고 했으며(요5:39), 예수님께서 자신을 천국 혼인 잔치를 벌이신 하나님 아버지의 아들로서 신랑 되심을 계시하셨으니(마22:1-14), 그분의 돌아가심과 일으켜지심에 그 혼인 관계의 논리를 적용해 설명하는 방식은 지극히 마땅한 일이다. 이보다 더 쉽고 더 명확한 방법은 이 세상 그 어디에도 없다. 왜냐하면 이미 말했듯이 사도 바울에게 그리스도는 율법의 마침이고 율법의 충만이기 때문이다(여기서 율법이라는 말은 모세오경이 증거하고 이는 예수님의 말씀과 행위로서의 율법임을 인식하며 읽어야 필자의 설명에서 이탈하지 않게 된다는 사실을 명심 또 명심해야 함 - 롬10:4, 13:8).

그리고 하나님께서 이런 방식으로 모세의 율법을 가진 자들을 상대하시는 이유를 사도 바울이 롬7:5에서 '이는 우리가 그 육신 안에 있었던 때에 그 율법을 통해 우리의 지체들 안에서 활동하고 있었던 그 죄들의 그 열정들이 그 사망을 위해 열매를 맺게 하고 있었기 때문입니다.'라고 밝혔기 때문에 모세의 율법을 가진 자들의 처지에서 빠져나갈 길은 모세의 율법을 죄라고 규정할 수 있는 극단적인 인식의 세계로 몰아가는 방식 외엔 다른 선택지가 없다.

그래서 롬7:7에 '그러면 우리가 뭐라고 말해야 하겠습니까? 그 율법이 죄란 말입니까? 그렇게 되지 않기를 바랍니다.'라는 사도 바울의 질문과 애타는 마음이 표현되는 것이다.

그렇다면(모세의 율법이 죄가 아니라면) 이제 사도 바울은 그런 일이 어떻게 일어나는

지 인간의 행위 메커니즘에 대한 설명으로 그들의 억지 논리가 만들어지는 진원지를 드러냄으로써 그들을 구원하려고 애쓸 것을 예상할 수 있다. 바로 롬7:7-13까지가 그 해답이며, 그 해답의 마지막 롬7:13(그런데 그 선한 그것이 나를 죽게 하였습니까? 그렇게 되지 않기를 소원합니다. 다만 그 죄가 죄로 명백히 드러나게 하려고, 그 죄가 그 선한 그것을 통해 나에게 죽음을 만들어 내고 있었던 것입니다. 이는 그 죄가 그 계명을 통해 지극히 크고 중한 범죄자가 되게 하려는 것이었습니다.)은 롬5:20(그래서 그 타락함이 더욱 심해지도록 한 율법이 몰래 들어와 개입(介入)하였고, 그 죄가 더욱 심해진 곳에 그 은혜가 더욱 차고 넘쳤던 것입니다.)의 논리가 현실화된 지점이 된다.

이런 관점에서 한 편의 시를 쓰듯이 자신의 깨달음을 고백하며 읽는 자들에게 자신의 깨달음이 전이되기를 노래하는 사도 바울의 다음 본문을 읽어 보라.

7:14	Οἴδαμεν γὰρ ὅτι ὁ νόμος πνευματικός ἐστιν, ἐγὼ δὲ σάρκινός εἰμι πεπραμένος ὑπὸ τὴν ἁμαρτίαν.	참으로 우리는 그 율법이 영적이라는 것을 알지만, 나는 그 죄 아래 팔린 상태의 육신적인 사람입니다.
7:15	ὃ γὰρ κατεργάζομαι οὐ γινώσκω· οὐ γὰρ ὃ θέλω τοῦτο πράσσω, ἀλλ' ὃ μισῶ τοῦτο ποιῶ.	그래서 나는 정말 내가 이루어 내는① 것을 모릅니다. 불행하게도 나는 내가 원하는 일을 실행하지② 못하고, 도리어 미워하는 일을 만들고③ 있으니 말입니다.*
7:16	εἰ δὲ ὃ οὐ θέλω τοῦτο ποιῶ, σύμφημι τῷ νόμῳ ὅτι καλός.	그러나 비록 내가 원하지 않는 일을 만들고① 있을지라도, 그것은 내가 그 율법이 '선하다②'는 것을 인정하는 것입니다.*
7:17	νυνὶ δὲ οὐκέτι ἐγὼ κατεργάζομαι αὐτὸ ἀλλ' ἡ οἰκοῦσα ἐν ἐμοὶ ἁμαρτία.	그러니 이제 더 이상 내가 그것을 이루어 내는 것이 아니라 내 속에 거주하고 있는 그 죄가 그것을 이루어 내고① 있는 장본인입니다.

어떻게 이런 일이?

이쯤에서 율법을 가지고 사는 자들의 행위 메커니즘에 대해 명확하게 정리하는 것은 모두를 위한 가장 좋은 선택으로 보인다. 왜냐하면 그것은 점화된 상태에 있는 폭발물을 지니고 살고 있다는 사실을 모른 채 '그 율법(모세의 율법)이 죄입니까?'라는 괴이한 질문을 유발하는 억지를 부리는 자들에게 그 폭탄을 완전하게 해체할 수 있는 비밀번호를 알게 하는 것만큼 유용한 것은 없기 때문이다.

사도 바울은 고백한다. 모세의 율법을 힘입어 사는 자들은 슬쩍 들어와 개입된 한 율법을 통하지 않고서는 그 죄를 체험적으로 알지 못한다(롬3:20). 그 개입된 한 율법이 아무도 모르게 비밀리에 모세의 율법을 강화함으로써 극단적으로 모세의 율법에 대한 그릇된 지식과 열정에 사로잡힌 집착증을 보이는 자들을 자극함으로써 더욱 심한 타락의 길로 떠밀어 최극단에 이르게 하여 죄인 중에 괴수라는 사도 바울의 고백과 같은 최악의 인간을 만든다(롬5:20, 딤전1:15).

어떻게 이런 일이 일어나게 되는가?

정말이지 롬7:7이 말하고 있는 것처럼 그때 모세의 율법이 '탐내지 말라'라고 말하고 있지 않았다면 그런 일은 시작도 되지 않는다.

기폭제

그 대답은 간단하다. 하나님께서는 장래에 있을 그리스도 예수 안에서 구속의 날을 정하시고 세상을 창조하셨다. 하나님께서는 창조 이래 모든 사람이 죄를 짓고 사는 처지가 되었지만, 죄를 죄로 계산하지 않고 불쌍히 여기시며 미리 정하신 그리스도 예수 안에 있을 구속의 날을 두고 은혜를 베풀어 주셨다. 모두 다 그 은혜 아래 믿음으로 살도록 하시기 위함이었다. 그 은혜를 베풀어 주시는 일은 모세의 율법을 주신 후에도 변함없이 모든 민족 모든 사람에게 공정하게 계속되었다. 모두 다 장래에 그리스도를 통해 구속하실 날을 정하셨기 때문이었다.

하나님께서는 오랜 세월에 걸쳐 죄에 물든 창조 세계를 융합된 세계로 만들어 놓으시고 그 구속의 날 말미에 예수님을 통해 강화된 율법을 선포하게 하셨다. 갈기갈기 갈라진 모든 창조의 세계를 하나로 통합하시기 위한 일을 시작하신 것이다.

그 강화된 율법의 실체는 바로 예수님 자신이었다. 그것은 예수님께서 자신을 하나님과 하나 됨의 논리를 밝힌 말씀이었다. 그렇게 강화된 율법은 죄 아래 있는 모든 사람에게 주어진 상태가 되었다. 드디어 죄를 죄로 드러내어 계산할 수 있는 일을 시작하신 것이다. 그것은 창조된 세계를 죄로 물들게 만든 그 죄의 실체를 드러내어 심판하여 처단하기 위함이었다.

그동안 그 죄는 하나님의 그 은혜에 눌려 수면 아래 죽은 듯이 있어야 했다. 아담 시대도 그 은혜의 시대이고 아브라함 시대도 그 은혜의 시작이었으며 모세의 율법을 성립한 모세로부터 주 그리스도 예수님의 시대까지도 그 은혜의 시대였다. 그 은혜의 시대 말미, 그러니까 예수님께서 그동안 모세의 율법에 대한 해석의 역사를 무색하게 만들어 버릴 정도의 폭탄선언으로 율법을 강화하신 그때부터 여유롭게 휴가를 즐기는 것처럼 지내던 그 죄가 정신을 버쩍 차리고 서둘러 기밀하게 활동하게 만든 것이다. 그 죄의 처지에서는 신변에 위협을 느낄 정도로 매우 위태로운 상황을 인식하게 하여 급하게 자기를 보호할 대책을 강구할 수밖에 없게 되었다. 그렇게 예수님의 강화된 율법은 모세의 율법을 가지고 있는 자들 속에 잠자고 있는 그 죄를 깨우는 기폭제가 되었다.

구원의 길

그리스도 예수님께서 말씀하신 말씀과 행위로서의 율법이 선포되자 그 죄는 모세의 율법이 그 율법을 가진 자들에게 말하고 있었던 '탐내지 말라'라는 계명을 이용해 속이기 시작했다. 그 예수님의 강화된 율법마저도 속일 수 있는 도구로 쓸 수 있는 기회를 포착했다. 그 예수님의 영적인 말씀을 육적인 말씀으로 듣고 행하도록 충동질을 해 댄 것이다. 그 충동질은 그들 속에 온갖 욕심을 만들어 냈다. 그 충동질의 최종 목적은 그들을 이용해 그 예수님을 처단하는 것이었다. 그 죄의 비밀 작전은 승리를 장담하며 쾌재를 부릴 만큼 순항했다.

결국 그 죄는 융합된 법이 주는 권력을 쥐고 온 세상을 쥐락펴락하는 자들을 통해 그 예수님을 십자가에 처형시키고 승리를 자축했다. 하나님의 심판과 형벌을 협상할 수 있는 인질을 손에 쥐었다고 생각했기 때문이다.

하지만 그 일은 영원 전부터 아버지 하나님과 이미 결정하신 계획에 따라 순종으로 그 예수님께서 행하신 일이었다. 그 죄는 그 예수님께서 파 놓은 덫에 걸린 것이었다. 그 예수님께서는 그 죄로부터 인류를 구원하기 위해 자기의 죽음과 부활이라는 시나리오에 따라 비밀 작전을 수행하신 것이다. 그 예수님을 통해 그 죄로부터 구원의 길이 열렸다. 그 구원이 없었다면 사도 바울이 그 탐심(영생을 얻고자 하는 열정과 열심)도 이해하지 못했을 것이다.

하나님의 비밀

이제 모든 법 아래서 그 죄의 볼모가 된 인류는 비밀 작전, 그러니까 그 예수님께서 기꺼이 자기 목숨을 십자가에 내놓으시고 일으켜지심으로 구원을 이루시는 내막을 알고 이해할 때만 자유로운 삶을 살게 된다.

아담은 에덴동산에서 한 법을 하나님께 받아 은혜롭게 살다가 뱀, 그러니까 사탄 또는 마귀라고 하는 그 죄의 원흉이 보이는 현란한 유혹의 말솜씨에 넘어가 범죄하여 영적인 사망에 이르렀고, 불쌍히 여기시는 하나님의 구원에 대한 약속을 받은 후 에덴동산에서 떠나 은혜의 생활을 시작했다. 죄가 있어도 죄로 여기지 않을 정도로 죄책이 계산되지 않는 은혜 속에서 불쌍히 여기시는 하나님의 구원에 대한 약속을 소망하는 행복한 삶이었다. 모세가 법을 받은 때에도 그 죄는 아담 시대에 아담의 법을 이용해 아담을 넘어뜨린 방식과 동일한 방식으로 모세 시대에도 모세의 법을 이용해 이스라엘 전 역사를 죄로 물들게 했지만, 여전히 죄지은 자를 즉각 처단하지 않으시는 크신 하나님의 은혜와 사랑 속에 사는 행복한 삶이었다.

그런데 '예수 그리스도'라고 하는 한 인간의 법이 오자 세상은 발칵 뒤집혔다. 그 예수님의 말씀과 행위로서의 존재적 율법은 모세의 법을 따라 열정적으로 살던 자들의 삶의 동력이 탐심이었다는 사실을 이해시키기 위해 그들이 그 죄와 하나가 되는 경험에 이르게 하는 강력한 법이었다. 그것은 사탄과 마귀가 처단되는 것 같은 형상으로 그 예수님께서도 처단되도록 스스로 죽음을 자초하는 죽음이었다(민 21:4-9, 요3:14-15).

따라서 이 세상의 모든 법, 그러니까 하나님의 진노로 인해 유대인과 이방인이 융합된 세계가 되어 통용되는 모든 법은 그 예수님의 말씀과 행위로서의 율법으로 인해 그 죄를 살려 역사 수면 위에 활동하게 만드는 도구가 된 것이다. 그 예수님의 말씀과 행위로서의 율법이 없으면 죄는 죽은 것이다. 엄밀하게 말하면 이 세상의 만법이 그 예수님의 말씀과 행위로서의 율법과 연결고리가 형성되지 않고 떨어져 있으면 그 죄는 역사상 수면 위로 나와 인간 행위를 만들어 내는 일을 할 수 없다는 말이다.

이는 그리스도 예수 안에서 이루어질 구속의 은혜가 베풀어지는 과정에서 일어나는 신비로운 일이다. 이 신비는 그 은혜를 받은 자 외에는 이 세상 아무도 알 수 없는 하나님의 비밀이다.

온 인류를 망하게 하는 장본인

사도 바울은 그 예수님의 말씀과 행위로서의 율법과 별개의 삶을 살고 있었지만 '탐내지 말라'는 계명을 통해 죄가 살아나고 자기가 죽는 일이 일어나 자신을 생명에 이르게 할 그 계명이 죽음에 이르게 하는 것으로 발견하게 된다. 그리고 그 죄가 기회를 잡은 후 그 계명을 통해 나를 완전히 속였고 또한 그것을 통해 나를 죽였다고 당당하게 말한다. 이 모든 일에 대한 발견은 그리스도 예수 안에 있는 구속에 의한 것이다. 따라서 그 율법(모세의 율법)은 거룩하며 그 계명 또한 거룩하고 의롭고 선한 것으로 드러났다. 그 죄가 그 선한 계명을 통해 나에게 죽음을 만들어 내고 있었던 것은 그 죄가 죄로 명백히 드러나게 하려는 것이었고, 그 죄가 그 계명을 통해 지극히 크고 중한 범죄자, 곧 죄인 중에 괴수가 되게 하는 것으로 드러났다. 모두 다 죄 아래 팔린 육신적인 상태에서 영적인 모세의 율법을 육신적 행위의 법으로 해석해서 일어난 일로 드러난 것이다.

그래서 사도 바울은 이렇게 고백한다. "나는 정말 내가 이루어 내는 것을 모릅니다. 불행하게도 나는 내가 원하는 일을 실행하지 못하고, 도리어 미워하는 일을 만들고 있으니 말입니다. 그러나 비록 내가 원하지 않는 일을 만들고 있을지라도, 그것은 내가 그 율법이 '선하다'는 것을 인정하는 것입니다. 그러니 이제 더 이상 내가 그것을 이루어 내는 것이 아니라 내 속에 거주하고 있는 그 죄가 그것을 이루어 내고 있는 장본인입니다."

온 인류를 망하게 하는 장본인이 바로 그 죄로 밝히 드러나는 순간이다. 그동안 우리를 볼모로 잡고 하나님의 심판을 피하려고 온갖 꾀를 다 부리며 생쇼를 하던 마귀와 사탄의 핵심 동력이 전달되는 방식을 본 것이다.

이런 관점에서 로마서 7장의 논리는 다음과 같이 막을 내린다.

7:18	–Οἶδα γὰρ ὅτι οὐκ οἰκεῖ ἐν ἐμοί, τοῦτ' ἔστιν ἐν τῇ σαρκί μου, ἀγαθόν· τὸ γὰρ θέλειν παράκειταί μοι, τὸ δὲ κατεργάζεσθαι τὸ καλὸν οὔ·	--정말이지 나는 내 안에, 말하자면 나의 육신 안에 선한① 그것이 거주하지 않는다는 것을 압니다. 왜냐하면 원하는 것은 내게 언제든지 자리 잡고 있으나 그 선한② 일을 이루어 내지는③ 못하기 때문입니다.
7:19	οὐ γὰρ ὃ θέλω ποιῶ ἀγαθόν, ἀλλ' ὃ οὐ θέλω κακὸν τοῦτο πράσσω.	그 때문에 나는 그토록 내가 원하는 바, 선한① 그것을 만들지② 못하고, 오히려 내가 원하지 않는바, 악한③ 그것을 실행하고④ 있을 뿐입니다.
7:20	εἰ δὲ ὃ οὐ θέλω [ἐγώ] τοῦτο ποιῶ, οὐκέτι ἐγὼ κατεργάζομαι αὐτὸ ἀλλ' ἡ οἰκοῦσα ἐν ἐμοὶ ἁμαρτία.	그렇게 [내가] 원하지 않는 이것을 만들고① 있다면, 그것을 이루어 내고② 있는 것은 더 이상 내가 아니라 내 안에 거주하고 있는 그 죄라는 말이 됩니다.
7:21	εὑρίσκω ἄρα τὸν νόμον, τῷ θέλοντι ἐμοὶ ποιεῖν τὸ καλόν, ὅτι ἐμοὶ τὸ κακὸν παράκειται·	나는 비로소 그 율법을 발견합니다. 그 율법은 그 선한① 그것을 만들어 내기② 원하는 나에게 그 악한③ 그것이 항상 자리 잡고 있다고 경고해 주는 역할을 하고 있었던 것입니다.※
7:22	συνήδομαι γὰρ τῷ νόμῳ τοῦ θεοῦ κατὰ τὸν ἔσω ἄνθρωπον,	이는 내가 그 속사람을 따라 그 하나님의 그 율법을 매우 즐거워하나,
7:23	βλέπω δὲ ἕτερον νόμον ἐν τοῖς μέλεσίν μου ἀντιστρατευόμενον τῷ νόμῳ τοῦ νοός μου καὶ αἰχμαλωτίζοντά με ἐν τῷ νόμῳ τῆς ἁμαρτίας τῷ ὄντι ἐν τοῖς μέλεσίν μου.	내 지체들 안에서 다른① 율법이 내 이성의② 율법과 싸워 내 지체들 안에 있는 그 죄의 그 율법으로 나를 사로잡고 있는 것을 보기 때문입니다.
7:24	Ταλαίπωρος ἐγὼ ἄνθρωπος· τίς με ῥύσεται ἐκ τοῦ σώματος τοῦ θανάτου τούτου;	오호라~, 진정 나는 비참한 사람입니다. 누가 나를 이 사망의 몸으로부터 구해 내겠습니까?
7:25	χάρις δὲ τῷ θεῷ διὰ Ἰησοῦ Χριστοῦ τοῦ κυρίου ἡμῶν. Ἄρα οὖν αὐτὸς ἐγὼ τῷ μὲν νοῒ δουλεύω νόμῳ θεοῦ τῇ δὲ σαρκὶ νόμῳ ἁμαρτίας.	다행히도 은혜가 예수 그리스도 우리 주님을 통해 그 하나님께 있습니다. 그런즉 의심의 여지 없이 실로 내가 친히 그 이성으로① 하나님의 율법에 종이 되어 섬긴다고는 하나 그 육신으로 죄의 율법에 종이 되어 섬기고 있는 상태입니다.

그리스도의 충성스러운 종

우리가 롬7장 마지막 부분을 정리하면서 생각해야 할 것은, 사도 바울이 로마서의 주제가 되는 하나님의 복음을 설명하는 과정에서 하나님의 복음을 희화화하거나 (과장되거나 우스꽝스러운 것이 되도록 묘사하거나) 조롱하는 논리를 만들어 내는 괴이한 재주를 가진 인간들을 상대로 그들이 내놓을 주장을 예상하고 질문을 던지고 답하는 방식으로 글을 쓴다는 것이다.

왜냐하면 롬7:18-25상은 롬5:12-20의 논리로 발생할 롬6:1의 '그 은혜를 더하게 하려고 우리가 그 죄에 계속 머물자.' 또는 롬6:15의 '이제 우리가 율법 아래 있는 것이 아니라 은혜 아래 있으니 죄를 저질러 보자.'라는 극단적인 괴변의 선동 논리에서 급기야 롬7:7에서 '그 율법이 죄란 말입니까?'라는 질문을 하게 만드는 자들인 모세의 율법을 힘입어 신앙 생활하는 자들에게 그 율법의 속박에서 벗어나 영광의 자유로 나가게 만들기 위한 그리스도의 충성스러운 종을 통해 베풀어지는 은혜의 깨달음이고 선물이기 때문이다.

그것은 모세의 율법 창4:1-8의 문맥, 그러니까 창조부터 인류의 대표자 아담의 타락 후 그 아담의 후손 가인이 살아가는 삶의 방식 속에서 가인의 행위에 영향력을 행사할 수 있는 죄의 세력이 그의 내면에 이미 활동하고 있음을 보이는 여호와의 말씀인 창4:7에 닿아 있다.

인류 최초 가정의 비극

부연하면 하나님의 특별계시의 책인 성경 속 최초의 가족, 그러니까 오늘날 '인류'라고 하는 '모든 인간의 대표'로 해석되고 있는 아담과 하와가 첫아들 가인을 낳고 '여호와의 도우심으로 내가 남자아이를 얻었다.'라고 말할 정도로 기뻐했다. 에덴을 떠나면서 여호와 하나님께 받은 약속의 말씀(창3:15)에 대한 소망의 끈을 놓지 않고 견디던 삶 속에서 드디어 에덴을 잃어버린 허망함 곧 실낙원에 대한 상실감을 한 방에 날려 버릴 수 있었던 일이었다. 이어 그들은 둘째 아벨을 낳는 겹경사로 부러울 것이 하나도 없었다.

아벨은 양을 치는 일을 했고 가인은 땅을 경작하는 일을 하였다. 세월이 흘러 가인은 땅에서 거둔 곡식을, 아벨은 처음 태어난 어린 양과 양의 기름을 여호와께 제물로 바쳤는데, 여호와께서는 아벨과 그가 바친 제물은 반기셨으나, 가인과 그가 바친 제물은 반기지 않으셨다.

이에 가인이 몹시 화가 나서 안색이 변하자 여호와께서 가인에게 '어찌하여 네가 화를 내느냐? 얼굴빛이 달라지는 까닭이 무엇이냐?'라고 물으시며 '네가 올바른 일을 하였다면, 어찌하여 얼굴빛이 달라지느냐? 네가 올바르지 못한 일을 하였으니, 죄가 너의 문에 도사리고 앉아서, 너를 지배하려고 한다. 너는 그 죄를 잘 다스려야 한다.'라고 말씀하시므로 에덴동산을 잃어버리게 된 원인을 생각나게 하셨지만 결국 가인은 동생 아벨을 죽이는 일을 저지르고 말았다.

이는 아비와 어미인 아담과 하와가 삶을 통해 얻은 교훈을 소중히 여기지 않는 개 후레자식의 말로다. 부모가 하나님의 율법을 받고 살면서 겪었던 실낙원의 아픈 추억 속에 담긴 하나님의 위로와 소망의 언약, 그러니까 부모가 지난날 자신들의 허물과 죄로 인하여 좌절하지 않고 오뚝이처럼 다시 일어나 비록 현재는 초라하나 훗날 잃어버린 영광을 되찾을 꿈을 가지고 살아가는 부모를 따르지 않고 함부로 말하고 자기 멋대로 살아가는 오만방자한 마음가짐이 만들어 낸 참사이다.

처음부터 있었던 교훈
아무튼 모세의 율법 처음 책인 창세기는 사도 바울이 폭로하는 그 죄의 실체가 무슨 일을 저지르게 하는 지를 명확하게 보여 준다. 여호와 하나님께서 에덴동산에 아담의 율법을 세우시고 아담 부부에게 에덴을 지키며 살게 하셨는데 뱀의 유혹에 넘어가 그 율법을 어기게 되는 죄를 저질렀다. 그때 아담의 율법을 그릇되게 해석해 그 율법을 범하게 만든 장본인은 그 뱀의 혀를 도구 삼은 영적 존재인 바로 사도 바울이 말하는 그 죄의 실체이다.

이렇게 하나님께서 인류 최초 가정인 아담 가정을 유비(類比)로 써 인류의 비극적인 일을 모세의 율법 안에 기록하여 주셨다. 그런데도 그의 큰아들 가인이 작은아들 아벨을 죽인 것처럼 모세의 율법을 목숨보다 더 소중히 여기는 유대인들이 그 아담의 표상으로 오신 하나님의 아들 예수님을 십자가에 처형하는 일을 저질렀다. 그런 일을 저지르게 한 장본인이 계시 역사 상 인류 최초 가정을 상징하는 아담의 가정을 비탄에 빠뜨린 존재와 똑같은 존재다.

사도 바울이 말하고자 하는 죄에 대한 실체는 모세의 율법 자체가 처음부터 교훈하고 있는 창4:7을 겨냥한다는 게 필자의 결론이다.

유용한 도구

이제 남은 건 그런 일이 사실임을 입증할 수 있는 실제적인 이유가 되는 사도 바울 자신의 처지와 상태를 밝힘으로써 모든 의구심을 종식시킬 롬7:22-23이 가지는 논리에 대한 이해이다.

다시 한번 강조하지만 사도 바울의 논리는 언제나 그리스도 예수 안에 있는 구속의 논리로부터 출발한다. 그리스도 예수 안에서 바라보는 구속사의 관점에서 모든 논리는 형성되는 까닭에 어떤 부분을 읽더라도 뭔가 이상하다고 느껴지면 다시금 그리스도 예수 안에 있는 구속사의 관점에서 점검하되 문맥의 맥락을 놓치지 않고 잘 연결하면 사도 바울의 의도로부터 이탈하지 않을 수 있다.

먼저 롬7:22 '내가 그 속사람을 따라 그 하나님의 그 율법을 매우 즐거워하나'에서 '그 속사람(τὸν ἔσω ἄνθρωπον-톤 에소 안드로폰)'이 누구냐는 것이다. 글자 그대로 사도 바울 자신의 속사람을 가리킨다(고후 4:16, 엡3:16). 그리고 '그 하나님의 그 율법(τῷ νόμῳ τοῦ θεοῦ-토 노모 투 데우)'은 모세의 율법인 모세 오경이다. 그리고 '매우 즐거워한다(συνήδομαι-쉬네도마이)'는 뭔가와 연결해서 기쁨을 경험한다는 의미(to experience joy in connection with), 곧 모세의 율법과의 관계에서 매우 큰 즐거움을 경험하는 것을 말한다.

속박된 상태

이 상태는 롬7:7의 '그 율법이 죄란 말이냐?'라는 질문을 시작으로 롬7:21까지 그 하나님의 그 율법(모세의 율법)과 그 율법 안에 있는 그 계명 또한 거룩하고 선하다는 사실을 입증하는 논리로 '자신을 생명에 이르게 해야 할 그 율법과 그 계명을 이용해 사망에 이르게 만드는 그 죄의 실체적 진실'을 폭로할 정도로 그 율법의 역기능을 발견하는 상태이다.

어찌 보면 이런 상태가 이제 사탄의 장난에 농락당하지 않을 수 있는 자의 여유로운 표현이라고 생각할 수 있지만 이어지는 본문은 반의 접속사 '데(δέ)'로 연결된

긴 문장으로 도저히 즐거워할 수 없는 속박된 상태의 이유를 표현한다.

7:22	συνήδομαι γὰρ τῷ νόμῳ τοῦ θεοῦ κατὰ τὸν ἔσω ἄνθρωπον,	이는 내가 그 속사람을 따라 그 하나님의 그 율법을 매우 즐거워하나,
7:23	βλέπω δὲ ἕτερον νόμον ἐν τοῖς μέλεσίν μου ἀντιστρατευόμενον τῷ νόμῳ τοῦ νοός μου καὶ αἰχμαλωτίζοντά με ἐν τῷ νόμῳ τῆς ἁμαρτίας τῷ ὄντι ἐν τοῖς μέλεσίν μου.	내 지체들 안에서 다른① 율법이 내 이성의② 율법과 싸워 내 지체들 안에 있는 그 죄의 그 율법으로 나를 사로잡고 있는 것을 보기 때문입니다.

해결책을 구하는 울부짖음

이는 겉으로는 웃으며 생기발랄한 모습이나 속에서는 피눈물을 흘리며 슬피 우는 이중적인 모습을 한 몸에 가지고 살아야 하는 행복한 것 같으면서도 불행한 인간의 단면을 보여 주는 불편한 진실을 마주하게 한다.

결국 이 이중적인 상태의 결말은 비참함을 참다못해 터트리는 울부짖음으로 해결책을 구하는 질문을 던질 수밖에 없는 인간의 실존적 실상을 고발하는 롬7:24로 이어진다.

| 7:24 | Ταλαίπωρος ἐγὼ ἄνθρωπος· τίς με ῥύσεται ἐκ τοῦ σώματος τοῦ θανάτου τούτου; | 오호라~, 진정 나는 비참한 사람입니다. 누가 나를 이 사망의 몸으로부터 구해 내겠습니까? |

해결책은 은혜

그리고 그 해결책은 예수 그리스도 우리 주님을 통해 베풀어 주시는 전능하신 아버지 하나님의 은혜밖에 없다고 밝히며 그 상태를 정리해 마무리 짓는다.

| 7:25 | χάρις δὲ τῷ θεῷ διὰ Ἰησοῦ Χριστοῦ τοῦ κυρίου ἡμῶν. Ἄρα οὖν αὐτὸς ἐγὼ τῷ μὲν νοΐ δουλεύω νόμῳ θεοῦ τῇ δὲ σαρκὶ νόμῳ ἁμαρτίας. | 다행히도 은혜가 예수 그리스도 우리 주님을 통해 그 하나님께 있습니다. 그런즉 의심의 여지 없이 실로 내가 친히 그 이성으로① 하나님의 율법에 종이 되어 섬긴다고는 하나 그 육신으로 죄의 율법에 종이 되어 섬기고 있는 상태입니다. |

우리의 현실

그럼 이제 남은 궁금증은 롬7:23의 상태의 명확한 이해이고, 이 웃지 못할 인간 상태를 정리하여 결론을 나타내는 롬7:25의 두 번째 문장의 접속사 '운(οὖν)'이 이끄는 문장이 지닌 의미를 바르게 이해하는 것이다.

사도 바울에겐 더 이상 설명이 필요 없는 명료한 논리적 설명이다. 우리는 그 논리적 설명을 다시 또 설명해야 한다는 해석의 과정이라는 매우 큰 부담감에 직면해 있다. 그리고 성령의 도우심을 구하는 기도 외에는 그 논리에 다가갈 수 없는 게 우리의 현실이다.

그런 이유로 이 부분의 해석에 대해 독자의 몫으로 남겨두고 롬7장을 마무리할까도 생각해 보았다.

그건 독자들이 지금까지 서술한 방대한 롬7장의 해석을 다시금 정리하며 기도하는 시간을 갖는 것이다. 그것도 우리 주님을 기쁘시게 하여 모두가 그 은혜에 참여하게 되는 유익한 길이 될 것이기 때문이다.

하지만 필자는 이런 사실들을 밝히기 위해 『2000년 로마서 해석의 지형을 바꾸다』라는 책명을 걸고 로마서 해설을 지필하고 있는 까닭에 은밀한 중에 기도하며 애타게 찾고 구하는 하나님의 사람들을 위해 좀 더 지면을 할애하여 최선을 다해 섬김에 충성을 다하고자 한다.

그런 의미에서 다시 한번 문제의 본문을 읽어 보자.

7:22	συνήδομαι γὰρ τῷ νόμῳ τοῦ θεοῦ κατὰ τὸν ἔσω ἄνθρωπον,	이는 내가 그 속사람을 따라 그 하나님의 그 율법을 매우 즐거워하나,
7:23	βλέπω δὲ ἕτερον νόμον ἐν τοῖς μέλεσίν μου ἀντιστρατευόμενον τῷ νόμῳ τοῦ νοός μου καὶ αἰχμαλωτίζοντά με ἐν τῷ νόμῳ τῆς ἁμαρτίας τῷ ὄντι ἐν τοῖς μέλεσίν μου.	내 지체들 안에서 다른① 율법이 내 이성의② 율법과 싸워 내 지체들 안에 있는 그 죄의 그 율법으로 나를 사로잡고 있는 것을 보기 때문입니다.
7:24	Ταλαίπωρος ἐγὼ ἄνθρωπος· τίς με ῥύσεται ἐκ τοῦ σώματος τοῦ θανάτου τούτου;	오호라~, 진정 나는 비참한 사람입니다. 누가 나를 이 사망의 몸으로부터 구해 내겠습니까?

| 7:25 | χάρις δὲ τῷ θεῷ διὰ Ἰησοῦ Χριστοῦ τοῦ κυρίου ἡμῶν. Ἄρα οὖν αὐτὸς ἐγὼ τῷ μὲν νοῒ δουλεύω νόμῳ θεοῦ τῇ δὲ σαρκὶ νόμῳ ἁμαρτίας. | 다행히도 은혜가 예수 그리스도 우리 주님을 통해 그 하나님께 있습니다. 그런즉 의심의 여지 없이 실로 내가 친히 그 이성으로① 하나님의 율법에 종이 되어 섬긴다고는 하나 그 육신으로 죄의 율법에 종이 되어 섬기고 있는 상태입니다. |

우위 접속사

우선 세 개의 율법이 사도 바울의 육체 속에서 얽혀 돌아가고 있는 롬7:23의 비참한 실존적 상태부터 규명해 보자.

이 문제를 풀 수 있는 최초의 핵심 키워드는 롬7:23과 하나의 문장인 롬7:22의 이유와 원인을 나타내는 접속사 가르(γὰρ)의 역할이 가지는 실제적인 의미이다. 왜냐하면 이 접속사 가르(γὰρ)가 사도 바울이 그 율법(모세오경)을 가지고 그 하나님께서 기뻐하시는 그 선한 행위를 원하나 그 악한 행위를 하게 되는 이유인 그 죄의 실체를 밝힘으로써(롬7:7-20) 그 율법의 진정한 역할을 이미 그 율법 자체가 밝히고 있었다는 깨달음의 사실(롬7:21, 창4:7)을 제시한 롬7:21에 원인적 이유를 연결해 설명하기 때문이다.

이는 이 가르(γὰρ)가 우위 접속사로서 이끄는 롬7:22-23의 내용이 논리적으로 롬7:7-21의 내용보다 먼저 있어 롬7:7-21에서 그 율법과 그 죄의 실체적 진실을 밝히는 설명이 가능했다는 말이다.

헤테론(ἕτερον)과 헤테로(ἑτέρῳ)

그렇다면 롬7:22-23의 내용은 롬7:1-6의 천국 혼인 잔치의 논리 속 포함된 논리가 되므로 롬7:22-23의 사도 바울의 상태에 관한 논리를 풀 수 있는 키워드가 있다고 예측할 수 있다. 그 키워드는 바로 롬7:23의 '다른 율법(ἕτερον νόμον-헤테론 노몬)'에서의 '다른'이라는 뜻의 헬라어 헤테론(ἕτερον)이 '롬7:4의 다른 분, 곧 죽은 자들로부터 일으켜지신 분(ἑτέρῳ, τῷ ἐκ νεκρῶν ἐγερθέντι-헤테로, 토 에크 네크론 에게르덴티)'에서의 '다른'이라는 뜻의 헬라어 헤테로(ἑτέρῳ)가 동일한 단어라는 사실이다.

따라서 롬7:23의 '다른 율법(ἕτερον νόμον-헤테론 노몬)'은 차차 자세하고 명확하게 설명하겠지만 죽은 자들로부터 일으켜지신 분의 율법이다.

이런 관점으로 롬7:23을 보라.

| 7:23 | βλέπω δὲ ἕτερον νόμον ἐν τοῖς μέλεσίν μου ἀντιστρατευόμενον τῷ νόμῳ τοῦ νοός μου καὶ αἰχμαλωτίζοντά με ἐν τῷ νόμῳ τῆς ἁμαρτίας τῷ ὄντι ἐν τοῖς μέλεσίν μου. | 내 지체들 안에서 다른① 율법이 내 이성의 ② 율법과 싸워 내 지체들 안에 있는 그 죄의 그 율법으로 나를 사로잡고 있는 것을 보기 때문입니다. |

어떤가?

이제 롬7:23을 설명해 낼 수 있겠는가?

새로운 사실을 알았다고 즐거워하는 것도 잠깐, 정말 어려워지지 않았는가?

사실 필자가 보기에 이 지점이 바로 우리 자신들의 상태를 바라보며 곡소리를 내야 하는 부분이다. 왜냐하면 그렇지 않으면 롬7:24의 '오호라~, 진정 나는 비참한 사람입니다. 누가 나를 이 죽음의 몸으로부터 구해 내겠습니까?'라는 사도 바울의 울부짖음이 형식적인 립서비스가 되기 때문이다.

싸움 단계

실제로 롬7:23의 구문은 그 내용이 의미하는 바가 어려운 게 문제지 문법적으로는 비교적 간단한 구문이다. 구문은 두 단계로 이루어져 있는데, 처음은 싸우는 단계이고 두 번째는 포로로 만드는 단계로 주체는 다른 율법, 곧 죽은 자들로부터 일으켜지신 분의 율법이다. 그리스도 예수의 율법이 사도 바울의 이성의 율법과 싸워 사도 바울을 그 사망의 율법 안에 포로로 잡고 있는 형국이다.

이 문제를 풀기 위해 먼저 다른 율법, 곧 부활하신 그리스도 예수의 율법이 사도 바울의 이성의 법과 싸우는 단계를 생각해 보자.

'싸우다'라는 단어(ἀντιστρατευόμενον-안티스트라튜오메논)를 BDAG는 '어떤 대상과 전쟁 중이다(be at war with).'라는 의미로 이 부분을 '내 마음의 법과 전쟁 중이다(at war with the law of my mind).'라고 번역했다.

이를 필자는 그리스도 예수의 율법이 사도 바울의 마음이 아닌 이성의 법(τῷ

νόμῳ τοῦ νοός μου-토 노모 투 누스 무)과 전쟁 중으로 표현했다. 이 '이성'이라는 헬라어에 대해서는 여러 번 언급했기에 여기서는 하나님과의 관계에서 생각하고 이해하고 판단을 내리는 기능이라는 사실만 상기하도록 한다.

그러니까 사도 바울이 그 하나님과의 관계에서 모세오경이라는 모세의 율법을 근거로 그 하나님께서 기뻐하시는 행위를 만들어 내는 과정, 곧 그의 이성으로 그 율법을 이해하고 그 의미를 판단하여 신앙생활을 하는 과정에서 '몰래 들어와 개입한 한 율법'이라고 하는 또 하나의 율법인 예수님의 말씀과 행위로서의 존재적 율법과 시작된 싸움이 있다는 말이다(이것은 실제로 사도 바울이 지상에서 예수님의 부활 이전에 자신과 예수님과의 관계에서 일어난 상황을 그리스도 예수 안에서 뒤돌아보며 현재 자신의 상태를 스캔한 표현이라고 감히 말할 수 있다).

포로 단계

이제 그가 그 죄의 그 율법에 사로잡혀 있는 단계를 생각해 보자.

'사로잡다'라는 단어(αἰχμαλωτίζοντά-아이크말로티존타)를 BDAG는 '누군가를 전쟁 포로로 만들다(to cause someone to become a prisoner of war).'라는 의미로 이 부분을 '나를 그 죄의 법의 포로로 만든다(makes me a prisoner to the law of sin).'라고 번역했다.

이를 필자는 다른 율법, 곧 부활하신 그리스도 예수의 율법이 사도 바울의 이성의 법과 싸워 모세오경의 사람 바울(모세의 율법 아래 있는 옛사람)을 그 죄의 그 율법에 포로가 되게 한 상태로 표현했다.

여기에는 논리적으로 혼란스럽게 하는 부분이 있다. 그것은 문장 자체를 볼 때 다른 율법과 그 죄의 율법이 동일시되는 듯한 논리적 모순이 발생하는 것처럼 보이기 때문인데 사실은 그렇지 않다. 왜냐하면 그 사건이 갖는 진정한 의미를 이해하지 못하기 때문이다.

거기에는 치열한 전투가 있었다. 예수님을 십자가에 처형함으로써 승리를 외치는 일도 있었다. 그것도 잠시, 그 예수님의 부활을 전하는 증인들의 활동이 시작되었다. 또 그들마저 죽이려고 집요하게 전략을 세우고 비밀리에 작전을 감행하다 부활하신 주 예수님과 부딪혀 고꾸라져 부활하신 주 예수님의 포로가 된 상태이다

(이것은 실제로 사도 바울이 예수님의 부활 이후 자신과 부활하신 예수님과의 관계에서 일어난 상황을 그리스도 예수 안에서 뒤돌아보며 현재 자신의 상태를 스캔한 표현이다).

그러니까 사도 바울이 그 하나님과의 관계(모세오경을 주신 하나님과의 관계)에서 자기 이성으로 정당하다고 판단을 내린 모세의 율법에 대한 해석(오랜 세월 동안 유대인들이 모세 오경을 연구해 얻은 결과물)에 심취한 후 얻게 된 확신으로 거룩한 영적 전쟁(모세 오경의 참의미를 놓고 벌이는 지상의 예수님과 시작된 전쟁)에 뛰어들어 부활의 주 예수님에게 참패하고 그 죄의 그 율법 안에 포로가 되어 있는 상황을 보는 것이다.

여기서 주목해야 할 것은 승리가 예수님께 있으니 당연히 예수님의 포로가 되었다는 논리로 표현하지 않고 그 죄의 그 율법 안에 포로가 된 상황으로 표현한 것이다. 예리한 독자라면 분명히 이 지점에서 필자의 논리가 왠지 이상하다고 생각하게 될 것이다(부활의 주 예수님에게 참패했다면 당연히 그리스도 예수의 율법으로 말하여지는 '다른 율법'에 포로가 되어야지 왜 그 죄의 그 율법 안에 포로가 되는지 논리적으로 잘 맞아떨어지지 않음)고 생각하게 될 것이다.

이는 앞으로 밝혀지겠지만 미리 언급하자면 어쩌면 필자가 이 책에서 의도하고 있는 가장 중요한 사실에 대한 궁금증을 유발하고 있다는 사실이다. 그리고 그건 부활의 주 예수님께서 사망도 주관하시는 주님도 되심을 알아차릴 수 있는 센스 있는 자를 골라 뽑아내기 위한 전략적 장치라고 말하고 싶다.

사건과 상태

아무튼 이는 사도 바울이 다마커스 도상에서 부활하셔서 천상에 계신 예수님을 만난 사건을 해석하는 것이다. 빛으로 오신 예수님을 만나고 눈이 멀어 길바닥에 주저앉아 이러지도 저러지도 못하는 경험이 가지는 실제적인 의미를 찾아 많은 세월 속에서 얻은 것, 곧 우리 주님 예수 그리스도의 돌아가심과 일으켜지심이라는 사건이 갖는 진정한 의미를 자신의 상태로 풀어내는 것이다.

그도 하나님의 은혜 아래 있었다. 모세오경도 은혜로 받은 것이다. 그렇게 하나님의 은혜 아래 목숨을 바쳐 모세오경을 따라 믿음 생활을 해 왔는데 결과가 너무나 비참하지 않은가! 무엇이 문제였단 말인가! 예수님이라고 하는 한 인간과 부딪힘이 없었다면 꽃길만 걸었을 그에게 너무나 가혹한 일이 그에게 일어난 것이다.

하지만 그것도 잠시, 숙명적인 그 사건의 실체적 진실을 깨닫고 '오호라~, 진정 나는 비참한 사람입니다. 누가 나를 이 죽음의 몸으로부터 구해 내겠습니까?'라는 울부짖음이 터져 나오는 것이다.

한마디로 롬7:23은 사도 바울이 다마커스 도상에서 일어난 사건이 자기에게 어떠한 상태로 만들었는지를 표현하는 것이다.

참으로 그러한지 다시 한번 읽어 보라.

7:22	συνήδομαι γὰρ τῷ νόμῳ τοῦ θεοῦ κατὰ τὸν ἔσω ἄνθρωπον,	이는 내가 그 속사람을 따라 그 하나님의 그 율법을 매우 즐거워하나,
7:23	βλέπω δὲ ἕτερον νόμον ἐν τοῖς μέλεσίν μου ἀντιστρατευόμενον τῷ νόμῳ τοῦ νοός μου καὶ αἰχμαλωτίζοντά με ἐν τῷ νόμῳ τῆς ἁμαρτίας τῷ ὄντι ἐν τοῖς μέλεσίν μου.	내 지체들 안에서 다른① 율법이 내 이성의 ② 율법과 싸워 내 지체들 안에 있는 그 죄의 그 율법으로 나를 사로잡고 있는 것을 보기 때문입니다.
7:24	Ταλαίπωρος ἐγὼ ἄνθρωπος· τίς με ῥύσεται ἐκ τοῦ σώματος τοῦ θανάτου τούτου;	오호라~, 진정 나는 비참한 사람입니다. 누가 나를 이 사망의 몸으로부터 구해 내겠습니까?

이 정도 설명으로도 비참한 사도 바울의 고백을 이해할 수 있다면 그는 정말 대단한 사람이거나 거짓말하거나 허풍을 떠는 사람이다. 왜냐하면 이 대목이 그렇게 쉽게 이해할 수 있는 내용이라면 지난 2000년 동안 기독 신앙인들에게 그 실제적 의미가 숨겨졌을 리가 없기 때문이다.

필자가 보기에 대부분 절반은 알고 절반은 모르는 상태이다. 문제는 그런 상태에 있는 사람에게 나머지 절반을 설명하면 그 과정에서 상당히 거친 반응을 보인다는 것이다. 물론 설명을 어떤 방식으로 하느냐에 따라 다소 차이는 있겠지만 대동소이한 반응이 나타난다.

사망 권세 압수
자 그럼 이제 본격적인 논의를 시작해 보자.

분명히 말하지만, 필자는 가지고 있는 패를 모두 다 깠다. 구슬이 서 말이라도 꿰어야 보배라는 말이 있듯이 이미 부대 속에 담아 숨겨 놓았던 구슬을 큰 함지박에 쏟아 놓고 누구든 와서 구슬을 꿰어 보배를 소장하면 그만이다. 다만 이 구슬들은 순번이 있어 아무렇게나 꿰찬다고 해서 보배가 되지 않는다. 구슬들의 순번을 찾는 게 중요하다. 그동안의 지식은 순번을 찾는 데 아무런 도움이 되지 않고 혼란만 가중할 뿐이니 일단 모든 지식을 내려놓고 담백하고 단순하게 생각해 주길 바란다.

첫째, 모세 오경과 사도 바울의 관계를 이해하는 것이다. 그 율법(모세오경)은 유대민족에게 신성한 법이다. 그 율법은 유대교라는 오랜 전통 속에서 깊이 연구되었고, 바울은 당시의 그 유대교 내의 상아탑이라고 할 수 있는 가말리엘 문하생으로 촉망되는 청년으로 모세오경에 정통한 사람이었다. 여기에 바울의 내면에 이성의 법이 체계화되는 과정이 있다.

둘째, 그가 동시대의 한 유대인 청년 나사렛 예수의 행적을 바리새인의 한 사람으로 지켜봤으며 그 예수의 죽음에 직접적인 영향을 끼친 사람들 가운데 한 사람이라는 사실을 알 수 있는 것은 그 예수의 부활을 전하는 자들을 박해하는 선봉장으로 스데반을 죽인 배후 인물로 드러났기 때문이다(행6:9-7:58). 이후 더욱 살기가 등등해진 바울은 그 예수의 부활을 전하는 자들을 본격적으로 박해하기 시작한 사람이며(행8:1), 그 박해로 인해 이방인 세계로 흩어져 그 예수의 부활을 전하는 자들을 잡아 오기 위해 체포영장을 받아 다마스쿠스(시리아의 수도)로 갈 정도로 매우 열렬한 바리새인이었다(행9:1). 여기에 '내 이성의 율법(τῷ νόμῳ τοῦ νοός μου-토 노모 투 누스 무)'이라고 말하는 바울이 모세의 율법으로 완벽한 체계를 갖춘 사람이 있다. 그 사람을 속사람이라고 한다.

셋째, 그가 다마스쿠스로 가는 길에서 천상에 계신 부활하신 예수님을 만나는 사건을 경험한 후 아나니아라고 하는 주 예수의 제자를 통해 안수로 그 주님의 소명과 사명으로 세움을 입었다. 그 후 그 주님의 제자들과 친교를 통해 하나가 되어 그 예수를 주님으로 고백함과 동시에 '그 예수는 그 하나님의 그 아들이시며 그 그리스도이시다.'라고 전파하기 시작했다(행9:1-22).

여기서 중요한 것은 그가 부활하신 예수님께 받은 소명과 사명이다. 그것은 주님의 이름을 이방인들과 왕들과 이스라엘의 아들들 앞에 전하는 것이었다(행9:15). 그래서 부활하신 주님 예수의 이름을 전해야 할 그의 소명과 사명은 아주 특별한 주님의 의도가 개입되어 있다. 육체를 가진 예수님께서 지상에서 행하신 일들을 통해 그리스도와 주님이 되시는 과정의 의미를 알지 못해 예수님 살아 계실 때부터 행하신 일들을 근거로 핍박하며 예수님을 사지로 내몰았던 당사자들 가운데 한 사람으로서, 또 그 예수님의 부활을 전하던 스데반을 죽이는 것도 모자라 유대 지역뿐만 아니라 심지어 이방 세계로 흩어진 그 부활의 증인들을 발본색원하려 했던 자로서 마땅히 그 까닭을(왜 그래야만 했었는지를) 소상히 밝혀야만 다시는 세상에 그런 일이 반복되지 않을 수 있기에, 또 그렇게 함으로써 바울의 지난날 허물을 사해 주시는 은혜의 크심을 알아 그 주님께 감사와 찬양을 돌리게 하시려는 것이었다.

여기에 사도 바울의 속사람이 가진 이성의 율법(τῷ νόμῳ τοῦ νοός μου-토 노모 투 누스 무)이 '다른 율법(ἕτερον νόμον-헤테론 노몬), 곧 죽은 자들로부터 일으켜지신 분(ἑτέρῳ, τῷ ἐκ νεκρῶν ἐγερθέντι-헤테로, 토 에크 네크론 에게르덴티)의 율법'과 싸움이 시작되었는데, 다른 율법이 승리해 그 죄의 그 율법에 종노릇하고 있는 자신을 보는 상태가 된다(롬7:22-23).

한마디로 그 죄의 그 율법에 종노릇함으로써 예수님을 죽였던 바울을 부활의 주 예수님께서 그 죄의 그 율법에 종노릇하는 상태의 바울을 산 채로 잡아 포로로 만들었다는 말이다. 이 말도 아직 어렵게 느끼겠지만 다시 말하자면 부활하신 주 예수님이 부활하시기 이전부터 그 죄의 그 율법까지도 주관하는 주님으로 활동하고 계셨으나 어둠이 짙어 보지 못하는 상황에서 그 죄의 그 율법에 돌아가시어 부활의 주가 되심으로써 백일하에 그 죄의 그 율법까지도 주관하는 주님으로 드러났다는 말이다.

넷째, 부연하면 그 싸움은 당연히 바울이 육체를 가진 예수님께서 행하시던 일을 방해하고 박해했던 이유를 밝히는 과정에서 보게 되는 것인데, 핵심은 예수님의 율법관과 바울의 율법관의 충돌이다. 당시 지상에서 권력의 흐름으로 볼 때 바울의 율법관이 옳고 예수님의 율법관을 부정한 것으로 판결한 것이 십자가의 사건이었다. 바울의 율법이 생명의 율법이고 예수님의 율법이 사망의 율법이라고 판결한 것이다.

여기에 사도 바울이 속사람을 따라서 그 하나님의 그 율법(구약 성경의 여호와께서 모세에게 주신 율법, 곧 모세오경)을 즐거워하는 모습이 있다(롬7:22).

다섯째, 하지만 그런 사실은 죽은 자들로부터 일으켜진 예수님을 만난 바울에겐 잘못된 것으로 뼈아픈 반성과 수정을 해야 할 사안으로 인식되었다. 모든 것이 뒤바뀌어 버린 것이다. 바울이 추종했던 모세의 율법이 사망의 율법이 되고 바울에게 사망의 율법이 되었던 모세의 율법이 요구하는 최고의 요건을 충족시키신 예수님께서 말씀하신 말씀과 행위로서의 율법은 바울을 사로잡고 있던 사망의 율법을 잡아먹은 최극단의 대왕이 갖은 권력에서 비롯하는 사망의 율법이 됨과 동시에 생명의 법으로 전도된 것이다.

여기에 사도 바울이 부활하신 주 예수님에 의해 그 죄와 그 사망의 율법에 포로로 사로잡혀 있는 모습이 있다. 그리고 그는 '오호라~, 진정 나는 비참한 사람입니다. 누가 나를 이 사망의 몸으로부터 구해 내겠습니까?'라고 울부짖는다.

여섯째, 거기에서 예수님의 배후 영적 존재와 바울의 배후 영적 존재가 규정되어 드러나게 된다. 예수님의 배후는 전능하신 하나님이고 바울의 배후는 생명의 왕이신 그 하나님을 적대해 싸우는 사망의 왕 마귀 사탄이다. 예수님의 배후는 그 사망을 정복하여 그 사망의 권력에 굴종된 일류를 새롭게 일으켜 세우는 부활 생명의 율법이었고 바울 배후는 그 하나님의 원수인 그 사망의 율법이었다. 예수님은 그 사망의 율법이 가진 독침에 찔려 돌아가심으로써 모든 이들이 당한 그 사망의 율법에 죽은 사망을 대신하여 사망의 주님이 되시고 그 사망으로부터 일으켜지심으로써 생명의 주님이 되셨다. 예수님은 그 사망과 그 생명의 율법을 전하시기 위해 십자가에 돌아가신 후 부활하심으로써 그리스도와 주님이 되셨고, 바울은 그 사망의 율법을 전하기 위해 그 예수님을 죽이는 데 몰두했으며, 그 예수님의 죽음과 부활을 전하는 자들을 제거하는 일에 온 힘을 다 쏟았다.

여기에 주님 그리스도 예수께서 사도 바울을 부르신 구속사적 목적이 있다. 그것은 목숨을 바쳐 평생을 헌신했던 두 인간의 삶의 결과를 통해 두 인생 배후의 영적 존재의 실체적 진실을 온 천하에 드러냄으로써 그 생명의 율법과 그 사망의 율법을 명확하게 분별할 수 있게 하기 위함이다.

여기에 사도 바울의 롬7:22-24이 있다.

7:22	συνήδομαι γὰρ τῷ νόμῳ τοῦ θεοῦ κατὰ τὸν ἔσω ἄνθρωπον,	이는 내가 그 속사람을 따라 그 하나님의 그 율법을 매우 즐거워하나,
7:23	βλέπω δὲ ἕτερον νόμον ἐν τοῖς μέλεσίν μου ἀντιστρατευόμενον τῷ νόμῳ τοῦ νοός μου καὶ αἰχμαλωτίζοντά με ἐν τῷ νόμῳ τῆς ἁμαρτίας τῷ ὄντι ἐν τοῖς μέλεσίν μου.	내 지체들 안에서 다른[1] 율법이 내 이성의 [2] 율법과 싸워 내 지체들 안에 있는 그 죄의 그 율법으로 나를 사로잡고 있는 것을 보기 때문입니다.
7:24	Ταλαίπωρος ἐγὼ ἄνθρωπος· τίς με ῥύσεται ἐκ τοῦ σώματος τοῦ θανάτου τούτου;	오호라~, 진정 나는 비참한 사람입니다. 누가 나를 이 사망의 몸으로부터 구해 내겠습니까?

일곱째, 이런 사도 바울의 절규하는 질문에 롬7:25상의 '다행히도 예수 그리스도 우리 주님을 통해 그 하나님께 은혜가 있습니다.'라고 제시한 답 속에 우리가 간과하고 있는 하나님의 비밀이 있다. 물론 필자는 그 비밀을 이미 여러 차례 드러내며 주목할 것을 말해 왔다.

그것은 사탄이 바울을 사로잡고 있는 그 사망의 율법(사탄의 법)으로부터 해방하기 위해 예수님께서 그 사망의 율법으로 죽임을 당하시고 부활하심으로써 그 사망의 율법을 부리는 권한 자체를 사탄으로부터 박탈하고 회수하여 사망 권세를 부리는 주님으로 등극하신 것이다. 예수님의 십자가 죽음과 부활 사건은 인간의 삶과 죽음이 몽땅 주 예수님께 있음을 드러낸 사건이라는 말이다.

그래서 '나는 살아 있는 자이다. 내가 전에 죽었으나, 이제는 영원히 살아 있으며, 사망과 지옥의 열쇠를 가지고 있다(계1:18).'라는 말씀이 '아멘'이 된다.

이 같은 논리하에 롬7:25하의 '그런즉 의심의 여지 없이 실로 내가 친히 그 이성으로 하나님의 율법에 종이 되어 섬긴다고는 하나 그 육신으로 죄의 율법에 종이 되어 섬기고 있는 상태입니다.'라는 경험적이고 선언적인 결론이 있다.

7:25	χάρις δὲ τῷ θεῷ διὰ Ἰησοῦ Χριστοῦ τοῦ κυρίου ἡμῶν. Ἄρα οὖν αὐτὸς ἐγὼ τῷ μὲν νοῒ δουλεύω νόμῳ θεοῦ τῇ δὲ σαρκὶ νόμῳ ἁμαρτίας.	다행히도 예수 그리스도 우리 주님을 통해 그 하나님께 은혜가 있습니다. 그런즉 의심의 여지 없이 실로 내가 친히 그 이성으로[1] 하나님의 율법에 종이 되어 섬긴다고는 하나 그 육신으로 죄의 율법에 종이 되어 섬기고 있는 상태입니다.

정관사 없는 하나님

이제 남은 것은 사도 바울이 울부짖는 비참함, 그러니까 그 사망의 몸 안에서 일어나는 영적인 전쟁으로 말미암아 속사람이 그 사망의 법에 포로가 되어 괴로워하는 상태에서 롬7:25하의 단호한 결론의 접속사 '아라 운(Ἄρα οὖν), 그러니까 필자가 '그런즉 의문의 여지없이'라고 번역한 이중 접속사로 이끄는 구문의 의미를 이해하는 것이다.

이곳에서의 핵심은 정관사를 가지지 않은 '하나님의 율법(νόμῳ θεοῦ-노모 데우)'의 종이 되어 섬기는 봉사에 초점이 맞추어진다.

한마디로 롬7:24의 내용까지는 그 하나님의 그 율법, 그러니까 모세의 율법이 바울에게 그 죄의 그 율법이 되어 종노릇하는 자로 만들어 부활의 주 예수님의 율법과의 싸움을 통해 그 예수님께 포로가 된 상태가 되고 보니 이미 자신이 그 죄의 그 율법에 포로 된 상태에 있는 비참함을 표현하는 것이었다면 이곳(롬7:25하)에서는 정관사를 가지지 않은 '하나님의 율법(νόμῳ θεοῦ-노모 데우)'의 종이 되어 섬기는 새로운 국면에 관한 이야기로 바뀌었다는 말이다.

중요한 건 천당과 지옥을 오가는 것과 같은 논리적 비약이 이곳에 있음을 알아야 한다는 것이다. 그건 바로 정관사를 가진 '그 하나님의 그 율법'과 정관사를 가지지 않은 '하나님의 율법(νόμῳ θεοῦ-노모 데우)'이라는 표현으로 드러내고자 하는 사도 바울의 진의의 실체를 이해하는 것이다.

이는 로마서 전체의 구문 속에서도 정관사를 붙인 하나님(모세 오경을 가지고 있는 유대인의 하나님)과 붙이지 않은 하나님(이방인과 유대인을 구별하지 않는 온 세상의 하나님)을 구별하고 정관사를 붙인 율법(하나님께 선택된 유대인들의 모세 오경)과 붙이지 않은 율법(이방인의 법과 유대인의 법을 포괄하는 온 세상의 법, 그러니까 구속사를 통해 융합하여 통합된 그리스도 예수님의 율법)을 구별하는 바울만의 특화된 어법으로 여기서 정관사가 없는 하나님은 위 문맥 롬7:23에서 '다른 율법(ἕτερον νόμον-헤테론 노몬)'으로 표현된 죽은 자들로부터 일으켜진 분 그리스도 예수님의 율법이다. 한 인간이 죽음을 이기고 부활해 하늘 보좌 우편에 앉으셨으니 사도 바울에게 그리스도는 하나님으로 인식되는 것이다(롬9:5).

이는 이미 롬1:1-7을 다룰 때 언급한 바 있고(필자의 로마서 해설 1권 참조), 앞으로 우리가 살펴야 할 롬8장에서도 나타나는 핵심 개념의 단어이기에 꼭 이해하길 바란다.

정관사 없는 죄의 율법

따라서 '그런즉 의심의 여지 없이 실로 내가 친히 그 이성으로 하나님의 율법에 종이 되어 섬긴다고는 하나'는 사도 바울이 부활하신 예수님을 만난 후 유대교 산하 가말리엘 문하생 과정에서 모세 오경에 대해 특화된 자신의 이성으로 주 그리스도 예수님(정관사 없는 하나님 곧 그리스도 안에서 모든 인류에게 드러난 유일하신 하나님)의 율법에 종노릇하는 것을 말한다.

이는 맥락상 위 롬7:22-24에서 밝힌 혈통적 정통 유대인의 실존 상태, 그러니까 바울이 과거의 절망적 상태에 있는 자신을 보며 '이는 내가 그 속사람을 따라 그 하나님의 그 율법을 매우 즐거워하나, 내 지체들 안에서 다른 율법이 내 이성의 율법과 싸워 내 지체들 안에 있는 그 죄의 그 율법으로 나를 사로잡고 있는 것을 보기 때문입니다. 오호라~, 진정 나는 비참한 사람입니다. 누가 나를 이 사망의 몸으로부터 구해 내겠습니까?'라는 절규를 그리스도 예수 안에서 토해 낸 것처럼 현재 이방인의 사도로서 이방인(엄밀하게 말하면 디아스포라 유대인으로서의 이방인)의 위치에서도 자신의 실존적 상태가 여전히 동일하게 작동하고 있음을 밝히고 있는 것이다.

즉, 그가 그 하나님의 그 율법을 통해 그 죄의 종(사탄의 종)으로 활동하다가 주 그리스도 예수의 포로로 잡힌 후 그 예수님의 종으로 전향해 주 그리스도 예수님의 율법, 그러니까 정관사를 가지지 않은 하나님의 율법을 섬기는 종의 역할을 하는 상태에 있다는 것이다.

하지만 그것이 전향 이전과 상황은 바뀌었고 대상도 바뀌었는데도, 그 육신(그 죄가 그 율법을 가지고 주인 행세 하는 그 사망의 몸)을 그대로 가지고 하는 일이기에 바뀐 상황과 바뀐 대상과의 관계에서도 여전히 그 육신의 성향을 따라 섬기게 되더라는 것이다. 그러니 그 육신의 섬김 자체는 죄의 율법에 종노릇하는 것으로 나타날 수밖에 없게 되는 것이다. 바뀐 대상의 율법과의 관계에서도 이전과 동일한 원리로 죄의 결과를 가지게 된다는 말이다.

한마디로 정관사를 가진 그 하나님의 그 율법을 통해 정관사를 가진 그 죄의 그 율법의 종이 되어 섬긴 것처럼 정관사를 가지지 않은 하나님의 율법을 통해서도 정관사를 가지지 않은 죄의 율법(νόμῳ ἁμαρτίας-노모 하마르티아스)의 종이 되어 섬기는 것으로 나타나더란 말이다.

이는 닫힌 세계관에 지배당하는 인간 실존의 실체적 진실을 발견하고 열린 세계관으로 닫힌 세계관에 지배당하는 인간 실존의 실체적 진실을 드러내어 설명함으로써 닫힌 세계관에 메여 있거나 설령 열린 세계관을 경험하고 다시 닫힌 세계관으로 회귀하는 자들을 상대로 오로지 열린 세계관으로 사는 삶이 그리스도 예수 안에 있음을 명확하게 하는 대목이다.

큰 파장

여기서 오늘날 예수님을 주님으로 믿는 자들에게 큰 파장이 예상된다.

그건 예컨대 '그럼 부활하신 예수님의 말씀과 행위의 율법이 죄의 법이고 사망의 법이란 말이냐?'와 같은 질문으로 따지고 드는 일이 있을 수 있다는 말이다. 이건 매우 순화된 표현이다. 그걸 실제로 가감 없이 표현하면 과거의 사도 바울이 예수님을 박해하고 죽이는 것과 동일한 행동의 패턴과 양상으로 나타난다는 데 두려움이 없지 않다.

아무튼 좀 더 명확한 설명이 필요한 지점이다. 일단 그 설명을 한마디로 요약하면 정관사 없는 죄의 율법은 온 세상의 법을 죄의 법, 즉 죄짓게 만드는 법으로 만들어 버리는 주 예수님의 강화된 말씀과 행위로서의 율법이고, 그 예수님의 말씀과 행위의 율법은 존재의 율법으로서 두 개의 국면으로 나누어 설명할 수 있는데, 둘은 본래 나눌 수 없는 하나의 법이다.

이 독특한 예수님의 존재로서의 말씀 율법의 한 국면은 육체를 가지고 이 땅에 살다 십자가에 돌아가시고 무덤에 묻히신 주 예수님 존재 자체로서의 말씀과 행위로서의 율법과 또 다른 국면은 그 사망 권세를 이기고 무덤에서 부활하신 그리스도 예수님 존재 자체로서의 말씀과 행위의 율법이다.

전자의 율법은 부활의 생명에 이르도록 하는 사망의 율법으로 정관사 없는 죄와 사망의 율법으로 표기되고, 후자의 율법은 사망에 이르도록 하는 죄의 율법으로부터 완전히 벗어나 하나님의 영광을 향해 나아가게 하는 생명의 율법으로 표기함으로써 전자인 죄와 사망의 율법과는 별개로 부활 생명에 이르도록 한다는 의미에서 '다른 율법'으로 표기된다.

대왕 율법
따라서 전자의 예수님 존재로서의 말씀과 행위 율법은 온 세상의 모든 법을 죄와 사망의 법으로 만드는 대왕 율법으로서 죄와 사망의 율법으로 역사하는데, 이는 온 세상의 법 아래서 사는 자들을 더욱 심하게 죄를 짓게 하여 사망에 이르게 만들어 종국에는 영생에 들어가게 하기 위함이다.

여기에 예수님께서 자신의 죽으심을 가리켜 '모세가 광야에서 뱀을 든 것 같이 인자도 들려야 하리니 이는 그를 믿는 사람은 누구든지 멸망하지 않고 영생을 얻게 하려 함이다(요3:14).'라고 하신 말씀의 참된 의미가 있다.

이렇게 예수님은 지상에서 자기의 죽음을 이미 사탄과 마귀의 죽음과 동일시하심으로써 자기의 죽음만이 실제로 사탄의 죄와 사망의 율법으로부터 벗어나는 길임을 보이고 계셨던 것이다.

이와 같이 지상에서의 예수님은 사탄의 죄와 사망의 율법 아래 있는 온 세상의 사람들을 통째로 잡아먹는 하마와 같은 강력한 입을 가지고 그 입과 행위로 모든 이를 죄와 사망의 포로가 되게 만드는 강력한 율법을 내놓은 것이다.

신출귀몰한 능력으로 귀신을 쫓아내고 온갖 병든 자와 문둥병, 소경, 절름발이, 듣지 못하는 자, 말 못 하는 자, 중풍 병자 등을 고치고 바다 위를 걸으시고 파도를 꾸짖어 바다를 고요하게 만들며 죽은 자를 살리는 등 세상을 뒤흔들어 자기의 죽음 속으로 몰고 가시면서 '만일 네 오른 눈이 너로 실족하게 하거든 빼어 내버려라. 네 백체 중 하나가 없어지고 온몸이 지옥에 던져지지 않는 것이 유익하며, 또한 만일 네 오른손이 너로 실족하게 하거든 찍어 내버려라. 네 백체 중 하나가 없어지고 온몸이 지옥에 던져지지 않는 것이 유익하다(마5:29-30).'라고 말씀하신 그 예수님의 강화된 율법이 바로 사탄의 죄와 사망을 능가는 죄와 사망의 법으로 작동하여 롬5:20과 같이 '그 타락함이 더욱 심해지도록 한 율법이 몰래 은밀하게 들어와 개입(介入)하였고, 그 죄가 더욱 심해진 곳에 그 은혜가 더욱 차고 넘쳤던 것입니다.'라는 표현을 가능케 한 것이다.

실족한 사람의 행위
여기에 예수님께서 '누구든지 나로 말미암아 실족하지 아니하는 자는 복이 있다.'라고 말씀하신 이유가 숨겨져 있다(마11:6).

오늘날 예수님을 주님으로 고백하는 사람이면서도 예수님께서 지상에 내놓으신 강화된 율법, 그러니까 온 세상의 법을 예수님 존재로서의 말씀과 행위 율법에 예속시키기 위해 말씀하신 강력한 가르침, 예를 들면 '실족케 하는 일로 인하여 세상에 화가 있다. 실족케 하는 일이 일어나는 것이 어쩔 수 없는 일이라고 하여도 실족케 하는 그 사람에게는 화가 있다. 그러므로 네 손이나 발이 너를 실족케 하거든 잘라서 던져 버리라. 두 손이나 두 발을 가지고 영원한 불에 던져지는 것보다 절름발이나 불구자로 생명에 들어가는 것이 너에게 더 낫다. 또 네 눈이 너를 실족케 하거든 뽑아 던져 버리라. 두 눈을 가지고 지옥 불에 던져지는 것보다 한 눈을 가지고 생명으로 들어가는 것이 더 낫다(마18:7-9).'라고 하신 것을 가지고 이것이 예수님의 말씀이라고 강조하면서 문자 그대로 사람들의 선행을 선동하는 행위가 실족한 사람의 행위가 되니 조심하여 살기 바란다.

영적인 사건
이제 사도 바울이 그런 비참에서 벗어날 수 있는 길은 오직 하나의 길밖에 없다. 그것은 사탄으로부터 그 사망의 그 율법 권한을 회수하셔서 그 사망의 그 율법을 부리시는 신랑 되신 주 그리스도 예수님과 연합하여 함께 죽는 일과 함께 살아나는 것이다.

그런데 문제는 그런 일이 오늘 어떻게 일어나느냐는 것이다.

사도 바울은 그 일이 오늘도 일어날 수 있는 것은 그 예수님의 그리스도 되심에 있다고 한다. 예수는 이름이고 그리스도는 직함이다. 예수께서 행하신 일, 곧 십자가의 죽으심과 일으켜지심을 직무인 그리스도의 역할인 기름 부음을 통해 우리 인간에게 그 예수와 연합해서 함께 죽고 함께 매장되었다가 함께 일으켜지는 영적인 사건을 일으키신다. 그 사건은 그리스도의 주님 되심을 확증하는 유일한 증거이다.

그것이 바로 인간('오호라~, 진정 나는 비참한 사람입니다. 누가 나를 이 죽음의 몸으로부터 구해 내겠습니까?'라고 울부짖는 자)을 구원하시는 전능하신 하나님께서 드러내신 비밀의 방식임을 롬7:25은 '다행히도 예수 그리스도 우리 주님을 통해 그 하나님께(모세오경을 주신 전능하신 아버지 하나님께) 은혜가 있습니다.'라고 간단하게 밝힌 것이다.

온 힘을 다해 롬8장으로 달려가자!

이로써 사도 바울은 한 사람 우리 주님 예수 그리스도를 통해 죄로부터 구원해 영원한 생명에 이르게 하시는 전능하신 창조주 하나님의 비밀이 가지는 실제 원리와 과정을 거의 다 드러냈다. 그 비밀번호는 롬8장을 여는 열쇠다. 그것으로 롬8장을 열면 그리스도 예수님 안에서 전능하신 창조주 하나님의 영광은 더욱 빛날 것이며, 그 영광을 찬양하며 살게 되는 자리로 나갈 것이다.

8장	NA28판(UBS5판) ΠΡΟΣ ΡΩΜΑΙΟΥΣ 8	로마서 8장 필자 사역
8:1	Οὐδὲν ἄρα νῦν κατάκριμα τοῖς ἐν Χριστῷ Ἰησοῦ.	그래서 이제 그리스도 예수 안에 있는 사람들에게는 절대로 정죄함이 없습니다.
8:2	ὁ γὰρ νόμος τοῦ πνεύματος τῆς ζωῆς ἐν Χριστῷ Ἰησοῦ ἠλευθέρωσέν σε ἀπὸ τοῦ νόμου τῆς ἁμαρτίας καὶ τοῦ θανάτου.	왜냐하면 그리스도 예수 안에서 그 생명을 주시는 그 영의 그 율법이 그대를[※] 그 죄와 그 죽음의 그 율법으로부터 자유롭게 하였기 때문입니다.

전환된 관점의 로마서 읽기

제18장
하나님의 영 안에 사는 사람들,
그들이 누릴 특권과 수반될 통과의례

본문 : 로마서 8장 1~39절

핵심 주제 어구

Οὐδὲν ἄρα νῦν κατάκριμα τοῖς ἐν Χριστῷ Ἰησοῦ

(우덴 아라 뉜 카타크리마 토이스 엔 크리스토 예수)

그리스도 예수 안에서 그 그리스도의 영은 우리의 영과 함께 하시면서 하나님을 향해 하나님의 자녀들임을 확신케 하도록 증언함으로써 하나님의 상속자로 눈을 뜨게 하여 그리스도와 함께 받을 영광의 상속을 위해 그리스도와 함께하는 고난의 삶에 창조적으로 참여하게 돕고, 하나님의 영은 그런 그리스도의 영과 함께 하며 소통하는 우리의 영을 그 그리스도의 영의 보살핌 아래 하나로 묶어 인도하심으로 영생에 이르게 하신다.

제18장(하나님의 영 안에 사는 사람들, 그들이 누릴 특권과 수반될 통과의례)

_ 본문 613p에서

본문

8장	NA28판(UBS5판) ΠΡΟΣ ΡΩΜΑΙΟΥΣ 8	로마서 8장 필자 사역
8:1	Οὐδὲν ἄρα νῦν κατάκριμα τοῖς ἐν Χριστῷ Ἰησοῦ.	그러므로 이제 그리스도 예수 안에 있는 사람들에게는 절대로 정죄함이 없습니다.
8:2	ὁ γὰρ νόμος τοῦ πνεύματος τῆς ζωῆς ἐν Χριστῷ Ἰησοῦ ἠλευθέρωσέν σε ἀπὸ τοῦ νόμου τῆς ἁμαρτίας καὶ τοῦ θανάτου.	왜냐하면 그리스도 예수 안에서 그 생명을 주시는 그 영의 그 율법이 그대를※ 그 사망에 이르게 하는 그 죄의 그 율법으로부터 자유롭게 하였기 때문입니다.

인류 최대 최고의 명산

얼마 전 텔레비전 공중파 방송(SBS 〈순간포착 세상에 이런일이〉)으로 지리산 천왕봉 2000번째 등정을 기념하려는 현수막을 정상에서 펼쳐 든 나이 많은 한 사내(64세 김해에 사는 김요섭 2022.2.3.)를 보았다. 그는 하루에 한 번도 아닌 두 번을 오르락내리락하는데 하나도 힘든 기색이 보이지 않았다. 필자 같은 체력으로는 도무지 상상할 수 없는 괴력의 사나이였다. 그것도 한 번 왕복에 한 시간 삼십 분이면 충분하다는 그는 85세까지 3000회 등정에 대한 포부를 밝힐 만큼 보통 사람과 아주 다른 유별난 사람이었다.

드디어 성경 속 에덴의 동산으로부터 펼쳐진 수많은 산맥의 최고의 명산으로 통하는 로마서의 정상인 롬8장에 올랐다. 그동안 셀 수 없이 오르고 내리길 반복했지만, 현수막을 내걸 생각은 하지 못했다. 그저 오르고 내리는 일이 삶이었다. 먹고 사느라 바빠 풍광을 즐기는 것은 꿈에도 생각할 수 없었다. 지름길을 찾으며 가장 안전한 길을 닦으며 정상에 오르다보니 그 길이 가장 아름다운 길이라는 걸 알게 되었을 뿐이다.

평생을 닦아 온 등산로를 개방하며 틈틈이 찍은 절경을 스냅사진으로 담아 보았다. 사진을 찍는 장비도 기술도 부족하지만 혼자 보기 아까워 박아 놓았다. 어떤 건 초점도 맞지 않아 흐릿하고, 구도를 잘못 잡아 담고 싶은 걸 다 담아낼 수 없는 안타까움이 없지 않다. 어떤 건 자세가 흔들린 것처럼 속상한 작품도 있지만, 그래도 공개하는 이유는 절경은 절경이니, 보는 이로 하여금 신비롭게 느끼게 할 정도로

묘한 호기심을 일으켜 로마서 정복의 꿈을 가지고 도전하려는 사람들에게 길라잡이가 되어 로마서가 인류 최대 최고의 명산임을 만방에 알리는 온전한 작품이라는 감탄이 터져 나올 수 있기를 고대하기 때문이다.

파노라마 사진
우리는 지금 막 정상에 올랐다. '여호와 닛시(출17:15)'의 깃발(필자의 신학부 시절 체육대회 참가팀 명칭)을 꽂고 헐떡거리는 가슴 안고 두 손을 번쩍 들어 감사와 찬양으로 주님께 영광을 돌렸다. 무엇으로도 표현할 수 없는 짜릿한 성취감에 흠뻑 젖어 정상에서 보는 그 세상의 풍광은 그야말로 사도 바울이 셋째 하늘에 올라가 본 사람으로서의 고백과 같이 사람의 말로 표현할 수도 없고, 사람의 말로 표현해서도 안 되는 신비로운 절경이었다.

이제 우리는 그 정상에서 보는 절경을 파노라마 사진을 찍듯이 통째로 담아 보기 전에 그 절경에 대한 사도 바울의 소감부터 듣고 시작하는 것이 좋겠다.

8:38	πέπεισμαι γὰρ ὅτι οὔτε θάνατος οὔτε ζωὴ οὔτε ἄγγελοι οὔτε ἀρχαὶ οὔτε ἐνεστῶτα οὔτε μέλλοντα οὔτε δυνάμεις	나는 확신합니다. 참으로 죽음이나 생명이나 천사들이나 통치자들이나 현재 일들이나 장래 일들이나 능력들이나
8:39	οὔτε ὕψωμα οὔτε βάθος οὔτε τις κτίσις ἑτέρα δυνήσεται ἡμᾶς χωρίσαι ἀπὸ τῆς ἀγάπης τοῦ θεοῦ τῆς ἐν Χριστῷ Ἰησοῦ τῷ κυρίῳ ἡμῶν.	높음이나 깊음이나 다른 어떤 피조물이라도 그리스도 예수 우리 주님 안에 있는 그 하나님의 그 사랑으로부터 우리를 떼어 놓을 수 없습니다.

선언적 문장
롬8장의 시작은 앞선 내용을 기반으로 추론된 추론을 나타내는 마커(marker of an inference made on the basis of what precedes)인 헬라어 접속사 아라(ἄρα)이다. 이 접속사는 바로 앞 절인 롬7:25에서도 쓰였는데, 거기서 필자는 '의심의 여지 없이'라는 표현으로 번역했다. 왜냐하면 이 접속사 아라(ἄρα)는 선언적으로 강조해야 할 문장에서(in declarative statement) 사용하기 때문이다.

보통 이 접속사는 추론의 결과를 나타내는 운(οὖν)과 함께 쐐기를 박는 것처럼 강렬한 결론을 표시할 때 쓴다. 롬7:25이 그와 같은 케이스(Ἄρα οὖν-아라 운)이다.

롬8:1에서 비록 논리적 연관성을 나타내기 위해 '그러므로'라고 번역했지만, 그것 자체가 나타내려고 하는 것은 의심의 여지가 없는 중요한 사실을 알리기 위해 힘주어 말하는 것과 같이 선언적 의미를 가진 매우 강렬한 대목이라는 걸 표시하는 것임을 새겨 두어야 한다.

| 8:1 | Οὐδὲν ἄρα νῦν κατάκριμα τοῖς ἐν Χριστῷ Ἰησοῦ. | 그러므로 이제 그리스도 예수 안에 있는 사람들에게는 절대로 정죄함이 없습니다. |

십자가 사건

'정죄함'이라고 번역한 헬라어는 카타크리마(κατάκριμα)이다. 특정한 잘못에 대해 책임이 있는 사람에 대한 사법부의 선고(judicial pronouncement upon a guilty person)를 나타내는 단어로서 누군가의 비난과 처벌 또는 형벌을 공개적으로 여러 사람에게 널리 알리는 데 쓰인다.

이 단어는 이미 롬5:16과 롬5:18에 쓰였다(동사형은 롬2:1과 롬8:3, 34와 롬14:23에 쓰였다). 롬5장의 문맥은 이미 우리가 살펴보았듯이 아담과 그리스도의 대표 원리로 아담의 불청종으로 발생한 타락의 결과인 죄와 사망과 그리스도의 청종하심으로 베풀어지는 은혜의 선물의 결과인 의와 영생을 대조한다. 거기서 정죄함(κατάκριμα-카타크리마)은 한 사람 아담의 타락함(넘어짐)으로부터 그리스도 이전까지 인류(유대인이나 그리스인이나 할 것 없이) 모든 사람에게 내리신 왕 중의 왕이시며 입법자이시자 대재판장 되시는 전능하신 하나님의 판결이다.

아담의 대표성

아담과 같은 죄를 짓지 않았어도 아담을 통해 세상에 들어온 그 죄(ἡ ἁμαρτία-헤 하마르티아)가 모든 사람을 유혹해 넘어뜨려 죄와 사망에 이르게 한 까닭에 그 하나님께서는 자기 아들 예수 그리스도 우리 주님을 이 세상에 보내셔서 십자가의 사건을 통해 모든 인류를 정죄하심과 동시에 믿음의 도리를 드러내심으로써 영생의 길을 걷게 하셨다.

우리 주님 예수 그리스도의 십자가 사건은 이렇듯 신비로운 전능하신 창조주 하나님의 지혜와 능력으로 이루어 내신 사건이다. 그 사건은 매우 신비로운 사건이다. 그 사건 안으로 들어가 사건의 내막을 수집해 퍼즐을 맞추듯 진상을 추적해 보면 놀라움을 금치 못하는 일을 만나게 된다.

일단 그 사건이 일어날 당시 정황을 보도하는 성경의 증거는 이 세상, 그러니까 유대인들의 정치체와 그리스 로마의 정치체가 연합하여 죄 없는 예수님을 죽인 것으로 드러났다. 아담이 저지른 범죄와 같은 방식이 아니더라도 모든 사람이 죄를 저질렀다고 단정할 수 있는 것은 아담의 대표성(전체의 상태나 성질 따위를 어느 하나로 잘 나타낼 만한 성질) 때문이다.

소탕 작전
따라서 그리스도이신 예수님의 십자가 처형사건도 그 대표성에 근거해 인류가 공동으로 범죄를 저질렀음을 보이는 계시적 사건이다. 그 두 정치체는 각각 그리스-로마는 로마법, 유대는 모세법과 같은 공적인 법(율법)을 가지고 있었다. 두 법이 공조해 가지는 힘의 권세가 그리스도이신 예수님을 십자가에 못 박아 처형해 죽이고 매장했으나 그 하나님께서는 그리스도 예수님을 살리셨다. 그 두 정치체의 권력이 가지는 힘의 원천인 두 법은 결국 부활하신 그리스도 예수님의 말씀과 행위로서의 존재적 법(율법)에 몽땅 예속되어 버린 것이다.

이런 관점을 가지고 그 십자가 사건 안으로 들어가기 전 그 사건을 객관적으로 보면 그리스도이신 예수님의 죽음은 블랙홀과 같이 인류가 법(율법)의 힘과 권세로 극악무도한 짓을 저지르도록 만들어 놓고 그 법(율법)아래 있는 모든 자들을 범죄자로 규정함으로써 범죄와의 전쟁을 선포하고 벌이시는 하나님의 특별한 작전으로 보인다.

그리스도 예수님의 십자가 사건으로 인류를 한꺼번에 정죄하신 사건으로만 보면 그 십자가 사건은 인류에게 절망이고 불행이다. 왜냐하면 그 정죄하심은 영원한 불지옥에 갇혀 살아야 하는 형벌이 따르기 때문이다.

말씀과 행위의 존재적 율법이 지닌 비밀스러운 두 얼굴

하지만 사도 바울은 그 정죄함은 인류가 두 정치체의 세계관에서 벗어나 영광의 자유에 이르게 할 서곡으로 말한다. 여기에는 매우 비밀스러운 논리가 하나 숨겨져 있다.

그건 이제까지 많은 지면을 할애하면서 밝힌 '슬쩍 은밀하게 들어와 개입한 율법(롬5:20-이후로 슬쩍 개입된 율법으로 표기함)'이 두 정치체가 가진 법체계를 품을 만큼 최고의 가치를 지닌 최고법이란 사실이고(약2:8, 마22:39, 막12:31, 눅10:27, 롬13:9), 그것은 이스라엘의 헌법과도 같은 모세오경의 참정신을 구현할 획기적인 법으로서 모세오경이 지지하는 모세오경을 해석한 강화된 율법이었다(롬3:21).

문제는 그 슬쩍 개입된 율법이 바로 최고법이라고 하는 그리스도 예수님의 말씀 안에 있는 한 율법을 말하고 있다는 충격적인 사실에 있으나 더 큰 충격적인 사실은 그 최고법을 품고 있는 그리스도 예수님의 말씀 안에 또 다른 한 법이 있다(그러니까 두 법이 조화롭게 얽혀 돌아가고 있다)는 문제의식이 없다는 것이다.

이는 사탄이 율법을 수단으로 요술을 부려 인류를 율법 아래 가두고 하나님을 대항하여 반역하며 살도록 부추기는 방식으로 군림하는 그 사망의 그 율법(그 사망에 이르게 하는 그 죄의 그 율법 롬8:2)으로부터 해방해 그 하나님의 그 영광(롬3:23)을 향해 달리는 자유인으로 살 수 있게 하려고 그리스도 예수님의 말씀과 행위가 비밀스럽게 두 법의 형태인 사망과 생명이라는 두 얼굴을 가지고 활동했었다는 사실에 대한 것이다.

그리스도 예수님 안에 있는 구속을 따르는 구속사 관점

또 조금 어려워졌지만 이미 전 장에서 필자는 성심을 다해 진실을 밝히는 데 주저하지 않았다. 여기서 중요한 것은, 이 슬쩍 개입된 율법이 겉으로는 사망의 법이라는 얼굴을 하고 나타나지만, 그 안에는 생명의 법이라고 하는 새로운 얼굴의 다른 한 법을 품고 있는 두 얼굴을 가진 비밀의 법이란 사실이다.

이 그리스도 예수님의 말씀과 행위로서의 존재적 율법이 융합된 세계 질서를 유지하는 법체계, 곧 토라(모세오경)의 민족 유대인의 세상을 잡아먹은 그리스-로마의 법 아래 있는 모든 이방 민족을 상대로 주어진 법(율법)이란 사실이다.

그리고 그 직접적인 연관성의 고리를 서열로 표현하면 먼저 그리스-로마의 법(율법) 체계 아래 있는 이방인의 법정신을 예속시킴으로써 유대인의 율법에 구속력(행동이나 생각을 마음대로 할 수 없게 제한하거나 속박하는 힘)을 행사하는 시스템을 구축하고 있다는 것이다.

그러니 당연히 그리스-로마의 율법 체계 아래 굴종된 이방사람들에게 예수님의 말씀과 행위로서의 존재적 율법은 유대사람보다도 더 쉽게 이해되고 믿어지는 역사가 일어나 백부장과 같은 이방인이 예수님께 '주여 내 집에 들어오심을 나는 감당하지 못하겠습니다. 다만 말씀으로만 하십시오. 그러면 내 하인이 나을 것입니다(마8:8).'라고 하는 믿음을 보이는 일이 일어났었던 반면에 유대인들의 지도급에 있는 자들과 그들을 추종하는 자들에게는 환영받지 못하고 매우 박해받는 모습으로 나타난 것이다. 이를 입증할 사례는 신약 성경 속에 수두룩하므로 언급할 필요조차 느끼지 못한다.

이런 특이한 율법에 관한 논리는 모두 로마서 자체 내에서 언급하고 있는 그리스도 예수님 안에 있는 구속을 따르는 구속사 관점을 이해하게 함으로 모세오경이 인류를 멸망하게 할 사탄의 목적적 수단으로 이용되어 그 사망의 그 법(그 사망에 이르게 하는 그 죄의 그 율법 롬8:2)으로 쓰일 수밖에 없는 실체적 진실을 규명하는 사도 바울의 논리를 동의하게 된다.

그리고 이것은 실제로 육체를 가지신 예수께서 모세의 율법을 강화한 육신적 말씀과 행위로서의 율법과 그 예수가 모세의 율법을 완성하고 마침내 그리스도가 되실 영적 말씀과 행위로서의 존재적 말씀으로 활동한다.

그런 관점에서 다음 본문을 보면 모든 것이 명확해질 것이다.

| 8:2 | ὁ γὰρ νόμος τοῦ πνεύματος τῆς ζωῆς ἐν Χριστῷ Ἰησοῦ ἠλευθέρωσέν σε ἀπὸ τοῦ νόμου τῆς ἁμαρτίας καὶ τοῦ θανάτου. | 왜냐하면 그리스도 예수 안에서 그 생명을 주시는 그 영의 그 율법이 그대를* 그 사망에 이르게 하는 그 죄의 그 율법으로부터 자유롭게 하였기 때문입니다. |

8:3	—Τὸ γὰρ ἀδύνατον τοῦ νόμου ἐν ᾧ ἠσθένει διὰ τῆς σαρκός, ὁ θεὸς τὸν ἑαυτοῦ υἱὸν πέμψας ἐν ὁμοιώματι σαρκὸς ἁμαρτίας καὶ περὶ ἁμαρτίας κατέκρινεν τὴν ἁμαρτίαν ἐν τῇ σαρκί,	---참으로 그 율법이 연약함으로 그 육신을 통해 할 수 없었던 그것을,* 그 하나님께서 자기 아들을 죄 있는 육신을 닮은 모습으로 보내셔서 죄에 대하여 정죄하셨으니, 바로 그 육신 안에 있는 그 죄를 정죄하신 것입니다.
8:4	ἵνα τὸ δικαίωμα τοῦ νόμου πληρωθῇ ἐν ἡμῖν τοῖς μὴ κατὰ σάρκα περιπατοῦσιν ἀλλὰ κατὰ πνεῦμα.	그것은 육신을 따라 살지 않고 다만 영을 따라 사는 우리 안에 그 율법의 그 의로운 행위에 대한 요구가 충족되게 하시려는 것이었습니다.
8:5	οἱ γὰρ κατὰ σάρκα ὄντες τὰ τῆς σαρκὸς φρονοῦσιν, οἱ δὲ κατὰ πνεῦμα τὰ τοῦ πνεύματος.	왜냐하면 육신을 따라 사는 자들은 그 육신의 그 일들에 몰두하나,[※1] 영을 따라 사는 자들은 그 영의 그 일들에 몰두하기[※2] 때문입니다.
8:6	τὸ γὰρ φρόνημα τῆς σαρκὸς θάνατος, τὸ δὲ φρόνημα τοῦ πνεύματος ζωὴ καὶ εἰρήνη·	참으로 그 육신의 그 마음가짐은[※1] 사망이나, 그 영의 그 마음가짐은[※2] 생명과 평안입니다.
8:7	διότι τὸ φρόνημα τῆς σαρκὸς ἔχθρα εἰς θεόν, τῷ γὰρ νόμῳ τοῦ θεοῦ οὐχ ὑποτάσσεται, οὐδὲ γὰρ δύναται·	그것이 합리적인 이유는[※1] 그 육신의 그 마음가짐이 궁극적으로 하나님께는[※2] 원수가 되기 때문입니다. 그것은 참으로 그 하나님의 그 율법에 복종하지 않을 뿐만 아니라 복종할 수도 없습니다.
8:8	οἱ δὲ ἐν σαρκὶ ὄντες θεῷ ἀρέσαι οὐ δύνανται.	그래서 육신 안에서 사는 자들은* 하나님을 기쁘시게* 할 수 없는 것입니다.

그리스도를 보는 관점의 전환

사도 바울이 이제 그리스도 예수 안에 있는 사람들에게는 절대로 정죄함이 없다고 선언한 이유는 롬5장에서부터 시작된 아담과 그리스도의 대표 원리에 입각한 논리에서 롬6장의 그리스도 예수와 연합한 세례로 영생에 이르는 완전한 논리가 롬7장의 천국 혼인 잔치의 비유로 확정되었기 때문이다.

그런데도 롬5장의 논리(아담과 그리스도의 대표 원리)와 6장의 논리(그리스도 예수와 연합한 세례) 사이에 '슬쩍 은밀하게 들어와 개입된 율법'의 실체적 의미를 모르는 자들에게 발생하는 혼란(모세의 율법에 따라 충성하며 사는 삶이 죄의 삶인지를 모르고 그 개입된 율법의 주가 되시는 예수님을 박해하고 살해하게 되는 일)의 실제 원인을 밝히기 위해, 친절하게 롬7장에서 예수님의 천국 혼인 잔치의 비유를 실제 논리화시켜 모세의 율법에 따라 충성하는 삶이 어떻게 영적인 간음이 되는지를 밝힘으로써 육적 차원의 그리스도와의 관계를 청산하고 영적 차원의 그리스도와의 관계를 발전시켜야 할 새로운 영적 삶으로의 전환을 통해 그 혼란이 완전하게 종식되어야 함을 알린다.

이는 사도 바울이 고후5:14-19의 논리와 일치한다.

> *14* 참으로 그 그리스도의 그 사랑이 우리를 강권합니다. 이는 우리가 판단하기에, 한 사람이 모든 사람을 대신해 죽었다는 것은, 의심의 여지 없이 그 모든 사람이 죽었다는 것이기 때문입니다.
> *15* 그것은 살아 있는 사람들이 더 이상 자기를 위해 살지 않고 다만 자신들을 대신해 죽었다가 일으켜지신 분을 위해 살게 하려 하심입니다.
> *16* 그러므로 이제 그런 사실로부터 우리가 아무도 육신을 따라 이해하지 않습니다. 비록 우리 또한 육신을 따라 그리스도를 알았다면, 오히려 지금은 더 이상 그렇게 알지 않습니다.
> *17* 그러한즉 만일 어떤 사람이 그리스도 안에 있으면, 그는 새로운 피조물입니다. 그 옛 것들은 지나갔습니다. 보십시오, 그 모든 것들이 새것들이 되었습니다.
> *18* 그 모든 것들이 그 하나님께로부터 왔으니, 그분이 우리를 그리스도를 통해 자신과 화해하게 하시고 우리에게 그 화해의 그 사역을 주셨습니다.
> *19* 이는 하나님께서 그리스도 안에서 세상을 자신과 화해시키시고 계셨던 것과 같이, 그들의 과오들을 그들에게 계산하지 않으시고 우리 안에 그 화해의 그 말씀을 두셨습니다.

14 ἡ γὰρ ἀγάπη τοῦ Χριστοῦ συνέχει ἡμᾶς, κρίναντας τοῦτο, ὅτι εἷς ὑπὲρ πάντων ἀπέθανεν, ἄρα οἱ πάντες ἀπέθανον• *15* καὶ ὑπὲρ πάντων ἀπέθανεν, ἵνα οἱ ζῶντες μηκέτι ἑαυτοῖς ζῶσιν ἀλλὰ τῷ ὑπὲρ αὐτῶν ἀποθανόντι καὶ ἐγερθέντι. *16* Ὥστε ἡμεῖς ἀπὸ τοῦ νῦν οὐδένα οἴδαμεν κατὰ σάρκα• εἰ καὶ ἐγνώκαμεν κατὰ σάρκα Χριστόν, ἀλλὰ νῦν οὐκέτι γινώσκομεν. *17* ὥστε εἴ τις ἐν Χριστῷ, καινὴ κτίσις• τὰ ἀρχαῖα παρῆλθεν, ἰδοὺ γέγονεν καινά. *18* τὰ δὲ πάντα ἐκ τοῦ θεοῦ τοῦ καταλλάξαντος ἡμᾶς ἑαυτῷ διὰ Χριστοῦ καὶ δόντος ἡμῖν τὴν διακονίαν τῆς καταλλαγῆς, *19* ὡς ὅτι θεὸς ἦν ἐν Χριστῷ κόσμον καταλλάσσων ἑαυτῷ, μὴ λογιζόμενος αὐτοῖς τὰ παραπτώματα αὐτῶν καὶ θέμενος ἐν ἡμῖν τὸν λόγον τῆς καταλλαγῆς.

(NA28판, UBS5판 고후5:14-19 필자 사역)

감사의 찬양

핵심은 그리스도를 보는 관점의 변화이다. 사도 바울이 그리스도 예수님을 만나기 전 모세의 율법에 근거해 하나님을 섬기는 일에 봉사하며 충성을 다한 것은 육신적인 관점에서의 그리스도를 기다리는 신앙에 의한 것이었지만 그리스도 예수님을 만난 후 자신의 그리스도에 대한 관점이 잘못되었음을 깨달았다.

그것은 그리스도를 영적 차원의 안목으로 보지 못하는 원인이 아담의 후손으로서 자신의 타락한 육신의 죄성에 있음을 본 것이다. 그 타락한 육신의 죄성을 가진 자신에게 사탄이 하나님의 의를 실현한다는 명분 아래 모세의 율법을 수단으로 자신을 꾀어 넘어뜨려 하나님과 원수가 되게 만든다는 사실을 보게 되었다는 충격적인 사실에 두려움으로 울부짖어야 했다.

그리고 그 하나님의 그 법인 모세의 율법이 그 율법을 충만케 하시려고 오신 인자이신 예수님의 강화된 말씀, 곧 말씀과 행위로서의 존재적 율법까지 그 죄와 그 사망의 율법(그 사망에 이르게 하는 그 죄의 그 율법 롬8:2)으로 사용할 수밖에 없는 비참한 모습이 바로 자신의 내적인 상태, 곧 그 사망의 그 몸인 자기의 육체 속에 왕 노릇하고 있는 그 죄가 만들어 내는 일이라는 것을 폭로하고(롬7:7-23), 바로 이어 '다행히도 예수 그리스도 우리 주님을 통해 그 하나님께 은혜가 있습니다.'라고 감사의 찬양을 올린다(롬7:24상).

다시 추앙

이제 비로소 유대법이라는 우물에서 벗어나 유대인과 이방인이 하나인 세상을 마주하게 된 것이다. 그는 다시 고민하게 된다. 예수 그리스도 우리 주님을 통해 베푸시는 그 하나님의 그 은혜로 유대인의 율법에서 벗어날 수 있는 자유의 길을 얻었고 이제 마주한 세상은 그리스도 예수님의 세상이었으나 또다시 그리스도 예수님 안에서 강화된 말씀과 행위로서의 존재적 율법을 직면할 수밖에 없는 자신의 실존적 실상에 대해 알아차리게 된 것이다.

그 모습은 예수 그리스도를 통해 유대인의 율법에서 벗어나 그리스도 예수님께로 왔지만, 과거 유대인이었을 때와 다름없이 여전히 그리스도 예수님의 강화된 말씀과 행위로서의 율법(법의 세계 최극단에 존재하는 최고의 법)과의 관계에서 '그런즉 의심의 여지 없이 실로 내가 친히 그 이성으로 하나님의 율법에 종이 되어 섬긴다고는 하나 그 육신으로 죄의 율법에 종이 되어 섬기고 있는 상태입니다.'라는 처지를 고백할 수밖에 없는 것이었다.

이는 아담과 그리스도의 대표 원리를 따라 지극히 높으신 하나님의 아들 그리스도께서 낮고 천한 인간 세상에 죄 있는 육신의 모양의 '예수'라는 이름으로 오셨으니, 그 그리스도 예수님의 육신 안에서 자신이 할 수 있는 것이라고는 그 그리스도 예수의 육신을 따라서 그 그리스도 예수를 육신적으로 다시 추앙(推仰)하여 섬기는 일 외에 아무것도 없었다는 말이다.

이 지점이 바로 그가 그리스도를 육신으로 알고 추앙하여 섬기게 될 수밖에 없는 자신의 비참한 처지를 발견하는 지점으로서 로마서의 핵심인 하나님의 복음을 요약 서술하여 밝히는 롬1:3에서 '그 복음은 하나님께서 자신의 예언자들을 통해 거룩한 기록들로 미리 약속하신바 그분의 아들에 관한 것으로서 육신을 따라서는 다윗의 씨로부터 되신 분이시다.'라고 쓸 수 있게 되는 것이다. 왜냐하면 그 세상은 그리스도 예수님께서 모든 권한을 가지고 주도적으로 새롭게 창조해 가는 창조의 세계로 이미 유대인이나 헬라인이나 종이나 자유인이나 남자나 여자나 다 그리스도 예수 안에서 하나인 세상이고(갈3:28), 유대인이나 헬라인이나 종이나 자유자나 다 한 성령으로 세례를 받아 한 몸이 되었고 또 다 한 성령을 마시게 하신 세상(고전12:13)임에도 자신이 할 수 있는 것이라고는 하나도 없는 세상이었기 때문이다.

한마디로 그리스도와 연합해 죽고 함께 일으켜지게 하시는 거룩의 영(거룩하게 하시는 영)을 따르는 영적인 일(롬1:4)이 없다면 아무리 예수 그리스도를 통해 베푸시는 전능하신 하나님의 은혜를 입어 그 사망에 이르게 하는 그 죄의 그 법의 실체를 깨달았다고 하더라도 자신은 여전히 아무런 소망 없는 참으로 비참한 사람이라는 롬7:24의 고백이 지속될 수밖에 없는 운명에 처해 있다는 말이다.

바로 그런 처절한 운명으로 타고난 인류가 이제 그리스도 예수님 안으로 들어와 그리스도 예수님과 연합하여 세례를 받음으로 그리스도 예수님 안에 있는 사람들에게는 절대로 정죄함이 없다고 선언할 수 있는 사람으로 바뀐 것이다. 그 선언에 대한 원인은 다음과 같다.

8:2	ὁ γὰρ νόμος τοῦ πνεύματος τῆς ζωῆς ἐν Χριστῷ Ἰησοῦ ἠλευθέρωσέν σε ἀπὸ τοῦ νόμου τῆς ἁμαρτίας καὶ τοῦ θανάτου.	왜냐하면 그리스도 예수 안에서 그 생명을 주시는 그 영의 그 율법이 그대를* 그 사망에 이르게 하는 그 죄의 그 율법으로부터 자유롭게 하였기 때문입니다.

자유 선언의 기틀

이런 사도 바울의 그리스도에 대한 관점의 전환은 그리스도 예수님의 돌아가심과 일으켜지심으로 모세의 율법을 잠식해 버리는 '그 개입된 율법', 그러니까 모세의 시대로부터 그리스도의 시대 사이 '아무도 모르게 도적같이 슬쩍 은밀하게 들어와 개입한 한 율법'이 모세의 율법과 그리스-로마법 사이에서 벌어지는 실제적인 일들의 원인으로 작동하는데, 그것이 바로 그리스도 예수님의 강화된 말씀과 행위로서의 존재적 율법 안에서 일어나는 일이라는 사실을 깨닫고 이해하여 설명해 내기 전까지는 모든 게 확실한 것이 아니다.

그런 의미에서 롬7장의 설명은 모세의 율법에 충성을 다했던 바울 자신에게 그 죄가 어떻게 모세의 율법을 수단으로 자기를 속여 죄인 중에 괴수로 만들어 살아올 수밖에 없었는지를 폭로함으로써 그 사망에 이르게 하는 그 죄의 그 율법으로부터 자유를 선언할 기틀을 마련한 것이다.

이 지점이 바로 육체를 가진 인간 예수께서 하나님의 아들 그리스도로 만들어진 예수 그리스도의 관점에서 자신을 성찰한 후, 본시 하나님의 아들이신 그리스도께서 육체를 입은 인간이 되신 그리스도 예수님의 관점으로 세상을 보게 되는 지점이다. 참으로 그것은 오고 오는 인류의 모든 세대를 위해 대표적으로 베풀어지는 묘한 경험이다.

거기에 대한 요약은 다음과 같다.

8:3	—Τὸ γὰρ ἀδύνατον τοῦ νόμου ἐν ᾧ ἠσθένει διὰ τῆς σαρκός, ὁ θεὸς τὸν ἑαυτοῦ υἱὸν πέμψας ἐν ὁμοιώματι σαρκὸς ἁμαρτίας καὶ περὶ ἁμαρτίας κατέκρινεν τὴν ἁμαρτίαν ἐν τῇ σαρκί,	---이는 그 율법이 연약함으로 그 육신을 통해 할 수 없었던 그것을,* 그 하나님께서 자기 아들을 죄 있는 육신을 닮은 모습으로 보내셔서 죄에 대하여 정죄하셨으니, 바로 그 육신 안에 있는 그 죄를 정죄하신 것입니다.

최고법의 지배를 받는 시대

거기에는 반복되는 설명이겠지만 너무도 중요한 부분이기에 아무리 반복하더라도 지루함보다는 인간이라면 마주하게 될 절체절명의 충격적인 미스터리를 풀어야 할 숙제로 여전히 '슬쩍 은밀하게 들어와 개입된 율법'과 관련하여 또 하나의 문제가 존재한다.

그것은 다름 아닌 아담으로부터 모세를 거쳐 그리스도 시대에 이르는 동안 모세를 통해 율법이 들어왔음에도 놀랍게도 그 모세의 율법을 지나치듯이 아무도 모르게 슬쩍 들어와 개입하게 된 한 율법을 언급하는 방식으로 그리스도에게 곧장 연결하는 것은 모세의 율법이 연약해 제구실하지 못하기 때문이다.

아담으로부터 요구되는 율법은 아담의 타락으로 기인한 죄를 정죄하는 역할을 하는 율법이어야 했다. 하지만 모세를 통해 들어온 율법은 아담의 타락으로 기인한 죄를 정죄하기보다는 하나님의 의를 실현하는 죄의 도구로 쓰였다. 아담에게 주어진 법을 통해 아담의 타락을 주도했던 사탄이 모세의 율법을 통해 그리스도의 왕국을 건설하는 일에 열심을 갖게 하는 방식으로 타락의 형태를 바꾸었다. 겉으로 보기에 타락의 형태가 바뀐 것은 분명하지만, 그 방식에 있어서는 에덴동산에서 아담이 타락할 때와 같이 하나님의 말씀을 거슬러 듣는 불청종의 방식으로 다를 바가 없다.

그렇게 아담의 시대로부터 모세의 율법 시대는 전혀 다르지 않은 하나의 시대로 묶여 그리스-로마의 속국에 이르렀고, 그리스도 예수님께서 이 세상에 오시자 그리스도 예수님의 강화된 말씀과 행위로서의 존재적 율법 안에 모세의 율법은 잠식되고 그리스도 예수님께서 하신 말씀과 행위로서의 존재적 율법은 아담 시대의 타락으로부터 이어지는 모세의 율법 시대의 타락을 심화해 십자가의 살인 사건을 일으키는 사망의 법으로 작동하여 죽으시고 부활하셔서 그 법, 그러니까 예수님의 말씀과 행위로서의 존재적 율법에 휩쓸려 그분을 살해한 그들이 자기 자신을 정죄하는 자리에 이르게 했으며, 부활의 주로 일으켜진 그 예수님께서는 생명의 법으로 작동하여 성령을 통해 그분(곧 그리스도)과 함께 죽고 함께 매장되고 함께 일으켜지는 방식으로 유대인들에게 영생의 은혜를 넘치게 하셨을 뿐만 아니라 그리스-로마법 아래 있는 이방인들에게도 같은 방식으로 영생의 은혜를 넘치게 하셨다.

이렇게 놀라운 복음의 소리가 이 지구상 어디에 있는가?

이런 관점에서 다음 본문을 보라.

8:4	ἵνα τὸ δικαίωμα τοῦ νόμου πληρωθῇ ἐν ἡμῖν τοῖς μὴ κατὰ σάρκα περιπατοῦσιν ἀλλὰ κατὰ πνεῦμα.	그것은 육신을 따라 살지 않고 다만 영을 따라 사는 우리 안에 그 율법의 그 의로운 행위에 대한 요구가 충족되게 하시려는 것이었습니다.
8:5	οἱ γὰρ κατὰ σάρκα ὄντες τὰ τῆς σαρκὸς φρονοῦσιν, οἱ δὲ κατὰ πνεῦμα τὰ τοῦ πνεύματος.	왜냐하면 육신을 따라 사는 자들은 그 육신의 그 일들에 몰두하나,[※1] 영을 따라 사는 자들은 그 영의 그 일들에 몰두하기[※2] 때문입니다.
8:6	τὸ γὰρ φρόνημα τῆς σαρκὸς θάνατος, τὸ δὲ φρόνημα τοῦ πνεύματος ζωὴ καὶ εἰρήνη·	참으로 그 육신의 그 마음가짐은[※1] 사망이나, 그 영의 그 마음가짐은[※2] 생명과 평안입니다.
8:7	διότι τὸ φρόνημα τῆς σαρκὸς ἔχθρα εἰς θεόν, τῷ γὰρ νόμῳ τοῦ θεοῦ οὐχ ὑποτάσσεται, οὐδὲ γὰρ δύναται·	그것이 합리적인 이유는[※1] 그 육신의 그 마음가짐이 궁극적으로 하나님께는[※2] 원수가 되기 때문입니다. 그것은 참으로 그 하나님의 그 율법에 복종하지 않을 뿐만 아니라 복종할 수도 없습니다.
8:8	οἱ δὲ ἐν σαρκὶ ὄντες θεῷ ἀρέσαι οὐ δύνανται.	그래서 육신 안에서 사는 자들은[*] 하나님을 기쁘시게[*] 할 수 없는 것입니다.

이해 충돌의 경계선

이렇듯 로마서 안에서 언급되는 율법의 문제는 매우 심오하다. 모든 율법의 문제가 그리스도 예수 안에 있는 구속의 관점에서 쓰이고 있다는 사실을 알아채지 못하면 예수님께서 비유로 말씀하신 것처럼 소경이 인도자가 되어 결국 구덩이에 빠져 실족하게 되는 일이 일어날 뿐이다. 거기에는 사도 바울의 관점에서 선포하는 하나님의 복음의 빛을 가리는 사탄의 속임수만이 난무하고 천사를 가장한 악마가 좋은 일꾼으로 가장하여 거짓 선생이 대우받는 비정상이 정상으로 여겨지는 역겨운 일이 자연스러운 일로 일어날 뿐이다(고후11:1-15).

특히 아담으로부터 시작된 타락을 모세의 율법 시대에도 교묘하게 그 율법을 주신 그 하나님께 열성적으로 충성을 다하는 방식으로 그 형태를 바꾸어 사망의 고속도로를 질주하게 만드는 사탄의 죄악을 더욱 심화하게 하여 그 실체를 폭로하게 하는 방식으로서 하나님의 지혜와 능력인 '슬쩍 은밀하게 들어와 개입한 한 율법'의 차원과 영역에 대한 이해, 그러니까 유대인과 이방인으로 나누인 세계를 하나로 융합하여 통합해 가는 구속사의 과정 전체를 아담과 그리스도의 대표 원리로 볼 수 없다면 로마서 해석은 삼천포로 빠질 수밖에 없는 구조로 설계되어 있다.

문제는 그리스도 예수 안에서 '슬쩍 은밀하게 들어와 개입된 한 율법'과 이방 세계의 법인 그리스-로마법과의 상관관계를 먼저 이해하는 것이 중요하다. 그다음 그 터 위에서 모세의 율법과 '슬쩍 은밀하게 들어와 개입된 한 율법'의 상관관계를 이해해야 오해를 피할 수 있다. 왜냐하면 그리스도 예수 안에 있는 구속을 따른 하나님의 복음이 유대인들을 제외한 이방인들만을 상대로도 믿음으로 구원을 이루는 하나님의 능력이기 때문이다.

따라서 유대와 이방이라는 두 세계의 대립 관계 속에서 펼쳐지는 구약 성경이 증언하는 구속의 역사가 마침내 종말론적으로 그리스도 예수 안에 있는 구속으로 나타나 확정됨으로써 두 세계와 각각 다른 이해 충돌을 일으키는 지점이 발생하는데, 그 시대 간의 간격과 넓이에 대한 측정뿐만 아니라 그 이해 충돌의 영역에 대한 명확한 측량을 통한 경계선의 정확성을 확보하는 것이 중요하다.

인식의 변화
그것은 두 세계를 예수 그리스도를 통해 융합하여 통합하는 과정에서는 모세의 율법인 토라를 '그 율법(ὁ νόμος-호 노모스)'으로 표기하고 두 세계를 통합한 후 그리스도 예수 안에서는 모든 율법을 '율법(νόμος-노모스)'으로 표기하는 것같이 두 세계를 융합하는 과정에서 모세의 율법을 직접 받은 민족의 속성을 '그 육신(ἡ σάρξ-헤 사르크스)'으로 표기하고 두 세계를 통합한 그리스도 예수 안에서 모든 육신, 그러니까 세계만민의 속성을 '육신(σάρξ-사르크스)'으로 표기할 뿐만 아니라 하나님에 대해서도, 영에 대해서도 같은 관점으로 정관사를 사용하고 사용하지 않는 원칙을 가지고 로마서의 논리를 펼쳐 가는 사도 바울의 관점에서 확인된다.

이것은 앞에서도 이미 잠시 언급했으나 모세의 율법은 유대 민족의 유일무이한 지도자인 모세가 직접 자기와 같은 한 지도자(신18-15)를 지칭함으로써 모세로부터 그리스도까지 수많은 세월의 흐름 속에 그들의 지도자로 오셔서(마2:6, 23:10) 드러내신 그리스도 예수님의 말씀과 행위로서의 존재적 율법이 개입된 율법으로 작동하여 온 세상의 만법을 몽땅 단번에 흡수하는 최고 율법의 자리를 선점해 만왕의 왕으로서의 하나님의 율법이 되었다는 역사 인식의 결과이다.

따라서 그것은 모두 모세의 율법이 요구하는 바를 충족시키기 위한 전능하신 창조주 하나님께서 발휘하시는 구속의 지혜와 능력을 보편 인류 사회의 중앙에 펼쳐 보이신 계시로 인식된다.

일반화된 하나님의 율법

이로써 그리스도 예수님의 말씀과 행위로서의 존재적 율법은 모세 오경의 민족인 유대인들보다 모세의 율법이 없는 덕에 이방인들이 더 쉽게 다가갈 수 있는 것이 되었고, 유대인들에게는 모세의 율법이 그리스도 예수님의 말씀 율법을 배격하는 사태를 일으켜 부활하신 그리스도 예수를 만나 그리스도에 대한 관점이 바뀌기 전에는 도무지 그리스도 예수 안에서 개입된 한 율법의 실체를 알지 못하는 무지에 휩싸여 모든 세계의 법을 융합하여 통합한 최고의 법으로서 그리스도 예수님의 말씀 율법이 지배하는 시대, 곧 그리스도 예수님 안에서 새롭게 시작된 창조의 세계 질서(몰래 은밀하게 들어와 개입된 율법으로 시작되는 새로운 창조의 시대)를 알지 못하고 우물 안의 개구리처럼 유대라고 하는 시골 동네에 갇혀 위대한 민족이라고 우쭐거리는 한심하고 가련한 상황이 펼쳐지는 것이다.

그런 관점에서 사도 바울이 말한 '오호라~, 진정 나는 비참한 사람입니다. 누가 나를 이 사망의 몸으로부터 구해 내겠습니까?'라는 롬7:24의 비참한 자신의 처지에서 구원하신 롬7:25의 정관사 있는 하나님, 곧 전능하신 여호와 하나님(아버지 하나님)께서 베푸시는 예수 그리스도를 통한 은혜를 감사하고 찬양하는 노래를 불렀으나 또다시 그리스도 예수님 안에서 세상 모든 민족에게 일반화된 하나님의 시대에 진입하여 하나님의 율법을 마주하고 이전과 같은 난관에 봉착하게 된다. 이때 하나님은 정관사 없는 하나님으로 표기되고, 그리스도 예수님의 말씀 율법 또한 온 세상에 일반화된 정관사 없는 하나님의 율법으로 인식된다.

영적인 인식과 자세를 갖춘 인류의 모습
이렇게 그리스도 예수 안에서 모든 민족에게 일반화된 하나님의 은혜 시대, 곧 전능하신 창조주 하나님의 아들이신 그리스도 예수님의 말씀 율법 시대로 진입해 롬7:25하와 같이 정관사 없는 하나님의 율법에 봉사하지만, 여전히 정관사 없는 하나님의 시대 관점에서도 그 육신(롬7:24의 죄 아래 팔린 상태의 육신)으로 이방인들과 같이 그리스도 예수님의 말씀 육신 안에 귀속되어 그 말씀과 행위로서의 존재적 율법과의 관계에서 정관사 없는 죄의 종으로 살아갈 수밖에 없는 자기 상태를 선언하고 있다.

이는 롬8:1의 그리스도 예수님 안에 있는 자는 누구든 정죄함이 없다고 선언할 수 있는 원인적 이유로 롬8:2-3에서 그리스도 예수님 안에서 베풀어지는 영적인 방식의 구속이 인류의 심연 속에 자리를 잡고 인류를 멸망의 길로 몰아가는 그 죄를 죄로 정죄함으로써 사탄이 군림하는 그 사망과 그 죄의 그 율법이 가진 괴력에서 벗어나는 은혜를 입은 상태로 새로운 삶을 시작하게 되는 영적인 인식과 자세를 갖춘 인류의 모습이다.

사실 사도 바울에게 있어서 이런 이중적인 고뇌의 현실적인 고백적 선언(롬7:24-25)은 '그러므로 이제 그리스도 예수님 안에 있는 사람들에게는 절대로 정죄함이 없습니다.'라는 롬8:1의 확신에 이르지 않고서는 이해 불가능하다.

그 선언의 연장선상에서 다음 본문이 있다.

8:9	—Ὑμεῖς δὲ οὐκ ἐστὲ ἐν σαρκὶ ἀλλ' ἐν πνεύματι, εἴπερ πνεῦμα θεοῦ οἰκεῖ ἐν ὑμῖν. εἰ δέ τις πνεῦμα Χριστοῦ οὐκ ἔχει, οὗτος οὐκ ἔστιν αὐτοῦ.	---그러나 진정 하나님의 영이 여러분 안에 거주하신다면, 여러분은 육신 안에서 사는 것이 아니라, 영 안에 사는 것입니다. 다만 어떤 사람이 그리스도의 영을 가지고 있지 않으면, 이런 사람은 하나님의 사람이 아닙니다.
8:10	εἰ δὲ Χριστὸς ἐν ὑμῖν, τὸ μὲν σῶμα νεκρὸν διὰ ἁμαρτίαν τὸ δὲ πνεῦμα ζωὴ διὰ δικαιοσύνην.	그러나 그리스도께서 진정 여러분 안에 계신다면, 실로 그 몸은 죄 때문에 죽은 것이지만, 그 영은 의(義) 때문에 생명입니다.
8:11	εἰ δὲ τὸ πνεῦμα τοῦ ἐγείραντος τὸν Ἰησοῦν ἐκ νεκρῶν οἰκεῖ ἐν ὑμῖν, ὁ ἐγείρας Χριστὸν ἐκ νεκρῶν ζωοποιήσει καὶ τὰ θνητὰ σώματα ὑμῶν διὰ τοῦ ἐνοικοῦντος αὐτοῦ πνεύματος ἐν ὑμῖν.	하지만 죽은 자들로부터 그 예수님을 일으키신 분의 그 영이 여러분 안에 거주하신다면, 죽은 자들로부터 그리스도를 일으키신 분께서 여러분 안에 거주하시는 그분의 영을 통해 여러분의 죽을 몸도 살려 내실 것입니다.

하나님의 영을 따라 사는 삶

따라서 그리스도 예수님 안에서 영을 따라 사는 삶만이 참된 자유의 삶으로 나타난다. 그 자유의 삶이란 지난날 에덴동산에서 잃어버린 그 하나님의 그 영광을 향한 삶을 되찾은 것을 능가하는 삶이다. 이름하여 우리는 그것을 영광의 자유라고 부른다.

 이제 필요한 것은 지난날 사탄에 의해 잃어버린 하나님의 형상을 되찾아 하나님의 영광을 나타낼 온전한 형상인 죽은 자들로부터 일으켜진 그리스도의 장성한 분량에 이르는 자리로 나가는 것이다. 길은 하나다. 오직 하나님의 영이 인도하는 삶으로 나아가는 것이다. 그 길은 영원한 생명이라고 하는 구속의 완성으로 가는 유일한 길이다.

구속의 완성인 영생의 몸을 향한 마지막 단계

그러기 위해서는 반드시 영적인 삶을 점검해야 한다. 영이라고 해서 다 같은 영이 아니다. 사도 요한은 '사랑하는 자들이여, 영들을 다 믿지 말고 오직 그 영들이 그 하나님께 속하였나 시험하라 왜냐하면 많은 거짓 선지자가 그 세상에 나왔기 때문이다(요일 4:1).'라고 온갖 영들을 시험하라고 주문했다. 사도 바울도 이곳에서 같은 맥락의 사고를 보인다.

영 안에 존재하느냐는 문제는 하나님의 영이 있느냐로 결정되는데, 하나님의 사람으로 인정받을 수 있는 길은 오직 그리스도의 영을 소유하고 있을 때이다. 어떤 사람이 자기가 하나님의 영을 따라 산다고 말을 한다고 해서 하나님의 사람이 되는 것이 아니라 그리스도의 영을 가지고 있지 않으면, 아무리 영적으로 신출귀몰한 능력을 나타낼 수 있다고 하더라도 이 단계(구속의 완성인 영생의 몸을 향한 마지막 단계)에서 이런 사람은 하나님의 사람이라고 할 수 없다는 말이다.

8:9	—Ὑμεῖς δὲ οὐκ ἐστὲ ἐν σαρκὶ ἀλλ' ἐν πνεύματι, εἴπερ πνεῦμα θεοῦ οἰκεῖ ἐν ὑμῖν. εἰ δέ τις πνεῦμα Χριστοῦ οὐκ ἔχει, οὗτος οὐκ ἔστιν αὐτοῦ.	---그러나 진정 하나님의 영이 여러분 안에 거주하신다면, 여러분은 육신 안에서 사는 것이 아니라, 영 안에 사는 것입니다. 다만 어떤 사람이 그리스도의 영을 가지고 있지 않으면, 이런 사람은 하나님의 사람이 아닙니다.

그리스도는 직함

그 이유는 너무도 명확하다. 그리스도께서 영으로 우리 속에 계시지 않는다면 우리의 육체 속에 주인노릇하고 있는 죄가 부리는 죄의 몸은 죄로부터 영원히 벗어날 수 없기에 우리 안에 그리스도께서 계심으로써 그리스도의 육신의 몸을 통해 죄에 대하여 죽어 죄와 결별과 단절을 선언할 수 있고, 죽음으로부터 일으켜지시는 양자의 영이 되신 그분의 영적인 몸을 통해 영원한 생명이라고 하는 하나님의 영광을 향해 끊임없이 나갈 수 있는 발판이 세워지기 때문이다.

핵심은 그리스도께서 우리 안에 계시느냐가 관건이다. 그리스도는 직함이라고 했다. 그리스도가 우리 안에 계신다면 그분은 하나님 앞에서 우리에게 기름을 부어 함께 죽고 함께 살아나는 역할을 책임 있게 수행함으로써 우리가 죄와의 단절과 함께 새로운 부활의 생명 안에서 영원히 살아 있게 하신다는 말이다.

8:10	εἰ δὲ Χριστὸς ἐν ὑμῖν, τὸ μὲν σῶμα νεκρὸν διὰ ἁμαρτίαν τὸ δὲ πνεῦμα ζωὴ διὰ δικαιοσύνην.	그러나 그리스도께서 진정 여러분 안에 계신다면, 실로 그 몸은 죄 때문에 죽은 것이지만, 그 영은 의(義) 때문에 생명입니다.

영의 몸으로 살게 할 것

이제 남은 것은 우리의 죽을 육체로서의 몸이 어떤 방식으로 영생의 몸으로 만들어질 수 있느냐는 것이다. 이것은 그리스도 예수 안에 있는 구속의 완성을 향한 질문에 대한 답이다.

이는 우리가 여태껏 말해 온 그리스도 예수님 안에서 일반화된 보편 세계의 창조자가 되시는 하나님의 영이 있으면 우리가 영 안에 있다는 말의 의미를 이해할 수 있을 때 알게 되는데, 그건 그리스도 예수 안에서 이제 죽은 자들로부터 그 예수님(사탄의 사망 권세 아래 놓인 죽은 자들로부터 인류를 다시 살게 하시기 위해 육체를 입고 이 땅에 오셔서 유대와 이방의 법에 따라 사형 선고를 받아 십자가에 처형되신 예수님)을 일으키신 분의 영(아버지 하나님의 영)이 함께 살고 있다면 죽은 자들로부터 그리스도를 일으키신 분, 그러니까 우리가 그리스도와 함께 죽어 죄와 결별하고 함께 일으켜져 영광의 아버지 하나님을 향해 자유로운 삶을 살게 하신 하나님(그리스도 예수님 안에서 일반화된 보편 세계의 창조자가 되시는 하나님)께서 우리 안에 거주하시는 그리스도의 영(죽은 자들로부터 예수님을 그리스도로 일으키신 분의 영이 우리 안에 거주하심으로써 우리 안에 거주하게 되신 양자의 영)을 통해 죽어 썩어 문드러질 우리의 몸도 소생시킬 것이라는 말이다.

그리스도 예수님 안에서 예수님을 죽은 자들로부터 일으키신 분도 하나님이시고, 그리스도 예수님 안에서 그리스도를 죽은 자들로부터 일으키신 분도 하나님이시다. 그리스도 예수님 안에서 하나님은 한 분이시고 그리스도 예수님 안에서 한 분이신 하나님께서 그 예수님과 그 그리스도를 죽은 자들로부터 일으키심으로써 우리도 초월적 의미에서(in a transcendent sense) 그분과 같은 영의 몸으로 살게 할 것이다(ζῳοποιήσει-조포이에세이, to cause to live, make alive, give life to).

이런 의미에서 다음 본문이 자리한다.

8:11	εἰ δὲ τὸ πνεῦμα τοῦ ἐγείραντος τὸν Ἰησοῦν ἐκ νεκρῶν οἰκεῖ ἐν ὑμῖν, ὁ ἐγείρας Χριστὸν ἐκ νεκρῶν ζῳοποιήσει καὶ τὰ θνητὰ σώματα ὑμῶν διὰ τοῦ ἐνοικοῦντος αὐτοῦ πνεύματος ἐν ὑμῖν.	하지만 죽은 자들로부터 그 예수님을 일으키신 분의 그 영이 여러분 안에 거주하신다면, 죽은 자들로부터 그리스도를 일으키신 분께서 여러분 안에 거주하시는 그분의 영을 통해 여러분의 죽을 몸도 살려내실 것입니다.

정리

이제 그리스도인, 곧 하나님의 사람이라고 하는 아주 특별한 실존으로서의 사람이 죄 많은 이 세상에 사는 이유가 분명해졌다. 그건 죄들과의 싸움에서 승리하여 영원한 생명에 이르는 것이다. 거기서 중요한 것은 어떤 방식으로 죄들과의 싸움에서 이기게 되는지를 아는 것이다.

물론 우리는 지금까지 사도 바울이 발견한 죄에 대한 여러 가지 정보들을 살펴보았다. 하지만 아직도 '이건 이거고 저건 저것이다.'라고 선명하게 말할 수 있을 정도로 잘 이해하지 못하는 분들을 위해 마지막 정리하는 시간이 필요하다고 생각한다. 왜냐하면 여기가 로마서가 말하는 하나님의 복음에 관한 핵심적인 설명의 마지막인 롬8장이고, 이후로 넘어가면 그 복음의 핵심과 관련한 내용을 직접적으로 다룰 수 있는 기회가 거의 없을 것 같아서이다.

핵심

로마서의 핵심은 하나님의 창조물인 우리가 사는 이 창조 세계와 인류의 타락으로 말미암아 하나님의 아들이라고 불리는 예수 그리스도에서 그리스도 예수까지의 구속의 역사 속에서 그 구속의 실체적 진실을 밝히는 것이다.

다만 사도 바울은 그 구속의 실체를 그 구속사의 마지막 단계인 그리스도 예수 안에서 그 구속사를 반추해 보며 그것을 '아담과 그리스도라는 대표 원리'라고 하는 명료한 개념 하나로 종합해 일관되게 그 구속의 실체적 진실을 해석하여 밝히고 있다는 게 필자의 생각이다.

핵심적인 포인트는 '아담과 그리스도의 대표 원리'가 '육신과 영의 대표 원리'로 설명되고 있다는 사실을 캐치하는 것이다. 이것은 롬1:2-4에서 그리스도 예수 안에 있는 하나님의 복음을 규정하면서 내비친 두 국면에 대한 설명에 이미 분명하게 구분되어 나타난다(1권 참조).

문제

문제는 이 대조 원리 사이에서, 그러니까 아담과 그리스도 사이 육과 영의 사이에서 신비롭게 겹치는 부분이 발생하는데, 그것은 예수라는 이름의 존재가 육 쪽으로도 겹치고 영 쪽으로도 겹쳐 활동하되 엄밀하게 구분되어야 할 신비스러움에 대한 이해이다.

이는 예수님의 십자가 사건 이후 사도들의 전승으로부터 오늘에 이르기까지 신학적으로도 많은 논쟁의 발화점으로 작용하여 아직도 무수한 이단 사설이 발생하는 지점으로 명확한 합의가 이루어지지 않고 단지 추정에 의한 잠정적인 결론을 내리고 있는 부분이라고 해도 틀리지 않는다.

예를 들면 롬8:3에서 '이는 그 율법이 연약함으로 그 육신을 통해 할 수 없었던 그것을, 그 하나님께서 자기 아들을 죄 있는 육신을 닮은 모습으로 보내셔서 죄에 대하여 정죄하셨으니, 바로 그 육신 안에 있는 그 죄를 정죄하신 것입니다.'에서 '죄 있는 육신을 닮은 모습으로(ἐν ὁμοιώματι σαρκὸς ἁμαρτίας-엔 호모이오마티 사르코스 하마르티아스)'를 일반적으로 읽으면 '죄의 육신의 모양으로'가 되는데, 여기서 문제가 되는 것은 필자가 '닮은 모습'이라고 번역한 헬라어 호모이오마티(ὁμοιώματι)이다.

이를 BDAG는 '공통된 경험을 갖고 있는 상태(state of having common experiences)'와 '겉모습이 비슷한 상태(state of being similar in appearance)'를 나타내는 단어로 분류하고 빌2:7의 낮아지신 예수님을 나타내는 표현인 '사람들의 모양으로 되었다(ἐν ὁμοιώματι ἀνθρώπων γενόμενος-엔 호모이오마티 안드로폰 게노메노스).'와 비교하며 그 해석에 대한 입장(바울이 그리스도의 지상 생애에 대해 말할 때 우리 단어를 사용하는 두 개의 관련 구절에서 그 의미에 대한 일반적인 합의가 없다(there is no general agreement on the meaning in two related passages in which Paul uses our word in speaking of Christ's earthly life).)을 정리했다.

"이 말은 주님께서 지상 사역을 하실 때 완전한 인간을 소유하셨고 그의 육신은 육신처럼 죄를 지을 수 있었다는 의미일 수도 있고, 또는 그가 인간의 형태를 취하셨고 인간으로 여겨졌다는 뜻일 수도 있지만(A), 이 세상에서도 신적 존재로서의 정체성을 잃지 않으셨다는 의미일 수도 있다. 바울이 일반적으로 예수에 대해 말하는 것에 비추어 볼 때, 그는 지상 생활에서의 예수가 죄 많은 인간과 비슷하면서도 완전히 그들과 같지는 않았다는 사실을 밝히기 위해 우리의 말을 사용했을 가능성이 높다(B)(The could mean that the Lord in his earthly ministry possessed a completely human from and that his physical body was capable of sinning as bodies are, or that he had the form of a human being and was looked upon as such(A), but without losing his identity as a divine being even in this world. In the light of what Poul says about Jesus in general it is probable that he uses our word to bring out both that Jesus in his earthly career was similar to sinful humans and yet not totally like them(B))." (A)와 (B)에 대해서는 BDAG를 참조하라.

죄 없는 육신

결론적으로 말하면 필자의 생각은 이렇다.

   우선 사도 바울이 로마서에서 예수님에 대해 표현할 때 롬1:3에서 하나님의 아들로 규정하고 '육신을 따라서 다윗의 씨로부터 되신 존재로 말하는데, 이는 그리스도 예수 안에서의 통찰로서 분명히 인간으로서 이 땅에 살아 계셨던 분이심을 나타내는 것은 분명하지만, 롬8:3에 의하면 죄 있는 인간을 닮은 모습을 가지고 계셨지만 죄 있는 존재는 아니었다는 것이 분명하다.

   그리고 사도 바울이 롬5:12-21에서 드러내는 아담과 그리스도의 대표 원리에 관한 대조 문맥에서 '아담을 한 사람(ἑνὸς ἀνθρώπου-헤노스 안드로푸, 롬5:12)'이라고 지칭하고 예수님 또한 '그 한 사람 예수 그리스도(τοῦ ἑνὸς ἀνθρώπου Ἰησοῦ Χριστοῦ 투 헤노스 안드로푸 예수 크리스투)'로 구분해서 지칭하여 표현하는데, 이는 아담과 그리스도의 대표 원리를 설명하는 논리의 맥락을 보아 분명히 예수님은 아담에 속한 죄 있는 육신을 가진 일반 사람들과는 완전히 다른 죄 없는 육신을 가진 분으로 지상 사역을 완수하신 분이심을 명확히 한다.

하나님의 지혜와 능력의 최대치

따라서 예수님이라는 신비로운 육신의 존재는 아담과 그리스도의 대표 원리를 나타내는 논리에서 아담과 그리스도 사이에 끼어든 하나님의 비밀 특수작전을 수행하는 특수요원과 같다. 아담을 창조하시면서 가지고 계셨던 창조주 하나님의 본래 계획대로 전능하신 하나님의 영광스러운 권능을 창조 세계에 가득히 울려 퍼지게 하시기 위해, 비밀스럽게 침투해 임무를 수행하려면 위장에 또 위장, 변장에 또 변장하여 아무도 알아챌 수 없는 모습인 인간과 똑같은 모습으로 이 땅에 오신 것이다.

이는 하나님의 보좌를 탐내고 반역하다 하늘에서 땅으로 내쫓긴 사탄과 마귀가 인류를 볼모로 잡고 벌이는 인질극과 같은 최후의 전투에서 비밀 작전을 성공리에 마치기 위해 일어난 사건, 그러니까 하나님의 지혜와 능력의 최대치를 발휘하는 창조 이래로 가장 큰 역사적인 사건인 십자가에 돌아가시고 부활하시기 위해 예수님께서 이 땅에 오시는 것임을 말한다.

말씀 육신

이 특이한 예수님을 사도 요한은 요1:14에서 이렇게 말했다.

> 14그리고 그 말씀이 육신이 되었고, 그분이 우리 안에 장막을 치셨으며, 우리가 그의 영광을 가까이서 보았으니, 마치 아버지 곁에 계신 독생자의 영광과 같고, 은혜와 진리가 충만한 분이셨습니다.

> 14Καὶ ὁ λόγος σὰρξ ἐγένετο καὶ ἐσκήνωσεν ἐν ἡμῖν, καὶ ἐθεασάμεθα τὴν δόξαν αὐτοῦ, δόξαν ὡς μονογενοῦς παρὰ πατρός, πλήρης χάριτος καὶ ἀληθείας.
> **(NA28판, UBS5판 요1:14 필자 사역)**

이 예수님을 사도 바울은 히브리서에서 이렇게 선언했다.

> 12참으로 그 하나님의 그 말씀은 살아 있고 힘이 있으며 양날의 칼보다도 예리하여 혼과 영과 관절과 골수를 가르기까지 하며 마음의 생각과 의도를 식별합니다.
> 13그러니 어떤 피조물도 그분 앞에서 숨겨질 수 없고, 더구나 모든 것이 그분의 눈앞에 벌거벗은 채로 드러나는 것처럼 그 말씀이 우리에게 마주하고 있습니다.

14그런즉 우리가 그 하늘들을 통과하신 위대한 대제사장을 모시고 있고, 그분이 바로 그 하나님의 그 아들 예수님이시니, 우리가 그 고백(공언된 믿음의 도리)을 굳게 붙듭시다.
15왜냐하면 우리의 대제사장은 우리의 많은 연약함에 대해 함께 고통을 느끼지 못하시는 분이 아니기 때문입니다. 그는 모든 일에 우리와 똑같이 시험을 받으셨으나 죄와의 관계가 일절 없으셨습니다.
16그런즉 우리가 담대하게 은혜의 보좌로 나가서 긍휼과 은혜를 받아 적시에 도움을 받도록 합시다.

12Ζῶν γὰρ ὁ λόγος τοῦ θεοῦ καὶ ἐν εργὴς καὶ τομώτερος ὑπὲρ πᾶσαν μάχαιραν δίστομον καὶ διϊκνούμενος ἄχρι μερισμοῦ ψυχῆς καὶ πνεύματος, ἁρμῶν τε καὶ μυελῶν, καὶ κριτικὸς ἐνθυμήσεων καὶ ἐννοιῶν καρδίας• 13 καὶ οὐκ ἔστιν κτίσις ἀφανὴς ἐνώπιον αὐτοῦ, πάντα δὲ γυμνὰ καὶ τετραχηλισμένα τοῖς ὀφθαλμοῖς αὐτοῦ, πρὸς ὃν ἡμῖν ὁ λόγος. 14 Ἔχοντες οὖν ἀρχιερέα μέγαν διεληλυθότα τοὺς οὐρανούς, Ἰησοῦν τὸν υἱὸν τοῦ θεοῦ, κρατῶμεν τῆς ὁμολογίας.
15 οὐ γὰρ ἔχομεν ἀρχιερέα μὴ δυνάμενον συμπαθῆσαι ταῖς ἀσθενείαις ἡμῶν, πεπειρασμένον δὲ κατὰ πάντα καθ' ὁμοιότητα χωρὶς ἁμαρτίας. 16 προσερχώμεθα οὖν μετὰ παρρησίας τῷ θρόνῳ τῆς χάριτος, ἵνα λάβωμεν ἔλεος καὶ χάριν εὕρωμεν εἰς εὔκαιρον βοήθειαν.

(NA28판, UBS5판 히4:12-16 필자 사역)

이런 관점에서 다음 본문을 보라.

8:12	Ἄρα οὖν, ἀδελφοί, ὀφειλέται ἐσμὲν οὐ τῇ σαρκὶ τοῦ κατὰ σάρκα ζῆν,	그러므로 형제들이여, 진정 우리는 육신을 따라서 살게 하는 그 육신에 빚진 사람들이 아닙니다.*
8:13	εἰ γὰρ κατὰ σάρκα ζῆτε, μέλλετε ἀποθνῄσκειν· εἰ δὲ πνεύματι τὰς πράξεις τοῦ σώματος θανατοῦτε, ζήσεσθε.	참으로 여러분이 육신을 따라 산다면, 죽기로 작정했다는 것입니다. 하지만 영으로 그 몸의* 그 행위들을 죽인다면, 스스로를 살게 하는 것입니다.
8:14	ὅσοι γὰρ πνεύματι θεοῦ ἄγονται, οὗτοι υἱοὶ θεοῦ εἰσιν.	왜냐하면 하나님의 영으로 인도함을 받는 사람들은 누구든지 하나님의 아들들이기 때문입니다.

8:15	οὐ γὰρ ἐλάβετε πνεῦμα δουλείας πάλιν εἰς φόβον ἀλλ' ἐλάβετε πνεῦμα υἱοθεσίας ἐν ᾧ κράζομεν· αββα ὁ πατήρ.	진정 여러분은 다시 두려워하는 종의 영을 받은 것이 아니라 양자의 영을 받았습니다. 그래서 그 영을 힘입어 우리가 전능하신 하나님을 '압바 그 아버지'라고 크게 부르짖는 것입니다.※
8:16	αὐτὸ τὸ πνεῦμα συμμαρτυρεῖ τῷ πνεύματι ἡμῶν ὅτι ἐσμὲν τέκνα θεοῦ.	그 영이 친히 우리의 영과 더불어 '우리가 하나님의 자녀들이다.'라고 증언해 주십니다.
8:17	εἰ δὲ τέκνα, καὶ κληρονόμοι· κληρονόμοι μὲν θεοῦ, συγκληρονόμοι δὲ Χριστοῦ, εἴπερ συμπάσχομεν ἵνα καὶ συνδοξασθῶμεν.	그러나 자녀들이면 또한 상속자들이니, 실로 하나님의 상속자들이기도 하지만 그리스도와 함께 상속받는 공동 상속자들이기도 합니다. 진정 그러하다면 우리 또한 그리스도와 함께하는 영광을 받기 위해서 그리스도와 함께하는 고난도 받아야 합니다.

거룩한 채무감의 확장

이제 사도 바울은 '육신을 따라 살게 하는 그 육신(τῇ σαρκὶ τοῦ κατὰ σάρκα ζῆν-테 사르키 투 카타 사르카 젠)'을 이해할 수 있겠느냐는 물음을 넘어서 '그러므로 형제들이여, 진정 우리는 육신을 따라서 살게 하는 그 육신에 빚진 사람들이 아닙니다.'라고 선언한다.

필자는 롬7:25에서 '그런즉 의심의 여지 없이'라고 번역했던 추론에서의 결론적 선언을 나타내는 접속사군인 '아라 운(Ἄρα οὖν)'을 이곳에서는 문맥을 고려해 '그러므로~진정'이라는 의미로 의역했다. 앞 문맥을 이어 자연스럽게 영을 따라서 사는 그리스도인들이 직면할 수밖에 없는 현실적인 삶의 원리와 자세에 대한 진정성을 명확하게 드러내고자 함이다.

여기서 중요한 것은 롬1:14에서 '나는 그리스인들과 미개인들 양쪽 모두에게, 지혜로운 자들과 어리석은 자들 양쪽 모두에게 빚진 사람입니다.'라고 밝혔던 사도 바울 개인의 빚진 자(ὀφειλέτης-오페일레테스)에 대한 인식이 복수화되어 빚진 자들(ὀφειλέται-오페일레타이)로 확장되었다는 사실이다.

영적 삶에서의 착각
이는 사도 바울이 그리스도 예수 안에서 발견한 하나님의 복음에 대하여 빚진 자와 같은 개인적인 의무감, 곧 거룩하게 하시는 영에 따른 영원한 생명에 이르는 길을 사람들에게 알려야 하는 거룩한 채무감을 성실하게 이행함으로써 양자의 영을 따르는 거룩한 사람들에게 자신과 같은 하나님의 복음에 대한 채무감으로 살아야 함을 말하기 위함이다. 왜냐하면 하나님의 복음을 알고 영을 따라서 살아야 할 사람들이 영적인 분별력을 발휘하지 않으면 안 될 영역에서 일어나는 부질없는 의무감에 사로잡힐 가능성이 농후하기 때문이다.

과거 모세의 율법 아래 있던 자신이 그리스도 예수 안에 들어와 만나게 되는 예수님의 강화된 말씀과 행위로서의 존재적 모세의 율법과 같이 착각하여 갖게 되는 이 부질없는 의무감과 채무감은 죽으려고 의도하는 것과 같다.

이는 모세가 자기와 같은 선지자에게 들으라고 말한 이유를 파악하지 못하고, 그리스도 예수 안에 들어와 듣게 되는 예수님의 말씀과 행위로서의 존재적 율법을 과거 모세의 율법에 종노릇하던 것과 동일한 방식으로 듣고 실행하며 그리스도 예수 안에 머물게 되는 일이 일어날 수 있기 때문이다.

하나님의 영이 이끄는 삶
이게 바로 예수님께서 마11:6에서 '누구든지 나로 말미암아 실족하지 아니하는 자는 복이 있다(마11:6).'라고 말씀하신 지점에서 일어나는 일이다.

따라서 영을 따라 사는 사람은 영으로 그 몸, 곧 그 사망을 향하는 죽을 몸이 가지는 죄의 행위들을 촉발하는 기능들을 죽여야만 영적인 생명을 유지하며 살게 되는데, 문제는 그것이 하나님의 영이 이끄는(πνεύματι θεοῦ ἄγονται-프뉴마티 데우 아곤타이) 삶이냐는 것이다.

왜냐하면 롬8:9에서 밝힌 것 같이 진정 하나님의 영이 여러분 안에 거주하신다면, 여러분은 육신 안에서 사는 것이 아니라, 영 안에 사는 것이고. 다만 어떤 사람이 그리스도의 영을 가지고 있지 않으면, 이런 사람은 하나님의 사람이 아니라고 했기 때문이다.

8:12	Ἄρα οὖν, ἀδελφοί, ὀφειλέται ἐσμὲν οὐ τῇ σαρκὶ τοῦ κατὰ σάρκα ζῆν,	그러므로 형제들이여, 진정 우리는 육신을 따라서 살게 하는 그 육신에 빚진 사람들이 아닙니다.*
8:13	εἰ γὰρ κατὰ σάρκα ζῆτε, μέλλετε ἀποθνῄσκειν· εἰ δὲ πνεύματι τὰς πράξεις τοῦ σώματος θανατοῦτε, ζήσεσθε.	참으로 여러분이 육신을 따라 산다면, 죽기로 작정했다는 것입니다. 하지만 영으로 그 몸의* 그 행위들을 죽인다면, 스스로를 살게 하는 것입니다.
8:14	ὅσοι γὰρ πνεύματι θεοῦ ἄγονται, οὗτοι υἱοὶ θεοῦ εἰσιν.	왜냐하면 하나님의 영으로 인도함을 받는 사람들은 누구든지 하나님의 아들들이기 때문입니다.

창조적인 고난의 삶

핵심은 하나님의 영이 우리 안에 계셔서 하나님의 영이 우리 안에서 함께 살고 계시며 우리를 인도하시는 일이 있느냐가 관건이다. 만약 우리 안에 하나님의 영이 계시고 우리 안에서 함께 사시면서 우리를 인도하고 계신다면 우리는 아무런 해를 받지 않는 영원한 삶이 있는 영원한 곳에 안전하게 도착할 때까지 이 지상에서도 영원한 생명으로 충만한 삶을 맛보며 살게 될 것이다.

그리고 그 목적지에 이르게 될 우리의 비전은 하나님의 양자로 입적(入籍)되는 것으로 우리가 이미 그리스도 예수 안에서 받은 그 그리스도의 영이 우리의 영을 도우심으로 전능하신 하나님을 아버지라고 부르짖으며 그리스도 예수님 안에서 구속의 완성을 향해 울부짖는 기도가 시작된다.

이때 비로소 그리스도 예수 안에서 그 그리스도의 영은 우리의 영과 함께 하시면서 하나님을 향해 하나님의 자녀들임을 확신케 하도록 증언함으로써 하나님의 상속자로 눈을 뜨게 하여 그리스도와 함께 받을 영광의 상속을 위해 그리스도와 함께하는 고난의 삶에 창조적으로 참여하게 돕고, 하나님의 영은 그런 그리스도의 영과 함께 하며 소통하는 우리의 영을 그 그리스도의 영의 보살핌 아래 하나로 묶어 인도하심으로 영생에 이르게 하신다.

8:15	οὐ γὰρ ἐλάβετε πνεῦμα δουλείας πάλιν εἰς φόβον ἀλλ' ἐλάβετε πνεῦμα υἱοθεσίας ἐν ᾧ κράζομεν· αββα ὁ πατήρ.	진정 여러분은 다시 두려워하는 종의 영을 받은 것이 아니라 양자의 영을 받았습니다. 그래서 그 영을 힘입어 우리가 전능하신 하나님을 '압바 그 아버지'라고 크게 부르짖는 것입니다.※
8:16	αὐτὸ τὸ πνεῦμα συμμαρτυρεῖ τῷ πνεύματι ἡμῶν ὅτι ἐσμὲν τέκνα θεοῦ.	그 영이 친히 우리의 영과 더불어 '우리가 하나님의 자녀들이다.'라고 증언해 주십니다.
8:17	εἰ δὲ τέκνα, καὶ κληρονόμοι· κληρονόμοι μὲν θεοῦ, συγκληρονόμοι δὲ Χριστοῦ, εἴπερ συμπάσχομεν ἵνα καὶ συνδοξασθῶμεν.	그러나 자녀들이면 또한 상속자들이니, 실로 하나님의 상속자들이기도 하지만 그리스도와 함께 상속받는 공동 상속자들이기도 합니다. 진정 그러하다면 우리 또한 그리스도와 함께하는 영광을 받기 위해서 그리스도와 함께하는 고난도 받아야 합니다.

역설적인 삶의 이야기

이제 그리스도와 함께 고난을 받는 창조적인 삶이 영을 따라서 사는 사람들의 정체성을 확인할 수 있는 외적인 증거라는 사실을 부인할 수 있는 길이 없다는 사실이 명확해졌다.

그런 관점에서 다음 본문은 그리스도 예수 안에서의 구속의 완성을 향한 현실적인 삶을 그리스도 예수님 밖에서 고통하는 피조 세계의 피조물이 자신들의 고통에서 벗어나기 위해 발버둥질하는 삶의 모습과 비교하며 대차대조표를 그리듯 그리스도와 함께 고난을 받는 창조적인 삶의 결과가 그 고난의 크기와 무게에 합당하지 않는 영광스러움에 이르는 역설적인 삶을 이야기 한다.

8:18	Λογίζομαι γὰρ ὅτι οὐκ ἄξια τὰ παθήματα τοῦ νῦν καιροῦ πρὸς τὴν μέλλουσαν δόξαν ἀποκαλυφθῆναι εἰς ἡμᾶς.	참으로 나는 지금 이때※1 우리가 겪는 여러 고난의 고통이※2 장차 우리에게 계시될 영광에 비하면 고민할 가치도 없다고 여깁니다.

8:19	ἡ γὰρ ἀποκαραδοκία τῆς κτίσεως τὴν ἀποκάλυψιν τῶν υἱῶν τοῦ θεοῦ ἀπεκδέχεται.	왜냐하면 그 피조물의※ 그 간절한 기대는 그 하나님의 그 아들들이 나타나기를† 기다리는 것이기 때문입니다.
8:20	τῇ γὰρ ματαιότητι ἡ κτίσις ὑπετάγη, οὐχ ἑκοῦσα ἀλλὰ διὰ τὸν ὑποτάξαντα, ἐφ' ἐλπίδι	그 피조물이 그 헛된 것에 복종하는 것은 자발적인 것이 아니라 복종하게 하신 분으로 인한 것이었습니다. 그것은 그 피조물로 하여금 소망을 갖게 하신 것입니다.
8:21	ὅτι καὶ αὐτὴ ἡ κτίσις ἐλευθερωθήσεται ἀπὸ τῆς δουλείας τῆς φθορᾶς εἰς τὴν ἐλευθερίαν τῆς δόξης τῶν τέκνων τοῦ θεοῦ.	그 소망은 그 피조물 자신도 그 썩을 것의 그 종살이로부터 풀려나 자유롭게 되어 그 하나님의 그 자녀들이 누리게 될 그 영광의 그 자유에 이르는 것입니다.
8:22	οἴδαμεν γὰρ ὅτι πᾶσα ἡ κτίσις συστενάζει καὶ συνωδίνει ἄχρι τοῦ νῦν·	참으로 우리는 그 피조물이 모두 다 지금까지 함께 신음하며 함께 출산의 고통을 겪고 있다는 것을 압니다.
8:23	οὐ μόνον δέ, ἀλλὰ καὶ αὐτοὶ τὴν ἀπαρχὴν τοῦ πνεύματος ἔχοντες, ἡμεῖς καὶ αὐτοὶ ἐν ἑαυτοῖς στενάζομεν υἱοθεσίαν ἀπεκδεχόμενοι, τὴν ἀπολύτρωσιν τοῦ σώματος ἡμῶν.	그뿐만 아닙니다. 오히려 우리 자신도 그 영의 그 첫 열매를 가지고 있으므로, 우리도 친히 속으로 신음하며 양자 될 것, 곧 죽어 썩어 없어질 우리 몸의 그 구속을※ 애타게 기다리고 있습니다.
8:24	τῇ γὰρ ἐλπίδι ἐσώθημεν· ἐλπὶς δὲ βλεπομένη οὐκ ἔστιν ἐλπίς· ὃ γὰρ βλέπει τίς ἐλπίζει;	왜냐하면 그 소망으로 우리가 구원받았기 때문입니다. 하지만 소망하는 것이 보일 때 그것은 이미 소망이 아닙니다. 도대체 누가 보는 것을 소망하겠습니까?
8:25	εἰ δὲ ὃ οὐ βλέπομεν ἐλπίζομεν, δι' ὑπομονῆς ἀπεκδεχόμεθα.	진정 우리가 보지 못하는 것을 소망한다면, 인내를 통해서 간절히 기다려야 합니다.

그 피조물

여기서 문제가 되는 것은 필자가 '그 피조물(ἡ κτίσις-헤 크티시스)'이라고 번역한 헬라어에서 κτίσις(크티시스)에 대한 이해이다.

우선 이를 BDAG는 '창조 또는 창의적인 행위(act of creation)'나 창조 또는 창의적인 행위의 결과(the result of a creative act)의 범주에서 창조된 모든 것의 총합(the sum total of everything created)을 나타내는 단어로 피조물 전체를 가리키는 의미로 분류하고, κτίσις(크티시스)의 의미는 롬8:19-22에서 논쟁의 여지가 있으며, 이 구절은 일반적으로 인간 수준 이하의 전체 창조물의 기다림을 의미하는 것으로 간주된다(The meaning of A is dispute in B, thought the passage is usually taken to mean the waiting of the whole creation below the human level).'라고 했다.

하지만 필자는 롬8:19-22의 이 단어(κτίσις-크티시스)가 로마서 전체 문맥의 맥락에 있으므로 전체 문맥에서 그 쓰임새를 밝혀 이해함으로써 논쟁의 여지를 없애고 문맥적으로 명확한 의미를 확보할 수 있고 생각한다.

다만 기억해야 할 것은 필자가 로마서의 전체 문맥을 그리스도 예수 안에 있는 구속을 따른 구속사의 관점으로 보아야 그 맥락을 정확하게 파악할 수 있다고 여긴다는 점이다.

그런 의미에서 이 단어는 먼저 로마서에서 총 7회(롬1:20, 25, 8-19, 20, 21, 22, 39) 사용되는데, 가장 처음 롬1:20에서는 '세상의 창조로부터(ἀπὸ κτίσεως κόσμου-아포 크티세오스 코스모스)'와 같이 여호와 하나님께서 세상을 창조하신 행위를 나타내는 데 쓰였다. 이때 κτίσις(크티시스)는 정관사를 사용하지 않았다.

1:20	τὰ γὰρ ἀόρατα αὐτοῦ ἀπὸ κτίσεως κόσμου τοῖς ποιήμασιν νοούμενα καθορᾶται, ἥ τε ἀΐδιος αὐτοῦ δύναμις καὶ θειότης, εἰς τὸ εἶναι αὐτοὺς ἀναπολογήτους,	참으로 그분의 보이지 않는 것들, 곧 그분의 영원하신 능력과 신성이 세상 창조로부터 그 행하신 일들에* 의해 이해되고 깨달아짐으로써 그들이 변명할 수 없게 하신 것입니다.

그다음 롬1:25에서는 '그 피조물에게(τῇ κτίσει-테 크티세이)'와 같이 정관사를 사용하여 특정한 피조물을 대표하여 나타내는데, 문맥적으로 롬1:20의 창조 세계의 모든 피조물 가운데 특정한 한 부류의 피조물을 대표하여 가리킨다.

이미 필자가 롬1:25을 해설하면서 규정했던 것과 같이 창조주와는 대조적으로(in contrast to the Creator) 쓰여 창조주를 대신해 숭배하고 섬기는 대상을 가리키는 바울의 특정 용어로서 창조주 하나님을 예배하고 섬기는 것과의 병치나 밀접한 연관에 있어서 다름을 나타내는 것이 아니라 현저하게 다른 상태의 존재, 그러니까 문맥적(롬1:1-25)으로 하나님의 진노가 계시되는 상황에서도 그 하나님의 그 진리를 탄압하는 힘을 가진 신격화된 피조물로서 창조주와는 정반대되는 확연히 다른 존재인 로마 황제를 머리로 삼아 그의 통치 아래 굴러가는 그리스도 밖 세상 정치체의 구성원 모두를 하나로 몸으로 인식하는 특별한 피조물을 가리키는 용어이다. 물론 영적으로는 사탄의 노예에 불과하나 그도 엄연히 창조주 하나님의 피조물 가운데 하나인 것은 분명하다.

1:25	οἵτινες μετήλλαξαν τὴν ἀλήθειαν τοῦ θεοῦ ἐν τῷ ψεύδει καὶ ἐσεβάσθησαν καὶ ἐλάτρευσαν τῇ κτίσει παρὰ τὸν κτίσαντα, ὅς ἐστιν εὐλογητὸς εἰς τοὺς αἰῶνας, ἀμήν.	결국 이런 사람들이[*1] 그 하나님의 그 진리를 그 거짓으로 바꾸었고[†1] 창조하신 분 대신에 그 피조물을[*2] 숭배하며[*2] 섬겼던[*3] 것입니다. 하지만 창조하신 분은 영원히 찬양받으실 분입니다. 아멘.

그리고 이어지는 롬8:19-22에서 4회 쓰이는 피조물(κτίσις-크티시스)도 모두 정관사를 가지고 있는 피조물(κτίσις-크티시스)이고, 마지막으로 롬8:39에서는 그리스도 예수 안에 있는 하나님의 사랑(새사람을 일으켜 온전케 하는 구속의 복음인 하나님의 복음을 선포함으로써 나타나는 전능하신 주 하나님의 창조 능력)으로부터 자신을 위협하는 존재가 될 수 없는 '어떤 다른 피조물(τις κτίσις ἑτέρα-티스 크티시스 헤테라)'을 가리킬 때 정관사 없이 '다른(ἑτέρα-헤테라)'이라고 하는 형용사를 붙여 썼다.

8:39	οὔτε ὕψωμα οὔτε βάθος οὔτε τις κτίσις ἑτέρα δυνήσεται ἡμᾶς χωρίσαι ἀπὸ τῆς ἀγάπης τοῦ θεοῦ τῆς ἐν Χριστῷ Ἰησοῦ τῷ κυρίῳ ἡμῶν.	높음이나 깊음이나 어떤 다른 피조물이라도 그리스도 예수 우리 주님 안에 있는 그 하나님의 그 사랑으로부터 우리를 떼어 놓을 수 없습니다.

'해산의 고통
따라서 롬8:19-22의 그 피조물(ἡ κτίσις-헤 크티시스)에 대한 의미를 규정하면 다음과 같다.

롬8:19의 그 피조물(ἡ κτίσις-헤 크티시스)은 간절한 기대를 가진 존재로 언급된다.

그리스도 예수님 안에서 융합되고 통합된 세상의 관점에서 그리스도 예수님 밖의 세상에 관한 이야기라는 사실을 놓치면 끝장이다. 바로 앞 절 롬8:18이 그리스도 예수 안에 있는 하나님의 사람들이 구속의 완성을 향한 마지막 단계인 그리스도와 함께 받는 고난의 고통과 그에 따른 역설적인 영광에 대해서 말한 뒤 그리스도 밖의 타락한 세상의 피조물들이 바라는 영광과 비교 대조하고 있기 때문이다.

이는 롬1:25에서 창조주와 대조되는 존재로서의 그 피조물(ἡ κτίσις-헤 크티시스)과 동일한 맥락으로 연결되는데, 당시의 우상 숭배의 특징이라고 할 수 있는 세상의 원초적인 질서인 남녀 관계를 통한 자녀 출산이 신의 아들, 그러니까 신의 아들과 같이 특출한 능력을 지닌 후손을 생산하는 데 그 목적이 있었던 사실에 비춰 롬8:19의 '그 피조물의 그 간절한 기대(ἡ ἀποκαραδοκία τῆς κτίσεως-헤 아포카라도키아 테스 크티세오스)가 그 하나님의 그 아들들의 그 계시를 기다리는 것이다(τὴν ἀποκάλυψιν τῶν υἱῶν τοῦ θεοῦ ἀπεκδέχεται-텐 아포칼륍신 톤 휘온 투 데우 아페크데케타이).' 라는 의미와 일맥상통한다는 사실을 쉽게 이해할 수 있다(창6:4 참조).

8:18	Λογίζομαι γὰρ ὅτι οὐκ ἄξια τὰ παθήματα τοῦ νῦν καιροῦ πρὸς τὴν μέλλουσαν δόξαν ἀποκαλυφθῆναι εἰς ἡμᾶς.	참으로 나는 지금 이때*¹ 우리가 겪는 여러 고난의 고통이*² 장차 우리에게 계시될 영광에 비하면 고민할 가치도 없다고 여깁니다.
8:19	ἡ γὰρ ἀποκαραδοκία τῆς κτίσεως τὴν ἀποκάλυψιν τῶν υἱῶν τοῦ θεοῦ ἀπεκδέχεται.	왜냐하면 그 피조물의* 그 간절한 기대는 그 하나님의 그 아들들이 나타나기를† 기다리는 것이기 때문입니다.

롬8:20에서 그 피조물(ἡ κτίσις-헤 크티시스)을 그 헛된 것에(τῇ ματαιότητι-테 마타이오테티) 복종하는 존재로 표현하면서 그 피조물을 복종시키는 분, 곧 창조주께서 그 피조물에게 소망을 주어 그 허무한 것에 굴복해 살게 하셨다고 한다. 그 헛된 것은 맥락상 사탄이라고 하는 영적인 존재가 보여 알게 한 법(율법)에 관한 인류의 집단지성의 총합으로서의 가르침과 지식이다.

8:20	τῇ γὰρ ματαιότητι ἡ κτίσις ὑπετάγη, οὐχ ἑκοῦσα ἀλλὰ διὰ τὸν ὑποτάξαντα, ἐφ' ἑλπίδι	그 피조물이 그 헛된 것에 복종하는 것은 자발적인 것이 아니라 복종하게 하신 분으로 인한 것이었습니다. 그것은 그 피조물로 하여금 소망을 갖게 하신 것입니다.

이어서 롬8:21에서는 그 피조물의 소망을 말하는데, '그 피조물 자신도 그 썩을 것의 그 종살이로부터 풀려나 자유롭게 되어 그 하나님의 그 자녀들이 누리게 될 그 영광의 그 자유에 이르는 것'이라고 함으로써 '그 헛된 것'의 실체를 밝혔다.

8:21	ὅτι καὶ αὐτὴ ἡ κτίσις ἐλευθερωθήσεται ἀπὸ τῆς δουλείας τῆς φθορᾶς εἰς τὴν ἐλευθερίαν τῆς δόξης τῶν τέκνων τοῦ θεοῦ.	그 소망은 그 피조물 자신도 그 썩을 것의 그 종살이로부터 풀려나 자유롭게 되어 그 하나님의 그 자녀들이 누리게 될 그 영광의 그 자유에 이르는 것입니다.

그리고 롬8:22에서 마지막으로 그 피조물이 모두 다 지금까지 함께 신음하며 함께 출산의 고통을 겪고 있다는 것을 우리는 안다고 말하는데, 이는 그리스도 예수 밖에 있는 모든 그 피조물이 그 그리스도로 인하여 육에서 영으로 새롭게 출생하게 되는 산고를 겪냥하고 있다는 사실을 안다는 것이다.

8:22	οἴδαμεν γὰρ ὅτι πᾶσα ἡ κτίσις συστενάζει καὶ συνωδίνει ἄχρι τοῦ νῦν·	참으로 그 피조물이 모두 다 지금까지 함께 신음하며 함께 출산의 고통을 겪고 있다는 것을 우리는 압니다.

해산의 고통과 연약함

한마디로 하나님의 사람들(그리스도 예수님 안에 있는 구속의 완성을 향해 하나님의 영이 이끄는 삶을 사는 사람들)은 그리스도와 함께하는 고난의 고통에 참여하는 창조적인 삶이 바로 그리스도 밖에 허무한 것에 굴종되어 사는 모든 그 피조물, 그러니까 타락한 인류의 대표로 특정되는 집합적이고 군집적인 특정한 인류(아담의 후손으로서 타락한 인류가 각기 세운 정치체에 속한 모든 사람)를 육에서 영적인 사람으로 거듭나게 만드는 해산의 고통으로 표현되는 것이다. 이는 사도 바울 서신에 현저하게 나타나는 사상이다(갈4:19, 27 살전5:3).

  이 지점에 인류가 경험하는 너무도 많은 삶의 이야기가 자리할 수 있는 공간이 마련된다. 그것은 그리스도 예수님 안에 있든 밖에 있든 누구나 자기가 속한 세계의 공동체 질서를 따라 각자 자신만의 인생의 파노라마를 담을 수 있는 여백이다. 그리고 그 여백은 그리스도 예수님 밖에 있는 자는 그리스도 예수님에게로 가기 위해 헛된 소망을 버리고 새로운 소망을 탑재한 인생으로 거듭나기 위해 겪어야 할 과정으로 해산의 고통을 통과해야 하는 것뿐만 아니라 그리스도 예수님 안에 있는 자들은 누가복음 16장의 부자와 나사로 비유(각자 삶의 결과가 서로 오갈 수 없는 큰 구렁을 두고 형벌과 위로가 주어진다는 내세에 대한 교훈)로 알 수 있듯이 믿음의 조상 아브라함 품에 안기기 위해 나사로가 거지로 살았던 낮아진 삶의 길보다 훨씬 더 낮아진 삶을 사셨던 그리스도 예수님과 함께 고난을 받는 창조적 해산의 고통을 통과하는 과정을 담을 기록 공간이다.

  이런 시각에서 사도 바울은 그리스도 예수 안에 있는 구속의 완성이 겨냥하고 있는 실체적 진실을 드러내며 그리스도인으로 살아가는 오늘 현재의 삶에 용기를 불어넣고 있다.

8:23	οὐ μόνον δέ, ἀλλὰ καὶ αὐτοὶ τὴν ἀπαρχὴν τοῦ πνεύματος ἔχοντες, ἡμεῖς καὶ αὐτοὶ ἐν ἑαυτοῖς στενάζομεν υἱοθεσίαν ἀπεκδεχόμενοι, τὴν ἀπολύτρωσιν τοῦ σώματος ἡμῶν.	그뿐만 아닙니다. 오히려 우리 자신도 그 영의 그 첫 열매를 가지고 있으므로, 우리도 친히 속으로 신음하며 양자 될 것, 곧 죽어 썩어 없어질 우리 몸의 그 구속을* 애타게 기다리고 있습니다.
8:24	τῇ γὰρ ἐλπίδι ἐσώθημεν· ἐλπὶς δὲ βλεπομένη οὐκ ἔστιν ἐλπίς· ὃ γὰρ βλέπει τίς ἐλπίζει;	왜냐하면 그 소망으로 우리가 구원받았기 때문입니다. 하지만 소망하는 것이 보일 때 그것은 이미 소망이 아닙니다. 도대체 누가 보는 것을 소망하겠습니까?
8:25	εἰ δὲ ὃ οὐ βλέπομεν ἐλπίζομεν, δι' ὑπομονῆς ἀπεκδεχόμεθα.	진정 우리가 보지 못하는 것을 소망한다면, 인내를 통해서 간절히 기다려야 합니다.

  이는 그리스도 예수 안에 있는 구속의 완성을 향해 달려가는 하나님의 사람들이

마주하게 되는 그리스도 밖의 진풍경을 매우 희망적으로 보는 사도 바울의 시각이 그리스도 안에 있는 하나님의 복음을 전하며 닥치는 수많은 역경 속에서도 굴하지 않는 인내의 삶을 이루어 내는 동력으로 작용하고 있다는 말이다.

죄 많은 세상을 보는 우리의 시각을 고쳐먹어야 할 지점이다. 현실을 비관적으로 종말론적인 세태로 낙인찍는 부정적인 시각이 아닌 사도 바울처럼 소망의 인내와 눈물의 기도로 현실을 바라보는 긍정적이고 희망적인 하나님의 구원하심을 바라볼 수 있도록 따뜻하고 친절한 시각과 자세를 되찾을 수 있는 대목이다.

이런 관점에서 사도 바울은 그 구속이 완성되는 날까지 우리의 연약함을 중재하시는 그리스도의 영에 대해 말한다.

8:26	—Ὡσαύτως δὲ καὶ τὸ πνεῦμα συναντιλαμβάνεται τῇ ἀσθενείᾳ ἡμῶν· τὸ γὰρ τί προσευξώμεθα καθὸ δεῖ οὐκ οἴδαμεν, ἀλλ' αὐτὸ τὸ πνεῦμα ὑπερεντυγχάνει στεναγμοῖς ἀλαλήτοις·	---그러나 다행스럽게도 그 영 또한 우리 편에 서서* 우리의 연약함에 대해 도와주십니다. 참으로 우리가 마땅히 무엇을 기도해야 하는지 알지 못하지만, 오히려 그 영이 친히 말로 표현할 수 없는 탄식으로 간청하며 중재하십니다.
8:27	ὁ δὲ ἐραυνῶν τὰς καρδίας οἶδεν τί τὸ φρόνημα τοῦ πνεύματος, ὅτι κατὰ θεὸν ἐντυγχάνει ὑπὲρ ἁγίων.	응당 그 마음을 살피시는 분께서는 그 영의 그 마음가짐이 무엇인지 아십니다. 그리고 그 영은 하나님께서 원하시는 대로* 성도들을 위하여 간구하십니다.

아담과 그리스도 사이에 끼인 삶

우리는 그리스도 예수 안에 있는 구속이 완성되는 날 이루어지게 되는 우리의 죽을 몸이 그리스도 예수님과 같이 영원히 썩지 않는 영의 몸(영생의 몸)을 가지게 될 것을 안다.

그런데도 그것은 여전히 우리의 현실 속에서는 볼 수 없는 것이다. 소망 중에 인내하며 그 영광의 자리에 나가는 현실적인 삶에서 당하는 고난을 통해 느끼는 고통의 무게는 사실 상상하기 힘들다. 하나님의 복음을 따라 일상을 살거나 그 복음을 전하다 부딪치는 생과 사의 찰나에서 무엇을 기도해야 하는지 알지 못해 허우적댈 수밖에 없는 것은 성도의 연약함 때문이다.

그 길은 매 순간 그리스도와 함께 죽고 함께 사는 하나님의 은혜가 없이는 도무지 감당할 수 없는 길이다. 어느 때는 그리스도의 복음을 전하다 관원들에게 붙잡혀 매를 맞고 풀려나거나 감옥에 갇히기도 하고, 어느 때는 광주리를 타고 들창문으로 성벽을 내려가 도망가야 하기도 하며, 어느 때는 춥고 배고파 떨며 한뎃잠을 자야 하는, 곧 패배자와 세상의 쓰레기처럼 비웃음거리가 되기도 하는 등등 마치 사형 선고를 받은 사람처럼 맨 꼴찌로 내놓은 것 같은, 그래서 세상과 천사들과 사람들에게 구경거리가 되는 길이다. 좀 더 리얼하게 확인하고 싶다면 고전4장과 고후11장을 열면 원조 가수의 목소리로 원곡을 들을 수 있을 것이다.

아무튼 그 여백에 사도 바울은 지금 우리 연약한 그리스도인들이 그리스도의 복음을 전하며 당하는 고난이 하나님의 일에 도움이 된다는 사실을 적는다.

12 형제 여러분, 내가 당한 일이 오히려 하나님의 복음을 전하는 데 큰 도움이 되었다는 사실을 알기 바랍니다.
13 내가 감옥에 갇힌 일들이 그리스도를 전파하다 되었다는 사실을 모든 경비대와 사람들이 모두 알게 되었습니다.
14 그리하여 주님 안에 있는 그 형제들 가운데서 많은 사람이, 내가 감옥에 갇힌 일로 인해 더 확신을 얻어 그 말씀을 두려움 없이 더욱 담대하게 설파하게 되었습니다.
15 실로 그들 중에 어떤 이들은 시기하고 다투면서 그리스도를 전파하고, 어떤 이들은 선한 뜻으로 그리스도를 전파합니다.
16 선한 뜻을 가진 사람들은 내가 복음을 변호하기 위하여 세우심을 받았다는 것을 알고서 사랑으로 그리스도를 전합니다.
17 그러나 시기하고 다투면서 경쟁심으로 그리스도를 전하는 자들은 순결하지 않습니다. 그것은 나의 감옥 생활에 괴로움을 보태려고 하는 것일 뿐입니다.
18 도대체 무엇 때문에 그렇게까지 해야 합니까? 그럼에도 불구하고 거짓된 마음으로 하든지 참된 마음으로 하든지, 어떤 방식으로 하든지 결국 그리스도가 전해지고 있으니, 이런 사실로 인해서도 나는 기뻐합니다. 앞으로도 또한 계속 나는 기뻐할 것입니다.
19 왜냐하면 여러분이 나를 위해 계속 기도하고 있고, 예수 그리스도의 그 영이 나를 돕고 계시기 때문에 내가 풀려날 것을 잘 알고 있습니다.

20 나의 간절한 기대와 희망은, 내가 아무 일에도 부끄러움을 당하지 않고 온전히 담대해져서 살든지 죽든지 예전처럼 지금도 그리스도께서 내 몸 안에서 높임을 받을 것이기 때문입니다.

21 참으로 나에게 사는 것이 그리스도이시니 죽는 것도 유익합니다.

22 그러나 만일 내가 육신으로 사는 것, 이것이 나에게 일의 열매라면(살아가는 동안 그리스도를 위해 일하고 사람들을 그리스도께로 인도하고 세울 수 있다면), 내가 무엇을 택해야 할지 모르겠습니다.

23 그러나 나는 그 둘에 붙잡혀 하나를 택하기가 어렵습니다. 나는 이 세상을 떠나서 그리스도와 함께하고자 하는 그 갈망을 가지고 있습니다. 왜냐하면 이 세상을 떠나 그리스도 곁에 있는 것이 훨씬 더 행복할 것이기 때문입니다.

24 그러나 여러분 때문에 내가 [그] 육신으로 계속 머무는 것이 더 필요하다고 생각합니다.

25 내가 또한 이렇게 확신함으로 나는 여러분이 그 복음 전파에 진전을 이루고 그 믿음의 기쁨을 누리도록 머물되 모든 여러분 곁에 계속 머물러 있어야 할 것을 알고 있습니다.

26 내가 다시 여러분에게 가게 되면, 나로 인하여 예수 그리스도 안에서 여러분의 자랑거리가 많아지게 될 것입니다.

12 Γινώσκειν δὲ ὑμᾶς βούλομαι, ἀδελφοί, ὅτι τὰ κατ' ἐμὲ μᾶλλον εἰς προκοπὴν τοῦ εὐαγγελίου ἐλήλυθεν, *13* ὥστε τοὺς δεσμούς μου φανεροὺς ἐν Χριστῷ γενέσθαι ἐν ὅλῳ τῷ πραιτωρίῳ καὶ τοῖς λοιποῖς πᾶσιν, *14* καὶ τοὺς πλείονας τῶν ἀδελφῶν ἐν κυρίῳ πεποιθότας τοῖς δεσμοῖς μου περισσοτέρως τολμᾶν ἀφόβως τὸν λόγον λαλεῖν. *15* τινὲς μὲν καὶ διὰ φθόνον καὶ ἔριν, τινὲς δὲ καὶ δι' εὐδοκίαν τὸν Χριστὸν κηρύσσουσιν *16* οἱ μὲν ἐξ ἀγάπης, εἰδότες ὅτι εἰς ἀπολογίαν τοῦ εὐαγγελίου κεῖμαι, *17* οἱ δὲ ἐξ ἐριθείας τὸν Χριστὸν καταγγέλλουσιν, οὐχ ἁγνῶς, οἰόμενοι θλῖψιν ἐγείρειν τοῖς δεσμοῖς μου. *18* Τί γάρ; πλὴν ὅτι παντὶ τρόπῳ, εἴτε προφάσει εἴτε ἀληθείᾳ, Χριστὸς καταγγέλλεται, καὶ ἐν τούτῳ χαίρω. Ἀλλὰ καὶ χαρήσομαι, *19* οἶδα γὰρ ὅτι τοῦτό μοι ἀποβήσεται εἰς σωτηρίαν διὰ τῆς ὑμῶν δεήσεως καὶ ἐπιχορηγίας τοῦ πνεύματος Ἰησοῦ Χριστοῦ *20* κατὰ τὴν ἀποκαραδοκίαν καὶ ἐλπίδα μου, ὅτι ἐν οὐδενὶ αἰσχυνθήσομαι ἀλλ' ἐν πάσῃ παρρησίᾳ ὡς πάντοτε καὶ νῦν μεγαλυνθήσεται Χριστὸς ἐν τῷ σώματί μου, εἴτε διὰ ζωῆς εἴτε διὰ θανάτου. *21* Ἐμοὶ γὰρ τὸ ζῆν Χριστὸς καὶ τὸ ἀποθανεῖν κέρδος. *22* εἰ δὲ τὸ ζῆν ἐν σαρκί, τοῦτό μοι καρπὸς ἔργου, καὶ τί αἱρήσομαι οὐ γνωρίζω. *23* συνέχομαι δὲ ἐκ τῶν δύο, τὴν ἐπιθυμίαν ἔχων εἰς τὸ ἀναλῦσαι καὶ σὺν Χριστῷ εἶναι, πολλῷ [γὰρ] μᾶλλον κρεῖσσον· *24* τὸ δὲ ἐπιμένειν [ἐν] τῇ σαρκὶ ἀναγκαιότερον δι' ὑμᾶς. *25* καὶ τοῦτο πεποιθὼς οἶδα ὅτι μενῶ καὶ παραμενῶ πᾶσιν ὑμῖν εἰς τὴν ὑμῶν προκοπὴν καὶ χαρὰν τῆς πίστεως, *26* ἵνα *τὸ καύχημα ὑμῶν περισσεύῃ ἐν Χριστῷ Ἰησοῦ ἐν ἐμοὶ διὰ τῆς ἐμῆς παρουσίας πάλιν πρὸς ὑμᾶς.*

(NA28판, UBS5판 빌1:12-26 필자 사역)

이렇듯 연약한 그리스도인들은 하나님의 영이 인도하시는 은혜가 없다면 갈 바를 알지 못해 허둥대다 망하게 되는 일은 필연적일 수밖에 없지만 사도 바울은 우리와 함께하는 그리스도의 영, 곧 양자의 영이 우리를 하나님과의 관계에서 중재자로 나서 우리를 탄식으로 일깨우며 하나님의 인도하심을 보이고 다음과 같은 사실을 알게 하여 자신 있게 외치며 살게 하신다고 말한다.

그리고 거기에 우리가 있음을 감사하며 다음 본문을 읽어 보라.

8:28	—Οἴδαμεν δὲ ὅτι τοῖς ἀγαπῶσιν τὸν θεὸν πάντα συνεργεῖ εἰς ἀγαθόν, τοῖς κατὰ πρόθεσιν κλητοῖς οὖσιν.	---더군다나 우리는 모든 것들이 그 하나님을 사랑하는 자들, 곧 그분의 계획을 따라 부르심을 입어 사는 자들에게 선을[1] 이루기 위해 함께 일한다는 것을 압니다.
8:29	ὅτι οὓς προέγνω, καὶ προώρισεν συμμόρφους τῆς εἰκόνος τοῦ υἱοῦ αὐτοῦ, εἰς τὸ εἶναι αὐτὸν πρωτότοκον ἐν πολλοῖς ἀδελφοῖς·	왜냐하면 그 하나님께서 그들을 미리 아시고, 그의 아들의 형상과 같은 형체를 가진 자들로 만드실 것을 미리 정하시되, 그 아들로 많은 형제 중에서 처음 난 자로 세우셨기 때문입니다.
8:30	οὓς δὲ προώρισεν, τούτους καὶ ἐκάλεσεν· καὶ οὓς ἐκάλεσεν, τούτους καὶ ἐδικαίωσεν· οὓς δὲ ἐδικαίωσεν, τούτους καὶ ἐδόξασεν.	그래서 그 하나님께서는 미리 정하신 사람들을 또한 부르셨고, 부르신 사람들을 또한 의롭다고 하셨고, 더구나 의롭다고 선언하신 사람들을 또한 영화롭게 하셨습니다.
8:31	Τί οὖν ἐροῦμεν πρὸς ταῦτα; εἰ ὁ θεὸς ὑπὲρ ἡμῶν, τίς καθ᾽ ἡμῶν;	그런데 우리가 이 일들에 대해 무슨 말을 하겠습니까? 진정 그 하나님께서 우리를 위하신다고 하실진대, 누가 우리를 대적하겠습니까?

8:32	ὅς γε τοῦ ἰδίου υἱοῦ οὐκ ἐφείσατο ἀλλ' ὑπὲρ ἡμῶν πάντων παρέδωκεν αὐτόν, πῶς οὐχὶ καὶ σὺν αὐτῷ τὰ πάντα ἡμῖν χαρίσεται;	적어도 자기 아들을 아끼시기는커녕, 우리 모든 사람을 위하여 자기 아들을 내어 주신 분께서 어떻게 그와 함께 그 모든 것들도 우리에게 은혜로 베풀어 주시지 않겠습니까?
8:33	τίς ἐγκαλέσει κατὰ ἐκλεκτῶν θεοῦ; θεὸς ὁ δικαιῶν·	누가 하나님의 선택받은 사람들을 상대로 고발하겠습니까? 의롭다고 옹호하시는 분은 하나님입니다.*
8:34	τίς ὁ κατακρινῶν; Χριστὸς [Ἰησοῦς] ὁ ἀποθανών, μᾶλλον δὲ ἐγερθείς, ὃς καί ἐστιν ἐν δεξιᾷ τοῦ θεοῦ, ὃς καὶ ἐντυγχάνει ὑπὲρ ἡμῶν.	정죄하는 자가 누구입니까? 그리스도 [예수님]께서는 돌아가셨으나, 도리어 일으켜지신 분이십니다. 그분께서는 그 하나님의 오른편에 계시기도 하지만, 우리를 위해 간구해 주시기도 합니다.
8:35	τίς ἡμᾶς χωρίσει ἀπὸ τῆς ἀγάπης τοῦ Χριστοῦ; θλῖψις ἢ στενοχωρία ἢ διωγμὸς ἢ λιμὸς ἢ γυμνότης ἢ κίνδυνος ἢ μάχαιρα;	누가 우리를 그 그리스도의 그 사랑으로부터 떼어 놓겠습니까? 환난이나 곤란이나 박해나 기근이나 헐벗음이나 위험이나 살해의 위협입니까?*
8:36	καθὼς γέγραπται ὅτι ἕνεκεν σοῦ θανατούμεθα ὅλην τὴν ἡμέραν,* ἐλογίσθημεν ὡς πρόβατα σφαγῆς.*	이는 성경에 '주님으로 인해서 우리가 온종일 죽임을 당하며 도살당하는 양과 같은 여김을 받았습니다.*'라고 기록된 대로와 같습니다.
8:37	ἀλλ' ἐν τούτοις πᾶσιν ὑπερνικῶμεν διὰ τοῦ ἀγαπήσαντος ἡμᾶς.	그런데도 우리는 오히려 이 모든 상황 속에서 우리를 사랑하시는 분을 통해 영광의 승리를 거둡니다.
8:38	πέπεισμαι γὰρ ὅτι οὔτε θάνατος οὔτε ζωὴ οὔτε ἄγγελοι οὔτε ἀρχαὶ οὔτε ἐνεστῶτα οὔτε μέλλοντα οὔτε δυνάμεις	나는 확신합니다. 참으로 죽음이나 생명이나 천사들이나 통치자들이나 현재 일들이나 장래 일들이나 능력들이나
8:39	οὔτε ὕψωμα οὔτε βάθος οὔτε τις κτίσις ἑτέρα δυνήσεται ἡμᾶς χωρίσαι ἀπὸ τῆς ἀγάπης τοῦ θεοῦ τῆς ἐν Χριστῷ Ἰησοῦ τῷ κυρίῳ ἡμῶν.	높음이나 깊음이나 어떤 다른 피조물이라도 그리스도 예수 우리 주님 안에 있는 그 하나님의 그 사랑으로부터 우리를 떼어 놓을 수 없습니다.

특히 필자가 롬8:30과 33에 '의롭다고 선언하신(ἐδικαίωσεν-에디카이오센)과 의롭다고 옹호하시는(δικαιῶν-디카이온)'으로 번역한 헬라어는 본래 '의롭다고 간주하다 또는 의롭다고 여기다'는 의미의 단어이다. 이를 BDAG는 '호의적인 판결을 내리기 것(to render a favorable verdict)'을 나타내는 말로 분류하고 '옹호하다(vindicate), 그러니까 정당성(진실 또는 결백)을 입증하다'라는 의미의 대응어를 제시하며 "바울은 하나님의 의롭게 하시는 행위를 그리스도의 부활의 능력과 밀접하게 연관지어 보기 때문에, 때때로 신자들의 의를 증진시키는 하나님의 활동으로서 무죄를 선고하는 의롭게 하는 행위와 성령을 통한 새 생명의 선물 사이에 명확한 구별이 없다. 이러한 성격의 구절에는 다음이 포함된다(롬8:30, 33)."라고 설명을 덧붙여 이해를 돕고 있음을 참조해 본문을 다시 한번 읽어 보라.

할렐루야!

제3부

하나님의 복음에 의한 세계관과 그에 따른 인간 삶의 실제 원리

본문: 로마서 9장 1절~16장 27절

주제: 머리이신 그리스도의 몸

오~! 하나님의 지혜와 지식의 부유하심은 심히 깊습니다.
진정 그분의 판결들은 심오하며, 그분의 길들 또한 아무도 찾아낼 수 없는 것과 같습니다.
…… 왜냐하면 그 모든 것이 그분께로부터 나오고, 그분을 통해서 그분께로 돌아가기 때문입니다. 그 영광이 그분께 영원히 있습니다. 아멘.
그러므로 형제들이여,
내가 그 하나님의 그 자비하심을 통해서 여러분을 권면합니다.
여러분의 몸을 그 하나님께서 기뻐하시는 살아 있는 거룩한 희생 제물로 드리십시오.
이것이 바로 여러분이 드려야 하는 주님의 말씀에 합당한 섬김(예배)입니다.

Ὢ βάθος πλούτου καὶ σοφίας καὶ γνώσεως θεοῦ·
ὡς ἀνεξεραύνητα τὰ κρίματα αὐτοῦ καὶ ἀνεξιχνίαστοι αἱ ὁδοὶ αὐτοῦ.…… ὅτι ἐξ
αὐτοῦ καὶ δι' αὐτοῦ καὶ εἰς αὐτὸν τὰ πάντα· αὐτῷ ἡ δόξα εἰς τοὺς αἰῶνας, ἀμήν.
Παρακαλῶ οὖν ὑμᾶς, ἀδελφοί,
διὰ τῶν οἰκτιρμῶν τοῦ θεοῦ
παραστῆσαι τὰ σώματα ὑμῶν θυσίαν ζῶσαν ἁγίαν εὐάρεστον τῷ θεῷ,
τὴν λογικὴν λατρείαν ὑμῶν·

-로마서 11장 33절~12장 1절-

이처럼 이스라엘은 구약시대와 마찬가지로 신약시대에서도 그리스도의 말씀을 믿지 않고 거절했다. 그 이유를 한마디로 말하자면 그리스도를 육신적인 방식으로 알려고 했기 때문이다.

이 또한 모두 다 하나님께서 그렇게 만들어 놓으신 것이다. 왜냐하면 믿음의 말씀이 이방 세계로 퍼져 온 세상에 알려지게 하여, 믿음의 말씀을 받아들인 이방 사람들로 이스라엘 백성의 질투심을 일으키시되, 먼저 어리석은 이방 나라로 축복받게 하여 이스라엘을 분노하게 만들어 불순종하며 대들어 말대꾸함에도 불구하고 자기 백성을 향해 온종일 가슴 벌려 손을 내미는 사랑으로 그들을 품으려고 하시는 전능하신 하나님의 사랑 방식을 보이시기 위함이었다.

이방인의 처지에서 지난날을 돌이켜보면 하나님은 이스라엘만을 편애하신다는 오해를 할 수 있었다면, 이스라엘의 처지에서는 이제 예수 그리스도와 그리스도 예수를 통해서 이스라엘을 버리셨다는 오해를 할 수 있는 방식으로 전능하신 힘에 의한 하나님의 사랑은 사람들의 지혜와 지적 능력으로는 이해할 수 없게 오묘하게 나타난다.

그 사랑은 오직 성령 안에서 베풀어지는 그리스도의 기름 부음을 통해서만 알 수 있는 아주 특별하고 기막히게 멋진 충격을 주는 지독한 사랑이다.

제19장(유대인과 이방인 모두를 구원하실 하나님의 지혜) _ 본문 656p에서

전환된 관점의 로마서 읽기

제19장
유대인과 이방인 모두를 구원하실 하나님의 지혜

본문 : 로마서 9장 1~11장 36절

핵심 주제 어구
Ὦ βάθος πλούτου καὶ σοφίας καὶ γνώσεως θεοῦ

(오~ 바도스 플루투 카이 소피아스 카이 그노세오스 데우)

하나님께서 이스라엘 사람들을 버리시는 것이 세상을 자기와 화해하게 만드시는 것이라면, 이방인들을 끌어들여 이스라엘이 받을 구원에 참여하게 한 것은 이스라엘을 구원하시기 위한 포석이 된다. 하나님의 복음을 통해 이방인들을 받아들이는 것이 죽은 자들의 부활에 이르는 것이었다면, 그 복음을 통해 이스라엘을 받아들이는 것 또한 죽은 자들의 부활이어야 한다.

제19장(유대인과 이방인 모두를 구원하실 하나님의 지혜) _ 본문 661p에서

본문

9장	NA28판(UBS5판) ΠΡΟΣ ΡΩΜΑΙΟΥΣ 9	로마서 9장 필자 사역
9:1	Ἀλήθειαν λέγω ἐν Χριστῷ, οὐ ψεύδομαι, συμμαρτυρούσης μοι τῆς συνειδήσεώς μου ἐν πνεύματι ἁγίῳ,	나는 그리스도 안에서 진실을 말하지, 거짓을 말하지 않습니다. 나의 양심이 성령 안에서 나와 더불어 증언합니다.
9:2	ὅτι λύπη μοί ἐστιν μεγάλη καὶ ἀδιάλειπτος ὀδύνη τῇ καρδίᾳ μου.	왜냐하면 내게 큰 근심이 있어 내 마음에 고통이 끊이지 않기 때문입니다.
9:3	ηὐχόμην γὰρ ἀνάθεμα εἶναι αὐτὸς ἐγὼ ἀπὸ τοῦ Χριστοῦ ὑπὲρ τῶν ἀδελφῶν μου τῶν συγγενῶν μου κατὰ σάρκα,	참으로 나는 육신을 따라 내 동족인 나의 형제들을 위해서라면 친히 내가 저주를 받아* 그 그리스도로부터 끊어지는 한이 있더라도 달게 받겠다는 각오가 되어 있습니다.
9:4	οἵτινές εἰσιν Ἰσραηλῖται, ὧν ἡ υἱοθεσία καὶ ἡ δόξα καὶ αἱ διαθῆκαι καὶ ἡ νομοθεσία καὶ ἡ λατρεία καὶ αἱ ἐπαγγελίαι,	저들은 이스라엘 사람들이고, 그들에게는 하나님의 양자로 세워지는 것과* 그 영광과 그 언약들과 그 입법과 그 섬김과 그 약속들이 있으며,
9:5	ὧν οἱ πατέρες καὶ ἐξ ὧν ὁ Χριστὸς τὸ κατὰ σάρκα, ὁ ὢν ἐπὶ πάντων θεὸς εὐλογητὸς εἰς τοὺς αἰῶνας, ἀμήν.	그들에게는 그 약속을 받은 조상들이 있고 그들로부터 그 그리스도께서 육신을 따라 인간의 모습으로 되셨으니, 그분은 모든 것들 위에 계시는 하나님으로서 영원히 찬양받으실 분입니다. 아멘.

메아리가 끝없이 이어지는 외침

이제 우리는 하산을 해야 한다. 정상에 올라 활짝 열린 영적 세계를 바라보며 그동안 우리를 답답하게 만들었던 모든 것들을 한꺼번에 날려 버리고 비로소 우리도 활짝 열린 영적 상태에서 하늘 향해 소망의 기도를 아뢸 수 있었다. 그건 그리스도 예수님 안에 있는 구속의 완성, 곧 우리의 죽을 육체가 썩지 않을 영의 몸을 입어 하나님의 양자로 세워지는 그날까지 안전하게 하나님의 보호와 인도함 속에서 흔들리지 않고 무탈하기만을 비는 소망의 기도였다.

그리고 하나님께서도 우리의 연약함을 속속들이 알고 계셔서 중보의 영이고 양자의 영인 그리스도의 영을 죽어 썩어 문드러질 우리 몸속에 두셔 우리 영과 함께 그 길을 완주할 수 있게 하셨다는 사실에 감사하며 두려움 없이 확신하는 바를 사도 바울의 선창에 따라 그리스도와 함께 죽고 사는 영적인 힘으로 온 세상을 향하여 외쳤다. 그야말로 메아리가 끝없이 이어지는 외침이었다.

고맙게도 그 외침에 기쁨으로 화답한 최초의 두 사람이 있었다. 그들은 이 글을 쓰는 내내 내 곁에서 초고가 작성되는 때를 기다려 주고 초고가 쓰이면 먼저 읽고 피드백을 주는 역할을 하며 글을 쓸 수 있도록 배려해 주었다. 메아리는 그들 속에 있었고, 난 그들 속에서 돌아오는 메아리에 다시 또 외침으로 그들 속에 더 이상 메아리 없는 외침이 일어나도록 손질에 손질을 거듭하며 이 글을 썼다.

그건 그야말로 사도 바울의 다음과 같은 선언과 같았다.

| 8:28 | —Οἴδαμεν δὲ ὅτι τοῖς ἀγαπῶσιν τὸν θεὸν πάντα συνεργεῖ εἰς ἀγαθόν, τοῖς κατὰ πρόθεσιν κλητοῖς οὖσιν. | ---더군다나 우리는 모든 것들이 그 하나님을 사랑하는 자들, 곧 그분의 계획을 따라 부르심을 입어 사는 자들에게 선을 이루기 위해 함께 일한다는 것을 압니다. |

찬양의 떼창과 담소

하산하는 길은 등반했던 길이 아닌 새로운 길이다. 같은 산길이니 산세와 산맥은 정상의 아름다움을 더욱 빛나게 한다. 내리막길은 오르막보다 더 신중해야 한다. 방심하면 치명적인 사고를 당하는 까닭에 완전하게 하산을 마칠 때까지 긴장의 끈을 풀어서는 안 된다.

먼저 하산하는 탐방로에 대해 안내하자면, 두 구간으로 나누어 중간에 한 번 쉬어 가는 코스로 완주할 계획이다. 첫 구간은 롬9-11장의 핵심 맥락인 그리스도 예수님 안에 있는 구속의 관점에서 이스라엘 민족과 이방 민족의 관계를 살피고, 둘째 구간은 롬12-16장의 핵심 의미인 그리스도인이 살아야 할 삶의 실제 원리를 살필 것이다.

다만 롬16장에서는 독립적으로 완주의 기쁨을 나누며 주님께 감사하되 서로 축하와 격려의 인사로 각자가 사는 곳으로 돌아가 함께하는 그리스도인들에게 먼저 그리스도 예수님 안에 있는 하나님의 복음을 명확히 전하며 섬김의 도리를 다하겠다는 다짐으로 찬양의 떼창과 다음 산행에 대한 담소를 담은 에필로그로 이번 산행을 마치려고 한다.

본문의 실제 의미를 밝히는 키워드
우리가 지금부터 다룰 이스라엘 민족과 이방 민족 간의 이야기들은 이미 정상에 오르며 쏟아 낸 땀방울 속에 이미 응집되어 있었던 것이므로 그리 낯설지 않을 것이다. 왜냐하면 그 이야기는 사도 바울이 롬1:16의 그리스도 예수님 안에 있는 하나님의 복음의 실체적 의미를 밝히는 대목에서부터 '유대인과 헬라인'이라고 하는 두 민족을 언급함으로써 그 모습을 드러내기 시작하는데 그들이 이스라엘인과 이방인을 대표하는 용어이기 때문이다.

재미 있는 것은 '유대인'이라는 용어가 로마서 1장에서부터 우리가 다루려고 하는 롬9-11장까지도 발견되는데(롬1:16, 2:9, 10, 17, 28, 29, 3:1, 9, 29, 9:24, 10:12), '이스라엘인(롬9:4, 11:1)'이라는 용어와 '이스라엘(롬9:6f, 27f, 31, 10:1, 19f, 21, 11:2, 25, 26)'이라는 용어는 롬9-11장에 처음 등장한다는 사실이다.

따라서 우리는 사도 바울이 '이스라엘과 이스라엘인'을 언급하는 이유를 이해하는 것이 본문이 가진 실제 의미를 밝히는 데 키워드라고 할 수 있다.

이스라엘과 이스라엘인에 관한 이야기
유대인이라는 용어는 유대교의 신자를 이르는 말로 출애굽 한 아브라함의 후손이 역사의 장에서 이방 민족의 속국이 되어 사는 수난의 과정에서 자기 민족의 정체성을 지키기 위한 공동체 의식을 보존하고자 하는 고육지책의 결과물로서 그 출발점은 이집트(애굽)의 학정 밑에서 노예로 살던 이스라엘(유대인들의 세 번째 시조 야곱의 영적 이름) 민족이 해방된 시기이며 모세가 시나이(시내)산에서 여호와 하나님으로부터 십계명과 율법을 받으면서부터 세워진 새로운 민족 공동체의 종교(유대교)에 속한 사람으로서 '오직 하나의 신인 여호와를 섬기고 메시아가 지상 천국을 건설할 것을 믿고 기다리는 유대교인'을 지칭하는 말이다.

그렇게 이스라엘 민족에 속해 그 민족의 응축된 정체성을 대변하는 유대인들은 시조 아브라함의 언약 관계에서 벗어나 새롭게 '시내산 언약 공동체'로 출발했다.

언약의 땅 가나안에 들어가 그들의 조상 야곱이 이스라엘이라는 영적 이름으로 예언하여 지정한 장차 이루어질 언약 왕국의 대표로 유다 지파의 다윗왕(창49:8-12)을 중심으로 통일 왕국을 세운 이후 남 유다와 북 이스라엘 두 왕국으로 분열하여 먼저 북왕조가 그 언약의 규례를 변개하여 여호와께 악행을 저질러(왕상11:26-13:34) 이방 민족 앗수르에게 멸망하고, 남왕조 유다까지 여호와께 불순종하는 삶을 살다가 역시 바벨론에게 멸망하고 말았다. 결국 시조 아브라함의 후손으로서 이스라엘의 열두 지파가 이방 민족의 속국으로 전락했다.

그렇게 나라를 잃은 이스라엘 민족이 바빌론 유수기에 성전이 없어 제물로 예배를 드리지 못하게 되자 선지자들은 "만 가지 제물보다 여호와 하나님의 율법을 배워야만 하나님의 섭리를 하나라도 더 이해하고, 그 하나님께 한 발짝이라도 더 다가갈 수 있다."라고 가르쳤다(삼상15:22, 사1:2-20, 사65:2, 사66:3 등).

그때 유다 지파를 중심으로 여호와 신앙공동체는 이스라엘 민족의 구국운동을 시작하여 훗날 '유대교'라는 호칭의 진원지가 되었다. 그래서 유대교는 회당을 세우고 토라를 가르치고 배우는 것을 최우선으로 지키는 '토라 종교 또는 회당종교'라는 별명을 갖게 되었다. 평생 그들의 율법인 토라(모세오경)를 공부하는 것을 기도와 똑같은 신앙생활로 간주했다. 이때 율법 학자(서기관)들이 생겼다.

이렇게 유대교는 유대인들만이 그 하나님으로부터 선택되어 그 하나님과 직접 계약을 맺었다고 믿고 토라(모세오경)를 삶의 유일한 지침으로 삼아 여호와를 섬기며 살아오게 되었다.

그리스도 안에 있는 바울의 비장한 각오
사도 바울은 그런 유대인들이 어찌하여 하나님의 구원에 참여하지 못하고 하나님의 진노를 일으키는 극악무도한 원수로 살게 되었는지를 롬1-8장까지 그리스도 예수님 안에 있는 하나님의 복음을 펼쳐 보여 조명했다.

그리고 이제 마지막으로 그런 유대인들의 반역을 성령께서 자기에게 큰 근심거리가 되게 하시어 마음에 고통을 느끼게 하신다는 사실을 말하며, 그 고통에서 벗어날 수만 있다면 그리스도와 끊어지는 한이 있더라도 달게 받겠다는 비장한 각오를 밝힌다.

9:1	Ἀλήθειαν λέγω ἐν Χριστῷ, οὐ ψεύδομαι, συμμαρτυρούσης μοι τῆς συνειδήσεώς μου ἐν πνεύματι ἁγίῳ,	나는 그리스도 안에서 진실을 말하지, 거짓을 말하지 않습니다. 나의 양심이 성령 안에서 나와 더불어 증언합니다.
9:2	ὅτι λύπη μοί ἐστιν μεγάλη καὶ ἀδιάλειπτος ὀδύνη τῇ καρδίᾳ μου.	왜냐하면 내게 큰 근심이 있어 내 마음에 고통이 끊이지 않기 때문입니다.
9:3	ηὐχόμην γὰρ ἀνάθεμα εἶναι αὐτὸς ἐγὼ ἀπὸ τοῦ Χριστοῦ ὑπὲρ τῶν ἀδελφῶν μου τῶν συγγενῶν μου κατὰ σάρκα,	참으로 나는 육신을 따라 내 동족인 나의 형제들을 위해서라면 친히 내가 저주를 받아* 그 그리스도로부터 끊어지는 한이 있더라도 달게 받겠다는 각오가 되어 있습니다.

그리스도인의 참다운 모범상

이는 매우 역설적인 표현으로써 가볍게 보아 넘길 부분이 아니다. 왜냐하면 바로 전 롬8장 마지막에 '나는 확신합니다. 참으로 죽음이나 생명이나 천사들이나 통치자들이나 현재 일들이나 장래 일들이나 능력들이나 높음이나 깊음이나 어떤 다른 피조물이라도 그리스도 예수 우리 주님 안에 있는 그 하나님의 그 사랑으로부터 우리를 떼어 놓을 수 없습니다.'라는 맥락에서 보아야 하기 때문이다.

이는 이스라엘 민족이 하나님께 바쳐지기로 정하여진 제물을 나타내는 구약 성경의 헤렘(הֵרֶם, 레27:28)과 사도 바울 자신을 동일시하는 자세로서 그리스도와 함께 하는 고난에 적극적으로 참여하여 그리스도의 법을 성취하고자 하는 의지로 오늘을 사는 그리스도인의 참다운 모범상을 나타낸다(참고로 הֵרֶם(헤렘)은 첫째 불경한 사용과 파괴를 배제하기 위한 헌신이나, 오로지 제의에만 사용하도록 헌신으로 금지 또는 금지된 것을 나타내고(1. dedication to exclusion from profane use, to destruction, or to solely cultic use, ban, what is banned), 참고 본문은 수22:20, 왕상20:42, 수6:17, 7:12이며, 둘째 금지령에 의해 바쳐진 것(실제로는 여호와의 전리품 몫)을 가리키며(2. what has been dedicated by the ban(actually Y.'s share of booty), 참고 본문은 삼상15:21이다).

축복의 언약을 일깨우기

사도 바울의 해법은 유대교의 종교적인 신념인 시내산 언약에 매몰되어 있는 유대인들을 이스라엘 사람들이라고 칭하고, 이스라엘 민족의 시조인 아브라함과 여호와 하나님께서 맺으신 하나님의 나라에 관한 축복의 언약의 실체인 그리스도에 대한 관점을 일깨우는 것으로 시작된다.

9:4	οἵτινές εἰσιν Ἰσραηλῖται, ὧν ἡ υἱοθεσία καὶ ἡ δόξα καὶ αἱ διαθῆκαι καὶ ἡ νομοθεσία καὶ ἡ λατρεία καὶ αἱ ἐπαγγελίαι,	저들은 이스라엘 사람들이고, 그들에게는 하나님의 양자로 세워지는 것과* 그 영광과 그 언약들과 그 입법과 그 섬김과 그 약속들이 있으며,
9:5	ὧν οἱ πατέρες καὶ ἐξ ὧν ὁ Χριστὸς τὸ κατὰ σάρκα, ὁ ὢν ἐπὶ πάντων θεὸς εὐλογητὸς εἰς τοὺς αἰῶνας, ἀμήν.	그들에게는 그 약속을 받은 조상들이 있고 그들로부터 그 그리스도께서 육신을 따라 인간의 모습으로 되셨으니, 그분은 모든 것들 위에 계시는 하나님으로서 영원히 찬양받으실 분입니다. 아멘.

그리스도는 창조의 하나님

여기서 사도 바울은 그 그리스도가 하나님이시라는 등식을 펼쳐 보인다. 왜냐하면 그 그리스도를 이스라엘 사람들에게 속한 분으로 인식하고 있기 때문이다.

이스라엘 사람들에게는 하나님의 양자로 세워지는 영광스러운 법인 그 그리스도에 대한 약속들이 있다. 실제로 그들의 조상들이 그 약속을 받았으며, 육신으로 하면 그 그리스도가 그들로부터 인간의 모습이 되셔서 구원을 이루셨으니, 그분은 만물 위에 계시는 하나님, 곧 인류를 새롭게 하시는 창조주 하나님으로서 마땅히 영원토록 찬양받으실 분이시라는 것이다.

언약의 객관적인 사실

그래서 사도 바울은 그들의 조상인 아브라함과 이삭과 야곱과 언약을 맺으신 하나님의 언약이 가지는 실체적 진실을 밝히며 이스라엘 사람들에 속한 유대인들이 이스라엘과 맺은 하나님의 언약에 대한 오해에서 벗어날 수 있도록 냉정하게 있는 그대로 언약의 객관적인 사실을 제시한다.

9:6	Οὐχ οἷον δὲ ὅτι ἐκπέπτωκεν ὁ λόγος τοῦ θεοῦ. οὐ γὰρ πάντες οἱ ἐξ Ἰσραὴλ οὗτοι Ἰσραήλ·	그래서* 그 하나님의 그 말씀이 완전히 폐하여진 것과 같지는 않습니다. 왜냐하면 이스라엘에 속한 사람들이라고 해서 모두가 이스라엘인이 아니고,
9:7	οὐδ᾽ ὅτι εἰσὶν σπέρμα Ἀβραὰμ πάντες τέκνα, ἀλλ᾽· ἐν Ἰσαὰκ κληθήσεταί σοι σπέρμα.*	아브라함의 씨(후손)라고 해서 모두가 자녀들이 아닌 것은, 오로지 '이삭에게서 나올 그가 너의 '씨(후손)'라고 불릴 것이다."라고 하나님께서 말씀하셨기 때문입니다.
9:8	τοῦτ᾽ ἔστιν, οὐ τὰ τέκνα τῆς σαρκὸς ταῦτα τέκνα τοῦ θεοῦ ἀλλὰ τὰ τέκνα τῆς ἐπαγγελίας λογίζεται εἰς σπέρμα.	말하자면 이건, 그 육신의 그 자녀들이 실제로 그 하나님의 그 자녀들이 아니라, 오직 그 약속의 그 자녀들이 씨(후손)로 여겨진다는 것입니다.
9:9	ἐπαγγελίας γὰρ ὁ λόγος οὗτος· κατὰ τὸν καιρὸν τοῦτον ἐλεύσομαι καὶ ἔσται τῇ Σάρρᾳ υἱός.*	왜냐하면 약속의 그 말씀은 이렇게, '내년 이맘때에 내가 올 것이니 사라에게 한 아들이 있을 것이다."라고 하나님께서 친히 말씀하셨기 때문입니다.

시조 아브라함의 인생 여정이 가리키는 것

사도 바울이 보기에 기록된 하나님의 말씀인 성경 속에서 이스라엘 사람들의 조상인 아브라함에게 여호와 하나님께서 하신 말씀이 아직도 살아 역사하는 말씀으로 인식된다.

여기서 '완전히 폐하여졌다'라는 개념으로 필자가 번역한 헬라어 에크펩토켄(ἐκπέπτωκεν)을 BDAG는 기본적으로 '어느 시점에서 떨어지다(to fall from some point)'라는 개념을 가지고 '표류하거나 항로를 벗어나 좌초하다(to drift or be blown off course and run aground)'라는 의미나 '유리한 조건에서 더 나쁜 조건으로 변하다(to change for the worse from a favorable condition)'로 쓰이기도 하지만 '어떤 기능을 수행하기에 부적절해지다(become inadequate for some function)'라는 의미로 규정했다.

재미 있는 것은 사도 바울이 우크 호이온(Οὐχ οἷον)과 함께 하나님께서 약속하신 말씀이 갖는 기능이 그 약속을 이행할 수 있는 상태로 그 기능에 아무런 문제점이 발견되지 않는다는 뜻을 밝혀 하나님의 말씀이 지금도 살아 역사하고 있음을 나타내고 있다는 점이다.

더욱이 우크(Οὐχ)는 부정어이고, 호이온(οἷον)은 문자 그대로 적용할 수 없는 대상이나 행위(하나님의 말씀)를 나타내는 단어나 문구에 적용하여 상업적인 은유의 가능성을 나타낸다는 점에서 하나님의 말씀이 아브라함의 인생 여정에 역사하여 성취된 결과는 그 시사하는 바가 매우 중요하다.

하나님의 자녀 출생에 대한 비유

따라서 하나님께서 말씀하신 방법대로 지금도 하나님의 자녀들이 태어난다. 이스라엘에 속한 사람들이라고 해서 모두가 이스라엘인이 아니고, 아브라함의 씨(후손)라고 해서 모두가 아브라함의 자녀들이 아닌 것은, 오로지 '이삭에게서 나올 그가 아브라함의 '씨(후손)'라고 불릴 것이다.'라고 하나님께서 말씀하셨기 때문이다.

말하자면 이것은 아브라함이 하갈과 함께 육신으로 낳는 이스마엘과 같이 그 육신의 그 자녀들이 실제로 그 하나님의 그 자녀들이 아니라 오직 그 약속의 그 자녀들이 씨(후손)로 여겨진다는 것이다. 왜냐하면 약속의 그 말씀은 이렇게, '내년 이맘때에 내가 올 것이니 사라에게 한 아들이 있을 것이다.'라고 하나님께서 친히 말씀하셨기 때문이다.

이렇게 사도 바울은 이스라엘의 조상인 아브라함의 경우에서 하나님의 자녀는 하나님께서 약속하신 말씀대로 하나님께서 직접 아브라함과 사라에게 직접 오셔서 하나님의 전능하신 능력으로 하나님의 방식에 따라 하나님의 자녀를 낳는다는 초월적인 사실을 보인다.

놀랍게도 재미 있는 것은 위에서 잠시 '문자 그대로 적용할 수 없는 대상이나 행위(하나님의 말씀)를 나타내는 단어나 문구에 적용하여 상업적인 은유의 가능성을 나타내는 상관 비유 접속 대명사인 헬라어 호이온(οἷον)'의 쓰임새에 관한 중요성을 말했지만 사도 바울은 이런 아브라함의 인생 여정에 하나님의 말씀으로 나타나는 모든 일이 훗날 아브라함의 후손들인 이스라엘 사람들에게 비유로 쓰이게 된다는 사실을 본 것이다(갈4:4-31).

두 번째 조상 이삭의 인생 여정이 가리키는 것

사도 바울은 이어 아브라함 다음 이스라엘 사람들의 조상인 이삭의 두 아들 가운데 누가 하나님의 자녀로 결정되는가를 보인다.

9:10	Οὐ μόνον δέ, ἀλλὰ καὶ Ῥεβέκκα ἐξ ἑνὸς κοίτην ἔχουσα, Ἰσαὰκ τοῦ πατρὸς ἡμῶν·	그뿐만 아니라 리브가도 한 사람 이삭으로부터 임신했는데, 그가 바로 우리의 조상입니다.
9:11	μήπω γὰρ γεννηθέντων μηδὲ πραξάντων τι ἀγαθὸν ἢ φαῦλον, ἵνα ἡ κατ' ἐκλογὴν πρόθεσις τοῦ θεοῦ μένῃ,	이는 두 아들이 아직 태어나지도 않아 어떤 선이나 악을 행하지 않았을 때, 그 하나님의 그 계획이 그분의 선택하심을 따라 이루어지고 있음을 보여 주시기 위함이었습니다.
9:12	οὐκ ἐξ ἔργων ἀλλ' ἐκ τοῦ καλοῦντος, ἐρρέθη αὐτῇ ὅτι ὁ μείζων δουλεύσει τῷ ἐλάσσονι,*	여러 가지 일을 잘해서가 아니라 부르시는 분으로부터 그의 씨(후손)가 결정된다는 사실을 보여 주시기 위해, 그녀에게 '큰 아이가 작은 아이를 섬길 것이다.'라고 말씀하신 것입니다.
9:13	καθὼς γέγραπται· τὸν Ἰακὼβ ἠγάπησα, τὸν δὲ Ἠσαῦ ἐμίσησα.*	그것은 성경에 '나는 야곱은 사랑했지만, 에서를 미워했다.'라고 기록된 대로와 같습니다.

하나님의 주도적인 사랑

이삭과 리브가 사이에서 태어난 두 아들인 에서와 야곱 중에 하나님의 자녀로 결정되는 것은 두 아들이 아직 태어나지도 않아 어떤 선이나 악을 행하지 않았을 때, 곧 그 하나님의 그 계획은 그분의 선택하심에 따른 것이다. 능력과 재주가 많아 여러 가지 일을 잘해서 하나님의 자녀가 되는 것이 아니라 그저 하나님께서 부르시는 방법으로 하나님의 자녀를 삼으신다. 하나님의 자녀는 온전히 전능하신 하나님의 주도적인 사랑이라는 극단적인 방식으로 결정된다.

이는 요한 사도가 '하나님께서 세상을 이처럼 사랑하셔서 그분의 독생자를 주셨으니, 이는 그를 믿는 사람은 누구든지 멸망하지 않고 영생을 얻게 하려 하심이다.'라고 말했던 것처럼 모세가 광야에서 뱀을 높이 들었던 것처럼 예수님께서 십자가에 돌아가심과 부활하심을 통해 자기 사랑을 나타내시는 방식으로 자녀 삼으신다는 사실과 같다.

따라서 하나님의 자녀가 된다는 것은 오직 모든 일을 극단화시키시는 방식으로 이루시는 전능하신 하나님의 주권적인 사랑에 달려 있다. 그 사랑 안에 있느냐 없느냐로 모든 것이 결정된다. 예수님의 십자가 사랑 안에서 사랑받고 있다면 그가 바로 하나님의 자녀로 불릴 것이고, 그 사랑을 받도록 이 세상에 태어나기도 전에 이미 있는 하나님의 계획에 따라 된 것이다. 오늘도 하나님은 그 사랑으로 부르시고 그 부르심을 따라 그 사랑 안으로 들어오도록 인류를 향해 그 사랑을 선포하신다.

그런 관점으로 다음 본문을 보라.

9:14	Τί οὖν ἐροῦμεν; μὴ ἀδικία παρὰ τῷ θεῷ; μὴ γένοιτο.	그러니 우리가 뭐라고 말해야 합니까? 그 하나님께서 불의하시다고 해야 합니까? 절대로 그렇게 되지 않기를 바랍니다.
9:15	τῷ Μωϋσεῖ γὰρ λέγει· ἐλεήσω ὃν ἂν ἐλεῶ καὶ οἰκτιρήσω ὃν ἂν οἰκτίρω.*	왜냐하면 그 하나님께서 모세에게 '나는 긍휼을 베풀 자에게 긍휼을 베풀고, 동정을 베풀 자에게 동정을 베풀 것이다.'라고 분명하게 말씀하시기 때문입니다.
9:16	ἄρα οὖν οὐ τοῦ θέλοντος οὐδὲ τοῦ τρέχοντος ἀλλὰ τοῦ ἐλεῶντος θεοῦ.	그런즉 의심의 여지 없이 그것은 원한다고 되는 것이 아니고 더욱이 경주자처럼 노력한다고 되는 것도 아닙니다. 오직 긍휼을 베푸시는 하나님께 달려 있습니다.
9:17	λέγει γὰρ ἡ γραφὴ τῷ Φαραὼ ὅτι εἰς αὐτὸ τοῦτο ἐξήγειρά σε ὅπως ἐνδείξωμαι ἐν σοὶ τὴν δύναμίν μου καὶ ὅπως διαγγελῇ τὸ ὄνομά μου ἐν πάσῃ τῇ γῇ.*	그런 이유로 성경이 파라오에게 '이런 일을 위해 내가 너를 일으켜 세웠으며, 내가 너를 도구로 삼아 내 능력을 나타내어 나의 이름을 온 땅에 선포하려는 것이다.'라고 명명백백하게 말합니다.
9:18	ἄρα οὖν ὃν θέλει ἐλεεῖ, ὃν δὲ θέλει σκληρύνει.	그러므로 그분은 확실히 자기가 원하시는 자를 불쌍히 여기시기도 하지만, 원하시는 자를 완악하게도 만드십니다.

아주 독특하고 일방적인 사랑

하나님께서는 긍휼을 베풀 자에게 긍휼을 베풀고, 동정을 베풀 자에게 동정을 베푸신다. 하나님의 자녀가 되는 것은 온전히 하나님의 권한에 속한 일이다. 사람들이 원한다고 해서 되는 것이 아니다. 노력한다고 해서 되는 것도 아니다. 오직 하나님께서 사랑으로 불쌍히 여기는 자들이 하나님의 자녀로 불리게 된다.

하나님의 사랑은 이것이다. 우리 인류가 하나님을 사랑한 것이 아니다. 하나님이 우리 인류를 일방적으로 사랑하셔서, 자기 아들을 보내어 우리 인류의 죄를 사하시는 속죄 제물과 화목 제물이 되게 하심으로써 누구든 하나님과의 관계를 시작할 수 있게 하셨다. 그 사랑으로 불러 하나님의 아들 그리스도와 함께 죽고 함께 사는 영생의 길을 걷게 하심으로 하나님의 자녀들을 죄로 물든 악한 이 세상으로부터 골라 뽑아내신다.

이런 일을 위해 하나님께서는 인류를 이 세상에 이집트의 바로(애굽왕 파라오)와 같은 힘센 권력자 아래 두어 노예로 살게 하심으로써 확실히 자기가 원하시는 자를 불쌍히 여기시기도 하지만, 원하시는 자를 완악하게도 만드신다는 사실을 보이셨다. 십자가의 죽음과 부활이라는 전능하신 하나님의 지혜와 능력으로 이 세상의 모든 힘센 자들로부터 해방시키시는 아주 독특하고 일방적인 사랑으로 영원한 구원을 베푸시는 하나님의 전능하신 권능의 영광을 찬양하며 사는 길을 만드신 것이다.

반문

하지만 이런 하나님의 독특한 일방적인 사랑 논리는 복고형 유대인적인 성향의 이 세상 사람들이 마음에 들지 않아 매우 불쾌하게 여기는 논리이다. 왜냐하면 그들은 하나님의 주도적이며 극단적인 사랑으로 인간을 구원하시는 방법을 수용할 수 없는 논리에 사로잡혀 살고 있기 때문이다.

9:19	—Ἐρεῖς μοι οὖν· τί [οὖν] ἔτι μέμφεται; τῷ γὰρ βουλήματι αὐτοῦ τίς ἀνθέστηκεν;	---그런즉 그대는 다음과 같이 내게 반문할 것입니다. '[그렇다면] 그분께서 지금까지도 혼내시는 이유가 무엇입니까?* 도대체 어느 누가 그분의 의향에 반대할 수 있단 말입니까?'

9:20	ὦ ἄνθρωπε, μενοῦνγε σὺ τίς εἶ ὁ ἀνταποκρινόμενος τῷ θεῷ; μὴ ἐρεῖ τὸ πλάσμα τῷ πλάσαντι· τί με* ἐποίησας* οὕτως;	오~! 인간이여, 감히 그대가 누구이기에 주제넘게 그 하나님께 말대답한단 말입니까? '그 빚어진 것이 그것을 빚으신 분에게 왜 나를 이처럼 만들었습니까?'라고 말할 수 있겠습니까?
9:21	ἢ οὐκ ἔχει ἐξουσίαν ὁ κεραμεὺς τοῦ πηλοῦ ἐκ τοῦ αὐτοῦ φυράματος ποιῆσαι ὃ μὲν εἰς τιμὴν σκεῦος ὃ δὲ εἰς ἀτιμίαν;	혹시 그 진흙의 그 토기장이가 같은 진흙 덩어리로부터 하나는 귀한 그릇을, 다른 하나는 천한 그릇을 만들 권한을 가지고 있지 않다는 말입니까?
9:22	εἰ δὲ θέλων ὁ θεὸς ἐνδείξασθαι τὴν ὀργὴν καὶ γνωρίσαι τὸ δυνατὸν αὐτοῦ ἤνεγκεν ἐν πολλῇ μακροθυμίᾳ σκεύη ὀργῆς κατηρτισμένα εἰς ἀπώλειαν,	더구나 그 하나님께서 자기 능력을 알리기를 원하셔서 그 진노를 나타내실진대, 멸망을 위해 준비된 진노를 받을 사람들을 상대로 아주 많이 인내하심으로 기다려 주신 것이라면 어찌하렵니까?
9:23	καὶ ἵνα γνωρίσῃ τὸν πλοῦτον τῆς δόξης αὐτοῦ ἐπὶ σκεύη ἐλέους ἃ προητοίμασεν εἰς δόξαν;	또한 그것이 영광에 이르도록 미리 준비된 긍휼을 입을 사람들에게 그분이 나타낼 영광의 부유함을 알게 하시려는 것이었다면 어찌하렵니까?

전능하신 힘의 사랑 논리

전능하신 하나님의 독특하고 일방적인 사랑의 힘에 관한 논리는 말 그대로 인간 세계의 모든 권력자를 자기 마음대로 부리는 방식으로 인류를 가두어 놓고 거기로부터 빼내는 방식의 전지전능하신 하나님의 힘과 지혜의 사랑 논리이다.

그러니 이 세상 권력자의 지배 아래 맞춰 살아가야만 살 수 있는 미미한 힘을 가진 인간의 조건이나 자질과 상관없다. 심지어 자연 질서라고 하는 힘에 맞춰 살아야만 생존이 가능한 연약한 인간이 원한다고 되는 것이 아니다. 더욱이 조그만 운동장에서 벌어지는 경주에서 갈고닦은 경주자가 면류관을 쓰는 것처럼 노력한다고 되는 것도 아니다. 오직 긍휼을 베푸시는 하나님께 달려 있다. 그분은 확실히 자기가 원하시는 자를 불쌍히 여기시기도 하지만, 원하시는 자를 완악하게도 만드시는 전능하신 하나님이시기 때문이다.

그러니 '그렇다면 그분께서 지금까지도 혼내시는 이유가 무엇입니까? 도대체 어느 누가 그분의 의향에 반대할 수 있단 말입니까?'라는 반문은 전능하신 하나님을 사람과 같이 생각하는 어리석음의 결과다. 이 세상의 권력자가 상과 벌, 당근과 채찍의 논리로 길들여온 감각과 습성으로는 도무지 받아들일 수 없는 논리가 전지전능하신 하나님의 힘과 지혜의 사랑 논리다.

영광과 찬양받으시기 위한 논리

그 사랑의 논리는 전능하신 하나님께서 자기 능력의 위대함과 영광스러움을 알리셔서 만물로부터 영광과 찬양받으시기 위한 논리이다.

그러니 전능하신 하나님께서 진노하심으로 혼내시는 이유도 미미한 인간의 힘으로 하나님의 마음에 들게 개선을 요구하시려는 것도 아니다. 또 그 하나님께서는 확실히 자기가 원하시는 자를 불쌍히 여기시기도 하지만 완악하게도 만드시는 것처럼 모든 일을 자기 마음대로 하시는 이유도 어차피 하나님께서 혼자서 다 하실 거 그냥 하시면 그만이지 체통 없이 미주알고주알 의향을 말씀하실 필요가 뭐 있느냐는 식의 입을 삐쭉거리게 함이 아니다. 오로지 믿음과 순종으로 전지전능하신 하나님의 영광을 찬양하게 함이다.

하나님께서는 그런 방식으로 차별 없이 모든 사람을 부르신다는 관점으로 다음 본문에 구약 성경 구절들을 증거로 제시한다.

9:24	–Οὓς καὶ ἐκάλεσεν ἡμᾶς οὐ μόνον ἐξ Ἰουδαίων ἀλλὰ καὶ ἐξ ἐθνῶν,	--정말이지 그 하나님께서 우리 또한 그 긍휼의 그릇들로 부르셨으니 유대인들에게서뿐만 아니라 이방인들에게서도 부르신 것입니다.
9:25	ὡς καὶ ἐν τῷ Ὡσηὲ λέγει· καλέσω τὸν οὐ λαόν μου λαόν μου* καὶ τὴν οὐκ ἠγαπημένην ἠγαπημένην·*	그것은 마치 그 하나님께서 호세아 선지자 안에서 "내가 내 백성이 아닌 자를 내 백성이라고 부를 것이고, 사랑받지 못하던 여자를 사랑받은 여자라고 부를 것이다."
9:26	καὶ ἔσται ἐν τῷ τόπῳ οὗ* ἐρρέθη αὐτοῖς*· οὐ λαός μου* ὑμεῖς,* ἐκεῖ κληθήσονται υἱοὶ θεοῦ ζῶντος.*	그리고 '너희는 내 백성이 아니다.'라고 말해진 곳에서 '살아 계신 하나님의 아들들이다.'라고 불릴 것이다."라고, 말씀하시는 것과도 같습니다.

9:27	Ἠσαΐας δὲ κράζει ὑπὲρ τοῦ Ἰσραήλ· ἐὰν ᾖ ὁ ἀριθμὸς τῶν υἱῶν Ἰσραὴλ ὡς ἡ ἄμμος τῆς θαλάσσης,* τὸ* ὑπόλειμμα σωθήσεται·*	그러나 이사야는 그 이스라엘을 위해 '이스라엘의 그 아들들의 그 수가 그 바다의 그 모래와 같다고 할지라도 남겨진 자만 구원될 것이다.
9:28	λόγον γὰρ συντελῶν καὶ συντέμνων ποιήσει κύριος ἐπὶ τῆς γῆς.*	왜냐하면 그 하나님께서 짧게 줄여 세우신 말씀을 주님께서 그 땅 위에 신속하게 이행하실 것이기 때문이다.''라고 외쳤습니다.
9:29	καὶ καθὼς προείρηκεν Ἠσαΐας· εἰ μὴ κύριος σαβαὼθ ἐγκατέλιπεν ἡμῖν σπέρμα,* ὡς Σόδομα ἂν ἐγενήθημεν καὶ ὡς Γόμορρα ἂν ὡμοιώθημεν.*	그것은 또한 이사야가 미리 본 대로 '만군의 주님께서 우리에게 한 씨(후손)를 남겨 두지 않으셨다면, 우리는 소돔처럼 되었을 것이고 고모라와 같았을 것이다.''라고 한 것과 같습니다.

하나님의 백성과 하나님의 아들들

사도 바울은 호세아의 예언(호2:23, 1:10)을 근거로 하나님의 백성이 아닌 자를 하나님의 백성으로 부르시고 하나님의 백성이 아닌 자들이 사는 곳에서 살아 계신 하나님의 아들이라고 부르는 사람들이 생겨날 것이라고 약속하신 말씀대로 이방인들의 세계에서 하나님의 백성과 자녀들이 탄생하는 전지전능하신 하나님의 힘과 지혜에 의한 사랑의 역사가 일어났다고 말한다.

여기서 하나님의 백성과 하나님의 아들들을 구분해 말하고 있음을 주의하고 주목하여 그 논리의 실상을 이해하는 데까지 나아가라.

또 사도 바울은 이사야의 예언(사10:22)을 근거로 이스라엘의 그 아들들의 그 수가 그 바다의 그 모래와 같다고 할지라도 남겨진 자만 구원될 것이다. 왜냐하면 그 하나님께서 짧게 줄여 세우신 말씀을 주님께서 그 땅 위에 신속하게 이행하실 것이기 때문이다.'라고 '남은 자(τὸ ὑπόλειμμα-토 휘포레임마)'의 구원을 말하고, '만군의 주님께서 우리에게 한 씨(후손)를 남겨 두지 않으셨다면, 우리는 소돔처럼 되었을 것이고 고모라와 같았을 것이다.'라고 '그 남은 자(τὸ ὑπόλειμμα-토 휘포레임마)'의 구원을 '남겨 둔 한 씨(후손)'라고 밝혔는데, 이분이 바로 그리스도 예수님이시다.

따라서 예수 그리스도와 그리스도 예수님을 통해 백성들의 구원과 자녀들의 구원이 구분되어 나타난다는 점을 놓치지 않아야 한다.

단축된 때

위 '그 하나님께서 짧게 줄여 세우신 말씀'에 관해서 BDAG는 '해석이 불확실할 뿐만 아니라, 본문상의 어려움도 많이 안고 있는 구절(A passage not only of uncertain interpretation, but fraught with textual difficulties as well)'이라고 했지만, 이는 간단하게 아담과 그리스도의 대표 원리로 구속사를 끝내시겠다는 말씀으로 사도 바울이 '형제들아 내가 이 말을 하노니 그때가 단축하여진 고로 이후부터 아내 있는 자들은 없는 것처럼 하며, 또 우는 사람들은 울지 않는 것같이 하고, 기뻐하는 사람들은 기뻐하지 않는 것같이 하며, 또 물건을 사는 사람들은 소유하지 않은 것같이 하라. 세상 물건을 쓰는 자들은 다 쓰지 못하는 것처럼 하라. 왜냐하면 이 세상의 형체가 지나가고 있기 때문이다.'라고 권면하는 고전7:29-31의 맥락에서 확인할 수 있다.

이는 그리스도 예수님 안에 있는 구속의 때, 그러니까 극단에서 초-극단적인 발전 방식을 사용해 은혜로 베풀어지는 믿음을 통해 구원하시는 전지전능하신 하나님의 지혜와 능력으로 나타나는 사랑 논리의 시대가 열렸다는 말이다.

이런 관점에서 롬9장의 마지막 문단을 보라.

9:30	Τί οὖν ἐροῦμεν; ὅτι ἔθνη τὰ μὴ διώκοντα δικαιοσύνην κατέλαβεν δικαιοσύνην, δικαιοσύνην δὲ τὴν ἐκ πίστεως,	그런즉 우리가 무슨 말을 하겠습니까? '의(義)를 추구하지 않던 이방인들이 의(義)를 얻었다.'라고 하는데, 그것은 믿음으로 얻은 의(義)를 말하는 것입니다.
9:31	Ἰσραὴλ δὲ διώκων νόμον δικαιοσύνης εἰς νόμον οὐκ ἔφθασεν.	하지만 의(義)의 율법을 추구하던 이스라엘은 율법이 이끄는 곳에 이르지 못했습니다.
9:32	διὰ τί; ὅτι οὐκ ἐκ πίστεως ἀλλ' ὡς ἐξ ἔργων· προσέκοψαν τῷ λίθῳ τοῦ προσκόμματος,	무엇 때문입니까? 그것은 그들이 믿음이 아닌 여러 가지 행업으로 의에 이르려고 했기 때문입니다. 참으로 그들은 걸림돌에 걸려 넘어진 것입니다.
9:33	καθὼς γέγραπται· ἰδοὺ τίθημι ἐν Σιὼν λίθον προσκόμματος καὶ πέτραν σκανδάλου,* καὶ* ὁ πιστεύων ἐπ' αὐτῷ οὐ* καταισχυνθήσεται.*	이는 성경에 '보라, 내가 시온에 부딪히게 하는 돌과 걸려 넘어지게 하는 한 바위를 둔다. 그를 믿는 자마다 수치를 당하지 않을 것이다.'라고 기록된 대로와 같습니다.

이변의 속출

그리스도 예수님 안에서 은혜로 베풀어지는 믿음을 통해 구원하시는 전지전능하신 하나님의 지혜와 능력으로 나타나는 사랑 논리의 시대에 이르러서 의(義)의 율법인 그리스도의 율법을 몰라 의(義)를 추구하지 않던 이방인들에게는 놀라운 희소식이 되고, 의(義)의 율법을 추구하게 하는 모세의 율법을 가지고 있던 이스라엘은 그리스도의 율법이 이끄는 곳에 이르지 못하는 이변이 속출하게 되었다. 이는 전능하신 하나님의 능력으로 나타나는 힘의 사랑 논리가 믿음을 베풀어 믿음으로 사는 의인을 만들어 내는 논리이기에 모세의 율법을 통해 일들로부터 자기 의를 추구하던 이스라엘인들에게 걸림돌이 되어 걸려 넘어진 것이다.

이 또한 이사야 예언(사28:16)인 '보라, 내가 시온에 부딪히게 하는 돌과 걸려 넘어지게 하는 한 바위를 둔다. 그(반석인 그리스도)를 믿는 자마다 수치를 당하지 않을 것이다.'라고 하는 말씀이 성취된 것이라고 사도 바울은 말한다.

그런 관점에서 롬10장의 처음 문단을 보라.

10:1	Ἀδελφοί, ἡ μὲν εὐδοκία τῆς ἐμῆς καρδίας καὶ ἡ δέησις πρὸς τὸν θεὸν ὑπὲρ αὐτῶν εἰς σωτηρίαν.	형제들이여, 실로 내가 마음으로 소원하는 것과 그 하나님을 향해 간구하는 것은 구원받게 될 이스라엘을 위한 것입니다.
10:2	μαρτυρῶ γὰρ αὐτοῖς ὅτι ζῆλον θεοῦ ἔχουσιν ἀλλ' οὐ κατ' ἐπίγνωσιν·	왜냐하면 나는 그들에게 '그들이 하나님에 대한 열정을 가지고 있음에도 온전한 지식을 따르지 않는다는 사실'을 입증해야 할 증인이기 때문입니다.※
10:3	ἀγνοοῦντες γὰρ τὴν τοῦ θεοῦ δικαιοσύνην καὶ τὴν ἰδίαν [δικαιοσύνην] ζητοῦντες στῆσαι, τῇ δικαιοσύνῃ τοῦ θεοῦ οὐχ ὑπετάγησαν.	참으로 그들은 그 하나님께서 내세우시는 의(義)를 알지 못하면서 자기 자신의 [의(義)]를※ 힘써 내세우려고† 그 하나님의 그 의(義)에 복종하지 않았습니다.
10:4	τέλος γὰρ νόμου Χριστὸς εἰς δικαιοσύνην παντὶ τῷ πιστεύοντι.	그리스도께서는 믿는 자 모두를 의(義)에 이르게 하시려고 율법의 완성자가 되셨습니다.
10:5	– Μωϋσῆς γὰρ γράφει τὴν δικαιοσύνην τὴν ἐκ [τοῦ] νόμου ὅτι ὁ ποιήσας* αὐτὰ* ἄνθρωπος ζήσεται ἐν* αὐτοῖς.	--그 때문에 모세가 [그] 율법으로부터※ 얻는 그 의(義)에 대해 기록하기를 '그것들을 행하는 사람은 그것들로 인해 살 것이다.'라고 했던 것입니다.

롬10장의 희망적인 분위기

사도 바울은 그리스도 예수님 안에 있는 구속의 복음(하나님의 복음)을 통해 유대교 안에 매몰되어 있는 유대인들의 정체성을 그들의 시조인 아브라함과 이삭과 야곱의 시대까지 끌어올려 비교 검토하게 함으로써 '이스라엘'이라고 하는 세 번째 조상인 야곱의 영적인 이름에 따르는 이스라엘 민족의 정체성으로 승화되기를 희망한다.

그건 롬10:12에서 '참으로 유대인과 헬라인 사이에 차별이 없습니다. 왜냐하면 그 예수님은 모든 사람에게 같은 주님이시고, 자기를 부르는 모든 사람에게 부유하시기 때문입니다.'라고 명시한 것처럼 유대와 이방(헬라)이 아닌 이스라엘로, 유대인과 이방인(헬라인)이 아닌 이스라엘인으로, 육적인 민족이 아닌 영적인 민족으로의 변화와 구원에 대한 희망이다.

10:1	Ἀδελφοί, ἡ μὲν εὐδοκία τῆς ἐμῆς καρδίας καὶ ἡ δέησις πρὸς τὸν θεὸν ὑπὲρ αὐτῶν εἰς σωτηρίαν.	형제들이여, 실로 내가 마음으로 소원하는 것과 그 하나님을 향해 간구하는 것은 구원받게 될 이스라엘을 위한 것입니다.
10:2	μαρτυρῶ γὰρ αὐτοῖς ὅτι ζῆλον θεοῦ ἔχουσιν ἀλλ' οὐ κατ' ἐπίγνωσιν·	왜냐하면 나는 그들에게 '그들이 하나님에 대한 열정을 가지고 있음에도 온전한 지식을 따르지 않는다는 사실'을 입증해야 할 증인이기 때문입니다.※

자기애와 반역

사도 바울이 육적인 이스라엘 민족인 유대 민족을 상대로 그토록 갈구했던 것은, 그리스도 예수 안에서 인류를 구원하시는 하나님에 관한 참되고도 온전한 지식을 따르게 하는 것이었다.

하지만 그들은 무지하고 맹목적인 열정에 사로잡혀 모세를 통해 받은 율법을 가지고 있으면서도 그 율법이 가리키는 하나님의 의를 알아채지 못하고 그 율법을 가지고 자기 자신들의 의를 추구하여 하나님의 이름에 먹칠하고 있었다.

이는 자기애의 열정에 눈이 멀어 여호와께서 주신 모세의 율법을 편파적으로 읽고 그 하나님의 뜻에 거역하는 길을 걸었다는 말이다.

10:3	ἀγνοοῦντες γὰρ τὴν τοῦ θεοῦ δικαιοσύνην καὶ τὴν ἰδίαν [δικαιοσύνην] ζητοῦντες στῆσαι, τῇ δικαιοσύνῃ τοῦ θεοῦ οὐχ ὑπετάγησαν.	참으로 그들은 그 하나님께서 내세우시는 의(義)를 알지 못하면서 자기 자신의 [의(義)]를※ 힘써 내세우려고† 그 하나님의 그 의(義)에 복종하지 않았습니다.

들통난 사실

그런 사실은 그리스도의 법이 이 땅에 세워지기까지는 아담 시대로부터 모세 시대를 거쳐 오늘에 이르기까지 아무도 알 수 없는 것이었다. 그건 그리스도께서 유대인들이 가지고 있는 모세의 율법뿐만 아니라 이방 세계에 퍼져 있는 모든 법까지 온 세상에 있는 만법의 요구를 충족시켜 이행하심으로써 믿는 자 모두를 의에 이르게 하시려고 구원하시는 하나님에 의해 들통난 사실이다.

그건 모세가 자기가 받은 율법에 그 율법으로 얻는 의에 대해 '그것들을 행하는 사람은 그것들로 인해 살 것이다(레18:5).'라고 기록했는데, 그리스도께서 그 말씀 그대로 유대인들이 가지고 있던 모세의 율법이 요구하는 의로운 일들을 완전하게 이루어 내는 데 성공했기 때문이다.

10:4	τέλος γὰρ νόμου Χριστὸς εἰς δικαιοσύνην παντὶ τῷ πιστεύοντι.	그리스도께서는 믿는 자 모두를 의(義)에 이르게 하시려고 율법의 완성자가 되셨습니다.
10:5	– Μωϋσῆς γὰρ γράφει τὴν δικαιοσύνην τὴν ἐκ [τοῦ] νόμου ὅτι ὁ ποιήσας* αὐτὰ* ἄνθρωπος ζήσεται ἐν* αὐτοῖς.	--그 때문에 모세가 [그] 율법으로부터※ 얻는 그 의(義)에 대해 기록하기를 '그것들을 행하는 사람은 그것들로 인해 살 것이다.*'라고 했던 것입니다.

여기서 잠시 유대인들이 모세의 율법으로 자기 의를 추구하는 행위를 나타낼 때의 단어와 그리스도께서 그 율법이 요구하는 의로운 행위들을 완성하는 것을 나타내는 단어가 다르다는 사실을 짚고 가겠다.

로마서 전체가 말하듯이 유대인들이 모세의 법을 통해 자기 의를 추구하는 행위를 나타낼 때는, 예를 들어 어떤 제품을 만들어 내는 제조업 회사에 종사하는 근로자가 제품을 생산하기 위해 일하는 것을 표현하는 단어(ἐξ ἔργων-엑스 에르곤, 롬9:32)

를 쓰는 반면 최종적으로 모세의 율법을 완성한 행위를 표현할 때는, 예를 들어 사과나무가 사과를 열매로 맺는 것처럼 모세의 율법 나무에 그 율법이 만들어 내고자 하는 열매가 달리게 하는 행위를 나타내는 단어(ποιήσας-포이에사스, 롬10:5)를 쓴다.

여기에는 유대인들이 모세의 율법을 가지고 추구하는 의에 대한 행위와 그리스도 예수님께서 의를 추구하는 행위의 결과를 비교함으로써 유대인들이 모세의 율법 자체가 요구하는 의로운 행위를 만들어 내는 것으로부터 그 경로를 이탈해 엉뚱한 방향으로 치닫고 있는 형국을 나타내고자 하는 의도가 숨겨져 있다.

따라서 유대인들이 추구하는 의와 그리스도께서 완성하신 의는 비교 자체가 불가능한 완전히 다른 것이고, 그 결과 또한 완전히 다른 것으로서 유대인들이 추구하는 의는 그 일에 참여해 수고한 유대인들 자신의 보상을 위한 의라면, 그리스도께서 완성하신 의는 누구든지 믿음으로 그 열매를 얻어서 먹고자 하는 자들에게 값없이 베풀어지는 선물로서의 의의 열매이다.

이런 관점에서 다음 본문을 보라.

10:6	ἡ δὲ ἐκ πίστεως δικαιοσύνη οὕτως λέγει· μὴ εἴπῃς ἐν τῇ καρδίᾳ σου· τίς ἀναβήσεται εἰς τὸν οὐρανόν;* τοῦτ' ἔστιν Χριστὸν καταγαγεῖν·	그러나 믿음에 속한 그 의는 이같이 말합니다. "그대는 그대 마음에 '누가 하늘로 올라가겠는가?'라고 말하지 마십시오. 이것은 그리스도를 끌어내리려는 것입니다."
10:7	ἤ· τίς καταβήσεται εἰς τὴν ἄβυσσον; τοῦτ' ἔστιν Χριστὸν ἐκ νεκρῶν ἀναγαγεῖν.	혹은 이같이 말하기도 합니다. "'누가 무저갱 속으로 내려가겠는가?'라고 말하지 마십시오. 이것은 그리스도를 죽은 자들로부터 끌어올리려는 것입니다."
10:8	ἀλλὰ τί λέγει; ἐγγύς σου τὸ ῥῆμά ἐστιν ἐν τῷ στόματί σου καὶ ἐν τῇ καρδίᾳ σου*, τοῦτ' ἔστιν τὸ ῥῆμα τῆς πίστεως ὃ κηρύσσομεν.	그렇다면 그것은 무엇을 의미하는 것입니까? 성경에 '그 말씀이 네게 가까이 있으니 네 입에 있고 네 마음에 있다.'라고 했습니다. 이것이 우리가 선포하는 그 믿음의 그 말씀입니다.
10:9	ὅτι ἐὰν ὁμολογήσῃς ἐν τῷ στόματί σου κύριον Ἰησοῦν καὶ πιστεύσῃς ἐν τῇ καρδίᾳ σου ὅτι ὁ θεὸς αὐτὸν ἤγειρεν ἐκ νεκρῶν, σωθήσῃ·	진정 그대의 입으로 예수님을 주님이라고 시인하고 그 하나님께서 그를 죽은 자들로부터 일으키셨다는 사실을 그대의 마음으로 믿는다면 그대가 구원받을 것입니다.

10:10	καρδία γὰρ πιστεύεται εἰς δικαιοσύνην, στόματι δὲ ὁμολογεῖται εἰς σωτηρίαν.	왜냐하면 그 믿음의 그 말씀은 의(義)에 이르게 하려고 마음에 믿어지고 있으며, 마침내 구원에 이르게 하려고 입으로 시인되고 있기 때문입니다.
10:11	λέγει γὰρ ἡ γραφή· πᾶς ὁ πιστεύων ἐπ' αὐτῷ οὐ καταισχυνθήσεται.*	진정 성경도 '그를 믿는 자마다 수치를 당하지 않을 것이다."라고 말합니다.
10:12	οὐ γάρ ἐστιν διαστολὴ Ἰουδαίου τε καὶ Ἕλληνος, ὁ γὰρ αὐτὸς κύριος πάντων, πλουτῶν εἰς πάντας τοὺς ἐπικαλουμένους αὐτόν·	참으로 유대인과 헬라인 사이에 차별이 없습니다. 왜냐하면 그 예수님은 모든 사람에게 같은 주님이시고, 자기를 부르는 모든 사람에게 부유하시기 때문입니다.
10:13	πᾶς γὰρ ὃς ἂν ἐπικαλέσηται τὸ ὄνομα κυρίου σωθήσεται.*	이는 성경이 '주님의 이름을 부르는 자마다 구원을 얻을 것이다."라고 말하기 때문입니다.

말씀 심판

믿음의 시대가 온 이후로 아무 말이나 입으로 내놓는 것은 하나님의 심판을 자초하는 일이다. 왜냐하면 하나님께서 믿음의 말씀을 듣고 믿음으로 구원받도록 만들어 놓으셨기 때문이다.

예수님께서는 유대인들을 향해 '독사들의 자식들아, 악한 너희가 어떻게 선한 것을 말할 수 있겠느냐? 이는 그 입은 그 마음에 가득한 그것을 말하기 때문이다. 그 선한 사람은 그 마음에 쌓은 그 선한 보화에서 선한 것들을 내고, 그 악한 사람은 그 마음에 쌓은 그 악한 보화에서 악한 것들을 낸다. 그러나 내가 너희에게 말하노니 심판 날에는 그 사람들이 내놓은 온갖 쓸데없는 말을 한 것과 관련해서 한 말씀(황당한 해명)을 내놓아야 할 것이다. 왜냐하면 네 말들로 인하여 네가 의롭게 되고 또 네 말들로 인하여 네가 정죄함(형벌)을 받게 될 것이기 때문이다(마12:34-37).'라고 하셨다. 예수님은 십자가에 돌아가시고 일으켜짐으로써 이 땅에 믿음의 시대를 도래하게 만드신 분으로서 심판주가 되신다.

10:6	ἡ δὲ ἐκ πίστεως δικαιοσύνη οὕτως λέγει· μὴ εἴπῃς ἐν τῇ καρδίᾳ σου· τίς ἀναβήσεται εἰς τὸν οὐρανόν;* τοῦτ' ἔστιν Χριστὸν καταγαγεῖν·	그러나 믿음에 속한 그 의는 이같이 말합니다. "그대는 그대 마음에 '누가 하늘로 올라가겠는가?'라고 말하지 마십시오. 이것은 그리스도를 끌어내리려는 것입니다."
10:7	ἤ· τίς καταβήσεται εἰς τὴν ἄβυσσον; τοῦτ' ἔστιν Χριστὸν ἐκ νεκρῶν ἀναγαγεῖν.	혹은 이같이 말하기도 합니다. "'누가 무저갱 속으로 내려가겠는가?'라고 말하지 마십시오. 이것은 그리스도를 죽은 자들로부터 끌어올리려는 것입니다."
10:8	ἀλλὰ τί λέγει; ἐγγύς σου τὸ ῥῆμά ἐστιν ἐν τῷ στόματί σου καὶ ἐν τῇ καρδίᾳ σου*, τοῦτ' ἔστιν τὸ ῥῆμα τῆς πίστεως ὃ κηρύσσομεν.	그렇다면 그것은 무엇을 의미하는 것입니까? 성경에 '그 말씀이 네게 가까이 있으니 네 입에 있고 네 마음에 있다.'라고 했습니다. 이것이 우리가 선포하는 그 믿음의 그 말씀입니다.

인생사 행불행의 원인

따라서 믿음의 말씀을 정확하게 내놓지 않고 아무렇게나 자기 멋대로 혀를 사용하는 사람들은 낭패를 보게 된다. 일상에 보편화된 그리스도 예수님의 존재와 그분의 사역과 관련한 가르침이 미치지 않은 영역이 없기에 언제 어디서나 언행의 신중하고 진중한 태도와 자세가 요구되는 대목이다. 왜냐하면 사람이 이 땅에서 죽고 사는 문제와 더불어 영원한 세계뿐만 아니라 모든 인생사 행불행의 원인이 입으로부터 시작되고 결정되기 때문이다.

그래서 야고보 사도는 '그 혀는 곧 불이고 그 불의의 그 세계이다. 그 혀는 우리 지체 중에서 온 몸을 더럽히고 그 삶의 그 수레바퀴를 불사르는 것인데, 불이 살려지는 것은 지옥 불에 의해서다. 왜냐하면 모든 종류의 짐승들과 새들, 뱀들, 바닷속에 있는 것들은 그 사람의 그 본성에 의해 길들여지며 또 길들여져 왔으나 사람들의 그 혀를 길들일 수 있는 사람은 아무도 없나니 억제할 수 없는 악이고, 죽이는 독이 가득한 것이다. 그것으로 우리가 그 주님과 아버지 하나님을 송축하고, 또 그것으로 우리가 하나님의 형상을 따라 창조된 그 사람들을 저주한다. 같은 입에서 축복과 저주가 나온다. 나의 형제들아, 이렇게 되는 것은 마땅치 않은 일이다(약3:6-

10).'라고 했다.

믿음의 말씀은 의에 이르게 하는 말씀이다. 여기서 의는 하나님 아버지께로 가는 것이다(요14:10). 그래서 믿음의 말씀은 불의하고 불경한 죄인이 하나님 아버지께로 가게 하는 축복의 말씀이다. 한 입으로 두 종류의 말을 내는 저주받은 인간이 한 종류의 말을 하게 되는 것도 이 믿음의 말씀으로만 가능하다.

따라서 하나님께서 그리스도를 통해 주신 그 믿음의 말씀을 마음으로 믿어 구원에 이른다는 것은 그 축복의 말씀을 입으로 말하게 함으로써 그 구원을 확인하게 만들어 놓으셨다는 말이 된다.

10:9	ὅτι ἐὰν ὁμολογήσῃς ἐν τῷ στόματί σου κύριον Ἰησοῦν καὶ πιστεύσῃς ἐν τῇ καρδίᾳ σου ὅτι ὁ θεὸς αὐτὸν ἤγειρεν ἐκ νεκρῶν, σωθήσῃ·	진정 그대의 입으로 예수님을 주님이라고 시인하고 그 하나님께서 그를 죽은 자들로부터 일으키셨다는 사실을 그대의 마음으로 믿는다면 그대가 구원받을 것입니다.
10:10	καρδίᾳ γὰρ πιστεύεται εἰς δικαιοσύνην, στόματι δὲ ὁμολογεῖται εἰς σωτηρίαν.	왜냐하면 그 믿음의 그 말씀은 의(義)에 이르게 하려고 마음에 믿어지고 있으며, 마침내 구원에 이르게 하려고 입으로 시인되고 있기 때문입니다.

호몰로게오
여기 두 번 쓰이는 '시인하다(ὁμολογέω-호몰로게오)'라는 말에 대해 BDAG는 '어떤 것이 사실이거나 사실임을 인정하다(to concede that something is factual or true).'나 '어떤 문제에 대해 공통의 견해를 공유하거나 공통의 마음을 가지다(to share a common view or be of common mind about a matter).' 또는 '누군가를 위해 무언가를 하기 위해 헌신하다(to commit oneself to do something for someone).'는 의미를 가지고 '보통 공개적으로 무언가를 인정하다(to acknowledge something, ordinarily in public).' 뜻으로 쓰인다고 했다.

특히 이 단어는 이중 대격인 주(κύριον-퀴리온)와 예수(Ἰησοῦν-예순)를 취하여 지배하는 동사로서 그리스도나 그리스도의 공동체인 교회의 가르침을 고백하며(especially of confessing Christ, or the teaching of his community/church; with double accusative) 충성을 맹세하거나 서약하는 것과 관련해(of profession of allegiance) 쓰인다고 했다.

그런데 이 단어를 어원적으로 분석해 보면 '외모나 성격 등이 같은 것'을 나타내는 호모이오스(ὅμοιος)와 '논리적으로 말하는 것'을 나타내는 레고(λέγω)가 합해진 단어로 '같은 논리를 말하는 것'을 나타내어 '동의하거나 인정하여 시인하거나 고백하다.'라는 의미로 확장되어 쓰인다.

믿음의 말씀과 같은 논리적 사고
따라서 예수님을 주님으로 시인하고 고백하게 하는 믿음의 말씀을 사람이 듣고 마음으로 시인하고 고백한다는 말은 결국 믿음의 말씀과 같은 논리적 사고를 함으로써 같은 말을 하는 자리에 이르렀다는 뜻이다.

이는 '만일 누가 말하려면 하나님의 말씀을 말하는 것같이 하고, 누가 봉사하려면 그 하나님께서 공급하시는 힘으로 하는 것같이 하라. 이는 범사에 예수 그리스도를 통해 그 하나님께서 영광을 받으시게 하려 함이니 그에게 그 영광과 그 권능이 세세 무궁하도록 있느니라. 아멘(벧전 4:11).'이라고 말한 베드로 사도의 증언과 맥락이 같다.

사도 바울은 '그러므로 내가 너희에게 알린다. 하나님의 영으로 말하는 자는 누구든지 절대로 예수를 저주하는 자로 말하지 아니하고, 또 성령 안에서가 아니라면 누구든지 절대로 예수를 주님이시라고 말하는 것이 불가능하다(고전12:3).'라고 말했다.

10:11	λέγει γὰρ ἡ γραφή· πᾶς ὁ πιστεύων ἐπ' αὐτῷ οὐ καταισχυνθήσεται.*	진정 성경도 '그를 믿는 자마다 수치를 당하지 않을 것이다.'라고 말합니다.
10:12	οὐ γάρ ἐστιν διαστολὴ Ἰουδαίου τε καὶ Ἕλληνος, ὁ γὰρ αὐτὸς κύριος πάντων, πλουτῶν εἰς πάντας τοὺς ἐπικαλουμένους αὐτόν·	참으로 유대인과 헬라인 사이에 차별이 없습니다. 왜냐하면 그 예수님은 모든 사람에게 같은 주님이시고, 자기를 부르는 모든 사람에게 부유하시기 때문입니다.
10:13	πᾶς γὰρ ὃς ἂν ἐπικαλέσηται τὸ ὄνομα κυρίου σωθήσεται.*	이는 성경이 '주님의 이름을 부르는 자마다 구원을 얻을 것이다.'라고 말하기 때문입니다.

부유하신 주님

이렇게 믿음의 말씀을 믿는다는 것은 전능하신 하나님의 영광에 참여할 수 있다는 소망의 삶이다. 그 영광에 이르는 길은 멀고도 험하다. 매일 매일 믿음에 믿음을 더하시고 소망에 소망을 더하시는 전능하신 하나님의 능력으로 베푸시는 사랑이 우리 마음에 기름 부어지지 않는다면 우리는 한 걸음도 더 나가지 못하고 주저앉아 가슴을 치며 슬피 우는 창피를 당할 것이다.

하지만 주 예수님은 믿는 자들에게 차별 없이 기름 부음으로 하나님의 사랑을 차고 넘치도록 베푸신다. 소망에 소망을 더하시고 믿음에 믿음을 더하시기 위함이다. 왜냐하면 주님은 자기의 이름을 부르는 모든 사람에게 자기 재산과 재원을 아낌없이 기부하는 사람처럼 부유하시고 관대하신 분이시기 때문이다.

이는 땅에서 난 자는 땅에 속한 일을 말하지만, 하늘로부터 오신 그리스도이신 예수님은 만물 위에 계시는 분으로서 자기를 보내신 하나님의 말씀(믿음의 말씀)들을 전하게 하시는 성령을 한량없이 주시는 분이기 때문이다(요3:31-36, 마10:19).

이런 시각으로 다음 본문을 보라.

10:14	Πῶς οὖν ἐπικαλέσωνται εἰς ὃν οὐκ ἐπίστευσαν; πῶς δὲ πιστεύσωσιν οὗ οὐκ ἤκουσαν; πῶς δὲ ἀκούσωσιν χωρὶς κηρύσσοντος;	그런즉 그들이 믿지 않은 분에게 어떻게 호소하겠습니까? 게다가 그들이 들어보지 못한 분의 말씀을 어떻게 믿겠습니까? 더구나 선포하는 사람이 없는데 어떻게 그들이 듣겠습니까?
10:15	πῶς δὲ κηρύξωσιν ἐὰν μὴ ἀποσταλῶσιν; καθὼς γέγραπται· ὡς ὡραῖοι οἱ πόδες* τῶν εὐαγγελιζομένων [τὰ] ἀγαθά.*	하물며 그들이 보내어지지 않는다면 어떻게 선포하겠습니까? 그것은 '마치 적당한 시기에 꽃이 만개한 것처럼, [그] 아름다운 말씀들을 좋은 소식으로 전하는 자들의 발이 아름답다.*'라고 성경에 기록된 대로와 같습니다.
10:16	—Ἀλλ' οὐ πάντες ὑπήκουσαν τῷ εὐαγγελίῳ. Ἠσαΐας γὰρ λέγει· κύριε, τίς ἐπίστευσεν τῇ ἀκοῇ ἡμῶν;*	---그럼에도 그들 모두가 그 복음에 순종하지 않았습니다. 이사야는 '주님, 우리가 주님께로부터 들은 말씀을 누가 믿었습니까?*'라고 말합니다.
10:17	ἄρα ἡ πίστις ἐξ ἀκοῆς, ἡ δὲ ἀκοὴ διὰ ῥήματος Χριστοῦ.	그래서 그 믿음은 여지없이 들음으로부터 얻게 되지만, 그 들음은 그리스도의 말씀을 통해서① 얻게 됩니다.

그리스도의 말씀

참으로 믿음의 말씀은 듣고 마음으로 믿어 입으로 같은 믿음의 말씀을 말하게 하는 방식으로 온 세상으로 전하여진다. 그 말씀의 최초 발설자는 그리스도이시기 때문에 그리스도의 말씀이라고 한다.

그리고 그 그리스도의 기름 부음 없이는 그 말씀이 전하여지지 않는데, 그 기름 부음은 그리스도 예수님의 돌아가심과 일으켜지심을 근거로 성령을 통해서 우리 마음에 부어지는 것이기 때문에 우리가 성령 안에 있을 때만 그 말씀을 들을 수 있고 전할 수 있다.

따라서 성령 안에서 기름 부음을 통해 들려진 말씀이 아니면 그리스도의 말씀이 아닌 거짓말쟁이들의 거짓말이다. 이스라엘이 그리스도의 말씀을 전했던 자들의 말씀을 거절하고 거짓 선지자들의 말을 선호했던 이유도 성령 밖에 있었기 때문이다.

10:18	ἀλλὰ λέγω, μὴ οὐκ ἤκουσαν; μενοῦνγε· εἰς πᾶσαν τὴν γῆν ἐξῆλθεν ὁ φθόγγος αὐτῶν* καὶ εἰς τὰ πέρατα τῆς οἰκουμένης τὰ ῥήματα αὐτῶν.*	그럼 이제 내가 묻습니다. 그들이 듣지 못했겠습니까? 아닙니다. 최소한 그때 듣고도 남았습니다. 성경에 '그들의 목소리가 온 땅에 퍼져 나갔고 지구촌 끝까지 그들의 말이 퍼져 나갔다.''라고, 했습니다.
10:19	ἀλλὰ λέγω, μὴ Ἰσραὴλ οὐκ ἔγνω; πρῶτος Μωϋσῆς λέγει· ἐγὼ παραζηλώσω* ὑμᾶς ἐπ' οὐκ ἔθνει,* ἐπ' ἔθνει ἀσυνέτῳ παροργιῶ* ὑμᾶς.	그럼 또 내가 묻습니다. 이스라엘이 알지 못했겠습니까? 먼저 모세가 말하길 '나는 백성 아닌 사람들로 백성인 너희의 질투심을 일으킬 것이고, 어리석은 나라로 너희를 분노하게 만들 것이다.''라고, 했습니다.
10:20	Ἡσαΐας δὲ ἀποτολμᾷ καὶ λέγει· εὑρέθην [ἐν] τοῖς ἐμὲ μὴ ζητοῦσιν,* ἐμφανὴς ἐγενόμην* τοῖς ἐμὲ μὴ ἐπερωτῶσιν.*	그래서 이사야가 담대하게 말하길 '나는 나를 찾지 않는 사람들 [안에서] 발견되었고, 나에게 묻지 않는 사람들에게 명백하게 보였다.''라고, 했던 것입니다.
10:21	πρὸς δὲ τὸν Ἰσραὴλ λέγει· ὅλην τὴν ἡμέραν ἐξεπέτασα τὰς χεῖράς μου* πρὸς λαὸν ἀπειθοῦντα* καὶ ἀντιλέγοντα.*	게다가 이사야가 이스라엘을 향해서 말하길 '내가 순종하지 않으며 대들어 말대꾸하는 백성을 향해 온종일 내 손을 내밀었다.''라고까지 했습니다.

지독한 사랑

이처럼 이스라엘은 구약시대와 마찬가지로 신약시대에서도 그리스도의 말씀을 믿지 않고 거절했다. 그 이유를 한마디로 말하자면 그리스도를 육신적인 방식으로 알려고 했기 때문이다.

이 또한 모두 다 하나님께서 그렇게 만들어 놓으신 것이다. 왜냐하면 믿음의 말씀이 이방 세계로 퍼져 온 세상에 알려지게 하여, 믿음의 말씀을 받아들인 이방 사람들로 이스라엘 백성의 질투심을 일으키시되, 먼저 어리석은 이방 나라로 축복받게 하여 이스라엘을 분노하게 만들어 불순종하며 대들어 말대꾸함에도 불구하고 자기 백성을 향해 온종일 가슴 벌려 손을 내미는 사랑으로 그들을 품으려고 하시는 전능하신 하나님의 사랑 방식을 보이시기 위함이었다.

이방인의 처지에서 지난날을 돌이켜보면 하나님은 이스라엘만을 편애하신다는 오해를 할 수 있었다면, 이스라엘의 처지에서는 이제 예수 그리스도와 그리스도 예수를 통해서 이스라엘을 버리셨다는 오해를 할 수 있는 방식으로 전능하신 힘에 의한 하나님의 사랑은 사람들의 지혜와 지적 능력으로는 이해할 수 없게 오묘하게 나타난다.

그 사랑은 오직 성령 안에서 베풀어지는 그리스도의 기름 부음을 통해서만 알 수 있는 아주 특별하고 기막히게 멋진 충격을 주는 지독한 사랑이다.

그런 관점에서 다음 롬11장을 보라.

그러면 마지막 부분 롬11:33에서 '오~! 하나님의 지혜와 지식의 부유하심은 심히 깊습니다.'라는 사도 바울이 찬양하는 영적인 환희와 설렘을 느낄 수 있다.

| 11:1 | Λέγω οὖν, μὴ ἀπώσατο ὁ θεὸς τὸν λαὸν αὐτοῦ; μὴ γένοιτο· καὶ γὰρ ἐγὼ Ἰσραηλίτης εἰμί, ἐκ σπέρματος Ἀβραάμ, φυλῆς Βενιαμίν. | 그런즉 내가 묻습니다. 그 하나님께서 그분의 백성을 버리셨겠습니까? 절대로 그렇게 되지 않기를 바랍니다. 왜냐하면 나 또한 이스라엘 사람이고, 아브라함의 씨(후손)에 속해 있으며, 베냐민 지파 사람입니다. |

11:2	οὐκ ἀπώσατο ὁ θεὸς τὸν λαὸν αὐτοῦ ὃν προέγνω. ἢ οὐκ οἴδατε ἐν Ἠλίᾳ τί λέγει ἡ γραφή, ὡς ἐντυγχάνει τῷ θεῷ κατὰ τοῦ Ἰσραήλ;	그 하나님께서는 미리 아신 그분의 백성을 버리지 않으셨습니다.* 혹시 여러분은 성경이 엘리야를 통해 무엇을 말하는지 모르겠습니까? 그가 그 이스라엘을 따라가지 않고 그 하나님께 호소하기를
11:3	κύριε, τοὺς προφήτας σου ἀπέκτειναν, τὰ θυσιαστήριά σου κατέσκαψαν, κἀγὼ ὑπελείφθην μόνος καὶ ζητοῦσιν τὴν ψυχήν μου.*	주님이시여, '그들이 주님의 예언자들을 죽이고 주님의 제단들을 허물어버렸습니다. 이제 저만 혼자 남겨졌는데 그들이 저의 목숨을 찾고 있습니다."라고, 말했습니다.
11:4	ἀλλὰ τί λέγει αὐτῷ ὁ χρηματισμός; κατέλιπον* ἐμαυτῷ ἑπτακισχιλίους ἄνδρας, οἵτινες οὐκ ἔκαμψαν γόνυ τῇ Βάαλ.*	그렇지만 그때 그 하나님께서는 엘리야에게 뭐라고 대답하셨습니까? '내가 나를 위해 바알에게 무릎 꿇지 않은 칠천 명의 장정들을 남겨 두었다."라고, 하셨습니다.
11:5	οὕτως οὖν καὶ ἐν τῷ νῦν καιρῷ λεῖμμα κατ' ἐκλογὴν χάριτος γέγονεν·	그런즉 이와 같이 지금 이때에도* 은혜의 선택하심을 따라 남은 자가 된다고 말씀하신 것입니다.
11:6	εἰ δὲ χάριτι, οὐκέτι ἐξ ἔργων, ἐπεὶ ἡ χάρις οὐκέτι γίνεται χάρις.	그것이 은혜로 된 것이라면, 더 이상 많은 일로부터 된 것이 아닙니다. 많은 일로부터 된 것이라면, 그 은혜가 더 이상 은혜가 되지 못합니다.

남은 사람과 나머지 사람

지금 사도 바울은 이스라엘을 향해 하나님께서 그토록 지독한 사랑을 고집하시는 이유에 대해 한마디로 모든 인류에게 공평하게 값없는 구원의 은혜를 베푸시는 하나님의 한없는 자기 사랑을 드러내어 영광을 받으시기 위함이라는 사실을 입증하려고 한다.

먼저 자기의 경우를 들어 하나님께 버림받았다고 예단하지 않도록 질문을 던지고(롬11:1), 엘리야의 경우를 예로 들어 거짓 선지자를 따르는 이스라엘의 망국적인 열정에도 불구하고 바알에게 무릎 꿇지 않은 칠천 명의 장정들을 남겨 두었다(왕상 19:10-18)는 사실을 제시하며(롬11:2-4), 지금도 동일하게 하나님께서 베푸시는 은혜의 선택을 따라 남은 자가 되는 일이 일어난다고 말한다(롬11:5).

이 '남은 자만이 구원받는다.'라는 논리는 사람들이 이해하거나 알 수 없도록 만드는 극단적인 묵시적 방식으로 일하시는 전지전능하신 하나님의 힘과 지혜에 의한 지독한 사랑의 논리이다. 그것은 온전히 은혜 아래 있도록 강제하는 논리로서 은혜가 은혜 되지 않게 하는 요소가 눈곱만큼도 없는 순도 백 프로의 은혜를 따르는 삶을 요구한다.

그것은 믿을 수 있도록 믿음을 믿게 하는 믿음의 삶이지 많은 일들을 이루어 냄으로써 자기를 입증하는 삶이 아니다. 왜냐하면 하나님께서는 믿음의 말씀에 백 프로 순종하는 삶을 원하시는데, 이스라엘 민족은 믿음의 말씀에 백 프로 순종하게 하는 하나님의 은혜를 온전히 따라서 살지 않았다는 사실에 있기 때문이다.

11:7	–Τί οὖν; ὃ ἐπιζητεῖ Ἰσραήλ, τοῦτο οὐκ ἐπέτυχεν, ἡ δὲ ἐκλογὴ ἐπέτυχεν· οἱ δὲ λοιποὶ ἐπωρώθησαν,	--그렇다면 무엇입니까? 결국 이스라엘이 계속 구하는 그것을 얻지 못하고, 선택받은 자들이 얻었으니, 애석하게도 그 나머지 사람들은 완고해져 버린 것입니다.
11:8	καθὼς γέγραπται· ἔδωκεν αὐτοῖς ὁ θεὸς πνεῦμα κατανύξεως,* ὀφθαλμοὺς τοῦ μὴ βλέπειν καὶ ὦτα τοῦ μὴ ἀκούειν,* ἕως τῆς σήμερον ἡμέρας.*	그것은 "그 하나님께서 그들에게 무감각한 영을 주셔서, '오늘'이라고 하는 그날까지 눈이 있어도 보지 못하고, 귀가 있어도 듣지 못하게 하셨다."라고 기록된 것과 같습니다.
11:9	καὶ Δαυὶδ λέγει· γενηθήτω ἡ τράπεζα αὐτῶν εἰς παγίδα* καὶ εἰς θήραν καὶ εἰς σκάνδαλον καὶ εἰς ἀνταπόδομα αὐτοῖς,*	다윗도 말하길 '그들의 식탁이 그들에게 올무와 덫이 되게 하시되, 걸려 넘어지고 보복받는 자리가 되게 하소서.
11:10	σκοτισθήτωσαν οἱ ὀφθαλμοὶ αὐτῶν τοῦ μὴ βλέπειν καὶ τὸν νῶτον αὐτῶν διὰ παντὸς σύγκαμψον.*	그들의 눈이 어두워져 보지 못하게 하시고 모든 일을 통해 그들의 등이 꼬부라지게 하소서."라고, 했던 것입니다.

무감각한 영

하나님께서 베푸시는 은혜의 선택에 대해 인간들은 비정한 것으로 보고 느낄 수 있다. 왜냐하면 전능하신 하나님의 힘과 지혜에 의한 사랑 논리의 실체적 진실을 제대로 이해하지 못하기 때문이다.

이 지점이 참으로 무서운 것은 하나님을 상대로 완악해질 수 있어서이다. 어떤 사람은 구원하고 어떤 사람은 버리는, 어떤 사람은 선택하고 어떤 사람은 거절하는 등 일방적인 결정권을 행사하는 하나님이 불의하다고 생각하는 비뚤어진 인간의 판단 능력에 문제가 있음을 보지 못하기 때문이다.

이를 사도 바울은 간단하게 하나님께서 이스라엘을 영적으로 마비된 상태(멍하게 있는 상태-stupefaction), 그러니까 영적으로 거의 의식이 없거나 무감각한 상태에 있게 만드는 혼미한 영(πνεῦμα κατανύξεως-프뉴마 카타뉙세오스, a spirit of stupor)을 주셔서 '오늘'이라고 하는 그날까지 눈이 있어도 보지 못하고, 귀가 있어도 듣지 못하게 하셨다(사29:10)고 한다.

그러니 만사가 불행이다. 그들의 식탁이 그들에게 올무와 덫이 되어 걸려 넘어지고 보복받는 자리이다. 그들의 눈이 어두워져 보지 못하니 만사가 그들의 등을 꼬부라지게 만드는 고생의 자리이다.

영적인 마비 상태에서 개념 없이 믿음의 말씀을 대하는 영적으로 무감각 자들을 일깨워 은혜를 따라 사는 자리로 나아가게 하시는 하나님의 조치로 보기에는 이스라엘 민족의 처지에서 쉽게 납득할 수 없는 매우 절망적인 자리이다.

11:11	Λέγω οὖν, μὴ ἔπταισαν ἵνα πέσωσιν; μὴ γένοιτο· ἀλλὰ τῷ αὐτῶν παραπτώματι ἡ σωτηρία τοῖς ἔθνεσιν εἰς τὸ παραζηλῶσαι αὐτούς.	그런즉 내가 묻습니다. 그들이 쓰러져 일어나지 못할 만큼 넘어졌겠습니까? 절대로 그렇게 되지 않기를 바랍니다. 오히려 그들의 그 타락함으로* 그 구원이 그 이방인들에게 이르게 하심으로써 이스라엘에게 질투심이 일어나도록 만드신 것입니다.
11:12	εἰ δὲ τὸ παράπτωμα αὐτῶν πλοῦτος κόσμου καὶ τὸ ἥττημα αὐτῶν πλοῦτος ἐθνῶν, πόσῳ μᾶλλον τὸ πλήρωμα αὐτῶν.	그렇게 그들의 타락함이* 세상의 부유함이 되고, 그들의 실패가 이방인들의 부유함이 된다면, 그들 전체가 바로 서게 될 때는 그들의 충만함이 얼마나 더 하겠습니까?

이스라엘의 특심과 이방인의 사명
놀랍게도 그러한 하나님의 조치는 이스라엘 민족이 얼마나 하나님을 사랑하는 지를 드러나게 하려는 계획적인 조치였다. 그것은 이 세상의 어떤 민족도 가질 수 없고 흉내 낼 수도 없는 하나님을 향한 이스라엘 민족의 자긍심을 하나님도 특별한 것으로 인정하신다는 말이다.

이스라엘의 타락으로 이방인들에게 먼저 그 구원이 이르게 하심으로써 이스라엘의 질투심이 폭발하게 되는 것은 하나님께 얻으려고 갈망하며 구하고 찾는 그들의 열정이 남다름을 나타내는 증거이다.

하나님께서 그러한 이스라엘의 무지한 열심을 도구 삼아 가난하고 초라하게 된 온 세상을 부유하게 만들고, 그들이 얻고자 하는 일을 실패하게 함으로써 이방인들이 풍족할 만큼 부유하게 만드시니 그들 전체가 바로 서게 될 때는 그들의 충만함이 얼마나 더 할 것인지 그 결과를 가늠할 수가 없다.

이는 비록 하나님을 향한 이스라엘의 특별한 열정이 비뚤어지긴 했으나 하나님께서 보시기에 미래를 위해, 그러니까 훗날 하나님 자신의 영광을 나타낼 도구로 아직 쓸모가 있는 소중한 자산이었다는 말이다.

참으로 귀추가 주목되는 이스라엘의 훗날은 그야말로 신묘막측한 하나님의 지혜와 능력으로 새롭게 창조된 아름답고 영광스러운 모습으로 나타날 것이다. 이는 하나님의 복음을 먼저 받아들여 은혜로 불쌍히 여김을 받아 영광의 구원에 참여하게 된 이방인들이 반드시 알아야만 할 이방인의 상식적인 마음가짐을 일깨운다.

11:13	–Ὑμῖν δὲ λέγω τοῖς ἔθνεσιν· ἐφ' ὅσον μὲν οὖν εἰμι ἐγὼ ἐθνῶν ἀπόστολος, τὴν διακονίαν μου δοξάζω,	--이제 내가 여러분, 곧 그 이방 사람들에게 말합니다. 실로 내가 여러분을 근거로 이방인들의 사도로 인정된 자로서, 이방인들을 섬기는 이 직분을† 영광스럽게 여기고 있습니다.
11:14	εἴ πως παραζηλώσω μου τὴν σάρκα καὶ σώσω τινὰς ἐξ αὐτῶν.	진정 나는 어떻게든 나의 동족을 질투하게 만들어 그들로부터 얼마를 구원하고 싶습니다.
11:15	εἰ γὰρ ἡ ἀποβολὴ αὐτῶν καταλλαγὴ κόσμου, τίς ἡ πρόσλημψις εἰ μὴ ζωὴ ἐκ νεκρῶν;	그 하나님께서 그들을 버리시는 것이 세상을 자기와 화해하게 만드시는 것이라면, 그들을 받아들이시는 것은 죽은 자들로부터 다시 살아나는 것이 아니면 도대체 무엇이겠니까?

11:16	εἰ δὲ ἡ ἀπαρχὴ ἁγία, καὶ τὸ φύραμα· καὶ εἰ ἡ ῥίζα ἁγία, καὶ οἱ κλάδοι.	그 첫 열매가 거룩하면, 그 덩어리 또한 거룩합니다. 또한 그 뿌리가 거룩하면 그 가지들 또한 거룩합니다.

두렵고 떨림으로 이루어야 할 구원

이제 그리스도 예수님 안에 있는 구속을 통한 구속사에 대한 이해는 이방인들의 상식이 되어야 한다는 것이 사도 바울의 생각이다.

하나님께서 이스라엘 사람들을 버리시는 것이 세상을 자기와 화해하게 만드시는 것이라면, 이방인들을 끌어들여 이스라엘이 받을 구원에 참여하게 한 것은 이스라엘을 구원하시기 위한 포석이 된다. 하나님의 복음을 통해 이방인들을 받아들이는 것이 죽은 자들의 부활에 이르는 것이었다면, 그 복음을 통해 이스라엘을 받아들이는 것 또한 죽은 자들의 부활이어야 한다.

그 첫 열매(ἡ ἀπαρχή-헤 아파르케, 롬8:23)인 그리스도께서 거룩하니 그 덩어리 또한 거룩하고, 그 뿌리인 그리스도가 거룩하니 그 가지들 또한 거룩하다. 그리스도 예수님 안에 있는 구속의 역사는 전능하신 하나님의 힘과 지혜로 베푸는 사랑과 은혜의 논리를 따라 버려진 이스라엘을 다시 그 덩어리로 혹은 그 가지로 붙일 수 있다.

여기서 우리는 '그러므로 나의 사랑하는 자들아, 너희가 나 있을 때뿐 아니라 더욱 지금 나 없을 때에도 항상 복종하여 두렵고 떨림으로 너희 구원을 이루라(빌2:12).'라고 말한 것과 같은 두렵고 떨림으로 이루어야 할 구원을 생각하게 하는 전능하신 하나님의 인자하심과 준엄하심을 본다.

11:17	―Εἰ δέ τινες τῶν κλάδων ἐξεκλάσθησαν, σὺ δὲ ἀγριέλαιος ὢν ἐνεκεντρίσθης ἐν αὐτοῖς καὶ συγκοινωνὸς τῆς ῥίζης τῆς πιότητος τῆς ἐλαίας ἐγένου,	---그러나 만일 참 올리브나무 가지들의 얼마가 잘려 나가고, 그 자리에 야생 올리브나무인 그대가 접붙여져서 참 올리브나무의 뿌리가 만든 양분의 공동 참여자가 되었다면,

11:18	μὴ κατακαυχῶ τῶν κλάδων· εἰ δὲ κατακαυχᾶσαι οὐ σὺ τὴν ῥίζαν βαστάζεις ἀλλ' ἡ ῥίζα σέ.	그대는 잘려 나간 가지들을 상대로 우쭐대지 마십시오. 비록 그대가 뽐내고 싶을지라도 그대가 그 뿌리를 지탱하는 것이 아니라 그 뿌리가 그대를 지탱하고 있다는 사실을 명심해야 합니다.
11:19	ἐρεῖς οὖν· ἐξεκλάσθησαν κλάδοι ἵνα ἐγὼ ἐγκεντρισθῶ.	그런즉 그대는 '가지들이 잘려 나간 것은 내가 접붙여지기 위함이었다.'라고 말해야 합니다.
11:20	καλῶς· τῇ ἀπιστίᾳ ἐξεκλάσθησαν, σὺ δὲ τῇ πίστει ἕστηκας. μὴ ὑψηλὰ φρόνει ἀλλὰ φοβοῦ·	옳은 말입니다. 그들은 그 불신앙으로 잘려 나갔지만, 그대는 그 믿음으로 서 있게 되었습니다. 그러니 교만하게 생각할 것이 아니라 두려워하십시오.
11:21	εἰ γὰρ ὁ θεὸς τῶν κατὰ φύσιν κλάδων οὐκ ἐφείσατο, [μή πως] οὐδὲ σοῦ φείσεται.	왜냐하면 그 하나님께서 본래 있던 가지들을 아끼지 않으셨다면, [어쨌든지]* 접붙여진 그대도 아끼지 않으실 수 있기 때문입니다.
11:22	ἴδε οὖν χρηστότητα καὶ ἀποτομίαν θεοῦ· ἐπὶ μὲν τοὺς πεσόντας ἀποτομία, ἐπὶ δὲ σὲ χρηστότης θεοῦ, ἐὰν ἐπιμένῃς τῇ χρηστότητι, ἐπεὶ καὶ σὺ ἐκκοπήσῃ.	그런즉 하나님의 인자하심과 준엄하심을 보십시오. 실로 나가떨어진 자들에겐 준엄하시지만, 그대가 그 인자하심에 계속 머물러 있다면, 하나님께서 그대를 인자하게 대하실 것입니다. 그렇지 않다면 그대 또한 잘려 나갈 것입니다.
11:23	κἀκεῖνοι δέ, ἐὰν μὴ ἐπιμένωσιν τῇ ἀπιστίᾳ, ἐγκεντρισθήσονται· δυνατὸς γάρ ἐστιν ὁ θεὸς πάλιν ἐγκεντρίσαι αὐτούς.	반면에 저들도 그 불신앙에 계속 머물러만 있지 않는다면 다시 접붙여질 것입니다. 이는 그 하나님께서 그들을 다시 접붙이실 수 있기 때문입니다.
11:24	εἰ γὰρ σὺ ἐκ τῆς κατὰ φύσιν ἐξεκόπης ἀγριελαίου καὶ παρὰ φύσιν ἐνεκεντρίσθης εἰς καλλιέλαιον, πόσῳ μᾶλλον οὗτοι οἱ κατὰ φύσιν ἐγκεντρισθήσονται τῇ ἰδίᾳ ἐλαίᾳ.	왜냐하면 그대가 본래 야생 올리브나무로부터 잘려 나와 본성에 반하는 좋은 올리브나무에 접붙여졌다면, 본성을 따르는 이 가지들은 원래 그것의 올리브나무에 더 잘 접붙여질 것이기 때문입니다.

이스라엘을 구원하시는 하나님의 비밀

사도 바울은 지금 이스라엘 민족과 이방 민족의 관계 속에서 구원을 이루어 가시는 하나님의 지혜와 능력을 찬양하지 않을 수 없는 지점을 내다보며 자기를 그리스도 예수님의 종으로 세워 이방인들에게 하나님의 복음을 전하게 하신 속뜻을 생각한다. 그리고 이스라엘 민족과 이방 민족의 융합과 통합 과정을 통해 인류 전체를 구원하시는 하나님의 비밀을 깨달은 이방인의 사도로서 이스라엘을 위한 중요한 역할과 책임을 갖고 있음도 이방인들에게 드러낸다.

이는 이방인들도 바울을 사도로 받아들인 이상 이스라엘을 위한 사도 바울의 역할과 책임이 있는 것처럼 그 역할과 책임으로부터 자유로울 수 없다는 말이나 다름없다. 그건 이방인들이 과거 하나님 없이 살 때와는 달리 이스라엘의 시기와 질투심을 유발할 수 있는 만큼 하나님의 사랑과 은혜로 축복받아 사는 냄새를 물씬 풍겨 하나님의 영광을 드러내는 것이다.

거기에 이스라엘을 구원하시는 하나님의 비밀이 있다. 이방인들이 하나님의 사랑과 은혜로 충만한 삶을 통해 하나님의 영광을 찬양하게 함으로써 완악해진 이스라엘을 회복하시는 방식이 그것이다.

11:25	Οὐ γὰρ θέλω ὑμᾶς ἀγνοεῖν, ἀδελφοί, τὸ μυστήριον τοῦτο, ἵνα μὴ ἦτε [παρ'] ἑαυτοῖς φρόνιμοι, ὅτι πώρωσις ἀπὸ μέρους τῷ Ἰσραὴλ γέγονεν ἄχρι οὗ τὸ πλήρωμα τῶν ἐθνῶν εἰσέλθῃ	형제들이여, 나는 참으로 여러분이 이 비밀을 모르기를 원치 않습니다. 그것은 여러분이 스스로 지혜로운 자라고 하지 않게 할 것입니다.※1 그 비밀은 그 이방인들의 그 충만함이 들어오기까지 일부 이스라엘인들이 완고해진 채로 있을 것이라는 겁니다.※2
11:26	καὶ οὕτως πᾶς Ἰσραὴλ σωθήσεται, καθὼς γέγραπται· ἥξει ἐκ Σιὼν ὁ ῥυόμενος,* ἀποστρέψει ἀσεβείας ἀπὸ Ἰακώβ.*	그리고 이 같은 방식으로 모든 이스라엘이 구원될 것입니다.* 이는 성경에 '구원자가 시온으로부터 오리니, 야곱으로부터 불경한 자들을 돌이킬 것이다.*'라고, 기록된 것과 같습니다.

11:27	καὶ αὕτη αὐτοῖς ἡ παρ' ἐμοῦ* διαθήκη,* ὅταν ἀφέλωμαι τὰς ἁμαρτίας αὐτῶν.*	그래서 성경이 '이것이 바로 그들을 위하여 내가 준 언약이니, 내가 그들의 죄들을 없앨 때 이루어질 것이다.'라고, 말했던 것입니다.
11:28	κατὰ μὲν τὸ εὐαγγέλιον ἐχθροὶ δι' ὑμᾶς, κατὰ δὲ τὴν ἐκλογὴν ἀγαπητοὶ διὰ τοὺς πατέρας·	실로 그들은 그 복음을 따라서는 여러분으로 인하여 원수가 되었으나, 그 선택을 따라서는 조상들로 인하여 사랑을 입은 자들입니다.
11:29	-ἀμεταμέλητα γὰρ τὰ χαρίσματα καὶ ἡ κλῆσις τοῦ θεοῦ.	-참으로 그 하나님의 그 은사들과 그 부르심에는 후회하심이 없습니다.
11:30	ὥσπερ γὰρ ὑμεῖς ποτε ἠπειθήσατε τῷ θεῷ, νῦν δὲ ἠλεήθητε τῇ τούτων ἀπειθείᾳ,	여러분이 전에 그 하나님께 순종하지 않았지만,*1 이제는 이스라엘 사람들의 그 불순종으로 인해*2 여러분이 불쌍히 여김을 받게 되었습니다.
11:31	οὕτως καὶ οὗτοι νῦν ἠπείθησαν τῷ ὑμετέρῳ ἐλέει, ἵνα καὶ αὐτοὶ [νῦν] ἐλεηθῶσιν.	마찬가지로 이스라엘 사람들도 지금 여러분이 얻은 그 긍휼로 인해 불순종하게 되었으니, 이는 그들도 마땅히 [지금] 불쌍히 여김을 받게 하기 위함입니다.
11:32	συνέκλεισεν γὰρ ὁ θεὸς τοὺς πάντας εἰς ἀπείθειαν, ἵνα τοὺς πάντας ἐλεήσῃ.	참으로 그 하나님께서 모든 사람을 불순종 속에 가두어 놓으신 것은, 모든 사람을 불쌍히 여기시기 위함이었습니다.

원수를 사랑하게 하심으로 이루시는 구원

사도 바울은 이스라엘의 구원이 이루어질 때를 그리스도 안에 있는 구속을 통한 구속사의 완성으로 보는 게 분명하다.

단지 그 구원이 신비롭게도 그리스도 예수님 안에서 이방인을 충만하게 하시는 비밀스러운 경로를 통해 성취되도록 계획되어 있었다는 사실을 드러냄으로써 그 하나님의 그 은사들과 그 부르심에는 후회하심이 없다는 것을 확정한다.

왜냐하면 구원자가 시온으로부터 나와 야곱에게 속한 불경한 자들을 돌이켜 그들의 죄들을 없앨 때 하나님께서 그들에게 준 언약이 완성되는데, 하나님의 복음을 따라서는 야곱에 속한 자들이 이방인들로 인하여 하나님과 원수가 되었으나, 하나님의 선택하심을 따라서는 그들의 조상들로 인하여 하나님의 사랑을 입은 자들이 되기 때문이다.

여기에 원수를 사랑하게 하심으로써 구원을 이루시는 전능하신 하나님의 힘과 지혜로 베풀어지는 사랑과 은혜의 논리가 있다.

이방인들이 하나님의 복음을 받아들이기 전에는 하나님께 순종하지 않았지만, 이제는 그 복음의 출처가 되는 이스라엘 사람들이 그 복음을 불순종함으로 인해 그 복음을 차지하게 되어 불쌍히 여김을 받게 되었다. 마찬가지로 이스라엘 사람들도 지금 이방인들이 그 복음을 받아들임으로써 얻은 그 긍휼로 인해 불순종하게 되었으니, 이는 그들도 마땅히 이방인들이 전하는 그 복음을 통해 [지금] 불쌍히 여김을 받게 하기 위함이다. 참으로 그 하나님께서 그 복음으로 모든 사람을 불순종 속에 가두어 놓으신 것은 그 복음으로 모든 사람을 불쌍히 여기시기 위함이다.

역전된 거룩한 채무감

여기에 사도 바울이 '나는 그리스인들과 미개인들 양쪽 모두에게, 지혜로운 자들과 어리석은 자들 양쪽 모두에게 빚진 사람입니다. 이처럼 나는 로마에 살고 있는 여러분에게도 복음을 전하게 되길 간절히 바라고 있습니다(롬1:14-15).'라고 천명한 복음의 빚진 자의 논리가 역전되어 나타난다. 그건 이제 반대로 이스라엘을 위해 이방인들이 사도 바울로부터 계승해야 할 거룩한 채무감, 곧 그 복음을 이스라엘에게 전해야 할 사명감이다. 왜냐하면 이방인들이 그 복음의 빚진 자의 자세를 충실하게 감당할 때, 그러니까 이방인들이 만물을 충만케 하시는 그리스도의 충만하심으로 충만하게 되어 원수를 사랑하는 강력한 힘에 의한 사랑 역사가 일어나게 되는 방식으로 그리스도 예수님 안에 있는 구속이 완성되는 날은 앞당겨질 것이다.

사도 바울은 다음과 같은 전능하신 하나님께서 아주 놀라운 방식으로 구속의 비밀을 완성해 가시는 힘과 지혜에 의한 사랑과 은혜의 충만하심에 감사함으로 환희의 찬양을 부른다.

| 11:33 | Ὦ βάθος πλούτου καὶ σοφίας καὶ γνώσεως θεοῦ· ὡς ἀνεξεραύνητα τὰ κρίματα αὐτοῦ καὶ ἀνεξιχνίαστοι αἱ ὁδοὶ αὐτοῦ. | 오~! 하나님의 지혜와 지식의 부유하심은 심히 깊습니다. 진정 그분의 판결들은 심오하며, 그분의 길들 또한 아무도 찾아낼 수 없는 것과 같습니다. |

11:34	τίς γὰρ ἔγνω νοῦν κυρίου;* ἢ τίς σύμβουλος αὐτοῦ ἐγένετο;*	도대체 "누가 주님의 이성(혹은 마음)을① 알았습니까? 혹시 누가 그분의 조언자가 되었습니까?"
11:35	ἢ τίς προέδωκεν αὐτῷ, καὶ ἀνταποδοθήσεται αὐτῷ;*	"혹시 누가 그분께 먼저 드렸으며, 누가 그분께 답례 또한 받은 일이 있습니까?"
11:36	ὅτι ἐξ αὐτοῦ καὶ δι' αὐτοῦ καὶ εἰς αὐτὸν τὰ πάντα· αὐτῷ ἡ δόξα εἰς τοὺς αἰῶνας, ἀμήν.	왜냐하면 그 모든 것이 그분께로부터 나오고, 그분을 통해서 그분께로 돌아가기 때문입니다. 그 영광이 그분께 영원히 있습니다. 아멘.

하나님의 복음으로 아버지가 된 바울

이는 '그리스도 안에서 일만 스승이 있으되 아버지는 많지 아니하니 그리스도 예수 안에서 내가 복음으로써 너희를 낳았음이라(고전4:15).'라고 말한 것과 같이 어디서든지 영원토록 선포되어야 할 하나님의 복음의 실체적 진실을 자녀들에게 숨김없이 다 털어놓는 대목에 닿아 있다.

전환된 관점의 로마서 읽기

제20장
영적인 전쟁에서 승리하는 비결
곧 그리스도의 법(율법)을 성취하라

본문 : 로마서 12장 1절~16장 27절

핵심 주제 어구

ἐάν τε γὰρ ζῶμεν, τῷ κυρίῳ ζῶμεν, ἐάν τε ἀποθνήσκωμεν, τῷ κυρί ω ἀποθνήσκομεν. ἐάν τε οὖν ζῶμεν ἐάν τε ἀποθνήσκωμεν, τοῦ κυρίου ἐσμέν.

(에안 테 가르 조멘, 토 퀴리오 조멘, 에안 테 아포드네스코멘, 토 퀴 리오 아포드네스코멘. 에안 테 운 조멘 에안 테 아포드네스코멘, 투 퀴리우 에스멘.)

율법의 충만은 사랑이고(롬13:10), 그리스도는 율법의 완성이시니(롬 10:4) 그 그리스도이신 '그 다른 한 사람(τὸν ἕτερον-톤 헤테론 롬2:1, 7:4)'을 사랑하는 것이 율법을 다 이루는 것이 된다. 그 그리스도를 사랑하는 자를 그리스도인들이라고 하고, 그리스도인들은 예수님께서 지상에서 주신 새 계명인 '서로를 사랑하라'라는 그리스도의 법을 따라 사는 자들이다(요13:34, 15:12, 벧전1:22).

제20장(영적인 전쟁에서 승리하는 비결 곧 그리스도의 법(율법)을 성취하라)

_ 본문 695p에서

본문

12장	NA28판(UBS5판) ΠΡΟΣ ΡΩΜΑΙΟΥΣ 12	로마서 12장 필자 사역
12:1	Παρακαλῶ οὖν ὑμᾶς, ἀδελφοί, διὰ τῶν οἰκτιρμῶν τοῦ θεοῦ παραστῆσαι τὰ σώματα ὑμῶν θυσίαν ζῶσαν ἁγίαν εὐάρεστον τῷ θεῷ, τὴν λογικὴν λατρείαν ὑμῶν·	그러므로 형제들이여, 내가 그 하나님의 그 자비하심을 통해서 여러분을 권면합니다. 여러분의 몸을 그 하나님께서 기뻐하시는 살아 있는 거룩한 희생 제물로 드리십시오. 이것이 바로 여러분이 드려야 하는 주님의 말씀에 합당한 섬김(예배)입니다.
12:2	καὶ μὴ συσχηματίζεσθε τῷ αἰῶνι τούτῳ, ἀλλὰ μεταμορφοῦσθε τῇ ἀνακαινώσει τοῦ νοὸς εἰς τὸ δοκιμάζειν ὑμᾶς τί τὸ θέλημα τοῦ θεοῦ, τὸ ἀγαθὸν καὶ εὐάρεστον καὶ τέλειον.	그러니 여러분은 이 시대에 동화되지 말고, 다만 그 이성을 새롭게 하시는 은혜로 변화되십시오. 그러면 그 하나님의 그 뜻이 무엇인지 검증하여 무엇이 그 하나님 보시기에 선하고, 무엇을 그 하나님께서 기뻐하시며, 무엇이 그 하나님 보시기에 완전한지 분별하는 데에 이를 것입니다.

비밀 통로

이제 우리는 이번 산행에서 마지막 구간만을 통과하면 완주의 기쁨을 나눌 수 있다. 하산을 결정한 시점부터 우리는 완주에 대한 설렘과 함께 기암절벽의 폭포수를 따라 굽이굽이 흐르는 물줄기의 안내를 받으며 마주하는 절경 앞에서 탄성을 자아내게 하시는 창조주 하나님의 솜씨에 감사하며 노래하듯 하산 1구간을 무탈하게 끝냈다.

그건 정말 정상에서 얻은 해방감 속에 감춰 놓은 전능하신 하나님의 힘과 지혜로 이룬 사랑과 은혜의 삶으로 들어가는 비밀 통로를 알게 되는 코스였다.

실제로 그 비상 통로는 이 세상의 지혜와 지식으로 만들어진 모든 길을 가로질러 가는 은밀한 생명의 길을 펼쳐 보이는 큰 그림, 마치 동(경상도)과 서(전라도)로 나뉘어 서로 반목하게 했던 백두대간의 산줄기를 가로질러 소통하며 살게 하는 터널과 같은 비밀 통로를 통과해 도착한 휴게소는 우리가 옹기종기 모여 사는 이 세상이 훤히 내려다보이는 전망 좋은 곳이었다.

예수님께서 말씀하신 일화

이제 마지막 한 구간만 무사히 통과하면 이 세상 사람들과 마주하게 된다. 설렘보다는 긴장감이 클 수밖에 없는 것은 다름 아닌 이 세상이 바로 우리가 승리해야 할 영적인 전쟁터이기 때문이다.

잠시 스치듯이 예수님께서 천국 복음 전도 훈련을 마친 제자들에게 더러운 영을 내쫓고, 모든 병과 허약함을 치료하는 권능을 주어 세상으로 보내시며 '보라, 내가 너희를 보내는 것이 마치 양을 이리들 가운데로 보내는 것과 같다. 그러므로 뱀처럼 지혜롭고 비둘기처럼 순결하라(마10:16).'라고 말씀하신 일화가 생각나는 지점이다.

그 대목에 이어 이런 말씀이 계속된다.

> 17그 사람들을 조심하라. 참으로 그들이 너희를 산헤드린 공회에 넘겨줄 것이고 또 그들의 회당에서 너희를 채찍질할 것이다.
> 18이는 너희가 나 때문에 총독들과 왕들 앞에 끌려가서 그들과 그 이방인들에게 증언해야 하기 때문이다.
> 19그러나 그들이 너희를 넘길 때 어떻게 또 무엇을 말할까 염려하지 마라. 참으로 그때 너희가 무엇을 말할지 주어질 것이다.
> 20이는 너희가 말하는 자가 아니라 너희 안에서 말씀하시는 너희 아버지의 영이시기 때문이다.
> 21형제가 형제를 또 아비가 자식을 죽음에 넘기고, 자식이 부모에 대항하여 일어나고 부모를 죽일 것이다.
> 22또 너희가 내 이름으로 인해 모든 사람에게 미움을 받을 것이나 끝까지 견디는 자는 구원받을 것이다.
> 23그들이 이 도시에서 너희를 핍박하거든 그 다른 곳으로 피하라. 참으로 내가 너희에게 아멘을 말한다. 그 사람의 그 아들(인자)이 올 때까지 너희가 그 이스라엘의 그 도시들을 다 다니지 못할 것이다.
> 24제자가 그 선생 위에, 종이 그의 주인 위에 있지 않다.
> 25그 제자가 그의 선생만큼 되고 종이 그의 주인만큼 되면 족하다. 그들이 그 집주인을 바알세불이라고 불렀을진대 하물며 그의 가족들에게는 얼마나 심하게 하겠느냐?

> *17Προσέχετε δὲ ἀπὸ τῶν ἀνθρώπων· παραδώσουσιν γὰρ ὑμᾶς εἰς συνέδρια καὶ ἐν ταῖς συναγωγαῖς αὐτῶν μαστιγώσουσιν ὑμᾶς· 18καὶ ἐπὶ ἡγεμόνας δὲ καὶ*

βασιλεῖς ἀχθήσεσθε ἕνεκεν ἐμοῦ εἰς μαρτύριον αὐτοῖς καὶ τοῖς ἔθνεσιν. 19 ὅταν δὲ παραδῶσιν ὑμᾶς, μὴ μεριμνήσητε πῶς ἢ τί λαλήσητε• δοθήσεται γὰρ ὑμῖν ἐν ἐκείνῃ τῇ ὥρᾳ τί λαλήσητε•
20 οὐ γὰρ ὑμεῖς ἐστε οἱ λαλοῦντες ἀλλὰ τὸ πνεῦμα τοῦ πατρὸς ὑμῶν τὸ λαλοῦν ἐν ὑμῖν. 21 Παραδώσει δὲ ἀδελφὸς ἀδελφὸν εἰς θάνατον καὶ πατὴρ τέκνον, καὶ ἐπαναστήσονται τέκνα ἐπὶ γονεῖς καὶ θανατώσουσιν αὐτούς. 22 καὶ ἔσεσθε μισούμενοι ὑπὸ πάντων διὰ τὸ ὄνομά μου• ὁ δὲ ὑπομείνας εἰς τέλος οὗτος σωθήσεται.
23 Ὅταν δὲ διώκωσιν ὑμᾶς ἐν τῇ πόλει ταύτῃ, φεύγετε εἰς τὴν ἑτέραν• ἀμὴν γὰρ λέγω ὑμῖν, οὐ μὴ τελέσητε τὰς πόλεις τοῦ Ἰσραὴλ ἕως ἂν ἔλθῃ ὁ υἱὸς τοῦ ἀνθρώπου.
24 Οὐκ ἔστιν μαθητὴς ὑπὲρ τὸν διδάσκαλον οὐδὲ δοῦλος ὑπὲρ τὸν κύριον αὐτοῦ. 25 ἀρκετὸν τῷ μαθητῇ ἵνα γένηται ὡς ὁ διδάσκαλος αὐτοῦ καὶ ὁ δοῦλος ὡς ὁ κύριος αὐτοῦ. εἰ τὸν οἰκοδεσπότην Βεελζεβοὺλ ἐπεκάλεσαν, πόσῳ μᾶλλον τοὺς οἰκιακοὺς αὐτοῦ.

(NA28판, UBS5판 마10:17-25 필자 사역)

사도 바울의 권면

이번 산행의 마지막 구간을 통과해 이 세상과 마주하는 지점에 도착할 때까지 잊지 말아야 할 게 있다. 그건 그 출발 지점(롬12:1)에서 내놓은 '그러므로 형제들이여, 내가 그 하나님의 그 자비하심을 통해서 여러분을 권면합니다(Παρακαλῶ οὖν ὑμᾶς, ἀδελφοί, διὰ τῶν οἰκτιρμῶν τοῦ θεοῦ-파라칼로 운 휘마스, 아델포이, 디아 톤 오이크티르몬 투 데우).'라는 말속에 담긴 사도 바울의 영적인 상태와 자세이다.

이는 이번 우리 산행의 목적이 거짓되고 악한 영들이 부와 권력을 손에 쥐고 이 세상 사람들을 미혹하는 우리 삶의 현장에서 흔들림 없이 목숨보다 더 소중히 여기는 하나님의 복음을 전하는 그리스도인의 정체성을 세우고 그 영들과의 싸움에서 승리하는 것이기 때문이다.

'권면하다'라고 번역한 헬라어는 파라칼로(Παρακαλῶ)는 파라칼레오(Παρακαλέω)의 모음 단축형이다. 그 단어가 가지는 의미에 대해 BDAG는 ①'발표자가 있는 곳에 와서 참석해 달라고 요청하는 것(to ask to come and be present where the speaker is)'이나 ②'무언가에 대해 강하게 요청하는 것(to make a strong request for something)'과 ③'강하게 촉구하는 것(to urge strongly)' 또는 ④'누군가에게 용기를 심어 주는 것(to instill someone with courage)'으로 그 쓰임새를 분류하면서 롬12:1의 '권면하다

(Παρακαλῶ-파라칼로)'를 세 번째 '강하게 촉구하는 것(to urge strongly)'을 표현하는 단어로 분류해 그 의미를 규정했다.

보혜사의 역할

하지만 파라칼레오(Παρακαλέω)를 분석해 보면 '가까운 옆을 나타내는 전치사 파라(παρά)와 '부르다(call)는 뜻의 동사 칼레오(καλέω)'가 합해진 합성어로서 기본적으로 '가까이에서 또는 곁에서 부르다'라는 의미를 지니고 '요청, 요구, 위로, 훈계, 부탁' 등의 행위를 나타내는 의미로 확장해 쓰이는데, 이 단어(Παρακαλέω-파라칼레오)는 우리가 그토록 소중히 여기는 우리말 성경에 대부분 '보혜사'라는 용어로 번역되어 알려진 헬라어 파라클레토스(παράκλητος)의 어근이다.

그리고 파라클레토스(παράκλητος)는 다른 사람을 대신하여 나타나는 사람(one who appears in another's behalf)을 가리키는 용어로서 일반적으로 갈등에 연루된 사람들을 합의에 이르게 하려는 사람, 곧 중재인(a person who attempts to make people involved in a conflict come to an agreement; a go-between)을 가리키는 용어로 쓰이지만, 특히 성경에서는 기도를 통해 다른 사람을 대신하여 개입하는 사람(a person who intervenes on behalf of another, especially by prayer)을 나타낼 때 쓰이는 '중보자'와 같은 개념의 용어이다.

이 보혜사(παράκλητος-파라클레토스)를 요14:26에서 '그 보혜사는 곧 아버지께서 내 이름으로 보내실 그 거룩한 그 영인데, 저가 너희에게 모든 것을 가르치실 것이고 [내가] 너희에게 말한 모든 것을 생각나게 하실 것이다(ὁ δὲ παράκλητος, τὸ πνεῦμα τὸ ἅγιον, ὃ πέμψει ὁ πατὴρ ἐν τῷ ὀνόματί μου, ἐκεῖνος ὑμᾶς διδάξει πάντα καὶ ὑπομνήσει ὑμᾶς πάντα ἃ εἶπον ὑμῖν [ἐγώ]).'라고 예수님께서 직접 말씀하셨다.

또 요15:26에서는 '내가 그 아버지 곁에서 너희에게 보낼 그 보혜사 곧 그 아버지 곁으로부터 나오시는 그 진리의 그 영이 오실 때 그가 나에 대해 증거하실 것이다(Ὅταν ἔλθῃ ὁ παράκλητος ὃν ἐγὼ πέμψω ὑμῖν παρὰ τοῦ πατρός, τὸ πνεῦμα τῆς ἀληθείας ὃ παρὰ τοῦ πατρὸς ἐκπορεύεται, ἐκεῖνος μαρτυρήσει περὶ ἐμοῦ).'라고도 예수님께서 직접 말씀하셨다.

이를 요일2:1은 '나의 자녀들아, 내가 이것을 너희에게 쓰는 것은 너희로 죄짓지 않게 하려는 것이다. 만일 어떤 사람이 죄짓는다면 그 아버지를 향해 대언자를 가지고 있는데, 그분이 바로 의로우신 예수 그리스도이시다(Τεκνία μου, ταῦτα γράφω ὑμῖν ἵνα μὴ ἁμάρτητε. καὶ ἐάν τις ἁμάρτῃ, παράκλητον ἔχομεν πρὸς τὸν πατέρα Ἰησοῦν Χριστὸν δίκαιον•).'라고 했듯이 이 보혜사는 여기서 '대언자'로 번역되었는데, 이는 하나님 아버지와 죄인인 우리 사이의 중보자로서 우리를 위로하시고 변호하시는 분이심이 분명하다.

마지막으로 그 예수님께서 십자가에 돌아가심으로 이 세상을 떠나시기 전에 그 보혜사를 그 진리의 그 영으로 언급하시고 그 역할을 명확하게 말씀하신다(요16:7-15).

> 7 그러나 내가 그 진리를 너희에게 말하는데, 내가 떠나가는 것이 너희에게 유익이다. 왜냐하면 내가 떠나가지 않는다면 그 보혜사가 너희에게로 오시지 않을 것이지만, 내가 가면 그를 너희에게로 내가 보낼 것이기 때문이다.
> 8 그리고 저가 와서 그 세상을 죄에 대하여, 의에 대하여, 심판에 대하여 책망하실 것이다.
> 9 실로 죄에 대해서는, 저희가 나를 믿지 않는 것(현재)을,
> 10 그러나 의에 대해서는, 내가 아버지께로 떠나가고 너희가 다시 나를 보지 못하는 것(현재)을,
> 11 그러나 심판에 대해서는, 이 세상 그 통치자가 심판받았다(완료)는 것을 책망(입증하심으로써)하실 것이다.
> 12 아직 너희에게 말할 것이 많이 있지만 지금은 너희가 감당할 수 없다.
> 13 그러나 저분, 곧 그 진리의 그 영이 오실 때 그 진리 전체 안에 있는 길을 보여 주어 인도하실 것이다. 이는 그분은 자기 자신으로부터 말하지 않으실 것이고 오직 들으실 것을 말씀하실 것이므로 오고 있는 일들을 너희에게 알게 하실 것이기 때문이다.
> 14 저분은 나를 영화롭게 하실 것이다. 왜냐하면 그분은 그 내 것(τοῦ ἐμοῦ)으로부터 받을 것이고 너희에게 알릴 것이기 때문이다.
> 15 그 아버지께서 가지신 것은 모두 다 내 것이다. 이것 때문에 나는 '그가 그 내 것(my property 내 소유물)으로부터 받아 너희들에게 알릴 것이다.'라고 말했다.

7 ἀλλ' ἐγὼ τὴν ἀλήθειαν λέγω ὑμῖν, συμφέρει ὑμῖν ἵνα ἐγὼ ἀπέλθω. ἐὰν γὰρ μὴ ἀπέλθω, ὁ παράκλητος οὐκ ἐλεύσεται πρὸς ὑμᾶς· ἐὰν δὲ πορευθῶ, πέμψω αὐτὸν πρὸς ὑμᾶς. 8Καὶ ἐλθὼν ἐκεῖνος ἐλέγξει τὸν κόσμον περὶ ἁμαρτίας καὶ περὶ δικαιοσύνης καὶ περὶ κρίσεως· 9 περὶ ἁμαρτίας μέν, ὅτι οὐ πιστεύουσιν εἰς ἐμέ· 10 περὶ δικαιοσύνης δέ, ὅτι πρὸς τὸν πατέρα ὑπάγω καὶ οὐκέτι θεωρεῖτέ με· 11 περὶ δὲ κρίσεως, ὅτι ὁ ἄρχων τοῦ κόσμου τούτου κέκριται. 12 Ἔτι πολλὰ ἔχω ὑμῖν λέγειν, ἀλλ' οὐ δύνασθε βαστάζειν ἄρτι· 13 ὅταν δὲ ἔλθῃ ἐκεῖνος, τὸ πνεῦμα τῆς ἀληθείας, ὁδηγήσει ὑμᾶς ἐν τῇ ἀληθείᾳ πάσῃ· οὐ γὰρ λαλήσει ἀφ' ἑαυτοῦ, ἀλλ' ὅσα ἀκούσει λαλήσει καὶ τὰ ἐρχόμενα ἀναγγελεῖ ὑμῖν. 14 ἐκεῖνος ἐμὲ δοξάσει, ὅτι ἐκ τοῦ ἐμοῦ λήμψεται καὶ ἀναγγελεῖ ὑμῖν. 15πάντα ὅσα ἔχει ὁ πατὴρ ἐμά ἐστιν· διὰ τοῦτο εἶπον ὅτι ἐκ τοῦ ἐμοῦ λαμβάνει καὶ ἀναγγελεῖ ὑμῖν.
(NA28판, UBS5판 요16:7-15 필자 사역)

그리스도의 영이 주도하는 역할과 일치

따라서 롬12:1의 '권면하다(Παρακαλῶ-파라칼로)'라는 의미는 BDAG의 누군가에게 어떤 일을 하도록 설득하기 위해 진지하게 또는 끈질기게 강한 욕구나 충동을 따라 '강하게 촉구하는 것(to urge strongly)'만이 아니라 '무언가에 대해 강하게 요청하는 것(to make a strong request for something)'과 '누군가에게 용기를 심어 주는 것(to instill someone with courage)' 등을 하나로 모은 복합적인 의미로도 부족하며 매우 따뜻하고 친절하신 보혜사께서 성도들의 구속이 완성되는 날까지 돌보시는 광범위한 역할을 나타낸다고 할 수 있다.

그런 의미에서 문단의 결론을 이끄는 롬12:1의 접속사 운(οὖν)의 역할을 살리면 자연스럽게 앞 문맥(롬1-11장)의 그리스도 예수님 안에 있는 구속을 통한 구속사의 흐름 속에서 '그 하나님의 그 자비하심을 통해(διὰ τῶν οἰκτιρμῶν τοῦ θεοῦ-디아 톤 오이크티르몬 투 데우)' 나오는 진지한 권면이 가지는 특성을 제대로 드러낼 수 있는 매우 중요한 단어라는 사실을 확인하게 된다.

여기서 '자비하심'으로 번역된 헬라어 오이크티르몬(οἰκτιρμῶν)은 '다른 사람의 불행에 대한 우려를 표시하는 단어(display of concern over another's misfortune)'로 타인의 고통이나 불행으로 인한 동정적인 연민과 관심의 감정을 적극적으로 드러내는 따뜻한 마음 상태를 가리키는 단어이다.

이런 필자의 논리는 로마서 전체 문맥의 절정인 롬8:26-27에서 연약한 우리를 하나님의 양자로 세우시기 위해 중재 또는 중보하시는 그리스도의 영이 주도하는 역할과 일치하는 논리 개념이다.

8:26	—Ὡσαύτως δὲ καὶ τὸ πνεῦμα συναντιλαμβάνεται τῇ ἀσθενείᾳ ἡμῶν· τὸ γὰρ τί προσευξώμεθα καθὸ δεῖ οὐκ οἴδαμεν, ἀλλ' αὐτὸ τὸ πνεῦμα ὑπερεντυγχάνει στεναγμοῖς ἀλαλήτοις·	---그러나 다행스럽게도 그 영 또한 우리 편에 서서 우리의 연약함에 대해 도와주십니다. 참으로 우리가 마땅히 무엇을 기도해야 하는지 알지 못하지만, 오히려 그 영이 친히 말로 표현할 수 없는 탄식으로 간청하며 중재하십니다.
8:27	ὁ δὲ ἐραυνῶν τὰς καρδίας οἶδεν τί τὸ φρόνημα τοῦ πνεύματος, ὅτι κατὰ θεὸν ἐντυγχάνει ὑπὲρ ἁγίων.	응당 그 마음을 살피시는 분께서는 그 영의 그 마음가짐이 무엇인지 아십니다. 그리고 그 영은 하나님께서 원하시는 대로 성도들을 위하여 간구하십니다.

생명력 넘치는 사랑의 권면

종합하면 롬12:1의 권면은 그리스도 예수님 안에 있는 구속을 통한 구속사의 흐름 속에서 그 구속이 완성에 이르게 되는 그날까지 그리스도와 함께 받는 고난, 곧 영광스러운 창조적인 고생과 고통의 삶으로 나아가야 할 연약한 자들에게 바른길을 제시하며 위로하고 격려하되 끝까지 싸워 승리할 수 있도록 용기를 북돋아 주는 따뜻하고 생명력 넘치는 보혜사의 영적인 사랑의 권면이다.

이는 한마디로 사도 바울이 빌립보 감옥에서 빌립보 교회의 성도들에게 그리스도의 복음에 합당하게 생활하라고 당부하는 것과 같은 맥락의 권면이다.

> *18 앞으로도 나는 계속해서 기뻐할 것입니다.*
> *19 왜냐하면 여러분이 나를 위해 계속 기도하고 있고, 예수 그리스도의 그 영이 나를 돕고 계시기 때문에 내가 풀려날 것을 잘 알고 있습니다.*
> *20 나의 간절한 기대와 희망은, 내가 아무 일에도 부끄러움을 당하지 않고 온전히 담대해져서 살든지 죽든지 예전처럼 지금도 그리스도께서 내 몸 안에서 높임을 받을 것이기 때문입니다.*
> *21 참으로 나에게 사는 것이 그리스도이시니 죽는 것도 유익합니다.*
> *22 그러나 만일 내가 육신으로 사는 것, 이것이 나에게 일의 열매라면(살아가는 동안 그리스도를 위해 일하고 사람들을 그리스도께로 인도하고 세울 수 있다면), 내가 무엇을 택해야 할지 모르겠습니다.*

23 그러나 나는 그 둘에 붙잡혀 하나를 택하기가 어렵습니다. 나는 이 세상을 떠나서 그리스도와 함께하고자 하는 그 갈망을 가지고 있습니다. 왜냐하면 이 세상을 떠나 그리스도 곁에 있는 것이 훨씬 더 행복할 것이기 때문입니다.
24 그러나 여러분 때문에 내가 [그] 육신으로 계속 머무는 것이 더 필요하다고 생각합니다.
25 내가 또한 이렇게 확신함으로 나는 여러분이 그 복음 전파에 진전을 이루고 그 믿음의 기쁨을 누리도록 머물되 여러분 모두의 곁에 계속 머물러 있어야 할 것을 알고 있습니다.
26 내가 다시 여러분에게 가게 되면, 나로 인하여 예수 그리스도 안에서 여러분의 자랑거리가 많아지게 될 것입니다.
27 오직 여러분은 그 그리스도의 그 복음에 합당하게 생활하십시오. 그리하여 내가 가서 여러분을 만나든지 멀리 떠나 있든지 여러분에 대한 일들을 들을 때에, 여러분이 한 영 안에서 굳게 서서, 한 영혼으로 그 복음의 그 믿음을 위하여 함께 싸우며,
28 어떤 경우에도 대적하는 자들을 결코 두려워하지 않는다는 소식이 나에게 들려오기를 바랍니다. 이것이 그들에게는 멸망의 징조이지만, 여러분에게는 구원의 징조이니, 이것 또한 하나님께서 행하신 일입니다.
29 왜냐하면 하나님께서 그리스도를 위하여 여러분에게 주신 은혜는, 그를 (εἰς) 믿는 것뿐만 아니라 그를 위하여 고난도 받는 것이기 때문입니다.
30 여러분은 나와 동일한 싸움을 하고 있으며, 여러분은 내 안에서 그렇게 하는 것을 보았고, 지금도 내가 그렇게 하고 있다는 것을 소문으로 듣고 있습니다.

18 Ἀλλὰ καὶ χαρήσομαι, 19 οἶδα γὰρ ὅτι τοῦτό μοι ἀποβήσεται εἰς σωτηρίαν διὰ τῆς ὑμῶν δεήσεως καὶ ἐπιχορηγίας τοῦ πνεύματος Ἰησοῦ Χριστοῦ 20 κατὰ τὴν ἀποκαραδοκίαν καὶ ἐλπίδα μου, ὅτι ἐν οὐδενὶ αἰσχυνθήσομαι ἀλλ' ἐν πάσῃ παρρησίᾳ ὡς πάντοτε καὶ νῦν μεγαλυνθήσεται Χριστὸς ἐν τῷ σώματί μου, εἴτε διὰ ζωῆς εἴτε διὰ θανάτου. 21 Ἐμοὶ γὰρ τὸ ζῆν Χριστὸς καὶ τὸ ἀποθανεῖν κέρδος. 22 εἰ δὲ τὸ ζῆν ἐν σαρκί, τοῦτό μοι καρπὸς ἔργου, καὶ τί αἱρήσομαι οὐ γνωρίζω. 23 συνέχομαι δὲ ἐκ τῶν δύο, τὴν ἐπιθυμίαν ἔχων εἰς τὸ ἀναλῦσαι καὶ σὺν Χριστῷ εἶναι, πολλῷ [γὰρ] μᾶλλον κρεῖσσον• 24 τὸ δὲ ἐπιμένειν [ἐν] τῇ σαρκὶ ἀναγκαιότερον δι' ὑμᾶς. 25 καὶ τοῦτο πεποιθὼς οἶδα ὅτι μενῶ καὶ παραμενῶ πᾶσιν ὑμῖν εἰς τὴν ὑμῶν προκοπὴν καὶ χαρὰν τῆς πίστεως, 26 ἵνα τὸ καύχημα ὑμῶν περισσεύῃ ἐν Χριστῷ Ἰησοῦ ἐν ἐμοὶ διὰ τῆς ἐμῆς παρουσίας πάλιν πρὸς ὑμᾶς. 27 Μόνον ἀξίως τοῦ εὐαγγελίου τοῦ Χριστοῦ πολιτεύεσθε, ἵνα εἴτε ἐλθὼν καὶ ἰδὼν ὑμᾶς εἴτε ἀπὼν ἀκούω τὰ περὶ ὑμῶν, ὅτι στήκετε ἐν ἑνὶ πνεύματι, μιᾷ

*ψυχῇ συναθλοῦντες τῇ πίστει τοῦ εὐαγγελίου **28** καὶ μὴ πτυρόμενοι ἐν μηδενὶ ὑπὸ τῶν ἀντικειμένων, ἥτις ἐστὶν αὐτοῖς ἔνδειξις ἀπωλείας, ὑμῶν δὲ σωτηρίας, καὶ τοῦτο ἀπὸ θεοῦ• **29** ὅτι ὑμῖν ἐχαρίσθη τὸ ὑπὲρ Χριστοῦ, οὐ μόνον τὸ εἰς αὐτὸν πιστεύειν ἀλλὰ καὶ τὸ ὑπὲρ αὐτοῦ πάσχειν, **30**τὸν αὐτὸν ἀγῶνα ἔχοντες, οἷον εἴδετε ἐν ἐμοὶ καὶ νῦν ἀκούετε ἐν ἐμοί.*
(NA28판, UBS5판 빌1:18하-30 필자 사역)

이런 시각에서 롬12:1에서 사도 바울의 권면이 시작된다.

12:1	Παρακαλῶ οὖν ὑμᾶς, ἀδελφοί, διὰ τῶν οἰκτιρμῶν τοῦ θεοῦ παραστῆσαι τὰ σώματα ὑμῶν θυσίαν ζῶσαν ἁγίαν εὐάρεστον τῷ θεῷ, τὴν λογικὴν λατρείαν ὑμῶν·	그러므로 형제들이여, 내가 그 하나님의 그 자비하심을 통해서 여러분을 권면합니다. 여러분의 몸을 그 하나님께서 기뻐하시는 살아 있는 거룩한 희생 제물로 드리십시오. 이것이 바로 여러분이 드려야 하는 주님의 말씀에 합당한 섬김(예배)입니다.
12:2	καὶ μὴ συσχηματίζεσθε τῷ αἰῶνι τούτῳ, ἀλλὰ μεταμορφοῦσθε τῇ ἀνακαινώσει τοῦ νοὸς εἰς τὸ δοκιμάζειν ὑμᾶς τί τὸ θέλημα τοῦ θεοῦ, τὸ ἀγαθὸν καὶ εὐάρεστον καὶ τέλειον.	그러니 여러분은 이 시대에 동화되지 말고, 다만 그 이성을 새롭게 하시는 은혜로 변화되십시오. 그러면 그 하나님의 그 뜻이 무엇인지 검증하여 무엇이 그 하나님 보시기에 선하고, 무엇을 그 하나님께서 기뻐하시며, 무엇이 그 하나님 보시기에 완전한지 분별하는 데에 이를 것입니다.

주님의 말씀에 합당한 섬김

권면의 핵심 내용은 주님의 말씀에 합당한 섬김과 예배하는 삶이다. 그리고 그것은 그리스도인들이 이 세상에 살면서 자기의 몸을 사용하는 마음가짐과 직결된다.

우리가 살펴야 할 것은 필자가 '주님의 말씀에 합당한 섬김(예배)'이라고 번역한 로기켄 라트레이안(λογικὴν λατρείαν)에 대한 문맥적 검토이다.

먼저 BDAG는 로기켄(λογικὴν)을 '신중하게 생각하는 것과 관련된 것(pertaining to being carefully thought through)'을 나타내는 단어로 분류하고 '로기켄 라트레이안(λογικὴν λατρείαν)'을 '헌신적인 영적 의미에서 사려 깊은 봉사(a thoughtful service in a dedicated spiritual sense)'로 번역하면서 인지적인 측면은 '그 하나님의 그 뜻이 무

엇인지 검증하기 위한(εἰς τὸ δοκιμάζειν ὑμᾶς τί τὸ θέλημα τοῦ θεοῦ-에이스 토 도키마제인 휘마스 티 토 델레마 투 데우)' 문구를 예상한다고 덧붙였다.

재미 있는 것은 이 로기켄(λογικὴν)의 어근이 마음을 표현함으로써 이루는 의사소통(a communication whereby the mind finds expression)의 수단으로서 말(word)인 로고스(λόγος)와 독립적으로 인격화된 하나님을 표현할 때(the independent personified expression of God) 쓰는 로고스(λόγος)라는 것이다.

이는 이 로기켄(λογικὴν)이 하나님과의 관계에서 인간이 하나님의 뜻에 맞게 생각할 수 있는, 곧 하나님과의 생각을 일치시킬 수 있는 합리적인 사고 작용이 인간에게 있다는 발판을 제공하는 것으로서 '로기켄 라트레이안(λογικὴν λατρείαν)'을 '주님의 말씀에 부합한 또는 합당한 섬김'으로 번역하는 데 무리가 없음을 입증한다.

다음은 필자가 '섬김(예배)'이라고 번역한 헬라어 '라트레이안(λατρείαν)'은 일반적으로 누군가를 위해 일하거나 돕는 행위를 나타내는 단어로 특히 제의적 용도에 있어서 '섬기다(service) 또는 예배하다(worship)'라는 의미로 쓰여 하나님에 대한 존경과 숭배를 표현한다.

중요한 것은 이 단어가 롬1:9에서 '그 하나님께서는 진정 나의 증인이시며, 내가 그분 아들의 복음 안에서 나의 영으로 섬기는 분이십니다(μάρτυς γάρ μού ἐστιν ὁ θεός, ᾧ λατρεύω ἐν τῷ πνεύματί μου ἐν τῷ εὐαγγελίῳ τοῦ υἱοῦ αὐτοῦ-마르튀스 가르 무 에스틴 호 데오스, 호 라트류오 엔 토 프뉴마티 무 엔 토 유앙겔리오 투 휘우 아우투).'라고 할 때와 롬1:25에서 '결국 이런 사람들이 그 하나님의 그 진리를 그 거짓으로 바꾸었고 창조하신 분 대신에 그 피조물을 숭배하며 섬겼던 것입니다(οἵτινες μετήλλαξαν τὴν ἀλήθειαν τοῦ θεοῦ ἐν τῷ ψεύδει καὶ ἐσεβάσθησαν καὶ ἐλάτρευσαν τῇ κτίσει παρὰ τὸν κτίσαντα-호이티네스 메텔락산 텐 알레데이안 투 데우 엔 토 프슈데이 카이 에세바스데산 카이 엘라트류산 테 크티세이 파라 톤 크티산타).'라고 할 때 '섬기다'로 번역한 단어의 맥락에 닿아 있다는 사실이다.

종합적으로 주님의 말씀에 합당한 섬김과 예배란 사도 바울이 로마서 1:2-4에서 규정한 하나님의 복음을 전함으로써 시작되는 하나님을 향한 영적인 섬김과 예배가 그저 관념적이고 의식(儀式)적이고 의전(儀典)적인 것이 아니라 그리스도 예수님 안에 있는 구속의 은혜를 입은 그리스도인들이 죽을 육체인 몸을 가지고 그 구속의 완성인 그 죽을 몸이 영원히 썩지 않는 영생의 몸을 입을 때까지 그 죽을 몸으로 이루어 내야 할 하나님께서 기뻐하시는 헌신적인 삶이다.

따라서 이번 산행의 마지막 구간 역시 사도 바울이 로마서 전체에서 펼쳐 보이고자 했던 그리스도 예수님 안에 있는 구속을 통한 구속사의 근거가 되는 아담과 그리스도의 대표 원리를 따라 생성된 그리스도의 몸(롬12:5, 고전12:,13, 27, 엡4:16)으로 불리는 영적 말씀공동체의 조화롭고 성공적인 역할을 할 수 있도록 돕는데 그 초점이 있다.

그런 관점에서 다음 본문을 보라.

12:3	Λέγω γὰρ διὰ τῆς χάριτος τῆς δοθείσης μοι παντὶ τῷ ὄντι ἐν ὑμῖν μὴ ὑπερφρονεῖν παρ' ὃ δεῖ φρονεῖν ἀλλὰ φρονεῖν εἰς τὸ σωφρονεῖν, ἑκάστῳ ὡς ὁ θεὸς ἐμέρισεν μέτρον πίστεως.	참으로 나는 내게 주신 그 은혜를 통해 여러분 가운데 있는 각 사람에게 말합니다. 그 하나님께서 각자에게 나눠 주신 믿음의 분량대로 마땅히 생각할 바를 넘어 자신을 과대평가하지 말고, 오히려 구원받은 자로서의 합당한 생각을 하는 데† 집중하십시오.
12:4	καθάπερ γὰρ ἐν ἑνὶ σώματι πολλὰ μέλη ἔχομεν, τὰ δὲ μέλη πάντα οὐ τὴν αὐτὴν ἔχει πρᾶξιν,	이는 우리가 한 몸에 여러 지체를 가지고 있으나, 지체들 모두가 같은 기능을 가지고 있지 않은 것처럼,
12:5	οὕτως οἱ πολλοὶ ἓν σῶμά ἐσμεν ἐν Χριστῷ, τὸ δὲ καθ' εἷς ἀλλήλων μέλη.	우리 많은 사람이 그리스도 안에서 한 몸이지만, 각 사람은 서로의 지체들이 되기 때문입니다.
12:6	ἔχοντες δὲ χαρίσματα κατὰ τὴν χάριν τὴν δοθεῖσαν ἡμῖν διάφορα, εἴτε προφητείαν κατὰ τὴν ἀναλογίαν τῆς πίστεως,	그러나 우리는 우리에게 주어진 그 은혜를 따라 다양한 은사를 가지고 있습니다. 만일 그것이 예언하는 것이라고 한다면 그 믿음의 그 분수에 따라 그 은사를 사용해야 하고,
12:7	εἴτε διακονίαν ἐν τῇ διακονίᾳ, εἴτε ὁ διδάσκων ἐν τῇ διδασκαλίᾳ,	봉사하는 것이라면 그 봉사로, 가르치는 자라면 그 가르침으로,
12:8	εἴτε ὁ παρακαλῶν ἐν τῇ παρακλήσει· ὁ μεταδιδοὺς ἐν ἁπλότητι, ὁ προϊστάμενος ἐν σπουδῇ, ὁ ἐλεῶν ἐν ἱλαρότητι.	권면하는 자라면 그 권면으로 해야 합니다. 나누어 주는 자는 순수함으로, 지도하는 자는 열의 있게, 자선을 베푸는 자는 유쾌함으로 해야 합니다.

새로운 이성으로

하나님의 복음에 합당한 삶의 자세는 그 하나님께서 각자에게 나눠 주신 믿음의 분량대로(as God has apportioned the measure of faith) 마땅히 생각할 바를 넘어 자신을 과대평가하지 않고, 오히려 구원받은 자로서의 합당한 생각을 하는 데 집중하는 것이다(롬12:3). 그건 이미 사도 바울이 이 시대에 동화되지 말라고 명한 롬12:2에서 밝힌 것처럼, 다만 타락한 이성을 새롭게 하시는 하나님의 은혜로 이성이 변화될 때 가능한 일이다.

타락한 인간의 이성에 대해서는 이미 롬1:18 이하에서 하나님의 진노를 나타나게 하는 불의와 불경의 실체를 밝히며 언급한 바 있다. 그건 믿음으로 살게 하시는 하나님의 복음을 선포함으로써 드러나게 되는 진리를 가로막는 시대적 흐름이었다. 처음 창조된 세상의 아담 시대로부터 그리스도 시대에 이르는 동안 모든 인류가 몸으로 저지르는 온갖 악행(롬1:18-32)이 바로 하나님께서 은혜를 따라 베풀어 주시는 믿음의 말씀을 배격한 것이었다. 그 악행의 시대정신은 하나님께서 인정할 수 없는 타락한 인류의 이성(롬1:28)에 의한 것이었다.

하지만 아이러니하게도 타락한 인간이 하나님의 아들이신 예수 그리스도를 십자가에 못 박아 돌아가시게 했음에도 불구하고 오히려 은혜를 입어 믿음의 말씀을 받아들이는 이성에 변화가 생겼다. 새로운 시대정신의 탄생과 함께 새로운 시대, 새로운 사회, 새로운 삶이 시작한 것이다.

믿음의 분량(말씀)에 합당한 믿음

그것은 오로지 하나님께서 은혜로 나눠 주시는 믿음의 분량을 따라 선택하고 집중하는 삶이다. 마땅히 생각할 바를 넘어 자신을 과대평가하지 않고, 구원받은 자로서의 합당한 생각을 하는 데 집중하는 것이 가장 효율적이다.

'믿음의 분량($μέτρον\ πίστεως$-메트론 피스테오스)'이란 각 사람의 믿음이 크고 작은지를 비교하게 하는 말이 아니다. 하나님께서 특정 목적을 달성하기 위해 취한 계획이나 조치 과정에서 각 사람을 그 쓰임새에 맞게 믿음의 양과 정도를 측정하되 그 하는 일에 최고의 품질과 가치 또는 효과를 낼 수 있는지를 평가하여 그 한계를 정하셨다는 말이다.

한마디로 각 사람의 이성이 받아들일 수 있을 만큼 믿음의 말씀을 하나님께서 베풀어 주시어 믿음을 갖게 되듯이 하나님께서 각 사람의 믿음의 그릇을 측정한 결과(the result of measuring)에 따라 믿음의 말씀을 분배해 주어 그에 합당한 믿음을 가지고 살게 하셨다는 뜻이다.

이는 우리가 한 몸에 여러 지체가 있지만 지체들 모두가 같은 기능으로 쓰이지 않는 것처럼 우리 많은 사람이 그리스도 안에서 한 몸의 지체들이 되어 각각 다른 기능을 가지고 서로 연합해 조화롭게 기능함으로써 하나님께서 기뻐하시는 일을 이루어 내게 하셨다는 뜻이다.

한마디로 '믿음의 분량(말씀)에 합당한 믿음'과 같은 표현은 몸의 많은 지체가 온 몸을 위해 각자 자기 기능에 선택적으로 집중하는 것, 그러니까 손이 눈을 대신할 수 없고 입이 귀를 대신할 수 없듯이 하나님께서 지체마다 고유한 기능을 부여하셔서 온전한 몸을 이루게 하셨으니 각각 지체가 자기에게 부여된 기능에 집중하는 것과 같다.

은사

그리고 그 삶은 그 은혜를 따라 베풀어지는 은사들에 의해 완전해지는 삶이다. 은사는 성도들을 자유롭고 은혜롭게 하시는 하나님께서 호의로 베풀어 주시는 영적인 선물들을 가리키는 말로 믿음의 사람들이 이것들을 나눔으로 더욱 믿음에 굳세게 함과 동시에 서로 믿음으로 소통하며 위로하고 위로받으며 하나님의 뜻을 완수하게 하는 동력이 된다(롬1:11-12).

그리스도인들의 삶이란 세상 사람들의 삶과는 완전히 다른 삶이다. 하나님께서 베풀어 주시는 모든 은사에 부족함이 없이 우리 주 예수 그리스도의 나타나심을 간절히 바라며 그분께서 끝까지 확고하게 지키시어 우리 주 예수 그리스도의 날에 책망할 것을 없게 하실 것이라고 믿기 때문이다(고전1:7).

사도 바울은 고전12:31에서 '너희는 더욱 큰 은사를 사모하라 내가 또한 가장 좋은 길을 너희에게 보일 것이다.'라고 했다. 가장 큰 은사는 사랑이고(고전13:1-13) 그 사랑은 율법의 완성이다(롬13:10).

그리스도인들의 삶이란 하나님께서 베푸시는 은사들로 이루어진 삶이다. 이전에도 분에 넘치는 은혜의 선물에 감사하며 살았으며, 지금도 한없이 베풀어지는 은사로 살고 있으며 앞으로도 필요한 은혜로 충만하게 채워 주실 것을 믿으며 산다. 은사들 없이는 그리스도인들의 삶도 없다.

사도 바울은 이미 롬8:32에서 '적어도 자기 아들을 아끼시기는커녕, 우리 모든 사람을 위하여 자기 아들을 내어 주신 분께서 어떻게 그와 함께 그 모든 것들도 우리에게 은혜로 베풀어 주시지 않겠습니까?'라고 말할 만큼 하나님께서는 언제든 성도에게 필요한 은사들을 후히 주시고 넘치게 하실 수 있는 부유하신 분이시다.

야고보 사도도 약1:17에서 '온갖 좋은 은사와 온전한 선물이 다 위로부터 빛들의 아버지께로부터 내려오나니 그는 변함도 없으시고 회전하는 그림자도 없으시다.'라고 했다.

특히 사도 바울이 롬9-11장의 이스라엘과 이방인의 관계 속에 비밀의 통로를 만들어 은밀하게 성도들을 구원으로 인도해 내시는 과정에서 '참으로 그 하나님의 그 은사들과 그 부르심에는 후회하심이 없습니다(롬11:29).'라고 말하는데, 특히 하나님의 지혜와 지식의 부유함을 찬양하는 부분을 살펴보라(롬11:33). 왜냐하면 그 하나님의 그 은사들과 그 부르심이 완벽하신 이유로 '그 모든 것이 그분께로부터 나오고, 그분을 통해서 그분께로 돌아가기 때문입니다. 그 영광이 그분께 영원히 있습니다. 아멘(롬11:36).'이라고 하는 고백으로 마치기 때문이다.

중보기도를 통해 역사하는 은사

이제 하나님의 복음 안에 계시되고 있는 비밀은 완전히 드러났다. 그 비밀스러운 구속의 일을 예수 그리스도를 통해, 그리고 그리스도 예수님 안에서 베푸시는 은사들과 부르심을 통해, 오늘도 부족함이 없는 은사들을 통해 그 구속을 완성해 가신다. 그것은 롬5-6장에서 이미 '기름을 부어주시는 분'이라는 그리스도의 직능적인 역할이 은사로 특정해 소개함으로써 믿는 사람들이 현재 누려야 하며 궁극적으로 얻을 영생과 직결되는 하나님의 각양 좋은 선물로 나타난다.

거기에 우리가 있다. 하나님의 한없는 사랑과 은혜를 따라 부르심을 입어 부족함이 없는 은사들 속에서 하나님의 영광을 향해 나아가는 중이다. 하나님의 은혜와 은사 없이는 한 걸음도 앞으로 나갈 수 없는 길에 우리가 있다. 은사가 필요하다면 이미 받은 것을 믿음으로 꺼내 쓰면 되기도 하고(딤후1:6), 또 필요하면 주님의 뜻에 맞게 구하기만 하면 적당한 때에 풍부하게 베풀어 주신다(약4:3).

또한 은사는 성도들 서로의 기도를 통해서 베풀어진다(고후9:14-15). 사도 바울은 아시아 선교 당시 당한 환난을 삶의 소망조차 없는 지경이었다고 토로하며 성도들의 기도를 부탁한다. 그런 절망적인 상황은 자신을 신뢰하지 않고 죽은 자들을 살리시는 하나님만을 의지하게 하시려는 것이었음을 고백하며 '하나님께서 많은 사람의 기도를 들으시고 우리에게 은혜를 주셨는데, 이 일로 말미암아 많은 사람이 하나님께 감사하게 될 것입니다(고후1:11).'라고 했다. 위험한 죽음의 고비에서 우리를 건져 주셨고, 지금도 건져 주시고 또 앞으로도 건져 주시리라는 확신은 믿음의 기도, 그러니까 그리스도의 영과 함께 드리는 중보기도를 통해 역사하는 하나님께서 베풀어 주시는 은사를 향한다(롬8:26-27, 8:15-16).

은사의 다양함

은사는 우리에게 베풀어 주신 그 은혜, 곧 우리의 이성을 새롭게 하시는 은혜를 따라 다양하게 나타난다. 이곳에서 사도 바울은 그리스도의 몸을 돌보는 데 필요한 핵심적인 은사인 예언하고 봉사하며 가르치고 권면하는 4가지 은사만을 제시하고, 그 은사들을 수행하는 자들의 마음 자세를 요약적으로 세 가지를 제시한다(좀 더 자세하게 은사에 대해 알고 싶으면 고전12-13장을 읽도록 하라).

먼저 '예언하는 것이라면(εἴτε προφητείαν-에이테 프로페테이안)'은 신의 뜻이나 목적을 해석하는 은사(the gift of interpreting divine will or purpose)를 말하는데, 그 믿음의 그 분수를 따라(κατὰ τὴν ἀναλογίαν τῆς πίστεως-카타 텐 아날로기안 테스 피스테오스) 써야 한다고 제한했다.

그리고 그 제한은 이미 앞에서 언급한 '롬12:3의 믿음의 분량대로'라는 전제의 비율과 관련된 올바른 관계 상태(a state of right relationship involving proportion)를 의미한다.

다음 '봉사하는 것이라면(εἴτε διακονίαν-에이테 디아코니안) 그 섬김으로(ἐν τῇ διακονίᾳ-엔 테 디아코니아)', '가르치는 자라면(εἴτε ὁ διδάσκων-에이데 호 디다스콘) 그 가르침으로(ἐν τῇ διδασκαλίᾳ-엔 테 디다스칼리아)', '권면하는 자라면(εἴτε ὁ παρακαλῶν-에

이테 호 파라칼론) 그 권면으로(ἐν τῇ παρακλήσει-엔 테 파라클레세이)'라고 은사를 정관사 용법을 사용하여 그 실제 내용을 그리스도 예수님의 것임을 특정해서 제시한다는 점이 매우 중요하다.

여기서 '그 섬김으로(ἐν τῇ διακονίᾳ-엔 테 디아코니아)'에서 섬김은 그리스도의 몸이 갖는 구속의 활동을 돕는 행정 기능(an administrative function)을 의미하는데, 오늘날의 집사와 같은 그 구속의 완성을 위해 영적 말씀공동체에 맡겨진 모든 사업과 조직 등의 운영과 관련된 행정상의 일들을 수행하는 사람, 곧 보좌관이나 보조자로서의 섬기는 것(service as attendant, aide, or assistant)을 말한다.

구속의 사랑을 실현하는 실제적인 도구

그리고 그 은사들을 수행하는 자들을 또다시 세 부류의 역할로 나누고 그들의 마음 자세를 명확하게 제시함으로써 은사를 발휘할 때 하나님의 복음에 합당한 일꾼으로서의 영광스러운 품위를 유지하는 것이 무엇보다도 중요하다는 사실을 일깨운다.

'나누어 주는 자(ὁ μεταδιδοὺς-호 메타디두스)는 순수함으로(ἐν ἁπλότητι-엔 하플로테티)'에서 순수함이란 말이나 행동으로 표현된 개인적 진실성(of personal integrity expressed in word or action)을 나타낸다. 그래서 '나누어 주는 자'는 눈치 보지 않고 원망 없이 후회 없이 진심으로 아낌없이 주는 사람(one who gives with liberality, or in all sincerity without grudging), 그러니까 사적인 '조건 없이', '숨겨진 목표나 목적 없이' 상대의 진정한 필요와 공급을 위해 순진하게 자신을 아낌없이 내어주는 단순하고 선한(Of simple goodness, which gives itself without reserve, 'without strings attached', 'without hidden agendas' ingenuousness) 사람을 말한다.

'지도하는 자(ὁ προϊστάμενος-호 프로이스타메노스)'는 종교적인 예배를 위해 모인 공동체에서 리더십을 발휘할 수 있도록(to exercise a position of leadership) 맨 앞에 서 있는 사람을 가리키고, '열의 있게(ἐν σπουδῇ-엔 스푸데)'는 일반적으로 의무 이행에 대한 진지한 헌신 또는 관계의 경험(earnest commitment in discharge of an obligation or experience of a relationship)을 나타내는 것으로 무언가를 하거나 가지려는 열정을 표현한다. 여기서(롬12:11에서 다시 언급되지만) '지도하는 자'는 특별히 선교적 대의 명분이나 목표를 추구하는 데 쏟는 엄청난 에너지나 열정을 가지고 열심으로 그리스도의 말씀공동체를 이끄는 자를 말한다(살전5:12, 딤전5:17).

이를 BDAG는 '종종 로마서에서 문자 그대로 자주 서로 얽혀 있는 시민적, 종교적 책임에 대한 특별한 헌신과 개인의 도덕적 탁월성에 대한 관심 또는 타인의 이익에 대한 최적의 헌신을 나타낸다(often in Gr-Rom. literally and inscription of extraordinary commitment to civic and religious responsibilities, which were frequently intertwined, and also of concern for personal moral excellence or optimum devotion to the interests of others).'라고 코멘트했다.

'구제하는 자(ὁ ἐλεῶν-호 엘레온)'는 도움이 필요한 사람에 대해 크게 걱정하는(to be greatly concerned about someone in need) 사람을 가리키므로 다른 사람의 고통이나 불행에 대한 동정적인 연민과 관심을 가지고 돌보는 사람이고, '유쾌함으로(ἐν ἱλαρότητι-엔 힐라로테티)'는 협박받고 있음을 암시하는 태도와는 정반대되는 명랑한 성격이나 상태(quality or state of cheerfulness, opposite of an attitude suggesting being under duress)를 나타낸다. 그래서 '구제하는 자'는 눈에 띄게 행복하고 낙관적인 특성이나 상태인 쾌활한 모습으로 고통이나 불행에 처한 사람들을 돌보아야 한다.

이처럼 하나님께서 베푸신 은혜의 선물로서 은사들은 믿음의 말씀공동체인 그리스도의 몸인 성도들이 그 구속의 완성까지 온전하게 살아 기능할 수 있게 하는 역할을 하는 것이다. 그러므로 은사를 발휘하는 자들은 전능하신 하나님의 힘과 지혜인 그리스도 예수님께서 이루시는 구속의 사랑을 실현하는 실제적인 도구라는 점을 명심해야 한다.

이런 관점에서 다음 본문을 보라.

12:9	Ἡ ἀγάπη ἀνυπόκριτος. ἀποστυγοῦντες τὸ πονηρόν, κολλώμενοι τῷ ἀγαθῷ,	그 사랑은 가식이 없습니다. 그 악한 일을 끔찍이 미워하고, 그 선한 일에 전념하십시오.
12:10	τῇ φιλαδελφίᾳ εἰς ἀλλήλους φιλόστοργοι, τῇ τιμῇ ἀλλήλους προηγούμενοι,	그 형제 사랑에 있어서는 형제애로 서로를 위해 헌신적으로 사랑하고, 그 존경함에 있어서는 서로를 더 높이 평가하십시오.

12:11	τῇ σπουδῇ μὴ ὀκνηροί, τῷ πνεύματι ζέοντες, τῷ κυρίῳ δουλεύοντες,	그 열정에 느슨해지지 말고, 그 영으로 뜨거워져서 그 주님을 섬기십시오.
12:12	τῇ ἐλπίδι χαίροντες, τῇ θλίψει ὑπομένοντες, τῇ προσευχῇ προσκαρτεροῦντες,	그 소망에 즐거워하고, 그 환난에 꿋꿋함을 지니며, 그 기도에 끈기 있게 성실하십시오.
12:13	ταῖς χρείαις τῶν ἁγίων κοινωνοῦντες, τὴν φιλοξενίαν διώκοντες.	그 거룩한 자들의 그 필요들에는 동료 의식을 가지고 참여하고, 그 나그네 대접하기를 힘쓰십시오.

이 세상을 향한 그리스도인들의 자세

그리스도 예수님 안에 있는 구속의 사랑은 영원한 생명에 이르게 하는 전능하신 하나님의 지혜와 능력이다. 그 사랑(Ἡ ἀγάπη-헤 아가페)은 거짓으로 꾸미지 않는다. 또한 그 사랑은 속일 수 있는 잔꾀를 부리지 않고 언제나 진실성에 기반하여 진지한 감정으로 출발한다.

 그 악한 일(τὸ πονηρόν-토 포네론)은 그리스도 예수님 안에 있는 구속을 향한 삶을 거역하는 모든 활동을 말하는데 우리가 장차 하나님의 전신갑주를 입고 대적해야 할 정도로 강한 죄의 세력과 결탁해 있다(엡6:13, 갈1:4, 살전5:22). 그것은 그리스도인들이 경계하여 몹시 싫어하고 미워할 수밖에 없는(ἀποστυγοῦντες-아포스튀군테스) 것으로서 그리스도의 말씀공동체 안에서 내쫓아야 할 만큼 가증한 행위들이다(고전 5:13).

 하지만 주님께서 성도들에게 굳센 믿음을 주어 그것들로부터 구원받게 하시어 영생에 들어가도록 지키시니(살후3:2-3, 딤후4:18), 성도들은 그리스도 안에 있는 그 선한 일에 달라붙어(cling to) 하나가 되어 역동적인 삶을 살아야 한다. 그건 그리스도의 마지막 남은 구속을 갈망하는 일에 결합해 고정된 연결 상태와 같이 틈이 없을 정도로 매우 사랑스러우며 충성스러운 헌신적인 활동이다.

 그 활동은 구체적으로 형제애로 서로를 위해 헌신적으로 사랑하고, 서로를 더 높이 평가하며, 구속의 완성인 영생의 몸을 얻게 되는 날을 향한 간절함이 느슨해지지 않도록 양자의 영으로 뜨거워져서 주님의 종으로 자원하여, 하나님의 영광에 이를 그 소망에 즐거워하며, 그 환난에 꿋꿋함을 지니며, 그 기도의 끈을 놓지 않고 성실하게 끊임없이 기도하며, 그 성도들의 필요를 채우고, 그 나그네 대접하기를 힘쓰며 살 수 있도록 이 특별한 은혜와 은사를 넘치도록 베풀어 주시는 하나님께 감사하며 사는 것이다.

이것이 바로 그리스도 예수님 안에 있는 구속을 완성할 그리스도의 말씀공동체가 이 땅에서 실현해야 할 하나님의 사랑이 하나님의 은혜로 현실에 나타나는 실제 모습이다.

이런 시각에서 다음 본문에서 말하는 그 말씀공동체가 영으로 새로워진 이성으로 이 세상을 향해 취해야 할 판단과 태도를 직시해야 한다.

12:14	εὐλογεῖτε τοὺς διώκοντας [ὑμᾶς], εὐλογεῖτε καὶ μὴ καταρᾶσθε.	[여러분을] 핍박하는 자들을 축복하십시오. 축복하고 저주하지 마십시오.
12:15	χαίρειν μετὰ χαιρόντων, κλαίειν μετὰ κλαιόντων.	즐거워하는 자들과 함께 즐거워하고, 흐느껴 우는 자들과 함께 흐느껴 우십시오.
12:16	τὸ αὐτὸ εἰς ἀλλήλους φρονοῦντες, μὴ τὰ ὑψηλὰ φρονοῦντες ἀλλὰ τοῖς ταπεινοῖς συναπαγόμενοι. μὴ γίνεσθε φρόνιμοι παρ' ἑαυτοῖς.	그 같은 것을 서로 마음에 두고, 그 높은 것들을 마음에 두지 말고 오히려 그 비천한 자들과 함께하십시오. 스스로 현명한 척하지 마십시오.
12:17	μηδενὶ κακὸν ἀντὶ κακοῦ ἀποδιδόντες, προνοούμενοι καλὰ ἐνώπιον πάντων ἀνθρώπων·	아무에게도 악한 일에 대하여 악하게 되갚아 주지 말고, 모든 사람에게 선한 것을 준비하십시오.
12:18	εἰ δυνατὸν τὸ ἐξ ὑμῶν, μετὰ πάντων ἀνθρώπων εἰρηνεύοντες·	여러분 쪽에서 가능한 것이라면, 모든 사람과 더불어 평화롭게 지내십시오.

이런 그리스도인들의 활동은 타락한 이성의 횡포가 시대를 거듭하며 그리스-로마 시대에 이르러 하나님의 복음을 선포함으로써 '그 다른 한 사람인 그리스도 예수님'을 대적하여 박해하는 세상과 마주하게 되는데, 놀라운 건 하나님께서는 그 세상이 온통 자신도 모르게 그리스도 예수님을 판단함으로써 판단한 자들이 스스로 자신들을 정죄하게 되는 불행한 사태가 그들에게 일어나게 하셨다는 사실이다.

여기서 중요한 것은 그들 자신이 정죄하는 그 악행이 바로 아담 시대로부터 그리스도 시대에 이르기까지 온 인류가 몸으로 이루고자 했던 그저 평범한 일상의 모든 일들이라는 사실이다.

그건 노아 시대와 아브라함의 조카 롯 시대가 심판의 하나님 말씀을 거절하거나 농담으로 여기고 자신들을 위한 일상(시집, 장가가고 논밭을 사고파는 등 그저 잘 살기 위해 현실에 충실한 삶을 사는 것)에 그저 충실한 모습이었던 것처럼 오늘날 일상 또한 그리스도이신 예수님을 십자가에 못 박아 죽이는 것도 모자라 죽은 자들로부터 일으켜진 그리스도 예수님을 전파하는 하나님의 복음 말씀을 거절하고 오로지 자신들의 현실적인 삶에만 최선을 다하며 살고 있다는 게 문제다. 왜냐하면 그렇게 하나님의 말씀을 배격하고 인간적으로 열심히 사는 행위가 바로 타락한 이성이 만들어낸 악행이기 때문이다.

따라서 인류가 몸으로 하나님을 기쁘시게 할 수 있는 길은 하나님께서 인정하실 수 없는 옛사람의 타락한 이성이 몸을 지배하는 방식이 아니라 오직 그리스도 예수 안에서 변화된 새로운 이성, 곧 하나님의 영으로 새로워진 이성이 몸을 지배하여 하나님께서 인정하시는 삶의 방식으로 사는 것 외엔 답이 없다. 왜냐하면 이성은 영과의 관계에서 몸을 움직이는 실체이기 때문이다.

거기에 그리스도인들이 있다. 영적으로 새롭게 된 이성을 가지고 거짓에 물든 이 세상을 상대로 진리를 증거하는 거룩한 산 제물의 역할을 온전하게 이루어 내기 위해 하나님께서 손을 벌려 이 세상을 품에 안으려고 하시는 사랑의 자세를 잃지 않고(롬10:21) 그 선으로 그 악을 정복하는 데 이르러야 한다.

이런 시각으로 다음 본문을 보라.

12:19	-μὴ ἑαυτοὺς ἐκδικοῦντες, ἀγαπητοί, ἀλλὰ δότε τόπον τῇ ὀργῇ, γέγραπται γάρ· ἐμοὶ ἐκδίκησις*, ἐγὼ ἀνταποδώσω*, λέγει κύριος.	-사랑을 입은 자들이여, 여러분이 직접 복수하지 마십시오. 다만 어떤 처지(處地)에 있든 그 진노하심에 맡기십시오. 성경에 기록되었기 때문입니다. '복수하는 것이 나의 일이니, 내가 되갚아 줄 것이다.'라고, 주님께서 말씀하십니다.
12:20	ἀλλ' ἐὰν* πεινᾷ ὁ ἐχθρός σου, ψώμιζε αὐτόν·* ἐὰν διψᾷ, πότιζε αὐτόν· τοῦτο γὰρ ποιῶν ἄνθρακας πυρὸς σωρεύσεις ἐπὶ* τὴν κεφαλὴν* αὐτοῦ.*	오히려 '너의 원수가 굶주린다면 그에게 먹이고, 그가 목마르다면 그에게 마시게 하라. 이는 네가 이것을 준행함으로써 불붙은 숯덩이를 그의 머리 위에 쌓는 것이기 때문이다.'라고, 하셨습니다.

12:21	μὴ νικῶ ὑπὸ τοῦ κακοῦ ἀλλὰ νίκα ἐν τῷ ἀγαθῷ τὸ κακόν.	그러니 그 악에 지지 말고 오히려 그 선으로 그 악을 이기십시오.

원수를 사랑으로 정복하라

사도 바울은 고전1:10에서 우리 주 예수 그리스도의 이름으로 같은 이성과 같은 뜻으로 온전히 연합해 모두 같은 것을 말하고 분열이 없게 하라고 권면한다. 왜냐하면 그들 가운데는 육적인 이성과 영적인 이성을 가진 두 부류의 사람들이 있었기 때문이다(고전1:11-13).

사도 바울이 하나님의 복음(구속의 비밀)을 전할 때 인간의 탁월한 지혜나 훌륭한 말로 하지 않은 것은 오직 예수 그리스도와 그분의 십자가에 못 박히심 외에 아무것도 알지 않기로 굳게 작정했기 때문이었다. 그의 말과 설교가 인간의 지혜에서 나온 그럴듯한 말로 한 것이 아니라, 성령의 능력이 나타낸 증거로 한 이유는 우리의 믿음이 사람의 지혜에 바탕을 두지 않고 하나님의 능력에 바탕을 두게 하려는 것이었다(고전2:1-5).

사도 바울에 의하면 육적인 이성은 그 증거를 받지 않고 영적인 이성은 그 증거를 받아들인다. 그 증거는 하나님의 지혜이고 이 지혜는 하나님께서 창조 전부터 숨겨 둔 비밀의 지혜이다. 이 세상 통치자들의 지혜를 사랑하는 육적인 이성은 그 비밀의 지혜를 알지 못한다. 왜냐하면 그 비밀의 지혜는 영적인 지혜이기 때문이다.

여기가 원수가 발생하는 지점이다.

영적인 이성을 가진 사람은 인간의 지혜를 따라 배운 가르침으로 말하지 않고 성령께 가르침을 받은 교훈의 말씀으로 말한다. 영적인 일들은 영적인 것으로 설명해야 한다. 육적인 이성은 그 영의 일들을 받아들이지 않는데 이는 그 일들이 육적인 사람에게는 어리석게 여겨지기 때문이다. 또 육적인 이성은 그 영의 일들을 알 수도 없는데 이는 그 일들이 영적으로만 분별할 수 있기 때문이다.

영적인 이성을 가진 사람은 모든 일을 판단하나 자신은 아무에게도 판단을 받지 않는다. 바로 예수 그리스도 우리 주님만이 영적으로 온전한 이성을 가진 첫 번째 사람으로 이 땅에서 사심으로써 영적인 이성을 가진 사람들의 첫 열매가 되셨다.

아무도 주님의 이성을 알았다고 할 수 없고 아무도 주님께 지시하거나 가르치거나 조언할 수 없다(고전2:16, 롬11:34).

그러나 우리는 그리스도 예수님과 함께 죽고 함께 살아나는 은혜를 입어 그리스도의 이성을 소유하게 되었다(고전2:16). 바로 우리가 영적인 이성을 가진 사람이다. 이제 우리는 이 세상을 구원하시기 위해 역사하는 그 모든 일들이 그분께로부터 나오고, 그분을 통해서 그분께로 돌아간다는 사실을 안다(롬11:36).

이런 시각으로 다음 본문이 제시하는 사랑의 방법대로 그 악에 지지 말고 오히려 그 선으로 원수인 그 악을 정복하라.

12:19	-μὴ ἑαυτοὺς ἐκδικοῦντες, ἀγαπητοί, ἀλλὰ δότε τόπον τῇ ὀργῇ, γέγραπται γάρ· ἐμοὶ ἐκδίκησις*, ἐγὼ ἀνταποδώσω*, λέγει κύριος.	-사랑을 입은 자들이여, 여러분이 직접 복수하지 마십시오. 다만 어떤 처지(處地)에 있든 그 진노하심에 맡기십시오. 성경에 기록되었기 때문입니다. '복수하는 것이 나의 일이니, 내가 되갚아 줄 것이다.'*라고, 주님께서 말씀하십니다.
12:20	ἀλλ' ἐὰν* πεινᾷ ὁ ἐχθρός σου, ψώμιζε αὐτόν·* ἐὰν διψᾷ, πότιζε αὐτόν· τοῦτο γὰρ ποιῶν ἄνθρακας πυρὸς σωρεύσεις ἐπὶ* τὴν κεφαλὴν* αὐτοῦ.*	오히려 '너의 원수가 굶주린다면 그에게 먹이고, 그가 목마르다면 그에게 마시게 하라. 이는 네가 이것을 준행함으로써 불붙은 숯덩이를 그의 머리 위에 쌓는 것이기 때문이다.'*라고, 하셨습니다.
12:21	μὴ νικῶ ὑπὸ τοῦ κακοῦ ἀλλὰ νίκα ἐν τῷ ἀγαθῷ τὸ κακόν.	그러니 그 악에 지지 말고 오히려 그 선으로 그 악을 이기십시오.

위에 있는 여러 권세

이 세상에서 그리스도의 말씀공동체가 직면한 이 악과의 싸움은 완악해져 원수가 된 이스라엘인들 중에 얼마를 구원하기 위한 영적 싸움이고(롬11:14) 하나님께서 얼마든지 부르셔서 구원받을 자들을 위한 영적 전쟁이다(행2:39).

거기엔 하늘의 군대를 다스리는 권세와 권력이 있다. 그 권세와 권력은 하나님께서 베푸시는 은혜의 선물인 은사로서 이 세상의 권력자들이 가진 권세와 권력과는 비교조차 할 수 없는 아주 다른 빼어나고 탁월한 권세와 권력이다.

여기에 그리스도인들이 이 세상 시민으로서 가질 의무와 권리의 자세에 대한 논의가 있을 수 있고 이 세상의 권세와 권력과의 관계에 대한 논의가 있을 수 있겠으나 이곳에서 말하는 '위에 있는 여러 권세(*ἐξουσίαις ὑπερεχούσαις*-엑수시아이스 휘페레쿠사이스)'란 문맥적으로 오직 그리스도 예수 안에 있는 구속을 이루기 위한 영적 싸움을 이끌기 위해 하나님께서 세우신 권세이고 권력이다.

이런 시각으로 다음 로마서 13장의 본문을 보라.

13:1	Πᾶσα ψυχὴ ἐξουσίαις ὑπερεχούσαις ὑποτασσέσθω. οὐ γὰρ ἔστιν ἐξουσία εἰ μὴ ὑπὸ θεοῦ, αἱ δὲ οὖσαι ὑπὸ θεοῦ τεταγμέναι εἰσίν.	모든 영혼은 위에 있는 여러 권세에 복종하십시오. 왜냐하면 권세는 하나님에 의해서가 아니라면 존재하지 않을 뿐만 아니라, 이미 있는 권세들도 하나님께서 적합한 자리에 두셨기 때문입니다.
13:2	ὥστε ὁ ἀντιτασσόμενος τῇ ἐξουσίᾳ τῇ τοῦ θεοῦ διαταγῇ ἀνθέστηκεν, οἱ δὲ ἀνθεστηκότες ἑαυτοῖς κρίμα λήμψονται.	그러므로 그 권세에 저항하는 사람은 그 하나님의 그 명령에 거역하는 것이니, 거역하는 사람들은 스스로 판결을 자초하는 것입니다.
13:3	οἱ γὰρ ἄρχοντες οὐκ εἰσὶν φόβος τῷ ἀγαθῷ ἔργῳ ἀλλὰ τῷ κακῷ. θέλεις δὲ μὴ φοβεῖσθαι τὴν ἐξουσίαν· τὸ ἀγαθὸν ποίει, καὶ ἕξεις ἔπαινον ἐξ αὐτῆς·	왜냐하면 그 통치자들은 그 선한 일에 두려워할 자로 존재하는 것이 아니라 그 악한 일에 두려워할 자로 존재하기 때문입니다. 그러나 그대가 그 권세를 두려워하지 않기를 원합니까? 그 선한 일을 하십시오. 그러면 그 권세로부터 칭찬을 받을 것입니다.
13:4	θεοῦ γὰρ διάκονός ἐστιν σοὶ εἰς τὸ ἀγαθόν. ἐὰν δὲ τὸ κακὸν ποιῇς, φοβοῦ· οὐ γὰρ εἰκῇ τὴν μάχαιραν φορεῖ· θεοῦ γὰρ διάκονός ἐστιν ἔκδικος εἰς ὀργὴν τῷ τὸ κακὸν πράσσοντι.	참으로 하나님의 일꾼은 그대에게 그 선한 일을 이루기 위해 있습니다. 그러나 만일 여러분이 그 악한 일을 한다면 두려워하십시오. 그가 까닭 없이 그 칼을 가지고 있는 게 아닙니다. 왜냐하면 하나님의 일꾼은 그 악한 일을 저지르는 자에게 하나님의 진노를 위해 징벌하는 자이기 때문입니다.
13:5	διὸ ἀνάγκη ὑποτάσσεσθαι, οὐ μόνον διὰ τὴν ὀργὴν ἀλλὰ καὶ διὰ τὴν συνείδησιν.	그러므로 그 진노 때문만이 아니라 오히려 하나님을 경외하는 양심 때문에라도 복종해야 마땅합니다.

보잘것없고 초라한 세상의 권력

이 본문을 제대로 이해하기 위해 우리는 다시 그리스도 예수 안에 있는 구속의 역사를 되짚어 볼 필요가 있다. 그리스-로마 시대에 이스라엘 위에 군림했던 이 세상의 권력은 다만 하나님께서 임시적으로 허용하고 있기는 하지만 얼마나 보잘것없고 초라한 권력인지 여실히 드러났다. 그건 롬1-11장의 하나님의 복음에 관한 실제적인 내용들을 설명하는 과정에서 기초가 되는 사안으로서 이미 충분한 설명을 했으나 롬13장의 권력 문제를 그런 문맥 속에서 보지 못하는 사람들을 위해 간략하게나마 다시 정리한다는 의미에서 그 얼개를 언급하는 것이 모두에게 유익할 것이다.

그건 실제로 역사의 지평 위에 살아 활동하셨던 예수 그리스도의 인격과 삶의 결과로 일어난 십자가의 돌아가심과 일으켜지심의 사건을 그리스도 예수 안에서 재해석함으로써 최고의 법적인 방식을 통해서 세계 질서가 융합하고 통합되어 새로운 세계 질서로 세워졌다는 사실을 이해한다면 더 이상의 설명이 필요하지 않다.

필자가 이미 이 새로운 질서를 이해하도록 인류사를 하나님의 선민 유대(이스라엘)인과 이방인이라는 구도 속에서 융합과 통합의 새로운 역사관에 의한 새로운 세계관을 말할 때 그 중심에 유대인들이 가지고 있는 하나님의 법으로서 모세의 율법과 현존하는 인류 최초의 성문법으로 알려진 우르-남무 법전(Ur-Nammu Law Code, 사실 문헌상 세계 최초의 법전은 우르-남무 법전보다 무려 300년 전인 기원전 2350년경 기라가시의 왕 우르카기나 법전이라는 비문이 발견된 상태임)과 함무라비 법전을 따르는 이방인들의 법이 있다고 했다. 하나님께서는 각각의 법이 지배하는 세계 질서의 흐름 속에서 하나님의 율법에 충실하지 않은 유대 민족을 이방 민족들의 속국이 되게 함으로써 법적인 측면에서 융합을 시도하셨다. 그런 유대 민족의 속국 퍼레이드는 보편 세계 질서의 상징적 시대인 법치국가 그리스-로마 시대에 이르자 하나님께서는 예수 그리스도를 보내셔서 그 세계 질서 아래 만민을 지배하는 만법을 통합하기 위해 최고법을 선포하게 하셨다. 그 예수 그리스도는 하나님의 뜻에 따라 최고법을 선포하셨다는 이유 하나로 아무런 죄도 없이 두 세계 질서의 야합으로 십자가에 처형당하셔야만 했지만, 죽음에서 일으켜지심으로 두 세계가 가진 법적 권력의 실상이 백일하에 드러나게 하심으로써 법적으로 통합된 세계를 이루셨다. 하나님께서는 한 사람 예수 그리스도를 온 세상의 법과 질서를 다스리고 지배하는 지혜와 권능의 법적 존재로 이 땅에 세우셔서 이 세상의 만민을 상대로 심판과 구원을 행하신 것이다.

이런 관점에서 이 세상의 권력은 매우 작고 초라한 권력이다.

그리스도인들의 선교를 통한 교정 대상
이제 두 세계의 법은 예수 그리스도께 잡아 먹혔다. 이 세상은 온통 예수 그리스도의 법에 의해 요동치는 세계가 되었음에도 이 세상은 그런 사실을 인정하지 않는다. 왜냐하면 그러한 사실은 하나님께서 은혜로 베푸시는 믿음의 이성, 곧 영적으로 새로워진 이성으로만 알 수 있는 것이기 때문이다.

따라서 아직도 그 두 법의 체제 아래 사는 자들은 누구든지 그게 당시 최고의 권력자인 황제이든 지금의 대통령이든 어느 시대 어느 나라를 막론하고 최고의 권력자뿐 아니라 그 세계 질서 안에 있는 모든 자들이 좋든 싫든 인정하든 인정하지 않든 그 무엇과 상관없이 이 세상의 권력은 그리스도 예수 안에 있는 구속을 이루기 위해 잠시 허용된 시한부 법적 권력이 되었다.

그런 의미에서 이 세상의 권력도 언제든지 주 예수 그리스도의 법의 통제받는 자리에 있으며, 그리스도 예수님 안에 있는 구속을 완성하시는 하나님의 뜻이 이루어지는 날까지 잠시 심판과 궤멸이 보류된 상태로 자신의 역할을 담당하고 사라지게 될 악하고 약한 권력일 뿐이다.

이 지점이 문맥상 내재한 문제이기는 하나 그리스도인들이 이 세상 시민으로서 의무와 책임과 권리를 가지고 현실에 참여해 하나님의 정의에 합당한 사회를 이루어 가야 할 역할이 있는 지점임을 직시해야 한다.

따라서 그리스도의 직무에 의해 생성되지 않은 이 세상의 모든 권력은 언제든지 예수 그리스도의 법을 따르는 그리스도인들의 무수한 비폭력적인 저항을 받을 수 있고 존폐 위기에 처할 수 있는 불완전하면서도 한시적인 권력으로서 그리스도인들의 선교와 문화 활동을 통한 교정 대상이기도 하다.

그리스도인들은 이미 그리스도 예수 안에서 이루어진 구속으로 천국 시민임이 드러났다. 그렇지만 아직 그 구속의 완성을 향하는 까닭에 천국 시민으로서 이 세상에서 믿음의 말씀공동체가 가지는 선교적 의무와 책임을 다해야 한다.

그런 관점에서 다음 본문을 보라.

13:6	διὰ τοῦτο γὰρ καὶ φόρους τελεῖτε· λειτουργοὶ γὰρ θεοῦ εἰσιν εἰς αὐτὸ τοῦτο προσκαρτεροῦντες.	이런 연유로 여러분 역시 여러 가지 세금을 바치는 것이니, 이는 하나님의 공적인 사역자들은 바로 이런 일에 항상 힘쓰고 있기 때문입니다.
13:7	ἀπόδοτε πᾶσιν τὰς ὀφειλάς, τῷ τὸν φόρον τὸν φόρον, τῷ τὸ τέλος τὸ τέλος, τῷ τὸν φόβον τὸν φόβον, τῷ τὴν τιμὴν τὴν τιμήν.	여러분은 모든 자들에게 지고 있는 그 여러 가지 빚을 갚으십시오. 그 조세를 걷는 자에게는 그 조세를 내고, 그 관세를 걷는 자에게는 그 관세를 내며, 그 두려워해야 할 자에게는 그 두려움으로 두려워하고, 그 존경해야 할 자에게는 그 존경으로 존경하십시오.

그리스도의 법을 따라 사는 새로운 세상

이 세상에서 그리스도인의 선교는 동서고금을 막론한 만법이 예수 그리스도를 통해 융합되고 통합되었다는 사실에 입각해 그리스도 예수 안에 있는 구속의 완성, 그러니까 예수 그리스도의 믿음을 통해 죄사함의 은혜를 받고 영원히 썩지 않을 영생의 몸을 얻기까지 그 융합되고 통합된 법의 요구를 충족시켜야 하는 하나님이 바라시는 정의와 공정에 대한 의무에 직면해 있다.

여기서 말하는 보편 인류의 삶의 가치인 정의와 공정은 하나님의 복음 안에 계시되고 있는 하나님의 한 의로서 정의와 공정이다.

그건 이 세상에 목숨(곧 영혼, 롬13:1)을 가지고 사는 사람이라면 누구를 막론하고 예외가 될 수 없는 절체절명의 의무이다. 왜냐하면 그 요구를 충족시키지 못하면 곧장 지옥행 열차를 타고 영원한 형벌의 장소로 이동해야 하는 운명이 바로 목숨(곧 영혼, 롬13:1)을 가진 존재들이기 때문이다.

하지만 이미 롬1-8장의 하나님의 복음에 관한 명확한 설명으로 알게 되었듯이 그리스도인들에게는 그 융합되고 통합된 법의 요구를 충족시킬 수 길이 열려 있고 방법 또한 있다. 그건 바로 하나님의 비밀인 그리스도이시고, 그 그리스도께서 영으로 그리스도인들 속에 계셔서 육신을 따라 살지 않고 다만 영을 따라 사는 우리 안에 그 율법의 그 의로운 행위에 대한 요구가 충족되게 하시려는 것이었고(롬8:1-4), 그리스도께서는 믿는 자 모두를 의(義)에 이르게 하시려고 율법의 완성자가 되셨기 때문이다(롬10:4).

율법의 충만은 사랑이고(롬13:10), 그리스도는 율법의 완성이시니(롬10:4) 그 그리스도이신 '그 다른 한 사람(τὸν ἕτερον-톤 헤테론 롬2:1, 7:4)'을 사랑하는 것이 율법을 다 이루는 것이 된다. 그 그리스도를 사랑하는 자를 그리스도인들이라고 하고, 그리스도인들은 예수님께서 지상에서 주신 새 계명인 '서로를 사랑하라'라는 그리스도의 법을 따라 사는 자들이다(요13:34, 15:12, 벧전1:22).

따라서 그리스도인들은 서로를 사랑하는 것 외에 아무에게도 빚지지 않는 삶의 원리를 가지고 사는 사람이다. 그리고 그건 그리스도인들이 이 세상에서 사는 동안 가져야 할 의무와 책임이 모두 사랑하는 것임을 말하는 것이다. 그리스도의 법을 따라 사는 새로운 세상이 열렸다.

그런 시각으로 다음 본문을 보라.

13:8	Μηδενὶ μηδὲν ὀφείλετε εἰ μὴ τὸ ἀλλήλους ἀγαπᾶν· ὁ γὰρ ἀγαπῶν τὸν ἕτερον νόμον πεπλήρωκεν.	서로를 사랑하는 것이 아니라면 아무에게도 결코 빚을 지지 마십시오. 왜냐하면 그 다른 사람(τὸν ἕτερον)을 사랑하는 사람이 율법을 다 이룬 것이기 때문입니다.
13:9	τὸ γὰρ οὐ μοιχεύσεις, οὐ φονεύσεις, οὐ κλέψεις,* οὐκ ἐπιθυμήσεις,* καὶ εἴ τις ἑτέρα ἐντολή, ἐν τῷ λόγῳ τούτῳ ἀνακεφαλαιοῦται [ἐν τῷ]· ἀγαπήσεις τὸν πλησίον σου ὡς* σεαυτόν.*	참으로 그것은 "간음하지 말라. 살인하지 말라. 도둑질하지 말라. 거짓 증거하지 말라. 탐내지 말라."라고 하신 계명과 또 다른 어떤 계명이 있다고 해도, 이 말씀 곧 "네 이웃을 자기 자신과 같이 사랑하라."라고 하신 [한마디 말씀으로] 요약되기 때문입니다.
13:10	ἡ ἀγάπη τῷ πλησίον κακὸν οὐκ ἐργάζεται· πλήρωμα οὖν νόμου ἡ ἀγάπη.	그 사랑은 그 이웃에게 악한 일을 하지 않습니다. 그런즉 그 사랑은 율법의 충만입니다.

그리스도의 법을 성취하라

구약 성경 잠언은 '미움은 다툼을 일으켜도 사랑은 모든 허물을 가린다.'라고 했다(잠10:12). 사도 베드로는 '무엇보다도 뜨겁게 서로 사랑하십시오. 왜냐하면 사랑은 허다한 죄를 덮기 때문입니다.'라고 했다(벧전4:8). 사도 바울은 '우상의 제물에 대하여 우리가 다 지식이 있는 줄을 아나 지식은 교만하게 하며 사랑은 하나님의 집을 세웁니다.'라고 했다(고전8:1).

또 사도 바울은 '형제들아, 사람이 만일 무슨 범죄한 일이 드러나거든 영적인 여러분은 온유한 영으로 그러한 자를 바로 잡고 여러분 각자는 자신을 돌아보아 자신도 시험을 받을까 두려워하십시오. 여러분은 서로의 그 짐들을 짊어지십시오. 그런 방식으로 여러분이 그 그리스도의 그 법을 성취할 것입니다.'라고 했다(갈6:2).

사도 요한은 '사랑하는 자들아, 우리가 서로 사랑합시다. 그 사랑은 그 하나님께 속한 것이니, 사랑하는 자마다 그 하나님께로 나서 그 하나님을 압니다. 사랑하지 않는 사람은 그 하나님을 알지 못하는데, 이는 그 하나님은 사랑이시기 때문입니다. 그 하나님의 그 사랑이 우리에게 이렇게 드러났으니, 곧 그 하나님이 자기 아들 그 독생자를 그 세상에 보내 주셔서 우리가 그를 통해 살게 해 주신 것입니다. 그 사랑은 여기에 있으니 우리가 그 하나님을 사랑한 것이 아니라 그 하나님께서 친히 우리를 사랑하사 자기 아들을 우리 죄에 대한 화목 제물로 보내신 것입니다.'라고 했다(요일4:7-10). 또 '그 사랑은 이것이니 우리가 그분의 계명을 따라 행하는 것입니다.'라고 했다(요이1:6).

그리고 사도 바울은 그 사랑에 대해 이렇게 노래한다.

"내가 그 사람들과 그 천사들의 그 방언들로 말한다 해도 사랑이 없으면 소리 내는 놋이나 시끄러운 꽹과리가 되고, 내가 예언의 은사가 있어 그 비밀들 모두와 그 지식 전체를 알고 또 산을 옮길 만한 그 믿음 전체를 가지고 있다고 해도 사랑이 없으면 나는 아무것도 아닙니다. 또 내가 자랑스럽게 나에게 있는 모든 소유로 구제하고 내 몸을 내어준다 해도 사랑이 없으면 내게 아무 유익이 없습니다. 그 사랑은 오래 참고, 친절하며, 그 사랑은 시기하지 아니하고, 그 사랑은 자랑하지 아니하며, 교만하지 아니하고, 무례하게 행하지 아니하며, 자기의 유익을 추구하지 아니하고, 급히 성내지 아니하며, 그 악을 생각하지 아니하고, 그 불의 위에서 기뻐하지 않으며, 오히려 그 진리와 함께 기뻐하고, 모든 것을 참으며, 모든 것을 믿고, 모든 것을 바라며, 모든 것을 견뎌 냅니다. 그 사랑은 결코 시들지 아니하나 예언들도 소멸하게 될 것이고, 방언들도 그만둘 것이며, 지식도 소멸하게 될 것입니다(고전13:1-8)."

이런 관점으로 다음 본문을 보라.

13:11	–Καὶ τοῦτο εἰδότες τὸν καιρόν, ὅτι ὥρα ἤδη ὑμᾶς ἐξ ὕπνου ἐγερθῆναι, νῦν γὰρ ἐγγύτερον ἡμῶν ἡ σωτηρία ἢ ὅτε ἐπιστεύσαμεν.	--또한 이것으로 여러분은 그 정하신 때를 알 수 있으니, 지금 당장 여러분이 잠에서 깨야 할 시간이라는 겁니다. 왜냐하면 이제 우리가 처음 믿었을 때보다 우리의 구원이 더 가까워졌기 때문입니다.
13:12	ἡ νὺξ προέκοψεν, ἡ δὲ ἡμέρα ἤγγικεν. ἀποθώμεθα οὖν τὰ ἔργα τοῦ σκότους, ἐνδυσώμεθα [δὲ] τὰ ὅπλα τοῦ φωτός.	그 밤은 깊어졌지만, 그 낮(날)이 가까이 왔습니다. 그런즉 우리는 그 어둠의 그 일들을 치워 버리고, [더욱] 그 빛의 그 갑옷들을 착용합시다.
13:13	ὡς ἐν ἡμέρᾳ εὐσχημόνως περιπατήσωμεν, μὴ κώμοις καὶ μέθαις, μὴ κοίταις καὶ ἀσελγείαις, μὴ ἔριδι καὶ ζήλῳ,	낮에서와 같이 품위 있게 살아갑시다. 다양한 유흥과 과한 술 취함과 문란한 성행위와 허랑방탕함과 다툼과 시기에 빠지지 맙시다.
13:14	ἀλλ' ἐνδύσασθε τὸν κύριον Ἰησοῦν Χριστόν καὶ τῆς σαρκὸς πρόνοιαν μὴ ποιεῖσθε εἰς ἐπιθυμίας.	오히려 그 주님 예수 그리스도로 옷 입으십시오. 그리하면 욕망을 채우기 위해 그 육신을 돌보는 일을 만들지 않을 것입니다.

그 밤이 깊어질수록

이렇게 그리스도 예수 안에 있는 구속의 완성을 향한 새로운 시대 새로운 사회는 그리스도의 법을 따라 하나님의 축복으로 충만한 그 빛의 세계를 향해 나아가고 있지만 아직도 철 지난 법에 얽매여 사는 이 세계는 더 깊은 밤으로 치닫는 대비를 보인다. 하나님께서 세우신 권력은 그리스도의 법을 가지고 영을 따라 행복을 추구하며 살도록 인도한다. 반대로 이 세상의 권력은 그리스도의 법 이전에 있던 모든 법을 가지고 육신을 따라 화려한 감각적 행복을 추구하며 살도록 부추기며 재촉한다.

그 밤이 깊을수록 그 낮의 새벽은 가까워진다. 그 어둠이 깊다는 인식을 할 때 그리스도인들은 빛의 갑옷을 챙겨 입고 더욱 강한 전투력을 끌어올려 전투에 임해야 할 때로 인식한다. 지금이 그때이다. 더 큰 분별력이 요구되는 때이기도 하고 이전보다 더욱 예리하게 자신의 주변을 살피고 자기 삶의 영역을 그 밤의 문화로부터 지켜 내기 위해 강해져야만 한다.

거기에 그 어둠의 일에 동화되기 쉬운 자들이 있다. 그들을 사도 바울은 그 믿음에 연약한 자들이라고 칭하고 그 밤이 깊을수록 그들을 향한 배려가 그리스도인들에게 필요한 것임을 설득한다. 왜냐하면 그것이 서로를 사랑하라고 말씀하신 그리스도의 법을 성취하는 길이기 때문이다.

그런 의미에서 다음 본문을 보라.

14:1	Τὸν δὲ ἀσθενοῦντα τῇ πίστει προσλαμβάνεσθε, μὴ εἰς διακρίσεις διαλογισμῶν.	그러나 그 믿음에 연약한 자를 받아들이되, 그의 여러 가지 생각을 시빗거리로 삼지 마십시오.
14:2	ὃς μὲν πιστεύει φαγεῖν πάντα, ὁ δὲ ἀσθενῶν λάχανα ἐσθίει.	실로 어떤 사람은 모든 것을 먹을 수 있다고 믿지만, 약한 자는 채소만 먹습니다.
14:3	ὁ ἐσθίων τὸν μὴ ἐσθίοντα μὴ ἐξουθενείτω, ὁ δὲ μὴ ἐσθίων τὸν ἐσθίοντα μὴ κρινέτω, ὁ θεὸς γὰρ αὐτὸν προσελάβετο.	먹는 자는 먹지 못하는 자를 업신여기지 마십시오. 반대로 먹지 못하는 자는 먹는 자를 판단하지 마십시오. 왜냐하면 그 하나님께서 그를 받아들이셨기 때문입니다.
14:4	σὺ τίς εἶ ὁ κρίνων ἀλλότριον οἰκέτην; τῷ ἰδίῳ κυρίῳ στήκει ἢ πίπτει· σταθήσεται δέ, δυνατεῖ γὰρ ὁ κύριος στῆσαι αὐτόν.	남의 하인을 판단하는 그대는 누구입니까? 그가 서거나 넘어지는 것은 그의 주인에게 달려 있습니다. 그대의 판단과 다르게 그가 서게 될 것입니다. 왜냐하면 그 주인이 그를 서게 할 수 있기 때문입니다.

믿음의 주님을 생각하라

그 믿음에 연약한 자들이란 하나님의 복음에 합당한 삶을 이루는 데에 있어서 올바른 행동 방침을 결정하는 것에 약점을 가진(Of weakness in determining correct courses of action) 자들을 말한다. 하나님의 복음을 듣고 믿음으로 하나님의 구원에 참여한 이후 영적으로 새로워진 이성이 온전한 판단 능력을 발휘할 만큼의 온전한 이성으로서의 변화와 성장 그리고 성숙하지 못한 상태에 있는 자들이다.

그들의 판단력 부족, 그러니까 그들의 개인적인 무능력이나 한계에 대한 경험(to experience some personal incapcity or limitation)을 시빗거리로 삼아 판단해선 안 되는 이유로 믿음의 공동체에 속한 자들이 누구든지 그 공동체에 관한 일이든 그 공동체에 속한 자들의 믿음에 관한 일이든 모든 일들을 판단할 때는 믿음의 주님으로서 믿는 자들에 관한 한 모든 것을 온전하게 하시는 전권을 가지신 우리 주 예수 그리스도를 생각해야 하기 때문이다(히12:2).

14:5	—Ὅς μὲν [γὰρ] κρίνει ἡμέραν παρ' ἡμέραν, ὃς δὲ κρίνει πᾶσαν ἡμέραν· ἕκαστος ἐν τῷ ἰδίῳ νοῒ πληροφορείσθω.	---[그 까닭은] 실로 이 사람은 한 날을 다른 날보다 더 중요하다고 판단하지만, 저 사람은 모든 날을 같다고 판단하기 때문이니, 각자는 그 자신의 이성적 결정에 확신을 가져야 합니다.
14:6	ὁ φρονῶν τὴν ἡμέραν κυρίῳ φρονεῖ· καὶ ὁ ἐσθίων κυρίῳ ἐσθίει, εὐχαριστεῖ γὰρ τῷ θεῷ· καὶ ὁ μὴ ἐσθίων κυρίῳ οὐκ ἐσθίει καὶ εὐχαριστεῖ τῷ θεῷ.	그날을 중히 여기는 사람은 주님을 위해 중히 여기는 것입니다. 먹는 자도 주님을 위해 먹는 것이니, 이는 그가 그 하나님께 감사드리기 때문이고, 먹지 않는 자도 주님을 위해 먹지 않으며 그도 그 하나님께 감사드리기 때문입니다.
14:7	οὐδεὶς γὰρ ἡμῶν ἑαυτῷ ζῇ καὶ οὐδεὶς ἑαυτῷ ἀποθνήσκει·	참으로 우리 중 하나도 자기 자신을 위해 살지 않고 우리 중 한 사람도 자기 자신을 위해 죽지 않습니다.
14:8	ἐάν τε γὰρ ζῶμεν, τῷ κυρίῳ ζῶμεν, ἐάν τε ἀποθνήσκωμεν, τῷ κυρίῳ ἀποθνήσκομεν. ἐάν τε οὖν ζῶμεν ἐάν τε ἀποθνήσκωμεν, τοῦ κυρίου ἐσμέν.	왜냐하면 우리가 살아도 그 주님을 위해 살고, 우리가 죽어도 그 주님을 위해 죽기 때문입니다. 그런즉 우리가 살든지 죽든지 우리는 그 주님의 것입니다.
14:9	εἰς τοῦτο γὰρ Χριστὸς ἀπέθανεν καὶ ἔζησεν, ἵνα καὶ νεκρῶν καὶ ζώντων κυριεύσῃ.	참으로 이것을 위해 그리스도께서 돌아가셨고 다시 살아나셨으니, 죽은 자들과 산 자들을 주관하시기 위함입니다.

자신을 충분히 설득하는 것
믿음으로 산다는 것은 믿음의 주님과의 관계에서 믿음으로 얻은 이성으로 판단하고 믿는 모든 것에 관련해 자신을 충분히 설득할 수 있어야 한다는 말이다.

이는 누군가가 어떤 것의 진실을 굳게 믿게 만드는 것과 같이 완전하게 또는 충분하게 설득하는 것(convince fully)을 의미한다.

믿음의 사람들에게 새로워진 이성은 먼저 자신을 설득하여 믿는 바에 대하여 확정짓는 일을 한다. 그래서 믿음의 사람은 자신이 판단하고 믿는 바에 대해 자신의 마음에 완전한 확신을 가지고 행하는 사람이다.

그것이 바로 믿음으로 행하는 것, 곧 믿음의 주님을 위해 살고 믿음의 주님을 위해 죽는 것이 가능한, 그 믿음이 삶으로 나타나는 방식이다. 왜냐하면 이를 위해 그리스도께서 돌아가셨고 다시 살아나셔서 죽은 자들과 산 자들의 주님이 되셨기 때문이다.

14:10	—Σὺ δὲ τί κρίνεις τὸν ἀδελφόν σου; ἢ καὶ σὺ τί ἐξουθενεῖς τὸν ἀδελφόν σου; πάντες γὰρ παραστησόμεθα τῷ βήματι τοῦ θεοῦ,	---그런데 그대는 왜 그대의 형제를 판단합니까? 또한 그대는 왜 그대의 형제를 업신여깁니까? 진정 우리 모두가 그 하나님의 그 법정에 설 것입니다.
14:11	γέγραπται γάρ· ζῶ ἐγώ, λέγει κύριος,* ὅτι ἐμοὶ κάμψει πᾶν γόνυ* καὶ πᾶσα γλῶσσα ἐξομολογήσεται τῷ θεῷ.*	이는 "주님께서 말씀하시길, 나는 살아 있다. 때문에 나에게 모든 무릎이 꿇을 것이고, 모든 혀가 그 하나님께 자복할 것이다.*"라고 기록되었기 때문입니다.
14:12	ἄρα [οὖν] ἕκαστος ἡμῶν περὶ ἑαυτοῦ λόγον δώσει [τῷ θεῷ].	[그런즉] 우리 각자는 자기 자신에 대해 [그 하나님께] 직고할 것입니다.*

그리스도의 몸을 살피는 방식

따라서 믿음의 사람들은 아무리 그 믿음에 연약한 사람일지라도 그를 상대로 시빗거리를 찾는 판단은 할 수 없는 이성을 가졌다. 그런 판단은 믿음을 주신 주님을 소홀히 대접하고는 자기가 주님이 되어 행동하는 것이다.

그건 믿음의 주님이신 그리스도의 법인 그 사랑을 따른 것이 아니다. 영적으로 새로워진 그리스도인들의 이성은 과거 육신을 따라 살 때의 판단 방법과는 전혀 다른 방식으로 판단하고 행동하게 한다.

그 방식은 형제를 세우는 방식이다. 형제를 넘어뜨리는 것이 무엇인지를 먼저 살피는 방식이다. 그 선한 일이 비방을 받게 하지 않도록 그리스도의 종이 되어 그리스도의 몸을 살피는 방식이다.

14:13	Μηκέτι οὖν ἀλλήλους κρίνωμεν· ἀλλὰ τοῦτο κρίνατε μᾶλλον, τὸ μὴ τιθέναι πρόσκομμα τῷ ἀδελφῷ ἢ σκάνδαλον.	그런즉 더 이상 서로를 판단하지 맙시다. 오히려 더욱 그 형제에게 걸림돌이나 덫이 놓이지는 않았는지 판단합시다.
14:14	οἶδα καὶ πέπεισμαι ἐν κυρίῳ Ἰησοῦ ὅτι οὐδὲν κοινὸν δι' ἑαυτοῦ, εἰ μὴ τῷ λογιζομένῳ τι κοινὸν εἶναι, ἐκείνῳ κοινόν.	나 역시 주 예수님 안에서 알고 확신하는 것은 어떤 것도 그것 자체로는 속되지 않다는 것입니다. 어떤 것을 속된 것이라고 여기는 사람에게만 그것은 속됩니다.
14:15	εἰ γὰρ διὰ βρῶμα ὁ ἀδελφός σου λυπεῖται, οὐκέτι κατὰ ἀγάπην περιπατεῖς· μὴ τῷ βρώματί σου ἐκεῖνον ἀπόλλυε ὑπὲρ οὗ Χριστὸς ἀπέθανεν.	진정 음식 때문에 그대의 형제가 근심하게 된다면, 그대는 아직 사랑을 따라 살지 않는 것입니다.† 그대의 음식으로 인해 그대의 형제를 멸망시키지 마십시오. 그를 위하여 그리스도께서 죽으셨습니다.
14:16	μὴ βλασφημείσθω οὖν ὑμῶν τὸ ἀγαθόν.	그런즉 여러분의 그 선한 일이 비방을 받게 하지 마십시오.
14:17	οὐ γάρ ἐστιν ἡ βασιλεία τοῦ θεοῦ βρῶσις καὶ πόσις ἀλλὰ δικαιοσύνη καὶ εἰρήνη καὶ χαρὰ ἐν πνεύματι ἁγίῳ·	왜냐하면 그 하나님의 그 나라는 먹는 것과 마시는 것이 아니라, 다만 성령 안에서 의(義)와 평화와 기쁨이기 때문입니다.
14:18	ὁ γὰρ ἐν τούτῳ δουλεύων τῷ Χριστῷ εὐάρεστος τῷ θεῷ καὶ δόκιμος τοῖς ἀνθρώποις.	진정 성령 안에서 그리스도께 종이 되어 섬기는 사람은 그 하나님을 매우 기쁘시게 하고 그 사람들에게도 인정받습니다.

믿음으로 행하지 않는 모든 것이 죄

믿음의 사람들은 서로 연합하여 하나님께서 거하실 성전으로 지어져 가는 사람들이다. 그리스도인들이 서로를 하나님의 집으로 세우는 일에 온 힘을 쏟아부어야 하는 이유는 그들 자체가 그리스도 예수 안에 있는 구속의 완성을 이루는 실제 도구이기 때문이다.

먹고 마시는 문제뿐만 아니라 여타의 문제를 가지고도 그리스도의 몸을 세우는 일을 저해하거나 방해하는 행위를 하게 된다면 그건 모두 죄악이다. 왜냐하면 그것이 믿음으로 하지 않은 것이기 때문이다.

따라서 믿음으로 행한다는 것은 그리스도 예수 안에 있는 구속을 이루기 위해 서로 사랑하는 것이다. 서로 사랑하지 않는 모든 것이 죄이다.

14:19	—Ἄρα οὖν τὰ τῆς εἰρήνης διώκωμεν καὶ τὰ τῆς οἰκοδομῆς τῆς εἰς ἀλλήλους.	---그런즉 우리는 확고하게 그 평화의 일들과 서로를 하나님의 집으로 세우는 일들에† 온 힘을 기울입시다.
14:20	μὴ ἕνεκεν βρώματος κατάλυε τὸ ἔργον τοῦ θεοῦ. πάντα μὲν καθαρά, ἀλλὰ κακὸν τῷ ἀνθρώπῳ τῷ διὰ προσκόμματος ἐσθίοντι.	음식으로 인하여 그 하나님의 그 일을 무너뜨리지 마십시오. 실로 모든 것들이 깨끗하지만, 다만 걸려 넘어지게 하면서까지 먹는 그 사람에게는 악한 것입니다.
14:21	καλὸν τὸ μὴ φαγεῖν κρέα μηδὲ πιεῖν οἶνον μηδὲ ἐν ᾧ ὁ ἀδελφός σου προσκόπτει.	그대의 형제가 넘어지지 않게 하기 위해서라면 고기를 먹지 않고 포도주도 마시지 않는 것이 좋습니다.
14:22	σὺ πίστιν [ἣν] ἔχεις κατὰ σεαυτὸν ἔχε ἐνώπιον τοῦ θεοῦ. μακάριος ὁ μὴ κρίνων ἑαυτὸν ἐν ᾧ δοκιμάζει·	그대는 그대 자신이 가지고 [있는] 믿음을 그 하나님 존전에서 지니십시오. 자신이 확정한 일을 하면서 자책하지 않고 사는 사람이 행복합니다.※
14:23	ὁ δὲ διακρινόμενος ἐὰν φάγῃ κατακέκριται, ὅτι οὐκ ἐκ πίστεως· πᾶν δὲ ὃ οὐκ ἐκ πίστεως ἁμαρτία ἐστίν.	반면에 의심하면서 먹는 사람이 있다면 그는 이미 정죄 받은 것입니다. 그가 믿음으로 먹지 않았기 때문입니다. 그러므로 믿음으로 하지 않은 것은 모두 다 죄입니다.

오직 하나님의 영광을 위한 삶

그럼 그 믿음에 강한 자들은 어떻게 살아야 하는가?

대답은 하나다.

그리스도의 법을 따라 서로를 사랑하며 사는 것이다.

그건 자신을 기쁘게 하지 않고 주님을 기쁘시게 하는 것이고 하나님을 기쁘시게 하는 것이다. 그것은 그 이웃이 그리스도이고 그 이웃이 주님이고 그 이웃이 하나님이라고 믿고 아는 이성을 가질 때 가능한 일이다.

그것이 그 이웃을 사랑하라는 말씀의 실상이다. 그건 우리 주님께서 이 땅에 오셔서 사셨던 것처럼 오로지 하나님의 영광을 위한 삶으로 나타난다.

그렇게 롬15장은 시작된다.

15:1	Ὀφείλομεν δὲ ἡμεῖς οἱ δυνατοὶ τὰ ἀσθενήματα τῶν ἀδυνάτων βαστάζειν καὶ μὴ ἑαυτοῖς ἀρέσκειν.	그러나 우리 강한 사람들은 강하지 못한 사람들의 여러 약점을 당연히 짊어지되 자기 자신을 기쁘게 하지 않도록 해야 합니다.
15:2	ἕκαστος ἡμῶν τῷ πλησίον ἀρεσκέτω εἰς τὸ ἀγαθὸν πρὸς οἰκοδομήν·	우리 각자는 그 이웃을 기쁘게 하되 그 선을 이루어 하나님의 집을 세우십시오.
15:3	καὶ γὰρ ὁ Χριστὸς οὐχ ἑαυτῷ ἤρεσεν, ἀλλὰ καθὼς γέγραπται· οἱ ὀνειδισμοὶ τῶν ὀνειδιζόντων σε ἐπέπεσαν ἐπ' ἐμέ.*	왜냐하면 그 그리스도께서도 자신을 기쁘게 하지 않고, 오히려 "주님을 비난하는 자들의 온갖 비난이 제게 퍼부어졌습니다."라고 기록된 바와 같이 비난받으셨기 때문입니다.
15:4	ὅσα γὰρ προεγράφη, εἰς τὴν ἡμετέραν διδασκαλίαν ἐγράφη, ἵνα διὰ τῆς ὑπομονῆς καὶ διὰ τῆς παρακλήσεως τῶν γραφῶν τὴν ἐλπίδα ἔχωμεν.	참으로 이전에 기록된 것들은 무엇이든지, 우리가 가지고 있는 복음의 가르침을 위해 기록된 것입니다. 그것은 우리가 그 기록들에 증거된 그 인내와 그 위로의 권면을 통해 그 소망을 가지게 하려는 것입니다.
15:5	ὁ δὲ θεὸς τῆς ὑπομονῆς καὶ τῆς παρακλήσεως δῴη ὑμῖν τὸ αὐτὸ φρονεῖν ἐν ἀλλήλοις κατὰ Χριστὸν Ἰησοῦν,	더욱이 그 인내와 그 권면의 그 하나님께서 여러분에게 그리스도 예수를 따라 서로 같은 관심을 기울이게 해 주셔서,
15:6	ἵνα ὁμοθυμαδὸν ἐν ἑνὶ στόματι δοξάζητε τὸν θεὸν καὶ πατέρα τοῦ κυρίου ἡμῶν Ἰησοῦ Χριστοῦ.	우리가 하나가 되어 한 입으로 그 하나님, 곧 우리 주님 예수 그리스도의 아버지께 영광을 돌리게끔 하셨습니다.

완전히 드러난 사도 바울의 권면의 본질

비로소 이제 우리는 사도 바울이 롬12장을 시작하면서 드러낸 하나님의 자비하심을 통해서 하려고 했던 권면의 실상을 마주한다. 그리스도의 몸으로 이 땅을 살아야 할 믿음의 말씀공동체가 추구하는 가치인 정의와 공정이 세상이 말하는 방식의 정의와 공정이 아닌 하나님의 복음 안에 계시되고 있는 하나님의 의로 말미암은 정의와 공정인데, 그건 바로 그리스도의 사랑으로 역사하는 믿음의 이성과 지성이 만들어 내는 행동이다. 그건 자신을 기쁘게 하지 않고 아직 그 믿음에 연약한 자들을 상대로 하나님의 영광을 추구하는 삶이다.

좋은 예가 있다. 날 때부터 소경이었던 사람에게 새로운 시력을 주신 예수님의 일화 속에 믿음에 강한 분이신 예수님의 병에 대한 인식이 당시 세상의 일반적인 인식과 선명한 차이를 보이며 나타나는데, 그건 약자인 소경으로 살아야 하는 원인에 대한 인식의 차이였다. 세상은 그 원인을 부모나 소경 당사자의 죄로 인식하고 멸시하고 하대하는 행동을 했지만, 예수님은 그 원인이 하나님의 영광을 나타내기 위한 것으로 보고 소경의 시력을 회복시켜 온전케 하는 일을 행하셨다.

물론 예수님도 소경이 죄로 말미암은 것임을 분명히 알고 계셨지만, 자신의 십자가의 돌아가심과 일으켜지심을 통해 소경의 죄인 됨을 단방에 해결할 수 있음에 대한 확실성에 근거하되 더 나아가 그에게 새 삶을 주시는 하나님의 영광을 나타내 보이시고자 하신 것이다. 그분은 어떠한 비난과 수모와 위협 속에서도 연약하여 병든 자들을 불쌍히 여겨 고치고 살려 내심으로써 새로운 세상을 보는 눈으로 하나님의 영광을 찬양하는 삶으로 나아가도록 이끄셨다.

그런 예수님의 구속 활동이 이념으로 갈라져 상처로 얼룩진 온 세상을 새로운 이성으로 새로운 시각으로 하나 되게 만들어 한 입으로 전능하신 창조주 하나님 곧 우리 주님 예수 그리스도의 아버지 하나님께 영광을 돌리며 살게 하시는 것이었던 것처럼, 우리 또한 그 그리스도 예수님 안에서 그 구속의 완성을 향해 믿음으로 역사하는 사랑의 수고로 그리스도의 남은 고난을 우리 육체에 채우며 살아야 마땅하다.

15:7	Διὸ προσλαμβάνεσθε ἀλλήλους, καθὼς καὶ ὁ Χριστὸς προσελάβετο ὑμᾶς εἰς δόξαν τοῦ θεοῦ.	그러므로 그 그리스도께서 그 하나님의 영광을 위해 여러분을 받아들이신 것처럼 여러분도 서로를 받아들이십시오.
15:8	λέγω γὰρ Χριστὸν διάκονον γεγενῆσθαι περιτομῆς ὑπὲρ ἀληθείας θεοῦ, εἰς τὸ βεβαιῶσαι τὰς ἐπαγγελίας τῶν πατέρων,	분명히 내가 말합니다만, 그리스도께서 하나님의 진리를 위하여 할례받은 자를 섬기는 종이 되셨습니다. 이는 그 조상들에게 하신 그 약속들을 확실하게 보증하심만이 아니라,

15:9	τὰ δὲ ἔθνη ὑπὲρ ἐλέους δοξάσαι τὸν θεόν, καθὼς γέγραπται· διὰ τοῦτο ἐξομολογήσομαί σοι ἐν ἔθνεσιν* καὶ τῷ ὀνόματί σου ψαλῶ.*	그 이방인들도 긍휼을 넘치게 받게 하심으로 그 하나님께 영광을 돌리게 하려 하심입니다. 이는 성경에 "이러므로 제가 이방인들 안에서 주님께 자복할 것이며 주님의 이름을 찬송할 것입니다."라고, 기록된 것과 같습니다.
15:10	καὶ πάλιν λέγει· εὐφράνθητε, ἔθνη, μετὰ τοῦ λαοῦ αὐτοῦ.*	그리고 다시 말하길 "이방 민족들이여, 그의 백성과 함께 기뻐하게 될지어다."라고 했고,
15:11	καὶ πάλιν· αἰνεῖτε, πάντα τὰ ἔθνη, τὸν κύριον* καὶ* ἐπαινεσάτωσαν αὐτὸν πάντες οἱ λαοί.*	또다시 말하길 "모든 그 이방 민족들이여, 그 주님을 찬양하여라. 모든 그 백성들이여, 그분을 찬미하여라."라고 했으며,
15:12	καὶ πάλιν Ἠσαΐας λέγει· ἔσται ἡ ῥίζα τοῦ Ἰεσσαὶ* καὶ ὁ ἀνιστάμενος ἄρχειν ἐθνῶν,* ἐπ' αὐτῷ ἔθνη ἐλπιοῦσιν.*	또다시 이사야가 말하길 "그 이새의 그 뿌리가 돋아날 것이니, 곧 이방인들을 다스리기 위하여 일어나실 분, 그분을 이방인들이 소망할 것이다."라고 했습니다.
15:13	Ὁ δὲ θεὸς τῆς ἐλπίδος πληρώσαι ὑμᾶς πάσης χαρᾶς καὶ εἰρήνης ἐν τῷ πιστεύειν, εἰς τὸ περισσεύειν ὑμᾶς ἐν τῇ ἐλπίδι ἐν δυνάμει πνεύματος ἁγίου.	그래서 그 소망의 그 하나님께서 여러분이 믿을 때 온갖 기쁨과 평화로 충만하게 하셔서, 성령의 능력 안에서 그 소망이 넘치게 하실 것입니다.

로마서를 쓴 이유

사도 바울의 권면의 본질은 그리스도 예수님 안에 있는 구속을 통해 이방 세계와 유대 세계를 하나로 묶어 새로운 세계 질서를 창조하시는 하나님의 나라에 대한 비전에 의한 세계관이었음이 명백하게 드러났다.

이제 사도 바울은 이방인들을 위한 그리스도 예수님의 공적인 사역자(λειτουργὸν-레이투르곤)가 되게 하여 그 하나님의 그 복음의 제사장 직무를 맡아 수행할 수 있게 하신 은혜의 목적을 소상히 밝히며 로마서를 쓴 이유를 설명한다.

15:14	Πέπεισμαι δέ, ἀδελφοί μου, καὶ αὐτὸς ἐγὼ περὶ ὑμῶν ὅτι καὶ αὐτοὶ μεστοί ἐστε ἀγαθωσύνης, πεπληρωμένοι πάσης [τῆς] γνώσεως, δυνάμενοι καὶ ἀλλήλους νουθετεῖν.	하지만 나의 형제들이여, 나 자신이 여러분에 대하여 확신하는 것은 '여러분 자신도 선함이 가득하며, 서로를 권고할 수 있을 만큼 온갖 [그] 지식에 충만해져 있다.'라는 것입니다.
15:15	τολμηρότερον δὲ ἔγραψα ὑμῖν ἀπὸ μέρους ὡς ἐπαναμιμνῄσκων ὑμᾶς διὰ τὴν χάριν τὴν δοθεῖσάν μοι ὑπὸ τοῦ θεοῦ	그런데도 그 하나님께서 나에게 베풀어 주신 그 은혜를 통해 더욱 커다란 확신을 가지고 여러분을 다시 생각하게 하려고 대강(大綱) 담대하게 썼습니다.*
15:16	εἰς τὸ εἶναί με λειτουργὸν Χριστοῦ Ἰησοῦ εἰς τὰ ἔθνη, ἱερουργοῦντα τὸ εὐαγγέλιον τοῦ θεοῦ, ἵνα γένηται ἡ προσφορὰ τῶν ἐθνῶν εὐπρόσδεκτος, ἡγιασμένη ἐν πνεύματι ἁγίῳ.	그 은혜는 내가 그 이방인들을 위한 그리스도 예수의 공적인 사역자가 되게 하여, 그 하나님의 그 복음을 맡아 제사장 직무를 수행하게 합니다. 이는 그 이방인들이 자신을 그 하나님께 드리되 성령 안에서 거룩하게 되어, 그 하나님께서 받으실 만한 것이 되게 하려는 것입니다.
15:17	ἔχω οὖν [τὴν] καύχησιν ἐν Χριστῷ Ἰησοῦ τὰ πρὸς τὸν θεόν·	그런즉 나는 그 하나님을 위해서 하는 일들에 대해 그리스도 예수 안에서 [그] 자부심을 가지고 있습니다.
15:18	οὐ γὰρ τολμήσω τι λαλεῖν ὧν οὐ κατειργάσατο Χριστὸς δι' ἐμοῦ εἰς ὑπακοὴν ἐθνῶν, λόγῳ καὶ ἔργῳ,	나는 이방인들의 청종을 위해서 그리스도께서 나를 통하여 이루어 내시지 않은 것들은 그 어떤 것도 감히 말하지 않겠습니다. 말과 일이건,
15:19	ἐν δυνάμει σημείων καὶ τεράτων, ἐν δυνάμει πνεύματος [θεοῦ]· ὥστε με ἀπὸ Ἰερουσαλὴμ καὶ κύκλῳ μέχρι τοῦ Ἰλλυρικοῦ πεπληρωκέναι τὸ εὐαγγέλιον τοῦ Χριστοῦ,	여러 표징과 기적을 나타내는 능력이건, [하나님의] 영의 능력이건 말입니다. 나는 그렇게 예루살렘으로부터 일루리곤에* 이르기까지 사방에 그 그리스도의 그 복음을 충만하게 전하였습니다.
15:20	οὕτως δὲ φιλοτιμούμενον εὐαγγελίζεσθαι οὐχ ὅπου ὠνομάσθη Χριστός, ἵνα μὴ ἐπ' ἀλλότριον θεμέλιον οἰκοδομῶ,	하지만 이같이 내가 그리스도의 이름이 불리지 않은 곳에 복음을 전하려고 애쓰는 것은, 남이 세운 기초 위에* 집을 짓지 않기 위함입니다.

| 15:21 | ἀλλὰ καθὼς γέγραπται· οἷς οὐκ ἀνηγγέλη περὶ αὐτοῦ ὄψονται,* καὶ οἳ οὐκ ἀκηκόασιν συνήσουσιν.* | 오직 그것은 성경에 "그 주님에 대한 소식을 받지 못한 사람들에게 보일 것이고, 듣지도 못한 사람들이 깨닫게 될 것이다."라고 기록된 대로 하려는 것입니다. |

그리스도의 복된 말씀의 충만함 속에서의 만남

사도 바울의 선교 일정은 로마를 거쳐 땅끝으로 인식되고 있었던 스페인으로 가는 것이었다. 로마행 일정들이 무산될 때마다 아시아지역 선교에 그 열정을 쏟아부었다. 이제 그곳엔 더 이상 선교해야 할 곳이 없어 여러 해 동안 로마행은 간절했으나 예루살렘교회의 경제적 지원을 위해 아시아 교회들의 구제 헌금을 전달하는 일로 미루어야 했다.

이는 그리스도의 몸을 섬기는(διακονῶν-디아코논) 은사자들이 해야 할 매우 중대한 일들 가운데 하나이다. 그 이방인들이 예루살렘교회의 영적인 축복들을 나누어 가졌으니, 육적인 축복들로 그들을 섬겨야(λειτουργῆσαι-레이투르게사이) 할 의무(ὀφείλουσιν-오페일루신)를 다하는 것이 마땅한 일인 것처럼, 오늘날도 하나님의 복음으로 영적인 구속의 은총을 입은 육적 부자들이 같은 영적인 구속의 은혜를 입은 육적 가난한 자들을 섬기는 일(λειτουργῆσαι-레이투르게사이)은 해도 되고 안 해도 되는 그런 일이 아니라 마땅히 해야 하는 공적인 일이다.

이는 하나님의 복음 사역자들이 선포하는 그리스도의 충만한 축복의 말씀은 영적으로나 육적으로 지구촌의 모든 자들을 고루 평탄하게 만드는 것임을 명심하게 하는 대목이다(고후8:1-15).

| 15:22 | Διὸ καὶ ἐνεκοπτόμην τὰ πολλὰ τοῦ ἐλθεῖν πρὸς ὑμᾶς· | 그러므로 나 또한 여러분을 향해 가려고 했으나 대부분의 일정이 무산되었습니다. |
| 15:23 | νυνὶ δὲ μηκέτι τόπον ἔχων ἐν τοῖς κλίμασιν τούτοις, ἐπιποθίαν δὲ ἔχων τοῦ ἐλθεῖν πρὸς ὑμᾶς ἀπὸ πολλῶν ἐτῶν, | 그러나 이제는 내가 이 지역에서 더 이상 일할 곳이 없어, 여러 해 동안 여러분에게 가기를 무척 바라고 있었습니다. |

15:24	ὡς ἂν πορεύωμαι εἰς τὴν Σπανίαν· ἐλπίζω γὰρ διαπορευόμενος θεάσασθαι ὑμᾶς καὶ ὑφ' ὑμῶν προπεμφθῆναι ἐκεῖ ἐὰν ὑμῶν πρῶτον ἀπὸ μέρους ἐμπλησθῶ.	바라기는 내가 스페인으로 가는 길에, 참으로 여러분을 만나 먼저 여러분과 조금 기쁨을 나눈 뒤 여러분의 도움을 받아 그곳에 보내어지기를 소망하고 있습니다.
15:25	—Νυνὶ δὲ πορεύομαι εἰς Ἰερουσαλὴμ διακονῶν τοῖς ἁγίοις.	---그런데도 지금은 내가 성도들을 섬기려고 예루살렘으로 갑니다.
15:26	εὐδόκησαν γὰρ Μακεδονία καὶ Ἀχαΐα κοινωνίαν τινὰ ποιήσασθαι εἰς τοὺς πτωχοὺς τῶν ἁγίων τῶν ἐν Ἰερουσαλήμ.	왜냐하면 마케도니아와 아가야의 성도들이 동료의식으로 예루살렘에 있는 성도들 중 가난한 자들을 위하여 헌금하기를 기쁘게 여겼기 때문입니다.
15:27	εὐδόκησαν γὰρ καὶ ὀφειλέται εἰσὶν αὐτῶν· εἰ γὰρ τοῖς πνευματικοῖς αὐτῶν ἐκοινώνησαν τὰ ἔθνη, ὀφείλουσιν καὶ ἐν τοῖς σαρκικοῖς λειτουργῆσαι αὐτοῖς.	참으로 그들은 좋은 생각으로 그렇게 하였습니다. 그들 또한 예루살렘의 성도들에게 빚진 사람들입니다. 그 이방인들이 그들의 영적인 축복들을 나누어 가졌으니, 육적인 축복들로 그들을 섬겨야 할 의무도 있는 것입니다.
15:28	τοῦτο οὖν ἐπιτελέσας καὶ σφραγισάμενος αὐτοῖς τὸν καρπὸν τοῦτον, ἀπελεύσομαι δι' ὑμῶν εἰς Σπανίαν·	그런즉 내가 이 일을 마치고 이 열매를 그들에게 확실히 전해 준 후, 여러분에게 들렀다가 스페인으로 떠날 것입니다.
15:29	οἶδα δὲ ὅτι ἐρχόμενος πρὸς ὑμᾶς ἐν πληρώματι εὐλογίας Χριστοῦ ἐλεύσομαι.	하지만 내가 여러분을 향해 갈 때 그리스도의 복된 말씀의 충만함 속에서 갈 것임을 압니다.

만남을 통해 공유해야 할 안식을 위한 기도

사도 바울이 '내가 권면한다(Παρακαλῶ-파라칼로)'라는 단어로 직접적인 권면을 표현하는 대목은 로마서에서 모두 3회인데, 롬12:1 다음으로 이곳(롬15:30)이 두 번째이다. 모두 공적인 당부이긴 하지만 이곳은 첫 번째 롬12:1-롬15:29까지의 긴 권면을 마무리하면서 내놓는 부탁이라는 점에서 그 중요성은 매우 크다.

처음 롬12:1은 '그 하나님의 그 자비하심을 통해서(διὰ τῶν οἰκτιρμῶν τοῦ θεοῦ-디아 톤 오이크티르몬 투 데우)'라는 설명구를 붙인 권면이었지만 이곳에서는 '우리 주님 예수 그리스도를 통해서와 성령의 사랑을 통해서(διὰ τοῦ κυρίου ἡμῶν Ἰησοῦ Χριστοῦ καὶ διὰ τῆς ἀγάπης τοῦ πνεύματος-디아 투 퀴리우 헤몬 예수 크리스투 카이 디아 테스 아가페스 투 프뉴마토스)'라는 설명구를 붙인 권면이다.

이는 그리스도 예수님 안에 있는 구속의 완성을 향한 실제적인 영적인 전투에 함께 기도로 참여해 주기를 당부하는 것이다. 그래야 그 전투를 마친 후 서로 만나게 될 때 서로 안식을 공유하는 의미 있는 시간을 가질 수 있기 때문이다(이 지점에 대한 사도행전의 기록을 보라. 당시의 영적 전운에 대한 사도 바울의 비장한 각오를 만류하는 그리스도인들이 부르짖는 눈물의 호소를 리얼하게 전하고 있다. 행20:16-21:16).

그런 맥락에서 다음 사도 바울의 간곡한 부탁으로 롬12:1에서 시작된 권면은 대단원의 막을 내린다.

15:30	Παρακαλῶ δὲ ὑμᾶς [, ἀδελφοί,] διὰ τοῦ κυρίου ἡμῶν Ἰησοῦ Χριστοῦ καὶ διὰ τῆς ἀγάπης τοῦ πνεύματος συναγωνίσασθαί μοι ἐν ταῖς προσευχαῖς ὑπὲρ ἐμοῦ πρὸς τὸν θεόν,	그러니 형제들이여, 나는 여러분에게 우리 주님 예수 그리스도를 통해서와 성령의 사랑을 통해서 부탁합니다. 나를 위하여 그 하나님을 향해 드리는 그 기도들 안에서 나와 연합하여 싸워 주십시오.
15:31	ἵνα ῥυσθῶ ἀπὸ τῶν ἀπειθούντων ἐν τῇ Ἰουδαίᾳ καὶ ἡ διακονία μου ἡ εἰς Ἰερουσαλὴμ εὐπρόσδεκτος τοῖς ἁγίοις γένηται,	이는 내가 그 유대 안에서 불순종하는 자들로부터 구출되고, 예루살렘을 위한 나의 섬김이 그 성도들에게 기쁘게 받아들여지도록 하기 위함입니다.
15:32	ἵνα ἐν χαρᾷ ἐλθὼν πρὸς ὑμᾶς διὰ θελήματος θεοῦ συναναπαύσωμαι ὑμῖν.	그렇게 되면 내가 하나님의 뜻을 통해 여러분을 기쁘게 만나 함께 안식할 수 있을 것입니다.
15:33	—Ὁ δὲ θεὸς τῆς εἰρήνης μετὰ πάντων ὑμῶν, ἀμήν.	---만날 때까지 그 평화의 그 하나님께서 여러분 모두와 함께 하시기를 빕니다. 아멘.

거룩한 입맞춤으로 문안 인사하라
이제 마지막 남은 롬16장에서 사도 바울은 뵈뵈(사도 바울이 쓴 이 로마서를 들고 로마의 그리스도인들에게 전달하는 역할을 맡은 조력자)에게 주님의 성도들에 대한 합당한 예절로 그녀를 영접하여 보살피라고 말하면서 동역자들에 대한 구구절절한 지난날 헌신들을 상기시키면서 서로 존경하는 마음을 담은 거룩한 입맞춤으로 문안 인사 할

것을 당부한다.

16:1	Συνίστημι δὲ ὑμῖν Φοίβην τὴν ἀδελφὴν ἡμῶν, οὖσαν [καὶ] διάκονον τῆς ἐκκλησίας τῆς ἐν Κεγχρεαῖς,	나는 겐그레아 교회를 섬기고 있는 우리 자매 뵈뵈를 여러분에게 추천합니다.
16:2	ἵνα αὐτὴν προσδέξησθε ἐν κυρίῳ ἀξίως τῶν ἁγίων καὶ παραστῆτε αὐτῇ ἐν ᾧ ἂν ὑμῶν χρῄζῃ πράγματι· καὶ γὰρ αὐτὴ προστάτις πολλῶν ἐγενήθη καὶ ἐμοῦ αὐτοῦ.	여러분이 주님 안에서 성도들을 대하는 합당한 예절로 그녀를 영접하고, 그녀가 여러분의 도움을 필요로 하면 어떤 일이든 도와주시기 바랍니다. 그녀 역시 나를 포함한 많은 사람의 조력자가 되었습니다.
16:3	Ἀσπάσασθε Πρίσκαν καὶ Ἀκύλαν τοὺς συνεργούς μου ἐν Χριστῷ Ἰησοῦ,	그리스도 예수 안에서 나의 동역자인 브리스가와 아굴라에게 안부를 전해 주십시오.
16:4	οἵτινες ὑπὲρ τῆς ψυχῆς μου τὸν ἑαυτῶν τράχηλον ὑπέθηκαν, οἷς οὐκ ἐγὼ μόνος εὐχαριστῶ ἀλλὰ καὶ πᾶσαι αἱ ἐκκλησίαι τῶν ἐθνῶν,	그들은 내 목숨을 위해 자기 자신들의 목을 내놓기까지 했습니다. 나만 그들에게 감사하는 것이 아니라 그 이방인들의 그 교회들 모두가 그들에게 감사하고 있습니다.
16:5	καὶ τὴν κατ᾽ οἶκον αὐτῶν ἐκκλησίαν. ἀσπάσασθε Ἐπαίνετον τὸν ἀγαπητόν μου, ὅς ἐστιν ἀπαρχὴ τῆς Ἀσίας εἰς Χριστόν.	그리고 그들의 가정 교회에도 안부를 전해 주십시오. 나의 사랑하는 자인 에베네도에게 안부를 전해 주십시오. 그는 그리스도에게로 돌아온 아시아의 첫 열매입니다.
16:6	ἀσπάσασθε Μαρίαν, ἥτις πολλὰ ἐκοπίασεν εἰς ὑμᾶς.	여러분을 위해 많이 수고한 마리아에게 안부를 전해 주십시오.
16:7	ἀσπάσασθε Ἀνδρόνικον καὶ Ἰουνίαν τοὺς συγγενεῖς μου καὶ συναιχμαλώτους μου, οἵτινές εἰσιν ἐπίσημοι ἐν τοῖς ἀποστόλοις, οἳ καὶ πρὸ ἐμοῦ γέγοναν ἐν Χριστῷ.	내 친척이며 나와 함께 감옥에 갇혔던 동료 안드로니고와 유니아에게 안부를 전해 주십시오. 그들은 그 사도들 사이에서도 탁월한 자들이며 나보다 먼저 그리스도 안에 있게 된 자들입니다.
16:8	ἀσπάσασθε Ἀμπλιᾶτον τὸν ἀγαπητόν μου ἐν κυρίῳ.	주님 안에서 나의 사랑하는 자인 암블리아에게 안부를 전해 주십시오.

16:9	ἀσπάσασθε Οὐρβανὸν τὸν συνεργὸν ἡμῶν ἐν Χριστῷ καὶ Στάχυν τὸν ἀγαπητόν μου.	그리스도 안에서 우리의 동역자인 우르바노와 나의 사랑하는 스다구에게 안부를 전해 주십시오.
16:10	ἀσπάσασθε Ἀπελλῆν τὸν δόκιμον ἐν Χριστῷ. ἀσπάσασθε τοὺς ἐκ τῶν Ἀριστοβούλου.	그리스도 안에서 인정받은 아벨레에게 안부를 전해 주십시오. 아리스도불로의 가족들에게 안부를 전해 주십시오.
16:11	ἀσπάσασθε Ἡρῳδίωνα τὸν συγγενῆ μου. ἀσπάσασθε τοὺς ἐκ τῶν Ναρκίσσου τοὺς ὄντας ἐν κυρίῳ.	나의 친척인 헤로디온에게 안부를 전해 주십시오. 주님 안에 있는 나깃수의 가족들에게 안부를 전해 주십시오.
16:12	ἀσπάσασθε Τρύφαιναν καὶ Τρυφῶσαν τὰς κοπιώσας ἐν κυρίῳ. ἀσπάσασθε Περσίδα τὴν ἀγαπητήν, ἥτις πολλὰ ἐκοπίασεν ἐν κυρίῳ.	주님 안에서 수고하는 드루배나와 드루보사에게 안부를 전해 주십시오. 주님 안에서 많이 수고한 사랑하는 버시에게 안부를 전해 주십시오.
16:13	ἀσπάσασθε Ῥοῦφον τὸν ἐκλεκτὸν ἐν κυρίῳ καὶ τὴν μητέρα αὐτοῦ καὶ ἐμοῦ.	주님 안에서 선택된 루포와 나의 어머니이기도 한 그의 어머니에게 안부를 전해 주십시오.
16:14	ἀσπάσασθε Ἀσύγκριτον, Φλέγοντα, Ἑρμῆν, Πατροβᾶν, Ἑρμᾶν καὶ τοὺς σὺν αὐτοῖς ἀδελφούς.	아순그리도와 블레곤과 허메와 바드로바와 허마와 그들과 함께 있는 형제들에게 안부를 전해 주십시오.
16:15	ἀσπάσασθε Φιλόλογον καὶ Ἰουλίαν, Νηρέα καὶ τὴν ἀδελφὴν αὐτοῦ, καὶ Ὀλυμπᾶν καὶ τοὺς σὺν αὐτοῖς πάντας ἁγίους.	빌롤로고와 율리아와 네레오와 그의 여동생과 올름바와 그들과 함께 있는 모든 거룩한 자들에게 안부를 전해 주십시오.
16:16	ἀσπάσασθε ἀλλήλους ἐν φιλήματι ἁγίῳ. ἀσπάζονται ὑμᾶς αἱ ἐκκλησίαι πᾶσαι τοῦ Χριστοῦ.	거룩한 입맞춤으로 서로를 문안해 주십시오. 그 그리스도의 그 교회들 모두가 여러분에게 문안합니다.

마지막 권면

드디어 사도 바울이 믿음의 말씀공동체를 불화하게 하고 분열시켜 넘어뜨리려고 온갖 거짓된 가르침으로 속이는 사탄을 언급하며 그리스도 예수님 안에 있는 구속을 이루는 일에 지혜롭게 행하기를 부탁한다.

특히 우리 주님 그리스도를 섬기지 않고 오히려 자신들의 배만 채우며, 아첨하는 말과 달콤한 말로 순진한 사람들의 마음을 전적으로 속여 그리스도 예수님 안에 있는 구속의 완성을 망각하고 이 세상의 주관자들을 따라 살게 하는 사탄의 악한 일에 연루되지 않은 순결함을 지키기 위해 분투하라고 당부한다.

그리고 그 하나님께서 반드시 그 사탄을 성도들의 발로 완전히 짓이기게 하시는 은혜가 있기를 간구하는 것으로 마지막 권면은 끝난다.

16:17	Παρακαλῶ δὲ ὑμᾶς, ἀδελφοί, σκοπεῖν τοὺς τὰς διχοστασίας καὶ τὰ σκάνδαλα παρὰ τὴν διδαχὴν ἣν ὑμεῖς ἐμάθετε ποιοῦντας, καὶ ἐκκλίνετε ἀπ' αὐτῶν·	형제들이여, 나는 여러분에게 권합니다. 여러분이 배운 그 가르침을 거슬러 불화하게 하고, 넘어지게 하는 자들을 조심하고, 또한 그들을 떠나 멀리하십시오.
16:18	οἱ γὰρ τοιοῦτοι τῷ κυρίῳ ἡμῶν Χριστῷ οὐ δουλεύουσιν ἀλλὰ τῇ ἑαυτῶν κοιλίᾳ, καὶ διὰ τῆς χρηστολογίας καὶ εὐλογίας ἐξαπατῶσιν τὰς καρδίας τῶν ἀκάκων.	왜냐하면 이런 자들은 우리 주님 그리스도를 섬기지 않고 오히려 자신들의 배만 채우며, 아첨하는 말과 달콤한 말로 순진한 사람들의 마음을 전적으로 속이고 있기 때문입니다.
16:19	ἡ γὰρ ὑμῶν ὑπακοὴ εἰς πάντας ἀφίκετο· ἐφ' ὑμῖν οὖν χαίρω, θέλω δὲ ὑμᾶς σοφοὺς εἶναι εἰς τὸ ἀγαθόν, ἀκεραίους δὲ εἰς τὸ κακόν.	참으로 여러분의 청종이 모두에게로 잘 알려져 있으니, 나는 그런 여러분으로 인해 기뻐합니다. 그러나 나는 여러분이 그 선한 일에 지혜로운 자들이고, 더욱이 그 악한 일에 순결한 자들이기를 원합니다.
16:20	ὁ δὲ θεὸς τῆς εἰρήνης συντρίψει τὸν σατανᾶν ὑπὸ τοὺς πόδας ὑμῶν ἐν τάχει. —Ἡ χάρις τοῦ κυρίου ἡμῶν Ἰησοῦ μεθ' ὑμῶν.	그 평화의 그 하나님께서 신속하게 그 사탄을 여러분의 발로 완전히 짓이기게 하실 것입니다. ---우리 주 예수님의 그 은혜가 여러분과 함께하길 바랍니다.

특이한 작별 인사

이 편지의 원 저자인 사도 바울과 이 편지(로마서)를 받아 쓴 사람인 더디오가 함께 안부를 전하는 작별 인사가 인상적이다.

주님의 말씀을 섬기는 말씀공동체는 은사 협력으로 힘을 더해 사탄과 싸우는 영적 공동체로 서로 간의 믿음의 소통과 은사 나눔을 통해 그리스도 예수님 안에 있는 구속이 완성되는 그날까지 서로 안부를 챙겨 서로를 살피고 서로의 필요를 채우는 일을 멈추어서는 안 된다.

이 모든 일은 사도 바울의 복음, 그러니까 이방인들에게 알려진 '하나님의 복음(롬1:1)'과 '그 하나님의 그 복음(롬15:16)', 곧 '그 그리스도의 그 복음(롬15:19, 16:25)' 안에서 이루어져야 할 일이다.

그 복음을 사도 바울이 '예수 그리스도에 관한 선언적 메시지를 따라(τὸ κήρυγμα Ἰησοῦ Χριστοῦ-토 케뤼그마 예수 크리스투)'라고 설명한 '선언적 메시지'인 케뤼그마(κήρυγμα)는 공개적인 선언을 나타내어 큰 소리로 선포하는 것(a public declaration, something proclaimed aloud)을 나타내는데, 이는 필자가 로마서 해설 처음부터 누누이 말해 왔던 완성된 계시 역사의 시각인 그리스도 예수 안에서 '예수 그리스도'를 재해석한 것을 의미한다.

그것이 바로 영원 전부터 숨겨진 하나님의 비밀 계시가 영원하신 하나님의 지시로 드러나 믿음의 청종에 이르도록 모든 그 이방 민족들에게 알려진 복음, 곧 창조주 하나님의 만유를 위한 완전하고 영원한 복음이다.

사도 바울은 이 복음으로 그 선한 일(그리스도 예수님 안에 있는 구속의 완성에 집중하는 일)에 지혜를 주셔서 지혜롭게 살게 하신 하나님께만 예수 그리스도를 통해 영광이 있기를 간구하며 로마서를 마친다. 아멘.

16:21	Ἀσπάζεται ὑμᾶς Τιμόθεος ὁ συνεργός μου καὶ Λούκιος καὶ Ἰάσων καὶ Σωσίπατρος οἱ συγγενεῖς μου.	나의 동역자인 디모데와 나의 친척인 누기오와 야손 소시바더가 여러분에게 안부를 전합니다.
16:22	ἀσπάζομαι ὑμᾶς ἐγὼ Τέρτιος ὁ γράψας τὴν ἐπιστολὴν ἐν κυρίῳ.	이 편지를 받아 쓴 사람인 나 더디오도 주님 안에서 여러분에게 안부를 전합니다.
16:23	ἀσπάζεται ὑμᾶς Γάϊος ὁ ξένος μου καὶ ὅλης τῆς ἐκκλησίας. ἀσπάζεται ὑμᾶς Ἔραστος ὁ οἰκονόμος τῆς πόλεως καὶ Κούαρτος ὁ ἀδελφός.	나와 온 교회를 돌보아 주는 가이오가 여러분에게 안부를 전하고, 이 도시의 재무관 에라스도와 형제 구아도도 여러분에게 안부를 전합니다.
16:24	[없음]	

16:25	[Τῷ δὲ δυναμένῳ ὑμᾶς στηρίξαι κατὰ τὸ εὐαγγέλιόν μου καὶ τὸ κήρυγμα Ἰησοῦ Χριστοῦ, κατὰ ἀποκάλυψιν μυστηρίου χρόνοις αἰωνίοις σεσιγημένου,	[하나님께서는 나의 복음, 곧 예수 그리스도에 관한 선언적 메시지를 따라† 여러분을 굳건하게 하실 수 있는 분이십니다. 그것은 영원한 시간 속에 감추어져 있던 비밀의 계시를 따라 주어진 것이나,
16:26	φανερωθέντος δὲ νῦν διά τε γραφῶν προφητικῶν κατ' ἐπιταγὴν τοῦ αἰωνίου θεοῦ εἰς ὑπακοὴν πίστεως εἰς πάντα τὰ ἔθνη γνωρισθέντος,	이제 영원하신 하나님의 지시를 따라 주어진 예언적인 기록들을* 통해 명백히 드러나게 되어 믿음의 청종에 이르도록 모든 그 이방 민족들에게 알려졌습니다.
16:27	μόνῳ σοφῷ θεῷ, διὰ Ἰησοῦ Χριστοῦ, ᾧ ἡ δόξα εἰς τοὺς αἰῶνας, ἀμήν.]	그러므로 오직 이런 지혜를 주신 하나님께만,* 예수 그리스도를 통해 그 영광이 영원히 있기를 빕니다. 아멘.]

할렐루야!

이렇게 로마서 번역과 해설을 마칠 수 있게 은혜를 베풀어 주신 주님께 감사와 영광을 올려 드립니다.

2024. 3. 31.

공두(空頭) 이영선 목사 올림

제4부

바울의 그리스어 로마서 텍스트 해설을 마무리하며

E. P. 샌더스 이후 존 M. G. 바클레이에 이르는 현대(역사)신학계의 진단과 그 해결 방안 모색

그 예수님께서 그들에게 비유로 많은 것들을 말씀하셨습니다. 이르시기를 "보라, 씨를 뿌리는 자가 씨를 뿌리러 나가서 씨를 뿌리는데 어떤 것은 그 길가에 떨어지니 그 새들이 와서 그것들을 먹었고, 또 어떤 것은 흙이 많지 않은 그 돌짝밭에 떨어지니 흙이 깊지 않으므로 곧 싹이 나오나 해가 떠올라 그을리니 뿌리가 없으므로 말라 버렸고, 또 어떤 것은 그 가시나무 곁에 떨어지니 그 가시나무가 자라 질식시켰다. 그러나 어떤 것은 그 좋은 그 땅 위에 떨어져서 열매를 내니 백 배, 육십 배, 삼십 배를 내었다. 귀 있는 자는 들으라.

3 Καὶ ἐλάλησεν αὐτοῖς πολλὰ ἐν παραβολαῖς λέγων· ἰδοὺ ἐξῆλθεν ὁ σπείρων τοῦ σπείρειν. 4 καὶ ἐν τῷ σπείρειν αὐτὸν ἃ μὲν ἔπεσεν παρὰ τὴν ὁδόν, καὶ ἐλθόντα τὰ πετεινὰ κατέφαγεν αὐτά. 5 ἄλλα δὲ ἔπεσεν ἐπὶ τὰ πετρώδη ὅπου οὐκ εἶχεν γῆν πολλήν, καὶ εὐθέως ἐξανέτειλεν διὰ τὸ μὴ ἔχειν βάθος γῆς· 6 ἡλίου δὲ ἀνατείλαντος ἐκαυματίσθη καὶ διὰ τὸ μὴ ἔχειν ῥίζαν ἐξηράνθη. 7 ἄλλα δὲ ἔπεσεν ἐπὶ τὰς ἀκάνθας, καὶ ἀνέβησαν αἱ ἄκανθαι καὶ ἔπνιξαν αὐτά. 8 ἄλλα δὲ ἔπεσεν ἐπὶ τὴν γῆν τὴν καλὴν καὶ ἐδίδου καρπόν, ὃ μὲν ἑκατόν, ὃ δὲ ἑξήκοντα, ὃ δὲ τριάκοντα. 9 ὁ ἔχων ὦτα ἀκουέτω.

- 마태복음 13장 3-9절 -

1세기 팔레스타인 유대교의 율법관이 '언약적 율법주의'였다는 사실을 밝히는 샌더스의 연구가 그것만의 독립적인 연구 결과라면 그 가치를 훌륭하다고 평가 인정할 수 있으나 그것을 기독교의 전통적인 가르침인 '바울의 유대교 율법주의에 대한 이해'를 송두리째 부정하는 논리로 비교 대조함으로써 참과 거짓을 논하는 방식의 연구 결과라면 그것과 그것에 동의하는 모든 신학적 흐름은 바울의 텍스트가 말하는 것과 일치한다고 동의할 수 없다. 거기에는 '바울의 율법과 유대인에 대한 인식', 그러니까 바울의 율법에 대한 인식과 바울이 인식하는 유대인의 율법에 대한 인식 사이의 역학 관계를 면밀히 따져 보고 다투어 보아야 할 매우 중요한 사안이 있기 때문이다.

제21장 바울의 복음을 온전하게 읽기 위한 제언(들을 귀 있는 자는 들으라)

_ 본문 719~720p에서

[전환된 관점의 로마서 읽기]

제21장
바울의 복음을 온전하게 읽기 위한 제언
〈들을 귀 있는 자는 들으라〉

본문 : 마태복음 13장 3~9절

핵심 주제 어구

ὁ ἔχων ὦτα ἀκουέτω.

(호 에콘 오타 아쿠에토)

샌더스가 말하듯 역사적 참으로서 1세기 팔레스타인 다양한 유대교의 토대가 되는 언약적 율법주의가 기독교의 전통적인 바울의 율법주의에 대한 해석을 틀린 것이라고 몰아붙이는 근거로 인식되어 온 것을 다시 뒤집어 바로잡는다. 필자는 그것을 바울 후대에 기록된 복음서들이 전하는 예수 그리스도의 인격과 사역으로 이루어진 복음의 틀(예수 그리스도는 다윗의 후손으로 태어났고 죽은 자들 가운데서 일으켜지셨다는 초기 예루살렘교회의 복음에 대한 신조적 표현)로 환치해 읽는 경향이 만들어 낸 유대교에 대한 단면적 성찰의 결과물의 반향으로 규정하고, 로마서에 서술된 바울이 전한 복음(필자가 믿기에 완성된 영원한 복음)의 틀인 "하나님의 복음(곧 하나님의 복음, 그러니까 '그 하나님의 그 복음'과 '그 그리스도의 그 복음'으로 표현되는 복음의 틀인 롬1:3-4〈15:16, 19〉)"에 대한 짧은 정의(서술)를 본래의 상태로 복원해 설명하여 그 진의를 제시하고 그에 대한 바울의 복음이 갖는 보편성을 해석해 냄으로써 모든 해석학적 논쟁으로 인한 갈등과 혼란과 분열 상황을 바로잡는다.

제21장 바울의 복음을 온전하게 읽기 위한 제언(들을 귀 있는 자는 들으라)

_ 본문 723p에서

이렇게 마무리하면 어떨까?

바울을 이해하고자 하는 모든 노력의 배후에는 언제나 조건화된 안목과 의도가 작용하므로 본래의 바울을 이해하여 말이나 글로 설명해 낸다는 것은 어떤 의미에서 불가능한 일이다. 그런 의미에서 세간에 나와 있는 바울과 그의 서신들에 관한 서간들이 바울 자신의 것인 양 주장하는 바울에 대한 이해는 바울이 알지 못하는 것일 수 있다.

기독교 역사에서 그들의 경전인 신약 성서 읽기를 통해 형성된 반-유대주의에 대한 암시가 한 예로 유대인 대학살(기원후 1933~45년-홀로코스트)을 저지른 나치의 만행을 낳았다고 할 때 그런 히틀러의 만행 뒤에 기독교회의 적극적인 지지가 있었다는 뼈아픈 사실(현대 기독교회뿐만 아니라 모든 종교계의 정치적 편향이 오늘날도 동일하게 암울한 현실로 나타나고 있다는 사실)이 말하듯 잘못된 신약 성서 읽기는 결코 해서는 안 될 악행과 있어서는 안 될 비참한 곤경과 슬픔을 만들어 낸다는 의미에서 창조주 하나님께서 인류에게 주신 복된 삶의 한 페이지를 피로 물들여 놓고 전범의 상징물을 장식해 놓았다. 성서의 비평적 읽기는 그러한 가슴 아픈 일들에 대한 반성적 반향으로 나타난 새로운 시각의 올바른 성서 읽기를 독려하는 바람의 세기를 나타내는 지표가 된다.

그리고 그 바람의 진원지는 1977년 E.P. 샌더스라고 한 학자의 종교 패턴 비교 연구서인 〈바울과 팔레스타인 유대교〉였고, 그것은 유대교에 대한 기독교의 오래된 고정 관념인 '율법주의(Legalism 또는 nomism-율법을 지킴으로써 의롭게 될 수 있다는 사상, 그러니까 율법을 지킴으로써 구원을 얻으려는 행위 중심의 구원관)'를 '언약적 율법주의(혹은 언약적 신율주의-covenantal nomism)'로 수정해야 한다고 할 만큼 그것은 기독교의 전통적 가르침을 뿌리째 흔들어 모든 걸 처음부터 재고하게 만든 강력한 돌풍을 일으키는 지진으로 평가된다.

하지만 필자가 보기에 1세기 팔레스타인 유대교의 율법관이 '언약적 율법주의'였다는 사실을 밝히는 샌더스의 연구가 그것만의 독립적인 연구 결과라면 그 가치를 훌륭하다고 평가 인정할 수 있으나 그것을 기독교의 전통적인 가르침인 '바울의 유대교 율법주의에 대한 이해'를 송두리째 부정하는 논리로 비교 대조함으로써 참과 거짓을 논하는 방식의 연구 결과라면 그것과 그것에 동의하는 모든 신학적 흐름은 바울의 텍스트가 말하는 것과 일치한다고 동의할 수 없다. 거기에는 '바울의 율법과 유대인에 대한 인식', 그러니까 바울의 율법에 대한 인식과 바울이 인식하는 유대인의 율법에 대한 인식 사이의 역학 관계를 면밀히 따져 보고 다투어 보아야 할 매우 중요한 사안이 있기 때문이다.

한마디로 '바울이 인식하는 율법'을 단지 '유대인들이 가진 성문화된 모세의 율법'을 가리키는 것이라고 단정하여 생각하는 옹졸하고 편협한 이해와 판단으로 둘을 직접 대입해 쓰는 방식으로 로마서에서 쓰이는 율법의 개념을 한정해 놓고 바울의 텍스트를 읽으려 할 때 발생하는 여러 가지 난제에 부딪혀 억지논리를 만들어 혼란을 부추기는 쪽으로 나아가기 때문이다.

샌더스가 말한 유대교의 '언약적 율법주의'란 사실 굳이 성서신학을 공부하지 않더라도 또 샌더스처럼 유대교의 다양한 고대 문서를 연구하지 않더라도 차분히 구약성서를 있는 그대로 읽는 자들에게는 그저 자연스럽게 체득할 수 있는 아주 쉽고 익숙한 개념으로 자리한다. 그것은 전능하신 하나님께서 창조와 구속의 한량없는 은혜 속에서 유대인들의 조상인 아브라함과 이삭과 야곱의 족속 곧 이스라엘 민족을 언약의 백성으로 선택하셔서 모세를 통해 율법을 주신 것은 그 언약 안에 머물게 하기 위함이었다는 사실에 방점이 있다.

문제의 핵심은 이 모세의 율법(성문화된 모세오경)을 가지고 있는 유대교와 그에 속한 유대인에 대한 이해에 있다고 할 수 있는데, 이 율법이 그들에게 하나님의 은혜로운 선택을 지탱하게 하는 약속을 담고 있어 그들은 이 율법에 순종해야 했으며 하나님은 순종에는 축복을 불순종에는 저주를 내리시되, 그 율법을 지키지 못할 때 임하는 저주와 형벌을 면하기 위해서 그 율법은 속죄의 제사와 희생이라는 수단을 제공함으로써 깨진 언약 관계를 회복하여 지속하는 결과를 가져오는 자비에 의한 순종으로 언약 관계 속에 있는 사람이 그 언약이 성취되는 종국에 구원을 얻게 된다는 것을 골자로 한다.

따라서 그 구원은 오직 이스라엘과 동일시하는 유대교를 선택하신 하나님을 부인하거나 의지하지 않고 사는 자들에게만 그 언약 공동체에서 제외되는 방식으로 나타난다. 이로써 유대교가 모세의 율법 준수에 관심을 둔 실제적인 이유가 드러나는데, 그것은 기독교가 말하는 '율법주의'나 '행위에 의한 의'의 문제가 아니라 하나님께서 은혜로 주신 언약이라는 틀 안에서 하나님과의 축복 관계를 유지하는 방편으로 인식한다는 데 있는 것이다.

그러므로 이런 샌더스의 언약적 율법주의를 바울의 텍스트에서 언급되는 그의 유대주의나 율법주의 비판에 대한 그의 진의를 드러내기 위한 아무런 비평 장치 없이 평면적으로 개신교의 율법주의에 대입해 판단하면, 개신교 신학자들은 유대주의의 구원론을 비판적으로 말하는 바울이 유대교를 오해하여 율법을 지켜서 공로를 쌓고 결국 의롭게 되는 율법 종교로 잘못 묘사하고 있는 것이 된다.

이는 둘과의 관계에서 고려해야 할 역사적이면서도 영적인 의미에서 구속사적인 수직적 수평적 이해관계를 논하지 않고 단순히 직접 대입 방식으로 참과 거짓을 구분하는 것으로써 개신교의 율법주의를 단순히 바울이 유대교를 행위로 의롭게 되는 율법 종교로 인식한다는 가벼운 결론에 이르는 매우 위험한 접근 방식에 매몰된 것이라고 할 수 있다.

하지만 샌더스에 의하면, 바울이 유대주의를 포기한 진정한 이유는 예수 그리스도를 믿지 않는다는 것이다. 하나님께서 인류를 향해 제시한 언약의 성취로서의 구원의 새로운 길인 예수 그리스도 안에서 진리로서 더 나은 무언가를 발견했기 때문이지 유대교의 율법주의적 경건(nomistic piety)의 열등함이나 결함 때문이 아니었다는 말로 설명을 덧붙인다. 참으로 옳은 말이다. 문제는 거기에 이어 바울이 유대 율법주의를 거부하면서 공격한 '율법의 행위'가 구원과 의를 획득하기 위한 인간의 공로가 아니라 이방인 선교 시 기독교가 '할례와 음식법'과 같은 유대교적 특성을 가지고 있다는 부정적인 영향을 줄 수 있는 것들이었다는 말로 마무리 짓는다.

과연 그런 식의 해법이 정당한 것일까?

필자가 보기에 이 지점에 여전히 샌더스와 샌더스 이후 현대의 성경학회가 풀어내야 할 문제인 '율법의 행위'와 관련한 해석학적인 문제의 논란거리는 상존한다. 예를 들어서 기독교가 전통적으로 말하는 '바울의 율법주의'가 100퍼센트 잘못된 고정 관념으로 치부할 수 없는 논리가 바울의 로마서 텍스트에도 분명하게 나타나는 바(롬9:32, 10:3)와 같이(그래서 샌더스가 '새로운 언약적 율법주의'라고 부르는 것처럼) 바울의 사상체계는 그가 펼치는 논리가 천상으로부터 지상으로 또 지상으로부터 천상을 오가면서 구속의 정점인 종말론적인 그리스도의 왕국을 내다보는 형국에서 내놓은 매우 복잡하고 까다로운 방식과 구조를 가진 서술이기에 그의 논리는 어떤 이들이 말하는 것처럼 일관성이 없는 괴변과 상통하는 모호하고 애매한 것으로 수두룩하게 보인다. 그런데도 그렇게 손쉽게 가벼운 결정을 내린 데는 그럴 만한 이유가 있기 마련이지 않을까 하는 합리적 의구심이 그것이다.

필자는 이같은 애매모호함으로부터 파생되는 여러 가지 문제점들을 하나로 통합해 근본적인 해결책을 제시하기 위해 로마서 해설을 통해서 도식화할 수 있는 바울의 복음과 율법(이방인의 율법과 유대인의 율법을 포함한 광의적이고 보편적인 개념으로서의 율법)과의 관계를 명시적으로 설명하면서 로마서에서 언급되는 '헬라인과 대칭 대비되는 유대인(롬1:16, 2:9-10, 3:9)'에 대해서는 그리스도 예수 안에 실현된 구속(롬3:24)과 실현될 구속(롬8:11, 8:23)의 관점에서 이미 드러난 유대교의 언약적 율법주의의 종말적 한계에 갇혀 자신의 정체성을 드러내는 유대인으로 규정하고 롬2:17에서부터 논의되는 '자칭 유대인'을 "복고형 유대형 또는 회귀형 유대인"이라고 명명하는 새로운 관점을 제시함으로써 샌더스 이후 점화된 이슈인 '율법의 행위'와 관련한 해석학적인 문제의 논란거리를 일소했다.

이 관점은 넓게 롬1:18-2:16까지 엄중한 논리로 제시된 하나님의 심판이 '한 사람 아담의 후손으로서 개체로서의 모든(개체를 강조하는 표현으로 온갖) 인간 대 예수 그리스도'라는 구도 속에서 펼쳐지는 생경하나 신박한 논리 속에서 최종 심판에 이르고 있음을 바울이 전한 복음의 핵심인 예수 그리스도를 그리스도 예수 안에서 재해석함으로써 명확하게 밝힌다.

그것은 '바울이 비판한 유대 율법주의'에 대해 기독교의 전통적인 해석이 잘못되었다고 주장하는 샌더스 이후 성서신학의 논리에 반하는 것일 뿐 아니라 기독교회의 고대 교부 가운데 최고의 사상가로 알려진 교부철학을 집대성한 아우구스투스(기원후 354-430) 이래 기독교의 전통적 해석에서는 도저히 상상조차 할 수 없는 것이다.

이는 샌더스가 말하듯 역사적 참으로서 1세기 팔레스타인 다양한 유대교의 토대가 되는 언약적 율법주의가 기독교의 전통적인 바울의 율법주의에 대한 해석을 틀린 것이라고 몰아붙이는 근거로 인식되어 온 것을 다시 뒤집어 바로잡는다. 필자는 그것을 바울 후대에 기록된 복음서들이 전하는 예수 그리스도의 인격과 사역으로 이루어진 복음의 틀(예수 그리스도는 다윗의 후손으로 태어났고 죽은 자들 가운데서 일으켜지셨다는 초기 예루살렘교회의 복음에 대한 신조적 표현)로 환치해 읽는 경향이 만들어 낸 유대교에 대한 단면적 성찰의 결과물의 반향으로 규정하고, 로마서에 서술된 바울이 전한 복음(필자가 믿기에 완성된 영원한 복음)의 틀인 "하나님의 복음(곧 하나님의 복음, 그러니까 '그 하나님의 그 복음'과 '그 그리스도의 그 복음'으로 표현되는 복음의 틀인 롬1:3-4〈15:16,19〉)"에 대한 짧은 정의(서술)를 본래의 상태로 복원해 설명하여 그 진의를 제시하고 그에 대한 바울의 복음이 갖는 보편성을 해석해 냄으로써 모든 해석학적 논쟁으로 인한 갈등과 혼란과 분열상황을 바로잡는다.

이렇듯 샌더스의 연구 결과 표본인 '1세기 팔레스타인 언약적 율법주의'를 바울의 인식 체계 속 제자리에 놓을 수 없는 고지식한 대입 방식의 시각으로 보면 기독교의 오래된 율법주의는 완전히 틀린 바울의 이해로 둔갑할 수 있으나 필자가 보기엔 본래부터 바울의 인식 속에 있었던 그 언약적 율법주의를 제자리에 놓고 나면 그때 비로소 기독교의 오래된 율법주의가 완전히 잘못되거나 틀린 것이 아니라 보완적 설명이 필요한 구속사의 관점에서 나타날 수 있었던 관용이 필요한 필요불가결한 바울에 대한 이해로 보이는 결과물로 판단된다.

이는 실제로 필자가 바울의 로마서 그리스어 텍스트에 드러난 '복음의 틀'인 예수 그리스도에 대한 온전한 이해의 토대를 복원함(바울의 복음에 대한 발상의 전환)으로써 새로운 로마서 이해를 시도한 바와 같이 바울의 유대주의 비판은 본질적으로 그리스도 예수 안에 있는 구속의 정점에서 보는 그의 이전 종교인 유대교가 드러내고 있는 최후의 특성과 맹점에 대한 지적이라는 사실을 보는 것이다. 한마디로 그것은 그리스도 예수 안에서 양자가 있어야 할 제자리를 찾아 배치함으로써 모든 논란거리를 해소한다.

결국 바울이 유대교를 비판할 때 유대교의 가장 큰 문제점은 그 속에 예수 그리스도와 예수 그리스도에 대한 참된 이해가 없었다는 점에 있다는 것이다. 그러니까 이것을 필자의 말로 바꾸면 유대교 언약적 율법주의가 설령 그것 자체에 결함을 가지고 있지 않더라도 그것의 문제 역시 예수 그리스도를 받아들여 믿지 않고 거부할 수밖에 없는 이성적 결함을 가진 구성원들의 상태에 의해 유지되고 있다는 사실을 좌시하지 않는 것이다. 이 점에서 샌더스가 말한 언약적 율법주의 또한 바울의 비판 속에 비판의 대상으로 있으며 기독교가 말하는 율법주의는 이같은 바울의 비판적인 맥락을 토대로 구속사의 정점에서 내놓은 용어로서 언약적 율법주의를 잣대로 참과 거짓을 가릴 수 있는 대상이 아니다.

즉, 이 말은 바울이 그의 복음을 말하는 관점인 '예수 그리스도'를 초기 예루살렘 교회의 신조적 관점의 표현이 아닌 '그리스도 예수'의 종으로서 예수 그리스도에 대한 재해석의 관점, 그러니까 유대인과 이방인으로 나뉜 인류의 역사를 융합하고 통합해 낸 구속사의 완성이라는 그 정점에서 인류의 비참에 대한 해결책을 제시하는 관점으로 볼 때 바울이 '율법의 행위'를 비판한 것은 모세의 율법을 가진 유대교의 언약적 율법주의를 통한 구원론 자체의 틀을 비판한 것이 아니라 하나님의 백성에 대한 정의를 표시함(defining mark)에 있어서 하나님의 백성에 대한 성격과 범위 또는 그 의미를 정확히 명시하려고 하는 입증 기준을 그리스도 예수 안에 있는 구속의 관점에서 드러나는 '예수 그리스도의 믿음으로부터'가 아닌 '그 율법의 행위(모세의 율법이 적시하는 법적 종사자로서의 일)로부터' 취하려고 했기 때문이라는 것이다.

따라서 필자가 말하는 바울의 복음에 의한 바울의 율법에 대한 새로운 통찰로 유대주의와 율법주의에 대한 바울의 통렬한 비판을 볼 때 샌더스가 말하는 유대교의 언약적 율법주의가 바울의 유대교에 대한 인식과 동일함에도 그것이 통렬한 비판의 대상이 될 수밖에 없는 극과 극으로 대립하는 관계의 무언가가 유대교 내에, 그러니까 유대교를 구성하고 있는 구성원들에게 있을 수밖에 없다. 이는 바울이 전한 복음에 근거해 기록된 바울 서신에서 나타나는 율법에 관한 바울의 비판적이며 부정적인 서술을 이해하려고 할 때 '그리스도 예수 안에 있는 완성되고 완성될 구속의 관점'이라는 익숙하지만 낯선 전혀 다른 새로운 접근 방법과 이해 능력이 필요하다는 필자의 결론이 정당하다는 것을 보게 한다.

이는 재밌게도 바울 후대 기록된 경전의 증거이긴 하지만 요1:14-17의 논리 속에서도 그 실체적 진실이 드러난다. 특히 요1:16의 우리말 성경 '은혜 위에 은혜'라는 번역은 잘못된 표현으로서 하나님의 은혜에 대한 우리의 정당한 사고를 가로막고 있는데, 이를 그리스어 텍스트를 직역하면 '은혜를 대항하는(거스르는) 은혜(χάριν ἀντὶ χάριτος-카린 안티 카리토스)'라는 표현이다.

이는 이어지는 요1:17에서 그 이유가 모세를 통해서 주어진 은혜와 그리스도를 통해서 주어진 은혜와의 상관관계를 대조하는 방식으로 드러나는데, 그것은 앞 요1:15에서 밝힌 것과 같이 모세의 율법이 필요했던 기간의 마지막 인물인 세례자 요한(모세의 율법이 주어진 이래로 율법 아래 율법이 요구하는 여자가 낳은 자 중에 가장 큰 자로 예수님에 의해 평가되는 사람)과의 관계에서 그리스도이신 예수님으로 인해 모든 세계의 질서가 전도되었다는 세례 요한의 직관으로서의 천명, 곧 그리스도 예수께서 영존하시는 하나님과의 관계에서 첫 번째 자리에 계시는 분임을 보게 되었다는 고백으로 확인할 수 있는 것과 같이 1세기 팔레스타인 유대교의 순수한 언약적 율법주의 또한 그리스도 예수 안에서 전파된 바울의 복음을 적대시하며 충돌하는 사고체계라는 한계를 가진 종교 패턴으로 드러난다.

이는 신약성경이 말하는 유대교가 분명 은혜의 종교라는 사실을 확증하며 샌더스가 말하듯 분명 '유대교는 기독교가 아니다'라는 명제와 그 맥락적 사고에 합당한 유대교의 언약적 율법주의와 바울의 율법주의에 대한 결사적인 비판이 가지는 확장된 율법관에 의한 상관관계의 진정한 의미를 보게 하는 힌트를 제공한다. 한마디로 바울의 유대교의 율법주의에 대한 비판이 샌더스가 말하는 언약적 율법주의를 포함한 모든 세상의 모든 법치주의를 아주 내밀한 영적 관점에서 비판하는 큰 범주의 개념으로서 보편적 율법주의를 비판한다는 것이다.

필자가 하려고 하는 말의 본래 취지는 우리 기독교가 유대교뿐만 아니라 지구촌에 나타났던 모든 종교와 법과 철학, 그러니까 지구촌에 상존하는 모든 종교와 법과 철학 또는 과학 등 여타의 집단 지성에 의해 조건화된 인류의 비참한 현실을 해결할 수 있는 유일한 해결책으로서 그리스도의 복음이 하나님께로부터 선물로 주어져 있음과 그것이 인류 사회와 문화적 비평의 원리로 인류의 모든 문제를 극복할 수 있는 특별한 방식의 논리로 이미 우리 인간들의 삶의 현장에 들어와 그 영향력을 발휘하고 있다는 사실이다.

이는 샌더스에 의해 드러나듯이 기독교는 언약적 율법주의와는 다르게 '그리스도 안에 들어가 머문다'라는 "참여 종말론"의 사고방식으로 표현되는데, 그것은 본질적으로 유대인들(이스라엘 민족)이 형식상 하나님과 맺은 언약 안에 있음과 같지 않고 그 언약의 갱신이라고 하는 그 언약의 성취 과정을 통해 차원 또한 다른 것으로 확정된다. 결국 사람은 누구든지 그리스도 안에 참여함으로 이어지는 믿음의 행위로 말미암아 구원받은 이들 가운데 들게 되어 "공동상속인"이 됨으로써 그 유업을 공유하고 그리스도의 부활에 참여한다.

이 모든 논리는 바울 복음의 핵심인 그리스도 예수 안에 있는 구속의 관점에서 재구성되는 예수 그리스도의 돌아가심과 부활하심으로 인해 새롭게 창조되는(또는 재창조로도 언급되는 이 개념을 굳이 필자의 언어로 직필한다면 '역창조'라는 개념의 신조어로 설명해야 하는) 새 사람 곧 그리스도인은 그리스도 예수 안에서의 한 인격체라는 정체성을 가지고 '그리스도의 몸'으로 이 땅에 존재하며, 그러한 구원의 새로운 생명과 그에 걸맞은 영광스러운 삶은 오직 그리스도 예수 안에서 주어지는 선물이기 때문에 그것은 이 세상의 모든 삶의 방법과 다른 길이며 그와 다르게 사람들이 추구하는 길이 어떤 길이든 그것을 따라가는 것은 모두 잘못이고 죄 된 삶이 된다. 결국 인간의 비참한 곤경이란 그가 그리스도 안에 있지 않음이다.

결론적으로 샌더스는 그의 책 〈바울과 팔레스타인 유대교〉 마지막에서 매우 공감할 수 있는 말로 다음과 같이 분명하게 매듭짓는다. "바울은 그가 쓴 서신에서 예수의 죽음과 부활을 기초로 삼아 자신의 복음과 신학을 설명하는 인물로 등장하지, 그 죽음과 부활을 그보다 앞서 존재했던 어떤 도식에 집어넣은 인물로 등장하지 않는다. 바울 서신에서는 예수의 죽음과 부활이 기능은 비슷해도 내용은 달랐던 다른 모티브를 대신한다."

필자 역시 바울이 직접 말한 것처럼(갈1:1-10) 바울 서신이라고 하는 작품(특히 그의 복음에 대한 정의와 그 복음으로 인한 인류의 삶에 대한 구체적인 청사진을 제시하는 서술)을 쓰게 된 동기가 이 세상의 그 어떤 종교와 철학의 이론적 도식에 넣을 수 없고 넣어서도 안 되는 하나님께로부터 직접 받아 이 세상의 지혜와 지식과 완전히 구별되는 특별한 지혜와 지식에 있기에 그같은 관점 곧 '바울이 전한 복음의 실체적 진실을 담고 있는 바울의 진정한 복음의 틀(롬1:1-4)이 지닌 선명성'에 근거해 바울의 중심 사상을 밝히는 명료한 주장들에 필자 또한 즐겁게 동의하는 바이다.

이제 언약적 율법주의로 인한 성경학회의 발전 과정을 더듬어 보기 위해 이야기의 방향을 2017년 11월 19일 오후 미국 보스턴의 하인즈 컨벤션 센터에서 E.P. 샌더스가 1977년 출간한 종교 패턴 비교 연구서인 〈바울과 팔레스타인 유대교〉(이하 PPJ)라는 책의 출간 40주년을 기념하는 행사가 있었던 곳으로 돌려보자.

지금은 고인이 된 저자 샌더스 교수(1937.4.18.~2022.11.21.)가 직접 참석한 가운데 SBL Pauline Epistles Section(성서학회 바울 서신 분과)에서 "Paul, the Law, and Palestinian Judaism, Forty Years Later(바울, 그 율법, 그리고 팔레스타인 유대교, 40년 후:):"라는 주제로 4명의 발제자가 있었다. 그 가운데 2명의 발제자 닐 엘리엇과 매튜 티센의 원고가 PPJ 40주년 한국어 기념판에 붙어 있는데, 그들의 기조는 현대 성서학의 동향을 파악하는 데 유익하다(PPJ 40주년 한국어 기념판을 접하지 못한 분들을 위해 그들의 기조를 정리해 본다).

거기에서 닐 엘리엇은 PPJ 40주년 기념판에 붙여 "지진을 평가하다!"라는 제목으로 발제하며 지진학자인 그의 첫째 아들의 지진과 지진 후에 대한 사람들의 반응에 대한 일견을 비유로 삼아 '샌더스의 책이 나온 1977년 이후 수십 년이 지났는데도 아무 일 없었다는 듯이 바울신학이 흘러온 것은 실로 놀라운 일이다.'라고 도전하고 샌더스의 연구 결과를 바울신학의 지형변화로 정당화하며 그 위에 세워질 건축물에 빗대어 그후 바울신학의 동향을 더듬어보며 4종류의 바울신학의 접근방법론의 실태를 비판적으로 분석하여 소개하고 마지막으로 "이렇게 말하면 충분하리라. 1977년의 지진은 넓고 다양한 기준과 양식, 그리고 관심들로 강렬하고 새로운 건축들을 만들었다. 바울신학의 주제로 응용해 본다면, 결국 무엇이 끝까지 남을지 사간이 가르쳐 줄 것이다(고전3:10-15)"라고 바울신학 연구의 미래에 대한 기대로 발표를 마친다.

그는 말하길 "*PPJ*가 출간되고 몇 년이 지난 후에 나는 프린스턴 신학교에서 대학원 공부를 시작했다. 이곳의 성서학부에서는 두 명 중 한 명 꼴로 로마서에 대해 연구 논문(나 역시 로마서에 대해 썼다)을 썼다. 나와 동료들은 학교 교수님들의 건축학적으로 방대하고 위대한 학술 저술들을 연구했는데, 그중의 몇몇 교수님들은 1977년의 지진 이전의 건축물을 다루어 오신 분들이었다. 그러다 우리는 그들의 연구에서(위의 비유를 좀 더 확장해 본다면) 새로운 시멘트로 덧붙여진 곳들을 발견하기 시작했다. 곳곳에 흩어진 각주들은 샌더스가 이런 저런 부분에서 맞다 틀리다라고 적혀 있었다. 그러나 누구도 건물을 짓기 전에 그들의 일을 멈추고 세심하게 그들이 딛고 선 기초를 허물거나, 재검사하거나, 새로이 만들거나 하지 않았다는 말이다.[3]"라고 강조하며 자신들이 세워야 할 "새로운 건축물"은 다른 기준, 그러니까 샌더스가 학계의 가장 핵심적인 부분에 제기한 문제라는 사실을 알아차렸을 즈음 갑자기 바울에 대한 개신교 해석이 가진 여러 면의 기반을 강화하려는 강렬한 노력, 곧 바울에 대한 "새 관점" 학파(대표 학자는 제임스 던과 N. T. 라이트)가 일어났는데, 그들의 관점은 샌더스의 입장과 중요한 차이점이 있음을 *PPJ*의 40 주년 기념판 서문을 쓴 마크 챈시를 들어 당시 1980년대에는 아주 소수만이 그런 명확한 안목을 말해 줄 뿐이었다고 회고한다.

그리고 그는 "존 게이저(Gager)가 *The Origins of Anti-Semitism*(1985)(반유대주의의 기원)에서 자신이 로이드 개스턴(Gaston)에게 사적으로 받은 다음의 메시지를 공유했다."라고 말하며 그때의 정황을 다음과 같이 정리한다.

"나는 갑자기 바울에 대한 기본적인 연구서들을 읽는 것이 매우 힘들어졌다는 것을 알게 되었다. 도대체 왜 다른 학자들은 텍스트 밖의 것들에 그토록 많은 시간을 들이면서도 이 명확한 것을 빠뜨려 왔을까? 나는 심지어 어떤 면에는 '객관적인' 사전적 연구조차도 의심이 갈 지경이다. 최소한만 가정하고 모든 것을 논의해야 하기에, 글을 쓰려면 거의 마비된 상태가 된다.[8]

나는 박사 논문을 쓰기 위해 스피어 도서관으로 갈 때마다 이 문구를 적은 인덱스 카드를 가지고 갔다. 물론 이 가르침은 이미 *PPJ*의 모든 페이지에서 찾아볼 수 있다. 모든 일차 자료는 검증하고 또 검증해야 하며, 이 작업은 일차 자료의 방식과 맥락 속에서 이루어져야 한다. 학문적으로 '검증된 결과'는 언제나 증거에 입각하여 판단되어야 하며, '전통적 지혜'는 사실 전혀 지혜롭지 않을 수도 있다. 또한 기독교의 반유대주의와 우월주의 감안할 때-더 확신을 갖고 일반화할수록, 찬송을 위한 억지 해석은 더욱 위로를 준다-, 내재된 편견에 대한 검증을 위해서는 의심을 가지고 읽어야 한다. 비록 나는 샌더스 교수에게 배우지는 못했지만, 이 책(및 그가 이후에 쓴 책들)은 학문이 우리에게 무엇을 요구하는지 나(뿐 아니라 나와 같은 시대를 살았던 많은 사람)에게 가르쳐 주었다. 오늘날 지형이 달라졌다면, 이는 샌더스 연구가 얼마나 중요한지 보여 주는 증거다.

(*PPJ* 40주년 한국어판 982하-983중)

이렇게 1977년 바울 읽기에 대한 지형이 바뀔 정도의 큰 지진과 함께 그 지진의 여파로 나타나는 재건의 몸부림은 또 다른 병폐, 그러니까 '부실 공사'라고 하는 꼬리말을 달고 당시의 신약학계를 불태우고 있었다. 그에 대해 닐 엘리엇은 이렇게 말했다.

"새 관점", 특별히 던과 라이트의 연구로 일컬어지는 이 연구는 여전히 여러 사람에게 강력하고 설득력 있는 체계로 남아 있다. 이는 어느 정도는 샌더스가 기독교 신학의 보고에서 제거해 버린 것을 복구할 수 있을 것이라는 희망을 주기 때문일 것이다. 신학적으로 일관적이고 수사학적으로 설득력 있는 한 사도의 모습이 그것이다. 그러나 다른 이들은 새 관점에 저항하는데, (토마스 데이던의 말을 빌리자면) 새 관점은 유대인들을 그릇되이 묘사했던 "사실상 모든 오래된 루터파 귀신들"로 하여금 "(모두가 인정할 만큼 꼼꼼하게 샌더스가 쓸어버리고 다시 정리한) 유대주의로 다시 태연하게 돌아오게 했다"는 것이다. 다만 새 관점은 이제 바울만이 진단할 수 있었던 유대교 중심의 가장 치명적인 오류의 자리에 행위 칭의의 자리 대신 '배타주의' 또는 '민족우월주의'를 뒀다.[6]
짧은 시간동안, 르네 지라르의 연구는 바울을 (다시) 유대교 중심에 자리한 치명적인 모방 욕망에 대해서 최고의 진단의로 볼 수 있는 가능성을 유지해 줬다.[7] 좀 더 최근에는 신마르크스주의자들인 알랭 바디우(Badiou)와 슬라보예 지젝(Žižek)의 바울에 대한 열정이 바울 학자들에게 갑작스런 연관성에 대한 전망을 제공해 주었다. 성서학자들이 바디우와 지젝이 흥정하는 방식대로 신학적 편견에 갇힌 유대교에 대한 과장을 넘어서 본다면 말이다.[8] "그렇다면 바울이 보기에 유대교가 갖고 있는 문제는 도대체 무엇이었는가?"라는 샌더스의 간단한 공식 한 가운데 있는 이 질문에 대해 샌더스는 "기독교가 아니기 때문이다"라 답한다. 그러나 여전히 많은 신학적으로 사고하는 기독교학자들은 이 간결한 대답을 거부하며, 나아가 바울 혼자서 탁월하게 드러낸 유대교의 진짜 문제가 무엇인지 설명할 준비가 되어 있다. (만약 당신의 청중들이 지진을 경험하고 있지 않다면, 지진에 대해 부정하는 것은 그리 어려운 일이 아니다.)

그러나 다른 학자들은 1977년의 파괴를 전제하고 존중함으로써 바울에 대한 새로운 해석들을 내놓았다. 나는 4개의 서로 다른 접근들(4개의 새로운 건축 학파라고도 할 수 있을 것이다). PPJ가 출판되기 전에 없었던, 그리고 샌더스의 책이 제공하는 자극이 없었다면 아예 나오지 않았을지도 모르는(아니면 최소한 이렇게 일찍 혹은 일관성 있게 나오지는 않았을) 접근들을 소개하고 싶다.

(PPJ 40주년 한국어판 983ʰ-985ˢ)

당시의 진화하는 신약학계의 바울 이해의 네 가지 접근 방법을 요약하면 다음과 같다.

첫째 학파의 견해는 샌더스가 제시하는 논점의 결과를 단순하게 따르며 바울을 신학적으로 "일관성 없는" 사람으로 보는 해인키 라이제넨(R)의 입장이 대변한다. 샌더스가 개종한 사람의 수사로 이해하는 것을 라이제넨은 수사적인 논리적 오류(결론을 미리 전제하는 오류-역자주)라며 거부하며 "오직 또 다른 개종자만이 바울의 꼬이고 과장된 유대교에 대한 묘사를 그럴듯하다 여길 수 있다. 우리는 바울 없이 잘 지내야 한다.[9]"라고 터무니없이 주장한다.

두 번째는 역시 샌더스를 따르면서 바울이 유대교 안의 실질적인 단점을 진단하고 있지 않다고 논증하는 존G. 게이저와 로이드 개스턴의 입장으로 샌더스 연구로부터 파생된 중요한 방법론을 가지는데, 하나는 "바울이 이방 교회들에게 쓴 서신은 이방인 기독교인들의 신학과 실천 및 간혹 신학적 교정 작업에 대해 다루고, 다른 하나는 바울이 쓴 어떤 것도 유대인이나 유대교에 대한 비판으로 읽어선 안 된다."는 것이다. 이는 해석자가 선택해야 할 갈림길을 열어 놓은 것으로서 바울이 구원에 대한 두 개의 '노선'을 상상했다고 제안하고 유대인은 토라 언약을 통한 구원을, 비유대인에게는 그리스도를 통해 구원을 얻는다고 주장하나 이 또한 어림없는 주장으로 대부분의 학자들이 이 '두 노선' 모델을 받아들이지 않는다.

세 번째는 두 번째 학파 가운데 두드러진 시도로 "유대교 안의 바울(Paul within Judaism)"이라고 소개된 이 접근 방식은 바울이 유대교의 단점을 진단한 것이 아니라는 샌더스의 증명을 받아들이고 존중하지만, 바울이 "해결책을 먼저 생각하고 비참한 곤경을 나중에 생각했다"는 샌더스의 결론에 문제를 제기하며 바울이 일관성 있는 바리새인이자 묵시적으로 생각하는 유대인으로 계속 사고한다고 본다는 주장으로 프레드릭슨(Fredriksen) 교수가 첫 번째로 기초를 만들었고, 마크 D. 나노스(Nanos)가 열정적인 지지자이다. 그러니까 바울은 온 나라가 메시아에게 복종하게 되는, 바로 오랫동안 예언된 시대를 자신이 살고 있다고 믿었고, 확실히 바울 자신이 바로 그 변화의 도구라고 믿었던 바울의 토라(율법)에 대한 모든 비난은 비유대인들이 유대교의 신분 표지(identify marker)를 사용함으로써 유대인과의 경계가 불분명해지는 것을 막기 위한 것이었다는 말이다. 이는 바울이 드러내는 "잘못"은 유대교 안에 있는 것이 아니라 당시 새롭게 태어난 이방인 교회의 유대화에 대한 유혹에 있었다는 논리로서 '두 노선' 대신에 한 노선에 두 개의 객실, 곧 한 객실은 이스라엘용, 다른 한 객실은 열방용의 객차를 메달고 달리는 기차가 목적지에 닿을 때까지 각자 자기 객실에 있도록 하는 기관사를 바울로 인식한다(각주 11을 보라).

마지막 네 번째는 "제국주의 비평"이라 불리게 된, "바울의 반제국주의"라고 불리는 학파주장으로서 바울에 대한 정치적 해석, 그러니까 '제국주의 비평적 읽기'이다(대표 학자는 리처드 호슬리(Richard Horsley)와 N.T 라이트(N. T. Wright)이다). 이는 바울 서신 안에 정치적 논지가 거의 없다고 공식적으로 말한 샌더스에 직관적으로 반하는 주장일 수 있다. 왜냐하면 샌더스는 사도로서의 바울을 "사회적 보수주의자"로 보았고 그런 그는 권위에 복종하라는 "열정적이거나, 이상적이거나 어쩌면 순진하기까지 한" 그의 매우 분명한 권면(롬13:1-7)과 함께 불의한 독재의 그림자에 대해서도 힘들어하지 않고 임박한 종말을 기대하며 기독교인들이 주님의 다시 오심을 기다리는 중에는 (예를 들어) 불의한 법과 통치자에 반대하거나 노예들의 해방을 위해 활동함으로써 기존의 정치를 바꾸려 해선 안 되었던 사람으로 인식했기 때문이다.

닐 엘리엇은 그러한 바울에 대한 현대적 해석에서 해석학적으로 매우 설득력 있게 논증된 바울을 정치적으로 해석하려는 현상 또한 샌더스가 열어 젖힌 해석학적인 창을 통해 들어온 빛의 일종으로 보면서 원인적으로 사회적 원인에 관점을 가진 톰 라이트와 정치적 원인에 관점을 가진 다른 학자들의 제국주의 비평적 읽기 방식이 "사도의 목소리를 덮어 버렸다"라고 비판했다.

그는 정치적으로 "자신의 좌파적 성향이 좋다"라고 운을 뗀 뒤에 '미국의 두 명의 부시 대통령이 시작한 두 번의 이라크 전쟁 사이에 민주당 정권은 8년 동안 이라크 봉쇄 정책을 지휘했는데, UN의 추산에 따르면 50만 명의 어린이들이 희생된 사실을 근거해 두 명의 유엔 사무총장이 이를 "야만적"이라 비판하며 사임한 사실을 언급하며 왜 나는 이런 일에 침묵하고 있어야 하는지 모르겠다'라고 바울의 정치적 읽기의 원인적 문제점을 꼬집으며 침묵하는 학자들에게 다음과 같이 도전한다.

"'정상적'이란 것이 외관상으로는 비정치적인 신학적 해석이 되어 실제적으로 해석자 자신이 그런 정책들을 지지하거나 아니면 정책에 무관심하다는 것을 의미하는 것이 아닐까? 만약 내가 모든 걱정을 멈추고 물고문이나 드론 공격이나 폭격 등을 사랑하는 것을 배운다면 바울을 다르게 읽게 될까?"

그리고 '그는 40년 전 샌더스의 *PPJ*를 읽고 즉각 도서관에 꽂혀 있는 바울에 대한 대부분의 연구서들이 틀렸다는 것을, 적어도 중요한 부분들에서는 그렇다는 사실을 깨달았다'라고 바울에 대한 자신의 이해가 '샌더스 교수의 면밀하고 조직적인 논증에 의해 뒤집혔다'라고 고백한 뒤 자신의 바울에 대한 해석학적 방법을 놓고 방황한 "원인(blame)"의 일부를 자신의 논문지도 교수 중 폴 W. 마이어(Meyer)에게 돌리며 그에게서 배운 자신의 신수사학과 수사비평이 샌더스가 바울에 대해 말한 "해결책에서 비참한 곤경으로 거꾸로 생각하기"와 거세게 충돌하고 있음을 알게 되었다'라고 말했다.

그리고 최근의 샌더스 영향 아래 빗나간 학계의 현상을 꼬집으면서 자신마저 본질적으로 "바울이 유대주의에 대한 기독교의 우월성을 설명하기 위한 것 이외의 것에 메달려 있었지 않았나 질문해 보아야 한다"라고 바울 이해에 대한 전망으로서 문제의식을 드러내고 그 해답에 대한 단서를 프레드릭슨 교수의 *From Jesus to Christ*(예수에서 그리스도까지)에서 찾았다고 했다.

그리고 그는 다음과 같이 말한다.

프레드릭슨은 독자들에게 샌더스가 어떻게 개신교의 유대교 해석을 박살 냈는지, 어떻게 개신교가 오로지 유대교의 한 부분만을 강조했는지, 명확하게 보여 준다. 그러나 거기에 그치지 않고, 이방인 교회의 관점으로 이해된 바울의 개종 뒤에 도사리고 있는 것이 무엇인지 묻는다.(아마도 샌더스의 연구안에 남아있는 블랙박스 같은 것일 것이다.) 프레드릭슨은 바울에게서 온 나라의 의인들이 열방 중에 의롭게 남아 있음을 말하는 유대의 회복 종말론에 대한 즉각적인 설명을 하나 발견했다.[17] (나는 이것이 '유대주의 안의 바울' 모델의 주춧돌과 같다고 본다.) 프레드릭슨은 과거의 바울이 행했던 교회에 대한 박해가 동기가 되었을 것이라 설득력 있게 주장한다. 처음에는 메시아 신앙에 대한 율법적 반대에서 비롯되었지만, 그 동기는 예수에 대한 초기 신자들 사이에 나타난 율법 순종에 대한 포기에 분노 때문이 아니었다. 더 크고 잠재적으로 적대적인 이방세계 한 가운데서 유대 공동체를 보호하기 위한 바울의 매우 맹렬하고 유대인스러운 고민이 있었다는 것이다. "정치적으로 급진주의자로서 최근에 사형당한 메시아(십자가에 달린 메시아)를 열광적으로 선포하며 이방세계에 임박한 종말에 대한 비전을 함께 전하는 것은 매우 위험한 것이었다. 점점 더 퍼져갈수록, 이는 모든 유대 공동체를 위험에 빠뜨릴 수 있었을 것이다."[18]

프레드릭슨 교수는 최근의 중요한 저서 *Paul the Pagan's Apostle*(바울, 이방인의 사도)에서 초기의 해석들을 더욱 심도 있게 발전시킨다. 부활한 그리스도의 초기 선포가 당시 디아스포라 회당들에 끼쳤을 근본적인 위협을 더욱 깊고 컬러풀하게 그려 낸다. 로마 세계의 도시 환경에 바울 자신의 복음이 일으켰을 경고가 그것이다. 프레드릭슨은 '정치적' 선동가로서의 황제나 제국의 정책을 비판하는 따위의 행위를 하는 바울을 절대로 비판하지 않는다. '제국-비판'을 중심으로 해석하는 학자들이 (보통은 지나치게) 하는 것처럼 말이다. 오히려 바울의 선교는 로마 도시의 거주자들이 "이스라엘의 하나님에게 특별한 헌신을 드리게 하여, 그들의 신들을 거부하도록 만들었고" 이것은 문명의 기초라고 모든 이들이 이해하고 있었던 신-인간의 계약의 근본적인 철폐를 의미하는 것이었다.[19] 나는 이 위협이야말로 매우 '정치적'이라고 생각한다. 당시 로마 도시들의 질서에 대한 문제이기 때문이다. 아마도 다른 이들은 이것이 '종교적' 또는 '신학적' 문제라 주장할 것이다. 그러나 이렇게 극단적으로 구분지으려 하면 프레드릭슨의 요점을 완전히 놓치게 된다.[20]

나나 다른 제국 비판적 해석을 시도하는 방향으로 프레드릭슨 교수나 샌더스 교수가 가고 있다는 식으로 책임을 지우려는 의도는 전혀 없다. 사실 제국-비판적 접근은 그들의 연구 이후에나 나온 것이다. 나는 제안할 뿐이다. 먼저 샌더스가 보통의 신학적 해석들을 모두 날려 버리고, 프레드릭슨이 그 역사적 결론을 훌륭하게 그려 내고 결국 신학자들이 매우 심각하게 그 영향을 받아야 한다고 주장했던 것이라고 말이다.

(PPJ 40주년 한국어판 991상-992하)

이처럼 닐 엘리엇에게 지진으로 평가되는 샌더스의 연구가 만들어 낸 여파로부터 나타난 바울에 대한 이해는 여러 가지 바울에 대한 이해의 접근 방법을 낳았고 오늘도 여전히 온전한 바울 이해에 이르기 위해 다양한 학자들의 헌신이 뒤따르고 있다. 필자도 이런 헌신의 대열에 휩쓸릴 수밖에 없는 한 사람으로서 학자는 아니지만 목회자로 바울의 온전한 이해에 대한 깨달음을 드러내고자 했다.

그리고 그것은 아직 필자가 샌더스의 다른 책들과 프레드릭슨의 책들을 접해 보지 않은 상태에서 오로지 신·구약 성경의 원전(BHS 5th ed와 NA 28, UBS 5th ed) 읽기를 토대 삼아 바울의 그리스어 텍스트를 어휘 사전에 근거해 심층적으로 연구한 것으로서 닐 엘리엇이 샌더스 이후 프레드릭슨에게서 본 바울 이해, 곧 샌더스의 연구안에 남아 있는 블랙박스 같은 것의 실체를 보여 주며 그것의 궁극적인 목표에 도달하게 하는 새로운 접근 방법이라고 확신한다.

또 한 명의 발제자 매튜 티센은 "PPJ 출간 40주 후 바울과 유대교를 주술로 불러내기"라는 주제로 강연하면서 '존 레논의 "이매진"을 개사한 가사를 읽은 뒤 샌더스나 PPJ가 없는 세상을 상상하는 건 내게 실로 무척 어려운 일이다. 왜냐하면 세상을 뒤흔들어 놓은 샌더스의 책 출간 후 딱 한 달 뒤, 즉 1977년 7월에 내가 태어났기 때문이다.'라고 말한 뒤, 그는 '부모가 아닌 대학의 종교 관련 교수의 강의를 통해 알게 된 샌더스의 유대교의 언약적 율법주의에 관한 관심으로 PPJ를 읽고 성서학 박사학위를 받기로 결심하고 가능하다면 직접 샌더스가 있는 곳을 찾아 지원했으나 번번이 기회를 놓치고 그가 족적을 남긴 곳에서 박사 과정 대부분을 보낸 이유로 PPJ 출간 40년이 지난 현재 학계의 상황을 논하는 패널로 참여하게 되어 정말 영광스럽다.'라고 자신을 소개하고 발제를 시작하며 PPJ와 바울 학계의 현황에 대한 자신의 고찰이 마거릿 미첼(Margaret M. Mitchell)의 글에 크게 빚졌음을 말하며 다음과 같은 미첼의 글을 인용했다.

> 본질적으로 바울의 해석은 현존하는 자료를 취사선택하여 재구성한 배경에 투영된, 고대 문서 속의 혼령같은 이미지들로부터 죽은 사람[바울-역주]을 주술로 소환하여 묘사하는 예술적 작업이다. 이 모든 초상화들[바울 해석-역주]은 의도적으로 선택한 특정한 틀 안에다가 현존하는 증거들을 놓고 새롭게 구성하는 작업에 기초를 두고 있다.[3]
>
> (*PPJ* 40주년 한국어판 995쪽ʰ)

매튜 티센은 미첼이 말하는 샌더스가 출간한 연구물의 전부가 가지고 있는 공통된 특징을 세 가지로 분류하는데, 그 첫째가 다른 학자들이 "주술적으로 불러낸" 유대교의 초상에 의존한다는 것이고, 따라서 둘째는 그것 대신에 연구자 스스로 1차 자료인 유대 문헌들을 직접 읽고 연구하는 것이 현대인들의 감각에 부합하는 바울을 주술적으로 불러내는 잘못을 막는 일이라는 것이다. 한마디로 뻔한 바울 이해로만 귀착되게 만들었던, 학계에서 널리 받아들여졌던 고대 유대교 이해를 샌더스는 초기 유대교 문서들을 직접 연구하여 무너뜨릴 수 있었고 이제 바울 서신을 유대교 율법주의에 대한 공격으로 보는 관점은 호소력이 없다고 했다. 그는 요약하기를 "샌더스는 이전 학계에서 바울을 이해하는 배경으로 묘사한 유대교가 특정한 관점에서 인위적으로 재구성된 것이라는 사실을 제대로 인지했다. 따라서 도덕적으로나 종교적으로 심각한 문제를 지닌 것처럼 묘사된 유대교와 극단적인 대조를 이루는 인물로 바울을 이해하는 흐름에서 벗어날 수 있었다."라고 평가한다. 그리고 셋째는 "종교를 하나의 본질로 압축해서 이해하려는 시도가 언제나 그 종교에 대한 희화화로 귀결되고 이 희화들은 대부분 부정적이다."라는 사실을 샌더스의 말을 인용해 말하면서 "40년이 지난 현재에도 우리는 유대교나 기독교를 한두 마디로 응축시킨 본질로 이해하려는 유혹을 피해야 한다."라고 말하고 "샌더스는 다양한 유대 문서들을 제각각의 특질을 가진 독특한 문서로 다룸으로써 다양한 유대 문헌들을 한 덩어리로 묶어 바울과 대조 및 비교할 수 있는 단일한(monolithic) 유대교가 존재했다는 증거로 내세우려는 시도를 거부했다."라고 말한다.

짧게 진술한 어떤 하나의 본질로 한 종교 전체를 제대로 표현하기는 불가능하다. 더군다나, 기독교 쪽 학자들의 유대교와 기독교 비교는, 그 목적이 논박에 있었다. 그런 경우는 대개 바울이(혹은 예수나 기독교 전반이) 유대교보다 우월함을 보여 주는 것이 목적이다. 심지어 유대교를 모욕하려는 의도는 전혀 없이, 다만 바울(이나 예수 나 기독교)에서 독특하게 나타나는 점들을 확실하게 강조하려 할 때도 그런 비교를 할 수 있다.[7]

(*PPJ* 40주년 한국어판 998쪽[상])

그리고 그는 "역사적으로 부정확하며 사실을 폄훼하는 방식으로 유대 문헌을 사용하지 말아야 한다고 설득했던 샌더스의 열정적인 노작이 출간된 뒤 40년이 지난 지금 우리는 어디쯤 와 있는 걸까?"라는 질문으로 바울, 유대교, 은혜에 대한 지속적인 토론의 현주소를 묻는다. 그리고 그는 답한다.

오늘날 바울 학계를 구성하는 두 진영, 즉 소위 "루터파적 바울 이해"와 "바울에 대한 새 관점" 학파 모두 초기 유대교를 항상까지는 아니더라도 자주 잘못된 방식으로 그들의 연구에 사용하고 있다. 심지어 서로 간의 견해가 일치하지 않아 상대방을 비난할 때조차도, 이 두 계열에 속해 있는 학자들은 바울을 주술적으로 불러내는 데 있어서 상당한 공통점을 보인다. 특히 심각한 문제는 두 진영 모두 바울 이해의 배경(background)으로 유대교를 다룰 때 [역사적 사실과 다르게-역자 첨가] 근본적 문제가 있는 종교로 유대교를 그리려는 충동을 느끼고 있다는 것이다. 루터파적으로 바울을 해석하는 학자 중 많은 수가 여전히 유대교를 행위에 따른 의를 가르치는 종교, 즉 (하나님의 뜻에 역행하는 가운데) 그분의 선한 은혜에 들어가는 길을 얻어 내기[earn] 위해 노력하는 종교로 묘사한다.[11] 샌더스에 빚을 지고 있다고 인정하는 새 관점 학파의 주요 학자들 역시 여전히 바울을 돋보이게 만드는 배경 정도로만 유대교를 다루고 있다. 바울에 대한 새 관점을 주장하는 학자들은 유대교가 행위에 따른 의를 추구하는 종교가 아니었음을 알면서도, 바울 시대의 유대교에서 무언가 잘못된 점을 강박적으로 찾으려 했다. 결국 그들은 유대교의 문제점을 찾아내었다! 새 관점에 속한 학자들은 바울이 유대교의 민족중심주의[ethnocentric]를 비판했다고 주장했고, 이는 공교롭게도 제국주의, 식민주의, 인종주의에 대한 현대인들의 거부감[sensibilities]과 맥을 같이한다.[12] 소위 바울에 대한 새 관점 학파는 바울과 유대교의 문제에 대해 전통적 해석들과 별 차이없는 오래

되고 낡은 구조적 접근을 하고 있다. 다시 말해 미첼의 표현을 빌리자면, 바울을 제대로 이해하기 위한 배경의 색깔만 살짝 변했을 뿐 바울 해석의 배경은 여전히 혐오스럽고 흠결이 있는 유대교이다. 다시 말해, 유대교에는 어떤 근본적으로 잘못된 요소가 있고, 바울과 그의 복음은 유대교의 잘못된 요소에 대한 해결책을 제공한다는 것이다. 이들은 유대교 본질[essence]의 핵심을 표현하기 위해 율법주의, 민족중심주의, 또는 무엇이든 -주의[-ism]를 붙일 수 있는 것이라면 사용해 낸다.[13] 이러한 학문적 흐름에서는 심각하게 문제가 있는 유대교 본질의 정반대가 기독교의 본질, 아니 최소한 바울계 기독교의 본질이 된다.

(*PPJ* 40주년 한국어판 999쪽상-1000쪽하)

그는 이같은 위험에 대해 샌더스가 이미 경고했다고 말한 뒤 '지금부터는 이 논고에서 몇 가지 이유로 루터파적 바울 해석이나 바울에 대한 새 관점보다는 존 M. G. 바클레이의 저작 *Paul and the Gift*[바울과 선물]에 집중하려고 한다.'라고 다음과 같이 그 몇 가지 이유로 바울, 유대교, 은혜에 대한 지속적인 토론의 건전한 방향을 제시한다.

첫째, 바클레이 자신이 자기 책을 통해 유대교가 은혜의 종교였다는 샌더스의 관찰에 기반을 두는 동시에 샌더스의 논지를 개선하려는 노력을 펼쳤다고 말하기 때문이다. 둘째, *Paul and the Gift*는 루터파적 바울 이해와 바울에 대한 새 관점 학파의 장점들을 통합하려는 감탄할 만한 시도이다. 셋째, 유대교, 바울, 은혜를 주제로 한 다른 학자들의 저술과 비교할 때, *Paul and the Gift*에는 왜곡되고 과장된 유대교 묘사가 놀라울 정도로 보이지 않는다. 바클레이의 책은 내가 위에서 주목한 *PPJ*의 미덕 중 하나인 연구 방법론 자체에 대한 숙고를 그대로 따른다. 즉, 학자들이 바울을 주술적으로 불러낼 때 불가피하게 유대교를 바울을 돋보이게 하는 배경으로 "불러낸다는" 사실을 피하기 위해서는, 고대 유대 문헌을 학자 스스로 직접 주의 깊게 읽어야 한다는 것 말이다. 바클레이의 책은 주의 깊게 다룰 만한 가치가 있다.

(*PPJ* 40주년 한국어판 1001쪽상)

그리고 그는 이렇게 결론을 내렸다.

나는 바클레이 책에서 많은 것을 배웠다. 바클레이의 책은 샌더스가 이미 우리에게 준 두 가지 가르침보다 정밀하게 논증하는 데 도움을 준다고 나는 믿는다. 첫째, 고대 유대인들은 자신들의 하나님이 은혜로운 분이라고 믿었다. 둘째, 바클레이의 갈라디아서와 로마서 해석이 거듭 주시하듯이 바울과 다른 초대 기독교인들이 동시대 유대인들과 달랐던 점은 하나님의 선물이 무엇[what]인지 정의하는 데에 있다. 초기 기독교인들은 이스라엘의 하나님이 예수라는 인물과 성스러운 영[the sacred pneuma]을 통해 비교불가한 가치를 지닌 선물을 주었다고 믿었다. 바울의 사고에서 샌더스가 "실제로 그리스도에 안에 참여함"(real participation in Christ)이라 부른 경험은 비교 작업을 뛰어넘는 것이었다.[40] 1977년 샌더스가 말했듯이, 바울이 생각하는 유대교의 문제점은 "유대교는 기독교가 아니다"(it [was] not Christianity)라는 데 있었다.[41] 현 신약학계의 주된 흐름에 발맞추어 나 역시 바울에 대해 논할 때 샌더스와는 달리 "유대교"와 "기독교"라는 용어를 써 가며 대조시키지 않으려고 노력한다. 그러나 기본적으로 샌더스는 동의한다. 바울의 사고와 유대교 사이의 결정적으로 다른 점[key difference]은 바로 여기에 있다. 차이는 은혜를 추상적으로 극해하며 생기는 뉘앙스의 다양함이 아니라, 하나님이 주신 최상의 선물의 구체적인 정체성[concrete identity]에 놓여 있다. 다르게 표현해 보자. 바울의 진단에 따르면 예수를 메시아로 믿지 않은 유대인들의 문제점은 바로 그들이 예수를 이스라엘의 메시아라고 믿지 않았다는 것이다!

(*PPJ* 40주년 한국어판 1014쪽[하]-1015쪽[중])

매우 옳은 지적이다.

하지만 이렇게 오늘날의 신약학계에 바울 읽기의 지형이 바뀌었다고 선언하고 그 위에 세워져야 할 건축물을 제대로 짓기 위한 열정적인 헌신들이 있음에도 필자가 보기에는 정작 바울의 텍스트 읽기에는 실제로 크게 달라진 것이 없다.

또 한 번의 지진이 필요한 시점이 아닐까?

왜냐하면 *PPJ* 출간 40주년을 기념행사를 통해 드러난 현대 바울성서신학에 두드러진 두 학자의 성서해석 방법론이 통합을 이루어 낼 실제적인 방안을 제시할 수 있는 구심점(사실 바울의 로마서 그리스어 텍스트 해석에 대한 발상의 전환으로 로마서 전체를 새로운 관점으로 읽을 수 있도록 시도한 필자의 관점)을 찾지 못한 채 매우 심하게 충돌하고 있기 때문이다(파울라 프레드릭슨의 책 《바울, 이교도의 사도(한국어판, 2022, 도서출판 학영))를 정독해 보라).

이제 2017년 11월 19일 *PPJ* 출간 40주년 기념행사 2명의 발제자인 닐 엘리엇과 매튜 티센이 제안한 현대 성서신학에 대한 전망의 토대로서 파울라 프레드릭슨과 존 M. G. 바클레이의 저작물들을 통해 바울신학계의 바울의 로마서 텍스트 읽기의 현주소를 들여다보자. 이는 필시 필자의 그리스어 로마서 텍스트 읽기가 왜 필요한지를 보여 줄 것이며, 미래의 완성도 높은 그리스어 로마스 텍스트 읽기의 토대임을 확신하게 할 것이다.

먼저 존 M. G. 바클레이가 2017년 출간한 '바울의 역사와 유산에 대한 소고'를 담은 책 『단숨에 읽는 바울(2018 한국어판, 새물결플러스)』은 오랜 세월 동안 바울의 정체성을 둘러싼 수많은 오해와 편견 또는 억견을 걷어 내고 참된 바울의 정체성과 그에 대한 진정성 확보에 대한 노력이다. 그건 역사적으로 진행되고 있는 바울에 대한 해석학적 문제를 검토하며 바울의 역사성 저변에 깔린 무수한 문제들, 특히 유대인 디아스포라로서의 바울과 유대 전통에서부터 로마 세계에 위치한 바울의 교회들을 통해 비춰는 바울의 초기 이미지를 역사 비평이라는 역사학자들의 바울 탐구 방법론에 기반해 역사적 바울의 다양한 모습을 들추어냄으로써 객관적으로 타당한 바울의 이해를 구하고자 하는 결코 가볍지 않은 의미 있는 고찰이다. 핵심은 바울이 다마스커스 도상의 체험으로 깨닫게 된 예수 그리스도의 삶과 죽음과 부활을 통해 나타난 새로운 현실(reality, 실재)인 새 창조의 새로운 질서에 있다.

그는 초기 그리스도교 안에서의 예수 운동을 적대적 세력으로 간주하고 박해를 지휘하던 선봉장 바울이 다마스커스 도상에서 부활하셔서 그리스도와 주님(곧 영원하신 하나님의 아들)으로 천상에 계신 예수님과의 조우로 인한 변화에 대해 이렇게 말한다.

> 그 이후에 그에게 일어난 일은 그의 내면에서 일어났던 심리적 긴장이 해소된 것도 아니었고, 죄책감에 쌓인 그의 양심이 구원받은 것도 아니었으며, 오직 자신이 그동안 세상과, 자신과, 옳고 그름과, 그리고 자신이 섬기던 하나

님에 관해 가지고 있었던 생각에 대한 혁명이었다. 그는 그가 다메섹에서(혹은 그 근방에서) 경험했던 사건을 하나의 "계시"라고 부르는데, 그는 그 계시를 통해 부활하신 예수를 보게 된다(갈1:15-16; 고전15:8-10). 그는 이제 이 사건을 통해 예수가 정말 "주님"이라는 확신을 얻게 되었다. 그는 이제 하나님이 예수를 통해 이 세상을 통치하시며 그의 죽음과 부활 안에서 세상을 구원하기 시작했다는 사실을 굳게 믿게 되었다. 바울은 이 사건, 즉 "다메섹 도상의 경험"을 통해 그의 삶과 그의 충성심의 대상이 근본적으로 바뀌는 삶의 대전환을 경험하게 되었다.

(단숨에 읽는 바울 21쪽^{하}-22쪽^{상})

거기로부터 '이방인의 사도'라고 하는 소명과 사명 아래 역동적이며 창의적인 바울의 수사학적 진술들이 생산되고 그 진술들은 서로 다른 가치와 대립되는 듯한 애매한 논리로 독자들에게 일관성 없는 사람으로 보일 수 있으나 그의 진술은 모두 예수 그리스도의 삶과 죽음과 부활을 통해 나타난 새로운 변화로 인한 새로운 이성의 참신한 논리로서 세상을 향해서는 언제나 역설적이다. 그런 그의 진술은 이방 선교에 대한 분명한 유대 경전인 구약성서가 말하는 이스라엘을 위한 하나님의 계획의 성취라는 정체성을 근거로 이방인들이 유대인들처럼 살지 않더라도 온전한 하나님의 백성("아브라함의 자손")으로 통합될 수 있다는 새로운 정체성으로서 유대인과 이방인의 세계를 가로막는 장벽인 사회-문화적 경계를 뛰어넘는 통합적 사고체계에 의한 것이다.

바클레이에 의하면 바울의 진술에 대한 역사성을 근거해 보는 그의 진술은 복잡하면서도 애매모호하다. 논쟁의 대상이 아닌 "역사적 바울의 편지(살전, 고전, 고후, 갈, 몬, 빌, 롬)"를 근거로 역사적 바울에 집중하여 그것들 중 기록연대기가 맨 나중인 로마서를 보면 바울이 전한 복음을 만나는데 그 복음은 먼저 기록된 것으로 추정되는 여섯 편지(살전, 고전, 고후, 갈, 몬, 빌)에 등장했던 수많은 주제를 재차 다루며 거대한 규모의 구원 이야기로 재구성된다.

개신교 종교개혁자들은(기독교회의 고대 교부 가운데 최고의 사상가로 알려진 교부철학을 집대성한 아우구스투스(아우구스티누스-기원후 354-430)를 따르는 기독교의 전통적 해석에서) 바울의 은혜 신학에 특별한 지위를 부여해 개신교 영성을 심화시켰고 현대 복음주의의 바울 해석의 초점이 상당히 선별적이긴 하지만 어느 복음주의 교회를 가든 은혜 신학의 핵심인 '속죄를 위한 그리스도의 죽음, 값없이 주시는 하나님의 은혜 선물, 성령의 능력, "나를 위한" 하나님의 사랑 등' 바울이 다룬 주제의 메시지가 선포되고 있고 그 메시지를 듣는 수억여 명의 현대 그리스도인들의 영성 속에 바울이 지금도 살아 숨 쉬고 있다는 사실을 알게 된다.

하지만 이런 오래된 성경해석의 전통 속에 고대 유대교에 대한 인식의 재평가가 시작되었고, 1977년 샌더스가 유대교에 대한 오래된 고정 관념들을 뒤집어엎는 데 성공했다고 함으로써 인간의 보편적인 성향(유대교에 '전형적으로' 나타나는)에 강조점을 두기보다는 초기 그리스도교 운동의 인종적 문화적 특성에 관한 역사적 논쟁에 강조점을 둔 아우구스티누스 이전의 관점으로 되돌아가야 하는 성경 해석학의 뼈아픈 현주소를 들추어낸다.

이는 바울의 편지들이 계속 수많은 논쟁에 불을 지필 연료를 듬뿍 담고 있어 앞으로 계속될 또 다른 논쟁의 시발점(끊임없이 논란을 일으키는 1세기의 목소리)으로서 그의 경전적 지위를 보게 하여 그로 하여금 판이하게 다른 세상을 살아가는 현대의 독자들을 지속적으로 도전하며 교훈하고 그들의 사고체계를 뒤흔드는 일을 꾸준히 해 나가도록 할 것이라는 전망 속에서 바울 해석의 미래를 열린 마음으로 보게 하여 자연스럽게 사회-문화적 비평가로서의 바울에 대한 해석학적인 원칙에까지 이르게 함으로써 그의 서신들을 신중하게 읽고 그 의미가 우리의 현재 상황에도 올바르게 전달되도록 최선을 다해야 할 필요를 각성시킨다.

그런데 이런 그가 2015년에 출간한 그의 책 〈바울과 선물(2019년 한국어판, 새물결플러스)〉에서 로마서의 "복음의 틀(1:1-7; 15:7-13)"을 다루는 방식은 그가 그토록 중요시하는 경전으로서 논쟁의 대상이 아닌 "역사적 바울의 편지"에 속하는 바울의 로마서 텍스트를 소홀히 다루고 있다(이와 관련해서는 이미 위에서 필자의 견해를 피력했음으로 생략한다). 이는 샌더스 이후 그리스도교의 주된 가르침들을 처음부터 재검토해야 했던 것과 같이 그의 신학적 결과물들 또한 동일한 해석학적 관점에서의 재검이 필요하다는 사실을 반증한다.

바클레이가 제시하는 "복음의 틀"은 로마서 그리스어 텍스트 1:1-7이다. 그가 쓴 '바울의 역사와 유산에 대한 소고'라는 책자에서 역사학자들이 로마서를 바울의 친서로 규정하기까지의 작업 과정에서 판단 근거가 되는 가장 중요한 첫 번째 기준은 바울이 쓴 그 텍스트가 '바울이 썼다고 알려진 편지들'과 그 스타일이 같은지를 살피는 것이라고 박혀 있는데 이는 곧 문장의 구조, 어휘의 패턴, 문장을 이어 주는 불변화사(particles)의 사용법이 일치해야 한다는 말로서 일차적으로 해석자(또는 신학자)는 텍스트의 짧은 문장 하나라도 제대로 번역하여 그 본래의 문자적 문법적 의미를 명료하게 명시해야만 바울의 친서가 가진 참된 의미를 파악할 수 있는 길로 나아갈 수 있다는 말이다.

그렇다면 바클레이가 제시한 "복음의 틀"이라고 하는 롬1:1-7을 먼저 문자적 문법적(구문적 맥락을 결정짓는 방법)으로 합당한 번역을 제시한 다음 그 토대 위에서 그 진술이 갖는 역사적이며 신학적(영적)으로 온전한 문맥에 합당한 의미를 내놓아야 옳다. 그런 다음 문맥의 폭을 넓혀 다른 서신들과 의미 연결을 통해 바울을 전체적으로 이해하는 곳으로 나가는 것이 순리이다.

하지만 그는 그러한 기초 작업을 소홀히 다룸으로써 바울의 진의를 찾아가기보다는 바울의 텍스트에 자신의 취향에 맞는 옷을 입혀 놓고 그것이 바울의 모습인 양 독자들을 혼란스럽게 하고 있다고 평하게 하는 여지를 준다. 설령 어떤 부분에서 그의 연구 결과가 독자들에게 유익을 줄 수 있는 부분이 있다고 하더라도 그것은 분명히 처음 단추를 잘못 낀 것과 같은 꼴불견으로 식별 또는 분별의 눈을 가진 이들에게 실소를 짓게 하거나 눈살을 찌푸리게 만든다.

그는 그가 쓴 '바울의 역사와 유산에 대한 소고'라는 책자에서 올바른 성경해석을 위해 여러 가지로 어필을 하는데, 먼저 경전으로서의 바울에 대한 이해를 다루면서 해석의 문제를 다음과 같이 말했다.

> 해석은 단순히 반복을 의미하지 않는다. 해석자들이 제아무리 바울에게 "충성스러운" 자로 남고 싶어도 그가 한 말을 단순히 반복한 사람은 아무도 없다. 심지어 그의 말을 다른 언어로 번역하는 작업조차도 어떤 면에서는 해

석의 한 행위이지만, 본문을 선택하는 것과 어떤 본문에 우선권을 부여할지를 결정하는 것 역시 마찬가지다. 분명한 사실은 그 누구도 "진공 상태에서" 글을 읽는 사람은 없다는 것이다. 불가피하면서도 당연한 사실이 하나 있다. 그것은 바로 본문(어떤 본문이든지 간에)을 해석하는 사람은 모두 각자의 관심사와 정황 그리고 개성을 본문에 투영한다는 사실이다. 이런 현상은 심지어 자기 자신들이 가지고 있던 전제들을 그 본문이 깨뜨려 버려 주기를 원하는 가운데서도 일어난다. 그런 의미에서 어떤 본문의 해석은 어떤 면에서 연극을 공연하는 것과 상당히 흡사하다. 대본이 아무리 오래된 고대 작품이거나 또는 아무리 그 대본에 "충실한" 연기를 한다 할지라도 현대의 훌륭한 공연에는 항상 무언가 참신하고 새로운 의미가 담기게 마련이다. 이러한 "현대화 작업"은 바울의 편지들을 철저하게 역사적 "재구성"을 통해 이해하려는 해석에서도 발생하며, 이 본문들이 경전의 기능을 수행하는 경우에는 더더욱 명백하게 그리고 당당하게 이루어진다. 일반적으로 바울의 그리스도인 독자들은 성경의 나머지 부분과 마찬가지로 그 본문이 "살아 있는" 본문이 되게 할 책임이 자신들에게 있다고 느껴 왔으며, 이런 현상은 그들이 아무리 그 본문이 아주 먼 옛날에 작성된 것임을 인식한다 하더라도 동일하게 일어난다.

따라서 바울의 유산은 기초 자본이 고갈되지 않은 상태에서 매년 지속적으로 배당금을 지불하고 있는 셈이다. 사실 잉여금이 아직 남아 있다는 느낌이 간혹 들긴 하지만, 지속적으로 원금에만 의존한다는 느낌도 결코 지울 수 없다. 바울신학 해석자들은 때때로 자신들이 본문의 의미를 한정하거나 자신들의 신학적 관점을 관철하기 위해 본문을 조작해 본문의 본래 의미를 완전히 무시한다는 비판을 받아 온 것도 사실이다. 하지만 또한 우리는 이와는 정반대의 느낌을 받을 때도 종종 있다. 즉 때로는 그들이 정말 끝이 보이지 않을 정도로 많은 "잠재적 의미"를 한 본문에서 찾아낸다는 것이다. 따라서 이 편지들에 관한 해석의 역사는 이 작업을 단 하나의 원래 의미를 찾는 수천 년의 탐구, 즉 마치 역사학자들이 궁극적으로 "성배"를 찾아 나가는 작업인 양 이해해서는 안 된다. 오히려 우리는 이 작업을 각 시대와 각기 새로운 정황에 속한 해석자들이 이 본문들과 깊은 대화를 나누면서 결코 최종적이거나 수정 불가능한 단 하나의 의미가 아니라 여러 가능성을 담고 있는 다양한 의미를 탐색하는 것으로 이해해야 할 것이다. 이러한 대화는 바울이 (서구) 세계의 문화적 전통 안에서 호소력 있는 목소리로 인정받는 한 결코 중단되지 않을 것이며, 만약 중단된다 하더라도 그리스도교 경전이 이를 받아들이고 묵상하는 교회에 의해 지속적으로 읽히는 한 이 대화는 결코 중단되지 않을 것이다.

(단숨에 읽는 바울 98쪽상-100쪽상)

또 그는 유대교와 그리스도교의 관계 안에서의 바울에 대한 해석의 문제를 다루고 마지막 사회와 문화적 비평가로서의 바울에 대해 해석학적으로 살펴본 후에도 다음과 같이 말했다.

> 본문들은(평소 우리가 "성경은 이렇게 말한다"라고 말하듯이) 단순히 무언가를 "말하지" 않는다. 오히려 본문들은(성경 본문들에게도) **인간 해석자들에 의해 목소리와 영향력이 주어지며** 이들은 자신들의 사회적 위상과 자신들의 문화적 또는 정치적 의제에 따라 불가피하게 본문들을 선별하고 우선순위를 매기며 담론화한다. 이러한 과정은 바울이 말한 것을 단순히 "반복"한다고 말할 수 없는 해석자에게 엄청난 책임을 지운다. 그런데 이 책임은 바울의 편지와 같이 다의적인 본문의 경우에는 더더욱 막중하며 중요하다. 바울의 개별 편지조차도 사회적 정치적인 문제와 관련해서는 한 가지 이상의 방향으로 들릴 수 있고, 바울의 저작으로 여겨지는 열세 편의 편지를 모두 하나로 묶으면(더 거대한 정경적인 문맥은 차치하더라도) 이 본문들의 모호함은 더욱 증폭되며, 이에 따른 해석자의 창의적인 해석의 여지는 더욱더 커지기 마련이다. 바울의 유산에 대한 논의가 오늘날에도 지속되고 있는 가운데 우리는 그의 편지들을 신중하게 읽을뿐더러 그 의미가 우리의 현재 정황에도 올바르게 전달되도록 최선을 다할 필요가 있다. … (중략) … 한편, 이전의 "가치(worth)"는 무시하고 하나님이 주신 새로운 가치와 정체성을 부여하는 은혜의 전복적인 효과는 전통과 계급의 구조를 유연하게 만들 수 있다. 그것은 사회적 경계선을 뛰어넘어 충성심과 의무감을 새롭게 정비한 바울의 혁신적인 공동체와 같은 사회적 실험들을 가능하게 해 준다. … (중략) … 그의 본문들은 예측하기 어려운 미래의 상황에서 창의적인 번역들과 새로운 해석들을 생성해 낼 만큼 충분히 "열려" 있다. 그리고 그의 메시지 안에서 새로운 것을 창조하고 사람들을 해방시키며 구원하고 삶을 변화시키는 능력을 더욱더 새로운 방식으로 끄집어낼 것이다.
>
> (단숨에 읽는 바울 149쪽상-152쪽하)

이런 그가 "복음의 틀"이라는 제시어로 해석해 내놓은 연구물의 제1차 자료인 바울의 그리스어 로마서 텍스트(역사 비평을 통해 바울의 친서로 인정된 경전으로서의 본문)를 제대로 된 번역과 그 의미를 규정하지 않고-그가 "복음의 틀"이라고 명시한 문단(그의 책 바울과 선물 769-772쪽)에서 그 틀이 되는 롬1:3-4의 하나님의 복음에 대한 짧은 정의(하나님의 아들에 대한 두 국면 또는 측면의 서술)를 "육신으로는 다윗의 혈통에서 나신"과 "성결의 영으로는 죽은 자들 가운데서 부활하사 능력으로 하나님의 아들로 선포되셨다"는 전통적인 공식의 표현이 충분하고 적합하다고 전제한 뒤 그의 책 전반에서 로마서의 핵심 주제인 전능하신 하나님 은혜의 초충만성(superabundance) 아래 예수 그리스도의 십자가 사건을 통해 베풀어지는 신적 선물의 비상응성(incongruity)과 그 유효성(efficacy)과 그 은혜를 입은 자들의 반응으로 그 은혜의 선물에 대한 상응성과 관련해 깊은 연구를 수행한다는 사실이 참으로 아이러니하다. 그것은 보통 연구자들의 서론이 그 연구물 전체의 목적이나 중요한 구조에 대한 얼개를 나타내는 만큼 바울의 로마서 전체의 서론에 대한 초입 부분(바클레이가 "복음의 틀"이라는 제시어 붙일 만큼 중요한 부분)이 갖는 그 중요성(설령 그것이 사본학적으로 삽입구로 취급된다고 하더라도)의 비중은 그 무엇(그것이 가리키는 실제 로마서 전체 본문의 문맥에서 두드러지게 나타나는 특별한 개념적 요소)과도 비교할 수 없는데 말이다.

필자는 그의 이런("육신으로는 다윗의 혈통에서 나신"과 "성결의 영으로는 죽은 자들 가운데서 부활하사 능력으로 하나님의 아들로 선포되셨다"는 전통적인 공식의 표현이 충분하고 적합하다는) 전제의 서술이 그가 제시한 "복음의 틀"인 롬1:3-4의 그리스어 텍스트에 대한 문자적 번역의 문제점을 인지하고 있다고 볼 수 있으나 실제로 그 텍스트의 의미를 알지 못한다는 의미로 받아들인다. 물론 지금까지 살펴본 그의 저작물에는 그에 대한 직접적인 번역과 그 의미에 관해 논한 대목을 발견할 수 없는데, 사실 필자는 그를 만나 그에 대한 직접적인 의견을 듣고 싶을 뿐이다.

한편 파울라 프레드릭슨도 그의 책 〈바울, 이교도의 사도〉의 서문에서 "역사는 늘 뒤를 돌아보며 기록되는 것인 반면, 삶이란 오직 앞으로 나아가며 한 번에 하루씩만 살아가는 것이다. 이는 곧 바울의 정황과 체험에 대한 우리의 견해가 결코 바울 자신의 것과 같을 수 없음을 의미한다."라고 했다. 그리곤 바울 역시 우리 모두가 자신의 삶을 살아야 하듯 그저 자신의 삶을 살았을 뿐 자신에 대한 후대의 해석을 알지 못하고 그런 후대의 일에 대한 책임도 없다고 했다. 따라서 이를 증명할 수 있는 고증들의 토대 위에서만 비로소 바울이 자신을 바라봤던 것처럼 그를 바라볼 수 있다(즉 임박한 구원의 복된 소식을 열방에 전하기 위해 모태로부터 빚어졌으며, 시간의 종말의 가장자리에서 경주하듯 달리는 하나님의 예언적 메신저로서의 바울을 보는 것이다)는 그녀의 말은 옳다.

그런데 그런 그녀도 같은 책 서론에서 바클레이가 "복음의 틀"이라고 명시한 롬 1:1-7(바울의 로마서 그리스어 텍스트 읽기의 가장 중요한 기초가 되는 하나님의 아들에 대한 짧은 정의)에 대한 그녀의 번역문은 바클레이와는 조금은 다르게 문자적으로 그리스어 텍스트에 가까운 번역을 내놓기 위해 애를 쓴 흔적이 역력하다.

> 바울, 예수 그리스도의 노예, 그분의 메신저로 부름받았고, 하나님의 좋은 소식-그의 예언자들을 통해서 거룩한 경전에 이미 약속된 그 소식-을 위해 구별된 자가 편지를 씁니다. 그 복음은 그의 아들에 관한 것인데, 그의 아들은 육신으로 다윗의 씨이고, 거룩의 영으로는 죽은 자들의 부활로 말미암아 권능으로 하나님의 아들로 선포된 분, 곧 예수 그리스도 우리 주님[이십니다.] 그를 통해 우리가 은혜와 사도직을 받은 것은 그 이름을 대표하여 신실함의 순종을, 여러분을 포함한 온 열방에 전해 주고자 함입니다.
> (바울, 이교도의 사도 한국어판 31쪽상, 2022, 도서출판 학영)

그리고 그녀의 책 〈바울, 이교도의 사도, 324-5쪽〉에서는 그리스어 텍스트를 제시하고 내놓은 번역물은 "육신으로는 다윗의 씨에 의해 태어난 분(the one born by the seed of David according to the flesh)"이시고 "성결의 영으로는 죽은 자들의 부활에 의해 권능 중에 하나님의 아들로 임명된 분(the one appointed son of God in power according to the spirit of holiness by the resurrection of the dead)"으로 명시함으로써 '바울의 복음의 틀'인 롬1:1-4의 두 국면(측면)에 대한 반쪽짜리 번역을 내놓았다(그녀로서는 그렇게 해야만 하는 이유가 있겠지만 그녀도 바울이 전한 복음의 틀로서 롬1:1-4의 진정한 의미를 알지 못하는 것 같다고 판단된다).

이상과 같이 어떠한 이유에서건 바클레이와 프레드릭슨은 바울의 진정성을 연구하는 학자로서 그 진정성을 담고 있는 바울의 그리스어 텍스트의 진정한 문자적 의미를 생각할 수 있는 토대로서 텍스트의 문자적 문법적 번역조차도 제대로 수행하지 못하고 부주의한 번역물을 내놓는 우를 범했다. 따라서 그것에 근거해 로마서 서술에 대한 자신의 견해를 제아무리 뛰어난 수사적 설명으로 제시한들 그 타당성을 긍정할 사람은 아무도 없다. 왜냐하면 그것은 어느 한쪽으로 치우쳐 한쪽을 부정해야 하는 쪽의 결론에 이르거나 확정적인 표현을 사용할 수 없는 가능성에 기대어 짐작하는 정도로 자기의 의견이나 주장을 두루뭉술하게 말하게 만들기 때문이다.

그녀는 역사학자답게 역사적으로 논쟁의 여지가 없다고 인정된 바울의 7 친서를 역사 순으로 묶어 유대교 안의 바울과 바울의 메시지를 재구성하되 일반적으로 "이방인의 사도(종교적으로 중립적인 민족적 용어로서 이방인)"로 불리는 바울을 "이교도의 사도(종교적으로 특수한 민족적 용어로서 이교도)"로 재설정하고 하늘과 땅 사이의 각종 위계질서로 형성된 고대 이방인 세계(1세기 중엽)의 다양하고 복잡한 종교적 늪 속으로 들어가 개선장군의 귀환으로서의 그리스도의 재림을 통해 완성될 하나님의 왕국에 대한 복된 소식을 전파하는 전투적인 바울의 삶을 시종 잘 다듬어진 수사기법을 사용해 매우 예리하게 분석 제시하며 자신의 주장을 명료하게 밝힌다.

핵심은 박해자에서 박해를 받는 자로 전환된 바울의 복음(메시지) 속에 자리하는 율법관의 실체적 진실을 규명하는 것이다. 그것은 갈라디아서에서 언급되는 "할례당"이라고 하는 바울의 적대적 세력에 대한 바울의 분노가 말해 주듯이 그들이 바울의 복음을 변개하려고 했다는 점을 위시해서 다른 복음의 실체적 진실을 밝히는 것과 직결되는데, 이는 필자가 보기에 '바울의 복음에 위배되는 유대인과 이방인과 관련한 율법주의에 대한 비판(롬2:12-16)과 함께 자칭 유대인의 율법과 할례의 진정성(롬2:17-29)에 관한 문제를 다루면서 바울의 복음과 율법과의 관계를 명확하게 드러내는 로마서', 그러니까 필자가 역사적으로 '완성된 영원한 복음으로 인식되는 로마서(필자의 책 1권 제1장 그리스어 원문으로 보는 로마서, 27-38쪽을 보라)'라고 주장하듯이 그녀 또한 그리스어 로마서 텍스트 전체의 내용을 그 결정적인 해답의 증거로 제시한다는 점에서 그녀의 책 마지막 장(제5장 그리스도의 왕국)에 로마서 전체 해석을 배치한다(이 점은 비록 바클레이의 〈바울과 선물〉이라는 주제가 다른 책이지만 그의 주장에 대한 정당성을 로마서에서 마무리할 수밖에 없는 역사 인식과 동일하게 로마서 전체 해석을 그의 책 맨 마지막(제15-17장, 749-931쪽)에 배치함으로써 동일하게 나타난다).

그럼에도 그들(바클레이와 프레드릭슨)의 로마서 해석이 어느 지점에서 다르고 여러

부분에서 매우 크게 충돌하게 되는 것(바울의 텍스트가 쓰인 이래 그 텍스트에 대한 2000여 년의 해석의 역사가 서로 좌충우돌하며 오늘에 이른 것을 전제한 충돌)은 이미 위에서 필자가 언급한 것처럼 프레드릭슨의 〈바울, 이교도의 사도(Paul: The Pagans' Apostle)〉의 출발과 바클레이의 〈바울과 선물(Paul and the Gift)〉의 출발이 그 출발지점인 바울의 로마서 그리스어 텍스트가 제시하는 "바울이 전한 복음의 틀(롬1:1-4)"에 대해 분별력 없이 가볍게 다루기 때문에 생긴 필연적 결과이다(필자는 이 두 학자의 로마서가 2000여 년 로마서 해석의 결과로서 종합적인 함의를 가지고 있다고 생각한다는 점에서 매우 유감스럽다).

그런 의미에서 필자 책 1권은 그 "복음의 틀(롬1:1-4)"인 바울의 로마서 그리스어 텍스트를 "바울의 복음에 대한 발상의 전환"이라는 관점을 제시하는 본문 해석을 내놓음으로써 2000여 년 분열된 로마서 해석의 역사를 하나로 통합하는 "복음의 틀(롬1:1-4)"을 제안하고, 2권은 그 전환된 관점에 따라 로마서 전체를 읽어 가도록 해석의 방향과 그 실제를 제시한다. 따라서 현명한 독자라면 진지하게 그리고 반드시 이들의 해석학적 방법과 틀과 비교분석하여 바울이 본래 말하고자 했던 로마서의 진의를 파악하는 곳으로 나아갈 것이다.

다만 이 지점에서 필자는 2000여 년간 크게 좌우로 나뉜 로마서 해석의 흐름을 하나로 통합한 필자의 해석 원리를 입증하기 위한 실제적 작업의 일환으로서 위의 두 학자들의 주장을 비교하는 방식으로 보다 더 나은 필자의 로마서 해석의 결정판을 써야할 요구에 직면하고 있음을 밝힌다.

아무쪼록 "들을 귀 있는 자들은 들으라(ὁ ἔχων ὦτα ἀκουέτω-호 에콘 오타 아쿠에토)!"라고 하신 예수님의 말씀대로 허접하기 그지없는 급조된 필자의 글을 통해 사도 바울이 전한 복음의 새로운 틀과 그 틀에 맞는 로마서 해석의 전체 구조를 파악하여 도식화할 수 있는 자리에 이름으로써 우리 주님 예수 그리스도 곧 우리 주님이신 그리스도 예수님의 살아 있는 목소리를 들을 수 있고 그 주님을 만나는 즐거움을 얻고 누리는 일이 그 주님의 다시 오심으로 완성될 하나님의 나라를 향해 시작되기만을 고대한다.

3 그 예수님께서 그들에게 비유로 많은 것들을 말씀하셨습니다. 이르시기를 "보라, "씨를 뿌리는 자가 씨를 뿌리러 나가서
4 씨를 뿌리는데 어떤 것은 그 길가에 떨어지니 그 새들이 와서 그것들을 먹었고,
5 또 어떤 것은 흙이 많지 않은 그 돌짝밭에 떨어지니 흙이 깊지 않으므로 곧 싹이 나오나
6 해가 떠올라 그을리니 뿌리가 없으므로 말라 버렸고,
7 또 어떤 것은 그 가시나무 곁에 떨어지니 그 가시나무가 자라 질식시켰다.
8 그러나 어떤 것은 그 좋은 그 땅 위에 떨어져서 열매를 내니 백 배, 육십 배, 삼십 배를 내었다.
9 귀 있는 자는 들으라.

3 Καὶ ἐλάλησεν αὐτοῖς πολλὰ ἐν παραβολαῖς λέγων· ἰδοὺ ἐξῆλθεν ὁ σπείρων τοῦ σπείρειν. 4 καὶ ἐν τῷ σπείρειν αὐτὸν ἃ μὲν ἔπεσεν παρὰ τὴν ὁδόν, καὶ ἐλθόντα τὰ πετεινὰ κατέφαγεν αὐτά. 5 ἄλλα δὲ ἔπεσεν ἐπὶ τὰ πετρώδη ὅπου οὐκ εἶχεν γῆν πολλήν, καὶ εὐθέως ἐξανέτειλεν διὰ τὸ μὴ ἔχειν βάθος γῆς· 6 ἡλίου δὲ ἀνατείλαντος ἐκαυματίσθη καὶ διὰ τὸ μὴ ἔχειν ῥίζαν ἐξηράνθη. 7 ἄλλα δὲ ἔπεσεν ἐπὶ τὰς ἀκάνθας, καὶ ἀνέβησαν αἱ ἄκανθαι καὶ ἔπνιξαν αὐτά. 8 ἄλλα δὲ ἔπεσεν ἐπὶ τὴν γῆν τὴν καλὴν καὶ ἐδίδου καρπόν, ὃ μὲν ἑκατόν, ὃ δὲ ἑξήκοντα, ὃ δὲ τριάκοντα. 9 ὁ ἔχων ὦτα ἀκουέτω.

(NA28판, UBS5판 마13:3-9 필자 사역)

2024년 9월 1일

공두(空頭) 이영선 목사

나가는 말
- 아주 의미 있는 긴 여행을 끝내고 -

진정 자기가 원하는 것과 행하는 것을 알지 못하는 한 인간이 자기와 다른 존재 방식의 다른 사람과 소통하기 위해서 겪는 과정은 매우 복잡하고 힘난하며 길다. 그런 인간이 '로마서'라고 하는 고대 문서를 기록한 사도 바울을 살아 있는 상대로 소환해 소통하려는 것은 어쩌면 아예 불가능한 일이기에 그가 남겨 놓은 흔적을 더듬어 그를 만나고 그를 통해 전해지는 진리에 대한 목마름을 채우고자 하는 열정은 어떤 의미에서 간난신고 끝에 이르게 되는 창조적 고통을 수반하는 영적 차원에서 벌어지는 고도의 예술적인 행위가 된다.

그런 이유로 공두(空頭)라는 예명을 가지고 펼치는 이 책의 모든 내용은 인간 세계의 최극단에 위치하는 거룩한 영적 세계를 겨냥하고 있는 바 아쉽게도 미완의 작품으로 남을 수밖에 없는 한계 속에서 그 완성을 기대하며 내놓은 다음 세대를 향한 호소, 그러니까 마침내 이루어야 할 사도 바울과의 거룩한 소통을 위한 힌트를 제공하는 역할에 목맨 간절한 소망을 정성껏 담은 소박한 밥상 정도로 생각해 주면 더 바랄 것이 없다. 왜냐하면 이 책은 하나님과 인간 사이, 성경의 기록과 현실 사이, 하나님의 복음과 현실 사이에서 벌어지는 인간 세상의 불행한 사건들을 모두 문제시하고 그 문제를 해결하고자 인류 역사의 시작과 그 과정 그리고 끝을 규정하는 복잡하지만 간단명료하면서도 신박한 영적인 통찰을 담고 있기 때문이다.

사실 나는 이 글을 쓰면서 '이 일은 모든 인류가 필요로 하는 일이다'라고 하는 대의명분과 그 일에 대한 소명과 사명에 적합하지 않은 수준 미달의 상태에서 겪는 힘겨움, 그러니까 타인을 위한다는 명목으로 심리나 상황을 조작해 그 사람을 통제하고 조종하는 일을 하듯 자신을 각인시키며 작업의 힘든 과정을 모두 마쳐야 했다. 그 이유는 우선 이 책의 내용에 관심을 보이지 않을 만큼 영적으로 어두운 몰이해의 시대, 그러니까 이미 한쪽으로 너무 치우쳐 다른 한쪽을 적대시하는 풍조에 사로잡혀 경화된 확신범과 같은 종교인들을 향한 설득의 도전이기도 했지만,

거기에는 나와 같은 영적 병에 걸려 그 원인도 알지 못한 채 무늬만 화려한 의원들을 찾아다니다 길에서 생을 마감해야 하는 기구한 환자와 같은 현대 기독교인(절박한 구도자로 지칭되는 모든 종교인)을 향한 연민의 순수한 열정이 있었기 때문이다.

더욱이 그 열정은 이 책을 먼저 한국기독교회의 모든 목회자에게 선물로 나누겠다는 오지랖이 되어 나를 붙들고 있는 어이없는 상황으로 치닫게 하고 있다. 중요한 것은 평생을 덤으로 살게 하는 그 덤이 오늘을 살게 하는 힘으로 내게 작동하고 있다는 사실이다.

이 책의 원고(1-20챕터)를 2024.3.31.에 끝내고 출판사 편집팀에 넘겼다. 그리고 그 편집 과정인 2024.9.1.에 '이 책을 마무리하며(21챕터)'를 덧붙여 출간의 마지막 단계를 밟고 있었다. 그리고 2024년 12월 3일 비상계엄이 선포되었다.

불행하게도 이 사건은 독재의 표상이 되는 '친위 쿠데타'로 회자되며 우리 대한민국의 현대사에 또 한 번의 '중차대한 역사적 사건'이라고 붉은색 밑줄을 그어 명확하게 적시해야 할 만큼의 충격적인 사태로 기록되고 있고 그로 인한 혼란스러운 사회가 장기화되고 있다. 그리고 그것은 안타깝게도 외세에 시달려 온 우리 민족의 역사 과정에서 뜻하지 않게 발생한 잔존암과 같은 노예굴종사상이 궤멸되기는커녕 오히려 전이 되어 있음과 그 원인적 요소가 우리 민족 구성원들의 폐부에 자리한다는 사실을 폭로한다.

문제는 거기에 우리 기독교회가 너무 깊이 연루되어 있고 그 일부 세력이 이 세상의 빛과 소금의 역할을 방기하며 사회 혼란을 부추기는 동력으로 나타나고 있다는 데 있다.

이 책은 공교롭게도 예견이라도 한 것처럼 그 선포로 야기된 혼란의 이면에 있는 원인적 요소를 제거할 수 있는 해결의 실마리를 제시하고 있다. 비록 글의 구성과 짜임새가 프로페셔널하지 못하지만, 이 아찔한 사태(24.12.3. 비상계엄선포)로 인한 사회적 혼란을 근원적으로 수습 해결할 수 있는 길을 찾는 이들에게 이 책은 정독하는 수고에 과분한 환대와 공궤를 선사할 것을 확신한다.

2025년 3월 9일 논산 가야곡 산골에서…
공두(空頭) 이영선 목사 올림